ମହାନାଟକର ମହାନାୟକ

(ଓଡ଼ିଆ ନାଟ୍ୟ ସାହିତ୍ୟରେ ରମେଶ ପ୍ରସାଦଙ୍କ ପଦଧ୍ୱନି)

ମହାନାଟକର ମହାନାୟକ

(ଓଡ଼ିଆ ନାଟ୍ୟ ସାହିତ୍ୟରେ ରମେଶ ପ୍ରସାଦଙ୍କ ପଦଧ୍ୱନି)

ସଂପାଦନା

ଡକ୍ଟର ସଞ୍ଜୟ ହାତୀ

ଅନିନ୍ଦିତା ପାଣିଗ୍ରାହୀ

ବ୍ଲାକ୍ ଈଗଲ୍ ବୁକ୍ସ

ଭୁବନେଶ୍ୱର, ଓଡ଼ିଶା

BLACK EAGLE BOOKS

Dublin, USA

ମହାନାଟକର ମହାନାୟକ
(ଓଡ଼ିଆ ନାଟ୍ୟ ସାହିତ୍ୟରେ ରମେଶ ପ୍ରସାଦଙ୍କ ପଦଧ୍ୱନି)
ସଂପାଦନା:ଡକ୍ଟର ସଞ୍ଜୟ ହାତୀ, ଅନିନ୍ଦିତା ପାଣିଗ୍ରାହୀ
ବ୍ଲାକ୍ ଇଗଲ୍ ବୁକ୍ସ : ଭୁବନେଶ୍ୱର, ଓଡ଼ିଶା • ଡବ୍ଲିନ୍, ଯୁକ୍ତରାଷ୍ଟ୍ର ଆମେରିକା

BLACK EAGLE BOOKS
USA address:
7464 Wisdom Lane
Dublin, OH 43016

India address:
E/312, Trident Galaxy, Kalinga Nagar,
Bhubaneswar-751003, Odisha, India

E-mail: info@blackeaglebooks.org
Website: www.blackeaglebooks.org

First International Edition Published by
BLACK EAGLE BOOKS, 2025

MAHANATAKARA MAHANAYAK
(Odia Natya Sahityare Ramesh Prasadnka Padadhwani)
Edited by **Dr Sanjay Hati, Anindita Panigrahi**

Cover & Interior Design: Ezy's Publication

ISBN- 978-1-64560-679-6 (Paperback)

Printed in the United States of America

ନ ଲେଖି ରହିପାରୁନି

ଏଠାରେ ସେଇ ୨୦୧୮ ମସିହା ଡିସେମ୍ବର ୨ ତାରିଖରେ ହୋଇଥିବା ସଂପାନରେ ଯେଉଁ ପ୍ରବନ୍ଧଗୁଡ଼ିକ ପଠନ କରାଯାଇ ସେଗୁଡ଼ିକର ସାରସ୍ୱତ ମୂଲ୍ୟାୟନ କରାଯାଇଥିଲା, ସେଗୁଡ଼ିକର ସଂକଳନଟିଏ ପ୍ରକାଶ ପାଇବାକୁ ଯାଉଛି। ତାହା ମଧ୍ୟ ଅନୁଜ ପ୍ରତିମ ଡ. ସଂଜୟ ହାତୀଙ୍କ ଅକ୍ଳାନ୍ତ ଚେଷ୍ଟାରୁ, କିନ୍ତୁ କେଉଁ ଭାଷାରେ ମୁଁ ତାଙ୍କୁ କୃତଜ୍ଞତା ଜଣାଇବି, ତାହା ଜଣାନାହିଁ।

ମୁଁ ନିଜେ ସମଗ୍ର ସଂପାନଟିରେ ଉପସ୍ଥିତ ଥିଲି ଓ ଗବେଷକ/ଗବେଷିକାମାନଙ୍କର ମୂଲ୍ୟାୟନ ଭିତରେ ମୁଁ ନିଜକୁ/ ନିଜ କୃତିକୁ ପୁନର୍ବାର ଆବିଷ୍କାର କରୁଥିଲି। ଏମାନଙ୍କର ପ୍ରବନ୍ଧ ଲେଖିବାର ପ୍ରୟାସ ଓ ପରିଶ୍ରମ ପାଇଁ ଚିରକୃତଜ୍ଞ ରହିବି। ମୋ ରଚନା ଓ ମୋ ଚରିତ୍ରମାନଙ୍କ ଭିତରେ ଏମାନେ କାୟାପ୍ରବେଶ କରିଛନ୍ତି, ସେମାନଙ୍କ ହସ ଆଉ ଲୁହର ଅଂଶୀଦାର ହୋଇଛନ୍ତି। ମୁଁ କୃତଜ୍ଞତାଟେ ଦେଇଦେଲେ ଯେ ସେ ଋଣ ପରିଶୋଧ ହୋଇପାରିବ, ଏ ଧୃଷ୍ଟତା କରିବି ନାହିଁ।

ବୟସ ବଢ଼ିବା ସାଙ୍ଗରେ ହୁଏତ ମୁଁ ବଦଳିଯିବି, ଆଉ କିଛି ବଦଳେଇବ ସମୟ। ହେଲେ ଏମାନଙ୍କ ପ୍ରବନ୍ଧ ପଢ଼ି ମୋର ଏକାନ୍ତ ସମୟଗୁଡ଼ିକରେ ବାରମ୍ବାର ମୁଗ୍ଧ ହେଉଥିବି। ବାରମ୍ବାର ଅନୁପ୍ରେରିତ ହେଉଥିବି। ସେମାନଙ୍କ ଅନୁପସ୍ଥିତିରେ ମୁଁ ସେମାନଙ୍କର ସାରସ୍ୱତ ସହୃଦୟତାର ପ୍ରସାଦ ସେବନ କରୁଥିବି। ଧନ୍ୟ ହେଉଥିବି ବାରମ୍ବାର।

ରମେଶ ପ୍ରସାଦ ପାଣିଗ୍ରାହୀ

ମୁଁ ଆମ୍ଭେ ଓ ଆମ୍ଭେମାନେ

୧୦୫, ରସୁଲଗଡ଼, ଭୁବନେଶ୍ୱର-୧୦

କୃତଜ୍ଞତା

- ପ୍ରାବନ୍ଧିକ ତଥା ଗବେଷକମାନଙ୍କ ପ୍ରତି, ଯେଉଁମାନଙ୍କ ମୂଲ୍ୟବାନ ଲେଖାକୁ ନେଇ ଏ ସଂକଳନ ସମୃଦ୍ଧ।
- ଡକ୍ଟର ଆର୍ଯ୍ୟକୁମାରୀଙ୍କ ନିକଟରେ, ଯାହାଙ୍କ ସହଯୋଗ ବିନା ଏ ବିରାଟ କାର୍ଯ୍ୟ ସମ୍ଭବପର ନଥିଲା।
- ଶ୍ରୀ ସନ୍ତୋଷ କୁମାର ପଟ୍ଟନାୟକ (କମ୍ପ୍ୟୁଟର୍ ସଲ୍ୟୁସନ୍, ବ୍ରହ୍ମପୁର)ଙ୍କ ପ୍ରତି, ଯିଏ ଡି.ଟି.ପି. କାର୍ଯ୍ୟ ସୁନ୍ଦର ଭାବରେ କରିଛନ୍ତି।
- ଅଧ୍ୟାପକ ଅଭିମନ୍ୟୁ ବିଶ୍ୱାଳ (ରାଉରକେଲା)ଙ୍କ ନିକଟରେ, ଯିଏ ପରବର୍ତ୍ତୀ ସମୟରେ ଆସିଥିବା ଲେଖାଗୁଡ଼ିକୁ ଡି.ଟି.ପି. କରିବା ସହ ସଂଶୋଧନର ଦାୟିତ୍ୱ ମଧ୍ୟ ତୁଲାଇଛନ୍ତି।
- ଶ୍ରୀ ପ୍ରକାଶ ପଣ୍ଡାଙ୍କ ପ୍ରତି, ଯିଏ ପୁସ୍ତକର ପ୍ରଚ୍ଛଦ କରିଛନ୍ତି।
- ପ୍ରକାଶକ ଶ୍ରୀ ସତ୍ୟ ପଟ୍ଟନାୟକଙ୍କ ପ୍ରତି, ଯାହାଙ୍କ ସହଯୋଗ ବିନା ଏ ପୁସ୍ତକ ଯଥା ସମୟରେ ପ୍ରକାଶିତ ହୋଇପାରି ନଥାନ୍ତା।
- ସର୍ବଶେଷରେ ଏ ସଂପାନ, ଏ ସଂକଳନ ଓ ଏ ପ୍ରକାଶନର ମୂଳ ସ୍ରଷ୍ଟା / ସଂଚାଳକ / ଦ୍ରଷ୍ଟା ଓ ଅଭିକଳ୍ପକ ଡ. ସଂଜୟ ହାତୀଙ୍କୁ, ଯାହାଙ୍କ ବିନା ଏ ପୃଷ୍ଠାଟି ଲେଖା ହେଇ ପାରିନଥାନ୍ତା।

ସମ୍ପାଦକୀୟ

ମହାନାଟକର ମହାନାୟକ

ଓଡ଼ିଆ ନାଟ୍ୟ ସାହିତ୍ୟରେ ନବନାଟ୍ୟ ଧାରାର ପରବର୍ତ୍ତୀ ପର୍ଯ୍ୟାୟ ନିର୍ମାଣରେ ଯେଉଁ ନାଟ୍ୟକାରମାନଙ୍କ ଅବଦାନ ଅନସ୍ୱୀକାର୍ଯ୍ୟ, ସେମାନଙ୍କ ମଧ୍ୟରେ ସର୍ବାଗ୍ରେ ରମେଶ ପ୍ରସାଦ ପାଣିଗ୍ରାହୀଙ୍କୁ ସମସ୍ତେ ନିଶ୍ଚୟ ଦେଖିପାରିବେ, ଯାହାଙ୍କୁ ବାଦ୍ ଦେଇଦେଲେ ଗୋଟିଏ ବିରାଟ ଅଧ୍ୟାୟକୁ କେହି ଜାଣିପାରିବେ ନାହିଁ। ଓଡ଼ିଶାରେ ଏଯାବତ୍ ନାଟକ ସମ୍ପର୍କିତ ଯଥାର୍ଥ ଆଲୋଚନା ପୁସ୍ତକ ବାହାରିପାରିନାହିଁ, ଯାହା ଉପଲବ୍ଧ, ସେସବୁ ପୂର୍ଣ୍ଣାଙ୍ଗ ନୁହେଁ। ଯାହା ହେଉଛି, ତାହା ଗୋଟିଏ ପାରମ୍ପରିକ ଶୈଳୀରେ ଏବଂ ପୂର୍ବସୂରୀମାନଙ୍କ ଢାଞ୍ଚାରେ ଚାଲିଛି। ସେଥିରେ ପ୍ରସଙ୍ଗ ଅପେକ୍ଷା ବ୍ୟକ୍ତିଗତ ପ୍ରଚାର ଅଧିକ। ମୂଳ ପୁସ୍ତକ ପାଠକରି ପୂନର୍ବାର ଆଲୋଚନା କରିବା ଅଥବା ନୂତନ ତଥ୍ୟ ପ୍ରଦାନ ପୂର୍ବକ ନୂତନ ପିଢ଼ିର ଗବେଷକମାନଙ୍କୁ ସଠିକ୍ ମାର୍ଗରେ ପରିଚାଳିତ କରାଇବାର ଦାୟିତ୍ୱ, ପ୍ରାୟତଃ ସମସ୍ତେ ପାଶୋରି ଗଲେଣି। ଦୀର୍ଘ ଛଅ ଦଶନ୍ଧି ଧରି ଓଡ଼ିଆ ନାଟ୍ୟସାହିତ୍ୟରେ ନିଜର ଯାତ୍ରାକୁ ଅବ୍ୟାହତ ରଖିପାରିଥିବା ଡକ୍ଟର ପାଣିଗ୍ରାହୀ, କେବଳ ନାଟ୍ୟକାର ନୁହଁନ୍ତି, ସେ ଜଣେ ନାଟ୍ୟ-ସମାଲୋଚକ ମଧ୍ୟ। ଓଡ଼ିଆ ସାହିତ୍ୟର ଇତିହାସକୁ ତିନୋଟି ଖଣ୍ଡରେ ଇଂରାଜୀରେ ପ୍ରକାଶ କରିଛନ୍ତି। ଜଣେ ସୃଜନଶୀଳ ବ୍ୟକ୍ତି ଭାବରେ ଡକ୍ଟର ରମେଶ ପ୍ରସାଦ ବହୁଧା ବିଭକ୍ତ।

ପ୍ରଥମ ନାଟକ 'ମୁକ୍ତି ମଣ୍ଡପ' ୧୯୬୩ ମସିହାରେ ଆତ୍ମପ୍ରକାଶ କରେ। ମାତ୍ର ୧୯ ବର୍ଷ ବୟସରେ ରମେଶ ଓରଫ୍ 'ମୁକ୍ତି ମଣ୍ଡପ' ର ସାଗର ନିଜ ପ୍ରେମପାଇଁ ସମାଜର ମୁକ୍ତିମଣ୍ଡପ ବିରୁଦ୍ଧରେ ବିଦ୍ରୋହ କରିପାରେ ବା ନାଟ୍ୟକାର ରମେଶ ଗତାନୁଗତିକତାରୁ ମୁକ୍ତ ହୋଇ ନୂଆ ନାଟକର ଇସ୍ତାହାର ଲେଖିବାକୁ ପ୍ରତିବଦ୍ଧ ହୁଅନ୍ତି। "This is a World Without logic" ଆଉ ମୁଁ ସେଇ ଯୁକ୍ତିହୀନ ପୃଥିବୀର ସୂତ୍ରଧର।" ଏ ହେଉଛି ରମେଶଙ୍କ ବକ୍ତବ୍ୟ। ନାଟ୍ୟକାରର କୌଣସି ନାଟକ ଶେଷ ହୁଏନା, ଅର୍ଥାତ୍ ଗୋଟିଏ ନାଟକରେ କହିପାରିନଥିବା କଥାଟି ପାଇଁ ଆଉ ଗୋଟିଏ ନାଟକ ଲେଖିବାକୁ ହୁଏ ଏବଂ ଲେଖିବାକୁ ସେ ବାଧ୍ୟ, ନଚେତ୍ ଗୋଟିଏ ଅପୂର୍ଣ୍ଣତାର

ଅବଶୋଷରେ ସେ ଛାଟିପିଟି ହୁଅନ୍ତା। ସେ କହିପାରିନଥିବା କଥାଟି ଘଟଣା ହେଇପାରେ ବା ଚରିତ୍ର ହେଇପାରେ। ତାହାହିଁ ହୁଏ ତାଙ୍କର ପରବର୍ତ୍ତୀ ନାଟକର କଥାବସ୍ତୁ।

ରମେଶଙ୍କ ନାଟ୍ୟ ଯାତ୍ରାରେ ୧୯୭୧-୭୨ ନିଶ୍ଚିତ ଭାବରେ ଏକ ଉଲ୍ଲେଖନୀୟ ସମୟ ଅବଧି। ଏ ସମୟ ମଧ୍ୟରେ ଲେଖାହୋଇଛି 'ଦୁର୍ଘଟଣାବଶତଃ', 'ମଣ୍ଡୁକ ଉପାଖ୍ୟାନ', 'ଧୃତରାଷ୍ଟ୍ରର ଆଖି', 'ଅପ୍ରୀତିକର ନାଟକ', 'ଉଡ଼ନ୍ତା ପାହାଡ଼ର ଦର୍ଜା' ଓ 'ମହାନାଟକ' ଭଳି ନାଟକମାନ। ସମୟର ତିନୋଟି କାଳଖଣ୍ଡ, ଅତୀତ-ବର୍ତ୍ତମାନ ଓ ଭବିଷ୍ୟତ। ଅତୀତ ଗୋଟିଏ ସଂସ୍କୃତି ଓ ଆଦର୍ଶକୁ ଧରି ଛଟପଟ ହୁଏ। ବର୍ତ୍ତମାନ ସବୁବେଳେ ଅତୀତକୁ ପଛକୁ ବା ପଛଘରେ ରଖିଦିଏ। ସେ ଅନ୍ଧ ହେବାକୁ ବାଧ୍ୟ। ଭବିଷ୍ୟତ ଗୋଟିଏ ଅଦୃଷ୍ଟ ପରିଣାମ ଅଥଚ ସେ ସମ୍ପର୍କରେ ଜାଣିବାର ଉତ୍ସୁକତା ସମସ୍ତଙ୍କର ଅଛି। ନାଟ୍ୟକାର ରମେଶ ପ୍ରସାଦ ତାଙ୍କ ନାଟକରେ ସବୁ ପ୍ରକାର ପ୍ରୟୋଗ ବା ପରୀକ୍ଷା କରିଥିଲେ ମଧ୍ୟ କାହାଣୀଧର୍ମିତାକୁ ପରିହାର କରିନାହାନ୍ତି।

ରୂପାନ୍ତରୀକରଣ ପ୍ରକ୍ରିୟାରେ ଚରିତ୍ରର ରୂପାନ୍ତର ଘଟେ, ମଞ୍ଚର ମଧ୍ୟ ରୂପାନ୍ତର ହୁଏ ଏବଂ ସ୍ୱୟଂ ନାଟ୍ୟକାରଙ୍କର ମଧ୍ୟ ରୂପାନ୍ତର ହୋଇଥାଏ। ଏଣୁ ନାଟ୍ୟକାରଙ୍କ ଚରିତ୍ରମାନେ ହେଉଛନ୍ତି ତାଙ୍କର ରୂପାନ୍ତରିତ ସତ୍ତାର ଭିନ୍ନଭିନ୍ନ ଏକକ। 'ଧୃତରାଷ୍ଟ୍ରର ଆଖି' ମାତ୍ର ୨୭ ବର୍ଷ ବୟସରେ ଲେଖାଯାଇଛି ଏବଂ ସେଇ ୨୭ ବର୍ଷ ବୟସରେ ନାଟ୍ୟକାର ସୀତାନାଥ ଭଳି ଜଣେ ବୃଦ୍ଧଙ୍କ ଚରିତ୍ରର ପରିକଳ୍ପନା କରୁଛନ୍ତି। ୨୦୧୬ ମସିହା ଅର୍ଥାତ୍ ରମେଶ ପ୍ରସାଦଙ୍କୁ ଯେତେବେଳେ ୭୨ ବର୍ଷ, ସେ ଲେଖୁଛନ୍ତି 'ବୁନ୍ଦାଏ ପାଣିରେ ସମୁଦ୍ର'। ସେ ନାଟକର ସୀତାନାଥ, ଏ ନାଟକର ସନାତନ। ନାମକରଣରୁ ଜଣାଯାଏ, ସୀତାନାଥ ବା ସନାତନ, ସଂସ୍କୃତି, ପରମ୍ପରା ଏବଂ ଆଦର୍ଶରେ ବନ୍ଧା। ସେ ନାଟକରେ ସୀତାନାଥଙ୍କୁ ସାମ୍ନା ଘରୁ ପଛଘରକୁ ନିଆଯାଇଥିଲା। ଏଠି ସନାତନଙ୍କୁ ଘରୁ ବାହାର କରି ଜରାନିବାସରେ ଛାଡ଼ିଦିଆଯାଏ। ନାଟ୍ୟକାରଙ୍କ ଉପଲବ୍ଧିରେ ପରିପକ୍ୱତା ଏ ଦୁଇଟି ନାଟକରେ ପରିଦୃଶ୍ୟମାନ।

ରମେଶ ଏକ ଆବେଗମୟ ପ୍ରତିକ୍ରିୟା। ସେଇ ଆବେଗରୁ ସୃଷ୍ଟି 'ଆତ୍ମଲିପି' ପରି ନାଟକ। ପକ୍ଷାନ୍ତରେ ଏହା ତାଙ୍କର ଆତ୍ମଲିପି। ଏଥିରେ ଚିତ୍ରିତ ନାଟ୍ୟକାର ଚରିତ୍ରରେ ଆରୋପିତ ହୋଇଛି ତାଙ୍କର ନିଷ୍ଠା, ପ୍ରତିବଦ୍ଧତା ଓ ସମ୍ଭାବନାର ଅନେକ ପ୍ରତିଛବି। ନାଟ୍ୟକାର ମନେକରୁଛନ୍ତି ସେ ଜଣେ କ୍ରୀତଦାସ, କାରଣ ତାଙ୍କର ସାହସ ନାହିଁ। ଅଙ୍କକଥା କହି ସହୀଦ ହେଇଗଲେ ତାଙ୍କୁ ପରବର୍ତ୍ତୀ ସମୟରେ ବୋକା ବୋଲି କୁହାଯିବ। ତା'ଠୁ ଭଲ ନିର୍ବିକାର ଭାବରେ ଏଇ ମହାଜୀବନର ରଣ ଭିତରେ ନିଶ୍ଚିହ୍ନ ହୋଇଯିବା। ଜଣେ ବିଦ୍ରୋହୀ ହିଁ ଏହା ଚିନ୍ତା କରିପାରେ।

ମୋ ଦୃଷ୍ଟିରେ ରମେଶ, ଏକ ସ୍ପନ୍ଦିତ ସ୍ୱାଭିମାନ। ରମେଶ, ଏକ ବନ୍ଦିତ ଅଭିମାନ। ବ୍ରହ୍ମଦତ୍ତ ଆସିଲେ ସବୁ କ୍ଷମତାର ହାଣ୍ଡି ଫାଟିଯିବ। ଭାସିଯିବ, ଜ୍ଞାନପୀଠ, ଜାତୀୟ ପ୍ରତିଷ୍ଠା ଏବଂ ନିଜକୁ ଅର୍ଦ୍ଧଭଗବାନ ବୋଲି ମନେକରୁଥିବା ଅହମିକାର ପ୍ରତିମା। ଏ ପର୍ଯ୍ୟନ୍ତ ସମୁଦ୍ର ମନ୍ଥନ ଆରମ୍ଭ ହୋଇନାହିଁ। ଦିନେ ନା ଦିନେ କିଏ ଜଣେ ବ୍ରହ୍ମଦତ୍ତ ଆସିବ। ସେ ସକାଳ ଏ ପର୍ଯ୍ୟନ୍ତ ଆସିନି। ସବୁ ମୁଖା ଦିନେ ଖୋଲିଯିବ। ତେଣୁ ଏହାର ନାମ ମହାନାଟକ। ନାଟ୍ୟକାର ରମେଶ କେତେବେଳେ ବବ୍‌ଲୁ (ଗୁଣ୍ଡା) ହୁଅନ୍ତି ବା କେତେବେଳେ 'ମୁଁ ଆମ୍ଭେ ଆମ୍ଭେମାନେ' ର ଦ୍ରଷ୍ଟା ସାଜି ଆମ ଚାରିପଟର ପୃଥିବୀର ମଣିଷମାନଙ୍କ କଥା କୁହନ୍ତି।

୨୦୧୮ ମସିହା ଡିସେମ୍ବର ମାସ ୨ ତାରିଖ, ଭୁବନେଶ୍ୱରରେ ଆୟୋଜିତ ହୋଇଥିଲା ରମେଶ ପାଣିଗ୍ରାହୀଙ୍କ ନାଟକ ସମ୍ପର୍କିତ ଗୋଟିଏ ଆଲୋଚନା ଚକ୍ର, ଯେଉଁଥିରେ ଯୋଗ ଦେଇଥିଲେ ଓଡ଼ିଶାର ଲବ୍ଧ ପ୍ରତିଷ୍ଠିତ ଗବେଷକ, ସମାଲୋଚକ, ବୁଦ୍ଧିଜୀବୀ ତଥା ତାଙ୍କ ନାଟକକୁ ମଞ୍ଚସ୍ଥ କରିଥିବା ଅନେକ ଆଗଧାଡ଼ିର ନିର୍ଦ୍ଦେଶକ ତଥା କଳାକାର। ଅନେକ ସୁନ୍ଦର ନିବନ୍ଧମାନ ଉପସ୍ଥାପିତ ହୋଇଥିଲା। ସେହି ସମସ୍ତ ନିବନ୍ଧ ଏହି ସଙ୍କଳନରେ ସ୍ଥାନିତ। ମୁଁ ଏଥିରେ ଜଣେ ସୂତ୍ରଧରର ଦାୟିତ୍ୱ ଯାହା ତୁଲାଇଛି। ସେହି ନ୍ୟାୟରେ ସେହି ପ୍ରବନ୍ଧ/ ଆଲୋଚନା ଏବଂ ପ୍ରାବନ୍ଧିକ/ଆଲୋଚକଙ୍କ ସଂପର୍କରେ କିଛି ଅନ୍ତତଃ ଉଲ୍ଲେଖ କରିବା ମୋର କର୍ତ୍ତବ୍ୟ ନିଶ୍ଚୟ। ସେମାନଙ୍କ ନିବନ୍ଧମାନ ଏହି ସଂକଳନର ମାନକୁ ବଢ଼ାଇଛି, ସନ୍ଦେହ ନାହିଁ। ସେମାନଙ୍କୁ ମୋର ବିନମ୍ର ପ୍ରଣାମ ଜଣାଉଛି।

ପ୍ରଫେସର ବିଜୟ କୁମାର ଶତପଥୀ, ନାଟ୍ୟକାର ରମେଶ ପ୍ରସାଦଙ୍କ ସାମସମୟିକ ଜଣେ ନାଟ୍ୟକାର ଏବଂ ନାଟ୍ୟ-ସମାଲୋଚକ ମଧ୍ୟ। ମହାନାଟକର ମହାନାୟକଙ୍କୁ ଅତି ନିକଟରୁ ସେ ଦେଖିଛନ୍ତି ଏବଂ ପଢ଼ିଛନ୍ତି। ସେ ତାଙ୍କର ପ୍ରବନ୍ଧରେ ଡକ୍ଟର ପାଣିଗ୍ରାହୀଙ୍କ ଅନ୍ୟ ଅନେକ ନାଟକ ସମ୍ପର୍କରେ ସୂଚନା ପ୍ରଦାନ ସହ, ମହାନାଟକରେ ପ୍ରତିଫଳିତ ବୈପ୍ଳବିକ ଆଭିମୁଖ୍ୟ ସମ୍ବନ୍ଧରେ ସୁନ୍ଦର ଆଲୋଚନା କରିଛନ୍ତି। ତାଙ୍କ ଭାଷାରେ ମହାନାଟକ ନାଟ୍ୟକାରଙ୍କ ସୋସିଆଲ କମିଟ୍‌ମେଣ୍ଟର ଏକ ଯଥାର୍ଥ ନାଟକ। ପ୍ରଫେସର ସଂଘମିତ୍ରା ମିଶ୍ର, ନାଟ୍ୟକାରଙ୍କ ସାମସମୟିକ ଏବଂ ନିଜେ ନାଟକ ରଚନା କ୍ଷେତ୍ରରେ ନିଜର ଦକ୍ଷତା ସ୍ୱରୂପ ସାଉଁଟି ପାରିଛନ୍ତି ଓଡ଼ିଶା ସାହିତ୍ୟ ଏକାଡ଼େମୀ ପୁରସ୍କାର। ଜଣେ ସମାଲୋଚକ ଭାବରେ ସେ ନାଟ୍ୟକାର ରମେଶ ପ୍ରସାଦଙ୍କୁ ନିଜ ଦୃଷ୍ଟିରେ ଯେପରି ଦେଖିଛନ୍ତି, ତାହାକୁ ଆଲୋଚନାରେ ସ୍ଥାନ ଦେଇଛନ୍ତି। ତାଙ୍କ ଆଲୋଚନାଟି ବେଶ୍ ସୁଖପାଠ୍ୟ ହୋଇପାରିଛି। ପ୍ରଫେସର କୃଷ୍ଣଚନ୍ଦ୍ର ପ୍ରଧାନ ଦୀର୍ଘବର୍ଷ ଧରି ଅଧ୍ୟାପନା ସହ ଓଡ଼ିଆ ସାହିତ୍ୟର ପ୍ରାୟ ସମସ୍ତ କ୍ଷେତ୍ରରେ ଖୁବ୍

ଉପାଦେୟ ଆଲୋଚନାତ୍ମକ/ ଗବେଷଣାତ୍ମକ ପ୍ରବନ୍ଧ/ ସମାଲୋଚନାତ୍ମକ ପୁସ୍ତକମାନ ରଚନା କରି ଓଡ଼ିଆ ସମାଲୋଚନା ସାହିତ୍ୟକୁ ସମୃଦ୍ଧ କରିଛନ୍ତି। ରମେଶ ପ୍ରସାଦ ପାଣିଗ୍ରାହୀଙ୍କ ନାଟକରେ ସାମାଜିକ ବାସ୍ତବତା ଶୀର୍ଷକ ତାଙ୍କର ଆଲେଚନା, ପରବର୍ତ୍ତୀ ଗବେଷଣା ନିମନ୍ତେ ଅନେକ ସମ୍ଭାବନା ସୃଷ୍ଟି କରେ, ଯାହା ଏ ସମୟର ଛାତ୍ରଛାତ୍ରୀ ବା ଗବେଷକମାନଙ୍କ ଲାଗି ନିହାତି ଉପାଦେୟ।

ଡକ୍ଟର କ୍ଷୀରୋଦ ଚନ୍ଦ୍ର ବେହେରା, ଏ ସମୟର ଜଣେ ଆଗଧାଡ଼ିର ସମାଲୋଚକ, ଯାହାଙ୍କ ସମାଲୋଚନା ବେଶ ଅନ୍ତର୍ଦୃଷ୍ଟିସମ୍ପନ୍ନ ତଥା ଗବେଷଣାଧର୍ମୀ। ପାଶ୍ଚାତ୍ୟ ତତ୍ତ୍ୱ ସହ ଭାରତୀୟ ସୃଜନକଳାର ମୂଳଭିତ୍ତି, ଏବଂ ଉଭୟଙ୍କ ମଧ୍ୟରେ ସମନ୍ୱୟତା, ଖୁବ୍ ସୁନ୍ଦର ଭାବରେ ସେ ଅନୁଶୀଳନ କରିଛନ୍ତି। ତାଙ୍କର ଆଲୋଚନା- ରମେଶ ପାଣିଗ୍ରାହୀଙ୍କ କଥାୟନରେ ଭିତ୍ତିଭୂମି। ସାମାଜିକ ତଥା ସାହିତ୍ୟିକ ପ୍ରେକ୍ଷାପଟରେ ନାଟ୍ୟକାର ରମେଶଙ୍କ କଥାୟନ ଦିଗଟି ଉଦ୍‌ଘାଟିତ ହେଉଛି, ତାଙ୍କରି ଅନୁଶୀଳନରେ। ତାଙ୍କର ଏ ପ୍ରବନ୍ଧ ଗବେଷକମାନଙ୍କୁ ନିଶ୍ଚିତ ଭାବରେ ମାର୍ଗଦର୍ଶନ କରାଇବ। ଡକ୍ଟର ବାୟାମନୁ ଚର୍ଚ୍ଚି, ଆଧୁନିକ ଓଡ଼ିଆ ନାଟ୍ୟଧାରା କ୍ରମରେ ନାଟ୍ୟକାର ରମେଶ ପ୍ରସାଦଙ୍କୁ ତାଙ୍କ ଆଲୋଚନାର ପରିସର ମଧ୍ୟରେ ରଖି, ବିଭିନ୍ନ ବାଦର ସମାହାରରେ ଆଧୁନିକତା ଏବଂ ଏହାର ପ୍ରୟୋଗ କିପରି ନାଟ୍ୟକାର ପାଣିଗ୍ରାହୀଙ୍କ ନାଟକରେ ସଫଳ ଭାବରେ ହୋଇପାରିଛି, ତାହାକୁ ତାଙ୍କ ନାଟକର ଦୃଷ୍ଟାନ୍ତ ଭିତ୍ତିରେ ଉପସ୍ଥାପନ କରିଛନ୍ତି। ଡକ୍ଟର ନିଖିଳେଶ ମହାନ୍ତି, ନାଟ୍ୟକାର ରମେଶ ପ୍ରସାଦଙ୍କ ନାଟ୍ୟମାନସ ଓ ବକ୍ତବ୍ୟରେ ନୂତନତା, ଆଲୋଚନା ପ୍ରସଙ୍ଗରେ ସ୍ରଷ୍ଟା ମାନସରେ କଥାବସ୍ତୁ ପରିପକ୍ୱ ହେବା ଏବଂ ବକ୍ତବ୍ୟରେ ପ୍ରକାଶିତ ହେବାର ମାର୍ଗ ଅତି ସୁନ୍ଦର ଭାବରେ ଦର୍ଶାଇଛନ୍ତି। ତାଙ୍କର ଆଲେଖ୍ୟ ଉଭୟ ତତ୍ତ୍ୱ ଏବଂ ରମେଶ ପ୍ରସାଦଙ୍କ ସ୍ରଷ୍ଟାମାନସର ଉଚ୍ଛ୍ୱାସ ମଧ୍ୟରେ ଗୋଟିଏ ଚମତ୍କାର ତୁଳନାତ୍ମକ ଯୋଗସୂତ୍ର ରକ୍ଷାକରିଛି।

ଆମ ସମୟର ଜଣେ ସ୍ୱତନ୍ତ୍ର ଦୃଷ୍ଟିଭଂଗୀ ସଂପନ୍ନ ସମାଲୋଚକ ଭାବରେ ଡକ୍ଟର ରବୀନ୍ଦ୍ର ଦାସଙ୍କୁ ଗ୍ରହଣ କରାଯାଏ। ତାଙ୍କର ଆଲୋଚନା ଫୁକୋଙ୍କ ତତ୍ତ୍ୱ ପରିପ୍ରେକ୍ଷୀରେ ମହାନାଟକର ବିଚାର, ଗୋଟିଏ ଚମତ୍କାର ଆଲୋଚନା। ଫୁକୋ କହନ୍ତି ଯେଉଁ ସମୟରେ ଯହାବି କିଛି ସମ୍ଭବ ହୁଏ, ତାହା ସେହି ସମୟରୁ ଆଉ ଗୋଟିଏ ସମୟକୁ ଗଲାପରେ ପରିବର୍ତ୍ତିତ ହୋଇଯାଏ। ସେହି କଥା ଘଟିଛି ମହାନାଟକରେ, ଯାହା ନିଜ ଆଲୋଚନାରେ ଖୁବ୍ ଚମତ୍କାର ଭାବରେ ଦର୍ଶାଇଛନ୍ତି ଡକ୍ଟର ରବୀନ୍ଦ୍ର। ଡକ୍ଟର ଦେବୀପ୍ରସାଦ ଶତପଥୀ, ମହାନାଟକରେ ଲୋକ ଉପାଦାନର ପ୍ରୟୋଗ ରୀତି ସଂପର୍କରେ ନିଜସ୍ୱ ଅନୁଶୀଳନାତ୍ମକ ଅଭିମତ ରଖିଛନ୍ତି। ଡକ୍ଟର ଦେବୀପ୍ରସାଦ ଆଧୁନିକତା

ଏବଂ ଉତ୍ତର ଆଧୁନିକତା ସଂପର୍କରେ ପୂର୍ବରୁ ପୁସ୍ତକ ରଚନା କରିଛନ୍ତି। ଏହି ଆଲୋଚନାରେ ମହାନାଟକରେ ବର୍ଣ୍ଣିତ ନିର୍ଦ୍ଦିଷ୍ଟ ପ୍ରସଙ୍ଗକୁ ଗ୍ରହଣ କରି, ସେ ସଂପର୍କରେ ପୁଙ୍ଖାନୁପୁଙ୍ଖ ସମୀକ୍ଷା କରିଛନ୍ତି। ନାଟକର ଅନେକ ଦୃଶ୍ୟକୁ ମଧ୍ୟ ସେ ଉଦାହରଣ ଭାବରେ ଦର୍ଶାଇଛନ୍ତି, ଫଳରେ ତାଙ୍କ ବକ୍ତବ୍ୟ ସହଜ ଭାବରେ ଅବବୋଧ୍ୟ ହୋଇପାରିଛି।

ଡକ୍ଟର ବିଜୟଲକ୍ଷ୍ମୀ ଦାଶ, ରମେଶ ପାଣିଗ୍ରାହୀଙ୍କୁ ଜଣେ ନାଟ୍ୟ ସମୀକ୍ଷକ ଭାବରେ ଦର୍ଶାଇବା ସହ, ତାଙ୍କର ସମାଲୋଚନାତ୍ମକ ପୁସ୍ତକ ସଂପର୍କରେ ନିଜର ଅନୁଶୀଳନାତ୍ମକ ପ୍ରବନ୍ଧ ଉପସ୍ଥାପନା କରଛନ୍ତି। ନାଟ୍ୟ ସୃଷ୍ଟି କିପରି କଳାତ୍ମକ ଏବଂ ରସାତ୍ମକ, ଜୀବନ ସହ ତା'ର ସଂପର୍କ, ନାଟ୍ୟ-ସମୀକ୍ଷକଙ୍କର ଅନ୍ତର୍ଦୃଷ୍ଟି, ଏ ସମସ୍ତ ଆଲୋଚନା ପରିପ୍ରେକ୍ଷୀରେ ରମେଶ ପାଣିଗ୍ରାହୀଙ୍କ ଏସବୁରେ ପାରଦର୍ଶିତା ଅତି ସୁନ୍ଦର ଭାବରେ ଉପସ୍ଥାପନ କରିଛନ୍ତି। ଡକ୍ଟର ଶରତ କୁମାର ଜେନା, ସଂପ୍ରତି ବିଶ୍ୱଭାରତୀ ଓଡ଼ିଆ ବିଭାଗରେ କାର୍ଯ୍ୟରତ ଏବଂ ଜଣେ ସାହିତ୍ୟ-ସଂସ୍କୃତି ମନସ୍କ ବ୍ୟକ୍ତି। ଯାଦୁ ବାସ୍ତବତା ହେଉଛି ବାସ୍ତବତା ଓ କଳ୍ପନାର ଅଦ୍ଭୁତ ମିଶ୍ରଣ। ବିଶ୍ୱାସଯୋଗ୍ୟ ଓ ବସ୍ତୁନିଷ୍ଠ ବାସ୍ତବ ଜଗତ ନିର୍ଭର ବର୍ଣ୍ଣନା ଭିତରେ ଅବିଶ୍ୱାସ୍ୟ ଓ ଅତିବାସ୍ତବ ଘଟଣାର ଆଶ୍ଚର୍ଯ୍ୟ ଉପସ୍ଥିତି। ଏଥି ସହିତ ସେ ଯୋଡ଼ିଛନ୍ତି ନାଟ୍ୟକାର ରମେଶ ପ୍ରସାଦଙ୍କ ନାଟକକୁ। ଏହା ନିଶ୍ଚିତ ଭାବରେ ନୂତନ ପର୍ଯ୍ୟାୟର ଆଲୋଚନା। ଉତ୍ତର ଆଧୁନିକତା ପରିପ୍ରେକ୍ଷୀରେ ନାଟ୍ୟକାର ରମେଶ ପ୍ରସାଦଙ୍କୁ ଆଲୋଚନା ପରିସରକୁ ଆଣିଛନ୍ତି ଡକ୍ଟର ପ୍ରତିମା ପାଣିଗ୍ରାହୀ ତାଙ୍କ ନିଜ ଆଲୋଚନା ମାଧ୍ୟମରେ। ଗୋଟିଏ ଦାସକାଠିଆ ଗୀତ ମାଧ୍ୟମରେ କିମ୍ବଦନ୍ତୀର ରାଜା ବା ଚରିତ୍ର କିପରି ନାଟ୍ୟାୟିତ ହୋଇଛି ଏବଂ ଅନ୍ୟାନ୍ୟ ନାଟକରେ ରମେଶ ପ୍ରସାଦଙ୍କ ପ୍ରୟୋଗ, ପରୀକ୍ଷା ଇତ୍ୟାଦିକୁ ସେ ନିଜସ୍ୱ ଭଙ୍ଗୀରେ ଉପସ୍ଥାପନ କରିଛନ୍ତି। ଆଧୁନିକତା ଓ ଉତ୍ତର-ଆଧୁନିକତା ମଧ୍ୟରେ ଏକ ତୁଳନାତ୍ମକ ଚିତ୍ର ମଧ୍ୟ ଦର୍ଶାଇଛନ୍ତି ଡକ୍ଟର ପ୍ରତିମା ପାଣିଗ୍ରାହୀ।

ଅଧ୍ୟାପିକା ଡକ୍ଟର ସଂଜିତା ମିଶ୍ରଙ୍କ ପ୍ରବନ୍ଧ "ଉତ୍ତର ଆଧୁନିକ ନାଟ୍ୟକଳାର ପ୍ରୟଃ-ପ୍ରଣାଳୀ-ଗୋଟିଏ ବୃତ୍ତ ଆଙ୍କିବାର ସହଜ ପ୍ରଣାଳୀ"। ପ୍ରକୃତରେ ନାଟ୍ୟକାର ରମେଶ ପାଣିଗ୍ରାହୀଙ୍କ ଏହି ନାଟକ ସଂପର୍କିତ ଗୋଟିଏ ଉଚ୍ଚକୋଟୀର ଆଲୋଚନା। ମୋ ଜାଣିବାରେ ଏହି ନାଟକ ସମ୍ପର୍କରେ ଏଯାବତ୍ ହୋଇଥିବା ଆଲୋଚନାମାନଙ୍କ ମଧ୍ୟରେ ଡକ୍ଟର ସଂଜିତା ମିଶ୍ରଙ୍କ ଉକ୍ତ ଆଲୋଚନାଟି ଏକ ନିଆରା ତଥା ଗଭୀର ଅନୁଶୀଳନଧର୍ମୀ ଆଲୋଚନା। ଅବଶ୍ୟ ଡକ୍ଟର ସଂଜିତାଙ୍କୁ ଯେଉଁମାନେ ଶୁଣିଛନ୍ତି, ତାଙ୍କର ଦକ୍ଷତାକୁ ନିଶ୍ଚିତ ପ୍ରଶଂସା କରିବେ। ତାଙ୍କର ଏହି ଆଲୋଚନାଟି ଭାବ ଓ ଭାଷା ଉଭୟ ଦିଗରୁ ବେଶ୍ ସୁଖପାଠ୍ୟ। ଡକ୍ଟର ଆର୍ଯ୍ୟକୁମାରୀ ପ୍ରଜ୍ଞା ପାରମିତା ତରୁଣ

ପିଢ଼ିର ଅନ୍ୟତମ ନାଟ୍ୟ ସମାଲୋଚକ ଏବଂ ବିଶେଷ ଭାବରେ ସେ ନାଟ୍ୟକାର ରମେଶ ପ୍ରସାଦ ପାଣିଗ୍ରାହୀଙ୍କ ନାଟକ ସହ ଅଧିକ ପରିଚିତ। ରମେଶ ପ୍ରସାଦଙ୍କ ନାଟକରେ ବ୍ରେଖ୍ଟୀୟ ଶୈଳୀର ପ୍ରୟୋଗ' ଆଲୋଚନାରେ ସେ 'ବିନ୍ଦୁ ଓ ବଳୟ' ନାଟକର ଶୈଳୀଗତ ଦିଗକୁ ସୁନ୍ଦର ଭାବରେ ବ୍ୟାଖ୍ୟା କରିଛନ୍ତି। ସୁନ୍ଦର ତୁଳନା, ଚମତ୍କାର ଆଲୋଚନା। ଏହା ନିଶ୍ଚିତ ଭାବରେ ଏ ସମୟର ଯୁବପିଢ଼ିକୁ ପ୍ରେରଣା ଦେବ।

ଡକ୍ଟର ଦେବାନନ୍ଦ ଦାସ ଜଣେ ଅଧ୍ୟାପକ, ପ୍ରକାଶକ, ପ୍ରଜନ୍ମ ପତ୍ରିକାର ସଂପାଦକ, ଜଣେ ସଂଗଠକ, ଅଭିନେତା, ନିର୍ଦ୍ଦେଶକ ଇତ୍ୟାଦି ଅନେକ କ୍ଷେତ୍ରରେ ନିଜର ଦକ୍ଷତା ଦେଖାଇ ସାରିଛନ୍ତି। ପ୍ରଜନ୍ମର ଗୋଟିଏ ସ୍ୱତନ୍ତ୍ର ସଂଖ୍ୟାରେ ସେ କେବଳ ନାଟ୍ୟକାର ରମେଶ ପ୍ରସାଦଙ୍କ ନାଟକ ସମ୍ପର୍କରେ ଆଲୋଚନା କରିଥିଲେ। ସେଥିରୁ ଏକ ବିଶେଷ ସାକ୍ଷାତକାର ଏଥିରେ ସ୍ଥାନିତ।

ଏଥିସହ ଏହି ସଙ୍କଳନରେ ରହିଛି ଡକ୍ଟର ଗୋଲୋକ ବିହାରୀ ଆଚାର୍ଯ୍ୟଙ୍କ ଆଲୋଚନା "ରମେଶ ପାଣିଗ୍ରାହୀଙ୍କ ଧୃତରାଷ୍ଟ୍ରର ଆଖି: ଅନ୍ଧ ଦର୍ଶକ," ଡକ୍ଟର ଝରଣା ନାଥଙ୍କ ରଚିତ "ରାଜନୀତିର କୁହୁଳା ଧୂଆଁରେ ପାଉଁଶ ତଳର ନିଆଁ", ଡକ୍ଟର ମନୀଷା ସାହୁଙ୍କ "ଆଦିମ ଦିଗନ୍ତରେ ଆଦିକଳ୍ପର ପ୍ରୟୋଗ", ଡକ୍ଟର ମମତା ସାହୁଙ୍କ "ଦୃଶ୍ୟ ଅଦୃଶ୍ୟର ରୂପାୟନ: ଦେଖୁ ଦେଖୁ ଅଦୃଶ୍ୟ", ଅଧ୍ୟାପକ ଅଭିମନ୍ୟୁ ବିଶ୍ୱାଳଙ୍କ "ଦଳିତର ଅନ୍ଧାରକୁ ଦିଅ ନୂଆ ଭାଷା : ନୂତନ ପ୍ରଜନ୍ମର ନାଟକ - କବିଙ୍କ ନାମ ବେଦବ୍ୟାସ", ଅଧ୍ୟାପିକା ମହାଶ୍ୱେତା ସାହୁଙ୍କ "ନବନାଟ୍ୟ ଧାରାର ଅଗ୍ରସାରଥୀ ନାଟ୍ୟକାର ରମେଶ ପାଣିଗ୍ରହୀ ଏବଂ ଅଧ୍ୟାପକ ଡକ୍ଟର ଜ୍ଞାନ ରଞ୍ଜନ ତ୍ରିପାଠୀଙ୍କ ରଚିତ "ଜାଗତିକ ଜୀବନରୁ କାଳ୍ପନିକ ଜଗତକୁ ଯାତ୍ରା : ଆନନ୍ଦ ନଗରକୁ ଯାତ୍ରା," ଇତ୍ୟାଦି।

ଡକ୍ଟର ଜ୍ଞାନୀ ଦେବାଶିଷ ମିଶ୍ରଙ୍କ ଏକ ଅନନ୍ୟ ସାକ୍ଷାତକାର ରହିଛି, ଯାହା ନାଟ୍ୟକାରଙ୍କ ବ୍ୟକ୍ତିସତ୍ତା ଏବଂ ଲେଖକୀୟ ସତ୍ତା ମଧ୍ୟରେ ସୁନ୍ଦର ସମନ୍ୱୟ ସ୍ଥାପନ କରିବା ସହ ଅନେକ ନୂତନ ତଥା ଅଜଣା କଥାମାନ ପ୍ରକାଶ କରିପାରିଛି। କହିବା ବାହୁଲ୍ୟଯେ, ନାଟ୍ୟକାର ରମେଶ ପ୍ରସାଦଙ୍କ ନାଟକ ସମ୍ପର୍କିତ ଆଲୋଚନା ଆହୁରି ଅନେକ ଗବେଷଣାର ଅପେକ୍ଷା ରଖେ। ଏହା ଆମର ଏକ କ୍ଷୁଦ୍ର ପ୍ରୟାସ, ସେହି ଧାରାକୁ ଉଜ୍ଜୀବିତ କରିବା ନିମନ୍ତେ। ନାଟ୍ୟକାର ରମେଶ ପ୍ରସାଦ ଓଡ଼ିଆ ନାଟ୍ୟ ସାହିତ୍ୟର ଯଥାର୍ଥ ବେଦବ୍ୟାସ। ତାଙ୍କର ନାଟ୍ୟଯାତ୍ରା ଅବ୍ୟାହତ ରହିଥାଉ ଏବଂ ଓଡ଼ିଆ ନାଟ୍ୟସାହିତ୍ୟ ଋଦ୍ଧିମନ୍ତ ହେଉଥାଉ ତାଙ୍କ ଲେଖନୀର ଯାଦୁକାରୀ ସ୍ପର୍ଶରେ।

ଡକ୍ଟର ସଞ୍ଜୟ ହାତୀ
ଅନିନ୍ଦିତା ପାଣିଗ୍ରାହୀ

ସୂଚୀକ୍ରମ

ସ୍ୱତନ୍ତ୍ର ପୃଷ୍ଠା

ରମେଶ ପାଣିଗ୍ରାହୀଙ୍କ 'ମହାନାଟକ'ରେ ପ୍ରତିଫଳିତ ବୈପ୍ଳବିକ ଆଭିମୁଖ୍ୟ

ଡ. ବିଜୟ ଶତପଥୀ

ଷଷ୍ଠଦଶକର ପରବର୍ତ୍ତୀକାଳ ହେଉଛି ଓଡ଼ିଶାପକ୍ଷରେ ଏକ ସାମାଜିକ, ରାଜନୈତିକ ଏବଂ ସାଂସ୍କୃତିକ ସଙ୍କଟର କାଳ। ଏ କାଳରେ ଆମର ପ୍ରଚଳିତ ସାମାଜିକ ଏବଂ ପାରିବାରିକ ମୂଲ୍ୟବୋଧ ଭୁଷୁଡ଼ି ପଡ଼ିଛି। ଗ୍ରାମ୍ୟ-ଜୀବନ ବିପୁଳ ଭାବରେ ସହରୀ ସଭ୍ୟତା ଦ୍ୱାରା ପ୍ରଭାବିତ ହୋଇଛି ଏବଂ ଗ୍ରାମ୍ୟ-ଜୀବନ ତା'ର ସରଳତା ହରାଇ ହୋଇପଡ଼ିଛି ଜଟିଳ, ଛନ୍ଦଶୂନ୍ୟ ଏବଂ ଅସାର। ସର୍ବଗ୍ରାସୀ ରାଜନୀତିର ଘନଘଟା ମଧ୍ୟରେ ମଣିଷ ଅର୍ଣନିଃଶ୍ୱାସୀ ହୋଇପଡ଼ିଛି। ସଂସ୍କୃତି ନାମରେ ଆତ୍ମପ୍ରକାଶ କରିଛି ଯଥେଚ୍ଛାଚାରିତା। ଜୀବନରୁ କୋମଳତା ଟିକକ କିଏ ଯେପରି ଅପହରଣ କରିନେଇଛି। ସବୁଠି ପୁଞ୍ଜିର ନିରଙ୍କୁଶ ଆଧିପତ୍ୟ। ଆମ ପାଇଁ ଗୃହ, ପରିବାର, ସମାଜ ଯେମିତି ନର୍କରେ ପରିଣତ ହୋଇଯାଇଛି।

'ବ୍ୟକ୍ତିଗତ ଜୀବନରେ ସ୍ନେହ, ମମତା, ତ୍ୟାଗ, ମୈତ୍ରୀ ପ୍ରଭୃତି ଅପାର୍ଥିବ ଭାବମାନଙ୍କର ଅନଟନ ଘଟିଲେ ସମାଜ ଅସଭ୍ୟ ହୋଇଯାଏ। ଆମର ଯାତ୍ରା ଅସଭ୍ୟତାର ଦିଗନ୍ତ ଆଡ଼କୁ ବର୍ବରତାର ଜାଙ୍ଗଲିକତା ମଧ୍ୟରେ ହଜିଯିବାର ଇଚ୍ଛା ପ୍ରଳୟର ପ୍ରଥମ ସୂଚନା। ଆମ ଭିତରର ଅମୃତ ସନ୍ତାନଟିକୁ ବିଷଦେଇ ମାରିଦେଲା ପରେ ଆମର ହୃଦୟ ଓ ମନ ନର୍କରେ ରୂପାନ୍ତରିତ। xxx ବ୍ୟଞ୍ଜନାରେ କହିଲେ ଆମେ ସମସ୍ତେ ମନସ୍ତାତ୍ତ୍ୱିକ ଦୃଷ୍ଟିରୁ ନର୍କର ଅଧିବାସୀ। ଆନୁଷଙ୍ଗିକ, ସାମାଜିକ, ସାଂସ୍କୃତିକ ପରିବେଷ୍ଟନୀ ଭିତରେ ଦୁର୍ଘଟଣା ଘଟିବା ଫଳରେ ଆମେ ନର୍କରେ। ଆଜି ମର୍ମାନୁଭୂତି ହୁଏତ ଆମ ପାଇଁ ଅଧିକ ସତ୍ୟ ।" (ଦୁର୍ଘଟଣାବଶତଃ - ରମେଶ ପାଣିଗ୍ରାହୀ)

ରମେଶ ପାଣିଗ୍ରାହୀଙ୍କର 'ବିନ୍ଦୁ ଓ ବଳୟ' ଠାରୁ ଆରମ୍ଭ କରି 'ପକାକମ୍ବଳ ପୋତ ଛତା' ପର୍ଯ୍ୟନ୍ତ ରଚିତ ନାଟକଗୁଡ଼ିକ ଅନୁଧ୍ୟାନ କଲେ ଆମେ ଠିକ୍ ଏଇ ସିଦ୍ଧାନ୍ତରେ ପହଞ୍ଚିବା। ଗ୍ରାମାଞ୍ଚଳର ସରଳ ଜୀବନଯାପନ ପ୍ରଣାଳୀକୁ ଧ୍ୱଂସକରି ସହରୀ ଜୀବନଧାରା ଓ ସଭ୍ୟତାର ଯେଉଁ ଅନୁପ୍ରବେଶ ଘଟିଥିଲା ତା'ର ସାର୍ଥକ ଚିତ୍ର ଏଇ

'ନାଟକଟିରେ ପ୍ରତିଫଳିତ। ତାଙ୍କର 'ଗୁଣ୍ଡା' ନାଟକରେ ବାବ୍‌ଲୁ କେବଳ ଜଣେ angry young man ଭାବରେ ଆତ୍ମପ୍ରକାଶ କରିନାହିଁ, ତା' ମାଧ୍ୟମରେ ଷଷ୍ଠ ଦଶକ ପରବର୍ତ୍ତୀ କାଳର ଯୁବ ଅସନ୍ତୋଷକୁ ଏବଂ ଯୁବସମାଜକୁ ନାଟ୍ୟକାର ରୂପ ଦେଇଛନ୍ତି। ପୁରାତନ ଏବଂ ନବୀନ ସଂସ୍କୃତି ମଧ୍ୟରେ ବିରୋଧ ସଙ୍ଘର୍ଷର ଚିତ୍ର ପ୍ରତିଫଳିତ 'ଧୃତରାଷ୍ଟ୍ରର ଆଖି'ରେ । ଏଠି ବୁଢ଼ା ବାପା ରହିଥିବା ଘରଟି ହେଉଛି ଯେପରିକି ଅଦରକାରୀ ସଂସ୍କୃତି। ନାଟ୍ୟକାରଙ୍କର ବକ୍ତବ୍ୟ ହେଲା – "ଧୃତରାଷ୍ଟ୍ରର ଆଖିରେ ଯେଉଁ ଚରିତ୍ରଗୁଡ଼ିକ ଅଯଥା ବ୍ୟସ୍ତ ହୁଅନ୍ତି କ୍ଳାନ୍ତି ସଫୋକେଶନ୍‌ର ଦୀର୍ଘଶ୍ୱାସ ଭିତରେ; ବିଶ୍ୱାସଠୁ ବହୁଦୂରରେ ଟିକିଏ ନୂଆ ଅନୁଭୂତି, ଛିଡ଼ିକାଏ ସ୍ୱପ୍ନ ନହେଲେ ବଡ଼ ହେବାର ନିଶା ଖାଇ କିଏ ଗୋଟାଏ ମିଛ ଆଦର୍ଶ ପଛରେ ଗୋଡ଼ାଇଲାବେଳକୁ କିଏ ନିଜକୁ ପ୍ରଶସ୍ତରୁ ଆହୁରି ପ୍ରଶସ୍ତ କରିଦେଇ ଦୁନିଆଟାକୁ ରଙ୍ଗହୀନ, ସ୍ୱାଦୁହୀନ ଦେଖୁଛି, କିଏ ବୈଦେହୀ - ଖିଆଲି ମନର ସ୍ୱର୍ଣ୍ଣମୃଗ ହୋଇ ତା' ଚାରିପାଖେ ଘୂରି ଲୁଚକାଳି ଖେଳିବାକୁ ଚେଷ୍ଟା କରିଛି। ସମସ୍ତ ସ୍ୱାଭାବିକ ଭାବେ ଗୋଟିଏ ବିନ୍ଦୁରେ ବୃତ୍ତକାଟି ଘୂରି ବୁଲୁଛନ୍ତି ଜୀବନର ସମସ୍ତ ଅସ୍ୱାଭାବିକତା ଭିତରେ ଜୀବନ ଟିକିଏ ପାଇବେ ବୋଲି ।"

ଆମର ସାଂସ୍କୃତିକ ଅବକ୍ଷୟର ଚିତ୍ରକୁ ରମେଶ ପାଣିଗ୍ରାହୀ ଖୁବ୍ ବଳିଷ୍ଠ ଭାବରେ ଉପସ୍ଥାପନା କରିଛନ୍ତି ତାଙ୍କର 'ଆତ୍ମଲିପି' ନାଟକରେ। ଏହା ବ୍ୟତୀତ ତାଙ୍କର 'ବିନ୍ଦୁ ବଳୟ', 'କମଳପୁର ଡାକଘର', 'ଅନ୍ଧନଦୀର ସୁଅ', 'ଜଣେ ମହାପୁରୁଷଙ୍କ ଜନ୍ମ ଓ ମୃତ୍ୟୁ ସମ୍ପର୍କରେ' ପ୍ରଭୃତି ନାଟକଗୁଡ଼ିକରେ ସମାଜ ଓ ଜୀବନର ନଷ୍ଟ ମୂଲ୍ୟବୋଧ ସାଙ୍ଗକୁ ସମସ୍ୟାଗୁଡ଼ିକର ମାନବିକ ଚିତ୍ର ଦେଖିବାକୁ ମିଳେ, ମୋଟ ଉପରେ କହିବାକୁ ଗଲେ ଶ୍ରୀଯୁକ୍ତ ପାଣିଗ୍ରାହୀ ତାଙ୍କର ନାଟକଗୁଡ଼ିକରେ ଷଷ୍ଠ ଦଶକ ପରବର୍ତ୍ତୀ ଓଡ଼ିଶାର ସାମାଜିକ, ରାଜନୈତିକ ଏବଂ ସାଂସ୍କୃତିକ ପ୍ରେକ୍ଷାପଟକୁ ସମାଲୋଚନା ଏବଂ ପର୍ଯ୍ୟାଲୋଚନା କରିଛନ୍ତି।

୧୯୮୫ ମସିହାରେ ସାହିତ୍ୟ ଏକାଡ଼େମୀ ପୁରସ୍କାର ପାଇଥିବା ନାଟକ 'ମହାନାଟକ' ତାଙ୍କର Social Commitmentର ଏକ ଯଥାର୍ଥ ନାଟକ। ଉକ୍ତ ନାଟକଟି ପ୍ରଥମେ କୃଷ୍ଣଚନ୍ଦ୍ର ଗଜପତି ଭେଷଜ ମହାବିଦ୍ୟାଳୟ, ବ୍ରହ୍ମପୁରଠାରେ ୧୯୭୨ ମସିହରେ 'ପଞ୍ଚମ ସ୍ୱର' ନାମରେ ଅଭିନୀତ ହୋଇଥିଲା। ପରେ ଏହା 'ମହାନାଟକ' ନାମରେ ସଙ୍ଗୀତ ନାଟକ ଏକାଡ଼େମୀର ରାଉରକେଲା ଉତ୍ସବରେ, ବ୍ରହ୍ମପୁର, ଗଞ୍ଜାମ କଳାପରିଷଦରେ ଏବଂ ସାମନ୍ତ ଚନ୍ଦ୍ରଶେଖର କଲେଜ, ପୁରୀଠାରେ ଅଭିନୀତ ହୋଇ ଉଚ୍ଚ ପ୍ରଶଂସିତ ହୋଇଥିଲା, ୧୯୭୨ରେ ଲିଖିତ ଓ ମଞ୍ଚସ୍ଥ 'ମହାନାଟକ' ପ୍ରକାଶ ପାଇଲା ୧୯୮୧ ମସିହାରେ। ଏ ନାଟକର ଅଗ୍ରଲେଖରେ ଶ୍ରୀଯୁକ୍ତ ପାଣିଗ୍ରାହୀ ଯେଉଁ

ଦାବି କରିଛନ୍ତି, ସେଥିପ୍ରତି ପାଠକମାନଙ୍କର ଦୃଷ୍ଟି ଆକର୍ଷଣ କରାଯାଇପାରେ ।

'ମହାନାଟକ' ଏକ ମୁକ୍ତଧାରାର ନାଟକ। ଏଥିରେ ସାମସମୟିକ ସମସ୍ତ ନାଟ୍ୟଶୈଳୀ ଓ ଜୀବନଦର୍ଶନକୁ ଉପେକ୍ଷା କରାଯାଇ ଲୋକନାଟକ ଶୈଳୀର ପରୀକ୍ଷା କରାଯାଇଛି। 'ଦାସକାଠିଆ' ମାଧ୍ୟମରେ ଏକ କଳ୍ପନାପ୍ରସୂତ Classical Themeକୁ ପରିବେଷଣ କରାଯିବା ସେ ସମୟ ପାଇଁ ସମ୍ପୂର୍ଣ୍ଣ ନୂତନ। ଅଥଚ ଏହାର ତିନିବର୍ଷ ପରେ 'କାଠଘୋଡ଼ା' ନାଟକରେ ଯାତ୍ରାଶୈଳୀର ଅଭିନୟ ହୋଇଥିବା ଯୋଗୁ ବହୁ ସମାଲୋଚକ ପ୍ରଶଂସାରେ ଶତମୁଖ ହୋଇଉଠିଲେ ଓ ଖବରକାଗଜ ପ୍ରବନ୍ଧମାନଙ୍କରେ ପୃଷ୍ଠାଗୁଡ଼ିକୁ ଅଳଙ୍କୃତ କରି ନିଜେ ଧନ୍ୟ ହେଲେ, ଅନ୍ୟମାନଙ୍କୁ ଧନ୍ୟ କରାଇଲେ। ଓଡ଼ିଶାରେ ନାଟ୍ୟ ସମାଲୋଚନା ହେଉ ନ ଥିବାରୁ ଅନଭିଜ୍ଞ ସାହିତ୍ୟିକମାନେ ତିନି ତୁଣ୍ଡ ହୋଇ ଛେଳି କୁକୁର ବୋଲି ପ୍ରମାଣିତ କରୁଛନ୍ତି ଏବଂ ସତ୍ୟ ହଜିଯାଇଛି ପ୍ରଚାରର କୋଳାହଳ ଭିତରେ।"

ନାଟ୍ୟକାରଙ୍କର ଉପରୋକ୍ତ ଦାବି ଓ ଯୁକ୍ତିର ଐତିହାସିକ ଯଥାର୍ଥତା ଏବଂ ସତ୍ୟତା ରହିଛି। ଆଧୁନିକ ଓଡ଼ିଆ ନାଟକରେ ଲୋକନାଟକର ଟେକ୍‌ନିକ୍ ଗ୍ରହଣ କରି ଏବଂ fantasy ଏବଂ allegory ଜରିଆରେ ଏକ ନିଷ୍ଠୁର ବାସ୍ତବ ଦିଗ ପ୍ରତି ଅଙ୍ଗୁଳି ନିର୍ଦ୍ଦେଶ କରିବା ହେଉଛି ତାଙ୍କ ରଚିତ 'ମହାନାଟକ'ର ଗୌରବ। ୧୯୭୨ରେ ଲିଖିତ ମହାନାଟକ ପୂର୍ବରୁ ଏହି ରୀତି ପ୍ରାୟତଃ ଓଡ଼ିଆ ନାଟକରେ ଆତ୍ମପ୍ରକାଶ କରିନଥିଲା। ନାଟ୍ୟକାର ଏଥିରେ ଦାସକାଠିଆ ଜରିଆରେ ଏକ କଳ୍ପନାପ୍ରସୂତ ଥିମ୍‌କୁ ରୂପ ଦେଇଛନ୍ତି। ଏ କଥା ଏଠାରେ ସ୍ମରଣ କରାଯାଇପାରେ ଯେ, ସତୁରୀ ପରବର୍ତ୍ତୀ କାଳରେ ଯେତେବେଳେ ଓଡ଼ିଆ ନାଟକ ଅବଚେତନର ବିଶ୍ଳେଷଣ ଯୌନଚେତନା ଓ ତଥାକଥିତ ଉଦ୍ଭଟତାର ଚିତ୍ର ଦେଇ ସମାଜ ଜୀବନଠାରୁ ଅପସରି ଯାଉଥିଲା, ସେତେବେଳେ ଶ୍ରୀଯୁକ୍ତ ପାଣିଗ୍ରାହୀ ଜଣେ କୃତବିଦ୍ୟ ନାଟ୍ୟକାର ଭାବରେ ସାମାଜିକ ଅଙ୍ଗୀକାରବଦ୍ଧ ନାଟ୍ୟଶୈଳୀର ପ୍ରୟୋଗ କରିଥିଲେ ଓ ଓଡ଼ିଆ ନାଟକକୁ ଏକ ସଙ୍କଟରୁ ଓ ଦୁର୍ଦ୍ଦିନରୁ ରକ୍ଷା କରିଥିଲେ । ଏ କ୍ଷେତ୍ରରେ ସତୁରୀ ପରବର୍ତ୍ତୀ କାଳର ଆଉ ଜଣେ ନାଟ୍ୟକାରଙ୍କର ଗୁରୁତ୍ୱପୂର୍ଣ୍ଣ ଭୂମିକାକୁ ଉଲ୍ଲେଖ କରାଯାଇପାରେ। ସେ ହେଉଛନ୍ତି ନାଟ୍ୟକାର କାର୍ତ୍ତିକ ଚନ୍ଦ୍ର ରଥ। ତାଙ୍କର 'ବହ୍ନିମାନ' 'ମାଂସର ଫୁଲ', ଚଇତିଘୋଡ଼ା', ଶୁକଶାରୀ କଥା' ପ୍ରଭୃତି ନାଟକରେ ସାମାଜିକ ଅଙ୍ଗୀକାର ସହିତ ମିଥ୍, ଆଲିଗୋରୀ ଇତ୍ୟାଦିର ସଫଳ ପ୍ରୟୋଗ ଘଟିଛି। ସାଂପ୍ରତିକ ଓଡ଼ିଆ ନାଟକରେ ଏହି ରୀତି ଆହୁରି ଗତିଶୀଳ ହୋଇଛି ପ୍ରମୋଦ ତ୍ରିପାଠୀ, ବିଜୟ ଶତପଥୀ, ରତି ମିଶ୍ର ପ୍ରଭୃତି ନାଟ୍ୟକାରମାନଙ୍କ ହାତରେ। ଓଡ଼ିଆ ନାଟକ ଏବେ ଅଧିକରୁ ଅଧିକ ଜୀବନ ଓ ସମାଜ ସହିତ ଜଡ଼ିତ ହେଉଛି। ଦର୍ଶକ ଏବଂ ମଞ୍ଚ ମଧ୍ୟରେ ଥିବା ବ୍ୟବଧାନ

କାଳକ୍ରମେ ଅପସରି ଯାଉଛି।

ମହାନାଟକର କଥାବସ୍ତୁ କୌଣସି ନିର୍ଦ୍ଦିଷ୍ଟ ସମୟସୀମା ମଧ୍ୟରେ ଆବଦ୍ଧ ନୁହେଁ, ପୁଣି ଏହାର ଚରିତ୍ରମାନେ ମଧ୍ୟ କୌଣସି କାଳର ପ୍ରତିଲିପି ନୁହନ୍ତି। ନିରବଧି କାଳର ବିପୁଳ ବକ୍ଷରେ ଅନେକ ଶାସନତନ୍ତ୍ରର ଅଭ୍ୟୁଦୟ ଘଟିଛି ଏବଂ ବିଲୟ ମଧ୍ୟ ଘଟିଛି। ସ୍ୱେଚ୍ଛାଚାରୀ ଶାସନତନ୍ତ୍ର ବିରୁଦ୍ଧରେ ବିଦ୍ରୋହର ଡାକରା ଦିଆଯାଇଛି। ଟଳିପଡ଼ିଛି ସିଂହାସନ। ମହାକାଳର ସମୁଦ୍ରରେ ବୁଦ୍‌ବୁଦ୍ ଭଳି ମିଳେଇଯାଇଛି ଶାସକର ଗର୍ବ, ଅହମିକା ଓ ଔଦ୍ଧତ୍ୟ। ଚେଙ୍ଗିଜ୍, ତୈମୁର, ହିଟଲର୍, ମୁସୋଲିନୀମାନେ ସମୟର ସ୍ପନ୍ଦନ ଶୁଣିବାପାଇଁ ବାଧ୍ୟ ହୋଇଛନ୍ତି। ନାଟ୍ୟକାରଙ୍କ ଭାଷାରେ, "ଇତିହାସର ଶବ୍ଦହୀନ ଶୋଭାଯାତ୍ରା" ଚାଲିଛି। ସିଂହାସନମାନେ ଏହିଭଳି ଭାଙ୍ଗୁଛନ୍ତି। ଅର୍ଦ୍ଧ ଭଗବାନ ପ୍ରତିମାମାନେ ଏହିଭଳି ଓହ୍ଲାଇ ଆସିବାପାଇଁ ବାଧ୍ୟ।

ଦାସକାଠିଆ ରୀତିରେ ନାଟକଟି ପରିବେଷଣ କରାଯାଇଛି, ଗାୟକ ଓ ପାଳିଆ ନାଟକର ପ୍ରାରମ୍ଭରେ ସଭାଜନମାନଙ୍କୁ ବଜ୍ରବାହୁ ପୁରାଣ ଗାନ କରିବାପାଇଁ ସୂଚନା ଦେଇଛନ୍ତି। ତାଙ୍କ ଶାସନର ରଜତ ଜୟନ୍ତୀ ମହାସମାରୋହରେ ପାଳିତ ହେଉଥିବାର ବିବରଣୀ ସେମାନେ ଦର୍ଶକମାନଙ୍କୁ ଦେଇଛନ୍ତି । ତା'ପରେ ଗାୟକ ଓ ପାଳିଆ ସୂତ୍ରଧରର ଭୂମିକା ଶେଷକରି ବିଦୂଷକ ନଂ-୧ ବିଦୂଷକ ନଂ-୨ର ଭୂମିକା ଗ୍ରହଣ କରିଛନ୍ତି। ଦ୍ୱିତୀୟ ଅଙ୍କରେ ଠିକ୍ ସେହିପରି ମଧ୍ୟ ଗାୟକ ଓ ପାଳିଆ ରାଜାଙ୍କ କ୍ଷୌର ଉତ୍ସବ ସମ୍ପର୍କରେ ସଙ୍ଗୀତ ଗାନ କରିଛନ୍ତି।

'ମହାନାଟକ'ରେ ବଜ୍ରବାହୁ ଏକ ଅଦ୍ଭୁତ ଚରିତ୍ର। ଆହୁରି ଅଦ୍ଭୁତ ତାଙ୍କର ରାଜ୍ୟ ଶାସନ ପ୍ରଣାଳୀ। ସେ ମଞ୍ଚକୁ ପ୍ରବେଶ କରନ୍ତି ଏକ ଚିତ୍ରିତ ମୃତ୍ତିକା ଭାଣ୍ଡ ସହିତ। ସେହି ମୃତ୍ତିକା ଭାଣ୍ଡରେ ନିଜ ରୂପର ପ୍ରତିଫଳନ ଦେଖି ସେ ପୁଣି ଅତିଶୟ ପ୍ରଫୁଲ୍ଲିତ ହୁଅନ୍ତି। ନାଟ୍ୟକାର ଏଠାରେ ମୃତ୍ତିକା ଭାଣ୍ଡଟିକୁ ଏକ ପ୍ରତୀକ ଭାବରେ ଗ୍ରହଣ କରିଛନ୍ତି। ତାହା ହେଉଛି କ୍ଷମତା ବା ପ୍ରତିପତ୍ତିର ପ୍ରତୀକ। ଏହାକୁ ନେଇ କ୍ଷମତାଲୋଭୀ ମଣିଷ ଗର୍ବ କରେ। ଅହଂକାରରେ ପ୍ରମତ୍ତ ହୁଏ। ଧରାକୁ ସରା ବୋଲି ମନେ କରେ। ମାତ୍ର ଦିନେ ନା ଦିନେ ସମୟ ଚକ୍ରରେ ସେଇ ମୃତ୍ତିକା ଭାଣ୍ଡଟି ଭାଙ୍ଗିଯାଏ। ଭୂଲୁଣ୍ଠିତ ହୁଏ ଅତ୍ୟାଚାରୀର ଅତ୍ୟାଚାର, ଦର୍ପୀର ଦର୍ପ ଓ ଅଂହକାରୀର ଅହଂକାର। ଖିଆଲୀ ଶାସକ ସିଂହାସନରୁ ଓହ୍ଲାଇ ଆସିବାପାଇଁ ବାଧ୍ୟ ହୁଏ।

'ମହାନାଟକ' ରେ ବ୍ରହ୍ମଦତ୍ତ ହେଉଛନ୍ତି ରାଜା ବଜ୍ରବାହୁଙ୍କର ଅମାତ୍ୟ। ସେବି ଅନ୍ୟମାନଙ୍କ ପରି ଆଦେଶ ପାଳିତ କରିଆସିଛନ୍ତି। ବିନା ବିଚାରରେ ଖିଆଲୀ ସମ୍ରାଟର ଆଜ୍ଞା ନିକଟରେ ମଥା ପାତି ଦେଇଛନ୍ତି। କିନ୍ତୁ କେତେ ଦିନ ? ପ୍ରତିବାଦର,

ବିପ୍ଳବର ଅଗ୍ନିଶିଖା ଜଳିଉଠିଛି ତାଙ୍କ ଭିତରେ। ହଠାତ୍ ପ୍ରଚଳିତ ଶାସନ ବ୍ୟବସ୍ଥା ବିରୁଦ୍ଧରେ ବିଦ୍ରୋହୀ ହୋଇ ଉଠିଛନ୍ତି ସେ । "ଓଃ ! ରାଜଭକ୍ତି ? ସତ୍ୟ ଆଗରେ କୋଟି କୋଟି ରାଜାଙ୍କର ସିଂହାସନ ଜଳିଯାଇଛି ଶୀଳଭଦ୍ର। ଇତିହାସ ତା'ର ସାକ୍ଷୀ ଦେବ। ପ୍ରଜାମାନଙ୍କର କଲ୍ୟାଣପାଇଁ ରାଜାର ସୃଷ୍ଟି। ସେ ରାଜା ଯଦି ସ୍ୱେଚ୍ଛାଚାରୀ ହୁଏ ତେବେ ରାଜ୍ୟରେ ପ୍ରତିବାଦର ନିଆଁ ଜଳିବ ସତ୍ୟ ପ୍ରତିଷ୍ଠା ହେଲା ପର୍ଯ୍ୟନ୍ତ।"

ବିଦ୍ରୋହୀ ବ୍ରହ୍ମଦତ୍ତ କ୍ଷମତାର ସେଇ ମାଟିହାଣ୍ଡିଟିକୁ ଭାଙ୍ଗି ଦେଇଛନ୍ତି। ଏହାର ଦଶ ବର୍ଷ ପରେ ୧୯୮୧ରେ ଅଭିନୀତ ବିଜୟ ମିଶ୍ରଙ୍କ 'ଜଣେ ରାଜା ଥିଲେ' ନାଟକରେ, ନିରଞ୍ଜନ ଚରିତ୍ର ସ୍ୱେଚ୍ଛାଚାରୀ ଶାସନତନ୍ତ୍ର ବିରୁଦ୍ଧରେ ସ୍ୱର ଉତ୍ତୋଳନ କରିଛି। ଅଭିଶାପଗ୍ରସ୍ତ ପ୍ରଜାମାନଙ୍କ ପାଇଁ ଏବଂ ଗୁମ୍ଫାରେ ଲୁଚିଥିବା ବିଞ୍ଝ ତିନିଜଣ ଲୋକଙ୍କ ପାଇଁ ସେ ଆଣିଦେଇଛି ମୁକ୍ତିର ବାର୍ତ୍ତା। ସଙ୍ଗରେ ତା'ର ଦେବୀ। ସେ ମଣିଷର ଜାଗ୍ରତ 'ବିବେକ'ର ପ୍ରତୀକ। ରାଜା ବଦଳିଛନ୍ତି। ନିରଞ୍ଜନ ରାଜା ହୋଇଛି। ମୁକୁଟ ପିନ୍ଧିଛି ବି। ମାତ୍ର ଅବସ୍ଥା ଠିକ୍ ରହିଛି ଆଗ ପରି। ପୂର୍ବର ଜାତୀୟ ସଙ୍ଗୀତ ହୋଇଛି ଦେଶର ଜାତୀୟ ସଙ୍ଗୀତ। ବିଞ୍ଝ ତିନିଜଣଙ୍କୁ ଧରିଦେବାପଇଁ ଆଗପରି ଘୋଷଣା କରାଯାଉଛି ତିରିଶି ହଜାର ସ୍ୱର୍ଣ୍ଣମୁଦ୍ରା। ମୋଟ୍ ଉପରେ ନାଟ୍ୟକାର ବିଜୟ ମିଶ୍ର ସେଠାରେ ପ୍ରତିପାଦନ କରିବା ପାଇଁ ଚାହାନ୍ତି "ସବୁ ଯୁଗରେ, ସବୁ କାଳରେ, ସବୁଠାରେ ରାଜାମାନେ ପ୍ରାୟ ଏକାପରି। ଅବଶ୍ୟ ଏଇଟା ମୋର ବିଶ୍ୱାସ। ଓଟମୁହାଁ, ଘୋଡ଼ାମୁହାଁ, ମାଙ୍କଡ଼ମୁହାଁ ପ୍ରଜାମାନେ ଅଛନ୍ତି। ସ୍ଥାନକାଳପାତ୍ର ପରିବେଶରେ ସେମାନଙ୍କ ମୁହଁ ଅଲଗା ଅଲଗା। ହୋଇପାରେ; କିନ୍ତୁ ମୁକୁଟସର୍ବସ୍ୱ ରାଜାମାନେ ଅଲଗା ହୁଅନ୍ତି ନାହିଁ, ବଦଳନ୍ତି ନାହିଁ।"

'ଜଣେ ରାଜା ଥିଲେ' ନାଟକରେ ନିରଞ୍ଜନ ଗୋଟିଏ ଧାରଣାର ବା Ideaର ପ୍ରତିନିଧିତ୍ୱ କଲାବେଳେ 'ମହାନାଟକ'ରେ ବ୍ରହ୍ମଦତ୍ତ ବଡ଼ ସ୍ପଷ୍ଟ ଓ ଦୃଢ଼ କଣ୍ଠରେ ବିପ୍ଳବର ସ୍ୱର ଉତ୍ତୋଳନ କରିଛି। ତା' କଣ୍ଠରେ କୋଟି କୋଟି ନିର୍ଯ୍ୟାତିତ ମଣିଷର ଭାଷା ଯେପରିକି ରୂପ ନେଇଛି।

'ସମ୍ରାଟ ! ଏଇ ଅନ୍ଧାରୀ ଶାସନର ରାତି ପାହିଆସୁଛି। ଏହି ଦେଶର କୋଟି କୋଟି ଜନତା ଆଗେଇଆସୁଛନ୍ତି ହସ୍ତିନାର ସିଂହଦ୍ୱାର ପାଖକୁ। ଏ ଅର୍ଗଳି ଭାଙ୍ଗିଯିବ। ଭାଙ୍ଗିଯିବ ଲୌହକବାଟ। ଭାଙ୍ଗିଯିବ ଏହି ସ୍ୱାର୍ଥାନ୍ୱେଷୀ ରାଜ ଆଭିଜାତ୍ୟ। ଆସନ୍ତୁ, ବର୍ତ୍ତମାନବି ସମୟ ଅଛି, ଆସନ୍ତୁ। ଓହ୍ଲାଇ ଆସନ୍ତୁ ସିଂହାସନରୁ।' (ପୃ-, 'ମହାନାଟକ')

ଏଠାରେ ବ୍ରହ୍ମଦତ୍ତ ଯେପରିକି ଏକ ନୂଆ ସକାଳର ବାର୍ତ୍ତା ଧରି ପହଞ୍ଚିଛନ୍ତି। ସେ ସ୍ୱେଚ୍ଛାଚାରୀ ଶାସନତନ୍ତ୍ରର ବିଲୁପ୍ତି ଘଟାଇ ସମାଜବାଦର ସ୍ୱର ଶୁଣାଇବେ

ଦେଶବାସୀଙ୍କୁ। ସେ ଯେମିତି ଏକ ଫାସିଷ୍ଟ୍ ଶକ୍ତିର ଅବସାନ ଘଟାଇ ପାରିଛନ୍ତି। 'ମହାନାଟକ'ରେ ରାଜା ବଜ୍ରବାହୁ କେବଳ ଯେ, ଖିଆଲୀ ରାଜାମାନଙ୍କର ପ୍ରତୀକ ସେକଥା ନୁହେଁ, ଖୁବ୍ କୌଶଳର ସହ ନାଟ୍ୟକାର ତାଙ୍କ ମଧ୍ୟରେ ଫାସିବାଦ ବା ନାଜିବାଦ ଭଳି ଏକ ବାଦର ଦୁର୍ଗୁଣ ଏବଂ କୁ-ଲକ୍ଷଣଗୁଡ଼ାକୁ ରୂପ ଦେଇଛନ୍ତି। ରାଜ୍ୟରେ ଦୁର୍ଭିକ୍ଷ ପଡ଼ିଛି। ମାତ୍ର ବଜ୍ରବାହୁ ଘୋଷଣା କରନ୍ତି ରାଜ୍ୟରେ ସୁବର୍ଣ୍ଣଯୁଗ ଚାଲିଛି। ରାଜ୍ୟର ମାଟି ବନ୍ଧ୍ୟା। ଶିକ୍ଷା ଏବଂ ସଂସ୍କୃତି ନାମରେ ବ୍ୟାପକ ତୋଷାମଦ, ପ୍ରିୟାପ୍ରୀତି ପୋଷଣ ଚାଲିଥିବାବେଳେ ରାଜା ବଡ଼ ଆଡ଼ମ୍ବରରେ ନିଜର କ୍ଷୌର ଉତ୍ସବ ପାଳନ କରନ୍ତି। ତାଙ୍କ ନିର୍ଦ୍ଦେଶରେ ଶିକ୍ଷାଶ୍ରମଗୁଡ଼ିକ ଆଗାମୀ ପନ୍ଦରଦିନ ପର୍ଯ୍ୟନ୍ତ ବନ୍ଦ କରିଦିଆଯାଇଛି। ରାଜ୍ୟବ୍ୟାପୀ ଏକ ଛାତ ତିଆରି କାମରେ ନିଯୁକ୍ତି ଦିଆଯାଇଛି ଛାତ୍ରମାନଙ୍କୁ ଓ ଶିକ୍ଷକଗଣଙ୍କୁ । ରାଜା ବଜ୍ରବାହୁଙ୍କର ଏସବୁ କାର୍ଯ୍ୟକଳାପରୁ ତାଙ୍କୁ ଜଣେ **Fascist** ଶକ୍ତିର ପ୍ରତୀକ ବୋଲି କୁହା ନଯାଇ ଆଉ କ'ଣ କୁହାଯାଇପାରିବ? ଫାସିଷ୍ଟ ଶକ୍ତିର ପୂଜାରୀମାନେ ସୃଷ୍ଟିଶୀଳ ନୁହନ୍ତି। କ୍ଷମତାର ଲୋଭ ତାଙ୍କର ଦୁର୍ନିବାର। ବଜ୍ରବାହୁ ନିଜେ ନପୁଂସକ। ମୃତ୍ତିକା ଭାଣ୍ଡରେ ସାତଗୋଟି ଗୋଡ଼ି ପକାଇ ସେ ଗଧ ଭଳି ହସନ୍ତି। ସେ ରାଜ୍ୟକୁ, ରାଜ୍ୟବାସୀମାନଙ୍କୁ ଗୋଟେ ଖିଆଲରେ ଧ୍ୱଂସ ଆଡ଼କୁ ନେଇଯାଇଛନ୍ତି। ଅଥଚ ଅନ୍ୟପକ୍ଷରେ ରାଣୀ କେତକୀଗନ୍ଧା ସୃଷ୍ଟି ପାଇଁ, ସ୍ୱପ୍ନ ପାଇଁ ବ୍ୟାକୁଳ। ସେ ଅବନ୍ତୀର ସାଧବଠାରୁ ସ୍ୱପ୍ନ କିଣିବା ପାଇଁ ଚାହାନ୍ତି।

ନାଟ୍ୟକାର ଏ ନାଟକରେ ଏକ କଳ୍ପନାପ୍ରସୂତ ଘଟଣାକୁ ଖଞ୍ଜି ଦେଇପାରିଛନ୍ତି ଆଧୁନିକ ଶାସନବ୍ୟବସ୍ଥା ସହିତ ଓ ମୂଲ୍ୟବୋଧ ସହିତ। ସେଥିପାଇଁ ମହାନାଟକ ଏକ ନିର୍ଦ୍ଦିଷ୍ଟ କାଳର ଫଟୋଗ୍ରାଫ୍ ନହୋଇ ଏକ ସାର୍ବଜନୀନ ଓ ସାର୍ବକାଳୀନ ମୂଲ୍ୟବୋଧକୁ ନିଜ ମଧ୍ୟରେ ଧରି ରଖିପାରିଛି।

ରାଣୀ କେତକୀଗନ୍ଧାଙ୍କର ଅବଚେତନରେ ମାତୃତ୍ୱର ପ୍ରବଳ ପ୍ରତୀକ୍ଷା। ସେ ସୃଷ୍ଟିଶୀଳ ହେବାକୁ ଚାହାନ୍ତି। ତାଙ୍କର ଏଇ ମର୍ମବେଦନାକୁ ଖୁବ୍ କବିତ୍ୱପୂର୍ଣ୍ଣ ଭାବରେ ପ୍ରକାଶ କରିଛନ୍ତି ନାଟ୍ୟକାର। ରାଣୀ କେତକୀଗନ୍ଧା ତାଙ୍କର ପ୍ରଥମ ସଖୀକୁ କହୁଛନ୍ତି-

"ସ୍ୱପ୍ନ ? ହଁ ହଁ ଦେଖିଥିଲି। ଘୁମାଇ ପଡ଼ିଲି ଯେବେ ବୈଶାଳୀର ପୁଷ୍ପବିଥି-ପରେ / ଝରଣାର ଛଳ ଛଳ ମହୁଲୀ ନିଶାରେ / ସେଇ ଏକ ଚାନ୍ଦିନୀ ରାତିରେ ... ଜାଣେନା ମୁଁ କିଏ ସିଏ ଅଜଣା ଦେଶର ରାଜାପୁଅ, ମନ୍ତ୍ରୀପୁଅ କିବା ସୌଦାଗର / ମୋତେ ଡ଼ାକି ନେଇଥିଲା କାଉଁରୀ ନଗରେ।" (ମହାନାଟକ - ପୃ - ୬୯)

ବ୍ରହ୍ମଦତ୍ତ ଯେଉଁ ବିପ୍ଳବର ସ୍ୱର ଉତ୍ତୋଳନ କରିଛନ୍ତି ନୂଆ ସକାଳର ସମ୍ବାଦ ଆଣିଛନ୍ତି, ତାହା ଯେ ଏକ ନୂତନ ମୂଲ୍ୟବୋଧକୁ ଜନ୍ମଦେଇଛି ଏ ସମ୍ପର୍କରେ ପାଠକ

ସଚେତନ ହୁଏ। ତେଣୁ ଏହା ପରିବର୍ତ୍ତନ ପ୍ରବଣତା କେବଳ ନୁହେଁ କିମ୍ୱା ନଷ୍ଟ ମୂଲ୍ୟବୋଧର ଧ୍ୱଂସ ସାଧନ ନୁହେଁ, ସେଇ ଧ୍ୱଂସସ୍ତୂପ ଉପରେ ଏକ ସାମ୍ୟବାଦୀ ମୂଲ୍ୟବୋଧର ପ୍ରତିଷ୍ଠା ହେଉଛି ମହାନାଟକର ସବୁଠୁ ଗୁରୁତ୍ୱପୂର୍ଣ୍ଣ ବିଭାଗ ଏବଂ ଏ ଦୃଷ୍ଟିରୁ ଏହା ଓଡ଼ିଆ ନାଟକ କ୍ଷେତ୍ରରେ ଅନନ୍ୟ। ନାଟକର ଶେଷରେ ବ୍ରହ୍ମଦତ୍ତ ରାଜା ବଜ୍ରବାହୁଙ୍କ ଉଦ୍ଦେଶ୍ୟରେ କହିଛନ୍ତି -

"ମୁଁ ସିଂହାସନ ଚାହେଁନା ସମ୍ରାଟ। ମୁଁ ଚାହେଁ, ମଣିଷ ଶାସକର ଅତ୍ୟାଚାରର ଶିକାର ହୋଇ ଅନାହାରରେ ନ ମରୁ। ଏ ତରବାରୀ ମୋର ଆଉ ଦରକାର ନାହିଁ। ତାକୁ ମୁଁ ଆପଣଙ୍କ ମୁକୁଟ ପାଖରେ ରଖିଦେଉଛି। ‚‚ ଏଇ ଦେଖ ସମ୍ରାଟ। ପୂର୍ବଦିଗ ରକ୍ତିମ। ସକାଳର ଆଲୋକ କିପରି ସିନ୍ଦୁରା ହୋଇ ଫାଟିପଡୁଛି। ସତେଯେମିତି ଏକ ନୂତନ ସୂର୍ଯ୍ୟ। (ପୃ - ୮୪ - ମହାନାଟକ)

ମହାନାଟକଟିର ବଜ୍ରବାହୁ କାମ୍ୟୁଙ୍କର 'କାଲିଗୁଲା' ନାଟକର କାଲିଗୁଲା ସହିତ ତୁଳନା କରାଯାଇ ପାରିବ ନାହିଁ। ଦ୍ୱିତୀୟ ମହାଯୁଦ୍ଧରେ ବିଧ୍ୱସ୍ତ, ଅବକ୍ଷୟଗ୍ରସ୍ତ ପାଶ୍ଚାତ୍ୟ ମାନସିକତା ଓ ନଷ୍ଟ ମୂଲ୍ୟବୋଧ ଏବଂ ଏହି ପରିପ୍ରେକ୍ଷୀରେ ସୃଷ୍ଟି ହୋଇଥିବା ଉଦ୍ଭଟ ଦର୍ଶନକୁ କାଲିଗୁଲାରେ ରୂପ ଦିଆଯାଇଛି। କାଲିଗୁଲା ଏଠି ଏଇ ଦର୍ଶନର ପ୍ରତିନିଧିତ୍ୱ କରନ୍ତି । ସେ ଚାହାନ୍ତି ଅସମ୍ଭବକୁ ସମ୍ଭବ କରିବାପାଇଁ, ଚନ୍ଦ୍ରକୁ ହାତପାଆନ୍ତାରେ ପାଇବା ପାଇଁ ଓ ଧରାବନ୍ଧା ନିୟମଗୁଡ଼ିକୁ ବଦଳେଇ ଦେବାପାଇଁ। କିନ୍ତୁ ଏ ସବୁ ଗୋଟେ ଖିଆଲରେ ନୁହେଁ; ତାଙ୍କର ଏଇ ଇଚ୍ଛା ପଛରେ ଯୁକ୍ତି ରହିଛି। କାଲିଗୁଲା ନାଟକରେ ଏକ କ୍ଷମତାଲୋଭୀ ରାଜା ରୂପେ ଦେଖା ଦେଇନାହାନ୍ତି କିମ୍ୱା ନିଜ ଅହଂକାରର ବଡ଼େଇ ନେଇ ସେ ପ୍ରଜାମାନଙ୍କୁ ନିର୍ଯ୍ୟାତନା ଦେଇନାହାନ୍ତି। ନିଜକୁ ଦ୍ୱିତୀୟ ଈଶ୍ୱର ବୋଲି ଘୋଷଣା କରୁଥିବା ଏ ଚରିତ୍ର ଭିତରେ ପୁଣି ରହିଛି ମୁକ୍ତିର ପ୍ରବଳ ପିପାସା, ଏକ ନିଃସଙ୍ଗତା ଓ ନିଃସହାୟତା ମଧ୍ୟରେ ତା'ର ଆତ୍ମାର ସନ୍ତୁଳନ ନାଟକରେ ରୂପ ପରିଗ୍ରହ କରିଛି।

ମହାନାଟକରେ ରାଜା ବଜ୍ରବାହୁଙ୍କ ଖିଆଲ ପଛରେ କୌଣସି ଯୁକ୍ତି ନାହିଁ। କାଲିଗୁଲାଙ୍କର ମାନସିକତା ଓ ତାଙ୍କ ହୃଦୟର ଦ୍ୱନ୍ଦ୍ୱ, ବିରୋଧ ବଜ୍ରବାହୁଙ୍କଠି ନାହିଁ। ସେ ଏପରି ଏକ ଶାସକ ଯେ, ବାସ୍ତବତା ଓ ବାସ୍ତବ ସମସ୍ୟାଠାରୁ ଯୋଜନ ଯୋଜନ ଦୂରରେ ଥାଇ ନିଜର କାର୍ଯ୍ୟ ସମ୍ପାଦନ କରନ୍ତି। କ୍ଷମତା ପାଇଁ ପ୍ରବଳ ଲାଳସା ତାଙ୍କର, ତାଙ୍କ ରାଜସଭାରେ ତୋଷାମଦକାରୀଙ୍କର ପ୍ରଚଣ୍ଡ ଭିଡ଼ ଏବଂ ସେମାନଙ୍କର ଚାଟୁବାକ୍ୟରେ ବଜ୍ରବାହୁଙ୍କର ଆତ୍ମପ୍ରସାଦ ମଧ୍ୟ କିଛି କମ୍ ନୁହେଁ। କାଲିଗୁଲା ନାଟକରେ କାଲିଗୁଲାଙ୍କୁ ଷଡ଼ଯନ୍ତ୍ର କରି ହତ୍ୟା କରାଯାଇଛି। ଏ ଷଡ଼ଯନ୍ତ୍ର ସମ୍ପର୍କରେ ଅବଗତ ହୋଇ ମଧ୍ୟ କାଲିଗୁଲା ବ୍ୟସ୍ତ ହୁଅନ୍ତିନି। ସେ ମୃତ୍ୟୁବରଣ କରିଛନ୍ତି ସତ, ତଥାପି

ତାଙ୍କର ଦୃଢ଼ ଘୋଷଣା ମୃତ୍ୟୁପୂର୍ବରୁ ସେ ବଞ୍ଚିବେ।

କାଲିଗୁଲାଙ୍କର ଅସ୍ତିତ୍ୱ ରହିବ ଆଧୁନିକ ମଣିଷର ମାନସିକତା ମଧ୍ୟରେ, ଆତ୍ମଦ୍ୱନ୍ଦ୍ୱ ଓ ବିରୋଧ ମଧ୍ୟରେ। ମହାନାଟକର ବଜ୍ରବାହୁ ଯୁଗେ ଯୁଗେ ଚାଲିଥିବା ସ୍ୱେଚ୍ଛାଚାରୀ ଶାସନତନ୍ତ୍ରର ପ୍ରତିଭୂତ। ସମୟକ୍ରମେ ଏହି ସ୍ୱେଚ୍ଛାଚାରୀ ଶାସନତନ୍ତ୍ରର ବିଲୟ ଘଟିବ। ବ୍ରହ୍ମଦଣ୍ଡମାନେ ଆସିବେ ଏବଂ ଯୁଗେ ଯୁଗେ ଏମିତି ବଜ୍ରବାହୁମାନେ ସିଂହାସନରୁ ଓହ୍ଲାଇ ଆସିବା ପାଇଁ ବାଧ୍ୟ ହେବେ। ନାଟ୍ୟକାର ଯଥାର୍ଥରେ କହିଛନ୍ତି - "ବ୍ରହ୍ମଦଣ୍ଡ କ'ଣ ନିରବଧି କାଳ ? ଦା'ଟିଏ ଧରି ଫସଲ କାଟୁଥିବା ସମୟ ? କିଏ ଜାଣେ ? କିନ୍ତୁ ମୁଁ ଏଇତକ ନିଶ୍ଚିତଭାବେ ଜାଣିଛି ଯେ ବ୍ରହ୍ମଦଣ୍ଡ ଆସିଲେ ସବୁ କ୍ଷମତାର ହାଣ୍ଡି ଫାଟିଯିବ। ଭାସିଯିବ ଜ୍ଞାନପୀଠ, ଜାତୀୟ ପ୍ରତିଷ୍ଠା ଏବଂ ନିଜକୁ ଅର୍ଦ୍ଧ ଭଗବାନ ବୋଲି ମନେକରୁଥିବା ଅହମିକାର ପ୍ରତିମା। ଏ ପର୍ଯ୍ୟନ୍ତ ସମୁଦ୍ରମନ୍ଥନ ଆରମ୍ଭ ହୋଇନାହିଁ। ଦିନେ ନା ଦିନେ ଜଣେ ବ୍ରହ୍ମଦଣ୍ଡ ଆସିବ। ସେ ସକାଳ ଏ ପର୍ଯ୍ୟନ୍ତ ଆସିନି। ମୁଖା ଦିନେ ସବୁ ଖୋଲିଯିବ। ସେ ସମୟ ଏ ପର୍ଯ୍ୟନ୍ତ ଆସିନି"। (ପୃ-ଗ-ମହାନାଟକ)

ନାଟ୍ୟକାର ଏକ କାଳ୍ପନିକ ଘଟଣା ସୃଷ୍ଟିକରି ସ୍ୱାଧୀନତାର ପରବର୍ତ୍ତୀ କାଳରେ ଚାଲିଥିବା ଗଣତନ୍ତ୍ର ନାଁରେ ସ୍ୱେଚ୍ଛାଚାର, ଏକଛତ୍ରବାଦକୁ ଖୁବ୍ କୌଶଳର ସହ ସ୍ପଷ୍ଟ କରିପାରିଛନ୍ତି। ଯଦିଓ ନାଟ୍ୟକାର ନାଟକର ମୁଖବନ୍ଧରେ ସଫେଇ ଦେଇଛନ୍ତି ଯେ ଏହା କୌଣସି ନିର୍ଦ୍ଦିଷ୍ଟ ଶାସକ ବା System ପ୍ରତି ଆକ୍ଷେପ ନୁହେଁ। ନାଟକସ୍ଥିତ ଘଟଣା ଓ ଚରିତ୍ର ମଧ୍ୟରୁ ଆମର ତ୍ରୁଟିପୂର୍ଣ୍ଣ ଶାସନବ୍ୟବସ୍ଥା ପ୍ରତି ତୀବ୍ର ବିଦ୍ରୂପ ଓ ସମାଜବାଦ ପ୍ରତି ନାଟ୍ୟକାରଙ୍କର ଆସ୍ଥା ପ୍ରକାଶ ପାଇଛି। ଏହା ପ୍ରକାଶ ପାଇଛି ବେଶ୍ କଳାତ୍ମକ ଭାବରେ, ପ୍ରୋପାଗଣ୍ଡା ଆକାରରେ ନୁହେଁ ଏବଂ ଏହାହିଁ ହେଉଛି ନାଟ୍ୟକାରଙ୍କର ଗୌରବ। ସାଂପ୍ରତିକ କାଳରେ ଭାରତ ଭଳି ବିକାଶଶୀଳ ଦେଶମାନଙ୍କରୁ ବିଦେଶମାନଙ୍କୁ ଯେଉଁ ପ୍ରତିଭା ସବୁ ଚାଲାଣ ହେଉଛି ସେହି ସବୁ ଆନ୍ତର୍ଜାତିକ ସମସ୍ୟା ସମ୍ପର୍କରେ ମଧ୍ୟ ନାଟ୍ୟକାର ସଚେତନ ଏବଂ 'ମହାନାଟକ'ରେ ଶ୍ୱେତାଙ୍ଗ ସୌଦାଗର ଚରିତ୍ର ମାଧ୍ୟମରେ ଏହାକୁ ସେ ପ୍ରକାଶ କରିଛନ୍ତି।

ମହାନାଟକ ସତୁରୀ ପରବର୍ତ୍ତୀ ନାଟ୍ୟ ପରମ୍ପରାରେ ଏକ ଉଲ୍ଲେଖନୀୟ ସୃଷ୍ଟି। ଏହାର ବୈପ୍ଲବିକ ଆଭିମୁଖ୍ୟ ଓ Commitment ଏହାକୁ ଅନନ୍ୟସାଧାରଣ ଗୌରବରେ ମଣ୍ଡିତ କରିଛି।

■

ସତ୍‌ସଙ୍ଗ ଲେନ୍, ବରଖାପାଟଣା, କଲ୍ୟାଣୀନଗର, କଟକ

ମୋ ଦୃଷ୍ଟିରେ ନାଟ୍ୟକାର ରମେଶ ପ୍ରସାଦ ପାଣିଗ୍ରାହୀ

ପ୍ରଫେସର ସଂଘମିତ୍ରା ମିଶ୍ର

ମୋ ଝରକାରୁ 'Through my window' ମୁଁ ମୋ ଦୃଷ୍ଟିରେ ଦେଖୁଛି ନାଟ୍ୟକାର ରମେଶ ପ୍ରସାଦ ପାଣିଗ୍ରାହୀଙ୍କୁ। ଯେମିତି ଦେଖୁଛି ତା'ର ଦୁଇ ତିନୋଟି ଉଦାହରଣ- ଥରେ ସାର୍ ଓ ମୁଁ ଯାଇ ଥାଉ ଶ୍ରଦ୍ଧେୟ ସୁବୋଧ ପଟ୍ଟନାୟକଙ୍କର ନାଟ୍ୟଗ୍ରାମ ଶିଆଳିଆକୁ। ବାଟରେ ମୁଁ ପ୍ରାଚୀନ କବିଙ୍କର ଗୋଟେ ଗୀତ ବୋଧେ 'କଳା କଳେବର' କି 'ଶ୍ରୀରାଧାବାତୁଳୀ' ଠିକ୍ ମନେ ପଡୁନି, ଗାଇଥିଲି। ସାର୍ ହଠାତ୍ ପଚାରିଲେ ସଂଘମିତ୍ରା, ତୁମର date of birth କେତେ? ମୁଁ କହିଲି ୧୯୫୩ ଜୁନ୍। ସେ କହିଲେ 'ମୋ ଆତ୍ମଲିପି'ର ନାୟିକା ଶେଲିର date of birth ବି ୧୯୫୩। ଏତେ ପୁରୁଣା ଗୀତ ମନେ ରଖିଛ କେମିତି?" ମୁଁ ସାରଙ୍କୁ କହିପାରିଲିନି ଯେ "ମୁଁ ଯେତେବେଳେ 'ଆତ୍ମଲିପି' ପଢ଼େ ଶେଲି ମୋ ଆଗରେ ତରୁଣୀ ହିଁ ରହିଥାଏ।" ଏକଥା ମୁଁ ଅନେକଙ୍କୁ କହିଛି। ଆଉ ଥରେ ମୁଁ ବ୍ୟସ୍ତ ହୋଇ କହିପକାଇଲି "ସାର୍, ଯାହାକୁ ବହି ଦେଉଛି, ଫେରାଉନାହାନ୍ତି। ଭାବୁଛି ଆଉ ଦେବିନି", ସାର୍ ଏଥର ହସିଲେ। କହିଲେ "ଦିଅ ସଂଘମିତ୍ରା, ତାଙ୍କୁ ବହି ଦିଅ। ଆମେତ ଦିନେ ଏମିତି କାହାଠାରୁ ବହି ମାଗି ଆଣି ପଢ଼ିଥିବା। ନ ଫେରାଇଲେ ତାଙ୍କ ବିବେକ ତାଙ୍କୁ କଲବଲ କରିବ।" ଏମିତି ଅନେକ କଥା। ସମସ୍ତେ କହନ୍ତି ରମେଶ ପାଣିଗ୍ରାହୀ ଭାରି କ୍ରୋଧୀ, ଏକବାଗିଆ। ମୁହେଁ ମୁହେଁ ଜବାବ ଦିଅନ୍ତି।" ହଁ, ହୁଏତ ତାହା କିଛି ପରିମାଣରେ ଠିକ୍, ମାତ୍ର ସେ ଉଦାର, ସ୍ନେହଶୀଳ। ଆପଣମାନେ ତାଙ୍କୁ ମୋଠାରୁ ବେଶି ଜାଣନ୍ତି। ତେବେ ସେ ନିଜ ଆଗ୍ରହରେ ମୋ ନାଟକ ସମ୍ପର୍କରେ ପ୍ରବନ୍ଧ ଲେଖିଛନ୍ତି। ମୋର କୁଣ୍ଠାକୁ ଅତିକ୍ରମ କରିବାକୁ ଯାଇ ମୋତେ ଧୈର୍ଯ୍ୟ ଦେଇଛନ୍ତି "ଆରେ, ମୁଁ ଲେଖିବିନି ତ ତୁମ ନାଟକ ସମ୍ପର୍କରେ କିଏ ଲେଖିବ?" ବାରମ୍ବାର ତାଙ୍କୁ ଭେଟିଛି। କେବେ ତାଙ୍କର ଶ୍ରେଣୀକକ୍ଷରେ ବସିବାର ସୌଭାଗ୍ୟ ନ ହୋଇଥିଲେ ମଧ୍ୟ ନିଜକୁ ତାଙ୍କର ଛାତ୍ରୀ ମଣିଛି। ସେହି ଛାତ୍ରୀ ହେବାର ଆନନ୍ଦ ନେଇ ମୁଁ ପ୍ରୟାସ କରୁଛି ମୋ ଝରକାରୁ ଅତିପରିଚିତ ରମେଶ ପାଣିଗ୍ରାହୀଙ୍କର ବ୍ୟକ୍ତିତ୍ୱ ଓ କୃତିତ୍ୱ ଆକଳନ ପାଇଁ। ଏହା ମୋ

ପାଇଁ ନୂଆ ମାତ୍ର ଏହିଭଳି କାର୍ଯ୍ୟ ଅକ୍ଟୋବର ୨୧ ଓ ୨୨, ୨୦୧୨ରେ ରାଉରକେଲା ଇସ୍ପାତ କାରଖାନା ତରଫରୁ ହୋଇଥିଲା ରମେଶ ପାଣିଗ୍ରାହୀଙ୍କ ସହିତ ଗୋଟିଏ ସନ୍ଧ୍ୟା।"

ଆଜିର ଏହି ସନ୍ଧ୍ୟା ପାଇଁ ମୁଁ ସାହିତ୍ୟ ଏକାଡ଼େମୀ କର୍ତ୍ତୃପକ୍ଷ, ନାଟ୍ୟକାର ରମେଶ ପାଣିଗ୍ରାହୀ ଓ ସମବେତ ଆପଣମାନଙ୍କୁ ମୋର ଶ୍ରଦ୍ଧା ଓ ସମ୍ମାନ ନିବେଦନ କରୁଛି। ମୁଁ ଜାଣେ ସମୁଦ୍ରକୁ ଶଙ୍ଖରେ ଭର୍ତ୍ତି କରିବା କଷ୍ଟକର। ମାତ୍ର ସେହି କଷ୍ଟ ସ୍ୱୀକାର କରିବାକୁ ମୁଁ ଆଜି ପ୍ରୟାସୀ। ତେବେ ଆରମ୍ଭ ଏହିପରି ହେଉ-

"ଏଇ ଦେଖ ମନ୍ଦିରର ଦ୍ୱାରରୁଦ୍ଧ
ଚଉଦିଗେ ରଙ୍ଗର ପ୍ରଳାପ ଏବଂ ଶେଷ ଅନ୍ଧକାର
ଏଇଠି ଜାଗ୍ରତ ହୁଏ ସୁପ୍ତ ସ୍ନାୟୁ ହସ୍ତିନା ନଗ୍ରର
ଏ ସ୍ୱପ୍ନରେ ନିବାରିତ ତୃଷ୍ଣା ଯେତେ ମୃତ୍ତିକା ବକ୍ଷର
ଜାଗ ଶବ୍ଦ, ଜାଗରକ୍ତ ଜାଗିଉଠ ସୃଷ୍ଟିର ଅଙ୍କୁର
ଏଇଠି ପ୍ରସ୍ତରଗାତ୍ରେ ଲେଖାହୁଏ ଆନନ୍ଦ ଓ ଯନ୍ତ୍ରଣାର
ଅଲିଖିତ ଇତିହାସ
ତୁମ ନିରବିତ କଣ୍ଠେ ମୁହୂର୍ତ୍ତେ ସଙ୍ଗୀତ ପାଇଁ
ମୁଁ ଚାଲିବି ଲକ୍ଷ ବର୍ଷ।
ବନସ୍ପତି ସାରା ଝରୁ ମଧୁର କଣିକା
ମଧୁ ଝରୁ ଗାଭୀର ସ୍ତନରୁ
ସମୁଦ୍ରରୁ ମଧୁଝରୁ ପାହାନ୍ତି ଉଷାରୁ
ସୃଷ୍ଟିସାରା ମଧୁଝରୁ ପୁଷ୍ପ ପାଖୁଡ଼ାରୁ
ମଧୁସ୍ୱପ୍ନ ମଧୁମୟ ଅଂଶ ସାରା ମଧୁମୟ
ହେଉ ମଧୁମୟ
ପୁଷ୍ପରୁ ଝରୁଛି ମଧୁ, ହେଉ ଏହି ସୃଷ୍ଟି ମଧୁମୟ।"

ଏହା ଆର୍ଯ୍ୟ ଋଷିର ଉଦାତ୍ତ ଶ୍ଳୋକ "ମଧୁବାତାଋତାୟତେ ମଧୁକ୍ଷରନ୍ତି ସିନ୍ଧବଃ"ର ଉଚ୍ଚାରଣ ନୁହେଁ କି ? ତେବେ ନାଟ୍ୟକାର ରମେଶ ପାଣିଗ୍ରାହୀଙ୍କୁ ପରିଚିତ କରିବା ପାଇଁ ମୁଁ ତାଙ୍କ ପୁସ୍ତକ ମହାନାଟକରୁ ଏହି ପଙ୍କ୍ତିତକ ଉଦ୍ଧାର କରିଛି ମାତ୍ର। ସେ ଏକାଧାରାରେ ନାଟ୍ୟକାର, ଗାଳ୍ପିକ, ଗୀତିକବି, ନିର୍ଦ୍ଦେଶକ, ଅଭିନେତା, ଆକାଶବାଣୀର ଗୀତିକାର, ଯାତ୍ରାନାଟ୍ୟକାର, ସିନେମାର ସ୍କ୍ରିପଟ୍ ଲେଖକ, ଦୂରଦର୍ଶନର ଧାରାବାହିକ ଲେଖକ, ପ୍ରାବନ୍ଧିକ, ମନସ୍ତତ୍ତ୍ୱ, ଚିତ୍ରକଳା ଓ ସଂସ୍କୃତିର ଚିହ୍ନରା ଗ୍ରାହକ।

ସର୍ବୋପରି ଇଂରାଜୀରେ ଓଡ଼ିଆ ସାହିତ୍ୟର ଇତିହାସ ଲେଖକ। ଶୈଳୀପ୍ରଧାନ ନାଟକ (ସାହିତ୍ୟିକ ନାଟକ)କୁ ସେ ଅଣୁନାଟକ, ଅନାଟକ ଓ ପ୍ରତିନାଟକ ଭାବେ ଚିହ୍ନିତ କରିଛନ୍ତି। ସେ 'ଧୂପକାଠିର ଘର' ଶୀର୍ଷକ ଉପନ୍ୟାସର ରଚୟିତା, ଦଣ୍ଡନାଟର ନୃତତ୍ତ୍ୱ, ଓଡ଼ିଆ ନାଟକର ଭାବତତ୍ତ୍ୱ ଓ ରୂପବିଭବ, ମୁକ୍ତଧାରାର ନାଟକ ଭଳି ଗବେଷଣାଧର୍ମୀ ପୁସ୍ତକର ରଚୟିତା, ସମୟ ବଡ଼ ବଳବାନ, ପଥର ଖସୁଛି ବଡ଼ ଦେଉଳୁ, ସାବିତ୍ରୀ, କୋଟିଏ ମଣିଷ ଗୋଟିଏ ଜଗା ଓ ଠାକୁର ଅଛନ୍ତି ଚଉବାହାକୁ ଭଳି ଚଳଚ୍ଚିତ୍ରର ସଂଳାପ ଲେଖକ।

୧୨।୪।୧୯୪୪ ରେ ଧରାକୋଟରେ ଜନ୍ମ ଏହି ପ୍ରତିଭା ପିଲାଦିନରୁ ନାଟ୍ୟମନସ୍କ ଥିଲେ। ପିତା ରାଧାମୋହନ ପାଣିଗ୍ରାହୀ ଧରାକୋଟ ରାଜଦରବାରରେ ରାଜସ୍ୱ ବିଭାଗରେ କାର୍ଯ୍ୟ କରୁଥିଲେ। ସେ ରାଜାଙ୍କଦ୍ୱାରା ପ୍ରତିଷ୍ଠିତ 'କିଶୋରଚନ୍ଦ୍ର ନାଟ୍ୟସଂଘ'ର ସଭ୍ୟ ଥିଲେ। ନିଜେ ସେ ବିଶ୍ୱାବସୁ, ହରିଶ୍ଚନ୍ଦ୍ର ଓ ଧ୍ରୁବ ଶୀର୍ଷକ ୩ଟି ନାଟକର ରଚୟିତା ଥିଲେ। ଅଜା ନଟବର ସାହୁ ଦେବଭୂମି ଗ୍ରାମର କୃଷ୍ଣଲୀଳା ଦଳର ନିର୍ଦ୍ଦେଶକ ଥିଲେ ଓ ପ୍ରତିବର୍ଷ ଶୀତଳ ଷଷ୍ଠୀରେ ଧରାକୋଟରେ ନାଟକ କରୁଥିଲେ। ଜେଜେମା ସେ ସମୟରେ ପଞ୍ଚମଶ୍ରେଣୀ ପର୍ଯ୍ୟନ୍ତ ପାଠ ପଢ଼ିଥିଲେ ଓ ଇଂରାଜୀ ବୁଝିପାରୁଥିଲେ। ବୋଉଙ୍କ ଦଉଡ଼ଥିଲା ଭାଗବତ ଓ ଓଷାବ୍ରତ କଥା ଯାଏ। ଧରାକୋଟର ରାଜ ଉଆସ ଓ ତତ୍କାଳୀନ Town hall ପାଠାଗରର ସମସ୍ତ ପୁସ୍ତକ କିଶୋର ରମେଶ ପ୍ରସାଦ ପଢ଼ି ସାରିଥିଲେ। ୬ଷ୍ଠ/୭ମ ଶ୍ରେଣୀରେ ପଢୁଥିଲାବେଳେ ସେ ମୋହନ ସୁନ୍ଦର ଦେବ ଗୋସ୍ୱାମୀଙ୍କ ରାସ ଦେଖିଥିଲେ। ତାଙ୍କ ରୁଚି ଅନୁଯାୟୀ ଧରାକୋଟରେ ମାଣିକଯୋଡ଼ି, ଘରସଂସାର, ଭରସା ଓ ମୂଳିଆ ଭଳି ନାଟକ ଅଭିନୀତ ହୋଇଥିଲା।

ବିନାକା ଗୀତମାଳା ଶୁଣିବାରେ ଆଗ୍ରହୀ ରମେଶ ପ୍ରସାଦ ଲୁଚିଲୁଚି ବ୍ରହ୍ମପୁର ଆସି ସିନେମା ମଧ୍ୟ ଦେଖୁଥିଲେ। ଥରେ ସ୍କୁଲ୍ ଇନ୍‌ସପେକ୍ଟର୍ ତାଙ୍କ ଶ୍ରେଣୀରେ ପାଠ ଦେଇଥିଲେ 'ଖରାଛୁଟିରେ କ'ଣ କରିବ ସେ ସମ୍ପର୍କରେ ଇଂରାଜୀରେ ବନ୍ଧୁଙ୍କ ନିକଟକୁ ପତ୍ର ଲେଖ'। ଦୁଃସାହସୀ ରମେଶ ପ୍ରସାଦ ଚିଠିଟି ତତ୍କାଳୀନ ଲୋକପ୍ରିୟ ଅଭିନେତ୍ରୀ ନୂତନଙ୍କୁ ଲେଖିଥିଲେ। ଇନ୍‌ସପେକ୍ଟରଙ୍କ ହାତକୁ ତାହା ଆସିବା ପୂର୍ବରୁ ପ୍ରଧାନଶିକ୍ଷକଙ୍କ ହାତରେ ପଡ଼ିଲା। ସେଥିପାଇଁ ସେ ବିଦ୍ୟାଳୟରୁ ବହିଷ୍କୃତ ହୋଇଥାଆନ୍ତେ ମାତ୍ର ତରୁଣ ଗୋଷ୍ଠୀର ଶିକ୍ଷକମାନେ ତାଙ୍କ ସପକ୍ଷରେ ଯୁକ୍ତି କରିବାରୁ ସେ ଘଟଣା ସେହିଠାରେ ରହିଗଲା। ୭ମ ଶ୍ରେଣୀରେ ସେ ଆଲେକଜାଣ୍ଡର୍ ସେଲକାର୍କଙ୍କର ଦୀର୍ଘ କବିତା 'The solitude' (ଯାହାକୁ ମଧୁସୂଦନ ରାଓ 'ନିର୍ଜନ ଦ୍ୱୀପରେ ନିର୍ବାସିତର ବିଳାପ' ଶୀର୍ଷକରେ ଅନୁବାଦ କରିଛନ୍ତି) "I am the monarch of all that I survey" ଆବୃତ୍ତି କରି

ଶ୍ରେଷ୍ଠ ପୁରସ୍କାର ପାଇଥିଲେ। ହସ୍ତାକ୍ଷର, ପ୍ରବନ୍ଧ ରଚନା, ବାଦାନୁବାଦ ସଭା ଓ ଆବୃତ୍ତିରେ ସେ ବହୁ ପୁରସ୍କାର ପାଉଥିଲେ। ମ୍ୟାଟ୍ରିକ୍ ପରେ ଅଭାବୀ ପରିବାରର ସନ୍ତାନ ରମେଶ ପ୍ରସାଦ ଉତ୍କଳ ଚଳଚ୍ଚିତ୍ର ପ୍ରତିଷ୍ଠାନର ଶିକ୍ଷାନବିସ ଭାବେ କିଛି ଦିନ କାମ କରିଥିଲେ। ଓଡ଼ିଆ ସିନେମା ପାଇଁ ବାହାରୁ ଆସୁଥିବା ଅଣଓଡ଼ିଆ ନିର୍ଦ୍ଦେଶକଙ୍କ ଦାୟିତ୍ୱ ନେବା ଥିଲା ତାଙ୍କର କାର୍ଯ୍ୟ। ପୁରୀରେ ଆଇ.ଏ. ପଢ଼ିବା ସମୟରେ ଅନ୍ନପୂର୍ଣ୍ଣାରେ ସେ ମାଗଣା ନାଟକ ଦେଖୁଥିଲେ ଓ ସେଥିପାଇଁ ଦୁର୍ଲଭ ସିଂହଙ୍କର ପିଲାମାନଙ୍କୁ ଇଂରାଜୀ ପଢ଼ାଉଥିଲେ। ସେ ବି.ଏ. ପାସ୍ କରିବାବେଳକୁ ଅନ୍ନପୂର୍ଣ୍ଣା ବି'ରେ ନାଟକ ଶିଖାଇବାକୁ ଆସୁଥିଲେ ପ୍ରିୟନାଥ ମିଶ୍ର। ବ୍ୟୋମକେଶ ତ୍ରିପାଠୀ, ଲକ୍ଷ୍ମୀନାରାୟଣ ପାତ୍ର ଓ ଦୁଃଖୀରାମ ସ୍ୱାଇଁ ପ୍ରଭୃତିଙ୍କ ସହିତ ତାଙ୍କର ସମ୍ପର୍କ ଗଢ଼ି ଉଠିଥିଲା। ୧୯୬୨ରେ ରମେଶ ପ୍ରସାଦଙ୍କ ରଚିତ 'ମୁକ୍ତିମଣ୍ଡପ' ବ୍ୟୋମକେଶ ତ୍ରିପାଠୀଙ୍କ ଦ୍ୱାରା ସଂଶୋଧିତ ହୋଇ ଅନ୍ନପୂର୍ଣ୍ଣାରେ ହେବାର ଥିଲା। କାହାଣୀରେ ଜଟିଳତା ଲୋଡ଼ା ବୋଲି ବ୍ୟୋମକେଶ କହିଥିଲେ। ୧୯୬୩ରେ ରମେଶ ପ୍ରସାଦ ଡାକଘର ବିଭାଗରେ କାର୍ଯ୍ୟ କରୁଥିଲାବେଳେ ସେହି ବିଭାଗ ଅନୁକମ୍ପାରେ ତାହା ଅଭିନୀତ ହେଲା। ୨୨ବର୍ଷ ପରେ ୧୯୮୫ ରେ ଜନତା ଗଣନାଟ୍ୟରେ ସଚ୍ଚିଦାସଙ୍କ ନିର୍ଦ୍ଦେଶନାରେ ତାହା "ଝରଣା ଝୁରେ ସାଗର ପାଇଁ" ଶୀର୍ଷକରେ ଅଭିନୀତ ହେଲା। ବହି କିନ୍ତୁ 'ମୁକ୍ତିମଣ୍ଡପ' ନାମରେ ହିଁ ମୁଦ୍ରିତ ହୋଇଛି।

ଉତ୍କଳ ଚଳଚ୍ଚିତ୍ର ପ୍ରତିଷ୍ଠାନକୁ 'ମାନଭଞ୍ଜନ'ର ନିର୍ଦ୍ଦେଶନା ଦେବାକୁ ବଙ୍ଗୀୟ ନିର୍ଦ୍ଦେଶକ ପ୍ରଭାତ ମୁଖାର୍ଜୀ ଆସିଥାଆନ୍ତି। ରମେଶ ପ୍ରସାଦ ରାସ ପ୍ରଭୃତି ଦେଖିଥିବା ଅନୁଭବକୁ ନେଇ ଦୃଶ୍ୟଗୁଡ଼ିକ ଚିତ୍ରନାଟ୍ୟ ଶୈଳୀରେ ଲେଖି ପ୍ରଭାତ ମୁଖାର୍ଜୀଙ୍କୁ ଦେଖାଇଲେ। ପ୍ରଭାତ ମୁଖାର୍ଜୀ କହିଲେ "ତୋମାକେ ଇଂରାଜୀତେ M.A. କରିତେ ହବେ। ତାର ପର ଚିତ୍ରନାଟ୍ୟ ଲିଖିବେ।" ଭାରତୀୟ ଡାକ-ତାର ବିଭାଗରେ ଚାକିରୀ କରୁଥିଲାବେଳେ ପ୍ରଭାତ ମୁଖାର୍ଜୀଙ୍କ କଥା ମନରେ ରଖି ସେ ଖଲ୍ଲିକୋଟ କଲେଜ୍‌ରେ ଇଂରାଜୀ ଏମ୍.ଏ.ରେ ନାମ ଲେଖାଇଲେ। ଏମ୍.ଏ. କ୍ଲାସ୍ ସକାଳ ୭ଟାରୁ ୧୦ଟା ଯାଏ ହୁଏ। ତା'ପରେ ସେ ଡାକ-ତାର ବିଭାଗର ଦାୟିତ୍ୱ ସମ୍ଭାଳନ୍ତି। ଏହି ସମୟରେ ସେ 'ଗଞ୍ଜାମ କଳା ପରିଷଦ'ର ସଭ୍ୟ ହେଲେ ଓ ଆଧୁନିକ ସଙ୍ଗୀତ ବିଶେଷ କରି ହାରମୋନିୟମ୍ ଓ ବେହେଲା ବଜାଇବାରେ ଆଗ୍ରହ କରିଥିଲେ। ଖଲ୍ଲିକୋଟ କଲେଜର ପ୍ରଫେସର ବ୍ରୋଏନ୍, ଜାଣିଲେ ଯେ ସେ ନାଟକ ଲେଖୁଛନ୍ତି। ତେଣୁ ଆଗ୍ରହରେ ସେ T.S.Eliot ଓ Y.B.yeats ପ୍ରଭୃତିଙ୍କ ସମ୍ପର୍କରେ ରମେଶ ପ୍ରସାଦଙ୍କୁ ସ୍ୱତନ୍ତ୍ର ଭାବରେ ପଢ଼ାଇଲେ। ଫଳରେ ରମେଶ ପ୍ରସାଦ ପ୍ରଥମ ଶ୍ରେଣୀରେ ପ୍ରଥମ

ହେଲେ। ଏହି ସମୟକୁ ତାଙ୍କର ବିନ୍ଦୁ ଓ ବଳୟ, ହେ ପୃଥିବୀ ବିଦାୟ, କମଳପୁର ଡାକଘର, ଗୁଣ୍ଡା, ମୁଁ ଆମ୍ଭେ ଓ ଆମ୍ଭେମାନେ ରଚିତ ଓ ଅଭିନୀତ ହୋଇ ସାରିଥିଲା। ଡାକ-ତାର ବିଭାଗରୁ ବିଦାୟ ନେଇ ସେ ଡି.ଏ.ଭି କଲେଜ୍ ଟିଟିଲାଗଡ଼ରେ ଅଧ୍ୟାପକ ଭାବରେ ଯୋଗ ଦେଲେ। ସେଠାରେ ସେ ନିଜ ନାଟକରେ ନିଜେ ସଙ୍ଗୀତ ଲେଖି, ନିର୍ଦ୍ଦେଶନା ଦେଇ ବର୍ଷକୁ ଏକାଧିକ ବାର ଅଭିନୟ କରାଉଥିଲେ।

ସାମନ୍ତ ଚନ୍ଦ୍ରଶେଖର କଲେଜ ....ଆସି ସେ କାର୍ତ୍ତିକ ରଥ, ଅକ୍ଷୟ ମହାନ୍ତି, ବିଶ୍ୱଜିତ୍ ଦାସ ଓ ବିଜୟ ମିଶ୍ର ପ୍ରଭୃତିଙ୍କ ନିକଟରେ ନିର୍ଦ୍ଦେଶନା ଦେଲେ। ସେତେବେଳେ ରତି ମିଶ୍ର ରିଜିଓନାଲ୍ କଲେଜ୍‌ରେ ପଢୁଥିଲେ। ସେ 'ମହାନାଟକ' ସମ୍ପର୍କରେ ଉଚ୍ଚକୋଟୀର ଆଲୋଚନା ଲେଖିଥିଲେ।

ନାଟ୍ୟକାର ପାଣିଗ୍ରାହୀ ମହାଶୟ ଅଧିକ ଅଧ୍ୟୟନରେ ଆଗ୍ରହ ଫଳରେ ମାର୍କିନ୍ ଏମ୍ବାସି ପରିଚାଳିତ ହାଇଦ୍ରାବାଦ ପାଠାଗାରର ସଭ୍ୟ ହୁଅନ୍ତି। ସେଠାରେ ସେ ବିଭିନ୍ନ International Seminar ରେ ଯୋଗ ଦିଅନ୍ତି। କାଲିଫର୍ଣ୍ଣିଆର ନାଟ୍ୟକାର ଶାମ ସେପାର୍ଡଙ୍କ ନାଟକ ଉପରେ ଦୀର୍ଘ ପନ୍ଦର ବର୍ଷ କାଳ ଗବେଷଣା କରି ସେ ପିଏଚ୍.ଡ଼ି ପାଆନ୍ତି। ଏଠାରେ ଉଲ୍ଲେଖଯୋଗ୍ୟ ଯେ ଶାମ ସେପାର୍ଡ ଓ ରମେଶ ପାଣିଗ୍ରାହୀ ଗୋଟିଏ ବର୍ଷରେ ଜନ୍ମ। ଏହିସବୁ ନାଟକ ସମ୍ପର୍କରେ ପଢ଼ି, ବିଭିନ୍ନ ଆମେରିକୀୟ ନାଟକର ଭିଡ଼ିଓ ଦେଖି, ଆଲୋଚନା କରି ତାଙ୍କର ଦୃଷ୍ଟିଭଙ୍ଗୀ ପ୍ରସାରିତ ହୁଏ ଓ ନାଟକରେ ପରୀକ୍ଷା ପ୍ରୟୋଗ ସମ୍ପର୍କରେ ସେ ନାନା ନୂତନ ଅବଧାରଣା କରିପାରନ୍ତି।

ନିଜର ନାଟକ ସମ୍ପର୍କରେ ପାଣିଗ୍ରାହୀ ମହାଶୟ ଖୁବ୍ ସଚେତନ। ତେଣୁ ତାଙ୍କର ପ୍ରତ୍ୟେକ ନାଟକ ଅପରଠାରୁ ଭିନ୍ନ। ତାଙ୍କଠାରୁ ସମସ୍ତେ ନୂଆଧରଣର ନାଟକ ହିଁ ଚାହାନ୍ତି। ତେଣୁ 'ବିକ୍ରିଯୋଗ୍ୟ' କରିବାର ପ୍ରଚେଷ୍ଟାରେ ସେ ନୂଆ କିଛି ହିଁ କରନ୍ତି। ତାଙ୍କର ଉକ୍ତି "ପ୍ରତ୍ୟେକ ଥର ନାଟକ ଲେଖିଲାବେଳେ ମୁଁ ଯୋଡ଼ହସ୍ତ ହୋଇ ଶୂନ୍ୟକୁ ଚାହେଁ। ମୁଁ କିଛି ଜାଣେନି, କେମିତି ଲେଖିବି ଜାଣେନି, କିନ୍ତୁ ମୁଁ ଜାଣିଛି ସେଇ ଶୂନ୍ୟତା ଭିତରେ ନାଟକଟି ଲେଖା ହୋଇ ଥୁଆ ହୋଇଛି ଏବଂ ତା'ଭିତରୁ ଅନାବଶ୍ୟକ ଶୂନ୍ୟତାମାନଙ୍କୁ ବାହାର କରିଦେଲେ ମୁଁ ନାଟକଟିକୁ ଦେଖିପାରୁଛି। ଏଣୁ ପ୍ରତ୍ୟେକଥର ସେଇ ଶୂନ୍ୟତା, ପ୍ରତିବିମ୍ବ ଭିନ୍ନ ଆକାରରେ ମୋ ପାଖକୁ ଆସୁଛି। ଅପରାହ୍ନର ମେଘମାନଙ୍କ ପରି କେତେବେଳେ କେଉଁ ରଙ୍ଗକୁ ଦେହରେ ମାଖି କାହାଣୀମାନେ ଆସନ୍ତି। ସେମାନଙ୍କର ଭିନ୍ନତା ବୋଧହୁଏ ନାଟକକୁ ଅନେକ ରଙ୍ଗ ଭିତରେ ଦେଖିବାର ସୁଯୋଗ ଦିଏ। ମୋ ପାଇଁ ତାହା ହିଁ ପରୀକ୍ଷା। ବରଂ କହିପାରେ ଶୈଳୀ ହିଁ ମୋ ପାଇଁ ବିଷୟବସ୍ତୁ।" ନିଜକୁ 'ଚଳମାନ ବିଶୃଙ୍ଖଳା' କହୁଥିବା ପାଣିଗ୍ରାହୀ ମହାଶୟ

ଦର୍ଶକମାନଙ୍କୁ ସର୍ବଦା ଏକ ପ୍ରସାରିତ ଦିଗନ୍ତର ସନ୍ଧାନ ଦିଅନ୍ତି। ସେ ନାଟକ ରଚନା ଓ ମଞ୍ଚାୟନକୁ ଅଲଗା କରି ବୁଝନ୍ତି। କେବେ ଅନୁକୃତିମୂଳକମଞ୍ଚ, ମୁକ୍ତମଞ୍ଚ, ପ୍ରତୀକାତ୍ମକ ମଞ୍ଚ, ଅବଚେତନର ଦୃଶ୍ୟପାଇଁ ବିଭିନ୍ନ ଆଲୋକପ୍ରୟୋଗ, କୋଲାଜ୍, ସମାନ୍ତର ସ୍ଥାନିକତା (Just apposition), ସହସ୍ଥାନିକ (Spatialism) ପ୍ରଭୃତିର ପ୍ରୟୋଗରେ ସେ କୁଶଳୀ। ଯେଉଁ ଉପାୟରେ ଦର୍ଶକ ସହିତ ସିଧାସଳଖ ଯୋଗାଯୋଗ ରକ୍ଷା କରାଯାଇ ପାରିବ ତାହା ସେ ଜାଣନ୍ତି। ସେ ପିଟର ବ୍ରୁକ୍, ଆଣ୍ଟୋନି ଆରଟଡ୍, ଟେରି ଇଗଲଟନ ପ୍ରଭୃତିଙ୍କ ମଞ୍ଚାୟନ ଶୈଳୀଦ୍ୱାରା ପ୍ରଭାବିତ, ଆୟୋନେସ୍କୋ, ହାରଲଡ୍ ପିଣ୍ଟର ଓ ଦାରିଓ ଫୋ'ଙ୍କ ଶୈଳୀରେ ଆମ ଲୋକନାଟ୍ୟ ଶୈଳୀର ଭାବ ଦେଖି ସେ ସେମାନଙ୍କଦ୍ୱାରା ମଧ୍ୟ ପ୍ରଭାବିତ ହୋଇଛନ୍ତି। ଏସବୁ ଭିତରେ ମଧ୍ୟ ନିଜର ଅଗ୍ରଜମାନଙ୍କଠାରୁ ସେ ବାରମ୍ବାର ଆକ୍ଷେପ ବା ଅପମାନ ପାଇଛନ୍ତି। ପ୍ରଥମେ କମଳଲୋଚନ ମହାନ୍ତି କହିଥିଲେ ଯେ ରମେଶପ୍ରସାଦ ଯେଉଁ ନାଟକ ଲେଖୁଛନ୍ତି ତାହା ରାତିଏ କି ଦି ରାତି ପାଇଁ ମାତ୍ର ଅଭିନୀତ ହେବ। "ଆମେ ସବୁ ନାଟକ ଲେଖୁଥିଲୁ ଅନ୍ନପୂର୍ଣ୍ଣା ପାଇଁ, ସେଠାରେ ନୂଆ ନାଟକଟିଏ ଛଅମାସରୁ ଏକ ବର୍ଷ ଅବଧି ପ୍ରତିଦିନ ଅଭିନୀତ ହେଉଥିଲା। ଯାହା ନାଟକ ଯେତେଦିନ ରହିଲା ତା ନାଟକ ସେତେ ବେଶି ଦମ୍‌ଦାର ବୋଲି କୁହାଗଲା।" ଏ କଥାର ମଧ୍ୟ ଯଥେଷ୍ଟ ଗୁରୁତ୍ୱ ଥିଲା। ସେ ସମୟରେ କାଳୀଚରଣ, ଭଞ୍ଜକିଶୋର ଓ ଗୋପାଳ ଛୋଟରାୟ ଥିଲେ ସର୍ବମାନ୍ୟ ନାଟ୍ୟକାର। କିନ୍ତୁ ନାଟ୍ୟକାର ରମେଶ ପ୍ରସାଦଙ୍କ ପାଇଁ ଏତାଦୃଶ ବାକ୍ୟବାଣ ହଜମ କରିବା ନଥିଲା। ଏହାଠାରୁ ଅଧିକ ବ୍ୟଙ୍ଗାତ୍ମକ କଥା ଶୁଣିବାକୁ ପଡ଼ିଲା ୧୯୮୪ରେ। ସେହି ବର୍ଷ 'ମହାନାଟକ' ପାଇଁ ଓଡ଼ିଶା ସାହିତ୍ୟ ଏକାଡ଼େମୀ ପୁରସ୍କାର ପାଇଥିବା ଏହି ନାଟ୍ୟକାରଙ୍କୁ ପ୍ରଫେସର ଧରଣୀଧର ସାହୁଙ୍କର ରେଭେନ୍‌ସା କଲେଜ କ୍ୱାର୍ଟର୍ସରେ ଦିଆଯାଉଥିବା ଏକ ସମ୍ବର୍ଦ୍ଧନା ସଭାରେ ଚିତ୍ତରଞ୍ଜନ ଦାସ କହିଥିଲେ "ଏମିତି ଗୁଡ଼ାଏ ଉଭଟ ନାଟକ ଲେଖିଲେ କ'ଣ ନାଟ୍ୟ ସାହିତ୍ୟ ଲୋକଙ୍କ ପାଖରେ ପହଞ୍ଚିବ? ଆପଣ କ'ଣ ଯାତ୍ରା ନାଟକ ଲେଖିପାରିବେ?" ଏହି କଥା ତାଙ୍କ ମନରେ ଥିଲା। ଇଞ୍ଜିନିୟର ବୈଷ୍ଣବଚରଣ ମହାନ୍ତିଙ୍କ ଯାତ୍ରାଦଳ ଜନତା ଗଣନାଟ୍ୟରେ, ନିର୍ଦ୍ଦେଶକ ସଚ୍ଚିଦାସଙ୍କ ନିର୍ଦ୍ଦେଶନାରେ ତାଙ୍କର "ଭିନ୍ନ ଏକ ରାମାୟଣ ଅନ୍ୟ ଏକ ସୀତା" ସେହି ୧୯୮୪ରେ ମଞ୍ଚସ୍ଥ ହେଲା। ସେହିବର୍ଷ ସାରା ଓଡ଼ିଶାରେ ସେ ଯାତ୍ରାବାଲା ଭାବରେ ପରିଚିତ ହୋଇଗଲେ। ସେ ସମୟକୁ ସେ ବମ୍ବେରେ ଶିଶିର ମିଶ୍ରଙ୍କ ସହିତ 'ସମୟ ବଡ଼ ବଳବାନ' ସିନେମାର ସ୍କ୍ରିପ୍ଟ ଉପରେ କାମ କରୁଥିଲେ। ସେ ୧୮ଟି ଯାତ୍ରା ନାଟକ ଲେଖିଛନ୍ତି ଯାହା ଭିତରୁ 'ଶ୍ରୀକୃଷ୍ଣ ଆସୁଛନ୍ତି' ବିଶେଷ ଉଲ୍ଲେଖଯୋଗ୍ୟ। ତାଙ୍କ

ମତରେ ଯାତ୍ରାର କଳାକାରମାନେ ଖୁବ୍ ଶୀଘ୍ର ସଂଳାପ ମନେ ରଖନ୍ତି। ସଙ୍ଗୀତକାରମାନେ ଗୋଟିଏ ଥରରେ ସଙ୍ଗୀତ ଆୟତ୍ତ କରନ୍ତି ଓ ଲଢୁଆ ମନୋଭାବ ନେଇ ନାଟକ ପରିବେଷଣ କରନ୍ତି। ସେ ତୁଳସୀ, ତାରିଣୀ, ସାତଶଙ୍ଖ, ଉତ୍ତରାୟଣୀ, ଗୌରୀ, ତ୍ରିନାଥ ଭଳି ବିଭିନ୍ନ ଗଣନାଟ୍ୟ ପାଇଁ ନାଟକ ଲେଖିଛନ୍ତି। ସେ ଓଡ଼ିଶାର ଗଣନାଟ୍ୟ ଜଗତରେ ଯୁଗାନ୍ତକାରୀ ବିପ୍ଳବ ଆଣିଛନ୍ତି ବୋଲି କୁହାଯାଏ। ମାତ୍ର ପରିଶ୍ରମ ଓ ଅନିଦ୍ରାଜନିତ ସ୍ୱାସ୍ଥ୍ୟହାନୀକୁ ନେଇ ସେ ବର୍ତ୍ତମାନ ଯାତ୍ରାଠାରୁ ଦୂରରେ ଅଛନ୍ତି।

ଏବେ ନାଟ୍ୟକାର ରମେଶ ପାଣିଗ୍ରାହୀଙ୍କୁ ପରିଚିତ କରାଇବା ଲୋଡ଼ା, ସେ କହନ୍ତି "ନାଟକ ଯେ, କେବଳ ସମାଜରଦର୍ଶିତା ହେବ ଏମିତି କିଛି ମାନେ ନାହିଁ। ତାହା ଏକ ଚେତନା ହୋଇପାରେ। ଏକ ଅଚେତନ ବା ଅବଚେତନ ହୋଇପାରେ, ଏକ ରୂପକଳ୍ପ ହୋଇପାରେ।" ତାଙ୍କର 'ତିମିରତୃଷ୍ଣା'ର ମୁଖ୍ୟଚରିତ୍ର ମୁକ୍ତିକାନ୍ତ ଜାରଜ ସନ୍ତାନ। ସେ ସାଂସ୍କୃତିକ ଅବକ୍ଷୟରୁ ଜନ୍ମ। ସେ ବିପ୍ଳବୀ ଓ ନୂତନ ମୂଲ୍ୟବୋଧର ସ୍ରଷ୍ଟା। ସେମିତି 'ଗୁଣ୍ଡା'ର ବାବ୍‌ଲୁର ଗୋଟିଏ ହାତରେ କାକଳୀର ଶବ ଓ ଅନ୍ୟ ହାତରେ ଧାରୁଆ ଛୁରୀ। ବାବ୍‌ଲୁର ପରିଚୟ ତା ବେକର ବାଘନଖ ଲକେଟ୍, ଯେଉଁଦିନ କାକଳୀ ତାକୁ ଛୁରୀ ଧରିବାକୁ ମନା କରିଛି ସେହିଦିନ ଦୀପେନ୍‌ର ଛୁରୀରେ ତାର ମୃତ୍ୟୁ ଘଟିଛି। 'ମୁଁ ଆମ୍ଭେ ଓ ଆମ୍ଭେମାନେ' ୧୯୬୮ ମହାବାତ୍ୟା ସମୟରେ ଖାଲିପେଟରେ, ମହମବତୀ ଆଲୁଅରେ ବସି ଲେଖିଛନ୍ତି ନାଟ୍ୟକାର। ଏଠାରେ ସୂଚନା ଦେବା ଦରକାର ଯେ ୧୯୬୮ ଓଡ଼ିଆ ନାଟକ ପାଇଁ ଗୁରୁତ୍ୱପୂର୍ଣ୍ଣ ବର୍ଷ। ଏହି ବର୍ଷ ବନହଂସୀ (ମନୋରଞ୍ଜନ ଦାସ) ଓ ଶବବାହକମାନେ (ବିଜୟ ମିଶ୍ର) ରଚିତ ହୋଇଛି। ମଞ୍ଚର ତ୍ରିଛକିରେ ଚାହା ଦୋକାନ ଓ ଜଳୁଥିବା କୋଇଲା ଚୂଲୀ। ସେଠି ନାୟିକାର ନାମ ବନ୍ୟା ଯିଏ ସାମାଜିକତାର ବନ୍ଧବାଡ଼ ମାନେ ନାହିଁ। 'ଧୃତରାଷ୍ଟ୍ରର ଆଖି'ରେ ବୃଦ୍ଧ ସୀତାନାଥ ପଛଘରେ ରହନ୍ତି ଓ ଆଗଘରର ପରଚିତିଙ୍କର ଦୁଷ୍କୃତି ଦେଖିପାରନ୍ତି ନାହିଁ। 'ଅନ୍ଧନଦୀର ସୁଅ'ରେ ନାୟକ ସଦାଶିବ ବନ୍ୟାପ୍ରପୀଡ଼ିତ ଅଞ୍ଚଳର ମେଧାବୀ ଛାତ୍ର। ସେ "ସତ କହିବାକୁ କିଆଁ ଡରିବି"ରେ ବିଶ୍ୱାସ କରେ। ସାଧାରଣ ମଣିଷ ଓ ସମ୍ଭ୍ରାନ୍ତ ମଣିଷ ଭିତରେ ଥିବା ପାର୍ଥକ୍ୟ ଦୂରକରିବା ତାର ଉଦ୍ଦେଶ୍ୟ। 'ଶେଷ ପାହାଚ' ଓ 'ଆତ୍ମଲିପି' Self-reflexive ନାଟକ। 'ଶେଷ ପାହାଚ'ର ପ୍ରଥମ ପାହାଚରେ ମଦନା ଚୌକିଦାର, ଦ୍ୱିତୀୟ ପାହାଚରେ ସେ ମଦନ ରାଉତରାୟ ଓ ତୃତୀୟ ଅର୍ଥାତ୍ ଶେଷପାହାଚରେ ସେ ବାବା ମଦନାନନ୍ଦ ପାଲଟିଛନ୍ତି। ସେମିତି 'ଆତ୍ମଲିପି' ନାଟକ ଭିତରେ ନାଟକର ସଫଳ ପରୀକ୍ଷା। 'ଦୁର୍ଘଟଣାବଶତଃ'ରେ ଆମେ ଦେଖୁ ସମାଜର ସବୁକ୍ଷେତ୍ରରେ ଚରମ ବିଶୃଙ୍ଖଳା, ସାମାଜିକ ପ୍ରତିଷ୍ଠା ପାଇଁ ଏହାର ଚରିତ୍ର ନେତା,

ଶିଳ୍ପପତି, ପୋଲିସ୍ ସମସ୍ତେ ଯେକୌଣସି ସ୍ତରକୁ ଯାଇପାରନ୍ତି। 'ବିନ୍ଦୁ ଓ ବଳୟ'ରେ ପେଟିକା ମଞ୍ଚ ଓ ପରଦା ମଞ୍ଚର ବ୍ୟବହାର କରାଯାଇଛି। ଏହି ଚରିତ୍ର ପ୍ରଧାନ ନାଟକରେ ମାଳିନୀ ହିଁ ମୁଖ୍ୟଚରିତ୍ର ଯାହାକୁ ଶିଳ୍ପପତିଙ୍କ ସନ୍ତାନ ସୀତାଂଶୁ ଭଲପାଏ। ବୃଦ୍ଧକୁ ବିବାହ କରି ବିଧବା ହୋଇଥିବା ମାଳିନୀକୁ ପୁନର୍ବିବାହ କରିବାକୁ ସୀତାଂଶୁ ଚାହେଁ। ତେଣୁ ଶିଳ୍ପପତି ଗୁଣ୍ଡା ଲଗାଇ ମାଳିନୀକୁ ଅପହରଣ କରିଦିଅନ୍ତି। ମାଳିନୀ ଦର୍ଶକଙ୍କ ପାଖକୁ ନିଜର ଅସହାୟତା ଜଣାଇ ଚିଠି ଲେଖେ। ଜାତୀୟ ସଙ୍କଟରେ ୧୯୯୯ ମହାବାତ୍ୟାର ଭୟଙ୍କରତାକୁ ରୂପଦେବାପାଇଁ ନାଗାନୃତ୍ୟର ସାହାଯ୍ୟ ଦିଆଯାଇଛି। ଏଠି ଖାଲି ରିଲିଫ ସାମଗ୍ରୀ ଲୁଟ୍ ହୁଏ ନାହିଁ ମଣିଷପଣିଆ ବି ଲୁଟ୍ ହୋଇଯାଏ। ଚାକିରି କରାଇ ଦେବାର ପ୍ରତିଶ୍ରୁତି ଦେଇ ଦୀପାକୁ ଧର୍ଷଣ କରାଯାଏ 'ଗୋଟିଏ ବୃତ୍ତ ଆଙ୍କିବାର ସହଜ ପ୍ରଣାଳୀ' ନାଟକରେ ଜଗନ୍ନାଥଙ୍କର ବୃତ୍ତାକାର ଚକ୍ଷୁକୁ କିଭଳି ଆଙ୍କିହେବ ତା'ର ବିଚିତ୍ର ପ୍ରଣାଳୀର ବର୍ଣ୍ଣନା ରହିଛି।

ଆଲୋଚନାର ସୁବିଧା ଦୃଷ୍ଟିରୁ ଜଣେ ମହାପୁରୁଷଙ୍କ ଜନ୍ମ ଓ ମୃତ୍ୟୁ ସମ୍ପର୍କରେ, ଆନନ୍ଦନଗରକୁ ଯାତ୍ରା ଓ ହାତୀକୁ ହୋମିଓପ୍ୟାଥି ନାଟକକୁ ଏକତ୍ର କରାଯାଇଛି। ୧୯୭୨ରେ ରଚିତ "ଜଣେ ମହାପୁରୁଷଙ୍କ ଜନ୍ମ ଓ ମୃତ୍ୟୁ ସମ୍ପର୍କରେ"ରେ ନାୟକ କୃଷ୍ଣମୋହନ ପ୍ରାଣୀ ବିଜ୍ଞାନର ଅଧ୍ୟାପକ ୧୧ ବର୍ଷର ବୈବାହିକ ଜୀବନ ଭିତରେ ପତ୍ନୀ ମାଧବୀ ସନ୍ତାନହୀନା। ବର୍ଷାର ପ୍ରଥମ ବିନ୍ଦୁ ବେଙ୍ଗ ମୁଣ୍ଡରେ ପଡ଼ିଲେ ତାହା ମଣିଷ ପାଲଟିଯିବ, ଏହିଭଳି ଏକ ଅବୈଜ୍ଞାନିକ ତଥ୍ୟ ନେଇ ବ୍ୟସ୍ତ କୃଷ୍ଣମୋହନ ବେଙ୍ଗ ଧରିବା ଓ କାଟିବା ନେଇ ଏତେ ମଗ୍ନ ଯେ ସେ ପତ୍ନୀଙ୍କ ଦୁଃଖ ବୁଝିପାରନ୍ତି ନାହିଁ। ପିଙ୍ଗ୍‌ପଙ୍ଗ୍ ଓ ନାଇଟ୍‌କୁଇନ୍, ନାମକ ବେଙ୍ଗ ଦୁଇଟିଙ୍କୁ ମାଧବୀ ସନ୍ତାନ ସ୍ନେହରେ ପାଳନ୍ତି। ବୀରଭଦ୍ର ନାମକ ବ୍ୟକ୍ତି ମାଧବୀଙ୍କ ନିସ୍ତରଙ୍ଗ ଜୀବନରେ ତରଙ୍ଗ ସୃଷ୍ଟି କରିବାକୁ ପ୍ରୟାସ କରନ୍ତି, ମାତ୍ର ପାରନ୍ତି ନାହିଁ। 'ଆନନ୍ଦ ନଗରକୁ ଯାତ୍ରା'ରେ ଯନ୍ତ୍ରଣା ଓ ଆନନ୍ଦ ସତେ ଯେପରି ହାତ ଧରାଧରି ହୋଇ ଚାଲିଛନ୍ତି। ବିବାହ ପରେ ଆନନ୍ଦ ଅନ୍ୱେଷଣରେ ବାହାରିଥିବା ବିଶ୍ୱଜିତ୍ ଓ ମୀନା ଯନ୍ତ୍ରଣାନିଳୟରେ ପହଞ୍ଚି ଯାଆନ୍ତି। 'ଜଣେ ମହାପୁରୁଷଙ୍କ ଜନ୍ମ ମୃତ୍ୟୁ ସମ୍ପର୍କରେ'ରେ କୃଷ୍ଣମୋହନ ଦେବୀ କୋଦମ୍ବାଙ୍କ ଟୋପି ପିନ୍ଧି, ଛତା ଓ ବେଙ୍ଗ ଧରିବା ଜାଲ ଧରି ରାତିରେ ବୁଲିବା, ଗଳାରେ ନବରତ୍ନର ହାର, ମୁଣ୍ଡବାଳ ମୁକୁଟ ତଳକୁ ବର ଓହଳ ଭଳି ଲମ୍ବିଆସିଛି । ତାଙ୍କ ହାତରେ ଦାଆ ଓ ସେ ନାଚିନାଚି ମଞ୍ଚରେ ପ୍ରବେଶ କରନ୍ତି। ଆନନ୍ଦନଗରର ଲାଠିଆଳ ବୁଲ୍‌ବୁଲ୍, ଆନନ୍ଦ ଖୋଜୁଥିବା ଲୋକଙ୍କୁ ଦେଖିଲେ ଅଦ୍ଭୁତ ଭାବରେ ତା' ପେଟରେ ଗୋଟେ ମୂଷା ପଶିଯାଏ ଓ ସେ ଯନ୍ତ୍ରଣାରେ ଛଟପଟ ହୁଏ। ତେଣୁ ସେ ଚାହେଁ ଆନନ୍ଦ ଖୋଜୁଥବା ସବୁ ମଣିଷର

ଦୁଃଖ ତା'ର ହୋଇଯାଉ। ମେଘନାଦ କବଳରେ ପଡ଼ି ବିଶ୍ୱଜିତ ଓ ମୀନା କଲବଲ ହୁଅନ୍ତି। ଚନ୍ଦନ ପ୍ରହରାଜ ସେହିଭଳି ଏକ ଅତିକଳ୍ପିତ ଚରିତ୍ର। ସେ ଜାଲ ପକାଇ ମାଛ ଧରିବାର ଅଭିନୟ କରନ୍ତି। ସେ କୁହନ୍ତି "ତମେ ନିଜେ ଜାଣନା ଆନନ୍ଦ କ'ଣ?" ,, ଯେ ମାଛ ଯେତେ ଗଭୀରର/ ସେ ସିନା ଚିହ୍ନେ ପାରାବାର।" ଏକଦା ରାଜନୀତି ପରିସରରେ Real king ଭଳି ବଞ୍ଚିଥିବା ଚନ୍ଦନ ପ୍ରହରାଜ ଏବେ Fisher king। 'ହାତୀକୁ ହୋମିଓପ୍ୟାଥି'ରେ ହାତୀ ଗୋଟାଏ ଅନ୍ତହୀନ ଶ୍ଲେଷ (irony)। ନିର୍ଦ୍ଦିଷ୍ଟ ନୈତିକ ମାନଦଣ୍ଡ ନଥିବା ସମାଜରେ ମଣିଷର କରୁଣତମ ବ୍ୟଥାଟି ଅନ୍ୟ ମଣିଷ ପାଇଁ କରୁଣ ନ ହୋଇ ହାସ୍ୟକାର ହୋଇପାରେ, ଏହା ଏହି ନାଟକର ବକ୍ତବ୍ୟ। ୧୯୮୨ରେ ଏକ ସମ୍ବାଦ "ହାତୀଟିଏ ମହାନଦୀରେ ଭାସିଆସି ଏକ ସାଇକେଲ୍ ଚଢ଼ାଳୀକୁ ହତ୍ୟା କରିଛି"। ଏହା ନାଟ୍ୟକାରଙ୍କୁ ଏଭଳି ନାଟକ ଲେଖିବାକୁ ଅନୁପ୍ରେରିତ କରିଛି। ହାତୀ ତ ଅନେକ ସ୍ଥାନରେ ଅଛି। ମାତ୍ର ହାତୀ ହୋଇପାରେ ରାଜନୀତିକ ବ୍ୟକ୍ତି, ଲମ୍ପଟ ହାତୀ ବାବା ବା ହାତୀ ସାହୁକାର। ଏହି ନାଟକରେ ହାତୀ ପାଲଟିଛି ରୂପକଳ୍ପ ବିମ୍ବ, ଚେତନା, ମିଥ୍ ବା ଫ୍ୟାଣ୍ଟାସି। ହାତୀବାବାଙ୍କଦ୍ୱାରା ଧର୍ଷିତା ଲକ୍ଷ୍ମୀ ସମାଜ ପରିତ୍ୟକ୍ତା ହୋଇ ନିଜର ପୁଅ କାଳିଆକୁ ଧରି ବସ୍ତିରେ ରହେ। ସେହି କାଳିଆକୁ ହିଁ ପଠାଇ ଦିଆହୁଏ ହାତୀକୁ ହୋମିଓପ୍ୟାଥି ଦେବାକୁ। କାରଣ ଯଦି ହାତୀ ଖୋଜ ତଳେ କାଳିଆ ଦଳି ହୋଇଯାଏ, ତେବେ କାହାର କିଛି ଫରକ ପଡ଼ିବାର ନାହିଁ। ଲକ୍ଷ୍ମୀର କାରୁଣ୍ୟ ଓ ଜୀବନର ସମ୍ମୁଖୀନ ହେବାର ସାହସ ଏହି ଆପାତତଃ ହାସ୍ୟକର ଘଟଣା ପ୍ରବାହ ମଧ୍ୟରେ ପ୍ରଶ୍ନବାଚୀ ହୋଇ ଦର୍ଶକର ଚେତନାକୁ ଆଘାତ କରେ।

ଆମ୍ରଲିପିର ଶେଲି, ଗୁଣ୍ଡାର କାକଳୀ, ମହାନାଟକର କେତକୀଗନ୍ଧା, ଶେଷ ପାହାଚର ଲିଜି ପ୍ରଭୃତି ଏକୁଟିଆ ନାରୀ ନିଜ ନିଜ ଜୀବନକୁ ସାମ୍ନା କରନ୍ତି। ଅଭିନେତ୍ରୀ ଶେଲି ନିଜ ଅତୀତକୁ ଭୁଲି ମଧ୍ୟ ଭୁଲିପାରେନା। ସେ ତାର ଏକଦା ପ୍ରେମିକ ନିର୍ଲିପ୍ତ ପଟ୍ଟନାୟକକୁ ସିଧା କହିପାରେ ଯେ ଝିଅମାନଙ୍କ ସମ୍ପର୍କରେ କୁତ୍ସା ଶୁଣିବାରେ ସେମାନଙ୍କର କାନ ଅଭ୍ୟସ୍ତ। "xxxତମେ ମୋର ଆଜିର ଏଇ ଅବସ୍ଥାର ପ୍ରଥମ ଉଦ୍‌ଘାଟକ। ଆଜି ଯଦି ଶେଲି ଦାସ ଏଇ ସମାଜର ଗୋଟାଏ ସ୍ଖଳିତା ନାରୀର ଆସନ ପାଇଥାଏ, ତାହା ତମରି ପାଇଁ," ରମେଶ ପାଣିଗ୍ରାହୀଙ୍କ ନାଟକରେ ନାରୀ ନିର୍ବିକାରରେ ଭାଗ୍ୟଦୋଷ ଭାବି ଜୀବନକୁ ମାନିନେଇ ପାରିନାହିଁ। ସେ ପ୍ରତିବାଦ କରିଛି 'ପକାକମ୍ବଳ ପୋତ ଛତା'ର ଲଳିତା ଭଳି ସେ ତାରକେଶ୍ୱରୀଙ୍କ ପାଖରେ ଶପଥ କରିଛି ବିକ୍ରମ ସିଂହଙ୍କୁ ଓ ତା'ଭଳି ପଶୁମାନଙ୍କୁ ହତ୍ୟା କରିବା ପାଇଁ ସେ ବାରମ୍ବାର ଜନ୍ମ ନେବାକୁ ମଧ୍ୟ ପ୍ରସ୍ତୁତ।

'ମହାନାଟକ'ର କେତକୀଗନ୍ଧାଙ୍କ ଯନ୍ତ୍ରଣା ପ୍ରେମହୀନତା ଓ ସନ୍ତାନହୀନତାର ଯନ୍ତ୍ରଣା। ସେ ସଖୀମାନଙ୍କୁ କହନ୍ତି-

"ଦେବ ଆଣି ?
ଦେଇକି ପାରିବ ସଖୀ ଆଞ୍ଜୁଳାଏ ଶିଶୁର କାନ୍ଦଣା
କିଛି ଭଙ୍ଗା ଅଭିମାନ ଅଝଟପଣିଆ"
ଦେଇକିପାରିବ ମୋତେ ମାତୃତ୍ୱର ଅଭିଶାପ
ପ୍ରଥମ ଯନ୍ତ୍ରଣା।"

ଏଥିପାଇଁ ସେ ଅବନ୍ତି ସାଧବଠାରୁ ସ୍ୱପ୍ନ କିଣନ୍ତି। ମାତ୍ର ବଜ୍ରବାବୁ କ୍ଷୌରୋତ୍ସବରେ ମତ୍ତ ରହନ୍ତି। ବ୍ରହ୍ମଦତ୍ତ ଓ ଶୀଳଭଦ୍ରଙ୍କୁ ନାନା ଅଯୌକ୍ତିକ କାର୍ଯ୍ୟପାଇଁ ଆଦେଶ ଦିଅନ୍ତି ଓ ପ୍ରତିଦିନ ବୃଦ୍ଧି ପାଉଥିବା ବିଚିତ୍ର ମୃତ୍ତିକା ଭାଣ୍ଡରେ ଗୋଡ଼ି ପକାଇ ଟହଟହ ହସନ୍ତି। ଏହା ତାଙ୍କର ପୌରୁଷହୀନତାର କଥା ହିଁ କହିଥାଏ। ବ୍ୟଙ୍ଗାନୁଭୂତି, ବିକୃତିକରଣ, ଅତିବାସ୍ତବତା (ବିଚାରଗତ ଭିନ୍ନତା) ମଧ୍ୟରେ ଏଭଳି ନାଟକ ବାସ୍ତବତାର ନିୟମକୁ ଭାଙ୍ଗିଦିଏ ଯେଉଁଠି ଯୁକ୍ତି ଓ କାର୍ଯ୍ୟକାରଣ ସମ୍ପର୍କ ମଧ୍ୟ ପ୍ରଭାବିତ ହୋଇଥାଏ।

ରମେଶ ପାଣିଗ୍ରାହୀ ନାଟ୍ୟକାର ତଥା ନାଟ୍ୟତତ୍ତ୍ୱ ସମ୍ପର୍କରେ ବ୍ୟାପକ ତଥା ଗଭୀର ଜ୍ଞାନ ରଖୁଥିବା ବିଦ୍ୱାନ। ତେଣୁ ତାଙ୍କର ପ୍ରତ୍ୟେକ ସୃଷ୍ଟି ଅପରଠାରୁ ସ୍ୱତନ୍ତ୍ର। ସେ କୁହନ୍ତି ବାସ୍ତବବାଦ ନିରୁତା ବାସ୍ତବବାଦ ହେବା ସମ୍ଭବ ନୁହେଁ। ଋଷୀୟ ନାଟ୍ୟତତ୍ତ୍ୱବିତ୍, ଷ୍ଟାନିସ୍‌ଲାଭସ୍କିଙ୍କ ମତ ଉଦ୍ଧାର କରି ସେ କୁହନ୍ତି "XXX ସ୍ୱପ୍ନ ଦେଖିଲାବେଳେ, କଳ୍ପନାରେ ଚିନ୍ତାସବୁର ଉଦ୍‌ବେଳନ ଘଟିଲାବେଳେ, ପ୍ରାର୍ଥନା କଲାବେଳେ, ଯେମିତି ଚିନ୍ତା କରାଯାଏ ବାସ୍ତବତାକୁ ସେପରି ଉପସ୍ଥାପନା କରାଯିବ। ତା'ମାନେ କେବଳ ବାସ୍ତବତାର ସ୍ଥିର କିମ୍ବା ଚଳମାନ ଫଟୋଟିଏ ମଞ୍ଚ ଉପରେ ପରିବେଷଣ କରିଦେଲେ ତାହା ବାସ୍ତବବାଦୀ କଳାହେବ ନାହିଁ। ତା'ଭିତରେ କଳ୍ପନାର ଖାଦ ମିଶିଲେ ଯାଇ ମଞ୍ଚ ପରିବେଷଣର ଅଳଙ୍କାର ନିର୍ମିତ ହେବ। ତମ୍ବା ଟିକିଏ ମିଶେଇଲେ ସୁନା ଗହଣା ଯେମିତି ଗଢ଼ିହୁଏ ଠିକ୍ ସେମିତି।" (ମୁକ୍ତାଧାରାର ନାଟକ, ପୃ.୧୬୨)।

ଆମେ ଜାଣୁ ଯେ ସଙ୍ଗୀତର ବିବିଧ ଧାରା ସମ୍ପର୍କରେ ତାଙ୍କର ଧାରଣା ବ୍ୟାପକ। ସେ ଜଗନ୍ନାଥ ଦାସ, ଉପେନ୍ଦ୍ର ଭଞ୍ଜ, ଦୀନକୃଷ୍ଣ ଓ ବନମାଳୀଙ୍କୁ ଯେମିତି ବୁଝନ୍ତି, ସେମିତି ବୁଝନ୍ତି A.R.Rahman,, ଇଳିମା ରାଜା, ଶ୍ୟାମାମଣି ଦେବୀ ବା ସୁଭାଷ ଘାଇଙ୍କର 'ତାଲ୍'ର Theme song ର Fashionକୁ, 'ପରାହତ ମୂର୍ଚ୍ଛନା'ର

ପୃଷ୍ଠବନ୍ଧରେ ତାଙ୍କର ଉକ୍ତି "ନାଟ୍ୟକଳାର ଅନ୍ତରାଳରେ ଥିବା ଚେତନାର ସ୍ରୋତମାନଙ୍କୁ ବୁଝିବା ପାଇଁ ସଙ୍ଗୀତରେ ଅବବୋଧ ଏକାନ୍ତ ଜରୁରୀ। ବେଦ, ଦର୍ଶନ ଓ ସାହିତ୍ୟରେ ସଙ୍ଗୀତର ପ୍ରଭାବ ବିବିଧ ଛନ୍ଦରେ ପ୍ରକଟିତ ହୋଇଛି। xxx ନାଦ ଓ ସ୍ୱରର ବିସ୍ତାର ସହିତ ଜୀବନର ବିଭିନ୍ନ ପ୍ରକଟ ପକ୍ଷ, ଅଭିବ୍ୟଞ୍ଜନର ମାଧ୍ୟମ, ବିଦ୍ୟମାନତା ଓ ପରିବେଷଣ କଳାର ସମ୍ପର୍କ ଅତ୍ୟନ୍ତ ସୂକ୍ଷ୍ମ।" ତାଙ୍କ ନିଜ ଭାଷାରେ "ପୁସ୍ତକର ପ୍ରଥମ ନାମ" 'ରାଗପଲ୍ଲବୀରେ ମର୍ଡର' ଥିଲା – କାଳେ ବିକ୍ରିଯୋଗ୍ୟ ଉପଭୋକ୍ତା ସାମଗ୍ରୀ ହୋଇଯିବ ତେଣୁ ନାଁ ଟା ବଦଳାଇ ଦେଲି"- (ପରାହତ ମୂର୍ଚ୍ଛନା-ପୁସ୍ତକ)

ଭାଷା ସମ୍ପର୍କରେ ତାଙ୍କର ବିଚାର ଖୁବ୍ ଦୃଢ଼। ସମ୍ଭ୍ରାନ୍ତ ଭଦ୍ର ଭାଷା ଓ ନିତ୍ୟ ନୈମିତ୍ତିକ (ଗ୍ରାମ୍ୟ, ଅଶ୍ଳୀଳ) ଭାଷା ସମ୍ପର୍କରେ ଅନୁଧ୍ୟାନ କରି ସେ 'Pop culture' କଥା କୁହନ୍ତି। ସମ୍ଭ୍ରାନ୍ତ ଭାଷା ଏକ ମୃତ ମାନସିକତାର କୃତ୍ରିମତା। Emotion ଅପେକ୍ଷା Reasoning କୁ ଅଧିକ ପ୍ରାଧାନ୍ୟ ଦେବାର ବ୍ୟବସ୍ଥା ଉଠିଗଲାଣି ୧୯୬୦ରୁ (ଅନ୍ଧନଦୀର ସୁଅ ମୁଖବନ୍ଧ) ଏକଥା ସେ ମନଇଚ୍ଛା କୁହନ୍ତି ନାହିଁ। ସେ ନିଗ୍ରୋ ସାହିତ୍ୟ, Georgesteiner, ଆମେରିକାର Open Theatre, Technique of Transfarmation Improvisation Technique ସମ୍ପର୍କୀୟ ଅନେକ ଗ୍ରନ୍ଥ ପଢ଼ିଛନ୍ତି। ସେ ସବୁକୁ ଆମ ପରମ୍ପରାର ଭବଭୂତି ଓ ନାଟ୍ୟଶାସ୍ତ୍ରପ୍ରଣେତା ଭରତମୁନିଙ୍କ ସହିତ ତୁଳନା ମଧ୍ୟ କରିଛନ୍ତି, ଯାହା ତାଙ୍କର ବହୁପାଠିତାର ସୂଚନା ଦେଇଥାଏ। ସେହିପରି ଲୋକକାହାଣୀକୁ ନେଇ ସେ 'ମହାନାଟକ' ଓ 'ପକା କମ୍ବଳ ପୋତଛତା' ଲେଖିଛନ୍ତି। ମହାନାଟକ ଅଗାଣ୍ଡିଆ ରାଜା ଓ ପାଳବିଣ୍ଡା ମନ୍ତ୍ରୀ କାହାଣୀ ତଥା ପକାକମ୍ବଳ ପୋତଛତା ପାଇଁ ଅବଲୋକରା କାହାଣୀକୁ ସେ ଗ୍ରହଣ କରିଛନ୍ତି।

ଓଡ଼ିଆ ଭାଷା (ମାତୃଭାଷା) ସମ୍ପର୍କରେ ତାଙ୍କର ଦୃଷ୍ଟିଭଙ୍ଗୀ ବେଶ୍ ଭାବଦ୍ୟୋତକ। ସେ ଜାଣନ୍ତି କାଳିସୀ ନଲାଗିଲେ ନାଟକ ଲେଖିବା ସମ୍ଭବ ନୁହେଁ। ଯାତ୍ରାପାର୍ଟିର Script ପାଇଁ ନିଜର ସର୍ଜନଶୀଳତାକୁ ବନ୍ଧା ପକାଇବାକୁ ସେ ପ୍ରସ୍ତୁତ ନୁହଁନ୍ତି। ଅପଶକ୍ତି/ନାରୀକୁ ନାଟ୍ୟକାର 'ଯେସନେ କୀଟ ଊର୍ଣ୍ଣନାଭ'ରେ କୁହନ୍ତି "ଯଦି ମୋ ଭାଷାରେ ଶକ୍ତି ଥାଏ..ଯଦି ମୋର ସଂଳାପ ମନ୍ତ୍ର ହୋଇଯିବାର କ୍ଷମତା ପାଏ, ଯଦି ମୋର ଦୃଶ୍ୟବିମ୍ବ ଅଦୃଶ୍ୟମାନଙ୍କୁ ଭେଦି ସେମାନଙ୍କୁ ପ୍ରକଟ କରିବ ମୁଁ ତୋ ସାଙ୍ଗରେ ଯୁଦ୍ଧ କରିବି ଅପଶକ୍ତି। ମୋର ଭବିଷ୍ୟତର ରଙ୍ଗମଞ୍ଚମାନଙ୍କୁ ପୁଣିଥରେ ନୂଆ ପାଦପ୍ରଦୀପ ଲଗାଇ ଆଲୋକିତ କରିବି।"

ନାଟ୍ୟକାର ପାଣିଗ୍ରାହୀ ମହାଶୟ ଅନେକ ଏକାଙ୍କିକା ଲେଖିଛନ୍ତି। ପରୀକ୍ଷା ନିରୀକ୍ଷା ପାଇଁ ନାଟକଠାରୁ କ୍ଷୁଦ୍ରାତ୍ମକ ଏକାଙ୍କିକା ଅଧିକ ଭରସାଯୋଗ୍ୟ। ତାଙ୍କର 'ଶ୍ରୀ

ଶ୍ରୀ ମହାଲକ୍ଷ୍ମୀ ପୂଜା'ରେ ଏକ ପାରମ୍ପରିକ ବିଶ୍ୱାସକୁ ରାଜନୀତିକ ଆଦର୍ଶର ସଂଘାତ ମଧ୍ୟରେ ରୂପାୟିତ କରାଯାଇଛି। ୧୯୬୫ରେ ରଚିତ 'ଶିଳାର ସ୍ୱପ୍ନ' ତାଙ୍କର ପ୍ରଥମ ଏକାଙ୍କିକା। ନିଆଁ, ଅସ୍ତରାଗର କାବ୍ୟ, ସେ ମରିଗଲେ, ବିଶ୍ୱମ୍ଭର ସେନାପତି ଓ ଦର୍ପଣ ଉପାଖ୍ୟାନମ୍, ବୃଦ୍ଧ, ହେ ପୃଥିବୀ ବିଦାୟ, ସକାଳର ମେଘ, ଏବଂ ପୃଥିବୀ ଅନ୍ଧାର ହେଲା ଭଳି ଅନେକ ଏକାଙ୍କିକାର ସେ ରଚୟିତା। 'ଯେସନେ କୀଟ ଉର୍ଣ୍ଣନାଭ' ଭାଗବତର ଅଂଶବିଶେଷ ଉଲ୍ଲେଖରୁ ଆରମ୍ଭ ହୋଇଛି।

"ଯେସନେ କୀଟ ଉର୍ଣ୍ଣନାଭ, ନିଜ ବଦନୁଁ ସୂତ୍ର ଭାବି
ଜାଲ ନିର୍ମାୟି ରାତ୍ର ମୁଖେ, ମଧ୍ୟେ ବିହରେ ଆତ୍ମସୁଖେ
ଏମତେ ରାତ୍ରେ କ୍ରୀଡ଼ା କରେ, ସୂର୍ଯ୍ୟ ଉଦୟେ ତା ସଂହାରେ।"

ଏଥିରେ ବାରଜଣ ରମେଶ ପାଣିଗ୍ରାହୀ ଏକତ୍ର ମଞ୍ଚ ଉପରକୁ ଆସନ୍ତି। ନାଟ୍ୟକାରଙ୍କୁ ମାରି ଦେବାର ଚକ୍ରାନ୍ତ ଭିତରେ ନାଟକଟି ରହସ୍ୟମୟ ହୋଇଉଠେ। ରମେଶ ପାଣିଗ୍ରାହୀଙ୍କର ବିଭିନ୍ନ ବ୍ୟକ୍ତିସତ୍ତାକୁ ମାରିଦେବା ସହଜ ନୁହେଁ ବୋଲି ଡିଟେକ୍‌ଟିଭମାନେ ଜାଣିପାରନ୍ତି। "ମୁଣ୍ଡ ସାରା ଘୁଷୁରି ଛୁଆ"ରେ ପ୍ରତିଭା ନଥାଇ ପ୍ରତିଭାବାନ ହେବା ପାଇଁ ସହଜବାଟ ବାଛିନେବା ଓ ପ୍ରତିଭାଧାରୀଙ୍କୁ ମାରିବାର ପ୍ରୟାସକୁ ବ୍ୟଙ୍ଗ କରାଯାଇଛି। ତାଙ୍କର 'ଅପ୍ରୀତିକର ନାଟକ' ଓ 'ଉଡ଼ନ୍ତା ପାହାଡ଼ର ଦର୍ଜା' ସଙ୍କଳନର ଅଧିକାଂଶ ଏକାଙ୍କିକାକୁ ସେ 'ଅନାଟକ' ବୋଲି କହିଛନ୍ତି। 'ସେ ମରିଗଲେ'ରେ ଈଶ୍ୱରଙ୍କର ମୃତ୍ୟୁକଥା କୁହାଯାଇଛି। ଆଧ୍ୟାତ୍ମିକତାର ମୃତ୍ୟୁ, ଈଶ୍ୱରଙ୍କର ମୃତ୍ୟୁ ଭଳି ବିଚାର ସହିତ ଭାରତୀୟ ବିଶ୍ୱାସର ପୁନଃସଂସ୍ଥାପନ କଥା ଏହାର ବୈଶିଷ୍ଟ୍ୟ।

ଲୋକନାଟ୍ୟ ଶୈଳୀକୁ ନେଇ ପରୀକ୍ଷା ନିରୀକ୍ଷା କରି ସେ ମୁକ୍ତଧାରାର ନାଟକ ବିଷୟରେ 'ମହାନାଟକ'ର ମୁଖବନ୍ଧରେ କୁହନ୍ତି "ମହାନାଟକ ଏକ ମୁକ୍ତଧାରାର ନାଟକ, ଏଥିରେ ସମସାମୟିକ ସମସ୍ତ ନାଟ୍ୟଶୈଳୀ ଓ ଜୀବନଦର୍ଶନକୁ ଉପେକ୍ଷା କରାଯାଇ ଲୋକନାଟ୍ୟଶୈଳୀର ପରୀକ୍ଷା କରାଯାଇଛି। ଦାସକାଠିଆ ମାଧ୍ୟମରେ ଏକ କଳ୍ପନା ପ୍ରସୂତ କ୍ଲାସିକାଲ ଥିମ୍‌କୁ ପରିବେଷଣ କରାଯିବା ସେ ସମୟ ପାଇଁ ସମ୍ପୂର୍ଣ୍ଣ ନୂତନ। ଏଥିରେ ଦାସକାଠିଆ ମାଧ୍ୟମରେ ବିଷୟପ୍ରବେଶ ଘଟିଛି। 'ଶେଷ ପାହାଚ'ରେ-

"ଦେଖ ପଟୁଆର ଦେଖ ମଣିଷ ପଣିଆ ବିକ
ଆମେ ଅଧିକ ନା, ତମେ ଅଧିକ, ବିବେକ ମାଗୁଛି ଭିକ।"

ଏହା ଯେ କେବଳ ଲୋକସଙ୍ଗୀତ ବ୍ୟାପାର ତାହା ମଧ୍ୟ ନୁହେଁ, ପୂର୍ବରୁ ଆମେ ତାଙ୍କର ସଙ୍ଗୀତ ସମ୍ପର୍କୀୟ ବ୍ୟାପକ ଅବରୋଧ କଥା ଆଲୋଚନା କରିଛେ, ସେ ନାଟକରେ କୋରାଲ ହମିଂ, ମଣ୍ଟାଜ, କୋଲାଜ୍, ଶବ୍ଦର ସିମ୍ଫୋନୀ, ପିଂଭଜନ,

ପଖାଉଜ ଉକୁଟ, ପଖାଉଜ ଓଡ଼ିଶୀ ତିଆର ତାଳ ପ୍ରଭୃତି ସମ୍ପର୍କରେ ମଧ୍ୟ ବିଶେଷ ଜ୍ଞାନର ଅଧିକାରୀ, ମୁକ୍ତଧାରା ନାଟକ ପ୍ରବନ୍ଧ ପୁସ୍ତକରେ ନାଟ୍ୟକାର ସମାଲୋଚକ ରମେଶ ପାଣିଗ୍ରାହୀଙ୍କର ଯୁକ୍ତି "ମୁକ୍ତଧାରାର ନାଟ୍ୟଶୈଳୀରେ ଯେଉଁ ଯୁଗାନ୍ତକାରୀ ପ୍ରୟୋଗ କରାଯାଏ। ତା'ର ପୃଷ୍ଠଭୂମିରେ ଥିବା 'ମୁକ୍ତିଚେତନା' ଏପରି ଏକ ଆଧିଭୌତିକ ଅତିନ୍ଦ୍ରିୟ ସ୍ତରର ଆଲୋଚନାର ଅପେକ୍ଷା ରଖେ। ଅନ୍ୟ ଏକ ଦୃଷ୍ଟିରୁ ନାନ୍ଦନିକ ପ୍ରୟୋଗ ପୃଷ୍ଠରେ ଥିବା ସ୍ୱାଧୀନତାର ବିଚାର ପାଇଁ ମନସ୍ତାତ୍ତ୍ୱିକ ଦୃଷ୍ଟିରୁ ମଧ୍ୟ ଏକ ସଂଜ୍ଞା ଖୋଜାଯାଇପାରେ। ସେହିପରି ସାହିତ୍ୟିକ ଦୃଷ୍ଟିକୋଣରୁ ବା କଳାତ୍ମକ ଦୃଷ୍ଟିରୁ ନାଟ୍ୟଶୈଳୀଗୁଡ଼ିକୁ ପରୀକ୍ଷା କରାଯାଇପାରେ। ତାଙ୍କ ମତରେ 'ଶୈଳୀ ପରୀକ୍ଷା' ଓ 'ପରୀକ୍ଷାମୂଳକ ନାଟକ'ର ଅର୍ଥ ସମାନ ନୁହେଁ। ସ୍ରଷ୍ଟାର ମୁକ୍ତି ଅନ୍ୱେଷା ଓ ତା'ର ସୃଜନଧାରାର ମୁକ୍ତ ମାନସିକତା ସମ୍ପର୍କରେ ଅଧିକ ଅଧ୍ୟୟନ ଲୋଡ଼ା।"

ରମେଶ ପାଣିଗ୍ରାହୀ ଅନ୍ୟ ଏକ 'ତତ୍ତ୍ୱ' ସମ୍ପର୍କରେ ବାରମ୍ବାର କହିଛନ୍ତି ଓ ଲେଖିଛନ୍ତି। ତାହା ହେଉଛି 'କ୍ରୀଡ଼ାତତ୍ତ୍ୱ'। ବିନା କାରଣରେ ଚରିତ୍ର ଓ ଅଭିନୟର ଶୈଳୀକୁ ବଦଳାଇଲେ ତାହାକୁ 'କ୍ରୀଡ଼ାଧର୍ମିତା' କୁହାଯାଏ। ସାହିତ୍ୟ, ବହି ଓ ପାଠକ ମଧ୍ୟରେ ଥିବା ଶୂନ୍ୟସ୍ଥାନରେ ଗୋପନରେ ଲୁଚକାଳି ଖେଳେ। କେତେବେଳେ ଲାଗେ ଅର୍ଥ ବୁଝାପଡ଼ିଗଲା। କିନ୍ତୁ ତାହା ଲେଖକ ଶେଷଯାଏ ବୁଝିପାରେ ନାହିଁ। କ୍ରୀଡ଼ାରୁ କିନ୍ତୁ କୌଶଳ ଶିଖିବାକୁ ମିଳିଥାଏ। ପ୍ରଚୁର ସ୍ୱାଧୀନତା ଥିବାରୁ ବାରମ୍ବାର ଖେଳିବାକୁ ଆଗ୍ରହ ହୁଏ। ସମୟ ଓ ସ୍ଥାନଦ୍ୱାରା ଖେଳ ଓ ଖେଳାଳୀ ସମସ୍ତେ ଆବଦ୍ଧ ମାତ୍ର କିଏ ଜିତିବ କିଏ ହାରିବ ତାହା ଅନିର୍ଦ୍ଦିଷ୍ଟ। ପ୍ରତ୍ୟେକ ଖେଳର ନିୟମ ଭିନ୍ନ। ସେହିପରି ନାଟ୍ୟକ୍ରୀଡ଼ାର ମଧ୍ୟ ନିୟମ ଅଲଗା ରହିଛି। 'ଯେସନେ କୀଟ ଊର୍ଣ୍ଣନାଭ'ରେ କ୍ରୀଡ଼ାରେ ଭାଗନେବାକୁ ଯାଇ ନାଟ୍ୟକାର ମରିବାର ଅଭିନୟ କରିବ, ପୁଣି ବଞ୍ଚିବ। ଏହି ସୃଜନାତ୍ମକ ଦ୍ୱନ୍ଦ୍ୱ ସମ୍ପର୍କରେ ନାଟ୍ୟକାର ବେଶ୍ ସ୍ପଷ୍ଟ ଶବ୍ଦରେ ଉଲ୍ଲେଖ କରିଛନ୍ତି। ଯଥା ନାଟକକୁ ବିଶ୍ୱସନୀୟ କରିବାକୁ ବିଭିନ୍ନ କୌଶଳର ଆଶ୍ରା ନେବା ଓ ବାସ୍ତବବାଦକୁ ପରିହାସ କରିବା। 'ଧୃତରାଷ୍ଟ୍ରର ଆଖି'ର ସୀତାନାଥଙ୍କୁ ଚୁପ୍ କରି ପଛଘରେ ବସାଇ ଦିଆଯିବା ପୁରାବୃତ୍ତୀୟ କ୍ରୀଡ଼ା (Mythic Game), ମରିବା ପୂର୍ବରୁ ତାଙ୍କର ସାନପୁଅ ସାଙ୍ଗରେ ଝଗଡ଼ା କରିବା ଦୃଶ୍ୟରେ ମୃତ୍ୟୁକ୍ରୀଡ଼ା (Death game), ସୀତାନାଥଙ୍କ ଶବକୁ କାନ୍ଧେଇ ଚରିତ୍ରମାନେ ଯେଉଁ ସଂଳାପ କହୁଛନ୍ତି ତାହା ବାଚନିକ କ୍ରୀଡ଼ା (Talking game), ବର୍ଷା ଓ ସମ୍ବିତ୍, ଗୁପ୍ତ ପ୍ରଣୟ ସମ୍ପର୍କରେ ଯେଉଁଠି 'ଫୁଲ' ଶବ୍ଦରେ କଥା କୁହନ୍ତି ତାହା ଏକ ପ୍ରକାର ଶବ୍ଦ କ୍ରୀଡ଼ା (Verbal game), ସୀତାନାଥ ମରିଗଲା ପରେ ଯେଉଁଠି କଣ୍ଢେଇ ନାଟ ମାଧ୍ୟମରେ ସୀତାନାଥଙ୍କ ସ୍ୱପ୍ନକୁ ଉପସ୍ଥାପନ କରାଯାଇଛି

ତାହା ପରିବେଷଣାତ୍ମକ କ୍ରୀଡ଼ା (Performance game) ରୂପାନ୍ତରୀକରଣର ଯେଉଁଶୈଳୀ ଏଠାରେ ପ୍ରଯୁକ୍ତ ତାହାକୁ ତିନିବର୍ଷ ପରେ ଗିରିଶକନ୍ନଡ 'ହୟବଦନ'ରେ ପ୍ରୟୋଗ କରିଛନ୍ତି।

ରମେଶ ପାଣିଗ୍ରାହୀ ବିଭିନ୍ନ ସମୟରେ ଦୁର୍ଲଭ ସିଂହ, ସଚ୍ଚି ଦାସ, ବୈଷ୍ଣବ ମହାନ୍ତିଙ୍କ ସହିତ ଅକ୍ଷୟ ମହାନ୍ତି, ବିଜୟ ମିଶ୍ର, ଡ.ସୁରେନ୍ଦ୍ର ପ୍ରସାଦ ଦାସ, ପ୍ର. ସୁକୁମାର ଦାସ, ନାରାୟଣ ଶତପଥୀ, ଭୁବନେଶ୍ୱର ମହାପାତ୍ର, ବଳରାମ ମିଶ୍ର, ଦାଶରଥି ପ୍ରସାଦ ଦାସ, ମାଷ୍ଟର ମାଣିଆ, ରଘୁନାଥ ମିଶ୍ର ପ୍ରଭୃତିଙ୍କୁ ସ୍ମରଣ କରିଛନ୍ତି। ତାଙ୍କ ସମ୍ପର୍କରେ ଆଲୋଚନା କରି ତାଙ୍କୁ ସହୃଦୟତାରେ ଧନୀ କରିଥିବା ଦୋଳଗୋବିନ୍ଦ ରଥ, ପ୍ର. ନିତ୍ୟାନନ୍ଦ ଶତପଥୀ, ପ୍ର. କୃଷ୍ଣଚରଣ ବେହେରା, ମହାପାତ୍ର ନୀଳମଣି ସାହୁ, ଶାନ୍ତନୁ ଆଚାର୍ଯ୍ୟ ଓ ଅଜୟ ସ୍ୱାଇଁଙ୍କୁ ମଧ୍ୟ ସେ ସ୍ମରଣ କରିଛନ୍ତି। ଧରାକୋଟର ବିଶିଷ୍ଟ ଚିତ୍ରଶିଳ୍ପୀ ବିପିନ୍ ବିହାରୀ ସାହୁ, ଆନ୍ତର୍ଜାତୀୟ ଖ୍ୟାତିସମ୍ପନ୍ନ ଚିତ୍ରଶିଳ୍ପୀ ଦୀନାନାଥ ପାଠୀ, ଓ ବରିଷ୍ଠ ଚିତ୍ରଶିଳ୍ପୀ ଅସୀମ ବସୁଙ୍କୁ ମଧ୍ୟ ସେ ସ୍ମରଣ କରିଛନ୍ତି। ଦୀନନାଥ ପାଠୀଙ୍କ ସହିତ ସମ୍ପାଦନା କରି ସେ "Oddian to six contemporary painters from Orissa." ନାମକ ଗ୍ରନ୍ଥ ଦିଲ୍ଲୀରୁ ପ୍ରକାଶ କରିଛନ୍ତି।

ଓଡ଼ିଆ ସାହିତ୍ୟର ଇତିହାସ (୩ଖଣ୍ଡରେ) ଇଂରାଜୀରେ ପୂରଣ କରିବା ତାଙ୍କ ଜୀବନର ଅନ୍ୟତମ ସିଦ୍ଧି। ଓଡ଼ିଆ ସାହିତ୍ୟର ଇତିହାସ ରଚନା କେତେ ବ୍ୟାପକ ତଥା ଗଭୀର ଅଧ୍ୟୟନ ଆବଶ୍ୟକ କରେ ତାହା ଆମେ ଜାଣିପାରୁଛେ। ଏହି ଆଲୋଚନାର ଅନ୍ତିମ ପର୍ଯ୍ୟାୟରେ ମୁଁ ତାଙ୍କର "Modern Odia Literature" ପୁସ୍ତକରୁ ନାଟକ ସମ୍ପର୍କୀୟ ମନ୍ତବ୍ୟଟିଏ ଉଦ୍ଧାର କରୁଛି- In theatre, the words of the verbal text (dialogue) are signs that refer to states of affairs that are not embedded in those words. When the text is read in literature, words refer to places, people, actions and emotions that are located in the space of the story. The dialogue refers to words spoken in that pace and hence not to words that one read. When the text is read as theatre, that is as source of a futre performance. words refer to the space of a stage on which actors move around and talk and again, the words that these actors speak are not exaetly the same as the words we read in the text."(Page-170) ଏହା ଜଣେ ନାଟ୍ୟକାର ହିଁ ଲେଖିପାରନ୍ତି। କାରଣ ନାଟକ କଥାକୁହା ଓ ଚାଲବୁଲ କରୁଥିବା ଜୀବନ୍ତ ସାହିତ୍ୟ। ଅଭିନେତାର ବ୍ୟକ୍ତିତ୍ୱ, ଉଚ୍ଚାରଣ ବୈଶିଷ୍ଟ୍ୟ, ଚରିତ୍ର ସହିତ ଅନ୍ତରଙ୍ଗତା ଓ ପରିବେଷଣ

କୁଶଳତା ହିଁ ସଂଳାପକୁ ଜୀବନ୍ତ କରିବାରେ ସହାୟକ ହୋଇଥାଏ। "ହାତୀକୁ ହୋମିଓପ୍ୟାଥି" ନାଟକର ମୁଖବନ୍ଧର କିୟଦଂଶରୁ ଏହା ସ୍ପଷ୍ଟ ହୋଇପାରିବ। "... କିଏ କାହାକୁ ମାରିବ? ସମସ୍ତଙ୍କ ଉପରେ ବହିଯାଉଛି ଏକ ଦୁର୍ନିର୍ବାର ବନ୍ୟାର ସ୍ରୋତ। ହାତୀଟା ବା କିଏ? ଏକ ଅଦୃଶ୍ୟ ଶକ୍ତି? ଭାଗ୍ୟ? ଅପଦେବତା? ସମାଜ? ସାମାଜିକ ଅରଣ୍ୟର ଚତୁଷ୍ପଦ? ବ୍ୟକ୍ତି ଭିତରେ ଲୁଚି ରହିଥିବା ଅସୁର? ବନ୍ୟାରେ ଭାସିଆସିଥିବା ସେଇ ଭୟଙ୍କର ବଣୁଆ ହାତୀଟା ଯଦି ନମରି ଆମ ସମାଜ ଭିତରକୁ ଧସେଇ ପଶିଯାଏ? ଯଦି ମଣିଷର ଆତ୍ମା ଭିତରକୁ ଗୋଟାଏ ଭାଇରସ୍ ଭଳି ପଶି ରୋଗଗ୍ରସ୍ତ କରିଦିଏ? ଉଦାହରଣ ସ୍ୱରୂପ, ହାତୀଟା ଲମ୍ପଟ ହାତୀବାବା ହୋଇପାରେ ନହେଲେ ଗାଁ ଭିତରେ ଥିବା ହାତୀ ସାହୁକାର ହୋଇ ଲକ୍ଷ୍ମୀକୁ ଧର୍ଷଣ କରିପାରେ। ହାତୀଟା କ'ଣ ମଣିଷକୁ ପ୍ରତି ମୁହୂର୍ତ୍ତରେ ରୋଗଗ୍ରସ୍ତ କରୁଥିବା ସେଇ ରୋଗ? (ପୃ-ଛ) ସାମଗ୍ରିକ ଦୃଷ୍ଟିରୁ 'ହାତୀକୁ ହୋମିଓପ୍ୟାଥି'ରେ ଅର୍ଥହୀନତା ହିଁ ଚରମ ଅର୍ଥ ବା ବହୁତଳ ବିଶିଷ୍ଟ ଅର୍ଥ।

ଏଠାରେ ଶେଷ କରୁଛି "ମୋ ଦୃଷ୍ଟିରେ ରମେଶ ପାଣିଗ୍ରାହୀ" ବା 'ହିନ୍ଦୁ ଧର୍ମରେ ସିନ୍ଧୁ ଦର୍ଶନ'ର କାର୍ଯ୍ୟକ୍ରମ। ତେବେ ମୋର ସ୍ୱୀକାରୋକ୍ତି ଯାହା ଏହିପରି-

କ. ନାଟ୍ୟକାର ରମେଶ ପାଣିଗ୍ରାହୀ ନିଜ ନାଟକରେ ନିଜର କ୍ରୋଧ, ଅପମାନ, ଏପରିକି ନିଜର ସାମର୍ଥ୍ୟ ସମ୍ପର୍କରେ ସ୍ପଷ୍ଟ ଭାବରେ ଉଲ୍ଲେଖ କରିଛନ୍ତି। ସେଥିପାଇଁ ସେ ଚରିତ୍ର ଓ ପରିବେଶ ମଧ୍ୟ ସୃଷ୍ଟି କରିଛନ୍ତି।

ଖ. ତାଙ୍କ ନାଟକଗୁଡ଼ିକର ମୁଖବନ୍ଧ ଓ ପୃଷ୍ଠବନ୍ଧ ପ୍ରଭୃତିରେ ତାଙ୍କ ନାଟକକୁ ବୁଝିବାର ଚାବିକାଠି ରହିଛି। ଖାଲି ଆଗ୍ରହ ଥିଲେ ତାହାକୁ ଖୋଲାଯାଇପାରେ।

ଗ. ତାଙ୍କର ବିଭିନ୍ନ ସମୟରେ ଦିଆଯାଇଥିବା ସାକ୍ଷାତକାରଗୁଡ଼ିକ କ'ଣ କ'ଣ ବ୍ୟକ୍ତିତ୍ୱକୁ ବୁଝିବାରେ ସହାୟକ ।

i. ତାଙ୍କର ବହୁପାଠିତା

ii. ବିଶ୍ୱର ବହୁ ସାହିତ୍ୟ/ ନାଟ୍ୟତତ୍ତ୍ୱ ଓ କାବ୍ୟତତ୍ତ୍ୱର ଯୁକ୍ତି ସହିତ ଉପସ୍ଥାପନ

iii. ଯାତ୍ରା ନାଟକ ସମ୍ପର୍କରେ ବିଚାର

iv. ଓଡ଼ିଶାର ବହୁ ବିଦ୍ୱାନ୍, ନାଟ୍ୟକାର କବି ଓ କଳାକାର ଏ ସମ୍ପର୍କରେ ଉକ୍ତି

v. ସଙ୍ଗୀତ ସମ୍ପର୍କରେ ବ୍ୟାପକ ତଥା ଗଭୀର ଅନୁଧ୍ୟାନ

vi. ନାଟ୍ୟ ଅନୁଷ୍ଠାନମାନଙ୍କ ସମ୍ପର୍କରେ ଧାରଣା

vii. ମଞ୍ଚାୟନ କୌଶଳ ଓ ତାର ଉପଯୋଗ ସମ୍ପର୍କୀୟ ବିଚାର

ଘ. ଯଦି ତଥାପି କିଛି ବୁଝିବାର ଅସୁବିଧା ରହେ ତେବେ ତାଙ୍କର 'ମୁକ୍ତଧାରାର

ନାଟକ' ସେ ଅଭାବ ପୂରଣ କରିପାରେ।

ମୋର ସାହାଯ୍ୟକାରୀ

୧. ରମେଶ ପାଣିଗ୍ରାହୀଙ୍କର ୧୦।୧୨ଟି ପୁସ୍ତକ +

୨. କେତୋଟି ପିଏଚ୍.ଡ଼ି ଥେସିସ୍।

୩. କେତୋଟି ସାକ୍ଷାତ୍‌କାର

କ. ବାୟାମନୁ ଚର୍ଚ୍ଚି, ଖ. ପ୍ରଦୀପ୍ତ କୁମାର ମହାନ୍ତି, ଗ. ବୃନ୍ଦାବନ ଜେନା, ଘ. ପ୍ରକାଶ ଚନ୍ଦ୍ର ପରିଡ଼ା, ଓ ଦିଲ୍ଲୀପ କୁମାର ବେହେରା, ଙ. ଶତ୍ରୁଘ୍ନ ପାଣ୍ଡବ, ଚ. ଡ.ନିଖିଳେଶ ମହାନ୍ତି

ଏସବୁ ଯେ ରମେଶ ପାଣିଗ୍ରାହୀଙ୍କୁ ବୁଝିବାରେ ନିହାତି ଊଣା ତାହା ନୁହେଁ ମାତ୍ର ସମ୍ପୂର୍ଣ୍ଣ ରୂପେ ତାଙ୍କୁ ଚିହ୍ନାଇବା ପାଇଁ ....ଯେଉଁ କବିତାରୁ ଆରମ୍ଭ କରିଥିଲି ସେଇଠି ଶେଷ କରିବି- 'ଆନନ୍ଦ ନଗରକୁ ଯାତ୍ରା'ରୁ-

ଯୋଜନ ଯୋଜନ ଆକାଶ ସେପାରେ
ଅଛି ଏକ ସୁନା ଦେଶ
ପରଶେ ମଳୟ ହାସ।
ଗଛରେ ଗଛରେ ବିକଶି ଉଠୁଛି
ନୀଳ ମରକତ ଶୀଳ
ମେଘରେ ମେଘରେ ଜୋଛନା ଢାଳୁଛି
ନୂଆ ଜୀବନର ସୁର।
ଆରେ ଆରେ ଆରେ ଅନ୍ଧରାତିର ପକ୍ଷୀମାନେ
ଭଙ୍ଗାଡ଼େଣାର ପକ୍ଷୀମାନେ
ପାହିଲା ପାହିଲା ରାତିର ଖବର ଶୁଣ
ଏଇ ଅବିର ଗାଧୁଆ ସକାଳ ଖବର ଶୁଣ।

■

(ବି.ଦ୍ର.: ପ୍ରବନ୍ଧଟି କେନ୍ଦ୍ର ସାହିତ୍ୟ ଏକାଡ଼େମୀ ଦ୍ୱାରା ପ୍ରକାଶିତ)

ରମେଶ ପ୍ରସାଦ ପାଣିଗ୍ରାହୀଙ୍କ ନାଟକରେ ସାମାଜିକ ବାସ୍ତବତା

ପ୍ରଫେସର କୃଷ୍ଣଚନ୍ଦ୍ର ପ୍ରଧାନ

ଉତ୍ତର ସତୁରି ଓଡ଼ିଆ ନାଟକରେ ରମେଶ ପ୍ରସାଦ ପାଣିଗ୍ରାହୀ ଏକ ଶ୍ରଦ୍ଧାଶୀଳ ଉଚ୍ଚାରଣ। ସେ ଏକାକୀ ଅଭିମନ୍ୟୁ। ସେ ପାରମ୍ପରିକତାର ବିରୋଧୀ ନୁହନ୍ତି; ମାତ୍ର ପରମ୍ପରାର ଶଗଡ଼ଗୁଳାରେ ଚାଲିବାରେ ମଧ୍ୟ ଅଭ୍ୟସ୍ତ ନୁହନ୍ତି। ଏଣୁ ସେ ଯାହା କୁହନ୍ତି ଟିକେ ଭିନ୍ନ ଭାବରେ କୁହନ୍ତି। ଚର୍ବିତଚର୍ବଣ କରନ୍ତି ନାହିଁ। ରମେଶ ପ୍ରସାଦ ପାଣିଗ୍ରାହୀ କେବଳ ଜଣେ ଉଚ୍ଚମାନର ନାଟ୍ୟକାର ନୁହନ୍ତି, ନିରୋଳା ନାଟୁଆଟିଏ ମଧ୍ୟ। ନାଟକ ପାଇଁ ସମ୍ପୂର୍ଣ୍ଣ ସମର୍ପିତ ପ୍ରାଣ ଏହି ନାଟ୍ୟକାର ଷ୍ଟ୍ରିଟ୍ ଥିଏଟର୍ ଠାରୁ ଆରମ୍ଭ କରି, ଯାତ୍ରା ଓ ପରୀକ୍ଷାଧର୍ମୀ ନାଟକ- ସବୁଠି ଦେଖା ଦିଅନ୍ତି, ପୁଣି ଭିନ୍ନ ଭାବରେ। ନାଟକର ଆଙ୍ଗିକଠାରୁ ନାମକରଣ ପର୍ଯ୍ୟନ୍ତ ସବୁଠି ତାଙ୍କର ସ୍ୱତନ୍ତ୍ର ବିଚାର ଭଙ୍ଗୀର ପ୍ରମାଣ ବର୍ତ୍ତମାନ। ଓଡ଼ିଆ ନାଟ୍ୟସାହିତ୍ୟ ନାଟ୍ୟକାର ପାଣିଗ୍ରାହୀଙ୍କ ଲେଖନୀରେ ପାଇଛି ନୂଆ ଜୀବନ। ପରାମାଣାତ୍ମକ ଓ ଗୁଣାତ୍ମକ- ଉଭୟ ଦୃଷ୍ଟିରୁ ସେ ଓଡ଼ିଆ ନାଟ୍ୟ ସାହିତ୍ୟର ସମୃଦ୍ଧି ସାଧନ କରିଛନ୍ତି। ଫଳସ୍ୱରୂପ ଓଡ଼ିଆ ନାଟକ ପାଇପାରିଛି ମୁକ୍ତିମଣ୍ଡପ, ତିମିର ତୃଷ୍ଣା, ବିନ୍ଦୁ ଓ ବଳୟ, ହେ ପୃଥିବୀ ବିଦାୟ, ଗୁଣ୍ଡା, କମଳପୁର ଡାକଘର, ମୁଁ ଆମ୍ଭେ ଓ ଆମ୍ଭେମାନେ, ଅପ୍ରୀତିକର ନାଟକ, ଅନ୍ଧନଦୀର ସୁଅ, ଆନନ୍ଦନଗରକୁ ଯାତ୍ରା, ଆତ୍ମଲିପି, ଉଡ଼ନ୍ତା ପାହାଡ଼ର ଦର୍ଜା, ଜଣେ ମହାପୁରୁଷଙ୍କ ଜନ୍ମ ଓ ମୃତ୍ୟୁ ସମ୍ପର୍କରେ, ଠାକୁର ଅଛନ୍ତି ଚଉବାହାକୁ, ଡାହାଣୀ, ତପସ୍ୟା, ଧୃତରାଷ୍ଟ୍ରର ଆଖି, ଦୁର୍ଘଟଣାବଶତଃ, ପକା କମ୍ବଳ ପୋତ ଛତା, ବେଦୀରୁ ସବାରୀ ଅନେକ ଦୂର, ବୈକୁଣ୍ଠ ସମାନ ଅଟେ ସେହି ଘର, ମୁଣ୍ଡସାରା ଘୁଷୁରୀ ଘୁଅ, ମହାନାଟକ, ଯାହା ସବୁ ବୁଝାପଡ଼େ ନାହିଁ, ଯେ ପକ୍ଷୀ ଉଡ଼େ ଯେତେ ଦୂର, ଯେସନେ କୀଟ ଊର୍ଣ୍ଣନାଭି, ଶିଳାର ସ୍ୱପ୍ନ, ଶ୍ରୀକୃଷ୍ଣ ଆସୁଛନ୍ତି, ହାତୀକୁ ହୋମିଓପାଥି ଇତ୍ୟାଦି ନାଟକ ଓ ଏକାଙ୍କିକା।

ରମେଶ ପ୍ରସାଦ ପାଣିଗ୍ରାହୀ ଜଣେ ବାସ୍ତବବାଦୀ ସମାଜ ସଚେତନ ଶିଳ୍ପୀ। ସାମସମୟିକ ବିଶ୍ୱ, ଭାରତ ତଥା ଓଡ଼ିଶାର ବହୁ ଘଟଣା କଳାତ୍ମକ ରୂପ ପରିଗ୍ରହ କରିଛି ତାଙ୍କ ନାଟକରେ। ପ୍ରତ୍ୟେକ ସୃଷ୍ଟି ଏକ ନିର୍ଦ୍ଦିଷ୍ଟ କାଳ ତଥା ସମାଜରେ ଜନ୍ମ

ନେଇଥିବାରୁ ଏଥିରେ ସେହି କାଳ ଓ ସମାଜ ସ୍ୱାଭାବିକ ଭାବରେ ଆତ୍ମପ୍ରକାଶ କରିଯାଇଥାଏ। ସ୍ରଷ୍ଟାର କାଳ ସଚେତନତା ତାର କଳାକୁ କାଳଜୟୀ କରିଥାଏ। ଅନେକ ବିଶ୍ୱାସ କରନ୍ତି କଳା ବା ସାହିତ୍ୟ ସର୍ବଦା ବ୍ୟକ୍ତିସାପେକ୍ଷ ନ ହୋଇ ସମାଜସାପେକ୍ଷ ହେବା ଉଚିତ୍। କଳା ସାମାଜିକ ସଚେତନାର ପରିପ୍ରକାଶ ଏବଂ ଏହା ମନୁଷ୍ୟର ବାସ୍ତବବାଦୀ ଏବଂ ସାଂସ୍କୃତିକ ଧାରଣା ଉପରେ ପ୍ରତିଷ୍ଠିତ ବୋଲି ମାର୍କ୍ସବାଦୀ, ଲେନିନବାଦୀ, ସୌନ୍ଦର୍ଯତତ୍ତ୍ୱବିଦ୍‌ଗଣ ମତ ପ୍ରକାଶ କରିଥା'ନ୍ତି। xxx art as a manifestation of social consciousness and mans practical-cum-cultural apprehension of the world (Foundation of Marxist Aesthetics- Avner Zis, P- 24, Progressive Publishers, Moscow, 1977). ବାସ୍ତବବାଦୀ ସାହିତ୍ୟ ସର୍ବଦା ସାମାଜିକ ଅଙ୍ଗୀକରବଦ୍ଧତା ଉପରେ ଗୁରୁତ୍ୱ ଦେଇଥାଏ। ଉଚ୍ଚତର ସାହିତ୍ୟକୃତିମାନଙ୍କରେ ପ୍ରତି'ଳିତ ସାମାଜିକ ଚିତ୍ର ସମାଜକୁ ପ୍ରଗତି ପଥରେ ଆଗେଇନିଏ। ପୁନଶ୍ଚ ଏହି ରଚନା ମଧ୍ୟ ଲେଖକକୁ ମହତ୍ତର ସ୍ଥାନରେ ଅଧିଷ୍ଠିତ କରିଥାଏ। କଳାକାର ଆତ୍ମାନୁଭୂତିକୁ କଳା ଜରିଆରେ ଏକ ସାମାଜିକ ସ୍ୱରୂପ ପ୍ରଦାନ କରିଥାଏ। ତେଣୁ ଏହି ଆତ୍ମନୁଭୂତି ତାର ଆତ୍ମ-ସାମାଜିକୀକରଣ। (ଓଡ଼ିଆ ସାହିତ୍ୟରେ ପ୍ରଗତିବାଦୀ ଚେତନା, ଡଃ ବିଜୟ କୁମାର ଶତପଥୀ, ଓଡ଼ିଶା ବୁକ୍ ଷ୍ଟୋର୍, ବିନୋଦ ବିହାରୀ, କଟକ, ୧୯୯୫। ପୃ-୭୩)

କାଳ ସଚେତନତାହିଁ ଜଣେ ସ୍ରଷ୍ଟାକୁ ସମାଜ ସଚେତନ କରିଥାଏ। ଚେକଭ୍, ଟଲଷ୍ଟୟ ଇତ୍ୟାଦି ସାହିତ୍ୟରେ ସାମାଜିକ ବାର୍ତ୍ତାର ଗୁରୁତ୍ୱକୁ ଉପଲବ୍ଧି କରିଥିଲେ। ନୃତାତ୍ତ୍ୱିକ, ସମାଜବିଜ୍ଞାନୀ, ମନସ୍ତାତ୍ତ୍ୱିକ- ସମସ୍ତେ ସାହିତ୍ୟକୁ ସମାଜ ଉପଯୋଗୀ ଉପାଦାନ ଭାବରେ ଗ୍ରହଣ କରିଥା'ନ୍ତି। ମାର୍କ୍ସ ଏବଂ ଏଞ୍ଜେଲ୍‌ସ ସର୍ବଦା ସାହିତ୍ୟର ସମାଜ ସଚେତନତା ଉପରେ ଗୁରୁତ୍ୱ ଦେଇଛନ୍ତି। ଏହି ଉଭୟ କାଳଜୟୀ ଚିନ୍ତାନାୟକଙ୍କ ସମ୍ପର୍କରେ କୁହାଯାଇଛି- "They thought that art, political, religion, philosophy and literature belonged to what they saw that the practitioners of these various professions intend also to constitute social groups, and that they were always pulling away from the kind of solidarity based on economic classes in order to establish professional solidarity of their own." (The Triple Thinkers- Edmund Wilson, Middlesex, Penguin Books Ltd., 1952, P-293) ସାହିତ୍ୟ ଓ ସମାଜର ସମ୍ପର୍କ ଅତ୍ୟନ୍ତ ନିଗୂଢ଼। ସତ୍ୟର ଉପଲବ୍ଧି ମାଧ୍ୟମ ହେଉଛି ସାହିତ୍ୟ। ଏଣୁ Harry Levinକୁହନ୍ତି- "The relationship between literature and society are reciprocal. Literature is not only the effect of social causes; it is also the cause of social effects". ରମେଶ ପ୍ରସାଦ ପାଣିଗ୍ରାହୀ ନାଟକ ରଚନା କରିବା ସମୟକୁ ଜାତୀୟ ଓ ଆନ୍ତର୍ଜାତୀୟ ସ୍ତରରେ ବହୁ ଘଟଣା ଘଟିଯାଇଛି। ଦୁଇ ଦୁଇଟି ବିଶ୍ୱଯୁଦ୍ଧର ଆତଙ୍କ ସେ ପର୍ଯ୍ୟନ୍ତ ପୃଥିବୀବାସୀ ଭୁଲିପାରି ନାହାନ୍ତି। ଋଷିଆର ଅକ୍ଟୋବର ବିପ୍ଳବର ପ୍ରଭାବ ବିଶେଷ କରି ଲେନିନ୍ ଓ ମାର୍କ୍ସଙ୍କର ସମାଜ ବ୍ୟକ୍ତି ସମ୍ପର୍କୀୟ ଧାରଣା ସେଯାବତ୍ ସାମାଜିକ ସତ୍ୟଭାବରେ ଗୃହୀତ ହୋଇଚାଲିଛି। ପ୍ରାୟ ବିଂଶ ଶତକର ଷଷ୍ଠ ସପ୍ତମ ଦଶକବେଳକୁ ବାମପନ୍ଥୀ ଚିନ୍ତାଧାରା ଇଉରୋପୀୟ ଦେଶମାନଙ୍କରେ ନିଜର ଅସ୍ତିତ୍ୱ ଜାହିର କରିସାରିଛି। ଏହି ସମୟରେ ଭାରତରେ ନକ୍ସଲବାଦର ଅଭ୍ୟୁତ୍‌ଥାନ ସମୟ। ପୁଣି ଭାରତବାସୀ ସ୍ୱାଧୀନତାକୁ ନେଇ ଯେଉଁ ବିରାଟ ସ୍ୱପ୍ନ ମାନ ଦେଖିଥିଲେ, ରାଜନୀତିକ ବ୍ୟକ୍ତି ବିଶେଷଙ୍କ କାର୍ଯ୍ୟକଳାପ ଓ ସ୍ୱାର୍ଥପର ମନୋବୃତ୍ତି ଲକ୍ଷ୍ୟକରି ସେମାନଙ୍କର ସ୍ୱପ୍ନଭଙ୍ଗ ଘଟିଛି। ଜାତି ଓ ଧର୍ମକୁ ନେଇ ସଂଘର୍ଷ ତଥା କୁତ୍ସିତ ରାଜନୀତି, ବ୍ୟକ୍ତି ଚରିତ୍ରର ଅବକ୍ଷୟ, ମୂଲ୍ୟବୋଧରେ ସଂକଟ ଭାରତୀୟ ସାମାଜିକ ଜୀବନକୁ ବିପର୍ଯ୍ୟସ୍ତ କରିଦେଇଛି। ବ୍ୟକ୍ତି ସହିତ ବ୍ୟକ୍ତିର, ବ୍ୟକ୍ତି ସହିତ ସମାଜର ସଂଘର୍ଷ ଏକ ନୂତନ ସାମାଜିକ ଚିନ୍ତାଧାରାକୁ ଜନ୍ମଦେଇଛି ଏହି ସମୟରେ। ରମେଶ ପ୍ରସାଦ ପାଣିଗ୍ରାହୀ ଜଣେ ସମାଜ ସଚେତନ ଶିଳ୍ପୀ। ସମୟ ଓ ସମାଜରେ ଘଟୁଥିବା ପରିବର୍ତ୍ତନର ସେ କେବଳ ନୀରବ ଦ୍ରଷ୍ଟା ନଥିଲେ, ବରଂ ସେ ନାଟକକୁ ଏକ ସାମାଜିକ ଆୟୁଧଭାବରେ ବ୍ୟବହାର କରିବାକୁ ଚେଷ୍ଟା କରିଛନ୍ତି। ଏହି ଦୃଷ୍ଟିକୋଣରୁ ତାଙ୍କ ନାଟକଗୁଡ଼ିକର ଯେ ଏକ ନିର୍ଦ୍ଦିଷ୍ଟ ସାମାଜିକ ଆଭିମୁଖ୍ୟ ରହିଛି, ଏହା ଅସ୍ୱୀକାର କରାଯାଇନପାରେ।

ରମେଶ ପ୍ରସାଦ ପାଣିଗ୍ରାହୀଙ୍କ ନାଟକର ଚରିତ୍ରଗୁଡ଼ିକ ନିର୍ଦ୍ଦିଷ୍ଟ ଭାବରେ ଗୋଟିଏ ଗୋଟିଏ ଶ୍ରେଣୀ, ସମୟ ଓ ଅବସ୍ଥାର ପ୍ରତିନିଧିତ୍ୱ କରିଥା'ନ୍ତି। ଏହି କାରଣରୁ ବିଭିନ୍ନ ପରିବେଶରେ ତାଙ୍କ ନାଟକରେ ବ୍ୟକ୍ତି ସହିତ ସାମାଜିକ ସଂଘର୍ଷ, ଭିନ୍ନ ଭିନ୍ନ ପରିସ୍ଥିତିରେ ଲକ୍ଷ୍ୟ କରାଯାଇଥାଏ। ଏହି ସଂଘର୍ଷର ପ୍ରଥମ ସୂଚନା ଗତ ଶତକର ସପ୍ତମ ଦଶକର ଆଦ୍ୟପାଦରେ ରଚିତ ତାଙ୍କର ପ୍ରଥମ ନାଟକ "ମୁକ୍ତି ମଣ୍ଡପ" (୧୯୬୨-୬୩)ରେ ପରିଲକ୍ଷିତ ହୋଇଥାଏ। ଏଥିରେ ଯେଉଁ ସଂଘର୍ଷର ସୂତ୍ରପାତ ହୋଇଛି ତାହା ମୁଖ୍ୟତଃ ବ୍ୟକ୍ତିର ଅର୍ଥନୀତି ସହିତ, ବ୍ୟକ୍ତିର ସମାଜ ସହିତ ଓ ବ୍ୟକ୍ତିର ମୂଲ୍ୟବୋଧ ସହିତ ରହିଥିବା ଦ୍ୱନ୍ଦ୍ୱକୁ ଭିତ୍ତିକରି। ଜମିଦାର ରାମନାରାୟଣଙ୍କ ପୁତ୍ର ସାଗର ଝରଣାକୁ ବିବାହ କରିବାରୁ ଯେଉଁ ମୂଲ୍ୟବୋଧଗତ ସଂଘର୍ଷ ଦେଖାଦେଇଛି, ତାହା ମୁଖ୍ୟତଃ ଆର୍ଥିକ ବୈଷମ୍ୟକୁ ପଦାରେ ପକାଇଦେଇଛି। ଜମିଦାର ରାମନାରାୟଣ ଉଗ୍ର ସାମନ୍ତବାଦୀ ସଭ୍ୟତାର ପ୍ରତୀକ। ତେଣୁ ସେ ସାଧାରଣ ଘରର ଝିଅ ଝରଣାକୁ

ଗ୍ରହଣ କରି ନପାରିବା ପଛରେ ସାମାଜିକ ଦ୍ୱନ୍ଦ୍ୱ ହିଁ ସକ୍ରିୟ ରହିଛି। ତାଙ୍କର ପରବର୍ତ୍ତୀ ନାଟକ "ବିନ୍ଦୁ ଓ ବଳୟ" (ମଂଚସ୍ଥ ୧୯୬୬, ପ୍ରକାଶକାଳ ୧୯୭୦)ରେ ସେ ଯେଉଁ ସାମାଜିକ ଚେତନା ସମ୍ପର୍କରେ ସୂଚନା ଦେଇଛନ୍ତି ତାହା ମୁଖ୍ୟତଃ ବାସ୍ତବତାର ଭିତ୍ତିଭୂମି ଉପରେ ପ୍ରତିଷ୍ଠିତ। ଏ କ୍ଷେତ୍ରରେ ନାଟ୍ୟକାରଙ୍କ ସ୍ୱୀକାରୋକ୍ତି ହେଉଛି- "ଏହି ସମୟର ନାଟ୍ୟ ଚରିତ୍ରମାନେ କେନ୍ଦ୍ରଚ୍ୟୁତ"। ଏହାର କାରଣ ସ୍ୱରୂପ ସାମସମୟିକ କେତୋଟି ଘଟଣାକୁ ଦାୟୀ କରାଯାଇପାରେ। ନାଟ୍ୟକାର ମଧ୍ୟ 'ବିନ୍ଦୁ ଓ ବଳୟ' ସମ୍ବନ୍ଧରେ ସୂଚନା ଦେଇ କହିଛନ୍ତି- "ଭାରତର ଚତୁର୍ଥ ରାଜ୍ୟସ୍ତରୀୟ ନିର୍ବାଚନ ଚାଲିଥିଲା ଏବଂ ଅନେକ ସଂଘର୍ଷ ଭିତରୁ ଓଡ଼ିଶାରେ ତା'ର ପ୍ରତିଫଳନ ଦେଖାଦେଇଥିଲା। ଆମ ନିର୍ବାଚନରେ ନାଗରିକମାନଙ୍କର ଦାୟିତ୍ୱହୀନତା ଏବଂ ଆମ ନେତାମାନଙ୍କର ଅଯୋଗ୍ୟ ନେତୃତ୍ୱ ମତେ ସବୁବେଳେ ମର୍ମାହତ କରିଛି ଏବଂ 'ବିନ୍ଦୁ ଓ ବଳୟ' ସେଇ କ୍ଷୋଭକୁ ନାଟକୀୟ ଭାବେ କେତେକାଂଶରେ ପ୍ରକାଶ କରିଛି"। (ଏଇ ନାଟକ ସମ୍ପର୍କରେ, ବିନ୍ଦୁ ଓ ବଳୟ, ପୃ-୦୯) ଏଥିରେ ସାମାଜିକ ସଂଘର୍ଷର ଆଧାର ହୋଇଛି ମଣିଷର ସାମାଜିକ ସ୍ଥିତି। ଏହା ଅନ୍ତରାଳରେ ମଧ୍ୟ ଆର୍ଥନୀତିକ ଓ ରାଜନୀତିକ କାରଣ ଅନେକ ପରିମାଣରେ ଦାୟୀ। ନାଟକର ଅନ୍ୟତମ ମୁଖ୍ୟ ଚରିତ୍ର ଉଦୟଶଙ୍କର, ଯିଏ ସ୍ୱାଧୀନତା ପରବର୍ତ୍ତୀ ଭାରତବର୍ଷର ମୁଖ୍ୟ ପ୍ରତୀକ। ଏହି ଶିଳ୍ପପତି ଉଦୟଶଙ୍କର ତେଣୁ ନିଜପୁତ୍ର ସୀତାଂଶୁର ଗାଁର ଏକ ବାଲ୍ୟବିଧବା ମାଳିନୀକୁ ଭଲ ପାଇବାକୁ ସହଜରେ ଗ୍ରହଣ କରିପାରି ନାହିଁ। ଏଇଠି ସୃଷ୍ଟି ହୋଇଛି ସାମାଜିକ ଦ୍ୱନ୍ଦ୍ୱ। ପିତାଙ୍କ ସହିତ ମନାନ୍ତର ହେବାରୁ ସୀତାଂଶୁ ମାଳିନୀକୁ ନେଇ ଚାଲିଯାଇଛି ଡାକବଙ୍ଗଳାକୁ ଓ ସେଠାକାର ଗରିବ ଚୌକିଦାର ପରିବାର ସହିତ ସାମିଲ ହୋଇଯାଇଛି। ଶିଳ୍ପପତି ଉଦୟଶଙ୍କର ନିଜର ଆର୍ଥନୀତିକ ସ୍ୱଚ୍ଛଳତା ତଥା ରାଜନୀତିକ ପୃଷ୍ଠଭୂମିପାଇଁ ସ୍ୱାଧୀନତୋତ୍ତର ଭାରତରେ ବିଭିନ୍ନ ସାମାଜିକ ଘଟଣାପ୍ରବାହକୁ ନିଜ ନିୟନ୍ତ୍ରଣରେ ରଖିବାକୁ ଚେଷ୍ଟା କରିଛନ୍ତି। ଏଥିପାଇଁ ଆବଶ୍ୟକ ହେଲେ ଯେ କୌଣସି ସ୍ତରକୁ ଓହ୍ଲାଇ ଯିବାକୁ କୁଣ୍ଠାପ୍ରକାଶ କରିନାହାନ୍ତି। ମାଳିନୀ ପରି ଅସହାୟା ନାରୀ ସେମାନଙ୍କ ଦୃଷ୍ଟିରେ କେବଳ ଉପଭୋଗ୍ୟାର ସାମଗ୍ରୀ ହେବାର ଯୋଗ୍ୟା। ସୀତାଂଶୁକୁ ତା ପ୍ରେମରୁ ମୁକ୍ତିଦେବା ପାଇଁ ଟଙ୍କା ଯାଚି ସଫଳ ନହେବାରୁ ଧମକ ଦେଇ କହିଛନ୍ତି- "ତୋ ଭାଷଣ ଶୁଣିବାକୁ ମୁଁ ଏଇଠିକି ଆସିନି, ଆସନ୍ତା ଏପ୍ରିଲ ଏକୋଇଶ ତାରିଖରେ ସୀତାଂଶୁର ବାହାଘର। ତାପୂର୍ବରୁ ଯେମିତି ଏଇ ଡାକବଙ୍ଗଳାରେ ତୋର ଛାୟା ସୁଦ୍ଧା ନଥାଏ... ଯଦି ନ ଯାଉ ପରିଣାମ ପାଇଁ ଦାୟୀ ରହିବୁ।" ଏବଂ ଶେଷରେ ମାଳିନୀ ଗୁଣ୍ଡାମାନଙ୍କ ଦ୍ୱାରା ଅପହୃତ ହୋଇ ନିଶ୍ଚିହ୍ନ ହୋଇଯାଇଛି। ସ୍ୱାଧୀନତା ପରବର୍ତ୍ତୀ

ଭାରତବର୍ଷର ରାଜନୀତିକ ବ୍ୟକ୍ତିତ୍ୱ ତଥା ଶିଳ୍ପପତିମାନଙ୍କର ଏହି ଚାରିତ୍ରିକ ଅଧୋଗତିକୁ ପ୍ରଦର୍ଶନ କରିବା ଅନ୍ତରାଳରେ ନାଟ୍ୟକାର ଆମ ସାମାଜିକ ମୂଲ୍ୟବୋଧରେ ଯେଉଁ ସଂକଟ ସୃଷ୍ଟି ହୋଇଛି, ତା'ର ସୂଚନା ପ୍ରଦାନ କରିଛନ୍ତି ବାସ୍ତବବାଦୀ ଦୃଷ୍ଟିକୋଣରୁ।

ସ୍ୱାଧୀନତା ପରବର୍ତ୍ତୀକାଳ ଭାରତବର୍ଷରେ କିଛି ମଧ୍ୟବିତ୍ତଗୋଷ୍ଠୀ କ୍ଷମତାର ଅପବ୍ୟବହାର କରି ନିଜକୁ ନବ୍ୟଧନୀକ ଶ୍ରେଣୀରୂପେ ସମାଜରେ କିପରି ପ୍ରତିଷ୍ଠା ଲାଭ କରିବାକୁ ବ୍ୟାକୁଳ ହୋଇପଡ଼ିଥିଲେ ତା'ର ଚିତ୍ର "ତିମିର ତୃଷ୍ଣା" ନାଟକରେ ଦେଖିବାକୁ ମିଳିଥାଏ। ଇଞ୍ଜିନିୟର୍ ତପନ ବର୍ମା, କଣ୍ଟ୍ରାକ୍ଟର ଶ୍ରୀକାନ୍ତ ଏବଂ ଗୁମାସ୍ତା ଗଜେନ୍ଦ୍ରଙ୍କ ଚରିତ୍ର ମାଧ୍ୟମରେ ନାଟ୍ୟକାର ଓଡ଼ିଶାର ଦୁର୍ନୀତିଗ୍ରସ୍ତ ଅଫିସର୍‌ମାନଙ୍କର ଚାରିତ୍ରିକ ବିଶ୍ଳେଷଣ କରିଛନ୍ତି। ସପ୍ତମ ଦଶକର ଉତ୍ତରାର୍ଦ୍ଧ ବେଳକୁ ଧର୍ମ, ଭାଷା, ଆଂଚଳିକତା, ବର୍ଣ୍ଣବୈଷମ୍ୟ, ନାରୀ ପୁରୁଷଙ୍କର ସ୍ଥିତି ଓ ସଂସ୍ଥିତିକୁ ନେଇ ବିଭିନ୍ନ ପ୍ରକାର ସାମାଜିକ ସଂଘର୍ଷର ସୂତ୍ରପାତ ଘଟିଛି। କ୍ଷମତା ଓ ଆତ୍ମବଡ଼ିମାର ଲଢ଼େଇରେ ସାଧାରଣ ମଣିଷର ଜୀବନଯାତ୍ରା ବିପର୍ଯ୍ୟସ୍ତ ହୋଇଉଠିଛି। ତଥାକଥିତ ଆଦର୍ଶର ଅନ୍ତରାଳରେ ଲୋକ ପ୍ରତିନିଧି, ସାମନ୍ତବାଦୀ ପ୍ରଶାସକ ଓ ରାଜନୀତିକ ନେତୃବୃନ୍ଦ ଯେଉଁ ଦୁର୍ନୀତି ତଥା ଶଠତାର ଖେଳଖେଳି ସମାଜର ସାଧାରଣବର୍ଗଙ୍କୁ ଶୋଷଣ କରିଚାଲିଥିଲେ, ଏହି ସମୟରେ ତାଙ୍କର ସେହି ଛଳନାର ମୁଖା ଖୋଲି ଦେବା ଜରୁରୀ ହୋଇପଡ଼ିଛି। ନାଟ୍ୟକାରଙ୍କର ସେହି ବାସ୍ତବବାଦୀ ସାମାଜିକ ପ୍ରତିକ୍ରିୟାରୁ ଜନ୍ମ ନେଇଛି "ଗୁଣ୍ଡା" ନାଟକ। ଉପରୋକ୍ତ ଚରିତ୍ରମାନଙ୍କର ଭଣ୍ଡାମୀ ଓ ଶଠତାକୁ ପଦାରେ ପକାଇ ଦେବା ନିମିତ୍ତ ସ୍ୱର ଉତ୍ତୋଳନ କରିଛି "ଗୁଣ୍ଡା" ନାଟକର ନାୟକ ବାବୁଲ। ନିଜର ବିପ୍ଳବ ମାଧ୍ୟମରେ ଏକ ସ୍ୱଚ୍ଛ ଓ ବିକଳ୍ପ ସମାଜ ଗଠନ କରିବାକୁ ଯିବା ସମୟରେ ସମାଜ ତାକୁ ଏକ ଅସାମାଜିକ ଚରିତ୍ରର ଅଭିଧାରେ ଚିହ୍ନିତ କରିଦେଇଛି। ମନେହୁଏ ସ୍ୱୟଂ ନାଟ୍ୟକାର ଏକ ବିକଳ୍ପ ସମାଜର ସ୍ୱପ୍ନ ଦେଖୁ ଦେଖୁ ମଝିରେ ଅଟକି ଯାଇଛନ୍ତି। ତଥାକଥିତ ରୂଢ଼ିବାଦୀ ସମାଜ ଧ୍ୱଜାଧାରୀମାନେ ତାହା ସଫଳ ହେବାକୁ ଦେଇନାହାନ୍ତି। ଗୁଣ୍ଡା ନାଟକର ଉପୋଦ୍‌ଘାତରେ ନାଟ୍ୟକାର ସୂଚନା ଦେଇ କହିଛନ୍ତି- "ଗୁଣ୍ଡା ଲୋକଜୀବନର ଏକ ବ୍ୟତିକ୍ରମ। ସେ ସମାଜ ଭିତରେ ବାସ କରୁଥିବା ଏକ ଅସାମାଜିକ ବ୍ୟକ୍ତି। ସାଧାରଣ ଶୃଙ୍ଖଳା ଭିତରୁ ଖସିଯାଇ ତା'ର ବିଦ୍ରୋହୀ ଜୀବନ ଆଉ ଏକ ସମାନ୍ତରାଳ ସମାଜ ଗଢ଼ିବାର ପ୍ରୟାସ ନିଏ।" କିନ୍ତୁ ତଥାକଥିତ କ୍ଷମତାଧାରୀ ଓ କପଟୀମାନେ ତା'ର ଏହି ସମାନ୍ତରାଳ ସମାଜ ଗଠନକୁ ସାକାର ହେବାକୁ ଦିଅନ୍ତି କି ? ବିଂଶ ଶତକର ସପ୍ତମ ଦଶକ ବେଳକୁ ଯେଉଁ ସାମାଜିକ ହିଂସାକାଣ୍ଡ ଘଟିଛି, ତା' ମୂଳରେ ରହିଛି ସାମାଜିକ ଅସ୍ଥିରତା। ଯେତେବେଳେ କ୍ଷମତାକୁ

ନେଇ ଝଡ଼ ସୃଷ୍ଟି ହୁଏ, ସେତେବେଳେ ସାମାଜିକ ପ୍ରଗତି ଆପେଆପେ ବନ୍ଦ ହୋଇଯାଏ। ଗଣ ସ୍ୱାର୍ଥ ବଦଳରେ ଜଣ ସ୍ୱାର୍ଥ ମୁଖ୍ୟ ହୋଇ ଦେଖାଦିଏ। ସପ୍ତମ ଦଶକରେ ରାଜନୀତିକ ବ୍ୟକ୍ତି ବିଶେଷ ନିର୍ବାଚନ ରଣାଙ୍ଗନରେ ଜିତାପଟ ନେବାକୁ ଯେପରି ଶଠତା, କପଟତା ଓ ଗୁଣ୍ଡାମୀର ଆଶ୍ରୟ ନେଉଥିଲେ (ବର୍ତ୍ତମାନ ରାଜନୀତିରେ ମଧ୍ୟ ସେପରି ଉଦାହରଣ ବିରଳ ନୁହେଁ) ତା'ର ଏକ ବାସ୍ତବଚିତ୍ର 'ଗୁଣ୍ଡା' ନାଟକରେ ପରିଲକ୍ଷିତ। ନିର୍ବାଚନ ସମୟରେ ପ୍ରତିଯୋଗୀ ତାରାପଦ ବାବୁ ଅର୍ଦ୍ଧରାତ୍ରରେ ନାୟିକା କାକଳୀ ମାଧ୍ୟମରେ ଗୁଣ୍ଡା ବାବୁଲର ସାହାଯ୍ୟପ୍ରାର୍ଥୀ ହୋଇଛନ୍ତି। ପୂର୍ବରୁ ମଧ୍ୟ ସେ ନିଜର ପ୍ରତିଦ୍ୱନ୍ଦ୍ୱୀ ହେମନ୍ତ ମହାପାତ୍ରଙ୍କୁ ହତ୍ୟାକରି ବାବୁଲ ମାଧ୍ୟମରେ ଏକ କାଠ ବାକ୍ସରେ ଭର୍ତ୍ତିକରି ନଦୀରେ ଭସାଇ ଦେବା ସହିତ ବାବୁଲକୁ ଦୋଷୀ ସାବ୍ୟସ୍ତ କରିବାର ସମସ୍ତ ପ୍ରମାଣ ନିଜ ହାତରେ ରଖିଛନ୍ତି। ସମାଜର କ୍ଷମତାଶାଳୀଙ୍କ ଲଢ଼େଇରେ ବାବୁଲ ବଳି ପଡ଼ିଯାଇଛି। ସେ ତାରାପଦ ବାବୁଙ୍କ ପ୍ରତିଦ୍ୱନ୍ଦ୍ୱୀଙ୍କ ଟଙ୍କା ଜିପ୍‌କୁ ଓଲଟାଇ ଘରକୁ ଫେରିବାବେଳକୁ ଗୁଣ୍ଡା ଦୀପେନ୍‌ର ଶିକାର ହୋଇଯାଇଛି କାକଳୀ। ତା ଜୀବନର ସମସ୍ତ ବଂଚିବାର ଓ ନୂତନ କିଛି ଗଢ଼ିବାର ସମ୍ଭାବନା ଲୋପ ହୋଇଯାଇଛି। ତେଣୁ ସେ ଚିତ୍କାର କରୁଛି- "ମୁଁ କିନ୍ତୁ ଏଣିକି ସାଧାରଣ ମଣିଷ ହୋଇପାରିବିନି। ମତେ ପୁଣି ଫେରିଯିବାକୁ ପଡ଼ିବ ଅପରାଧର ଜଗତ ଭିତରକୁ"। ସାମସମୟିକ ସାମାଜିକ ଓ ରାଜନୀତିକ ଦ୍ୱନ୍ଦ୍ୱରୁ ହିଁ 'ଗୁଣ୍ଡା' ନାଟକ ଜନ୍ମ, ଯେଉଁଥିରେ ନାଟ୍ୟକାରଙ୍କ ସାମାଜିକ ପ୍ରତିବଦ୍ଧତାର ସ୍ୱର ସ୍ପଷ୍ଟ।

ସ୍ୱାଧୀନତା ପରବର୍ତ୍ତୀ ସମୟରେ ଭାରତରେ ମୂଲ୍ୟବୋଧର ଯେଉଁ ଅବକ୍ଷୟ ଘଟିଛି ଓ ତା' ସହିତ ଶଠତା ଏବଂ ପ୍ରତାରଣା ଦ୍ୱାରା ଆମର ସାମାଜିକ ଜୀବନରେ ଯେଉଁ ସଂକଟ ସୃଷ୍ଟି ହୋଇଛି, ତାର ଏକ ନାଟକୀୟ ଅଭିବ୍ୟକ୍ତି ଦେଖିବାକୁ ମିଳେ 'କମଳପୁର ଡାକଘର' (୧୯୬୮) ନାଟକରେ। ସପ୍ତମ ଦଶକ ଶେଷଭାଗ ଭାରତୀୟ ଜନଜୀବନରେ କେତେକ ସମସ୍ୟା ଉପସ୍ଥାପନ ମାଧ୍ୟମରେ ନାଟ୍ୟକାର ଏକ ସାମାଜିକ ବାସ୍ତବତାକୁ ଦର୍ଶକଙ୍କ ସମକ୍ଷରେ ତୋଳି ଧରିବାକୁ ଚେଷ୍ଟା କରିଛନ୍ତି। ଏ ସମ୍ପର୍କରେ ନାଟ୍ୟକାରଙ୍କ ନିଜସ୍ୱ ବକ୍ତବ୍ୟ ହେଉଛି- "ଜୀବନ ଓ ସମାଜରେ ସତ୍ୟ ଓ ନିରୀହତା କେତେ ବିପନ୍ନ ହୋଇପାରେ ତାହା ଏ ନାଟକର ପ୍ରଧାନ ବାର୍ତ୍ତା।" 'ଡାକଘର' ସୁସ୍ଥ ଓ ଦୁର୍ନୀତିମୁକ୍ତ ଜୀବନର ଏକ ପ୍ରତୀକ। "ଅହର୍ନିଶଂ ସେବାମହେ" ଏହାର ଆଦର୍ଶ। ଦୋଳଗୋବିନ୍ଦଙ୍କ ପରାଜୟ ଏ ଶତାବ୍ଦୀର ସମସ୍ତ ମୂଲ୍ୟବୋଧମାନଙ୍କର ମୃତ୍ୟୁ। କମ୍ବୁ ମିଶ୍ର ଏ ଯୁଗର ବିଜୟୀ ପୁରୁଷ। ଜଣେ ଆଦର୍ଶବାଦୀ ବ୍ୟକ୍ତିତ୍ୱ ରୂପେ ଦୋଳଗୋବିନ୍ଦ କମଳପୁର ଅଂଚଳରେ ବେଶ୍ ସୁପରିଚିତ। ଦୋଳଗୋବିନ୍ଦ ପଟ୍ଟନାୟକ ପ୍ରଥମେ

ମିଲିଟାରୀରେ ଥିଲେ। ପରେ ସେଠାରୁ ଅବସର ନେଇ ପୋଷ୍ଟମାଷ୍ଟର ହୋଇଛନ୍ତି କମଳପୁର ଡାକଘରେ। ଗ୍ରାମର ସରଳ ଲୋକଙ୍କୁ ଶୋଷଣ କରୁଥିବା ଖଳନାୟକ କମ୍ବୁ ମିଶ୍ରଙ୍କୁ ସେ ଖାତିର୍ କରନ୍ତି ନାହିଁ। ମାତ୍ର କମ୍ବୁ ମିଶ୍ର ଡାକଘର କିରାଣୀ ପ୍ରଫୁଲ୍ଲ ବାବୁଙ୍କ ଦୁର୍ବଳତାର ସୁଯୋଗ ନେଇ ଡାକଘର ବାକ୍ସରୁ ଟଙ୍କା ଚୋରାଇଛନ୍ତି। କିନ୍ତୁ ଏଥିରେ ସତ୍ୟ ଓ ନ୍ୟାୟର ପ୍ରତୀକ ଦୋଳଗୋବିନ୍ଦ ଚକ୍ରାନ୍ତର ଶିକାର ହୋଇ ଜେଲ୍ ଦଣ୍ଡ ଭୋଗିଛନ୍ତି। କେବଳ ସେତିକି ନୁହେଁ ମେଳଣ ଯାତ୍ରାରେ ହରିଜନ ବସ୍ତିର ଠାକୁର, ପଢ଼ିଆକୁ ଆଗମନ ଘଟଣାକୁ ନେଇ ତାଙ୍କୁ ଠେଙ୍ଗାରେ ପ୍ରହାର କରାଯାଇଛି, କମଳପୁର ଗ୍ରାମରୁ ନିଶାଦ୍ରବ୍ୟ ସେବନ ବନ୍ଦ କରିବାକୁ ଯାଇ ଅତ୍ୟାଚାରର ଶିକାର ହୋଇଛନ୍ତି, ରାଣୀପାଟଣା ନାମକ ଏକ ବେଶ୍ୟାପଡ଼ାରୁ ନାରୀ ନିର୍ଯ୍ୟାତନା ବନ୍ଦ କରିବାକୁ ଯାଇ ସାମାଜିକ ବ୍ୟଙ୍ଗର ଶରବ୍ୟ ହୋଇଛନ୍ତି। ସ୍ୱାଧୀନତା ପରବର୍ତ୍ତୀ ସମୟରେ କମ୍ବୁ ମିଶ୍ରଙ୍କ ପରି ଦୁର୍ନୀତିଗ୍ରସ୍ତ ବ୍ୟକ୍ତିମାନେ ସାମାଜିକ ମର୍ଯ୍ୟାଦା ଲାଭ କରିବା ସମୟରେ ଦୋଳଗୋବିନ୍ଦଙ୍କ ପରି ଆଦର୍ଶ ବ୍ୟକ୍ତିତ୍ୱଙ୍କ ପରାଜୟ ଘଟୁଛି। ଏହି ସତ୍ୟ କମଳପୁର ଡାକଘର ନାଟକର ପ୍ରାଣସ୍ୱର ହେଲେହେଁ, ନାଟ୍ୟକାର ତଥାପି ସାମାଜିକ ପରିବର୍ତ୍ତନ ନିମିତ୍ତ ଆଶାର ସ୍ୱରଟିଏ ଉଚ୍ଚାରଣ କରିଛନ୍ତି ଦୋଳଗୋବିନ୍ଦ ମୁଖରେ।

ପରବର୍ତ୍ତୀ ନାଟକ 'ମୁଁ ଆମ୍ଭେ ଓ ଆମ୍ଭେମାନେ'ର କ୍ୟାନଭାସ୍ ଅଧିକ ବିସ୍ତୃତ। ଏଥିରେ ମଧ୍ୟ ବିଂଶ ଶତକ ଶେଷ ଭାଗରେ ଦେଖାଦେଇଥିବା ସାମାଜିକ ସଂକଟକୁ ଉଚ୍ଚାରଣ କରାଯାଇଛି। ସାମାଜିକ ମୂଲ୍ୟବୋଧରେ ଯେଉଁ ଅବକ୍ଷୟ ସୃଷ୍ଟି ହୋଇଛି, ତାହାଦ୍ୱାରା ସାଧାରଣ ମଣିଷ ଅଧିକ ପରିମାଣରେ ହୋଇଛନ୍ତି କ୍ଷତିଗ୍ରସ୍ତ। ଏହି ସମୟରେ ଗ୍ରାମର କୁଜିନେତା ଚକ୍ରଧର ପରିଡ଼ାମାନେ ସବୁଠାରୁ ଅଧିକ ଫାଇଦା ଉଠାଇଛନ୍ତି। ନାଟ୍ୟକାର କୁହନ୍ତି- "ମୁଁ ଆମ୍ଭେ ଓ ଆମ୍ଭେମାନେର 'ମୁଁ' ମାନେ ଗୋଟିଏ ପରିସ୍ଥିତିର ଗୋଟିଏ ପରିବେଶର, ଗୋଟିଏ ନାଟକୀୟ ଘଟଣାର କିମ୍ବା ଅହଂମାନଙ୍କର ସାମଗ୍ରିକତା ଭିତରେ ହଜିଯାଇଛନ୍ତି।" ପୁରାତନ ମୂଲ୍ୟବୋଧ ଓ ଆଦର୍ଶକୁ କୁସଂସ୍କାର ନାମଦେଇ ଅସ୍ୱୀକାର କରୁଥିବା କିଛି ଚରିତ୍ର ନିଜ ନିଜ ଅହଂକୁ ପ୍ରତିପାଦନ ନିମିତ୍ତ ସର୍ବଦା ଚେଷ୍ଟା କରିଛନ୍ତି। ଏକ ତ୍ରିଛକିରେ ଠିଆ ହୋଇ ଚରିତ୍ରଗଣ ନିଜର ଅହଂ ରୂପୀ ଶକ୍ତି ପରୀକ୍ଷାରେ ଅବତୀର୍ଣ୍ଣ। ୧୯୫୨ ମସିହାରୁ ରାଜନୀତି କରୁଛନ୍ତି ବୋଲି ପ୍ରଚାର କରୁଥିବା ଚକ୍ରଧର ପରିଡ଼ା ଏବଂ ବଡ଼ ବଡ଼ ରାଜନୀତିକ ବ୍ୟକ୍ତି ତଥା କ୍ଷମତାଶାଳୀଙ୍କ ସହିତ ସମ୍ପର୍କ ଥିବାର ପ୍ରଚାର କରି ସେ ସାଧାରଣ ଲୋକଙ୍କୁ ଠକି ଚାଲିଛନ୍ତି। ସ୍ୱାଧୀନ ଭାରତରେ ଏହି ରାଜନୀତିକ ନେତାଙ୍କର ହାରିବା ଜିତିବା ସହିତ କୌଣସି ସମ୍ପର୍କ ନାହିଁ। ସେମାନେ ସଦାବେଳେ ନିଜର ଫାଇଦା ଉଠାଇ ଚାଲନ୍ତି, ଯେଉଁ ଦଳ ଶାସନ

କ୍ଷମତାକୁ ଆସିଲେ ମଧ୍ୟ। 'ଦେଶସେବା'ର ମୁଖା ପିନ୍ଧିଥିବା ଏମାନେ ଜଣେ ଜଣେ ପ୍ରତାରକ। ଗ୍ରାମ ପଞ୍ଚାୟତର ନିର୍ବାଚନରେ ପରାଜିତ ହୋଇଥିଲେ ବି ତଥାପି ତାଙ୍କ ଦୁର୍ନୀତିର ଚେର ବହୁ ଗଭୀରରେ। ତାଙ୍କର ବାକ୍‌ଚାତୁରୀରେ ସାଧାରଣ ଜନତା ବିଶ୍ୱାସ କରନ୍ତି। ବିଶ୍ୱମୋହନଙ୍କ ପରି ସରଳ ବିଶ୍ୱାସୀ ତାଙ୍କ କଥାରେ ପ୍ରତ୍ୟୟ କରିଛନ୍ତି। ସମାଜରେ ଜଣେ ପ୍ରାଇମେରୀ ଶିକ୍ଷକଙ୍କର ଅସହାୟତାକୁ ଚିତ୍ରଣ କରିବା ବେଳେ ପାଠକ ଓ ଦର୍ଶକ ବାରମ୍ବାର ଏହି ନିଷ୍ଠୁର ବାସ୍ତବତାକୁ ଭେଟିଥାଏ। ସରକାରଙ୍କ ଅବିଚାର ଆଇନ୍‌ରେ ସାଧାରଣ ଚାକିରିଜୀବୀ କିପରି ଅସୁବିଧାର ସମ୍ମୁଖୀନ ହୋଇଥା'ନ୍ତି, ତାର ସଫଳ ଦୃଷ୍ଟାନ୍ତ ଶିକ୍ଷକ ବିଶ୍ୱମୋହନ। ସେ ପୁଣି ଶେଷରେ ସାହାଯ୍ୟ କରିବାକୁ ଅନୁରୋଧ କରନ୍ତି ତାଙ୍କର ଅଯୋଗ୍ୟ ଛାତ୍ର ଧୂର୍ତ୍ତ ଚକ୍ରଧର ପରିଡ଼ାଙ୍କୁ। ଆର୍ଥିକ ଦୁଃସ୍ଥିତି ମଧ୍ୟ ଦେଇ ଗତି କରୁଥିବା ବିଶ୍ୱମୋହନବାବୁ ଯେତେବେଳେ ନିଜର ପରିଚୟ ଦେଇ ଚକ୍ରଧର ପରିଡ଼ାଙ୍କୁ କୁହନ୍ତି- "ବାବା ! ଏ ଗରିବ ମାଷ୍ଟରଟା କଥା ଟିକିଏ ମନ୍ତ୍ରୀଙ୍କୁ କହିବ। ଆଉ ଦି' ତିନିଟା ବର୍ଷ ଏକ୍ସଟେନ୍‌ସନ୍ ଦେଇଦେଲେ ମୋ' ପରିବାରଟା ବଂଚିଯିବ।" ତା'ର ଉତ୍ତରରେ ସେ କୁହେ "ଠିକ୍ ଅଛି ସାର୍ ! ମୁଁ ମନ୍ତ୍ରୀଙ୍କୁ କହିବି। ହେଲେ ଟଙ୍କା ହଜାରେଟା ଦେଇଥିଲେ ମନ୍ତ୍ରୀ କଥାଟାକୁ ଟିକିଏ ମନ ଦେଇ ଶୁଣିଥା'ନ୍ତେ।" ଏହାହିଁ ହେଉଛି ଆମ ରାଜନୀତିକ ବ୍ୟକ୍ତିବିଶେଷଙ୍କର ଚରିତ୍ର। ମଧ୍ୟବିତ୍ତ ପରିବାରର ଜୀବନଚିତ୍ରର ଏକ ବାସ୍ତବ ଦିଗକୁ ଏହି ନାଟକରେ ଦେଖି ହୁଏ।

ଅଷ୍ଟମ ଦଶକ ବେଳକୁ ନାଟ୍ୟକାରଙ୍କ ସାମାଜିକ ଦୃଷ୍ଟିଭଙ୍ଗୀ ଅଧିକ ତୀକ୍ଷ୍ଣ, ସମାଜନିଷ୍ଠ ଓ ଆବେଗମୟୀ ହୋଇଉଠିଛି। ଏହି ସମୟବେଳକୁ ପଲ୍ଲୀର ମଧ୍ୟବିତ୍ତ ମଣିଷ ଧୀରେଧୀରେ ସହରମୁଖୀ ହେବାକୁ ଲାଗିଛି। 'ଧୃତରାଷ୍ଟ୍ରର ଆଖି' ନାଟକରେ ଗ୍ରାମାଞ୍ଚଳରୁ ଆସି ରାଜଧାନୀ ଭୁବନେଶ୍ୱରରେ ବସବାସ କରୁଥିବା ଏକ ନିମ୍ନ ମଧ୍ୟବିତ୍ତ ପରିବାରର ସାମାଜିକ ସମସ୍ୟାକୁ ଉତ୍କୀର୍ଣ୍ଣ କରାଯାଇଛି। ଅଷ୍ଟମ ଦଶକ ବେଳକୁ ଧୀରେଧୀରେ ଭୁବନେଶ୍ୱର ସମସ୍ତଙ୍କ ପାଇଁ ଆକର୍ଷଣର କେନ୍ଦ୍ରବିନ୍ଦୁ ପାଲଟି ଯାଇଛି। ସହରରେ ନିଜର ସ୍ଥିତିକୁ ସୁଦୃଢ଼ କରିବା ନିମିତ୍ତ ଏହି ସମୟରେ ନିମ୍ନ ମଧ୍ୟବିତ୍ତ ଓ ଉଚ୍ଚ ମଧ୍ୟବିତ୍ତଙ୍କ ମଧ୍ୟରେ ଏକ ପ୍ରକାର ପ୍ରତିଯୋଗିତା ଆରମ୍ଭ ହୋଇଯାଇଛି। ଏହି ପ୍ରତିଯୋଗିତା ଥିଲା ବାସ୍ତବରେ ଆର୍ଥନୀତିକ ପ୍ରତିଯୋଗିତା। ନିମ୍ନ ମଧ୍ୟବିତ୍ତ - ମଧ୍ୟବିତ୍ତ ଓ ଉଚ୍ଚ ମଧ୍ୟବିତ୍ତ- ସମସ୍ତେ ଗୋଟିଏ ଗୋଟିଏ ଅଧିକ ପାବଛ ଚଢ଼ିବା ନିମିତ୍ତ ପ୍ରତିଯୋଗିତା ଆରମ୍ଭ କରିଦେଇଥିଲେ। ସମାଜବାଦୀ ନେତାଗଣ ନିଜକୁ ରାଜା, ମହାରାଜାଙ୍କ ସ୍ତରରେ ଅଧିଷ୍ଠିତ କରି ଆତ୍ମପୌଢ଼ୀ ଦେଖାଉଥିଲେ। ତଳ ପାହାଚରେ ରହିଥିବା ବ୍ୟକ୍ତିବିଶେଷ ଉପର ପାହାଚ ଲୋକଙ୍କୁ ବ୍ୟଙ୍ଗ କରୁଥିଲେ ହେଁ ନିଜେ

ସେହି ପାହାଚରେ ଅଧିଷ୍ଠିତ ହେବାପାଇଁ ପରସ୍ପର ମଧ୍ୟରେ ପ୍ରତିଯୋଗିତା ଆରମ୍ଭ କରିଦେଇଥିଲେ। 'ଧୃତରାଷ୍ଟ୍ରର ଆଖି' ନାଟକର କାହାଣୀକୁ ମହାଭାରତ ସହିତ ସଂଯୁକ୍ତ କରାଯାଇ ବିଂଶଶତକର ଶେଷ ଦୁଇ ଦଶକର ସାମାଜିକ ଓ ଆର୍ଥନୀତିକ ଦ୍ୱନ୍ଦ୍ୱକୁ ଦେଖାଇ ଦିଆଯାଇଛି।

ନିଜର ପ୍ରତିଷ୍ଠା ପାଇଁ ଶ୍ରେଣୀ ସଂଘର୍ଷରେ ମାତିଥିବା ଏହି ନିମ୍ନ ମଧ୍ୟବିତ୍ତ ପରିବାର ସହରରେ ଗଢ଼ି ଉଠିଥିବା ଇଂରାଜୀ ମାଧ୍ୟମ ବିଦ୍ୟାଳୟରେ ନିଜର ପିଲାମାନଙ୍କୁ ଅଧ୍ୟୟନ କରିବାର ମାନସିକତା ନେଇ କାର୍ଯ୍ୟପନ୍ଥା ଗ୍ରହଣ କରିଦେଇଛନ୍ତି। ଏହା ଏକ 'ସାମାଜିକ ଷ୍ଟାଟସ୍' ଭାବରେ ଗୃହୀତ ହୋଇଯାଇଛି। ସେମାନେ ପୁଣି ମହାବିଦ୍ୟାଳୟରେ ନିଜର ପିଲାମାନଙ୍କୁ ନିର୍ବାଚନରେ ଭାଗନେବାକୁ ପ୍ରେରଣାଦେବା ସହିତ ରବୀନ୍ଦ୍ର ମଣ୍ଡପରେ ଝିଅମାନଙ୍କୁ ଓଡ଼ିଶୀ ନୃତ୍ୟ ଶିଖାଇବାକୁ ଆରମ୍ଭ କରିଦେଇଛନ୍ତି। ସୀତାନାଥ ନିଜର ବଡ଼ପୁଅ ସନ୍ତାପକୁ ଇଂରାଜୀ ମାଧ୍ୟମ ବିଦ୍ୟାଳୟରେ ପଢ଼ାଇଛନ୍ତି। ରେଭେନ୍‌ସା ମହାବିଦ୍ୟାଳୟରେ ପଢ଼ିବା ସମୟରେ ସେ ଷ୍ଟ୍ରାଇକ୍‌ରେ ଭାଗନେଇ ଅନଶନ କରିଛି। ଜୀବନରେ ବହୁ ଉଚ୍ଚ ଆଶା ପୋଷଣ କରିଥିଲେ ହେଁ ଶେଷରେ ସେ ସେକ୍ରେଟେରୀଏଟ୍‌ରେ କିରାଣୀ ଚାକିରି କରିଛି, ନିଜର ସଂକୀର୍ଣ୍ଣ ବିଚାରଧାରାର ଶିକାର ହୋଇ କୌଣସି ଅଫିସରଙ୍କୁ ଖାତିର୍ ନକରିବାରୁ ସସ୍‌ପେଣ୍ଡ୍ ହୋଇଛି। ସେ ବିବାହ କରିଛି ଇଂରାଜୀ ମାଧ୍ୟମ ବିଦ୍ୟାଳୟରେ ଅଧ୍ୟୟନ କରିଥିବା ଏକ ନିମ୍ନ ମଧ୍ୟବିତ୍ତ ପରିବାରର କନ୍ୟା ସିକତାକୁ। ଉଭୟଙ୍କ ମଧ୍ୟରେ ଆଦର୍ଶଗତ ବିଭେଦ ତଥା ଭିନ୍ନ ମାନସିକତା ଯୋଗୁଁ ଗୋଟିଏ ଘରେ ଥାଇ ମଧ୍ୟ ଗତିପଥ ଅଲଗା ହୋଇଯାଇଛି। ସୀତାନାଥଙ୍କ ଦ୍ୱିତୀୟ ପୁତ୍ର ସମ୍ବିତ କଲେଜ ନାଟ୍ୟ ସଂସଦର ସଭାପତି ହୋଇ ନିଜ ରାଜନୀତିକ ଉଚ୍ଚାଭିଳାଷ ପାଇଁ ନିଜ ଭଉଣୀ ଓଡ଼ିଶୀ ନୃତ୍ୟ ଶିଳ୍ପୀ ବର୍ଷାକୁ ସମ୍ଭ୍ରାନ୍ତ ବଜାରରେ ଏକ ପଣ୍ୟ ସାମଗ୍ରୀ ଭାବରେ ବ୍ୟବହାର କରିଛି। ପରିବାରର ଏହି ସଦସ୍ୟଗଣ ସୀତାନାଥଙ୍କୁ ଅଦରକାରୀ ବସ୍ତୁ ମନେକରି ଘରର ପଛପାଖକୁ ଫିଙ୍ଗି ଦେଇଛନ୍ତି। ବୟସାଧିକ୍ୟ ଯୋଗୁଁ ଅନ୍ଧ ହୋଇଯାଇଥିବା ସୀତାନାଥ ଉଚ୍ଚ ମଧ୍ୟବିତ୍ତ ହେବାର ସ୍ୱପ୍ନ ଦେଖିଦେଖି ବଡ଼ ଅସହାୟ ଭାବରେ ପରାଜୟକୁ ବରଣ କରିନେଇଛନ୍ତି। ବିଚରା ଉଚ୍ଚବର୍ଗରେ ସାମିଲ ହେବାର ଅଭିଳାଷ ଯୋଗୁଁ ନିଜ ଗ୍ରାମର ଜମି ବିକ୍ରୟ କରି ଗୋଟିଏ ଛିନ୍ନମୂଳ ସଂସ୍କୃତିକୁ ଜାବୁଡ଼ି ଧରିବାକୁ ଯାଇ ନିଃସ୍ୱ ହୋଇ ପଡ଼ିଛନ୍ତି। ବସ୍ତୁବାଦୀ ସଭ୍ୟତାର ମୋହରେ ସେଦିନ ଧୃତରାଷ୍ଟ୍ର ଯେଉଁ ଭୁଲ୍ କରିଥିଲେ, ବିଂଶଶତକର ଶେଷଭାଗରେ ସୀତାନାଥ ଠିକ୍ ତାହାହିଁ କରିଛନ୍ତି। ସମୟ ଓ ଚରିତ୍ର ବଦଳିଯାଇଛି; ମାତ୍ର ମାନସିକତାରେ କୌଣସି ପରିବର୍ତ୍ତନ ହୋଇନାହିଁ।

ଏଠାରେ ଧୃତରାଷ୍ଟ୍ର ଏକ ପ୍ରତୀକ। ସେ ପ୍ରତୀକ ହୋଇପାରେ ଏକ ଅନ୍ଧ ମାନସିକତାର ବା ଅନ୍ଧ ମୂଲ୍ୟବୋଧର। ବସ୍ତୁବାଦୀ ସଭ୍ୟତାର ମୋହ ପାଶରେ ବାଟବଣା ହୋଇଥିବା ଏହିସବୁ ଚରିତ୍ରଗଣ ସଦାବେଳେ ଅନ୍ଧ ଧୃତରାଷ୍ଟ୍ର। ବସ୍ତୁବାଦୀ ସଭ୍ୟତାରେ ସବୁ ଚରିତ୍ର ଗୋଟିଏ ଗୋଟିଏ ବସ୍ତୁରେ ରୂପାନ୍ତରିତ ହୋଇ ଚାଲିଛନ୍ତି। ନା ସେମାନଙ୍କର ନିଜର ପରମ୍ପରା ଓ ମୂଲ୍ୟବୋଧ ପ୍ରତି ସମ୍ମାନ ଅଛି ନା ଅଛି ସେମାନଙ୍କର ଶ୍ରଦ୍ଧା ନିଜର ପାରମ୍ପରିକ ଜୀବନବୋଧ ପ୍ରତି। ଏହିପରି ଏକ ସଙ୍କଟକୁ ନାଟ୍ୟକାର 'ଧୃତରାଷ୍ଟ୍ରର ଆଖି' ନାଟକରେ ପରିବେଷଣ କରି ଭାରତୀୟ ସାମାଜିକ ମୂଲ୍ୟବୋଧ ଉପରେ ଆସ୍ଥା ପ୍ରକଟ କରିବା ସଙ୍ଗେସଙ୍ଗେ ନିଜର ସାମାଜିକ ସଚେତନତାର ପ୍ରମାଣ ଦେଇଛନ୍ତି।

'ଦୁର୍ଘଟଣା ବଶତଃ' ନାଟକଟିର ପରିକଳ୍ପନା ନାଟ୍ୟକାରଙ୍କ ଏହି ସାମାଜିକ ପ୍ରତିବଦ୍ଧତାକୁ ନେଇ। ଆଧୁନିକ ମଣିଷ ପ୍ରତି ମୁହୂର୍ତ୍ତରେ କିଛି ନା କିଛି ଦୁର୍ଘଟଣାର ସମ୍ମୁଖୀନ ହେଉଛି। ଏ ଦୁର୍ଘଟଣା ହୋଇପାରେ ସାମାଜିକ କିମ୍ବା ସାଂସ୍କୃତିକ ଅଥବା ମନସ୍ତାତ୍ତ୍ୱିକ। ମୂଲ୍ୟବୋଧର ଅବକ୍ଷୟ ଘଟିଲେ ଏପରି ଦୁର୍ଘଟଣା ଅନିବାର୍ଯ୍ୟ ନିଶ୍ଚୟ। ସାମାଜିକ, ରାଜନୀତିକ, ଆର୍ଥନୀତିକ ଅସ୍ଥିରତା ଗୋଟିଏ ଅପସଂସ୍କୃତିକୁ ଜନ୍ମ ଦେଇ ଚାଲିଛି ଓ ସମସ୍ତେ ଏହି ଅପସଂସ୍କୃତି ମଧ୍ୟରେ ବାଟବଣା ହୋଇ ଦୁର୍ଘଟଣାଗ୍ରସ୍ତ ହୋଇଛନ୍ତି। ନାଟ୍ୟକାର ତେଣୁ କୁହନ୍ତି- "ଏସବୁକୁ ମୁଁ ଦୁର୍ଘଟଣା ବୋଲି ମନେକରେ। ବ୍ୟକ୍ତିଗତ ଜୀବନରେ ସ୍ନେହ, ମମତା, ତ୍ୟାଗ, ମୈତ୍ରୀ ପ୍ରଭୃତି ଅପାର୍ଥିବ ଭାବମାନଙ୍କର ଅନଟନ ଘଟିଲେ ସମାଜ ଅସଭ୍ୟ ହୋଇଯାଏ। ଆମର ଯାତ୍ରା ଅସଭ୍ୟତାର ଦିଗନ୍ତ ଆଡ଼କୁ। ବର୍ବର ଜାଙ୍ଗଲିକତା ଭିତରେ ହଜିଯିବାର ଇଚ୍ଛା ପ୍ରଳୟର ପ୍ରଥମ ସୂଚନା। ଆମ ଭିତରର ଅମୃତ ସନ୍ତାନଟିକୁ ବିଷ ଦେଇ ମାରିଦେଲା ପରେ ଆମର ହୃଦୟ ଓ ମନ ନର୍କରେ ରୂପାନ୍ତରିତ। 'ଦୁର୍ଘଟଣା ବଶତଃ' ସେହି ଆସନ୍ନ ବିପଦର ନାଟ୍ୟରୂପ।" ନାଟକର ପ୍ରତ୍ୟେକ ଚରିତ୍ର ଏକ ମାନସିକ ଦ୍ୱନ୍ଦ୍ୱ ମଧ୍ୟରେ ଗତିଶୀଳ। ଅନ୍ୟଭାବରେ କହିଲେ ଏକ କାଳ୍ପନିକ ନର୍କରେ ଏମାନେ ଉପସ୍ଥିତ ହୋଇ ଅତୀତ ଜୀବନର ମୂଲ୍ୟାୟନ କରିବାରେ ଲାଗିଛନ୍ତି। ନାଟକର ବିଭିନ୍ନ ଚରିତ୍ର ଯଥା- ମନ୍ତ୍ରୀ ଭାଗିରଥି ସାମନ୍ତରାୟ, ଶିଳ୍ପପତି ସୌଭାଗ୍ୟ ଦାସ ମହାପାତ୍ର, ମନ୍ତ୍ରୀଙ୍କ ପୁତ୍ର ହିପ୍‌ପୀ ଯୁବକ ସାଗର ସାମନ୍ତରାୟ, ଡି.ଆଇ.ଜି. ଗୁଣନିଧି, ନକ୍ସଲନେତା ଜୟନ୍ତ, ବାବା ଏବଂ ନର୍କଦୂତ ସମସ୍ତେ ନାୟକ ହେବାର ପ୍ରତିଯୋଗିତାରେ ଅବତୀର୍ଣ୍ଣ। ପ୍ରତ୍ୟେକ ନିଜର ସ୍ଥିତି ପାଇଁ ଅପରକୁ ନର୍କ ମନେ କରି ହତ୍ୟା କରିବାକୁ ଉଦ୍ୟତ। ଯାହା ସାମାଜିକ ଜୀବନରେ ଏକ ସାଧାରଣ ଘଟଣା ଥିଲା, ନର୍କରେ ପହଂଚିବା ମାତ୍ରେ ସବୁଗୁଡ଼ିକ ଅସାଧାରଣ ହୋଇଯାଇଛି। ସମାଜ ପରିଚାଳକ ବିଶୃଙ୍ଖଳିତ ହେଲେ ସମଗ୍ର ସମାଜ ଜୀବନ କିପରି ବିପର୍ଯ୍ୟସ୍ତ

ହୋଇପଡ଼େ ତା'ର ଏକ ସ୍ୱଷ୍ଟ ଚିତ୍ର ନାଟକଟିରେ ଉତ୍କୀର୍ଣ୍ଣ। ପାରିବାରିକ ବିଶୃଙ୍ଖଳା ସମାଜ ଦିଗକୁ ଗତିକରି ସାଂସ୍କୃତିକ ବିପର୍ଯ୍ୟୟ ସଂଘଟନରେ କିପରି ମୁଖ୍ୟ ଭୂମିକା ଗ୍ରହଣ କରିଥାଏ, ନାଟକର ବିଭିନ୍ନ ଚରିତ୍ରମାନଙ୍କର ଚାରିତ୍ରିକ ବିଶ୍ଲେଷଣରୁ ତାହା ସ୍ୱଷ୍ଟ ହୋଇଥାଏ। ଅଷ୍ଟମ ଦଶକରେ ଯେଉଁ ସାମାଜିକ ଓ ସାଂସ୍କୃତିକ ଅବକ୍ଷୟ (ନର୍କ) ସୃଷ୍ଟି ହୋଇଥିଲା, ତା'ର ପରିସମାପ୍ତି ଏଯାଏ ହୋଇପାରିଛି ବୋଲି ମନେହୁଏନା।

ଏହାର ପରବର୍ତ୍ତୀ ସୃଷ୍ଟି 'ମହାନାଟକ'ରେ ସାମାଜିକ ଓ କ୍ଷମତାର ଦ୍ୱନ୍ଦ୍ୱ ଅନ୍ତିମ ସୀମା ସ୍ପର୍ଶ କରିଯାଇଛି। ନାଟକର ନାୟକ ନିଜେ ସମ୍ରାଟ। ନିଜ ବିଚାରରେ ସେ ବିକଳ୍ପ ଇନ୍ଦ୍ର। ବିଦୂଷକମାନଙ୍କ ଦ୍ୱାରା ବହୁ ବିଶେଷଣରେ ସମ୍ବୋଧିତ। କ୍ଷମତାର ମୃତ୍ତିକା ଭାଣ୍ଡଧରି ଏମାନେ ବେଶ୍ ନିଜକୁ ପରାକ୍ରମଶାଳୀ ଓ କ୍ଷମତାଶାଳୀ ମନେ କରିଥା'ନ୍ତି। ପରୋକ୍ଷରେ ଭାରତୀୟ ଗଣତନ୍ତ୍ର ସର୍ବଦା ଯେ ରାଜତାନ୍ତ୍ରିକ ମାନସିକତାର ଶିକାର ହୋଇଛି, ନାଟ୍ୟକାର ବିଭିନ୍ନ ଘଟଣା ଅବଲମ୍ବନରେ ଏହାକୁ ପ୍ରମାଣ କରିଛନ୍ତି। ଗଣତନ୍ତ୍ର ନାମରେ ଏଠି ରାଜତନ୍ତ୍ର ଚାଲେ 'ଗଣ' ନାମରେ 'ଜଣ' ଶାସନ ହିଁ ଗୁରୁତ୍ୱ ପାଇଥାଏ। ଏଣୁ ରାଜା ବ୍ରଜବାହୁ ଶାସନ ଅପେକ୍ଷା ଚାଟୁବଚନକୁ ଅଧିକ ପସନ୍ଦ କରନ୍ତି। ସେ 'ପ୍ରମୋଦ ଶାଳା'ରେ ରାଜକାର୍ଯ୍ୟ ସମ୍ପାଦନ କରିଥା'ନ୍ତି। କାରଣ ତାଙ୍କ ଦୃଷ୍ଟିରେ ରାଜ୍ୟଶାସନ ଏକ ଆମୋଦଦାୟକ କାର୍ଯ୍ୟକ୍ରମ। ସାମ୍ପ୍ରତିକ ନେତାମାନଙ୍କର ଶାସନ ପରିଚାଳନା ପଦ୍ଧତିକୁ ଲକ୍ଷ୍ୟକଲେ ଏହାର ଭୂରିଭୂରି ଦୃଷ୍ଟାନ୍ତ ମିଳିପାରିବ। ଏହି ନାଟକଟିରେ ସାମ୍ପ୍ରତିକ ସମୟର ବହୁ ଘଟଣା ପ୍ରତୀକାତ୍ମକ ଭାବରେ ବର୍ଣ୍ଣିତ ହୋଇଥିବାର ଲକ୍ଷ୍ୟ କରାଯାଇପାରେ। ଦେଶରେ ଖାଦ୍ୟାଭାବ ଥିଲେହେଁ ସରକାର ପ୍ରଚୁର ପରିମାଣର ଖାଦ୍ୟ ମହଜୁଦ ଥିବାର ଘୋଷଣା କରନ୍ତି। ଶିକ୍ଷା ଓ ସଂସ୍କୃତି ନାମରେ ବ୍ୟାପକ ପ୍ରିୟାପ୍ରୀତିତୋଷଣ, ସାଧାରଣ କାର୍ଯ୍ୟକ୍ରମ ପାଇଁ ପ୍ରଚୁର ଅର୍ଥ ରାଜକୋଷରୁ ଖର୍ଚ୍ଚ କରାଯାଇ ମହୋତ୍ସବ(ବ୍ୟକ୍ତିଗତ) ପାଳନ, ଶିକ୍ଷାନୁଷ୍ଠାନ ବନ୍ଦ କରାଯାଇ ଶିକ୍ଷକ ଓ ଛାତ୍ରମାନଙ୍କୁ ଅନ୍ୟାନ୍ୟ କାର୍ଯ୍ୟରେ ନିୟୋଜନ, ଅନାହାର ବ୍ୟକ୍ତି ଅଭିଯୋଗ କଲେ କିମ୍ବା ପ୍ରତିକ୍ରିୟାଶୀଳ ହେଲେ ଶାସନ ଦଣ୍ଡ ଦ୍ୱାରା ଦମନ ଆଦି ଘଟଣା କ'ଣ ସାମ୍ପ୍ରତିକ ଶାସନ ବ୍ୟବସ୍ଥାରେ ବିରଳ? ତେଣୁ ଏହାର ଏକ ପ୍ରତୀକଧର୍ମୀ ବ୍ୟଙ୍ଗାତ୍ମକ ଚିତ୍ରକୁ ନାଟ୍ୟକାର ବେଶ୍ ସଚେତନତାର ସହିତ ଏହି ନାଟକରେ ଅବତାରଣ କରିଛନ୍ତି। ଏହାର ଚରିତ୍ରଗଣ ଭାରତୀୟ ଜନଜୀବନକୁ ବିଭିନ୍ନ କ୍ଷେତ୍ରରେ ପ୍ରତିନିଧିତ୍ୱ କରିଥା'ନ୍ତି। ସମଗ୍ର ଭାରତୀୟ ରାଜନୀତିର ଏକ ପରୋକ୍ଷ ଚିତ୍ର ଯେକୌଣସି ସଚେତନ ପାଠକ ବା ଦର୍ଶକ ଏଥିରୁ ଲକ୍ଷ୍ୟ କରିପାରିବେ। ସାମସମୟିକ ଓଡ଼ିଆ ନାଟକ କ୍ଷେତ୍ରରେ ରମେଶ ପାଣିଗ୍ରାହୀଙ୍କ 'ମହାନାଟକ'ର

ବୈପ୍ଳବିକ ଆଭିମୁଖ୍ୟ ଓ ସାମାଜିକ ପ୍ରତିବଦ୍ଧତା ନିଶ୍ଚିତଭାବରେ ଅନନ୍ୟସାଧାରଣ, ଏହା ସ୍ୱୀକାର କରିବାକୁ ହେବ।

ତାଙ୍କର 'ଆତ୍ମଲିପି'(୧୯୭୬) ଏବଂ 'ଆନନ୍ଦ ନଗରକୁ ଯାତ୍ରା' (୧୯୭୭)ରେ ଶୈଳୀଗତ ପରୀକ୍ଷା ଉପରେ ଗୁରୁତ୍ୱ ଦିଆଯାଇଥିଲେ ହେଁ ସାମସମୟିକ କିଛି ଘଟଣା ଏଥିରୁ ବାଦ୍ ପଡ଼ିନାହିଁ। ଏହି ସମୟରେ ରଚିତ 'ଅନ୍ଧନଦୀର ସୁଅ' ନାଟକଟି ଅଧିକ ସମାଜନିଷ୍ଠ ମନେ ହୋଇଥାଏ। ଅଷ୍ଟମ ଦଶକର ରାଜନୀତିକ ଅସ୍ଥିରତା, ବେକାରୀ ସମସ୍ୟା, ବିଭିନ୍ନ ସ୍ଥାନରେ ଧ୍ୱଂସକାରୀ ଆନ୍ଦୋଳନ, ଯୁବ ସମ୍ପ୍ରଦାୟର ହିଂସାତ୍ମକ ଆଚରଣ, ନିଶାଦ୍ରବ୍ୟର ଅବାଧ ପ୍ରଚଳନ ଓ ସେବନ, ଆଂଚଳିକ ବୈଷମ୍ୟ ଆଦି ବିଭିନ୍ନ ଘଟଣାକୁ ଏହି ନାଟକର ବିଭିନ୍ନ ସ୍ଥାନରେ ଅନୁସନ୍ଧାନ କରାଯାଇପାରେ। 'ଶେଷ ପାହାଚ'ରେ ମଧ୍ୟ ବହୁ ସାମାଜିକ ସମସ୍ୟାକୁ ନାଟ୍ୟକାର ନାଟକର ବିଭିନ୍ନ ଘଟଣା ମଧ୍ୟରେ ଆଲୋକପାତ କରିଛନ୍ତି। ଶେଷ ପାହାଚର ବୁଢ଼ା ମଦନା ପ୍ରଧାନ, ତା ଝିଅ କମଳୀ, କମଳୀର ପ୍ରେମିକ ଯଦୁଆ ନାଇକ, ନାୟକ ସଦାଶିବ ଦାସ- ପ୍ରତ୍ୟେକ ଏକ ଏକ ନିର୍ଦ୍ଦିଷ୍ଟ ଆଭିମୁଖ୍ୟକୁ କେନ୍ଦ୍ର କରି ନାଟକରେ ଦେଖା ଦେଇଛନ୍ତି। ବ୍ୟକ୍ତି ଚରିତ୍ରର ଅବକ୍ଷୟ, ରାଜନୀତିକ ବିଶୃଙ୍ଖଳା, ଆର୍ଥନୀତିକ ଅସ୍ଥିରତା, ନୈତିକ ଜୀବନର ସଂକଟରୁ ସତେଯେପରି ଏମାନେ ଜନ୍ମ ନେଇଛନ୍ତି। ପରବର୍ତ୍ତୀ ପରିସ୍ଥିତିରେ ପୁଣି ଏହି ଚରିତ୍ରଗଣ ବିପରୀତ ଭୂମିକାରେ ଅବତୀର୍ଣ୍ଣ ହୋଇ ସାମାଜିକ ପରିବର୍ତ୍ତନର ସ୍ୱରକୁ ଉତ୍କୀର୍ଣ୍ଣ କରିଛନ୍ତି। ସାମାଜିକ ସ୍ତରରେ ଯେଉଁ ଆର୍ଥିକ ରୂପାନ୍ତରୀକରଣ ଘଟୁଛି, ତା'ର ପ୍ରତୀକାତ୍ମକ ପରିପ୍ରକାଶ ଏଥିରେ ପରିଲକ୍ଷିତ। ଚରିତ୍ରମାନଙ୍କର ମାନସିକ ପରିବର୍ତ୍ତନକୁ ମଧ୍ୟ ଏଥିରେ ଗୁରୁତ୍ୱ ପ୍ରଦାନ କରାଯାଇଛି। 'ପକା କମ୍ବଳ ପୋତ ଛତା'(୧୯୮୬) ନାଟକରେ ଲୋକ କାହାଣୀର ଉପାଦାନ ମାଧ୍ୟମରେ ବର୍ତ୍ତମାନ ସମୟର ବିଡ଼ମ୍ବିତ ରୂପକୁ ପ୍ରତୀକିତ କରାଯାଇଛି। ଏଠାରେ ଲୋକ ଉପାଦାନ ଏକ ମାଧ୍ୟମ ମାତ୍ର। ରାଜା ବିକ୍ରମ ସିଂଙ୍କ ଚରିତ୍ରର କାର୍ଯ୍ୟକଳାପ ମାଧ୍ୟମରେ ସାମସମୟିକ ଶାସନଧାରୀ ଅଭିଜାତ ଗୋଷ୍ଠୀଙ୍କର ଚରିତ୍ରକୁ ଉତ୍କୀର୍ଣ୍ଣ କରାଯାଇଛି। 'ହାତୀକୁ ହୋମିଓପାଥି'(୧୯୮୭) ଏକ ବିଖଣ୍ଡିତ କାହାଣୀକୁ ନେଇ ଗତିଶୀଳ। ଏହାର କାହାଣୀ ଭାଗର ଚାରୋଟି ସ୍ତର ରହିଛି। ପ୍ରଥମ କାହାଣୀରେ ନିରୀହ ଶିକ୍ଷକ ଦନେଇ ମାଷ୍ଟ୍ର ରୋଗରେ ପୀଡ଼ିତ ହୋଇ କନ୍ୟା ଲକ୍ଷ୍ମୀକୁ ହାତୀବାବା ନିକଟକୁ ପ୍ରେରଣ, ବାବା ତନ୍ତ୍ର ସାହାଯ୍ୟରେ ଲକ୍ଷ୍ମୀକୁ ଧର୍ଷଣ କରି ଗର୍ଭବତୀ କରିବାପରେ ପଳାୟନ, ଲକ୍ଷ୍ମୀର ମାଳିସାହିରେ ଆଶ୍ରୟ, ତା'ର ପୁତ୍ର କାଳିଆର ହକର୍ ରୂପେ ଖବରକାଗଜ ବିକ୍ରୟ, ବନ୍ୟା ଜଳରେ ଭାସି ଆସିଥିବା ହାତୀର ଉପଦ୍ରବ,

ରାଜଧାନୀବାସୀଙ୍କର ହାତୀରୋଗରେ ପୀଡ଼ିତାବସ୍ଥା, କାଳିଆ ହାତରେ ହୋମିଓପାଥି ପ୍ରୟୋଗ ଓ ହାତୀର ପ୍ରଳାପ ପରି କାଳିଆକୁ ନିଧନ ଇତ୍ୟାଦି ଘଟଣା ରହିଛି । ଦ୍ୱିତୀୟ ସ୍ତରରେ ଗ୍ରାମର ଗରିବଚାଷୀ ରାମଚନ୍ଦ୍ର ସାହୁକାର ଋଣ ଶୁଝି ନପାରି ଦାଦନ ଶ୍ରମିକ ଭାବରେ ଗ୍ରାମ ତ୍ୟାଗ, ଏହାର ସୁଯୋଗରେ ତା'ର ପତ୍ନୀ ଲକ୍ଷ୍ମୀକୁ ଧର୍ଷଣ, କାଳିଆର ଜନ୍ମ, ସହରରେ ତା'ର ଖବରକାଗଜ ବିକ୍ରୟ ତଥା ଲକ୍ଷ୍ମୀର ମାଳିସାହିରେ ବେଶ୍ୟାବୃତ୍ତି । ପୁଣି କାଳିଆର ମୃତ୍ୟୁ, କ୍ଷମତାର ମୋହଭଙ୍ଗ (ତଥାକଥିତ କ୍ଷମତାଶାଳୀଙ୍କର), ତୃତୀୟ ଭାଗରେ ରାଜନୀତିକ ହାତୀଟିର ସମାଜ, ରାଜନୀତି, ଅର୍ଥନୀତି, ସଂସ୍କୃତି-ସାହିତ୍ୟ ସବୁଥିରେ ଧସେଇ ପଶି ଉପଦ୍ରବ, କ୍ଷମତାରୋଗ ପୀଡ଼ିତ ବ୍ୟକ୍ତିମାନଙ୍କର ମୋହଭଙ୍ଗ, ଚତୁର୍ଥଭାଗରେ ରାଜଧାନୀରେ ଅପସଂସ୍କୃତି ବଢ଼ିରେ ହାତୀଟିର ଆବର୍ଭାବ ଓ ତା'ର ଆବିର୍ଭାବରେ କ୍ଷମତାଧାରୀଙ୍କ ମୋହାଚ୍ଛନ୍ନ ଅବସ୍ଥା ଏବଂ ସବୁ କ୍ଷେତ୍ରରେ ପରିଚୟହୀନ ବାଳକଟିର ଅପମୃତ୍ୟୁ ଆମ ସାମାଜିକ ଜୀବନର ସ୍ଥାଣୁତା, ବିଚାରହୀନତା, ମୂଲ୍ୟହୀନତାକୁ ପ୍ରକାଶ କରିଥାଏ । 'ଆନନ୍ଦ ନଗରକୁ ଯାତ୍ରା' ନାଟକଟି ଆଧୁନିକ ମଣିଷର ବସ୍ତୁବାଦୀ ଚିନ୍ତାଧାରା, ଦୁର୍ନୀତିଗ୍ରସ୍ତ ଆର୍ଥିକ ଅବସ୍ଥା ତଥା ଏକ ସାଂସ୍କୃତିକ ସଂକଟକୁ ପ୍ରତୀକିତ କରିଥାଏ ।

ରମେଶ ପ୍ରସାଦ ପାଣିଗ୍ରାହୀଙ୍କ ଅଧିକାଂଶ ନାଟକରେ ସାମାଜିକ ବାସ୍ତବତାର ଏକ ସ୍ୱଷ୍ଟରୂପ ପରିଲକ୍ଷିତ ହୋଇଥାଏ । ତାଙ୍କର ଚରିତ୍ରଗଣ ସାମସମୟିକ କାଳଖଣ୍ଡରୁ ଜନ୍ମ ହୋଇ ସାମାଜିକ, ଆର୍ଥନୀତିକ, ରାଜନୀତିକ ଓ ସାଂସ୍କୃତିକ ସଂକଟକୁ ପାଠକ/ ଦର୍ଶକ ସମ୍ମୁଖରେ ତୋଳି ଧରିଛନ୍ତି । ଦୀର୍ଘ ଅର୍ଦ୍ଧଶତାବ୍ଦୀ ଭାରତ ତଥା ବିଶ୍ୱର ବହୁ ଘଟଣାକୁ ଶ୍ରୀ ପାଣିଗ୍ରାହୀଙ୍କ ନାଟକମାନଙ୍କରେ ଅନୁସନ୍ଧାନ କରାଯାଇପାରେ । ସାମସମୟିକ ନାଟ୍ୟକାରମାନଙ୍କ ମଧ୍ୟରେ ରମେଶ ପାଣିଗ୍ରାହୀ ଅଧିକ ବାସ୍ତବବାଦୀ ତଥା ସମୟସଚେତନ, ଏହା ଅସ୍ୱୀକାର କରାଯାଇପାରେ ।

■

ସଂଯୁକ୍ତ ପ୍ରଫେସର୍
ଓଡ଼ିଆ ଭାଷା ଓ ସାହିତ୍ୟ ବିଭାଗ,
ଫକୀରମୋହନ ବିଶ୍ୱବିଦ୍ୟାଳୟ

ଡକ୍ଟର ରମେଶ ପ୍ରସାଦ ପାଣିଗ୍ରାହୀଙ୍କ କଥାୟନର (ନ୍ୟାରେଟୋଲୋଜୀ) ଭିତ୍ତିଭୂମି

ଡ. କ୍ଷୀରୋଦ ଚନ୍ଦ୍ର ବେହେରା

ଜଣେ ଜୀବନ୍ତ ଲିଜେଣ୍ଡ, କିମ୍ବଦନ୍ତୀ ପୁରୁଷଙ୍କ କଥାୟନ (ନ୍ୟାରେଟୋଲୋଜି)କୁ ଅଧ୍ୟୟନ କରି ସାରାଂଶରେ ଉପନୀତ ହେବା ଏକ ଦୁରୂହ ବ୍ୟାପାର। ଦୀର୍ଘ ଅର୍ଦ୍ଧଶତାବ୍ଦୀରୁ ଊର୍ଦ୍ଧ୍ୱକାଳ ଦ୍ୱିତୀୟ ବିଶ୍ୱଯୁଦ୍ଧୋତ୍ତର ତଥା ଉପନିବେଶୋତ୍ତର ତୃତୀୟ ବିଶ୍ୱରୁ ସକ୍ରିୟ ଭାବରେ ନିଜର ଏକ ସମାନ୍ତରାଳ କଥାୟନ ପରମ୍ପରା (ନ୍ୟାରେଟୋଲୋଜି ଟ୍ରାଡ଼ିସନ) ସଚେତନ ଭାବରେ ସୃଷ୍ଟି କରି ଚାଲିଥିବା ସର୍ଜନ ପୁରୁଷଙ୍କ ସର୍ଜନକ୍ଷେତ୍ରକୁ ଅଧ୍ୟୟନ କରିବାକୁ ହେଲେ ଅନ୍ୟୂନ ଦୁଇଟି ଦିଗ ପ୍ରତି ସଚେତନ ହେବାକୁ ହୋଇଥାଏ:

କ- ସାମାଜିକ ପ୍ରେକ୍ଷାପଟ

ଖ- ସାହିତ୍ୟିକ ପ୍ରେକ୍ଷାପଟ

କ. ସାମାଜିକ ପ୍ରେକ୍ଷାପଟ:

ଦ୍ୱିତୀୟ ବିଶ୍ୱଯୁଦ୍ଧର ବାରୁଦସ୍ତୂପ ଓ ଅହିଂସା ଆନ୍ଦୋଳନର ଶଙ୍କା ଓ ସଂଶୟ ମଧ୍ୟରେ ନାଟ୍ୟକାର ରମେଶ ପାଣିଗ୍ରାହୀ ଜନ୍ମ ନେଇଥିଲେ ଏକ ସାମନ୍ତିଆ ପରିବେଶରେ। ଶୈକ୍ଷିକ ପରିବେଶ ଓ ସମୃଦ୍ଧ ସାଂସ୍କୃତିକ ପରିମଣ୍ଡଳ କିଶୋର ସମୟରୁ ତାଙ୍କୁ ବିଶ୍ୱ ସହ ଯୋଡ଼ି ଦେବାରେ ସମକକ୍ଷ ହୋଇଥିଲେ। ଆଧୁନିକ ସହର ଓ ସଂସ୍କୃତି ତଥାପି ଭାରତୀୟ ତଥା ଓଡ଼ିଶାର ଜନଜୀବନକୁ ପ୍ରବେଶ କରିନଥିବା ସମୟରେ ଦ୍ୱିତୀୟ ବିଶ୍ୱଯୁଦ୍ଧର ସଂହାରଲୀଳା ଏବଂ ଭାରତୀୟ ସ୍ୱାଧୀନତା ଭାରତୀୟ ମାନସିକତାରେ ଦ୍ୱନ୍ଦ୍ୱ ଓ ସଂଘାତ ସୃଷ୍ଟି କରିଥିଲା। ସଦ୍ୟ ସ୍ୱାଧୀନତା ଲାଭ କରିଥିବା ଭୂଖଣ୍ଡ ଆଗରେ ଥିଲା ଅସରନ୍ତି ସ୍ୱପ୍ନ ଓ ସମ୍ଭାବନା, ମାତ୍ର ସମ୍ଭାବନା ଯେପରି ଧ୍ୱଂସସ୍ତୂପରେ ପରିଣତ ହୁଏ, ତାହାର ନବୀନତମ ଉଦାହରଣ ହିରୋସୀମା ଓ ନାଗାସାକୀ। ସମଗ୍ର ପୃଥିବୀରେ ଏବେ ଅସ୍ଥିରତା ସୃଷ୍ଟି ହେବା ଦ୍ୱାରା ବୁଦ୍ଧିଜୀବୀ ମହଲରେ ଏହାକୁ ଦୂର କରିବା ନିମିତ୍ତ ସୃଷ୍ଟି ହୋଇଥିଲା ଅନେକ ସାମାଜିକ ତଥା ବୌଦ୍ଧିକ ଆନ୍ଦୋଳନ। ରମେଶ ପାଣିଗ୍ରାହୀ ଖଲ୍ଲିକୋଟରେ ଇଂରାଜୀ ଏମ.ଏ. ପଢ଼ିଲାବେଳକୁ କିଶୋର ସ୍ମୃତି ତାଙ୍କୁ ଏ ସମ୍ପର୍କରେ ବୃଶ୍ଚିକର ଦଂଶନ ଦେଉଥିବ ନିଶ୍ଚେ।

ଖ. ସାହିତ୍ୟିକ ପ୍ରେକ୍ଷାପଟ:

ଦ୍ୱିତୀୟ ବିଶ୍ୱଯୁଦ୍ଧ ସମଗ୍ର ବିଶ୍ୱର ସାହିତ୍ୟ, ସଂସ୍କୃତି, ଦର୍ଶନ ଓ କଳାକୁ ସମ୍ପୂର୍ଣ୍ଣ ରୂପେ ପରିବର୍ତ୍ତନ କରିଦେଇଥିଲା। ଅନେକ କାଳଜୟୀ ସାହିତ୍ୟ ଏହି ସମୟରେ ରଚିତ ହୋଇଥିଲେହେଁ, ସମସ୍ତ ବିଶ୍ୱକୁ ଦୁଇଟି ସାହିତ୍ୟ ପାଠ ଗଭୀର ଭାବରେ କେବଳ ପ୍ରଭାବିତ କରିନଥିଲା, ଅନେକ ଉପସାହିତ୍ୟ ପାଠ (ସବ୍ ଲିଲେଟାରୀ ଟେକ୍ସଟ) ସୃଷ୍ଟି କରିବାରେ ସମର୍ଥ ହୋଇଥିଲା। ଗୋଟିଏ ଟି.ଏସ.ଏଲିଅଟ୍‌ଙ୍କ ୱେଷ୍ଟ୍ ଲ୍ୟାଣ୍ଡ୍ ଏବଂ ଅନ୍ୟଟି ସାମୁଏଲ୍ ବକେଟ୍‌ଙ୍କ ୱେଟିଂ ଫର୍ ଗୋଦୋ। ଏଲିଅଟ୍ ୧୯୪୮ ମସିହାରେ 'ୱେଷ୍ଟ୍ ଲ୍ୟାଣ୍ଡ୍' ପାଇଁ ଏବଂ ବେକେଟ୍ 'ୱେଟିଂ ଫର୍ ଗୋଦୋ' ପାଇଁ ୧୯୬୯ ମସିହାରେ ନୋବେଲ୍ ପୁରସ୍କାରରେ ସମ୍ବର୍ଦ୍ଧିତ ହୋଇଥିଲେ ଯାହା ତାଙ୍କର ବିଶ୍ୱ ସାହିତ୍ୟକୁ ପ୍ରଭାବିତ କରିବା ନିମିତ୍ତ ଅଧିକ କ୍ଷେତ୍ର ସୃଷ୍ଟି କରିଥିଲା।

ଭାରତୀୟ ସର୍ଜନାତ୍ମକ ଚିନ୍ତନ ଏହି ଦୁଇଟି ସାହିତ୍ୟ ପାଠରୁ ମୁକ୍ତ ନଥିଲା। ପ୍ରଭାବ, ପ୍ରତିକ୍ରିୟା ଓ ଅନୁକ୍ରିୟା- ଏହି ତିନୋଟି ସ୍ତରରେ ଏହି ସାହିତ୍ୟ ପାଠ ଦୁଇଟି କାର୍ଯ୍ୟକାରୀ ହୋଇଥିଲା।

ଓଡ଼ିଆ ନାଟକ ଆଲୋଚନା ସମୟରେ ସାମୁଏଲ୍ ବେକେଟ୍‌ଙ୍କ 'ୱେଟିଙ୍ଗ୍ ଫର୍ ଗୋଦୋ'ର ଅନୁକ୍ରିୟାକୁ ଅଗ୍ରାହ୍ୟ କରାଯାଇପାରିବନାହିଁ। ବନହଂସୀ(୧୯୬୮), ଶବବାହକମାନେ (୧୯୬୮) ଓ ମୁଁ, ଆମ୍ଭେ, ଆମ୍ଭେମାନେ (୧୯୬୮) ନାଟକ ତିନୋଟି ଏହି ଅନୁକ୍ରିୟାରୁ ସୃଷ୍ଟି। ବିଙ୍ଗ୍ ଏଣ୍ଡ୍ ନଥିଙ୍ଗନେସ୍, ଈଶ୍ୱର ମୃତ, ମଣିଷ ସର୍ବଶ୍ରେଷ୍ଠ- ଏହି ତିନୋଟି ଦାର୍ଶନିକ ଦୃଷ୍ଟିକୋଣ, ଯାହା ସ୍ଥିତିବାଦ ନାମରେ ନାମିତ, ତାହାହିଁ ଏହି ସମୟର କଥାୟନର ମୌଳିକ ପ୍ରସଙ୍ଗ ରହିଥିଲା। ଏହିଠାରୁ ରମେଶ ପାଣିଗ୍ରାହୀ ନିଜର ଏକ ସମାନ୍ତରାଳ କଥାୟନ ପରମ୍ପରା ସୃଷ୍ଟି କରିବା ନିମିତ୍ତ ସଚେଷ୍ଟ ହୋଇଛନ୍ତି। ଅନ୍ୟ ଦୁଇଟି ନାଟକ, ତଥା ପରବର୍ତ୍ତୀ ସମୟରେ ରଚିତ ଅନେକ ନାଟକ, ଓଡ଼ିଆ ଉଦ୍ଭଟ ନାଟ୍ୟ ପରମ୍ପରା ସୃଷ୍ଟି କରିବାରେ ବ୍ରତୀ ରହିଥିବା ସମୟରେ, ରମେଶ ପାଣିଗ୍ରାହୀ, ଉଦ୍ଭଟ ନାଟ୍ୟ ପରମ୍ପରା ଆଡ଼କୁ ନଯାଇ, ନାଟକର ବହୁପ୍ରସ୍ଥିତ ସମ୍ଭାବନା ଓ ସାମାଜିକ ବିମର୍ଶର ପୀଠକୁ ଗୁରୁତ୍ୱ ପ୍ରଦାନ କରିଥିଲେ। ବାସ୍ତବରେ ଦେଖିବାକୁ ଗଲେ ସେ 'ମୁକ୍ତିମଣ୍ଡପ' ନାଟକରେ ଯେଉଁ ଆଧୁନିକତାକୁ ସ୍ପର୍ଶ କରିଥିଲେ ବିନ୍ଦୁ ବଳୟ (୧୯୬୬)ରେ ତାକୁ ଛାଡ଼ି ଦେଇଥିଲେ। ୧୯୭୫ରେ ରଚିତ ନାଟକ ଗୁଣ୍ଡା, ତାଙ୍କ ଉତ୍ତର ଆଧୁନିକ ଦୃଷ୍ଟିକୋଣର ପରିଚୟ ପ୍ରଦାନ କରିଥିବା ସମୟରେ ମୁଁ, ଆମ୍ଭେ ଓ ଆମ୍ଭେମାନେ ଉତ୍ତର ଆଧୁନିକତା ସ୍ଥାପତ୍ୟର ସର୍ବଶ୍ରେଷ୍ଠ ପରିପ୍ରକାଶ ହେଲା। ନାଟକକୁ ରିଆଲିଟୀ ଟେକ୍ସଟ ଏବଂ ପଲିଟିକାଲ ଡିସ୍‌କୋର୍ସରେ ପରିଣତ କରି ଗଣମୁଖୀ

ଭାବନା ସହ ଅଣସଂସ୍କୃତି ତଥା ପପୁଲାର୍ ସଂସ୍କୃତି ଆଡ଼କୁ ୧୯୬୯ରେ ନେଇଯିବା, ଓଡ଼ିଆ ନାଟ୍ୟପରମ୍ପରାରେ ଏକ ଅଲୌକିକ ଘଟଣା। ଉତ୍ତର ଆଧୁନିକତାର ଏହି ଅନୁଷଙ୍ଗଗୁଡ଼ିକ ୧୯୬୯ ବେଳକୁ ଆଦୌ ବିକଶିତ ହୋଇନଥିବା ସମୟରେ, ରମେଶ 'ମୁଁ, ଆମ୍ଭେ, ଆମ୍ଭେମାନେ'ରେ କହିଛନ୍ତି; ''ତମର ଏ ପୋଥି ଆଉନଥିବ ପୃଥିବୀ ସେପଟେ ଆଉ ଗୋଟିଏ ସହଜ ସରଳ ପୃଥିବୀ ଅଛି ଅତନୁ। ସେଇଠି ଟି.ଏସ୍.ଇଲିଅଟ୍ ନାହାନ୍ତି- ୱାଲେସ୍ ଷ୍ଟିଭେନ୍‌ସ ନାହାନ୍ତି- ସାର୍ତ୍ରେ, କାମ୍ୟୁ, କାଫ୍‌କା ନାହାନ୍ତି ...! ସେଇଠି ଗୋଟାଏ ନିର୍ଘାତ ଜୀବନ ଅଛି- ଯାଅ।" (ମୁଁ, ଆମ୍ଭେ, ଆମ୍ଭେମାନେ, ୧୯୭, ପୃଷ୍ଠା-୭୯)। ନାଟ୍ୟକାର ଆଉ ଗୋଟିଏ ପୃଥିବୀର ଚିତ୍ର ଦେବାକୁ ଯାଇ ଏହି ନାଟକରେ ତିନୋଟି ଚିତ୍ରକଳ୍ପ ପ୍ରଦାନ କରିଛନ୍ତି। ଏହା ସାମସମୟିକ ଭାରତୀୟ ରାଜନୀତିକ, ସାମାଜିକ ଓ ଆର୍ଥନୀତିକ ବିଦ୍ରୂପ ଏବଂ ଶୈଳୀର ସର୍ବଶ୍ରେଷ୍ଠ ପରିପ୍ରକାଶ।

(କ) ଖୁସିରେ ମାଛ ଧରୁଛ ? ନା Waste Landର Protagonist ଭଳି ଗୋଟିଏ ଜୀବିକାର ବୃଥା ଚେଷ୍ଟା କରୁଛ ? (ପୃ-୨୧)

(ଖ) ହେଲେ ଅଭିଶପ୍ତ ମଣିଷର ପ୍ରତିମୂର୍ତ୍ତି ହୋଇ ଗୁରୁବାରିଆ ଚିରଦିନ ସେମିତି ବନିଶୀ ପକେଇ ଚାଲିଥିବା ବ୍ୟକ୍ତିତ୍ୱର ସନ୍ଧାନ ପାଇଁ ଏବଂ ଚିରଦିନ ସେମିତି ଅପ୍ରାପ୍ତି ଭିତରେ ବୁଡ଼ିରହିଥିବ।

(ଗ) ଖୁବ୍ ବଡ଼ଘରର ଝିଅ-ଖୁବ୍ ସୁନ୍ଦରୀ- ତା ସୌନ୍ଦର୍ଯ୍ୟକୁ ସମ୍ଭାଳିବା ପାଇଁ ମୋର ପଇସା ନଥିଲା, ତାର ଯୌବନ ଆବେଗକୁ ଧରି ରଖିବା ପାଇଁ ମୋ ପାଖରେ କ୍ଷୁଧା ନଥିଲା। ତା ଷ୍ଟାଟସ୍‌କୁ ସମ୍ଭାଳି ରଖିବାପାଇଁ ମୋ ନିମ୍ନ ମଧ୍ୟବିତ୍ତ ପରିବାର ଭିତରେ ସ୍ଥାନ ନଥିଲା। ତେଣୁ ମତେ ହତ୍ୟାକରି ଚାଲିଗଲା ସିଏ-। ଆଉ ବର୍ତ୍ତମାନ ଯାହାକୁ ଦେଖୁଛନ୍ତି, ସେଇଟା ସେଇ ପୁରୁଣା ବିଚିତ୍ରାନନ୍ଦର ଶବ। ସେଇ ଶବଟାକୁ କାନ୍ଧରେ ପକାଇ ମୁଁ ବୁଲିଛି ଏଇ ଗ୍ରାମାଞ୍ଚଳ ରାସ୍ତା ଉପରେ....

ଏଠାରେ ଶେଷ ଧାଡ଼ିଟି ପ୍ରଣିଧାନଯୋଗ୍ୟ। ସେଇ ଶବଟାକୁ କାନ୍ଧରେ ପକେଇ ମୁଁ ବୁଲିଛି ଏଇ ଗ୍ରାମାଞ୍ଚଳ ରାସ୍ତା ଉପରେ- ନାଟକ ଶବ ପଡ଼ିଛି ଓ ଶବବାହକ ପାର୍ଶ୍ୱର ଅନୁକ୍ରିୟାରେ- ଏଠାରେ ଶବ ଚଳତ୍‌ଶକ୍ତି ସମ୍ପନ୍ନ ଏବଂ ତାହା ପୁଣି ଗ୍ରାମୀଣ ଅଞ୍ଚଳରେ। ନାଟ୍ୟକାର ଗ୍ରାମାଞ୍ଚଳକୁ ମୁଖ୍ୟସ୍ରୋତ ସହ ଯୋଡ଼ିବା, ଗ୍ରାମୀଣ ଲୋକଙ୍କ ହତାଶାର ବ୍ୟାଖ୍ୟାନ କରିବା ସମୟରେ ଅପସାରିତ ସମସ୍ୟା (Marginal culture)କୁ ମୁଖ୍ୟସ୍ରୋତକୁ ଆଣିବା ଏବଂ ନାଟକର କାହାଣୀ ସହ ରାଜନୀତିକ ଆଦର୍ଶ ଓ ବୌଦ୍ଧିକ ଜଗତକୁ ସଂଯୋଗୀକୃତ କରିବାର ଚେଷ୍ଟା ତାଙ୍କ ଉତ୍ତର ଆଧୁନିକ ଦୃଷ୍ଟିକୋଣର ସର୍ବଶ୍ରେଷ୍ଠ ପ୍ରକାଶ। କେନ୍ଦ୍ରରୁ ବାହାରି ଅପସାରିତ, ଏବଂ ସେମାନେ (the other)

ନିକଟରେ ପହଞ୍ଚିବାର ଚେଷ୍ଟା ୧୯୬୮ରେ କରିବା ବାସ୍ତବିକ ଓଡ଼ିଆ ନାଟକର ଏକ ନୂତନ ଯୁଗର ସୃଷ୍ଟି କରିଥିଲା।

ସୀତାକାନ୍ତ ମହାପାତ୍ରଙ୍କ ଏହି ନାଟକ ସମ୍ପର୍କରେ ଯେଉଁ ମତ - "It is a satire on the over riding emphasis, on the ego of modern man".ର ପ୍ରତିକ୍ରିୟାରେ ନାଟ୍ୟକାର କହନ୍ତି "ଏହା ଏକ ବ୍ୟଙ୍ଗାତ୍ମକ ରଚନା କି ନୁହେଁ ମୁଁ ଜାଣିନାହିଁ, କିନ୍ତୁ ଅହଂ କଥାଟି ଆଂଶିକ ସତ୍ୟ।" ମାତ୍ର ଏ ନାଟକଟିକୁ ମୁଁ ଆଉ ଗୋଟିଏ ପାହାଚ ଉପରକୁ ନେଇ କହିବି- ଏହା ଉତ୍ତର ଉପନିବେଶବାଦୀ ଭାରତୀୟ ରାଜନୀତିକ ବ୍ୟବସ୍ଥାର ସଂଳାପଧର୍ମୀ କଥାୟନ। ଏଣୁ, ଏହାକୁ ଉଭୟ ଆଧୁନିକ ମଣିଷ ପ୍ରତି ବ୍ୟଙ୍ଗ ଭାବରେ ଗ୍ରହଣ କରିଥିବା ସମୟରେ ମୁଁ ଏହାକୁ ଭାରତୀୟ ଉତ୍ତର ଉପନିବେଶବାଦୀ ସମାଜବ୍ୟବସ୍ଥାର ବ୍ୟଙ୍ଗାତ୍ମକ ରୂପାୟନ ଭାବରେ ଗୃହୀତ କରାଇବାକୁ ଚାହେଁ। ସଦ୍ୟଜାତ ଗଣତନ୍ତ୍ରର ଦୋଷ ଦୁର୍ବଳତାକୁ କେନ୍ଦ୍ରରେ ରଖି ଗଢ଼ିଉଠିଥିବା ଏ କାହାଣୀରେ ମେଲୋଡ୍ରାମା ମଧ୍ୟରେ ଯେଉଁ ରାଜନୀତିକ ବ୍ୟଙ୍ଗ ପ୍ରକାଶିତ ହୋଇଛି; ମହାନାଟକରେ ତାହା ଶୀର୍ଷ ସ୍ଥାନକୁ ଉପନୀତ ହୋଇଛି। ମହାନାଟକରେ (୧୯୭୦) ପରିସର ମଧ୍ୟ ଭାରତ ଓ ଭାରତର ପଡ଼ୋଶୀ ଦ୍ୱୀପପୁଞ୍ଜ ସମୂହ। ହସ୍ତିନାପୁର, ଗୌଡ଼, କର୍ଣ୍ଣାଟ, କଳିଙ୍ଗ, ମାଳବ, ଅବନ୍ତୀ, ଆଦି ଶବ୍ଦ ମଧ୍ୟରେ ସେ କେବଳ ଭାରତବର୍ଷ ପ୍ରସଙ୍ଗ ଉପସ୍ଥାପିତ କରିନାହାନ୍ତି, ଭାରତବର୍ଷର ଅତୀତ, ବର୍ତ୍ତମାନ ଓ ଭବିଷ୍ୟତ ସହ ନାଟକକୁ ଯୋଡ଼ିଛନ୍ତି। ମହାନାଟକର କଥାୟନ ଅନ୍ୟୂନ ଦୁଇଟି ବ୍ୟାଖ୍ୟାନ ପ୍ରସ୍ତୁତ କରେ:

୧. ଭାରତୀୟ ମହାନ କଥାୟନର ପୁନର୍ବିନ୍ୟାସ

୨. ଏକ ଅନନ୍ୟ ଭବିଷ୍ୟଧର୍ମୀ କଥାୟନ (Futuristai Narrative)

୧.ଭାରତୀୟ ମହାନ କଥାୟନ (Grand Narrative)ର ପୁନର୍ବିନ୍ୟାସ:

ମହାଭାରତ କଥାୟନ ପୃଷ୍ଠଭୂମିରେ ମହାନାଟକ ରଚିତ ହୋଇଥିବା ସମୟରେ, ଏହି କଥାୟନର ଗୁରୁତ୍ୱପୂର୍ଣ୍ଣ ପୁନର୍ବିନ୍ୟାସ ହେଉଛି ଏହାର ଲୋକଉପାଦାନ ବା ଲୋକସଂସ୍କୃତି। ମହାଭାରତ ଆର୍ଯ୍ୟବାଦର ଏକ ସାମାଜିକ ସଂହିତା ହୋଇ ଲୋକଜୀବନ/ ଲୋକମତକୁ ତାହାର କଥାୟନରେ ଖାରିଜ୍ କରିଦେଇଥିବା ସମୟରେ, ନାଟ୍ୟକାର ମହାନାଟକରେ ତାହାକୁ ମୂଳସୂତ୍ରରେ ସାମିଲ କରାଇ,'the other'ମାନଙ୍କୁ, ମୁଖ୍ୟସ୍ରୋତରେ ସାମିଲ କରାଇଛନ୍ତି। ଉତ୍ତର ଆଧୁନିକତାର ଏହି ବିଶେଷ ଗୁଣଗୁଡ଼ିକ ଏହି ନାଟକରେ ଏତେ ଜୀବନ୍ତ ଯେ, ଏହି ନାଟକଟି ଏକ ପୋଷ୍ଟମଡର୍ଣ୍ଣ କ୍ଲାସିକ ଆଡ଼କୁ ଅସ୍ତମିତ କରିଥାଏ। ବୃହତ୍ତ କଥାୟନ ଖାରିଜ୍ କରି ଦେଇଥିବା ଲୋକତତ୍ତ୍ୱଗୁଡ଼ିକ ପୁନଃସଂସ୍ଥାନ ପ୍ରକ୍ରିୟାର ଏହା ଏକ ବିରାଟ ସଫଳତା।

୨. ଏକ ଅନନ୍ୟ ଭବିଷ୍ୟଧର୍ମୀ କଥାୟନ (Futuristic Narrative):

'ମହାନାଟକ'ର ସବୁଠୁ ଗୁରୁତ୍ୱପୂର୍ଣ୍ଣ ଦିଗଟି, ଏହାର କଥାୟନରେ ଲୁଚିଥିବା ଭବିଷ୍ୟବାଣୀ। ୧୯୭୨ରେ ରଚିତ ଏହି ନାଟକରେ ଭାରତବର୍ଷର ରାଜନୀତିକ ଇତିହାସର ସବୁଠାରୁ ବଡ଼ କଳାଦିବସରେ ଆଗାମୀ ସୂଚନା ପ୍ରଦାନ କରାଯାଇଥିଲା। ନିରଙ୍କୁଶ କ୍ଷମତା ସମାଜକୁ ଅନ୍ଧକାରକୁ ନେଇଯାଏ, କଥାୟନରେ ତାହାର ବ୍ୟାଖ୍ୟାନ କରାଯାଇଥିବା ସମୟରେ, ୧୯୭୫ରେ ତାହା ଭାରତବାସୀଙ୍କୁ ଅଙ୍ଗେଅଙ୍ଗେ ଭୋଗିବାକୁ ପଡ଼ିଥିଲା। ନାଟକର ସଂଳାପରେ ନାଟ୍ୟକାର ଲେଖିଛନ୍ତି: "ଆମ୍ଭ ସାମ୍ରାଜ୍ୟ କେବଳ ଅନ୍ଧାର ଭିତରେ ପରିଚାଳିତ ହେବ। ହସ୍ତିନାପୁରରେ ଆଲୋକ ପ୍ରବେଶ କରିପାରିବନାହିଁ।" ସମାଜବାଦ ଓ ଗଣତନ୍ତ୍ରକ୍ଷମ ଅନ୍ଧକାରର କବଳରେ, ଏପରି ଏକ ରୂପକ ମାଧ୍ୟମରେ ଭାରତୀୟ ଗଣତନ୍ତ୍ର ସମ୍ପର୍କରେ ଏହି କଥାୟନ ବ୍ୟାଖ୍ୟା କରିଛି। ନାଟକର ମନୋରଞ୍ଜନଧର୍ମିତାକୁ ଅଗ୍ରାହ୍ୟ ନକରି, ନାଟକର ସମସ୍ତ ରସାବେଗକୁ ପ୍ରାଧାନ୍ୟ ଦେଇ, ସାମାଜିକ ଦଲିଲ୍ ଭାବରେ ନାଟକକୁ ଉପସ୍ଥାପନ କରିବାର ସଫଳତା, ମହାନାଟକକୁ ଏକ ସ୍ୱତନ୍ତ୍ର ନାଟକ ପର୍ଯ୍ୟାୟବାଚୀ କରିଛି।

ନାଟ୍ୟକାର ରମେଶ ପ୍ରସାଦ ପାଣିଗ୍ରାହୀଙ୍କ ସର୍ବଶ୍ରେଷ୍ଠ କୃତି ଭାବରେ ତାଙ୍କର ନାଟକ, ମହାନାଟକ, ଯାତ୍ରା, ଅନାଟକ, ଅଣୁନାଟକ ବା ପ୍ରତିନାଟକକୁ ଗ୍ରହଣ ନକରି, ମୁଁ ଗ୍ରହଣ କରେ ନିଃଶବ୍ଦ ନାଟକର (ନିଃସଂଳାପ ନାଟକ) 'ନିଃଶବ୍ଦ ଶୋଭାଯାତ୍ରା'କୁ। ନିଃଶବ୍ଦ ଶୋଭାଯାତ୍ରା ସମ୍ପର୍କରେ ଉଲ୍ଲେଖ କରିବା ସମୟରେ, ଏପରି ଓଡ଼ିଆ ନାଟକ ରଚନା ହୋଇଛି ଭାବିଲେ, ଓଡ଼ିଆ ଭାଷା ଓ ସାହିତ୍ୟକୁ ନେଇ ମନ ଗର୍ବ କରିଥାଏ। ନାଟ୍ୟକାର ଅତି ସଚେତନ ଭାବରେ ବିଶ୍ୱର ଏକ ବୃହତ୍ତ ମତବାଦର ପୃଷ୍ଠଭୂମିରେ ଏ ନାଟକଟିକୁ ରଚନା କରିଛନ୍ତି। 'ନିଃଶବ୍ଦ ଶୋଭାଯାତ୍ରା'ରେ କୌଣସି ସଂଳାପ ନାହିଁ। କେବଳ ମଞ୍ଚ ସଜ୍ଜା ସମ୍ପର୍କିତ ସୂଚନା ଏବଂ ଚରିତ୍ରମାନଙ୍କ ବକ୍ତବ୍ୟର ଆଧାର ଏବଂ ଚାରିତ୍ରିକ ବିଶେଷତାର ଉଲ୍ଲେଖ କରାଯାଇଛି। ଚରିତ୍ରମାନେ ଏହି ପୃଷ୍ଠଭୂମିରେ କୌଣସି ସଂଳାପ ନକହି ଅଭିନୟ କରନ୍ତି। ଓଡ଼ିଆ ନାଟ୍ୟସାହିତ୍ୟର ଇତିହାସରେ ଏହା ବୋଧହୁଏ ପ୍ରଥମ ଉଦ୍ୟମ, ଯେଉଁଠାରେ ସେମିଓଟିକ୍ସ (Semiotics) ବିଚାରଧାରାକୁ ନେଇ ଏକ ସଫଳ କ୍ଷୁଦ୍ର ନାଟକଟିଏ ରଚନା କରାଯାଇଛି। ଏହାଦ୍ୱାରା ସମକାଳ ବିଶ୍ୱରେ ଏହି ଶୈଳୀର ନାଟକ ରଚନା ସହ ଓଡ଼ିଆ ନାଟକକୁ ଯୋଡ଼ିବାରେ ସମର୍ଥ ହୋଇଥିଲେ, ନାଟ୍ୟକାର ରମେଶ ପାଣିଗ୍ରାହୀ। ସୂଚନାତ୍ମକ, ସବ୍‌ଜେକ୍ଟିଭ୍ ନାଟ୍ୟଚେତନାରୁ ଆଉ ଗୋଟିଏ ପାଦ ଆଗକୁ ଯାଇ ସେ ଏହି ସଂଳାପହୀନ କ୍ଷୁଦ୍ର ନାଟକଟି ରଚନା କରିଛନ୍ତି। ଏଠାରେ ସେ ଅର୍ଥନିର୍ମାଣର ମୌଳ ବିମର୍ଶକୁ ଆଧାର କରି, ଓଡ଼ିଆ ସାହିତ୍ୟକୁ ସେ ଏହି

ଭାବାଦର୍ଶକୁ ସ୍ୱାଗତ କରିଛନ୍ତି। କଥନ, ଲିଖନ, ଓ ସଙ୍କେତ ସମ୍ପର୍କରେ ଭାଷାବିଦ୍‌ମାନେ ଯେଉଁ ଚର୍ଚ୍ଚା କରିଛନ୍ତି, ତାହା ସର୍ଜନ ଜଗତକୁ ଗଭୀର ଭାବରେ ଉଦ୍ଭାବିତ କରିଛି। ବିଶେଷତଃ ସସୁରେ, ଜାକବସନ୍, ପିୟର୍ସ (C.S.Peirce), ସେମିଟେକ୍ସ ଓ ସେମିଓଲୋଜି ନାମରେ ଯେଉଁ ଭାଷା ଚର୍ଚ୍ଚା କରିଛନ୍ତି, ତାହାର ପୃଷ୍ଠଭୂମିରେ ଏହି ନାଟକଟି ରଚିତ ହୋଇଛି। ଏଠାରେ ଉଲ୍ଲେଖ କରିଦେବାକୁ ମୁଁ ଚାହେଁ ଯେ, ଚାର୍ଲି ଚାପଲିନ୍ ଯେଉଁ ନୀରବ ତଥା ସଂଳାପହୀନ ଅଭିନୟ କରିଛନ୍ତି ତାହା ଏହି ସଂଳାପହୀନ ନାଟକ ନୁହେଁ। ସେତେବେଳେ ସଂଳାପକୁ ଧରି ବରାବର ଯନ୍ତ୍ର ଉଦ୍ଭାବନ ହୋଇନଥିଲା, ମାତ୍ର ଏଠାରେ ସଂଳାପ କହିବାର କୌଣସି ବାଧା ନଥିବା ସମୟରେ ଏପରି ନାଟକ ରଚନା ଓ ପ୍ରଯୋଜନା ଏକ ଆନ୍ଦୋଳନ ତଥା ଅଙ୍ଗୀକାରକୁ ସୂଚିତ ହୋଇଥାଏ। ଅର୍ଥ ନିର୍ମାଣର ମୁଖ୍ୟତଃ ତିନୋଟି ପ୍ରାଥମିକ ଉପାଦାନ ରହିଛି। ସେଗୁଡ଼ିକ ହେଲା- କ.ସଙ୍କେତ, ଖ.କଥନ, ଗ. ଲିଖନ। ଅର୍ଥ ନିର୍ମାଣର ସବୁଠୁ ପ୍ରାଥମିକ ଓ ଆଦିମ ମାଧ୍ୟମ ହେଉଛି ସଙ୍କେତ (sign)। ପରବର୍ତ୍ତୀ ପର୍ଯ୍ୟାୟରେ ଶବ୍ଦମାନେ ଅର୍ଥର ବାହକ ହେଲେ। ତେବେ ଅନେକ ଦାର୍ଶନିକ ଶବ୍ଦର ଅର୍ଥ ନିର୍ବାଣ ଓ ଅର୍ଥ ସଂପ୍ରସାରକ କ୍ଷମତା ଉପରେ ପ୍ରଶ୍ନ ଚିହ୍ନ ଆଣିଛନ୍ତି। ଏଣୁ ନାଟ୍ୟକାର ରମେଶ ପାଣିଗ୍ରାହୀ, ବସ୍ତୁ, ଚରିତ୍ର ଓ ପରିବେଶ ମଧ୍ୟରେ ଏକ ଅର୍ଥ ନିର୍ମାଣ ପ୍ରକ୍ରିୟା ସୃଷ୍ଟି କରିଛନ୍ତି; ଯାହା ଦର୍ଶକର ନିଜସ୍ୱ ଅବବୋଧ ଓ କଳ୍ପନାଶକ୍ତି ଉପରେ ନିର୍ଭରଶୀଳ। ନାଟକଟି ଅଭିନୀତ ହେବା ସମୟରେ ପ୍ରତ୍ୟେକ ଦର୍ଶକ ନିଜ ନିଜ ବ୍ୟକ୍ତି ଚେତନା ଅନୁଯାୟୀ ନାଟକର ବିନ୍ୟାସକ୍ରମକୁ ବୁଝିଥା'ନ୍ତି। କଥାୟନର (Narratolgy)ର ଏହି ଆଦିମ ରୂପକୁ ଉତ୍ତରଆଧୁନିକବାଦୀମାନେ ଷ୍ଟ୍ରକ୍‌ଚରରୁ ମୁକୁଳି ଆସିବା ଓ ଅର୍ଥନିର୍ମାଣ ପ୍ରକ୍ରିୟାରେ ଲେଖକର କୌଣସି ଭୂମିକା ନ ରହିବା କଥା କହିଥା'ନ୍ତି। ଏ ଦୃଷ୍ଟିରୁ ନିଃଶବ୍ଦ ଶୋଭାଯାତ୍ରା ଓଡ଼ିଆ ନାଟ୍ୟସାହିତ୍ୟର ଇତିହାସରେ ଏକ ଯୁଗାନ୍ତକାରୀ ରଚନା। ଅନେକେ ନାଟ୍ୟକାରଙ୍କ ଏହି ରଚନାକୁ ହୁଏତ ସଚେତନ ପ୍ରୟାସ ନା ଏକ ଅସଚେତନ କୃତି ଭାବରେ ନାମାଙ୍କିତ କରିବା ନିମିତ୍ତ ଚେଷ୍ଟା କରିପାରନ୍ତି। ମାତ୍ର ନାଟ୍ୟକାର ଏ ସମ୍ପର୍କରେ କେତେ ସଚେତନ ଥିଲେ ତାହା ଏହି ଉକ୍ତିରୁ ଜଣାପଡ଼େ। 'ଦେଖୁ ଦେଖୁ ଅଦୃଶ୍ୟ' କ୍ଷୁଦ୍ର ନାଟକ ସଂକଳନର ମୁଖବନ୍ଧରେ ସେ କହିଛନ୍ତି: ବେରଟୋଲଟ୍ ବ୍ରେଖ୍‌ଟ କହିଲେ ଅଭିନେତା ଭୂମିକାଠାରୁ ଦୂରତ୍ୱ ରକ୍ଷା କରି କେବଳ ଅଭିନୟ କରିବ। ଷ୍ଟାନିସ୍‌ଲାଭିସ୍କି କହୁଥିଲେ ମଞ୍ଚ ଉପରେ କଳାକାରର ଉପସ୍ଥିତି ହିଁ ସମଗ୍ର ଓ ନାଟ୍ୟ ପରିବେଶକୁ ରୂପାନ୍ତରିତ କରିଦିଏ। ମଞ୍ଚ ଉପରେ ଯଦି ଉପସ୍ଥିତି କିଛି ପ୍ରତୀୟମାନତା ନିର୍ମାଣ କରିପାରେ ତାହେଲେ ଅନୁପସ୍ଥିତ ମଧ୍ୟ କିଛି ସାଙ୍କେତିକ ଅର୍ଥ (semiotics) ନିର୍ମାଣ କରିବ।

ଏ ସାଙ୍କେତିକ ଅର୍ଥ ନିର୍ମାଣ ବିଶ୍ୱାସ/ ଅବିଶ୍ୱାସର ଏଗୁଣ୍ଠିବନ୍ଧ ଉପରେ। ଆନ୍ତୋନିନ୍ ଆର୍ତୋ ଥିଏଟରକୁ 'ପ୍ଲେଗ୍' ରୋଗ ସହିତ ତୁଳନା କରିଥିଲେ। ଏହାର ମର୍ମକଥା ଅଭିନେତାମାନଙ୍କ ମାଧ୍ୟମରେ ଦର୍ଶକର ଅଭ୍ୟନ୍ତରକୁ ପଶିଯାଏ ଏବଂ ତାକୁ ସଂକ୍ରମିତ କରେ।" ବାସ୍ତବରେ ନାଟକରେ ଅର୍ଥନିର୍ମାଣରେ ପ୍ରୋପର୍ଟି, ନାଟ୍ୟ ଉପକରଣର ଯେଉଁ ଗୁରୁତ୍ୱପୂର୍ଣ୍ଣ ଭୂମିକା ସଂଳାପ ଅପେକ୍ଷା ଅଧିକ ରହିଛି, ତାହା ଏଠାରେ ପ୍ରତିପାଦିତ ହୋଇଥାଏ। ଏହା ବ୍ୟତୀତ ଉତ୍ତର ଆଧୁନିକ ଭାଷା ଚର୍ଚ୍ଚାର ବୈଶିଷ୍ଟ୍ୟ ଭାଷ୍ୟ, ଅନୁପସ୍ଥିତିରେ ଅର୍ଥ ନିର୍ମାଣ, ଏହାକୁ ଅତି ସଚେତନ ଭାବରେ ସେ ଉଲ୍ଲେଖ କରିଛନ୍ତି। ଫୁକୋ ଓ ଡେରିଡାଙ୍କ ଏହି ଅର୍ଥନିର୍ମାଣ ତତ୍ତ୍ୱ; "a sign is indicative of an absent presence because it shows something that is not here, but makes it alert to the fact that something is not here" - ମୋର ସନ୍ଦେହ ରହିଛି, ପ୍ରଫେସର୍ ନାଟ୍ୟକାର ରମେଶ ପାଣିଗ୍ରାହୀଙ୍କ ବ୍ୟତୀତ ଆଉ କୌଣସି ଲେଖକ ତାଙ୍କ ସର୍ଜନ ପ୍ରକ୍ରିୟାରେ ସଚେତନ ଭାବରେ ପ୍ରୟୋଗ କରିଛନ୍ତି।

ନାଟକକୁ କେବଳ ରାଜନୀତିକ ବିଚାରଧାରା ଭାବରେ ଗ୍ରହଣ ନକରି, ଏହାକୁ ସଂସ୍କୃତିର ଉତ୍ପାଦନ ଭାବରେ (Cultural Product) ପ୍ରତିଷ୍ଠା ପ୍ରଦାନ କରିବାରେ ମଧ୍ୟ ଓଡ଼ିଆ ସାହିତ୍ୟରେ ନାଟ୍ୟକାର ପାଣିଗ୍ରାହୀ ଅଦ୍ୱିତୀୟ। ଉତ୍ତର ଉପନିବେଶବାଦୀ ବିଶ୍ୱର ସର୍ବବୃହତ୍ ଗଣତନ୍ତ୍ରରେ ଗଣସଂସ୍କୃତିର ଏବେ ସମୃଦ୍ଧ ପରମ୍ପରା ରହିଆସିଛି। ଗଣସଂସ୍କୃତିର ମୌଳ ଅନୁଷଙ୍ଗ, ଲୋକସଂସ୍କୃତିକୁ ସେ ତାଙ୍କ ନାଟକରେ ପୁନର୍ବିନ୍ୟାସ କରିବା ସହ, ଯାତ୍ରା ସହ ବୌଦ୍ଧିକ ପରମ୍ପରାକୁ ଯୋଡ଼ିବା, ଓଡ଼ିଆ ନାଟକର ଏକ କ୍ରାନ୍ତିକାରୀ ପ୍ରୟାସ, ଏବଂ ସେହି କ୍ରାନ୍ତିକାରୀ ପୁରୁଷ ହେଉଛନ୍ତି ନାଟ୍ୟଲେଖକ ରମେଶ ପ୍ରସାଦ ପାଣିଗ୍ରାହୀ। ଯାତ୍ରା ଓଡ଼ିଶାର ଗଣ ସହିତ ଘନିଷ୍ଠ, ଗଣ ସାହିତ୍ୟ ଓ ଗଣ ସଂସ୍କୃତି, ଯାହାକୁ ଉତ୍ତର ଆଧୁନିକ ଦର୍ଶନରେ ଅପସାରିତ ସାହିତ୍ୟ, (Marginal literature) ଏବଂ ସବଲ୍ଟର୍ନଙ୍କ ମନୋରଞ୍ଜନର ସମ୍ବଳ, ଯାହାକୁ ସମାଜର/ସଂସ୍କୃତିର ମୁଖ୍ୟସ୍ରୋତ ସହ ସାମିଲ କରିବା ସମୟରେ, ସେ ନିଶ୍ଚିତ ଭାବରେ ସେ (Logos) ଲୋଗୋସ୍‌କୁ ଭାଙ୍ଗିବାକୁ ଚେଷ୍ଟା କରିଛନ୍ତି। ଏହି ଭାଙ୍ଗିବା ପ୍ରକ୍ରିୟାରେ ନାଟ୍ୟକାର ଆଶାତୀତ ସଫଳତା ପାଇଛନ୍ତି।

୮୫ଟିରୁ ଅଧିକ ନାଟକ, ୨୦ରୁ ଅଧିକ ଯାତ୍ରା ନାଟକ, ୩୦ରୁ ଊର୍ଦ୍ଧ୍ୱ ଗଳ୍ପ, ଗୋଟିଏ ଉପନ୍ୟାସ, ସାହିତ୍ୟ ଓ ସଂସ୍କୃତି ସମ୍ପର୍କରେ ଇଂରାଜୀ ଭାଷାରେ ରଚିତ ପୁସ୍ତକ ଓ ଇଂରାଜୀ ଭାଷାରେ ତିନିଖଣ୍ଡରେ ଓଡ଼ିଆ ସାହିତ୍ୟର ଇତିହାସ, ପ୍ରଫେସର୍ ଡକ୍ଟର ରମେଶ ପ୍ରସାଦ ପାଣିଗ୍ରାହୀଙ୍କ ନବନବୋନ୍ମେଷଶାଳିନୀ ପ୍ରଜ୍ଞାର ପରିଚୟ ପ୍ରଦାନ

କରିଥାଏ। ଭଞ୍ଜମାଟିରେ ଜନ୍ମ ନେଇଥିବା ଏହି ସାରସ୍ୱତ ପୁରୁଷଙ୍କ ସମ୍ପର୍କରେ ମିସେଲ୍ ଫୁକୋ ''What is an author'' ପ୍ରବନ୍ଧରେ ଲେଖକ ସମ୍ପର୍କରେ ଯେଉଁ ସଂଜ୍ଞାଟି ପ୍ରଦାନ କରିଛନ୍ତି, ତାହାକୁ କେବଳ ଉଲ୍ଲେଖ କରିବି। ସେ ଲେଖିଛନ୍ତି: "One can say that the author is an ideological product, since we represent him as the opposite of his historically real function, (when a historically given function is represented in a figure that invents it, one has an idelolgical production.) The aouthor is therefore the ideolgical figure by which one marks the manner in which we fear the proliferation of meaning." ବାସ୍ତବରେ ପ୍ରଫେସର୍ ଡକ୍ଟର ରମେଶ ପ୍ରସାଦ ପାଣିଗ୍ରାହୀ ଇଂରାଜୀ ଭାଷା ସାହିତ୍ୟର ଅଧ୍ୟାପନା କରୁଥିବାରୁ, ସେ ତାଙ୍କର ସାମସମୟିକ ବିଶ୍ୱରେ କେବଳ ନୁହେଁ, ବେଳେବେଳେ ବିଶ୍ୱ ବାହାରେ ଥିବା ମେଟାଫିଜିକାଲ୍ ବିଶ୍ୱରେ ବାସ କରୁଥିଲେ, ତେଣୁ ସମକାଳରେ ତଲ୍ଲୀନ ଥିବା ଲେଖକ, ପାଠକ, ଦର୍ଶକ ନିକଟରୁ ଏକ ବିପରୀତ ଭାବଚେତନାରେ ଥାଇ ଅର୍ଥ ଓ ଦୃଶ୍ୟ ନିର୍ମାଣ ପ୍ରକ୍ରିୟାର ପ୍ରଜନନରେ ସେ ବ୍ୟସ୍ତ ଥିଲେ। କୋଡ଼ିଏ ବର୍ଷ ବୟସରୁ ଆରମ୍ଭ କରିଥିବା ଆଦର୍ଶ ଅର୍ଥ ପ୍ରଜନନ ପ୍ରକ୍ରିୟାରେ, କେତେବେଳେ ତାଙ୍କୁ ପଚସ୍ତରୀ ଛୁଇଁଲାଣି, ନା ତାହା ସେ ଜାଣିପାରିଛନ୍ତି ନାଁ ତାଙ୍କର ବିମୁଗ୍ଧ ପାଠକ ଓ ଦର୍ଶକ।

■

ଆକାଶଦୀପ ଆପାର୍ଟମେଣ୍ଟ, ବିବେକାନନ୍ଦ ମାର୍ଗ, ଭୁବନେଶ୍ୱର-୨

ଆଧୁନିକ ଓଡ଼ିଆ ନାଟ୍ୟଧାରା ଓ ନାଟ୍ୟସ୍ରଷ୍ଟା ରମେଶ ପାଣିଗ୍ରାହୀ

ଡ. ବାୟାମନୁ ଚର୍ଚ୍ଚି

ଇଂରାଜୀ Modern ଶବ୍ଦ, ଲାଟିନ୍ Modo ଶବ୍ଦର ଓଡ଼ିଆ ରୂପ ହେଉଛି 'ଆଧୁନିକ'। ଏହାର ଅର୍ଥ, ଚଳନ୍ତି ବା ବର୍ତ୍ତମାନ। ବିଂଶ ଶତାବ୍ଦୀର ପାଶ୍ଚାତ୍ୟ ସାହିତ୍ୟରେ ଆଧୁନିକ ଶବ୍ଦ ଅଗ୍ରଗାମୀ (Avant Garde) ଅର୍ଥରେ ଉପଯୋଗ ଏବଂ ଦ୍ୱିତୀୟ ବିଶ୍ୱଯୁଦ୍ଧ ପରବର୍ତ୍ତୀ ପାଶ୍ଚାତ୍ୟ ସାହିତ୍ୟରେ ଏହା ସଂପର୍କିତ ଅର୍ଥରେ ବ୍ୟବହୃତ ହୁଏ। ଅଗ୍ରଗାମୀ, ପ୍ରଗତିଶୀଳ, ଉଗ୍ର, ତଥା ବୈପ୍ଳବିକ ଚିନ୍ତାଧାରା ବହନ କରୁଥିବା ଆଧୁନିକ ଶବ୍ଦରୁ ଆଧୁନିକ ବାଦର ଉତ୍ପତ୍ତି ହୁଏ ଏବଂ ଏହି ଅର୍ଥରେ ହିଁ ର୍ୟାମ୍ବୋ ଆଧୁନିକ ଶବ୍ଦ ବ୍ୟବହାର କରିଥିଲେ ଯେତେବେଳେ ସେ କହନ୍ତି - " I faut entre absolument moderne'(one must be modern absolutely)" (ପୃ-୯, ଆଧୁନିକବାଦ ଉତ୍ତର ଆଧୁନିକବାଦ; ଏକ ତାତ୍ତ୍ୱିକ ଅନୁଶୀଳନ। ପ୍ରଦୀପ କୁମାର ରଥ, ପ୍ର.କା.-୨୦୧୩, କ୍ଷଣପ୍ରଭା ପ୍ରକାଶନୀ, କଟକ)

ମାଲକମ୍ ବ୍ରାଡ୍‌ବରୀ ଏବଂ ଜେମ୍‌ସ ମ୍ୟାକ୍‌ଫୋରଲେନ୍‌ଙ୍କ ମତରେ- "Modernism was in most countries an extraordinary compound of the futuristic and the nihilistic, the revolutionary and the conservative, the natruralistic and the symbolistic, the romantic and the classical".

ସ୍ୱଭାବବାଦ, ପ୍ରତୀକବାଦ, ରୂପକଳ୍ପବାଦ, ଭବିଷ୍ୟବାଦ, ଅଭିବ୍ୟକ୍ତିବାଦ, ସ୍ଥିତିବାଦ ଆଦିର ସମାହାର ହେଉଛି ଆଧୁନିକବାଦ। ପରଂପରାରୁ ବିଚ୍ୟୁତି, ବ୍ୟକ୍ତି କୈନ୍ଦ୍ରିକତା ଓ ଚେତନାରୁ ଉର୍ଦ୍ଧ୍ୱାୟିତ ନୂତନ ଅନ୍ୱେଷା ଏହାର ପ୍ରମୁଖ ଲକ୍ଷଣ। କଳା, ସ୍ଥାପତ୍ୟ ସାହିତ୍ୟ, ସଂଗୀତ, ନୃତ୍ୟ, ନାଟକ ଆଦିରେ ଆଧୁନିକବାଦର ପ୍ରତିଷ୍ଠା ସ୍ୱୀକୃତ। କଳାରେ ପାବ୍‌ଲୋ ପିକାଶୋ 'Les Demoisseles & Anignon', ଚିତ୍ର ଉପନ୍ୟାସରେ ଜେମ୍‌ସ ଜୟେସ୍‌ଙ୍କ 'Ulysses' କବିତାରେ, ଟି.ଏସ୍. ଏଲିଅଟ୍‌ଙ୍କ 'The Waste Land', ରିଲ୍‌କେଙ୍କ 'Duineser Elegien' ଏବଂ 'Die Sonette an orpheus', ବ୍ରେଖେଟ୍‌ଙ୍କ ନାଟକ 'Baal', ଡି.ଏଚ୍. ଲରେନ୍‌ସଙ୍କ 'Aaron's Rod ଏବଂ ଭର୍ଜିନିଆ

ଉଲଫ୍‌ଙ୍କ 'Jacob's Room' ଆଦି ସୃଷ୍ଟିରେ ଆଧୁନିକତାର ପ୍ରଥମ ସ୍ଫୁରଣ ଘଟିଛି ।

ବିଶିଷ୍ଟ ସମାଲୋଚକ ହ୍ୟାରି ଲେଭିନ୍ ୧୯୨୨ ଖ୍ରୀ.ଅ.ରେ ଆଧୁନିକତାର ସୃଷ୍ଟି ବୋଲି ମତବ୍ୟକ୍ତ କରିଥିବା ଜଣାଯାଏ । ଉଲ୍ଲିଖିତ କାଳଜୟୀ ସୃଷ୍ଟି ସମ୍ଭାର ଏହି ଅଭିବ୍ୟକ୍ତିର ଆଧାର ଭୂମି ।

ଦ୍ୱିତୀୟ ବିଶ୍ୱଯୁଦ୍ଧ ପରେ ପାଶ୍ଚାତ୍ୟ ସାହିତ୍ୟରେ ଅଭୂତପୂର୍ବ ପରୀକ୍ଷା ନିରୀକ୍ଷା ହୋଇଛି ଏବଂ ବିଭିନ୍ନ ମତବାଦ ଓ ତତ୍ତ୍ୱକୁ ଆଧାର କରି ନୂତନ ପରମ୍ପରା ସୃଷ୍ଟି ହୋଇଛି । ସମ୍ଭବତଃ ଏହି ନୂତନ ପରମ୍ପରାକୁ ଅନୁଧ୍ୟାନ ଓ ଅନୁଶୀଳନ କରି ୧୯୪୭ ମସିହାରେ ବିଶିଷ୍ଟ ଐତିହାସିକ ଆର୍ଣ୍ଣୋଲଡ୍ ଟୟନ୍‌ବୀ ପ୍ରଥମେ Post modern ଶବ୍ଦ ବ୍ୟବହାର କରିଥିବା ଜଣାଯାଏ । ପାଟ୍ରିସିଆ ଓ୍ୱଙ୍କ ମତରେ, perhaps postmodernism is best thought of a mood arising out of a sense of collapse of all those foundations of modern thought which seemed to gurantee a reasonably stable sense of truth, knowledge, self and value'.

ସମାଲୋଚକ ଇହାବ୍ ହାସନ୍ ଉତ୍ତର ଆଧୁନିକତା ସଂଜ୍ଞା 'an antinomian movement that assumes a vast unmaking of the western mind ରୂପେ ଦର୍ଶାଇ 'unmaking' ଶବ୍ଦକୁ 'deconstruction, decentring, demystification, discontinuity ଏବଂ difference ଅର୍ଥରେ ବ୍ୟବହାର କରିଛନ୍ତି, ଯାହା ଉତ୍ତର ଆଧୁନିକ ପାଠ୍ୟରେ ପ୍ରଧାନ ଭୂମିକା ଗ୍ରହଣ କରେ । (ପୃ - ୬୭ / ଆଧୁନିକବାଦ - ଉତ୍ତର ଆଧୁନିକ ବାଦ : ନୃତାତ୍ତ୍ୱିକ ଅନୁଶୀଳନ, ପ୍ରଦୀପ କୁମାର ରଥ)

ଉତ୍ତର ଆଧୁନିକତା ପାରମ୍ପରିକ ସମ୍ପର୍କ, ବିଶାଳ ଜୀବନବୋଧ, ମୂଳ ସଂସ୍କୃତିର ସାରବତ୍ତା ସ୍ୱୀକାର କରେ ନାହିଁ । ବିଘଟନ, ଗୌଣ, ଲଘୁ ଚିନ୍ତାଧାରା, ଖଣ୍ଡିତାଂଶ, ଆଞ୍ଚଳିକତା ଉପରେ ଗୁରୁତ୍ୱ ଦିଏ । ମାନବୀୟ ଅନୁଭୂତିକୁ ଅଳୀକ, ଦ୍ୱନ୍ଦ୍ୱାତ୍ମକ, ଅସମାପ୍ତ, ଅନିଶ୍ଚିତ, ଅସଂଲଗ୍ନ ବୋଲି ବିବେଚନା କରେ । ସଭ୍ୟତା ଓ ସଂସ୍କୃତିର ପ୍ରତିପତ୍ତିକୁ ପ୍ରଶ୍ରୟ ନ ଦେଇ ମାନବୀୟ ଅନୁଭୂତିର ଏକ ଅଂଶ ବୋଲି ଗ୍ରହଣ କରେ । ମହତ୍ତର ସତ୍ୟ ପ୍ରତି ଆସ୍ଥା ପ୍ରକଟ ନକରି ବାହ୍ୟ ପ୍ରତିଛବିକୁ ପ୍ରାଧାନ୍ୟ ଦିଏ । ଏହି ପାଶ୍ଚାତ୍ୟ ଚିନ୍ତାଧାରା ଭାରତୀୟ ସାହିତ୍ୟସ୍ରଷ୍ଟାମାନଙ୍କୁ ବି ପ୍ରଭାବିତ କରିଛି । ନାଟକ କ୍ଷେତ୍ରରେ ବିଜୟ ତେନ୍ଦୁଲକର, ବାଦଲ ସରକାର, ମୋହନ ରାକେଶ, ଗିରୀଶ କର୍ଣ୍ଣଡ଼୍ ପ୍ରମୁଖଙ୍କ ସୃଷ୍ଟିରେ ତାର ପ୍ରଭାବ ଲକ୍ଷ୍ୟ କରାଯାଏ । ତେବେ ପାଶ୍ଚାତ୍ୟ ନାଟ୍ୟକାରମାନଙ୍କ ଜୀବନାନୁଭୂତି, ଯନ୍ତ୍ରଣା ଜର୍ଜରିତ ସାମାଜିକ ଜୀବନଧାରା ଏବଂ ହତାଶାବୋଧଠାରୁ

ଭାରତୀୟ ନାଟ୍ୟସ୍ରଷ୍ଟା ଭିନ୍ନ। ଓଡ଼ିଶାର ନାଟ୍ୟସ୍ରଷ୍ଟାମାନଙ୍କ କ୍ଷେତ୍ରରେ ଆହୁରି ପ୍ରଭେଦ। ଓଡ଼ିଶାର ସଂସ୍କୃତି ଜଗନ୍ନାଥ ସଂସ୍କୃତି, ଓଡ଼ିଶାର ଧର୍ମଧାରା ଓ ଧର୍ମୀୟ ଚେତନା, ଅଧିଭୌତିକ ଓ ଆଧ୍ୟାତ୍ମିକ ଚିନ୍ତାଧାରାରେ ଜନଜୀବନ ପ୍ଲାବିତ। ଓଡ଼ିଶାର ଐତିହାସିକ, ସାମାଜିକ ଓ ସାଂସ୍କୃତିକ ଭିତ୍ତିଭୂମି ପାଶ୍ଚାତ୍ୟ ଜଗତଠାରୁ ଭିନ୍ନ। ତେବେ ପାଶ୍ଚାତ୍ୟ ନାଟ୍ୟସ୍ରଷ୍ଟାଙ୍କ କାଳଜୟୀ କୃତି ଅଧ୍ୟୟନ କରି ତାର ପ୍ରଭାବରେ ଓଡ଼ିଆ ନାଟ୍ୟସ୍ରଷ୍ଟାଙ୍କ ଲେଖନୀରୁ କେତେକ ନାଟକ ରଚିତ ହୋଇଛି।

ବିଂଶ ଶତାବ୍ଦୀର ସପ୍ତମ ଦଶକର ପରବର୍ତ୍ତୀ କାଳରେ ପାଶ୍ଚାତ୍ୟ ନାଟ୍ୟସାହିତ୍ୟର ପ୍ରଭାବରେ ଓଡ଼ିଆ ନାଟ୍ୟ ସାହିତ୍ୟକୁ ପରିପୁଷ୍ଟ କରିବାକୁ ପ୍ରୟାସ କରିଛନ୍ତି ଓଡ଼ିଆ ନାଟ୍ୟସ୍ରଷ୍ଟାମାନେ। ଓଡ଼ିଆ ନାଟକରେ କାହାଣୀ, ମଂଚ, ସଂଳାପ ଆଦି ସହିତ ଆଧୁନିକବାଦ ଓ ଉତ୍ତର ଆଧୁନିକବାଦର ବିଭିନ୍ନ ଶୈଳୀର ପରୀକ୍ଷା ନିରୀକ୍ଷା ହୋଇଛି। ପ୍ରକାଶଥାଉକି, ପାଶ୍ଚାତ୍ୟ ନାଟ୍ୟସାହିତ୍ୟରେ ଉଦ୍ଭଟ କେବଳ ଦୁଇ ଦଶନ୍ଧି ପାଇଁ ତିଷ୍ଠି ରହିଲା ପରେ ସତ୍ତା ହରାଇଲା।

ନାଟକ ଏକ ପ୍ରାୟୋଗିକ ସାହିତ୍ୟ। ନାଟକର ସଫଳତା ବିଫଳତା ତା'ର ମଂଚସ୍ଥ ପ୍ରଭାବରୁ ନିର୍ଦ୍ଧାରିତ ହୁଏ। ବିଂଶ ଶତାବ୍ଦୀର ସପ୍ତମ ଦଶକରୁ ଯେତେସବୁ ଓଡ଼ିଆ ନାଟକ ରଚିତ ହୋଇଛି ତନ୍ମଧ୍ୟରୁ ସଂଖ୍ୟାଧିକ ନାଟକର ସରଳ ଅଭିବ୍ୟକ୍ତି ବଦଳରେ ଜଟିଳତାକୁ ଭରି ଦିଆଯାଇଛି। ପରୀକ୍ଷା ନାଁରେ ନାଟକ ବିପର୍ଯ୍ୟସ୍ତ ହୋଇ ଦର୍ଶକମାନଙ୍କଠାରୁ ଦୂରେଇ ଯାଇଛି। ନାଟ୍ୟକାର ବିଶ୍ୱଜିତ୍ ଦାସ କୁହନ୍ତି - "ନାଟ୍ୟ ଆନ୍ଦୋଳନର ସାମଗ୍ରିକ ସଫଳତା ନିର୍ଭର କରେ ଦର୍ଶକମାନଙ୍କର ଗ୍ରହଣଯୋଗ୍ୟତା ଉପରେ। ଦର୍ଶକମାନଙ୍କ ଗ୍ରହଣଯୋଗ୍ୟତା ଉପରେ ହିଁ ବ୍ୟକ୍ତି ଓ ସମାଜ ଉପରେ ନାଟକର ପ୍ରଭାବ ନିର୍ଭର କରେ। ନାଟ୍ୟଆନ୍ଦୋଳନର ସହାୟକ ହେଲା ଭଳି ନାଟକ କେବଳ ବୈଠକଖାନାର ବହି ଆଲମାରୀର ଶୋଭାବର୍ଦ୍ଧନ ନକରି କିମ୍ବା ପାଠ୍ୟ ପୁସ୍ତକ ଭିତରେ ଆବଦ୍ଧ ନରହି ଏକ ମୁକ୍ତ, ନିଷ୍କପଟ, ନିର୍ଭୀକ ସୃଷ୍ଟିର ସ୍ୱାକ୍ଷର ବହନ କରୁ।" (ପୃ - ୩ / କୋଣାର୍କ, ୧୩୬ ସଂଖ୍ୟା, ଫେବୃୟାରୀ ଏପ୍ରିଲ୍ ୨୦୦୫)। ଏହି ଆଧୁନିକ ଓ ଉତ୍ତର ଆଧୁନିକ ନାଟ୍ୟଧାରାରେ ଓଡ଼ିଆ ନାଟ୍ୟକାର ରମେଶ ପାଣିଗ୍ରାହୀଙ୍କ ନାଟ୍ୟ ସଂଭାରକୁ ଯତ୍‌କିଂଚିତ ଆଲୋଚନା କରିବାକୁ ଏହି ପ୍ରବନ୍ଧରେ ପ୍ରୟାସ କରାଯାଇଛି।

ଡକ୍ଟର ରମେଶ ପ୍ରସାଦ ପାଣିଗ୍ରାହୀ ଓଡ଼ିଆ ନାଟ୍ୟ ସାହିତ୍ୟର ଜଣେ କ୍ରାନ୍ତିକାରୀ ଅନନ୍ୟ ସ୍ରଷ୍ଟା। ଅତ୍ୟାଧୁନିକ ମାର୍କିନ୍ ନାଟ୍ୟ ସାହିତ୍ୟର ଗବେଷକ। ଉତ୍ତର ଆଧୁନିକ ନାଟକ ସଂପର୍କରେ ତାଙ୍କର ଗବେଷଣା ସମଗ୍ର ଭାରତ ବର୍ଷରେ ପ୍ରଥମ ଏବଂ ଓଡ଼ିଆ

ଜାତିର ସୌଭାଗ୍ୟ ଯେ, ଏହା ପୃଥିବୀର ଛ' ନମ୍ବର ଗବେଷଣା ନିବନ୍ଧ। ପ୍ରକାଶ ଥାଉକି, ସେ କେବଳ ନାଟ୍ୟକାର ଓ ନାଟ୍ୟ ଗବେଷକ ନୁହନ୍ତି, ନାଟକ ରଚନା କରିବା ପୂର୍ବରୁ ତାଙ୍କର ପଚାଶଟି ଗଳ୍ପ ଓଡ଼ିଶାର ବିଭିନ୍ନ ପତ୍ରପତ୍ରିକାରେ ପ୍ରକାଶ ପାଇଛି ଏବଂ ଆକାଶବାଣୀର ଗୀତିକାର ଭାବେ ସେ ପରିଚିତ। ସଂଖ୍ୟାଧିକ ଗବେଷଣାମୂଳକ ପ୍ରବନ୍ଧ ରଚନା କରି ସେ ସୁପ୍ରତିଷ୍ଠିତ। ତେବେ ମଂଚ ନାଟକ ଦେଖିବା ପରେ ସେ ଅନୁଭବ କଲେ ଓଡ଼ିଆ ନାଟକ ସର୍ବଭାରତୀୟ ସ୍ତରର ନାଟକ ଅପେକ୍ଷା ଅର୍ଦ୍ଧଶତାବ୍ଦୀ ପଛରେ ପଡ଼ିଛି। ତେଣୁ ନାଟକ ରଚନା କରିବାପାଇଁ ସେ ମନସ୍ଥ କଲେ। ସେ ପଚାଶଟି ନାଟକ, ଏକଶହରୁ ଊର୍ଦ୍ଧ୍ୱ ଛୋଟ ନାଟକ, ଅନାଟକ (ଆଂଟିପ୍ଲେ) ରଚନା କରି ଓଡ଼ିଆ ନାଟ୍ୟ ସାହିତ୍ୟକୁ ସମୃଦ୍ଧ କରିଛନ୍ତି। ଅପରପକ୍ଷରେ ସେ ଜଣେ ଦକ୍ଷ ଅଭିନେତା, ସୁଦକ୍ଷ ନିର୍ଦ୍ଦେଶକ। ଗୀତ ରଚନା, ସଂଗୀତ ପରିଚାଳନା, ଚିତ୍ରକଳାର ସଂଯୋଜନାରେ ମଧ୍ୟ ତାଙ୍କର ଅନନ୍ୟ ଦକ୍ଷତା ରହିଛି। ତୁଳନାତ୍ମକ ଦୃଷ୍ଟିରୁ ବିଚାର କଲେ ଜଣାଯାଏ, ସମଗ୍ର ଭାରତବର୍ଷରେ ନାଟ୍ୟକାର ରମେଶ ପ୍ରସାଦଙ୍କ ଭଳି କାହାର ଶିକ୍ଷାଗତ ଯୋଗ୍ୟତା ନାହିଁ ଏବଂ ନାଟ୍ୟକଳାର ସମସ୍ତ ଗୁଣଧର୍ମ ସହିତ ସଂପୃକ୍ତ ଥିବା ନାଟ୍ୟକାର ବିରଳ।

ନାଟ୍ୟରଚନାର ପୃଷ୍ଠଭୂମି:

ରମେଶ ପାଣିଗ୍ରାହୀଙ୍କ ଜନ୍ମ ଗଂଜାମ ଜିଲ୍ଲା ଧରାକୋଟଗଡ଼ରେ। କଳା, ସାହିତ୍ୟ, ସଂଗୀତ, ନୃତ୍ୟ, ନାଟକ ଆଦି କ୍ଷେତ୍ରରେ ଗଂଜାମର ସୁଖ୍ୟାତି ସର୍ବଜନବିଦିତ। ନାଟକ କ୍ଷେତ୍ରରେ ଏହି ଅଂଚଳର ଅବଦାନ ଅବିସ୍ମରଣୀୟ। ଲୋକନାଟକ କ୍ଷେତ୍ରରେ ଖ୍ୟାତି ସର୍ବଭାରତୀୟ ସ୍ତରରେ ସ୍ୱୀକୃତ। ଅଷ୍ଟାଦଶ ଶତାବ୍ଦୀର ପଂଚମ ଦଶକରୁ ବିଂଶ ଶତାବ୍ଦୀର ମଧ୍ୟ ଭାଗରେ ଗଂଜାମର ପ୍ରତି ଗ୍ରାମରେ ଲୋକନାଟକର ପଦଚିହ୍ନ ଥିଲା। ଏହି ସମୟକୁ ଗଂଜାମ ଲୋକନାଟକର ସୁବର୍ଣ୍ଣ ଯୁଗ ବୋଲି କୁହାଯାଇପାରେ। ସର୍ବେକ୍ଷଣରୁ ଜଣାଯାଇଛି, ସମଗ୍ର ବିଶ୍ୱରେ ଲୋକନାଟ୍ୟ କ୍ଷେତ୍ରରେ ଭାରତର ସ୍ଥାନ ପ୍ରଥମ। ଭାରତ ଭିତରେ ଓଡ଼ିଶା ଏବଂ ଓଡ଼ିଶା ମଧ୍ୟରେ ଗଂଜାମର ସ୍ଥାନ ପ୍ରଥମ। ପ୍ରକାଶ ଯୋଗ୍ୟ ଯେ, ନାଟ୍ୟକାରଙ୍କ ଅଜା ଗାୟକରତ୍ନ ନଟବର ସାହୁ, ଦୁଃଖିଶ୍ୟାମ ଦାସଙ୍କ ବିରଚିତ ଲୀଳାନାଟ୍ୟ, 'କୃଷ୍ଣଲୀଳା' ର ସୁପ୍ରସିଦ୍ଧ ଗାୟକ। ହାତରେ ଖୁବ୍ ଓଜନିଆ ସୁନାର କଙ୍କଣ ଏବଂ କାନରେ ଦୁଇଟି ବିରାଟ ସ୍ୱର୍ଣ୍ଣ କୁଣ୍ଡଳ ପିନ୍ଧିଥାନ୍ତି। ଦେଖିଲେ ଗାୟକ ବୋଲି ବାରି ହୋଇଯିବେ। ସେ ଧରାକୋଟ ଆସିଲେ ତାଙ୍କର ବଜାର ସାହି ଦାଣ୍ଡ ପିଣ୍ଡାରେ ବସି କୃଷ୍ଣଲୀଳା ଲୋକଙ୍କ ଅନୁରୋଧରେ ଗାନ କରନ୍ତି। ଅଧକୋଶ ବାଟଯାଏ ଏହା ଶୁଭୁଥିଲା। ସେ ଅଧସେର ଗୁଆ ଘିଅ ପିଉଥିଲେ। କାରଣ ହେଲା ଗୁଆ ଘିଅ ପିଇଲେ କଣ୍ଠସ୍ୱର କୋମଳ ଓ ଉଚ୍ଚାଙ୍ଗ ହୁଏ। ଅପରପକ୍ଷରେ ତାଙ୍କର

ନନା (ବାପା) ରାଧାମୋହନ ପାଣିଗ୍ରାହୀ ଧରାକୋଟ ରାଜା ବ୍ରଜ କିଶୋର ସିଂହଦେଓଙ୍କ ସମୟରେ ଏକ ନାଟ୍ୟମଣ୍ଡଳୀ ଗଠନ କରିଥିଲେ ଏବଂ ସେ ଧ୍ରୁବ, ପ୍ରହ୍ଲାଦ ଏବଂ ବିଶ୍ୱାବସୁ ନାମକ ତିନୋଟି ନାଟକ ଲେଖିଥିଲେ। ରାଜଦରବାରରେ ରାଧାମୋହନଙ୍କର ସମ୍ମାନ ଥିଲା। ପ୍ରକାଶ କରିବା ପ୍ରାସଙ୍ଗିକ ହେବ ଯେ, ଧରାକୋଟ ରାଜ୍ୟର ରାଜାମାନେ ସାହିତ୍ୟ ଏବଂ ନାଟ୍ୟକଳା ପ୍ରତି ଶ୍ରଦ୍ଧାଶୀଳ ଥିଲେ। ରାଜା କୃଷ୍ଣ ସିଂହଙ୍କ ମହାଭାରତ, ହରିବଂଶ ଏବଂ ରାଜା ରଘୁନାଥ ସିଂହଙ୍କ ରାମଲୀଳାର ଆଦର ଏପର୍ଯ୍ୟନ୍ତ ରହିଛି। ଧରାକୋଟ ରାଜା ସାହେବ ପଦ୍ମନାଭ ସିଂହଦେଓଙ୍କ ପିତା ବ୍ରଜକିଶୋର ସିଂହଦେଓଙ୍କ ପୃଷ୍ଠପୋଷକତାରେ ୧୯୩୨-୩୫ ବେଳକୁ ଗଂଜାମ ଜିଲ୍ଲାର ପିତଳରେ 'ଶ୍ରୀ କିଶୋରଚନ୍ଦ୍ର ନାଟ୍ୟସଂଘ' ନାମରେ ଓଡ଼ିଶାରେ ପ୍ରଥମ କରି ଏକ ମହିଳା ରାସଦଳ ଗଢ଼ା ହେଲା। ଶ୍ରୀ କେଶରୀ ରଂଗାଳୟର ପ୍ରତିଷ୍ଠାତା ସ୍ୱର୍ଗତ ମୋହନ ପଣ୍ଡାଙ୍କ କନିଷ୍ଠ ଭ୍ରାତା, ସ୍ୱର୍ଗତ ରଘୁନାଥ ପଣ୍ଡାଙ୍କ ତତ୍ତ୍ୱାବଧାନରେ ତାହା ପ୍ରତିଷ୍ଠିତ ଓ ପରିଚାଳିତ ହୋଇଥିଲା। ୧୬ ଜଣ ଅନୂଢ଼ା ବାଳିକା ଏହି ରାସଦଳରେ ଯୋଗଦେଇଥିଲେ (ପୃ - ୨୮୫ / ଓଡ଼ିଆ ଲୋକନାଟ୍ୟ, ପ୍ରବନ୍ଧ - ଓଡ଼ିଶାର ରଂଗମଂଚରେ ଗଂଜାମ ଜିଲ୍ଲା ପିତଳର ସ୍ଥାନ, ଶ୍ରୀ ମାଗୁଣି ପଣ୍ଡା)। ବ୍ରଜ କିଶୋରଙ୍କ ଶାସନ କାଳ (୧୯୩୭-୩୯) ସମୟରେ ଏହି ନାଟ୍ୟସଂଘର ବିକାଶ ଘଟିଥିଲା। ତେବେ ଶ୍ରୀ କିଶୋର ଚନ୍ଦ୍ର ନାଟ୍ୟସଂଘର ପତନ ହେବା ପରେ ଏହାର କେତେକ କଳାକାରଙ୍କୁ ନେଇ ଗଠିତ ହେଲା କବିଚନ୍ଦ୍ର କାଳୀଚରଣଙ୍କ 'ଓଡ଼ିଶା ଥିଏଟର୍ସ'। ଉଲ୍ଲେଖ କରିବା ପ୍ରାସଙ୍ଗିକ ହେବ ଯେ, ଓଡ଼ିଶାର ରଂଗମଂଚ ଓ ପ୍ରୋସିନିୟମ୍ ଥିଏଟର୍ ପ୍ରଚଳନ ଓ ପ୍ରସାର କ୍ଷେତ୍ରରେ ଗଂଜାମର ସ୍ଥାନ ସ୍ୱତନ୍ତ୍ର। କଟକ, ପୁରୀ, ବାଲେଶ୍ୱର ପରି ସହରାଞ୍ଚଳରେ ପରଦା ଟାଣି, ମଂଚକୁ ଆଲୋକ ବିଭୂଷିତ କରି ଅଭିନୟ ହେଲା ବେଳକୁ ଗଞ୍ଜାମର ପୁରପଲ୍ଲୀରେ ପ୍ରୋସିନିୟମ୍ ଥିଏଟର୍‌ର ବହୁଳ ପ୍ରସାର ହୋଇ ସାରିଥିଲା। ରଙ୍ଗମଞ୍ଚର ପାଦ ପ୍ରଦୀପକୁ ଉଜ୍ଜ୍ୱଳ କରି ଓଡ଼ିଶାରେ ସର୍ବପ୍ରଥମେ ନାରୀ ଅଭିନେତ୍ରୀମାନେ ପୁରୁଷମାନଙ୍କ ସହ ମିଶି ଅଭିନୟ କଲେ ଗଂଜାମର ପିତଳ ଗ୍ରାମରେ। (ପୃ - ୨୭୮/ ଓଡ଼ିଶା ଲୋକନାଟ୍ୟ। ପ୍ରବନ୍ଧ : ଗଂଜାମର ଲୋକନାଟ୍ୟ ଓ ନାଟକ / ଶ୍ରୀ ତାରିଣୀ ଚରଣ ପାତ୍ର)

୧୮୮୦ ମସିହାରେ ମହାରାଷ୍ଟ୍ରର ପୁନାରୁ ସାଂଗିଲ୍ ଥିଏଟର୍ ପାର୍ଟି ବ୍ରହ୍ମପୁର ଆସିଥିଲା। ଏହି ଥିଏଟର୍ ଦେଖିବା ପରେ ଗଞ୍ଜାମବାସୀଙ୍କ ମନରେ ନାଟକର ନିଶା ଘାରିଥିଲା। ଫଳତଃ ପାରଳାଖେମୁଣ୍ଡି, ପୁରୁଷୋତ୍ତମପୁର, ପିତଳ, ପୋଲସରା, ବେଲଗୁଣ୍ଠା, ବୋଇରାଣୀ (କବିସୂର୍ଯ୍ୟ ନଗର), ଖଲ୍ଲିକୋଟ, ବ୍ରହ୍ମପୁର, ଆସିକା,

ଭଞ୍ଜନଗର ଓ ଛତ୍ରପୁର ପ୍ରଭୃତି ଅଞ୍ଚଳରେ ନାଟ୍ୟ ସଂଗଠନ ଗଢ଼ି ଉଠିଲା ଏବଂ ସିନ୍ ସିନେରୀ ଆଲୋକ ବିଭୂଷିତ ମଂଚରେ ଧାରାବାହିକ ଭାବେ ନାଟକ ପ୍ରଦର୍ଶିତ ହେଲା। ପୁରୁଷୋତ୍ତମପୁରରେ ଗୌରହରି ନାରାୟଣ ଦେବଙ୍କ ରଂଗାଳୟ, ପୂର୍ବଖଣ୍ଡ ପିତଳର ଗୌରହରି ରଂଗାଳୟ, ଧରାକୋଟ ପିତଳରେ ମଦନ ମୋହନ ରଙ୍ଗାଳୟ, ବୋଇରାଣୀରେ ମହାମାୟୀ ରଂଗାଳୟ ଓ ଜଗନ୍ନାଥ ରଂଗାଳୟ, ପୋଲସରାର ପାଟଣାବାଡ଼ ରଂଗାଳୟ ଓ ଜଗନ୍ନାଥବାଡ଼ ରଂଗାଳୟ ଆଦି ପ୍ରତିଷ୍ଠା ହୋଇଥିଲା। ମାଡ୍ରାସ ପ୍ରେସିଡ଼େନ୍‌ସି ସମୟରେ ଗଂଜାମରେ ତରଳା ରାଜବଂଶ ଜନ୍ମିତ ଓଡ଼ିଆ ନାଟ୍ୟ ଇତିହାସରେ ପଥିକୃତ ଗୋବିନ୍ଦ ଚନ୍ଦ୍ର ଶୂରଦେଓଙ୍କ ଭୂମିକା ଅତ୍ୟନ୍ତ ଗୁରୁତ୍ୱପୂର୍ଣ୍ଣ ଥିଲା। ସେ ଥିଲେ ଏକାଧାରରେ ଜଣେ ଶିଳ୍ପୀ, ସଂଗୀତଜ୍ଞ, ଅଭିନେତା ଓ ନାଟ୍ୟକାର, ଓଡ଼ିଶା ନାଟ୍ୟକଳା ଜଗତରେ ଜଣେ ଚିରସ୍ମରଣୀୟ ବ୍ୟକ୍ତିତ୍ୱ।

ନାଟ୍ୟକଳାର ପ୍ରଚାର, ପ୍ରସାର ଓ ବିକାଶ ପାଇଁ ଗଞ୍ଜାମର ତତ୍‌କାଳୀନ ରାଜା, ଧନାଢ଼୍ୟ ବ୍ୟକ୍ତି ତଥା ମଠ ମହନ୍ତମାନେ ଶ୍ରଦ୍ଧାର ସହ ସହାୟତା କରୁଥିଲେ। ଫଳତଃ ସଂଖ୍ୟାଧିକ ନାଟ୍ୟସଂସ୍ଥାମାନ ଗଞ୍ଜାମରେ ଗଢ଼ି ଉଠିଲା। ବ୍ରହ୍ମପୁରରେ ସ୍ଥାପିତ ହୋଇଥିବା ନାଟ୍ୟସଂସ୍ଥା ମଧ୍ୟରେ ନରେନ୍ଦ୍ର ଥିଏଟର୍, ମନମୋହନ ଥିଏଟର୍, ସାରଥି ଥିଏଟର୍ (୧୯୩୫-୩୭), ଗଂଜାମ କଳା ପରିଷଦ (୧୯୫୭), ଜନତା ଥିଏଟର୍ (୧୯୬୦), ରଂଗତରଂଗ (୧୯୬୮), ଆପଣଙ୍କ ଥିଏଟର୍ (୧୯୭୦), ଶ୍ରୀ ବିଜୟ ଦାସଙ୍କ ପରିଚାଳିତ 'ଉତ୍କଳ ଥିଏଟର୍ (୧୯୭୧-୭୨), ଅନ୍ନପୂର୍ଣ୍ଣା ଥିଏଟର, ସୋମନାଥ ଗ୍ରୁପ୍ (୧୯୭୮), ଗଂଜାମ ଜିଲ୍ଲା ମଂଚ କଳାକାର ସମ୍ମିଳନୀ (୧୯୯୦) ଆଦି ଉଲ୍ଲେଖଯୋଗ୍ୟ।

ଲୋକନାଟକ ଓ ନାଟକ କ୍ଷେତ୍ରରେ ଗଞ୍ଜାମରେ ଏତେ ପ୍ରସିଦ୍ଧି ପ୍ରଚାର ଓ ପ୍ରସାର ଥିଲା ଯେ, ରମେଶ ପାଣିଗ୍ରାହୀଙ୍କ ଶିଶୁପ୍ରାଣକୁ ତାହା ଗଭୀର ଭାବେ ପ୍ରଭାବିତ କରିଥିଲା। ଗୋଟିଏ ପକ୍ଷରେ ନାଟ୍ୟକାର, ଗୀତିକାର ପିତୃଦେବ, କୃଷ୍ଣଲୀଳାର ଶିକ୍ଷକ ଓ ଗାୟକରନ୍ ଅଜାଙ୍କର ପ୍ରତ୍ୟକ୍ଷ ପ୍ରଭାବ, ଅପରପକ୍ଷରେ ଆଂଚଳିକ ନାଟ୍ୟକଳାର ପ୍ରଭାବ ତାଙ୍କର ସୃଜନଶୀଳ ମାନସରେ ଅଭିନୟ କଳାକୌଶଳର ବୀଜବପନ କରିଥିଲା। ପିଲାଦିନରୁ ହିଁ ତାଙ୍କର ନାଟ୍ୟ ପ୍ରତିଭାର ସୂଚନା ମିଳିଛି। ସେ ପିଲାଦିନେ 'ହରିହର ନାଟ୍ୟସଂଘ' ଗଢ଼ିଥିଲେ। ଓଡ଼ିଶାର ପ୍ରଥମ ନାରୀ ନାଟ୍ୟକାର ସୀତାଦେବୀ ଖାଡ଼ଙ୍ଗା, ମୋହନ ଗୋସ୍ୱାମୀଙ୍କ 'ରାସଦଳ'ର ନାଟ୍ୟ, ଗଡ଼ରେ ଅଭିନୀତ ହେଉଥିବା ସୌଖିନ ନାଟ୍ୟସଂଘ ଦ୍ୱାରା ଆୟୋଜିତ ରକ୍ତ ମନ୍ଦାର, ମାଣିକଯୋଡ଼ି, ଘର ସଂସାର ପ୍ରଭୃତି ନାଟକ ତଥା ମୁଣ୍ଡମରେଇକୁ ପ୍ରତିବର୍ଷ ଆସୁଥିବା ବିଭିନ୍ନ ନାଟ୍ୟଦଳ ଦ୍ୱାରା

ପ୍ରଦର୍ଶିତ ନାଟକ ଚାରଣା, ଆଠଣା ଟିକଟ ଦେଇ ସେ ନାଟ ଦେଖିଥିଲେ ଏବଂ ଶିଶୁ ନାଟ୍ୟସଂଘ ଗଠନକରି ତାଙ୍କର ଶିକ୍ଷକ କୃଷ୍ଣଚନ୍ଦ୍ର ପଟ୍ଟନାୟକଙ୍କ ଘରର ଅଗଣାରେ ଶାଢ଼ୀ ସାଜସଜ୍ଜା କରି ମଂଚ ପ୍ରସ୍ତୁତି କରୁଥିଲେ ଏବଂ ନାଟକରେ ଅଭିନୟ କରୁଥିଲେ। ନାଟକର ମଧ୍ୟ ସେ ନିର୍ଦ୍ଦେଶକ ଥିଲେ। ଏହାଥିଲା ରମେଶ ପ୍ରସାଦଙ୍କ ନାଟ୍ୟ ଜୀବନର ପ୍ରଥମ ସୋପାନ।

ନାଟକ, ଲୋକନାଟକ ଦେଖିବା, ନାଟକରେ ଅଭିନୟ କରିବା, ନିର୍ଦ୍ଦେଶକର ଭୂମିକା ନିର୍ବାହ କରିବା ପରେ ସୃଜନଶୀଳ ମାନସରେ ନାଟ୍ୟ ରଚନା ପାଇଁ ପ୍ରେରଣା ଆସିବା ଏକ ସ୍ୱାଭାବିକ ପ୍ରକ୍ରିୟା। ଛାତ୍ରାବସ୍ଥାରେ ତାଙ୍କର ୨୦ଟି ଗଳ୍ପ ସ୍କୁଲ ମ୍ୟାଗାଜିନ୍ ଓ 'ନବୀନ' ପତ୍ରିକାରେ ପ୍ରକାଶ ପାଏ ଏବଂ ମାଟ୍ରିକ୍ ପଢ଼ିବା ସମୟରେ ସେ 'ଛିନ୍ନ ବୀଣାର ତାରେ' ଉପନ୍ୟାସ ରଚନା କରନ୍ତି। ପରିବେଶ ଅନୁକୂଳ ହେଲେ ନାଟ୍ୟ ରଚନା କରିବା ସହଜ ଓ ସୁଲଭ ହୁଏ। ତାଙ୍କୁ ନାଟକ ରଚନା କରିବା ପାଇଁ ଡାକତାର ବିଭାଗର ଶିବରାମ ସାହୁ ପ୍ରୋତ୍ସାହନ ଦିଅନ୍ତି। ରମେଶ ପ୍ରସାଦଙ୍କ ଲେଖନୀରୁ ଜନ୍ମନିଏ ନାଟକ 'ନିଶୀଥ ସୂର୍ଯ୍ୟ'। ଏହି ନାଟକ ପରବର୍ତ୍ତୀ ସମୟରେ ରେଭେନ୍‌ସା ମହାବିଦ୍ୟାଳୟ ନାଟ୍ୟ ସଂସଦରେ ୧୯୬୫ ମସିହାରେ ଅଭିନୀତ ହୋଇଥିଲା। ନାଟ୍ୟକଳା ସହିତ ଅଧିକ ସଂପୃକ୍ତ ହେଲେ ପୁରୀ ରହଣୀ କାଳରେ। ପୁରୀରେ ଅନ୍ନପୂର୍ଣ୍ଣା 'କ'ର ଅଭିନେତା ଦୁର୍ଲ୍ଲଭ ଚନ୍ଦ୍ର ସିଂହଙ୍କ ସହ ତାଙ୍କର ସଂପର୍କ ବଢ଼େ। ଦୁର୍ଲ୍ଲଭ ଚନ୍ଦ୍ରଙ୍କୁ ମଉସା ଏବଂ ତାଙ୍କ ସ୍ତ୍ରୀ ଲକ୍ଷ୍ମୀଙ୍କୁ ମାଉସୀ ଡାକି ତାଙ୍କ ଘରେ ସେ ପୁଅ ପରି ହୋଇଗଲେ। ପ୍ରତିଦିନ ସଂଧ୍ୟାରେ ଅନ୍ନପୂର୍ଣ୍ଣା ଥିଏଟର୍‌ରେ ନାଟକ ଦେଖାହେଲା ଏବଂ ସଂସ୍ଥାର ପରିଚାଳକ ବାଉରୀବଂଧୁ ମହାନ୍ତିଙ୍କ ସହିତ ଘନିଷ୍ଠତା ବଢ଼ିଗଲା। ପରେ ପରେ ସେ ନାଟ୍ୟକାର ଭୁବନେଶ୍ୱର ମହାପାତ୍ର, ବ୍ୟୋମକେଶ ତ୍ରିପାଠୀଙ୍କ ସହ ଘନିଷ୍ଠ ହୋଇପଡ଼ିଲେ। ସଂଗୀତ ନିର୍ଦ୍ଦେଶକ ହରିହର ପଣ୍ଡା ଏବଂ ତାଙ୍କ ପତ୍ନୀ ମୁଖ୍ୟ ନାୟିକା ଭାନୁମତୀ ଦେବୀ ତାଙ୍କୁ ନାଟକ ରଚନା କରିବା ପାଇଁ ପ୍ରେରଣା ଦିଅନ୍ତି। ନାଟ୍ୟକାରଙ୍କ ବୟସ ଏତିକି ବେଳେ ୧୮-୧୯ବର୍ଷ। ନାଟ୍ୟକାର ଆଲୋଚକଙ୍କୁ ଏକ ସାକ୍ଷାତକାରରେ କହିଛନ୍ତି - "ଏମାନଙ୍କ ମନକୁ ଛୁଇଁଲା ପରି ନାଟକଟିଏ ଲେଖି ପାରିବି ବୋଲି ସାହାସ ସଂଚୟ କରିପାରୁନଥିଲି, ତଥାପି ସେଇଟା ହିଁ ଥିଲା ମୋ ଭିତରେ ଥିବା ନାଟ୍ୟକାରଟିଏ ଜନ୍ମନେବାର ଏନ୍ତୁଡ଼ିଶାଳ।" (ନାଟ୍ୟକାର ରମେଶ ପାଣିଗ୍ରାହୀ: ସ୍ରଷ୍ଟା ଓ ସୃଷ୍ଟି। ସଂପାଦନା - ପ୍ରଫେସର କୃଷ୍ଣଚନ୍ଦ୍ର ପ୍ରଧାନ, ଡକ୍ଟର ବାୟାମନୁ ଚର୍ଚ୍ଚି। ପ୍ର.କା - ୨୦୧୩)

ଧରାକୋଟର ବିଖ୍ୟାତ ଚିତ୍ରଶିଳ୍ପୀ ବିପିନ ବିହାରୀ ସାହୁ ରମେଶ ପ୍ରସାଦଙ୍କୁ

ନେଇ ଗଂଜାମ କଳା ପରିଷଦ, ବ୍ରହ୍ମପୁରରେ ପହଞ୍ଚାଇ ଦିଅନ୍ତି। ଓଡ଼ିଆ ନାଟ୍ୟ ଆନ୍ଦୋଳନରେ 'ସୃଜନୀ' ଓ 'ସଙ୍କେତ'ର ଭୂମିକା ଯେତିକି ଗୁରୁତ୍ୱପୂର୍ଣ୍ଣ ଥିଲା ତଦନୁରୂପ ଭୂମିକା ନିର୍ବାହ କରୁଥିଲା ବ୍ରହ୍ମପୁରର 'ଗଂଜାମ କଳା ପରିଷଦ'। ମହାରାଜା କୃଷ୍ଣଚନ୍ଦ୍ର ଗଜପତି ଭେଷଜ ମହାବିଦ୍ୟାଳୟ, ବ୍ରହ୍ମପୁରର ପ୍ରଫେସର୍ ଡା. ସୁକୁମାର ଦାସ, ପ୍ରଫେସର୍ ଶ୍ରୀକାନ୍ତ ଦାସ, ଖଲ୍ଲିକୋଟ କଲେଜର ଡକ୍ଟର ନାରାୟଣ ଶତପଥି, ଚଳଚ୍ଚିତ୍ର ନିର୍ଦ୍ଦେଶକ ଶିଶିର ମିଶ୍ର ପ୍ରମୁଖ ଏହି ନାଟ୍ୟ ଆନ୍ଦୋଳନରେ ସଂପୃକ୍ତ ଥିଲେ ଏବଂ ନାଟକରେ ବହୁ ପରୀକ୍ଷା ନିରୀକ୍ଷା କରାଯାଉଥିଲା। ଗଂଜାମ କଳା ପରିଷଦ, ବ୍ରହ୍ମପୁର ସହ ସଂପୃକ୍ତି, ସାହଚର୍ଯ୍ୟ, ପ୍ରେରଣା ଓ ପ୍ରଭାବ ଫଳରେ ରମେଶ ପାଣିଗ୍ରାହୀଙ୍କ ନାଟ୍ୟକାର ଜୀବନ ପୁଷ୍କଳ ହୋଇଛି। ନାଟକରେ ନୂତନ ପରୀକ୍ଷା ନିରୀକ୍ଷା କରିବାର ସୁଯୋଗ ଏଠି ତାଙ୍କୁ ମିଳିଛି। ସୃଜନଶୀଳ ମାନସର ଅଭିବ୍ୟକ୍ତି ପ୍ରକାଶ ନିମିତ୍ତ ଏହା ତାଙ୍କ ପାଇଁ ହେଲା ଏକ ଅପୂର୍ବ ସୁଯୋଗ।

ସମୟ କ୍ରମେ ନାଟ୍ୟ ରଚନା ପାଇଁ ରମେଶ ପାଣିଗ୍ରାହୀଙ୍କୁ ପ୍ରୋତ୍ସାହନ ଦେଇଛନ୍ତି ରାୟଗଡ଼ାର ନାଟ୍ୟକାର ବଳରାମ ମିଶ୍ର, ନାଟ୍ୟକାର ଓ ବେତାର ନାଟ୍ୟ ନିର୍ଦ୍ଦେଶକ ଦାଶରଥି ପ୍ରସାଦ ଦାସ, ନାଟ୍ୟକାର ଗୋପାଳ ଛୋଟରାୟ, ନାଟ୍ୟକାର ନରସିଂହ ମହାପାତ୍ର, ଶାନ୍ତନୁ କୁମାର ଆଚାର୍ଯ୍ୟ, କୃଷ୍ଣଚରଣ ବେହେରା, ମହାପାତ୍ର ନୀଳମଣି ସାହୁ, ଏବଂ ପ୍ରଫେସର ନିତ୍ୟାନନ୍ଦ ଶତପଥୀ। ଯାତ୍ରା ନାଟକ ରଚନାପାଇଁ ପ୍ରୋତ୍ସାହିତ କରିଛନ୍ତି ଚିତ୍ତରଂଜନ ଦାସ, ଇଂରାଜୀ କବି ନିସିମ୍ ଏଜେକିଏଲ୍, ବଂଗଳାର ଚାରଣ କବି ବରୁଣ ମୁଖୋପାଧ୍ୟାୟ, ତଥାଗତ ମଲ୍ଲିକ, କେରଳର ଜୋସେଫ୍ ଓ ଶୁସିଲା, ହାଇଦ୍ରାବାଦର ଆଶା ଭଣ୍ଡାରକର ପ୍ରମୁଖ। ତାଙ୍କ ନାଟକର ଉଚ୍ଚପ୍ରଶଂସା କରନ୍ତି ଦାଶରଥି ଦାସ, ଅକ୍ଷୟ ମହାନ୍ତି ଓ ବିଜୟ ମିଶ୍ର ଏବଂ ସର୍ବୋପରି ନାଟକର ମୁଖ୍ୟ ବିଚାରକ 'ଦର୍ଶକ'।

ରମେଶ ପାଣିଗ୍ରାହୀଙ୍କ ପ୍ରଥମ ନାଟକ ହେଉଛି 'ମୁକ୍ତି ମଣ୍ଡପ' (୧୯୬୩)। ଓଡ଼ିଆ ନାଟ୍ୟ ସାହିତ୍ୟରେ ଏହି ସମୟ ହେଉଛି ଆଧୁନିକ ନାଟ୍ୟ ଆନ୍ଦୋଳନର ସମୟ। ପ୍ରଚଳିତ ପରଂପରା, ମୂଲ୍ୟବୋଧ, ସୌନ୍ଦର୍ଯ୍ୟବୋଧ, ଧର୍ମ ବିଶ୍ୱାସରୁ ନିଜକୁ ମୁକୁଳାଇ ରୂପରୁ ଅରୂପ, ଦେହରୁ ଦେହାତୀତକୁ ଖୋଜିବା ଆରମ୍ଭ କଲେ ଓଡ଼ିଆ ନାଟ୍ୟକାରମାନେ। ଚିନ୍ତା ଓ ଚେତନାରେ ନୂତନତା, ଦୃଷ୍ଟି ଓ ଦର୍ଶନରେ ଗଭୀରତା, ଅନୁଭବ ଓ ପ୍ରକାଶରେ ଆନ୍ତରିକତା ତଥା ସମାଜ ଜୀବନରେ ରୂଢ଼ି ବାସ୍ତବତାର, ନଗ୍ନ ନିର୍ମମତାର ଉନ୍ମୁକ୍ତ ଚାରଣଭୂମି ଭିତରକୁ ଅନୁପ୍ରବେଶ କଲେ ନାଟ୍ୟକାର। ବାଦ୍‌ପଡ଼ିଲା ଆଡ଼ମ୍ବରପୂର୍ଣ୍ଣ ଦୃଶ୍ୟ ସଜ୍ଜା, କଭରସିନ୍, ସଂଗୀତ ନୃତ୍ୟ, ବୌଦ୍ଧିକତା ସ୍ପର୍ଶ-ଶୂନ୍ୟ

ହାସ୍ୟରସ, ଖଳନାୟକ ଇତ୍ୟାଦିର ଧରାବନ୍ଧା ନିୟମ। ସଂଳାପ ହେଲା ଇଂଗିତଧର୍ମୀ। ଖଣ୍ଡିତ ସଂଳାପ, ପ୍ରତୀକଧର୍ମୀ ମଂଚ ବ୍ୟବସ୍ଥା, ପ୍ରୟୋଗବାଦୀ ଚିନ୍ତାଧାରା ନାଟକକୁ ନୂଆ ରୂପ ଦେଲା। ବିଷୟ ବିନ୍ୟାସରେ ସ୍ଥାନ ପାଇଲା ମଧ୍ୟବିତ୍ତ ସମାଜର ଅସହାୟତା, ରୁଗ୍‌ଣତା, ବ୍ୟର୍ଥତା, ରିକ୍ତତାର ଯଥାଯଥ ଚିତ୍ର। ମନୋରାଜ୍ୟର ବିଶ୍ଳେଷଣ କରି ଫ୍ରୟେଡ଼ୀୟ ବିକ୍ଷୁବ୍ଧ ଯୌନ ଚେତନାକୁ ନାଟ୍ୟକାର ନିଜ ରଚନାରେ ପରିସ୍ଫୁଟ କଲେ। ସମୟ ଓ ସ୍ଥାନର ଅସ୍ତିତ୍ୱକୁ ଅସ୍ୱୀକାର କରାଗଲା। ଏଭଳି ପରୀକ୍ଷାଧର୍ମୀ ନାଟ୍ୟରଚନା କ୍ଷେତ୍ରରେ ଅନୁପ୍ରବେଶ ପୂର୍ବରୁ ରମେଶ ପାଣିଗ୍ରାହୀ ବିଶ୍ୱନାଟ୍ୟଧାରାର ପରିବର୍ତ୍ତିତ ଧାରା ସହ ପରିଚିତ ଥିଲେ। ପ୍ରାଚ୍ୟ ଓ ପାଶ୍ଚାତ୍ୟ ଉଭୟର ମୂଲ୍ୟବାନ ନାଟ୍ୟଗ୍ରନ୍ଥମାନ ସେ ଅଧ୍ୟୟନ କରିଛନ୍ତି, ଗବେଷଣା କରିଛନ୍ତି। ତେବେ ସେ ଓଡ଼ିଆ ନାଟ୍ୟ ଆନ୍ଦୋଳନରେ ପ୍ରମୁଖ ଭୂମିକା ଗ୍ରହଣ କରିଥିବା ମନୋରଂଜନ ଦାସ, ବିଜୟ ମିଶ୍ର, ବିଶ୍ୱଜିତ୍ ଦାସ, ଜୀବନାନନ୍ଦ ମିଶ୍ର, ରତ୍ନାକର ଚଇନି, କାର୍ତ୍ତିକଚନ୍ଦ୍ର ରଥ ପ୍ରମୁଖଙ୍କଠାରୁ ସ୍ୱତନ୍ତ୍ର ପାଲଟି ଯାଇଛନ୍ତି।

ନାଟ୍ୟକାର ରମେଶ ପାଣିଗ୍ରାହୀ ସାମାଜିକ ଅଂଗୀକାରବଦ୍ଧତା ନେଇ ନାଟ୍ୟ ରଚନା କରିଛନ୍ତି। ପରୀକ୍ଷା ନିରୀକ୍ଷା ଭିତରେ ସେ କିନ୍ତୁ ଦର୍ଶକମାନଙ୍କୁ ପାଶୋରି ନାହାନ୍ତି। ସେ ହୃଦ୍‌ବୋଧ କରିଛନ୍ତି ଦର୍ଶକମାନେ ତାଙ୍କ ନାଟକର ଶ୍ରେଷ୍ଠ ବିଚାରକ। ଦର୍ଶକମାନଙ୍କର କରତାଳି ତାଙ୍କ ପାଇଁ ଅମୂଲ୍ୟ ସଂପଦ। ନବନାଟ୍ୟ ଆନ୍ଦୋଳନ ନାଁରେ ରଚିତ ନାଟକ ମାନଙ୍କ ପ୍ରତି ଦର୍ଶକ ବିମୁଖ ହୋଇ ପଡ଼ିଥିଲା ବେଳେ ରମେଶ ପାଣିଗ୍ରାହୀଙ୍କ ବହୁ ନାଟକ ଅନେକ ଦିନ ଧରି ଅଭିନୀତ ହୁଏ। 'ସେ ମରିଗଲେ' ନାଟକ ଓଡ଼ିଶାର ବିଭିନ୍ନ ସହରରେ ଶହେରୁ ଊର୍ଦ୍ଧ୍ୱ ଥର ଅଭିନୀତ ହୋଇ ଉଚ୍ଚ ପ୍ରଶଂସିତ ହୋଇଛି। ପଚାଶରୁ ଊର୍ଦ୍ଧ୍ୱ ଥର ମଂଚସ୍ଥ ହୋଇଛି ନାଟକ, 'ମୁଁ, ଆମ୍ଭେ, ଆମ୍ଭେମାନେ', 'କମଳପୁର ଡାକଘର' ଏବଂ 'ଗୁଣ୍ଡା'। ଏଭଳି ସୌଭାଗ୍ୟ କେତେ ଜଣ ଓଡ଼ିଆ ନାଟ୍ୟକାରଙ୍କ ଭାଗ୍ୟରେ ଆସିଛି ?

ବିଶ୍ୱ ନାଟ୍ୟଧାରା ଓ ନାଟ୍ୟକାର ରମେଶ ପ୍ରସାଦ :

ନାଟକରେ ଅଭିନୟ, ନିର୍ଦ୍ଦେଶନା, ମଂଚସଜ୍ଜା, ଆଲୋକ ସଂପାତ, ଶବ୍ଦ ପ୍ରକ୍ଷେପଣ ଏବଂ ଆବହ ସଂଗୀତ ପରିଚାଳନାରେ ନାଟ୍ୟକାର ରମେଶ ପ୍ରସାଦ ସୁଦକ୍ଷ। ଅପର ପକ୍ଷରେ ଇଂରାଜୀ ଭାଷା ଓ ସାହିତ୍ୟର ଅଧ୍ୟାପକ ଓ ଗବେଷକ ଭାବେ ବିଶ୍ୱ ନାଟ୍ୟ ସାହିତ୍ୟର ଧାରା ସହିତ ପରିଚିତ। ତେଣୁ ଓଡ଼ିଆ ନାଟ୍ୟକଳାର ବିକାଶ ପାଇଁ ସେ ପ୍ରମୁଖ ଭୂମିକା ଗ୍ରହଣ କଲେ ଓ ବହୁ ପରୀକ୍ଷା ନିରୀକ୍ଷା କଲେ। ପ୍ରକୃତିବାଦୀ ଶୈଳୀରେ 'ମୁକ୍ତି ମଣ୍ଡପ', ବାସ୍ତବବାଦୀ ଶୈଳୀରେ 'ବିନ୍ଦୁ ଓ ବଳୟ', ପ୍ରକାଶବାଦୀ

ଶୈଳୀରେ 'ତିମିର ତୃଷ୍ଣା' ଓ ପ୍ରତୀକବାଦୀ ଶୈଳୀରେ 'ମୁଁ, ଆମ୍ଭେ ଓ ଆମ୍ଭେମାନେ' ନାଟକ ରଚନା କରିଛନ୍ତି। ମାନବବାଦୀ ଦୃଷ୍ଟିଭଙ୍ଗୀରେ ସେ ରଚନା କରିଛନ୍ତି 'ଧୃତରାଷ୍ଟ୍ରର ଆଖି', 'ଗୁଣ୍ଡା', 'କମଳପୁର ଡାକଘର' ଇତ୍ୟାଦି। ଉଦ୍ଭଟ ନାଟ୍ୟ ଶୈଳୀର ଝଲକ ଆମେ ଲକ୍ଷ୍ୟ କରୁ ତାଙ୍କର 'ଜଣେ ମହାପୁରୁଷଙ୍କ ଜନ୍ମ ମୃତ୍ୟୁ ସଂପର୍କରେ'(ମଣ୍ଡୁକ ଉପାଖ୍ୟାନ)ରେ।

ନାଟ୍ୟକାର ରମେଶ ପ୍ରସାଦ 'ମୁକ୍ତି ମଣ୍ଡପ' ପରେ ରଚନା କରନ୍ତି 'ତିମିର ତୃଷ୍ଣା', 'ନିଶୀଥ ସୂର୍ଯ୍ୟ' (୧୯୬୪), ବିନ୍ଦୁ ଓ ବଳୟ (୧୯୬୬), ଶିଳାର ସ୍ୱପ୍ନ (୧୯୬୬), ଗୁଣ୍ଡା (୧୯୬୮), ଧୃତରାଷ୍ଟ୍ରର ଆଖି (୧୯୬୯), କମଳପୁର ଡାକଘର (୧୯୬୮), ମୁଁ ଆମ୍ଭେ ଓ ଆମ୍ଭେମାନେ (୧୯୬୯), ଦୁର୍ଘଟଣାବଶତଃ (୧୯୭୧), ମହାନାଟକ (୧୯୭୨), ଜଣେ ମହାପୁରୁଷଙ୍କ ଜନ୍ମ ମୃତ୍ୟୁ ସଂପର୍କରେ(ମଣ୍ଡୁକ ଉପାଖ୍ୟାନ)(୧୯୭୨), ଆତ୍ମଲିପି (୧୯୭୬), ଆନନ୍ଦ ନଗରୀକୁ ଯାତ୍ରା (୧୯୭୭), ଶେଷ ପାହାଚ (୧୯୮୦), ପକା କମ୍ବଳ ପୋତ ଛତା (୧୯୮୧), ହାତୀକୁ ହୋମିଓପାଥି (୧୯୮୪) ଇତ୍ୟାଦି। ବ୍ୟକ୍ତିର ହତାଶା, ଦ୍ୱନ୍ଦ୍ୱ, ଆଶଙ୍କା ତଥା ଜୀବନ ଦୃଷ୍ଟିକୁ କେନ୍ଦ୍ର କରି ଗଢ଼ି ଉଠିଥିବା ନାଟକ ହେଉଛି ବିନ୍ଦୁ ବଳୟ, ଆତ୍ମଲିପି, ଗୁଣ୍ଡା, ଧୃତରାଷ୍ଟ୍ରର ଆଖି ଓ ତିମିର ତୃଷ୍ଣା। ଚିରନ୍ତନ ମୂଲ୍ୟବୋଧ ସଂପନ୍ନ ନାଟକ (ଅତିକଳ୍ପନାଭିତ୍ତିକ ନାଟକ) ହେଉଛି- ହାତୀକୁ ହୋମିଓପାଥି, ଆନନ୍ଦ ନଗରକୁ ଯାତ୍ରା, ଜଣେ ମହାପୁରୁଷଙ୍କ ଜନ୍ମ ମୃତ୍ୟୁ ସଂପର୍କରେ।

ନାଟ୍ୟ ସ୍ରଷ୍ଟା ରମେଶ ପାଣିଗ୍ରାହୀ ପ୍ରତ୍ୟେକ ନାଟକରେ କିଛିନା କିଛି ପରୀକ୍ଷା କରଛନ୍ତି। ୧୯୬୬ ଗଂଜାମ କଳା ପରିଷଦରେ ମଂଚସ୍ଥ ହୋଇଥିବା 'ବିନ୍ଦୁ ବଳୟ' ନାଟକରେ ଛଅଟି ନାଟ୍ୟ ସ୍ଥାନ ନିଆଯାଇଛି; ଯଥା -୧, ୨- ଡାକ ବଙ୍ଗଳାର ଦୁଇଟି କୋଠରୀ, ୩. ଡାକ ବଙ୍ଗଳାର ବାରଣ୍ଡା, ୪. ସାମ୍ନାର ରାସ୍ତା, ୫. ଚଉଁରାମୂଳ, ୬. ବଂଶୀର କୁଡ଼ିଆ। 'ଆନନ୍ଦ ନଗରୀକୁ ଯାତ୍ରା'କୁ ମଧ୍ୟ ଛଅଟି ଜୋନ୍ ବା ମଂଚସ୍ଥାନରେ ସଂକେତିତ କରାଯାଇଛି, ଯଥା- ୧. ସୌର ଜଗତ ବା ମହାଶୂନ୍ୟ ବା କୁଶୀଲବଙ୍କ ଚେତନାସ୍ତର, ୨. ସମୁଦ୍ର ଓ ସମୁଦ୍ରର ଅନୁଭୂତି, ୩. କାଳ୍ପନିକ ଆନନ୍ଦ ନଗର ଷ୍ଟେସନ, ୪. ଏକ ଅନ୍ତଃହୀନ ବୃତ୍ତାକାର ରାସ୍ତା, ୫. ଯନ୍ତ୍ରଣା କୋଠରୀ ବା ମେଘନାଦ-ସାମନ୍ତଙ୍କ ପାଇଁ ନିଳୟ, ୬. ଗୋଟିଏ ବିବର: ପୃଥିବୀ ପୃଷ୍ଠରୁ ଭୂକେନ୍ଦ୍ର ପର୍ଯ୍ୟନ୍ତ ପ୍ରସାରିତ। ଏହି ଛଅଟି ଜୋନ୍ ବା ନାଟ୍ୟସ୍ଥାନ ଅଭିନୟ ଇଲାକାର ପ୍ରୟୋଗ ବ୍ରେଖ୍ଟୀୟ Alienation Theoryର ପ୍ରଥମ ଓଡ଼ିଶୀ ପରୀକ୍ଷା। ପ୍ରକାଶ ଥାଉକି, 'ବିନ୍ଦୁ ଓ ବଳୟ' ନାଟକର ସେ ଥିଲେ ନିର୍ଦ୍ଦେଶକ ଓ ଅଭିନେତା ମଧ୍ୟ।

'ମୁକ୍ତି ମଣ୍ଡପ' ନାଟକରେ ପରୀକ୍ଷା ହୋଇଛି ଗଙ୍ଖାୟନ ଓ ବର୍ଣ୍ଣନାତତ୍ତ୍ୱର ସ୍ଥାପତ୍ୟ କଥାକୁ ନେଇ। 'ତିମିର ତୃଷ୍ଣା' ନାଟକରେ ଚରିତ୍ରଚିତ୍ରଣରେ ମାନସିକ ଓ ମନସ୍ତାତ୍ତ୍ୱିକ ଘଟଣା ଓ ସଂଘାତ ପାଇଁ ନାଟ୍ୟକାର ସୁଯୋଗ ସୃଷ୍ଟି କରିଛନ୍ତି ଏବଂ ବ୍ରହ୍ମପୁର ମେଡିକାଲ କଲେଜରେ ଛଅ ରାତି ଅଭିନୀତ ହୋଇଛି। ସଫଳତାର ପ୍ରଥମ କାରଣ ହେଲା ସେ ପ୍ରତ୍ୟେକ ଚରିତ୍ରରେ ନୂତନତା ଭରି ଦେବାର ପ୍ରୟାସ କରନ୍ତି, ସୁନ୍ଦର ଭାବରେ ରୂପାୟିତ କରିଥା'ନ୍ତି। 'ତିମିର ତୃଷ୍ଣା'ର ମୁକ୍ତିକାନ୍ତ ପ୍ରତି ଚରିତ୍ର (Anti Character) ଭାବେ ପ୍ରତିଭାତ। ଓଡ଼ିଆ ନାଟ୍ୟ ସାହିତ୍ୟରେ ଏଭଳି ଚରିତ୍ର ବିରଳ। ଶାନ୍ତନୁ ଆଚାର୍ଯ୍ୟଙ୍କ 'ନରକିନ୍ନର' ଉପନ୍ୟାସର ଜର୍ଜ, ଗୋବିନ୍ଦ ଦାସଙ୍କ ଉପନ୍ୟାସ 'ଅମାବାସ୍ୟାର ଚନ୍ଦ୍ର'ର କାଉଲ ଏବଂ ମୁକ୍ତିକାନ୍ତ ଚରିତ୍ରର ତୁଳନାତ୍ମକ ବିଚାରରେ ମୁକ୍ତିକାନ୍ତ ଚରିତ୍ରର ବୈଶିଷ୍ଟ୍ୟ ସ୍ୱତନ୍ତ୍ର, ଅଭିନବ ଓ ଅଭୂତପୂର୍ବ। ଏହି ଚରିତ୍ରକୁ କୌଣସି ଓଡ଼ିଆ ନାଟ୍ୟକାର ଏଯାବତ୍ ଅତିକ୍ରମ କରିପାରି ନାହାନ୍ତି। ମନସ୍ତାତ୍ତ୍ୱିକ ବିଶ୍ଳେଷଣ ଓ ଉପସ୍ଥାପନାରେ ଏହାର ସ୍ୱାତନ୍ତ୍ର୍ୟ ବିଦ୍ୟମାନ।

ନାରୀ ଚରିତ୍ର ଚିତ୍ରଣରେ ନାଟ୍ୟକାର ସିଦ୍ଧହସ୍ତ। 'ଗୁଣ୍ଡା'ର କାକଳୀ, 'ଆତ୍ମଲିପି'ର ଶେଲୀ, 'ବିନ୍ଦୁ ଓ ବଳୟ'ର ସୁଚରିତା, 'ଶେଷ ପାହାଚ'ର ଲିଜି, 'ମୁଁ ଆମ୍ଭେ ଓ ଆମ୍ଭେମାନେ'ର ବନ୍ୟା, 'ହାତୀକୁ ହୋମିଓପାଥି'ର ଲକ୍ଷ୍ମୀ, 'ଜଣେ ମହାପୁରୁଷଙ୍କ ଜନ୍ମ ମୃତ୍ୟୁ ସଂପର୍କରେ'ର ମାଧବୀ, 'ତିମିର ତୃଷ୍ଣା'ର ରିକ୍ତା, 'ମହାନାଟକ'ର କେତକୀଗନ୍ଧା ଏବଂ 'ବିନ୍ଦୁ ଓ ବଳୟ'ର ମାଳିନୀ ତା'ର ସଫଳ ଦୃଷ୍ଟାନ୍ତ।

୧୯୮୦ ମସିହାରେ 'ଶେଷ ପାହାଚ' ନାଟକ ରଚନା କରି ଓଡ଼ିଆ ନାଟକରେ ସେ ଏକ ସାଂଘାତିକ ମୋଡ଼ ସୃଷ୍ଟି କରିଛନ୍ତି। ସଂସ୍କୃତ 'ନିର୍ବହଣ' ଏବଂ ପାଶ୍ଚାତ୍ୟ Technique of transformation ଶୈଳୀର ପ୍ରୟୋଗ କରିଛନ୍ତି। ଏହା କେବଳ ଓଡ଼ିଶା ନୁହେଁ, ସମଗ୍ର ଭାରତ ବର୍ଷରେ ଏକ ନୂତନ ପ୍ରୟୋଗ।

ନାଟକ ଭିତରେ ନାଟକର ସୂଚନା ରହିଛି 'ମୁଁ, ଆମ୍ଭେ ଓ ଆମ୍ଭେମାନେ' ନାଟକରେ। ଏହା ଇଟାଲୀୟ ନାଟ୍ୟକାର ଲୁଇ ପିରାନ୍ଦେଲୋଙ୍କ 'Six characters in search of an Author' ର ପ୍ରଭାବ।

ଯାତ୍ରା ନାଟକରେ ସେ ନୂତନତାର ସ୍ପର୍ଶ ଦେଇଛନ୍ତି। କାହାଣୀ ସଂଯୋଜନାରେ ବ୍ରେଖ୍ତୀୟ ପ୍ରୟୋଗ Antonin Artaudଙ୍କ ପରୀକ୍ଷା, ସ୍ୱଗତ ଉକ୍ତିର ସଫଳ ପରୀକ୍ଷା, ଆବହ ସଂଗୀତର ନୂତନ ପ୍ରୟୋଗ କରି 'ଲକ୍ଷ୍ମଣର ତିନିଗାର' ନାଟକରେ ପ୍ରଥମଥର ପାଇଁ ଯାତ୍ରାରେ ତିନୋଟି ମଂଚର ଆବିର୍ଭାବ କରାଇଛନ୍ତି।

ପ୍ରକାଶଯୋଗ୍ୟ ଯେ ବ୍ରେଖ୍‌ଟଙ୍କର ଏପିକ୍ ଥିଏଟର୍ ରୀତି ଦର୍ଶକମାନଙ୍କୁ ଦୂରେଇ ରଖି ଭାବାବେଗରେ ବିମୋହିତ ହେବାକୁ ନଦେଇ ଏକ ସମାଲୋଚନାତ୍ମକ ଦୃଷ୍ଟିଭଂଗୀରେ ଆବିଷ୍ଟ କରେ। ବ୍ୟାଖ୍ୟାନ, ବର୍ଣ୍ଣନାରୀତି, ନାଚ, ଅତିମାନବୀୟ ଘଟଣାର ଉପସ୍ଥାପନ ଆମ ଯାତ୍ରା ଓ ତାମସାରେ ଏହା ଲକ୍ଷ୍ୟଣୀୟ। ଏହି ଶୈଳୀରେ ରଚିତ ହୋଇଛି ମହାନାଟକ, ଆନନ୍ଦ ନଗରୀକୁ ଯାତ୍ରା ଓ ହାତୀକୁ ହୋମିଓପାଥି।

ମହାନାଟକ (ପଂଚମ ସ୍ୱର) ୧୯୭୧ରେ ସେ ଦାସକାଠିଆ ମାଧ୍ୟମରେ ଅତିକଳ୍ପନାତ୍ମକ କାହାଣୀଟିଏ ପରିବେଷଣ କରିଛନ୍ତି। ଲୋକନାଟ୍ୟ ଶୈଳୀରେ ଏହା ସମଗ୍ର ଭାରତ ବର୍ଷରେ ପ୍ରଥମ ପ୍ରୟୋଗ ବୋଲି ଜନୈକ ସମୀକ୍ଷକ ମତ ପ୍ରଦାନ କରିଛନ୍ତି। ଏହାର କିଛି ଦିନ ପରେ ଜ୍ଞାନପୀଠ ବିଜେତା ଶ୍ରୀ ଗିରୀଶ କର୍ନ୍ନାଡ଼ ‘ହୟବଦନ’ ନାଟକ ରଚନା କରିଛନ୍ତି।

ନାଟ୍ୟକାର ରମେଶ ପାଣିଗ୍ରାହୀ କହନ୍ତି - ‘‘ମୁଁ ସବୁବେଳେ ନୂତନ ଶୈଳୀରେ କହିବାକୁ ଚାହେଁ ଏବଂ ବିଶ୍ୱ ବା ଭାରତୀୟ ସାହିତ୍ୟ ପଢ଼ିଲା ବେଳେ ନୂଆ ଶୈଳୀଟିଏ ଦେଖିଲେ (ଏଇ ଯେମିତି Pynchon, Richard Wright, Kurt Vonnequt, Milan Kundera) ମୋତେ ନାଟକରେ ପ୍ରୟୋଗ କରିବାକୁ ଆଗ୍ରହ ଆସେ।’’ ତାଙ୍କ ବିଚାରରେ ନାଟକ ଏକ ଆର୍ଟ ନୁହେଁ architect। ସେ ନିଜ ନାଟକରେ ଅନୁଭୂତିର ଇଲାକା, ଅବର୍ଣ୍ଣିତ ଚରିତ୍ର, ଅଲିଖିତ ଭାଷା ପ୍ରୟୋଗ କରି ନିଜର ସ୍ୱାତନ୍ତ୍ୟ ବଜାୟ ରଖିଛନ୍ତି। ତାଙ୍କର କଥନିକା ନିର୍ବାଚନ, କଥନ ଶୈଳୀ, ଚରିତ୍ରାୟନ ଓ ଭାଷାର ବ୍ୟବହାର ଅନ୍ୟ ନାଟ୍ୟକାରମାନଙ୍କଠାରୁ ଭିନ୍ନ। ସେ ତାଙ୍କ ନାଟକରେ ଉଭଟ ଶୈଳୀରେ ଲୋକଶୈଳୀ ଓ ଓଡ଼ିଆ ସଂସ୍କୃତିର typical ସମନ୍ୱୟ ଆଣିଛନ୍ତି। ତେଣୁ ନବନାଟ୍ୟ ଆନ୍ଦୋଳନ ସମୟରେ ରଚିତ ପରୀକ୍ଷାମୂଳକ ନାଟକ ଦର୍ଶକମାନଙ୍କଠାରୁ ଦୂରେଇ ଲୋକପ୍ରିୟତା ହରେଇଥିବା ବେଳେ ରମେଶ ପାଣିଗ୍ରାହୀଙ୍କ ନାଟକ ଜନାଦୃତ ହୋଇଛି। କାରଣ ସେ ହୃଦ୍‌ବୋଧ କରିଛନ୍ତି ନାଟକ ଲୋକମାନଙ୍କପାଇଁ, ପରିବେଷଣ ପାଇଁ, ଗ୍ରନ୍ଥାଗାରରେ ସାଇତି ରଖିବା ପାଇଁ ନୁହେଁ।

ଏଠି ରମେଶ ପାଣିଗ୍ରାହୀଙ୍କ ନାଟ୍ୟ ରଚନା କୌଶଳର ସୂଚନାଦେବା ପ୍ରାସଙ୍ଗିକ ମନେହୁଏ। ସେ ନାଟ୍ୟରଚନା ପୂର୍ବରୁ ନାଟ୍ୟ ଉପସ୍ଥାପନା ଶୈଳୀ ଓ କାହାଣୀ ଠିକ୍ କରନ୍ତି ଏବଂ ତା’ପରେ ନାଟକ ଲେଖନ୍ତି। ତାଙ୍କର ଲକ୍ଷ୍ୟ ହେଲା ଓଡ଼ିଶାର ସବୁ ନାଟ୍ୟ ପରଂପରାକୁ ଭାଙ୍ଗି ନୂତନତାର ସ୍ପର୍ଶଦେବା, ଓଡ଼ିଆ ନାଟ୍ୟ ସାହିତ୍ୟକୁ ସର୍ବଭାରତୀୟ ସ୍ତରରେ ପରିଚିତ କରାଇବା।

ଭାଷା ପ୍ରୟୋଗ ଦୃଷ୍ଟିରୁ ବିଚାର କଲେ ଜଣାଯାଏ, ଓଡ଼ିଆ ଶବ୍ଦକୋଷରୁ

ବହୁ ନିର୍ବାସିତ ଶବ୍ଦମାନଙ୍କୁ ସେ ପୁନଃ ସଂସ୍ଥାପନ କରିଛନ୍ତି। ନାଟକ, ଅଣୁନାଟକ, ଅନାଟକ, ବେତାର ନାଟକ, ଯାତ୍ରା ନାଟକ, ଟେଲିନାଟକ ସବୁଥିରେ ସେ ପରୀକ୍ଷା ନିରୀକ୍ଷା କରି ସଫଳତା ପାଇଛନ୍ତି। ତାଙ୍କର ଅନାଟକ 'ବୁଦ୍ଧ', ବିଶ୍ୱମ୍ଭର ସେନାପତି ଓ ଦର୍ପଣ ଉପାଖ୍ୟାନ, କେଜାଣି କାହିଁକି କେଉଁଠି କିପରି କେତେବେଳେ, ସେ ମରିଗଲେ, ଶ୍ରୀ ଶ୍ରୀ ଲକ୍ଷ୍ମୀପୂଜା, ୧୦୦ରୁ ଉର୍ଦ୍ଧ୍ୱ ଥର ମଂଚସ୍ଥ ହୋଇ ଲୋକପ୍ରିୟ ହୋଇପାରିଛି। ତାଙ୍କର ଯାତ୍ରା ନାଟକ ସଫଳତାର ଶୀର୍ଷରେ। ତାଙ୍କର ରଚିତ ଶ୍ରୀକୃଷ୍ଣ ଆସୁଛନ୍ତି (ଓଡ଼ିଶା ଅପେରା), ଭିନ୍ନ ଏକ ରାମାୟଣ ଅନ୍ୟ ଏକ ସୀତା (ଜନତା ଗଣନାଟ୍ୟ), ଜଗା ହଜିଗଲା ବଡ଼ଦାଣ୍ଡରେ (ପାର୍ବତୀ ଗଣନାଟ୍ୟ) ପୁରପଲ୍ଲୀରେ ମଧ୍ୟ ଅଭିନୀତ ହୋଇ ଉଚ୍ଚ ପ୍ରଶଂସିତ ହୋଇଛି।

ନାଟ୍ୟକାର ରମେଶ ପାଣିଗ୍ରାହୀଙ୍କ ସୃଜନଶୀଳ ମାନସର ଅଭିବ୍ୟକ୍ତି ଅନନ୍ୟ। ଓଡ଼ିଆ ଜନଜୀବନର ସାମାଜିକ, ସାଂସ୍କୃତିକ ଓ ଚାରିତ୍ରିକ ଅନୁଶୀଳନ; ବିଶ୍ୱନାଟ୍ୟ ସାହିତ୍ୟ ଅଧ୍ୟୟନ, ତତ୍ତ୍ୱ ବିଶ୍ଳେଷଣ ଓ ସମୀକରଣ ତାଙ୍କୁ ନୂତନ ସୃଜନଧାରାର ପଥପ୍ରଦର୍ଶନ କରେ। ପ୍ରତ୍ୟେକ କ୍ଷେତ୍ରରେ ସେ ନୂତନତା ଭରି ଦେବାକୁ ଚାହାଁନ୍ତି। ଏଇ ଦେଖନ୍ତୁ ନାଟକର ନାମକରଣ। ନାମକରଣରେ ରହସ୍ୟଧର୍ମିତା ଓ ଅଣପାରଂପରିକତା ଆପଣ ଲକ୍ଷ୍ୟ କରୁନାହାନ୍ତି ? ତାଙ୍କର ଆଭିମୁଖ୍ୟ ହେଉଛି ନାଟକକୁ ସାହିତ୍ୟ ଅଙ୍ଗୀଭୂତ କରିବା। ଏହା ଥିଲା ସମୟୋଚିତ ପଦକ୍ଷେପ।

ଶବବାହକମାନେ, ବନହଂସୀ, ଅରଣ୍ୟ ଫସଲ, ମୃଗୟା, ଦୁଇଟି ସୂର୍ଯ୍ୟ ଦଗ୍ଧ ଫୁଲକୁ ନେଇ, ପୁନଶ୍ଚ ପୃଥିବୀ, ଶୂନ୍ୟତାର ଶିଡ଼ି, ସ୍ୱର୍ଗଦ୍ୱାର, ଶବପଡ଼ିଛି, କାଠ ଘୋଡ଼ା, ଜୀବନଯଜ୍ଞ ଏସବୁ ପ୍ରତୀକଧର୍ମୀ ଓ ପରୀକ୍ଷାମୂଳକ ନାଟକ। ତେବେ ଏସବୁ ନାଟକକୁ ଓଡ଼ିଆ ନାଟ୍ୟସମାଲୋଚକମାନେ ଉଦ୍ଭଟ ନାଟକ ବୋଲି ମତ ଦେଲେ ଏବଂ ଏହାକୁ ଭିତ୍ତିକରି 'ଉଦ୍ଭଟ ନାଟ୍ୟ ପରଂପରା' କଥା ବି କୁହାଗଲା।

ଏଠି ମନେପଡ଼େ ନାଟ୍ୟକାର ବିଜୟ ମିଶ୍ରଙ୍କ ଏକ ପ୍ରବନ୍ଧ 'ଉଦ୍ଭଟ ନାଟ୍ୟ ପରଂପରା'। ଏହା ଓଡ଼ିଶା ସାହିତ୍ୟ ଏକାଡ଼େମୀ ଦ୍ୱାରା ଆୟୋଜିତ ଏକ ଜାତୀୟ ସଂପାନ ପାଇଁ ପ୍ରସ୍ତୁତ ହୋଇଥିଲା। ସେ ଏଥିରେ ଲେଖିଛନ୍ତି – "ଓଡ଼ିଆ ଉଦ୍ଭଟ ନାଟ୍ୟ ପରଂପରା ଯଦି ଆଲୋଚନାର ବିଷୟ ହୁଏ ତା' ହେଲେ ମୋର ଏ ରଚନାଟି ଏକ କ୍ଷୁଦ୍ର ରଚନାରେ ପରିଣତ ହୋଇଥା'ନ୍ତା। ତାହା କେବଳ ଗୋଟିଏ ବାକ୍ୟରେ ସରିଥା'ନ୍ତା। ବାକ୍ୟଟି ହେଉଛି ଓଡ଼ିଆ ଭାଷାରେ ଉଦ୍ଭଟ ନାଟକ ନାହିଁ। ତେଣୁ ଏଠି ତାର କୌଣସି ପରଂପରା ନାହିଁ। ଡକ୍ଟର ରତ୍ନାକର ଚଇନିଙ୍କ ଠାରୁ ଆରମ୍ଭ କରି ନିତ୍ୟାନନ୍ଦ ଶତପଥୀ ଆଦି ପର୍ଯ୍ୟନ୍ତ ଯେତେ ସମାଲୋଚକ ଉଦ୍ଭଟ ନାଟକ

ଶିରୋନାମାରେ ଯେତୋଟି ବହିର ତାଲିକା ଦେଇଛନ୍ତି, ତାହା ଉଦ୍ଭଟ ନାଟକ ଛପାମରା ହୋଇଥିବା ନାଟକ ହୋଇପାରେ କିନ୍ତୁ ଉଦ୍ଭଟ ନାଟକ ନୁହେଁ। ମୁଁ ଯେତୋଟି ଓଡ଼ିଆ ନାଟକ ପଢ଼ିଛି, ଦେଖିଛି, ଜାଣିଛି ବା ଲେଖିଛି, ତା' ଭିତରୁ ଖଣ୍ଡିଏ ଦୁଇଖଣ୍ଡ କିଛିଟା ଉଦ୍ଭଟ ନାଟକର ଧର୍ମକୁ ପୋଷଣ କରିଛି। ସେମାନଙ୍କ ମଧ୍ୟରୁ ସବୁଠାରୁ ଉଲ୍ଲେଖ ଯୋଗ୍ୟ ନାଟକ ରମେଶ ପାଣିଗ୍ରାହୀଙ୍କ 'ଜଣେ ମହାପୁରୁଷଙ୍କ ଜନ୍ମ ମୃତ୍ୟୁ ସଂପର୍କରେ'। ନାଟକଟି ଅଦ୍ଭୁତ ଭାବରେ ଉଦ୍ଭଟ ଏବଂ ସ୍ଥିତିବାଦୀ ଦର୍ଶନର ସମନ୍ୱୟ। ଜୀବନାନନ୍ଦ ମିଶ୍ରଙ୍କ 'ମୃତ ଝଂକାର' ଏବଂ 'ଦଉଡ଼ି' ମଧ୍ୟ ଉଦ୍ଭଟ ପ୍ରୟୋଗବାଦିତାର ସଫଳ ଦୃଷ୍ଟାନ୍ତ ହୋଇପାରେ। 'ଚନ୍ଦ୍ରଚୋରୀ' ନାଟକରେ କିଛି ଉଦ୍ଭଟତାର ସ୍ୱାକ୍ଷର ଅଛି। ଓଡ଼ିଆ ଭାଷାର ଏଇ କେତୋଟି ନାଟକ, ଉଦ୍ଭଟ ପଦବାଚ୍ୟ ହୋଇ ଏହାକୁ ପରଂପରା ରୂପ ଦେବି - ଏକଥାଟା ଅସମ୍ଭବ।' (ଆଧୁନିକ ଓଡ଼ିଆ ନାଟ୍ୟ ସାହିତ୍ୟ, ଓଡ଼ିଶା ସାହିତ୍ୟ ଏକାଡ଼େମୀ, ପୃ - ୯୭-୯୯, ପ୍ର.କା - ୧୯୮୨) ପ୍ରକାଶଥାଉକି, ଅବସରପ୍ରାପ୍ତ ବନାରସ ହିନ୍ଦୁ ବିଶ୍ୱବିଦ୍ୟାଳୟର ଇଂରାଜୀ ବିଭାଗର ପ୍ରଫେସର୍ ଏ.ପି. ଓବ୍ରାଏନ୍ ଥିଲେ ନାଟ୍ୟକାର ରମେଶ ପାଣିଗ୍ରାହୀଙ୍କର ପ୍ରଫେସର୍ ଏବଂ ତାଙ୍କୁ ସେ ଉଦ୍ଭଟ ନାଟକ ପଢ଼ାଉଥିଲେ। ଉଦ୍ଭଟ ନାଟକ ସ୍ଥିତିବାଦୀ ଦର୍ଶନ ଭିତ୍ତିକ ନାଟକ, ଯାହା ଅଭିବ୍ୟଞ୍ଜନାବାଦୀ ଶୈଳୀରେ ପରିବେଷିତ ହୁଏ। ଉଦ୍ଭଟ ନାଟକର ସଂଜ୍ଞା ଓ ସ୍ୱରୂପ ସମ୍ପର୍କରେ ନାଟ୍ୟକାର ରମେଶ ପାଣିଗ୍ରାହୀ ପୂର୍ଣ୍ଣ ସଚେତନ ଥିଲେ।

ଓଡ଼ିଆ ନାଟ୍ୟଜଗତକୁ ନୂତନ ବେଗ ଓ ଦିଗ ଦେବାରେ ନାଟ୍ୟକାର ରମେଶ ପାଣିଗ୍ରାହୀଙ୍କ ଅବଦାନ ଅବିସ୍ମରଣୀୟ। ସେ ଆଇନେସ୍କୋ, ହାରୋଲ୍ଡ ପିଣ୍ଟର, ପିଟର୍ ବୁକ୍, ଜନ୍ ଅସବର୍ଣ୍ଣ ଆଦିଙ୍କ ନାଟ୍ୟଶୈଳୀ ଦ୍ୱାରା ବିଶେଷ ଭାବେ ପ୍ରଭାବିତ। ଆମେରିକୀୟ ନାଟ୍ୟକାର ଅର୍ଥର ମିଲର୍‌ଙ୍କ 'ଡେଥ୍ ଅଫ ଏ ସେଲ୍‌ସମ୍ୟାନ' ନାଟକ ପଢ଼ି ସେ ରଚନା କଲେ 'ହେ ପୃଥିବୀ ବିଦାୟ'। ଏଥିରେ ଅତୀତ, ବର୍ତ୍ତମାନ ଓ ଭବିଷ୍ୟତ ବର୍ତ୍ତମାନ ବିନ୍ଦୁରେ ମିଳିତ ହୋଇଛନ୍ତି। ଏହି ନାଟକ ରଚନାର ଦୁଇ ତିନି ବର୍ଷ ପରେ ମନୋରଂଜନ ଦାସଙ୍କ 'ବନହଂସୀ' ନାଟକ ରଚିତ ହୁଏ। 'ବନହଂସୀ'ର ଅଚଳ ଘଂଟାଟି Arthurn Adamov ଙ୍କ La Parodies ନାଟକରେ ଥିଲା। ବନହଂସୀ ଏକ ରୋମାଣ୍ଟିକ୍ ନାଟକ ଅଥଚ ଏହାକୁ ଉଦ୍ଭଟ ନାଟକ ବୋଲି କୁହାଯାଇଛି। ଓଡ଼ିଆ ନାଟ୍ୟ ସାହିତ୍ୟ ଆଲୋଚନାରେ ଅନେକ ଦୋଷତ୍ରୁଟି ରହିଛି। ସମାଲୋଚନା ଦିଗଟି ମଧ୍ୟ ଆଦୌ ନିରପେକ୍ଷ ନୁହେଁ। ଏହାର କାରଣ ହୁଏତ ଦ୍ୱିବିଧ। ପ୍ରଥମତଃ ବିଶ୍ୱ ନାଟ୍ୟଧାରା ଓ ତାର ପରିବର୍ତ୍ତିତ ଧାରା ସହିତ ଆମର ଓଡ଼ିଆ ନାଟ୍ୟ ଆଲୋଚକମାନେ ପରିଚିତ ନୁହଁନ୍ତି ଅଥବା ଆଂଚଳିକ ପ୍ରୀତି ଏବଂ ସଂପର୍କର ସମ୍ମୋହନରେ ଛନ୍ଦି

ହୋଇଯାଇଛନ୍ତି। ବସ୍ତୁତଃ ଓଡ଼ିଆ ନାଟ୍ୟସାହିତ୍ୟର ଇତିହାସ ରଚନା ନିମିତ୍ତ ଓଡ଼ିଶା ସାହିତ୍ୟ ଏକାଡ଼େମୀ କର୍ତ୍ତୃପକ୍ଷ ଯତ୍ନଶୀଳ ହେବା ବିଧେୟ।

ପରିଶେଷରେ ଏତିକି କୁହାଯାଇପାରେ ଯେ, ନାଟ୍ୟସ୍ରଷ୍ଟା ରମେଶ ପାଣିଗ୍ରାହୀଙ୍କ ସୃଷ୍ଟି ସମ୍ଭାର ଓଡ଼ିଆ ନାଟ୍ୟ ସାହିତ୍ୟକୁ ସୁସମୃଦ୍ଧ କରିଛି। ଓଡ଼ିଆ ନାଟ୍ୟକଳା ପ୍ରତି ସେ ପୂର୍ଣ୍ଣ ସଚେତନ। ଓଡ଼ିଆ ନାଟ୍ୟ ଆନ୍ଦୋଳନରେ ସେ ପ୍ରମୁଖ ଭୂମିକା ଗ୍ରହଣ କରିଛନ୍ତି। ତେବେ ସେ ନିଜର ମାଟି, ପାଣି, ପବନ, ଐତିହ୍ୟ ଓ ପରଂପରା, ପାରିପାର୍ଶ୍ୱିକ ସ୍ଥିତିକୁ ପାଶୋରି ନାହାନ୍ତି। ଓଡ଼ିଆ ଜନ ଜୀବନର ନିଛକ ଚିତ୍ର ପ୍ରତିଫଳିତ ହୋଇଛି ତାଙ୍କ ନାଟକରେ। ତେଣୁ ପ୍ରତିଟି ସୃଷ୍ଟିରେ ସେ ସାଫଲ୍ୟ ଅର୍ଜ୍ଜନ କରିଛନ୍ତି। ଆଧୁନିକ ନାଟକ ସଂପର୍କରେ ମଧ୍ୟ ସଂଖ୍ୟାଧିକ ଗବେଷଣାତ୍ମକ ପ୍ରବନ୍ଧ ଲେଖିଛନ୍ତି। ପ୍ରାଚ୍ୟ ଓ ପାଶ୍ଚାତ୍ୟ ନାଟ୍ୟ ସାହିତ୍ୟର ତଥ୍ୟ, ତତ୍ତ୍ୱ ଓ ଶୈଳୀର ତାତ୍ତ୍ୱିକ ଆଲୋଚନା କରିଛନ୍ତି। ଗାଁ ଦାଣ୍ଡରେ ବସି ଗଂଜାମର ସଂଖ୍ୟାଧିକ ଲୋକନାଟକ ଦେଖିବା ସୌଭାଗ୍ୟ ବି ପାଇଛନ୍ତି। ବାସ୍ତବ ଅନୁଭୂତି ହେତୁ ତାଙ୍କୁ ନାଟକରେ ଲୋକନାଟ୍ୟ ଶୈଳୀର ସଫଳ ପ୍ରୟୋଗ ପାଇଁ ଅନୁପ୍ରାଣିତ କରିଛି। ଲୋକନାଟକରୁ ବିଶ୍ୱଧାରାର ନାଟକ ସହ ପ୍ରତ୍ୟକ୍ଷ ସଂପର୍କ, ଅଧ୍ୟୟନ ଓ ଅନୁଶୀଳନ, ଗବେଷଣା, ଅଧ୍ୟୟନ, ସ୍ୱତଃସ୍ଫୂର୍ତ୍ତ ଅଂଶଗ୍ରହଣ ତାଙ୍କୁ ସଫଳ ନାଟ୍ୟକାରର ସ୍ୱୀକୃତି ଦେଇଛି। ଦର୍ଶକମାନଙ୍କ ତାଳିରେ ସେ ନିଜ ସୃଷ୍ଟିର ସାର୍ଥକତା ଅନୁଭବ କରିଛନ୍ତି। ନାଟ୍ୟପ୍ରାଣ ରମେଶ ପ୍ରାଣିଗ୍ରାହୀ ଓଡ଼ିଆ ନାଟ୍ୟ ସାହିତ୍ୟର ଗର୍ବ ଓ ଗୌରବ। ତାଙ୍କ ବ୍ୟତିରେକେ ଆଧୁନିକ ଓଡ଼ିଆ ନାଟକ ଆଲୋଚନା କେବଳ ଅସଂପୂର୍ଣ୍ଣ ନୁହେଁ, ଅସମ୍ଭବ ମଧ୍ୟ। ଓଡ଼ିଆ ନାଟ୍ୟ ସାହିତ୍ୟରେ ସେ ସଦାକାଳେ ସ୍ମରଣୀୟ ହୋଇ ରହିବେ।

■

ବାଣୀ ବିହାର, ୨ୟ ଲେନ୍, ଆସିକା (ଗଂଜାମ), ପିନ୍-୭୬୧୧୧୦ (ଓଡ଼ିଶା)

ରମେଶ ପାଣିଗ୍ରାହୀଙ୍କ ନାଟ୍ୟମାନସ ଓ ବକ୍ତବ୍ୟରେ ନୂତନତ୍ୱ

ପ୍ରାଧ୍ୟାପକ ଡ. ନିଖିଳେଶ ମହାନ୍ତି

ନୂତନତ୍ୱ ନାଟ୍ୟମାନସର ଲୀଳାଭୂମିରୁ ସମ୍ଭବ ହୁଏ। ନାଟ୍ୟମାନସ କହିଲେ ସ୍ରଷ୍ଟାର ମାନସିକ ସାମଗ୍ରିକତାକୁ ବୁଝାଏ। ଏହା ତାଙ୍କର ସାମଗ୍ରିକ ମାନସିକତା ମଧ୍ୟ ହୋଇପାରେ। ଏଣୁ ଏହା ଏକ ରହସ୍ୟ। କେଉଁ ମାନସିକ ଅବସ୍ଥାରେ, କେଉଁ ସାମଗ୍ରିକ ପରିବେଷ୍ଟନୀରେ ସ୍ରଷ୍ଟା ମାନସର ଉଦ୍‌ବର୍ତ୍ତନ ହୁଏ ତାହା କହିବା ମଧ୍ୟ ଏକ କଷ୍ଟକର ବ୍ୟାପାର। କାରଣ ପାଠକ ବା ସମାଲୋଚକ ସୃଷ୍ଟିଶୀଳତାର ସେହି ରହସ୍ୟମୟ ମୁହୂର୍ତ୍ତକୁ ହୃଦୟଙ୍ଗମ କରିବା ଏକାନ୍ତ ଭାବେ ସହଜସାଧ୍ୟ ନୁହେଁ। କିନ୍ତୁ ବିଖ୍ୟାତ ମନସ୍ତତ୍ତ୍ୱବିତ୍ ସିଗ୍‌ମଣ୍ଡ ଫ୍ରଏଡ୍ ସ୍ରଷ୍ଟାମାନସ ସମ୍ପର୍କରେ ପ୍ରବନ୍ଧ ରଚନା କରିଛନ୍ତି ଓ ସ୍ୱପ୍ନକୁ ବିଶ୍ଳେଷଣ କରିବା କାଳରେ ଏହି ସମ୍ପର୍କରେ ୧୯୦୦ ଖ୍ରୀଷ୍ଟାବ୍ଦରେ ପ୍ରଥମଥର ପାଇଁ ଆଲୋକପାତ କରିଛନ୍ତି। Roy Huss ନାମକ ସମାଲୋଚକ 'The mind scapes of Art' ନାମକ ପୁସ୍ତକରେ ଏ ସମ୍ପର୍କରେ ଲେଖନ୍ତି That freud's first published venture in to the phycho analytic interpretation of literature should come in 1900 in the Interpretationn of Dream's (as a long foot note on Oedipus and Hamlet) is therefore not suprising. But eight years more were to pass before he was to settle down; in the form of a short paper, what would become the first phycho analytic Arts poetica in relation of the poet to Day dreaming. ଏହି ପ୍ରବନ୍ଧରେ ଫ୍ରଏଡ୍ ପ୍ରତ୍ୟେକ ପରିବେଷଣାତ୍ମକ ସାହିତ୍ୟକୁ ଗୋଟିଏ ଗୋଟିଏ କ୍ରୀଡ଼ା (Play) ଭାବରେ ଗ୍ରହଣ କରିଛନ୍ତି। ଫ୍ରଏଡ୍‌ଙ୍କ ମତରେ ସାହିତ୍ୟ ସୃଷ୍ଟି ଦିବାସ୍ୱପ୍ନ ହୋଇପାରେ କିମ୍ବା ଅତିକଳ୍ପନା ମଧ୍ୟ ହୋଇପାରେ। ସାମାଜିକ ଅନୁଭବଗୁଡ଼ିକୁ ସ୍ରଷ୍ଟା ନିଜ ହୃଦୟ ଭିତରେ ସଞ୍ଚିତ କରି ରଖିଥାଏ ଏବଂ ସେହି ସଞ୍ଚିତ ଅନୁଭୂତିଗୁଡ଼ିକ ସୃଷ୍ଟିକାଳରେ ଅଭିବ୍ୟକ୍ତ ହୁଏ। ଏହାଦ୍ୱାରା ସ୍ରଷ୍ଟା ନିଜର ଅତୀତ ଅନୁଭୂତିକୁ ପ୍ରକାଶ କରିପାରେ ଏବଂ ନିଜ ଭିତରେ ଥିବା ଅସନ୍ତୋଷକୁ ପରିପ୍ରକାଶ କରି ମାନସିକ ଶାନ୍ତି ପାଏ। ଏଣୁ ସୃଷ୍ଟି ମାଧ୍ୟମରେ ସ୍ରଷ୍ଟାର ଅସନ୍ତୋଷ ଗୁଡ଼ିକ ନିଃସୃତ ହୋଇଥାଏ। "Since a daydream or fantasy is usually the release, by a present event, of a store house of images created by wishes rooted in the experience of the past, Freud speculates that a work of art may also be its well-springs hidden in aspirations dating back to a far removed past."

ଉପରୋକ୍ତ ଆଲୋଚନାକୁ ବିଭିନ୍ନ ଦୃଷ୍ଟିଭଙ୍ଗୀରୁ ଗ୍ରହଣ କରାଯାଇପାରେ। ପ୍ରଥମତଃ ସୃଷ୍ଟି ପୂର୍ବରୁ ହୁଏତ ନାଟ୍ୟମାନସରେ ନାଟକଟି ଅଭିନୀତ ହୋଇସାରିଥାଏ, କିମ୍ବା ସୃଷ୍ଟି କାଳରେ ନାଟକର ଅଙ୍ଗ ଓ ଆତ୍ମା ମାନସିକ ସ୍ତରରେ ବିକଶିତ ହୋଇ ଚାଲିଥାଏ। ତୃତୀୟତଃ ନାଟ୍ୟମାନସଟି ନାଟ୍ୟକାରଙ୍କର ଆତ୍ମାନୁଭୂତି ସହିତ ସମାନ ହୋଇପାରେ। କିନ୍ତୁ ନାଟ୍ୟମାନସଟି ଆତ୍ମଜୀବନୀ ସହିତ ସମ୍ପୃକ୍ତ ହୋଇଥିଲେ ସୁଦ୍ଧା ପରବର୍ତ୍ତୀ ପର୍ଯ୍ୟାୟରେ ତାହା ପାଠକ ପାଖରେ ପହଞ୍ଚିଲାବେଳକୁ ପୁନର୍ଗଠିତ ହୋଇପାରେ। ଏହି ପୁନର୍ଗଠନ ପ୍ରକ୍ରିୟା ସହିତ ନାଟକର ଆଙ୍ଗିକ ଓ ଶୈଳୀ ସମ୍ପୃକ୍ତ। ନାଟକ କାହାଣୀ ଓ ଚରିତ୍ର ଗଠନ ସମୟରେ ଯେଉଁ ଭାବାନୁବେଗ ଗଠିତ ହୋଇଥାଏ ତାହା ସ୍ରଷ୍ଟାର ଅଚେତନ ମାନସିକ ସ୍ତର (unconcious) ସହିତ ସମ୍ପୃକ୍ତ ଥିବାରୁ ଭାବଗୁଡ଼ିକର ସମନ୍ୱିତ ଓ ପରିପକ୍ୱ ଅବସ୍ଥା ଆସି ନଥାଏ। ଅର୍ଥାତ୍ ଅନୁଭବ ଗୁଡ଼ିକ ବିଶୃଙ୍ଖଳିତ ଅବସ୍ଥାରେ ଥାଏ। ପରବର୍ତ୍ତୀ ସମୟରେ ତାହା ନିର୍ଦ୍ଦିଷ୍ଟ ଶୈଳୀ ବା ଆଙ୍ଗିକର ଢାଞ୍ଚାରେ ପୁନର୍ଗଠିତ ହୋଇଥାଏ। ଏଥିପାଇଁ ଏକ ସମନ୍ୱିତ ଆଭ୍ୟନ୍ତରୀଣ ପ୍ରଚେଷ୍ଟାର ଆବଶ୍ୟକତା ଦରକାର କରେ। ଫ୍ରଏଡ୍ କହନ୍ତି- ଏହି ଶୈଳୀଟି ମଧ୍ୟ ନାଟ୍ୟମାନସରେ ପ୍ରାକ୍-ନିର୍ଦ୍ଧାରିତ ହୋଇ ରହିଥାଏ। କିନ୍ତୁ ଟି. ଏସ୍. ଇଲିଅଟ୍‌ଙ୍କ ଭଳି ସମାଲୋଚକମାନେ କହନ୍ତି- ସ୍ରଷ୍ଟା ନିକଟରେ ସମୀକ୍ଷାତ୍ମକ ଶକ୍ତିଟିକୁ ପ୍ରୟୋଗ କରି ସୃଷ୍ଟି ପରବର୍ତ୍ତୀ ପର୍ଯ୍ୟାୟରେ ଆଙ୍ଗିକରେ ସୂକ୍ଷ୍ମତା ଆଣିଥାଏ। ଏହାଦ୍ୱାରା ସ୍ରଷ୍ଟା ନିଜର ଅହଂର ସୀମାରେଖା ଡେଇଁ ନିଜର ନିଛକ ଅନୁଭୂତିଗୁଡ଼ିକୁ ପୁନର୍ବାର ସଜ୍ଜୀକରଣ କରି ବା ଆକାର ଦେଇ ସେଗୁଡ଼ିକୁ ପାଠକ ବା ଦର୍ଶକମାନଙ୍କ ପାଇଁ ଗ୍ରହଣ ଯୋଗ୍ୟ କରିଥାଏ। ଏଠାରେ ୱାର୍ଡସ୍‌ୱର୍ଥଙ୍କର 'Spontaneous overflow of powerful feelings'କୁ ବିଚାର କରାଯାଇପାରେ। ୱାର୍ଡସ୍‌ୱର୍ଥ କହନ୍ତି 'ଭାବ'ର ଏପରି ଏକ ଉଚ୍ଛ୍ୱାସ ସ୍ରଷ୍ଟା ମନରେ ଏକ ଆନନ୍ଦସିକ୍ତ ବନ୍ଦାପନା ଜାଗ୍ରତ କରିଥାଏ। ଫ୍ରଏଡ୍‌ଙ୍କ ମତରେ- ଏହା ସ୍ରଷ୍ଟାମାନସର ପ୍ରାଥମିକ ପ୍ରକ୍ରିୟା ବା Primary Process । ଏହି ଅବସ୍ଥାରେ ଆବେଗର ଉଚ୍ଛ୍ୱାସ ଯୋଗୁ ସ୍ରଷ୍ଟାର ଆତ୍ମନିୟନ୍ତ୍ରଣ ଶକ୍ତି ନଥାଏ। କିନ୍ତୁ ଏହି ଉଚ୍ଛ୍ୱାସଗୁଡ଼ିକ ସ୍ରଷ୍ଟାର ଅଚେତନ ମାନସିକ ସ୍ତର ସହିତ ଜଡ଼ିତ ଥିବାରୁ ଏହି ପ୍ରାଥମିକ ସୃଷ୍ଟି ପ୍ରକ୍ରିୟା କାଳରେ ସର୍ଜନାତ୍ମକ ବିମ୍ବଗୁଡ଼ିକ ଆପେଆପେ ଆକାର ଗ୍ରହଣ କରେ। ସ୍ରଷ୍ଟାମାନସରେ ଦ୍ୱିତୀୟ ପର୍ଯ୍ୟାୟରେ (Secondary process)

ଏଗୁଡ଼ିକ ଛନ୍ଦ, ଅଳଙ୍କାର ଏବଂ ଉପସ୍ଥାପନା ଶୈଳୀ ସହିତ ସମନ୍ୱିତ ହୋଇ କଳାତ୍ମକ ରୂପ ଗ୍ରହଣ କରେ।

ଅତଏବ ନାଟ୍ୟକାର ରମେଶ ପାଣିଗ୍ରାହୀଙ୍କର ଆତ୍ମିକ ସମ୍ପଦର ନାଟ୍ୟଭୂମିଟିକୁ ବିଶ୍ଳେଷଣ କାଳରେ ତାଙ୍କର ସାମାଜିକ ପରିବେଷ୍ଟନୀ ସାମାଜିକ ପରିବର୍ତ୍ତନ ଏବଂ ଶୈଳୀ ପ୍ରୟୋଗର ଅନ୍ତରାଳରେ ଥିବା ସ୍ରଷ୍ଟାମାନସଟିକୁ ମଧ୍ୟ ବିଶ୍ଳେଷଣ କରାଯିବା ଉଚିତ। ଫ୍ରଏଡ୍ ଏବଂ ଆରିଷ୍ଟୋଟଲ ଉଭୟ ନାଟକକୁ ବାସ୍ତବତାର ଅନୁକୃତି ବୋଲି କହୁଥିବାରୁ ଚରିତ୍ରଚିତ୍ରଣ ନାଟ୍ୟମାନସର ସର୍ବଶ୍ରେଷ୍ଠ ପ୍ରକାଶ ମାଧ୍ୟମ ମଧ୍ୟ ହୋଇପାରେ। ନାଟ୍ୟକାର ରମେଶ ପାଣିଗ୍ରାହୀଙ୍କର ସୃଷ୍ଟି ମଧ୍ୟରେ ଚରିତ୍ରଗୁଡ଼ିକ ପ୍ରାଧାନ୍ୟ ଲାଭ କରିଥିବାରୁ ନାଟ୍ୟଚେତନାର ପ୍ରତୀକ ରୂପେ ସେଗୁଡ଼ିକୁ ଗ୍ରହଣ କରାଯାଇପାରେ।

ନାଟ୍ୟକାର ରମେଶ ପାଣିଗ୍ରାହୀଙ୍କର କାହାଣୀ, ଚରିତ୍ର ଓ ସଂଳାପ ଉପସ୍ଥାପନା ତଥା ମଞ୍ଚ ଶୈଳୀରେ କେବଳ ବ୍ୟକ୍ତିଗତ ଅସନ୍ତୋଷଗୁଡ଼ିକୁ ଅଭିବ୍ୟକ୍ତ କରାଯାଇନାହିଁ। ଏଗୁଡ଼ିକରେ କଳାତ୍ମକ ପୁନଃସଜ୍ଜୀକରଣର ପ୍ରମାଣ ମିଳୁଥିବାରୁ ପ୍ରତ୍ୟେକ ସୃଷ୍ଟି ପଛରେ ଏକ ଆତ୍ମନିରୀକ୍ଷଣ ବା ଫ୍ରଏଡ଼ୀୟ ଦ୍ୱିତୀୟ ପ୍ରକ୍ରିୟାର (Secondary) ପ୍ରଭାବ ପରିଲକ୍ଷିତ ହେଉଛି। ଏଣୁ ତାଙ୍କର ନାଟ୍ୟମାନସର ଉଦ୍‌ବର୍ତ୍ତନ ଆତ୍ମଜୀବନୀମୂଳକ ହୋଇଥିଲେ ସୁଦ୍ଧା ସେଗୁଡ଼ିକରେ ସାର୍ବଜନୀନ କଳାତ୍ମକତା ଓ ଆବେଦନ ସଂଗୁମ୍ଫିତ ହୋଇଛି।

ଷଷ୍ଠ ଦଶକର ବୈପ୍ଳବିକ, ସାମାଜିକ, ସାଂସ୍କୃତିକ ବାତାବରଣ ଭିତରୁ ତାଙ୍କର ଆତ୍ମିକ ସଂପଦ ଜନ୍ମଲାଭ କରିଥିବାରୁ 'ମୁକ୍ତିମଣ୍ଡପ' (୧୯୬୩) ଠାରୁ 'ଧୃତରାଷ୍ଟ୍ରର ଆଖି' (୧୯୭୧) ପର୍ଯ୍ୟନ୍ତ ନାଟକଗୁଡ଼ିକରେ ସାମାଜିକ ଓ ସାଂସ୍କୃତିକ ସ୍ୱର ପ୍ରଦାନ ଉପଜୀବ୍ୟ। ଏହି ନାଟକଗୁଡ଼ିକୁ ସାମଗ୍ରିକ ପରିବର୍ତ୍ତନ ଦୃଷ୍ଟିରୁ ଆଲୋଚନା କରାଯାଇପାରେ। କିନ୍ତୁ ଏହି ଗବେଷଣାତ୍ମକ ଆଲୋଚନାର ଶୈଳୀ ପ୍ରୟୋଗ ମୁଖ୍ୟ ଆଧାର ହୋଇଥିବାରୁ ଏଗୁଡ଼ିକର ବିଷୟବସ୍ତୁ ଉପରେ ଆଲୋକପାତ କରିବା ନିଷ୍ପ୍ରୟୋଜନ। ସେହି ଦୃଷ୍ଟିରୁ ଏହି ନାଟକଗୁଡ଼ିକର କାହାଣୀର ପ୍ରୟୋଗାତ୍ମକ ଶୈଳୀ ଓ ମଞ୍ଚ ଉପସ୍ଥାପନା ଦିଗ ଉପରେ ସାମାନ୍ୟ ଉପକ୍ରମ ଆବଶ୍ୟକ।

'ମୁକ୍ତିମଣ୍ଡପ' ଠାରୁ 'ଧୃତରାଷ୍ଟ୍ରର ଆଖି' ପର୍ଯ୍ୟନ୍ତ ସମସ୍ତ ନାଟକକୁ ବାସ୍ତବବାଦୀ ଶୈଳୀର ନାଟକ କୁହାଯାଇପାରେ। ବାସ୍ତବବାଦୀ ନାଟକ ଅନୁକୃତିମୂଳକ ନାଟକ। ଏଣୁ ବାସ୍ତବ ସମାଜରେ ଏକ ନିର୍ଦ୍ଦିଷ୍ଟ ସାଂସ୍କୃତିକ ପରିବେଷ୍ଟନୀ ଯେଉଁ ସମସ୍ୟା ଏବଂ ଚରିତ୍ର ସୃଷ୍ଟି କରିଛନ୍ତି, ଏହି ପର୍ଯ୍ୟାୟର ନାଟକଗୁଡ଼ିକରେ ତାହାର ଅନୁରୂପ ଚିତ୍ର ପ୍ରଦାନ କରାଯାଇଛି। ତେଣୁ କେହିକେହି ଏହାକୁ ଶୈଳୀ ପ୍ରୟୋଗ ଦୃଷ୍ଟିକୋଣରୁ ଗୌଣ ମନେକରି ପାରନ୍ତି। ତଥାପି ପାଶ୍ଚାତ୍ୟ ନାଟ୍ୟତତ୍ତ୍ୱର ପ୍ରେକ୍ଷାପଟ୍ଟରେ

ଆଲୋଚନା କରିବାକୁ ଗଲେ ବାସ୍ତବବାଦୀ ନାଟକ ମଧ୍ୟ ଏକ ଶୈଳୀ। ଏହି ଶୈଳୀ ପାରମ୍ପରିକ ମେଲୋଡ୍ରାମା ବିରୋଧରେ ଏକ ବିପ୍ଳବ। ମେଲୋଡ୍ରାମା ରୋମାଣ୍ଟିକ ସାହିତ୍ୟ ଶୈଳୀର ନାଟକ। ଉଚ୍ଛ୍ୱଳ ଆବେଗ ଏବଂ ଉଚ୍ଚ ସ୍ୱରରେ ସଂଳାପ କହିବା ଭଙ୍ଗୀକୁ ଆଧାର କରି ମେଲୋଡ୍ରାମାର ପରିବେଷଣ କରାଯାଏ। ଏହାର ଭାଷା ଅଳଙ୍କାର ଯୁକ୍ତ। ତେଣୁ ବାସ୍ତବବାଦୀ ଶୈଳୀରେ ଅପେକ୍ଷାକୃତ ସରଳ ଭାଷାରେ ସଂଳାପ ବ୍ୟବହାର କରାଯାଇଥାଏ। ୧୯୬୩ ମସିହାରେ ଲିଖିତ 'ମୁକ୍ତିମଣ୍ଡପ' ନାଟକରେ ମେଲୋଡ୍ରାମାର ଆବେଗଗୁଡ଼ିକ ଉପସ୍ଥିତ ଥିଲେ ସୁଦ୍ଧା ଏହି ନାଟକର ଭାଷା ବ୍ୟକ୍ତି ମାନସର ପରିପ୍ରକାଶ ନୁହେଁ। ଏଥିରେ ପ୍ରାଚୀନ ଅଳଙ୍କାରଧର୍ମୀ ରୀତିଯୁଗୀୟ ବାତାବରଣର ସମ୍ଭ୍ରାନ୍ତ ସାମାଜିକତା କିଛି ପରିମାଣରେ ଉପସ୍ଥିତ ରହିଛି। ତାହା କିନ୍ତୁ ଅବକ୍ଷୟିତ ସମ୍ଭ୍ରାନ୍ତବାଦ। ନାଟକର ବୃଦ୍ଧ ପିତା ରାମନାରାୟଣ କିଛି ପରିମାଣରେ ପ୍ରାଚୀନ ସମ୍ଭ୍ରାନ୍ତ ଆଦର୍ଶର ଅନୁକୃତ ଚରିତ୍ର। କିନ୍ତୁ ନାଟକର ନାୟକ ପରବର୍ତ୍ତୀ ପିଢ଼ିର ହୋଇଥିବା ଯୋଗୁ ତା'ଭିତରେ ପ୍ରାଚୀନ ଜମିଦାରୀ ସମ୍ଭ୍ରାନ୍ତ ମାନସିକତା ଆଦୌ ନାହିଁ କହିଲେ ଚଳେ। ଯହାଫଳରେକି ସେ ଝରଣା ପରି ଏକ ଗରିବ ପରିବାରର ଝିଅକୁ ଭଲପାଇ ବିବାହ କରିବାକୁ ସାହସ କରିଛି। ତେଣୁ ପିତା ଓ ପୁତ୍ରଙ୍କ ମଧ୍ୟରେ ବିବାହକୁ କେନ୍ଦ୍ର କରି ନାଟକୀୟ ଦ୍ୱନ୍ଦ୍ୱ ଗଢ଼ିଉଠିଛି। ଅତଏବ ଷଷ୍ଠ ଦଶକର ପ୍ରାରମ୍ଭ ସମୟର ସାମାଜିକ ଓ ସାଂସ୍କୃତିକ ସମସ୍ୟାଟିଏ ଉତ୍‌ଥାପିତ ହୋଇଥିଲେ ସୁଦ୍ଧା ଏହି ନାଟକର କାହାଣୀ ମଧ୍ୟରେ ତାହାର ଏକ ବୈପ୍ଲବିକ ଓ ସମାଜତାତ୍ତ୍ୱିକ ପ୍ରୟୋଗ କରାଯାଇଛି।

ନିଜେ ନାଟ୍ୟକାର ଇସ୍ତାହାର (୪୭-୪୮) 'ମୁକ୍ତିର ଶଙ୍ଖଧ୍ୱନି ପରୀକ୍ଷାମୂଳକ ନାଟକର ପରମ୍ପରା' ଶୀର୍ଷକ ପ୍ରବନ୍ଧରେ ବାସ୍ତବବାଦୀ ନାଟକକୁ ପରୀକ୍ଷାମୂଳକ ନାଟକ ବୋଲି ପ୍ରମାଣ କରିଛନ୍ତି। ତାଙ୍କ ମତରେ ଏହି ମେଲୋଡ୍ରାମା ଏବଂ ଅବକ୍ଷୟିତ ରୋମାଣ୍ଟିସିଜିମ୍‌ର କଫିନ୍ ଉପରେ ଠିଆହୋଇ ଯେଉଁ ବିପ୍ଳବୀ ସ୍ରଷ୍ଟାମାନେ ମୁକ୍ତିର ଶଙ୍ଖଧ୍ୱନି ଶୁଣାଇଥିଲେ ସେମାନେ (ଉପରେ ବର୍ଣ୍ଣିତ କରାଯାଇଥିବା) ପ୍ରଥମ ସ୍ତରର (ସାମାଜିକ ସ୍ତରର) ସ୍ରଷ୍ଟା।" ଏହି ଦୃଷ୍ଟିକୋଣରୁ 'ମୁକ୍ତିମଣ୍ଡପ'ରେ ସାଗର ଏକ ବୈପ୍ଲବିକ ଚରିତ୍ର। କିନ୍ତୁ ସ୍ୱାଧୀନତୋତ୍ତର ଭାରତବର୍ଷର ସାମାଜିକ ସ୍ଥିତାବସ୍ଥା ଭିତରେ ଜମିଦାର ପୁତ୍ରର ଆଭିଜାତ୍ୟ ଥିବା ସାଗର ଦୁର୍ବଳ ଆର୍ଥନୀତିକ ପରିବାର ଭିତରେ ବିବାହ କରିବା ଫଳରେ କେବଳ ସଂଘାତ ସୃଷ୍ଟି କରାଯାଇନାହିଁ, ଏହି ସଂଘାତର ପରିଣତିଟି ଅତି ଶୋଚନୀୟ ଏବଂ କରୁଣ ମଧ୍ୟ ହୋଇଛି।

ନାଟକର ବିଷୟବସ୍ତୁ ଉପସ୍ଥାପନା ଶୈଳୀଟି ଦୃଶ୍ୟ ଓ ଅଙ୍କ ବିଭାଜନ ମଧ୍ୟରେ ସୀମିତ ଥିବାରୁ ପ୍ରୟୋଗବାଦୀ ନାଟକ ଭାବେ ସ୍ୱୀକୃତ ନ ହେଉଥିଲେ ମଧ୍ୟ ଇବ୍‌ସନଙ୍କ

ନାଟକରେ ବାସ୍ତବବାଦୀ ଶୈଳୀର ଆବରଣ ଭିତରେ ଯେପରି ଏକ ପ୍ରଗତିବାଦୀ ସାମାଜିକ ଚିନ୍ତା ପ୍ରଚ୍ଛନ୍ନ ରହିଥିଲା, ସେହିପରି 'ମୁକ୍ତିମଣ୍ଡପ' ନାଟକରେ ମଧ୍ୟ କାହାଣୀଠାରୁ ଊର୍ଦ୍ଧ୍ୱ ଏକ ପ୍ରଗତିବାଦୀ ଶୈଳୀ ଅନ୍ତଃର୍ନିହିତ ହୋଇଅଛି; ଏହା ସ୍ପଷ୍ଟ ଜଣାପଡ଼େ। କେତେକାଂଶରେ ଏହି ନାଟକ ଦର୍ଶକମାନଙ୍କୁ ଏକ ସାମାଜିକ ଶିକ୍ଷା ମଧ୍ୟ ପ୍ରଦାନ କରିବାପାଇଁ ସମର୍ଥ ହୋଇଅଛି। ନାଟ୍ୟକାର ଷ୍ଟ୍ରିଣ୍ଡବର୍ଗ ତାଙ୍କର 'Lady Julie'(1888) ନାଟକର ମୁଖବନ୍ଧରେ କୁହନ୍ତି- The theatre for this reason. has always been a board school for young, for the half educated, and for women, who still retain the inferior faculty of deceiving themselves and allowing themselves to be deceived; that is to say of being suceptible to illusion and to the suggestion of the author. One experiences a deep sense of contradition which an applauding or hissing majority exercises its tyranny so openly as it can in the theatre. Lastly, we have not got the new form for the contents and the new wine has burst the old bottles. କିନ୍ତୁ ସାମାଜିକ ଶିକ୍ଷା ପ୍ରଦାନ କରିବା ଦୃଷ୍ଟିରୁ ଏହାକୁ ଏକ ପ୍ରଚାରମୂଳକ ନାଟକ କୁହାଯାଇପାରିବ ନାହିଁ। କାହାଣୀ ଉପସ୍ଥାପନା ଏବଂ ଚରିତ୍ରଚିତ୍ରଣରେ କଳାତ୍ମକ ଅଭିବ୍ୟକ୍ତିର ଅଭାବ ଏଥିରେ ପରିଲକ୍ଷିତ ହୁଏ ନାହିଁ। ପୁନଶ୍ଚ ଏହି ନାଟକରେ ସାମାଜିକ ବାର୍ତ୍ତା ପାଇଁ ନାଟ୍ୟକଳାକୁ ଗୌଣ ଭାବେ ଉପସ୍ଥାପିତ କରାଯାଇନାହିଁ।

ସେହିପରି 'ତିମିର ତୃଷ୍ଣା' (୧୯୬୪) ନାଟକରେ ମେଜର ବର୍ମା ଅନ୍ୟ ଏକ ଅଭିଜାତ ସଂସ୍କୃତିର ପ୍ରତୀକ ଭଳି ମନେ ହୋଇପାରନ୍ତି। ଏକଦା ଚୀନ୍ ଭାରତ ଯୁଦ୍ଧରେ ମେଜର ଭାବେ ସଂଗ୍ରାମ କରିଆସିଥିବା ମେଜର ବର୍ମାଙ୍କ ପାଖରେ ମଧ୍ୟ ଆଦର୍ଶ ଓ ଦେଶପ୍ରେମର ଅଭାବ ନାହିଁ। ତାଙ୍କର ମଧ୍ୟ ବିଲାତ ଫେରନ୍ତା ଉଚ୍ଚଶିକ୍ଷିତ ପୁତ୍ର ତପନ ବର୍ମାଙ୍କ ସହିତ ଆଦର୍ଶଗତ ସଂଘର୍ଷ ଘଟିଅଛି। ସଂଘର୍ଷର ମୁଖ୍ୟ ସମସ୍ୟା ହେଲା ବିବାହ। କିନ୍ତୁ ନାଟକର ନାୟିକା ରିକ୍ତା 'ମୁକ୍ତିମଣ୍ଡପ'ର ଝରଣା ପରି ସରଳା ଗ୍ରାମ୍ୟ ବାଳିକା ନୁହେଁ, କିମ୍ବା ଅଶିକ୍ଷିତା ନୁହେଁ। ତପନର ମା' ପାଶ୍ଚାତ୍ୟ ସଂସ୍କୃତି ଦ୍ୱାରା ବେଶି ପ୍ରଭାବିତ ଏବଂ ରିକ୍ତା ଉଚ୍ଚଶିକ୍ଷିତା ହୋଇଥିଲେ ମଧ୍ୟ ପରମ୍ପରାକୁ ଉପେକ୍ଷା କରି ନାହିଁ। ସେହି ଦୃଷ୍ଟିରୁ ରିକ୍ତା ତପନ ବର୍ମାଙ୍କ ପାଶ୍ଚାତ୍ୟ ଆଧୁନିକତା ଆଗରେ ଦୁର୍ବଳ ମନେ ହୋଇଥାଆନ୍ତି। ନାଟକୀୟ ଦ୍ୱନ୍ଦ୍ୱଟି ଏଠାରେ ସାମାଜିକ ଅଭିରୁଚି ଉପରେ ସମ୍ବଳିତ ଏବଂ ସାଂସ୍କୃତିକ ଅଭିରୁଚିଟି ଏକ ନିର୍ଦ୍ଦିଷ୍ଟ ସାମାଜିକତାର ଅଙ୍ଗ ବିଶେଷ ହୋଇଥିବାରୁ

ଏହାକୁ ଏକ ସଂଘର୍ଷ ମଧ୍ୟ କୁହାଯାଇପାରେ। ଏହି ନାଟକର ମଞ୍ଚ ଉପସ୍ଥାପନା ଶୈଳୀ 'ମୁକ୍ତିମଣ୍ଡପ'ର ମଞ୍ଚ ଉପସ୍ଥାପନା ଶୈଳୀଠାରୁ ଅଧିକ ଉନ୍ନତ। କାରଣ 'ମୁକ୍ତିମଣ୍ଡପ'ର କାହାଣୀ ଉପସ୍ଥାପନା ପରଦା ମଞ୍ଚ ବା ଚିତ୍ରପଟ ମଞ୍ଚରେ ସଙ୍ଗଠିତ ହୋଇଥିଲାବେଳେ 'ତିମିରିତୃଷ୍ଣା' ନାଟକର ଉପସ୍ଥାପନା ଏକ ପେଟିକା ମଞ୍ଚ (box set) ଉପରେ ସଙ୍ଗଠିତ ହୋଇଛି। ପରଦା ମଞ୍ଚରେ କାହାଣୀର ସାଜସଜ୍ଜା ଅତି ବ୍ୟାପକ ହେଲାବେଳେ ପେଟିକା ମଞ୍ଚରେ ଏହା ଏକ ନିର୍ଦ୍ଦିଷ୍ଟ ଗୃହ କୋଠରୀ ମଧ୍ୟରେ ଆବଦ୍ଧ। ପୂର୍ବ ନାଟକରେ କାହାଣୀର ଉପସ୍ଥାପନା ବିଭିନ୍ନ ସ୍ତରର ଐକ୍ୟ ଦେଇ ଗତି କରୁଥିବାରୁ କାହାଣୀର ବ୍ୟାପକ ଗତି ରହିଅଛି। କିନ୍ତୁ ଏହି ମଞ୍ଚ ସଜ୍ଜାଟି ପାରମ୍ପରିକ ମେଲୋଡ୍ରାମା ମଞ୍ଚର ନିକଟବର୍ତ୍ତୀ। ଅନ୍ୟପକ୍ଷରେ 'ତିମିରିତୃଷ୍ଣା' ନାଟକର ଉପସ୍ଥାପନା ଅପେକ୍ଷାକୃତ ଭାବେ ସଙ୍କୁଚିତ ହୋଇଥିଲେ ସୁଦ୍ଧା ଏହାର ବାସ୍ତବତା ଅଧିକ ଶାନ୍ତ ଏବଂ ଗ୍ରହଣଯୋଗ୍ୟ। ସଙ୍କୁଚିତ ସ୍ଥାନ ମଧ୍ୟରେ ଅଭିନୀତ ହୋଇଥିଲେ ମଧ୍ୟ ଏହାର ଚରିତ୍ର ଗଠନ ଏବଂ ଅଭିନୟାତ୍ମକ ଭଙ୍ଗୀ ଅନୁରୂପ ଶାନ୍ତ।

ଚରିତ୍ରଚିତ୍ରଣ ଦୃଷ୍ଟିରୁ ଏହି ନାଟକରେ ପ୍ରଥମଥର ପାଇଁ ଗୋଟିଏ ପ୍ରତିନାୟକଙ୍କୁ ଗ୍ରହଣ କରାଯାଇଛି। ଏହି ନାଟକର ନାୟକ ମୁକ୍ତିକାନ୍ତ ପାରମ୍ପରିକ ନାଟକର କୌଣସି ଲକ୍ଷଣ ବା ଗୁଣାବଳୀକୁ ବହନ କରିବା ପାଇଁ ସକ୍ଷମ ନୁହେଁ। ମୁକ୍ତିକାନ୍ତ ଏକ ଜାରଜ ସନ୍ତାନ ହୋଇଥିବାରୁ ତାହାର ସାମାଜିକ ପରିଚୟ କିମ୍ବା ସ୍ଥିତି ନାହିଁ। ସାମାଜିକ ବ୍ୟଙ୍ଗର ଶିକାର ହୋଇ ସେ ମାନସିକ ଭାରସାମ୍ୟ ହରାଇ ବସିଥାଇପାରେ। ଏକ ନିଷ୍ପାପ ସରଳ ପ୍ରେମର ଫସଲ ହୋଇଥିଲେ ସୁଦ୍ଧା ତା'ପାଖରେ ସତ୍ୟକୁ ଚିହ୍ନିବାର ଏକ ଅଦମ୍ୟ ପିପାସା ଅଛି। ମୁକ୍ତିକାନ୍ତ ଏକ ପ୍ରତାରଣାପୂର୍ଣ୍ଣ ସାମାଜିକ ବ୍ୟବସ୍ଥା ଭିତରେ ସେଇଥିପାଇଁ ଅବହେଳିତ ଓ ଲାଞ୍ଛିତ। କିନ୍ତୁ ଐଶ୍ୱର୍ଯ୍ୟର ଛଳନା ଡେଇଁ ଏକ ଉତ୍ତରିତ ମାନସିକ ସ୍ତରକୁ ଯିବାର କ୍ଷମତା ରହିଛି। ଏହାର ସାମସମୟିକ ନାଟକ 'ଅଶାନ୍ତ ଗ୍ରହ' କିମ୍ବା ଶାନ୍ତନୁ ଆଚାର୍ଯ୍ୟଙ୍କ 'ନରକିନ୍ନର' ଉପନ୍ୟାସରେ ପ୍ରତିନାୟକର ଆଂଶିକ ସତ୍ତା ପରିଦୃଶ୍ୟମାନ ହୁଏ। ମାତ୍ର 'ତିମିର ତୃଷ୍ଣା'ର ମୁକ୍ତିକାନ୍ତ କାବ୍ୟିକ କଳ୍ପନାର ଯେଉଁ ସ୍ତରକୁ ଯାଇପାରିଛି, 'ଅଶାନ୍ତ ଗ୍ରହ'ର ନାୟକ ହେମନ୍ତ କିମ୍ବା 'ନରକିନ୍ନର'ର ଜର୍ଜ ଚରିତ୍ର ସେହି କାବ୍ୟିକ କଳ୍ପନାର ସ୍ତରକୁ ଯାଇପାରିନାହାନ୍ତି।

ଶୈଳୀ ଉପସ୍ଥାପନା ଦୃଷ୍ଟିରୁ ପରବର୍ତ୍ତୀ ନାଟକ 'ବିନ୍ଦୁ ଓ ବଳୟ' ଉଲ୍ଲେଖଯୋଗ୍ୟ। ଏହାର ପୃଷ୍ଠଭୂମି ହେଲା ଓଡ଼ିଶାର ଗ୍ରାମାଞ୍ଚଳରେ ଥିବା 'ଲୋଚନପୁର ଡାକବଙ୍ଗଳା'। ପେଟିକା ମଞ୍ଚ ଉପରେ ଉପସ୍ଥାପିତ ହୋଇଥିଲେ ସୁଦ୍ଧା ଏହି ନାଟକର ମଞ୍ଚରେ ଦୁଇଟି କୋଠରୀ, ଗୋଟିଏ ଡାକବଙ୍ଗଳାର ବାରଣ୍ଡା, ବାରଣ୍ଡା ତଳେ ଗ୍ରାମକୁ

ଯିବା ପଥ ଏବଂ ମଞ୍ଚର ବାମପଟେ ଚଉକିଦାରର କୁଡ଼ିଆ ଘର, ତୁଳସୀ ଚଉଁରା ଏବଂ କିଛି ପରିମାଣରେ ଆକାଶ ମଧ୍ୟ ଦୃଶ୍ୟମାନ। ଏହି ଦୃଷ୍ଟିରୁ ଏହାକୁ ପେଟିକା ବା ପରଦା ମଞ୍ଚର ସମନ୍ୱିତ ଅବସ୍ଥା ମଧ୍ୟ କୁହାଯାଇପାରେ। ଏକା ସଙ୍ଗରେ ଛଅଗୋଟି ଅଭିନୟ ଇଲାକାରେ ଅଭିନୀତ ହୋଇପାରୁଥିବା ଏହି ନାଟକଟି ସାଜସଜ୍ଜା ଦୃଷ୍ଟିରୁ ଅତ୍ୟନ୍ତ ପରୀକ୍ଷାମୂଳକ ଏବଂ ପ୍ରୟୋଗଧର୍ମୀ।

ଏହି ନାଟକର ମୁଖ୍ୟ ବିଷୟବସ୍ତୁ ପ୍ରେମ ଓ ବିବାହ। ସୀତାଂଶୁ ଶିଳ୍ପପତି ଉଦୟ ଶଙ୍କରଙ୍କର ଏକମାତ୍ର ପୁତ୍ର। ସାମାଜିକ ପରିବର୍ତ୍ତନର କ୍ରମିକ ଗତି ମଧ୍ୟରେ ଜମିଦାର ରାମନାରାୟଣ (ମୁକ୍ତିମଣ୍ଡପ) ଯଦି ପ୍ରାକ୍-ସ୍ୱାଧୀନ ଭାରତର ଜମିଦାର ହୁଅନ୍ତି ମେଜର ବର୍ମା (ତିମିରତୃଷ୍ଣା) ଠିକ୍ ସେହିପରି ସମ୍ଭ୍ରାନ୍ତ ମିଲିଟାରୀ ଅଫିସର ଏବଂ ଷଷ୍ଠ ଦଶକରେ ଲିଖିତ 'ବିନ୍ଦୁ ଓ ବଳୟ'ର ଶିଳ୍ପପତି ଉଦୟଶଙ୍କର ଆଉ ଏକ ସମ୍ଭ୍ରାନ୍ତ ପୁଞ୍ଜିପତି ଗୋଷ୍ଠୀର ପ୍ରତୀକ। ତାଙ୍କ ପୁତ୍ର ସୀତାଂଶୁ ନିଜର ବାଲ୍ୟବାନ୍ଧବୀ ମାଳିନୀ ପ୍ରତି ସମ୍ବେଦନା ଜଣାଇଛି। ଗରିବ କୃଷକ ପରିବାରର ମାଳିନୀ ଅବସ୍ଥା ଚକ୍ରରେ 'ମଲାଜହ୍ନ'ର ସତୀ ଭଳି ବିବାହ କରିଛି ଜଣେ ବୃଦ୍ଧଙ୍କୁ ଏବଂ ଯୌବନର ପ୍ରଥମ ଅବସ୍ଥାରେ ବିଧବା ହେବାପରେ ସୀତାଂଶୁ ତାକୁ ପୁନର୍ବାର ବିବାହ କରିବାପାଇଁ ମନସ୍ଥ କରି ଆଣିଛି ଲୋଚନପୁର ଡାକବଙ୍ଗଳାକୁ। କିନ୍ତୁ ନାଟକର ଶେଷ ଦୃଶ୍ୟରେ ଜମିଦାର ଉଦୟଶଙ୍କର ଗୁଣ୍ଡା ଲଗାଇ ମାଳିନୀକୁ ଅପହରଣ କରି ନେଇଛନ୍ତି ଏବଂ ନାଟକ ଶେଷ ହୋଇଛି ମଞ୍ଚର ପ୍ରଚ୍ଛଦପଟରୁ ଦର୍ଶକମାନଙ୍କ ପାଇଁ ମାଳିନୀ ଲେଖିଥିବା ଏକ ପତ୍ର ପାଠ ମଧ୍ୟରେ।

ମାଳିନୀ କିଛି ପରିମାଣରେ 'ମୁକ୍ତିମଣ୍ଡପ'ର ଝରଣା ପରି ହେଲେ ମଧ୍ୟ ବିଧବା ହୋଇଯାଇଥିବା ଯୋଗୁ ନିମ୍ନରେ ସାମାଜିକ ସ୍ତରରେ ଅବସ୍ଥାପିତା। କିନ୍ତୁ ପରିବେଷଣ ଭଙ୍ଗୀରେ ନାଟ୍ୟକାର ଶେଷ ଦୃଶ୍ୟରେ ଯେଉଁ ପ୍ରୟୋଗାତ୍ମକ ଭଙ୍ଗୀଟି ଗ୍ରହଣ କରିଛନ୍ତି ସେଥିରେ ଆଦୌ ସମ୍ବେଦନା ଉଦ୍ରେକ ହୋଇପାରିବ ନାହିଁ। ଏହାକୁ ସମ୍ବେଦନା ଠାରୁ ବିଚ୍ଛିନ୍ନ ଏକ 'ଅକରୁଣ ଉପସ୍ଥାପନା' ବୋଲି କୁହାଯାଇପାରେ। ଏହି ଦୃଷ୍ଟିରୁ ଏହାକୁ ଜର୍ମାନ୍ ନାଟ୍ୟକାର ବ୍ରେଖଟଙ୍କର ମହାକାବ୍ୟିକ ଶୈଳୀର ସଫଳ ପ୍ରୟୋଗ ବୋଲି କୁହାଯାଇପାରେ। ବ୍ରେଖଟ ତାଙ୍କର ନାଟ୍ୟଶୈଳୀରେ ସମ୍ବେଦନାପୂର୍ଣ୍ଣ ଉପସ୍ଥାପନାକୁ ବାରଣ କରିଛନ୍ତି। ଅଭିନୟ ଏବଂ କାହାଣୀ ଉପସ୍ଥାପନାରେ କାରୁଣ୍ୟ ପ୍ରତିପାଦନ କରିବା କିମ୍ବା ଦର୍ଶକମାନଙ୍କର ସମ୍ବେଗାତ୍ମକ ଆବେଦନକୁ ପ୍ରଭାବଶାଳୀ କରିବା ସପକ୍ଷରେ ସେ ନଥିଲେ। ତେଣୁ କାହାଣୀ ଏବଂ ଅଭିନୟରେ ସେ ଦର୍ଶକମାନଙ୍କୁ ମଞ୍ଚ ଉପସ୍ଥାପନାରେ ଭ୍ରାନ୍ତିର ଇନ୍ଦ୍ରଜାଲ ଭିତରକୁ ଟାଣିନେବା ପଦ୍ଧତିଟିକୁ

ସର୍ବଦା ବିରୋଧ କରୁଥିଲେ। ଏହା ମଧ୍ୟ ତାଙ୍କର Alienation effect ବା ବିଚ୍ଛିନ୍ନତାବାଦୀ ଶୈଳୀର ପର୍ଯ୍ୟାୟଭୁକ୍ତ। ଦର୍ଶକମାନେ କାହାଣୀର ଲୀଳାତ୍ମକ ଭ୍ରାନ୍ତି ଭିତରେ ଲିପ୍ତ ରହିଲେ ସେମାନେ ସାମାଜିକ ବାର୍ତ୍ତାଟିକୁ ପ୍ରଜ୍ଞା ସ୍ତରରେ ବିଶ୍ଳେଷଣ କରିପାରିବେ ନାହିଁ। ତେଣୁ ଦର୍ଶକମାନଙ୍କୁ ମୋହାଚ୍ଛନ୍ନ ନକରି କାହାଣୀର ଉପସ୍ଥାପନ କରିବା ଶୈଳୀଟିକୁ ସେ ଶ୍ରେୟ ମନେକରୁଥିଲେ। ଜଣେ ପାଶ୍ଚାତ୍ୟ ସମାଲୋଚକ ବ୍ରେଖଟଙ୍କର ଏହି ଶୈଳୀ ଉପରେ ଆଲୋଚନା କରି କୁହନ୍ତି- "What emerges from Brecht's continuing discussion of empathy and emotions in theater is the general conclusion that he neither banned them nor over estimated their importance; infact he answers his own call to clarify emotions with a theory that the audience should empathize with the actor's intellectual observation of his character, not with that character's emotions and certainly not with the actor's sympathetic probing of his own emotions, as in Stanislavski's theater) when Brecht rechannels empathy toward's acting thchnique; he suggests that what we are to understand in his theater lies beyond emotions"

ମାଳିନୀ ଯେଉଁ ପତ୍ରଟି ଦର୍ଶକମାନଙ୍କ ପାଖକୁ ଲେଖିଛି, ସେଥିରେ ଜଣେ କମ ବୟସ୍କା ବିଧବା ଗ୍ରାମାଞ୍ଚଳର ସମାଜ ବ୍ୟବସ୍ଥା ଭିତରେ କିପରି ଅବହେଳିତା ସେ ସମ୍ପର୍କରେ କହି, ଦର୍ଶକମାନଙ୍କୁ ଆଖିରୁ ଲୁହ ନଝରାଇବା ପାଇଁ ଅନୁରୋଧ କରିଛି। ଏହି ବିଚ୍ଛିନ୍ନ ସଂବେଗ ମଧ୍ୟରେ ଏକ ବୌଦ୍ଧିକ ଆବେଦନ ଅଛି। ତେଣୁ ଚରିତ୍ର ଚିତ୍ରଣ ଦୃଷ୍ଟିରୁ ନାଟକଟି ସାମାନ୍ୟ ପାରମ୍ପରିକ ମନେ ହେଉଥିଲେ ମଧ୍ୟ ଓଡ଼ିଆ ନାଟ୍ୟ ସାହିତ୍ୟର ପ୍ରୟୋଗଶୈଳୀ ଦୃଷ୍ଟିରୁ ଉଲ୍ଲେଖଯୋଗ୍ୟ ଅଟେ।

କାହାଣୀ ଉପସ୍ଥାପନା ଦୃଷ୍ଟିରୁ ଏହି ନାଟକରେ ଆଦୌ କାହାଣୀ ନାହିଁ କହିଲେ ଚଳେ। କିମ୍ବା ଏହାକୁ ଅନେକ କାହାଣୀର ସମାହାର ବୋଲି କୁହାଯାଇପାରେ। ଅନ୍ୟପକ୍ଷରେ ଏହା ଏକ ଚରିତ୍ର ପ୍ରଧାନ ନାଟକ। ପ୍ରତ୍ୟେକ ଚରିତ୍ର ଗୋଟିଏ ଗୋଟିଏ କାହାଣୀର ବିନ୍ଦୁ ଏବଂ ସେମାନଙ୍କର ଜୀବନଚରିତ ସେଇ ବିନ୍ଦୁ ଉପରେ ବଳୟ ଭଳି ଅବସ୍ଥାପିତ।

ଏହି ନାଟକର ଅନ୍ୟ ଏକ ଚରିତ୍ର ରବର୍ଟ ମହାନ୍ତିଙ୍କୁ ମଧ୍ୟ ଏକ ପ୍ରତିଚରିତ୍ର କୁହାଯାଇପାରେ। ଏକଦା କୌଣସି ଏକ ସମୟରେ ପ୍ରେମକରି ପ୍ରତ୍ୟାଖ୍ୟାତ ହୋଇଥିବା ଏହି ମଧ୍ୟବୟସ୍କ ଚରିତ୍ର ଲୋଚନପୁର ଡାକ ବଙ୍ଗଳାକୁ ଶିକାର କରିବା ପାଇଁ ଆସନ୍ତି। କାନ୍ଧରେ ବନ୍ଧୁକ, ଗୋଡ଼ରେ ଗନ୍ ବୁଟ୍ ଏବଂ ମୁହଁରେ ଇଂରେଜୀ ଭାଷା। ରବର୍ଟ

ମହାନ୍ତି ଭବିଷ୍ୟତ କାଳକୁ ଅତୀତ କାଳରେ କଥାବାର୍ତ୍ତା କରନ୍ତି। ଉଦାହରଣ ସ୍ୱରୂପ ସେ ଟଙ୍ଗାନାଇକା ଯାଇନାହାନ୍ତି କିମ୍ବା ନାଏଗ୍ରା ଜଳପ୍ରପାତ ତଳେ କୌଣସି ସିଂହକୁ ଶିକାର କରିନାହାନ୍ତି। କିନ୍ତୁ ଗ୍ରାମାଞ୍ଚଳର ଡାକବଙ୍ଗଳାରେ ନିର୍ବାଚନ ସମୟରେ ଅବସ୍ଥାନ କରିଥିବା ରାଜନୀତିକ ପ୍ରାର୍ଥୀ ଚନ୍ଦ୍ରକାନ୍ତଙ୍କ ଆଗରେ ଏସବୁ କରିଛନ୍ତି ବୋଲି ବଡ଼ପଣିଆ ଦେଖାନ୍ତି। ସହଜରେ ମନେହୁଏ ସେ ଜଣେ ମିଥ୍ୟାବାଦୀ। କିନ୍ତୁ ଜୀବନର ପ୍ରତି ରାସ୍ତାରେ କେବଳ ମିଥ୍ୟାମାନଙ୍କୁ କାମନା କରିଥିବା ରବର୍ଟ ମହାନ୍ତିଙ୍କ ପାଇଁ ସୁଚରିତାର ପ୍ରେମ ମଧ୍ୟ ଏକ ଛଳନା। ଛଳନାରେ ପୂର୍ଣ୍ଣ ଯୌନତା ଭିତରୁ ପ୍ରେମମୂଳକ ସତ୍ୟଟିକୁ ନପାଇ ରବର୍ଟ ମହାନ୍ତି ସମଗ୍ର ମାନବ ସମାଜକୁ ବିଦ୍ରୂପ କରିଛନ୍ତି। ତାଙ୍କ ମତରେ ଭଲ ପାଇବାର ଅଭିନୟ ଠାରୁ ବଡ଼ ଅଭିନୟ ଆଉ ନାହିଁ। ତେଣୁ ଭଲ ପାଇ ପାଇ ପୃଥିବୀର ଜନସଂଖ୍ୟା ବଢ଼ିଗଲାଣି ବୋଲି କହନ୍ତି ବିଦ୍ରୂପାତ୍ମକ ଭାବେ। ଏହି ବିଦ୍ରୂପ ଆତ୍ମବିଦ୍ରୂପ ହୋଇପାରେ କିନ୍ତୁ ବିଦ୍ରୂପହିଁ ତାଙ୍କ ଜୀବନ ଦର୍ଶନ। ପ୍ରତିଦିନ 'ଭୋକ ହେଲେ ଖାଉଥିବା', 'ନିଦ ଲାଗିଲେ ଶୋଉଥିବା' ଏବଂ 'ହସ ମାଡ଼ିଲେ ହସୁଥିବା' ଚରିତ୍ରମାନଙ୍କୁ ସେ ଘୃଣା କରନ୍ତି। ହୁଏତ ସେଥିପାଇଁ ସେ ସଂପର୍କର ଜଙ୍ଗଲର ରହସ୍ୟ ଭିତରକୁ ପଶି ଶିକାର କରିବାକୁ ଭଲ ପାଆନ୍ତି। ଏହି ପ୍ରତି ଚରିତ୍ରଟିର ଜୀବନ ଜିଜ୍ଞାସା ଓ ଅନ୍ୱେଷାବୋଧକୁ ଶିକାରର ରୂପକଳ୍ପ ଭିତରେ ଅଙ୍ଗୀଭୂତ କରାଯାଇଛି।

ବାସ୍ତବବାଦୀ ଶୈଳୀର ନାଟକଗୁଡ଼ିକରେ ଚରିତ୍ରଗୁଡ଼ିକ ମୁଖ୍ୟ। ତେଣୁ ସେମାନେ ଘଟଣା ଓ କାହାଣୀର ସୁଅରେ ଭାସି ନଯାଇ ନିଜେ କାହାଣୀଗୁଡ଼ିକ ନିୟନ୍ତ୍ରଣ କରନ୍ତି। ଏଣୁ ଶୈଳୀ ପ୍ରୟୋଗ ଦୃଷ୍ଟିରୁ କିମ୍ବା କାହାଣୀ ଉପସ୍ଥାପନା ଦୃଷ୍ଟିରୁ ଏଗୁଡ଼ିକର ପ୍ରୟୋଗାତ୍ମକ ଦିଗଟିକୁ ଉପେକ୍ଷା କରାଯାଇପାରିବ ନାହିଁ। ପରବର୍ତ୍ତୀ ନାଟକ 'କମଳପୁର ଡାକଘର' (୧୯୬୮) ମଧ୍ୟ ଏକ ଚରିତ୍ର ପ୍ରଧାନ ନାଟକ। ଡାକଘର ସାମାଜିକ ଲୋକମାନଙ୍କର ମିଳନସ୍ଥଳୀ ହୋଇଥିବାରୁ ସେଥିରେ ଗ୍ରାମାଞ୍ଚଳର ବିଭିନ୍ନ ଚରିତ୍ର ଏକତ୍ର ହେବାର ସୁଯୋଗ ପାଆନ୍ତି। ଏହାର ପୋଷ୍ଟମାଷ୍ଟର୍ ଦୋଳଗୋବିନ୍ଦ ଜଣେ ସ୍ୱାଧୀନଚେତା ଆଦର୍ଶବାଦୀ ମିଲିଟାରୀ ଅଫିସର। ସେ ଦିନରାତି ସେବା କରିବାର ମନୋବୃତ୍ତି ନେଇ କମଳପୁର ଡାକଘରକୁ ପୋଷ୍ଟମାଷ୍ଟର୍ ହୋଇ ଆସିଛନ୍ତି। କିନ୍ତୁ ସ୍ୱାଧୀନତା ପରବର୍ତ୍ତୀ ସମୟର ସାମାଜିକ ବ୍ୟବସ୍ଥା ଭିତରେ ବଡ଼ ହୋଇଥିବାରୁ ନିଜର କର୍ତ୍ତବ୍ୟ ଭୂମିକୁ ଡାକଘର ଭିତରେ ସୀମିତ ନରଖି ସମାଜସେବା ପର୍ଯ୍ୟନ୍ତ ବିସ୍ତୀର୍ଣ୍ଣ କରିପାରିଛନ୍ତି। ସେ ଗାନ୍ଧୀବାଦର ଅସ୍ପୃଶ୍ୟତା ନିବାରଣ ଦିଗଟିକୁ ବେଶି ପ୍ରାଧାନ୍ୟ ଦିଅନ୍ତି। ସେଥିପାଇଁ ସେ କୁସଂସ୍କାରଗ୍ରସ୍ତ ଗ୍ରାମାଞ୍ଚଳ ଅଧିବାସୀମାନଙ୍କର କଟୁ ସମାଲୋଚନାର ପାତ୍ର। ନାଟକର ଖଳନାୟକ କମ୍ବୁପାଣି ମିଶ୍ର ସେହି କମଳପୁର ଡାକଘରର ପୁରୁଣା

ବ୍ରାଞ୍ଚ ପୋଷ୍ଟମାଷ୍ଟର୍‌। ତାଙ୍କୁ ଗାଦିଚ୍ୟୁତ କରି ଦୋଳଗୋବିନ୍ଦ ବାବୁ ଆସିଥିବାରୁ ସେ କ୍ଷୁବ୍ଧ ହୋଇ ଏହି ଶୃଙ୍ଖଳିତ ନାୟକଟିକୁ ଗାଦିଚ୍ୟୁତ କରିବା ପାଇଁ ଚେଷ୍ଟାକରି ଆସିଛନ୍ତି। ସେହି ଡାକଘରକୁ କିରାଣୀ ଭାବରେ ଚାକିରି କରିବା ପାଇଁ ପ୍ରଫୁଲ୍ଲ ବାବୁ ଆସନ୍ତି ସହରରୁ। ପ୍ରଫୁଲ୍ଲ ବାବୁ ଉଚ୍ଚ ଶିକ୍ଷିତ ହୋଇଥିଲେ ସୁଦ୍ଧା ତାଙ୍କର ଶୃଙ୍ଖଳା ଜ୍ଞାନ ଆଦୌ ନଥିଲା। ହୁଏତ ସ୍ୱାଧୀନତା ପରବର୍ତ୍ତୀ ବିଶୃଙ୍ଖଳିତ ଷଷ୍ଠ ଦଶକର ପ୍ରଫୁଲ୍ଲ ବାବୁ ଏକ ସାଧାରଣ ପ୍ରତିନିଧି। ନାଟକର ଶେଷରେ ଦୋଳଗୋବିନ୍ଦଙ୍କର ନିର୍ଭୀକ ସରଳତାର ସୁଯୋଗ ନେଇ କମ୍ବୁ ମିଶ୍ର ଡାକଘର ସଞ୍ଚୟ ଅର୍ଥରୁ କିଛି ଚୋରାଇ ନେଇଛନ୍ତି ଏବଂ ଏପରି ଏକ ବିଶ୍ୱାସଘାତକତାର ଶିକାର ହୋଇ ଗୋଳଗୋବିନ୍ଦ ପ୍ରବଳ ଉତ୍‌କ୍ଷିପ୍ତ ହୋଇଛନ୍ତି। ତେଣୁ ତାଙ୍କୁ ଜେଲ୍‌ଦଣ୍ଡ ହୋଇଛି। ଏପରି ଏକ ସରଳ ଗଳ୍ପକଥନ ଭିତରେ ଦୋଳଗୋବିନ୍ଦ, ପ୍ରଫୁଲ୍ଲ ଏବଂ କମ୍ବୁ ମିଶ୍ର ଗୋଟିଏ ଗୋଟିଏ ପ୍ରତୀକରେ ରୂପାନ୍ତରିତ ହୋଇଯାଆନ୍ତି। ତେଣୁ ବାସ୍ତବବାଦୀ ଶୈଳୀରେ ଲିଖିତ ଏହି ନାଟକରେ ଚରିତ୍ରଚିତ୍ରଣର ଗତି ଶୈଳୀ ପ୍ରୟୋଗ ଦୃଷ୍ଟିରୁ ବାସ୍ତବତାଗୁଡ଼ିକୁ କରିଛି ପ୍ରତୀକଧର୍ମୀ।

ସେହିପରି ମଞ୍ଚ ଉପସ୍ଥାପନା ଦୃଷ୍ଟିରୁ ମଧ୍ୟ ଏଥିରେ ଏକ ସ୍ୱାତନ୍ତ୍ର୍ୟ ପରିଲକ୍ଷିତ ହୁଏ। ଓଡ଼ିଆ ନାଟ୍ୟ ସାହିତ୍ୟରେ 'ଡାକଘର'କୁ କେନ୍ଦ୍ରକରି କୌଣସି ନାଟକ ଲେଖା ହୋଇନାହିଁ। ମଞ୍ଚ ଉପରେ ଦୋଳଗୋବିନ୍ଦଙ୍କ ଘର ଏବଂ ସଂଲଗ୍ନ ଡାକଘର, ସାମ୍‌ନା ମଞ୍ଚରେ ଗୋଟିଏ ବରଗଛ ଏବଂ ସିମେଣ୍ଟ ମଣ୍ଡପ ଉପରେ କମ୍ବୁମିଶ୍ର ବସି ଅଶିକ୍ଷିତ ଗ୍ରାମବାସୀମାନଙ୍କ ପାଇଁ ପତ୍ର ଲେଖନ୍ତି। ଡାହାଣ ମଞ୍ଚରେ ଗ୍ରାମକୁ ରାସ୍ତା ଏବଂ ଗ୍ରାମର ବେଶ୍ୟାଗଳି ରାଣୀପାଟଣା। ଚରିତ୍ରମାନେ ମଞ୍ଚର ପଛପଟୁ ଏବଂ ସାମ୍‌ନାର ଦୁଇପଟୁ ପ୍ରବେଶ ଓ ପ୍ରସ୍ଥାନ କରିପାରନ୍ତି। ଏହା ମଧ୍ୟ 'ବିନ୍ଦୁ ଓ ବଳୟ' ନାଟକ ଭଳି ପରଦା ଓ ପେଟିକା ମଞ୍ଚର ସମନ୍ୱିତ ଦୃଶ୍ୟ ପ୍ରଦାନ କରିଛି।

ଏହି ନାଟକରେ କାହାଣୀ ଥାଇ ମଧ୍ୟ ନଥିଲା ପରି। ପ୍ରତ୍ୟେକ ଚରିତ୍ର ଗୋଟିଏ ଗୋଟିଏ କାହାଣୀ ହୋଇ ମଞ୍ଚ ଉପରକୁ ପ୍ରବେଶ ଓ ପ୍ରସ୍ଥାନ କରନ୍ତି। ବିଭିନ୍ନ ସାମାଜିକ ସ୍ତରର ଚରିତ୍ରମାନଙ୍କ ସମାହାରରେ ଏହି ନାଟକର କାହାଣୀ ଗଠିତ।

ନାଟ୍ୟକାର ରମେଶ ପାଣିଗ୍ରାହୀଙ୍କର ବାସ୍ତବବାଦୀ ପରୀକ୍ଷା ଶୈଳୀର ଚରମ ବିନ୍ଦୁ ହେଲା 'ଗୁଣ୍ଡା' (୧୯୬୮)। ଷଷ୍ଠ ଦଶକର ବିଶୃଙ୍ଖଳିତ ସାମାଜିକ ବ୍ୟବସ୍ଥାର ପ୍ରତୀକ ରୂପେ 'ଗୁଣ୍ଡା' ନାଟକକୁ ନିଆଯାଇପାରେ। ସାମାଜିକ ବ୍ୟବସ୍ଥାର ପରିବର୍ତ୍ତନ, ରାଜନୀତିରେ ହିଂସାପ୍ରବଣତା ଏବଂ ସମାଜର ମୁକ୍ତ ରଙ୍ଗମଞ୍ଚରେ ପ୍ରତିଷ୍ଠା ପାଇଁ ବ୍ୟାକୁଳ ହେଉଥିବା ଯୁବ ସମାଜର ପ୍ରତିନିଧିତ୍ୱ କରୁଛି ବାବ୍‌ଲୁ ଗୁଣ୍ଡା। ଓଡ଼ିଆ ନାଟକ, ଗଳ୍ପ ଓ ଉପନ୍ୟାସ ସାହିତ୍ୟରେ ନାୟକ ହେବାର କ୍ଷମତା କେବେ ନଥିଲା ଗୁଣ୍ଡାର। ଗୁଣ୍ଡାଟିଏ

ସବୁବେଳେ ସମାଜରେ ଥିବା ଅସାମାଜିକ ବ୍ୟକ୍ତିଟିଏ। କିନ୍ତୁ ଏକ ବିଶୃଙ୍ଖଳିତ ଏବଂ ଅବ୍ୟବସ୍ଥିତ ସାମାଜିକ ପଟ୍ଟଭୂମିରେ ହିଂସାର ପ୍ରାବଲ୍ୟ ଘଟୁଥିବା ଯୋଗୁ 'ଗୁଣ୍ଡା' ସାମାଜିକ ପ୍ରେକ୍ଷାପଟ୍ଟରେ ଉଜ୍ଜ୍ୱଳ ଚରିତ୍ର ବୋଲି ମନେହୋଇଥାଏ। ସେହିପରି ସାମାଜିକ ପରିବର୍ତ୍ତନର ସନ୍ଧିକ୍ଷଣରେ ନାୟକ ଖୋଜିବା ଏକ ଦୁରୂହ ସମସ୍ୟା। ରାଜନୀତିରେ ଗଣତନ୍ତ୍ରର ପ୍ରଚଳନ ଯେପରି ସମାଜର ସାଧାରଣ ନାଗରିକଟିକୁ ମନ୍ତ୍ରୀ ହେବାର ସୁଯୋଗ ଦିଏ, ସେହିପରି ସମାଜର ଯେକୌଣସି ବ୍ୟକ୍ତି ନାୟକ ହେବାର ସୁଯୋଗ ପାଇଛି। ଏହି ଦୃଷ୍ଟିରୁ ହୁଏତ ବାବ୍‌ଲୁ ନୂତନ ସମାଜର ନୂତନ ନାୟକ ହିସାବରେ ନିଜକୁ ପ୍ରତିଷ୍ଠା କରିବାକୁ ଚାହିଁଛି।

ମହାବିଦ୍ୟାଳୟର ପରିବେଶ ମଧ୍ୟରେ ହିଂସା ଆଚରଣ କରି ନିଜକୁ ନାୟକ ରୂପେ ପ୍ରତିଷ୍ଠିତ କରିଥିବା ବାବ୍‌ଲୁ ଏକ ଭଦ୍ର ବ୍ରାହ୍ମଣ ଘରର ସନ୍ତାନ। କିନ୍ତୁ କ୍ରମଶଃ ରାଜନୀତିକ ନେତାମାନଙ୍କ ହାତ ବାରିସୀ ହୋଇ ସେ ନିଜ ପରିବାର ଏବଂ ସମାଜଠାରୁ ଦୂରେଇ ଯାଇଛି। ଫଜୁଲ ମିଆଁ ଓ ସତୀଶ ଟେଇଲରଙ୍କ ବସ୍ତି ଭିତରକୁ ଚାଲି ଆସିଛି ବାବ୍‌ଲୁ। ତେଣୁ ନାଟକର ମଞ୍ଚଶୈଳୀଟି ପେଟିକା ଓ ପରଦା ମଞ୍ଚର ସମନ୍ୱୟରେ ଗଠିତ। ବିଭିନ୍ନ ଚରିତ୍ରମାନଙ୍କର ସମାବେଶ ଘଟିଥିଲେ ମଧ୍ୟ ଏହି ନାଟକର କାହାଣୀ ଉପସ୍ଥାପନା ଶୈଳୀଟି ଅତ୍ୟାଧୁନିକ। ହଠାତ୍ ମଞ୍ଚକୁ ପଶି ଆସୁଛି ନାଟକର ନାୟିକା କାକଳୀ। ଯିଏ କି "ଅନ୍ଧାର ରାତିରେ ଶେଷ ପ୍ରହରରେ ଝରୁଥିବା ଶିଶିର ଭଳି, ଶୀତ ସକାଳର ଘରେ ଜଳୁଥିବା ଖଣ୍ଡେ ନିଆଁର ଉହ୍ମେଇ ଭଳି, ଗ୍ରୀଷ୍ମର ଅଦିନ ବର୍ଷାରେ କଅଁଳି ଉଠୁଥିବା ପଲ୍ଲବ ଭଳି।" ଗୁଣ୍ଡା ଉପଦ୍ରୁତ ଅବିବାହିତା ବୟସ୍କା ମହିଳା କାକଳୀ, ଦୀପେନ୍ ନାମକ ଏକ ବର୍ବର ଗୁଣ୍ଡାର ଆକ୍ରମଣରୁ ରକ୍ଷା ପାଇବା ପାଇଁ ପଶି ଆସିଛି ବାବୁଲ୍‌ର ବସ୍ତି ଘର ଭିତରକୁ। ବସ୍ତିଟି ବାସ୍ତବବାଦୀ ଶିଳ୍ପ ସଜ୍ଜାରେ ମଣ୍ଡିତ। ସେହିପରି ବାବ୍‌ଲୁର ଘରଟି ମଧ୍ୟ। ପ୍ରଥମ ଘରେ ଏକ ଦଉଡ଼ିଆ ଖଟ ଓ କିଛି ମଦବୋତଲ ଏବଂ ପଛପଟ ଘରରେ ଅଳନ୍ଧୁ, ଆବର୍ଜନା, ଚିରାଲୁଗା, କିରୋସିନ ବୋତଲ ଇତ୍ୟାଦି। ସେ ଘରେ ସବୁ ବିଶୃଙ୍ଖଳିତ। ବାବ୍‌ଲୁର ଜୀବନ ଏବଂ ପରିବାର ବର୍ଜନର ସମସ୍ତ ଅତୀତ ଘଟଣା ନାଟକର ସଂଳାପ ଦ୍ୱାରା ସୂଚୀତ ହୋଇଥିଲେ ମଧ୍ୟ ନାଟକଟି ନିତ୍ୟ ପ୍ରବୃତ୍ତ ବର୍ତ୍ତମାନ କାଳରେ ଅବସ୍ଥିତ। ରାତ୍ରିର ପ୍ରଥମ ପ୍ରହରରେ ପ୍ରବେଶ କରିଛି କାକଳୀ ଏବଂ ରହିଛି ରାତିସାରା। କାକଳୀର ଉପସ୍ଥିତି ବାବ୍‌ଲୁର ମାନସିକ ସ୍ତରରେ ଯଥେଷ୍ଟ ପରିବର୍ତ୍ତନ ଆଣିଛି। ସେ ବିଶୃଙ୍ଖଳାରୁ ଧୀରେ ଧୀରେ ଶୃଙ୍ଖଳା ଆଡ଼କୁ ମାନସିକ ସ୍ତରରେ ଉନ୍ନୀତ ହୋଇଛି। ଠିକ୍ ସେତିକିବେଳକୁ ନିର୍ବାଚନ ପ୍ରଚାରରେ ବ୍ୟସ୍ତଥିବା ତାରାପଦ ବାବୁ ଆସିଛନ୍ତି ଏବଂ ବାବ୍‌ଲୁକୁ ପୁନର୍ବାର ରାଜନୀତିକ ହିଂସାକାଣ୍ଡରେ ସମ୍ପୃକ୍ତ କରିଛନ୍ତି।

ବାବଲୁ ରାଜନୀତିକ ହିଂସାକାଣ୍ଡ ଘଟାଇ ପୁନରାୟ ନିଜର ବିଶୃଙ୍ଖଳିତ ଘର ଭିତରକୁ ଆସିଲାବେଳକୁ ବିଶୃଙ୍ଖଳା ତୀବ୍ରତର ହୋଇଚି। ଦୀପେନ୍ ଯିଏକି "ଭାରତବର୍ଷର ସମସ୍ତ ନଈକୂଳର ଅରମାରେ ଉଠୁଥିବା ଅନାବନା ଗଛଠାରୁ ଭିନ୍ନ ନୁହେଁ" ଏବଂ ଛୁରୀ ପିସ୍ତଲରେ ଯେ କଥାବାର୍ତ୍ତା କରେ ସେ ପୁନର୍ବାର ଆସିଛି ଏବଂ କାକଳୀକୁ ହତ୍ୟା କରିଛି। ବାବ୍‌ଲୁ କାଳଳୀର ରକ୍ତସ୍ନାତା ଶରୀରକୁ କାନ୍ଧରେ ପକାଇ ଶପଥ ନେଉଛି "ମୁଁ କିନ୍ତୁ ଏଣିକି ସାଧାରଣ ମଣିଷ ହୋଇପାରିବିନି। ମତେ ପୁଣି ଫେରିଯିବାକୁ ପଡ଼ିବ ଅପରାଧର ଜଗତ ଭିତରକୁ...ତା'ଭିତରକୁ ଯିବାକୁ ଦୀପେନ୍ ତୁ ମତେ ବାଧ୍ୟ କରୁଛୁ। ମୁଁ ଅନ୍ଧାର ଚାହେଁ....ତା'ପରେ ମୋ ବାଟ ସଫା...।" ପୁଣି ଥରେ ହିଂସାର ବଳୟ ମଧ୍ୟକୁ ପଶିଯାଇଛି ବାବ୍‌ଲୁ।

ବାସ୍ତବବାଦୀ ଶୈଳୀରେ ଲିଖିତ ତାଙ୍କର 'ମୁକ୍ତି ମଣ୍ଡପ' କିମ୍ବା 'ତିମିରି ତୃଷ୍ଣା'ର କାହାଣୀଠାରୁ ଏହି କାହାଣୀ ଅଧିକ ଉନ୍ନତ ନୁହେଁ। କିନ୍ତୁ ଗୋଟିଏ ରାତ୍ରିର ସମୟକାଳ ମଧ୍ୟରେ ଦୁଇଟି ଚରିତ୍ରର ବ୍ୟକ୍ତିଗତ ଘୃଣା ଓ ବିକର୍ଷଣ ଭିତରୁ ଯେଉଁ ପ୍ରେମ ଓ ଆକର୍ଷଣର ସୂତ୍ରପାତ ହୋଇଅଛି ତା'ର ମାନସିକ ଉପସ୍ଥାପନା ଘଟିଛି 'ଗୁଣ୍ଡା' ନାଟକରେ। ସେହି ଦୃଷ୍ଟିରୁ ଏହା ଏକ ମନସ୍ତାତ୍ତ୍ୱିକ ନାଟକ। ଓଡ଼ିଆ ମନସ୍ତାତ୍ତ୍ୱିକ ବାସ୍ତବବାଦୀ ନାଟକର ବିଭିନ୍ନ ପରୀକ୍ଷା କରାଯାଇଛି ଶ୍ରୀ ପ୍ରାଣବନ୍ଧୁ କର ଏବଂ ଶ୍ରୀ ମନୋରଞ୍ଜନ ଦାସଙ୍କ କ୍ଷୁଦ୍ର ନାଟକ ଗୁଡ଼ିକରେ। ସେଥିରେ ଅଧିକନ୍ତୁ ଯୌନ ଭାବାବେଗ ଓ ବିକୃତି ଉପରେ କେନ୍ଦ୍ରୀଭୂତ ହୋଇଛି। ବୋଧହୁଏ ଷଷ୍ଠ ଦଶକର ଶେଷ ପର୍ଯ୍ୟାୟରେ ଓଡ଼ିଶାରେ ମନସ୍ତାତ୍ତ୍ୱିକ ନାଟକ କହିଲେ କେବଳ ଫ୍ରଏଡ଼ୀୟ ଯୌନ ତତ୍ତ୍ୱକୁ ବୁଝାଯାଉଥିଲା। ମାତ୍ର ଏହି ନାଟକରେ ଫ୍ରଏଡ୍‌ଙ୍କ ମନସ୍ତତ୍ତ୍ୱର ଏକ ସମ୍ପୂର୍ଣ୍ଣ ନୂତନ ଦିଗ ପ୍ରତି ଆଲୋକପାତ କରାଯାଇଛି। ଫ୍ରଏଡ୍ ଏବଂ ତାଙ୍କର ପରବର୍ତ୍ତୀ ମନସ୍ତତ୍ତ୍ୱବିତ୍ ଏରିକ୍ ଫ୍ରମ୍ (Eric Fromm) ଚାରିତ୍ରିକ ବ୍ୟବହାରକୁ ଦୁଇଟି ନିର୍ଦ୍ଦିଷ୍ଟ ପର୍ଯ୍ୟାୟରେ ବିଭକ୍ତ କରିଛନ୍ତି। ସେଥିରେ କୁହାଯାଇଅଛି ଯେ ସଂଘର୍ଷ ସାମାଜିକ ପ୍ରାଣୀର ବ୍ୟବହାରକୁ ସମ୍ପୂର୍ଣ୍ଣ ନିୟନ୍ତ୍ରଣ କରେ। ସଂଘର୍ଷର ସାମନା କରି ନପାରି କିଛି ବ୍ୟକ୍ତି ନିଜକୁ ସଂଘର୍ଷଠାରୁ ବିଛିନ୍ନ କରି ରଖନ୍ତି। ସେମାନେ ହିଂସାକୁ ଅସାମାଜିକ ବ୍ୟବହାର କରି ଧର୍ମ ଚେତନାର ମୁଖା ଭିତରେ ନିଜକୁ ସଭ୍ୟ ରୂପେ ପ୍ରମାଣିତ କରିବାକୁ ଯାଇ ନିଜ ଭିତରେ ସଙ୍କୁଚିତ ହୋଇ ରହିଯାଇଥାନ୍ତି। ଏମାନଙ୍କୁ ପଳାୟନପନ୍ଥୀ କୁହାଯାଏ। ଆଉ କେତେଜଣ ସଂଘର୍ଷକୁ ବାସ୍ତବ ଅନୁଭୂତି ବୋଲି ଗ୍ରହଣ କରି ସାମ୍ନା କରିଥା'ନ୍ତି; ଏବଂ ନିଜ ପୌରୁଷକୁ ପ୍ରତିଷ୍ଠା କରିବାପାଇଁ ହିଁ ମାଧ୍ୟମ ରୂପେ ଗ୍ରହଣ କରିଥାଆନ୍ତି। ମନସ୍ତାତ୍ତ୍ୱିକ ଭାଷାରେ ପଳାୟନପନ୍ଥୀଙ୍କୁ Regression ବୋଲି କୁହାଗଲାବେଳେ, ସଂଘର୍ଷର ସାମ୍ନା

କରୁଥିବା ବ୍ୟବହାରକୁ Aggression ବୋଲି କୁହାଯାଏ। ପଳାୟନପନ୍ଥୀମାନେ ବ୍ୟର୍ଥତାର ସମ୍ମୁଖୀନ ହୁଅନ୍ତି ମାତ୍ର ଜୀବନର ଦ୍ୱନ୍ଦ୍ୱ ଓ ସଂଘର୍ଷର ସମ୍ମୁଖୀନ ହୋଇ ନିଜ କ୍ରିୟାଶୀଳ ଜୀବନରେ ଗତିଶୀଳ ହେଉଥିବା ଚରିତ୍ରମାନଙ୍କ ମଧ୍ୟରୁ ବାବ୍‌ଲୁ ଏକ ଚରିତ୍ର। ସେ ଜୀବନରେ କେବେ ସ୍ନେହ ଓ ପ୍ରେମର ସ୍ପର୍ଶ ପାଇନାହିଁ। ନିଜ ପରିବାର ଭିତରେ କେବଳ ମିଥ୍ୟା ଛଳନାର ସଙ୍କେତ ପାଇଛି। ନିଜର ନାୟକତ୍ୱକୁ ଜାହିର କରିବା ପାଇଁ ଆଗେଇ ଆସିଲା ବେଳେ ତାକୁ ସମସ୍ତେ ଅସାମାଜିକ କହି ଦୂରେଇ ଦେଇଛନ୍ତି। ତେଣୁ ବାବ୍‌ଲୁ ସାମାଜିକତାକୁ ଏକ ନୈତିକ ପ୍ରଶ୍ନ ବୋଲି ଗ୍ରହଣ କରି ନାହିଁ ବରଂ ନୈତିକତାକୁ ସେ ଷଷ୍ଠଦଶକର ସାମାଜିକ ପରିପ୍ରେକ୍ଷୀରେ ଅପ୍ରାସଙ୍ଗିକ ମନେ କରିଛି।

ଏପରି ଏକ ବ୍ୟାବହାରିକ ଏବଂ ପରିବେଷଣାତ୍ମକ ସୀମାରେଖା ଉପରେ ଦଣ୍ଡାୟମାନ ହୋଇ ବାବ୍‌ଲୁ ପୁଣିଥରେ ସମାଜ ବଳୟ ଭିତରକୁ ଫେରିବାକୁ ଚାହିଁ ଅନିଚ୍ଛା ପ୍ରକାଶ କରୁଛି। ଇଚ୍ଛା ଓ ଅନିଚ୍ଛାର ଏହି ପ୍ରସଙ୍ଗଟି ବାସ୍ତବତା ଓ ଅବାସ୍ତବତାର ସୀମାରେଖା ମଧ୍ୟରେ। ସମାଜରେ ଶହଶହ ବାବ୍‌ଲୁମାନେ ଏମିତି ଜନ୍ମ ନେଉଛନ୍ତି ଓ ମରୁଛନ୍ତି; ମାତ୍ର ଶେଷ ନାହିଁ। ଏଠାରେ ରତ୍ନାକର ପଣ୍ଡାଙ୍କ ଉକ୍ତି ଉଲ୍ଲେଖଯୋଗ୍ୟ "କିନ୍ତୁ ଏସବୁ ସତ୍ତ୍ୱେ ଶେଷ ଦୃଶ୍ୟ, ଯେଉଁଠି ବାବ୍‌ଲୁ ଗୁଣ୍ଡା ମହାଭାରତର ବ୍ୟାସ ସରୋବର କୂଳର ଦୁର୍ଯ୍ୟୋଧନ ଭଳି ଅନ୍ଧାରରେ ନିରଂଧ୍ର ଗୋଟିଏ କାନ୍ଧରେ ମୃତ କାକଳୀ ଓ ଆଲୁଅରେ ଶାଣିତ ଅନ୍ୟ କାନ୍ଧଠାରୁ ଆଙ୍ଗୁଳି ପର୍ଯ୍ୟନ୍ତ ବ୍ୟାପିଯାଇଥିବା ହାତରେ ଚିକ୍‌ଚିକ୍ କରୁଥିବା ଛୁରୀ ଧରି ହୁଙ୍କାର କରୁଛି, କେବଳ ଗୋଟିଏ ଗୁଣ୍ଡାର ଉତ୍ତର ଦେଇନାହିଁ। ଉତ୍ତର ଦେଇଛି ପାପ ପୁଣ୍ୟର ଉତ୍ତରଳ ଜଳସ୍ରୋତରେ ଭାସି ଆସୁଥିବା ମୁହ୍ୟମାନ ମଣିଷକୁ। "ସେ ସାମ୍ନା କରିବ ଓ ସାମ୍‌ନା କରୁକରୁ ବଞ୍ଚିବ ଓ ମରିବ। ସେ ଦୁର୍ଯ୍ୟୋଧନ ଓ ଆଲେକ୍‌ଜାଣ୍ଡାରର ବଂଶଧର। ପାବ୍ଲୋ ନେରୁଦା ଓ ହୋ-ଚି-ମିନ୍‌ର ରକ୍ତାକ୍ତ ଉତ୍ତର ପୁରୁଷ।"

ଶୈଳୀ ଉପସ୍ଥାପନା ଦୃଷ୍ଟିରୁ ନାଟକଟି ମେଲୋଡ୍ରାମା ଓ ବାସ୍ତବତାର ମଧ୍ୟବର୍ତ୍ତୀ ଶୂନ୍ୟସ୍ଥାନ ଉପରେ ଅବସ୍ଥାପିତ। ଏହି ନାଟକର ମଞ୍ଚ ସଜ୍ଜା ଓ ପରିବେଷ୍ଟନୀ ଅସାମାଜିକତାର ଅନୁକୃତି ହୋଇପାରେ କିନ୍ତୁ କାକଳୀର ପ୍ରବେଶ ପରେ ନାଟକର ଗତି ଓ ଛନ୍ଦ ସଂଳାପ ମାଧ୍ୟମରେ କ୍ରମଶଃ ମୂଲ୍ୟବୋଧ ଆଡ଼କୁ ଉତ୍ତରିତ ହେଲାପରି ମନେହୁଏ। ଏପରିକି ନାଟକର ଅନ୍ତିମ ଲଗ୍ନରେ ନିଜକୁ ପୁଣିଥରେ ହିଂସାର ବାଟରେ ଆଗେଇ ନେବା ପାଇଁ ଶପଥ ଗ୍ରହଣ କଲାବେଳେ ପୁଣି ଏକ ନୈତିକ ଦ୍ୱନ୍ଦ୍ୱର ପ୍ରଶ୍ନବାଚୀ ଭିତରେ ଦଣ୍ଡାୟମାନ ହୋଇଛି ନାୟକ ବାବ୍‌ଲୁ।

ଓଡ଼ିଶାର ନାନ୍ଦନିକ ରୁଚିଟି ଯେଉଁଠି ସମ୍ଭ୍ରାନ୍ତ ସେଠାରେ ତାହା ରୀତିଯୁଗୀୟ।

ଭାଷା ଦ୍ୱାରା ଚିହ୍ନିତ ଏପରି ସମ୍ଭ୍ରାନ୍ତ ରୁଚିରେ ସଂସ୍କୃତ ଭାଷା ଆଳଙ୍କାରିକ ବ୍ୟବହାର ଏବଂ ସମାଜ ସିଦ୍ଧ ରୁଚିବୋଧକୁ ହିଁ ଶାସ୍ତ୍ରୀୟ ବୋଲି ଗ୍ରହଣ କରାଯାଏ। କିନ୍ତୁ ବ୍ୟାବହାରିକ ଭାଷା ପ୍ରୟୋଗ ଏବଂ ମଞ୍ଚ ପରିବେଷଣର ବ୍ୟବସ୍ଥାରେ ଏହି ସମ୍ଭ୍ରାନ୍ତ ରୁଚିବୋଧକୁ ଉପେକ୍ଷା କରାଯାଇଅଛି। ଏହା ମଧ୍ୟ ଉଗ୍ର ବାସ୍ତବବାଦୀ ଶୈଳୀର ଅନ୍ୟତମ ବିଭାବ। ଯେଉଁମାନେ କଳା ପାଇଁ କଳା ତିଆରି କରନ୍ତି ସେମାନଙ୍କ ରୁଚିବୋଧ ପାରମ୍ପରିକ ହୋଇଥିଲା ବେଳେ ବାବ୍‌ଲୁ ଭଳି ଏକ ଚରିତ୍ରକୁ ନାୟକ ରୂପେ ନିର୍ବାଚନ କରିବା ନିଶ୍ଚୟ ଏକ ଦୁଃସାହସିକ ପଦକ୍ଷେପ। ତେଣୁ ବାସ୍ତବବାଦୀ ଉପସ୍ଥାପନା ଶୈଳୀରେ ଏପରି ଉଗ୍ର ପ୍ରୟୋଗ ଅନ୍ୟ କୌଣସି ନାଟକରେ କରାଯାଇନାହିଁ।

ପରବର୍ତ୍ତୀ ନାଟକ 'ମୁଁ ଆମ୍ଭେ ଓ ଆମ୍ଭେମାନେ' (୧୯୬୮) ଶୈଳୀ ପ୍ରୟୋଗ ଦୃଷ୍ଟିରୁ ଉଲ୍ଲେଖଯୋଗ୍ୟ। ଏହି ନାଟକରେ ବାସ୍ତବବାଦ ଓ ପ୍ରତୀକବାଦର ସମନ୍ୱୟ ଘଟିଅଛି। ସହର ଓ ଗ୍ରାମାଞ୍ଚଳର ତ୍ରିଛକି ଉପରେ ଅବସ୍ଥିତ ଚାହା ଦୋକାନଟିଏ। ଏହି ନାଟକର ଅଭିନୟ ସ୍ଥାନ 'ଚାହାଦୋକାନ'ଟି ସମ୍ପୂର୍ଣ୍ଣ ବାସ୍ତବବାଦୀ ଶୈଳୀରେ ଗଠିତ। ପଛପଟେ ଗୋଟିଏ ପୋଖରୀ ଅଛି ଏବଂ ତା'ପଛକୁ ସାଇକ୍ଲୋରୋମାରେ ଆକାଶ ମଧ୍ୟ ନିର୍ମିତ ହୋଇଛି। ସାମ୍‌ନା ମଞ୍ଚରେ ଗୋଟିଏ ଆଲୋକ ସ୍ତମ୍ଭ ଉପରେ ଆଲୋକ ପ୍ରଜ୍ୱଳିତ ହୁଏନାହିଁ; ତେଣୁ ଆଲୋକ ଓ ଅନ୍ଧାରର ତ୍ରିଛକି ଉପରେ ଆଗକୁ ଯିବାର ରାସ୍ତା ନପାଇ ସେଠାକୁ ବହୁ ନାଗରିକ ଆସନ୍ତି। ସମସ୍ତେ ନିଜ ନିଜ ଲକ୍ଷ୍ୟ ସ୍ଥଳରେ ପହଞ୍ଚିବା ପାଇଁ ବସ୍‌କୁ ଅପେକ୍ଷା କରନ୍ତି କିନ୍ତୁ ସେହି ନିର୍ଦ୍ଦିଷ୍ଟ ବସ୍‌ଟି ଆସେ ନାହିଁ। କେବଳ ନିଜ ନିଜର ଦିବା ସ୍ୱପ୍ନମାନଙ୍କୁ ନେଇ ଅପେକ୍ଷା କରିବା ହିଁ ନାଟକର କଥାବସ୍ତୁ। ଏଣୁ ଏହି ନାଟକରେ ତ୍ରିଛକୀଟି ହିଁ ପ୍ରତୀକାତ୍ମକ। ପ୍ରଥମେ ବାସ୍ତବବାଦୀ ଶୈଳୀ ଭଳି ମନେହେଉଥିବା ଚା'ଦୋକାନରେ ଧୂଆଁ ଏବଂ ବରା ଛାଣିବାର ଶବ୍ଦ, ନାଟକ ଅଭିନୟ କାଳରେ ପ୍ରତୀକ ହୋଇଯାଏ। ଏଣୁ ଚରିତ୍ର ଚିତ୍ରଣରେ ମଧ୍ୟ ଏହି ପ୍ରତୀକଧର୍ମିତା ଲକ୍ଷ୍ୟ କରାଯାଇପାରେ। ଉଦାହରଣ ସ୍ୱରୂପ, ଗୋବିନ୍ଦ ସାହୁର ପୁଅ ଗୁରୁବାରି ସବୁବେଳେ ପଛପଟ ପୋଖରୀରେ ବନ୍‌ଶୀ ପକାଇ ମାଛ ଧରୁଥାଏ। କିନ୍ତୁ କୌଣସି ମାଛ ତାକୁ ମିଳିନାହିଁ। ଷଷ୍ଠ ଦଶକର ମୂଲ୍ୟବୋଧ ଅନ୍ୱେଷା ଭିତରେ ମୂଲ୍ୟବୋଧ ଅନ୍ୱେଷାକୁ ଚିହ୍ନିତ କରିବା ପାଇଁ ଏହା ଏକ ସହଜଲଭ୍ୟ ସାଧାରଣ ପ୍ରତୀକ ହୋଇ ଦଣ୍ଡାୟମାନ ହୋଇଥାଏ। ସେହିପରି ନାଟକର ଏକ ହତାଶ ମୁହୂର୍ତ୍ତରେ ଆଶାର ଲଟେରୀ ଟିକେଟ୍ ବିକ୍ରୀ କରୁଥିବା ଚରିତ୍ରଟି ମଧ୍ୟ ଅନ୍ୟ ଏକ ପ୍ରତୀକ ହୋଇପାରେ। ତ୍ରିଛକି ଉପରେ ନିର୍ଭୀକ ଭାବରେ ଗମନାଗମନ କରୁଥିବା ବିଚିତ୍ରାନନ୍ଦଙ୍କର ପ୍ରବେଶ ଓ ପ୍ରସ୍ଥାନ ପାଇଁ ସେପରି କୌଣସି ନିର୍ଦ୍ଦିଷ୍ଟ ମଞ୍ଚ ତାତ୍ତ୍ୱିକ ନିୟମ ନାହିଁ। ତାଙ୍କର କଥା କହିବା ଶୈଳୀଟି

ସେପରି ସ୍ୱାଧୀନ ଓ ଲଗାମଛଡ଼ା । କେତେବେଳେ ସେ ମୁଖା ପିନ୍ଧି ସାମାଜିକ ସାଂସ୍କୃତିକ ବ୍ୟବସ୍ଥାଗୁଡ଼ିକ ଉପରେ ମନ୍ତବ୍ୟ ଦିଅନ୍ତି । ନାଟ୍ୟକାରଙ୍କ ଭାଷାରେ "ତମ କବି ଏଜରା ପାଉଣ୍ଡଙ୍କୁ ବି ସେମାନେ ପାଗଳ କହି ଗାରଦ ଭିତରେ ପୁରେଇ ଦେଇଥିଲେ; ଅତନୁ, ମୁଁ ତ ସମୟ । ଗୋଟାଏ ଅବିଶ୍ରାନ୍ତ ସ୍ରୋତ । ଏମିତି ଚାଲିଥିବି ! (ପାଖକୁ ଆସି) ଆଉ ? ତମେ ବି ଆସି ଅପେକ୍ଷା କରିଚ ଗଣତନ୍ତ୍ରର ମେଳା ଦେଖିବା ପାଇଁ ? ବାଃ । କ'ଣ ପଲିଟିସିଅନ୍ ? ଏ କବିଙ୍କୁ ଚିହ୍ନିଛ ? ଅତନୁ ଦାସ ! ଓଡ଼ିଶାର ବରେଣ୍ୟ କବି ।" ହାତରେ ଥିବା ବିଲେଇଟି କେତେବେଳେ ମଞ୍ଚ ଉପକରଣ ଭାବେ ବ୍ୟବହାର କରାଯାଉଥିଲେ ମଧ୍ୟ ଅନ୍ୟ କେତେବେଳେ ତାହା କେବଳ ଏକ ପ୍ରତୀକ । ଏପରିକି ନାଟକର ନାୟିକା ବନ୍ୟା ବିଭିନ୍ନ ଦୃଶ୍ୟରେ ନିଜର ପୋଷାକ ବଦଳାଇଲା ପରି ସ୍ୱାମୀମାନଙ୍କୁ ବଦଳାଇ ଚାଲିଛି । ସେ କେବଳ ଅଭିନେତ୍ରୀ ଏବଂ ପରାଧୀନ ଭାରତର କୌଣସି ନୈତିକ ନିୟମ ଓ ପାରମ୍ପରିକ ମୂଲ୍ୟବୋଧ ତା'ପାଇଁ ଗ୍ରହଣଯୋଗ୍ୟ ନୁହେଁ । ପରିବର୍ତ୍ତିତ ସାଂସ୍କୃତିକ ପ୍ରେକ୍ଷାପଟରେ ସାମାଜିକ ସଫଳତା ପ୍ରାପ୍ତି ପାଇଁ କୌଣସି ନିର୍ଦ୍ଦିଷ୍ଟ ନୈତିକ ନିୟମ ଆବଶ୍ୟକ ନୁହେଁ ବୋଲି ସେ ମର୍ମେ ମର୍ମେ ଅନୁଭବ କରିଛି । ତେଣୁ ଦର୍ଶନ ଅଧ୍ୟାପକ ବିଚିତ୍ରାନନ୍ଦ ତା'ର ସ୍ୱାମୀ ହେବାପାଇଁ ଅଯୋଗ୍ୟ । ହୁଏତ ଜୀବନରେ କିଛି ନୂତନତାର ସ୍ୱାଦୁ ପାଇବା ପାଇଁ ସେ କବି ଅତନୁଙ୍କ ପାଖରେ ପତ୍ନୀତ୍ୱ ଭିକ୍ଷା କରୁଥାଇପାରେ । କିନ୍ତୁ ସମଗ୍ର ବିଶ୍ୱ ସାହିତ୍ୟରେ ଏବଂ ଓଡ଼ିଆ କବିତାରେ ମଧ୍ୟ ଯେଉଁ ପ୍ରକାର ଅହଂଯୁକ୍ତ ପାଶ୍ଚାତ୍ୟଧର୍ମୀ କବିମାନେ ଅନେକତ୍ର ଦେଖାଯାଆନ୍ତି, ସେହି ପରିପ୍ରେକ୍ଷୀରେ ବନ୍ୟା କବି ଅତନୁମାନଙ୍କୁ ପ୍ରତ୍ୟାଖ୍ୟାନ କରିବା ମଧ୍ୟ ଅସମ୍ଭବ ନୁହେଁ । ଜୀବନକୁ ଏକ ମଞ୍ଚ ବୋଲି ଗ୍ରହଣ କରିଥିବା ବନ୍ୟା ସମଗ୍ର ସମାଜକୁ ଅଭିନୟର ପ୍ରକୃଷ୍ଟ ସ୍ଥାନ ବୋଲି ଗ୍ରହଣ କରିଛି । ପାରମ୍ପରିକ ଭାରତୀୟ ନାରୀଟିଏ ଶଙ୍ଖା ଓ ସିନ୍ଦୂର ପାଇବାପାଇଁ ଯେଉଁ ଆଦର୍ଶ ପତ୍ନୀତ୍ୱ ଗ୍ରହଣ କରିଥାଏ ତାହା ମଧ୍ୟ ବନ୍ୟା ପାଇଁ ଅଭିନୟ । ଓଡ଼ିଶାର ଲୋକ ଜୀବନରେ ଝିଅଟିଏ ବୋହୂ ହୋଇ ବିଦା ହେଲାବେଳେ ଆଗରୁ କାନ୍ଦଣା ଶିଖି କାନ୍ଦିବା ଯେପରି ଅଭିନୟ, ସ୍ୱାମୀଙ୍କ ଆଗରେ ଓଢ଼ଣା ଦେଇ ଲଜ୍ଜାଶୀଳା ହେବା ସେପରି ଏକ ଅଭିନୟ । ବନ୍ୟାର ଉକ୍ତିକୁ ଏଠାରେ ଉଦ୍ଧାର କରାଯାଇପାରେ– "ଅତନୁ ! ତୁମେ ଜାଣ ମୁଁ ତୁମ ପାଇଁ ଅନେକ ଅନେକ ଅଭିନୟ କରିଛି । xxx ମନ୍ଦ ନୁହେଁ– ! ତମ ମତରେ ଯଦି ଏ ଦେହଟା ସତ୍ୟ ତା'ପାଇଁ ଏତେ ଅଙ୍କାବଙ୍କା ଦର୍ଶନ ତତ୍ତ୍ୱ କ'ଣ ଦରକାର ? ଭଗବାନ, ନୀତି, ପାପ/ପୁଣ୍ୟର କିଛି ମାନେ ନାହିଁ ।" ଷଷ୍ଠ ଦଶକର ବିଶ୍ୱ ସମାଜରେ ନାରୀ ସ୍ୱାଧୀନତାର ଯେଉଁ ଉଗ୍ର ପ୍ରକାଶ ଘଟିଛି ତା'ମଧ୍ୟରୁ ଓଡ଼ିଶା ପାଇଁ ଏପରି ଏକ ନାୟିକା ସନ୍ଧାନ କରିବା ନାଟ୍ୟକାରଙ୍କ ପାଇଁ ମଧ୍ୟ ଅସମ୍ଭବ

ନୁହେଁ। 'ଅରଣ୍ୟ ଫସଲ'ରେ ସଂଗ୍ରାମ ନିଜ ପେଟରେ ଛୁରୀ ଭୂଷି ଅଭିନୟ କରିପାରେ, ସେହିପରି ବନ୍ୟା ସମସ୍ତ ରକ୍ଷଣଶୀଳ ମୂଲ୍ୟବୋଧକୁ ପାଦରେ ଠେଲିଦେଇ ଏକ ଲଜ୍ଜାହୀନ ଅଭିନୟ କୁଶଳୀ ଅଭିନେତ୍ରୀ ହୋଇପାରେ।

ମଞ୍ଚ ଉପସ୍ଥାପନାରେ 'ମୁଁ ଆମ୍ଭେ ଓ ଆମ୍ଭେମାନେ' ନାଟକର ପ୍ରୟୋଗାତ୍ମକ ଭଙ୍ଗୀଟି ଅତି ପ୍ରଚ୍ଛନ୍ନ। 'ବନହଂସୀ' ନାଟକରେ 'ଅଚଳ ଘଣ୍ଟା'ଟି ଯେପରି ପ୍ରତୀକ ଭାବେ ଦର୍ଶକ ଓ ପାଠକମାନଙ୍କର ଦୃଷ୍ଟି ଆକର୍ଷଣ କରେ, ଏହି ନାଟକରେ ପ୍ରତୀକଗୁଡ଼ିକ ସେପରି ଦୃଷ୍ଟି ଆକର୍ଷଣ କରିପାରନ୍ତି ନାହିଁ। କାରଣ ମନୋରଞ୍ଜନ ଦାସଙ୍କ 'ବନହଂସୀ' ନାଟକର ପ୍ରତୀକ କେବଳ ପ୍ରତୀକ ହେବାପାଇଁ ମଞ୍ଚ ଉପରେ ଅବସ୍ଥାପିତ ହେଲାବେଳେ, 'ମୁଁ, ଆମ୍ଭେ ଓ ଆମ୍ଭେମାନେ' ନାଟକରେ ଏହି ପ୍ରତୀକଗୁଡ଼ିକ ବାସ୍ତବତାର 'ଭ୍ରାନ୍ତି' ଭିତରେ ଲୁକ୍କାୟିତ ରହିଛନ୍ତି। ଶିକ୍ଷକ ବିଶ୍ୱମୋହନଙ୍କ ପତ୍ନୀ ବିୟୋଗ ପରେ 'ବରା' ଛାଣିବାର ଶବ୍ଦଟି ସମ୍ପୂର୍ଣ୍ଣ ବାସ୍ତବ ହେଲେ ମଧ୍ୟ ପ୍ରତୀକାତ୍ମକ। କ୍ରାସ୍ ଶବ୍ଦ ଦ୍ୱାରା ନାଟକୀୟ ସଂଘାତର ମୁହୂର୍ତ୍ତଗୁଡ଼ିକୁ ଯେପରି ପରିବେଷଣ କରାଯାଇଥାଏ, ବରା ଛାଣିବାର ଶବ୍ଦଟି ମଧ୍ୟ ତା'ର ଏକ ଆଧୁନିକ ପ୍ରକରଣ।

ସେହିପରି ନାଟକରେ ବ୍ୟବହୃତ "ଚଉଦ ବରଷ ଆହା ବନବାସ କଲି, ତୋ ଲାଗି କନକ ଗୋରୀ କଷଣ ସହିଲି।" ସଙ୍ଗୀତଟି ପ୍ରାଚୀନ ପନ୍ଥୀ ମନେହେଲେ ସୁଦ୍ଧା ଅହଂ ଭାବାପନ୍ନ ଲୋକମାନଙ୍କର ନିଃସଙ୍ଗତାକୁ ପ୍ରକାଶ କରିବା ପାଇଁ ଯେତିକି ସମର୍ଥ, ବାସ୍ତବ ଜୀବନର ବିଫଳତାକୁ ସାଙ୍କେତିକ କରିବା ପାଇଁ ସେତିକି ସମର୍ଥ।

ପ୍ରଥମ ଅଙ୍କର ଶେଷ ଭାଗରେ ସନ୍ଧ୍ୟା ଯେତେବେଳେ ଆସେ, ଚା'ଦୋକାନରୁ ଉଠୁଥିବା ଧୂଆଁ ମଞ୍ଚଟିକୁ ସମ୍ପୂର୍ଣ୍ଣ ଭାବରେ ଆଚ୍ଛନ୍ନ କରିଦିଏ। ଆଲୋକର ଶେଷ ଏବଂ ଅନ୍ଧକାରର ଆରମ୍ଭକୁ ଯଦି ଏକ କାଳ୍ପନିକ 'ତ୍ରିଛକି' ବୋଲି କୁହାଯାଏ, ତା'ହେଲେ ଏହି ଧୂମାଭ ମଞ୍ଚ ଆଶା ଓ ନିରାଶାର, ସ୍ୱାଧୀନତା ଓ ସ୍ୱାଧୀନତା ପରବର୍ତ୍ତୀ ସମୟର, ଗ୍ରାମ୍ୟ ଓ ସହରୀ ସଭ୍ୟତାର କିମ୍ବା ସ୍ୱପ୍ନ ଓ ସ୍ୱପ୍ନଭଙ୍ଗର ପ୍ରତୀକ ମଧ୍ୟ ହୋଇପାରେ। କିନ୍ତୁ ସବୁଠାରୁ ଅସ୍ପଷ୍ଟ ଦିଗଟି ହେଲା ଗୋଧୂଳିର ଏହି ପ୍ରତୀକଟି ଧୂମାଭ ସାମାଜିକ ଓ ସାଂସ୍କୃତିକ ତ୍ରିଛକିର ଏକ ପ୍ରତୀକ।

ମଞ୍ଚ ଉପସ୍ଥାପନାରେ ଏହି ପ୍ରୟୋଗତ୍ମକ ଭଙ୍ଗୀଟିକୁ ପ୍ରତୀକ ଭାବରେ ବୁଝିବା ବୁଦ୍ଧିଜୀବୀମାନଙ୍କର ଦାୟିତ୍ୱ କିନ୍ତୁ ପ୍ରତୀକାତ୍ମକ ପ୍ରୟୋଗଭଙ୍ଗୀ ସହିତ ପରିଚୟ ନଥିବା ସାଧାରଣ ଦର୍ଶକଟିଏ ଏହାକୁ କେବଳ ବାସ୍ତବବାଦୀ ଉପସ୍ଥାପନା ବୋଲି କହିଲେ ମଧ୍ୟ ବିଶେଷ କିଛି କ୍ଷତି ହେବନାହିଁ। ଅତଏବ ଏହି ନାଟକଟି ଶୈଳୀ ପ୍ରୟୋଗ ଦୃଷ୍ଟିରୁ ମଧ୍ୟ ଗ୍ରାମାଞ୍ଚଳ ଓ ସହରାଞ୍ଚଳର ମିଳନ ସ୍ଥଳୀ।

ପରବର୍ତ୍ତୀ ନାଟକ 'ଧୃତରାଷ୍ଟ୍ରର ଆଖି' (୧୯୭୧) ସପ୍ତମ ଦଶକର ଆରମ୍ଭରେ ଲିଖିତ। ନାଟକଟି ଭୁବନେଶ୍ୱରର ନିମ୍ନ ମଧ୍ୟବିତ୍ତ ପରିବାର ଉପରେ ଆଧାରିତ ଏବଂ ନିମ୍ନମଧ୍ୟବିତ୍ତରୁ ସମ୍ଭ୍ରାନ୍ତ ଶ୍ରେଣୀକୁ ଉନ୍ନୀତ ହେବାପାଇଁ ଯେଉଁ ସଂଗ୍ରାମ କରିବାକୁ ପଡ଼ିଛି ତାକୁ ନାଟ୍ୟକାର ନୂତନ ଯୁଗର 'ମହାଭାରତ' ରୂପେ ବର୍ଣ୍ଣନା କରିଛନ୍ତି। ଶୈଳୀ ଦିଗରୁ ଆଲୋଚନା କରିବାକୁ ଗଲେ ଏହି ନାଟକର ବୃଦ୍ଧ ପିତା ସୀତାନାଥ ଅନ୍ଧ ଧୃତରାଷ୍ଟ୍ରର ପ୍ରତିଭୂ।

ଧୃତରାଷ୍ଟ୍ର ହିତାହିତ ଜ୍ଞାନଶୂନ୍ୟ ହୋଇଥିବାରୁ 'ମହାଭାରତ'ରେ ତାଙ୍କୁ ଏକ ଅନ୍ଧ ଚରିତ୍ର ରୂପେ ଚିତ୍ରଣ କରାଯାଇଅଛି। ସେହିପରି ବୃଦ୍ଧ କିରାଣୀ ସୀତାନାଥଙ୍କୁ ଏକ ଅନ୍ଧ ପିତା ରୂପେ 'ପଛଘରେ' ବସାଇ ଦିଆଯାଇଛି। ତାଙ୍କ ସାମ୍ନାରେ ପୁଅ ସନ୍ତାପ, ସସ୍ମିତ୍ ଓ ଝିଅ ବର୍ଷା ତଥା ବୋହୂ ସିକତା। ନିଜ ପୁଅକୁ ସମ୍ଭ୍ରାନ୍ତ କରିବାପାଇଁ ବିଭିନ୍ନ ପର୍ଯ୍ୟାୟରେ ଚାରିତ୍ରିକ ଅଧୋପତନର ଶିକାର ହୋଇଛନ୍ତି। ଏଣୁ ଏଥିପାଇଁ ସୀତାନାଥଙ୍କୁ ଦାୟୀ କରାଯାଇଛି। ସେହି ଦୃଷ୍ଟିରୁ ଅନ୍ଧ ସୀତାନାଥ ଏବଂ ରାଜା ଧୃତରାଷ୍ଟ୍ରଙ୍କ ମଧ୍ୟରେ ଚାରିତ୍ରିକ ସାମଞ୍ଜସ୍ୟ ପରିଲକ୍ଷିତ ହୋଇପାରେ।

ଚରିତ୍ରଚିତ୍ରଣ ଦୃଷ୍ଟିରୁ ଏହି ନାଟକରେ ସୀତାନାଥଙ୍କର ବିଶେଷ କିଛି ସଂଳାପ ନାହିଁ। ବରଂ ସେ ଗୋଟିଏ ମଞ୍ଚ ଉପକରଣ ଭଳି ପଛଘରେ ଅର୍ଦ୍ଧ ସ୍ତିମିତ ଆଲୋକ ଭିତରେ ନାଟକ ସାରା ବସିଥିବା ଦେଖାଯାଏ। ମଝିରେ ମଝିରେ ସେ ପଛଘରର ଅଦରକାରୀ ବସ୍ତୁ ରୂପେ ରୂପାନ୍ତରିତ ହୋଇଯାଆନ୍ତି ଏକ ଜୀବନ୍ତ ଚରିତ୍ରରୁ। ସେତିକିବେଳେ ସେ ନିଜର କ୍ଷୁଧାଟିକୁ ହିଁ ପ୍ରକାଶ କରନ୍ତି। ବୋହୂ ସୀକତାକୁ ସେ ରୁଟି ଓ ଡାଲ୍‌ମା ମାଗନ୍ତି ଏବଂ ବୋହୂ ସୀକତା ତାଙ୍କୁ ରୁଟି ଓ ଡାଲ୍‌ମା ନଦେଇ ପୁଣି ଏକ ବସ୍ତୁରେ ପରିଣତ କରିଦିଅନ୍ତି।

ନାଟକର ଶେଷ ଦୃଶ୍ୟରେ ପୁତ୍ର ସସ୍ମିତ୍ ଏବଂ ପିତା ସୀତାନାଥଙ୍କ ମଧ୍ୟରେ ଏକ ଅଶ୍ଲୀଳ କ୍ରୀଡ଼ା ଅଭିନୟାତ୍ମକ ଭଙ୍ଗୀରେ ଉପସ୍ଥାପନା କରାଯାଇଅଛି। କ୍ରୀଡ଼ାର ଅନ୍ତିମ ଭାଗରେ ଗୋଟିଏ ବାଡ଼ିଖେଳ ଖେଳୁ ଖେଳୁ ସୀତାନାଥ ତଳେ ପଡ଼ି ମୃତ୍ୟୁବରଣ କରିଛନ୍ତି। ପିତା ଓ ପୁତ୍ରଙ୍କ ମଧ୍ୟରେ ହୋଇଥିବା ଏହି ମୃତ୍ୟୁ କ୍ରୀଡ଼ାଟି ଯେତିକି ଭୟଙ୍କର ସେତିକି ଆଶ୍ଚର୍ଯ୍ୟ ଉଦ୍ଦୀପକ। ଭୟାନକ ରସ ସହିତ ହାସ୍ୟରସର ଏହି ସମ୍ମିଶ୍ରଣକୁ ଆଧୁନିକ ରସଶାସ୍ତ୍ରରେ black humor କୁହାଯାଏ। ଏପରି ଏକ ତିମିରାଚ୍ଛନ୍ନ ହାସ୍ୟୋଦ୍ଦୀପକ ପରିଣତିକୁ ପାରିବାରିକ ନାଟକର ଅନୁଭୂତି ବଳୟ ଭିତରେ ଅନ୍ତର୍ଭୁକ୍ତ କରିବା ଓଡ଼ିଆ ନାଟ୍ୟ ସାହିତ୍ୟର ଶୈଳୀ ପରୀକ୍ଷାରେ ସର୍ବପ୍ରଥମ ବୋଲି କୁହାଯାଇପାରେ।

ଏହି ଶେଷ ଦୃଶ୍ୟରେ ସୀତାନାଥ ମରିବା ପୂର୍ବରୁ ଟିକିଏ ପାଣି ଖୋଜୁ ଖୋଜୁ ଦେଖୁଛନ୍ତି ଯେ ତାଙ୍କ ପାଇଁ ଉଦ୍ଦିଷ୍ଟ ସୁରେଇରେ ପାଣି ନାହିଁ। ପାଣିକୁ ଯଦି ଏଠାରେ ଜୀବନର ପ୍ରତୀକ ବୋଲି ଗ୍ରହଣ କରାଯାଏ ତେବେ ତାଙ୍କ ପାଇଁ ଜୀବନ ମନା। ସେହିପରି ପଛଘରକୁ ଆଲୋକ ଏବଂ ପବନ ମଧ୍ୟ ଆସୁନଥିବାରୁ ପରିବାରର ଅନ୍ୟ ସଦସ୍ୟମାନେ ତାଙ୍କୁ ଜୀବନ୍ତ ଚରିତ୍ର ରୂପେ ଗ୍ରହଣ କରିପାରିନାହାନ୍ତି ବୋଲି କୁହାଯାଇପାରେ। ଅତଏବ ସେ କେବଳ ଏକ ବସ୍ତୁବାଚକ ବିଶେଷ୍ୟ କିମ୍ବା କେବଳ ଏକ ମଞ୍ଚ ଉପକରଣ।

ଆଧୁନିକ ପାଶ୍ଚାତ୍ୟ ସାହିତ୍ୟରେ ଏହାକୁ 'ଅପମାନବୀକରଣ' ବା dehumanisation ପ୍ରକ୍ରିୟା ବୋଲି କୁହାଯାଏ। ବିଂଶ ଶତାବ୍ଦୀରେ ଉପଭୋକ୍ତା ସମାଜରେ ପ୍ରତ୍ୟେକ ବସ୍ତୁର ଯେପରି କ୍ରୟ ବିକ୍ରୟ ମୂଲ୍ୟ ଅଛି, ସେହିପରି ମାନବର ମଧ୍ୟ ମୂଲ୍ୟ ନିର୍ଦ୍ଧାରଣ କରାଯାଇପାରୁଛି। ଏହି ପରିପ୍ରେକ୍ଷୀରେ ସୀତାନାଥଙ୍କୁ ଆଧୁନିକ ଶିଳ୍ପ କୈନ୍ଦ୍ରିକ ସମାଜର ବସ୍ତୁରୂପୀ ପିତା ହିସାବରେ ଗ୍ରହଣ କରାଯାଇଛି। ଡେନିସ୍ ଥମ୍ପସନ୍ ନାମକ ଜଣେ ସମାଲୋଚକ ଲେଖିଛନ୍ତି- "Modern critics of the industrial system have been reiterating versions of the same main change for forty years or more, That is: it does not provide a society in which people can flourish as human beings."

ତେଣୁ ସୀତାନାଥଙ୍କ ମୃତ୍ୟୁପରେ ତାଙ୍କର ଶବଟିକୁ ପରିବାରର ସଦସ୍ୟମାନେ ଶିଳ୍ପ ସଭ୍ୟତାର ଯେ କୌଣସି ଓଜନିଆ ବସ୍ତୁକୁ ଉଠାଇବା ଭଳି ଉଠାଇବା ପରିଲକ୍ଷିତ ହେଉଛି। କିନ୍ତୁ 'ପଛଘରେ' ଅବସ୍ଥିତ ଏହି ମଞ୍ଚ ଉପକରଣ ପିତାଟିକୁ ସେମାନେ ଆଗ ଘରକୁ ଆଣିବା ପାଇଁ ବାଧ୍ୟ ହୋଇଛନ୍ତି। 'ଧୃତରାଷ୍ଟ୍ରର ଆଖି' ରେ ଯେଉଁ ଚରିତ୍ରଗୁଡ଼ିକ ଅଯଥା ବ୍ୟସ୍ତ ହୁଅନ୍ତି- କ୍ଳାନ୍ତି ସଫୋକେଶନର ଦୀର୍ଘଶ୍ୱାସ ଭିତରେ; ବିଶ୍ୱାସଠୁ ବହୁ ଦୂରରେ ଟିକିଏ ନୂଆ ଅନୁଭୂତି, ଛିଡ଼ିକାଏ ସ୍ୱପ୍ନ ନହେଲେ ବଡ଼ ହେବାର ନିଶା ଖାଇ କିଏ ଗୋଟାଏ ମିଛ ଆଦର୍ଶ ପଛରେ ଗୋଡ଼ାଇଲା ବେଳକୁ କିଏ ନିଜକୁ ପ୍ରଶସ୍ତରୁ ଆହୁରି ପ୍ରଶସ୍ତ କରିଦେଇ ଦୁନିଆକୁ ରଙ୍ଗହୀନ, ସ୍ୱାଦୁହୀନ ଦେଖୁଛି, କିଏ ବୈଦେହୀ-ଖିଆଲୀ ମନର ସ୍ୱର୍ଣ୍ଣମୃଗ ହୋଇ ତା'ଚାରିପାଖେ ଘୂରି ଲୁଚକାଳି ଖେଳିବାକୁ ଚେଷ୍ଟା କରିଛି। ସମସ୍ତେ ସ୍ୱାଭାବିକ ଭାବେ ଗୋଟିଏ ବିନ୍ଦୁରେ ବୃତ୍ତ କାଟି ଘୂରି ବୁଲିଛନ୍ତି ଜୀବନର ସମସ୍ତ ଅସ୍ୱାଭାବିକତା ଭିତରେ ଜୀବନ ଟିକେ ପାଇବେ ବୋଲି।"

ଶୈଳୀ ଦୃଷ୍ଟିରୁ 'ଧୃତରାଷ୍ଟ୍ରର ଆଖି' ନାଟକର 'ଆଗଘର' ଓ 'ପଛଘର' ଦୁଇଟି ପ୍ରତୀକ। ଆଗଘରଟି ଆଧୁନିକତାର ପ୍ରତୀକ ହୋଇଥିବାବେଳେ ପଛଘରଟି

ପୁରୁଣା ସଭ୍ୟତାର ଅସଂପୃକ୍ତିକୁ ବୁଝାଏ। ଉପଭୋକ୍ତା ସମାଜରେ ପ୍ରତ୍ୟେକ ବସ୍ତୁକୁ ବ୍ୟବହାର କରି ଫୋପାଡ଼ି ଦିଆଯାଏ। ସେହିପରି ହୁଏତ ପରିବାରର ସଦସ୍ୟମାନେ ସୀତାନାଥଙ୍କ ଉପସ୍ଥିତିକୁ ଏକ ସାମାଜିକ ପରିଚୟର ପିତା ରୂପେ ବ୍ୟବହାର କରିବା ପରେ ଏକ ଅଦରକାରୀ ବସ୍ତୁରେ ତାଙ୍କୁ ରୂପାନ୍ତରିତ କରିଥାଇପାରନ୍ତି। ଏଣୁ ବର୍ଷା ରବୀନ୍ଦ୍ରମଣ୍ଡପକୁ ଓଡ଼ିଶୀ ନୃତ୍ୟ ଶିକ୍ଷା କରିବାକୁ ଗଲାବେଳେ ପିତାଙ୍କୁ ପଚାରିନାହିଁ କିମ୍ବା ସନ୍ତାପ ମହାନ୍ତି ସିକତାକୁ ଛାଡ଼ପତ୍ର ଦେବାକୁ ଗଲାବେଳେ ମଧ୍ୟ ସୀତାନାଥଙ୍କୁ ଜଣାଇନାହାନ୍ତି। ଅତଏବ ଆଗଘରେ ଆଧୁନିକ ସଭ୍ୟତା ନାମରେ ଚାଲିଥିବା ସମସ୍ତ ଭଣ୍ଡାମୀ ପାଇଁ ସୀତାନାଥ ଦାୟୀ ନୁହଁନ୍ତି। କେବଳ ପୁତ୍ର ଓ କନ୍ୟାମାନଙ୍କୁ ଇଂରେଜୀ ମାଧ୍ୟମ ଶିକ୍ଷା ପ୍ରଦାନ କରି ସେ ଅପସଂସ୍କୃତିର ଜୀବାଣୁମାନଙ୍କୁ ନିଜ ଗୃହ ଆଭ୍ୟନ୍ତରକୁ ନିମନ୍ତ୍ରଣ କରି ଆଣିଛନ୍ତି। ଅନ୍ୟପକ୍ଷରେ ତା'ର ପ୍ରଭାବରେ ସେ ଏକ ବସ୍ତୁବାଚକ ବିଶେଷରେ ରୂପାନ୍ତରିତ ହେବା ସ୍ୱାଭାବିକ ମନେ ହୋଇପାରେ। ସେହିପରି ଆଧୁନିକ ପିଢ଼ିରେ ଯୁବକଯୁବତୀମାନେ ଜୀବନର ଅନ୍ତିମ ଲକ୍ଷ୍ୟ ଓ ଆଦର୍ଶଗୁଡ଼ିକୁ ଉପେକ୍ଷା କରି କେବଳ ଦିବାସ୍ୱପ୍ନ ଏବଂ ଅସଫଳତାର ଅସନ୍ତୋଷ ଭିତରେ ଅନ୍ୟ ଏକ ମହାଭାରତ ଯୁଦ୍ଧ ସୃଷ୍ଟି କରିଛନ୍ତି। ଏହା ପଛଘର ଭିତରେ ଥିବା ସାମାଜିକ ପ୍ରଥାଗୁଡ଼ିକ ବିରୁଦ୍ଧରେ ଫମ୍ପା ବିପ୍ଳବ। ଉପରୋକ୍ତ ସମାଲୋଚକ କୁହନ୍ତି: "The dissatisfaction of many young people with the aims that society holds up for them is evidence of a spreading realization that the economy supplies not the goals and the life that people want; but what the most powerful wish them to want."

ଏହି ଦୃଷ୍ଟିରୁ ମାଷ୍ଟର କ୍ୟାଣ୍ଟିନ୍ ଛକରେ ଝିଅମାନଙ୍କୁ ଦେଖି ହ୍ୱିସିଲ୍ ମାରୁଥିବା ସଂବିତ୍ ବମ୍ବେର ଚିତ୍ରତାରକା ହେବାପାଇଁ ସ୍ୱପ୍ନ ଦେଖୁଛି ଏବଂ ରେଭେନ୍ସା କଲେଜ୍‌ର କୌଣସି ଏକ ବାର୍ଷିକ ଉତ୍ସବରେ ବର୍ଣ୍ଣାଡ୍ ଶ'ଙ୍କର 'କ୍ୟାଣ୍ଡିଡ଼ା' ନାଟକର ନାୟିକା ତଥା ଇଂରାଜୀ ମାଧ୍ୟମ ଛାତ୍ରୀ ସିକତା ବର୍ତ୍ତମାନ ସଚିବାଳୟରେ ଷ୍ଟେନୋ ସଂତାପ ମହାନ୍ତିଙ୍କୁ ବିବାହ କରି ରୁଟି ଓ ଡାଲ୍‌ମା ରୋଷେଇ କରୁଛି। ଏସବୁ ଆଗଘରର ଅସଫଳତା ଯାହାପାଇଁ କି ସୀତାନାଥ ଦାୟୀ ନହେଲେ ବି ଦୂରଦୃଷ୍ଟିର ଅଭାବ ନିଶ୍ଚୟ ଥିଲା।

ସପ୍ତମ ଦଶକର ଆରମ୍ଭରେ ରଚିତ ଏହି ନାଟକର ଶୈଳୀ ଉପସ୍ଥାପନାରେ ଆଉ ଏକ ପରୀକ୍ଷାମୂଳକ ଦିଗ ଅଛି। ନାଟକ ଶେଷରେ ସୀତାନାଥଙ୍କ ମୃତ୍ୟୁ ପରେ ସମସ୍ତ ଚରିତ୍ର ବୁଝୁଛନ୍ତି ଯେ, ସାମାଜିକ ବ୍ୟବସ୍ଥା ଓ ସଂସ୍କୃତିଗୁଡ଼ିକୁ ଅଦରକାରୀ

ମନେକରି ପଛଘରକୁ ଫୋପାଡ଼ି ଦେବା ସହଜସାଧ ନୁହେଁ। ସେହିପରି ପରିବାରର ଜୀବିତ କର୍ତ୍ତାଙ୍କୁ ବସ୍ତୁବାଚକରେ ରୂପାନ୍ତରିତ କରିବା ସମ୍ଭବପର ନୁହେଁ। ତେଣୁ ମୃତ ସୀତାନାଥଙ୍କର ଶରୀରଟିକୁ ସମସ୍ତେ ଆଗଘରକୁ ଆଣିବା ପାଇଁ ବାଧ୍ୟ ହୋଇଛନ୍ତି। ସୀତାନାଥ ବର୍ତ୍ତମାନ ଅର୍ଦ୍ଧସ୍ତିମିତ ଆଲୋକ ବଳୟ ଭିତରୁ ସାମ୍ନା ମଞ୍ଚରେ ତୀବ୍ର ଆଲୋକ ସଂପାତ ଭିତରକୁ ଫେରି ଆସୁଛନ୍ତି। ଯେପରି ପ୍ରତ୍ୟେକ ହିନ୍ଦୁ ପରିବାରରେ ଶ୍ରାଦ୍ଧ ଦିନ ପୂର୍ବବଂଶଜମାନଙ୍କୁ ପୁନର୍ଜୀବିତ କରାଯାଏ, ସେହିପରି ସୀତାନାଥଙ୍କ ସହିତ ଓଡ଼ିଆ ପରମ୍ପରାର ସବୁ ସଂସ୍କାର ସୀତାନାଥଙ୍କ ମୃତ ଦେହ ସହିତ ସମ୍ପାଦନ କରାଯାଉଛି। ସେ ପୁନର୍ଜୀବିତ ହୋଇ ଆଗଘର ବା ସାମ୍ନା ମଞ୍ଚକୁ ଆସୁଛନ୍ତି। ସବୁ ଚରିତ୍ର ତାଙ୍କୁ ଶ୍ରାଦ୍ଧ ପିଣ୍ଡ ମାଧ୍ୟମରେ ପ୍ରତିବର୍ଷ ମନେପକାଇବା ପାଇଁ ବାଧ୍ୟ ହେଉଛନ୍ତି।

ଏହି ଶେଷ ଦୃଶ୍ୟଟି ପରେ ପୁନର୍ବାର ସୀତାନାଥ ଏକ ଶାନ୍ତିପୂର୍ଣ୍ଣ ଗାର୍ହସ୍ଥ୍ୟ ଜୀବନଯାପନ କରିବାପାଇଁ ଦେଖିଥିବା ସ୍ୱପ୍ନଟି ନାଟକରେ ରୂପାନ୍ତରିତ ହୋଇଛି। କିନ୍ତୁ ଏଠାରେ କୌଣସି ସଂଳାପ ବ୍ୟବହାର କରାଯାଇନାହିଁ। ମୂକ ଅଭିନୟରେ କଣ୍ଢେଇ ଭଳି ସବୁ ଚରିତ୍ର ମଞ୍ଚ ଉପରକୁ ଆସି ଅଭିନୟ କରିଯାଉଛନ୍ତି। ଏହି ମୂକ ଅଭିନୟର ଶୈଳୀ ପ୍ରୟୋଗ ଦ୍ୱାରା ନାଟକରେ ବହୁ ଅପ୍ରକାଶିତ ସ୍ୱପ୍ନ ଅଭିନୟ ମାଧ୍ୟମରେ ପ୍ରସ୍ଫୁଟିତ ହୋଇପାରିଛି। ପୁନରାୟ ଶୈଳୀ ପ୍ରୟୋଗ ଦୃଷ୍ଟିରୁ ଏହା ଲୋକନାଟ୍ୟ ଶୈଳୀର ଏକ କଙ୍କାଳ ପ୍ରୟୋଗ ବୋଲି ଗ୍ରହଣ କରାଯାଇପାରେ।

ଏହାର ପରବର୍ତ୍ତୀ ନାଟକ 'ମହାନାଟକ' (୧୯୭୨)। 'ମହାନାଟକ'ଠାରୁ ପରବର୍ତ୍ତୀ ଦଶବର୍ଷ କାଳ ଶ୍ରୀ ପାଣିଗ୍ରାହୀ ଲୋକନାଟ୍ୟ ଶୈଳୀ ପ୍ରତି ଯଥେଷ୍ଟ ଅଙ୍ଗୀକାରବଦ୍ଧ ହୋଇପଡିଛନ୍ତି। ଏହି ସମୟର ନାଟ୍ୟକାରମାନେ ଲୋକନାଟ୍ୟ ଶୈଳୀକୁ 'ଆଧୁନିକତମ' ଶୈଳୀ ରୂପେ ଗ୍ରହଣ କରିପାରିନାହାନ୍ତି।

'ମହାନାଟକ'ର ରଚନାକାଳ ଓଡ଼ିଆ ନାଟକର ଉଭଟ ପର୍ଯ୍ୟାୟର ସୁବର୍ଣ୍ଣଯୁଗ। ପେଟିକା ମଞ୍ଚ (box-theatre) ଉପରେ ଅଭିନୀତ ହେଉଥିବା ଏବଂ ଦୁର୍ବୋଧ, ନୈରାଶ୍ୟ ଓ ନିଃସଙ୍ଗତାମାନଙ୍କ ସମ୍ପର୍କରେ କାବ୍ୟିକ ଦର୍ଶନ ଉପସ୍ଥାପନା କରୁଥିବା ସାହିତ୍ୟିକ ନାଟକଗୁଡ଼ିକୁ ଏହି ସମୟରେ ସମାଲୋଚକମାନେ ଶ୍ରେଷ୍ଠ ନାଟକ ବୋଲି ଗ୍ରହଣ କରିଛନ୍ତି। ନାଟକର ମଞ୍ଚଶୈଳୀରେ ପାରମ୍ପରିକତା ଏବଂ ଆଧୁନିକତାର ସୀମାରେଖା କେଉଁଠି ନିର୍ଦ୍ଦିଷ୍ଟ କରାଯାଇନାହିଁ। ଏପରି ଏକ ଅବକ୍ଷୟିଷ୍ଣୁ ଏବଂ ଦର୍ଶକମାନଙ୍କ ଦ୍ୱାରା ପ୍ରତ୍ୟାଖ୍ୟାତ ଆଧୁନିକ ନାଟକର ଯୁଗରେ 'ମହାନାଟକ'ର ଶୈଳୀ ପ୍ରୟୋଗ ଯେତିକି ଗ୍ରହଣଯୋଗ୍ୟ ସେତିକି ବୌଦ୍ଧିକ ବା ପରୀକ୍ଷାଧର୍ମୀ। ଏହାର ପରୀକ୍ଷା ଧର୍ମିତା ସମ୍ପର୍କରେ ନିଜେ ନାଟ୍ୟକାର ମନ୍ତବ୍ୟ ଦେଇ କୁହନ୍ତି 'ମହାନାଟକ' ଭାରତୀୟ

ରାଜନୀତିକ ଓ ସାମାଜିକ ଇତିହାସର ଏକ ସନ୍ଧିକ୍ଷଣରେ ଲେଖା ହୋଇଥିଲା। ଏହାର ଗଦ୍ୟଶୈଳୀ, ବ୍ୟଞ୍ଜନା, କଳ୍ପନାପ୍ରବଣତା (Fantasy) ହାସ୍ୟରସ, ଗୀତିମୟତା ଓ Allegorical ପ୍ରକାଶଭଙ୍ଗୀ ଏ ପର୍ଯ୍ୟନ୍ତ ଓଡ଼ିଆ ନାଟକରେ ପରୀକ୍ଷା କରାଯାଇନାହିଁ। ଶ୍ରୀ ବିଶ୍ୱଜିତ୍ ଦାସଙ୍କ 'ସମ୍ରାଟ୍'ର ପ୍ରଯୋଜନା କାଳରେ ଆଲ୍‌ବର୍ଟ କାମ୍ୟୁଙ୍କୁ ଚ୍ୟାଲେଞ୍ଜ କରାଯାଇ ଏକ ସମ୍ପୂର୍ଣ୍ଣ ଓଡ଼ିଆ ନାଟକ ଲେଖିବା ପାଇଁ ମୋର ଇଚ୍ଛା ହୋଇଥିଲା। 'ମହାନାଟକ' ପରେପରେ ଶ୍ରୀ କୁଞ୍ଜ ରାୟ 'ବିଦାୟ ବକ୍ରାଦିତ୍ୟ' ଅନୁବାଦ ନାଟକ (Lonesco ଙ୍କ Exit the king) ମଞ୍ଚସ୍ଥ କରିଥିଲେ 'ସଂକେତ' ଆନୁକୂଲ୍ୟରେ। ତା'ପରେ ୧୯୮୦ ଶେଷ ଆଡ଼କୁ ନାଟ୍ୟକାର ବିଜୟ ମିଶ୍ରଙ୍କର 'ଜଣେ ରାଜା ଥିଲେ' ଓ ଗିରିଶ କନ୍ନଡ଼ଙ୍କର 'ତୁଗଲକ' ଏବଂ ୧୯୭୯ ମସିହାରେ ଡ.ସୁବୋଧ ପଟ୍ଟନାୟକଙ୍କର 'ଏଥୁ ଅନ୍ତେ' ପରିବେଷିତ ହେଲା। 'ମହାନାଟକ' ଲେଖା ହେବାର ତିନିବର୍ଷ ପରେ ବିଜୟ ତେନ୍ଦୁଲକରଙ୍କର 'The Encounter in the Umbugland' ପ୍ରକାଶ ପାଇଲା ଏବଂ ସପ୍ତମ ଦଶକର ମଧ୍ୟଭାଗରେ 'ବକ୍‌ରୀ', 'ସିଂହାସନ ଖାଲି ହେ' ପ୍ରଭୃତି ଭାରତୀୟ ନାଟକ ପ୍ରାୟ ଏହିପ୍ରକାର ବିଷୟବସ୍ତୁ ଉପରେ ଲେଖାହୋଇଛି।"

ସାମ୍ପ୍ରତିକ ଭାରତୀୟ ନାଟକର ଶୈଳୀ ପରୀକ୍ଷା ପ୍ରେକ୍ଷାପଟରେ 'ମହାନାଟକ'ର ସ୍ଥାନ ସ୍ୱତନ୍ତ୍ର। ଶୈଳୀ ବ୍ୟଞ୍ଜନା ଅଳଙ୍କାର ଯୁକ୍ତ ରୀତି ସାହିତ୍ୟ ପରି ଅତି ଶାଣିତ। କଥାବସ୍ତୁ ଚୟନ, କାହାଣୀର ଉପସ୍ଥାପନା, ଚରିତ୍ରଚିତ୍ରଣ ଏବଂ ମଞ୍ଚ ପରିକଳ୍ପନାରେ ନାଟ୍ୟକାର ଶ୍ରୀ ରମେଶ ପାଣିଗ୍ରାହୀ ବହୁ ପରୀକ୍ଷା କରିଛନ୍ତି। ପ୍ରଥମ ପର୍ଯ୍ୟାୟରେ ବାସ୍ତବବାଦ, ପ୍ରଥମ ପର୍ଯ୍ୟାୟର ଶେଷ ଆଡ଼କୁ (ମୁଁ ଆମ୍ଭେ ଓ ଆମ୍ଭେମାନେ ପର୍ଯ୍ୟନ୍ତ) ପ୍ରତୀକାତ୍ମକ ବାସ୍ତବବାଦ, ପରବର୍ତ୍ତୀ ପର୍ଯ୍ୟାୟରେ ଏହି ପ୍ରତୀକାତ୍ମକକୁ ବାସ୍ତବବାଦ ପ୍ରକାଶବାଦୀ ଉଭଟ ମହାକାବ୍ୟିକ ଶୈଳୀ ଏବଂ ସଂରଚନାତ୍ମକ ଶୈଳୀ (Constractivist) ପର୍ଯ୍ୟାୟରେ ଉଦବର୍ତ୍ତିତ ହୋଇଅଛି। ଏଗୁଡ଼ିକର ସାମଗ୍ରିକ ଆଲୋଚନା ଉପରେ ପ୍ରଦତ୍ତ ହେଲା। ତେଣୁ ଏହି ପର୍ଯ୍ୟାୟରେ (୧୯୬୩-୧୯୭୨) ଶୈଳୀ ପ୍ରସଙ୍ଗ ତଥା ବକ୍ତବ୍ୟରେ ନୂତନତା ଆଲୋଚନା କାଳରେ ପରିବେଷଣାତ୍ମକ ମଞ୍ଚ ପରିକଳ୍ପନା ସମ୍ପର୍କରେ ସଂକ୍ଷିପ୍ତ ଆଲୋଚନା ଆବଶ୍ୟକ।

ନାଟ୍ୟକାର ଶ୍ରୀ ପାଣିଗ୍ରାହୀଙ୍କ ନାଟକରେ ଚିତ୍ରପଟ ମଞ୍ଚ ଓ ପେଟିକା ମଞ୍ଚ, ଉଭୟର ସମ୍ମିଶ୍ରଣ ମଞ୍ଚ ଏବଂ ମୁକ୍ତ ମଞ୍ଚର ପରିକଳ୍ପନା ଦେଖିବାକୁ ମିଳେ। ତେଣୁ ତାଙ୍କର ଶୈଳୀଗତ ପରୀକ୍ଷାର କ୍ରମବିକାଶ ପଥରେ ମଞ୍ଚସଜ୍ଜାର ଗୁରୁତ୍ୱକୁ ଉପେକ୍ଷା କରାଯାଇପାରିବ ନାହିଁ। ଅନ୍ୟାନ୍ୟ ନାଟ୍ୟକାର କାହାଣୀ ଏବଂ ସଙ୍ଗୀତକୁ ଆଧୁନିକତାର

ଦ୍ୱାହି ଦେଇ ବର୍ଜନ କରିଥିଲାବେଳେ ଶ୍ରୀ ପାଣିଗ୍ରାହୀ ଶୈଳୀରେ ସେଗୁଡ଼ିକୁ ଉପେକ୍ଷା କରିନାହାନ୍ତି। ତାଙ୍କର 'ମୁଁ ଆମ୍ଭେ ଓ ଆମ୍ଭେମାନେ' ନାଟକରେ ପାରମ୍ପରିକ ଆବହ ସଙ୍ଗୀତ ପ୍ରୟୋଗ କରାଯାଇଛି (ଚଉଦ ବରଷ ଆହା ବନବାସ କଲି, ତୋ ଲାଗି କନକ ଗୋରୀ କଷଣ ସହିଲି) ଏହି ସଙ୍ଗୀତଟିରେ ବ୍ୟବହୃତ ଭାଷା ନାଟ୍ୟକାରଙ୍କର ଲୋକଭାଷାର ପ୍ରୟୋଗାତ୍ମକ ଦିଗଟିକୁ ସ୍ପଷ୍ଟତର କରୁଅଛି। ପୁନଶ୍ଚ ଆଧୁନିକତାର ଦ୍ୱାହି ଦେଇ ଯେଉଁ ନାଟ୍ୟକାରମାନେ ସଙ୍ଗୀତ ଓ ବାସ୍ତବ ଜୀବନର ପ୍ରତିଫଳନକୁ ଉପେକ୍ଷା କରି ଓଡ଼ିଆ ନାଟ୍ୟ ପରିବେଷଣ ଦିଗରେ ଶୁଷ୍କତାକୁ ଆଧୁନିକତାର ନାମାନ୍ତର ବୋଲି ଗ୍ରହଣ କରିଛନ୍ତି, ନାଟ୍ୟକାର ଶ୍ରୀ ପାଣିଗ୍ରାହୀ ସେହି ପାଶ୍ଚାତ୍ୟ ଅନୁରାଗକୁ ଆଧୁନିକତମ ଶୈଳୀ ପ୍ରୟୋଗ ବୋଲି ସ୍ୱୀକାର କରିନାହାନ୍ତି। ଫଳତଃ ତାଙ୍କ ନାଟ୍ୟ ଶୈଳୀରେ ପ୍ରାଚ୍ୟ ଓ ପାଶ୍ଚାତ୍ୟ ଶୈଳୀଗୁଡ଼ିକର ଯେପରି ସମନ୍ୱୟ ଘଟିଛି ତାହା ଅନ୍ୟ ସାମସମୟିକ ନାଟ୍ୟକାରଙ୍କ କୃତିରେ ସେପରି ଘଟିନାହିଁ। ନାଟ୍ୟକାର ଓ ନିର୍ଦ୍ଦେଶକ ଶ୍ରୀ ବିଶ୍ୱଜିତ୍ ଦାସ ବାସ୍ତବତାର ଚିତ୍ର ପ୍ରଦାନ କରିଥିଲେ ସୁଦ୍ଧା ମଞ୍ଚ ଉପସ୍ଥାପନା ଏବଂ ଚରିତ୍ର ଚିତ୍ରଣରେ ସେ ଶ୍ରୀ ପାଣିଗ୍ରାହୀଙ୍କ ଭଳି ବୈଚିତ୍ର୍ୟର ସନ୍ଧାନ ପାଇ ପାରିନାହାନ୍ତି। ନାଟ୍ୟକାର ଶ୍ରୀ ବିଜୟ କୁମାର ମିଶ୍ର ତାଙ୍କ ବ୍ୟାବସାୟିକ ମଞ୍ଚ ପାଇଁ ଉଦ୍ଦିଷ୍ଟ ନାଟକରେ କାହାଣୀ ଏବଂ ସଙ୍ଗୀତର ପ୍ରୟୋଗ ପାଇଁ ଅବକାଶ ରଖିଥିଲେ ସୁଦ୍ଧା ସେଗୁଡ଼ିକୁ ଶୈଳୀ ପ୍ରଧାନ ନାଟକ ରୂପେ ଗ୍ରହଣ କରିବା ଯୁକ୍ତିଯୁକ୍ତ ହେବ ନାହିଁ। ଅନ୍ୟପକ୍ଷରେ ନାଟ୍ୟକାର ଶ୍ରୀ ମନୋରଞ୍ଜନ ଦାସ ଖର୍ବିତ ସଂଳାପ ପ୍ରୟୋଗ କରି ନାଟ୍ୟ ଉପସ୍ଥାପନାରେ ବାସ୍ତବବାଦୀ ଶୈଳୀଟିକୁ ଅନେକତ୍ର ବର୍ଜନ କରିଥିଲେ ସୁଦ୍ଧା ସେଗୁଡ଼ିକରେ ଉଗ୍ର ପାଶ୍ଚାତ୍ୟ ଅନୁକରଣର ଆଲେଖ୍ୟ ମିଳେ ଏବଂ ଚାରିତ୍ରିକ ବୈଚିତ୍ର୍ୟ ତଥା ପରିବେଷଣାତ୍ମକ ନୂତନତ୍ୱର ସନ୍ଧାନ ମିଳେନାହିଁ ବରଂ ଆଧୁନିକ ସମାଜର ନିଃସଙ୍ଗତା ପ୍ରତି ସେ ଅଧିକ ଆକୃଷ୍ଟ ହେଲାପରି ମନେହୁଏ।

ଏଣୁ ତୁଳନାତ୍ମକ ଭାବରେ ବିଚାର କଲେ ନାଟ୍ୟକାର ଶ୍ରୀ ପାଣିଗ୍ରାହୀଙ୍କର ନାଟକ ଗୁଡ଼ିକରେ ଶୈଳୀଗତ ପରୀକ୍ଷାର କ୍ରମ ବିକାଶକୁ ଅଧିକ ସୌଷ୍ଠବମୟ ବୋଲି ପ୍ରତିଭାତ ହୋଇଥାଏ। ଏଥିରୁ ନାଟ୍ୟକାରଙ୍କର ବକ୍ତବ୍ୟରେ ନୂତନତ୍ୱ ତଥା ଶୈଳୀ ପ୍ରକରଣର ସଂରଚନାତ୍ମକ ଦିଗଟି ସ୍ପଷ୍ଟ ହୋଇପାରୁଛି। କଥାବସ୍ତୁ ଚୟନରେ ସେ ସର୍ବଦା ଆଧୁନିକ ସାମାଜିକ ସମସ୍ୟାଗୁଡ଼ିକୁ ନାଟ୍ୟରୂପ ଦେବାପାଇଁ ଚେଷ୍ଟା କରି ଅଛନ୍ତି। କିନ୍ତୁ ସର୍ବାଧୁନିକ ସାମାଜିକ ସମସ୍ୟାଗୁଡ଼ିକର ଉପସ୍ଥାପନା ପାଇଁ ସେ ଆଧୁନିକତମ ପରିବେଷଣାତ୍ମକ ଶୈଳୀଟିଏ ମଧ୍ୟ ଗ୍ରହଣ କରିଛନ୍ତି। ତାହା କେତେବେଳେ ଚରିତ୍ର ଚିତ୍ରଣର ବୈଚିତ୍ର୍ୟରେ ପ୍ରସ୍ଫୁଟିତ ହୋଇଛି ତ କେତେବେଳେ ମଞ୍ଚ ଉପସ୍ଥାପନା

ଶୈଳୀରେ ଦୃଶ୍ୟମାନ ହୋଇଅଛି। ପାରମ୍ପରିକ ଶୈଳୀରେ ସଂଳାପ ଲେଖି ସେଥିରେ ସେ ପ୍ରୟୋଗଧର୍ମୀ ଅଭିନୟ ପାଇଁ ସୁଯୋଗ ସୃଷ୍ଟି କରିଛନ୍ତି। ଏଣୁ ମଞ୍ଚ ଉପରେ ତାଙ୍କ ଚରିତ୍ରମାନେ (ଅଭିନେତା) ଅଧିକ ସଫଳ ଏବଂ ଦର୍ଶକମାନଙ୍କ ଦ୍ୱାରା ଅଧିକ ଆକୃଷ୍ଟ। ଉଦାହରଣ ସ୍ୱରୂପ 'ତିମିରି ତୃଷ୍ଣା'ର ମୁକ୍ତିକାନ୍ତ, 'ବିନ୍ଦୁ ଓ ବଳୟ'ର ରବର୍ଟ ମହାନ୍ତି, 'ଗୁଣ୍ଡା'ର ବାବ୍‌ଲୁ କିମ୍ବା 'କମଳପୁର ଡାକଘର'ର ବାଇଲଡୁ- ଚରିତ୍ରମାନଙ୍କୁ ନିଆଯାଇପାରେ। ଏହି ଚରିତ୍ରମାନଙ୍କ ମଧ୍ୟରେ ନାୟକ, ପ୍ରତିନାୟକ, ସାମାଜିକ ଚରିତ୍ର ଏବଂ ଟାଇପ୍ ଚରିତ୍ର ପ୍ରୟୋଗର ବିଶେଷ ଦୃଷ୍ଟାନ୍ତ ଦେଖିବାକୁ ମିଳେନାହିଁ। 'ଧୃତରାଷ୍ଟ୍ରର ଆଖି' ନାଟକରେ ଅବମୂଲ୍ୟାୟିତ ପିତା ଚରିତ୍ରକୁ ବସ୍ତୁ ମୂଲ୍ୟ ଦେବା ଏକ ଉଗ୍ର ପରୀକ୍ଷା ମଧ୍ୟ କୁହାଯାଇପାରେ। ଏହିସବୁ ଦୃଷ୍ଟିକୋଣରୁ ବିଚାର କଲେ ନାଟ୍ୟକାରଙ୍କ ନାଟ୍ୟମାନସର ବ୍ୟାପ୍ତି ଓ ଗଭୀରତା ଉଭୟର ସଙ୍କେତ ମିଳେ। ସମାଜର ଏତେ ଭିନ୍ନ ସ୍ତରମାନଙ୍କୁ ସେ ସ୍ପର୍ଶ କରି ଚରିତ୍ରମାନଙ୍କୁ ଉତ୍ତୋଳିତ କରିଆଣିଛନ୍ତି ଯେ, ଏହା ତାଙ୍କ ବ୍ୟାପ୍ତ ଜୀବନାନୁଭୂତିର ପରିଚୟ ପ୍ରଦାନ କରିଥାଏ। ପୁନଶ୍ଚ ସମୟେ ସମୟେ ସେ ଚରିତ୍ରର ମନସ୍ତାତ୍ତ୍ୱିକ ଗଭୀରତା ଭିତରକୁ ପ୍ରବେଶ କରି ସେମାନଙ୍କୁ ଏପରି ପରିବର୍ତ୍ତନ କରନ୍ତି ଯେ, ଗୋଟିଏ ନିର୍ଦ୍ଦିଷ୍ଟ ନାଟକୀୟ ମୁହୂର୍ତ୍ତରେ ନାଟ୍ୟକାରଙ୍କ ମାନସିକତାର ଗାମ୍ଭୀର୍ଯ୍ୟପୂର୍ଣ୍ଣ ଅବତଳଟି ମଞ୍ଚ ଉପରକୁ ଚାଲି ଆସେ। ନାଟ୍ୟକାର ଶ୍ରୀ ପାଣିଗ୍ରାହୀଙ୍କ ଚରିତ୍ରଚିତ୍ରଣରେ ଉପରକୁ କୌତୂହଳପ୍ରଦ ମନେ ହେଉଥିବା ଚରିତ୍ରଗୁଡ଼ିକ ଏକ ନିର୍ଦ୍ଦିଷ୍ଟ ନାଟକୀୟ ମୁହୂର୍ତ୍ତରେ ଦାର୍ଶନିକ ଗାମ୍ଭୀର୍ଯ୍ୟର ଅଧିକାରୀ ହୋଇଥା'ନ୍ତି। ଉଦାହରଣ ସ୍ୱରୂପ 'ବିନ୍ଦୁ ଓ ବଳୟ' ନାଟକରେ ନାଟକ ସାରା ମିଥ୍ୟା ଗଳ୍ପ ଶୁଣାଉଥିବା ରବର୍ଟ ମହାନ୍ତି ଶେଷ ଦୃଶ୍ୟରେ ଜୀବନକୁ ଏକ ମିଥ୍ୟାଗଳ୍ପ ବୋଲି କହିଲାବେଳେ ଚରିତ୍ରଟିର ଗଭୀରତମ ଅନ୍ତର୍ଦେଶଟି ଆବିଷ୍କୃତ ହୁଏ। ଓଡ଼ିଆ ଗଳ୍ପ କିମ୍ବା ଉପନ୍ୟାସ ତଥା ନାଟ୍ୟ ସାହିତ୍ୟରେ ଏଭଳି ଚରିତ୍ର ଉପସ୍ଥାପନା ବିରଳ ମନେ ହେଉଥିବାରୁ ଶ୍ରୀ ପାଣିଗ୍ରାହୀଙ୍କ ନାଟ୍ୟଚରିତ୍ରଗୁଡ଼ିକ ପ୍ରତି ସମାଲୋଚକମାନେ ବିଶେଷ ଧ୍ୟାନ ଦେଇ ପାରିନାହାନ୍ତି। ତଥାପି ହାସ୍ୟରସର ଆଧିକ୍ୟ ଓ ବ୍ୟଙ୍ଗାତ୍ମକ ବ୍ୟଞ୍ଜନା ଭିତରେ ଏହି ଚରିତ୍ରଗୁଡ଼ିକ ତାଙ୍କ ନାଟ୍ୟମାନସର ଉଭୟ ମେରୁକୁ (bipolar) ସ୍ପର୍ଶ କରିପାରନ୍ତି। ତାଙ୍କ ନାଟକଗୁଡ଼ିକର ଆତ୍ମିକ ସମ୍ପଦ ବହୁ ବୈଚିତ୍ର୍ୟମୟତା ଓ ଶୈଳୀ ବୈଚିତ୍ର୍ୟରେ ପରିପୂର୍ଣ୍ଣ ତଥା ବକ୍ତବ୍ୟରେ ଅନେକ ନୂତନତ୍ୱ ଦେଖିବାକୁ ମିଳେ। ଏହି ନୂତନତ୍ୱ ତାଙ୍କୁ ସର୍ବାଧିକ ଶୈଳୀ ପ୍ରକରଣର ପ୍ରାୟୋଗିକ ନାଟ୍ୟକାରର ସମ୍ମାନ ଦେଇଥାଏ।

ରମେଶ ପାଣିଗ୍ରାହୀଙ୍କ ଆତ୍ମିକ ସମ୍ପଦ ହିଁ ନୂତନତ୍ୱର ପ୍ରକାଶ। ଆତ୍ମିକ ସମ୍ପଦର ପ୍ରଥମ ଦିଗଟି ହେଉଛି ଏକ ବୈପ୍ଲବିକ ଆଭିମୁଖ୍ୟ। ଜଣେ ସାମାଜିକ ଅଂଗୀକାରବଦ୍ଧତାର

ପ୍ରତିଶ୍ରୁତିସମ୍ପନ୍ନ ମାନସିକତାର ବ୍ୟକ୍ତିତ୍ୱ ହୋଇଥିବାରୁ ତାଙ୍କ ନାଟକରେ ତାର ପ୍ରତିଫଳନ ସୁସ୍ପଷ୍ଟ । ଅବଶ୍ୟ ନିର୍ଦ୍ଦିଷ୍ଟ ସାମାଜିକତା ଆଡ଼କୁ ସେ ଅଗ୍ରସର ନୁହଁନ୍ତି କିମ୍ବା କୌଣସି ପ୍ରଚାର ମୂଳକ ନୁହଁନ୍ତି । ଯଦିଓ ତାଙ୍କର କିଛି ନାଟକ (ପ୍ରାଥମିକ ସ୍ତରର); ଅନୁରୋଧରେ ଲେଖାଯାଇ ଥିବାରୁ ସେଥିରେ କ୍ଷୀଣ ପ୍ରଚାରଧର୍ମିତା ଦେଖିବାକୁ ମିଳେ । ସମାଜ କଲ୍ୟାଣ ଉଦ୍ଦେଶ୍ୟରେ 'ପରିବାର ନିୟୋଜନ' ସମ୍ପର୍କରେ ମଧ୍ୟ ଏକ ଉତ୍କୃଷ୍ଟ ଚେତନାଧର୍ମୀଲେଖା ତାଙ୍କର ଅଛି । ଷଷ୍ଠ ଦଶକରେ ଗଞ୍ଜାମ କଳା ପରିଷଦ ପାଇଁ ନାଟକ ଲେଖୁଥିବାବେଳେ ଦରଦାମ ନିୟନ୍ତ୍ରଣ, କଳାବଜାରୀ ବିରୁଦ୍ଧରେ ଯେଉଁ ସ୍ୱରଟି ତୀବ୍ରତର ହୋଇଛି ତାହା ସମୟର ଆହ୍ୱାନ ଓ ଆର୍ଥିକ ଆହ୍ୱାନ ନିମନ୍ତେ ଉଦ୍ଦିଷ୍ଟ । ଏପରିକି କୌଣସି ନୀତିବାଦର ପ୍ରଚାର ସପକ୍ଷରେ ସେ ନଥିଲେ । ନାଟକ ଲେଖି ସମାଜ ନିର୍ମାଣ କରିବାର ଛଳନାକୁ ସେ ବିଶ୍ୱାସ କରନ୍ତି ନାହିଁ । ସମାଜରେ ଘଟୁଥିବା ସତ୍ୟମାନଙ୍କୁ ବାସ୍ତବ ଓ ଜୀବନ୍ତ କରି ଗଢ଼ି ତୋଳିବା ଓ ସମାଧାନଟିକୁ ସମାଜ ଉପରେ ଛାଡ଼ି ଦେବାକୁ ଉଚିତ୍ ମନେକରନ୍ତି । ଅଷ୍ଟମ ଦଶକରେ ଯୌତୁକ ଏକ ତୀବ୍ର ଜ୍ୱଳନ ଥିଲା ଓ ସେହି ଅସହାୟତାକୁ 'ଶ୍ରୀକୃଷ୍ଣ ଆସୁଛନ୍ତି'ରେ ତାହାକୁ ପରିସ୍ଫୁଟିତ କରାଯାଇଛି । ସମାଜବାଦୀ ବାସ୍ତବବାଦଟିଏ ଦେଖିବାକୁ ମିଳୁଥିବାରୁ ସେ ନିଜକୁ ସମାଜ ତାତ୍ତ୍ୱିକ ବାସ୍ତବତାଠାରୁ ନିଜକୁ ବିଚ୍ଛିନ୍ନ କରି ପାରିନାହାନ୍ତି । ବ୍ୟକ୍ତିଗତ ଜୀବନରେ ସ୍ନେହ, ମମତା, ତ୍ୟାଗ, ମୈତ୍ରୀ ପ୍ରଭୃତି ଅପାର୍ଥିବ ଭାବମାନଙ୍କର ଅନଟନ ଘଟିଲେ ସମାଜ ଅସଭ୍ୟ ହୋଇଯାଏ । ଆମର ଯାତ୍ରା ଅସଭ୍ୟତାର ଦିଗନ୍ତ ଆଡ଼କୁ ବର୍ବରତାର ଜାଙ୍ଗଲିକତା ମଧ୍ୟରେ ହଜିଯିବାର ଇଚ୍ଛା ପ୍ରଳୟର ପ୍ରଥମ ସୂଚନା । ଆମ ଭିତରର ଅମୃତ ସନ୍ତାନଟିକୁ ବିଷ ଦେଇ ମାରିଦେଲା ପରେ ଆମର ହୃଦୟ ଓ ମନ ନର୍କରେ ରୂପାନ୍ତରିତ । xxx ବ୍ୟଞ୍ଜନାରେ କହିଲେ ଆମେ ସମସ୍ତେ ମନସ୍ତାତ୍ତ୍ୱିକ ଦୃଷ୍ଟିରୁ ନର୍କର ଅଧିବାସୀ । ଆନୁଷଙ୍ଗିକ, ସାମାଜିକ, ସାଂସ୍କୃତିକ ପରିବେଷ୍ଟନୀ ଭିତରେ ଦୁର୍ଘଟଣା ଘଟିବା ଫଳରେ ଆମେ ନର୍କରେ । ଆଜି ନର୍କାନୁଭୂତି ହୁଏତ ଆମ ପାଇଁ ଅଧିକ ସତ୍ୟ । ମଣିଷ ଆଜି ସ୍ୱର୍ଗାନୁଭୂତି ଅପେକ୍ଷା ନର୍କାନୁଭୂତି ପାଇଁ ବ୍ୟାକୁଳ । ଭିତରର ଦେବତ୍ୱକୁ ନ ଖୋଜି ତାକୁ ନର୍କରେ ପରିଣତ କରିବାର ଯେଉଁ ବ୍ୟାକୁଳତାଟି ଦେଖିବାକୁ ମିଳେ ତାହା ଆମକୁ ଅନୁଭୂତି ସ୍ତରରେ ରୁଗ୍ଣତାର ପରିଚାଳକ ବୋଲି ମନେହୁଏ । ତେଣୁ ନାଟ୍ୟକାର ସାମାଜିକ ବ୍ୟବସ୍ଥାର ପରିବର୍ତ୍ତନ ପୂର୍ବରୁ ବ୍ୟକ୍ତିସତ୍ତାର ମାନସିକ ଉଦ୍‌ବର୍ତ୍ତନ ଚାହାନ୍ତି ।

ସମାଜ ଭିତରେ ବାସ କରୁଥିବା ବ୍ୟତିକ୍ରମଟିଏ 'ଗୁଣ୍ଡା' ନାମ ଧାରଣ କରିପାରେ । ସାଧାରଣ ଶୃଙ୍ଖଳା ଭିତରୁ ବାହାରି ଏକ ବିଦ୍ରୋହୀ ଭାବାପନ୍ନ ହୋଇ ଭିନ୍ନ ସମାଜର ସ୍ୱପ୍ନ ଦେଖିବା ଅବାସ୍ତବ ନୁହେଁ । ମୂଲ୍ୟବୋଧ ଯେତେବେଳେ

ବ୍ୟବସ୍ଥାମାନଙ୍କୁ ଭାଙ୍ଗିଦିଏ ସେତେବେଳେ ଫେରିବା କଷ୍ଟକର ହେଲେ ମଧ୍ୟ ଅବଦମିତ ସ୍ୱାର୍ଥମାନଙ୍କୁ ସ୍ୱୀକୃତି ଦେବାକୁ ଓ ସାମାଜିକ ସତ୍ୟରେ ପରିବର୍ତ୍ତିତ କରିବାକୁ ଏକ ଆଙ୍ଗ୍ରୀ ୟଙ୍ଗ୍‌ମ୍ୟାନ୍‌କୁ ଆତ୍ମପ୍ରକାଶ କରିବାକୁ ପଡ଼େ। ଷଷ୍ଠ ଦଶକରେ ଯୁବ ଅସନ୍ତୋଷ ଓ ଯୁବ ସମସ୍ୟା ନିଶ୍ଚିନ୍ତ ଭାବେ ଏକ ସମୟର ଆହ୍ୱାନ ହୋଇପାରେ। ଏଭଳି ନୂତନତାକୁ ନାଟ୍ୟକାର ଧରି ରଖି ପାରିଛନ୍ତି ଓ ବକ୍ତବ୍ୟରେ ସାମ୍ପ୍ରତିକ ନୂତନତ୍ୱର ପରିପ୍ରକାଶ କରିଛନ୍ତି। ଯେଉଁ ଅସମାହିତ ପ୍ରଶ୍ନଟିଏ ଥୋଇଛନ୍ତି ତା'ର ଉପସଂହାର ନିଶ୍ଚିନ୍ତ ସାମାଜିକ ଦାୟିତ୍ୱ। ଏକ ଶବ୍ଦ ପରେ ପୁନଶ୍ଚ ଭୂମିକୁ ଅବରୋହଣ ଏବଂ ନିଜ ଦୂବ ଘାସ ଉପରେ ମଥାପିଟା କରୁଣ କ୍ରନ୍ଦନ, XXX ମୁଁ ଉତ୍ତର ଖୋଜୁଛି ବାବ୍‌ଲୁ ଗୁଣ୍ଡା ପ୍ରଶ୍ନର: ଦକ୍ଷିଣ ପୂର୍ବ ଏସିଆ, ଲାଟିନ୍ ଆମେରିକା ଓ ନିଗ୍ରୋ ଆରବ ଆଫ୍ରିକାର ମଣିଷ ନିଜ ମାଟିରେ ପରୀକ୍ଷା ନିରୀକ୍ଷା ପୂର୍ବରୁ ଅନ୍ୟ ମାଟିର ପରୀକ୍ଷିତ ଅନ୍ତଃସାର ହୀନତ୍ୱରେ ଭାବପ୍ରବଣ ଆବସର୍ଡ୍ ହେବ ନା ନିଜର ଆରମ୍ଭ ଓ ଶେଷ ମଧ୍ୟରେ କ୍ରମାନ୍ୱୟତା ରକ୍ଷା କରିବ ?" ପ୍ରଶ୍ନମାନେ ଅସମାହିତ ରୁହନ୍ତି। ପାପପୁଣ୍ୟର ଉତ୍ତରଳ ଜଳ ସ୍ରୋତରେ ଭାସି ଆସୁଥିବା ମୁହ୍ୟମାନ ମଣିଷର ଉତ୍ତର ସାମ୍ନାକରି ବଞ୍ଚିବା ଓ ମରିବାର ଉତ୍ତର। ବାବ୍‌ଲୁ ପାବ୍ଲୋ ନେରୁଦା କିମ୍ବା ହୋଚିମିନ୍‌ର ରକ୍ତାକ୍ତ ଉତ୍ତର ପୁରୁଷ ହେଲାବେଳେ ସମୟର କ୍ରୋଧରୁ ମୁକୁଳି ଆସି ଯେଉଁ ବାସ୍ତବତାର ସମ୍ମୁଖୀନ ହୁଅନ୍ତି ତାହାହିଁ ନାଟ୍ୟକାରଙ୍କ ବୈପ୍ଳବିକ ଚେତନା। ବାବ୍‌ଲୁ ଅନ୍ଧାର ଚାହେଁନା। ଅମଣିଷରୁ ମଣିଷପଣିଆ ଭିତରକୁ ତାର ଲମ୍ଫ। ସମସ୍ତ ହିପୋକ୍ରାସୀକୁ ସେ ହତ୍ୟା କରିପାରେ। ସେ କେବେ ସମାଜର ଗୋଟେ ଅନାବଶ୍ୟକ ପଦାର୍ଥ ହୋଇପାରେନା କାରଣ ତା'ରକ୍ତରେ ଗୋଟେ ନିଆଁ ଅଛି। ଯେଉଁ ନିଆଁ ଦେଶର ଦୁର୍ଗତିକୁ ନିମିଷକେ ଜାଳି ଦେଇପାରେ। ଗୋଟେ ବିପ୍ଳବର ପୂର୍ଣ୍ଣ ମୂଳଦୁଆ ପକାଇପାରେ। ସେ ହିଁ ଦେଶର ଭବିଷ୍ୟତ ଓ ସମ୍ଭାବନା। ନାଟ୍ୟକାର ଶ୍ରୀ ପାଣିଗ୍ରାହୀଙ୍କ ଆତ୍ମିକ ସମ୍ପଦଟି କାହାଣୀ ଦୃଷ୍ଟିରୁ ଭିନ୍ନ, ଚରିତ୍ର ଦୃଷ୍ଟିରୁ ବିଦ୍ରୋହୀ ଓ ବକ୍ତବ୍ୟରେ ସାମ୍ପ୍ରତିକ ଯୁବ ସମାଜର ନୂତନ ବୈପ୍ଳବିକ ଚେତନାର ସ୍ୱାକ୍ଷର ବହନ କରେ।

'ମୁଁ ଆମ୍ଭେ ଓ ଆମ୍ଭେମାନେ'ରେ ନାଟକୀୟ ଦ୍ୱନ୍ଦ୍ୱଟି ତୀବ୍ର। ନିଜ ସହ ସଂଗ୍ରାମ ବା ଅନ୍ତର୍ଦ୍ୱନ୍ଦ୍ୱ, ଚେତନାସ୍ତରର ଦ୍ୱନ୍ଦ୍ୱ, ସାମାଜିକ ଦ୍ୱନ୍ଦ୍ୱ, ମାନବିକ ଦ୍ୱନ୍ଦ୍ୱ ଓ ଆଧ୍ୟାତ୍ମିକ ଦ୍ୱନ୍ଦ୍ୱ। ଷଷ୍ଠ ଦଶକରେ ସାମାଜିକ ଓ ସାଂସ୍କୃତିକ ବାତାବରଣ ଭିତରେ ଯେଉଁ ବିପ୍ଳବଟି ଘଟୁଛି ତାହା ସାମଗ୍ରିକ ଭାବେ ବିଶ୍ୱର। 'ବିନ୍ଦୁ ବଳୟ'ର ବ୍ୟକ୍ତି ସତ୍ତା ଓ ସାମାଜିକ ସତ୍ତା ବୃତ୍ତାକାର। ଏହି ବୃତ୍ତର କେନ୍ଦ୍ରବିନ୍ଦୁ ନାଟକର ନାୟକ ତାର ପରିଧି ପରିବାର ଏବଂ ତା'ଉପର ବୃତ୍ତଟି ସାମାଜିକ ପରିବେଶ। ନାଟ୍ୟ ଚରିତ୍ରମାନେ ଏଠି

କେନ୍ଦ୍ରଚ୍ୟୁତ କାରଣ ସେମାନେ ସାମାଜିକ କେନ୍ଦ୍ରରେ ଅବସ୍ଥିତ ନୁହନ୍ତି। ଏହି ସମୟର ସର୍ବଶ୍ରେଷ୍ଠ ପରିବର୍ତ୍ତନ ହେଉଛି ନାଟକରେ ଷଷ୍ଠ ଦଶକର ଅନ୍ତର୍ଦ୍ୱନ୍ଦ୍ୱ ଓ ବ୍ୟକ୍ତି କୈନ୍ଦ୍ରିକ ଚେତନା ପ୍ରବାହର କ୍ଷୀଣ ବିଶ୍ଳେଷଣ। ଏଠାରେ ଯେଭଳି ପିତା ପୁତ୍ରଙ୍କ ସଂଘର୍ଷ ତାହା ପାରିବାରିକ ସ୍ତରର। ମାଳିନୀର ପତ୍ରଟି ସାମାଜିକ ଚେତନାକୁ ଜାଗ୍ରତ କରିବାକୁ ଯଥେଷ୍ଟ। ଗୋଟେ ନାରୀର ବଞ୍ଚିବାର ଅଧିକାର ତାକୁ ବିପ୍ଳବିଣୀ କରିପାରେ କାରଣ ସେ କାହାକୁ ନ କାନ୍ଦିବାକୁ କହିଛି। ତା ଭାଗ୍ୟ ତା'ର। ନାଗରିକମାନଙ୍କର ଦାୟିତ୍ୱହୀନତା ଏବଂ ଆମ ନେତାମାନଙ୍କର ଅଯୋଗ୍ୟ ନେତୃତ୍ୱ ଏକ କ୍ଷୋଭର ଉଗ୍ର ରୂପ ନେଇ ଆତ୍ମପ୍ରକାଶ କରିଛି। ସାମାଜିକ ପ୍ରତିଷ୍ଠାର ଭୟାନକ ଚିତ୍ର ନାଟ୍ୟକାର ଏଠାରେ ଉପସ୍ଥାପିତ କରିଛନ୍ତି। ନାଟ୍ୟକାର ସାମାଜିକ ସ୍ୱାର୍ଥକୁ ଗୁରୁତ୍ୱ ଦେଇଛନ୍ତି। କାରଣ ଧର୍ମ, ଆଞ୍ଚଳିକତା, ଦାରିଦ୍ର୍ୟ, ବର୍ଣ୍ଣବୈଷମ୍ୟ, ନାରୀ ପୁରୁଷ ସଂଘର୍ଷ ଏବଂ ସାମନ୍ତବାଦୀ ପ୍ରଶାସକମାନଙ୍କର ବସ୍ତୁବାଦୀ କ୍ଷମତା ଲିପ୍‌ସା ବିରୁଦ୍ଧରେ ନାଟ୍ୟକାର ସ୍ୱର ଉତ୍ତୋଳନ କରିଛନ୍ତି।

'କମଳପୁର ଡାକଘର' ନାଟକରେ ଜୀବନ ଓ ସମାଜର ସତ୍ୟ ଓ ନିରୀହତା କେତେ ବିପନ୍ନ ହୋଇପାରେ ତାହା ଦେଖାଇ ଦିଆଯାଇଛି। ଡାକଘର ନିର୍ମଳତାର ଓ ସୁସ୍ଥତାର, ଆଦର୍ଶର ତଥା ମୂଲ୍ୟବୋଧର ପ୍ରତୀକ ମାତ୍ର। କ୍ଷମତା ଏଠି ସବୁ କିଛି ଭାଙ୍ଗି ଦେଇପାରେ। ରାମରାଜ୍ୟର ଚେତନା ଭିତରେ ଧ୍ୱଂସର ଚିତ୍ର ନାଟ୍ୟକାର ଦେଖିଛନ୍ତି। ପ୍ରକାରାନ୍ତରେ ନାଟ୍ୟକାର ଯେହେତୁ ସାମାଜିକ ବିପ୍ଳବର ବାର୍ତ୍ତାବହ ତେଣୁ ସତ୍ୟକୁ ପ୍ରକ୍ଷାପିତ କରି ସାମାଜିକ ଶ୍ରେଣୀକୁ ପୁନଃ ଚେତନଶୀଳ କରିବାକୁ ଆଶାବାଦୀ। ପରିବର୍ତ୍ତନ ଲୋଡ଼ା ମାତ୍ର ବିଶ୍ୱାସ, ପ୍ରେମ, ଦୟା ଓ ମାନବିକତାର ମୃତ୍ୟୁ ସର୍ବଶେଷ ସିଦ୍ଧାନ୍ତ ନୁହେଁ ବରଂ ପୁନଃ ସଂସ୍ଥାପନ ହିଁ ଉଦ୍ଦେଶ୍ୟ। ସମାଜର ନିଖୁଣ ବାସ୍ତବ ଚିତ୍ର ପ୍ରଦାନ ଏହାର ମୁଖ୍ୟ ବକ୍ତବ୍ୟ।

■

ଓଡ଼ିଆ ଭାଷା ସାହିତ୍ୟ ବିଭାଗ ମୁଖ୍ୟ, ଜେ.ଏନ୍. କଲେଜ୍, କୁଆଁପାଳ

ରମେଶ ପାଣିଗ୍ରାହୀଙ୍କ ଧୃତରାଷ୍ଟ୍ରର ଆଖି: ଅନ୍ଧ ଦର୍ଶକ

ଡ. ଗୋଲୋକ ବିହାରୀ ଆଚାର୍ଯ୍ୟ

କାହାଣୀର କଳ୍ପନା ସାଥିରେ ମଂଚର ପରିକଳ୍ପନା, ଚରିତ୍ରଚୟନ ସାଥିରେ ଚିତ୍ରଣ ଓ ଚିତ୍ରୋତ୍ତୋଳନ, ସଂଳାପ ସାଥିରେ ସ୍ୱର, ନେପଥ୍ୟ ସାଥିରେ ଚରିତ୍ରମାନଙ୍କ ଅଙ୍ଗଭଙ୍ଗୀ ଓ ଗତି, ଆଲୋକ ସମ୍ପାଦ ସାଥିରେ ଅନ୍ଧାରର ପରିଚର୍ଯ୍ୟା- ଆହୁରି କେତେକେତେ ବିବିଧତାକୁ ନେଇ ମଂଚ ନାଟକର ଜଟିଳ ପ୍ରକ୍ରିୟା ଏକ ବା ଆରେକର ଅଣଦେଖା ଅସମ୍ଭବ। ଆନୁପାତିକ ପ୍ରୟୋଗ ହିଁ ଏହାର ପ୍ରୟୋଗସିଦ୍ଧ ସଫଳତା। ଏସବୁକୁ ନେଇ ମାତ୍ର କତିପୟ ଓଡ଼ିଆ ନାଟ୍ୟକାର ପାରଦର୍ଶିତା ଲାଭ କରିଛନ୍ତି। ପୂର୍ଣ୍ଣମାତ୍ରାରେ ନିର୍ଦ୍ଦେଶନା ପରେ ନିର୍ଭରଶୀଳ ନାଟ୍ୟକାର ଲତାସମ ପରାଶ୍ରୟୀ। ଏସବୁକୁ ଲକ୍ଷ୍ୟ କଲେ, ଓଡ଼ିଆ ନାଟ୍ୟକାରଙ୍କ ମଧ୍ୟରେ ଶ୍ରୀଯୁକ୍ତ ରମେଶ ପ୍ରସାଦ ପାଣିଗ୍ରାହୀ ଯେ ଜଣେ ସଫଳ ନାଟ୍ୟକାର ତାହା ଅନସ୍ୱୀକାର୍ଯ୍ୟ। ଶ୍ରୀଯୁକ୍ତ ପାଣିଗ୍ରାହୀଙ୍କ ଅନେକ ଯୁଗାନ୍ତକାରୀ ନାଟକମାନଙ୍କ ମଧ୍ୟରେ ୧୯୭୬ ରେ ପ୍ରକାଶିତ ଧୃତରାଷ୍ଟ୍ରର ଆଖି ଏକ ଅଲଂଘ୍ୟ ପ୍ରଭାବଶାଳୀ, ଅବର୍ଣ୍ଣନୀୟ ସାହିତ୍ୟ କୃତି। ମହାଭାରତର ଧୃତରାଷ୍ଟ୍ର ଚରିତ୍ରର ମିଥକୁ ନେଇ ରଚିତ ଏ ନାଟକ ସାମ୍ପ୍ରତିକ ସମାଜର ବିଡ଼ମ୍ବନାର ଚିତ୍ରୋତ୍ତଳନ କରେ। ଆଖି ଶବ୍ଦ କେବଳ ଲକ୍ଷ୍ୟର ସ୍ୱଚ୍ଛତା ଆଶାରେ ନୁହେଁ, ଭାବୋଦ୍ଦୀପକତା ସାଥିରେ ଭାବ ପ୍ରବଣତା ସଂଯୋଜନ କରିବା ଏହାର ଅନ୍ୟ ଏକ ଲକ୍ଷ୍ୟ ନିଶ୍ଚିତରେ। ରଚିତ ପ୍ରବନ୍ଧଟି ଏଭଳି ଅନେକ ଦିଗମାନଙ୍କ ପରିଦର୍ଶନ ନିମନ୍ତେ ଉଦ୍ଦିଷ୍ଟ ଏବଂ ତା'ର ଦିବ୍ୟାଲୋକରେ ଚକ୍ଷୁଷ୍ମାନ କି ଅନ୍ଧ ହୋଇଯାଉଥିବା ପାଠକ ଅବା ଦର୍ଶକଙ୍କ କଥା।

ଏ ନାଟକର ଶବ୍ଦମାନଙ୍କ ମଧ୍ୟରେ ଅର୍ଦ୍ଧ ଲୁକ୍କାୟିତ ନିର୍ଦ୍ଦେଶନାର ଶବ୍ଦକୁ ନେଇ ଅବଶ୍ୟ ୧୯୭୨ ମସିହାରେ ଏହାର ମଂଚ ନିର୍ଦ୍ଦେଶନା ପ୍ରଦାନ କରିଛନ୍ତି ପ୍ରଖ୍ୟାତ ନାଟ୍ୟକାର ଡ. ସୁବୋଧ ପଟ୍ଟନାୟକ। ତେବେ ପ୍ରଥମେ ଅନିର୍ଦ୍ଦେଶିତ ଅଂଶଟିକୁ ଅବଲୋକନ କରାଯାଉ। ଆଦ୍ୟ କୋରସ୍‌ରେ ଅବଧାରିତ ଆମ କ୍ଷୟିଷ୍ଣୁ ସମାଜର, ଅନାଦର୍ଶ, ଅମାନବିକତାର ଅଶେଷ ଭିତ୍ତିଭୂମି। ଉତ୍ସର୍ଗହୀନ ଏ ପୁସ୍ତକର କୋରସ୍ ହିଁ ଏକ ଭାବ ପ୍ରବଣ ଉତ୍ସର୍ଗ। ଚରିତ୍ରମାନଙ୍କୁ ଚିହ୍ନିବା ପୂର୍ବରୁ ସେମାନଙ୍କ ଆଶା ଆକାଙ୍‌କ୍ଷା,

ଜୀବନ ଯନ୍ତ୍ରଣା, ପାପ, ପଶ୍ଚାତାପ, ଜୀଇଁବା ପ୍ରଣାଳୀର ଧ୍ୱନି ପ୍ରତିଧ୍ୱନି ଏ କୋରସ୍- ପ୍ରେମ ପରର ଫ୍ଲୁଟ୍, ଯୋଶେଫ୍ ଓ ବର୍ଷାଙ୍କ ଲଭ୍ ଲେଟର୍, ସଂତାପଙ୍କ ସସ୍‌ପେନ୍‌ସନ୍ ଅର୍ଡର୍, ସିକତା ହାତର ରୁଟି ଓ ଡାଲ୍‌ମା, ସମ୍ବିତ୍‌ର ହୁଇସିଲ୍ ଏବଂ ସୀତାନାଥଙ୍କ ପିକା । ବାଃ, ହତାଶା, ଆଶା, ହତୋତ୍ସାହ, ଉତ୍ତେଜନା, ପ୍ରେମ ସାଥିରେ ଭାଙ୍ଗି ଯାଉଥିବା ପରିବାର ପାଇଁ ଦୀର୍ଘଶ୍ୱାସର ପିକା-ଧୂଆଁ- ଯେ କେହି ଦେଖିପାରିବ। ଆପଣାକୁ ଅବା ସ୍ୱ-ସଂସାରକୁ ଅବା ସମାଲୋଚିତ ସମାଜକୁ ଏଠି।

ପ୍ରବୀଣ ବିଦ୍ୟାନୁରାଗୀ ନାଟ୍ୟକାର ସଚେତନ ନା ଅସଚେତନ(?) ସଚେତନ, ସେଇଥିପାଇଁ ସାମ୍ପ୍ରତିକ ସମାଜର ଚିତ୍ର, ଦ୍ୱାପରର ଛବି ଧୃତରାଷ୍ଟ୍ରଙ୍କୁ, ତ୍ରେତୟାର ବାଲ୍ୟକାଣ୍ଡ (ଯେମିତି ରାମାୟଣ ରଚିତ)ରେ ଯେତିକି ଦ୍ୱାପରରେ ବିଶ୍ୱରୂପ ଦର୍ଶନ (ମହାଭାରତ ଦୃଷ୍ଟାନ୍ତ) ସେତିକି ପ୍ରକାଶ କରିଛନ୍ତି। ନାଟକର ବିଷୟ ସହିତ, ପାର୍ଶ୍ୱବର୍ତ୍ତୀ ଏ ଶବ୍ଦଗୁଡ଼ିକ ଗୁରୁତ୍ୱପୂର୍ଣ୍ଣ ନିଶ୍ଚିତରେ। ସମ୍ଭବତଃ, ସେଥିପାଇଁ ଏହାର ପ୍ରଥମ ବାକ୍ୟରେ ଲେଖକ ମୁକ୍ତ– ସ୍ୱୀକାର କରନ୍ତି। ଏ ନାଟକର କାହାଣୀ ଭାରତର ଯେକୌଣସି ସହରର ଘଟଣା ହୋଇପାରେ ... ନିମ୍ନ ମଧ୍ୟବିତ୍ତ ପରିବାରର। ସୀତାନାଥଙ୍କ ଏ ବୈଠକ ଘରେ ଘଟିଯାଏ ସବୁକିଛି। ଚମତ୍କାର ମଂଚସଜ୍ଜାରେ ନାଟ୍ୟକାର ଝରକା ଦେଇ ଦେଖାଇ ଦେଇଛନ୍ତି ଜଣେ ବୃଦ୍ଧଙ୍କର ମୁହଁର କିୟଦଂଶ। ଗୁରୁତ୍ୱପୂର୍ଣ୍ଣ ଏହି ଚରିତ୍ରକୁ କିପରି ସମ୍ପୂର୍ଣ୍ଣ ସମୟତକ ଉପସ୍ଥିତି କରାଯାଇପାରେ ତା'ର ନମୁନା ଇଏ। ଇଂରାଜୀ ନାଟକ ହାମ୍‌ଲେଟ୍‌ରେ ମୃତ ବାପାଙ୍କ ଉପସ୍ଥିତିକୁ ଭୂତ(illumination) ଭାବେ କିଂଚିତ୍ ପ୍ରଦର୍ଶନ କରାଯାଇଥିଲାବେଳେ, ଏଠି ବୟସ୍କ, ପ୍ରଭାବହୀନ, ଅବସରପ୍ରାପ୍ତ ବାପାଙ୍କ ସାମ୍‌ନାରେ ଘଟିଯାଉଛି, ସବୁ ଅଭିଭାବକଙ୍କ ସାମନାରେ ଘଟିବା ଅନୁପଯୋଗୀ ଘଟଣା, ଶେଷରେ ତାଙ୍କ ଉପସ୍ଥିତିବି ନାଟକର ହେଉଛି ମୁଖ୍ୟ ଅଂଶ, ବୃଦ୍ଧି କରିଛି ନାଟକୀୟତା।

ନାଟକର ଘଟଣାପ୍ରବାହ ଖୁବ୍ ବାସ୍ତବ। ପାଠକ କି ଦର୍ଶକଙ୍କ ଚତୁଃପାର୍ଶ୍ୱର ଘଟଣା। କିଏ ପଚାରୁଥିଲା ଧୃତରାଷ୍ଟ୍ରଙ୍କୁ ! ଅନ୍ଧ ହୋଇଥିବା କାରଣରୁ ରାଜତ୍ୱର ଅର୍ଥହୀନତା ଅନୁଭବ କରିଥିଲା ଦୁର୍ଯ୍ୟୋଧନ। ନଷ୍ଟ ହୋଇଥିବା ଯୋଡ଼େ ଆଖି କେଡ଼େ ଅର୍ଥପୂର୍ଣ୍ଣ। ଠିକ୍ ସେହିପରି ସୀତାନାଥଙ୍କ ପରିବାର। ବୃଦ୍ଧତ୍ୱ କରିଦେଇଛି ତାଙ୍କୁ ଧୃତରାଷ୍ଟ୍ର ସମ। ଜୀବନ ହୋଇଯାଇଛି ଅର୍ଥହୀନ, ପ୍ରଭାବହୀନ, ଯଦିଓ ଏତେ ଟିକେ ସ୍ନେହ, ଶ୍ରଦ୍ଧା ହ୍ରାସ ପାଇନି ତାଙ୍କ ହୃଦୟରୁ ତାଙ୍କ ପରିବାରର ସଦସ୍ୟମାନଙ୍କ ପ୍ରତି।

ମଂଚରେ ପ୍ରଥମ ଅଘଟଣ ଲୋମହର୍ଷକ। ବୃଦ୍ଧ ଶ୍ୱଶୁରଙ୍କ ଉପସ୍ଥିତି ବେଖାତିର କରି ଘରର ବୋହୂ – ମାତ୍ର ଦୁଇବର୍ଷ ହେଲା ବିବାହିତ– ତା'ର ନଣନ୍ଦ ବର୍ଷା ନିକଟକୁ

ଆସିଥିବା ପ୍ରେମିକ ସହ ନିଜେ ପ୍ରେମାଳାପରେ ବ୍ୟସ୍ତ। ସିକତା ଓ ଯୋଶେଫ୍ କଥୋପକଥନ ମଧ୍ୟବିତ୍ତ ପରିବାରର ସଂଯତ ନୀତି ବହିର୍ଭୁତ। ସିକତା - ଆପଣ ? ସିକତା ବୋଲି ଡାକୁନାହାନ୍ତି ... ମୋତେ ଏଇ ଶାଢ଼ୀଟା କେମିତି ମାନୁଛି ? ... ଯୋଶେଫ୍ – ବର୍ତ୍ତମାନ ... ଆମେ ... ବର୍ଷା କଥା ଭାବିବାନି ... ସିକତା – ସନ୍ତାପ ମୋତେ ଖାଲି ତେଲଲୁଣର ଦୁନିଆଟା ଛଡ଼ା ଆଉ କିଛି ଦେଇପାରିଲେନି। ବାସ୍, ଏସବୁ ଗୋଟେ ସଚେତନ, କ୍ଷମତାହୀନ ଶ୍ୱଶୁର ସାମନାରେ କଥୋପକଥନ। ସମ୍ଭବତଃ ଦୁହିଁଙ୍କ ମଧ୍ୟରେ ଆଉ କିଛି ସମ୍ଭାବନାର ସୂଚନା ମିଳୁଛି ମାତ୍ର ସମ୍ବିତର ପ୍ରବେଶ ସାଜିଛି ପ୍ରତିବନ୍ଧକ। ଅବଶ୍ୟ ଦ୍ୱିତୀୟ ଅଘଟଣ ଘଟିଛି ସେତିକିବେଳେ। ସମ୍ବିତ୍ ବର୍ଷାର ଭାଇ ହୋଇଥିଲେ ବି ଯୋଶେଫ୍, ତାଙ୍କୁ ହିଁ ପଚାରୁଛି – ବର୍ଷା କାଇଁ ? ଅର୍ଥାତ୍ ଏମାନଙ୍କ ପ୍ରେମ ସମ୍ପର୍କ ଘଟିଆସିଛି ଭାଇର ଗୋଚରରେ। ଆଉ ଏବେ ଗୋଟେ ଅର୍ଥୋଡକ୍ସ ପରିବାରରେ ବୃଦ୍ଧ ବାପାଙ୍କ ସାମନାରେ ସଂଘଟିତ ଏ ଘଟଣା। ଏମାନେ ବେଖାତିର, ବେହିସାବୀ ସେମାନଙ୍କ ବ୍ୟବହାରରେ ସମ୍ବିତ୍- ସେଇଠି ବସି ମନକୁ ମନ ଗପୁଛି, ବୁଢ଼ା ଯୋଶେଫ୍- ଛି... ଛି... ତମ ମୁହଁରେ ଲାଜ ସରମ ରହିବା ଉଚିତ, ବାପାଙ୍କୁ ଏମିତି କୁହନ୍ତି ? ଏସବୁ 'ଆଗଘର'ର ସଂସ୍କୃତିହୀନ, ଅଣପାରମ୍ପରିକତା। 'ପଛଘର'ର ବେଖାତିର ମାତ୍ର। ତାକୁହିଁ ଦେଖାଇଦେବା ଶ୍ରୀଯୁକ୍ତ ପାଣିଗ୍ରାହୀଙ୍କ ସାହିତ୍ୟିକ ପ୍ରଚେଷ୍ଟା।

ଅପରାହ୍ଣର ଏ ଅପଳାପ ପରେ ଘନୀଭୂତ ସନ୍ଧ୍ୟା। କ୍ଷୁଧାର୍ତ୍ତ ଧୃତରାଷ୍ଟ୍ର, ସୀତାନାଥ ବୋହୂଙ୍କୁ ରୁଟି ମାଗିବାର ସ୍ୱର ବୋହୂ ସିକତାର ଧିକ୍କାରରେ ସ୍ତବ୍ଧ। ସୀତାନାଥ- ରୁଟି ହୋଇଗଲା ? ସିକତା – ଏଇ ସଞ୍ଜବେଳଟାରୁ ? ...ସୀତାନାଥ - କପେ କଫି ଦେଇ ଯା'ତ ! ସିକତା - କଫି ଆଉ ନାହିଁ, ଦୁଧ କମ୍ ଥିଲା। ସ୍ୱଚ୍ଛ ଭାବେ ଦୃଷ୍ଟିଗୋଚର ହେଲା ସୀତାନାଥ - ଆମ ଅଯତ୍ନରେ ବଂଚି ରହିଥିବା ପୂର୍ବ ସୂରୀ।

ଏବେ ପୂର୍ବୋକ୍ତ ସ୍ଥାନରେ ବର୍ଷା ଓ ପ୍ରେମଦତ୍ତଙ୍କ କଥୋପକଥନରେ ଘଟୁଥିବା ଏବଂ ଘଟିସାରିଥିବା ପ୍ରେମର ବୟାନ। ବର୍ଷାର ପ୍ରେମବି ଦ୍ୱିଧା ବିଭକ୍ତ। କିଏ ଗୁରୁତ୍ୱ ଦେଉଛନ୍ତି ବୃଦ୍ଧଙ୍କୁ ? ବର୍ଷା - ତମକୁ ଭଲପାଇ ମୁଁ ଯୋଶେଫ୍‌ଙ୍କୁ ଛାଡ଼ିଦେଇଛି। ପ୍ରେମଦତ୍ତ - ତମକୁ ଭଲପାଇ ମୁଁ ପ୍ରଭୁ ଯୀଶୁଙ୍କୁ ଛାଡ଼ିଦେଲି... ପ୍ରେମଦତ୍ତ - ଘରେ କାହାରିକୁ ଦେଖୁନ ଯେ... ବର୍ଷା – ଘରେ ଆଉ କିଏ କି, ବାପା ତ ଅଥର୍ବ ହୋଇଗଲେଣି, ପାରାଲିସିସ୍। ବାଡ଼ିଖଣ୍ଡେ ଧରି ବହୁତ କଷ୍ଟରେ ଚାଲନ୍ତି। ଏମିତି ଏମିତି ବର୍ଷା ପ୍ରେମଦତ୍ତଙ୍କୁ ବିବାହ କରିବାର ନିଷ୍ପତ୍ତି ଆପେ ଆପେ ନେଇଯାଏ।

ପ୍ରେମଦତ୍ତଙ୍କ ସହ ପ୍ରେମାଳାପବେଳେ ବର୍ଷା ନିକଟକୁ ଯୋଶେଫ୍

ଚାଲିଆସିବାର ଏକ ଅଦ୍ଭୁତ ଘଟଣାବି ନାଟକରେ ମଂଚାୟିତ । ଗୋଟିଏ କ୍ଷୁଦ୍ର ସଂଳାପରେ ହୋଇଯିବ ପ୍ରେମର ପବିତ୍ରତା । ସମ୍ବିତ୍ – ତମେ ବାସ୍ ନମ୍ବର ୱାନ୍ ... କ୍ଷମା କରିବେ ନମ୍ବର ଟୁ ପ୍ରେମଦତ୍ତ - ଆହୁରି ଅନେକ ଟଙ୍କା ଦେବ, ମତେ ସାହାଯ୍ୟ କର, ବର୍ଷା ବିନା ମୁଁ ବଂଚିପାରିବିନି । ସେଇଠି ପ୍ରେମଦତ୍ତ ଓ ଯୋଶେଫଙ୍କ ବର୍ଷା ପାଇଁ ଝଗଡ଼ା, ସେଇଠି ଭାଇ ଆସିବା ଯୋଗୁଁ ଶୃଙ୍ଖଳିତ ଛାତ୍ରଛାତ୍ରୀ ଭଳି ଆଚରଣ - ବହି ଖୋଜା ଓ ପାଠପଢ଼ାର ବାହାନା ।

ସିକତା ଓ ସନ୍ତାପଙ୍କ ସାମୟିକ ସମ୍ଭାଷଣରେ ଶେଷ ହୋଇଯାଇପାରେ ଯୁଗ ପ୍ରତି ପ୍ରତିବଦ୍ଧତା – ଏକ ସମୟରେ ବଂଚିବା ସମ୍ଭବ ତ ? ଏକଦା ରେଭେନ୍ସାରେ ପ୍ରେସିଡ଼େଣ୍ଟ୍ ଥିବା ସନ୍ତାପ, ସେକ୍ରେଟେରୀ କ୍ଲର୍କ ପଦରୁ ସସ୍‌ପେଣ୍ଡ୍ ହୋଇ ଫେରିଛି । ତା'ର କାରଣ ପୁଣି ପତ୍ନୀ ସିକତାର ବୟଫ୍ରେଣ୍ଡ୍ ଜାକୋବ୍ ମହାପାତ୍ର । ସିକତାର ସଂଳାପରେ ସ୍ୱାମୀ ପ୍ରତି ସମ୍ବେଦନା ନାହିଁ । ଅଛି ସଂଗୋପିତ କ୍ଷୋଭର ଉଦ୍‌ଗୀରଣ । ସିକତା – ତମେ... ମାନେ ମୋ ପଇସାରେ ତମେ ଭାଇ ଭଉଣୀ ସବୁ ଚଳିବ ? ... ତମକୁ ବିବାହ କରି ମୁଁ ଭୁଲ୍ କରିଛି... ସନ୍ତାପ - ତମେ ଜାକୋବ ମହାପାତ୍ରର ଚାମ୍ବରକୁ ସନ୍ଧ୍ୟା ସାତଟାବେଳେ କାହିଁକି ଯାଇଥିଲ ? ସିକତା – ତମକୁ ପ୍ରତିଦାନରେ ମୋର ସବୁ ଗୋପନୀୟତା ଦେଇଛି । ସନ୍ତାପ - ସନ୍ଧ୍ୟାର ଫିକା ଆଲୁଅରେ ସେଇଥିପାଇଁ ଜାକୋବ ମହାପାତ୍ରଙ୍କ ପ୍ରାଇଭେଟ୍ ଚାମ୍ବରଟା ତମ ପାଇଁ ବାସର ଶଯ୍ୟା ମନେ ହେଲା... ସିକତା - ତମେ ଗୋଟାଏ ଅପଦାର୍ଥ... ତମକୁ ନେଇ ମୁଁ ଚଳିପାରିବିନି... ।

ସ୍ୱାମୀ ସ୍ତ୍ରୀଙ୍କ ଏହି ବାକ୍ ବିତଣ୍ଡାର ଇପିଲଗ୍ ପରି ଶୁଭୁଛି ସିକତା ଓ ସୀତାନାଥଙ୍କ କଥୋପକଥନ । ସୀତାନାଥଙ୍କ ବକ୍ତବ୍ୟ ମହାଭାରତର ଉଦ୍ଧୃତି ଯାହା ପରୋକ୍ଷରେ ଆତ୍ମାନୁଭବର ପରିଚାୟକ । ସୀତାନାଥ - ରୁଟି ହେଲାଣି ? ସିକତା - ଟିକେ ଅପେକ୍ଷା କର । ମୁଁ ତାଙ୍କୁ ଖାଇବାକୁ ଦେଇଥାଏ ... ସୀତାନାଥ - ନା, ଖାଇବାକୁ ଦେବୁ କାହିଁକି ? ତମର ଇଚ୍ଛା ମୁଁ ଏମିତି ଶୀଘ୍ର ମରିଯାଏ । ଅପାରଗପଣ ଓ ହୀନମନ୍ୟତାର ଶିକାର ସୀତାନାଥ ଅନ୍ଧ ଧୃତରାଷ୍ଟ୍ର ।

ଏବେ ମଧ୍ୟାନ୍ତର ପରେ ପରେ ଓହ୍ଲାଇବାକୁ ପଡ଼ିବ ଗପର ଗାମ୍ଭୀର୍ଯ୍ୟକୁ । ଷୋଡ଼ଶ ଶତାବ୍ଦୀର ନାଟକର ଡିନାଓମେଣ୍ଟ୍ (ନିୟତାପ୍ତି) ସମ କିଛି ଦ୍ରବୀଭୂତ ହେବାର ନାହିଁ ବରଂ ସାନ୍ଦ୍ର ହେଉଛି କାହାଣୀ-କେଶର । ଲକ୍ଷ୍ୟ ବାରି ହୁଏ, ଲେଖକୀୟ ବିଦ୍‌ବତ୍ତା ଓ ଚତୁରତା- ବୃଦ୍ଧ ସୀତାନାଥଙ୍କୁ ସ୍ୱଳ୍ପ ସମୟ ନିମନ୍ତେ ସେ ମଂଚକୁ ନେଇଆସନ୍ତି ତାଙ୍କ ଅବସ୍ଥିତି, ଗୁରୁତ୍ୱ, ଅନ୍ୟମାନଙ୍କ ତାଙ୍କ ପ୍ରତି ବ୍ୟବହାର ସହିତରେ ମିଥ୍‌ର ପ୍ରଭାବକୁ ସାବ୍ୟସ୍ତ କରିବା ନିମନ୍ତେ । ସମ୍ପୂର୍ଣ୍ଣ ନାଟକଟିକୁ "ଆମ ସମୟର କାହାଣୀ" କହିଥିଲେ

ଯେତେକ ପ୍ରଭାବ ପଡ଼ି ନଥାନ୍ତା ତା'ଠୁ କେତେ ଅଧିକ ପ୍ରଭାବଶାଳୀ କରିପାରିଛି ନାଟକ ଏହାର ନାମକରଣ ଯୋଗୁଁ। ଭାବୋଦ୍ଦୀପକ କେବଳ ନୁହେଁ, ଅନେକ କୌଣିକ ଉନ୍ନତିରୁ, ନାଟକର ଭାବବହୁଳତାବି ସୁସ୍ପଷ୍ଟ।

ଦୃଶ୍ୟରେ, ସମ୍ବିତ୍, ସିକତା ଓ ଜୋଶେଫ୍ ଅପେକ୍ଷାର୍ଥୀ ବର୍ଷାର- ସେମାନେ ମିଶି ତାସ୍ ଖେଳିବେ। ଏହି ଭାଗଟିର ନାଁ- ବିଶ୍ୱରୂପ ଦର୍ଶନ। ମହାଭାରତରେ ଅବଶ୍ୟ ଅର୍ଜ୍ଜୁନ ପ୍ରତ୍ୟକ୍ଷ କରିଥିବା ବିଶ୍ୱରୂପକୁ ସଞ୍ଜୟଙ୍କ ଶବ୍ଦରେ- ପରୋକ୍ଷରେ- ଧୃତରାଷ୍ଟ୍ର ସଂଦର୍ଶନ କରିଛନ୍ତି। ତେବେ ଏଠି ? କ'ଣ ଏ ବିଶ୍ୱରୂପ ? ଏ ତ ବିଶ୍ୱବ୍ରହ୍ମାଣ୍ଡର ରୂପ- ସାମ୍ପ୍ରତିକ ରୂପ। ଘରର ବିପର୍ଯ୍ୟସ୍ତ ଜୀବନକୁ ବିଶୃଙ୍ଖଳିତ ଜୀଇଁବା ପ୍ରଣାଳୀକୁ, ସଂସ୍କୃତିହୀନ ସଂସାରକୁ ସଂଦର୍ଶନ କରୁଛନ୍ତି ସୀତାନାଥ। ଭାଉଜଙ୍କ ଉପସ୍ଥିତିରେ ଭଉଣୀର ପ୍ରଥମ ପ୍ରେମିକକୁ ନମ୍ବର ଓ୍ୱାନ୍ ସମ୍ବୋଧନ କରିବା, ଜୋଶେଫ୍ ସହ ସିକତା ପାର୍ଟନର୍ ହୋଇ ଖେଳିବାର ଆନ୍ତରିକତା ପ୍ରଦର୍ଶନ କରିବା, ପରେପରେ ସମ୍ବିତ୍ ଓ ବର୍ଷାଙ୍କ ଅନୁପସ୍ଥିତିରେ ସିକତା ଓ ଜୋଶେଫ୍ଙ୍କ ମିଶିବା- ପରସ୍ପର ପ୍ରେମକୁ ସ୍ୱୀକାର କରିବା- ପଛପଟରେ ବାପା କ'ଣ ଶୁଣୁ ନଥିବେ! ଏମାନଙ୍କ ବେଖାତିର୍ର ନଜିର ଦେଖାଯାଉ। ଜୋଶେଫ୍- ମୋ ସାଙ୍ଗରେ ଆସିପାରିବ (ଦିଲ୍ଲୀ)? ... ୟୁରୋପରେ ଜଣେ ନାରୀ ଅନେକ ଥର ବିବାହ କରିପାରୁଛି ... ସିକତା- ଏଇ ଅବସ୍ଥାରେ ମୋତେ ତମେ ଗ୍ରହଣ କରିପାରିବ ? ... ତାହେଲେ ମୁଁ ତମ ସାଙ୍ଗରେ ଚାଲିଯିବି ? ... ଜୋଶେଫ୍- ଆମେ ଏକ ନୂଆ ସଂସାର ଗଢ଼ିବା। ଅନେକ ପ୍ରଶ୍ନିଳ ସଂଳାପ ଏବଂ ପ୍ରସ୍ତାବନା ପରେ ଗୋଟିଏ ସିଦ୍ଧାନ୍ତର ପୂର୍ଣ୍ଣଛେଦ ଆଉ ଗୋଟେ ସଂସାରର ଉପସଂହାର ମାତ୍ର। ହେଲେ ସିକତା ତ ଗ୍ରୀଷ୍ମ ଆକାଶର କ୍ଷଣିକ ପବନରେ ବଦଳି ଯାଉଥିବା ପାଗ ପରି। ଯାହା ତାର ସନ୍ତାପ ସହ କଥାବାର୍ତ୍ତାର ଶୈଳୀ, ତାହହିଁ ଜୋଶେଫ୍ ସହ। ପ୍ରତି ମୁହୂର୍ତ୍ତରେ ଦୋଳିରେ ଖେଳୁଥାଏ ଆଦର୍ଶ ଓ ଅନାଦର୍ଶର ଦୁଇ ମୁଣ୍ଡକୁ ଛୁଇଁ ଛୁଇଁ। ଜୋଶେଫ୍ ଓ ବର୍ଷା ଅନାଦର୍ଶର ଦିଗ୍‌ବଳୟରେ ତ ସମ୍ବିତ୍ ମଝାମଝିରେ, ତେବେ ଆଦର୍ଶର ଦିଗଟି ଶୂନ୍‌ଶାନ, ଶୂନ୍ୟମାତ୍ର।

ପରବର୍ତ୍ତୀ ଦୃଶ୍ୟରେ ସିକତା- ଜୋଶେଫ୍ଙ୍କ କଥୋପକଥନକୁ ଶୁଣି ବୀତସ୍ପୃହ ହୋଇ ପଡ଼ିଥିବା ସନ୍ତାପ, ସିକତାକୁ ଚାଲିଯିବା ପାଇଁ ନିବେଦନ କରିଛନ୍ତି। ସେମାନଙ୍କ ଯୁକ୍ତିତର୍କରେ ପରାହତ ମଣିଷତ୍ୱ। ସଂସ୍କୃତି, ପରମ୍ପରାକୁ ଓଦା, ମଇଳା ଜାମା ପରି ଫିଙ୍ଗି ଦେଇପାରେ ମଣିଷ, ତା'ରି ଚିତ୍ର ସିକତାର ଶବ୍ଦରେ ଶ୍ରବଣୀୟବି, ଦର୍ଶନୀୟବି।

ବିପ୍ଳବୀ ସନ୍ତାପଙ୍କ ବୋମା ଯୋଗାଡ଼ ଯୋଜନାବି ପ୍ରକାଶ କରାଯାଏ ନିର୍ବିଘ୍ନରେ, ବୃଦ୍ଧ ବାପାଙ୍କ ଅପାରଗ ଅସମର୍ଥତା ସାମ୍ନାରେ ସମସ୍ତ ସ୍ୱାମୀତ୍ୱର ସନ୍ଦେହକୁ

ବେଖାତିର୍ କରି ସିକତା ଲୁଚି, ତରକାରୀ ଓ ରସଗୋଲା ବାଢ଼ିପାରେ। ସନ୍ତାପଙ୍କ ଭ୍ରାତୃତ୍ୱବି ପଦ ଦଳିତ। ବର୍ଷା ପାଳିପାରେ ମିଥ୍ୟା ଜନ୍ମଦିନ। ଉତ୍ତର ଦେଇପାରେ ଉଦ୍ଧତ ଭାବରେ। ବର୍ଷା- ଓଃ ! ବଡ଼ ଭାଇ ବୋଲି ଅଭିଭାବକ ହଉଚ ? ... ବଂଚିବାପାଇଁ ବିଶ୍ୱାସର ପ୍ରୟୋଜନ ନାଇଁ, ଅନ୍ତତଃ ଏଇ ଶତାବ୍ଦୀରେ ... ମୋତେ ତମେ ଭଲ ଘରେ ବାହା ଦେଇପାରିବ ? ... ତମେ ତ ପୁଣି ଲଭ୍ ମ୍ୟାରେଜ୍ କରିଚ ? ଏକାପ୍ରକାର ଉଚ୍ଛୃଙ୍ଖଳ ଶବ୍ଦର ଉତ୍ତର ବି ଦେବାକୁ ପଛାଏନି ସାନଭାଇ ସମ୍ବିତ୍। ସମ୍ଭବତଃ ସସ୍‌ପେନସନ୍ ପରେ, ସନ୍ତାପ ବି ତା'ର ଆଂଶିକ ଅଭିଭାବକତ୍ୱ ହରେଇ ସାରିଛି। ଅର୍ଥାତ୍ ରୋଜଗାରହୀନ ପ୍ରତ୍ୟେକ ବ୍ୟକ୍ତି କ୍ଷମତାହୀନ ପୁଣି ଜଣେ ଜଣେ ଧୃତରାଷ୍ଟ୍ର। ଅବଶ୍ୟ ଶ୍ରୀଯୁକ୍ତ ପାଣିଗ୍ରାହୀ ସମାଜରୁ କିଛି ସ୍ଥାଣୁ (stereotype) ଚରିତ୍ର ନେଇ ଏ ନାଟକ ଗଢ଼ିନାହାନ୍ତି। ସେଥିପାଇଁ ବ୍ୟକ୍ତିଗତ ବିଚାରରେ ପ୍ରତ୍ୟେକ ଚରିତ୍ର ଭିନ୍ନ ଭିନ୍ନ, ପୁଣି ଆକର୍ଷଣୀୟ। ସନ୍ତାପଙ୍କ ସାମ୍ୟବାଦ, ସମ୍ବିତ୍‌ଙ୍କ ଜୀବନ ବିରୁଦ୍ଧରେ ବିଦ୍ରୋହ ଅବା ବର୍ଷାର ଜୀବନ ସାଲିସ୍ ପୁଣି ସିକତାର ଚପଳ ଅସ୍ଥିରତା ନାଟକଟିକୁ ସୋପାନସିଦ୍ଧ କରିପାରିଛି।

ନାଟକର ଶେଷଦୃଶ୍ୟ ଖୁବ୍ ବିସ୍ଫୋରକ, ହୃଦୟବିଦାରକ ପୁଣି ଏକ ଚିରନ୍ତନ ଭାବପ୍ରବଣତାର ବାହକ। ପ୍ରଚ୍ଛଦରେ ଥିବା ନଗ୍ନ ନାରୀ ଚିତ୍ର ସମ୍ବଳିତ ପତ୍ରିକାଟିଏ ଧରି ସମ୍ବିତ୍ ପଢୁଥିବାବେଳେ ସୀତାନାଥ ପ୍ରବେଶ କରନ୍ତି। କଥୋପକଥନ ଖୁବ୍ ଅଦ୍ଭୁତ। ସୀତାନାଥ- କିରେ କାହିଁକି ହସୁଚୁ ? ... ସମ୍ବିତ୍- ଝିଅଟେ ନଙ୍ଗଳା ହେଇଚି ... ସୀତାନାଥ- ଅଭଦ୍ର, ଅସଭ୍ୟ, ମତେ ସେ ଫଟୋ ଦେଖଉଚୁ ? ଏତେ ଟିକେ ବାକ୍ ଯୁଦ୍ଧ ପରେ ବାପା ତାକୁ ପିଟିଲେ ପାହାରେ। ପୁଅର ଯନ୍ତ୍ରଣାସିକ୍ତ ସ୍ୱରରେ ବ୍ୟତିବ୍ୟସ୍ତ ବାପା, ମାତ୍ର ସମୟାନ୍ତରରେ ବାପାଙ୍କୁ ବାସ୍ତବ ଦୁଃଖ ପରେ ଉଠିପଡ଼ି ସମ୍ବିତ୍ କହେ- ମୃତ, ସୈନିକ ରୋଲ୍‌ଟା କେମିତି ପରଫେକ୍ଟ କଲି, ଦେଖିଲ ବାପା ? ଏବେ କିନ୍ତୁ ସତରେ ସମ୍ବିତ୍‌କୁ ପିଟିବାପାଇଁ ଉଦ୍ୟତ ବାପା, ବାଡ଼ି ଖଣ୍ଡକ ଧରି ପକେଇ ସମ୍ବିତ୍ କହେ- ମୋ ସାଙ୍ଗରେ ବଳ କଷୁଚ ? ସୀତାନାଥ- ବାପା ସାଙ୍ଗରେ ପରିହାସ ? ମୁଁ କ'ଣ ଅଜା ? ବଦମାସ୍। ସମ୍ବିତ୍- ପରିହାସ କରିବିନି ? ତମେ ସବୁବେଳେ ସେ ପଛଘରେ ବସି ପିକା ଟାଣିବ ଆଉ ଆଗଘରେ ଆମେ ଯାହା କଲେ ଆଖି ମିଟିକା ମାରି ହସିବ ? ଆଉ କିଛି ଅଧିକା କରିବନି। ବାସ୍, ଯୁକ୍ତିତର୍କ ଭିତରେ ବାଡ଼ିଟି ଟଣାଟଣି କରୁକରୁ ସୀତାନାଥ ସତରେ ପଡ଼ିଗଲେ ଏବଂ ପ୍ରାୟ ସଂଜ୍ଞାଶୂନ୍ୟ ହୋଇପଡ଼ିଲେ। ତାଙ୍କ ଗୁଣୁଗୁଣୁ ସ୍ୱରରେ କଷ୍ଟ ଓ ପାଣିଟୋପେର ଯାଚଞ୍ଚା। ସମ୍ବିତ୍‌ର ସଂଳାପ ଏଠି ଖୁବ୍ ଦାର୍ଶନିକତାରେ ଭର୍ତ୍ତି। ସୀତାନାଥଙ୍କ ନିମନ୍ତେ ପାଣି, ପବନ,

ଆଲୋକ- ସମସ୍ତେ ବନ୍ଦୀ। ସୀତାନାଥ କିନ୍ତୁ ସଚେତନ, ସେଇଥିପାଇଁ ଧୃତରାଷ୍ଟ୍ରଙ୍କ ସମ ସେ ଅନୁଶୋଚନା ସନ୍ତପ୍ତ। "ମୋର ଦୁଃଖ, ତମେମାନେ ମୋତେ ଜାଣି ଜାଣି ମାରି ଦେଉଚ",- ଏଇଠି ସଚରାଚର, ସବୁଯୁଗରେ ସେ ଏକ ସମ୍ଭାବନା ହୋଇ ବିଦାୟ ନେଇଛନ୍ତି ଏଭଳି ଆତ୍ମାଭିମାନରେ।

ନାଟ୍ୟକାର ତାଙ୍କ ବ୍ୟକ୍ତିଗତ କ୍ଷୋଭକୁ ମଧ୍ୟଯୁଗୀୟ ବ୍ୟଙ୍ଗରେ ଅଟକେଇ ଦେବାକୁ ଅନିଚ୍ଛୁକ, ଅନିଚ୍ଛୁକ ଏହି ମୃତ୍ୟୁରେ ଦର୍ଶକଙ୍କୁ ଭାବପ୍ରବଣ କରି ଫେରେଇଦେବାକୁ। ତାଙ୍କର ପ୍ରଜ୍ଞା ତାଙ୍କୁ ଏପିକ୍ ଥିଏଟରର ALIENATIONଠୁ ଊର୍ଦ୍ଧ୍ୱକୁ ନେଇଯାଇଛି। ବୃଦ୍ଧ ପିତାମାତାଙ୍କୁ ଅଥର୍ବ ଅର୍ବାଚୀନ କରି ରଖୁଥିବା ଡାକମୁନ୍‌ସିର ନୂତନ ଅବତାରମାନଙ୍କୁ ଅବା ବିନ୍ଦୁସାରମାନଙ୍କ ବନ୍ଦୀର ନିୟାମକ ଅଜାତଶତ୍ରୁମାନଙ୍କୁ ସେ ଅଟକେଇ ରଖିଛନ୍ତି ପାଠକ ଅବା ଦର୍ଶକଙ୍କ ଆତ୍ମବିଶ୍ଳେଷଣ ଅବା ଆତ୍ମସଚେତନତା ପାଇଁ।

ପ୍ରଥମେ ପରିବାରର ସଦସ୍ୟଗଣଙ୍କ ଅଗଭୀର ଶୋକ, ସ୍ନେହର ରୋମନ୍ଥନ ହାସ୍ୟାସ୍ପଦ ମନେ ହୋଇପାରେ ମାତ୍ର ପ୍ରମାଣିତ କରେ ସେମାନଙ୍କ ଅବିବେକିତା, ଅନୁପ୍ରେରିତ କରେ ଧୃତରାଷ୍ଟ୍ରଙ୍କ ମୃତ୍ୟୁର ଭାବପ୍ରବଣ ବାସ୍ତବତା, ବାଧ୍ୟକରେ ପାଠକୀୟ ଆତ୍ମବିଶ୍ଳେଷଣ ନିମନ୍ତେ। ନିର୍ଲଜ ଦାୟାଦମାନେ ଯାହାଙ୍କ ଆଗଘରର ପରିଚୟରେ ପରିଚିତ ତାଙ୍କୁ ପଛଘରକୁ ନେଇଯିବାର ପ୍ଲାନ୍ କରନ୍ତି। ଏମାନେ ବସ୍ତୁବାଦୀ କେବଳ ନୁହନ୍ତି, ସ୍ଥିତିବାଦୀ ମଧ୍ୟ- ଲେଖକ ଯଥେଷ୍ଟ ସୂଚନା ଦେଇ, ଏହି ଶବବାହକମାନଙ୍କ କାନ୍ଧକୁ ଉଠାଉଛନ୍ତି ଯୁଗଯୁଗର ଧୃତରାଷ୍ଟ୍ରୀୟ ଶବ। ଅଶ୍ଳୀଳ ଶବ୍ଦରେ ଉତ୍ତେଜିତ ଅସଚେତନ ଦଳେ ଶ୍ରମିକ ବିଦ୍ୟୁତ୍ ଖୁଣ୍ଟ ଉଠାଇଲାପରି ପୂଜ୍ୟ ସ୍ୱର୍ଗତ ପିତାଙ୍କ ଶବ ଉଠାଇଲାବେଳର ଏ ସ୍ୱର, ଶବ୍ଦ, ଭାବ, ଭାବନା ଓ ଦୃଶ୍ୟ। ଏ ଦୁଃସ୍ଥିତିରୁ ଦୂରେଇ ଯାଇପାରିବନି ପାଠକ ବା ଦର୍ଶକ, ସେ ଆପେ ଆପଣାଛାଏଁ ଦୟନୀୟ ଦିଶିବ ନିଜ ଅନୁତାପ କି ପଶ୍ଚାତାପରେ।

ଶେଷାଂଶରେ ସିକତା ଓ ସମ୍ବିତ୍‌ଙ୍କ ଦାର୍ଶନିକସମ ଶବ୍ଦର ସନ୍ତୁଳନକୁ ଧ୍ୱଂସ କରିଦେଇ ଲେଖକ ଲେଖିଛନ୍ତି ସେଇ ଦିନଠୁ ଏମାନେ ଶବଟାକୁ ଧରି ଠିଆ ହୋଇ ରହିଥିବା ଦେଖାଯାଇଛି। ସାର୍ବଜନୀନ ଏହି ଅବସ୍ଥା ନିଶ୍ଚିତରେ ସର୍ବକାଳୀନ ମଧ୍ୟ। ମଂଚ ସଚେତନ ଶ୍ରୀଯୁକ୍ତ ପାଣିଗ୍ରାହୀ ଏଭଳି ଦୃଶ୍ୟର ଚିରନ୍ତନୀ ଅନୁଭବକୁ ପରିକଳ୍ପନା କରି ଦୁଃଖିତ। ସମ୍ଭବତଃ ସେଇଥିପାଇଁ ଏ ବିଶ୍ୱରୂପ ସଂଦର୍ଶନ କରାଇଛନ୍ତି ସମସ୍ତଙ୍କୁ। କେହି ଯଦି ଏ ଅବତାରଣାକୁ ଅବୋଧ କହିବେ, ତେଣୁ ପ୍ରତିସ୍ଥାପକରେ ସେ ସ୍ଥାପନା କରିଛନ୍ତି ଏକ ତୁଳନାତ୍ମକ ସୁନ୍ଦର ପରିବାରର ଚିତ୍ର ପୃଷ୍ଠବନ୍ଧରେ।

ପୃଷ୍ଠବନ୍ଧରେ, ସିଲ୍‌ହଟ୍‌ରେ ସୀତାନାଥଙ୍କ କୁଳୀନ ପରିବାର। ବିନା ସଂଳାପରେ ସଂଘଟିତ ଦୈନନ୍ଦିନର ଏକ ପରିବାର। ସିକତାଙ୍କ ଓଢ଼ଣୀ, ଭାଗବତ ପାଠ, ସଞ୍ଜଦୀପ ପୁଣି ଶ୍ୱଶୁରଙ୍କ ପାଦତଳେ, ସନ୍ତାପଙ୍କ ସଂସ୍କୃତିର ପରିଚୟ- ହାତରେ ଦୁଇଖଣ୍ଡ ଶାଢ଼ୀ; ମର୍ଯ୍ୟାଦା ଯେତିକି ପତ୍ନୀଙ୍କୁ, ସେତିକି ଭଉଣୀକୁ; ସନ୍ଧ୍ୟାରେ ସାମୂହିକ ଭଜନଗାନ, ସନ୍ତାପଙ୍କ ଅଫିସ୍ ଯିବାବେଳର ଦୃଶ୍ୟ। ସବୁ ଯେମିତି ତ୍ରେତୟାର। ହାୟ ! ଏସବୁ ଅନୁଚ୍ଚାରିତ ଦୃଶ୍ୟର ଚିତ୍ରୋତ୍ତୋଳନରେ ସମ୍ମୋହିତ ହୋଇଗଲା ବେଳକୁ ମଂଚ ଉପରେ ପୁନଃ ଦୃଷ୍ଟିଗୋଚର ହୁଏ ସୀତାନାଥଙ୍କ ଶବ ନେଇ ଅନ୍ୟମାନେ ଠିଆ ହୋଇଛନ୍ତି। ଦର୍ଶକର ଭାବପ୍ରବଣତା ଭେଦ କରି, ବିଶ୍ଳେଷଣ ଉଦ୍‌ଜୀବିତ କରିପାରିଥିବା ଏ ଦୃଶ୍ୟ ମାନସପଟରେ ଆଜୀବନ ବସାତ ବାନ୍ଧିଯିବ, ଯେଉଁ ବିଦ୍ରୋହୀର ହୃଦୟଟିଏ ଗଢ଼ିଦେବ, ସେ ପରମ୍ପରାକୁ ଯେତିକି ସମ୍ମାନ ଦେବ ସେତିକି ସଂସ୍କୃତିକୁ।

ପରିବାରର ପରମ୍ପରା ଭିତରେ ଆଦର୍ଶର ସଫୋକେସନ୍ କାହାରତ କାହାର ବଡ଼ ହେବାର ନିଶା, କିଏ ବିଶ୍ୱାସଠୁ ବିଶ୍ୱାଏ ଦୂରରେତ କାହାର ଛିଣ୍ଡିଯାଉଥିବା ଆକାଶେ ସ୍ୱପ୍ନ, କିଏ ଆଦର୍ଶର ଅବଧୂତ ସାଜୁସାଜୁ ବ୍ୟତିବ୍ୟସ୍ତ ବିଦ୍ରୋହୀ ସାଜେତ କିଏ ସୁଖର ସ୍ୱର୍ଣ୍ଣମୃଗ ପଛେ ନିରନ୍ତର ଧାବମାନ- ନାହିଁ କାହାର ଅଭିଭାବକତ୍ୱର ଆଦେଶ, ଉପଦେଶ ପ୍ରତି ଅନୁରକ୍ତି। ଅସ୍ୱାଭାବିକବୋଧ ହୋଇପାରେ ଜୀବନ, ମାତ୍ର ସଂସ୍କୃତି ପ୍ରତି ସନ୍ଦିହାନ, ଉଦାସୀନ ସମସ୍ତେ। ବାସ୍ତବରେ ବ୍ୟାସଦେବଙ୍କ ଧୃତରାଷ୍ଟ୍ର ପୁନର୍ଜୀବିତ- ସମୟ କେବେବି ବର୍ତ୍ତମାନ ନୁହଁ। ସଂସ୍କୃତି ସହିତ ସଂସ୍କୃତିର ଦ୍ୱରିତ ସ୍ଖଳନ ଚିରନ୍ତନ(?) ଏହି ପ୍ରଶ୍ନର ପ୍ରତିଧ୍ୱନି- ଏ ନାଟକ। କେବଳ ଶୃଙ୍ଖଳିତ ଶବ୍ଦର ପରିଚିତ ସଂଳାପରେ ନୁହେଁ, ଦୈନନ୍ଦିନ ଜୀବନରୁ ଉତ୍ତୋଳିତ ଚିତ୍ରମାନଙ୍କ ଅନ୍ତଃସଂଯୋଜିକା ବିନ୍ୟାସରେ ନାଟକ ଯେଉଁ ବିଶ୍ୱରୂପର ସନ୍ଦର୍ଶନ କରାଏ, ସେଥିରେ ସଚେତନ ପାଠକ କି ଦର୍ଶକ, ଅର୍ଜ୍ଜୁନ କି ସଂଜୟ ସମ; ଉଚ୍ଛ୍ୱସିତ ହୋଇପାରନ୍ତି ମାତ୍ର ଅସଚେତନ ଅମଣିଷ, ଅପସୃୟମାନ ସଂସ୍କୃତିର ସୂତ୍ରଧରଟିଏ ଅନ୍ଧ ହୋଇଯିବା ସ୍ୱାଭାବିକ।

ବିଷୟରୁ ବାହାରି, ବହିର୍ଭୁତ ବୈଚିତ୍ର୍ୟ ଦେଖାଯାଉ- ସମୀଚୀନ କେତେ ଜଣାଯାଉ (?) ମିଥ୍‌ର ଧୃତରାଷ୍ଟ୍ର ଜଣେ ରାଜା ବା ବ୍ୟକ୍ତି କେବଳ ନୁହେଁ, ଏକ ଆଦର୍ଶର ଅବବୋଧ, ସକଳ ବୟସ୍କ, କ୍ଷମତାହୀନ ପିତୃତ୍ୱର ପରିଚୟ ହୋଇଯାଇଛନ୍ତି। ମଂଚାୟନରେ ତାଙ୍କୁ ଅବହେଳିତ ପଛଘର ଭାବେ ଦର୍ଶାଇବା ଭାବୋଦ୍ଦୀପକ, ପ୍ରତୀକାତ୍ମକ ମଧ୍ୟ। ପିକାଟାଣି ଧ୍ୟାନମୁଦ୍ରାରେ ବସିବା ଏ ଭାବର ସାନ୍ଦ୍ରତା ବୃଦ୍ଧି କରେ। ତାଙ୍କ ସାମ୍ନାରେ ଏ ଶୃଙ୍ଖଳାହୀନ, ସଂସ୍କୃତିହୀନ, ଶ୍ରଦ୍ଧା, ଭକ୍ତିହୀନ ଆଚାର ବ୍ୟବହାର

ପ୍ରଦର୍ଶନ କରାଯିବାର ସମ୍ଭବତଃ ଅନ୍ୟ ଜୀବନ୍ତ ଉପାୟ ମଂଚ ପାଇଁ ନଥିଲା ଏବଂ ଏବେବି ନାହିଁ। ମଧ୍ୟବିତ୍ତ ପରିବାରର ରକ୍ଷଣଶୀଳତା ଅନ୍ୟତ୍ର ଦୃଷ୍ଟିଗୋଚର ହୁଏନି, ଯେଉଁଥିପାଇଁ ପରିଚର୍ଯ୍ୟାରେ ତାହାହିଁ ଦୃଶ୍ୟମାନ। ନାମକରଣ, ଚରିତ୍ରଚୟନବି କିଛି କମ୍ ଭାବଗମ୍ଭୀର କରେନି। ନାହିଁ ଏଥିରେ ବର୍ଣ୍ଣାଡ ଶ'ଙ୍କ ଭାଷଣ ସମ ପ୍ରଲମ୍ବିତ ସଂଳାପ କି ସ୍ୱଗତୋକ୍ତି। ପରିଚ୍ଛନ୍ନ କଥୋପକଥନ ଠିକ୍ ସାମ୍ପ୍ରତିକ ସମାଜର ଚଳଣିପରି। ଘରକୁ ବାହାରୁ ଆସିଥିବା ବୋହୂର ବ୍ୟବହାରଠୁ ଆରମ୍ଭକରି ଧୀରେ ଗାମ୍ଭୀର୍ଯ୍ୟ ବୃଦ୍ଧି କରୁଥିବା ବଡ଼ପୁଅ ପର୍ଯ୍ୟନ୍ତ- ସମସ୍ତେ ଧୀରେଧୀରେ ଏ ଅପକର୍ମର ଅଂଶୀଦାର। ବାସ୍ତବରେ ମଂଚପରେ ଆପଣା ସମାଜର ରୂପ(ଯୁଦ୍ଧକ୍ଷେତ୍ର)ରେ ଆପଣାର ଭୁଲଭ୍ରାନ୍ତିକୁ ଦେଖି ଜଣେ ଦର୍ଶକ ଅନ୍ଧ ହୋଇଯିବା ସ୍ୱାଭାବିକ, ହିଁ ବିବେକାନ୍ଧ ହେବା ବ୍ୟତୀତ ଆଉ ଗତ୍ୟନ୍ତର କାହିଁ ? ଯଦି ନହୁଏ, ହୃଦୟ ଆଲୋକିତ ହୋଇଯିବ ଆଜୀବନ।

■

କେଶଦୁରାପାଳ, କେନ୍ଦୁଝର- ୭୫୮୦୨୫

ଫୁକୋଙ୍କ ମତରେ ତତ୍ତ୍ୱ ପରିପ୍ରେକ୍ଷୀରେ ମହାନାଟକ: ଏକ ଆକଳନ

ଡ. ରବୀନ୍ଦ୍ର କୁମାର ଦାସ

'ମହାନାଟକ'ର ମୁଖବନ୍ଧରେ ନାଟ୍ୟକାର ରମେଶ ପାଣିଗ୍ରାହୀ କହନ୍ତି- "ହସ୍ତିନା ନଗରରେ ସବୁ ସମ୍ଭବ। ସେଠାରେ ହସ୍ତ(କାର୍ଯ୍ୟ) ଓ ପଦ(ଗତି)ମାନଙ୍କୁ ଛେଦନ କରାଯାଇଛି। ଦେଶରେ ନା କର୍ମ ଅଛି ନା ଗତି। ତଥାପି ସମ୍ରାଟ ବଜ୍ରବାହୁ ଚାହାନ୍ତି ଏହି ପରମ୍ପରାରେ ଗତି ଓ କର୍ମରେ କୌଣସି ଉଚ୍ଛୃଙ୍ଖଳା ରହିପାରିବ ନାହିଁ। ଶୀଳଭଦ୍ରଙ୍କର ପଚମାନ ସ୍ଥିରତା ବିପକ୍ଷରେ ବ୍ରହ୍ମଦତ୍ତ ଶେଷକୁ ବିପ୍ଳବ କରିବା ପାଇଁ ବାଧ୍ୟ ହୋଇଛନ୍ତି। ସେ (ବଜ୍ରବାହୁ) ଜଣେ ଉଦ୍ଭଟ ଶାସକ। ବାସ୍ତବତା ଓ ବାସ୍ତବ ସମସ୍ୟାଠାରୁ ଯୋଜନ ଯୋଜନ ଦୂରରେ ଥାଇ ସେ ଶାସନ କାର୍ଯ୍ୟ ସମ୍ପାଦନ କରୁଛନ୍ତି। ତାଙ୍କର ନିଜର କ୍ଷମତା ସମ୍ପର୍କରେ ଏକ ଦୁର୍ନିର୍ବାର ମୋହ। ଅଥଚ ରାୟ ଦେବା ଶୈଳୀଟି ଅଦ୍ଭୁତ। ମୃତ୍ତିକା କଳସୀରେ ସାତଟି ଗୋଡ଼ି ପକାଇ ସେ ଗଧ ଭଳି ହସନ୍ତି। ସମସ୍ୟାଟି ହୁଏତ ବଜ୍ରବାହୁଙ୍କ ନପୁଂସକତାରେ ନିହିତ। ସେ ସୃଷ୍ଟିଶୀଳ ନୁହନ୍ତି। ସୃଷ୍ଟି କରିବା ପାଇଁ ଅକ୍ଷମ। ପ୍ରତ୍ୟେକ ମଣିଷ ନିଜ ପାଇଁ ଗୋଟିଏ ଗୋଟିଏ ମୁଖା ତିଆରି କରିଥାନ୍ତି। ହଠାତ୍ ଦିନେ ସକାଳେ, ସିନ୍ଦୁରା ଫାଟିବା ପୂର୍ବରୁ, ଜଣେ ବ୍ରହ୍ମଦତ୍ତ ଆସି ସେଇ ମୃତ୍ତିକା ଭାଣ୍ଡଟିକୁ ଭାଙ୍ଗିଦିଏ। ବ୍ରହ୍ମଦତ୍ତ କ'ଣ ନିରବଧି କାଳ। (ଦା'ଟିଏ ଧରି ଫସଲ କାଟୁଥିବା ସମୟ ? କିଏ ଜାଣେ ?)। xxx ଦିନେ ନା ଦିନେ କିଏ ଜଣେ ବ୍ରହ୍ମଦତ୍ତ ଆସିବ। ସେ ସକାଳ ଏ ପର୍ଯ୍ୟନ୍ତ ଆସିନି। ସବୁ ମୁଖା ଦିନେ ଖୋଲିଯିବ। ସେ ସମୟ ଏ ପର୍ଯ୍ୟନ୍ତ ଆସିନି। ତେଣୁ ଏହାର ନାମ ମହାନାଟକ। ଏହା କୌଣସି ନିର୍ଦ୍ଦିଷ୍ଟ ଶାସକ ବା System ପ୍ରତି ଆକ୍ଷେପ ନୁହେଁ। ଏହା କୌଣସି ନିର୍ଦ୍ଦିଷ୍ଟ ସମୟର ଫଟୋଗ୍ରାଫ୍ ନୁହେଁ। କୌଣସି ନିର୍ଦ୍ଦିଷ୍ଟ କାଳର ବନ୍ଦୀଶାଳାରେ ଏହି ନାଟକର ଚରିତ୍ରମାନେ ଛଟପଟ ହେଉନାହାଁନ୍ତି। ଇତିହାସର ଶବ୍ଦହୀନ ଶୋଭାଯାତ୍ରା ଚାଲିଛି। ସିଂହାସନମାନେ ଏହିଭଳି ଭାଙ୍ଗୁଛନ୍ତି। ଅର୍ଦ୍ଧ ଭଗବାନ ପ୍ରତିମାମାନେ ଏହିଭଳି ଓହ୍ଲେଇ ଆସିବାକୁ ବାଧ୍ୟ।"

'ମହାନାଟକ' ୧୯୭୨ ଲେଖା ହୋଇଥିଲା। କିନ୍ତୁ ପ୍ରଥମେ ୧୯୮୧ରେ ପ୍ରକାଶ ପାଇଥିଲା। ଏହି ନାଟକଟି ଭାରତୀୟ ରାଜନୀତିକ ଓ ସାମାଜିକ ଇତିହାସର

ଏକ ସନ୍ଧିକ୍ଷଣରେ ଲେଖା ହୋଇଥିଲା। ନାଟ୍ୟକାରଙ୍କ ମୁଖବନ୍ଧରେ ଉଲ୍ଲିଖିତ ୧.ହସ୍ତ ଓ ପଦ, ୨. ଉଭଟ ଶାସକ, ୩. ନପୁସଂକତା, ୪. ମୁଖା, ୫. ନିରବଧି କାଳ, ୬. ଫସଲ କାଟୁଥିବା ସମୟ, ୭. ମହାନାଟକ, ୮. ଫଟୋଗ୍ରାଫ୍, ୯. ଶବ୍ଦହୀନ ଶୋଭାଯାତ୍ରା, ୧୦. ଅର୍ଦ୍ଧଭଗବାନ ପ୍ରତିମାମାନେ ପ୍ରଭୃତି 'ଉଚ୍ଚାରିତ ଶବ୍ଦ' ସମୂହରେ ବହୁ ପାର୍ଶ୍ୱଯୁକ୍ତ 'ପ୍ରକାଶିତ ଅର୍ଥ' ନିହିତ। 'କିଏ ଜାଣେ?' ପ୍ରଶ୍ନସୂଚକ ବାକ୍ୟାଂଶଟିରେ ଯେଉଁ ପ୍ରଶ୍ନଶୀଳତା ଉତ୍‌ଥାପିତ ତାହା "Raises questions rather than attempting to supply answers" ଇଙ୍ଗିତଧର୍ମିତା ସମ୍ମୁଖୀକୃତ। ଏହି ନାଟକରେ ଯେଉଁ ପ୍ରଶ୍ନ, ଯେଉଁ ବିରୋଧାଭାସ, ଯେଉଁ ଶୃଙ୍ଖଳାହୀନ ପ୍ରଶ୍ନମୂଳକ ସମ୍ପୃକ୍ତି ରହିଛି ତାହା ଆମକୁ ଏକ ସିମୁଲେଟିଭ୍ ଶାସନ ବ୍ୟବସ୍ଥା ଆଡ଼କୁ ଘେନି ଯାଉଛି। ଏହି ଛଳନାଯୁକ୍ତ ଶାସନ ବ୍ୟବସ୍ଥା ପଶ୍ଚାତରେ ଫୁକୋଙ୍କ କ୍ଷମତା ସଂରଚନାର ଆଭିପ୍ରାୟିକତା କିପରି ଆଲୋଚ୍ୟ ନାଟକକୁ ବହୁପ୍ରସ୍ଥୀୟ ସାମାଜିକ, ରାଜନୀତିକ ହାଲୁସିନେସନ୍‌ର ପରିମଣ୍ଡଳରେ ସ୍ଥାପନ କରୁଛି, ତାହା ବିଶ୍ଳେଷଣ କରାଯାଇପାରେ।

'ମହାନାଟକ'ରେ ଯେଉଁ କ୍ଷମତା ଏବଂ ଜ୍ଞାନର କଥା କୁହାଯାଇଛି ତାହାର ମୁଖ୍ୟତଃ ତିନୋଟି ପ୍ରସ୍ଥ ରହିଛି। ଯଥା-୧.ବଜ୍ରବାହୁ, ଶୀଳଭଦ୍ର, ବ୍ରହ୍ମଦତ୍ତ, ବିଦୂଷକ, ଗୌଡ଼ ରାଜକୁମାର, କର୍ଣ୍ଣାଟ ରାଜକୁମାର, କଳିଙ୍ଗ ରାଜକୁମାର, ବାରିକ, ଅବନ୍ତୀ ସାଧକ ପ୍ରମୁଖ। ଏହି ପ୍ରସ୍ଥରେ ଥିବା ସକଳ ଉପାଦାନରେ ଗୋଟିଏ ଆରୋପିତ ଏବଂ ପ୍ରରୋଚିତ କ୍ଷମତା ବ୍ୟବସ୍ଥା କାର୍ଯ୍ୟ କରିଛି। ସେଥିପାଇଁ ନାଟକର ଶେଷ ପର୍ଯ୍ୟାୟ ପର୍ଯ୍ୟନ୍ତ ସେହି ଆରୋପିତ ଏବଂ ପ୍ରରୋଚିତ କ୍ଷମତା ସଂରଚନାର ଆଦିମ ବ୍ୟବସ୍ଥାକୁ ଭାଙ୍ଗିବା ପାଇଁ ପ୍ରୟାସ କରାଯାଇଛି। ଶେଷରେ ଏହି ସ୍ଥିର ତଥା ଅପରିବର୍ତ୍ତନୀୟ ଧାରାକୁ ସଚଳ ଏବଂ ପରିବର୍ତ୍ତନଶୀଳ କରାଇବା ପାଇଁ ସେହି ଚିରାଚରିତ ଏଷ୍ଟାବ୍ଲିଶ୍‌ମେଣ୍ଟ ମଧ୍ୟରୁ ନିଜକୁ ଓହରେଇ ନେଇଛନ୍ତି ବ୍ରହ୍ମଦତ୍ତ। ବ୍ରହ୍ମଦତ୍ତ ଯେତେବେଳ ପର୍ଯ୍ୟନ୍ତ ଅବୁଝା ରାଜା ବଜ୍ରବାହୁଙ୍କର କ୍ଷମତା ଏବଂ ଜ୍ଞାନର ବ୍ୟବସ୍ଥା ମଧ୍ୟରେ ନିଜକୁ ଏକାକାର କରାଇ ଦେଇଥିଲେ, ସେତେବେଳ ପର୍ଯ୍ୟନ୍ତ ବ୍ରହ୍ମଦତ୍ତଙ୍କ ମଧ୍ୟରେ ଯେଉଁ ଅସ୍ମିତା ରହିଛି ତାହାକୁ ନିଜେ ବ୍ରହ୍ମଦତ୍ତ ଚିହ୍ନଟ କରିପାରିନଥିଲେ। ତେଣୁ ଯେତେବେଳେ ବ୍ରହ୍ମଦତ୍ତ ବିତ୍ତୀୟ ବ୍ୟବସ୍ଥାରେ ଆତ୍ମ ଆବିଷ୍କାରକ ପ୍ରକାର୍ଯ୍ୟର ସଂଯୋଗ ହେଲା ସେତେବେଳେ ବ୍ରହ୍ମଦତ୍ତ ଆଉ ବଜ୍ରବାହୁଙ୍କର ଅଧୀନସ୍ଥ ହୋଇ ରାଜଶକ୍ତିର ପଟମାନ ସ୍ୱର ସହିତ ସ୍ୱର ମିଳାଇ ପାରିଲେ ନାହିଁ। ତେଣୁ ସେ ନିୟନ୍ତ୍ରିତ ହେବା ବଦଳରେ ପର୍ଯ୍ୟବେକ୍ଷକ ପାଲଟିଗଲେ। ସେ ଦୃଶ୍ୟପଟ ହେବା ପରିବର୍ତ୍ତେ ଦ୍ରଷ୍ଟା ବନିଗଲେ। ଫଳରେ ତାଙ୍କ ଭିତରର ଶକ୍ତି ସଂରଚନା ସକଳ ଜନତାର ହୋଇଗଲା। ସେ ଏକ

ବିବର୍ତ୍ତନଶୀଳ ଜ୍ଞାନାଲୋକ ଦ୍ୱାରା ନିଜ ଅନ୍ତରସ୍ଥ ପର୍ଯ୍ୟବେକ୍ଷକୀୟ ସାମର୍ଥ୍ୟକୁ ଚିହ୍ନିପାରିଲେ। ତେଣୁ ଏଠାରେ ବ୍ରହ୍ମଦତ୍ତ ଆଉ ବଜ୍ରବାହୁଙ୍କ 'ହଁ'ରେ ଆଉ ଗୋଟେ 'ହଁ' ନ ହୋଇ ପାଲଟିଗଲେ 'କାହିଁକି', 'କ'ଣ ପାଇଁ', ଏବଂ 'କିଏ'। ସେହି କ'ଣ, କାହିଁକି, କିଏ ଏବଂ କିପରିର ବିବର୍ତ୍ତନଶୀଳ ପ୍ରଶ୍ନପ୍ରବାହ ମଧ୍ୟରୁ ଜନ୍ମନେଲା ଶହଶହ ପ୍ରଶ୍ନ। ଶହଶହ ଦମ୍ଭିତ ଆଦେଶ। ଏହି ଦମ୍ଭ, ଏହି ପ୍ରଶ୍ନ ହେଉଛି ଅନ୍ଧାରୀ ଶାସନ ସଂରଚନା ସହିତ ବିବର୍ତ୍ତନଶୀଳ ଉପଲବ୍ଧି ତଥା ଆତ୍ମ ବିଶ୍ୱାସର ଅଜସ୍ର ସମ୍ଭାବନାଯୁକ୍ତ କିରଣମାଳା। ଏଠି ବଜ୍ରବାହୁଙ୍କର "ତୁମ୍ଭଙ୍କୁ ମୁଁ ପାଞ୍ଚ ସହସ୍ର ହସ୍ତୀ, ଅଶ୍ୱ ଦେବି....ଗ୍ରାମ ଦାନ ଦେବି.....ଗବାଦି ପଶୁ ଦେବି....ଚାରଣ ଭୂମି ଦେବି, ସୁବର୍ଣ୍ଣ ମୋହର ଦେବି....., ପୁରସ୍କାର ଦେବି, ...ସମ୍ମାନ ଦେବି.., ଚାରଣ ଭୂମି ଦେବି, ସୁବର୍ଣ୍ଣ ମୋହର ଦେବି....,ପୁରସ୍କାର ଦେବି....,ସମ୍ମାନ ଦେବି..., ଏ ଆନ୍ଦୋଳନ ବନ୍ଦ କର! ବନ୍ଦ କର!" ପ୍ରଭୃତି ବସ୍ତୁବାଦୀ ଯାନ୍ତ୍ରିକ ଆଭିମୁଖ୍ୟ ନିଷ୍ଫଳ ହୋଇଯାଇଛି। ତେଣୁ ବ୍ରହ୍ମଦତ୍ତୀୟ ବ୍ୟବସ୍ଥା କହିଛି – "ମୁଁ କିଛି ଚାହେଁନା। xxx ମୋର ଆଖି ଖୋଲି ଯାଇଛି। ମୁଁ ଚାହେଁ ଏ ସ୍ୱେଚ୍ଛାଚାରୀ ଶାସନର ମୃତ୍ୟୁ ଓ ଭୋକିଲା ପଟୁଆରର ଜୟ ହେଉ।"

ଅତଏବ ରୂପାନ୍ତରିତ ବ୍ରହ୍ମଦତ୍ତ ହେଉଛନ୍ତି ଦ୍ୱିତୀୟ ପ୍ରସ୍ଥ। ଏହି ଧରଣର ପ୍ରସ୍ଥ ନିକଟରେ କୌଣସି ଦେଶକାଳପାତ୍ରସ୍ତରୀୟ ପକ୍ଷପାତିତା ନଥାଏ। ଏମାନେ ନିଜର ଅନ୍ତର୍ଚେତନା ମଧ୍ୟରୁ ଉତ୍ସାରିତ ହୋଇ ପାର୍ଥିବ ସଂରଚନାରେ ପରିବର୍ତ୍ତନ ଆଣିବା ପାଇଁ ଯଥାସାଧ୍ୟ ପ୍ରୟାସ କରିଥାନ୍ତି। ଏମାନଙ୍କ ପାଇଁ power ଏବଂ knowledge ଗୋଟିଏ ଭୂମିରୁ ଆଉ ଗୋଟିଏ ଭୂମିକୁ ଲମ୍ଫିତ ହୁଏ। ଫଳରେ ମୃତ୍ତିକା ଭାଣ୍ଡ ଭାଙ୍ଗିଯାଏ। ସମ୍ରାଟ ବ୍ରହ୍ମଦତ୍ତ ଆଉ ପାଗଳାମୀ କରିପାରନ୍ତି ନାହିଁ। ଶୀଳଭଦ୍ରମାନେ ଆଉ ବ୍ରହ୍ମଦୀୟ ବ୍ୟବସ୍ଥାକୁ ଲବି ମାଧ୍ୟମରେ ସ୍ଥିର କରି ରଖିପାରନ୍ତି ନାହିଁ। ଗୌଡ଼ ଦେଶ, କର୍ଣ୍ଣାଟ ଦେଶ, କଳିଙ୍ଗ ଦେଶ, ଅବନ୍ତୀ ଦେଶ ପ୍ରଭୃତି ସ୍ଥାନକୈନ୍ଦ୍ରିକ ବ୍ୟବସ୍ଥାରେ ନୂତନ ସୂର୍ଯ୍ୟୋଦୟର ସୂତ୍ରପାତ ଘଟେ। ଏହି ବ୍ରହ୍ମଦତ୍ତୀୟ ଉଦ୍‌ଯୋଗ ଦ୍ୱାରା ସମଗ୍ର ସ୍ଥାନ କାଳପାତ୍ର କୈନ୍ଦ୍ରିକ ପ୍ରେକ୍ଷାପଟ ବଦଳିଯାଏ।

'ମହାନାଟକ'ର ତୃତୀୟ ପ୍ରସ୍ଥଟି ବାସ୍ତବିକ୍ ଅତ୍ୟନ୍ତ ଗୁରୁତ୍ୱପୂର୍ଣ୍ଣ ମନେହୁଏ। ସେଇ ପ୍ରସ୍ଥର ଅନ୍ତର୍ଭୁକ୍ତ ଅଟନ୍ତି ରାଣୀ କେତକୀଗନ୍ଧା, ଶ୍ୱେତାଙ୍ଗ ସୌଦାଗର, ପ୍ରଥମ ସଖୀ ଏବଂ ଦ୍ୱିତୀୟ ସଖୀ। ଏମାନେ ସର୍ବଦା ସ୍ୱପ୍ନଶୀଳ। ଏମାନଙ୍କର ସାମଗ୍ରିକ ମାନସିକ ସ୍ଥାପତ୍ୟରେ ଗୋଟିଏ ଅଯୋନିସମ୍ଭୂତା ସ୍ୱପ୍ନପ୍ରବାହ ଡେଣା ଝାଡ଼ି ଉଡ଼ିଥାଏ। ଏମାନେ ସବୁବେଳେ ସୃଷ୍ଟିର ସ୍ୱପ୍ନ ଦେଖନ୍ତି। ସବୁଜ କ୍ଷେତର ସ୍ୱପ୍ନ ଦେଖନ୍ତି। ପଲ୍ଲବିତ ବସନ୍ତର

ସ୍ୱପ୍ନ ଦେଖନ୍ତି। ଏମାନଙ୍କର ସବୁବେଳେ ବସ୍ତୁବାଦୀ ସାଂସ୍କୃତିକ ସଂରଚନା ସହିତ ଟକ୍କର ହୁଏ। ସେଥିପାଇଁ ଏମାନେ କହନ୍ତି- "ରାଣୀ ହଂସପୁର ଆଜି ଶୂନ୍ୟ ଲାଗୁଛି ମୋତେ। ସବୁଥାଇ ଯେମିତି କିଛି ନାହିଁ ମୋର! ଏ ମୁକ୍ତା....ଏ ମରକତ...ଏ ଇନ୍ଦ୍ରନୀଳମଣି....ଏ ସୁବର୍ଣ୍ଣ ପିଞ୍ଜୁରୀ....କିଛି ମୋର ଲୋଡ଼ା ନାହିଁ। ଏମାନେ କହନ୍ତି ଏଠି ସବୁ ଶୂନ୍ୟ। ଶୂନ୍ୟ ରାଜା। ଶୂନ୍ୟ ପୁଣି ରାଣି ହଂସପୁର।" (ପୃ-୪୨) ପୁଣି ଏମାନେ କହନ୍ତି- "ଦେଇ କି ପାରିବ ସଖୀ ଆଞ୍ଜୁଳାଏ ଶିଶୁର କାନ୍ଦଣା? କିଛି ଭଙ୍ଗା ଅଝଟ ପଣିଆ। ଦେଇ କି ପାରିବ ମୋତେ ମାତୃତ୍ୱର ଅଭିଶାପ ପ୍ରଥମ ଯନ୍ତ୍ରଣା?"

ଏହି ଧରଣର ପ୍ରସ୍ଥୀୟ ବ୍ୟବସ୍ଥାର ମଣିଷମାନେ ସ୍ୱପ୍ନ, ହୃଦୟ, ଯମୁନା ବାଲିରେ ନୂପୂର ନିକ୍ୱଣ ରୁଣୁଝୁଣୁ ରୁଣୁଝୁଣୁ ପଦ ସଞ୍ଚାଳନ ଲୋଡ଼ନ୍ତି। ଯାହା ଚିର ଯାନ୍ତ୍ରିକତାଯୁକ୍ତ ହସ୍ତିନା ନଗରର ବଜ୍ରବାହୁ ବ୍ୟବସ୍ଥା ମଧ୍ୟରେ ଅସମ୍ଭବ। ସେଥିପାଇଁ ଏଇ ପ୍ରବୃତ୍ତିଗତ ଇଚ୍ଛାକୁ ପୂରଣ କରିବା ପାଇଁ ଜଣେ ଅବନ୍ତୀ ସାଧକ ଅଯୋନିସମ୍ଭୂତା ମାନସିକ-ସ୍ଥାପତ୍ୟରେ ସମ୍ଭାରିତ ହେଇ କେତକୀଗନ୍ଧାଙ୍କ ସମ୍ମୁଖରେ ଉଭା ହୁଅନ୍ତି। ଫଳରେ ୧. ଟାଙ୍ଗରା ଭୂଇଁ ଶ୍ୟାମଳାଙ୍ଗୀ ହୁଏ, ୨. ମରୁଭୂମି ଗାଇ ଉଠେ ମଧୁର ମହ୍ଲାର, ୩. ପଦ୍ମଫୁଟେ ପୁଷ୍କରିଣୀରେ, ୪. ଅଙ୍ଗେ ଅଙ୍ଗେ କାଉଁରୀ ଶିହରେ, ୫. ବୃକ୍ଷଶମ ସ୍ନିଗ୍ଧ ଛାୟା ପୁଷ୍ପସମ ମଧୁ ବିତରିତ ହୁଏ। ଏହି ପ୍ରସ୍ଥୀୟ ସଂରଚନାରେ କୌଣସି ସୀମାରେଖା କାର୍ଯ୍ୟକରେ ନାହିଁ। ଏଠି ସୀମାହୀନତା ହିଁ ଐଶ୍ୱର୍ଯ୍ୟ ହୋଇ ଛିଡ଼ା ହୁଏ। ଏଠି ଯାନ୍ତ୍ରିକତାଯୁକ୍ତ ପ୍ରକାର୍ଯ୍ୟ କାମ କରେ ନାହିଁ। ସେଥିପାଇଁ କେବଳ ଲୋଡ଼ା ହୁଏ ହୃଦୟରୁ ହୃଦୟକୁ ବିସ୍ତାରିତ ହେବାର ପ୍ରବୃତ୍ତି ପରିଚାଳିତ ନମନୀୟତା। ଏହି ନମନୀୟତାର ସ୍ପର୍ଶରେ ମନର ବ୍ୟାକରଣ କାର୍ଯ୍ୟ କରେ ନାହିଁ। ରଙ୍ଗବାରି ହୁଏ ନାହିଁ। ଅନ୍ତହୀନ ସଙ୍ଗମର ବିସ୍ତାରଣ ଘଟେ। ଫଳରେ "ବନସ୍ପତି ସାରା ମଧୁର କଣିକା ଝରେ। ମଧୁଝରେ ଗାଭିର ସ୍ତନରୁ, ସମୁଦ୍ରରୁ ମଧୁ ଝରେ, ପାହାନ୍ତି ଉଷାରୁ ମଧୁ ଝରେ, ସୃଷ୍ଟିସାରା ମଧୁ ଝରେ, ପୁଷ୍ପ ପାଖୁଡ଼ାରୁ ମଧୁ ଝରେ ଏବଂ ତତ୍‌ସହିତ ମଧୁସ୍ୱପ୍ନ ମଧୁମୟ ଅଙ୍ଗରେ ଅଙ୍ଗରେ ମଧୁମୟ ଛନ୍ଦ ତୋଳେ।"

'ମହାନାଟକ'ର ଆରମ୍ଭ, ଆରୋହଣ ଏବଂ ଶୀର୍ଷସ୍ତରୀୟ ବିସ୍ତାରଣ ସମ୍ରାଟ ବଜ୍ରବାହୁଙ୍କ ହାଲୁସିନେଟେଡ୍ ବ୍ୟକ୍ତି ଚରିତ୍ରର ଭିତ୍ତିଭୂମି ଉପରେ ଗତିଶୀଳ ହୋଇଛି। ଫୁକୋ ଯେଉଁ କ୍ଷମତା ରାଜନୀତି ବା ପଲିଟିକସ୍ ଅଫ୍ ପାୱାର ମାଧ୍ୟମରେ ଗୋଟିଏ ରାଷ୍ଟ୍ରର ସମସ୍ତ ମୂଲ୍ୟବୋଧ ରାଜନୀତିକ ପରିବେଶ ତଥା ନୀତିଗତ ବ୍ୟବସ୍ଥା ଦ୍ୱାରା ପରିଚାଳିତ ହୋଇ ଆସୁଥିବାର କଥା କହନ୍ତି, ତାହା ଏହି ବଜ୍ରବାହୁଙ୍କ ପ୍ରତିପତ୍ତିଶାଳୀ ପିପାସା ମଧ୍ୟରେ ସଞ୍ଚାଳିତ ହୋଇଥିବାର ଲକ୍ଷ୍ୟ କରାଯାଏ। ଫୁକୋ କହନ୍ତି- "କ୍ଷମତା

ହେଉଛି ଦମନ। ଦମନର ପନ୍ଥା ହେଉଛି ଆଇନ ପ୍ରଣୟନ ଓ ଆଇନର ପରିଣତ ହେଉଛି ବଶୀକରଣ।” (ସାମ୍ପ୍ରତିକ ପାଶ୍ଚାତ୍ୟ ସମାଲୋଚନା ତତ୍ତ୍ୱ-ଜିତେନ୍ଦ୍ର ନାରାୟଣ ପଟ୍ଟନାୟକ (ପୃ-୯୯)। ଏହି ବକ୍ତବ୍ୟର ଯଥାର୍ଥ ପ୍ରୟୋଗ ବଜ୍ରବାହୁ ଏବଂ ତାଙ୍କ ପାରିଷଦବର୍ଗଙ୍କ ମାଧ୍ୟମରେ ସାଧିତ ହୋଇଥିବାର ଦୃଷ୍ଟାନ୍ତ ରହିଛି। ଏଠାରେ ବଜ୍ରବାହୁ ୧.ନିଜକୁ ନରବିଷ୍ଣୁ ବୋଲି କହନ୍ତି, ୨. ଚନ୍ଦ୍ରସୂର୍ଯ୍ୟ ତାଙ୍କ ଇଚ୍ଛାରେ ଆତଯାତ ହୁଅନ୍ତୁ ବୋଲି ଚାହାଁନ୍ତି, ୩. ରାଜ୍ୟର ନ୍ୟାୟାଳୟ ରାତ୍ରିବେଳେ ଚାଲେ, ୪. ପ୍ରମୋଦଶାଳାକୁ ରାଜ କାର୍ଯ୍ୟ ପରିଚାଳନା ପାଇଁ ଉପଯୁକ୍ତ ସ୍ଥାନ ବୋଲି ବିବେଚନା କରନ୍ତି, ୫. କର୍ଣ୍ଣାଟ ଜମିଦାରଙ୍କ ହସ୍ତପଦ ଛେଦନ ପାଇଁ ଦୂତକୁ ଆଦେଶ ଦିଅନ୍ତି, ୬. ଗଛରେ ଫଳିଥିବା ହସ୍ତ ଓ ପଦମାନଙ୍କୁ ଆଣି ଭଣ୍ଡାର ଘରେ ରଖାଯାଉ ବୋଲି କହନ୍ତି, ୭. ତାଙ୍କ ସାମ୍ରାଜ୍ୟର ଅଧୀନରେ ଶାସିତ ଗୌଡ଼ ଦେଶର ପୁରୁଷମାନେ ସନ୍ଧ୍ୟା ହେଲେ ଚତୁଷ୍ପଦ ଯାନରେ ବସାଇ ରମଣୀମାନଙ୍କୁ ଅଦୃଶ୍ୟ କରିଦିଅନ୍ତି, ୮. ବଜ୍ରବାହୁଙ୍କ ଅଧୀନସ୍ଥ କଳିଙ୍ଗ ରାଜ୍ୟରେ ଆକାଶରେ ହ୍ରେଷାରବ ଶୁଣାଯାଏ, ୯. ସେଠାରେ ବିନା ମେଘରେ ବର୍ଷା ହୁଏ, ୧୦. ଆଲୋକ ସବୁ ନୀଳ ବର୍ଣ୍ଣ ଦିଶେ, ୧୧. ଶିକ୍ଷକମାନଙ୍କୁ ଆକାଶରେ ଛାତ ନିର୍ମାଣ ପାଇଁ ଆଦେଶ ଦିଆଯାଏ ଇତ୍ୟାଦି ଇତ୍ୟାଦି।

ବଜ୍ରବାହୁଙ୍କ ଏତାଦୃଶ କ୍ଷମତା ସଂରଚନା ତଥା ତାହାର ପ୍ରୟୋଗ ହେତୁ ସମଗ୍ର ହସ୍ତିନା ରାଜ୍ୟ ଶୁଷ୍କ ମରୁଭୂମି ହେଇ ଯାଇଛି। କେତକୀଗନ୍ଧା ପରି ସର୍ଜନଶୀଳ ମଣିଷ ସୃଷ୍ଟିର ସ୍ୱପ୍ନରୁ ବଞ୍ଚିତ ହୋଇଛନ୍ତି। ସର୍ବତ୍ର ନିଷ୍ଫଳ ବନ୍ଧ୍ୟାତ୍ୱର ସଂକ୍ରମଣ ହୋଇଛି। କେବଳ ତୋଷାମଦକାରୀମାନଙ୍କର ଅତିଶୟ ପ୍ରଶସ୍ତିଗାନରେ ରାଜ୍ୟର ଆକାଶ ପ୍ରତିଧ୍ୱନିତ ହୋଇଛି। ରାଜ୍ୟରେ ବିଭିନ୍ନ ସଙ୍କଟ ଦେଖାଦେଇଛି। ବନ୍ୟା ଓ ବାତ୍ୟା ମରୁଡ଼ି ସୃଷ୍ଟି ହୋଇଛି। ନାରୀ ଧର୍ଷଣ, ସୋମରସ ପାନ, ନାରୀ ଅପହରଣ ପ୍ରଭୃତି ଦୁଷ୍କାର୍ଯ୍ୟ ସମଗ୍ର ହସ୍ତିନା ନଗରେ ଘଟିତ ହୋଇଛି। ତଦ୍ୱାରା ନାହିଁ ନଥିବା ଉତ୍କଟ ସମସ୍ୟାମାନ ବଜ୍ରବାହୁଙ୍କ ଶାସନ କାଳରେ ମୁଣ୍ଡ ଟେକିଛି। ଶାସନ ସଂରଚନାର ଏହି ଧରଣର ବ୍ୟବସ୍ଥାକୁ ଲୁଇ ଆଲ୍‌ଥୁସର ଷ୍ଟେଟ୍ ରିପ୍ରେସିଭ୍ ଷ୍ଟ୍ରକ୍‌ଚର (SRS) କହୁଛନ୍ତି। ଏହାକୁ ଆଣ୍ଟୋନିଓ ଗ୍ରାମସ୍କି ହେଜିମୋନିକ୍ ଥିଓରି ବା ଆଧିପତ୍ୟ ତତ୍ତ୍ୱ ବୋଲି କହୁଛନ୍ତି। ଗ୍ରାମସ୍କି କହନ୍ତି – “ବିଭିନ୍ନ କାଳରେ କେତେକ ପ୍ରତିପତ୍ତିଶାଳୀ ଗୋଷ୍ଠୀ ନିଜର ଇଚ୍ଛାରେ କେତେକ ମୂଲ୍ୟବୋଧ, ଭାବଧାରା ଏବଂ ସାମାଜିକ ସମ୍ପର୍କକୁ ସ୍ୱୃହଣୀୟ ବୋଲି ଚତୁରତା ସହିତ ପ୍ରଚାର କରିବାରେ ଲାଗିଥାନ୍ତି। ଏହାରି ମଧ୍ୟରେ ନିଜର ଆଧିପତ୍ୟ ଜାହିର କରିଥାନ୍ତି (ସାମ୍ପ୍ରତିକ ପାଶ୍ଚାତ୍ୟ ସମାଲୋଚନା ତତ୍ତ୍ୱ- ଜିତେନ୍ଦ୍ର ନାରାୟଣ ପଟ୍ଟନାୟକ (ପୃ-୧୦୯)।” ଲୁଇ ଆଲ୍‌ଥୁସରଙ୍କ SRS ବ୍ୟବସ୍ଥାର ଅନ୍ତର୍ଭୁକ୍ତ ପୋଲିସ,

ସୈନ୍ୟବାହିନୀ କୋର୍ଟକଚେରୀ, ଜେଲ ବ୍ୟବସ୍ଥା ଇତ୍ୟାଦି ଯାହାର ଶକ୍ତି ପ୍ରୟୋଗ କରି କ୍ଷମତାସୀନ ଗୋଷ୍ଠୀ ସେମାନଙ୍କର କ୍ଷମତାକୁ ଦୋହଲାଇ ଦେବା ପାଇଁ ଆଶଙ୍କା ସୃଷ୍ଟି କରୁଥିବା ପରିପନ୍ଥୀ ମତବାଦକୁ ଦମନ କରିଥାନ୍ତି (ସାମ୍ପ୍ରତିକ ପାଶ୍ଚାତ୍ୟ ସମାଲୋଚନା ତତ୍ତ୍ୱ -ଜିତେନ୍ଦ୍ର ନାରାୟଣ ପଟ୍ଟନାୟକ (ପୃ-୧୧୦)।"

ଏହି SRS ସମସ୍ତ ଲକ୍ଷଣ 'ମହାନାଟକ'ର ଚରିତ୍ର ବଜ୍ରବାହୁଙ୍କ ମଧ୍ୟରେ ରହିଛି। ଏଭଳି ଶାସନଧାରାକୁ ଲୁଇ ଆଲଥୁସର୍ Interpolation ଏବଂ ଏହା ତଥାକଥିତ ସ୍ୱାଧୀନତା ନାମରେ ଏକ ପ୍ରଚ୍ଛନ୍ନ ଆତ୍ମପ୍ରବଞ୍ଚନା ଛଡ଼ା କିଛି ହୋଇନପାରେ ବୋଲି କହିଛନ୍ତି।

ଫୁକୋ ଏହି ଭାବଧାରାକୁ ଲକ୍ଷ୍ୟ କରି କ୍ଷମତାସୀନ ଲୋକମାନେ କିଭଳି ଯୁଗେ ଯୁଗେ କ'ଣ କହିବା ଉଚିତ, କ'ଣ କରିବା ଉଚିତ ପ୍ରଭୃତି ନିର୍ଦ୍ଧାରଣ କରନ୍ତି, ତାକୁ ପ୍ରକାଶ କରିଛନ୍ତି।

ବଜ୍ରବାହୁଙ୍କ ନିକଟରେ ସବୁ କିଛି ଥିଲା। ତାଙ୍କ ପାଖରେ ଅମାତ୍ୟ ବ୍ରହ୍ମଦତ୍ତ ଥିଲେ। ଅର୍ଥମନ୍ତ୍ରୀ ଶୀଳଭଦ୍ର ବି ଥିଲେ। କିନ୍ତୁ ସେମାନଙ୍କର ଜ୍ଞାନ (knowledge) ବଜ୍ରବାହୁଙ୍କ କ୍ଷମତା-ଆଧିପତ୍ୟ ନିକଟରେ ସେପରି ସଫଳତା କିମ୍ବା ପ୍ରାୟୋଗିକତା ହାସଲ କରିପାରିନଥିଲା। ସେମାନେ ରାଜକୀୟ କ୍ଷମତା ସଂରଚନାର 'ହଁ' ସହିତ 'ହଁ' ମିଳାଇ ସେହି ରାଜକୀୟ ବୌଦ୍ଧିକ କ୍ଷମତାସୀନ ବ୍ୟବସ୍ଥା ସହିତ ନିଜର ବୁଦ୍ଧିକୁ ସମତାଳ କରାଇ ଦେଇ ତତ୍କାଳୀନ ପ୍ରଚଳିତ ରାଜକୀୟ ବ୍ୟବସ୍ଥା ମଧ୍ୟରେ ନିଜକୁ ଏକାକାର କରିଦେଇଥିଲେ।

ଫୁକୋ କହନ୍ତି, ଯେଉଁ ସମୟରେ ଯାହା ବି କିଛି ସମ୍ଭବ ହୁଏ, ତାହା ସେହି ସମୟରୁ ଆଉ ଗୋଟିଏ ସମୟକୁ ଗଲାପରେ ପରିବର୍ତ୍ତନ ହୋଇଯାଏ। ସେହି କଥା ଘଟିଲା ନାଟକର ଶେଷଭାଗରେ ବ୍ରହ୍ମଦତ୍ତଙ୍କ ଚରିତ୍ରରେ। ବ୍ରହ୍ମଦତ୍ତ ନିଜର ଅନ୍ତଃସ୍ୱରକୁ ଶ୍ରବଣ କରି ବଜ୍ରବାହୁଙ୍କ ପରି କ୍ଷମତାଶୀଳ ବ୍ୟାଖ୍ୟାକାରଙ୍କ କ୍ଷମତା ବ୍ୟବସ୍ଥାଠାରୁ ନିଜକୁ ଛିନ୍ନ କରିଦେଲେ। ତା'ପରେ ସେ ଏହି ସିଦ୍ଧାନ୍ତରେ ଉପନୀତ ହେଲେ ଯେ "କେବଳ ସତ କହିବା ଯଥେଷ୍ଟ ନୁହେଁ ବରଂ ସତ୍ୟ ଭିତରେ ଅବସ୍ଥାନ କରିବା ହିଁ ଏକାନ୍ତ ପ୍ରୟୋଜନ (It is not enough to speak the truth, one must be in the truth)।" ଫୁକୋଙ୍କର ଏହି ଉକ୍ତିଟି 'ମହାନାଟକ'ରେ ଯଥାର୍ଥ ରୂପ ଗ୍ରହଣ କଲା। "ଶେଷରେ ରାଜା ବଜ୍ରବାହୁ ସ୍ୱେଚ୍ଛାରେ ସିଂହାସନ ତ୍ୟାଗ କଲେ। ସିଂହାସନ ଉପରେ ଓହ୍ଲାଇ ଦେଲେ ମସ୍ତକରୁ ମୁକୁଟ। ରଖିଦେଲେ ସିଂହାସନ ଉପରେ। ବାହୁ ତାଙ୍କର ପ୍ରସାରିତ ହେଲା। ମସ୍ତକ ଢଳି ପଡ଼ିଲା ତାଙ୍କର ଗୋଟିଏ ପଟକୁ(ପୃ-୮୭)।"

ଫୁକୋ ମଣିଷକୁ Unspoken archives ବୋଲି କହିଛନ୍ତି । ଏହି ଅଭିଲେଖାଗାରରେ ବିଭିନ୍ନ ପୁରୁଣା ଦଲିଲ୍ ଓ ନଥିପତ୍ର ରହିଥାଏ । ଏହି ଅକଥିତ ଦଲିଲ୍ ଓ ନଥିପତ୍ରଗୁଡ଼ିକ ବିଭିନ୍ନ ନିୟମ ଓ ତତ୍ତ୍ୱ ସହ ସମ୍ବନ୍ଧିତ ହୋଇଥା'ନ୍ତି । ଏଗୁଡ଼ିକ କେଉଁକେଉଁ ସ୍ଥାନକାଳପାତ୍ର ପରିପ୍ରେକ୍ଷୀରେ ଗୃହୀତ ହେବେ କି ବର୍ଜିତ ହେବେ ସେ ସବୁ ପାଇଁ ଗୋଟେ ଜ୍ଞାନ, ସଂରଚନା ତାତ୍କାଳିକତା ପରିପ୍ରେକ୍ଷୀରେ କାର୍ଯ୍ୟ କରେ । ତଦ୍ୱାରା ବଜ୍ରବାହୁ ଭଳି ଶାସକୀୟ ଅବଚେତନଗତ ସ୍ଥାପତ୍ୟରେ ଶେଷରେ ରୂପାନ୍ତର ଦେଖାଦେଇଛି । ତତ୍ ସହିତ ବ୍ରହ୍ମଦତ୍ତ ମଧ୍ୟ ସେହି ଅବଚେତନୀୟ କ୍ଷମତା ସଂରଚନାର ଅହେତୁକ ମୋହ ମଧ୍ୟରୁ ନିଜକୁ ମୁକୁଳେଇ ଏଇ ସଚେତନଶୀଳ ସ୍ୱୟଂକ୍ରିୟତା ଦ୍ୱାରା ନିଜକୁ ସଞ୍ଚାଳିତ କରାଇବା ଫଳରେ ଆଉ ଗୋଟିଏ episteme ବା ଜ୍ଞାନତତ୍ତ୍ୱ ମଧ୍ୟକୁ ପ୍ରବେଶ କରିଛନ୍ତି । ଏଥିପାଇଁ ଅବଶ୍ୟ ତର୍କ ହୋଇଛି । ଗୋଟିଏ ପିଢ଼ି ସହିତ ଆଉ ଗୋଟିଏ ପିଢ଼ିର ସଂଘର୍ଷ ହୋଇଛି । ଆଉ ଏହି ଧରଣର ସଂଘର୍ଷଶୀଳ ବିମର୍ଶ ମଧ୍ୟରୁ ଜନ୍ମ ନେଇଛି ଏକ ନୂତନ ସୂର୍ଯ୍ୟ । ବ୍ରହ୍ମଦତ୍ତଙ୍କ ଭାଷାରେ- "ଏହି ଦେଖ ସମ୍ରାଟ ! ପୂର୍ବଦିଗନ୍ତ ରକ୍ତିମ । ସକାଳର ଆଲୋକ କିପରି ସିନ୍ଦୁରା ହୋଇ ଫାଟି ପଡୁଛି- ସତେ ଯେମିତି ଏକ ନୂତନ ସୃଷ୍ଟିର ନୂତନ ସୂର୍ଯ୍ୟ(ପୃ-୮୭) ।"

ରାଣୀ କେତକୀଗନ୍ଧା ଏବଂ ଶ୍ୱେତାଙ୍ଗ ସୌଦାଗରଙ୍କ ମଧ୍ୟରେ ଯେଉଁ ସ୍ୱପ୍ନମୟ ସମ୍ପର୍କ ଗଢ଼ି ଉଠିଛି ତାହାକୁ ବିରୋଧ କରିଛି ତଥାକଥିତ ରିପ୍ରେସିଭ ହାଇପୋଥେସିସ୍ ବା ବଜ୍ରବାହୁ ବ୍ୟବସ୍ଥା । କିନ୍ତୁ କେତକୀଗନ୍ଧା ଏବଂ ଶ୍ୱେତାଙ୍ଗ ସୌଦାଗରଙ୍କ ମଧ୍ୟରେ ବଜ୍ରବାହୁଙ୍କ Politics of power ବାଧକ ହୋଇ ବେଶୀ କ୍ଷଣ ତିଷ୍ଠି ପାରିନାହିଁ । ସେ ଦୁହେଁ ରିପ୍ରେସିଭ୍ ହାଇପୋଥେସିସ୍‌କୁ ଅବାସ୍ତବ ବୋଲି ସାବ୍ୟସ୍ତ କରି ନିଜ ନିଜର ସମ୍ପର୍କକୁ ସାମାଜିକ ଓ ରାଜନୀତିକ ଜୀବନର ଏକ ଅବିଚ୍ଛେଦ୍ୟ ଅଂଶ ବୋଲି ପ୍ରମାଣ କରିବାକୁ ଚେଷ୍ଟା କରିଛନ୍ତି । ଏଭଳି ସମ୍ପର୍କକୁ ଯେତେବେଳେ ସମାଜରେ ବିରୋଧ କରାଯାଏ ସେତେବେଳେ ଏହାକୁ ଏକ ସୁଚିନ୍ତିତ ରାଜନୀତିକ କୌଶଳ ବା Political technology ବୋଲି ଆଖ୍ୟାୟିତ କରିଛନ୍ତି ନିଜେ ଫୁକୋ । ତେଣୁ ଯାନ୍ତ୍ରିକତାଯୁକ୍ତ establishment ମଧ୍ୟରୁ ବିମୁକ୍ତ ହେବାକୁ ଚାହିଁଛି କେତକୀଗନ୍ଧା । ଏଇ ତ ପ୍ରେମମୟ ସମ୍ପର୍କ । ଏହା ଯୁଗେଯୁଗେ ସ୍ୱପ୍ନରୁ ବଞ୍ଚିତ ମଣିଷକୁ ବଞ୍ଚାଇବା ସୂତ୍ର ପ୍ରଦାନ କରେ । ହତାଶ ବୁକୁରେ ସ୍ୱପ୍ନର ମଧୁମୟ ଚାରାରୋପଣ କରେ । ସଞ୍ଜିବନୀ ମନ୍ତ୍ର ବିତରଣ କରେ । ଏ ସ୍ୱପ୍ନ କିନ୍ତୁ କୌଣସି ଯାନ୍ତ୍ରିକବ୍ୟବସ୍ଥା ଦ୍ୱାରା ପରିଚାଳିତ ରାଜକୀୟ ପ୍ରମୋଦଶାଳା ନୁହେଁ ।

'ମହାନାଟକ' ଭାରତର ରାଜନୀତିକ ଓ ସାମାଜିକ ଇତିହାସର ସନ୍ଧିକ୍ଷଣରେ

ଲେଖା ହୋଇଥିବାର କଥା ନିଜେ ନାଟ୍ୟକାର ସ୍ୱୀକାର କରିଛନ୍ତି। ଏ ନାଟକର ଶୈଳୀ, ବ୍ୟଞ୍ଜନା, କଳ୍ପନାପ୍ରବଣତା, ହାସ୍ୟରସ, ଗୀତିମୟତା ଓ ପ୍ରକାଶଭଙ୍ଗୀ ଓଡ଼ିଆ ନାଟକରେ ସମ୍ପୂର୍ଣ୍ଣ ନୂତନ ବୋଲି ନାଟ୍ୟକାର କହିଛନ୍ତି। ସେ ଯାହା ବି ହେଉ ଏହି ନାଟକରେ ହସ୍ତିନା ନଗରର ସମ୍ରାଟ ବଜ୍ରବାହୁ ଯେଭଳି ଶାସନ କରିଛନ୍ତି, ସେହି ଶାସନର କ୍ଷମତା ରାଜନୀତି ସହିତ ଫୁକୋଙ୍କର କ୍ଷମତା ସଂରଚନା ତତ୍ତ୍ୱର ନିବିଡ଼ ସମ୍ପର୍କ ଥିବା ପରି ମନେହୁଏ। ସେଥିପାଇଁ ଏହି ନାଟକଟିକୁ ଯେକୌଣସି ଶାସନତନ୍ତ୍ରର ଅବ୍ୟବସ୍ଥିତ ଧାରା ସହିତ ତୁଳନା କରାଯାଇପାରେ। ତତ୍‌ସହିତ ନାଟକରେ ସନ୍ନିବେଶିତ ଶାସନଗତ ଛଳନାକୁ ମଧ୍ୟ ଫୁକୋଙ୍କର କ୍ଷମତା ତତ୍ତ୍ୱ ପରିପ୍ରେକ୍ଷୀରେ ଆକଳନ କରାଯାଇପାରେ।

ସହାୟକ ଗ୍ରନ୍ଥସୂଚୀ:

- Nayar, Pramod K-Contemporary Literary and Cultural Theory, Person Publication, 7th 2018
- Said, Edward W.Orientalism, Penguin Books, 2001
- Abrams, M.H.& Haripham, Geoffrey Galt-A handbook of Literary Terms, Cenaage Learning, 2011.
- Shephered, Simon & Wallis, Mick Drama/ Theatre/ Performance (The New Critical Idiom), Routledge Publication, 2004.
- Hart, kevin- A Beginners Guide Postmodernism, One world Oxford, 2006.
- ପାଣିଗ୍ରାହୀ, ରମେଶ ପ୍ରସାଦ; ମହାନାଟକ, ଓଡ଼ିଶା ବୁକ୍ ଷ୍ଟୋର, କଟକ, ୨୦୧୭
- ଦାସ, ରବୀନ୍ଦ୍ର କୁମାର; ଉତ୍ତର ଆଧୁନିକ ସମାଲୋଚନାବାଦର କାଠଗଡ଼ାରେ ଓଡ଼ିଆ ସାହିତ୍ୟ, ପ୍ରାଚୀ ସାହିତ୍ୟ ପ୍ରତିଷ୍ଠାନ, କଟକ, ୨୦୧୮।

■

ଓଡ଼ିଆ ବିଭାଗ, ଶାନ୍ତିନିକେତନ

ରମେଶ ପାଣିଗ୍ରାହୀଙ୍କ ମହାନାଟକରେ ଲୋକ ଉପାଦାନର ପ୍ରୟୋଗ ରୀତି

ଡ. ଦେବୀପ୍ରସାଦ ଶତପଥୀ

ଓଡ଼ିଆ ନାଟକ ସହିତ ଭାରତବର୍ଷର ନାଟ୍ୟ ଚେତନାରେ ୧୯୭୦ ମସିହା ପରବର୍ତ୍ତୀ କାଳରେ ଲୋକ ଉପାଦାନର ପ୍ରୟୋଗ ରୀତି ଏକ ଲକ୍ଷ୍ୟଣୀୟ ବିଭବ। ଓଡ଼ିଆ ନାଟକରେ ଏହି ପ୍ରୟୋଗ ରୀତିର ଆଦ୍ୟ ପର୍ଯ୍ୟାୟରେ ନାଟ୍ୟକାର ମନୋରଞ୍ଜନ ଦାସ ଓ ରମେଶ ପାଣିଗ୍ରାହୀ ସ୍ମରଣୀୟ। ରମେଶ ପାଣିଗ୍ରାହୀଙ୍କ ମହାନାଟକରେ ଲୋକ ଉପାଦାନ ପ୍ରୟୋଗ ରୀତିକୁ ଓ ବୈଚିତ୍ର୍ୟକୁ ନେଇ ଉକ୍ତ ପ୍ରବଂଧର ପରିକଳ୍ପନା। ତାଙ୍କର 'ମହାନାଟକ' ପ୍ରଥମେ କୃଷ୍ଣଚନ୍ଦ୍ର ଗଜପତି ଭେଷଜ ମହାବିଦ୍ୟାଳୟଠାରେ ୧୯୭୨ ମସିହାରେ ମଂଚସ୍ଥ ହୋଇଥିଲା। ଏହାର ନିର୍ଦ୍ଦେଶନା ଦେଇଥିଲେ ଡାକ୍ତର ସୁରେନ୍ଦ୍ର ପ୍ରସାଦ ଦାସ। ପୁଣି ଏହା ୧୯୭୩ ମସିହା ଜୁଲାଇ ମାସ ସାତ ତାରିଖରେ ମଂଚସ୍ଥ ହୋଇଥିଲା ଓଡ଼ିଶା ସଂଗୀତ ନାଟକ ଏକଡ଼େମୀର ରାଉରକେଲା ଉତ୍ସବରେ ଓ ୧୯୭୫ ମସିହାରେ ଏହା ପୁରୀ ସାମନ୍ତ ଚନ୍ଦ୍ରଶେଖର ମହାବିଦ୍ୟାଳୟ ନାଟ୍ୟ ସଂସଦ ତରଫରୁ ଓ ୧୯୭୮ ମସିହାର ଭଂଜ ବିହାର ନାଟ୍ୟସଂସଦ ଆନୁକୂଲ୍ୟରେ ଓ ୧୯୭୯ ମସିହାରେ ଏହା ଛତ୍ରପୁର ବିଜ୍ଞାନ ମହାବିଦ୍ୟାଳୟରେ ମଂଚସ୍ଥ ହୋଇଥିଲା। ଦୁଇ ଅଂକ ବିଶିଷ୍ଟ ଏହି ମୁକ୍ତଧାରାର ନାଟକରେ ଦାସକାଠିଆ ରୀତିକୁ ନାଟ୍ୟକାର ଗ୍ରହଣ କରିଛନ୍ତି। 'କାଠଘୋଡ଼ା' ରେ ଲୋକନାଟକର ଆଙ୍ଗିକରେ ବିପର୍ଯ୍ୟସ୍ତ ପରିବାରିକ ଜୀବନର ଚିତ୍ରକୁ ଆମେ ପ୍ରତ୍ୟକ୍ଷ କରିଥିଲେ। କିନ୍ତୁ ମହାନାଟକର ପୃଷ୍ଠଭୂମି ବଡ଼ ବ୍ୟାପକ। ବୃହତ୍ତର ସମାଜ ବ୍ୟବସ୍ଥାର ବିଘଟନକୁ ଏଠାରେ ନାଟ୍ୟକାର ଦେଖାଇ ଦେବାକୁ ଚାହାନ୍ତି ଆଲିଗୋରିକାଲ ପ୍ରକାଶଭଙ୍ଗୀ ମଧ୍ୟରେ। ନାଟକରେ ରାଜା ବଜ୍ରବାହୁ ଓ ରାଣୀ କେତକୀ, ବ୍ରହ୍ମଦତ୍ତ, ଶୀଳଭଦ୍ର ଶ୍ୱେତାଙ୍ଗ ସୌଦାଗର, ଅବନ୍ତୀସାଧବ, ବିଦୂଷକ ନମ୍ବର - ୧, ବିଦୂଷକ ନମ୍ବର - ୨ ଓ ଅନ୍ୟାନ୍ୟ ଚରିତ୍ରଗଣ ସେହି ଆଲିଗୋରୀର ଅଂଶ ବିଶେଷ ଭାବରେ ଆମ ସମକ୍ଷରେ ପ୍ରତିଭାତ ହୁଅନ୍ତି। ଲୋକନାଟକର ଆଙ୍ଗିକ ସହ ସମାଜ ପରିବର୍ତ୍ତନର ସ୍ୱର ଝଂକାର ହେଉଛି ମହାନାଟକର ଗୌରବ। ନାଟ୍ୟକାର ତାଙ୍କର ଏ ନାଟକ ସଂପର୍କରେ କହନ୍ତି- "ହସ୍ତିନା ନଗରରେ ସବୁ ସମ୍ଭବ। ସେଠାରେ

ହସ୍ତ (କାର୍ଯ୍ୟ) ଓ ପଦ (ଗତି) ମାନଙ୍କୁ ଛେଦନ କରାଯାଉଅଛି। ଦେଶରେ ନା କର୍ମ ଅଛି ନା ଗତି। ତଥାପି ସମ୍ରାଟ ବଜ୍ରବାହୁ ଚାହାନ୍ତି ଏହି ପରଂପରାରେ ଗତି ଓ କର୍ମରେ କୌଣସି ଉଚ୍ଛୃଙ୍ଖଳତା ରହି ପାରିବ ନାହିଁ। ଶୀଳଭଦ୍ରଙ୍କର ପଚମାନ ସ୍ଥିରତା ବିପକ୍ଷରେ ବ୍ରହ୍ମଦତ୍ତ ଶେଷକୁ ବିପ୍ଳବ କରିବା ପାଇଁ ବାଧ୍ୟ ହୋଇ ଅଛନ୍ତି। ଅଥଚ ବଜ୍ରବାହୁ କେଉଁଠି ପ୍ରଜାମାନଙ୍କ ପ୍ରତି ବୈରଭାବ ପୋଷଣ କରି ନାହାନ୍ତି। ସେ ଜଣେ ଉଦ୍‌ଭଟ ଶାସକ। ବାସ୍ତବତା ଓ ବାସ୍ତବ ସମସ୍ୟାଠାରୁ ଯୋଜନ ଯୋଜନ ଦୂରରେ ଥାଇ ସେ ଶାସନକାର୍ଯ୍ୟ ସଂପାଦନ କରୁଅଛନ୍ତି। ତାଙ୍କର ନିଜ କ୍ଷମତା ସଂପର୍କରେ ଏକ ଦୁର୍ନିବାର ମୋହ। ଅଥଚ ରାୟ ଦେବା ଶୈଳୀଟି ବଡ଼ ଅଦ୍ଭୁତ। ମୃତ୍ତିକା କଳସୀରେ ସାତୋଟି ଗୋଡ଼ି ପକାଇ ସେ ଗଧ ଭଳି ହସନ୍ତି। ସମସ୍ୟାଟି ହୁଏତ ବଜ୍ରବାହୁଙ୍କର ନପୁଂସକତାରେ ନିହିତ। ସେ ସୃଷ୍ଟିଶୀଳ ନୁହନ୍ତି।

ସୃଷ୍ଟି କରିବା ପାଇଁ ଅକ୍ଷମ ପ୍ରତ୍ୟେକ ମଣିଷ ନିଜ ପାଇଁ ଗୋଟିଏ ଗୋଟିଏ ମୁଖା (Mask) ତିଆରି କରିଥାନ୍ତି। ହଠାତ୍ ଦିନେ ସକାଳେ, ସିନ୍ଦୂରା ଫାଟିବା ପୂର୍ବରୁ ଜଣେ ବ୍ରହ୍ମଦତ୍ତ ଆସି କ୍ଷମତା ଓ ପ୍ରତାରଣାର ସେଇ ମୃତିକା ଭାଣ୍ଡଟିକୁ ଭାଙ୍ଗିଦିଏ।

(ବ୍ରହ୍ମଦତ୍ତ କ'ଣ ନିରବଧି କାଳ ? ଦା'ଧରି ଫସଲ କାଟୁଥିବ ସମୟ ? କିଏ ଜଣେ ?)

କିନ୍ତୁ ମୁଁ ଏଇତକ ନିଶ୍ଚିତ ଭାବେ ଜାଣିଛି ଯେ, ବ୍ରହ୍ମଦତ୍ତ ଆସିଲେ ସବୁ କ୍ଷମତାର ହାଣ୍ଡି ଫାଟିଯିବ। ଭାସିଯିବ ଜ୍ଞାନପୀଠ, ଜାତୀୟ ପ୍ରତିଷ୍ଠା ଓ ନିଜକୁ ଅର୍ଦ୍ଧ ଭଗବାନ ବୋଲି ମନେ କରୁଥିବା ଅହମିକାର ପ୍ରତିମା। ଏପର୍ଯ୍ୟନ୍ତ ସମୁଦ୍ର ମନ୍ଥନ ଆରମ୍ଭ ହୋଇନାହିଁ। ଦିନେ ନା ଦିନେ କିଏ ଜଣେ ବ୍ରହ୍ମଦତ୍ତ ଆସିବ। ସେ ସକାଳ ଏପର୍ଯ୍ୟନ୍ତ ଆସିନି। ସବୁ ମୁଖା ଦିନେ ଖୋଲିଯିବ। ସେ ସମୟ ଏ ପର୍ଯ୍ୟନ୍ତ ଆସିନି।

ତେଣୁ ଏହାର ନାମ ମହାନାଟକ। ଏହା କୌଣସି ନିର୍ଦ୍ଦିଷ୍ଟ ଶାସନ ବା system ପ୍ରତି ଆକ୍ଷେପ ନୁହେଁ। ଏହା କୌଣସି ନିର୍ଦ୍ଦିଷ୍ଟ ସମୟର ଫଟୋଗ୍ରାଫ୍ ନୁହେଁ। କୌଣସି ନିର୍ଦ୍ଦିଷ୍ଟ କାଳର ବନ୍ଦୀଶାଳାରେ ଏହି ନାଟକର ଚରିତ୍ର ଓ ଘଟଣାମାନେ ଛଟପଟ ହେଉନାହାନ୍ତି। ଇତିହାସର ଶବ୍ଦହୀନ ଶୋଭାଯାତ୍ରା ଚାଲିଛି। ସିଂହାସନମାନେ ଏହିଭଳି ଭାଙ୍ଗୁଛନ୍ତି। ଅର୍ଦ୍ଧ ଭଗବାନ ପ୍ରତିମାମାନେ ଏହିଭଳି ଓହ୍ଲାଇ ଆସିବା ପାଇଁ ବାଧ୍ୟ"

ଦୃଶ୍ୟାରମ୍ଭରେ ଦାସକାଠି ବଜେଇ, ନାଚିନାଚି ଗୀତଗାଇ ମଂଚକୁ ପ୍ରବେଶ କରିଛନ୍ତି ଗାୟକ ଓ ପାଳିଆ। ସେମାନେ ବଜ୍ରବାହୁ ପୁରାଣ ଗାଇବେ ବୋଲି ଦର୍ଶକମାନଙ୍କୁ ସୂଚନା ଦେଇଛନ୍ତି।

"ଦାସ କାଠି ଗୀତ ଭାଇ ଆରମ୍ଭ ହୋଇଲା
ତୁ ଗାୟକ୍ ମୁଁ ପାଳିଆ
ନାଇଁ ନାଇଁ
ମୁଁ ଗାୟକ ତୁ ପାଳିଆ ଯିଏ ଯାହା ହେଲା
ସଭାଜନେ ଆସିଛନ୍ତି ବଡ଼ ଆଶାକରି
ଆରମ୍ଭ କର ପୁରାଣ ନମସ୍କାର କରି
ହେ ଜୟରାମ ନବୀନ ସୁନ୍ଦର ଶ୍ୟାମ ହେ
ଆଜି ପାଇଁ ଏ ପୁରାଣ କରୁଛି ବର୍ଣ୍ଣନ ହେ।

ପ୍ରଥମ - ଆଜି କୋଉ ପୁରାଣ ?

ଦ୍ୱିତୀୟ - ବଜ୍ରବାହୁ ପୁରାଣ

ପ୍ରଥମ - ବଜ୍ରବାହୁ ପୁରାଣ ? ହଇଏ ସାଙ୍ଗ ! ଇଏ ବଜ୍ରବାହୁ ପୁରାଣ କିସ ହେ ?
ନାକ ଉଠିବା ଦିନଠୁ ତ ଆମେ ଏମିତିକା ପୁରାଣ ଶୁଣିନୁ।

ଦ୍ୱିତୀୟ - ଯଦି ଶୁଣିବ ତା' ହେଲେ ଆଉ ହଲେ କାନ ଲଗେଇ ଶୁଣ

ପ୍ରଥମ - କ'ଣ ଶୁଣିବି ?

(ଗୀତ) ହସ୍ତିନା ନାମେ ନଗର ରାଜା ବଜ୍ରବାହୁ
ମହିମା କୀରତି ତାଙ୍କ କି କହିବି ଆଉ।
ତାଙ୍କ ଶାସନରେ ପ୍ରଜା ଅତି ଗଦ ଗଦ
ରାତିହେଲେ ପିଇବାକୁ ମିଳୁଅଛି ମଦ
ହସଟି ତାଙ୍କର ଯେହ୍ନେ ବୋବାଉଛି ଗଧ
ସବୁ କାର୍ଯ୍ୟ ସୁରୁଖୁରୁ ନାହିଁ ପରମାଦ।
ଆଜି ତାଙ୍କ ଶାସନର ପଚିଶି ବରଷ
ରାଜାଙ୍କର ମନ ତେଣୁ ଅତି ହସ ହସ
ଏଣିକି ଶାସନ ହେବ ପ୍ରମୋଦ ଶାଳାରେ
ରାତିହେଲେ ରାଜକାର୍ଯ୍ୟ ଶୋଇବେ ଦିନରେ।
କ୍ଷିରୀ ପିଠା ଭାସୁ ଅଛି ନଳାରେ ନଳାରେ
ରସଗୋଲାମାନଙ୍କର ପାହାଡ଼ ରାସ୍ତାରେ ।
ଦେଶ ସାରା କିଏ ଆଉ ନାହାନ୍ତି ବେକାର
ତାଙ୍କ ଶାସନରେ ନାହିଁ ମୃତ୍ୟୁ ଅନାହାର।
ଏମନ୍ତ ସମୟେ ଆଜି ରଜତ ଜୟନ୍ତୀ

ନୃତ୍ୟ ଗୀତ ସଂଗୀତରେ ପ୍ରଜାଗଣ ମାତି।
ଅତି ଆନନ୍ଦରେ କାଳ କରନ୍ତି ଯାପନ
ଚାଲ ଭାଇ ଦେଖିବାକୁ ଯିବା ସେହି ସ୍ଥାନ।

ଏହା ପରେ ଦାସ କାଠି ଗାୟକ ନମ୍ବର-୧ ଓ ନମ୍ବର-୨ ଯଥାକ୍ରମେ ପ୍ରଥମ ଓ ଦ୍ୱିତୀୟ ବିଦୂଷକରେ ପରିଣତ ହୋଇଯାଇଛନ୍ତି। ଚରିତ୍ରମାନଙ୍କର ରୂପାନ୍ତର ପରି ଘଟଣାର ରୂପାନ୍ତର ମଧ୍ୟ ହୋଇଛି। ବିଦୂଷକ ଦ୍ୱୟ ଏବେ ଉପସ୍ଥିତ ହୋଇଛନ୍ତି, ବଜ୍ରବାହୁଙ୍କ ରାଜସଭାରେ। ଏଣିକି ଦାସକାଠିଆର ଗାୟକ ଓ ପାଳିଆ ରାଜାଙ୍କର ଖୋସାମତିଆ ବଚସ୍କର ପାଲଟି ଯାଇଛନ୍ତି। ରାଜା ବଜ୍ରବାହୁଙ୍କ ଶାସନ କାଳର ପଚିଶି ବର୍ଷ ପୂର୍ତ୍ତି ଉପଲକ୍ଷ୍ୟେ ଉତ୍ସବର ଆୟୋଜନ ଚାଲିଛି। ଏହାର ଚିତ୍ର ନିମ୍ନଲିଖିତ ଭାବରେ ପ୍ରଦତ୍ତ, ବ୍ରହ୍ମଦତ୍ତ ରାଜା ଓ ବିଦୂଷକମାନଙ୍କର ସଂଳାପରେ ପ୍ରଦତ୍ତ।

ବ୍ରହ୍ମଦତ୍ତ - ଆଜି ଆପଣଙ୍କ ଶାସନର ପଚିଶି ବର୍ଷ ପୂରିଗଲା ଛାମୁ।
ବଜ୍ରବାହୁ - ଓ ! ସେଥିପାଇଁ ପ୍ରମୋଦ ଶାଳାର ଏ ଆୟୋଜନ
ବ୍ରହ୍ମଦତ୍ତ - ଛାମୁ, ଆଜିର ଏ ଉତ୍ସବକୁ ରଜତ ଜୟନ୍ତୀ କୁହାଯାଏ
ବିଦୂଷକ ନଂ ୧ - ହସ୍ତିନାପୁରରେ ବର୍ତ୍ତମାନ ସୁବର୍ଣ୍ଣଯୁଗ
ବିଦୂଷକ ନଂ ୨ - ସମ୍ରାଟଙ୍କ ନାମ ଇତିହାସରେ ସୁବର୍ଣ୍ଣ ଅକ୍ଷରରେ ଲିପିବଦ୍ଧ ରହିବ।
ବଜ୍ରବାହୁ - ବିଦୂଷକ ଗଣ !
ବିଦୂଷକ ନଂ ଏକ - ଆଜ୍ଞା କରନ୍ତୁ ଛାମୁ।
ବିଦୂଷକ ନଂ ଦୁଇ - ଆମ୍ଭେ ବିଦୂଷକମାନେ ଯେ ଛାମୁଙ୍କର କିଙ୍କର !
ବଜ୍ରବାହୁ - ଏଇ ରଜତ ଜୟନ୍ତୀର ସନ୍ଧ୍ୟାକୁ ଆମ୍ଭେ ଉପଭୋଗ କରିବାକୁ ଚାହୁଁ
ବିଦୂଷକ ନଂ ଏକ - ହସ୍ତିନା ପୁରର ଶ୍ରେଷ୍ଠ ନର୍ତ୍ତକୀ ଆଜି ନୃତ୍ୟ ପରିବେଷଣ କରିବେ।
ବିଦୂଷକ ନଂ ଦୁଇ - କର୍ଣ୍ଣାଟ ଦେଶର କାପାଳିକ ଭୋଜ ବିଦ୍ୟା ପରିବେଷଣ କରିବେ।
ବିଦୂଷକ ନଂ ଏକ - ଗାନ୍ଧାର ଦେଶରୁ ଅତର ଆସିବ।
ବିଦୂଷକ ନଂ ଦୁଇ - ଉତ୍କ୍ର ଦେଶର ଦାସକାଠି !
ବିଦୂଷକ ନଂ ଏକ - ଗୌଡ଼ ଦେଶର ସଂକୀର୍ତ୍ତନ !
ବଜ୍ରବାହୁ - ଅମାତ୍ୟ !
ବ୍ରହ୍ମଦତ୍ତ - ଛାମୁ!
ବଜ୍ରବାହୁ - ଆଜି ଆମ ଭଣ୍ଡାର ସମସ୍ତଙ୍କ ପାଇଁ ଖୋଲା ରହୁ।
ବ୍ରହ୍ମଦତ୍ତ - ଅମାତ୍ୟ ଶୀଳଭଦ୍ରଙ୍କୁ ଖବର ଜଣାଇ ଦେବି ଛାମୁ !
ବଜ୍ରବାହୁ - ରାସ୍ତା, ରାସ୍ତାରେ ପୁରପଲ୍ଲୀରେ ସୋମରସ ବଣ୍ଟନ କରାଯାଉ ।

ପାରିଷଦମାନଙ୍କ ତୋଷାମଦି ଓ ବଚସ୍କରତା ମଧ୍ୟରେ ବଜ୍ରବାହୁଙ୍କର ଶାସନ ବ୍ୟବସ୍ଥା ଏହିପରି ଚାଲିଛି। ବଡ଼ ଅଦ୍ଭୁତ ତାଙ୍କର ଖିଆଲ ପୁଣି ଆହୁରି ଅଦ୍ଭୁତ ତାଙ୍କର ରାୟ ଶୁଣାଇବାର ଶୈଳୀ। ରମେଶ ପାଣିଗ୍ରାହୀଙ୍କର ଉପରୋକ୍ତ ଚରିତ୍ରଟି ଆମକୁ ଆଲବେୟାର କାମ୍ୟୁଙ୍କର 'କାଲିଗୁଲା' ନାଟକର ସମ୍ରାଟ କାଲିଗୁଲା ଚରିତ୍ରକୁ ସ୍ମରଣ କରାଇଦିଏ। ନାଟ୍ୟକାର ମଧ୍ୟ 'ମହାନାଟକ'ର ଅଗ୍ରଲେଖରେ କହନ୍ତି ଯେ, ସେ କାମ୍ୟୁଙ୍କୁ ଚାଲେଞ୍ଜ୍ କରି ଏହିପରି ଏକ ନାଟକ ଲେଖିବାର ପରିକଳ୍ପନା କରିଥିଲେ। କାଲିଗୁଲା ନିଜକୁ ଦ୍ୱିତୀୟ ଈଶ୍ୱର ବୋଲି ଭାବିଛନ୍ତି। ସେ ବର ଦେଇଛନ୍ତି ତାଙ୍କର ପ୍ରଜାମାନଙ୍କୁ କିମ୍ଭୂତ କିମାକାର ରୀତିରେ । ଯାହା ସଂସାରରେ ସମ୍ଭବ ହୋଇ ପାରିବ ନାହିଁ ତାକୁ ସମ୍ଭବ କରିବାର ପ୍ରବଳ ଇଚ୍ଛା ଜାଗ୍ରତ ହୋଇଛି ତାଙ୍କ ମନରେ। ସେ ହେଲିକନ୍‌କୁ ଚନ୍ଦ୍ର ଆଣିବା ପାଇଁ ପଠାଇଛନ୍ତି। କାଲିଗୁଲା ତାଙ୍କ ପ୍ରେମିକା କେସୋନିଆକୁ ଗଳାଚିପି ହତ୍ୟା କରିବା ପାଇଁ ଚାହିଁଛନ୍ତି। କେସୋନିଆ ପ୍ରେମିକ କାଲିଗୁଲାଙ୍କର ଏ ଆଚରଣରେ ବିସ୍ମିତ ହୋଇ ତାଙ୍କୁ ଏ ସଂପର୍କରେ ପ୍ରଶ୍ନ କଲାରୁ କାଲିଗୁଲା ଉତ୍ତର ଦେଇଛନ୍ତି ଯେ, ସେ ନିବିଡ଼ ଭାବରେ ତାକୁ ଭଲପାଆନ୍ତି ବୋଲିତ ତାକୁ ହତ୍ୟା କରିବା ପାଇଁ ଚାହାନ୍ତି। ଏହିପରି ଏକ ସ୍ଥିତିବାଦୀ ଚରିତ୍ରର ଝଲକ ରମେଶ ପାଣିଗ୍ରାହୀଙ୍କର ବଜ୍ରବାହୁଙ୍କଠାରେ ଖୋଜା ଯାଇପାରେ। ତେବେ ବଜ୍ରବାହୁଙ୍କୁ ଶ୍ରୀ ପାଣିଗ୍ରାହୀ ସ୍ଥିତିବାଦୀ ନାୟକ ଭାବରେ ଉପସ୍ଥାପନ ନକରି ଲୋକକାହାଣୀର ଏକ ଅବୁଝା ଓ ଅଦ୍ଭୁତ ଖିଆଲ ସଂପନ୍ନ ବିରିତ୍ର ରାଜା ଭାବରେ ଚିତ୍ରଣ କରିଛନ୍ତି। ତାଙ୍କୁ ନେଇ କିଏ କ'ଣ ଭାବୁଛି ସେ ବିଷୟରେ ସେ ସଚେତନ ନୁହନ୍ତି। ଆପଣାକୁ ନର-ବିଷ୍ଣୁ ରୂପେ ସେ କଳ୍ପନା କରନ୍ତି ଓ ଆଦେଶ ଜାହିର୍ କରିବା ଜାଣନ୍ତି। ସମ୍ରାଟ ବଜ୍ରବାହୁଙ୍କ ଦରବାର ଆରମ୍ଭ ହେବା ପରେ ପରେ ତାଙ୍କ ଅଧୀନସ୍ଥ ଜମିଦାରମାନେ ଉପସ୍ଥିତ ହୋଇ ସେମାନଙ୍କର କରଦ ରାଜ୍ୟର ସମାଚାରମାନ ଜଣାଇଛନ୍ତି। ବଜ୍ରବାହୁ ଯେତେବେଳେ ଯାହା ଇଚ୍ଛା ତାଙ୍କର ରାୟ ଶୁଣାଉଛନ୍ତି। ଉଦାହରଣ ସ୍ୱରୂପ- କର୍ଣ୍ଣାଟକର ଜମିଦାରଙ୍କ ହସ୍ତପଦ ଛେଦନ ପାଇଁ ସେ ନିର୍ଦ୍ଦେଶ ଦେଇଛନ୍ତି। ସତକୁ ସତ ହେଉ କିମ୍ବା ରାଜାଙ୍କୁ ଖୁସି କରିବାକୁ ହେଉ କର୍ଣ୍ଣାଟକର ଜମିଦାର ବଜ୍ରବାହୁଙ୍କୁ କହିଛନ୍ତି ଯେ ତାଙ୍କ ରାଜ୍ୟବାସୀ ସମସ୍ତଙ୍କର ହସ୍ତପଦ କର୍ତ୍ତିତ ହୋଇଯାଇଛି। ରାଜା ଖୁସିହେବା ପରିବର୍ତ୍ତେ ଘୋଷଣା କରିଛନ୍ତି ଯେ କର୍ଣ୍ଣାଟକ ଜମିଦାରଙ୍କ ହସ୍ତପଦ ଏବେ କର୍ତ୍ତିତ ହେବା ନିତାନ୍ତ ପ୍ରୟୋଜନ। ଏହାପରେ ସେ ଗୌଡ଼ରୁ ଆସିଥିବା ଜମିଦାରଙ୍କୁ ନିର୍ଦ୍ଦେଶ ଦେଇଛନ୍ତି ଯେ ରାଜ୍ୟର ସମସ୍ତ ନାରୀମାନଙ୍କୁ ଜଳରେ ବୁଡ଼ାଇ ଦିଆଯାଉ। ଉଦାହରଣଟିଏ ଏ ପ୍ରସଂଗରେ ଦିଆଗଲା।

ବଜ୍ରବାହୁ - ମତ୍ସ୍ୟମାନେ ଯଦି ପୁଷ୍କରିଣୀ ଶୁଷ୍କ ହେବା ଦ୍ୱାରା କନ୍ୟା ହୋଇଗଲେ ତେବେ ଗୌଡ଼ ଦେଶର ସମସ୍ତ କନ୍ୟାଙ୍କୁ ନଦୀରେ ବୁଡ଼ାଇ ଦିଆଯାଉ। ସେମାନେ ପୁଣି ମତ୍ସ୍ୟ ହୋଇଯାଇ ପାରନ୍ତି।

ଶୀଳଭଦ୍ର - ନିଶ୍ଚୟ ହେବେ। ଏଥିରେ ସନ୍ଦେହ ନାହିଁ।

ବହ୍ମଦତ୍ତ - ତିଳେମାତ୍ର ସନ୍ଦେହର ଅବକାଶ ନାହିଁ।

ବଜ୍ରବାହୁ - ରମଣୀମାନେ ମତ୍ସ୍ୟ ହେବା ପାଇଁ ବାଧ୍ୟ। ଏହା ନରବିଷ୍ଣୁ ବଜ୍ରବାହୁଙ୍କର ଆଦେଶ।

ଗୌଡ଼ ଜମିଦାର - (ବିକଳ ହୋଇ) ପ୍ରଭୁ, ଏହି ଆଦେଶ ପ୍ରତ୍ୟାହାର କରି ନିଅନ୍ତୁ ଛାମୁ । ଗୌଡ଼ ଦେଶରେ ରମଣୀ ସଂକଟ ଘଟିପାରେ।

ବଜ୍ରବାହୁ - ସେଥକୁ ଆମ୍ଭେ ପୁନରାୟ ବିଚାର କରିବା।

ଗୌଡ଼ ଜମିଦାର - କିନ୍ତୁ ଏହି ଆଦେଶଦ୍ୱାରା ଆମ୍ଭ ଅବସ୍ଥା କ୍ୟାଲାଙ୍କାରୀ ହୋଇପାରେ ଛାମୁ ।

ବଜ୍ରବାହୁ - ଅମାତ୍ୟ ! ସେନାଧ୍ୟକ୍ଷଙ୍କୁ ଆଦେଶ କର ସେ ଜମିଦାରଙ୍କୁ ଏହି କର୍ମରେ ସାହାଯ୍ୟ କରିବେ। ଦେଶରେ ମତ୍ସ୍ୟସଂକଟର ସମାଧାନ ପାଇଁ ଆମ୍ଭେ ଆଦେଶ କଲୁ - ରମଣୀମାନଙ୍କୁ ନଦୀରେ ବୁଡ଼ାଇ ଦିଆଯାଉ ।

ସେହିପରି ବିଳମ୍ବରେ ଆସି ପହଂଚି କଳିଙ୍ଗର ରାଜକୁମାର ତାଙ୍କ ଇଲାକାର ରାଜନୀତିକ ଅସ୍ଥିରତାଜନିତ ସମ୍ବାଦମାନ ପ୍ରକାଶ କରିଅଛନ୍ତି। ସେଗୁଡ଼ିକ ହେଲା ପ୍ରଥମତଃ ଜରଦ୍‌ଗବ ନେତାମାନେ ସିଂହାସନ ଚାହୁଁଛନ୍ତି, ସେମାନେ ସଭାସମିତିମାନ କରାଇ ଦେଉ ନାହାନ୍ତି। ସଭାସମିତିରେ ଏଇ ବୃଦ୍ଧମାନେ ଷଣ୍ଢ ପୂରାଇ ଦେଉଛନ୍ତି। ପଶ୍ଚିମ ଦିଗରୁ ଗୋଟିଏ ସିଂହ ଆଣି ସେମାନେ ପୋଷୁଛନ୍ତି। ପୁଣି ଆକାଶରୁ ହ୍ରେଷାରବ ଶୁଭୁଛି, ରାଜ୍ୟରୁ ସବୁ ଆଲୋକ ନିଭିଯାଇଛି ଓ ବିନାମେଘରେ ବର୍ଷା ହେଉଛି। ଏହାର ପ୍ରତିକ୍ରିୟା ଯାହା ବଜ୍ରବାହୁଙ୍କଠାରେ ପ୍ରକାଶ ପାଇଛି ତାହା ବଡ଼ କୌତୂହଳପ୍ରଦ। ଲୋକକାହାଣୀର ମୁଣ୍ଡରେ ଗୋବର କିମ୍ବା ପାଳ ଥିବା ବାୟାରାଜା ପରି ସେ ତାଙ୍କର ବିଚାର ଶୁଣାଇଛନ୍ତି। ତାହାହେଲା - "ଚିତ୍କାର କରି ଭାଷଣ ଦିଅ, ସିଂହର ଲାଞ୍ଜକାଟି ଆଣ ଓ ଅଂଧାର ଯଦି ହୁଏ ପରବାଏ ନାହିଁ। ଶାସନ କାର୍ଯ୍ୟ ଅଂଧକାର ମଧ୍ୟରେ ଚାଲିବ। ବିନାମେଘରେ ଯଦି ବର୍ଷା ହେଉଛି ତାହେଲେ ନଦୀ ନାଳ ପୋତି ଦିଆଯିବ। ବ୍ରହ୍ମଦତ୍ତ ଯେତେବେଳେ କହିଛନ୍ତି ଯେ ନଦନଦୀ, ପୁଷ୍କରିଣୀ ଏସବୁ ଅନୁଷ୍ଠାନ ନୁହନ୍ତି ପ୍ରକୃତିର ଦାନ। ବଜ୍ରବାହୁ ତାର ଉତ୍ତରରେ ଘୋଷଣା କରିଛନ୍ତି ଯେ ସେ ନରବିଷ୍ଣୁ ଓ ପ୍ରକୃତିକୁ ଉପଯୁକ୍ତ ଶାସ୍ତି ଦେବେ। ବଜ୍ରବାହୁଙ୍କର ପାଗଳାମିର ଆଉ ଏକ ନମୁନା

ହେଲା ଯେ ସେ ଯେତେବେଳେ ଆକାଶ ତଳେ ଛାତ ନିର୍ମାଣ ପାଇଁ ଆଦେଶ ଦେଇଛନ୍ତି। ଏହି କାର୍ଯ୍ୟକ୍ରମ ପାଇଁ ରାଜ୍ୟର ସମସ୍ତ କାରିଗରଙ୍କୁ ନିୟୋଜିତ କରିବା ନିମିତ୍ତ ସେ ଘୋଷଣାନାମା ପ୍ରକାଶ କରିଛନ୍ତି। ରାଜା ମଂଚରୁ ଚାଲିଗଲା ବେଳେ ତାଙ୍କ ଆଗରେ ମୃତ୍ତିକା ଭାଣ୍ଡଧାରୀ ଲୋକ, ଚାମର ଆଲଟବାଲା ଓ ବିଦୂଷକ ଦ୍ୱୟ ସର୍କସର ଜୋକର ପରି ତାଙ୍କର ପଶ୍ଚାତ୍‌ଧାବନ କରିଛନ୍ତି। ତାପରେ ମଂଚରେ ଯେଉଁ ମନ୍ତ୍ରୀ ଦୁଇଜଣ ରହିଲେ ସେମାନେ ସୋମରସ ପାନ ଓ ଜୁଆଖେଳରେ ବ୍ୟସ୍ତ ରହିଛନ୍ତି।

ନାଟ୍ୟକାର ପାଣିଗ୍ରାହୀ ରାଜା, ପାରିଷଦ ଓ ଶାସନ ପଦ୍ଧତିରେ ଏକ ବ୍ୟଙ୍ଗ ଚିତ୍ର ଆଙ୍କିଛନ୍ତି ଉପଯୁକ୍ତ ଶବ୍ଦ ଗୁମ୍ଫନ ମାଧ୍ୟମରେ। ଅତିରଂଜନ, ଅଲୌକିକତା ପୁଣି ଫାଣ୍ଟାସି ପ୍ରୟୋଗ କରି ଏକ ଲୋକକାହାଣୀର ବର୍ଣ୍ଣନାଧର୍ମୀ ପରିସର ଆଡ଼କୁ ସେ ଦର୍ଶକମାନଙ୍କୁ ନେଇ ଯାଇଛନ୍ତି। ସେଠି କୌତୁକ ସହ ବିଦ୍ରୂପର ଶାଣିତ ଖଡ୍ଗ ମଧ୍ୟ ଫିଙ୍ଗା ହେବା ଲାଗି ତତ୍ପର। କାହାଣୀର ଅଗ୍ରଗତି ସହ ଜଣାପଡୁଛି ଯେ ରାଜା ବଜ୍ରବାହୁ ସୃଷ୍ଟିଶୀଳ ନୁହନ୍ତି। ସେ ନପୁଂସକ। ନିଜ ପାଇଁ ତଥା ରାଜ୍ୟ ପାଇଁ ସେ ଉତ୍ତରାଧିକାରୀ ସୃଷ୍ଟି କରିପାରି ନାହାନ୍ତି। ପୁଣି ବଜ୍ରବାହୁ ଆଦେଶ ଦେଇଛନ୍ତି ଯେ ରାଜ୍ୟରେ ଯାହାର ସନ୍ତାନ ହେବ ସେ ପାଇବ ଶୂଳୀଦଣ୍ଡ। ମୋଟାମୋଟି ଏପରି ଏକ ଅଜବ ରାଜ୍ୟ ଓ ଶାସନ ତନ୍ତ୍ରରେ ବଚସ୍କରତା ଓ ପାଦ ଚାଟିବା ପଣ ଶୀର୍ଷ ଦେଶକୁ ଯାଇଛି। ପ୍ରଥମରୁ ଦାସକାଠି ବଜାଉଥିବା ଓ ପରେ ବିଦୂଷକ ସାଜିଥିବା ଚରିତ୍ର ଦ୍ୱୟଙ୍କ ମଧ୍ୟରେ ନାଟ୍ୟକାର ତୋଷାମଦିର ଏଇ ହାସ୍ୟକର ଚିତ୍ରକୁ ଦେଖାଇଛନ୍ତି। ଅସ୍ଥିରତା, ବନ୍ଧ୍ୟାତ୍ୱ ସମଗ୍ର ରାଜ୍ୟକୁ ଗ୍ରାସିଥିବା ବେଳେ ରାଣୀ କେତେକୀ ଗଂଧା ସ୍ୱପ୍ନ କିଣିଛନ୍ତି। ଅବନ୍ତୀ ସାଧବଠାରୁ, ସାଧବ ରାଣୀଙ୍କୁ ଏକ ପ୍ରକାର ହିପ୍ନୋଟିକ, ଅବସ୍ଥା ମଧ୍ୟରେ ରଖି ସ୍ୱପ୍ନସଂଚାର କରୁଛନ୍ତି ତାଙ୍କ ମଧ୍ୟରେ।

ନାଟକର ଦ୍ୱିତୀୟ ଅଙ୍କ ଆରମ୍ଭ ହେଉଛି ସମ୍ରାଟ ବଜ୍ରବାହୁଙ୍କର କ୍ଷୌର ଉତ୍ସବ ମଧ୍ୟରେ। ବିଦୂଷକ ଦ୍ୱୟ ଦାସକାଠିଆ ଶୈଳୀରେ ଗୀତ ବୋଲିବା ପାଇଁ ଆରମ୍ଭ କରିଛନ୍ତି – " ଶୁଣ ଶୁଣ ସୁଜ୍ଞଜନେ ଦେଇ ମନକର୍ଣ୍ଣ / ମହାରାଜାଙ୍କର କଥା କରିବା ବର୍ଣ୍ଣନ / ହସ୍ତିନାପୁର ସମ୍ରାଟ ବଜ୍ରବାହୁ ରାଜା / ତାଙ୍କ ରାଜ୍ୟେ ରହି ଆମ୍ଭେ ମାରୁଅଛୁ ମଜା / ସମୁଦ୍ର ପରାୟେ ଅଟେ ତାହାଙ୍କ ଗର୍ଜନ / ମତ୍ତହସ୍ତୀ ପରି ରାଜା କରନ୍ତି ଗମନ" ..... ପ୍ରଭୃତି। ଯଥା ସମୟରେ ବାରିକ ଆସି ମହାରାଜାଙ୍କର ଦାଢ଼ି କର୍ତ୍ତନ କରିଛି। ଏହାକୁ ନେଇ ମଧ୍ୟ ତୋଷାମଦି ଚରମ ସୀମାରେ ପହଂଚିଛି । ଏ ହାସ୍ୟକର ପରିସ୍ଥିତିକୁ ଏଠାରେ ଲକ୍ଷ୍ୟ କରାଯାଉ।

ବଜ୍ରବାହୁ – କ୍ଷୌରକାର୍ଯ୍ୟ ଆରମ୍ଭ କର।

ବାରିକ - (ସୁଗନ୍ଧ ଜଳ ଲଗାଉ ଲଗାଉ) ଆହା ହା କି ଦାଢ଼ି !

ବିଦୂଷକ ୧- ଆହା ହା, ସେକଥା ଆଉ ପଚାରୁଛ ବାରିକ ମହାଶୟ ?

ବିଦୂଷକ ୨- ଏହା ଏପରି ସେପରି ଦାଢ଼ି ନୁହେଁ ବିଦୂଷକେ, ଏହା ସମ୍ରାଟ ବଜ୍ରବାହୁଙ୍କ ଦାଢ଼ି।

ବାରିକ - ଆହା ହା, କି କୋମଳ !

ବିଦୂଷକ ୧- ଆହା ହା କି ମସୃଣ ।

ବିଦୂଷକ ୨ - ଆହା ହା କି ଚିକ୍‌କଣ।

ବାରିକ - ମନେ ହେଉଛି ଯେପରି ଗାନ୍ଧାର ଦେଶର ରେଶମ ।

ବିଦୂଷକ ୧- ମୟୂର ଚନ୍ଦ୍ରିକାପରି ଦୁଇଟି ନିଶ

ବରିକ - ଦେଖତ, ଅଦ୍ଭୁତ କୃଷ୍ଣବର୍ଣ୍ଣ ସତେ।

ବିଦୂଷକ - ଏହା ଗୌରବର ଲକ୍ଷଣ।

ବିଦୂଷକ - ଆହା ହା । ଏଇ ରେଶମ ଭଳି ଦାଢ଼ିରେ ସୁଗଂଧ ଜଳ ଲଗିଲେ କି ଅଦ୍ଭୁତ ଦେଖାଯାଉଅଛି ଦେଖିଲ ଭାଇମାନେ।

ବିଦୂଷକ ୨ - ଆହା ହା, ଅତୁଳନୀୟ ଅଦ୍ଭୁତ।

ବିଦୂଷକ ୧- ବାରିକ ମହାଶୟ । ମଣିମାଙ୍କର ଦାଢ଼ି କର୍ତ୍ତନ ପରେ ମତେ ସେଥିରୁ ମୁଠାଏ ଖଣ୍ଡେ ଦେବ।

ବିଦୂଷକ ୨ - ମୋ ପାଇଁ ସେଥିରୁ ଛୋଟ ପୁଡ଼ିଆଟିଏ ବାନ୍ଧି ଦେଇଥିବ।

ବାରିକ - ଏସବୁ ଅତି ମହାର୍ଘ ଦ୍ରବ୍ୟ।

ବିଦୂଷକ ୧- ଆମ୍ଭର ସୌଭାଗ୍ୟ ଏହିପରି ଜଣେ ସମ୍ରାଟଙ୍କ କ୍ଷୌରୋତ୍ସବ ଆମ୍ଭେ ଦେଖି ପାରିଲୁ। ('ମହାନାଟକ' - ପୃ ୫୫)

ବ୍ରହ୍ମଦତ୍ତ ଏଇ ସ୍ୱେଚ୍ଛାଚାରୀ ଶାସନତନ୍ତ୍ର ବିରୁଦ୍ଧରେ ବିଦ୍ରୋହ - ଘୋଷଣା କରିଛନ୍ତି। ରାଜା ଯେଉଁ କ୍ଷମତର ମୃତ୍ତିକା ଭାଣ୍ଡକୁ ନେଇ ବୃଥା ଅହମିକା ପ୍ରକାଶ କରୁଥିଲେ ତାହା ଭାଙ୍ଗି ଯାଇଛି। ସମ୍ରାଟ ବଜ୍ରବାହୁ ଓହ୍ଲାଇ ଆସିଛନ୍ତି ସିଂହାସନରୁ। ଓହ୍ଲାଇ ଦେଇଛନ୍ତି ମୁକୁଟ ଓ ତାକୁ ରଖିଦେଇଛନ୍ତି ସିଂହାସନ ଉପରେ। ବାହୁ ତାଙ୍କର ପ୍ରସାରିତ ହୋଇଯାଇଛି। ମସ୍ତକ ଢଳି ପଡ଼ିଛି ଗୋଟେ ପଟକୁ। ବ୍ରହ୍ମଦତ୍ତ ଏହି ସମୟରେ ଘୋଷଣା କରିଛନ୍ତ- "ମୁଁ ସିଂହାସନ ଚାହେଁନା ସମ୍ରାଟ। ମୁଁ ଚାହେଁ ମଣିଷ ଶାସକର ଅତ୍ୟାଚାରର ଶିକାର ନହୋଇ ଅନାହାରରେ ନମରୁ। ଏ ତରବାରୀ ଆଉ ମୋର ଦରକାର ନାହିଁ। ତାକୁ ମୁଁ ଆପଣଙ୍କ ମୁକୁଟ ପାଖରେ ରଖିଦେଉଛି। xxx ଏଇ ଦେଖ ସମ୍ରାଟ। ପୂର୍ବ ଦିଗନ୍ତ ରକ୍ତିମ। ସକାଳର ଆଲୋକ କିପରି ସିନ୍ଦୂରା ହୋଇ ଫାଟି

ପଡୁଛି। ସତେ ଯେମିତି ଏକ ନୂତନ ସୃଷ୍ଟିର ନୂତନ ସୂର୍ଯ୍ୟ।" ('ମହାନାଟକ' ପୃ - ୮୬)

'ମହାନାଟକ'ର ପ୍ରଥମ ଅଙ୍କ ଓ ଦ୍ୱିତୀୟ ଅଙ୍କ ଆରମ୍ଭରେ ଦାସକାଠିଆ ଗୀତ ପରିବେଷଣ କରାଯାଇ ବଜ୍ରବାହୁଙ୍କ ସ୍ୱେଚ୍ଛାଚାର ଶାସନତନ୍ତ୍ର ଓ ତାର ଅବସାନ ସଂପର୍କୀୟ ଗାଥା ଉପସ୍ଥାପିତ ହୋଇଛି। ଏହା ମଧ୍ୟରେ ନାଟ୍ୟକାର ନିଜକୁ ଏକଛତ୍ରାଧିପତି ବୋଲାଉଥିବା ଓ ଯୁଗ ଯୁଗ ଧରି ଅତ୍ୟାଚାର ଓ ଶୋଷଣ ଚଳେଇଥିବା ଶୋଷକ ଗୋଷ୍ଠୀର ନିପାତ ପାଇଁ ଇଂଗିତ ଦେଇଛନ୍ତି ମଧ୍ୟ। ରାଜା ହୋଇ ପାରିଛି ଏହି ଦାସକାଠିଆ ରୀତି।

■

ଓଡ଼ିଆ ଭାଷା ଓ ସାହିତ୍ୟ ବିଭାଗ, ବ୍ରହ୍ମପୁର ବିଶ୍ୱବିଦ୍ୟାଳୟ, ବ୍ରହ୍ମପୁର

ନାଟ୍ୟ ସମୀକ୍ଷକ ରମେଶ ପ୍ରସାଦ ପାଣିଗ୍ରାହୀ

ବିଜୟଲକ୍ଷ୍ମୀ ଦାଶ

(୧)

ଓଡ଼ିଆ ନାଟ୍ୟ ସାହିତ୍ୟର ନୂତନ ପରିଚୟ ପ୍ରତିଷ୍ଠା କ୍ଷେତ୍ରରେ ଜଣେ ସମର୍ପିତ ବ୍ୟକ୍ତିତ୍ୱ ହେଉଛନ୍ତି ପ୍ରଫେସର ରମେଶ ପ୍ରସାଦ ପାଣିଗ୍ରାହୀ । ଉଭୟ ଓଡ଼ିଆ ଓ ଇଂରାଜୀ ଭାଷା ସାହିତ୍ୟର ଅବଗାହୀ। ଅନ୍ୟାନ୍ୟ ସମକାଳୀନମାନଙ୍କ ମଧ୍ୟରେ ସ୍ୱତନ୍ତ୍ର। ସେ ବୁଝିଥିଲେ, ଗୋଟିଏ ଜାତିର ପରିଚୟ, ଭାଷା ସାହିତ୍ୟର ବିଶିଷ୍ଟ ବିଭାଗ ହେଉଛି ନାଟକ। ସେଥିପାଇଁ ନାଟକକୁ ପ୍ରତିଷ୍ଠିତ କରିବା ଯେମିତି ତାଙ୍କର ଏକମାତ୍ର ଲକ୍ଷ୍ୟ ହୋଇପଡ଼ିଥିଲା। ଏହା ମାଧ୍ୟମରେ କାଳଗର୍ଭରେ ହଜିଯାଉଥିବା ସାମାଜିକ, ସାଂସ୍କୃତିକ ରତ୍ନରାଜିର ଆବିଷ୍କାରଣରେ ସେ ସଦା ତତ୍ପର ଥିଲେ। ଆଜିଯାଏଁ ସେ ତାହାହିଁ କରିଛନ୍ତି। ନାଟକ ଲେଖିଛନ୍ତି। ପଢ଼ିଛନ୍ତି। ଚର୍ଚ୍ଚା କରିଛନ୍ତି। ନାଟକ ମଂଚସ୍ଥ ମଧ୍ୟ କରାଇଛନ୍ତି। ସାଧାରଣ ପାଠକ ତାଙ୍କ ଜ୍ଞାନ ଚର୍ଚ୍ଚା ଓ ନାଟ୍ୟଚର୍ଚ୍ଚାର ଏଇ ବିଶେଷ ଅନୁରକ୍ତି ସଂପର୍କରେ ଉଦାସୀନ ଥିବା ମୋର ହୃଦ୍‌ବୋଧ ହେବାରୁ ରମେଶ ପ୍ରସାଦ ପାଣିଗ୍ରାହୀଙ୍କ ନାଟ୍ୟ ସମୀକ୍ଷା ଉପରେ ଆଲୋଚନା କରିବାକୁ ଆଗ୍ରହ ପ୍ରକାଶ କଲି। ପ୍ରାପ୍ତ ପୁସ୍ତକ "ମୁକ୍ତଧାରାର ନାଟକ - ଓଡ଼ିଆ ନାଟକର ଭାବକଳ୍ପ ଓ ରୂପବିନ୍ୟାସ"କୁ ଆଲୋଚନାର କ୍ଷେତ୍ର ଭାବେ ଗ୍ରହଣ କଲି। ଜଣେ ପାଠକ ଭାବେ ଏହି କୃତିକୁ ପଢ଼ିଛି। ଅନୁଧ୍ୟାନ କରିଛି। ପାଠକୀୟ ପ୍ରତିକ୍ରିୟା ଆଧାରରେ ବିଧିବଦ୍ଧ ଆଲୋଚନା କରିଛି।

(୨)

ଅତୀତରେ ଆମ ଆଲୋଚନା ପଦ୍ଧତିରେ ନାଟ୍ୟକାର ଓ ନାଟକ ସଂପର୍କରେ ବହୁ ଚର୍ଚ୍ଚା କରାଯାଇଛି। କିନ୍ତୁ ନାଟ୍ୟାମୋଦୀ ପାଠକ ଓ ଆଲୋଚକର ହୃଦ୍‌ବୋଧଜନିତ ଦାୟିତ୍ୱ ସମ୍ବନ୍ଧରେ ଆଲୋଚନା ସେତେ ଘନ ନୁହେଁ। ବର୍ତ୍ତମାନ କିନ୍ତୁ କଥାଟା ଓଲଟିଛି। ନାଟ୍ୟରସିକ ପାଠକ ଓ ଗବେଷକଙ୍କ ଭୂମିକାର ଗୁରୁତ୍ୱ ବଢ଼ିଛି। ଅତୀତରେ ଆମେ ଜାଣିଥିଲେ ନାଟକ ନାଟ୍ୟକାର ଓ ଦର୍ଶକଙ୍କର ନାଟ୍ୟକାର ଯାହାକୁ ଆମେ ସ୍ରଷ୍ଟା ବୋଲି କହିଥାଉ। ସେ ନାଟ୍ୟ ସୃଷ୍ଟିର ଈଶ୍ୱର।

ନାଟ୍ୟସୃଷ୍ଟିକୁ ଆମେ ଦୁଇ ଭାଗରେ ବିଭକ୍ତ କରିବା। ପ୍ରଥମଟି କଳାତ୍ମକ । ଦ୍ୱିତୀୟଟି ରସାତ୍ମକ। ପ୍ରଥମଟି ନାଟ୍ୟକାରଙ୍କ ମାନସିକତା ସହ ସଂଶ୍ଳିଷ୍ଟ ହୋଇଥିବାବେଳେ ଦ୍ୱିତୀୟଟି ନାଟ୍ୟାମୋଦୀ ଦର୍ଶକର ଅନୁଭବ ସହିତ ଜଡ଼ିତ। ଏ ଦୁଇଟିର ମିଳନ ଯେତେବେଳେ ସମ୍ଭବ ହୁଏ ସେତେବେଳେ ସୃଷ୍ଟି ଜୀବନ୍ତ ରୂପପାଏ। ଆଲୋଚନା ପ୍ରସଂଗରେ ପ୍ରଥମେ ଆଲୋଚକ ଭାବରେ ମୋ ଅନୁଭବକୁ ଗୁରୁତ୍ୱ ଦେବି। ମୁକ୍ତଧାରାର ନାଟକ ସୂଚୀପତ୍ର ପାଖରେ ଯେତେବେଳେ ପହଂଚିଛି ପ୍ରଥମ ଅଧ୍ୟାୟରେ ସମୀକ୍ଷକ ପାଣିଗ୍ରାହୀ ନାଟକର ପର୍ଦ୍ଦା ଖୋଲିଦେଇଛନ୍ତି। ମାନସିକତା ସତେଜ ଓ ସକ୍ରିୟ ହୋଇଉଠିଛି। ମୁକ୍ତଧାରାର ନାଟକର ଭାବପକ୍ଷ ଓ କଳାପକ୍ଷ ସହିତ ଅବଗତ ହେବାପରେ ଯୋଡ଼ି ହେଇଯାଇଛି ଅନେକ ପ୍ରତିରୂପ ଓ ମତାମତ। ମୁକ୍ତଧାରାର ନାଟକର ପରିଭାଷା, ପରିସର, ଦର୍ଶକ ସମାଜରେ ଏହାକୁ ସଫଳ ଭାବରେ କିପରି ସଂପ୍ରେକ୍ଷଣ କରାଯାଇପାରିବ ଇତ୍ୟାଦି ସଂପର୍କିତ ଅନେକ ତଥ୍ୟ। ଚର୍ଚ୍ଚାକାରଙ୍କର ଏକ ସ୍ୱାତନ୍ତ୍ର୍ୟ ହେଉଛି ଏକ ସମୟରେ ଲେଖା ଓ ପାଠକର ମାନସିକତା ସହ ଏକ ଯୋଗସୂତ୍ର ସେ ତିଆରି କରିପାରନ୍ତି। ଯିଏ ଯେଉଁ ପ୍ରକାର ତତ୍ତ୍ୱ ସହିତ ପରିଚିତ ସେ ସେହି ଦୃଷ୍ଟିରୁ ସେମିତି ଚର୍ଚ୍ଚା କରନ୍ତି। ଜୀବନ ସହିତ ନାଟକର ସଂପର୍କ ଯେ କେତେ ଗଭୀର ତାହା ନିମ୍ନୋକ୍ତ ଅଂଶରୁ ସ୍ପଷ୍ଟ ହୁଏ।

"ଜୀବନ ସହିତ ନାଟକର ସଂପର୍କ ଗଭୀର। ଦୁଇ ତିନି ଘଂଟାର ନାଟକ ଭିତରେ ସମାଜଜୀବନ, ଗୁଡ଼ିଏ ସମ୍ଭାବନା ଏବଂ କିଛି ମଣିଷଙ୍କର ଧାରାବାହିକ ଇତିହାସ ମଂଚର ଚୌହଦୀ ଭିତରେ ପ୍ରତିବିମ୍ବିତ ହୋଇ ଦୃଶ୍ୟାୟିତ ହୁଏ। କିନ୍ତୁ ଏକଥା ମଧ୍ୟ ସତ୍ୟ ଯେ ସବୁ ମୁକ୍ତିର ସଂଭାବନାକୁ ସାକାର କରିବା ପାଇଁ ସ୍ୱାବଲମ୍ବୀ ଅର୍ଥନୀତିଟିଏ ଗଢ଼ିଉଠିବା ଆବଶ୍ୟକ। ତା'ପରେ ମୁକ୍ତିର ସ୍ୱପ୍ନ ଦେଖିବା ସହଜ ଏବଂ ସ୍ୱପ୍ନଗୁଡ଼ିକୁ ସାକାର କରିବା ସମ୍ଭବ। ମୁକ୍ତିବୋଧର ଆତ୍ମାନୁଭୂତି ଯେଉଁ ନାଟ୍ୟଶୈଳୀକୁ ସ୍ୱତଃସ୍ଫୁର୍ତ୍ତ ଭାବେ ଜନ୍ମ ଦିଏ, ତାହା ସମଗ୍ର ସମାଜକୁ ପ୍ରଚେଳିତ କରିବାର ସମ୍ଭାବନା ରଖେ"। (ପୃ - ୯) ମନେହୋଇଛି ସତେଯେମିତି ମୁକ୍ତଧାରାର ନାଟକରୂପୀ ଖେଳପଡ଼ିଆରେ ନାଟ୍ୟକାର ଚର୍ଚ୍ଚାକାର ପାଣିଗ୍ରାହୀ ଓ ମୋର ବ୍ୟକ୍ତିଗତ ପାଠକୀୟ ସତ୍ତା ଏକ ଜ୍ଞାନ କ୍ରୀଡ଼ାରେ ଅଂଶଗ୍ରହଣ କରୁଛୁ। ସମୟେ ସମୟେ ପାଠକୀୟ ସତ୍ତା ଟପିଯାଇଛି ଚର୍ଚ୍ଚାକାରଙ୍କୁ। ଚର୍ଚ୍ଚାକାରଙ୍କ ସୂକ୍ଷ୍ମ ଅନ୍ତର୍ଦୃଷ୍ଟି, ଆଭିମୁଖ୍ୟ ଓ ପରିକଳ୍ପନାକୁ ପାଥେୟକରି ନିଜେ ନୂଆ ଏକ କଥା କହୁଛି। ପାଠକୀୟ ପ୍ରତିକ୍ରିୟା ଏଠି ଗୁରୁତ୍ୱ ପାଉଛି। ହୋଇପାରେ ଏହା ବ୍ୟକ୍ତିଗତ। ମନମୁଖୀ। ନିରପେକ୍ଷ ଆବିଷ୍କାର। କିନ୍ତୁ ପରବର୍ତ୍ତୀ ସମୟରେ ମନେହୋଇଛି ଲେଖା ଚର୍ଚ୍ଚାକାର ଓ ପାଠକ ଉଭୟଙ୍କର 'ସଂପତ୍ତି'।

ଗବେଷଣାଧର୍ମୀ ଲେଖାର ପାଠକ ନଥିଲେ କି ପଠନକ୍ରିୟା ନଥିଲେ ଆଲୋଚନା ସ୍ଥିତିହୀନ। ତେଣୁ ସମୀକ୍ଷା ପାଇଁ ଉଭୟ ସମୀକ୍ଷକ ଓ ପାଠକ - ସମୀକ୍ଷକ (ଯିଏ ସମୀକ୍ଷା ପଢ଼ି ଆଲୋଚନା କରେ) ଉଭୟଙ୍କର ଦ୍ୱୈତ ଭୂମିକା ଅପରିହାର୍ଯ୍ୟ।

(୩)

ଲେଖକ ଓ ପାଠକ (ଯିଏ ସମୀକ୍ଷା କରେ) ମଧ୍ୟରେ ଯେଉଁ ସଂପର୍କର ଗଢ଼ଣ ସୃଷ୍ଟି ହୁଏ ତା'ର ମୂଳରେ ଥାଏ ଲେଖକୀୟ ଆଲୋଚନା। ତା'ର ମଧ୍ୟ ଦୁଇପ୍ରକାର ରୂପ। 'ଭାଷା' ହେଉଛି ତାର ବାହ୍ୟରୂପ। ଆଲୋଚନାକୁ ନେଇ ଯିଏ ତର ପୁନଃସମୀକ୍ଷା ପ୍ରସ୍ତୁତ କରେ ତାର ଅନୁଭବ। ଏହା ହେଉଛି ଅନ୍ତଃରୂପ। ବାହ୍ୟରୂପ ଦ୍ୱାରା ରଚନାଶୈଳୀ ଓ ଅନ୍ତଃରୂପ ଦ୍ୱାରା ଭାବପକ୍ଷ ସ୍ପଷ୍ଟ ହୁଏ। ବାରମ୍ବାର ପଠନ ଦ୍ୱାରା ଏହା ସମ୍ଭବ ହୋଇଥାଏ। ସେହି ନ୍ୟାୟରେ ତିନି, ଚାରିଥର ସମୀକ୍ଷା ପଢ଼ିବା ପରେ ଭିନ୍ନଭିନ୍ନ ଅନୁଭୂତି ଓ ସ୍ୱାଦ ମୁଁ ଅନୁଭବ କରିଛି। ମନେହୋଇଛି ଯେମିତି ଏ ପଠନ ପ୍ରକ୍ରିୟା ନିରବଚ୍ଛିନ୍ନ ଭାବରେ ଅଗ୍ରଗତି କରି ମୋତେ ରମେଶ ପାଣିଗ୍ରାହୀଙ୍କର ଅନ୍ତର୍ଦୃଷ୍ଟିକୁ ବାରମ୍ବାର ଭେଦ କରିବା ପାଇଁ ଉତ୍ସାହିତ କରୁଛି। ମୋ ପାଠକୀୟ ପ୍ରତ୍ୟାଶା ଓ ଉଦ୍‌ଭାବନୀ ଶକ୍ତି ସହିତ ଚର୍ଚ୍ଚାକାର ପାଣିଗ୍ରାହୀଙ୍କର ସାମର୍ଥ୍ୟ ଯେତେବେଳେ ଗୋଟିଏ ବିନ୍ଦୁରେ ମିଳିତ ହେଉଛି ଅନେକ ସମ୍ଭାବନା ସାକାର ରୂପ ନେଉଛି। ଶୈଳ୍ପିକ ସଚଳ ଆତଯାତ ଓ ସୂକ୍ଷ୍ମାନୁଭବଜନିତ କ୍ରିୟା ପ୍ରତିକ୍ରିୟା ସାମ୍ନାକୁ ଆସିଯାଉଛି। ତତ୍‌ସହିତ ଲେଖାର ସ୍ଥିତି ଓ ସାମର୍ଥ୍ୟ ନିରୂପଣରେ ଏହି ଯୌଥକର୍ମ ହିଁ ପ୍ରମୁଖ ଭୂମିକା ଗ୍ରହଣ କରିଛି।

ମୁକ୍ତଧାରାର ନାଟକ ପାଠକରିବା ସମୟରେ ମନେହୋଇଛି ସତେଯେମିତି ଶ୍ରୀ ରମେଶ ପାଣିଗ୍ରାହୀ ଓ ସମୀକ୍ଷକ ଭାବରେ ମୋର ବ୍ୟକ୍ତିସତ୍ତା ଆମେ ଏକାଠି ହାତ ଧରାଧରି ହୋଇ ଚାଲିଛୁ। ସାଧାରଣ ଭାବ ସେ ସମୟରେ ଅସାଧାରଣ ମନେହୋଇଛି। ନିମ୍ନ ଉଦ୍ଧୃତିରେ ଚର୍ଚ୍ଚାକାରଙ୍କ ସ୍ୱାତନ୍ତ୍ର୍ୟକୁ ଆମେ ଉପଲବ୍ଧି କରିପାରିବା। ଭାଷା, ଶୈଳୀ, ଅନୁଭବ ସତେଯେମିତି ଗୋଟିଏ ଦିଗକୁ ଅଗ୍ରଗତି କରୁଛନ୍ତି।

"କେତେବେଳେ ଶୈଳୀ ଭାବ ଦୃଷ୍ଟିକୁ ଆହ୍ୱାନ କରେ ତ କେତେବେଳେ ଭାବଭୂମି ଶୈଳୀକୁ। ଏହି ଅତିକଙ୍କନାର ଶୈଳୀଟିକୁ ସ୍ରଷ୍ଟା ଆପଣାର କରିନେଲେ ଉଭୟ ଭାବ ଓ ଶୈଳୀ ଏକାସାଂଗରେ ପ୍ରକଟିତ ହୋଇ ପାରିବ। (ପୃ-୫୪)

"ଗୋଟିଏ 'ବିନ୍ଦୁ'ରୁ ଆଉ ଗୋଟିଏ 'ବିନ୍ଦୁ' ବାଟଦେଇ (ସରଳ ହେଉ କି ବକ୍ର ହେଉ) ଜୀବନ ଗତି କରେ ରେଖାଟିଏ ପରି। ତା'ର ଆଶା ଥାଏ କୋଉ ଦିନ, ଦିନେ ନା ଦିନେ, ଜୀବନ ପୂର୍ଣ୍ଣ ଲାଗିବ। ପୂର୍ଣ୍ଣତା ପ୍ରାପ୍ତିର ଏଇ ସମ୍ଭାବନାର ବାଟ ପ୍ରତ୍ୟେକ ସ୍ରଷ୍ଟାର ଅଲଗା ଅଲଗା ଜୀବନର ମାର୍ଗ ଏବଂ ସାମାଜିକତାର ସିଦ୍ଧି

ଛନ୍ଦ ରୁଚିମାନଙ୍କ ପରି। କିଛି ଦୁର୍ବଳ ଲୋକଙ୍କୁ ଲାଗେ, ସମାଜରେ ଛନ୍ଦ ସାଂଭ୍ରାନ୍ତ୍ୟର ଆବଶ୍ୟକତା ସେମାନଙ୍କ ସହିତ ସାଲିସ୍ କରିଦେଲେ "ଶସ୍ତା, ସୁନ୍ଦର, ମଜବୁତ୍" ଜୀବନ ଶୈଳୀଟିଏ ଆପଣାର କରିହେବ। ଆଉ କିଛି ନୂତନ ଶୈଳୀ ଖୋଜୁଥିବା ଲୋକ ଛନ୍ଦତାରେ ଆଦୌ ବିଶ୍ୱାସ ରଖନ୍ତି ନାହିଁ। କେଉଁଠି କେଉଁଠି ଅର୍ଥ ଖୋଜିବା ପାଇଁ ଆବରଣଗୁଡ଼ିକୁ ଖୋଲିଚାଲିଲେ ପିଆଜର ଚୋପା ପରି ଖୋଲିହୋଇ ଶେଷକୁ ଶୂନ୍ୟତାର ଆକାଶ ମିଳିବ, ବସ୍ତୁ ହୋଇ। ନୀଳରଂଗଟିଏ ପିନ୍ଧିବାକୁ ହେବ। ଆଉ କେତେବେଳେ ଅନୁଭୂତିମାନଙ୍କୁ ଶୋଷିଶୋଷି ଖାଇଲାପରେ ବି ଶୂନ୍ୟତା ବଦଳରେ ଗୋଟେ ଟାକୁଆ ମିଳିବ। ମଂଜିଟିଏ, ଅର୍ଥଟିଏ, ରୁଚିର ଜିଜ୍ଞାସାମାନଙ୍କ ପାଇଁ ଉତ୍ତରଟିଏ ମିଳିବ। (ପୃ-୫୫)

ଉପରୋକ୍ତ ଉଦ୍ଧୃତାଂଶରୁ ମନେହେଉଛି ଏକାଧାରରେ କବିତ୍ୱ ଓ ନାଟ୍ୟତ୍ୱ ଭାବ ମଧ୍ୟରେ ଦୂରତ୍ୱ ନାହିଁ। ଏହି ଆଧାରଭୂମି ଉପରେ ସର୍ଜନାତ୍ମକ ଅନ୍ତର୍ଦୃଷ୍ଟି। ଦୂରତ୍ୱ ଦୂରେଇ ଯାଇଛି। ପ୍ରଚ୍ଛନ୍ନ ଥିବା ପାଠ୍ୟଟି ସୁସ୍ପଷ୍ଟ ହୋଇଛି। ଗଳ୍ପ, ଉପନ୍ୟାସ ଓ କବିତାର ସୃଜନ ଅନ୍ତରାଳରେ ଗୋଟାଏ ଅନୁଭବ କିପରି ନାଟକକୁ ସ୍ୱତନ୍ତ୍ର କରି ଚିହ୍ନାଏ ତାହା ନିମ୍ନ ପଂକ୍ତିରେ ପାଣିଗ୍ରାହୀ ସୂଚାଇଛନ୍ତି।

"ଗଳ୍ପ, ଉପନ୍ୟାସ ଏବଂ କବିତାର ସୃଜନ ଅନ୍ତରାଳରେ ଗୋଟାଏ ଅନୁଭୂତି ଛଟପଟ ହୋଇ ଶେଷରେ ଅଭିବ୍ୟକ୍ତ ହୋଇଥାଏ। ନାଟକରେ କିନ୍ତୁ ପ୍ରତ୍ୟେକ 'ଅଭିବ୍ୟକ୍ତି' ରେ ଗୋଟିଏ ଇଚ୍ଛାଶକ୍ତି ରୂପାୟିତ ହୁଏ। ଫୁଲଝରି ବାଣପରି ହଠାତ୍ ଊର୍ଦ୍ଧ୍ୱମୁଖୀ ବିସ୍ଫୋରଣ ଗୋଟିଏ ଆକାର / ରୂପ ଗ୍ରହଣ କରେ। ତା'ପରେ ଆକାଶରେ ତାର ସଂରଚନାର ସାମ୍ରାଜ୍ୟ ବିସ୍ତାରିତ ହୁଏ। ଆସ୍ତେ ଆସ୍ତେ। ବିନ୍ଦୁ ବିନ୍ଦୁ ହୋଇ ଗୋଟିଏ ପୂର୍ଣ୍ଣ ବା ଅପୂର୍ଣ୍ଣ ଆକୃତି ନିର୍ମିତ ହୁଏ। ନାଟ୍ୟମଂଚର ପର୍ଦ୍ଦା ଖୋଲିଲାପରେ ଦୃଶ୍ୟହୁଏ ଆକାଶପରି ଏକ ନୀଳ ଶୂନ୍ୟତା। ମଂଚର ଶୂନ୍ୟସ୍ଥାନରେ ଗୋଟାଏ ଆକାର ପବନରେ ଆଙ୍କି ହେଇଯାଏ। ସେଇ ଆକାରଟି ସାଙ୍ଗରେ ସାକ୍ଷାତ୍ ହୁଏ ସ୍ରଷ୍ଟାର। ତା'ପରେ ଶୈଳୀଟିକୁ ଅବୟବ ଦେଇ, ସୌନ୍ଦର୍ଯ୍ୟର ପୁଟ ଦେଇ, ଲାଳନ କରିବାକୁ ହୁଏ।" (ପୃ - ୫)

ସମୀକ୍ଷକ ଯେତେବେଳେ ସମୀକ୍ଷା ପୁସ୍ତକ ସୃଷ୍ଟିକରେ ନିର୍ଦ୍ଦିଷ୍ଟ ଏକ ପାଠକଗୋଷ୍ଠୀକୁ ଆଖି ଆଗରେ ରଖି ଲେଖି ନଥାଏ। ସମାଜ ପାଇଁ ସେ ଲେଖେ। ଆମ ସମସ୍ତଙ୍କ ପାଇଁ ଲେଖେ। କିନ୍ତୁ ଆମର ଧୈର୍ଯ୍ୟ ନଥାଏ ସେ ସୃଷ୍ଟିକୁ ଆମୂଳଚୂଳ ପଢ଼ିବାକୁ। ଏଥିପାଇଁ ଯୋଗ୍ୟତା ଯେତିକି ଦରକାର ନୁହେଁ ଶ୍ରଦ୍ଧା ଓ ସମ୍ବେଦନଶୀଳତା ସେତିକି ଦରକାର। ନିଷ୍ଠା ଓ ଆନ୍ତରିକତା ତା'ଠାରୁ ବେଶୀ ଦରକାର। ଅଭିନିବେଶ ଓ

ସହୃଦୟତାକୁ ମଧ୍ୟ ବାଦ୍ ଦିଆଯାଇନପାରେ। ଶବ୍ଦବୋଧ, ରସବୋଧ, ଗୂଢ଼ତଥ୍ୟକୁ ଅନୁମାନ କରିବାର ଦକ୍ଷତା ଓ ଗୁରୁତ୍ୱକୁ ଅସ୍ୱୀକାର କରାଯାଇନପାରେ। ସମୀକ୍ଷକର ସମୀକ୍ଷାସୃଷ୍ଟି ଓ ତା ଉପରେ ଆଲୋଚନା ଏହାର ସମ୍ମେଳନରେ ନୂଆ କିଛି ସୃଷ୍ଟି ହୋଇଯାଏ। ତାହା ହେଉଛି - ଗୋଟିଏ ଭୂମିରୁ ଆଉ ଏକ ଭୂମିର ପରିକଳ୍ପନା। ପ୍ରଶ୍ନ ଆସେ - ଏହା ସମ୍ଭବ ହେବ କେମିତି ? ପାଠକୀୟ ସାର ଓ ଉଦ୍ଭାବନୀ ଶକ୍ତି ସହିତ ସମୀକ୍ଷକଙ୍କ ସୃଷ୍ଟି ସମୀକ୍ଷା ଯେତେବେଳେ ତଲ୍ଲୀନ ହେବା ଭଳି ପରିସ୍ଥିତି ସୃଷ୍ଟି ହେବ। ଏହି ପର୍ଯ୍ୟାୟରେ ମୁକ୍ତଧାରାର ନାଟକ ପଢ଼ିବା ପରେ ସମୀକ୍ଷକଙ୍କ ନାଟ୍ୟ ଅବବୋଧ ସଂପର୍କରେ ସ୍ପଷ୍ଟ ଧାରଣା କରିହୁଏ।

ସମୀକ୍ଷା କ୍ଷେତ୍ରରେ ସବୁଠାରୁ ଗୁରୁତ୍ୱପୂର୍ଣ୍ଣ କଥା ହେଉଛି 'ପ୍ରତିପାଦ୍ୟ' । ଏହାକୁ ଆଧାର କରି ତଥ୍ୟ ସଂଗ୍ରହ ଓ ତଥ୍ୟର ବିଶ୍ଳେଷଣ କରାଯାଏ। ଡ. ପାଣିଗ୍ରାହୀଙ୍କ ପ୍ରତିପାଦ୍ୟଟି ଅତ୍ୟନ୍ତ ସ୍ପଷ୍ଟ। ନିଜର ଧାରଣାକୁ ପ୍ରମାଣିତ କରିବା ପାଇଁ ଦ୍ୱିତୀୟ ଅଧ୍ୟାୟରେ ଆଦିନାଟକର ଉଦ୍‌ବର୍ତ୍ତିତ ରୂପ ପ୍ରସଙ୍ଗରେ : ତାମ୍‌ସା / ସଂଗୀତକ / ଲୀଳାଧର୍ମୀ ନାଟକର ଉତ୍ପତ୍ତି ଓ ବିକାଶ ସହିତ ଓଡ଼ିଶାର ବୈଦିକ ନାଟ୍ୟ ପରଂପରା, ଊନବିଂଶ ଶତାବ୍ଦୀର ୟୁରୋପୀୟ ନାଟ୍ୟଚେତନା ସହିତ ତୁଳନାତ୍ମକ ବିଚାର ଉପରେ ଆଲୋକପାତ କରିଛନ୍ତି। ଭାଷା, ପ୍ରକାଶଭଂଗୀ ସହଜ ଓ ସୁବୋଧ। ତଥ୍ୟ ସଂଗ୍ରହ, ତତ୍ତ୍ୱର ଆଧାରରେ ତଥ୍ୟର ବିଶ୍ଳେଷଣ କରିଛନ୍ତି। ବିଭିନ୍ନ ମତାମତକୁ ସ୍ୱୀକାର କରି ନିଜର ସିଦ୍ଧାନ୍ତକୁ ସୁଦୃଢ଼ କରିବା ପାଇଁ ପ୍ରଚେଷ୍ଟା କରିଛନ୍ତି।

ପ୍ରତିପାଦ୍ୟ ତଥ୍ୟ ବାହାରୁ ଚତୁର୍ଦ୍ଦିଗରୁ ଆସିପାରିବ। ମାତ୍ର ତାକୁ ଏଠାରେ ସଫଳ ପରିବେଷଣ କରିବାକୁ ହେଲେ ଯେଉଁ ଭୂମି ଉପରେ ଠିଆ ହୋଇଛେ ସେ ଭୂମିର ଖବର ରଖିବାକୁ ପଡ଼ିବ। ଅତଏବ ଆଲୋଚନାର ପରିପ୍ରେକ୍ଷୀ ଭାରତୀୟ ହେବାକୁ ବାଧ୍ୟ ହେବ। ତେବେ ଯାଇ ଆଲୋଚନାରେ ଅବିଚ୍ଛିନ୍ନତା ରହିପାରିବ। ପାଶ୍ଚାତ୍ୟ ଆଲୋଚନାର ଯେଉଁସବୁ କ୍ଷେତ୍ରରେ ପ୍ରାଚ୍ୟ ବିଭାଗରେ ଚର୍ଚ୍ଚା ହୋଇଛି ସେଠାରେ ସେହି ପାଶ୍ଚାତ୍ୟର ଭୂମି ଉପରେ ହିଁ ତାହା କରାଯାଇଛି। ମୁକ୍ତଧାରାର ନାଟକ ସମୀକ୍ଷାୟନରେ ମନେହୁଏ ଶ୍ରୀଯୁକ୍ତ ପାଣିଗ୍ରାହୀ ଏଥିପ୍ରତି ଯତ୍ନବାନ ଅଛନ୍ତି। ପାଶ୍ଚାତ୍ୟ ସାହାତ୍ୟାଲୋଚନାର ପାରିଭାଷିକ ଆଂଗିକ ଓ ଆତ୍ମିକ ଯଥା ବାସ୍ତବବାଦ, ବାସ୍ତବବାଦ ଭିତରେ ପ୍ରତୀକ, ପ୍ରତୀକାତ୍ମକ ନାଟକ, ଅନୁକୃତି ତତ୍ତ୍ୱ, ଏପିକ୍ ଥିଏଟର୍, ଅଭିବ୍ୟଞ୍ଜନାବାଦ, ନିର୍ମାଣବାଦ, ୧୯୫୦ ପରେ ବିଶ୍ୱନାଟକର ପରିସ୍ଥିତି, ଉଦ୍ଭଟ ବିପର୍ଯ୍ୟୟ ମାଧ୍ୟମରେ ଆଧ୍ୟାତ୍ମିକତା ବିପର୍ଯ୍ୟୟର ରୂପାୟନ। ଓପନ୍ ଥିଏଟର୍, ପରିବେଶାତ୍ମକ ମଂଚାୟନ, ସ୍ଥିତି ବା ଅସ୍ତିତ୍ୱର ନାଟକ, ଯୁକ୍ତିଭିତ୍ତିକ ଥିଏଟର୍, ଗରିଲା

ଥିଏଟର୍, ପୋଲିସ୍ ଲାବ୍ରୋଟାରିକ୍ ଥିଏଟର୍, ଲସ୍ଏଞ୍ଜଲସ୍ ଥିଏଟର୍, ଥାର୍ଡ୍ ଥିଏଟର୍, ମିଶ୍ରଧାରାର ନାଟକ ଇତ୍ୟାଦିକୁ ଭାରତୀୟ ପରିବେଶରେ ଆଲୋଚନା କରିଛନ୍ତି। ଏଣୁ ଆଲୋଚନାଟି ଏକାବେଳକେ ନୂଆ ଭଳି ମନେ ହେଉଛି। ଶ୍ରୀଯୁକ୍ତ ପାଣିଗ୍ରାହୀ କନ୍‌ଷ୍ଟାଂଟିନ୍ ଓ ଓଡ଼ିଆ ଅଭିନୟ ସୂତ୍ର ପ୍ରସଙ୍ଗରେ ଲେଖିଲେ -

"ଏବେ ବାସ୍ତବବାଦ ପରି ଏକ ପଶ୍ଚିମାଧାରଣା ସଂପର୍କରେ ଆଲୋଚନା କରିବା ଅବସରରେ ପରଂପରାର ସ୍ମୃତି ମନକୁ ଆନ୍ଦୋଳିତ କରୁଛି ଏବଂ ମନେ ପଡୁଛି ଦସ୍ତୋଭସ୍କିଙ୍କ ତଥ୍ୟ ଯେ ଆମର ଆଦର୍ଶବାଦ ସେମାନଙ୍କର ବାସ୍ତବବାଦଠାରୁ ଅନେକ ବାସ୍ତବ'। ଆମର ପ୍ରଥମ ଓ ଦ୍ୱିତୀୟ ପ୍ରଜନ୍ମର ବାସ୍ତବବାଦୀ ନାଟ୍ୟକାରମାନଙ୍କୁ ଯେଉଁ ବିଷୟଟି ପ୍ରଭାବିତ କରିଛି, ତାହା ହେଲା ସମାଲୋଚନାମୂଳକ ବାସ୍ତବତା କିମ୍ବା (ମ୍ୟାସେଜ କୈନ୍ଦ୍ରିକ) ବାସ୍ତବତା ପ୍ରତି ଅଧିକ ଗୁରୁତ୍ୱ ଆରୋପ କରିବା।" (ପୃ - ୧୬୩)

ପୁସ୍ତକରେ ସନ୍ନିବେଶିତ ଛଅଗୋଟି ଅଧ୍ୟାୟରେ ଛଅଗୋଟି ଦୃଷ୍ଟିଭଙ୍ଗୀର ଚର୍ଚ୍ଚା କରାଯାଇଛି। ସମଗ୍ର ପୁସ୍ତକରେ ଲେଖକ କୌଣସି ଉପରେ ସମାଜତାତ୍ତ୍ୱିକ ଦୃଷ୍ଟିଭଙ୍ଗୀକୁ ବାଦ୍ ଦେଇନାହାନ୍ତି। ନାଟ୍ୟ ସାହିତ୍ୟର ଯେ ଏକ ସାମାଜିକ ପରିପ୍ରେକ୍ଷୀଗତ ସମୀକ୍ଷଣ ହୋଇପାରିଛି ଏବଂ ତଦ୍ୱାରା ନାଟ୍ୟ ସାହିତ୍ୟର ସୃଷ୍ଟି ପରଠାରୁ ଆଜିଯାଏ ଆମେ ନାଟ୍ୟସାହିତ୍ୟକୁ ଏକ ବୃହତ୍ତର ବୃତ୍ତ ବିନ୍ୟାସ ଉପରେ ବୁଝିବାକୁ ସମର୍ଥ ହୋଇପାରିଛେ। ଏହା ହେଉଛି ଶ୍ରୀଯୁକ୍ତ ପାଣିଗ୍ରାହୀଙ୍କର ଇଉରୋପୀୟ ସାହିତ୍ୟ ଅଧ୍ୟୟନର ଏକ ବିଶେଷ ଅବଦାନ । ଏହି ଅବଦାନଟି ଓଡ଼ିଆ ନାଟ୍ୟ ସମୀକ୍ଷା ଓ ପାଠକମାନଙ୍କ ପାଇଁ ଏକ ବିଶ୍ୱଚେତନା ଦୃଷ୍ଟିଭଙ୍ଗୀରେ ପରିଣତ ହେଲାଣି। ବିଶେଷକରି ଆମ ଆଧୁନିକ ବିବେଚନାର ପରିମଣ୍ଡଳରେ ପୃଥିବୀ ବୋଲି କୁହାଯାଇଛି। ସେଇ ପୃଥିବୀ ସାହିତ୍ୟାଲୋଚନାର ଏହି ପାରିପାର୍ଶ୍ୱିକ ଓ ସମାଜତାତ୍ତ୍ୱିକ ପ୍ରସ୍ତୁତିରେ ଏକ ବିଶେଷ ମହତ୍ତ୍ୱ ଓ ପ୍ରାସଙ୍ଗିକତା ରହିଛି।

ସାହିତ୍ୟ ଯେ ଯେକୌଣସି ନବଗୋଷ୍ଠୀର ସାମୂହିକ ଜୀବନର ଏକ ଅବିଚ୍ଛେଦ୍ୟ ଅଙ୍ଗ ଏବଂ ସାହିତ୍ୟ ମାଧ୍ୟମରେ ଯେ ସମାଜସ୍ଥ ଅନେକ ସମ୍ବନ୍ଧଗତ ବସ୍ତୁସ୍ଥିତି ପ୍ରତିଫଳିତ ହୋଇ ରହିଥାଏ, ସାହିତ୍ୟରେ ମଧ୍ୟ ଅଙ୍ଗୀକାରବଦ୍ଧତା ବୋଲି ଏକ ଆଭିମୁଖ୍ୟ ଯେ ରହିଛି, ସମାଜତାତ୍ତ୍ୱିକ ନାଟ୍ୟସାହିତ୍ୟର ସମୀକ୍ଷକ ଆମକୁ ସେହି ବିଷୟରେ ସଚେତନ କରିଦେଇଥାଏ। ଆମକୁ ମଧ୍ୟ ନିଜର ଭୂମିକା ବିଷୟରେ ମଧ୍ୟ ସଚେତନ କରିବାରେ ସହାୟତା କରେ। ମୁକ୍ତଧାରାର ନାଟକ ପାଇଁ ନୀତିନିର୍ଦ୍ଧାରଣ କରିବା ଠାରୁ ଏହାର ରଚନାଶୈଳୀ ସଂପର୍କରେ ଆଲୋଚନା କରେ।

ଶ୍ରୀଯୁକ୍ତ ପାଣିଗ୍ରାହୀଙ୍କ ପୁସ୍ତକଟି ଚିରାଚରିତ ନାଟ୍ୟସମୀକ୍ଷାଠାରୁ ଭିନ୍ନ। ଏଥିପାଇଁ ଯେ ସେ ଏହି ସମୀକ୍ଷା ଗ୍ରନ୍ଥ ମାଧ୍ୟମରେ କହିବାକୁ ଚାହାନ୍ତି, ଯେଉଁମାନେ ଆପଣା ଆପଣାକୁ ଅତ୍ୟାଧୁନିକ ପ୍ରମାଣ କରିବା ପାଇଁ ୟୁରୋକୈନ୍ଦ୍ରିକ ଚିନ୍ତାଧାରା ଆଡ଼କୁ ଢଳୁଛନ୍ତି, କେତେଦୂର ସେମାନେ ଏହି ଚିନ୍ତାଧାରାର ନିକଟବର୍ତ୍ତୀ ହୋଇଛନ୍ତି ତାହା ଏକ ବିରାଟ ପ୍ରଶ୍ନ। ରଂଗମଂଚରେ ସବୁ ମାନସିକତାର ଦର୍ଶକଙ୍କୁ ବାନ୍ଧିରଖେ ଭଲ କାହାଣୀ। ଦର୍ଶକର ମାନସିକତା ଭିନ୍ନ ଭିନ୍ନ ଅବସ୍ଥାରେ ଥାଏ। ଭିନ୍ନ ମାନସିକତାରେ ଥିବା ଦର୍ଶକଙ୍କୁ ଆଣି ଗୋଟିଏ ବିନ୍ଦୁରେ ମିଳିତ କରାଇଥାଏ କଥାବସ୍ତୁ। ଭଲ କାହାଣୀ ଆସେ କେଉଁଠୁ। ଉତ୍ତର ସ୍ପଷ୍ଟ। ଏକ ନିର୍ଦ୍ଦିଷ୍ଟ ସମୟରେ ଏକ ଭୂମିରୁ ସୃଷ୍ଟି ହୋଇଥିବା ଜୀବନ ଜୀଇଁବାର କଥା। ଜୀବନ ମାଟି ସହିତ ଜଡ଼ିତ। ଆକାଶ ସହିତ ନୁହେଁ, ମାଟି ଉପରେ ଠିଆ ହୋଇ ଆକାଶ ଆଡ଼କୁ ଗତିକରେ। ସୁଖର ସ୍ୱପ୍ନରେ ମସ୍‌ଗୁଲ ହୋଇଥାଏ। ତେଣୁ ଝୁଂଟିପଡ଼େ। ପୁଣି ଉଠେ। ଚାଲିବାର ପ୍ରୟାସ ଆରମ୍ଭ କରେ। ନାଟକର ଭାଷାରେ ଟ୍ରାଜେଡ଼ି, କମେଡ଼ି, ଟ୍ରାଜିକମେଡ଼ି, ଫାର୍ସ, ମେଲୋଡ୍ରାମା ବାଲେ। ଅପେରା, ଅଥବା ପ୍ରତୀକାତ୍ମକ, ସ୍ୱଭାବଧର୍ମୀ, ଉଭଟ ଯେଉଁ ପ୍ରକାରର ହୋଇପାରିବ।

ଫ୍ରାନସ, ଜର୍ମାନ, ଡେନମାର୍କ, ଇଟାଲୀକୁ 'ବାଦ' ମାନଙ୍କର ଉତ୍ପତ୍ତିସ୍ଥଳ ବା ଜନ୍ମଭୂମି କୁହାଯାଉଥିବା ଦେଶର ଅଧିକାଂଶ ମଣିଷ ଅପେରା ବା ମେଲୋଡ୍ରାମା ଦେଖିବାକୁ ଭଲପାଆନ୍ତି। ଏହାର କାରଣ ବଳିଷ୍ଠ କଥାଭାଗ। ଯାହାକୁ ଅଭିନୟ ମାଧ୍ୟମରେ ପରିବେଶଣ କରାଯାଏ। ତେଣୁ ଶ୍ରୀଯୁକ୍ତ ପାଣିଗ୍ରାହୀ ଗଣନାଟ୍ୟ ବା ଅପେରାକୁ ପରୀକ୍ଷାର ଭୂମି ଭାବରେ ଗ୍ରହଣ କରିଛନ୍ତି। ଯେଉଁଠାରେ ନିଜର ସାମଗ୍ରିକ ସତ୍ତାକୁ ଦର୍ଶକ ଅନୁଭବ କରିପାରିବ। ନିଜ ସଂପର୍କରେ ନିଜକୁ ପ୍ରଶ୍ନ କରିବ। ଜାଗ୍ରତ ହେବ। ଆଗକୁ ଆଗକୁ ଚାଲିବାକୁ ଆରମ୍ଭ କରିବ। ଏକାକୀ ନୁହେଁ ତା' ସହିତ ସମଗ୍ର ବିଶ୍ୱ ଥିବ। ବିଶ୍ୱବାସୀ ଆମର ମିତ୍ର ପାଲଟି ଯାଇଥିବେ। ମଂଚ ମଧ୍ୟ ସ୍ୱତନ୍ତ୍ର ହୋଇ ରହିଥିବ। ସକଳ ବିଶ୍ୱବାସୀଙ୍କର ହୋଇଥିବ। ପ୍ରମାଣ କରିଦେବା ସତରେ ପୃଥିବୀ ଏକ ରଂଗମଂଚ। ଆମେ ସେହି ମଂଚର ଜଣେ ଜଣେ ଅଭିନେତା।

■

ଅଧ୍ୟାପିକା, ଓଡ଼ିଆ ଭାଷା ସାହିତ୍ୟ ବିଭାଗ, ରେଭେନ୍‌ସା ବିଶ୍ୱବିଦ୍ୟାଳୟ, କଟକ

ରମେଶ ପାଣିଗ୍ରାହୀଙ୍କ ନାଟକରେ ଯାଦୁବାସ୍ତବତା

ଡ. ଶରତ କୁମାର ଜେନା

ଯାଦୁବାସ୍ତବତା ବା ମେଜିକ୍ ରିଆଲିଜମ୍ ସାମ୍ପ୍ରତିକ କାଳର ଏକ ବହୁ ଚର୍ଚ୍ଚିତ ବିଷୟ। ସିନେମା ଓ ଚିତ୍ରକଳା କ୍ଷେତ୍ରରେ ଏହାର ବହୁଳ ପ୍ରୟୋଗ ଘଟିଥିଲେ ମଧ୍ୟ ସାହିତ୍ୟ ଜଗତରେ ଏହାର ପ୍ରସାରଣ ସମଧିକ। ଏହା Sur-realism ବା ପରାବାସ୍ତବତାର ବିବର୍ତ୍ତନର ସୂତ୍ର ଧରି ବିଂଶ ଶତାବ୍ଦୀରେ ବିଭିନ୍ନ ଦରିଆ ପାରି ଦେଶରେ ଏକ ସାହିତ୍ୟିକ ଆନ୍ଦୋଳନ ଭାବେ ଦେଖା ଦେଇଥିଲା। ଧୀରେଧୀରେ ବହୁ ଲେଖକ ଓ ଚିତ୍ରଶିଳ୍ପୀ ଏହି ଆନ୍ଦୋଳନ ଦ୍ୱାରା ଗଭୀର ଅନୁପ୍ରାଣିତ ହୋଇଥିଲେ। ନିଜ ଲେଖାରେ, ଚିତ୍ରରେ ସେମାନେ ସମକାଳୀନ ଅସ୍ଥିର ରାଜନୀତିକ ପରିସ୍ଥିତି, କ୍ଷମତାଶୀଳ ଶାସକ ଗୋଷ୍ଠୀର ବିବିଧ ତ୍ରୁଟି, ଅନ୍ୟାୟ, ଅତ୍ୟାଚାର, ଦୁର୍ନୀତି, ଜନସାଧାରଣଙ୍କର ଅସହାୟ ପାଶବିକ ଜୀବନଯାପନ, ମୁଖ୍ୟତଃ ଦେଶ ଓ ଜାତୀୟ ଜୀବନର ସବୁ ଦୁଃଖକୁ ଭୁଲିବାକୁ ଲାଗିଲେ ଓ ପୃଥିବୀକୁ ସଚେତନ କରିବାକୁ ଚାହିଁଲେ। ସ୍ୱପ୍ନ - ବାସ୍ତବ କଳ୍ପନା ମିଶି ଦାନା ବାନ୍ଧିଥିବା ସେମାନଙ୍କର ସାର୍ଥକ ସୃଷ୍ଟି ମେଜିକ୍ ରିଆଲିଜମ୍ ବା ଯାଦୁ-ବସ୍ତବତା, ଯାହା କାଳକ୍ରମେ ସାହିତ୍ୟ ରଚନାର ପ୍ରଥାଗତ ଧାରାରେ ସଂଯୋଜନ କଲା ସୃଷ୍ଟିର ଏକ ନୂତନ ପ୍ରତିଶ୍ରୁତି।

ଯାଦୁ-ବାସ୍ତବତା ହେଉଛି ବାସ୍ତବତା ଓ କଳ୍ପନାର ଅଦ୍ଭୂତ ମିଶ୍ରଣ। ବିଶ୍ୱାସଯୋଗ୍ୟ ଓ ବସ୍ତୁନିଷ୍ଠ ବାସ୍ତବ ଜଗତ-ନିର୍ଭର ବର୍ଣ୍ଣନା ଭିତରେ ଅବିଶ୍ୱାସ୍ୟ ଓ ଅତିବାସ୍ତବ ଘଟଣାର ଆଶ୍ଚର୍ଯ୍ୟ ଉପସ୍ଥିତି। ବାସ୍ତବତା ସହିତ ରୂପକଥା, ଲୋକଗାଥା, ସ୍ୱପ୍ନ ଓ ପୁରାଣ ଇତ୍ୟାଦିର ଐନ୍ଦ୍ରଜାଲିକ ଉପସ୍ଥାପନା।

ଯାଦୁବାସ୍ତବତା ବା Magic Realism ଶବ୍ଦଟିକୁ ପ୍ରଥମେ ୧୯୨୪ ମସିହାରେ ଫ୍ରାନ୍‌ଜ୍ ରୋ (Frenz Roh) କିଛି ଜର୍ମାନୀ ଚିତ୍ରକରଙ୍କ ଚିତ୍ରକୁ ବିଶ୍ଳେଷଣ କରି 'Magischer Realismus' ଶବ୍ଦର ପ୍ରୟୋଗ କରିଥିଲେ। ତାଙ୍କ ମତରେ ଲଳିତ କଳାର ଏକ ସ୍ୱତନ୍ତ୍ର ସ୍ୱାଦର ଧାରା ହେଉଛି ଯାଦୁ ବାସ୍ତବତା। ୧୯୨୫ ମସିହାରେ 'Neue Sachlichkeit' ଶୀର୍ଷକ ଚିତ୍ରଶିଳ୍ପରେ ଗୋଟିଏ ରୀତି ପ୍ରସଙ୍ଗରେ ସେ ଏହି

କଥାଟିକୁ ବ୍ୟବହାର କରିଥିଲେ। ଫ୍ରାନ୍‌ଜ ମାନିନେଇଥିଲେ ଯେ ଯାଦୁବାସ୍ତବତା (Magic Realism) ର ପରାବାସ୍ତବତା (Sur-realism) ସହିତ ଏକ ଗଭୀର ସମ୍ପର୍କ ରହିଛି ସତ, କିନ୍ତୁ ବାସ୍ତବ ସମ୍ପର୍କିତ ଏହି ଦ୍ୱିବିଧ ଧାରଣା ଭିତରେ ଅନେକ ପ୍ରଭେଦ ମଧ୍ୟ ଅଛି। କାରଣ ଯାଦୁବାସ୍ତବତା ଏଇ ପୃଥିବୀ, ପାର୍ଥିବ ଜଗତ ଏବଂ ସେଇ ଜଗତକୁ ନେଇ ଗଢ଼ି ଉଠେ ଏବଂ ପରାବାସ୍ତବତାରେ ମଣିଷ ମନ ଏବଂ ସେଇ ମନକୁ କେନ୍ଦ୍ରରେ ରଖି ଆବର୍ତ୍ତିତ ହେଉଥିବା ଏକ ସ୍ୱତନ୍ତ୍ର ଜଗତ ପ୍ରାଧାନ୍ୟ ପାଏ।

ପରବର୍ତ୍ତୀ ସମୟରେ ବିଂଶ ଶତାବ୍ଦୀର ଚତୁର୍ଥ / ପଞ୍ଚମ ଦଶକରେ କିଛି ଲାଟିନ୍ ଆମେରିକାନ୍ ଚିତ୍ରକର, ଯଥା- Ivan Albright, Paul Cadmus, George Tookel ଏବଂ ଆହୁରି ଅନେକ ଅପାର୍ଥିବ, ରହସ୍ୟମୟ ଅଥଚ ବାସ୍ତବ ସହ ସମ୍ପୃକ୍ତ ଏକ ଚେତନାକୁ ବର୍ଣ୍ଣନା କରିବାର ମାଧ୍ୟମ ରୂପେ ଯାଦୁବାସ୍ତବତାର ପ୍ରୟୋଗ କରିଥିଲେ। ଧୀରେଧୀରେ ଏହା ଲାଟିନ୍ ଆମେରିକାନ୍ ସାହିତ୍ୟରେ ବ୍ୟାପକ ସ୍ୱୀକୃତି ପାଇଲା। ଲାଟିନ୍ ଆମେରିକାର ଲେଖକମାନଙ୍କ ମଧ୍ୟରେ କ୍ୟୁବାର ଆଲେଜୋ କାର୍‌ପେଣ୍ଟିଅର (Alejo Carpentier) ଓ ଭେନ୍‌ଜୁଏଲାର ଆର୍ତ୍ତୁରୋ ଉସ୍‌ଲାର ପିଯେତ୍ରି (Arturo Uslar-pientri)ଙ୍କୁ ଯାଦୁ ବାସ୍ତବତାର ପଥିକୃତ ସାହିତ୍ୟିକ ରୂପେ ମାନ୍ୟତା ପ୍ରଦାନ କରାଯାଏ। ୧୯୪୦ ମସିହାରେ ଅଷ୍ଟ୍ରିଆନ୍ ଔପନ୍ୟାସିକ ଜର୍ଜ ସାଇକୋ (George Saiko) ଯାଦୁ ବାସ୍ତବତାର ଅବଧାରଣା ସମ୍ପର୍କରେ ବିସ୍ତୃତଭାବେ ଲେଖିଥିଲେ। ଏଭଳି ଭାବେ ଏହା କିଛି ଖାସ୍ ଉପନ୍ୟାସ ନିମନ୍ତେ ପ୍ରଯୁକ୍ତ ହେଲା। ଯାହାକୁ ନେଇ ଆର୍ଜେଣ୍ଟିନାର ଲେଖକ ଲୁଇସ୍ ବୋରେ (Luis Borges) ବିସ୍ତୃତ ଭାବେ ଆଲୋଚନା କରିଛନ୍ତି।

କଲମ୍ବିଆର ବିଶ୍ୱବିଖ୍ୟାତ ଔପନ୍ୟାସିକ ଗାବ୍ରିଆଲ୍ ଗାର୍ସିଆ ମାର୍କ୍ୱେଜ୍ (Gabriel Garcia Marquez, 1928) ଯାଦୁ ବାସ୍ତବତାର ଶ୍ରେଷ୍ଠ ଔପନ୍ୟାସିକଙ୍କ ମଧ୍ୟରୁ ଅନ୍ୟତମ। ୧୯୫୦ ରୁ ୧୯୭୦ ମସିହା ପର୍ଯ୍ୟନ୍ତ ଦକ୍ଷିଣ ଆମେରିକାର ଅନେକ ଦେଶର ଔପନ୍ୟାସିକମାନେ ଏଭଳି ଉପନ୍ୟାସ ରଚନା କଲେ, ଯେଉଁଥିରେ ଉପନ୍ୟାସର ପରମ୍ପରାଗତ ଢାଞ୍ଚା ବଦଳିଗଲା। ଏଥିରେ ଅତୀତ ଓ ବର୍ତ୍ତମାନର, ବାସ୍ତବ ଓ ଭ୍ରମର, ବାସ୍ତବିକତା ଓ ଫାଣ୍ଟାସିର, ଐତିହାସିକ ଚେତନ ଓ ମିଥ୍‌ଧର୍ମୀ ଚେତନାର, ଅଭିଜାତ ସଂସ୍କୃତି ଓ ଜନସଂସ୍କୃତିର ଏମିତି କଳାତ୍ମକ ସଂଯୋଜନା ରହିଲା ଯେ, ବାସ୍ତବବାଦର ସଂଜ୍ଞା ଭିତରେ ରଖିବା ସମ୍ଭବ ନଥିଲା। ଅତଏବ ସେମାନଙ୍କ ଲେଖାରେ 'ଯାଦୁବାସ୍ତବବାଦ' ଶବ୍ଦର ପ୍ରୟୋଗ ହୋଇଗଲା। ପରବର୍ତ୍ତୀ ସମୟରେ ତାହା ସାହିତ୍ୟର ବିଭିନ୍ନ ବିଭାଗରେ ପ୍ରଯୁକ୍ତ ହୋଇ ପୃଥିବୀ ସାରା ବ୍ୟାପିଗଲା। ଏହାର କେତୋଟି ଆଙ୍ଗିକଗତ ବୈଶିଷ୍ଟ୍ୟ ହେଉଛି -

କ. ବାସ୍ତବ, ଫାଣ୍ଟାସି ଏବଂ ଉଦ୍‌ଭଟ ଉପାଦାନର ମିଶ୍ରଣ ବା ପାଖାପଖି ଅବସ୍ଥାନ।

ଖ. ଦ୍ରୁତ ସମୟ ପରିବର୍ତ୍ତନର କ୍ଷମତା।

ଗ. କଥାବସ୍ତୁର ବିଭିନ୍ନ ଅଂଶ ଏକତ୍ର ଅଥବା ଗୋଲକଧନ୍ଦା ଭଳି ଜଟିଳ।

ଘ. ସ୍ୱପ୍ନ, ମିଥ୍, ରୂପକଥା ଆଦି ବିଭିନ୍ନ ଧରଣର କହାଣୀର ପ୍ରୟୋଗ।

ଙ. ପ୍ରତୀକବାଦୀ ଓ ପରାବାସ୍ତବବାଦୀ ବର୍ଣ୍ଣନା।

ଚ. ରହସ୍ୟମୟ ଗାଣିତ୍ୟର ଉପସ୍ଥାପନା।

ଛ. ଆକସ୍ମିକ ଓ ଅତର୍କିତ ଚମକପ୍ରଦ ଉପାଦାନ।

ଜ. ଭୟଙ୍କର ଓ ଅତର୍କିତ ଅବସ୍ଥାର ଚିତ୍ର ଉପସ୍ଥାପନ।

(Dictionary of terms and literary theory D.A. Wdda, P.522)

ଝ. ରହସ୍ୟ ପ୍ରତି ଲେଖକଙ୍କ ସଚେତନ ଭାବ।

ଞ. ସାମାଜିକ ଓ ରାଜନୀତିକ ବ୍ୟାଖ୍ୟା।

ଟ. ଲେଖକୀୟ ବାକ୍‌ସଂଯମ।

ଠ. ସଙ୍କରୀକରଣ।

ଯାଦୁବାସ୍ତବବାଦର ଉପରୋକ୍ତ ବୈଶିଷ୍ଟ୍ୟଗୁଡ଼ିକୁ ଆଧାର କରିଥିବା ଗାବ୍ରିଏଲ୍ ମାର୍କ୍ୱେଜ୍‌ଙ୍କ 'One Hundred years of solitude' ପୁସ୍ତକଟି ସାହିତ୍ୟ ପାଇଁ ନୋବେଲ୍ ପୁରସ୍କାର ଲାଭ କରିଥିଲା। ତେବେ ସେତେବେଳକୁ ଭାରତରେ ମଧ୍ୟ ଯାଦୁ ବାସ୍ତବତାର ପ୍ରୟୋଗ ଦେଖାଦେଇଥିଲା। ଭାରତୀୟ ବଂଶଜ ସଲମନ୍ ରସ୍‌ଦୀଙ୍କ ଉପନ୍ୟାସ ଓ ମନୋଜ ଦାସଙ୍କ କଥାକାହାଣୀ ଓ ଉପନ୍ୟାସ ଭିତରେ ଯାଦୁବାସ୍ତବତାର ବହୁଳ ପ୍ରୟୋଗ ଦେଖିବାକୁ ମିଳେ। ଏହା ବ୍ୟତୀତ ଓଡ଼ିଆ ସାହିତ୍ୟରେ ଚନ୍ଦ୍ରଶେଖର ରଥ, ସୁରେନ୍ଦ୍ର ମହାନ୍ତି, ଅଖିଳ ମୋହନ ପଟ୍ଟନାୟକ ଆଦି ଅନେକ ଗାଳ୍ପିକଙ୍କ ଗଳ୍ପରେ ଯାଦୁବାସ୍ତବତାର କଥା ନିହିତ। ମାର୍କ୍ୱେଜ୍‌ଙ୍କ ଉପନ୍ୟାସଟି ୧୯୮୨ ମସିହାରେ ନୋବେଲ୍ ପୁରସ୍କାର ପାଇଥିଲାବେଳେ ସେହି ବର୍ଷ ଓଡ଼ିଆ କଥାକାର ଚନ୍ଦ୍ରଶେଖର ରଥଙ୍କ 'ନାଗାନ୍ତକ ବିଦ୍ୟା' ଗଳ୍ପ ପ୍ରକାଶ ପାଇଥିଲା, ଯେଉଁଥିରେ ଗୋଟିଏ ନାଗସାପ ମଣିଷ ରୂପ ଧାରଣ କରିପାରେ ଓ ପୁଣି ମଣିଷରୁ ନାଗକୁ ରୂପାନ୍ତରିତ ହୋଇପାରେ। ଯାଦୁବାସ୍ତବତାର ଏହି ଆକସ୍ମିକ ଓ ଅତର୍କିତ ରୂପାନ୍ତର ପ୍ରବୃତ୍ତିଟିକୁ ଯଦିଓ ଭାରତୀୟ ନାଟ୍ୟ ସାହିତ୍ୟ ଭିତରେ ଲକ୍ଷ୍ୟ କରିବା, ତେବେ ଏହାର ପ୍ରଥମ ଶ୍ରେୟର ଅଧିକାରୀ ହେବେ ଓଡ଼ିଆ ନାଟ୍ୟକାର ରମେଶ ପ୍ରସାଦ ପାଣିଗ୍ରାହୀ।

ଯେଉଁ ସମୟରେ କବିମାନେ ପରମ୍ପରା ପାଖକୁ ପ୍ରତ୍ୟାବର୍ତ୍ତନ କରିବାରେ

ଏକ ଛନ୍ଦ୍ମଶୈଳୀ ନିର୍ମାଣ କରି ବିଶ୍ୱାସ ହରାଉଥିଲେ, ମିଥ୍ ଓ ଆଧିଭୌତିକ ଦାର୍ଶନିକ ଧାରାକୁ ପ୍ରଦର୍ଶନ କରାଇ ମିଥ୍ର ପୁନର୍ମୂଲ୍ୟାୟନ କରୁଥିଲେ, ସେହି ସମୟରେ ସେ ଓଡ଼ିଆ ନାଟକକୁ ନୂତନ ପ୍ରକାଶଭଙ୍ଗୀ ଦେଇ ସମାଜ ଓ ନାଟକକୁ ଏକ ନାନ୍ଦନିକ ବୋଧରେ ଅଭିମନ୍ତ୍ରିତ କରିଥିଲେ। ଅନାଟକ, ଅଣନାଟକ, ସଂଳାପହୀନ ନାଟକ ଆଦି ରଚନା ଲିଖନ ଧାରା କେବଳ ଗୁଜରାଟର ଆବିଦ୍ ସୁରତିକୁ ଛାଡ଼ିଦେଲେ ସେ ହିଁ କରିଥିଲେ। କବିମାନେ ସମୟ ସଚେତନ ହୋଇ ମୃତ୍ୟୁ ସଚେତନ ପାଖରେ ପହଞ୍ଚିଲାବେଳକୁ ସେ ସ୍ଥାନ ଭିତ୍ତିକ ଆଖ୍ୟାନ (Spatial Narrative) ଉପରେ ପରୀକ୍ଷା କରୁଥିଲେ। ସେହି ଧାରାରେ ୧୯୭୧ ମସିହାରେ ରଚିତ ଓ ୧୯୭୨ ମସିହାରେ ପରିବେଷିତ ନାଟକ 'ପଞ୍ଚମ ସ୍ୱର', ଯାହା ପରବର୍ତ୍ତୀ ସମୟରେ 'ମହାନାଟକ' ନାମରେ ନାମିତ, ସେହି ନାଟକରେ ଚରିତ୍ରର ଆକସ୍ମିକ ରୂପାନ୍ତର ଘଟାଇଛନ୍ତି। ଏଥିରେ ନାଟକ ଆରମ୍ଭ ହେବାର ଦଶ ମିନିଟ୍ ଭିତରେ ଦୁଇଜଣ ଦାସକାଠିଆ (ସୂତ୍ରଧର) ଚରିତ୍ରରୁ ଅନ୍ୟ ଚରିତ୍ରରେ ବଦଳିଗଲେ। ଅର୍ଥାତ୍ ଏମାନେ ରୂପାନ୍ତର ଶୈଳୀରେ ବର୍ଣ୍ଣନାକାରୀ ହେଉହେଉ ଚରିତ୍ର ପାଲଟିଗଲେ। ତା'ର ଛ'ମାସ ପରେ ନାଟ୍ୟକାର ଗିରୀଶ କର୍ନ୍ନଡ଼ ତାଙ୍କର 'ହୟବଦନ' ନାଟକରେ, ଡ଼.ବିଜୟ ତେନ୍ଦୁଲୁକର ତାଙ୍କ 'ଘାସିରାମ କୋଟ୍ୱାଲ' ନାଟକରେ ଏହି ଶୈଳୀର ବ୍ୟବହାର କରିଥିଲେ। ପରବର୍ତ୍ତୀ ସମୟରେ ଓଡ଼ିଆରେ ସୁବୋଧ ପଟ୍ଟନାୟକ, ରତିରଞ୍ଜନ ମିଶ୍ର, ପ୍ରମୋଦ ତ୍ରିପାଠୀ, ଶଙ୍କର ପ୍ରସାଦ ତ୍ରିପାଠୀ, ରଣଜିତ ପଟ୍ଟନାୟକ ପ୍ରମୁଖ ନାଟ୍ୟକାରମାନେ ଏହି ରୂପାନ୍ତରୀକରଣ ପ୍ରକ୍ରିୟାର ପ୍ରୟୋଗ କରିଛନ୍ତି।

ଯାଦୁ ବାସ୍ତବତାର ପ୍ରଧାନ ବୈଶିଷ୍ଟ୍ୟ ହେଉଛି ବାସ୍ତବ ଓ ବିଶ୍ୱାସଯୋଗ୍ୟ ପ୍ରତିବେଦନର ପାଖାପାଖି ଉଦ୍ଭଟ କଳ୍ପନା ଓ ଖିଆଲିପଣର ସହାବସ୍ଥାନ। ଯେମିତି ହଠାତ୍ କୌଣସି ଏକ ମୁହୂର୍ତ୍ତରେ ବାସ୍ତବର ସୀମା ଛାଡ଼ି ବର୍ଣ୍ଣନା ବା ନେରେଟିଭ୍ ଚାଲିଗଲା କଳ୍ପଲୋକକୁ। ମାର୍କେଜ୍‌ଙ୍କର ପୂର୍ବ ଉଲ୍ଲିଖିତ ଉପନ୍ୟାସରେ ଯେମିତି ଗୋଟେ ନାରୀ ଚରିତ୍ର ଅକସ୍ମାତ୍ ତା'ର ପୋଷାକ ଖୋଲିଦେଇ ସ୍ୱର୍ଗକୁ ଅରୋହଣ କଲା। ଏଠାରେ ବାସ୍ତବ ଓ କଳ୍ପନାର ଅଦ୍ଭୁତ ସମନ୍ୱୟ ଲକ୍ଷ୍ୟ କରାଯାଏ। ରମେଶ ପ୍ରସାଦ ପାଣିଗ୍ରାହୀଙ୍କ 'ମହାନାଟକ' (୧୯୭୧), ହାତୀକୁ ହୋମିଓପ୍ୟାଥି, ଆନନ୍ଦ ନଗରକୁ ଯାତ୍ରା ସହ ଅନ୍ୟ କିଛି ନାଟକରେ ଏଭଳି ଅଦ୍ଭୁତ ସମନ୍ୱୟ ଲକ୍ଷ୍ୟ କରାଯାଏ। ଯଦିଓ ତିନୋଟି ନାଟକକୁ କେହି କେହି ଉଦ୍ଭଟ ଓ ଫାଣ୍ଟାସି ପର୍ଯ୍ୟାୟର ନାଟକ ଭାବେ ବିଚାର କରିଛନ୍ତି; ତେବେ ଏଗୁଡ଼ିକରେ ତା'ଠୁ ବ୍ୟାପକ ଅର୍ଥ ବହନ କରୁଥିବା 'ଯାଦୁ ବାସ୍ତବତାଧର୍ମୀ' ନାଟକର ପ୍ରଚୁର ପ୍ରମାଣ ଦେଖିବାକୁ ମିଳେ। ସାଧାରଣତଃ ବାସ୍ତବତା

ଭିତ୍ତିକ ବିଚାରବୋଧକୁ ପ୍ରାଧାନ୍ୟ ଦେଉନଥିବା ସାଂସ୍କୃତିକ ଅଭିବ୍ୟକ୍ତିକୁ ଫାଣ୍ଟାସି ବା ଅତିକଳ୍ପନା / କଳ୍ପନା କୁହାଯାଏ। ଏହି ଦୃଷ୍ଟିକୋଣରୁ ରମେଶ ପାଣିଗ୍ରାହୀଙ୍କ ନାଟକକୁ ଲକ୍ଷ୍ୟକଲେ ଜଣାଯାଏ, ତାଙ୍କ ନାଟକଗୁଡ଼ିକରେ ବାସ୍ତବତାବୋଧ ଭିତ୍ତିକ ବିଚାର ରହିଛି। ନାଟ୍ୟକାର ଅତି ସଚେତନ ଭାବେ ବାସ୍ତବତା ଭିତରେ ଅତିକଳ୍ପନାର ସମ୍ମିଶ୍ରଣ ଘଟାଇଛନ୍ତି। ସାମାଜିକ ଓ ରାଜନୀତିକ ବାଖ୍ୟାକୁ କାଳ୍ପନିକତାର ମିଶ୍ରଣରେ ଏକ ରହସ୍ୟମୟ ପାଣ୍ଡିତ୍ୟ ସୃଷ୍ଟି କରିଛନ୍ତି। ଅତିକଳ୍ପନାଠାରୁ ଯାଦୁ ବାସ୍ତବତା ଅଧିକ ବ୍ୟାପକ ଓ ବିସ୍ତୃତ ଅର୍ଥରେ ପ୍ରଯୁକ୍ତ। ଅତଏବ ରମେଶ ପାଣିଗ୍ରାହୀ ଯାଦୁବାସ୍ତବତାର ପ୍ରୟୋଗ କ୍ଷେତ୍ରରେ ଜଣେ ସାର୍ଥକ ଶିଳ୍ପୀ।

ଏକଦା ଔପନିବେଶିକ ଶାସନରେ ସ୍ୱେଚ୍ଛାଚାର ପୀଡ଼ିତ ଦକ୍ଷିଣ ଆମେରିକାର ଦେଶଗୁଡ଼ିକରେ ଏହି ଯାଦୁ ବାସ୍ତବତା ସମାଜ ଓ ରାଜନୀତି ଉତ୍‌କୈନ୍ଦ୍ରିକତାକୁ ଟୋଳି ଧରିବା ନିମନ୍ତେ ଅଦ୍ଭୁତ ଆଙ୍ଗିକ ପ୍ରଦାନ କରିଥିଲା। 'ମହାନାଟକ'ରେ ତାହା ଲକ୍ଷ୍ୟ କରାଯାଇପାରେ। ବିଂଶ ଶତକର ଷଷ୍ଠ ଦଶକ ବେଳକୁ ଭାରତରେ ନିଜ ସଂସ୍କୃତିର ଚେରକୁ ଦେଖିବା ଓ ଦେଖେଇବା ଏକ ଫେସନ୍‌ରେ ପରିଣତ ହୋଇଯାଇଥିଲା। ସେହି ନ୍ୟାୟରେ ନାଟ୍ୟକାର ଜଣେ ଅଗାଣ୍ଡିଆ ରାଜାକୁ ମୁଖ୍ୟ ନାୟକ କରି ଉପସ୍ଥାପନ କରିଛନ୍ତି। ଲୋକନାଟକ, ଲୋକକାହାଣୀ ଓ ଲୋକପ୍ରବାଦକୁ ଆଧାର କରି ନାଟକରେ ଏଗୁଡ଼ିକର ବ୍ୟଙ୍ଗାତ୍ମକ ପ୍ରୟୋଗ କରିଛନ୍ତି। ଏହାର ଉଦ୍ଦେଶ୍ୟ ହେଉଛି ସାମସମୟିକ ରାଜନୀତିକ ଓ ସାଂସ୍କୃତିକ ସ୍ଥିତିକୁ ସଚେତନ କରିବା। ଜଣେ ଖିଆଲି ରାଜାର ଖିଆଲି ଶାସନ ଓ ରାଜ୍ୟରେ ଘଟୁଥିବା ଅତିକଳ୍ପିତ ଘଟଣା ଓ ରାଜାଙ୍କର ଅତିକଳ୍ପିତ ଯୋଜନା ଦର୍ଶକମାନଙ୍କୁ ମାୟାଜାଲରେ ବାନ୍ଧି ରଖେ। ଏକଛତ୍ରବାଦୀ ଶାସକ ପ୍ରତି ନାଟକରେ ଶାଣିତ ବ୍ୟଙ୍ଗ କରାଯାଇଛି। ଏହା ଭାରତୀୟ ପ୍ରାକ୍ ଇମରଜେନ୍‌ସି ସମୟରେ ମୁଣ୍ଡ ଟେକୁଥିବା ଏକଛତ୍ରବାଦ ସମୟର ରଚନା। ବାସ୍ତବତା ସହ ଅତିକଳ୍ପନା ଓ ଉଦ୍ଭଟ ଚିତ୍ର ଦେଇ ସେ ନାଟକର କଥାବସ୍ତୁରେ ଯାଦୁ ବାସ୍ତବତାର ପ୍ରୟୋଗ କରିଥିଲେ। ଆକାଶ ତଳେ ଛାତ କରିବା, ନାରୀମାନେ ମତ୍ସ୍ୟ ହୋଇଯିବା, ବିନା ମେଘରେ ବର୍ଷା ହେବା, ପରସ୍ପର ହସ୍ତପଦ ଛେଦନ କରିବା ଆଦି ଅତିକଳ୍ପନା ଓ ଉଦ୍ଭଟ ବିଷୟ ଭିତରେ ସମାଜର ବସ୍ତାବ ଦିଗ ପ୍ରତି ତୀକ୍ଷଣ ଶ୍ଳେଷ କରାଯାଇ ଆତଙ୍କ ପରିସ୍ଥିତି ସୃଷ୍ଟି କରାଯାଇଛି।

ନିଛକ ବସ୍ତୁନିଷ୍ଠ ବାସ୍ତବକୁ ଅତିକ୍ରମ କରି ରୂପକଥା, ଅତିକଥା, ଲୋକଗାଥାକୁ ଆଶ୍ରୟ କରି ଯାଦୁ ବାସ୍ତବତା ସାହିତ୍ୟର ସାମାଜିକ ନ୍ୟାୟ ଓ ମୂଲ୍ୟକୁ ନୂତନ ଭାବେ ଧରିବାକୁ ଚେଷ୍ଟାକରେ। ଚେକ୍ ଔପନ୍ୟାସିକ ମିଲନ୍ କୁନ୍ଦେରା, ଜର୍ମାନ୍

ନାଟ୍ୟକାର ଗୁଏଣ୍ଟାର ଗ୍ରାସ୍, ଭାରତୀୟ ବଂଶୋଦ୍ଭବ ଲେଖକ ସଲମନ୍ ରସ୍‌ଦି ଆଦି ଏହି ଯାଦୁ ବାସ୍ତବତାକୁ ତାଙ୍କର ରୂପକାତ୍ମକ, ରାଜନୀତିକ, ବ୍ୟଙ୍ଗଧର୍ମୀ ରଚନାରେ, ତଥ୍ୟ ଓ ସତ୍ୟକୁ ନାନା ଭାବେ ନିୟନ୍ତ୍ରଣ କରିବା ବିରୁଦ୍ଧରେ ପ୍ରତିବାଦ ସ୍ୱରୂପ ବ୍ୟବହାର କିଛନ୍ତି। ନାଟ୍ୟକାର ପାଣିଗ୍ରାହୀ 'ମହାନାଟକ' ଭଳି 'ଆନନ୍ଦ ନଗରକୁ ଯାତ୍ରା'ରେ ମଧ୍ୟ ମଣିଷର ଦ୍ୱିଧାଗ୍ରସ୍ତ ମାନସିକତାକୁ କଠୋର ବ୍ୟଙ୍ଗ କରିବା ନିମନ୍ତେ ଯାଦୁ ବାସ୍ତବତାର ଆଶ୍ରୟ ନେଇଛନ୍ତି। ବାସ୍ତବ ଓ ଅବାସ୍ତବର ମିଶ୍ରଣ କରି ଚେତନାସ୍ତରକୁ ବିଭାଜନ କରିଛନ୍ତି। ୧. ସୌରଜଗତ ବା ମହାଶୂନ୍ୟ ବା କୁଶୀଲବଙ୍କର ଚେତନାସ୍ତର, ୨. ସମୁଦ୍ର ଓ ସମୁଦ୍ରର ଅନୁଭୂତି, ୩. କାଳ୍ପନିକ ଆନନ୍ଦ ନଗର ଷ୍ଟେସନ୍, ୪. ଏକ ଅନ୍ତହୀନ ବୃତ୍ତାକାର ରାସ୍ତା, ୫. ଯନ୍ତ୍ରଣା କୋଠରୀ ଓ ମେଘନାଦ ସାମନ୍ତଙ୍କ ଆନନ୍ଦ ନିଳୟ ଓ ୬. ଗୋଟିଏ ବିବର, ଯାହା ପୃଥିବୀ ପୃଷ୍ଠରୁ ଭୂକେନ୍ଦ୍ର ପର୍ଯ୍ୟନ୍ତ ପ୍ରସାରିତ। ଏହି ପଟ୍ଟଭୂମିରେ ମିନା ଓ ବିଶ୍ୱଜିତ୍ ଆନନ୍ଦ ସନ୍ଧାନ କରୁଛନ୍ତି। ନାଟକଟି ସତେ ଯେମିତି ଏକ କୁହୁକ କାହାଣୀର ଭ୍ରମ ସୃଷ୍ଟି କରେ।

ବିବାହ ପରେ ମୀନା ଓ ବିଶ୍ୱଜିତ୍ ଆନନ୍ଦ ଅନ୍ୱେଷଣରେ ବାହାରିଛନ୍ତି । ପୃଥିବୀରେ ଏତେ ପ୍ରକାର ବିଚିତ୍ର ଆନନ୍ଦ ସଭୁ ଭର୍ତ୍ତି ହୋଇଯାଇଛି ଯେ, ବର୍ତ୍ତମାନ ସେଥିରୁ ପ୍ରକୃତ ଆନନ୍ଦ କେଉଁଟା ବାରିବା ମୁସ୍କିଲ୍ ହୋଇଯାଇଛି। ଅର୍ଥ, ଯୌବନ, ଆଭିଜାତ୍ୟ, ସୌନ୍ଦର୍ଯ୍ୟ କେଉଁଥିରେ ବି ସେମାନେ ସନ୍ତୁଷ୍ଟ ହୋଇ ପାରିନାହାନ୍ତି। ଆଧୁନିକ ମଣିଷ ଏସବୁର ଅଧିକାରୀ ହେଲେ ବି ସେ ଏସବୁର ପ୍ରକୃତ ଆନନ୍ଦକୁ ଉପଲବ୍ଧି କରିପାରୁନାହିଁ। ନାଟକରେ କଥାବସ୍ତୁ, ଘଟଣା, ଚରିତ୍ର, ଭାଷା, ସଂଳାପ ଓ ନାଟକୀୟତା ଆଦି ପ୍ରତ୍ୟେକ କ୍ଷେତ୍ରରେ ବାସ୍ତବ ଓ କଳ୍ପନାର ମିଶ୍ରଣ ରହିଛି। ଆନନ୍ଦନଗରର ମେଘନାଦ ଏକ ରହସ୍ୟମୟ ବ୍ୟକ୍ତିତ୍ୱ। ନନ୍ଦନକାନନକୁ ଟିକେଟ୍ ବିକୁଥିବା ଫଟିକ ଦାସ ଜଣେ ମିଶ୍ରିତ ଚରିତ୍ର। ନାଟକର ପ୍ରତ୍ୟେକ ଜାଗାରେ ଏକ ଅଦ୍ଭୁତ ବିରୋଧାଭାସ ରହୁଛି। ପ୍ରାଚ୍ୟ ପାଶ୍ଚାତ୍ୟର ମିଶ୍ରଣ ରହିଛି। କାଳର ବିଭକ୍ତିକରଣ ଘଟିଛି।

ନାଟକରେ ଥିବା ପରିତ୍ୟକ୍ତ କୋଠାଘର ଅନ୍ଧାରିଆ ଅଳିନ୍ଦ, ଚକ୍ରାକାରରେ ଉପରକୁ ଉଠୁଥିବା ସିଢ଼ି, ବାଦୁଡ଼ିର ପକ୍ଷାଘାତରେ ଶିହରିତ ଅନ୍ଧକାରର ନିଥର, ସୁଡ଼ଙ୍ଗ ପରେ ସୁଡ଼ଙ୍ଗ, ପ୍ରତିଧ୍ୱନି ଭରା ପ୍ରେତ ଅଧ୍ୟୁଷିତ ରୋମାଞ୍ଚକର ପରିବେଶ ଆଦି ଭିତରେ ଆକସ୍ମିକ ଓ ଅପ୍ରତ୍ୟାଶିତ ଘଟଣା ପ୍ରବାହ ଦେଇ ନାଟକଟି ଗତି କରିଛି। ମନେହୁଏ ସେଠାରେ ସ୍ଥାନ ଓ କାଳ କିଛି ନାହିଁ। କୋଉଠି ଶୂନ୍ୟ, କୋଉଠି ପୂର୍ଣ୍ଣ, କୋଉଠି ବିବର, କୋଉଠି ସମୁଦ୍ର କିଛି ଜଣା ପଡୁ ନାହିଁ। ଏକ ରହସ୍ୟମୟ ଓ ରୋମାଞ୍ଚକର

ଡିଟେକ୍‌ଟିଭ୍ ଉପନ୍ୟାସ ପଢ଼ିଲା ଭଳି ମନେ ହେଉଛି। ଏସବୁ ଯାଦୁବାସ୍ତବତାର ଏକ ଏକ ଲକ୍ଷଣ, ଯାହାକୁ ନାଟ୍ୟକାର ଅତି ସଚେତନ ଓ ଆକସ୍ମିକ ଭାବେ ପ୍ରୟୋଗ କରିଛନ୍ତି।

ସେହିପରି 'ହାତୀକୁ ହୋମିଓପାଥି' ନାଟକଟି ଏକ ରହସ୍ୟମୟ ଯାଦୁକରୀ ଘଟଣାକୁ ନେଇ ରଚିତ। ଏଠାରେ ହାତୀ ସାମାଜିକ ଅରଣ୍ୟରେ ଲୁଚି ରହିଥିବା ଚତୁଷ୍ପଦ ଜନ୍ତୁ ହୋଇପାରେ, କିମ୍ବା ଭାଗ୍ୟ, ସମାଜ ବା କୌଣସି ଅପଦେବତା ବି ହୋଇପାରେ। ସମ୍ବାଦପତ୍ରରେ ବାହାରିଥିବା 'ବଣୁଆ ହାତୀ ସାଇକେଲ୍ ଚଢ଼ାଳୀକୁ ହତ୍ୟା କରିଛି' ପ୍ରସଙ୍ଗଟିକୁ ନାଟ୍ୟରୂପ ଦେଇ ବାସ୍ତବଧର୍ମିତାକୁ ଭାଙ୍ଗିବା ସହ ନାଟ୍ୟକାର ଏକ ନୂତନ ଶ୍ଳେଷାତ୍ମକ ସାମଗ୍ରିକ ଜୀବନାନୁଭୂତିର ପରୀକ୍ଷା କରିଛନ୍ତି। ଏହା ବାସ୍ତବ ଘଟଣା ଉପରେ ଆଧରିତ ହୋଇଥିଲେ ମଧ୍ୟ ବାସ୍ତବତାକୁ ଅତିକ୍ରମ କରି ବାସ୍ତବୋତ୍ତର ସ୍ତରକୁ ଚାଲିଯାଇଛି।୧୯୬୦ ମସିହା ପରଠାରୁ ସମାଜର ପ୍ରତ୍ୟେକ ସ୍ତରରେ ଯେଉଁ ବିବର୍ତ୍ତନ ଚାଲିଛି, ସେ ଭିତରେ ସବୁ ସୂକ୍ଷ୍ମ ଅନୁଭୂତିଗୁଡ଼ିକ ତଳିତଳାନ୍ତ ହୋଇ ଯାଉଛି। ନୂତନ ରାଜନୈତିକ, ଆର୍ଥନୀତିକ ଓ ସାହିତ୍ୟିକ ତତ୍ତ୍ୱ ଓ ଦାର୍ଶନିକ ଶୈଳୀ ଆଦି ମଣିଷର ଚିନ୍ତାଧାରାକୁ ଆକ୍ରାନ୍ତ କରୁଛି। ଧର୍ମପାଇଁ ଦଙ୍ଗା, ଜାତିଭିତ୍ତିକ ହିଂସା, ରାଜନୀତିକ ନେତୃତ୍ୱ ପାଇଁ କୁସ୍ତା, ପାର୍ଥିବ ସୁଖ ପାଇଁ ଘୋଡ଼ାଦୌଡ଼ - ଆଦି ସବୁରି ପଛରେ ହାତୀ। ଏ ସମସ୍ତ ପ୍ରତିରୋଧ ସତ୍ତ୍ୱେ ଏସବୁ ଦ୍ରୁତଗତିରେ ବ୍ୟାପିବାରେ ଲାଗିଛି। ଏସବୁ ଭିତରେ ମଣିଷ କ୍ରମଶଃ ନିଜେ ଗୋଟେ ହାତୀ ପାଲଟି ଯାଉଛି। ମଣିଷର ଭିନ୍ନଭିନ୍ନ ରୂପ ଭିତରେ ହାତୀର ଅବସ୍ଥିତି ହେଉଛି ଯାଦୁବାସ୍ତବତାର ଲକ୍ଷଣ। ସେଇଠି ହାତୀ କେତେବେଳେ କେଉଁ ରୂପରେ ଉଭା ହେଉଛି। ହାତୀ, ହାତୀବାବା, କିମ୍ବା ହାତୀ ସାହୁକାର ଭିତରେ ମଣିଷ କିପରି ପଶୁତ୍ୱ ଆଡ଼କୁ ଦ୍ରୁତ ବଦଳିଯାଉଛି ତହା ଲକ୍ଷ୍ୟ କରାଯାଉଛି। "ଗ୍ରୀଗୋରୀ ସାମ୍‌ସା ଗୋଟିଏ Giant Beetle ରେ ପରିଣତ ହେବା ପଛରେ ନା ମ୍ୟାଜିକ୍ ଥିଲା ନା ବୈଜ୍ଞାନିକ ଚମତ୍କାରିତା ନା ମନ୍ତ୍ର। ସୁନାହରିଣୀଟା ଶରବିଦ୍ଧ ହୋଇ ଯେମିତି ମାରିଚ ହୋଇଗଲା ଏହା ସେଭଳି ନୁହେଁ। ସହରର ସବୁ ମଣିଷ କ୍ରମଶଃ ହାତୀ ହୋଇଯାଉଥିବା ରୋଗଟି Rhinocitis ଭଳି ଏକ ବ୍ୟାଧି।" (ହାତୀକୁ ହୋମିଓପାଥି, ମୁଖବନ୍ଧ) ଏଭଳି ନାଟକର ପ୍ରତିଟି ସ୍ତର ବାସ୍ତବତାର ଉଲ୍ଲଂଘନ କରି ଏକ ଶୂନ୍ୟତା ଆଡ଼କୁ ଅଗ୍ରଗତି କରିଛି। ଯେଉଁ ମୁହୂର୍ତ୍ତରେ 'ହାତୀବାବୁ' ଗୋଟିଏ ହାତୀମୁଖା ପିନ୍ଧି ମଞ୍ଚ ଉପରକୁ ଉଠି ଏକ ଜାନ୍ତବ ଭାଷାରେ ଭାଷଣ ଦେଇଛନ୍ତି, ସେଇଠି ବାସ୍ତବତା ଓ ଅବାସ୍ତବତାର ମିଶ୍ରଣ ଘଟିଛି। କଥାବସ୍ତୁ ଯାଦୁକରୀ ଘଟଣା ଭଳି ମନେ ହେଉଛି। ମିଥ୍ ଓ ଲୋକକଥାମାନଙ୍କରେ ଯେମିତି ପକ୍ଷୀରାଜ ଘୋଡ଼ା ଓ

କଥାକୁହା ପକ୍ଷୀ ମିଳନ୍ତି, ସେହିଭଳି ହାତୀଟି ଜଣେ ଭାଷା ବିଶାରଦଙ୍କ ସଙ୍ଗେ ରାଜଧାନୀ ପରିକ୍ରମା କରୁଛି। ଏଠାରେ ବାସ୍ତବ, ଫାଣ୍ଟାସି ଓ ଉଦ୍ଭଟ ଉପାଦାନର ମିଶ୍ରଣ ଘଟିଛି।

ପାରମ୍ପରିକ ସାହିତ୍ୟଠାରୁ ଯାଦୁ ବାସ୍ତବବାଦୀ ସାହିତ୍ୟ ବେଶ୍ ସ୍ୱତନ୍ତ୍ର। ଏହାର ବିଷୟବସ୍ତୁ ବୈଚିତ୍ର୍ୟମୟ। ଏଥିରେ ଉଲ୍ଲିଖିତ ବିଭିନ୍ନ ବିଷୟ ମଧ୍ୟରୁ ଦୁଇଟି ଉଲ୍ଲେଖଯୋଗ୍ୟ ବିଷୟ ହେଲା – 'Criticism of Society' ଓ "Particularly the Elite" । ଏହି ସମାଲୋଚନା କରିବାକୁ ଯାଇ ଯାଦୁ-ବାସ୍ତବତାର ଲେଖକମାନେ ଭୌଗୋଳିକ, ସାମାଜିକ ଓ ଆର୍ଥିକ ସମ୍ପନ୍ନ ଏମିତି କିଛି ଚରିତ୍ରର ସନ୍ଧାନ କରନ୍ତି ଓ ସେମାନଙ୍କ ଉପରେ ଗୁରୁତ୍ୱ ଦିଅନ୍ତି। ରମେଶ ପାଣିଗ୍ରାହୀଙ୍କ ଅଧିକାଂଶ ନାଟକରେ ଏହାର ପ୍ରତିଫଳନ ଦେଖିବାକୁ ମିଳେ। 'ମୁଁ, ଆମ୍ଭେ ଓ ଆମ୍ଭେମାନେ' ନାଟକର ବିଲେଇ ପାଗଳ ବିଚିତ୍ରାନନ୍ଦ ଚରିତ୍ରଠୁ ଆରମ୍ଭ କରି 'ଜଣେ ମହାପୁରୁଷଙ୍କ ଜନ୍ମ ଓ ମୃତ୍ୟୁ ସମ୍ପର୍କରେ' ନାଟକର ବେଙ୍ଗ ବୈଜ୍ଞାନିକ କୃଷ୍ଣମୋହନ ଚରିତ୍ର ପର୍ଯ୍ୟନ୍ତ ସମସ୍ତେ ଏକ ଏକ ସାମାଜିକ ବ୍ୟତିକ୍ରମୀ ଚରିତ୍ର। ସେମାନଙ୍କ ବ୍ୟତିକ୍ରମ ଜୀବନ ଦର୍ଶନଠାରୁ ଜୀବିକା ନିର୍ବାହର ବାସ୍ତବ ସ୍ଥିତି ପର୍ଯ୍ୟନ୍ତ ସବୁଠି ଏକ ସ୍ୱାତନ୍ତ୍ର୍ୟ ସୃଷ୍ଟିକରେ। ବର୍ଷାର ପ୍ରଥମ ପାଣି ଯେତେବେଳେ ବେଙ୍ଗ ମୁଣ୍ଡରେ ପଡ଼େ, ତାହା ମଣି ହୋଇଯାଏ।' ଏକଥା ବିଜ୍ଞାନ ସମ୍ମତ ନ ହେଲେ ମଧ୍ୟ ଅଧ୍ୟାପକ କୃଷ୍ଣମୋହନ ହଜାରହଜାର ବେଙ୍ଗଙ୍କୁ ଧରି କାଟନ୍ତି ଓ ମଣିର ସନ୍ଧାନ କରନ୍ତି। ଏଥିପାଇଁ ସେ ଏଗାର ବର୍ଷର ଦାମ୍ପତ୍ୟ ଜୀବନକୁ ବି ନଷ୍ଟ କରିସାରିଲେଣି। ସେ ଜଣେ ବେଙ୍ଗ ଗବେଷକ ଏବଂ ତାଙ୍କର ଗବେଷଣା ସାମ୍ପ୍ରତିକ ସମୟର ଗବେଷଣା ପାଇଁ ଏକ ବିଦ୍ରୂପ ହେଲେ ବି ତାହା ଏକ ଗବେଷଣା ଏବଂ ଏଥିପାଇଁ ତାଙ୍କର ଅତୁଳନୀୟ ନିଷ୍ଠା ଯେକୌଣସି ବୈଜ୍ଞାନିକଙ୍କ ଜୀବନ ପରି ଆଲୌକିକ ନହେଲେ ବି ଅଯୌକ୍ତିକ ଭାବେ ଯୁକ୍ତିଯୁକ୍ତ ଓ ସ୍ୱାଭାବିକ। "ପ୍ରମାଣ ସାପେକ୍ଷ ଏହି ଅଯୌକ୍ତିକ ତଥ୍ୟକୁ ମହାପୁରୁଷ କୃଷ୍ଣମୋହନଙ୍କ ହାସ୍ୟାସ୍ପଦ ଓ ଶ୍ଳେଷାତ୍ମକ ନିଷ୍ଠାପର ବୀଜମନ୍ତ୍ର ଭାବରେ ଚିନ୍ତା କଲେ ତାଙ୍କର ଜୀବନ ବେଖାପ ଓ ଅବ୍ୟବସ୍ଥିତ (Out of harmony) ମନେ ନହୋଇ ସ୍ୱାଭାବିକ ମନେହୁଏ। ଯଦିଓ ତାଙ୍କର ତଥ୍ୟ ପ୍ରକୃତ ପକ୍ଷେ (A violation of the rules of logic) ଅବାନ୍ତର, ଯଥାର୍ଥହୀନ।" (ଗୋପାଳ ରଥ (ଆତ୍ରେୟ), ମୁଖବନ୍ଧ, ଜଣେ ମହାପୁରୁଷଙ୍କ ଜନ୍ମ ଓ ମୃତ୍ୟୁ ସମ୍ପର୍କରେ) ନାଟକରେ ଶେଷଯାଏଁ ଚରିତ୍ର ମାଧ୍ୟମରେ ସାମାଜିକ ବ୍ୟଙ୍ଗ ବିଦ୍ରୂପ ଭରି ରହିଛି। ସ୍ୱାଭାବିକ ଓ ଅସ୍ୱାଭାବିକ, ବାସ୍ତବ ଓ କଳ୍ପନାର ଅଦ୍ଭୁତ ମିଶ୍ରଣରେ ଯାଦୁର ଭ୍ରମ ସୃଷ୍ଟି କରୁଛି।

ଯାଦୁ ଲେଖକମାନଙ୍କ ଲକ୍ଷ୍ୟ ଥାଏ to seize the mystery that

breathess behind things' । ରହସ୍ୟଚେତନାକୁ ଯିଏ ଯେତେ ଭଲ ଭାବେ ଅନୁଭବ କରି ଲେଖାରେ ଫୁଟେଇପାରିଲା, ସେ ସେତେ ବେଶୀ ସଫଳ ହୋଇପାରିଲା। ନାଟ୍ୟକାର ପାଣିଗ୍ରାହୀ ସମକାଳୀନ ସମାଜ ଓ ବିଶ୍ୱ ଚିନ୍ତାଜଗତ ସହ ଗଭୀର ଭାବରେ ଜଡ଼ିତ। ତେଣୁ ସମକାଳୀନ ନାଟକଠାରୁ ତାଙ୍କ ନାଟକରେ ସ୍ୱତନ୍ତ୍ରତା ବାରି ହୋଇପଡ଼େ। ସେ ସ୍ୱାତନ୍ତ୍ର୍ୟ ହେଉଛି ଯାଦୁ-ବାସ୍ତବତା, ଯାହା ବାସ୍ତବ ଓ କଳ୍ପନାର ଅଦ୍ଭୁତ ମିଶ୍ରଣ। ରମେଶ ପାଣିଗ୍ରାହୀଙ୍କ ଅଧିକାଂଶ ନାଟକରେ ଏହାର ବହୁଳ ପ୍ରୟୋଗ ଦେଖିବାକୁ ମିଳୁଥିବାରୁ ତାଙ୍କୁ ଭାରତୀୟ ନାଟ୍ୟ ସାହିତ୍ୟର ପ୍ରଥମ ଯାଦୁ-ବାସ୍ତବ ନାଟ୍ୟଶିଳ୍ପୀର ମାନ୍ୟତା ଦିଆଯାଇପାରେ।

■

ସହକାରୀ ପ୍ରଫେସର, ଓଡ଼ିଆ ବିଭାଗ ବିଶ୍ୱଭାରତୀ ବିଶ୍ୱବିଦ୍ୟାଳୟ, ଶାନ୍ତିନିକେତନ (ପ.ବ)

ଓଡ଼ିଆ ସାହିତ୍ୟରେ ଉତ୍ତର ଆଧୁନିକତା ଓ ରମେଶ ପାଣିଗ୍ରାହୀ

ଡ. ପ୍ରତିମା କୁମାରୀ ପାଣିଗ୍ରାହୀ

ଏହି ପ୍ରବନ୍ଧରେ ରମେଶ ପାଣିଗ୍ରାହୀଙ୍କ ନାଟ୍ୟକ୍ଷେତ୍ରକୁ ତାଙ୍କର କେବଳ ଏକମାତ୍ର ସାହିତ୍ୟିକ ଚାରଣ ଭୂମି ରୂପେ ଗ୍ରହଣ କରାଯାଉନାହିଁ। କେବଳ ନାଟ୍ୟକ୍ଷେତ୍ରକୁ ତାଙ୍କର ଅବଦାନ କ'ଣ ସେ ସମ୍ପର୍କରେ ଆଲୋଚନା କରିବାର ପ୍ରସ୍ତାବ ଏଠାରେ ନାହିଁ। ସମଗ୍ର ଓଡ଼ିଆ ସାହିତ୍ୟରେ, ଅର୍ଥାତ୍ ଓଡ଼ିଆ କବିତା, ଗଳ୍ପ, ଉପନ୍ୟାସ ଏବଂ ପ୍ରବଂଧ, ଆଲୋଚନା ବିଭାଗଗୁଡ଼ିକରେ ଉତ୍ତର ଆଧୁନିକ ପର୍ଯ୍ୟାୟରେ ରମେଶ ପାଣିଗ୍ରାହୀଙ୍କ ନାଟକକୁ ତୁଳନାତ୍ମକ ଭାବରେ ଉପସ୍ଥାପନ ଏବଂ ମୂଲ୍ୟାୟନ କରିବାର ଏକ କ୍ଷୁଦ୍ର ପ୍ରୟାସ ଏଠାରେ କରାଯାଇଛି।

ପ୍ରାୟତଃ ଓଡ଼ିଆ ସାହିତ୍ୟର ଗବେଷକମାନେ ଉପନ୍ୟାସ, କବିତା, ଗଳ୍ପ କିମ୍ବା ନାଟକ ବିଭାଗ ସଂପର୍କରେ ଆଲୋଚନା କଲାବେଳେ ଭୂଲମ୍ବ ଭାବେ ଅର୍ଥାତ୍ ଗୋଟିଏ ସାହିତ୍ୟିକ ବିଭାଗର ନିମ୍ନରୁ ଶୀର୍ଷବିନ୍ଦୁ ଯାଏଁ ଲେଖା ଯାଇଥିବା ନାଟକ, ନାଟ୍ୟ ରଚନାର ସମକାଳୀନତା ଏବଂ ତାହାର ପୂର୍ବ ଓ ଉତ୍ତର କାଳୀନ ନାଟକଗୁଡ଼ିକୁ ଆଲୋଚନାର ସ୍ତର ମଧ୍ୟକୁ ଆଣିଥା'ନ୍ତି। କିନ୍ତୁ ଏଠାରେ ଗୋଟିଏ ନିର୍ଦ୍ଦିଷ୍ଟ ସମୟ ଖଣ୍ଡରେ ଲେଖାଯାଇଥିବା ନାଟକ, କବିତା, ଗଳ୍ପ - ଉପନ୍ୟାସ ଏବଂ ଗଦ୍ୟ ରଚନାର ଏକ ତୁଳନାତ୍ମକ ଅଧ୍ୟୟନ କରିବା ପାଇଁ ପ୍ରୟାସ କରାଯାଉଅଛି। ଏହା ଏକ ସମାନ୍ତର ଅଧ୍ୟୟନ।

ଏହି କ୍ରମରେ ଉତ୍ତର ଆଧୁନିକତା ଓଡ଼ିଆ ସାହିତ୍ୟକୁ ଆନୁମାନିକ ଭାବେ ୧୯୮୦ ମସିହା ବେଳକୁ ପ୍ରବେଶ କରିଛି। ଷଷ୍ଠ ଦଶକର ମଧ୍ୟଭାଗରେ "ଓଁ ୟଁ ଲୁ" କ୍ଷୁଦ୍ର ପତ୍ରିକା ଆନ୍ଦୋଳନ, ଯୁବଲେଖକ ସମ୍ମିଳନୀ ଇତ୍ୟାଦିର ପ୍ରଭାବରେ ଓଡ଼ିଶାରେ ଏକ ଅଭୂତପୂର୍ବ ଆଧୁନିକ ପରୀକ୍ଷାର ଯୁଗ ଆରମ୍ଭ ହୋଇଥିଲା।

ଏହି ଉତ୍ତର ଆଧୁନିକତାର ପ୍ରଥମ ସ୍ୱର ଶୁଭିଥିଲା ୧୯୭୧ରେ ରଚିତ ଏବଂ ଫେବୃଆରୀ ୧୯୭୨ରେ ମଂଚସ୍ଥ ମହାନାଟକରେ। ଏଥିରେ ପ୍ରଥମଥର ପାଇଁ ଦାସକାଠି ଗୀତ ମାଧ୍ୟମରେ ଗୋଟିଏ କିମ୍ବଦନ୍ତୀର ରାଜାଙ୍କ ଚରିତ୍ର ନାଟ୍ୟାୟିତ। ସାହିତ୍ୟିକ ପରୀକ୍ଷାର ସମାନ୍ତରାଳ ଭାବରେ ଦେଖିଲେ ୧୯୭୦ ମସିହାରେ 'ମହାନାଟକ'ର

ବର୍ଷେ ପୂର୍ବରୁ ଗୁରୁପ୍ରସାଦ ମହାନ୍ତିଙ୍କ 'ସମୁଦ୍ର ସ୍ନାନ' ପ୍ରକାଶ ପାଇଛି। ଏଥିରେ ଥିବା 'କାଳପୁରୁଷ' କବିତାଟି ଟି. ଏସ୍. ଇଲିଅଟ୍‌ଙ୍କ "ଦି ୱେଷ୍ଟ ଲ୍ୟାଣ୍ଡ" କବିତାର ଅନୁକୃତି ବୋଲି କୁହାଯାଇ ଓଡ଼ିଆ ସାହିତ୍ୟରେ ବିତର୍କ ଚାଲିଛି।

୧୯୭୧ ରେ ରଚିତ 'ମହାନାଟକ' ରେ ଶ୍ରୀ ପାଣିଗ୍ରାହୀ ନିଜ ଅଂଚଳର ଲୋକନାଟ୍ୟ ଉତ୍ସ ଦାସକାଠିଆ ପାଖରେ ପହଂଚି ପାରିଛନ୍ତି, ଲୋକଧାରା ପାଖରେ ପହଞ୍ଚିବା ଆଧୁନିକତାର ମଧ୍ୟ ଏକ ଅଂଶ। ତଥାପି ଏହା ଉତ୍ତର ଆଧୁନିକ ସାହିତ୍ୟର ଏକ 'ମୁଖ୍ୟ ବିଭାବ'। ଭାନୁଜୀ ରାଓଙ୍କ 'ବିଷାଦ ଏକ ଋତୁ' (୧୯୭୩)ରେ ସେ ପ୍ରକୃତିର ଚିତ୍ର ; ସୌନ୍ଦର୍ଯ୍ୟ ପିପାସା ମଧ୍ୟରେ କବିତାରେ ଅବଗାହନ କରୁଛନ୍ତି।

'ମହାନାଟକ' (୧୯୭୧) ଲେଖା ହେଲା ବର୍ଷ ପ୍ରକାଶ ପାଇଛି ସୀତାକାନ୍ତ ମହାପାତ୍ରଙ୍କ 'ଶବ୍ଦର ଆକାଶ (୧୯୭୧) ଏହାର କବିତାଗୁଡ଼ିକରେ କିଛି ମାତ୍ରାରେ ମାଟିର ମୋହ ରହିଛି। କିନ୍ତୁ ମୁଖ୍ୟତଃ ଆକାଶ ଅଭିସାର ତାଙ୍କ କଳ୍ପନାର ମୁଖ୍ୟ ଅଂଗ। ସେ ନିଜର ସଂଜ୍ଞା ଓ ସ୍ଥିତି ସଂପର୍କରେ ହିଁ ପ୍ରଶ୍ନାକୁଳ। ଲୋକ ସଂସ୍କୃତିରେ ତାଙ୍କର ଏ ପର୍ଯ୍ୟନ୍ତ ପ୍ରତ୍ୟୟ ଜନ୍ମି ନାହିଁ। ୧୯୭୩ ମସିହାରେ ପ୍ରକାଶିତ ସୌଭାଗ୍ୟ ମିଶ୍ରଙ୍କ 'ନଇ ପହଁରା' କାବ୍ୟ ଗ୍ରନ୍ଥରେ ଭାଷା ମାର୍ଜିତ ଓ ବିଭବବନ୍ତ, କିନ୍ତୁ ଭାବ ଜଟିଳ; ପାଶ୍ଚାତ୍ୟ ବିଷଣ୍ଣତା ଓ ଜଟିଳତା ଦ୍ୱାରା ଆକ୍ରାନ୍ତ, ତାହା 'ମହାନାଟକ', 'ଧୃତରାଷ୍ଟ୍ରର ଆଖି' (୧୯୭୧) ଓ "ଦୁର୍ଘଟଣାବଶତଃ" (୧୯୭୨)ର ସରଳ ଓ ସମାହିତ ଉପସ୍ଥାପନା ପରି ପ୍ରାଞ୍ଜଳ ନୁହେଁ। କିମ୍ବା ଭାରତୀୟ ଲୋକ ଉତ୍ସ ଭିତରେ ନିଜ କଳ୍ପନାକୁ ସମାହିତ କରିପାରୁ ନାହାନ୍ତି। ଅବଶ୍ୟ "ଶୁକଦେବ ଜେନା" କବିତାରେ ସେ ଜଣେ ପାପଗ୍ରସ୍ତ ନାୟକର ସଂସାରକାମୀ ମନ ଦ୍ୱାରା ଦଗ୍ଧ ହେଉଥିବା ଏକ ଶଂକିତ ନାୟକ କଥା କହୁଛନ୍ତି। 'ଧୃତରାଷ୍ଟ୍ରର ଆଖି'ର ସଂତାପ ମହାନ୍ତିର ଆଦର୍ଶ କିମ୍ବା ଦୁର୍ଘଟଣାବଶତଃ (୧୯୭୧) ନାଟକର ସୌଭାଗ୍ୟ ଦାସ ମହାପାତ୍ରର ମୃତ୍ୟୁବୋଧ ପରି ତାହା ସଳଖ ଓ ଦମ୍ଭ ନୁହେଁ। ୧୯୭୧ରେ ପ୍ରକାଶିତ ତାଙ୍କର "କ୍ରୀସ୍‌ମାସ – ୧୯୭୧" କବିତାରେ ମଧ୍ୟ ସୌନ୍ଦର୍ଯ୍ୟ ଓ ପବିତ୍ରତା ଧର୍ଷିତ ହେଉଛି। ତାଙ୍କୁ ଲାଗୁଛି ଶୁଭଚେତନା ଓ ବିଶ୍ୱାସର ପୁନଃ ପ୍ରତିଷ୍ଠା ପାଇଁ ମହାପୁରୁଷ ଏ ପୃଥିବୀରେ ଅବତରଣ କରୁଛନ୍ତି ସତ, କିନ୍ତୁ ସେମାନେ କୁଶବିଦ୍ଧ ହେଉଛନ୍ତି।

ଓଡ଼ିଆ କ୍ଷୁଦ୍ରଗଳ୍ପ ଉପନ୍ୟାସ ଜଗତରେ ୧୯୭୦ ମସିହା ବେଳକୁ କେବଳ ମିନି ପତ୍ରିକାର 'ଆଭାସ ଗଳ୍ପ' ଆନ୍ଦୋଳନଟି ଉଲ୍ଲେଖ ଯୋଗ୍ୟ। ଏହି କ୍ରମରେ ବରିଷ୍ଠ ଲେଖକ ଗୋପୀନାଥ ମହାନ୍ତିଙ୍କର "ପିମ୍ପୁଡ଼ି" ନାମକ ଆଭାସ ଗଳ୍ପଟି ଉଲ୍ଲେଖ ଯୋଗ୍ୟ। ରାଜ କିଶୋର ରାୟଙ୍କ ଗଳ୍ପ ସ୍ରୋତ ଶୁଖି ଆସିଲାଣି। ସୁରେନ୍ଦ୍ର ମହାନ୍ତି ଐତିହାସିକ

ଉପନ୍ୟାସ ଲେଖିବାରେ ବ୍ୟସ୍ତ। ଚନ୍ଦ୍ରଶେଖର ରଥଙ୍କ 'ଯନ୍ତ୍ରାରୂଢ଼' ଉପନ୍ୟାସ ଆଦୃତ ହେଉଛି। ଶାନ୍ତନୁ ଆଚାର୍ଯ୍ୟ ନକ୍ସଲ ଆନ୍ଦୋଳନ ସଂପର୍କିତ ଉପନ୍ୟାସ ରଚନା କରୁଛନ୍ତି। କିନ୍ତୁ 'ଗୁଣ୍ଡା' ନାଟକର ବାବ୍‌ଲୁ ଭଳି ଆବେଗିକ ଉଷ୍ମତା ଓ ନାଟକୀୟତା ଶାନ୍ତନୁ ଆଚାର୍ଯ୍ୟଙ୍କ ଗଳ୍ପରେ / ଉପନ୍ୟାସରେ ନଥିଲା। 'ଶତାବ୍ଦୀର ନଚିକେତା' ଓ 'ତିନୋଟି ରାତିର ସକାଳ'ରେ ମୂଲ୍ୟବୋଧର ସଂକଟ ରୂପାୟିତ। କିନ୍ତୁ ରମେଶ ପ୍ରସାଦ ପାଣିଗ୍ରାହୀଙ୍କ ତିମିର ତୃଷ୍ଣା (୧୯୬୪)ର ଶ୍ଳେଷ, ବିଂନ୍ଦୁ ଓ ବଳୟ (୧୯୬୫), ମୁଁ, ଆମ୍ଭେ ଓ ଆମ୍ଭେମାନେ (୧୯୬୮)ର ବ୍ୟଙ୍ଗ ଓ ମୂଲ୍ୟବୋଧର ସଂକଟଗୁଡ଼ିକୁ ଉପସ୍ଥାପନ କରିବାର ଜୀବନ୍ତ ପ୍ରୟାସ ଶାନ୍ତନୁଙ୍କ ଉପନ୍ୟାସରେ ନଥିଲା। ତାଙ୍କର "ଏଇ ଶେଷ ପଦଟି (୧୯୭୨)" ଓ 'ଅରଣ୍ୟର ଚୂଳ' (୧୯୭୪) ପୁସ୍ତକ ଦିଓଟିରେ ମଧ୍ୟ 'ମହାନାଟକ'ର ସାଂସ୍କୃତିକ ମୂଳ ଉତ୍ସକୁ ଫେରି ଆସିବାର ଚେଷ୍ଟା କରୁଛନ୍ତି କିନ୍ତୁ ସଫଳତା ଉପଲବ୍ଧ ହୁଏ ନାହିଁ।

ଏହି ସମୟରେ ଚନ୍ଦ୍ରଶେଖର ରଥ ଓ ବାମା ଚରଣ ମିତ୍ର ଲଳିତ ନିବନ୍ଧକୁ ଛାଡ଼ି ଗଳ୍ପ ଲେଖିବା ଆରମ୍ଭ କରିଛନ୍ତି। ସତ୍ୟ ମିଶ୍ରଙ୍କ 'ଯୀଶୁଖ୍ରୀଷ୍ଟ' (୧୯୭୨) ଏବଂ ନାରାୟଣ ପଣ୍ଡାଙ୍କ ଆଭାସ ଗଳ୍ପଗୁଡ଼ିକ ପ୍ରଭାବଶାଳୀ ହୋଇଥିଲେ ମଧ୍ୟ ସ୍ଥିତିବାଦୀ ଦର୍ଶନ ଦ୍ୱାରା ପରିପୁଷ୍ଟ। ଭାରତୀୟ ସଂସ୍କୃତି ଓଡ଼ିଶାର କିମ୍ବଦନ୍ତୀ ଓ ଲୋକକଥାକୁ ଫେରିଆସି ସାହିତ୍ୟର ସମୃଦ୍ଧି ସାଧନ କରିବାର ମାନସିକତା ଏଇ ପିଢ଼ିର ନଥିଲା। କିନ୍ତୁ ଷଷ୍ଠ ଦଶକର ଶେଷ ଭାଗ ଓ ସପ୍ତମ ଦଶକର ଆରମ୍ଭରେ ମନୋଜ ଦାସଙ୍କ ଲୋକଗଳ୍ପ ଉପରେ ଆଧାରିତ ଗଳ୍ପଗୁଡ଼ିକ ଓଡ଼ିଆ ସାହିତ୍ୟର ନୂତନ ବାତାୟନଗୁଡ଼ିକୁ ଉନ୍ମୁକ୍ତ କରି ରଖିଥିଲା। ଅଖିଳ ମୋହନ ପଟ୍ଟନାୟକଙ୍କ ଗଳ୍ପ ଗୁଡ଼ିକ ସଂପର୍କରେ ସେ ନିଜେ କହନ୍ତି, "ମୁଁ ବ୍ୟକ୍ତିଗତ ଜୀବନର ବ୍ୟର୍ଥତାର କ୍ଷତିପୂରଣ ପାଇଁ ଗଳ୍ପ ଲେଖେ।" (ରତ୍ନପ୍ରଭା ସାହୁ, ଅମୃତ ଅନ୍ୱେଷାର ରୂପକାର ଅଖିଳ ମୋହନ, ଏଥିନା ବୁକ୍ସ, ୨୦୧୦, ପୃ - ୪୯) "ଝଡ଼ର ଇଗଲ୍ ଓ ଧରଣୀର କୃଷ୍ଣସାର" ଗଳ୍ପ ସଂକଳନର 'ପକ୍ଷାଘାତ' ଗଳ୍ପର ଇନ୍ଦିରା ଗୋଟିଏ ପଟେ ଜୀବନର ଓ ଅନ୍ୟପଟେ ସଂଗ୍ରାମର କେନ୍ଦ୍ର ବିନ୍ଦୁରେ ପହଞ୍ଚିଛି ଏବଂ ଖୋଜିଛି ଜୀବନର ଅର୍ଥ। ତା' ଭିତରେ ମନସ୍ତାତ୍ତ୍ୱିକ ଦ୍ୱନ୍ଦ୍ୱ ଯଥେଷ୍ଟ ନାଟକୀୟ। କିନ୍ତୁ ଅଖିଳ ମୋହନ ମଧ୍ୟ ଓଡ଼ିଆ ସଂସ୍କୃତି ଓ ଲୋକ ପରମ୍ପରାକୁ ସଫଳ ଭାବେ ସ୍ପର୍ଶ କରି ପାରୁନାହାନ୍ତି।

ଅନ୍ୟ ପକ୍ଷରେ ବାମାଚରଣ ମିତ୍ରଙ୍କ 'ଚନ୍ଦ୍ର ଓ ଚମ୍ପା' ବୌଦ୍ଧ ଯୁଗର ଏକ ଐତିହାସିକ ଅତି କଳ୍ପନା ଉପରେ ପର୍ଯ୍ୟବଶିତ ହୋଇଥିବାରୁ ଗୋଟିଏ ଦିଗରୁ ତାଙ୍କର କନିଷ୍ଠ ଗାଳ୍ପିକ ସୁରେନ୍ଦ୍ର ମହାନ୍ତି ନୀଳଶୈଳରେ ତାଙ୍କ ପଦାଙ୍କ ଅନୁସରଣ କରୁଅଛନ୍ତି ଓ ଅନ୍ୟପକ୍ଷରେ 'ପକା କମ୍ବଳ ପୋତଛତା'ର ପ୍ରଣେତା ରମେଶ ପାଣିଗ୍ରାହୀ ଓଡ଼ିଆ ଲୋକକଥାର ଶୈଳୀଟିକୁ ନାଟକରେ ଗ୍ରହଣ କରିଛନ୍ତି।

ସପ୍ତମ ଦଶକ ବେଳର ଅନ୍ୟ ଏକ ସାର୍ଥକ ଗାଳ୍ପିକ ହେଲେ ମନୋଜ ଦାସ। ତାଙ୍କର "ଧୂମ୍ରାଭ ଦିଗନ୍ତ ଓ ଅନ୍ୟାନ୍ୟ କାହାଣୀ" ଗଳ୍ପ ସଂକଳନଟି ୧୯୭୭ ମସିହାରେ ମୁଦ୍ରିତ ହୋଇଥିଲେ ମଧ୍ୟ ଏଥିରେ ସନ୍ନିବିଷ୍ଟ ଗଳ୍ପଗୁଡ଼ିକ 'ମହାନାଟକ' ସମୟର। ଅର୍ଥାତ୍ ୧୯୭୦-୭୧ ମସିହା ସମୟର। ସେ ପୁରା ଲୋକକଥାର କାହାଣୀ ଶୈଳୀରେ ଲେଖନ୍ତି, ଅଥଚ ସେଗୁଡ଼ିକର ରୂପକାତ୍ମକ ଅର୍ଥ ଆଧୁନିକ ସମାଜ ଜୀବନକୁ ମଧ୍ୟ ପ୍ରତିଫଳିତ କରିଥାଏ।

ଉଦାହରଣ ସ୍ୱରୂପ ମନୋଜ ଦାସଙ୍କ 'ଅପହୃତ ଟୋପୀ'ର ରହସ୍ୟ ଗଳ୍ପଟିକୁ ଦେଖାଯାଉ। ମହାରଣା ବାବୁ ମତ୍ସ୍ୟ କର୍କଟ ବିଭାଗର ମନ୍ତ୍ରୀ ହେଲାପରେ ତାଙ୍କ ନିଜ ଗ୍ରାମରେ ତାଙ୍କୁ ସମ୍ବର୍ଦ୍ଧନା ଦିଆଗଲା। ଖରାବେଳେ ସେ ଶୋଇଥିବା ଅବସ୍ଥାରେ ତାଙ୍କ ଟୋପୀଟିକୁ ତାଙ୍କ ପୋଷା ମାଙ୍କଡ଼ ଝାଣ୍ଟୁ ଚୋରାଇ ନେଇ ବୁଲିଲା। ମନ୍ତ୍ରୀ ସଭାରେ ତାଙ୍କ ଚନ୍ଦା ମୁଣ୍ଡ ଦେଖାଇ ଦୁଃଖରେ ଭାଷଣ ଦେଲେ। ଲୋକେ କହିଲେ କେହି ଜଣେ ମନ୍ତ୍ରୀ ପ୍ରେମୀ ନିଜ ସଂଗ୍ରହାଳୟରେ ମନ୍ତ୍ରୀଙ୍କ ଟୋପୀଟି ରଖିବାକୁ ନେଇଯାଇ ଥାଇ ପାରନ୍ତି। ପରେ ପୋଷା ମାଙ୍କଡ଼ ଝାଣ୍ଟୁ ଟୋପୀଟି ଆଣି ଫେରାଇ ଦେଇଛି ଅତି ନାଟକୀୟ ଭାବରେ।

ଅନ୍ୟପଟେ ଦେଖିଲେ ମନ୍ତ୍ରୀ ଓ ମାଙ୍କଡ଼ ମଧ୍ୟରେ ସାମଞ୍ଜସ୍ୟ ଦେଖାଇ ମନୋଜ ଦାସ ଏକ ସାମାଜିକ / ରାଜନୈତିକ ବ୍ୟଙ୍ଗ ଉପସ୍ଥାପନ କରିଛନ୍ତି। ତୁଳନାତ୍ମକ ରୂପେ ଦେଖିଲେ ରମେଶ ପାଣିଗ୍ରାହୀଙ୍କ ମହାନାଟକର ସମ୍ରାଟ ବଜ୍ରବାହୁ ମନୋଜ ଦାସଙ୍କ କାହାଣୀର ଚରିତ୍ର ପରି ମନେ ହୁଅନ୍ତି। ଉଭୟେ ଉତ୍ତର ଆଧୁନିକ ଗଳ୍ପ ଓ ନାଟକ ପର୍ଯ୍ୟାୟର।

କିନ୍ତୁ ଓଡ଼ିଆ ଗଳ୍ପରେ ସପ୍ତମ ଦଶକ ସୁଦ୍ଧା ଉତ୍ତର ଆଧୁନିକତର ସ୍ୱର ଉପଲବ୍ଧ ହୋଇନାହିଁ। ଗାଳ୍ପିକ ଉମାଶଙ୍କର ମିଶ୍ର(୧୯୨୭)ଙ୍କ କାହାଣୀ ସ୍ତବକ (୧୯୮୦)ର ମୁଖବନ୍ଧ ଲେଖିଛନ୍ତି ଚନ୍ଦ୍ରଶେଖର ରଥ। ଏ ଗଳ୍ପ ଗୁଡ଼ିକ ସବୁ ବିଂଶ ଶତାବ୍ଦୀର ସପ୍ତମ ଦଶକର ରଚନା। ଏଥିରେ ମୁଖ୍ୟ ବାର୍ତ୍ତା ପ୍ରେମ। ପ୍ରେମଦ୍ୱାରା ସେ ଓଡ଼ିଆ ସମାଜକୁ ବିଶ୍ୱରୂପ ମଧ୍ୟ ଦେଖାଇ ପାରନ୍ତି। ଏହି ଲେଖକଙ୍କର ୧୯୮୧ ରେ ପ୍ରକାଶିତ "ଶ୍ୱେତ ଅନୃତ" ଗଳ୍ପ ପୁସ୍ତକର ନ'ଟି ଗଳ୍ପ ପ୍ରାୟତଃ ଦୁର୍ବୋଧ କିମ୍ବା ସେଗୁଡ଼ିକୁ "ଲଘୁ କଥା" କୁହାଯାଇପାରେ। କିନ୍ତୁ "ଶ୍ୱେତ ଅନୃତ"ର କାହାଣୀରେ 'ମହାନାଟକ'ର ବଜ୍ରବାହୁ ରାଜାଙ୍କ ଚରିତ୍ରଟି ଦ୍ୱାରା ପ୍ରଭାବିତ ହୋଇ ଏକ ଅନ୍ଧାରୀ ଶାସନ ବିଶିଷ୍ଟ ରାଜ୍ୟର ଅନ୍ଧବିଚାର ସମ୍ପର୍କରେ ଲେଖିଛନ୍ତି।

୧୯୮୧ରେ ଗାଳ୍ପିକ ପ୍ରଭାତ ମହାପାତ୍ରଙ୍କ "ଅନେକ ଅକ୍ଷାଂଶ" ପ୍ରକାଶିତ

ହେବାପରେ ଓଡ଼ିଆ ପାଠକ "ବୃହନ୍ନଳାର ରାତି" ଏବଂ 'ଦୁର୍ଯ୍ୟୋଧନର ଉରଭଂଗ' ପ୍ରଭୃତି ମିଥ୍ ସମ୍ପର୍କିତ ଗଳ୍ପ ରଚନାର ଅନୁଭବ ପାଏ ଓଡ଼ିଆ ନାଟକରେ। ରମେଶ ପାଣିଗ୍ରାହୀ ପ୍ରାୟ ଦଶବର୍ଷ ଆଗରୁ "ଧୃତରାଷ୍ଟ୍ରର ଆଖି" ନାଟକ ଲେଖି ସାରିଛନ୍ତି। ଏଥିରେ ମଧ୍ୟ "ମିଥ୍"କୁ ରୂପକଳ୍ପ ରୂପେ ବିନ୍ୟାସ କରାଯାଇଛି। ନାଟକ ବୋଲି ଏହା ଅନାଲୋଚିତ।

ଏହି ସମୟର ଅନ୍ୟ ଏକ ସଫଳ ଗାଳ୍ପିକ ରବିସ୍ୱାଇଁ (୧୯୫୦) ପ୍ରଥମେ 'ସଂବିତ' ନାମକ ଏକ ଗଳ୍ପ ସଂକଳନ ୧୯୭୨ ମସିହାରେ ପ୍ରକାଶ କରିଥିଲେ। କିନ୍ତୁ ୧୯୮୧ ମସିହାରେ ପ୍ରକାଶିତ ତାଙ୍କର ୧୪ଟି ଗଳ୍ପର ସଂକଳନ 'ଡେଙ୍ଗା ମଣିଷ' 'ସଂବିତ୍'ର ମିନି, ଆଭାସ ଓ ରୂପକ ଗଳ୍ପଠାରୁ ଅଲଗା। 'ମହାଯାତ୍ରା' ଗଳ୍ପର ଯୁଧିଷ୍ଠିର ଗୋଟିଏ ଟାୱାର୍ ଉପରୁ ପୃଥିବୀକୁ ଦେଖି ଅନୁଭବ କରୁଛି ପୃଥିବୀ ଗୋଟେ ଜଡ଼ ପିଣ୍ଡଟେ ପରି ପଡ଼ି ରହିଛି। ଅନେକ ଦିନରୁ ଯେପରି ପୃଥିବୀର ପ୍ରାଣବାୟୁ ଉଡ଼ିଗଲାଣି। ରବିସ୍ୱାଇଁଙ୍କ ଆଭାସ ଗଳ୍ପ ଓ ସାଙ୍କେତିକ ଗଳ୍ପ ସେ ସମୟର କଥାଶିଳ୍ପ ପାଇଁ ଅତ୍ୟନ୍ତ ମହତ୍ତ୍ୱପୂର୍ଣ୍ଣ।

ସେହିପରି ମହତ୍ତ୍ୱପୂର୍ଣ୍ଣ ଜଗଦୀଶ ମହାନ୍ତିଙ୍କ ଏକାକୀ ଅଶ୍ୱାରୋହୀ (୧୯୭୯) ଦକ୍ଷିଣ ଦୁଆରି ଘର (୧୯୮୦), ଈର୍ଷା ଏକ ଋତୁ (୧୯୮୦) ଏବଂ ଆଲବମ୍ (୧୯୮୧) ପରୀକ୍ଷା ପ୍ରବଣ କଥାକାର ଭାବେ ଜଗଦୀଶଙ୍କର ରହିଛି ଏକ ସ୍ୱତନ୍ତ୍ର ପରିଚୟ। ବିଂଶ ଶତାବ୍ଦୀର ଅଷ୍ଟମ ଦଶକ ବେଳକୁ ସେ ତରୁଣ ପିଢ଼ିର ଏକ ଅଗ୍ରଗାମୀ ଲେଖକ। କିନ୍ତୁ ଏହି ଲେଖକର ହୃଦବୋଧ ହୁଏ ଯେ ସେ ମଧ୍ୟ ରମେଶ ପ୍ରସାଦ ପାଣିଗ୍ରାହୀଙ୍କର ଅ-ନାଟକ (Antiplays), ଅଣୁନାଟକ (Atom Plays) ଓ ପ୍ରତିନାଟକ (Counter Plays)ଗୁଡ଼ିକ ଦ୍ୱାରା ପ୍ରଭାବିତ ।

ଓଡ଼ିଆ ସାହିତ୍ୟରେ ଅ-ନାଟକ, ଅଣୁନାଟକ ଓ ପ୍ରତିନାଟକ ବୋଲି କୌଣସି ବିଭାବ ନଥିଲା। ଭାରତର ଅନ୍ୟ କୌଣସି ଭାଷାରେ ଏପରି ବିଭାବ ଅଛି କି ନାହିଁ ତାହା ମଧ୍ୟ ସଂଦେହଜନକ। କାରଣ ଏହି ଲେଖିକାର ଦୃଷ୍ଟିପଥରେ ସେପରି କୌଣସି ଦୃଷ୍ଟାନ୍ତ ଉପଲବ୍ଧ ହୋଇନାହିଁ। ଏଗୁଡ଼ିକ ୧୯୭୧ ରୁ ୧୯୭୫ ମଧ୍ୟରେ ଲିଖିତ ଏବଂ ଏଗୁଡ଼ିକର ଶୈଳୀ, କଥାବସ୍ତୁ ଏବଂ ଗଠନରୀତି ଓଡ଼ିଆ ସାହିତ୍ୟରେ ସମ୍ପୂର୍ଣ୍ଣ ଅଲଗା। କେଉଁ ଅନାଟକରେ ଆଦୌ ସଂଳାପ ନାହିଁ, ତ ଅନ୍ୟ କେଉଁ ଅନାଟକରେ ରାସ୍ତାର ଛକ କିମ୍ବା ରାସ୍ତା କଡ଼ର ବରଗଛ ମଧ୍ୟ ଚରିତ। କେଉଁ ନାଟକର ମଞ୍ଚାୟନ ପାଇଁ ମଞ୍ଚ ଆବଶ୍ୟକତା ଆଉ କେଉଁଠି ମଞ୍ଚର ଆବଶ୍ୟକତା ନାହିଁ। ଅଥଚ ବର୍ଣ୍ଣନାର ଆନ୍ତରିକତା ଏବଂ ସ୍ପଷ୍ଟ ପ୍ରକାଶ ଯୋଗୁଁ ଏଗୁଡ଼ିକ ଓଡ଼ିଆ ସାହିତ୍ୟର ଆଧୁନିକତା ପାଇଁ ଯୁଗାନ୍ତକାରୀ ନୂତନତା ଓ ପ୍ରୟୋଗବାଦିତାର 'ପ୍ରମାଣ ବହନ' କରନ୍ତି।

ନାଟ୍ୟକାର ରମେଶ ପ୍ରସାଦ ପାଣିଗ୍ରାହୀ ୧୯୭୧ ରୁ ୧୯୭୫ ମସିହା

ଭିତରେ ୨୫ ଟି କ୍ଷୁଦ୍ର ନାଟକ, ଅ-ନାଟକ ଓ ଅଣୁନାଟକ ରଚନା କରିଛନ୍ତି। ନିମ୍ନ ସାରଣୀକୁ ଅନୁଧ୍ୟାନ କଲେ ଜଣାଯିବ ଯେ ସେ ୧୪ଟି ଛୋଟ ନାଟକ ୫ଟି ଅ-ନାଟକ ଏବଂ ୬ ଟି ଅଣୁନାଟକ ଲେଖିଛନ୍ତି।

(କ) କ୍ଷୁଦ୍ର ନାଟକ : (୧) ଶିଳାର ସ୍ୱପ୍ନ (୨) ନିଆଁ (୩) ଅସ୍ତରାଗର କାବ୍ୟ (୪) ସେ ମରିଗଲେ (୫) କେଜାଣି, କାହିଁକି, କେଉଁଠି, କିପରି, କେତେବେଳେ (୬) ପଶୁ (୭) ଉଡ଼ନ୍ତା ପାହାଡ଼ର ଦର୍ଜା (୮) ଶ୍ରୀ ଶ୍ରୀ ମହାଲକ୍ଷ୍ମୀ ପୂଜା (୯) ଏବଂ ପୃଥିବୀ ଅନ୍ଧକାର ହେଲା (୧୦) ଜୁଲି ଓ ଅଭିଜିତ୍‌ମାନଙ୍କ ପାଇଁ (୧୧) ଗେଣ୍ଡା (୧୨) ସକାଳର ମେଘ (୧୩) ଯାହା ସବୁ ବୁଝାପଡ଼େ ନାହିଁ (୧୪) ରାସ୍ତା ସବୁ ବନ୍ଦ ।

(ଖ) ଅ-ନାଟକ: (୧) ବିଶ୍ୱମ୍ଭର ସେନାପତି ଓ ଦର୍ପଣ ଉପାଖ୍ୟାନ (୧୯୭୪) (୨) ବୁଦ୍ଧ (୧୯୭୨) (୩) ଉଡ଼ନ୍ତା ପାହାଡ଼ର ଦର୍ଜା (୧୯୭୪), (୪) ନିଶବ୍ଦ ଶୋଭାଯାତ୍ରା (୧୯୮୪), (୫) ଯେସନେ କୀଟ ଊର୍ଣ୍ଣନାଭି (୧୯୯୪), (୬) ମୁଣ୍ଡସାରା ଘୁଷୁରୀ ଛୁଆ (୧୯୯୫)

(ଗ) ଅଣୁ -ନାଟକ : (୧) ଗୁରୁଶିଷ୍ୟ (୨) ବିଗତ ଭବିଷ୍ୟତ (୩) ଟୁଆଁ ଟୁଇଁ (୪) ସତ ହେଲେ ବି ଗଳ୍ପ (୫) ସ୍ୱଗତୋକ୍ତି।

ଉତ୍ତର ଆଧୁନିକତା ବୋଲି ଗୋଟିଏ ଶବ୍ଦକୁ ଓଡ଼ିଶାର ଆଧୁନିକମାନେ ସ୍ୱୀକାର କରିପାରୁନଥିବା ବେଳେ ପ୍ରଥମ ଥର ପାଇଁ ଏ ଶବ୍ଦଟି ନିର୍ମାଣ କରି ଏହାର ପ୍ରସାର କରିଛନ୍ତି ରମେଶ ପାଣିଗ୍ରାହୀ। ସେ ଭାରତ ବର୍ଷରେ ଉତ୍ତର ଆଧୁନିକ ମାର୍କିନ୍ ନାଟ୍ୟ ସାହିତ୍ୟ ଉପରେ ପ୍ରଥମ ଗବେଷଣା ସନ୍ଦର୍ଭ ଲେଖିଛନ୍ତି। ତଥାପି ଉତ୍ତର ଆଧୁନିକତା ସମ୍ପର୍କରେ ନିର୍ଦ୍ଦିଷ୍ଟ ଭାବରେ ପଚାରିଲେ ସେ କୁହନ୍ତି ଆଧୁନିକତା ଓ ଉତ୍ତର ଆଧୁନିକତା ମଧ୍ୟରେ ପ୍ରଭେଦ ଅଛି। ଏହି ପ୍ରଭେଦ ଗୁଡ଼ିକୁ ନିମ୍ନୋକ୍ତ ମତେ ଏକ ସାରଣୀ ଦ୍ୱାରା ସ୍ପଷ୍ଟ କରିବାକୁ ଚେଷ୍ଟା କରାଯାଇପାରେ।

ଆଧୁନିକତା

୧. ଆଧୁନିକତା 'ରୋମାଣ୍ଟିସିଜମ୍'ର ଏକ ସଂପ୍ରସାରଣ। ଏହା ଫରାସୀ ପ୍ରତୀକବାଦର ନିକଟତର।

୨. ଏହାର ଗଠନରେ ଶୈଳ୍ପିକ ଶୃଙ୍ଖଳା ଅଛି।

୩. ଏହା ଗଠନର ଏକ ଆକାର / ଡିଜାଇନ୍ ଅଛି ।

୪. ନାଟକ ଓ ଦର୍ଶକ ମଧ୍ୟରେ ଏକ ଦୂରତ୍ୱ ଅଛି।

୫. ଏହା ରୂପ କଳ୍ପିକ ଅର୍ଥ ପ୍ରଦାନ କରେ।

୬. ଏହାର ନିର୍ଦ୍ଦିଷ୍ଟ ଅର୍ଥ ଅଛି।

ଉତ୍ତର-ଆଧୁନିକତା

୧. ଏହା ଡାଡ଼ାବାଦର ନିକଟବର୍ତ୍ତୀ। ଏହାର ଗଠନରୀତି ବିଶୃଙ୍ଖଳ।

୨. ଏହାର ଗଠନ ରୀତି କ୍ରୀଡ଼ାତ୍ମକ, ଶୃଙ୍ଖଳା ନାହିଁ।

୩. ଏହା ଗଡ୍ଡୁ ଗଡ୍ଡୁ ହୋଇଯାଏ, ନିର୍ଦ୍ଦିଷ୍ଟ ଆକାର ନାହିଁ।

୪. ଦର୍ଶକ ନାଟକରେ ଏକାତ୍ମ ହୋଇ ଅଂଶ ଗ୍ରହଣ କରେ।

୫. ଏହା ଲାକ୍ଷଣିକ ଅର୍ଥ ପ୍ରଦାନ କରେ। ମୂଳ ବସ୍ତୁ ସୂଚକ ଶବ୍ଦ ପରିବର୍ତ୍ତେ ତା'ର ଲକ୍ଷଣ ସୂଚକ ଅର୍ଥ ପ୍ରଦାନ କରେ।

୬. ଏଥିରେ କେବଳ ସଂକେତିତ କରେ ତାହା ନିର୍ଦ୍ଦିଷ୍ଟ ନୁହେଁ।

ଉପରୋକ୍ତ ଛ'ଟି ପ୍ରଭେଦ ଅତ୍ୟନ୍ତ ସ୍ଥୁଳ। ଏ ସମ୍ପର୍କରେ ଟିକିନିଖି ଜାଣିବା ପାଇଁ Ihab Hassanଙ୍କର The Post Modern Turn ଗ୍ରନ୍ଥଟି ପଢ଼ା ଯାଇପାରେ। ଉପରେ ଯେଉଁ ୨୫ଟି କ୍ଷୁଦ୍ରନାଟକ, ଅ-ନାଟକ ଓ ଅଣୁ ନାଟକ ସଂପର୍କରେ କୁହାଗଲା ସେ ଗୁଡିକରୁ କିଛି ନାଟକ ଅତ୍ୟାଧୁନିକ ବା 'ଆଭଁଗାର୍ଦ' ପର୍ଯ୍ୟାୟର ମଧ୍ୟ ରହିଛି। ଉଦାହରଣ ସ୍ୱରୂପ 'ମୁଣ୍ଡସାରା ଘୁଷୁରୀ ଛୁଆ' ନାଟକଟିକୁ ନିଆଯାଇପାରେ। ଗୋଟିଏ ଅତ୍ୟାଧୁନିକ ସାଂସ୍କୃତିକ ରୋଗୀକୁ ପରୀକ୍ଷା କରି ଡାକ୍ତର ଜାଣି ପାରୁଛନ୍ତି ଯେ ସେହି ଶିକ୍ଷିତ, କ୍ଷମତାସୀନ ସୁସଭ୍ୟ ମନେ ହେଉଥିବା ମଧ୍ୟ ବୟସ୍କଙ୍କ ମୁଣ୍ଡରେ ପଙ୍କ ଓ କାଦୁଅ ଭର୍ତ୍ତି ହୋଇ ରହିଛି ଓ ତା' ଭିତରେ ଛୋଟ ଡୁଙ୍ଗେଇ ମୂଷା ଆକାରର ଘୁଷୁରୀ ଛୁଆ ଜନ୍ମ ନେଇଛନ୍ତି। ପ୍ରତିକାର ସ୍ୱରୂପ ସେ ମୁଣ୍ଡର ଅପରେଶନ୍ ଆବଶ୍ୟକ ବୋଲି କହିଲେ। ଅପରେଶନ୍ କରି ପ୍ରଥମେ ସେ କାଦୁଅ ଓ ଘୁଷୁରୀ ଛୁଆଗୁଡ଼ାକ ବାହାର କରିବେ। ତା' ବଦଳରେ ମୁଣ୍ଡରେ ଗୋଟେ ଗୋଲାପ ଗଛ ଲଗେଇଦେବ, ପ୍ରତିଦିନ ମୁଣ୍ଡରେ ଗୋଲାପ ଫୁଲ ଫୁଟିବ ।

ରୋଗୀଟି ଗୋଲାପ ଫୁଲ ଭଳି ଏକ ସୁନ୍ଦର ସୃଜନୀ ଶକ୍ତିକୁ ଭୟ କଲା। ଅପରେଶନ୍ ଟେବୁଲ୍‌କୁ ଗଡ଼େଇ ଆଣିବା ପାଇଁ କାନ୍ଥକୁ ଏପରି ଏକ ଗୋଇଠା ମାରିଲା ଯେ ଚକ ଲଗା ଟେବୁଲଟି ଡାକ୍ତରଖାନାର ପରିସରରୁ ଗଡ଼ି ଗଡ଼ି ରାସ୍ତାରେ ଦୌଡ଼ିବାକୁ ଲାଗିଲା। ଡାକ୍ତର ହାତୁଡ଼ି ଆଉ ଛୁରୀ, କଇଁଚି, ଗଜ୍‌କନା ଧରି ଟେବୁଲ୍ ପଛରେ ଦୌଡ଼ିଲେ। ଶେଷରେ ଟେବୁଲ୍‌ଟି ବନ୍ୟାରେ ଭୟଙ୍କର ଦିଶୁଥିବା ମହାନଦୀ ଭିତରେ ପଶିଗଲା। ଡାକ୍ତର କିନ୍ତୁ ନଛୋଡ଼ବନ୍ଧା। ସେ ଯେମିତି ହେଉ ରୋଗୀ ମୁଣ୍ଡରେ ଗୋଲାପ ଗଛ ଲାଗେଇବେ ଓ ସଭ୍ୟତାକୁ ମହକାଇବେ। ଟେବୁଲ୍‌ଟି ଯେମିତି ବନ୍ୟା -ସ୍ଫୀତ ମହାନଦୀ ଭିତରେ ପଶିଗଲା, ଡାକ୍ତର ଅପରେସନ୍ ସରଞ୍ଜାମ ଧରି ମହାନଦୀକୁ ଡେଇଁଲେ। ଘୁଷୁରୀ ଛୁଆ ରୋଗୀର ମୁଣ୍ଡକୁ ହାତୁଡ଼ିରେ ଫଟେଇଲେ। ଘୁଷୁରୀ ଛୁଆ ରୋଗୀ ପାଣିରେ ବୁଡ଼ିଯାଇ

ପୁଣି ଉଠିଲା, ବାରମ୍ବାର ବୁଡ଼ିଲା ଏବଂ ବାରମ୍ବାର ଉଠିଲା ରୂପାନ୍ତରିତ ହୋଇ। ଏହିପରି ବାରମ୍ବାର ରୂପାନ୍ତରିତ ହେଉ ହେଉ ଘୁଷୁରୀ ଛୁଆ ରୋଗୀଟି ଶେଷରେ ଗୋଟିଏ ଫୁଲ ଭର୍ତ୍ତି ଗୋଲାପ ଗଛ ହୋଇଗଲା। ଆଖି ଦୁଇଟା ସବୁଜ ଘାସ ଓ ଫର୍ଣ୍ଣ (Fern) ଗଛରେ ପରିବର୍ତ୍ତିତ ହୋଇଗଲା। ସେଇଠି ମଧ୍ୟ ଟିକି ଟିକି ଲାଲ ଫୁଲ।

ଏ ନାଟକର କାହାଣୀଟିକୁ ଯଦି ରୂପକଳ୍ପିକ ବୋଲି ଧରାଯିବ, ତା' ହେଲେ ନାଟକଟି ଅତ୍ୟାଧୁନିକ ବା ଆଭାଁଗାର୍ଦ ଶୈଳୀର। କିନ୍ତୁ ଏହାକୁ ଯଦି ପ୍ରକୃତ ଅର୍ଥରେ ଗ୍ରହଣ କରା ନଯାଇ ତା' ବଦଳରେ ଦିଆଯାଇଥିବା ରୂପାନ୍ତରର ଲକ୍ଷଣଗୁଡ଼ିକୁ ପ୍ରାଧାନ୍ୟ ଦିଆଯିବ, ତା' ହେଲେ ଏହା ଏକ ଉତ୍ତର ଆଧୁନିକ ନାଟକ ହୋଇଯିବ।

ଏ ନାଟକର ଡାକ୍ତର ଚରିତ୍ରଟିକୁ ଅନୁଧ୍ୟାନ କଲେ ଜଣାଯିବ ସେ ଆଧୁନିକ ହୋଇଥିବେ। ତାଙ୍କ ସ୍ୱପ୍ନରେ କୌଣସି ବୈଜ୍ଞାନିକ / ଆଧୁନିକ ଅର୍ଥ ନାହିଁ, ବରଂ ଘୁଷୁରୀଛୁଆ ରୋଗୀକୁ ଚିକିତ୍ସା କରିବାକୁ ଯାଇ ଡାକ୍ତର ଯେଉଁ ସ୍ୱପ୍ନ ଦେଖୁଛନ୍ତି ତାହା ଗୋଟିଏ ସୃଜନଶୀଳ କଳାକାରର ଏବଂ ତାହା ଉତ୍ତର ଆଧୁନିକ ହେଉ ପଛେ ସେ ସ୍ୱପ୍ନଗୁଡ଼ିକ ବିଶୃଙ୍ଖଳିତ ! ସ୍ୱପ୍ନର କ'ଣ ଏକ ନିର୍ଦ୍ଦିଷ୍ଟ ଗଢ଼ଣ ଥାଏ ? ଏଇଠି ଡାକ୍ତରଙ୍କ ସଂଳାପକୁ ଲକ୍ଷ୍ୟ କରନ୍ତୁ-

ଡାକ୍ତର : ତାପରେ ହଠାତ୍ ଦିନେ ଆକାଶକୁ ଭଲ ପାଇବା ପାଇଁ ସ୍ତର ସ୍ତର ହୋଇ କଳା ମେଘ ଆସିବେ। ତାପରେ କୌଣସି ଏକ ଦୁର୍ବଳ ମୁହୂର୍ତ୍ତରେ ଅଣ୍ଡାଳିଆ ପବନ ବାଜି ମୌସୁମୀର ଧାର ଧାର ବର୍ଷା ପଡ଼ିବ ତମ ଫଟା ମୁଣ୍ଡ ଉପରେ। ଆସ୍ତେ ଆସ୍ତେ ଧୋଇ ହୋଇଯିବ ପଙ୍କ ଆଉ ଡେଇଁ ଚାଲିଯିବେ ଘୁଷୁରୀ ଛୁଆଙ୍କ ଦଳ। ତାପରେ ହୁଏତ ଦିନେ ତମ ଖପୁରି ଭିତରେ ଲାଗିଯିବ ପ୍ରସ୍ତ ପ୍ରସ୍ତ ଶିଉଳି। ତା'ପରେ ତମେ ପାଲଟିଯିବ ଗୋଟିଏ ଭୟଙ୍କର ଉଭୟଚର ପ୍ରାଣୀ ଏବଂ ତମକୁ ଦେଖିବା ପାଇଁ କଲିକତାରୁ ଜୟଦେବ ଦାସ ଭଳି ଗୁଣ୍ଡାମାନେ ଆସିବେ, ରେଫ୍ୟୁଜି ବଙ୍ଗାଳୁଣୀ ଆସିବେ .... ଆଉ ହଠାତ୍ ଦିନେ ବନ୍ୟା ଆସି ଭସେଇଦବ ତମ ଫଟାମୁଣ୍ଡ ଥିବା ଦେହଟାକୁ, ତା' ସାଙ୍ଗରେ ସମସ୍ତଙ୍କୁ। ତାପରେ ଆଖି ନଥିବା ଖପୁରୀର ସୁଡ଼ଙ୍ଗ ଶେଷରେ ଜଳିବ ଗୋଟେ ସ୍ୱଚ୍ ଲାଇଟ୍। ସେଇ ଟିକ୍ ଟିକ୍ ଆଲୁଅକୁ ଡରି ଘୁଷୁରୀ ଛୁଆମାନେ ଆଉ ପଶି ପାରିବେ ନାହିଁ ମୁଣ୍ଡ ଭିତରକୁ... ତାପରେ ହଠାତ୍ ବନ୍ୟାଜଳରେ ସମସ୍ତେ ଭାସି ଚାଲିଥିବେ ସମୁଦ୍ର ଆଡ଼କୁ। ବଢ଼ି ପାଣିର ଦାନ୍ତ ଚିକ୍‌ଚିକ୍ କରୁଥିବ ସ୍ୱର୍ଗତ ପ୍ରସନ୍ନ ମିଶ୍ରଙ୍କ ଉପନ୍ୟାସ ପରି।

କୂଳରେ ଠିଆ ହୋଇ ସ୍ୱେଚ୍ଛାସେବୀମାନେ ଚିତ୍କାର କରି କହୁଥିବେ; "ଫେରିଆସ ! ଯୁଗାନ୍ତର ବନ୍ୟାରେ ଏତେ ଶୀଘ୍ର ଭାସିଯାଅ ନାହିଁ ସମୁଦ୍ର ଆଡ଼କୁ।

xxx ସେଇଠୁ ହଠାତ୍ ତମେ ଦେଖିବ ... ତମ ଆଖିରେ ସ୍ପଟ୍ ଲାଇଟ୍‌ରୁ ବିଦ୍ୟୁତ୍ ସ୍ଫୁଲିଙ୍ଗ ବାହାରି ନିଆଁ ଲାଗିଯିବ ବନ୍ୟାସ୍ରୋତରେ .... ଛୋଟ ଛୋଟ ଚିଙ୍ଗୁଡ଼ି, କେରାଣ୍ଡି ଆଉ ମହୁରାଳି ମାଛମାନେ ସେ ନିଆଁରେ ଦିଶିବେ ସାମନ୍ତବାଦୀ ନେତାର ଡ୍ରଇଁରୁମ୍‌ରେ ଥିବା ଏକ୍ୱାରିଅମ୍‌ର ରଙ୍ଗୀନ ମାଛ ପରି। ସମଗ୍ର ବନ୍ୟାର ଦୃଶ୍ୟଟି ମନେ ହେବ ପ୍ରଳୟର ଗୋଟେ ଗଜଲ୍ ପରି ... ତାପରେ ତମକୁ ଭଲ କରୁ କରୁ ମୁଁ ମଧ୍ୟ ରୂପାନ୍ତରିତ ହୋଇଯିବି କୌଣସି ଏକ ତୃତୀୟ ପୁରୁଷ ଏକ ବଚନରେ, ଅଥଚ ମୁଁ ଭାସି ଚାଲୁଥିବି ବନ୍ୟାଜଳରେ। ହାତରେ ମୋର ଥିବ ଅପରେସନ୍ ଛୁରୀ ଆଉ ଖପୁରୀ ଫଟେଇବା ହାତୁଡ଼ି ଆଉ ଶାବଳ। ସମଗ୍ର ଉପକୂଳବର୍ତ୍ତୀ ଓଡ଼ିଶା ମହାନଦୀର ବନ୍ୟାସ୍ଫୀତ ଦୃଶ୍ୟକୁ ଦେଖିବାପାଇଁ ମହାନଦୀର ଦୁଇକୂଳରେ ଲୋକେ ଅନେଇଥିବେ। ବନ୍ୟାପାଣିରେ ଲାଗିଯାଇଥିବ ବିଦ୍ୟୁତ୍‌ର ନିଆଁ। ସେମାନେ ଫୋନ୍ କରିବେ ହୀରାକୁଦ ବନ୍ଧ ପାଖକୁ। ('ମୁଣ୍ଡସାରା ଘୁଷୁରୀ ଛୁଆ', ଆଲେଖ୍ୟ, ପୃ ୧୩୧-୩୨)

ଡାକ୍ତର ଏଠାରେ ଘୁଷୁରୀ ଛୁଆ ରୋଗୀର ଚିକିତ୍ସା ପାଇଁ ଏକ ସମ୍ଭାବନାର ଚିତ୍ର ଦେଖୁଛନ୍ତି, ଏହା କେବଳ ଏକ ନାଟକୀୟ ସମ୍ଭାବନା, ଏ ସ୍ୱପ୍ନରେ ଭର୍ତ୍ତି ହୋଇ ରହିଛି ଅତିକଳ୍ପନା। ଅତଏବ ଜଣେ ଡାକ୍ତରର ଏହା ଏକ ମାନସିକ ଚିକିତ୍ସା ବୋଲି କହିଲେ ନାଟକଟି ବୈଜ୍ଞାନିକ କିମ୍ବା ଆଧୁନିକ ହୋଇ ପାରିବ ନାହିଁ। ଏହା ସମ୍ପୂର୍ଣ୍ଣ ଉତ୍ତର ଆଧୁନିକ।

ଫ୍ରେଡେରିକ୍ ଜେମ୍‌ସନ ଉତ୍ତର ଆଧୁନିକ ସାହିତ୍ୟର ପର୍ଯ୍ୟାୟରେ ମାର୍କ୍ସୀୟ ଧାରା, ବାମାବାଦୀ ଧାରା ଏବଂ ଉତ୍ତର ସଂରଚନାବାଦର ଦାର୍ଶନିକ ଦିଗଗୁଡ଼ିକୁ ଅନ୍ତର୍ଭୁକ୍ତ କରିଥିଲେ। ଅନ୍ୟ ନବ୍ୟ ଐତିହାସିକ ଧାରାରେ ଇତିହାସ କେବଳ ରାଜାମାନଙ୍କର ଜୀବନ ଯାତ୍ରା ପ୍ରଣାଳୀର ପାଞ୍ଜି ନୁହେଁ, ଏହା ଅଭିଲେଖାଗାର ଓ ସଂଗ୍ରହାଳୟରେ ଗୁପ୍ତ ଭାବରେ ସଂଚିତ କରାଯାଇଥିବା ସାଧାରଣ ମୁଦ୍ରାମାନଙ୍କର କିମ୍ବା ତାମ୍ରଫଳକମାନଙ୍କର ଅଧ୍ୟୟନରେ ସୀମିତ ନୁହେଁ। ଲା କାପ୍ରା ନାମକ ଜଣେ ଉତ୍ତର ଆଧୁନିକ ତତ୍ତ୍ୱବିତ୍‌ଙ୍କ ମତରେ ଇତିହାସ ହେଉଛି ଭାବାତ୍ମକ ସାଂସ୍କୃତିକ ଧାରଣା ମାନଙ୍କର ପୁନର୍ବିଚାର। ("Reconceptualization of culture in terms of collective discourses") ଅର୍ଥାତ୍ ଯେଉଁ ସାଂସ୍କୃତିକ ବିଚାର ବିମର୍ଶ ମାନଙ୍କରେ ସାମୂହିକ ଭାବରେ ଗୋଟିଏ ନିର୍ଦ୍ଦିଷ୍ଟ ଇତିହାସ ଖଣ୍ଡ ମଧ୍ୟରେ ସାଂସ୍କୃତିକ ପ୍ରକ୍ରିୟାଗୁଡ଼ିକୁ ନୂତନ ଭାବରେ ବିଚାର କରାଯାଇଥାଏ, ତାହା ହିଁ ଉତ୍ତର ଆଧୁନିକତା ।

'ମୁଣ୍ଡସାରା ଘୁଷୁରୀ ଛୁଆ' ନାଟକରେ ଏଇ ସର୍ବବ୍ୟାପୀ ମାନସିକ ବ୍ୟାଧିର ନୂତନ ବିଶ୍ଳେଷଣ କରାଯାଇଛି। ଏହାର ବର୍ଣ୍ଣନାଶୈଳୀ ବାସ୍ତବବାଦୀ ନାଟକ ଓ

ସିନେମାଠାରୁ ଭିନ୍ନ। ବାସ୍ତବବାଦୀ ନାଟକ ହୋଇଥିଲେ ଘୁଷୁରୀ ଛୁଆ ରୋଗୀଟିର ଏକ ବାସ୍ତବବାଦୀ ଚିତ୍ରଣ କରାଯାଇଥାନ୍ତା, ତାର ମାନସିକ ରୋଗ ଦ୍ୱାରା ଉପୁଜିଥିବା ଯନ୍ତ୍ରଣା କଥା କୁହାଯାଆନ୍ତା, ଏଇ ଯେଉଁ ନୂତନ ଉତ୍ତର ଆଧୁନିକତାବାଦୀ ଚିତ୍ରଣ କରାଗଲା ତାକୁ Rorty ଏବଂ Lyotard କୁହନ୍ତି ଯେ ନୂତନ, ଉତ୍ତର ଆଧୁନିକ ବର୍ଣ୍ଣନାରେ ସାଂସ୍କୃତିକ ପ୍ରସଂଗ, ଜନ ସମାଜର ରୁଚି, ସୌନ୍ଦର୍ଯ୍ୟର ଦୃଷ୍ଟିଭଙ୍ଗୀ ଅର୍ଥାତ୍ କେଉଁଟି ପ୍ରକୃତରେ ସୁନ୍ଦର ତାହାର ନିୟମଗୁଡ଼ିକ ନିର୍ଦ୍ଧାରିତ ହେବା ଉଚିତ।

ଲ୍ୟୋଟାର୍ଡ଼ କହୁଛନ୍ତି ଗୋଟିଏ ଉତ୍ତର ଆଧୁନିକ ଲେଖକ ଲେଖିଲା ବେଳେ କୌଣସି ପ୍ରାକ୍-ନିର୍ଦ୍ଧାରିତ ନିୟମ ମାନିବ ନାହିଁ। ତାଙ୍କର ରଚନାଗୁଡ଼ିକୁ ମୂଲ୍ୟାୟନ କଲାବେଳେ କୌଣସି ନିର୍ଦ୍ଦିଷ୍ଟ ସାମାଜିକ, ନାନ୍ଦନିକ କିମ୍ବା ନୈତିକ ବିଚାର ପଦ୍ଧତି ପ୍ରୟୋଗ କରାଯାଇ ପାରିବ ନାହିଁ। କୌଣସି ପରିଚିତ ମାନଦଣ୍ଡ ଦ୍ୱାରା ଉତ୍ତର ଆଧୁନିକ ରଚନାଗୁଡ଼ିକୁ ମୂଲ୍ୟାୟନ କରିବା ମନା। ଏହିପ୍ରକାର ରଚନାରେ ସମସ୍ତ ଅନୁକୃତିମୂଳକ ବର୍ଣ୍ଣନାକୁ ତ୍ୟାଗ କରାଯିବା ଉଚିତ।

ଏହି କେତୋଟି ଉତ୍ତର ଆଧୁନିକ ସାହିତ୍ୟିକ ପ୍ରବୃତ୍ତି ଓ ପଦ୍ଧତିକୁ ଆଖି ଆଗରେ ରଖି ନାଟ୍ୟକାର ରମେଶ ପାଣିଗ୍ରାହୀଙ୍କର ଏହି ଡାଡ଼ାଧର୍ମୀ ଅ-ନାଟକଗୁଡ଼ିକୁ ଅନୁଧ୍ୟାନ କଲେ ଜଣାଯାଏ ଯେ ଏପରି ପ୍ରଚେଷ୍ଟା ଓଡ଼ିଆ ସାହିତ୍ୟର କବିତା, ଗଳ୍ପ, ଉପନ୍ୟାସ କିମ୍ବା ନାଟକ କେଉଁଥିରେ କରାଯାଇନାହିଁ। ଏହି ପରୀକ୍ଷାମୂଳକ ରଚନାଗୁଡ଼ିକରେ କଥା ସାହିତ୍ୟ, ନାଟକ ଓ କବିତାର ସମ୍ମିଶ୍ରଣ ଅତି ବିସ୍ମୟକର ଭାବେ ଘଟି ଚାଲିଛି।

ନୂତନ ପିଢ଼ିର ଛାତ୍ର, ଅଧ୍ୟାପକ ଓ ନାଟ୍ୟକର୍ମୀମାନେ ଏ ବିଷୟରେ ଅଧିକ ଗବେଷଣା କଲେ ସାହିତ୍ୟ / ନାଟକର ଶିଳ୍ପଗତ ସମୃଦ୍ଧି ଘଟିବ।

ଗ୍ରନ୍ଥସୂଚୀ:

୧. ରମେଶ ପ୍ରସାଦ ପାଣିଗ୍ରାହୀ : "ମୁଣ୍ଡସାରା ଘୁଷୁରୀ ଛୁଆ", ଆଲେଖ୍ୟ, Vol-X ଜୁଲାଇ - ଅକ୍ଟୋବର - ୧୯୯୫, ପୃ - ୧୩୧-୩୨

୨. Ihab Hassan : The Post Modern Turn, Ohio State University Press, Ohio, 1987

୩. Linda Hutchion: A Poetics of Post Modernism: History Theory, Fiction, Newyork, Routledges, 1988

■

ସାବିତ୍ରୀ ମହିଳା ମହାବିଦ୍ୟାଳୟ, ଭଞ୍ଜନଗର

ଉତ୍ତର-ଆଧୁନିକତା ପୁନର୍ଗଠନ ପ୍ରକ୍ରିୟାରେ 'ଊର୍ମିଳା': ଏକ ସମୀକ୍ଷା

ଡ. ସଞ୍ଜୟ କୁମାର ହାତୀ

ବାଲ୍ମୀକିକୃତ ରାମାୟଣ ସମ୍ପର୍କରେ ଏବେ ମଧ୍ୟ କିଛି ପ୍ରଶ୍ନ ରହସ୍ୟ ଘେରରେ। ପ୍ରକୃତରେ ଏହା ରାମ ନାମକ ଜଣେ ବ୍ୟକ୍ତି ବିଶେଷଙ୍କର ଜୀବନ କାହାଣୀ ? ସେଇ ସମୟର ଗୋଟିଏ ଉନ୍ନତ ଜାତିର ଇତିହାସ ? ନା ଇକ୍ଷ୍ୱାକୁ ବଂଶର ରାଜତ୍ୱର ଗାଥା ନା ବିବରଣୀ ? ଅଥବା ଏହା ବାଲ୍ମୀକି ନାମକ ଜଣେ ଲେଖକଙ୍କର ପରିକଳ୍ପିତ କାହାଣୀ ? ଉତ୍ତର - ଆଧୁନିକତା ଏକ ଆନ୍ଦୋଳନ, ଯାହାର ଭିତ୍ତି ଦର୍ଶନ ଆଧାରିତ। ପୂର୍ବକଥିତ ତଥା ପୂର୍ବପ୍ରତିଷ୍ଠିତ ଦାର୍ଶନିକ ଅବଧାରଣାକୁ ଏହା ଅସ୍ୱୀକାର କରିଥାଏ। ଏହା ଏକ ନୂତନ କ୍ରାନ୍ତି, ଯାହା କଳାର ମୂଲ୍ୟାୟନକୁ ବୈଜ୍ଞାନିକ ଦୃଷ୍ଟିଭଙ୍ଗୀରେ ପ୍ରକାଶ କରିବାରେ ବିଶ୍ୱାସ କରେ। ମନେ କରାଯାଇପାରେ ଉତ୍ତର ଆଧୁନିକତା ହେଉଛି ଏକ ନୂତନ ଧାରଣା ବା ପରିକଳ୍ପନା ବା ଚିନ୍ତା।

ନାଟ୍ୟକାର ରମେଶ ପାଣିଗ୍ରାହୀ ଏଠି କିନ୍ତୁ ନିଜେ ବାଲ୍ମୀକି, ଯିଏ ଗୋଟିଏ ନୂତନ ରାମାୟଣ ରଚନା କରୁଛନ୍ତି, ସେଥିରେ ନାୟିକା ହେବେ 'ଊର୍ମିଳା'। ଏହାହିଁ ସମ୍ଭବତଃ ପରିବର୍ତ୍ତିତ ସମୟର ଆହ୍ୱାନ, ଆଉ ଏକ ଉତ୍ତର-ଆଧୁନିକତାର ପ୍ରତିଶ୍ରୁତି ବା ଉତ୍ତରଣର ଏକ ପାହାଚ, ହେଇପାରେ ତାହା ଉପଲବ୍ଧିର ପାହାଚ। ନାଟ୍ୟକାରଙ୍କ ନିଜସ୍ୱ ଉପଲବ୍ଧି ପୁଣି ସଞ୍ଚରିଯାଉଛି ସ୍ରଷ୍ଟା ବାଲ୍ମିକୀଙ୍କ ସୃଜନ ପ୍ରକ୍ରିୟା ଆଡ଼କୁ ବା ନିଜେ ସ୍ୱୟଂ ବାଲ୍ମିକୀଙ୍କ ଭୂମିକାରେ ଅବତୀର୍ଣ୍ଣ ହୋଇଛନ୍ତି ନାଟ୍ୟକାର ଶ୍ରୀ ପାଣିଗ୍ରାହୀ ଏବଂ ଚରିତ୍ର ପ୍ରତି ଅବହେଳାକୁ ସହ୍ୟ କରିପାରୁନଥିବା ଜଣେ ସମ୍ବେଦନଶୀଳ ସ୍ରଷ୍ଟା। ପ୍ରକୃତରେ ଚରିତ୍ର ଆଉ ଲେଖକର ସମ୍ପର୍କ ବୋଧହୁଏ ସବୁବେଳେ ଏମିତି। ଏଠାରେ ସ୍ୱତଃ ଆଉ ଗୋଟିଏ ପ୍ରଶ୍ନ ଉତ୍‌ଥାପିତ ହୋଇପାରେ। ପ୍ରକୃତରେ କାହାଣୀ ଅନୁସାରେ ଚରିତ୍ର ବିଚରଣ କରେ ନା ଚରିତ୍ର ସ୍ଥିର କରେ କାହାଣୀର ଅନ୍ତଃସ୍ୱରକୁ ? କେତେ ସୁନ୍ଦର ଦର୍ଶନଟିଏ ଆସିଯାଉଛି ନାଟ୍ୟକାର ଶ୍ରୀ ପାଣିଗ୍ରାହୀଙ୍କ ଚରିତ୍ର ଊର୍ମିଳାର ବାଲ୍ମୀକିଙ୍କୁ ପଚାରୁଥିବା ଆବେଗମୟ ପ୍ରଶ୍ନରେ- "ମୋ କଥା ସେଥିରେ ରହିବ ନା ମୁଁ ଜୀଇଁ ଥାଉଥାଉ ବିସ୍ମୃତ ହୋଇଯିବି ?" (ପୃ-୧୮)

ଚରିତ୍ରମାନଙ୍କର ବିଶାଳ ସମାରୋହ ମଧ୍ୟରୁ ଗୋଟିଏ ଚରିତ୍ରକୁ ବୁଝିପାରି, ତା'ର ତ୍ୟାଗପୂତ ମହିମାକୁ ପୁନର୍ମୂଲ୍ୟାୟନ ପ୍ରକ୍ରିୟାରେ ଦୀପ୍ତିମନ୍ତ କରିବାର କଳାଟି ବୋଧହୁଏ କେବଳ ନାଟକରେ ହିଁ ଅଣାଯାଇପାରେ। କାନ୍‌ଭାସ୍‌ର ବିରାଟ ଚିତ୍ରଟିରେ ପାହାଡ଼, ଝରଣା, କୁଡ଼ିଆ, ନଡ଼ିଆଗଛ, ଝରଣାକୂଳର ଗଛ ବା ସବୁଜ ଘାସରୁ ବି ବେଳେବେଳେ ଆଖି ଚାଲିଯାଏ ଦୂର ଆକାଶର ଭାସମାନ ବାଦଲକୁ ଛୁଇଁ ଉଡ଼ିଯାଉଥିବା ପକ୍ଷୀଟି ଆଡ଼କୁ। କାହିଁକି ? ଏ 'କାହିଁକି'ର ଉତ୍ତର କେହି ଦେଇପାରିବେ ନାହିଁ। ସେ 'କାହିଁକି' ନିର୍ଭର କରେ ବ୍ୟକ୍ତିସତ୍ତାର ଆତ୍ମ ଉପଲବ୍ଧି ଉପରେ। ତେଣୁ ଏଠାରେ ନାଟ୍ୟକାର ରମେଶ ପାଣିଗ୍ରାହୀ ବା ମହର୍ଷି ବାଲ୍ମୀକି ଉଭୟଙ୍କ ବ୍ୟକ୍ତିସତ୍ତା ଆପଣା ଆପଣା ଉପଲବ୍ଧିରେ ବିଭକ୍ତିକୃତ ବୋଲି ବୁଝିବାକୁ ହେବ।

କ'ଣ ଦେଖିବା, କ'ଣ ବୁଝିବା ନୁହେଁ, ବରଂ କିପରି ଦେଖିବା ତଥା କିପରି ଭାବରେ ଗ୍ରହଣ କରିବା, ତାହାହିଁ ଗୁରୁତ୍ୱପୂର୍ଣ୍ଣ। ଉତ୍ତର ଆଧୁନିକତାରେ ସ୍ରଷ୍ଟା ତୃତୀୟ ପୁରୁଷର ବର୍ଣ୍ଣନା କୌଶଳ ନୁହେଁ, ବରଂ ନିର୍ଦ୍ଦିଷ୍ଟ ଦୃଷ୍ଟିକୋଣରେ ଚାରିତ୍ରିକ ବର୍ଣ୍ଣନାକୁ ଗୁରୁତ୍ୱ ପ୍ରଦାନ କରିଥାଏ। ବିଭିନ୍ନ ବିଷୟବସ୍ତୁର ଅସଂଲଗ୍ନ ସଂଯୋଜନା, ବିଚ୍ଛିନ୍ନ ବର୍ଣ୍ଣନା ଓ ବିକ୍ଷିପ୍ତ, ବିଭଙ୍ଗ ବ୍ୟାଖ୍ୟାନ ହେଉଛି ଏହାର ଲକ୍ଷଣ।

ଏଇଠି ମନେପଡ଼ିଯାଏ ଶ୍ରୀ ପାଣିଗ୍ରାହୀଙ୍କ ୧୯୮୩ ମସିହାରେ ରଚିତ, ଜନତା ଗଣନାଟ୍ୟର ସୁପରହିଟ୍ ଯାହା ନାଟକ 'ଅନ୍ୟ ଏକ ରାମାୟଣ ଭିନ୍ନ ଏକ ସୀତା'ର ନାୟିକା ସାବିତ୍ରୀ କଥା। ସ୍ୱାମୀର ଅନୁପସ୍ଥିତି (ଯିଏ ମୃତ ବୋଲି ଆରମ୍ଭରୁ ଘୋଷିତ)ରେ ଗୋଟିଏ ସୁନ୍ଦରୀ ଯୁବତୀ ଏକାକୀ ପୁରୁଷପ୍ରଧାନ ସମାଜରେ ପ୍ରତ୍ୟହ ନିଜର ସ୍ଥିତି ପ୍ରତିଷ୍ଠା ନିମନ୍ତେ ଆଉ ବଞ୍ଚିବା ନିମନ୍ତେ ନୀରବରେ ସଂଗ୍ରାମରତ। ତାକୁ ମିଳୁଥିବା ସମସ୍ତ ପ୍ରଲୋଭନକୁ ଏଡ଼େଇଯିବାରେ ତା'ର ତ୍ୟାଗକୁ ଏତେ ସୁନ୍ଦର ଭାବରେ ଦର୍ଶାଯାଇଛି ଯେ, ଯାହା ଓଡ଼ିଆ ଦର୍ଶକ ହୃଦୟରେ, ତାହା ଏବେ ମଧ୍ୟ ଜୀବିତ। ସେଇଠି, ସେଇ ସମୟରେ 'ଭିନ୍ନ ଏକ ସୀତା' ଉଚ୍ଚାରଣ କରିବା ମୂଳରେ ବୋଧହୁଏ ଆଜିର 'ଊର୍ମିଳା' ଚରିତ୍ରଟି ଉଙ୍କିମାରିଛି। କିନ୍ତୁ ଊର୍ମିଳାକୁ ରାମାୟଣରେ ନ୍ୟାୟଦେବା ପରି ଗୋଟିଏ ମାନସିକ ପ୍ରସ୍ତୁତି ଆସିବା ନିମନ୍ତେ ଅପେକ୍ଷା କରିବାକୁ ପଡ଼ିଛି ଅନେକ ବର୍ଷ। ଏବେ ଏ ନାଟକ 'ଊର୍ମିଳା' ପଢ଼ିବା ପରେ ମନେହେଲା ବାଲ୍ମୀକିଙ୍କ ସଂଳାପ "ତମେ ହେବ ରାମାୟଣର ନାୟିକା ଊର୍ମିଳା"(ପୃ-୧୮) ପ୍ରକୃତରେ ନାଟ୍ୟକାରଙ୍କ ଚରିତ୍ରକୁ ଦେଇଥିବା ସ୍ୱୀକୃତି, ତାଙ୍କର ଦୀର୍ଘବର୍ଷର ଚରିତ୍ର ପ୍ରତି ଥିବା ଅଙ୍ଗୀକାରବଦ୍ଧତା। ଏଥିରେ ଆଶ୍ଚର୍ଯ୍ୟ ହେବାର କିଛି ନାହିଁ, କାରଣ ୧୯୮୩ ଏବଂ ୨୦୧୭ ମଧ୍ୟରେ ଦୀର୍ଘ ଚଉତିରିଶି ବର୍ଷର ବ୍ୟବଧାନ। ନାଟ୍ୟକାର ଚାଳିଶି ବର୍ଷ ବୟସରେ ଲେଖୁଛନ୍ତି-

'ଅନ୍ୟ ଏକ ରାମାୟଣ ଭିନ୍ନ ଏକ ସୀତା' ଏବଂ ପଚସ୍ତରୀ ବର୍ଷ ବୟସରେ ଲେଖୁଛନ୍ତି 'ଊର୍ମିଳା'। ଏ ବ୍ୟବଧାନ ମଧ୍ୟରେ ସମୟ ବଦଳିଛି, ସମାଜ ବଦଳିଛି, ଧାରା ବଦଳିଛି। ମୁକ୍ତଧାରାର ନାଟକ ପୁନର୍ବାର ଉତ୍ତର-ଆଧୁନିକତା ଦ୍ୱାହିରେ ପରିବର୍ତ୍ତିତ ସ୍ୱରକୁ ଜାହିର କରୁଛି।

ଉତ୍ତର-ଆଧୁନିକତା ଅନୁଶୀଳନର ଏହା ମଧ୍ୟ ଏକ ଦିଗ, ଯେଉଁଠି ଶାଶ୍ୱତ ସୃଷ୍ଟିର ପୁରାତନ ମୂଲ୍ୟବୋଧକୁ ଅସ୍ୱୀକାର କରାଯାଏ ଏବଂ ନୂତନ ମୂଲ୍ୟବୋଧକୁ ସ୍ୱୀକୃତି ଦେବାର ପ୍ରୟାସ କରାଯାଏ। ପ୍ରାଚୀନକୁ ଭାଙ୍ଗି ପୁନର୍ଗଠନ କରିବା ଏହାର ଗୋଟିଏ ବିଶେଷ ଦିଗ। ସେ ଦୃଷ୍ଟିରୁ ଯଦି ବିଚାର କରାଯାଏ, ତେବେ 'ଊର୍ମିଳା' ନୂତନ ମୂଲ୍ୟବୋଧରେ ଗଠିତ ଏକ ନାରୀଚରିତ୍ର। ଏଠାରେ ମୁଁ କୌଣସି ଭାଷାରେ ରଚିତ ରାମାୟଣକୁ ପ୍ରସଙ୍ଗଭାବରେ ଉଲ୍ଲେଖ କରୁନାହିଁ ବା ସେଥି ସହ ଶ୍ରୀ ପାଣିଗ୍ରାହୀଙ୍କ ନାଟକର ତୁଳନା କରୁନାହିଁ। ଏ ନାଟକଟିକୁ ମୁଁ କେବଳ ନାଟ୍ୟକାରଙ୍କ ଦୃଷ୍ଟିକୋଣରୁ ବିଚାର କରୁଛି, ଯାହାଙ୍କ ବିଶାଳ ନାଟ୍ୟ-ସମ୍ଭାରରେ ଓଡ଼ିଆ ନାଟ୍ୟ-ସାହିତ୍ୟ ଋଦ୍ଧିମନ୍ତ।

ନାଟକରେ ଚାରିତ୍ରିକ ବିବିଧତା ଆସୁଛି ନାଟ୍ୟକାରଙ୍କ ଭିତରେ। ସେ କେତେବେଳେ ବାଲ୍ମୀକି ହେଉଛନ୍ତି ବା କେତେବେଳେ ଅନ୍ୟମନସ୍କ ଭାବରେ ଦଶରଥଙ୍କ ଅଭିମାନ ଭିତରେ ଆସିଯାଉଛନ୍ତି ବା କେତେବେଳେ ନାଟ୍ୟକାର ରମେଶ ପାଣିଗ୍ରାହୀଙ୍କ ସଚେତନ ସତ୍ତାକୁ ଜାହିର କରୁଛନ୍ତି। ଊର୍ମିଳାର ବକ୍ତବ୍ୟ- "ଏଇଟା ଅନ୍ୟାୟ କବି! ଗୋଟିଏ ଅଭିଶପ୍ତା ନାରୀପାଇଁ ପୃଷ୍ଠାଟିଏ ଦେବାପାଇଁ ଆପଣ କଣ ଡରିଗଲେ? ଡରିଗଲେ ସତ୍ୟର ଅବମାନନା ହେବ ବୋଲି?" (ପୃ-୧୯) ଠିକ୍ ଏମିତି ଏକ ପ୍ରଶ୍ନ ହୁଏତ 'ରେବତୀ' ପଚାରିପାରେ ଫକୀରମୋହନଙ୍କୁ। ଫକୀରମୋହନ ରେବତୀକୁ ପାଠ ପଢ଼େଇବେ କି ନପଢ଼େଇବେ, ଏମିତି ଚିନ୍ତାମାନଙ୍କର ଦୋଛକିରେ ରହି ଶେଷରେ ସାମାଜିକ ସୀମାରେଖାକୁ ଉଲ୍ଲଙ୍ଘନ କରିପାରୁନାହାନ୍ତି। ଅନୁରୂପ ଭାବରେ ବାଲ୍ମୀକିଙ୍କ ଊର୍ମିଳା ପ୍ରଶ୍ନ କରୁଛି ସ୍ରଷ୍ଟାଙ୍କୁ। ତେଣୁ ବାଲ୍ମୀକିଙ୍କ ରାମାୟଣର ଅନାଲୋଚିତ ଅଧ୍ୟାୟ ଊର୍ମିଳା ଶ୍ରୀ ପାଣିଗ୍ରାହୀଙ୍କ ନାଟକରେ ନାରୀ, ନାରୀତ୍ୱ, ନାରୀବାଦର ଚମତ୍କାର ସମ୍ମିଶ୍ରଣରେ ପରିଗଠିତ ରୋମାଣ୍ଟିକ୍ ନାୟିକା 'ଊର୍ମିଳା'।

ନାଟ୍ୟକାରଙ୍କ ବିଭକ୍ତିକୃତ ବ୍ୟକ୍ତିତ୍ୱ ପ୍ରାୟତଃ ଅନେକ ଚରିତ୍ରମାନଙ୍କ ମଧ୍ୟରେ କିଛିକାଂଶରେ ପ୍ରତିଫଳିତ। ଲେଖକୀୟ ସତ୍ତାରେ ରମେଶଙ୍କ ସଂଳାପ ଆସୁଛି ଦଶରଥଙ୍କ ମୁହଁରେ "ଚେତନ ଥାଇ ମଧ୍ୟ ମୁଁ ଅଚେତନ" (ପୃ-୨୪)।" ମହାରାଜା ଦଶରଥଙ୍କ ସହ ଶେଷହେଲା ଅଯୋଧ୍ୟାର ଏକ ସୁବର୍ଣ୍ଣ ଯୁଗ। ସେ ଯଥେଷ୍ଟ ପ୍ରତିଷ୍ଠା ପାଇଛନ୍ତି। ମହାକବି ବାଲ୍ମୀକି ତାଙ୍କ ଇତିହାସକୁ ଗୋଟିଏ ମହାକାବ୍ୟରେ ଲିପିବଦ୍ଧ

କରୁଛନ୍ତି....."(ପୃ-୨୫) ଭରତଙ୍କ ସଂଳାପରେ ଏ ଶବ୍ଦଗୁଡ଼ିକ ମନେହୁଏ ଯେପରି ନାଟ୍ୟକାର ସ୍ୱୟଂ ନିଜର ବିଶାଳ ନାଟ୍ୟ ପରିମଣ୍ଡଳର ପ୍ରତିଷ୍ଠାକୁ ମନେପକାଉଛନ୍ତି ଏବଂ ମନେ କରୁଛନ୍ତି ଯେମିତି ସେ ପରମ୍ପରାର ପ୍ରତିଷ୍ଠାକୁ ମନେପକାଉଛନ୍ତି ଏବଂ ମନେକରୁଛନ୍ତି ଯେମିତି ସେ ପରମ୍ପରାର ପୁନଃପ୍ରକାଶ ନାହିଁ। ଦଶରଥଙ୍କ ସହ ଅଯୋଧ୍ୟାର ଏକ ସୁବର୍ଣ୍ଣଯୁଗ ଶେଷହବା ବା ନାଟ୍ୟକାର ଶ୍ରୀ ପାଣିଗ୍ରାହୀଙ୍କ ସହ ନାଟକର ଏକ ଧାରାର ପୂର୍ଣ୍ଣଚ୍ଛେଦ ଆସିବା ବୋଧହୁଏ ଏକା କଥା। ଏ ବିବିଧତା ମଧ୍ୟରେ 'ଉର୍ମିଳା' ଚରିତ୍ରର ବ୍ୟକ୍ତିସତ୍ତାଟି ଅଧିକ ପରିମାର୍ଜିତ ହେଉଛି, ହେଉଛି ମଧ୍ୟ ଶାଣିତ। 'ରାମାୟଣ' ମହାକାବ୍ୟରେ ଏତେ ଚରିତ୍ର ଥିବାବେଳେ ନାଟ୍ୟକାର ଦୃଷ୍ଟି ନିବଦ୍ଧ କରୁଛନ୍ତି ଉର୍ମିଳା ଚରିତ୍ର ଉପରେ। ଏ ଚରିତ୍ର ନାଟ୍ୟକାରଙ୍କୁ ଅନୁପ୍ରେରିତ କରୁଛି। ସ୍ୱୀକାର କରୁଛନ୍ତି ଏକଥା ନାଟ୍ୟକାର ନିଜ ଉକ୍ତିରେ - "ଉର୍ମିଳା ଗୋଟିଏ ଅନୁପସ୍ଥିତ ସ୍ୱାମୀର ବିବିକ୍ତ ନାୟିକା ନୁହେଁ। ତା'ର ମନସ୍ତାତ୍ତ୍ୱିକ ପଚ୍ଛଭୂମିରେ ଉଗ୍ର ତପସ୍ୟାର ଯେଉଁ ସଂଯମତା ଅଛି, ସେଥିରେ ସାମ୍ପ୍ରତିକ ସ୍ୱୈରାଚାରିଣୀ ମାନଙ୍କର ଯୌନ ଦଗ୍‌ଧାବସ୍ଥାକୁ ରୂପାୟନ କରିବାର ଛଳନା ନାହିଁ। ଅନ୍ୟପକ୍ଷରେ ଅବହେଳିତ ଉର୍ମିଳା ଚରିତ୍ରରେ ଆମେ ପାଉଛୁ ପାର୍ଥିବ କ୍ଳେଶର ଅନିବାର୍ଯ୍ୟତା ସତ୍ତ୍ୱେ ଅପାର୍ଥିବତାର କାମନା। ଭୋଗର ତ୍ୟାଗକୁ ଯିବାର ସାଧନା ଏବଂ ବ୍ୟକ୍ତିର ଅନୁଭବକୁ ସମୂହର ଅନୁଭବରେ ପରିବର୍ତ୍ତନ କରିବାର ପ୍ରେରଣା।" (ପୃ.୪-୫) ଏଠି ନାଟ୍ୟକାର 'Negative capability' ର ଟେକ୍‌ନିକ୍‌ରେ ନିଜେ ଯାହା ନୁହଁ, ତାହା ହେବାର ଏବଂ ତା'ର ଅନୁଭୂତିକୁ ଅନୁଭବ କରିବାର ପ୍ରଚେଷ୍ଟା କରୁଛନ୍ତି। ତେଣୁ ନିଜେ ସ୍ୱୟଂ ଉର୍ମିଳା ଭୂମିକାରେ ଅବତୀର୍ଣ୍ଣ ହୋଇ ତା'ର ମନସ୍ତାତ୍ତ୍ୱିକ ଆବେଗମାନଙ୍କର ସ୍ତର ନିର୍ମାଣ କରୁଛନ୍ତି। ବାଲ୍ମୀକି ଅଯୋଧ୍ୟାର ରାଜପ୍ରସାଦକୁ ବହୁବାର ଆସିବା ବା ପ୍ରତିଥର ସୁଯୋଗ ଖୋଜି ଉର୍ମିଳା ବାଲ୍ମୀକିଙ୍କୁ ତାଙ୍କ ରାମାୟଣରେ ସ୍ଥାନଦେବାଲାଗି ଅନୁରୋଧ କରିବା, କବି ବାଲ୍ମୀକି ଉର୍ମିଳାକୁ ପ୍ରତିଶ୍ରୁତି ଦେବା ଅଥଚ ଶେଷପର୍ଯ୍ୟନ୍ତ ତାକୁ ରାମାୟଣରେ ସ୍ଥାନ ନଦେବା, ଏହା ଉତ୍ତର-ଆଧୁନିକ ଅନୁଶୀଳନ। ଏଠି ନାଟ୍ୟକାର ଦୁଇଟି ବିଭକ୍ତ ସତ୍ତା। ଗୋଟିଏରେ ଉର୍ମିଳା ହୋଇ ବାଲ୍ମୀକିଙ୍କୁ ଅନୁରୋଧ କରିବା ଏବଂ ଅନ୍ୟପଟରେ ନିଜେ ବାଲ୍ମୀକି ହୋଇ ପ୍ରତିଶ୍ରୁତି ଦେବାର ଉଲ୍ଲେଖ ତାଙ୍କ ନିଜର ଉର୍ମିଳା ଚରିତ୍ର ପ୍ରତି ଦୁର୍ବଳତାକୁ ସୂଚିତ କରେ। ବାଲ୍ମୀକିଙ୍କ ରାମାୟଣରେ ଉର୍ମିଳାର ସ୍ଥାନ ନାହିଁ, ତେଣୁ ତାଙ୍କ ନିଜସ୍ୱ ଲେଖକୀୟ ସତ୍ତାଟି ତାଙ୍କୁ ଅନୁପ୍ରେରିତ କରୁଛି ସେଇ ଚରିତ୍ରର ଲୁକ୍‌କାୟିତ ମହନୀୟତାକୁ ଲୋକଲୋଚନକୁ ଆଣିବା ଲାଗି। ଏହା ଫଳରେ ଓଡ଼ିଆ ନାଟ୍ୟସାହିତ୍ୟକୁ ଆଉ ଏକ ନୂତନତା ଆସୁଛି। ନାଟକରେ କେତେକ ଚମତ୍କାର କଥାର ସଂଯୋଜନା ହୋଇଛି।

ଲକ୍ଷ୍ମଣ ଚଉଦବର୍ଷ ନିଦ୍ରାହୀନ ରହିବା, ପ୍ରତିବଦଳରେ ଊର୍ମିଳା ସେଇ ଚଉଦବର୍ଷ ନିଦ୍ରାଦେବୀଙ୍କ କୋଳରେ ରହିଲା। ଏଇଠି ଊର୍ମିଳା ଚରିତ୍ରର ମହନୀୟତା, ପରୋକ୍ଷରେ ନାଟ୍ୟକାର ଜଣେଇଦେବାକୁ ଚାହାନ୍ତି ଯେ ଯଦି ଊର୍ମିଳା ନଥାନ୍ତେ ତେବେ ଲକ୍ଷ୍ମଣ ନିଜ ସାଧନା ବା ବ୍ରତରେ କେବେମଧ୍ୟ ସଫଳ ହେଇପାରିନଥାନ୍ତେ। ନିଦ୍ରା ଯିବା ଏକ ପ୍ରାକୃତିକ ନିୟମ। ପ୍ରକୃତିର ନିୟମକୁ ଉଲ୍ଲଙ୍ଘନ କରିବା ଦ୍ୱାରା ଉଭୟ ଲକ୍ଷ୍ମଣ ଏବଂ ପରିବେଶର ଯାହା କ୍ଷତି ହୋଇଥାନ୍ତା, ତାକୁ ସନ୍ତୁଳିତ କରୁଛନ୍ତି ଊର୍ମିଳା ନିଜର ତ୍ୟାଗ ଦ୍ୱାରା। ଏଠି ଗୋଟିଏ ଅଦ୍ଭୁତ ବା ଅତିବାସ୍ତବ କଥା ଆସୁଛି ମାତ୍ର। ଏ ସମ୍ପର୍କରେ ଲେଖକ ଅବଶ୍ୟ ନିଜର ସ୍ୱୀକାରୋକ୍ତି ଦେଇଛନ୍ତି ଯେ ଦକ୍ଷିଣ ଭାରତର ରାମକଥା ଓ ରାମନୃତ୍ୟ ନାଟକଗୁଡ଼ିକରେ 'ଊର୍ମିଳାର ନିଦ୍ରା' ସମ୍ପର୍କରେ ବିଶେଷ ଉଲ୍ଲେଖ ରହିଛି (ପୃ-୬)। 'ରାମାୟଣ'ର ସମସ୍ତ ଘଟଣା ପରସ୍ପରକୁ ଯୌକ୍ତିକ ନ୍ୟାୟରେ ସମ୍ପର୍କିତ। ଯେମିତି ଇନ୍ଦ୍ରଜିତର ମରିବା ନିମନ୍ତେ ଏପରି ଏକ ଯୋଦ୍ଧା ଆବଶ୍ୟକ, ଯିଏ ଚଉଦବର୍ଷ ଦିବାରାତ୍ର ଉଜାଗର ରହିଥିବ। ଚଉଦବର୍ଷ ପୂର୍ବରୁ ପ୍ରସ୍ତୁତି ପର୍ବ ଆରମ୍ଭ ହେଉଛି ସେଇ ଯୋଦ୍ଧାଙ୍କର ଏବଂ ତାଙ୍କର ଏହି ପ୍ରସ୍ତୁତିରେ ସହଯୋଗୀ ହୋଇଛନ୍ତି ତାଙ୍କ ପତ୍ନୀ ଊର୍ମିଳା।

ଲକ୍ଷ୍ମଣଙ୍କ ତିନିଗାର ସମ୍ପର୍କରେ ଚମତ୍କାର କଥା କହିଛନ୍ତି ନାଟ୍ୟକାର। ତାଙ୍କ ଭାଷାରେ- "ଲକ୍ଷ୍ମଣଙ୍କ ତିନିଗାର ସମ୍ଭବତଃ ତିନିଗୋଟି ଆବେଗମୟ ଆହ୍ୱାନର ସଙ୍କେତ /ପ୍ରତୀକ। ଏଗୁଡ଼ିକ ବିଚାର, ବିଶ୍ୱାସ ଓ ଧର୍ମ ମଧ୍ୟ ହୋଇପାରେ। ସୁନାର ହରିଣଟି ସୀତାଙ୍କର ଭ୍ରମ ନହୋଇ ହୋଇଯାଏ ବିଶ୍ୱାସ। ଅନ୍ୟପକ୍ଷରେ ବାରଣ ସତ୍ତ୍ୱେ ଗାରଗୁଡ଼ିକ ଡେଇଁ ସନ୍ନ୍ୟାସୀଙ୍କୁ ଭିକ୍ଷାଦାନ ଦେଉଛନ୍ତି ସୀତା, କିନ୍ତୁ ଭାବୁଛନ୍ତି ଏହା ତାଙ୍କର ଧର୍ମ। 'ମାୟାମୃଗ' ସମ୍ପର୍କରେ ଚିନ୍ତାକଲେ ଜଣାଯାଏ ସତେ ଯେପରି ସତ୍ୟ ହେଉଛି ମାୟାର ଅନୁରୂପ (ପୃ-୭)। 'ମାୟାମୃଗ' ସମ୍ପର୍କରେ ଚିନ୍ତା କଲେ ଜଣାଯାଏ ସତେ ଯେପରି ସତ୍ୟ ହେଉଛି ମାୟାର ଅନୁରୂପ।(ପୃ-୭) ନାଟ୍ୟକାର ପ୍ରାରମ୍ଭରୁ ସୂଚନା ଦେଉଛନ୍ତି ଯେ ନାଟକଟି ସମ୍ପୂର୍ଣ୍ଣ ପୌରାଣିକ ନାଟକ ନୁହେଁ। ଏହା ପୁରାଣକଳ୍ପର ନାଟକ।

ଊର୍ମିଳା କେବଳ ଶବ୍ଦର କଳସ ନୁହେଁ ଯେ ମଞ୍ଚ ଉପରେ, ମାଇକ୍ରୋଫୋନ୍ ପଛରୁ ଅଜାଡ଼ି ହେଇଯିବ। ଊର୍ମିଳା ଏକ ସାଙ୍କେତିକ ଭାଷା। ଶବ୍ଦାତୀତ ଦେହର ସଙ୍କେତ, ଆଖିର ସଙ୍କେତ, ପଦଛନ୍ଦର ସଙ୍କେତ। ସମଗ୍ର ଶରୀରର ଛନ୍ଦ ଓ ତଥାକଥିତ ଲାବଣ୍ୟର ସଙ୍କେତ ଭିତରେ ଥିବା ରଙ୍ଗମଞ୍ଚୀୟ ଭାଷାଟିଏ ଏଠାରେ ପ୍ରକ୍ଷେପିତ ହୋଇଥାଏ ଦର୍ଶକ ପାଖକୁ। ଯାହା ପ୍ରକ୍ଷେପିତ, ତାହାର ସାରାଂଶ ଊର୍ମିଳା(ପୃ-୯) ଜଣେ ସମ୍ପୂର୍ଣ୍ଣ ସ୍ୱାଧୀନଚେତା ନାରୀରୂପେ ଊର୍ମିଳା ନିଶ୍ଚୟ ଆଧୁନିକ ଯୁଗରେ ବଞ୍ଚି

ରହିବା ଭୁଷୁଡ଼ି ପଡୁଥିବା ରାଜପ୍ରାସାଦମାନଙ୍କୁ ବଜାୟ ରଖି ପକ୍ଷୀ ଓ କୀଟପତଙ୍ଗମାନଙ୍କ ଯତ୍ନ ନେଇ ସେ ପ୍ରଜାମାନଙ୍କର ସେବା କରିବାରେ ସମର୍ଥ ହେବା(ପୃ-୧୨)। ହନୁମାନ ଆକାଶରେ ଉଡ଼ିଉଡ଼ି ଯାଇ ଗନ୍ଧମାର୍ଦ୍ଦନ ପର୍ବତକୁ ଟେକି ଆଣିଛନ୍ତି କାରଣ ସେ ବିଶଲ୍ୟକରଣୀ ବୃକ୍ଷକୁ ଚିହ୍ନିପାରିଲେ ନାହିଁ। ଫେରିବା ବାଟରେ ଅଯୋଧାରେ ଭରତ ତାଙ୍କୁ ଅଟକାଇଛନ୍ତି ଏବଂ ସେଇଠି ସେ ରାଜପ୍ରାସାଦର ଅନ୍ତଃପୁରରେ ରାମଙ୍କ ପରିବାରକୁ ଭେଟୁଛନ୍ତି। ପ୍ରଶ୍ନଉଠୁଛି ପର୍ବତଟିକୁ ଧରି ସେ ଅନ୍ତଃପୁରକୁ ଦେଉଛନ୍ତି। ହନୁମାନ 'ଅଣିମାସିଦ୍ଧି' ମନ୍ତ୍ର ଜାଣିଥିଲେ। ଅଣିମା ସିଦ୍ଧିରେ ବିରାଟକାୟ ବସ୍ତୁ 'ଅଣୁ' କିମ୍ବା 'ଅଣିୟାନ୍'ରେ ରୂପାନ୍ତରିତ ହୋଇଯାଏ (ପୃ-୧୧)। ସେଇଠି ଥାଇ ରାମଚନ୍ଦ୍ରଙ୍କ ବାକ୍ୟକୁ ସେ ଶୁଣିପାରୁଛନ୍ତି। ରାମଚନ୍ଦ୍ର ପଚାରୁଛନ୍ତି - "କୋଉଠି ଅଛ ହନୁମାନ? ତମର ଫେରିବାରେ ଏତେ ବିଳମ୍ବ କାହିଁକି ହେଉଛି?" ଏହିପରି ଅନେକ ଅଲୌକିକତା ରହିଛି ଏହି ନାଟକରେ। ସୂର୍ପଣଖା ନିଜକୁ ସୁନ୍ଦରୀ ଭାବରେ ପରିଣତ କରୁଛି ଏବଂ ରାମ ଲକ୍ଷ୍ମଣଙ୍କ ନିକଟକୁ ଯାଉଛି। ରାବଣ ମାୟାବଳରେ ବ୍ରାହ୍ମଣ ଭିକ୍ଷୁକ ବେଶ ଧାରଣ କରି ଆସୁଛି। ଅବଶ୍ୟ ଏସବୁ ଅଲୌକିକତା ଆମ ପୁରାଣମାନଙ୍କରେ ଭରି ରହିଛି ଏବଂ ଦର୍ଶକ ଏପରି ଏକ ପୁରାଣ ଆଧାରିତ ନାଟକ ଦେଖିବାକୁ ଆସିବାବେଳେ ଅଲୌକିକତା ଦେଖିବାର ମାନସିକ ପ୍ରସ୍ତୁତି ନେଇ ଆସିବା ନିଶ୍ଚୟ। ତେଣୁ ନଟ୍ୟକାର ଦର୍ଶକୀୟ ଅଭିରୁଚିକୁ ଗୁରୁତ୍ୱ ଦେଉଛନ୍ତି।

ଏବେ ଯିବା ନାଟକର ଦୃଶ୍ୟମାନଙ୍କ ନିକଟକୁ। ପ୍ରଥମ ଦୃଶ୍ୟ। ନାଟକର ପ୍ରସ୍ତାବନା ଦୃଶ୍ୟ ବୋଲି ମନେକରାଯାଇପାରେ। ତିନୋଟି ଚରିତ୍ରର କଥୋପକଥନରେ ଆସୁଛି ଦ୍ୱନ୍ଦ୍ୱ। ଆସୁଛି କାହାଣୀ, ଆସୁଛି ଉତ୍କଣ୍ଠା। ପରିଷ୍କାର ହେଇଯାଉଛି ଗୋଟିଏ କଥା। 'ତ୍ରେତୟା'ର ଯୁଗଧର୍ମରେ 'ପିତୃଭକ୍ତି' କଥା ଆସିବ ଯେଉଁଠି ଆଦର୍ଶ ଚରିତ୍ର ଭାବରେ କେବଳ ରାମଙ୍କ କଥା ହିଁ ଆସିବ। 'ଊର୍ମିଳା' ଭାଗ୍ୟରେ ପୃଷ୍ଠାଏ ନାହିଁ ସେ ବିଶାଳ ମହାକାବ୍ୟରେ ବା ମହାନାଟକରେ। ଏତିକିରେ କିନ୍ତୁ ପ୍ରଥମ ଦୃଶ୍ୟର ଦାୟିତ୍ୱ ଶେଷ ହେଉନାହିଁ। ଦଶରଥ କିମ୍ବା ବାଲ୍ମୀକିଙ୍କ ସଂଳାପରେ ଲେଖକୀୟ ଦାୟବଦ୍ଧତା ଆଉ ଅଙ୍ଗୀକାରବଦ୍ଧତାର ଅପୂର୍ବ ସ୍ୱୀକାରୋକ୍ତି ଲକ୍ଷ୍ୟ କରାଯାଇପାରେ। ଗୋଟିଏ ପଟେ ରହିଛି ନାଟ୍ୟକାର ରମେଶ ପାଣିଗ୍ରାହୀଙ୍କ ସ୍ୱାଭିମାନ, ଅଭିମାନ, ଅବଶୋଷ ବା ଆସକ୍ତି,ସମୟକୁ ଅତିକ୍ରମ କରି ପୁନର୍ବାର ଯୁଗଟିଏ ସୃଷ୍ଟିକରିବାର ଉଦ୍ଦାମତା, ଅନ୍ୟପଟରେ ବାଲ୍ମୀକିଙ୍କ ସ୍ୱରରେ ସେଇ ନାଟ୍ୟକାର ଦେଉଛନ୍ତି ପରିବର୍ତ୍ତିତ ସମୟର ବଦଳୁଥିବା କାହାଣୀ। ବର୍ଷ ବର୍ଷ ତପସ୍ୟାର ଯେମିତି ମୂଲ୍ୟାଙ୍କନ ହୋଇପାରିନାହିଁ। ସ୍ରଷ୍ଟା ଯେମିତି ଅପାଙ୍‌କ୍ତେୟ ହୋଇ ରହିଯାଉଛି ସମୟର ଗତିରେ।

ଦଶରଥଙ୍କ ଚରିତ୍ରରେ ନାଟ୍ୟକାରଙ୍କ ସତ୍ତା କହୁଛନ୍ତି- "ମୁଁ ଡରୁଛି ନିଜେ ମୋର କଳ୍ପନାକୁ। ମୋ' ସ୍ୱପ୍ନର ଛାୟାପଥ ଡେଇଁ ଯାଉଯାଉ ମୋର ବାଟ ଭୁଲିଯାଉଛି। ତଥାପି ମୁଁ ଆସୁଛି ତୋ'ପାଖକୁ ଅଯୋଧ୍ୟା। ଏ ପ୍ରତିଶ୍ରୁତିହୀନ ଘୋର ଉଆଁସ ରାତିରେ କ'ଣ ଯେ ଘଟିଯିବ, ସେଥିପାଇଁ କାନ୍ଦିକାନ୍ଦି ଘଟଣାମାନଙ୍କୁ ମନା କରିବାର ଉପାୟ ନାହିଁ"(ପୃ-୧୫) "ରେ ଅଯୋଧ୍ୟା! ମୁଁ ଆସୁଛି ବୁଢ଼ାରଜା ତୋର। ଏ ଦେଶର ଚାରିପଟେ ମୁନି ଆଶ୍ରମରେ ମଲେଣି ସାଧକମାନେ ରାକ୍ଷସ ଭୟରେ। ମୋ'ଦେଶରୁ ସବୁ ଋଷି ମରିଯିବେ। ଶୁଭିବନି....ମନ୍ତ୍ରଧ୍ୱନି"(ପୃ-୧୫)

ଗୋଟିଏ ଦ୍ୱିଧାମୟ ଭାବର ସଞ୍ଚରଣ ଘଟୁଛି କେତେବେଳେ ବାଲ୍ମୀକି ବା କେତେବେଳେ ଦଶରଥଙ୍କ ମଧ୍ୟରେ। ବାଲ୍ମୀକି କହୁଛନ୍ତି ପାରମ୍ପରିକ ଉଦୟ ଅସ୍ତର କାହାଣୀକୁ ନେଇ ଏ ମହାକାବ୍ୟ ଲେଖାହେବନାହିଁ ଦଶରଥ। ଭୟଙ୍କର ପିପାସା ଆଉ ଈର୍ଷାର କୋଳାହଳ ଭିତରେ ବଦଳିଯିବ କାହାଣୀର ମୋଡ଼...(ପୃ-୧୬)। ବାଲ୍ମୀକି ଊର୍ମିଳାଙ୍କୁ ଜାଣିନପାରିବା ଗୋଟିଏ ଭୟଙ୍କର ବ୍ୟଙ୍ଗ ଯେମିତି ନାଟ୍ୟକାରଟିଏ ଚରିତ୍ରଟିଙ୍କୁ ଭଲଭାବେ ଉପଲବ୍ଧି ନକରି ପରିକଳ୍ପନା କରିନଉଛି ଗୋଟିଏ କାଳଜୟୀ ନାଟକର। ବାଲ୍ମୀକିଙ୍କ ଅନୁକମ୍ପା ଭିତରେ ଲୁଚିରହିଛି ନାଟ୍ୟକାରଙ୍କ ଅନୁକମ୍ପା। ଯାହା ବାଲ୍ମୀକି କରିପାରିନାହାନ୍ତି, ନାଟ୍ୟକାର ପାଣିଗ୍ରାହୀ ତାହା କରୁଛନ୍ତି। ଏଇଠୁ ଆରମ୍ଭ ଊର୍ମିଳାର କାହାଣୀ। ଆସନ୍ତାକାଲିର ଦୈବୀବାଣୀ କରୁଛନ୍ତି ବାଲ୍ମୀକି। ଦ୍ୱନ୍ଦ୍ୱର ପ୍ରାରମ୍ଭିକ ସୂଚନା ବା ଦର୍ଶକୀୟ ଉତ୍କଣ୍ଠାକୁ ଜାଗ୍ରତ କରିବାର ସୁଯୋଗ ପ୍ରସ୍ତୁତ ହେଉଛି। ଦ୍ୱିତୀୟ ଦୃଶ୍ୟରେ ଲକ୍ଷ୍ମଣ ଓ ଊର୍ମିଳାଙ୍କ ଆଳାପ ମଧ୍ୟରେ ଊର୍ମିଳାଙ୍କ ଚାରିତ୍ରିକ ମହତ୍ତ୍ୱଟି ଅଧିକ ପ୍ରସ୍ଫୁଟିତ ହେଉଛି। "ତମେ ମୋ କଥା ଜମା ମନେପକାଇବ ନାହିଁ, ଆଉ ମୁଁ ମଧ୍ୟ ଏଇଠି ରହିବି ତପସ୍ୱିନୀ ପରି। ଏ ରାଜପ୍ରାସାଦର ସମସ୍ତ ବିଳାସ ଦ୍ରବ୍ୟ ଏ ଅଳଂକାର, ଏ ପୀତାମ୍ବରୀ ପାଟ ସବୁ ପରିତ୍ୟାଗ କରିବି (ପୃ-୨୦)। ଏକଥା କହିଦେବାରେ ହିଁ ତାଙ୍କ କର୍ତ୍ତବ୍ୟଟି ବୁଝାପଡ଼ିଯାଉଛି ଦର୍ଶକମାନଙ୍କ ନିକଟରେ। ସେଠି ସ୍ୱାମୀଙ୍କ ପ୍ରତି ତାଙ୍କର ଅଭିଯୋଗ ଅଛି, ଅଭିମାନ ଅଛି କିନ୍ତୁ ସେ ଭାଙ୍ଗିପଡୁନାହାନ୍ତି ବରଂ କହୁଛନ୍ତି- "ମୁଁ ଊର୍ମିଳା- ମୁଁ ପଥର। ନିଆଁକୁ ମାଗିଚି ତେଜ, ଧୂଆଁକୁ କୁହୁଳିବା, ଅଙ୍ଗାରକୁ ମାଗିଚି ଦହନ। ତା'ପରେ ସବୁ ମିଶି ଯାହା ହେଲା ନାଁ ତା'ଊର୍ମିଳା"(ପୃ-୨୧)

ଗୋଟିଏ କାବ୍ୟିକ ପରିଭାଷାରେ ଊର୍ମିଳା ଚରିତ୍ରଟି ରୋମାଣ୍ଟିକ୍ ଭାବକୁ ବହନ କରୁଛି ଯେପରି। ତୃତୀୟ ଦୃଶ୍ୟରେ ଆଉ ଗୋଟିଏ ଘଟଣା ଘଟୁଛି ଅପ୍ରତ୍ୟାଶିତ ଭାବରେ। ପୁତ୍ର ବିଚ୍ଛେଦରେ ବ୍ୟଥିତ ଦଶରଥ, ପାଗଳୀପ୍ରାୟ କୌଶଲ୍ୟାଙ୍କର ତାଙ୍କୁ ତିରସ୍କାର, ଊର୍ମିଳାଙ୍କ ସେମାନଙ୍କୁ ପ୍ରବୋଧନା ଦେବାର ପାରମ୍ପରିକ ଆବେଗର ଚିତ୍ର

ପ୍ରଦାନ ସହ ଊର୍ମିଳାଙ୍କ ଦାୟିତ୍ୱବୋଧକୁ ସୂଚିତ କରେ। ସେହି ଦୃଶ୍ୟରେ ଦଶରଥଙ୍କ ମୃତ୍ୟୁ ହୁଏ ଊର୍ମିଳାଙ୍କ କୋଳରେ। "ମହାରାଜା ଦଶରଥଙ୍କ ସହ ଶେଷହେଲା ଅଯୋଧ୍ୟାର ଏ ସୁବର୍ଣ୍ଣ ଯୁଗ।" ଏଇଠି ବଦଳୁଛି ସମୟ। ଦୃଶ୍ୟାନ୍ତରରେ ଗଭୀର ବନପ୍ରଦେଶରେ ରାମ, ସୀତା ଏବଂ ଲକ୍ଷ୍ମଣ। ଲକ୍ଷ୍ମଣ ଉଜାଗର ରହି ପହରା ଦେବେ କାରଣ ସେ ପ୍ରତିଜ୍ଞାବଦ୍ଧ। ନିଦ୍ରାଦେବୀଙ୍କ ଆଗମନ ଏବଂ ତାଙ୍କର ଲକ୍ଷ୍ମଣଙ୍କ ସହ କଥାବାର୍ତ୍ତା ମଧ୍ୟରେ ପରିବେଶର କଥା, ପ୍ରକୃତିର କଥାଟି ଆସିଯାଉଛି। ନିଦ୍ରା ପରିହାର କରିବାର ଅର୍ଥ ପ୍ରକୃତିର ନିୟମକୁ ଉଲ୍ଲଙ୍ଘନ କରିବା। ନିଦ୍ରାଦେବୀ ବଡ଼ ସୁନ୍ଦର ଭାବରେ ଲକ୍ଷ୍ମଣଙ୍କୁ ବୁଝାଇଦିଅନ୍ତି- "ତମେ ଚଉଦବର୍ଷ ବିନିଦ୍ର ରହିଲେ ଯେଉଁ ସ୍ନାୟୁକୋଷଗୁଡ଼ିକର ବିକାଶ ଘଟିବା କଥା, ତାହା ଘଟିବ ନାହିଁ। ପ୍ରକୃତିରେ ଅସନ୍ତୁଳନ ସୃଷ୍ଟିହେବ। ସେଇଥିପାଇଁ ତମର ହଜିଯାଇଥିବା ନିଦ୍ରାର ସମାନ ଅଂଶ ପୂରଣ କରିବା ପାଇଁ କାହାକୁ ଜଣଙ୍କୁ ଚଉଦବର୍ଷ ଶୋଇବାକୁ ପଡ଼ିବ...." (ପୃ-୨୮)। ଲକ୍ଷ୍ମଣ ସେ ଅଧିକାର କେବଳ ନିଜ ପତ୍ନୀ ଊର୍ମିଳାଙ୍କୁ ଦେଇଛନ୍ତି। ଏଇଠି ଦିଓଟି କଥା ଏକାସାଙ୍ଗରେ ପ୍ରତିପାଦିତ ହେଉଛି। ଭାରତୀୟ ପୁରାଣ ପରମ୍ପରାରେ ନାରୀଜାତିର ଭୂମିକା ଓ ଗୁରୁତ୍ୱ, ତା'ସହ ପୁରୁଷର ନିଜର ପତ୍ନୀପ୍ରତି ବିଶ୍ୱାସ ଓ ସମ୍ମାନ। ନିଦ୍ରାଦେବୀଙ୍କୁ ଉତ୍ତରରେ ଲକ୍ଷ୍ମଣ କହୁଛନ୍ତି – "କେବଳ ଜଣେ ଅଛି ଏ ସଂସାରରେ। ସିଏ ମୋର ପତ୍ନୀ ଊର୍ମିଳା, "ଏଇ ଗୋଟିଏ ବାକ୍ୟରେ ଊର୍ମିଳାଙ୍କ ଚରିତ୍ର ଯେପରି ଦର୍ଶକମାନଙ୍କ ମନଭିତରଟାକୁ ଆବୋରି ନେଇଛି ସହଜ ଭାବରେ। ନାଟ୍ୟକାର କେବଳ ନାଟ୍ୟକାର ନୁହନ୍ତି ବରଂ ସେ ଜଣେ ସମାଜସଚେତନ ଶିଳ୍ପୀ। ସେ ଦୃଷ୍ଟିରୁ ଶ୍ରୀ ପାଣିଗ୍ରାହୀ ତାଙ୍କ କର୍ତ୍ତବ୍ୟବୋଧକୁ ପାଶୋରି ଦେଉନାହାନ୍ତି। ନାଟକର କଳାତ୍ମକ ଦୃଶ୍ୟ ସହ ତାହା ମଧ୍ୟ ସ୍ୱାଭାବିକ ଭାବରେ ଗତିଶୀଳ। ପଞ୍ଚମ ଦୃଶ୍ୟର ଦୀର୍ଘ ବଚନିକା ମଧ୍ୟରେ ଊର୍ମିଳା ଚରିତ୍ର ଆହୁରି ପରିବ୍ୟାପ୍ତ। ପିମ୍ପୁଡ଼ିମାନଙ୍କୁ ଗୁଡ଼ ଦେବା ଏବଂ ସେମାନଙ୍କୁ ଅଯୋଧ୍ୟାବାସୀ ବା ରାଜପ୍ରାସାଦର ଅତିଥିଭାବରେ ସମ୍ବୋଧନ କରିବା ମଧ୍ୟରେ ଗୋଟିଏ ମହାଜାଗତିକ ଅନୁଚିନ୍ତାର ପ୍ରତିଫଳନ ହେଉଛି। ପିମ୍ପୁଡ଼ିମାନେ ଅପରପକ୍ଷରେ ଊର୍ମିଳାଙ୍କର ନିଃସଙ୍ଗ ଜୀବନର ସାଥୀ। ତାଙ୍କ ଭାଷାରେ, "ଏ ରାଜପ୍ରାସାଦରେ ଏକାଏକା ନିର୍ବାସନ ଭୋଗୁଥିବା ଭିନ୍ନ ଏକ ତପସ୍ୱିନୀର ରୁଦ୍ରାକ୍ଷମାଳା ତମେ।"(ପୃ-୨୯) ଏଠି ନାଟ୍ୟକାର ଊର୍ମିଳାଙ୍କୁ ରମାକାନ୍ତଙ୍କ ଶ୍ରୀରାଧା ସ୍ତରକୁ ନେଇଯାଇଛନ୍ତି ଏବଂ କବି ରମାକାନ୍ତଙ୍କ ଶ୍ରୀରାଧାଙ୍କ ଭାବନା ଓ ଭାବ ଆସିଯାଉଛି ଊର୍ମିଳାଙ୍କ ସ୍ୱରରେ। "ଆଜି ସକାଳେ ଗାଧୋଇବା ବେଳେ, ପାଣିରେ ଦେଖିଲି ମୋର ଗୋଡ଼ ଦି'ଟାକୁ। ଲାଗିଲା ଏ ଗୋଡ଼ ତ ମୋର ନୁହେଁ, କିଛି ମୋର ନୁହେଁ। ନା ଏ ଶରୀର, ନା'ମୋର ଆଶା ହତାଶାର ଇତିହାସ...କିଛି

ମୋର ନୁହେଁ। ଏପରିକି ଏ ବଞ୍ଚିବା ମୋର ନୁହେଁ, ଯେଉଁ ମୃତ୍ୟୁ ଦିନେ ଅବଶ୍ୟ ଆସିବ, ସେଇଟାବି ମୋର ନୁହେଁ। ମୁଁ ଏକ ଚିରନ୍ତନ କାଙ୍ଗାଲୁଣୀ। ଅନ୍ତରୀକ୍ଷ ଯାଏ ପ୍ରସାରିତ ମୋର ଦୁଇ ବାହୁଙ୍କ ମଧରେ ମୁଁ ଏକ ଉଦ୍‌ଗ୍ରୀବ ଶୂନ୍ୟସ୍ଥାନଟିଏ। ବୋଧହୁଏ, କେବଳ ଏଇ ଶୂନ୍ୟସ୍ଥାନ ହୋଇ ରହିଯିବା କାହାକାହା କପାଳେତ ଥାଏ...."(ପୃ-୨୯)

"Since Postmodernism represnts a decentred concept of the universe in which individual works are not isolated creations, much of the focus in the study of post modern literature is on intertextuality, the relationship between one text and another or onetext within the interwoven fabric of literary history. Intertextuality in postmodern literature canbe a refernce or parallel to another literary work. an extended disussion of a work, or the adoption of a style."

ସମ୍ଭବତଃ ରମାକାନ୍ତଙ୍କ ଶ୍ରୀରାଧାକୁ ଆହୁରି ଅଧିକ ଭାବେ ଉପଲବ୍ଧି କରିବାର ପ୍ରୟାସରେ ଉର୍ମିଳାକୁ ତା'ର ଏକ ପ୍ରତିରୂପ କରୁଛନ୍ତି ଏହି ଦୃଶ୍ୟରେ ବା ଏହି ସଂଳାପ କହିଦେବା ମଧରେ। ଦୃଶ୍ୟାନ୍ତରରେ ଆସେ ଗଭୀର ବନପ୍ରଦେଶର କଥା। ସୂର୍ପଣଖା। ତା'ର ରୂପାନ୍ତର ଘଟୁଛି ସୁନ୍ଦରୀ ଯୁବତୀରେ। ନାଟ୍ୟକାରଙ୍କ ଆଉ ଏକ ନାଟକ 'ଯେସନେ କୀଟ ଉର୍ଣ୍ଣନାଭ' କଥା ମନକୁ ଆସେ ସୁର୍ପଣଖାର ସଂଳାପରେ। ନିଜ ହାତରେ ମୁଁ ନିଜପାଇଁ ବୁଣିଛି ଏ ଜାଲ। ଅନ୍ୟ କାହାରି ହାତରେ କେବେ ନୁହେଁ। ନିଜ ହାତରେ ମୁଁ ଭୋଗେ ନିର୍ଯ୍ୟାତନା। ନିଜେ ହୁଏ ଜାଲ। ନିଜେ ପୁଣି ଛନ୍ଦି ହୋଇ ସୁର୍ପଣଖା ହୁଏ କଲବଲ"(ପୃ-୩୪)। ଏଇଠି ଲେଖକୀୟ ଅବଚେତନ ମନର କଥାଟି ମଧ ଲକ୍ଷ୍ୟ କରାଯାଇପାରେ। ପ୍ରତି ଲେଖକ ନିଜ ଲେଖାରେ ହିଁ ନିଜେ ଛନ୍ଦି ହୁଅନ୍ତି, କଷ୍ଟ ପାଆନ୍ତି। ସେଥିରୁ ମୁକ୍ତି ପାଇବାକୁ ସେମାନଙ୍କୁ ଦରକାର ପଡ଼େ ଆଉ ଏକ ଲେଖା, କାରଣ ଉଚ୍ଚାରିତ ଶବ୍ଦମାନଙ୍କର ଅର୍ଥ ଦର୍ଶକମାନଙ୍କ ନିକଟରେ ନପହଞ୍ଚିବାଯାଏ ନାଟ୍ୟକାରର ମୁକ୍ତି ନାହିଁ। ଏକ ଅପ୍ରାପ୍ତିର ବା ଅବଶୋଷର ବହ୍ନିରେ ସେ ଅହରହ ଛାଟିପିଟି ହେଉଥାଏ।" ଯୌନତାର ଏ ଦହନ, ଦେହ ଆଉ ମନ। ମୁଁ ପରମ କୃପଣତା, ମୁଁ ଚରମ ଦାନ। ଏଇ ସୂର୍ପଣଖାର ଗୋଟିଏ ବିନ୍ଦୁରେ ସମସ୍ୟା ଓ ସମାଧାନ। ମୋ ଅପମାନ ଆଉ କ୍ରୋଧରୁ, ଏପରିକି ମୋ କଠୋରତମ ଈର୍ଷାରୁ ଜନ୍ମନିଏ କାବ୍ୟ ରାମାୟଣ।(ପୃ....) ଏଠି ସୂର୍ପଣଖାର ସଂଳାପ ମଧରେ କିଛିଭାଗରେ ଆସୁଛନ୍ତି ନିଜେ ନାଟ୍ୟକାର। ସୂର୍ପଣଖା ଗୋଟିଏ ଆଦିମ ଜୈବିକ ପ୍ରବୃତ୍ତିର ପ୍ରତୀକ ବା ଉଦ୍ଦାମ ଯୌନତାର ଉଲଗ୍ନ ନିମନ୍ତ୍ରଣ। ତା'ର ଦର୍ଶନରେ ଚିରନ୍ତନ ସତ୍ୟ। ତା'ର ଶରୀରର

ରୂପାନ୍ତର ଛଳନା ହୋଇପାରେ, ଅସତ୍ୟ ହୋଇପାରେ କିନ୍ତୁ ତା'ର କ୍ଷୁଧା ଚିରନ୍ତନ ସତ୍ୟ। ଆଉ ଗୋଟିଏ କଥାରେ କହିଲେ ତାହା ତପସ୍ୱୀର ଅନ୍ତିମ ପରୀକ୍ଷା, ଧୈର୍ଯ୍ୟର, ସଂଯମତାର। ନାଟକର ଦ୍ୱନ୍ଦ୍ୱକୁ ତୀବ୍ରତର କରୁଛି ସୂର୍ପଣଖାର ଉପସ୍ଥିତି। ଯାହାକୁ ଅତିକ୍ରମ କରିବା ନାୟକ ନିମନ୍ତେ ହୋଇଯାଇଛି ଏକ ଚ୍ୟାଲେଞ୍ଜ୍। ନାକ, କାନ ଛେଦନ କରିବାକୁ ମଧ୍ୟ ଗୋଟିଏ ପ୍ରତୀକ ଭାବରେ ଗ୍ରହଣ କରାଯାଇପାରେ। ଇନ୍ଦ୍ରିୟମାନଙ୍କର ଛେଦନ। ନାକ ଛେଦନ ବା କାନଛେଦନ କରିବାକୁ ମଧ୍ୟ ଗୋଟିଏ ପ୍ରତୀକ ଭାବରେ ଗ୍ରହଣ କରାଯାଇପାରେ। ନାକ ଛେଦନ ଦ୍ୱାରା ଘ୍ରାଣ କରିବାର ଶକ୍ତି ଚାଲିଯିବା ବା କାନ ଛେଦନରେ ସୌନ୍ଦର୍ଯ୍ୟହାନୀ ସହ ପ୍ରକୃତିର ଉଦ୍ଦାମତା ତା'କାନରେ ପଡ଼ି ତାକୁ ଆଉ ବିଚଳିତ କରିବ ନାହିଁ। କାମୁକମାନଙ୍କର ଅଂଗଛେଦନ ଆରୋପଣ ଗୋଟିଏ ସମୁଚିତ ଶାସ୍ତିର ବାର୍ତ୍ତା ପ୍ରଦାନ କରୁଛି ସାମ୍ପ୍ରତିକ ସମାଜର ନ୍ୟାୟ ବ୍ୟବସ୍ଥାକୁ। ଏ କଥାଟିକୁ ଲକ୍ଷ୍ୟ କରିବାର କଥା। ପରବର୍ତ୍ତୀ ଦୃଶ୍ୟରେ ନିଦ୍ରାଦେବୀ ଊର୍ମିଳାଙ୍କୁ ଜଣେଇଦିଅନ୍ତି ଯେ ଚଉଦବର୍ଷ ସେ ନିଦ୍ରାଯିବେ କାରଣ ଲକ୍ଷ୍ମଣ ବିନିଦ୍ର ରହିବେ। ଏଠି ପୁନର୍ବାର ନାଟ୍ୟକାର ଆତ୍ମସ୍ଥ ହେଉଛନ୍ତି ଊର୍ମିଳାଙ୍କ ଚରିତ୍ର ମଧ୍ୟରେ ଏବଂ ଆତ୍ମକଥନର ପ୍ରୟାସ କରୁଛନ୍ତି ତାଙ୍କରି ସଂଳାପ ମଧ୍ୟରେ "ସେଦିନ ମୋ ସ୍ରୋତରେ ଥିବ ବୋଲି ଗୁଡ଼େ ପ୍ରଶ୍ନ। ପ୍ରଶ୍ନମାନେ ଢେଉ ହେଲେ ତମ ମୁହଁର ଚନ୍ଦ୍ରକିରଣ ହେବ ତା'ର ପ୍ରତ୍ୟୁତ୍ତର। ଚଉଦବର୍ଷର ନିଦ୍ରାରେ ମୁଁ ଯାଇଥିବି କୋଉ ଗୋଟେ ନୂଆ ବନସ୍ତକୁ...କୋଟିଏ ନକ୍ଷତ୍ର ସେଠି ଛନ୍ଦାଛନ୍ଦି ହୋଇ ମତେ ବେଢ଼ିଥିବେ। ମୁହୁର୍ମୁହୁ ଆପଣାର ପ୍ରଭାବରେ ମୋ' ସତ୍ତାକୁ ଅଧିକାର କରି ନେଉଥିବେ।" (ପୃ-୪୦) ନାଟ୍ୟକାରଙ୍କ ଅଚେତନ ସ୍ଥିତିଟି ଏଠି ବହୁଧା ବିଭକ୍ତ। ସେ ନିଜ ଅଲକ୍ଷ୍ୟରେ ପଶିଆସୁଛନ୍ତି ଚରିତ୍ରମାନଙ୍କ ଭିତରେ ଆଉ ନିଜର ଦର୍ଶନ ହିଁ ନେଇଆସୁଛନ୍ତି ସେମାନଙ୍କ ସଂଳାପରେ। ତେଣୁ ନାଟକଟି କେବଳ ଗୋଟିଏ ସହଜ ସୁନ୍ଦର ପୁରାଣ କାହାଣୀ ମଧ୍ୟରେ ସୀମିତ ରହିପାରୁନାହିଁ, ଏହାର ଅନୁଚ୍ଚାରିତ ଦିଗଟି ମଧ୍ୟ ଗୁରୁତ୍ୱ ପାଇଯାଉଛି। ଦଶମ ଦୃଶ୍ୟରେ ଡଗର ହୋଇ ମାଙ୍କଡ଼ ଚରିତ୍ରଟିଏ ପ୍ରବେଶ କରିବା ଏକପ୍ରକାର ଲୋକନାଟକୀୟ ଶୈଳୀ। ଦୂତ ଏଠି ମାଙ୍କଡ଼ କାରଣ ରାମଚନ୍ଦ୍ର ବନରେ ଥିବାବେଳେ ତାଙ୍କ ଅନୁଚର କେବଳ ବାନର ଏବଂ ଭଲ୍ଲୁକମାନେ ଥିଲେ ଯୋଉମାନେ ତାଙ୍କୁ ଯୁଦ୍ଧରେ ସାହାଯ୍ୟ କରିଥିଲେ। ତେଣୁ ଦର୍ଶକମାନଙ୍କୁ ସେହି ପରିବେଶରେ ରଖିବା ନିମନ୍ତେ ମାଙ୍କଡ଼ଙ୍କୁ ଡଗର କରାଯିବାର ଯଥାର୍ଥତା ରହିଛି, ଯିଏ ଭରତଙ୍କ ନିକଟକୁ ରାମଚନ୍ଦ୍ରଙ୍କ ଚିଟାଉ ନେଇଆସିଛି। ପରବର୍ତ୍ତୀ ଦୃଶ୍ୟରେ ରାମଚନ୍ଦ୍ରଙ୍କର ଆବେଗମୟ ସଂଳାପରେ ପୁଣି ନାଟ୍ୟକାରଙ୍କ ଅନୁପ୍ରବେଶ- "ତମେ ସିନା ଯିବ ଘୁଞ୍ଚି ମୋ'ସ୍ଥିତିରୁ ଦୂର ଦୂରାନ୍ତରୁ,

ପାରିବିନି କେବେ ଛାଡ଼ି ମୋ'ଆତ୍ମାରେ ଘୁରୁଥିବା ତମ ଅସ୍ତିତ୍ୱକୁ, ଅଜ୍ଞାତ ମାଟିର ମୋହଠାରୁ ଭଲ ଅଶରୀରୀ ଦେହ, ଯେଉଁଠି ବିଚ୍ଛିନ୍ନ ଥିବ ଆଲୋକ ଓ ଅନ୍ଧାରରେ ସରୀସୃପ ଦେହ, ଆଦିଗନ୍ତ ତମେ ଥିବ, ତମେ ଥିବ ଆଲୋକ ଓ ଅନ୍ଧାରର ସରୀସୃପ ଦେହ, ଆଦିଗନ୍ତ ତମେ ଥିବ, ତମେ ଥିବ ମୋ'ଦେହର ପ୍ରତିଟି ସତ୍ତାରେ। ସ୍ମୃତିର କଅଁଳ ସ୍ୱପ୍ନେ ପୁଣି ଜୀଇଁଯିବ ଅଦୃଶ୍ୟ ଇଚ୍ଛାରେ"(ପୃ-୫୪) ରାମଚନ୍ଦ୍ରଙ୍କ ସୀତାଙ୍କ ପ୍ରତି ପ୍ରେମ ମଧ୍ୟରେ ନାଟ୍ୟକାରଙ୍କ ନାଟକ ପ୍ରତି ଅପରିସୀମ ଭଲପାଇବା ରୂପାୟିତ ହେଉଛି। ସତରେ ନାଟକଟିଏ ଲେଖି ହେଇଯାଏ ଅଦୃଶ୍ୟର ଇଚ୍ଛାରେ ତ !

ଏହାପରେ ରାବଣ ସହ ରାମଚନ୍ଦ୍ରଙ୍କ ଯୁଦ୍ଧ। ସେ ଯୁଦ୍ଧରେ ଇନ୍ଦ୍ରଜିତକୁ ମାରୁଛନ୍ତି ଲକ୍ଷ୍ମଣ। କାରଣ ଏକମାତ୍ର ଲକ୍ଷ୍ମଣଙ୍କ ବ୍ୟତୀତ ତାକୁ କେହି ମାରିପାରନ୍ତେ ନାହିଁ। ଇନ୍ଦ୍ରଜିତର ବରପ୍ରାପ୍ତିର ଖଣ୍ଡନ ନିମନ୍ତେ ଚଉଦବର୍ଷ ପୂର୍ବରୁ ପ୍ରସ୍ତୁତି ପର୍ବ ଲକ୍ଷ୍ମଣଙ୍କର ବିନିଦ୍ର ରହିବା। ଏ ସବୁକିଛି ସଂଳାପ ମଧ୍ୟରେ ନାଟ୍ୟକାର ସୂଚାଇ ଦେଉଛନ୍ତି କାରଣ ତାଙ୍କର ମୂଳ ପ୍ରସଙ୍ଗ ଉର୍ମିଳା। କେବଳ ଘଟଣାର କ୍ରମିକତା ନ୍ୟାୟରେ ଏସବୁ ଘଟଣା ଆସିବାର ଆବଶ୍ୟକତା ରହିଛି। ଦୁଇଘଣ୍ଟା ମଧ୍ୟରେ ରାମବନବାସଠାରୁ ତାଙ୍କର ଅଯୋଧ୍ୟା ପ୍ରତ୍ୟାବର୍ତ୍ତନ କାହାଣୀକୁ ମଞ୍ଚରେ ଉପସ୍ଥାପନ କରିବା ଏକ ଦୁର୍ବାର ପ୍ରଚେଷ୍ଟା। କାହାଣୀର କ୍ରମଗତିଟିକୁ ଦର୍ଶାଇବା ସହ କେନ୍ଦ୍ରବିନ୍ଦୁ 'ଉର୍ମିଳା' ପ୍ରସଙ୍ଗକୁ ଫେରିବା ବୋଧହୁଏ ନାଟ୍ୟକାରଙ୍କ ସୃଜନ ଦକ୍ଷତାକୁ ପ୍ରମାଣିତ କରେ। ଦର୍ଶକମାନଙ୍କ ଉପଲବ୍ଧିରେ ରହିଛି ଚଉଦବର୍ଷ ବିତିବାର ଲମ୍ବା ସମୟଟିଏ, ତାହା କିନ୍ତୁ ଶେଷହେବ ମାତ୍ର ଦୁଇଘଣ୍ଟା ମଧ୍ୟରେ। ତେଣୁ ଦୃଶ୍ୟାନ୍ତରରେ ଘଟଣା ଓ ସମୟ ବିତିଯାଉଥିବାର କଥା ସଂଳାପ ମାଧ୍ୟମରେ ଆସିଗଲେ ଦର୍ଶକୀୟ ସ୍ୱୀକୃତି ଆସିଯାଉଛି। ଇନ୍ଦ୍ରଜିତକୁ ବଧ କରିବା ପରେ କ୍ରୋଧାନ୍ୱିତ ରାବଣ ବ୍ରହ୍ମାସ୍ତ୍ର ପ୍ରୟୋଗ କରେ ଲକ୍ଷ୍ମଣଙ୍କୁ। ଲକ୍ଷ୍ମଣ ମୃତପ୍ରାୟ। ବୈଦରାଜ ସୁଷେଣଙ୍କ ପରାମର୍ଶରେ ହନୁମାନ ଗନ୍ଧମାର୍ଦ୍ଦନ ପର୍ବତ ଧରି ପ୍ରତ୍ୟାବର୍ତ୍ତନ କରିବା ସମୟରେ ଭରତ ତାଙ୍କୁ ଅଟକାଇଛନ୍ତି। ହନୁମାନ ତାଙ୍କ ରାଜପ୍ରାସାଦରେ ସମସ୍ତଙ୍କ ସହ ମିଶି ଧନ୍ୟ ହେଇଯାଇଛନ୍ତି। ସେତିକିବେଳେ ରାମଚନ୍ଦ୍ରଙ୍କ ସ୍ୱର ଯେମିତି ଶୁଭୁଛି - ହନୁମାନ! ଶୁଣିପାରୁଛ? କେଉଁଠି ଅଟକିଯାଇଛ? ଏହା ଏକ ମ୍ୟାଜିକ୍ ବା ଅତିବାସ୍ତବ କଥା। ଅବଶ୍ୟ ପୁରାଣରେ ଏପରି ଅନେକ ଅତିପରିକଳ୍ପନା ରହିଛି ଯାହାକୁ ଆଜିର ବିଜ୍ଞାନୀମାନେ ସତ ବୋଲି ମାନିଲେଣି ଅର୍ଥାତ୍ ତା'ର ସେହି ଅତିଭୌତିକତା ପଛରେ ବୈଜ୍ଞାନିକ ଯୁକ୍ତିସିଦ୍ଧାନ୍ତ ପ୍ରମାଣ ହେଲାଣି। ହନୁମାନ ବିଶାଳ ଗନ୍ଧମାର୍ଦ୍ଦନ ପର୍ବତକୁ ଛୋଟିଆ ଅଣୁରେ ପରିଣତ କରି ନେଇଯାଉଛନ୍ତି ନିଜ ହାତରେ। ଉର୍ମିଳା ତାଙ୍କର ପକ୍ଷୀବୈଦ୍ୟର ଔଷଧ ଦେବା ସହ ରାବଣ ନିଧନ ନିମନ୍ତେ ବ୍ରହ୍ମାସ୍ତ୍ର ପ୍ରଦାନ

କରୁଛନ୍ତି ରାମଚନ୍ଦ୍ରଙ୍କୁ ଦେଇଦେବା ଲାଗି। ତାଙ୍କର ନାରୀତ୍ୱ ଓ ନାରୀଶକ୍ତି ଉଭୟ ଦିଗକୁ ଦେଖଉଛନ୍ତି ନାଟ୍ୟକାର। ଦୁଷ୍ଟ ରାବଣ ମରିବା ଉଚିତ୍। ଏହା ଏକ ଆଧୁନିକ ନାରୀର କଥା। ସେ ଅବଳା ନୁହେଁ, ଦୁର୍ବଳା ନୁହେଁ। ଆବଶ୍ୟକସ୍ଥଳେ ସେ ଦୋଷୀକୁ ଦଣ୍ଡ ଦେବ। ଏହାହିଁ ଆଧୁନିକ ନାଟକର ବାର୍ତ୍ତା, ଯାହା କଳାତ୍ମକ ଭାବରେ ପ୍ରତିଫଳିତ ଊର୍ମିଳାଙ୍କ କଥାରେ ଓ କାର୍ଯ୍ୟରେ। ବ୍ରହ୍ମାସ୍ତ୍ରର ପ୍ରୟୋଗ ବିଧି ଊର୍ମିଳାଙ୍କୁ ଜଣାଅଛି, ଯାହା ସେ ପରଦୃଶ୍ୟରେ ଲକ୍ଷ୍ମଣଙ୍କୁ କହୁଛନ୍ତି, ଫଳରେ ରାମଚନ୍ଦ୍ର ରାବଣକୁ ମାରିପାରୁଛନ୍ତି। ଏହା ଏକ ଚମତ୍କାର କଥା, ଯାହା ଊର୍ମିଳାଙ୍କ ଚରିତ୍ରକୁ ସ୍ୱତନ୍ତ୍ର କରୁଛି। କିନ୍ତୁ ବାଲ୍ମୀକିଙ୍କ ରାମାୟଣରେ ନୁହେଁ, ଶ୍ରୀ ପାଣିଗ୍ରାହୀଙ୍କ ନାଟକରେ।

ସପ୍ତଦଶ ଦୃଶ୍ୟରେ ରାବଣ ମୃତ୍ୟୁଶଯ୍ୟାରେ। ରାମଚନ୍ଦ୍ର ରାକ୍ଷସ ଶକ୍ତିର ବିଲୟ କରିଛନ୍ତି ବୋଲି ଲକ୍ଷ୍ମଣ ଘୋଷଣା କରୁଛନ୍ତି ଅଥଚ ରାବଣ କହୁଛି - "ତମେ ଏ ପୃଥିବୀର ରାକ୍ଷସ ଶକ୍ତିକୁ ପରାହତ କରିପାରିବ ନାହିଁ ରାଘବ। ଏହା ତ୍ରେତୟା ଯୁଗ ପାଇଁ ସତ୍ୟ ହେଇପାରେ। ହେଲେ ଦ୍ୱାପର ଆଉ କଳି ଯୁଗରେ? କ'ଣ ହେବ ସେତେବେଳେ? ରାଘବମାନେ କାହାଣୀ ହେଇଯିବେ। ବଞ୍ଚିବ କେବଳ ଅସୁର ଶକ୍ତି" (ପୃ-୭୨) କେଡ଼େ ନିଷ୍ଠୁର ସତ୍ୟ। ସତରେ କ'ଣ ଅସୁର ନାହାନ୍ତି? ଏମିତି ଗୋଟିଏ କଥା 'କଂସର ଆତ୍ମା' ନାଟକରେ ମଧ୍ୟ ମିଳେ, ଯୋଉଠି କଂସ କହୁଛି କଂସର ଆତ୍ମାର ମୃତ୍ୟୁ ନାହିଁ। ସେ ଖାଲି ଘଟ ପରିବର୍ତ୍ତନ କରି ବାରମ୍ବାର ଜନ୍ମ ନେଉଥିବ।

ରାବଣର ମୃତ୍ୟୁକାଳୀନ ଶେଷ ସଂଳାପରେ ପୁଣି ଯେପରି ନାଟ୍ୟକାର ଅଚାନକ ଆସିଯାଉଛନ୍ତି। "ବିଦାୟ! ହଁ ବିଦାୟ। ହେ ମୋର ସୁବର୍ଣ୍ଣର ଲଙ୍କା। ତମଠୁ ବିଦାୟ। ହେ ମୋର ପରାଜୟ ତମଠୁ ବିଦାୟ। ହେ ମୋର ବାକିଥିବା ସ୍ୱପ୍ନ, ହେ ମୋର ଅବଶିଷ୍ଟ ଯୁଦ୍ଧ ତମଠୁ ବିଦାୟ। ବିଦାୟ ଦିଅ ହେ ମତେ ମୋର ଦୀର୍ଘଶ୍ୱାସ, ନିଃସ୍ୱ ଲୁହଟୋପା, କାନ୍ଦୁଥିବା ମନ୍ଦୋଦରୀ ବିଦାୟ ଦିଅ। ହେ ମୋର ତନ୍ତ୍ରଶକ୍ତି, ପାର୍ଥିବ କାମନା ଓ ଆୟତ୍ତ ବାହାରେ ଥିବା ସବୁ ଉତ୍ତେଜନା, ତମଠୁ ବିଦାୟ।"(ପୃ-୭୩୭୪) ଏ ସଂଳାପରେ ଭରି ରହିଛି ଅନେକ ପୂର୍ଣ୍ଣତା। ଏଠି ରାବଣର ଅବଶୋଷ ଦୃଶ୍ୟମାନ କିନ୍ତୁ ନାଟ୍ୟକାରଙ୍କର ରହିଛି ଅପରିସୀମ ଆତ୍ମତୃପ୍ତି। କେଡ଼େ ଦାମ୍ଭିକତାର ସହ ଜଣେ ସଚ୍ଚୋଟ ଅଙ୍ଗୀକାରବଦ୍ଧ ରାଜା ବା ଲେଖକଟିଏ ତାଙ୍କ ସମୟରୁ ବିଦାୟ ନେଉଛନ୍ତି। ଏ ଏକ ବିରାଟ ଦର୍ଶନର କଥା। କେବଳ ଏଇ ଗୋଟିଏ ଦିଗର ଅନୁଶୀଳନ ନିମନ୍ତେ ରାମାୟଣବି ନିଅଣ୍ଟ ହେଇଯାଇପାରେ। ଏହାପରେ ରାମଚନ୍ଦ୍ରଙ୍କର ବିଜୟ ଏବଂ ଅଯୋଧ୍ୟା ପ୍ରତ୍ୟାବର୍ତ୍ତନ ଜନିତ ଉଲ୍ଲାସରେ ସମଗ୍ର ଅଯୋଧ୍ୟା ମୁଖରିତ। ଶେଷଦୃଶ୍ୟ ପୁନର୍ବାର ଊର୍ମିଳାଙ୍କର। ଲକ୍ଷ୍ମଣ ଯେତେବେଳେ ଶୟନକକ୍ଷକୁ ଯାଉଛନ୍ତି, ଶୋଇଛନ୍ତି

ଗଭୀର ନିଦ୍ରାରେ ଊର୍ମିଳା। ତାଙ୍କର ଊର୍ମିଳାଙ୍କୁ ସଂଳାପ ଆସିଛି ଶ୍ରୀରାଧା କାବ୍ୟରୁ- "ଆଖିରେ ତମର ଲଗେଇଦେବି ଅନ୍ଧାରର କଜ୍ଜଳ ଓ ଆଙ୍କିଦେବି ମଝିକପାଳରେ ଉଜ୍ଜ୍ୱଳ ତିଳକଟିଏ। ତମକୁ ହଜେଇ ଦେବା ଦିନଠୁ ଏଯାଏ ଶୋଇନଥିବା ରକ୍ତରେ। ତିଳକ ମଝିରେ ଦେବି ଚୁନାଚୁନା ଆଶା ଆଉ ସ୍ୱପ୍ନମାନଙ୍କର ତ୍ରିଭୂଜଟିଏ, ଧୂସର ବର୍ଣ୍ଣର।(ପୃ-୮୦) ଊର୍ମିଳାଙ୍କ ପ୍ରେମ - "ମୋ ନିଦ୍ରିତ ସତ୍ତାକୁ ପଶିବାକୁ ଦିଅ ତମର ସେ ବ୍ରହ୍ମଚର୍ଯ୍ୟ ଅରଣ୍ୟ ଭିତରେ। ମତେ ରୂପାନ୍ତରିତ କରିଦିଅ ଏକ ଉଷ୍ଣ ପଞ୍ଚବଟୀରେ। ଆସ। ଆଉ ଥରେ ଆଲିଙ୍ଗନ କର। ଆସ। ମୁଁ ତମ ଅନ୍ତଃକରଣରେ ରହିଯିବି ନଈ ଆଉ ବାୟୁ ହୋଇକରି। ତମେ ଯଦି ପୁଣିଥରେ ଚାଲିଯିବ ବନସ୍ତକୁ ମତେ ଏକାକରି, ଛଳଛଳ ଆଖିରେ ମୁଁ ବୋହିଯିବି ଲୁହଧାର ପରି। (ପୃ-୮୦)

ଲକ୍ଷ୍ମଣ ଫେରିଆସିବା ପରେ ନାଟ୍ୟକାର ଊର୍ମିଳାଙ୍କୁ ଆଉ ଗୋଟିଏ ଦାୟିତ୍ୱ ବା କର୍ତ୍ତବ୍ୟବୋଧର ଶିକୁଳିରେ ବାନ୍ଧିରଖିବାକୁ ଚାହିଁନାହାନ୍ତି। ସେ ପୁଣି ତା'ର ସମୟକୁ, ବୟସକୁ ଚଉଦବର୍ଷ ପୂର୍ବକୁ ଫେରେଇ ନେବାକୁ ଚାହାନ୍ତି, ଯେଉଁଠି ଊର୍ମିଳା ପ୍ରେମିକାଟିଏ ହୋଇ ତା'ର ପୂର୍ଣ୍ଣ ଅଧିକାର ସାବ୍ୟସ୍ତ କରିବ ବା ଅଭିମାନରେ ଛଳଛଳ ଲୁହକୁ ଅଜାଡ଼ିଦେଇ ତା'ର ଦାବୀ ସବୁକୁ ମାଗି ବସିବ। ଆଃ! ଏ ଦୃଶ୍ୟରେ ଲକ୍ଷ୍ମଣ ଏବଂ ଊର୍ମିଳାଙ୍କର ପ୍ରେମ ଯେପରି ସାଧାରଣ ଚେତନାର ଚୌହଦୀକୁ ଅତିକ୍ରମ କରି ଗୋଟିଏ ଶାଶ୍ୱତ ଦିଗ୍‌ବଳୟକୁ ଛୁଇଁଯାଉଛି। ଲକ୍ଷ୍ମଣ ମଧ୍ୟ ସ୍ୱୀକାର କରୁଛନ୍ତି ଯେ ଊର୍ମିଳାଙ୍କ ତ୍ୟାଗ ଓ ପ୍ରତିଭାକୁ ଭାରତର ଇତିହାସ ସ୍ୱୀକାର କରୁ କି ନକରୁ ମୁଁ କିନ୍ତୁ ସ୍ୱୀକାର କରୁଛି। ଲକ୍ଷ୍ମଣଙ୍କ ସ୍ୱୀକୃତି ଦେବା ମଧ୍ୟରେ ଲୁକ୍କାୟିତ ନାଟ୍ୟକାରଙ୍କ ଚରିତ୍ରପ୍ରତି ପ୍ରତିଶ୍ରୁତିବଦ୍ଧତା। ମାନ ଅଭିମାନର ଏମିତି ଖେଳ ପରେ ସ୍ୱୟଂ ସୀତା ମଧ୍ୟ କହୁଛନ୍ତି - "ଆଜିପାଇଁ ତୁ ସାକେତର ନାୟିକା ହେଇଯା ଊର୍ମି। ମୁଁ ତୋର ସହଚରୀ ହୋଇ ତମ ଦୁହିଁଙ୍କର କଳହର ସମାଧାନ କରି ଏ ଦୃଶ୍ୟରୁ ପ୍ରସ୍ଥାନ କରୁଛି...."(ପୃ.୪୮) ନାଟ୍ୟକାରଙ୍କ ରୋମାଣ୍ଟିକ ନାୟିକା ଊର୍ମିଳାର ଆଖିରେ ପ୍ରେମିକାର ଦୁଷ୍ଟାମୀ। ଦେହରେ ଚଉଦବର୍ଷ ପ୍ରତୀକ୍ଷିତ କାମନାର ଅଳସ। ବଡ଼ ସହଜ ଭାବରେ ସେ ସ୍ୱାମୀ ଲକ୍ଷ୍ମଣଙ୍କୁ ଇସାରାରେ ନିମନ୍ତ୍ରଣ ଦେଉଛନ୍ତି - "ଆସ! ତମେ ପରା କର୍ତ୍ତବ୍ୟପରାୟଣ ବୀର? ବର୍ତ୍ତମାନ ଏ ରାତ୍ରିରେ ତମର କର୍ତ୍ତବ୍ୟ କ'ଣ? କର୍ତ୍ତବ୍ୟ ପାଳନ କର।"(ପୃ-୮୮)

ନାଟକଟି ପାଠକଲାପରେ ମନେହେଲା ଯା'ଠାରୁ ସୁନ୍ଦର ସମାପ୍ତି ବୋଧହୁଏ 'ଊର୍ମିଳା' ନାଟକରେ ଆସିପାରିନଥାନ୍ତା। ନାଟ୍ୟକାର ନିଜ ଚରିତ୍ରର ଯନ୍ତ୍ରଣାକୁ ପ୍ରଥମରୁ ଉପଲବ୍ଧି କରି ଶେଷ ପର୍ଯ୍ୟାୟରେ ତା'ପ୍ରତି ନିଜର କର୍ତ୍ତବ୍ୟ ସମ୍ପାଦନ କରୁଛନ୍ତି। ଊର୍ମିଳାର ଖୁସି ଯେପରି ତାଙ୍କର ଆକାଙ୍କ୍ଷିତ ଖୁସି। ମନେହୁଏ ଏପରି ପରିଣତିରେ

ନାଟ୍ୟକାର ଏକ କାବ୍ୟିକ ନ୍ୟାୟ ପ୍ରଦାନ କରୁଛନ୍ତି ଊର୍ମିଳାକୁ। ଏଯାବତ୍ ଊର୍ମିଳାର ଯନ୍ତ୍ରଣା ବା କଷ୍ଟକୁ ଦେଖିଆସିଥିବା ଦର୍ଶକ ତାହାହିଁ ଆଶା କରୁଥିବେ ପରିଣତିରେ ଏବଂ ନାଟ୍ୟକାର ଦର୍ଶକଙ୍କ ଉପଲବ୍ଧିରେ ସେ ଦିଗଟି ପ୍ରତି ଯଥେଷ୍ଟ ସଚେତନ। ତେଣୁ ଉତ୍ତର ଆଧୁନିକତା ଦୃଷ୍ଟିରେ 'ଊର୍ମିଳା' ନିଃସନ୍ଦେହ ଭାବରେ ଏକ ଚମତ୍କାର ସୃଷ୍ଟି।

ସହାୟକ ପୁସ୍ତକ:

୧. ପାଣିଗ୍ରାହୀ, ରମେଶ ପ୍ରସାଦ; ୨୦୧୭, ଊର୍ମିଳା, ଲେଖାଲେଖି, ଭୁବନେଶ୍ୱର।

୨. ଶତପଥୀ, ଡକ୍ଟର ଦେବୀପ୍ରସାଦ (ସଂ), ୨୦୧୭, ଉତ୍ତର ଆଧୁନିକତା: ବିଚାର ଓ ବିତର୍କ, ଅଗ୍ରଦୂତ, କଟକ।

୩. Derrida, jaques, 1989, structure sign and play in the Human Science's in Modern ...Theory: A Reader Philip Rice and Patricia, London.

୪. Hassan, Ihab, 1987, The poamodern Turn, Ohio University Press.

■

ସହକାରୀ ଅଧ୍ୟାପକ, ଓଡ଼ିଆ ବିଭାଗ,
ସୁଶୀଳାବତୀ ସରକାରୀ ମହିଳା ମହାବିଦ୍ୟାଳୟ, ରାଉରକେଲା

ଉତ୍ତର ଆଧୁନିକ ନାଟ୍ୟକଳାର ପ୍ରୟଃପ୍ରଣାଳୀ: 'ଗୋଟିଏ ବୃତ୍ତ ଆଙ୍କିବାର ସହଜ ପ୍ରଣାଳୀ'

ଡ. ସଂଜିତା ମିଶ୍ର

- ୧ -

ନାଟ୍ୟକାର ରମେଶ ପ୍ରସାଦ ପାଣିଗ୍ରାହୀଙ୍କର 'ଗୋଟିଏ ବୃତ୍ତ ଆଙ୍କିବାର ସହଜ ପ୍ରଣାଳୀ' ନାଟକଟି ୧୯୯୭ ମସିହା ଜୁନ୍ ମାସ ପନ୍ଦର ତାରିଖରେ ପ୍ରକାଶିତ ହୁଏ । ନାଟକଟି ପ୍ରକାଶିତ ହେବାର ଏକବର୍ଷ ଛଅ ମାସ ନଅଦିନ ପୂର୍ବରୁ ରାଉରକେଲାଠାରେ ଅନୁଷ୍ଠିତ ଊନବିଂଶ ଲୋକନାଟକ ମହୋତ୍ସବରେ ମଞ୍ଚସ୍ଥ ହୋଇ ଶ୍ରେଷ୍ଠ ନାଟକର ଆସନ ଅଳଂକୃତ କରେ । ଏହି ନାଟକଟିର ଉଚ୍ଛ୍ୱସିତ ପ୍ରଶଂସା କରି ଓଡ଼ିଆ ନବନାଟ୍ୟ ଆନ୍ଦୋଳନର ଅନ୍ୟତମ ମଙ୍ଗୁଆଳ ନାଟ୍ୟକାର ମନୋରଂଜନ ଦାସ କୁହନ୍ତି, "ନାଟ୍ୟକାର ଡଃ ପାଣିଗ୍ରାହୀଙ୍କର ପ୍ରତିବେଦନ ଲୋକନାଟକ ଇତିହାସରେ ଏକ ନୂତନ ଅଧ୍ୟାୟ ସୃଷ୍ଟିରେ ସହାୟକ ହୋଇଛି ଏଥିରେ ସନ୍ଦେହ ନାହିଁ ।"[୧] ବାସ୍ତବରେ ଏହି ନାଟକଟି କେବଳ ଲୋକନାଟକର ଇତିହାସ ନୁହେଁ, ଉତ୍ତର ଆଧୁନିକ ନାଟ୍ୟ ଧାରାରେ ଓଡ଼ିଆ ନାଟକର ସଂଯୋଗୀକରଣକୁ ନେଇ ବିଶେଷ ମହତ୍ତ୍ୱ ପ୍ରତିପାଦନ କରେ । ଅବଶ୍ୟ ନାଟ୍ୟକାର ପାଣିଗ୍ରାହୀ ଯେ ଉତ୍ତର ଆଧୁନିକ ଯୁଗରେ, ଉତ୍ତର ଆଧୁନିକ ତତ୍ତ୍ୱକୁ ନେଇ ନାଟକଟି ରଚନା କରୁଛନ୍ତି, ଏ ସମ୍ପର୍କରେ ଖୁବ୍ ସଚେତନ ଥିଲେ । ନାଟକର ତ୍ରୟୋଦଶ ଦୃଶ୍ୟରେ ଯୋଗମାୟାଙ୍କ ମୁଖରେ ଆଧୁନିକ ଯୁଗ ଏବଂ ଉତ୍ତର ଆଧୁନିକ ଯୁଗ ମଧ୍ୟରେ ଥିବା ବ୍ୟବଧାନକୁ ସ୍ପଷ୍ଟ ଏବଂ ପ୍ରଗାଢ଼ କରି ଲେଖକ କୁହନ୍ତି, "ଯୁକ୍ତି ଦେଇ, ଲଜିକ୍ ଦେଇ, ଆଉ ବିଜ୍ଞାନ ଦେଇ ତୁମେ ସବୁକଥାର ସମାଧାନ କରିପାରିବ ନାହିଁ । ସଂଗ୍ରାମ୍ ! ମତର୍ଣ୍ଣ ଯୁଗ ପାର ହୋଇଗଲାଣି । ଏଇଟା ଇଚ୍ଛାର ଯୁଗ । ମୂଳାଧାର ଚକ୍ରର ଯୁଗ... ସ୍ୱଚ୍ଛନ୍ଦ ଆତ୍ମାର ଯୁଗ । ବିଜ୍ଞାନ ଏଇଠି ଅକାମୀ... ଯୁକ୍ତି ଏଇଠି ଅକାମୀ... ଆମେ ଉତ୍ତର -ଆଧୁନିକ ଯୁଗ ଭିତରକୁ ଚାଲିଗଲେଣି, ତମେ ଠାକୁରମାନଙ୍କୁ ହତ୍ୟା କରିବା ଅଭ୍ୟାସ ଛାଡ଼... ଆମ ସମାଜ ପାଇଁ ଟିକିଏ ବିଶ୍ୱାସ ଆବଶ୍ୟକ... xxx ।"[୨] ଏହି ନାଟକଟି ଯେ ଉତ୍ତର ଆଧୁନିକ ନାଟକ ତାହା ଲେଖକ ସଂଳାପ ମାଧ୍ୟମରେ ସ୍ପଷ୍ଟ କରିଥିଲେ ହେଁ, ଏଥିରେ ଥିବା ଉତ୍ତର ଆଧୁନିକ

କଳା-କୌଶଳ ସମ୍ପର୍କରେ ୧୯୯୫ ମସିହାରେ ଅର୍ଥାତ୍ ନାଟକଟି ମଞ୍ଚସ୍ଥ ହେବା ସମୟରେ ଏବଂ ତତ୍‌ପରବର୍ତ୍ତୀ ସମୀକ୍ଷାରେ ମଧ୍ୟ ଏହାକୁ ଉତ୍ତର ଆଧୁନିକ ନାଟକ ବୋଲି କୁହାଯାଇନାହିଁ । ଏପରିକି ନାଟ୍ୟକର ମନୋରଂଜନ ନାଟକଟିର ଭୂୟସୀ ପ୍ରଶଂସା କରି ଏହାକୁ ଲୋକନାଟକ ଇତିହାସରେ ଏକ ନୂତନ ଅଧ୍ୟାୟ କହିଥିବା ବେଳେ ଏହାର ଉତ୍ତର ଆଧୁନିକ ଶୈଳୀ ସମ୍ପର୍କରେ କିଛି ଉଲ୍ଲେଖ କରିନାହାନ୍ତି। ୧୯୯୭ ମସିହାରେ ନାଟକଟି ପୁସ୍ତକାକାରରେ ପ୍ରକାଶିତ ହେବା ସମୟରେ ସମୀକ୍ଷକ ଡଃ ବିଜୟ କୁମାର ନନ୍ଦ 'ଗୋଟିଏ ଉତ୍ତର - ଆଧୁନିକ ନାଟକର ଭୂମି ଓ ଭୂମିକା' ଶୀର୍ଷକରେ ଯେଉଁ ମୁଖବନ୍ଧଟି ସଂଯୋଜିତ କରିଛନ୍ତି ତାହା ଏକାନ୍ତ ପ୍ରଣିଧାନଯୋଗ୍ୟ। ଏହି ମୁଖବନ୍ଧଟିକୁ ମୂଳଭିତ୍ତି ରୂପେ ଗ୍ରହଣ କରି ଆଲୋଚ୍ୟ ନାଟକରେ ବ୍ୟବହୃତ ଉତ୍ତର ଆଧୁନିକ କୌଶଳଗୁଡ଼ିକ ସମ୍ପର୍କରେ ଆଲୋଚନା କରିବା ଏହି ପ୍ରବନ୍ଧର ଉଦ୍ଦେଶ୍ୟ।

'ଗୋଟିଏ ବୃତ୍ତ ଆଙ୍କିବାର ସହଜ ପ୍ରଣାଳୀ' ଜଗନ୍ନାଥଙ୍କୁ କେନ୍ଦ୍ର କରି ରଚିତ ଏକ ଉତ୍ତର ଆଧୁନିକ ନାଟକ । ଜଗନ୍ନାଥ ସଂସ୍କୃତି, ଜଗନ୍ନାଥ ଚେତନା, ଜଗନ୍ନାଥ ମନ୍ଦିର ଏବଂ ଜଗନ୍ନାଥ କିମ୍ବଦନ୍ତୀ ଇତ୍ୟାଦିକୁ ବ୍ୟବହାର କରି ଏହାର କାହାଣୀଟି ଗଢ଼ାଯାଇଛି । ଜଗନ୍ନାଥ ଏଠାରେ ସର୍ବଶକ୍ତିମାନ ପରମେଶ୍ୱର ରୂପେ ଯେତିକି ଅଭିନନ୍ଦିତ ହୋଇନାହାନ୍ତି, ତା'ଠାରୁ ଅଧିକ ଅଳନ୍ଧୁ ସଫା କରୁଥିବା ଜଣେ ବ୍ୟକ୍ତିବିଶେଷ ରୂପେ ଚିତ୍ରିତ ହୋଇଛନ୍ତି । ସମୀକ୍ଷକ ବିଜୟ ନନ୍ଦ ମହୋଦୟ ଏହାର ସୁବୋଧ ଦିଗଟିକୁ ବାରବାର ଗୁରୁତ୍ୱ ଦେଇଥିଲେ ହେଁ, ରତ୍ନ ସିଂହାସନରେ ଅଧିଷ୍ଠିତ ନୀଳାଦ୍ରି ନାୟକ, ତିନିଗୋଡ଼ିଆ ଘୋଡ଼ିଆ ଉପରେ ଛିଡ଼ା ହୋଇ ଅଳନ୍ଧୁ ସଫା କରିବା, ଝିଟିପିଟି, ଅସରପା ଇତ୍ୟାଦି ଜୀବମାନଙ୍କୁ ହତ୍ୟା କରିବାର ଦୃଶ୍ୟ ନାଟକଟିକୁ ଯେଉଁ ପ୍ରତୀକାତ୍ମକ ଉଚ୍ଚତା ପ୍ରଦାନ କରିଛି, ତାହା କିଛି ମାତ୍ରାରେ ଅବୋଧ ଏବଂ ଅପାରମ୍ପରିକ ହେଲେ ହେଁ ଅଭିନନ୍ଦନୀୟ । ଜଗନ୍ନାଥଙ୍କୁ କେନ୍ଦ୍ର କରି ନାଟକ ରଚନା କରିବାର ପରମ୍ପରା ଖୁବ୍ ଗଭୀର ତଥା ସୁଦୃଢ଼ । ପ୍ରଥମ ଓଡ଼ିଆ ପୂର୍ଣ୍ଣାଙ୍ଗ ନାଟକ 'କାଞ୍ଚିକାବେରୀ' (ରାମଶଙ୍କର ରାୟ) ଶ୍ରୀଜଗନ୍ନାଥଙ୍କୁ କେନ୍ଦ୍ର କରି ହିଁ ରଚିତ ହୋଇଥିଲା । ମାଦଳାପାଞ୍ଜିର ବିବରଣୀ, ଚଇନିଙ୍କ ଚକଡ଼ା, ପୁରୁଷୋତ୍ତମ ଦେବଙ୍କ 'କାଞ୍ଚିକାବେରୀ' କାବ୍ୟ, ଦ୍ୱିଜ ଚୈତନ୍ୟ ଦାସଙ୍କ 'କାଞ୍ଚିକାବେରୀ ଲୀଳା' ଓ ରଙ୍ଗଲାଲ ବନ୍ଦୋପଧ୍ୟାୟଙ୍କ 'କାଞ୍ଚି କାବେରୀ' କାବ୍ୟର ଅଧ୍ୟୟନ ପରେ ନାଟ୍ୟକାର ଏହି ନାଟକଟି ରଚନା କରିଥିଲେ । ଏହି ନାଟକଟିରେ ଜାତି ପ୍ରୀତି ଓ ଦେବଭକ୍ତିର ସୁସମନ୍ୱୟ ସଂଗଠିତ ହୋଇଛି । ଓଡ଼ିଶାର ଜାତୀୟ ଜୀବନ ଯେ ଜଗନ୍ନାଥଙ୍କୁ କେନ୍ଦ୍ର କରି ନିୟନ୍ତ୍ରିତ ଏହାହିଁ ଏହି ନାଟକର ପ୍ରାଣବାର୍ତ୍ତା । ଦୀର୍ଘ ୧୧୫ ବର୍ଷ ପରେ ରଚିତ ଆଲୋଚ୍ୟ ନାଟକଟିରେ ମଧ୍ୟ ଜାତିପ୍ରୀତି

ଓ ଦେବଭକ୍ତିର ମଧୁର ସମନ୍ୱୟ ପରିଲକ୍ଷିତ ହୋଇଥାଏ । ଜଗନ୍ନାଥଙ୍କୁ କେନ୍ଦ୍ର କରି ରାଜନୀତି, ବ୍ୟବସାୟ, ପର୍ଯ୍ୟଟନ, ସଙ୍ଗୀତ-ନୃତ୍ୟ ତଥା ସଂସ୍କୃତି ଆଦି ନିୟନ୍ତ୍ରିତ ନ ହୋଇ ଯେଉଁ ଅନିୟନ୍ତ୍ରିତ ମୁନାଫାଖୋର ପୁଞ୍ଜିବାଦୀ ସଭ୍ୟତାର ଚରମ କୁପରିଣତି ଉପଗତ ସେସବୁର ଉଚ୍ଚାରଣ ଆଲୋଚ୍ୟ ନାଟକର ପ୍ରମୁଖ ଅନ୍ତଃସ୍ୱର । ଜଗନ୍ନାଥଙ୍କର ଦୈବତ୍ୱ, ବଡ଼ ଦେଉଳର ବଡ଼ିମା, ଏବଂ ଜଗନ୍ନାଥ ତତ୍ତ୍ୱର ଗଭୀରତା କ୍ରମଶଃ ହ୍ରାସ ପାଇ ଏକ ପ୍ରକାର ମୁନାଫାଖୋର ମନୋବୃତ୍ତି ସମ୍ପନ୍ନ ସଭ୍ୟତାର ଅକ୍ଟୋପାସ୍ ଆଦିମ ଭକ୍ତି ଓ ବିଶ୍ୱାସର କୋମଳ ଅନୁଭବ ସମୂହକୁ ବଡ଼ ନିଷ୍କରୁଣ ରୂପେ ଘେରିଯାଇଛି । ସେହି ଅକ୍ଟୋପାସ୍‌ର ବନ୍ଧନରୁ ସାମୂହିକ ମୂଲ୍ୟବୋଧକୁ ରକ୍ଷା କରିବା ନିମନ୍ତେ ନାଟ୍ୟକାର ଲେଖନୀ ଚାଳନା କରିଛନ୍ତି । ନାଟକଟି ଉତ୍ତର ଆଧୁନିକ ତତ୍ତ୍ୱର ପ୍ରୟୋଗଶାଳା ହେଲେ ହେଁ, ଏଥିରେ ମଧ୍ୟ ନାଟ୍ୟକାର ରମେଶ ପାଣିଗ୍ରାହୀଙ୍କ ଜାତିପ୍ରୀତି ଓ ଦେବଭକ୍ତି ହିଁ ମୁଖ୍ୟ ସ୍ଥାନ ଅଧିକାର କରିଛି । ନାଟକଟି ଯେତିକି ଆଧୁନିକ, ସେତିକି ଉତ୍ତର ଆଧୁନିକ, ଯେତିକି ପ୍ରାଚୀନ ସେତିକି ନବୀନ, ଯେତିକି ଇତିହାସ ଏବଂ କିମ୍ବଦନ୍ତୀ ନିର୍ଭର ସେତିକି ସାମସମୟିକ ଏବଂ ଯୁଗୋପଯୋଗୀ । ସମକାଳ ସହ ଅତୀତର ପୁନଶ୍ଚ ଅତୀତ ସହ ଭବିଷ୍ୟର ସଂଯୋଗ ସ୍ଥାପନରେ ମଧ୍ୟ ନାଟକଟି ଆଗୁସାର । ପ୍ରଥାବଦ୍ଧ ନାଟ୍ୟ ରଚନା ଶୈଳୀର ବହୁବିଧ କୌଶଳକୁ ଭାଙ୍ଗି ନୂତନ କୌଶଳର ପ୍ରୟୋଗ ତଥା ଲୋକନାଟ୍ୟ ଶୈଳୀର ବିବିଧ କୌଶଳକୁ ଅଙ୍ଗୀଭୂତ କରି ନାଟକଟି ଯେଉଁ ସମ୍ମିଶ୍ରିତ ରୂପ ଗ୍ରହଣ କରିଚି ତା'ର ପଟ୍ଟାନ୍ତର ନାହିଁ । ନାଟକଟିର ପ୍ରକାଶନ କାଳ ୧୯୯୭ ମସିହା । ଇତି ମଧ୍ୟରେ ଏକୋଇଶ ବର୍ଷ ଅତିକ୍ରାନ୍ତ ହୋଇଗଲାଣି । ଏହି ଏକୋଇଶ ବର୍ଷ ମଧ୍ୟରେ ଜଗନ୍ନାଥଙ୍କର ନବ କଳେବର ଏବଂ ରତ୍ନଭଣ୍ଡାର ଉନ୍ମୋଚନ ସଦୃଶ ଦୁଇଟି ଘଟଣାକୁ ନେଇ, ଯେଉଁ ଅଘଟଣ ତଥା ଅଶୋଭନୀୟ ଘଟଣାଗୁଡ଼ିକ ଘଟିଯାଇଛି, ତାହା ଜଗନ୍ନାଥପ୍ରେମୀ ଉତ୍କଳୀୟମାନଙ୍କୁ ଗଭୀର ଆଘାତ ପ୍ରଦାନ କରିଚି । ରମେଶ ପାଣିଗ୍ରାହୀଙ୍କ ରଚିତ ଆଲୋଚ୍ୟ ନାଟକଟି ସେପରି ଗଭୀର କ୍ଷତ ନିମନ୍ତେ ଏକ ଚିରନ୍ତନ ପ୍ରଲେପନ । ଭାଙ୍ଗି ପଡୁଥିବା ବଡ଼ ଦେଉଳକୁ ବାରମ୍ବାର ପରିଷ୍କାର କରିବାରେ ନିତ୍ୟ ନିୟୋଜିତ ଥିବା ଜଗନ୍ନାଥଙ୍କୁ ଦେଖି ପ୍ରାଥମିକ ଅବସ୍ଥାରେ ହୁଏତ ଦର୍ଶକ ବା ପାଠକ ବିସ୍ମୟ ଭାବ ପ୍ରକାଶ କରିବେ । କିନ୍ତୁ ପରେ ପରେ ଏହି ବ୍ୟଙ୍ଗାତ୍ମକ ଉପସ୍ଥାପନା ଖୁବ୍ ହୃଦ୍ୟ ଏବଂ ମନଛୁଆଁ ମନେ ହେବ । ମନେ ହେବ ଜଗନ୍ନାଥଙ୍କ ହସ୍ତରେ ଝାଡୁ ଧରାଇ ଦେଇ, ଲେଖକ ଶ୍ରୀଯୁକ୍ତ ପାଣିଗ୍ରାହୀ ଯାହା କରିପାରିଛନ୍ତି ତାହା ଚକ୍ରପାଣି, ବଂଶୀପାଣି, କମ୍ବୁପାଣି ଏପରିକି ବାରହାତ ଖଣ୍ଡାଧାରୀ କଲ୍‌କୀ ଅବତାର ମଧ୍ୟ କରିପାରିନଥାନ୍ତେ ।

ନାଟକଟିରେ ବ୍ୟବହୃତ ଉତ୍ତର ଆଧୁନିକ ତତ୍ତ୍ୱର ପ୍ରୟୋଗ ପୂର୍ବରୁ ଏହାର କଥାବସ୍ତୁ ସମ୍ପର୍କରେ ସମ୍ୟକ୍ ଧାରଣା କରିନେବା ଆବଶ୍ୟକ ମନେହୁଏ । ଅବଶ୍ୟ ଏହାର କଥାବସ୍ତୁ ମଧ୍ୟ ଉତ୍ତର ଆଧୁନିକ ବୈଶିଷ୍ଟ୍ୟର ଅନୁସରଣରେ ରଚିତ । ଜଗନ୍ନାଥ ଏଠାରେ ନୀଳମାଧବ ନୁହଁନ୍ତି ଗୋଟିଏ ପୂର୍ଣ୍ଣବୃତ୍ତ ଅର୍ଥାତ୍ ଆଦିବାସୀମାନଙ୍କ ନିକଟରେ ଥିବା ପର୍ଯ୍ୟନ୍ତ ସେ ଥିଲେ ବିଶ୍ୱାସର ପୂର୍ଣ୍ଣବୃତ୍ତ । ଏହି ବିଶ୍ୱାସର ପୂର୍ଣ୍ଣବୃତ୍ତଟିକୁ ଛଳନା କରି ସଭ୍ୟତାର ପ୍ରତୀକ ବିଦ୍ୟାପତି ଚୋରାଇ ଆଣିବା ପାଇଁ ନିଷ୍କ୍ରାନ୍ତ ହେଲେ । ସେ ଯେଉଁ ନୀଳମାଧବଙ୍କୁ ଆଣିଲେ ସେ ପୂର୍ଣ୍ଣ ନୁହଁନ୍ତି ଅପୂର୍ଣ୍ଣ । ବୃତ୍ତର ଅର୍ଦ୍ଧେକ ଭାଗ ଆଦିବାସୀମାନଙ୍କର ହୃଦୟ କନ୍ଦରର ନିଭୃତ ସ୍ଥାନରେ ରହିଯିବାବେଳେ ଅପରାଂଶଟିକୁ ସଭ୍ୟ ମଣିଷମାନେ ଆଣି ବଡ଼ ଦେଉଳରେ ଅବସ୍ଥାପିତ କରିଛନ୍ତି । ଯେଉଁ ପରମେଶ୍ୱରଙ୍କର ପରିପୂର୍ଣ୍ଣ ରୂପ ପାହାଡ଼, ଝରଣା ପରି ଉଚ୍ଛଳ, ଉପତ୍ୟକା ପରି ଗଭୀର ଏବଂ ଆକାଶର ନୀଳବର୍ଣ୍ଣ ପରି ଅନ୍ଧାର ଥିଲା, ତାଙ୍କୁ ଆଣି ଗୋଟିଏ ମୁଖା ପିନ୍ଧାଇ ଦେଉଳ ନାମକ ଅବରୁଦ୍ଧ ଗୃହ ମଧ୍ୟରେ ଆବଦ୍ଧ କରାଗଲା । ଅସୀମଙ୍କୁ ସସୀମ କରିବାର ଏହି ସଭ୍ୟ ଚକ୍ରାନ୍ତ, ନିରାକାରଙ୍କୁ ସାକାର କରିବାର ଏହି ଖର୍ବ ମାନସିକତାକୁ ବ୍ୟଙ୍ଗ କରିଛନ୍ତି ଲେଖକ । ତେଣୁ ସେ କହିଛନ୍ତି ବଡ଼ ଦେଉଳ ଭିତରେ ଯେଉଁ ଜଗନ୍ନାଥ ସ୍ଥାପିତ ସେ ଅର୍ଦ୍ଧେକ ମାତ୍ର । ସେ ପରିପୂର୍ଣ୍ଣ ନୁହଁନ୍ତି । ସମଗ୍ର ନାଟକଟି ଷୋଡ଼ଶ ଦୃଶ୍ୟରେ ବିଭାଜିତ । ଏହି ଷୋଡ଼ଶ ଦୃଶ୍ୟରାଜିର ଘଟଣାବଳୀ ନିମ୍ନରେ ସଂକ୍ଷେପରେ ପ୍ରଦାନ କରାଗଲା ।

ଦୃଶ୍ୟ – ୧ – ଏହି ଦୃଶ୍ୟରେ ବିଦ୍ୟାପତି ମଞ୍ଚରେ ଉପର ତଳ ହୋଇ ରଖାଯାଇଥିବା ଦୁଇଟି ବୃତ୍ତ ମଧ୍ୟରୁ ଅର୍ଦ୍ଧବୃତ୍ତଟିକୁ ନେଇ ଚାଲିଯିବେ । ଜଗନ୍ନାଥ ଓ କୃଷ୍ଣଙ୍କୁ ଅଭିନ୍ନ ପରିକଳ୍ପନା କରାଯାଇଛି । ନୀଳମାଧବ ରୂପୀ କୃଷ୍ଣଙ୍କୁ ଫୁଲରେ ସଜାଯିବ । ବଇଁଶୀର ସ୍ୱର, ରାସଗୋଷ୍ଠୀର ଲୀଳା ନୃତ୍ୟ ମଧ୍ୟରେ ଭକ୍ତିର ପୂତ ପ୍ରଭାବ ଦର୍ଶକ ଓ ପାଠକଙ୍କୁ ସ୍ପର୍ଶ କରିବ ।

ଦୃଶ୍ୟ – ୨ : ଏହି ଦୃଶ୍ୟରେ ବଡ଼ ଦେଉଳରେ ଜଗନ୍ନାଥଙ୍କୁ ସଂସ୍ଥାପନ କରାଯାଇଛି । ଜଗନ୍ନାଥ ଜଣେ ବ୍ୟକ୍ତି ଏବଂ ତାଙ୍କୁ ଗୋଟିଏ ମୁଖା ପିନ୍ଧାଇ ଦିଆଯାଇ, ତିନିଗୋଡ଼ିଆ ଘୋଡ଼ିଆ ଉପରେ ଚଢ଼େଇ ଦିଆଯିବ । ଜଗତ, ବଡ଼ ଦେଉଳ ଏ ସମସ୍ତ ଦାୟିତ୍ୱ ଜଗନ୍ନାଥଙ୍କୁ ଅର୍ପଣ କରିବା ପରେ ସ୍କନ୍ଦ ପୁରାଣରେ ଯେଉଁ ନିର୍ଦ୍ଧାରିତ ଅଂଶରେ ଜଗନ୍ନାଥଙ୍କର ଅବସ୍ଥିତିର ସୂଚନା ରହିଛି ତାହା ଆବୃତ୍ତି କରାଯିବ ।

ଦୃଶ୍ୟ – ୩ : ଏହି ତୃତୀୟ ଦୃଶ୍ୟରୁ ଉତ୍ତର ଆଧୁନିକ କଥାଶିଳ୍ପର ପ୍ରୟୋଗ ବିଧି ଆରମ୍ଭ ହୋଇଛି । (କିନ୍ତୁ ଉତ୍ତର ଆଧୁନିକ ଶିଳ୍ପ କୌଶଳ ନାଟକରେ ପ୍ରାରମ୍ଭରୁ ହିଁ

ବ୍ୟବହାର କରାଯାଇଛି ।) ଏଠାରେ ଯେଉଁ ମହାରାଜାଙ୍କୁ ଦର୍ଶକମାନେ ଭେଟିବେ, ସେ ଇନ୍ଦ୍ରଦ୍ୟୁମ୍ନଙ୍କ ସଦୃଶ ନିର୍ବଂଶ ହେବାର ଆଶୀର୍ବାଦ ଭିକ୍ଷା କରିନାହାନ୍ତି । ସେ ଅନାର୍ଯ୍ୟ ଆଦିବାସୀ ଦେବତାଙ୍କୁ ସଭ୍ୟତାର ଦେଉଳରେ ପ୍ରତିଷ୍ଠା କରିଥିବାରୁ ବିଶେଷ ଗର୍ବିତ । ବିଦ୍ୟାପତି ମଧ୍ୟ ଶ୍ରେୟାନ୍ୱେଷଣରେ ଅଭିଯାତ୍ରୀ ନ ହୋଇ ନିର୍ଲଜ ଲାଭଖୋର ମନୋବୃତ୍ତିର ପରିଚୟ ଦେଇଛନ୍ତି । ଏହି ଚରିତ୍ର ଦ୍ୱୟଙ୍କ ମଧ୍ୟରେ ଯେଉଁ ଅମାନବିକପଣର ସୂଚନା ରହିଛି, ତାହା କାଳର ଅସୀମ ବିସ୍ତାର ଲଘଂନ କରି ସାର୍ବକାଳିକ ମନେ ହୋଇଥାଏ । ଜଗନ୍ନାଥଙ୍କ ତୁଣ୍ଡରେ ମହାପ୍ରଭୁଙ୍କ ନାମରେ କରାଯାଉଥିବା ବ୍ୟଭିଚାର ବିରୁଦ୍ଧରେ ପ୍ରତିବାଦର ସ୍ୱର-ଉତ୍ତୋଳିତ ହୋଇଛି ।

ଦୃଶ୍ୟ - ୪ : ଚତୁର୍ଥ ଦୃଶ୍ୟଟିରେ ଜୁଇ ଚରିତ୍ରର ଆଗମନ କାଳରେ ଲେଖକ ଯେଉଁ Transformation techniqueର ବ୍ୟବହାର କରିଛନ୍ତି, ତାହା ନାଟକର ଶିଳ୍ପକଳା ଦୃଷ୍ଟିରୁ ଅତ୍ୟନ୍ତ ଅଭିନବ ଏବଂ ଉତ୍ତର ଆଧୁନିକ । ପ୍ରବନ୍ଧର ପରବର୍ତ୍ତୀ ପର୍ଯ୍ୟାୟରେ ଏହି ରୂପାନ୍ତରଣ କୌଶଳ ସମ୍ପର୍କରେ ଆଲୋଚନା କରାଯିବ । ବିଶ୍ୱାବସୁଙ୍କର ଆଗମନ ଏବଂ ପ୍ରତ୍ୟାଗମନ ମଧ୍ୟରେ ଭକ୍ତ- ଭଗବାନ ସମ୍ପର୍କର ଉଚ୍ଚାଙ୍ଗ ଅନୁଭୂତି ପ୍ରଦାନ କରାଯାଇଛି ଯାହା ବାତ୍ସଲ୍ୟରସର ଆଶ୍ରୟ ନେଇଛି ।

ଦୃଶ୍ୟ - ୫ : ଏହି ଦୃଶ୍ୟରୁ ହିଁ ଆଧୁନିକ ପୃଷ୍ଠଭୂମିରେ ଜଗନ୍ନାଥ ଚେତନା, ସଂସ୍କୃତି, ପରମ୍ପରାର ଅବକ୍ଷୟ ତଥା ବ୍ୟବସାୟୀକରଣ ପ୍ରସଙ୍ଗ ସୂଚିତ । ପୌରାଣିକ ଚରିତ୍ର ବିଦ୍ୟାପତି ଓ ମହାରାଜାଙ୍କ ସହ ଆଧୁନିକ ସାମାଜିକ ଜୀବନରୁ ଗୃହୀତ ଚରିତ୍ର ସଂଗ୍ରାମଙ୍କର ଆବିର୍ଭାବ, ନାଟକଟିକୁ ଉତ୍ତର ଆଧୁନିକ କରିବାରେ ନିର୍ଣ୍ଣାୟକ ଭୂମିକା ଗ୍ରହଣ କରିଛି । ପୁନଶ୍ଚ ଏହି ଅଧ୍ୟାୟରେ ହିଁ ଯୋଗମାୟା ଚରିତ୍ର ମଞ୍ଚ ମଧ୍ୟକୁ ପ୍ରବେଶ କରିଛନ୍ତି । ଯୋଗମାୟାଙ୍କୁ ବିଶ୍ୱାବସୁଙ୍କ ଦାୟାଦ ରୂପେ ଚିତ୍ରଣ କରି କୀର୍ତ୍ତନିଆ ଦଳଙ୍କ କୀର୍ତ୍ତନ ମାଧ୍ୟମରେ ତାଙ୍କ ବିଷୟରେ ସୂଚନା ଦିଆଯାଇଛି । ଶ୍ରୀଜଗନ୍ନାଥଙ୍କୁ କେନ୍ଦ୍ର କରି Krishna Consiousness ନାମରେ ଯେଉଁ ଅନ୍ତର୍ଜାତୀୟ ଆଧ୍ୟାତ୍ମିକ ସଂଗଠନ କାର୍ଯ୍ୟରତ ତାକୁ ମଧ୍ୟ ସମାଲୋଚନା କରିଛନ୍ତି ନାଟ୍ୟକାର । ଏପରି ବ୍ୟଙ୍ଗାତ୍ମକ ଦୃଷ୍ଟିର ଭିତ୍ତି ସମ୍ପର୍କରେ ପରବର୍ତ୍ତୀ ପର୍ଯ୍ୟାୟରେ ଆଲୋଚନା କରାଯିବ ।

ଦୃଶ୍ୟ - ୬ : ଷଷ୍ଠ ଦୃଶ୍ୟରେ ଶ୍ରୀବତ୍ସ ଖଣ୍ଡଶାଳା ବଡ଼ଦେଉଳର ପ୍ରଭୁ ଜଗନ୍ନାଥଙ୍କୁ ହାତରେ ଛାଞ୍ଚୁଣୀ ଧରି ଅଳନ୍ଧୁ ସଫା କରୁଥିବା ଅବସ୍ଥାରେ ଦର୍ଶକମାନେ ଦେଖିବେ । ଏହି କାମରେ ତାଙ୍କୁ ସହାୟତା କରୁଥିବେ ଜୁଇ । ପରଂବ୍ରହ୍ମଙ୍କର ଆବାସସ୍ଥଳୀ ଯେଉଁ ବିମଳ ବାତାବରଣ ପ୍ରଦାନ କରିବା ଆବଶ୍ୟକ, ତାହା ଦୃଶ୍ୟମାନ ବଡ଼ଦେଉଳ ପ୍ରଦାନ କରିପାରେ ନାହିଁ । ଅବଶ୍ୟ ଅନ୍ତରରେ ବା ମନଃଚକ୍ଷୁରେ ଭକ୍ତ ଯେଉଁ ବଡ଼ଦେଉଳକୁ

ଅବଲୋକନ କରେ, ଚର୍ମଚକ୍ଷୁରେ ତାହା କରିପାରେ ନାହିଁ । ବିଧାନ, କର୍ମକାଣ୍ଡ, ନୀତି-କାନ୍ତି ନାମରେ ପଣ୍ଡା ପଡ଼ିହାରୀଙ୍କ କବ୍‌ଜାରେ ଥିବା ନୀଳାଦ୍ରି ନାୟକ ଏହି ଦୃଶ୍ୟରେ ଝାଡୁ ଧରି ଅଳନ୍ଧୁ ସଫା କରିବା ଏବଂ ବଡ଼ଦେଉଳକୁ ମୂଷା, ଅସରପା ଓ ଝିଟିପିଟିମାନଙ୍କର ଚିଡ଼ିଆଖାନା ରୂପେ ଅଭିହିତ କରିବା ପ୍ରାଥମିକ ଅବସ୍ଥାରେ ପାଠକକୁ ବା ଦର୍ଶକକୁ ଅପ୍ରାସଙ୍ଗିକ ମନେ ହୋଇପାରେ କିନ୍ତୁ ନାଟକର ଅଗ୍ରଗତି ସହ ଏତାଦୃଶ ଅଣପାରମ୍ପରିକ ବର୍ଣ୍ଣନା ବେଶ୍ ହୃଦୟ ଓ ଭାବଛୁଆଁ ମନେହେବ । ନିତି ନିତି ବଡ଼ଦେଉଳକୁ ଶୋଧ କରାଯାଇଥିଲେ ହେଁ, ଏହି ଦେବାଳୟ ପରିପୂର୍ଣ୍ଣ ଶୁଦ୍ଧତା ଲାଭ କରିପାରିନାହିଁ । ଲାଭ ତଥା ଲୋଭର ସୁବିଶାଳ ଆବର୍ତ୍ତ ମଧ୍ୟରେ ଆମ ବିଶ୍ୱାସର ବଡ଼ଦେଉଳ ଅଳନ୍ଧୁ ତଥା ଆବର୍ଜନାର ଅନିୟନ୍ତ୍ରିତ ବିସ୍ତାରରେ ପରିଣତ ହୋଇଛି । ଏହି ଅଧ୍ୟାୟରେ ଜୁଇ ଓ ବିଦ୍ୟାପତିଙ୍କ ମଧ୍ୟରେ ଯେଉଁ କଥୋପକଥନ ସ୍ଥାନିତ ତାହା ଏକାନ୍ତ ଗୁରୁତ୍ୱପୂର୍ଣ୍ଣ ।

ଦୃଶ୍ୟ - ୭ : ଏହି ଦୃଶ୍ୟର ପ୍ରାରମ୍ଭରେ ଜଗନ୍ନାଥ, ସଂଗ୍ରାମ ଏବଂ ଯୋଗମାୟାଙ୍କ ମଧ୍ୟରେ ଯେଉ କଥୋପକଥନ ସ୍ଥାନିତ,ତାହା ଏକାନ୍ତ ଗୁରୁତ୍ୱପୂର୍ଣ୍ଣ । ଜଣେ ବିଦେଶାଗତ ଭାରତୀୟ ବଂଶୋଦ୍ଭବା ନାରୀ ଏବଂ ଜଣେ ଅଣଓଡ଼ିଆ ଯୁବକ ବଡ଼ଦେଉଳ ତଥା ଜଗନ୍ନାଥଙ୍କ ଉପରେ ଆଧିପତ୍ୟ ବିସ୍ତାର ନିମନ୍ତେ କିପରି ପ୍ରଚେଷ୍ଟା କରିଛନ୍ତି ତାହା ବର୍ଣ୍ଣିତ ହୋଇଛି । ସଂଗ୍ରାମ ଏବଂ ଯୋଗମାୟା ମଞ୍ଚରୁ ଅପସରି ଯିବା ପରେ ଜଗନ୍ନାଥ ନିଜର ମନକଥା ଜୁଇ ସମ୍ମୁଖରେ ପ୍ରକାଶ କରିଛନ୍ତି । ସଭ୍ୟତାର ପ୍ରାସାଦ ମଧ୍ୟରୁ ମୁକ୍ତି ପାଇ ଜଙ୍ଗଲର ବିସ୍ତାର ମଧ୍ୟରେ ନିଜକୁ ହଜାଇ ଦେବା ନିମନ୍ତେ ସେ ବ୍ୟାକୁଳ ।

ଦୃଶ୍ୟ - ୮ : ଏହି ଦୃଶ୍ୟରେ ଯୋଗମାୟା ଭଙ୍ଗା ଦେଉଳକୁ ରୂପାନ୍ତରିତ କରିଦେଇଛନ୍ତି । ଜଗନ୍ନାଥଙ୍କ ନିର୍ଦ୍ଦେଶରେ ଯୋଗମାୟା ଓ ସଂଗ୍ରାମ ଯୋଗାବିଷ୍ଟ ହେବା ନିମନ୍ତେ ନିଷ୍କ୍ରମଣ କରିଛନ୍ତି । ଏଠାରେ କହି ରଖିବା ଆବଶ୍ୟକ ଯେ, ଯୋଗମାୟା ଯେଉଁ ଯୋଗରେ ଆବଦ୍ଧହେବା ନିମନ୍ତେ ସଂଗ୍ରାମଙ୍କ ସହ ମଞ୍ଚରୁ ଅପସରି ଗଲେ ତାହା ଦେହରୁ ଦେହାତୀତ ଅନୁଭବକୁ ଯାତ୍ରା ନୁହେଁ, ବରଂ ଦେହ ସହ ଦେହର ମଳିନ, କାମନା-ବାସନାର ବୁଭୁକ୍ଷାକୁ ପ୍ରଶମିତ କରିବାକୁ ଯାଇ ତା'ର ଆବେଦନ ନିକଟରେ ସମର୍ପଣ କରିବାର ଦୈହିକ ପ୍ରୟାସ । ଜଗନ୍ନାଥଙ୍କ ମୁଖରେ ତାଚ୍ଛଲ୍ୟରେ 'ଗୋଯ' ଶବ୍ଦଟି ଉଚ୍ଚାରିତ ହେବା ପରେ ସେମାନଙ୍କର ତୁଚ୍ଛ ଅଭିଳାଷ ସ୍ପଷ୍ଟ ହୋଇପାରିଛି । ଏହି ଦୃଶ୍ୟରେ ଜୁଇ ମୁଖରେ ଲେଖକ ଗୋଟିଏ ଦୀର୍ଘ ସଂଳାପ ପ୍ରଦାନ କରିଛନ୍ତି । ଉଭଟ ନାଟ୍ୟ ପରମ୍ପରା ସଂଳାପକୁ କ୍ଷୀଣ ଏବଂ ସଂକୁଚିତ କରୁଥିବା ବେଳେ ଉତ୍ତର ଆଧୁନିକ ନାଟ୍ୟଶୈଳୀରେ ଦୀର୍ଘ ସଂଳାପର ବ୍ୟବହାର କରାଯାଇଛି ।

ସମ୍ଭବତଃ ସମଗ୍ର ନାଟକ ମଧ୍ୟରେ ଏହି ସଂଳାପଟି ଦୀର୍ଘ । ଦୀର୍ଘତା ଏହାର ଏକମାତ୍ର ବିଶେଷତ୍ୱ ନୁହେଁ, ବରଂ ଭକ୍ତି ସହ ବିଶ୍ୱାସର ଯେଉଁ ମାନ୍ତ୍ରିକ ଉଚ୍ଚାରଣ ଏହି ସଂଳାପଟିକୁ ଅସୀମ ଗଭୀରତା ତଥା ଗମ୍ଭୀରତା ପ୍ରଦାନ କରିଛି ତାହା ହିଁ ତାର ବୈଶିଷ୍ଟ୍ୟ ।

ଦୃଶ୍ୟ –୯ : ନବମ ଦୃଶ୍ୟରେ ସଂଗ୍ରାମ ଜଗନ୍ନାଥଙ୍କର ପ୍ରଚୁର ଶକ୍ତି ସମ୍ପର୍କରେ ସଚେତନ ହୋଇ ବିଶ୍ୱ ବଜାରରେ ସେସବୁର ଉପଯୋଗ ନିମନ୍ତେ ପରିକଳ୍ପନା କରିଛି ଏବଂ ସ୍ନାନ ପୂର୍ଣ୍ଣିମାର ଦୃଶ୍ୟ ଉପସ୍ଥାପିତ ହେବାର ସୂଚନା ମଧ୍ୟ ରହିଛି ।

ଦୃଶ୍ୟ – ୧୦ : ଏହି ଦୃଶ୍ୟରେ ସ୍ନାନପୂର୍ଣ୍ଣିମା ପରବର୍ତ୍ତୀ ଅସୁସ୍ଥତା ସମ୍ପର୍କରେ ସୂଚନା ରହିଚି । ଜ୍ୱର ରୋଗରେ ପୀଡ଼ିତ ଜଗନ୍ନାଥଙ୍କ ନିକଟକୁ ବିଶ୍ୱାବସୁ ଆସିଛନ୍ତି । ଅନାବିଳ ଆତ୍ମୀୟ ଭାବବନ୍ଧନ ମଧ୍ୟରେ ଉଭୟଙ୍କର ମିଳନ ଘଟିଛି । ଏହାପରେ ବିଦ୍ୟାପତି ଏବଂ ମହାରାଜା ମଞ୍ଚକୁ ପ୍ରବେଶ କରିଛନ୍ତି । ଚତୁର ମନ୍ତ୍ରୀ ବିଦ୍ୟାପତି ନିଦ୍ରିତ ତଥା ପୀଡ଼ିତ ଜଗନ୍ନାଥଙ୍କୁ ଦେଉଳରୁ ନେଇ ବିପଣିରେ ରଖି ବାଣିଜ୍ୟ କରିବାର ଅଭିପ୍ରାୟ ଉନ୍ମୁକ୍ତ କରିଛନ୍ତି । ମହାରାଜା ବିଦ୍ୟାପତିଙ୍କୁ ମହାପ୍ରଭୁଙ୍କ ଉପରେ ଏପରି ଅତ୍ୟାଚାର କରିବାରୁ ନିବୃତ୍ତ ରହିବା ନିମନ୍ତେ କହିଥିଲେ ହେଁ ପଣ୍ଡାମାନେ ତାଙ୍କୁ ଖଟରୁ ଉଠାଇବାକୁ ଚେଷ୍ଟା କରିଛନ୍ତି । କିନ୍ତୁ ଜଗନ୍ନାଥ ଏତେ ଗରୁ ହୋଇଯାଇଛନ୍ତି ଯେ ସେମାନଙ୍କର ସମସ୍ତ ପ୍ରୟାସ ବ୍ୟର୍ଥ ହୋଇଛି ।

ଦୃଶ୍ୟ – ୧୧ : ଏହି ଦୃଶ୍ୟରେ ଯୋଗମାୟାଙ୍କ ନିର୍ଦ୍ଦେଶରେ ଜଗନ୍ନାଥ କାଳିସୀ ଲାଗିବାର ଅଭିନୟ କରି ପଣା, କୁକୁଡ଼ା ଆଦି ମାଗିବେ । ମଞ୍ଚ ମଧ୍ୟକୁ ସଂଗ୍ରାମ ପ୍ରବେଶ କରିଛି ଏବଂ ଜଗନ୍ନାଥଙ୍କର କାଳିସୀ ବେଶ ଦେଖି ବିସ୍ମିତ ହୋଇ, କିଛି ସମୟର ବ୍ୟବଧାନ ପରେ ପିସ୍ତଲ୍ ଉଠାଇ ଜଗନ୍ନାଥଙ୍କୁ ଗୁଳି କରିଚି । ଗୁଳି ବାଜିବା ପରେ ମଧ୍ୟ ଅନାହତ ପରଂବ୍ରହ୍ମ ଆହତ ହୋଇନାହାନ୍ତି । ସଂଗ୍ରାମ ସ୍କାନିଂ ମେସିନ୍ କ୍ୟାମେରା ସାହାଯ୍ୟରେ ଜଗନ୍ନାଥଙ୍କର ଛବି ଉତ୍ତୋଳିତ କରି, ଏହି ଅର୍ଦ୍ଧବୃତ୍ତଟିକୁ ସମ୍ପୂର୍ଣ୍ଣ କରିବାର ବ୍ୟର୍ଥ ଆସ୍ପର୍ଦ୍ଧା ଅଭିବ୍ୟକ୍ତ କରିଛି ।

ଦୃଶ୍ୟ – ୧୨ : ଏହି ଦୃଶ୍ୟର ପ୍ରାରମ୍ଭରେ ଜୁଇ ଅଇଁଠା ବରକୋଳି ଜଗନ୍ନାଥଙ୍କୁ ଅର୍ପଣ କରିଛି ଏବଂ ଖଣ୍ଡାରେ ହାଣିବା ପରେ ମଧ୍ୟ ଜଗନ୍ନାଥ ଯେ କିପରି ଅକ୍ଷତ ହୋଇ ପ୍ରତିଭାତ ହୋଇଛନ୍ତି, ସେ ପ୍ରସଙ୍ଗ ମଧ୍ୟ ଉପସ୍ଥାପନ କରିଛି । ଯୋଗମାୟାଙ୍କ ଆଗମନ ପରେ ଜୁଇ ଅପସରି ଯାଇଛି ଏବଂ ଜଗନ୍ନାଥ ଓ ଯୋଗମାୟାଙ୍କ କଥୋପକଥନ ମଧ୍ୟରେ ବହୁ ତାତ୍ତ୍ୱିକ ସିଦ୍ଧାନ୍ତ ଉଚ୍ଚାରିତ ହେଲା ପରି ମନେ ହୋଇଛି । ଯୋଗମାୟା ଆତ୍ମାର ରାଜ୍ୟରେ ବିଚରଣ କରିବାର ଆକାଂକ୍ଷା ପୋଷଣ କରିଛନ୍ତି । ଦେହର ବନ୍ଧନୀ ମଧ୍ୟରେ ତାଙ୍କର ଅମୃତ ଅଭୀପ୍ସା ଅବରୁଦ୍ଧ ହେବାକୁ ଚାହେଁ ନାହିଁ,

ଏହି ମନୋଭାବ ମଧ୍ୟ ପୋଷଣ କରିଛନ୍ତି । ଜଗନ୍ନାଥ ମଧ୍ୟ ନିଜ ମନର କଥା ପ୍ରକାଶ କରି, ତାଙ୍କୁ ସଭ୍ୟତା ଓ ପ୍ରାଚୁର୍ଯ୍ୟର ଆଟୋପ ମଧ୍ୟରୁ ମୁକ୍ତ କରିବାକୁ ଅନୁରୋଧ ଜଣାଇଛନ୍ତି । ଏହି ସମୟରେ ସଂଗ୍ରାମ ଉପଗତ ହୋଇ ଯୋଗମାୟା ଦେଉଳର କଡ଼ିବରଗା ବଦଳାଇବା ପାଇଁ ମଗାଇଥିବା କାଠ ବୋଝେଇ ଟ୍ରକ୍‌କୁ ଦେଖି ସେ ସମ୍ପର୍କରେ ଅନୁସନ୍ଧାନ କରିଛନ୍ତି ଏବଂ ଜଗନ୍ନାଥଙ୍କ ଉପରେ Temple ସ୍କାମ୍‌ର ଆରୋପ ଲଗାଇଛନ୍ତି । ଜଗନ୍ନାଥ କାଠ ଟ୍ରକରୁ କାଠ ରଖିବା ପାଇଁ ଚାଲିଯାଇଛନ୍ତି । ସଂଗ୍ରାମ ବଡ଼ ଦେଉଳର ନୃତାତ୍ତ୍ୱିକ ମୂଳ, ସମାଜତାତ୍ତ୍ୱିକ ମୂଳ ଓ ଆଧ୍ୟାତ୍ମିକ ଉତ୍ସ ଅନୁସନ୍ଧାନ କରୁଥିବା ପ୍ରସଙ୍ଗ ଉପସ୍ଥାପନ କରି, ସେ ରହସ୍ୟଟିଏ ନ ମିଳିଲେ; ରହସ୍ୟଟିଏ ତିଆରି କରିବା ବିଷୟ ଉନ୍ମୁକ୍ତ କରିଛନ୍ତି । ଯୋଗମାୟାଙ୍କ ପରିହାସ ବ୍ୟଞ୍ଜକ ହସ ମଧ୍ୟରେ ଦୃଶ୍ୟଟି ଶେଷ ହୋଇଛି ।

ଦୃଶ୍ୟ – ୧୩ : ଏହି ଦୃଶ୍ୟରେ ଏହା ଯେ ଏକ ଉତ୍ତରଆଧୁନିକ ନାଟକ ଏ ସମ୍ପର୍କରେ ଲେଖକ ସ୍ପଷ୍ଟ ଅଭିମତ ରଖିଛନ୍ତି । ମହାରାଜା ସଂଗ୍ରାମବାବୁଙ୍କୁ ସେ ପିସ୍ତଲ୍ ଉଠାଇ ଜଗନ୍ନାଥଙ୍କୁ ମାରିବାର ଚେଷ୍ଟା କରିଥିବା ଶୁଣି ବ୍ୟଥିତ ହୋଇଛନ୍ତି ଏବଂ ଏପରି କରିବାର ଉଦ୍ଦେଶ୍ୟ ଜାଣିବାକୁ ଚାହିଁଛନ୍ତି । ଉତ୍ତରରେ ଯୋଗମାୟା କହିଛନ୍ତି ଯେ, "ସେ ମଡର୍ଣ୍ଣ ଲୋକ ତ... କୋଉ ଗୋଟେ ଇଂରାଜୀ ବହିରେ ପଢ଼ିଦେଇଚି... ମଡ଼ର୍ଣ୍ଣ ହେବାକୁ ହେଲେ ଈଶ୍ୱରଙ୍କୁ ହତ୍ୟା କରିବାକୁ ହୁଏ ।"[୩] ଜଗନ୍ନାଥଙ୍କୁ ମାଧ୍ୟମ କରି କିପରି ରାଜକୋଷରେ ଅର୍ଥ ବୃଦ୍ଧି ପାଇବ ସେଥି ନିମନ୍ତେ ସଂଗ୍ରାମ ଓ ଯୋଗମାୟା ଯୋଜନା କରିଛନ୍ତି ଏବଂ ବିଦ୍ୟାପତି ଏଥିରେ ତାଙ୍କୁ ସହାୟତା କରିଛନ୍ତି ।

ଦୃଶ୍ୟ – ୧୪ : ଏହି ଦୃଶ୍ୟରେ ବିପଣି ମଧ୍ୟରେ ଜଗନ୍ନାଥଙ୍କୁ ଦର୍ଶକମାନେ ଦେଖିପାରିବେ । ରାଜନୀତିକ ଦଳ ପରି 'ଜଗନ୍ନାଥ ଚିହ୍ନରେ ଭୋଟ ଦିଅ', 'ଜଗନ୍ନାଥ ଚିହ୍ନରେ ଭୋଟ ଦିଅ' କହିକହି ଚରିତ୍ରମାନେ ମଞ୍ଚ ପ୍ରବେଶ କରିବେ । କାଠ, ଗୋବର, ଶିପ ପ୍ରତ୍ୟେକ ବସ୍ତୁ ତଥା ବର୍ଜ୍ୟବସ୍ତୁକୁ ନେଇ ଜଗନ୍ନାଥଙ୍କ ପ୍ରତିମୂର୍ତ୍ତି ମିଳୁଥିବ ଏବଂ ପ୍ରତ୍ୟେକର ମୂଲ୍ୟ ମଧ୍ୟ ବସ୍ତୁର ମୂଲ୍ୟାନୁଯାୟୀ ଅବଧାରିତ ହୋଇଥିବ । ଏପରିକି ବିଭିନ୍ନ ପ୍ରକାର ନିତ୍ୟ ବ୍ୟବହାର୍ଯ୍ୟ ସାମଗ୍ରୀ ମଧ୍ୟ ଜଗନ୍ନାଥ ଆକୃତିର ହୋଇ ବିକ୍ରି କରାଯାଇଥିବା ଯେପରିକି ଥାଳିଆ ଜଗନ୍ନାଥ, ବୋତଲ ଜଗନ୍ନାଥ, କ୍ୟାଲେଣ୍ଡର୍ ଜଗନ୍ନାଥ ଇତ୍ୟାଦି । ରଥଯାତ୍ରାର ଘଣ୍ଟଧ୍ୱନି ମଧ୍ୟରେ ବିଦ୍ୟାପତି ମୁଖାପିନ୍ଧା ଜଗନ୍ନାଥଙ୍କୁ ମଞ୍ଚକୁ ଆଣିବେ । ବଡ଼ଦାଣ୍ଡରେ, ସୁନାବେଶରେ, ଗଜଉଦ୍ଧାରଣ ବେଶରେ ଜଗନ୍ନାଥଙ୍କର ବିବିଧ ରୂପ, ବିବିଧ ବେଶ ଏସବୁକୁ ନେଇ ଚମତ୍କାର ବ୍ୟବସାୟ ଚାଲିଛି । ଏପରିକି ଜଗନ୍ନାଥ ସଂସ୍କୃତି, ଜଗନ୍ନାଥ ଭଜନ, ଜଣାଣ ଏସବୁକୁ ନେଇ

ଅର୍ଥ ରୋଜଗାରର ଏକ ସଫଳ ଅବଲମ୍ବନ ରୂପେ ଗ୍ରହଣ କରାଯାଇଛି । ଜଗନ୍ନାଥ ସ୍ୱୟଂ ଏତାଦୃଶ ଉପଯୋଗର ବିରୋଧ କରିଛନ୍ତି । ଏହି ଦୃଶ୍ୟରେ ଜଗନ୍ନାଥ କଲ୍କୀ ଅବତାରରେ ଅବତୀର୍ଣ୍ଣ ହୋଇ ସମାଜର ପାପୀମାନଙ୍କୁ ଧ୍ୱଂସ କରିବାର ଆହ୍ୱାନ ଦେଇଛନ୍ତି । ଯଦା ଯଦା ହିଁ ଧର୍ମସ୍ୟ... ଶ୍ଲୋକର ଆବୃତ୍ତି ପରେ କ୍ରେତା - ବିକ୍ରେତା ସଭିଏଁ ଅପସରି ଯାଇଛନ୍ତି । ଜୁଇ ଏବଂ ଜଗନ୍ନାଥଙ୍କ କଥୋପକଥନ ମଧ୍ୟରେ ଭକ୍ତ ହୃଦୟର ମହତ ଆକାଙ୍କ୍ଷା ଉଦ୍‌ଘୋଷିତ ହୋଇଛି । ସଭ୍ୟ ସମାଜ ଜଗନ୍ନାଥଙ୍କ ମୁଖାକୁ ବିକ୍ରି କରି ଧନ ଆହରଣ କରିପାରେ କିନ୍ତୁ ପରଂବ୍ରହ୍ମଙ୍କର ବାସ୍ତବ ରୂପକୁ ଅବଲୋକନ କରିବା ତା ପକ୍ଷରେ ଆଦୌ ସମ୍ଭବ ନୁହେଁ । ଯୋଗମାୟା ସଭ୍ୟତାର ପ୍ରତିନିଧିତ୍ୱ କରୁଛନ୍ତି, ତେଣୁ ସେ ଚାହାନ୍ତି ଜଗନ୍ନାଥ ଚିରକାଳ ଘୋଡ଼ିଆ ଉପରେ ଠିଆ ହୋଇ ରହିଥା'ନ୍ତୁ । ଜୁଇ ଆଦିବାସୀମାନଙ୍କର ପ୍ରତିନିଧି ରୂପେ ତାଙ୍କୁ ଧରାବତରଣ ନିମନ୍ତେ ପ୍ରାର୍ଥନା କରିଛି । ଏହି ଦୃଶ୍ୟର ଶେଷରେ ଜଗନ୍ନାଥଙ୍କୁ ନେଇ ଜୁଇ ଏବଂ ଯୋଗମାୟାଙ୍କ ମାଧ୍ୟମରେ ଏହିପରି ଏକ ଦ୍ୱନ୍ଦ୍ୱର ସୃଜନ କରାଯାଇଛି । ପରିଶେଷରେ ଜଗନ୍ନାଥ ଭୂପତିତ ହୋଇଛନ୍ତି ।

ଦୃଶ୍ୟ ୧୫ - ଏହି ଦୃଶ୍ୟଟି ଅତ୍ୟନ୍ତ ସଂକ୍ଷିପ୍ତ ଅଥଚ ସାରଗର୍ଭକ । ବିଶ୍ୱାବସୁଙ୍କ ନେତୃତ୍ୱରେ ଆଦିବାସୀମାନେ ମଞ୍ଚକୁ ଆସିଛନ୍ତି । ବିଶ୍ୱାବସୁଙ୍କ ହସ୍ତରେ ରହିଛି ଜଗନ୍ନାଥଙ୍କ ଅସ୍ତିତ୍ୱର ଅପରାର୍ଦ୍ଧଟି ।

ଦୃଶ୍ୟ -୧୬ ବା ଅନ୍ତିମ ଦୃଶ୍ୟ - ମଞ୍ଚ ଉପରେ ସଶସ୍ତ୍ର ସଂଗ୍ରାମର ଆୟୋଜନ । ଆଦିବାସୀମାନେ ଧନୁଶର ଧରି ମାଡ଼ି ଆସିବାର ଦୃଶ୍ୟ ସଂଗ୍ରାମ ବର୍ଣ୍ଣନା କରୁଛନ୍ତି । ଏହି ଦୃଶ୍ୟରେ ବିଶ୍ୱାବସୁ ଓ ବିଦ୍ୟାପତି ସାମ୍ନାସାମ୍ନି ହୋଇଛନ୍ତି । ବିଶ୍ୱାବସୁ ଦସ୍ୟୁ ବିଦ୍ୟାପତିଙ୍କୁ ପଚାରୁଛନ୍ତି ନୀଳମାଧବଙ୍କ ଅବସ୍ଥିତି ସମ୍ପର୍କରେ । ବିଶ୍ୱାବସୁ - ସଶସ୍ତ୍ର ସଂଗ୍ରାମର ଉଦ୍‌ଘୋଷଣା କରି କହିଛନ୍ତି, "ମୁଁ ତମ ସଭ୍ୟତାର ଅର୍ଦ୍ଧବୃତ୍ତକୁ ଭାଙ୍ଗିବି । ମୁଁ ବିଶ୍ୱାବସୁ ଶବର ତମ ଆଧୁନିକତାକୁ ଭାଙ୍ଗିବି ରାଜା, ମୁଁ ସଂଗ୍ରାମକୁ ହତ୍ୟା କରିଛି । ଯୋଗମାୟାକୁ ମାରିବି । ମହାରାଜା, ବିଦ୍ୟାପତି ଆଉ ତାଙ୍କର ସମସ୍ତ ସୈନ୍ୟଙ୍କୁ ମାରିବି ।" ଅଚ୍ୟୁତାନନ୍ଦଙ୍କ ମାଳିକାର ସ୍ୱରରେ ତାଳେ ତାଳେ ଜୁଇ ଓ ଜଗନ୍ନାଥ ମଞ୍ଚ ମଧ୍ୟକୁ ପ୍ରବେଶ କରିବେ । ସଭ୍ୟତା ସହ ଆଦିମତାର, ଆଧୁନିକତା ସହ ଉତ୍ତର ଆଧୁନିକତାର ଏବଂ ବିଜ୍ଞାନ ସହ ଧର୍ମବିଶ୍ୱାସର ପ୍ରବଳ ସଂଗ୍ରାମରେ ବଡ଼ଦେଉଳର ଅଭ୍ୟନ୍ତର ରକ୍ତାକ୍ତ ହୋଇଯାଇଛି । ଏହାପରେ ଜୁଇ ଏବଂ ଜଗନ୍ନାଥ ମନ୍ଦିର ମଧ୍ୟରୁ ପଳାୟନ କରି ସମୁଦ୍ର ତଟ ଦେଶରେ ଉଭା ହୋଇଛନ୍ତି । ମୁଖା ବିହୀନ ଜଗନ୍ନାଥ ଜୁଇକୁ ସୂଚାଇ ଦେଇଛନ୍ତି ଯେ ବିଶ୍ୱାସର ଗର୍ଭ ମଧ୍ୟରୁ ସେ ଜନ୍ମ ନେବା ସମୟରେ

ଏହିପରି ପ୍ରତ୍ୟେକ ଥର ଦେଉଳର ଅଭ୍ୟନ୍ତର ରକ୍ତ ରଞ୍ଜିତ ହୋଇଥାଏ । ପରିଶେଷରେ ବିଶ୍ୱାବସୁ ରକ୍ତରେ ସ୍ନାନ କରି ସଭ୍ୟତାର ବଡ଼ ଦେଉଳ ମଧ୍ୟରୁ ଅର୍ଦ୍ଧବୃତ୍ତଟିକୁ ଆଣି ବିଶ୍ୱାସର କ୍ଷୀର ସମୁଦ୍ରରେ ପହଁରି ପହଁରି ଅପରାର୍ଦ୍ଧଟି ସଂଯୁକ୍ତ କରି ପୂର୍ଣ୍ଣବୃତ୍ତଟି ନିର୍ମାଣ କରିବେ ।

-୨-

ଏହିପରି ଷୋଡ଼ଶ ପରିଚ୍ଛେଦରେ ବିଭକ୍ତ ଆଲୋଚ୍ୟ ନାଟକଟିରେ ଉତ୍ତର ଆଧୁନିକ ନାଟ୍ୟକଳାର ବୈଶିଷ୍ଟ୍ୟ ସମୂହର ଅନୁସନ୍ଧାନ କରିବା ଏହି ପ୍ରବନ୍ଧର ପ୍ରମୁଖ ଉଦ୍ଦେଶ୍ୟ ।

'Common themes and techniques of post-modern literature...' ପ୍ରବନ୍ଧରେ ସିଙ୍ଘାନିଆ ବିଶ୍ୱବିଦ୍ୟାଳୟର ଦୁଇ ଗବେଷକ ରାମେନ ଶର୍ମା ଓ ଡକ୍ଟର ପ୍ରୀତି ଚୌଧୁରୀ ନିମ୍ନୋକ୍ତ ବୈଶିଷ୍ଟ୍ୟଗୁଡ଼ିକୁ ଉତ୍ତର ଆଧୁନିକ ନାଟ୍ୟ ସାହିତ୍ୟର ପ୍ରମୁଖ ବିଷୟ ଓ କୌଶଳ ରୂପେ ଗ୍ରହଣ କରନ୍ତି ।

କ - Irony, Playfulness, Black humor -

(ବ୍ୟଙ୍ଗାତ୍ମକ ପ୍ରୟୋଗ, ଆମେଦପୂର୍ଣ୍ଣ ଭାବ, ଜୀବନର ଦୁଃଖଦ ସତ୍ୟକୁ ହାସ୍ୟରସ ମାଧ୍ୟମରେ ପରିବେଷଣ କରିବାର ଶୈଳୀ)

ଖ - Intertextuality (ଅନ୍ତର୍ପୁସ୍ତକୀୟତା)

ଗ - Pastiche (ବିଭିନ୍ନ ଉତ୍ସରୁ ନିଆଯାଇଥିବା ଅଂଶରେ ପ୍ରସ୍ତୁତ ଛବି, ସଙ୍ଗୀତ ନାଟକ)

ଘ - Metafication - A fiction which self-conciously comments on its status on fiction.

ଙ - Fabulation - ବିସ୍ମୟୀକରଣ

ଚ - Temporal Distoration - ସମୟର ବିକ୍ଷିପ୍ତୀକରଣ

ଛ - Technoculture ପ୍ରବିଧିତତ୍ତ୍ୱଭିତ୍ତିକ ସଂସ୍କୃତି

(କ) ବ୍ୟଙ୍ଗାତ୍ମକ ପ୍ରୟୋଗ, ଆମେଦପୂର୍ଣ୍ଣ ଭାବ, ଜୀବନର ଦୁଃଖଦ ସତ୍ୟକୁ ହାସ୍ୟରସ ମାଧ୍ୟମରେ ଉପସ୍ଥାପିତ କରିବାର ଶୈଳୀ

ପ୍ରବନ୍ଧର ପ୍ରାରମ୍ଭରେ ଷୋଡ଼ଶ ଦୃଶ୍ୟରେ ବିଭାଜିତ ଆଲୋଚ୍ୟ ନାଟକଟିର ସଂକ୍ଷିପ୍ତ କଥାବସ୍ତୁକୁ ଅନୁଧ୍ୟାନ କରିବା ପରେ, ଆମେ ଏହି ସିଦ୍ଧାନ୍ତରେ ଉପନୀତ ହେବା ଯେ ଏଥିରେ ଉପରୋକ୍ତ ତିନୋଟି ବୈଶିଷ୍ଟ୍ୟ ସୁଚାରୁ ରୂପେ ସଂଯୋଜିତ ହୋଇଛି । ଏଠାରେ ଜୀବନର ଦୁଃଖଦ ସତ୍ୟ ନୁହେଁ, ବରଂ ବଡ଼ ଦେଉଳକୁ ନେଇ ଯେଉଁ ଦୁଃଖଦ ସତ୍ୟ ପ୍ରତ୍ୟେକ ଜଗନ୍ନାଥ ପ୍ରାଣ ଓଡ଼ିଆକୁ ଦାରୁଣ ଦୁଃଖ ଦେଇଛି; ସେହି ମର୍ମବେଦନାର

ଉପସ୍ଥାପନା କରାଯାଇଛି । ଏହି ଦୁଃଖ ଆମ ବ୍ୟକ୍ତି ଜୀବନର ନୁହେଁ, ବରଂ ଜାତି ଜୀବନର ଅନୁଚ୍ଚାରିତ ବିଳାପ । ନାଟକଟିରେ ଶକ୍ତିଶାଳୀ ଲେଖକ ସ୍ୱୟଂ ଜଗନ୍ନାଥଙ୍କୁ ବ୍ୟଙ୍ଗାତ୍ମକ ପ୍ରୟୋଗ ମାଧ୍ୟମରେ ଉପସ୍ଥାପିତ କରିଛନ୍ତି । ତିନିଗୋଡ଼ିଆ ଘୋଡ଼ିଆ ଉପରେ ଛିଡ଼ା ହୋଇ ଜଗନ୍ନାଥ ଅଳନ୍ଧୁ ସଫା କରିବାର ଦୃଶ୍ୟ ଏକାନ୍ତ ବ୍ୟଙ୍ଗାତ୍ମକ ହେଲେହେଁ ତାହାହିଁ ଜାତୀୟ ଦୁଃଖକୁ ଅଭିବ୍ୟକ୍ତ କରିବାର ଶ୍ଳେଷାତ୍ମକ ପ୍ରୟୋଗ । ଜଗନ୍ନାଥ ଜଣେ କୁଲି, ସେ ବଡ଼ ଦେଉଳର ରକ୍ଷଣାବେକ୍ଷଣାକାରୀ ନ୍ୟୂନ କର୍ମଚାରୀ ମାତ୍ର ଏପରି ବ୍ୟଙ୍ଗାତ୍ମକ ପ୍ରୟୋଗ ସାହାଯ୍ୟରେ ଲେଖକ ଜଗନ୍ନାଥଙ୍କର ଅସୀମତ୍ୱକୁ କ୍ଷୁଣ୍ଣ କରିନାହାନ୍ତି, ବରଂ ସେହିପରି ସଂକୀର୍ଣ୍ଣ ମାନସିକତା ନେଇ ଦେବୋପାସନା ନାମରେ ପରଂବହ୍ମଙ୍କୁ ଖର୍ବ କରିଦେଇଥିବା ସଭ୍ୟ ମଣିଷର ଅସଲ ସ୍ୱରୂପଟିକୁ ଉନ୍ମୋଚିତ କରିବାର ସାହସ କରିଛନ୍ତି । ଆଲୋଚ୍ୟ ନାଟକରେ ଯେଉଁ ବକ୍ରୋକ୍ତି ସୂଚକ ସଂଳାପ, ଚରିତ୍ରାୟନ ତଥା ଦୃଶ୍ୟାୟନର ସଂଯୋଜନା କରାଯାଇଛି, ସେସବୁ ଅତ୍ୟନ୍ତ ଆମୋଦପୂର୍ଣ୍ଣ ଭାବ ସହକାରେ କରାଯାଇଛି । ଜଗନ୍ନାଥ ଏପରି ସାଧାରଣ କାର୍ଯ୍ୟରେ ଲିପ୍ତ ରହିଥିବା ହେତୁ ତାଙ୍କ ମୁଖରେ ବା ଜୁଇ ପରି ଅନ୍ତରଙ୍ଗ ଭକ୍ତମାନଙ୍କ ମୁଖରେ କେଉଁଠାରେ ହେଲେ ପ୍ରତିବାଦର ସ୍ୱର ଉଚ୍ଚାରିତ ହୋଇନାହିଁ । ତେଣୁ ବ୍ୟଙ୍ଗ ଓ ଆମୋଦ ଏହି ଦୁଇଟି ବୈଶିଷ୍ଟ୍ୟର ସହାୟତାରେ ଜାତୀୟ ଜୀବନର ରୁକ୍ଷ ସତ୍ୟକୁ ପରବେକ୍ଷଣ କରିବାର ପ୍ରୟାସ କରାଯାଇଛି ।

ଖ – ଅନ୍ତର୍ପୁସ୍ତକୀୟତା : ୧୯୬୦ ମସିହାର ଶେଷ ଭାଗରେ ସୁଇଜରଲ୍ୟାଣ୍ଡ୍‌ର ଭାଷାତତ୍ତ୍ୱବିତ୍ Ferdinand de Saussure (ଫର୍ଡ଼ିନାଣ୍ଡ୍ ଦି ସାସୁର) ସର୍ବପ୍ରଥମେ ଏହି ତତ୍ତ୍ୱ ସମ୍ପର୍କରେ ସୂଚନା ଦେଇଥିଲେ । ପରବର୍ତ୍ତୀ ସମୟରେ ଜୁଲିୟା କ୍ରିଷ୍ଟେଭା ଅନ୍ତର୍ପୁସ୍ତକୀୟତାକୁ ନେଇ ସର୍ବପ୍ରଥମ ସ୍ପଷ୍ଟ ମତାମତ ପ୍ରଦାନ କରିଥିଲେ । ତାଙ୍କ ମତାନୁଯାୟୀ, "Every text takes a shape as a mosaic of citations, every text is the absorption and transformation of other texts."[୪] ଅର୍ଥାତ୍ ପ୍ରତ୍ୟେକ ପୁସ୍ତକ ବିବିଧ ପୁସ୍ତକର ଲେଖାଂଶକୁ ନେଇ ଏକ ନିର୍ଦ୍ଦିଷ୍ଟ ରୂପ ଗ୍ରହଣ କରିଥାଏ । ପ୍ରତ୍ୟେକ ପୁସ୍ତକ ଅନ୍ୟ ପୁସ୍ତକାବଳୀର ଅବଶୋଷଣ ଓ ରୂପାନ୍ତରଣ ମାତ୍ର ।

ଏହି ଅନ୍ତର୍ପୁସ୍ତକୀୟତା ତତ୍ତ୍ୱ ଆଲୋଚ୍ୟ ନାଟକରେ ପ୍ରତିଫଳିତ । ସଭ୍ୟ ମଣିଷମାନେ ଆଦିବାସୀମାନଙ୍କର ଦେବତାଙ୍କୁ କୌଶଳକ୍ରମେ ଚୋରାଇ ଆଣି ଦେଉଳ ମଧ୍ୟରେ ଆବଦ୍ଧ କରିଛନ୍ତି । ସମଗ୍ର ନାଟକର ଭିତ୍ତିଭୂମି ସଭ୍ୟ ମଣିଷର ଏତାଦୃଶ ଅସଭ୍ୟ ଆଚରଣ ଅର୍ଥାତ୍ ଚୌର୍ଯ୍ୟବୃତ୍ତିକୁ କେନ୍ଦ୍ର କରି ଗତିଶୀଳ । ଏହି ପ୍ରାଥମିକ ସୂତ୍ରଟି ଲେଖକ ଅନ୍ତର୍ପୁସ୍ତକୀୟତା ତତ୍ତ୍ୱରୁ ଗ୍ରହଣ କରିଛନ୍ତି । ଅବଶ୍ୟ ଜଗନ୍ନାଥଙ୍କୁ କେନ୍ଦ୍ର କରି ଗଢ଼ି ଉଠିଥିବା କିମ୍ବଦନ୍ତୀ, କାହାଣୀ, କାବ୍ୟ ବା ପୁରାଣର ଏପରି ଚୌର୍ଯ୍ୟ ପ୍ରସଙ୍ଗ

ନାହିଁ । କିନ୍ତୁ ନାଟ୍ୟକାର ଅଶ୍ୱିନୀ କୁମାର ଘୋଷ 'ଶ୍ରୀମନ୍ଦିର' ନାଟକରେ ବିଦ୍ୟାପତି ନୀଳମାଧବ ମୂର୍ତ୍ତି ଚୋରି କରି ଅବନ୍ତୀ ରାଜ୍ୟକୁ ଘେନି ନେଇଥିବା ପ୍ରସଙ୍ଗ ବର୍ଣ୍ଣିତ । ମୂର୍ତ୍ତିଚୋରି ପ୍ରସଙ୍ଗ ଏହି ପୁସ୍ତକରୁ ଗ୍ରହଣ କରାଯାଇଥାଇପାରେ ପୁନଶ୍ଚ ଜନଶ୍ରୁତିରେ ମଧ୍ୟ ଏହି ପ୍ରସଙ୍ଗଟି ସ୍ମରଣୀୟ ସ୍ଥାନ ଗ୍ରହଣ କରିନେଇଛି । ସ୍କନ୍ଦପୁରାଣ, ବ୍ରହ୍ମପୁରାଣ, ପଦ୍ମପୁରାଣ ଏସବୁ ମଧ୍ୟରେ କାହାଣୀ ପରିକଳ୍ପନାରେ ଉଭୟ ସାଦୃଶ୍ୟ ତଥା ବୈସାଦୃଶ୍ୟ ପରିଲକ୍ଷିତ ହୋଇଥାଏ । କବି ସାରଳା ଦାସ ବନପର୍ବ ଓ ମୂଷଳୀ ପୂର୍ବରେ ଯେଉଁ ବର୍ଣ୍ଣନା ଦେଇଛନ୍ତି ତଦନୁଯାୟୀ ଶ୍ରୀକୃଷ୍ଣଙ୍କ ଅପୋଡ଼ା ପିଣ୍ଡ ହିଁ ନୀଳମାଧବଙ୍କର ପାଷାଣ ଶରୀର । ଅର୍ଜ୍ଜୁନ ସମୁଦ୍ର ବକ୍ଷରେ ଯେଉଁ ଅପୋଡ଼ା ପିଣ୍ଡକୁ ଭସାଇ ଦେଲେ, ତାହା ପାଷାଣ ମୂର୍ତ୍ତି କିପରି ଧାରଣ କଲା, ସେ ସମ୍ପର୍କରେ ବିଶେଷ ସୂଚନା କବି ସାରଳା ଦାସ ମୂଷଳୀ ପର୍ବରେ ପ୍ରଦାନ କରିଛନ୍ତି । ବ୍ୟାସଙ୍କ ନିକଟରେ ଯୁଧିଷ୍ଠିର ଗୋଟିଏ କ୍ଷୁଦ୍ର ପ୍ରଶ୍ନ ରଖିଛନ୍ତି, କୃଷ୍ଣଙ୍କର ଯେଉଁ ଦେହାବଶେଷକୁ ଶୂନ୍ୟବାଣୀ ଶୁଣି ଅର୍ଜ୍ଜୁନ ଜଳରେ ପକାଇ ଦେଲେ, ଏହା କିପରି ସର୍ବକାଳକୁ ରହିବ ସେ ସମ୍ପର୍କରେ କୁହନ୍ତୁ । ମୂଷଳୀ ପର୍ବର ବର୍ଣ୍ଣନାନୁଯାୟୀ ଯୁଧିଷ୍ଠିରଙ୍କର ଶଙ୍କା ମୋଚନ କରି ବ୍ୟାସଦେବ କହିଛନ୍ତି,

"ବ୍ୟାସ ବୋଇଲେ ତୁମ୍ଭେ ଶୁଣ ହୋ ଧର୍ମରାୟେ
ସେ କୃଷ୍ଣର ଶରୀର ଅଟଇଟି ଅକ୍ଷୟେ ।
ଯେବଣ ଜାରା ଶବର କଲା ଶରାଘାତ
ତାହାକଇଂ ଅନୁଗ୍ରହ କଲେ ଜଗନ୍ନାଥ
ପ୍ରସନ୍ନ ହୋଇଣ ଯେ ବୋଇଲେ ଦେବରାଜା
ୟେ ପିଣ୍ଡ ନେଇଣ ତୁ କରସି ଆମ୍ଭନ୍ତ ପୂଜା ।
ସ୍ୱପନ ଚେତିଣ ଯେ ଉଠଇ ଶବର
ଦେଖଇ ମାଧବ ରୂପ ଶଙ୍ଖ ଚକ୍ରଧର ।"[୬]

ଆଲୋଚ୍ୟ ନାଟକଟିରେ ମଧ୍ୟ ଶ୍ରୀଜଗନ୍ନାଥ ଓ ଶ୍ରୀକୃଷ୍ଣଙ୍କୁ ଏକ ତଥା ଅଭିନ୍ନ ମନେ କରାଯାଇଛି । ନାଟକର ପ୍ରାରମ୍ଭିକ ଦୃଶ୍ୟରେ କୌଣସି ସଂଳାପ ନାହିଁ । ଅଭିନୟ ମାଧ୍ୟମରେ ଯେତେବେଳେ ପାତ୍ରପାତ୍ରୀମାନ ଜଗନ୍ନାଥଙ୍କୁ ଅନ୍ୱେଷଣ କରୁଥିବେ ତା'ର ସୂଚନା ଦେଇ ଲେଖକ ଦୃଶ୍ୟ -୧ ରେ ଲେଖନ୍ତି, "ନାଚର ମୁଦ୍ରା ଭିତରେ ସେମାନେ 'ଜଗନ୍ନାଥ କାହାନ୍ତି' ବୋଲି ପଚାରି ପଚାରି ଘୂରିଲା ବେଳେ ଜଗନ୍ନାଥ- କୃଷ୍ଣ ଭଳି ଦିଶୁଥିବା ଏକ ପ୍ରତୀକାତ୍ମକ ପୋଷାକ ପିନ୍ଧି ସେଇ ଅର୍ଦ୍ଧବୃତ୍ତର ତଳଭାଗରେ ଲୁଚିଯିବେ । ହୁଏତ ଏଇଠି ବଂଶୀ ଶବ୍ଦଟିଏ ଶୁଭିବ। ତାପରେ ଖେଳାଳୀମାନଙ୍କୁ ଲାଗିବ ଜଗନ୍ନାଥ ସେଇଠି କୋଉଠି ଲୁଚିଛନ୍ତି ।[୭]

ଜଗନ୍ନାଥ ଓ ଶ୍ରୀକୃଷ୍ଣଙ୍କୁ ଏକ ଏବଂ ଅଭିନ୍ନ ମନେ କରାଯିବାର ପୁସ୍ତକୀୟତା ସାରଳା ସାହିତ୍ୟରୁ ଆନୀତ । ଏଠାରେ ସ୍ମରଣ ରଖିବା ଆବଶ୍ୟକ ଯେ ଶ୍ରୀଅଚ୍ୟୁତାନନ୍ଦ ହରିବଂଶ ଗ୍ରନ୍ଥର ସପ୍ତମ ଖଣ୍ଡରେ ଏବଂ କବି ଯଶୋବନ୍ତ ଦାସଙ୍କ 'ପ୍ରେମଭକ୍ତି ବ୍ରହ୍ମଗୀତା'ରେ ମଧ୍ୟ ଶ୍ରୀକୃଷ୍ଣଙ୍କ ଅପୋଡ଼ା ପିଣ୍ଡକୁ ହିଁ ନୀଳମାଧବଙ୍କ ଶରୀର ସହ ଅଭିନ୍ନ ମନେ କରାଯାଇ, ଜଗନ୍ନାଥଙ୍କ ସହ ସଂଯୁକ୍ତ କରାଯାଇଛି । ଏହିସୂଚନାରୁ ସ୍ପଷ୍ଟ ପ୍ରତୀୟମାନ ହୁଏ ଯେ, ଅନ୍ତର୍ପୁସ୍ତକୀୟତା ଆଲୋଚ୍ୟ ନାଟକର ଅନ୍ୟତମ ଗୁରୁତ୍ୱପୂର୍ଣ୍ଣ ଅଂଶ ।

ପୁନଶ୍ଚ 'ସ୍କନ୍ଦପୁରାଣ', ଶ୍ରୀମଦ୍ ଭଗବଦ୍ ଗୀତା ଗ୍ରନ୍ଥ ଏବଂ ଅଚ୍ୟୁତାନନ୍ଦଙ୍କ 'ମାଳିକା'ର ଆବୃତ୍ତି ଆଦି ଅଂଶ ବିଶେଷକୁ ମଧ୍ୟ ଅନ୍ତର୍ପୁସ୍ତକୀୟତା ରୂପେ ଗ୍ରହଣ କରାଯାଇପାରିବ ।

(ଗ) ପେଷ୍ଟିକ୍ (ବିବିଧ ଲୋକନାଟ୍ୟର ସମାହାର)

ଏହି ଇଂରାଜୀ ଶବ୍ଦଟିର ଅର୍ଥାନ୍ତର କରି 'TheChambers Dictonary' କୁହନ୍ତି, "a jumble,; a pot - pourri, a composition in literature, music or painting made up of bits of other works or imitations of another style." [୮]

ପେଷ୍ଟିକ୍ ଉତ୍ତର ଆଧୁନିକ ସାହିତ୍ୟର ଅନ୍ୟତମ ବୈଶିଷ୍ଟ୍ୟ ରୂପେ ସ୍ୱୀକୃତ । ଏହା ବିବିଧ କଳାକୃତିର ସମାହାରରେ ଗଠିତ ଏକ ପ୍ରକାର କୌଶଳଭିତ୍ତିକ କଳା । ଆଲୋଚ୍ୟ ନାଟକରେ ଲୋକନାଟ୍ୟ ଶୈଳୀର ପେଷ୍ଟିକ କୌଶଳ ବ୍ୟବହାର କରାଯାଇଛି । ନାଟକଟିରେ ଏହି ପେଷ୍ଟିକ୍ କୌଶଳର ରୂପାୟନ କିପରି କରାଯାଇଛି ତା'ର ସବିଶେଷ ସୂଚନା ନିମ୍ନ ସାରଣୀରେ ପ୍ରଦାନ କରାଗଲା ।

ସାରଣୀ - ୧

କ୍ର.ସଂ	ଦୃଶ୍ୟ ସଂଖ୍ୟା	ପେଷ୍ଟିକ୍ ଲୋକନାଟ୍ୟ ଶୈଳୀ
୧	ପ୍ରଥମ ଦୃଶ୍ୟ	ମାଦଳ ଶବ୍ଦ ସହ ଆଦିବାସୀ ନୃତ୍ୟ, ବଇଁଶୀର ସ୍ୱର, ରାସଲୀଳା
୨.	ପଞ୍ଚମ ଦୃଶ୍ୟ	କୀର୍ତ୍ତନ
୩.	ଅଷ୍ଟମ ଦୃଶ୍ୟ	ଓଷାକୋଠି ବାଜା, ଅରବିନ୍ଦଙ୍କ ପ୍ରାର୍ଥନା ସଙ୍ଗୀତ
୪.	ଦଶମ ଦୃଶ୍ୟ	ଜଗନ୍ନାଥଙ୍କ ପହଣ୍ଡି ସମୟରେ ଘଣ୍ଟ, ଘଣ୍ଟା ଓ କାହାଳୀ ବାଦ୍ୟ
୫.	ଏକାଦଶ ଦୃଶ୍ୟ	ଓଷା ଗୀତ ବୋଲାଯିବ ... (ପୃ.୪୪ରେ ଥିବା କୋରସ୍) ଟାଙ୍ଗୁବାଜାର ତାଳେ ତାଳେ ଯୋଗମାୟା ମୟୂର ପକ୍ଷର ଛାଞ୍ଚୁଣୀ ଧରି ଜାନୀ ପରି ନାଚିବେ ଏବଂ ଜଗନ୍ନାଥ କୁକୁଡ଼ାର

		ଅଭିନୟ କରି ହଲି ହଲି ଆସିବେ ଏବଂ ତତ୍ ପରବର୍ତ୍ତୀ କାଳିସୀ ନୃତ୍ୟ
୬.	ପଞ୍ଚଦଶ ଦୃଶ୍ୟ	କୁରାଢ଼ୀ ଓ ଧନୁଶର ହସ୍ତରେ ଆଦିବାସୀମାନଙ୍କର ପ୍ରବେଶ ତଥା ଯୁଦ୍ଧ ବାଜାର ତାଳେ ତାଳେ ଉଦ୍ଦଣ୍ଡ ନୃତ୍ୟ ପ୍ରଦର୍ଶନ
୭.	ଅନ୍ତିମ ଦୃଶ୍ୟ	ମାଳିକାର ଆବୃତ୍ତି, ଅରବିନ୍ଦଙ୍କ ପ୍ରାର୍ଥନା ସଂଗୀତ, ଯୁଦ୍ଧ ବାଦ୍ୟ ଓ ନୃତ୍ୟ ଇତ୍ୟାଦି (ମଣିପୁରୀ କିମ୍ବା କେରଳୀ ଯୁଦ୍ଧକଳାର ପ୍ରୟୋଗ)

ଗବେଷକ ରାମେନ ଶର୍ମା ଓ ଡକ୍ଟର ପ୍ରୀତି ଚୌଧୁରୀ ଏତାଦୃଶ ବିବିଧ ଲୋକକଳା, ସଂଗୀତ, ନୃତ୍ୟାଦିର ସମାହାରକୁ ପେଷ୍ଟିକ୍ ଶୈଳୀ ରୂପେ ଗ୍ରହଣ କରିଥିବା ବେଳେ ପ୍ରଫେସର ବିଜୟ କୁମାର ନନ୍ଦ ଏହାକୁ Cosmo Comic Vision ରୂପେ ଗ୍ରହଣ କରିଛନ୍ତି । ଡଃ ନନ୍ଦଙ୍କ ବିଚାରାନୁଯାୟୀ, "ସେ ଜଗନ୍ନାଥ ଓ ଜଗନ୍ନାଥ କିମ୍ବଦନ୍ତୀକୁ ବ୍ୟବହାର କରିଛନ୍ତି ଭଗବାନ ଓ ଭଗବତ୍ ବିଶ୍ୱାସର ପୁନଃସ୍ଥାପନର ରୂପକ ଭାବରେ, ଏତଦ୍‌ବ୍ୟତୀତ ଉଭୟ ଶିକ୍ଷା ଓ ଆନନ୍ଦ ଦେବା ପାଇଁ ଏବଂ ନିଜେ ଉପସ୍ଥାପିତ କରୁଥିବା ଯୁକ୍ତିକୁ ପ୍ରମାଣିତ କରିବା ପାଇଁ ସେ ସ୍କନ୍ଦପୁରାଣର ଶ୍ଳୋକ, ଭଜନ, କୀର୍ତ୍ତନ, ସଂଗୀତ, ଓଷା ସାହିତ୍ୟ, ଗୀତା, ମାଳିକାର ପଂକ୍ତି, ଇଂରେଜୀ ଭାଷା ଓ ମାଦଳା ପାଞ୍ଜିର ଭାଷା ନାଟକଟିରେ ବ୍ୟବହାର କରିଛନ୍ତି । ସେ ପ୍ରକାଶ କରିବାକୁ ଯାଇଥିବା ଗଭୀର ଓ ଗୁରୁତ୍ୱପୂର୍ଣ୍ଣ ବିଷୟବସ୍ତୁ ସହିତ ଏହିସବୁ ସାହିତ୍ୟ ଓ ସଂସ୍କୃତିର ଉପାଦାନଗୁଡ଼ିକୁ ମିଶାଇ ଦେଇ ଇଟାଲୋ କାଲ୍‌ଭିନୋଙ୍କ ଭଳି ଏକ Cosmo Comic Vision ପାଠକମ୍ମୁଖରେ ଉପସ୍ଥାପିତ କରିଚନ୍ତି ।"[୯]

Jameson ଙ୍କ ପରି ଉତ୍ତର ଆଧୁନିକ ତତ୍ତ୍ୱବିଦ୍‌ମାନେ ମଧ୍ୟ ପେଷ୍ଟିକ୍‌କୁ ଅପରିହାର୍ଯ୍ୟ ବୈଶିଷ୍ଟ୍ୟ ରୂପେ ସ୍ୱୀକୃତି ଦେଇଥାନ୍ତି । ତାଙ୍କ ମତରେ ପେଷ୍ଟିକ୍ ଏପରି ଏକ ଶୈଳୀ ଯାହା ଅନ୍ୟ ଏକ ଲୋକକଳା ବା ଆଧୁନିକ କଳାକୁ ଅନୁକରଣ କରିଥାଏ । Parody ରେ ଅନୁକରଣ ଶ୍ଳେଷାତ୍ମକ ହୋଇଥବା ବେଳେ Pastiche ରେ ଅନୁକରଣ ସ୍ୱାଭାବିକ ହୋଇଥାଏ । ବିଭିନ୍ନ ଲୋକନାଟ୍ୟ ଶୈଳୀର ଆହରଣ ଓ ସମୀକରଣକୁ ଆଲୋଚ୍ୟ ଉତ୍ତର ଆଧୁନିକ ନାଟ୍ୟ ସ୍ଥାପତ୍ୟରେ ସର୍ବୋତ୍ତମ ବୈଶିଷ୍ଟ୍ୟ ରୂପେ ଗ୍ରହଣ କରାଯାଇପାରିବ ।

ଘ – Meta-fiction : ଏହି ଇଂରାଜୀ ଶବ୍ଦଟିର ଅର୍ଥାନ୍ତର କରି Chambers Dictionary କୁହନ୍ତି, "A Fiction which self consiciously comments on ints status as fiction".[୧୦] ଅର୍ଥାତ୍ ଯେତେବେଳେ କୌଣସି ସାହିତ୍ୟିକ ସ୍ୱକୀୟ

ସୃଜନଶିଳ୍ପ ମଧ୍ୟରେ ଏତାଦୃଶ ରଚନାର ବୈଶିଷ୍ଟ୍ୟ ସମ୍ପର୍କରେ ଉଲ୍ଲେଖ କରିଥା'ନ୍ତି, ତାକୁ ମେଟାଫିକ୍‌ସନ୍ କୁହାଯାଇଥାଏ । ଏପରି ଶୈଳୀର ଉଦ୍ଦେଶ୍ୟ ହେଉଛି, ଲେଖକ ପାଠକମାନଙ୍କ ସହ ଛଳନା ନ କରି, ସେମାନଙ୍କ ଭାବ - ଅବବୋଧ କ୍ଷେତ୍ରରେ ସହାୟତା କରିବେ । ଲେଖକ ତାଙ୍କ ରଚନା ମଧ୍ୟରେ ଏପରି କିଛି ସୂଚନା ରଖିବେ ଯଦ୍ୱାରା ପାଠକମାନେ ସମସ୍ତ ପ୍ରକାର ବିରୋଧାଭାସରୁ ମୁକ୍ତ ହୋଇ ସହଜରେ ଦୃଶ୍ୟମାନ ଅବଧାରଣା ନିକଟରେ ପହଞ୍ଚି ପାରିବେ । ଆଲୋଚ୍ୟ ନାଟକଟିରେ ଲେଖକ ଏତାଦୃଶ ସହଜ ବୋଧଗମ୍ୟ ଶୈଳୀର ଅବତାରଣା କରିଛନ୍ତି । ନାଟକଟି ଯେ ଏକ ଉତ୍ତର ଆଧୁନିକ ନାଟକ ତା'ର ସ୍ପଷ୍ଟ ସୂଚନା ତାଙ୍କର ସଂଳାପ ମଧ୍ୟରେ ରହିଛି । 'ଦୃଶ୍ୟ-୧୩' ଓ "ଦୃଶ୍ୟ-୧୬' ରେ ଲେଖକ ଯଥାକ୍ରମେ ଯୋଗମାୟା ଓ ଜଗନ୍ନାଥ ଚରିତ୍ର ମାଧ୍ୟମରେ ଯାହା କୁହାଇଛନ୍ତି ତାହା ପାଠକ/ଦର୍ଶକ ମାନଙ୍କ ଅବବୋଧ ନିମନ୍ତେ କରିଛନ୍ତି । ଯୋଗମାୟା କହୁଛନ୍ତି, "xxx ବିଜ୍ଞାନ ଏଇଠି ଅକାମୀ... ଯୁକ୍ତି ଏଇଠି ଅକାମୀ... ଆମେ ଉତ୍ତର- ଆଧୁନିକ ଯୁଗ ଭିତରକୁ ଚାଲିଗଲେଣି, ତମେ ଠାକୁରମାନଙ୍କୁ ହତ୍ୟା କରିବା ଅଭ୍ୟାସ ଛାଡ଼, ଆମ ସମାଜ ପାଇଁ ଟିକିଏ ବିଶ୍ୱାସ ଆବଶ୍ୟକ... ବିଶ୍ୱାସକୁ ପ୍ଲସ୍ କରିବା ପାଇଁ ଆମକୁ ଯୋଗାଭ୍ୟାସ କରିବାକୁ ହେବ ।"[୧୧] ପୁନଶ୍ଚ ଅନ୍ତିମ ଦୃଶ୍ୟରେ ସ୍ୱୟଂ ଜଗନ୍ନାଥ କହୁଛନ୍ତି, "ଆଜି ଦେଉଳ ସାରା ରକ୍ତ ହୋଇ ଯାଇଥିବ ଜୁଇ । ସଭ୍ୟତା ସହ ଆଦିମାତାର ଏ ଯୁଦ୍ଧ ଚିରଦିନ ଚାଲିଥିବ । ଆଧୁନିକତା ସେଦିନ ମରି ଉତ୍ତର - ଆଧୁନିକତା ଜନ୍ମ ନବ । ମୁଁ ସିନା ଚାଲି ଆସିଲି - ମୁଁ ଦେଖିପାରୁଚି। ଦେଉଳ ଭିତରେ ବିଜ୍ଞାନର ଅବିଶ୍ୱାସ ଓ ଧର୍ମର ବିଶ୍ୱାସ ଭିତରେ ପ୍ରବଳ ଯୁଦ୍ଧ ।[୧୨] ଆଧୁନିକ ଯୁଗ ଈଶ୍ୱର ସତ୍ତା ପ୍ରତି ଅବିଶ୍ୱାସର ସ୍ୱରୋତ୍ତଳନ କରି ଈଶ୍ୱର ମୃତ ଘୋଷଣା କରିବାବେଳେ, ଉତ୍ତର ଆଧୁନିକ ଯୁଗ ହେଉଛି ବିଶ୍ୱାସର ଯୁଗ । ଲେଖକ ଏହି ଅବଧାରଣାଟି ଆପଣାର ନାଟ୍ୟସଂଳାପ ମଧ୍ୟରେ ସ୍ପଷ୍ଟ ରୂପେ ସୂଚିତ କରିଛନ୍ତି ।

ଙ) ବିସ୍ମୟୀକରଣ : ବିସ୍ମୟୀକରଣ ଉତ୍ତର ଆଧୁନିକ ସାହିତ୍ୟରେ ବ୍ୟବହୃତ ଏପରି ଏକ ଉପାଦାନ ଯାହା ବାସ୍ତବବାଦକୁ ପ୍ରତ୍ୟାଖ୍ୟାନ କରିଥାଏ । ପାରମ୍ପରିକ କଥନଶୈଳୀରେ ବ୍ୟବହୃତ ଯାଦୁକାରୀ ଶକ୍ତିକୁ ମଧ୍ୟ ଏହି ବୈଶିଷ୍ଟ୍ୟର ପରିସରଭୁକ୍ତ କରାଯାଇପାରିବ । ଆଲୋଚ୍ୟ ନାଟକରେ ଜଗନ୍ନାଥଙ୍କର ଦେବତ୍ୱର ସମ୍ୟକ୍ ସୂଚନା ଦେବାକୁ ଯାଇ ଲେଖକ ଏହି ବିସ୍ମୟୀକରଣ ବୈଶିଷ୍ଟ୍ୟଟିର ପ୍ରୟୋଗ କରିଛନ୍ତି । 'ଦୃଶ୍ୟ-୧୦'ରେ ଯୋଗମାୟା ଏବଂ ସଂଗ୍ରାମଙ୍କ ପରାମର୍ଶ ଗ୍ରହଣ କରି ବିଦ୍ୟାପତି ଜଗନ୍ନାଥଙ୍କୁ ବଜାରକୁ ଘେନି ଯିବାର ଯୋଜନା କରିଛନ୍ତି । ଜ୍ୱର ପୀଡ଼ିତ ଜଗନ୍ନାଥଙ୍କୁ ଖଟରୁ ଉଠାଇବା ପାଇଁ ପଣ୍ଡାବେଶୀ ଚରିତ୍ରମାନେ ପ୍ରଚେଷ୍ଟା କଲେ ହେଁ, ସେ ଏତେ ଗରୁ

ହୋଇଯାଆନ୍ତି ଯେ, ସେମାନଙ୍କର ସମସ୍ତ ଶ୍ରମ ବିଫଳ ହୁଏ । ପୁନଶ୍ଚ 'ଦୃଶ୍ୟ-୧୧'ରେ ସଂଗ୍ରାମ ପିସ୍ତଲରେ ଗୁଳି ଚାଳନା କରିବା ପରେ ମଧ୍ୟ ଜଗନ୍ନାଥ ମରିନାହାନ୍ତି । ଖୁବ ସାଧାରଣ ଏପରିକି ନିମ୍ନଶ୍ରେଣୀର ମୂଲିଆ ଭୂମିକାରେ ଅଭିନୟ କରୁଥିବା ଜଗନ୍ନାଥ ଚରିତ୍ରର ଏତାଦୃଶ ବୈଚିତ୍ର୍ୟ ବିସ୍ମୟୀକରଣ ବୈଶିଷ୍ଟ୍ୟକୁ ସାକାର ରୂପ ପ୍ରଦାନ କରିବାରେ ସମର୍ଥ ହୋଇଛି ।

ଚ) ସମୟର ବିକ୍ଷିପ୍ତୀକରଣ : ଆଲୋଚ୍ୟ ନାଟକରେ ସୁଦୂର ଅତୀତ ଓ ବର୍ତ୍ତମାନକୁ ଗୋଟିଏ ବିନ୍ଦୁରେ ସ୍ଥିର କରିବାର ପ୍ରୟାସ କରାଯାଇଛି । ବିଦ୍ୟାପତି, ବିଶ୍ୱାବସୁ, ଏହି ଦୁଇ ଚରିତ୍ର ସର୍ବକାଳୀନ ଆବେଦନ ଘେନି ମଞ୍ଚରେ ଦଣ୍ଡାୟମାନ । ଯେଉଁ ଘଟଣାବଳୀ ଇତିହାସଠାରୁ ମଧ୍ୟ ପ୍ରାଚୀନ, ସେହି ଚରିତ୍ରମାନଙ୍କୁ ସଜୀବ ଓ ସଚଳ ରଖିବା ଉପାୟଟିକୁ ସମୟର ବିକ୍ଷିପ୍ତୀକରଣ ରୂପେ ଗ୍ରହଣ କରାଯାଇପାରିବ । ଅବଶ୍ୟ ଏତାଦୃଶ ବୈଶିଷ୍ଟ୍ୟ ଆଧୁନିକ ନାଟକରେ ମଧ୍ୟ ପ୍ରୟୋଗ କରାଯାଇଥିଲା । ଉତ୍ତର ଆଧୁନିକ ନାଟ୍ୟ ଶୈଳୀରେ ଏହାର ପୁନରାବୃତ୍ତିକୁ ନିର୍ବିବାଦରେ ଗ୍ରହଣ କରାଯାଇଛି । ନାଟ୍ୟକାର ପାଣିଗ୍ରାହୀ ଅତ୍ୟନ୍ତ ସଚେତନ ଭାବେ ମହାରାଜାଙ୍କର ନାମକରଣ କରିଛନ୍ତି 'ମହାରାଜ - ୧୯୯୫' । କାରଣ ଏହି ମସିହାଟି ଥିଲା ନାଟ୍ୟ ମଞ୍ଚାୟନର ସମୟ । ଯଦି ଚଳିତ ବର୍ଷ ନାଟକଟି ମଞ୍ଚସ୍ଥ କରାଯିବ, ତେବେ ମହାରାଜଙ୍କ ନାମ ରହିବ 'ମହାରାଜା -୨୦୧୭' । ଏବଂ ସେ ହିଁ କିମ୍ବଦନ୍ତୀର ଇନ୍ଦ୍ରଦ୍ୟୁମ୍ନ ବୋଲି ସଂଗ୍ରାମଙ୍କ ତୁଣ୍ଡରେ ଲେଖକ ସୂଚିତ କରିଛନ୍ତି । ସମୟର ପ୍ରବାହକୁ ବିକ୍ଷିପ୍ତ କରି ଇତିହାସ, କିମ୍ବଦନ୍ତୀ, ବର୍ତ୍ତମାନ ପୁନଶ୍ଚ ଭବିଷ୍ୟତକୁ ଏପରି ଗୋଟିଏ ସରଳରେଖାରେ ଦଣ୍ଡାୟମାନ କରିବାର ଦୃଷ୍ଟିଭଙ୍ଗୀ ଏହି ନାଟକର ଅନ୍ୟତମ ବୈଶିଷ୍ଟ୍ୟ । ଜୁଇ ଚରିତ୍ର ମଧ୍ୟରେ ଅତୀତ ଓ ବର୍ତ୍ତମାନ ମଧ୍ୟ ସମାହିତ ହୋଇଛନ୍ତି । କିନ୍ତୁ, ଏ କ୍ଷେତ୍ରରେ ଲେଖକ ଯେଉଁ 'ରୂପାନ୍ତରଣ କୌଶଳ'ର ବ୍ୟବହାର କରିଛନ୍ତି; ତାହାର ସ୍ପଷ୍ଟ ସୂଚନା ଅନ୍ୟତ୍ର ପ୍ରଦାନ କରାଯିବ ।

ଛ) ପ୍ରବିଧିତତ୍ତ୍ୱଭିତ୍ତିକସଂସ୍କୃତି : ଉତ୍ତର ଆଧୁନିକ ସାହିତ୍ୟର ଅନ୍ୟତମ ବୈଶିଷ୍ଟ୍ୟ ରୂପେ ପ୍ରବିଧି ତତ୍ତ୍ୱକୁ ଗ୍ରହଣ କରାଯାଇଥାଏ । କାରଣ ଏହି ସମୟକୁ ଆମ ସମାଜ ଶିଳ୍ପଭିତ୍ତିକ ଯୁଗକୁ ଅତିକ୍ରମ କରି ସୂଚନା କୈନ୍ଦ୍ରିକ ଯୁଗରେ ପଦାର୍ପଣ କରିଛି । ସୂଚନା ଓ ଯୋଗାଯୋଗର ଅଭୂତପୂର୍ବ ଉନ୍ନତି ଆମ ସାମାଜିକ ଜୀବନକୁ ଯେଉଁ ନବୀନ ସ୍ପର୍ଶ ଦେଇଛି ତା'ର ଆଭାସ ଉତ୍ତର ଆଧୁନିକ ସାହିତ୍ୟରେ ପ୍ରତିଫଳିତ ହେବା ସ୍ୱାଭାବିକ । ଆଲୋଚ୍ୟ ନାଟକରେ ସ୍ଥାନେ ସ୍ଥାନେ ପ୍ରବିଧିତତ୍ତ୍ୱର ସୂଚନାତ୍ମକ ଇଙ୍ଗିତ ରହିଛି । ନାଟକର 'ଦୃଶ୍ୟ-୧୪'ରେ ୪ର୍ଥ କ୍ରେତା ଚରିତ୍ରଟି କୁହନ୍ତି, "କିଛି ନ ହେଲେ ଆପଣଙ୍କୁ

ଆମେ ଗୋଟେ କମ୍ପ୍ୟୁଟର କରି ଏଇଠି ବସେଇଦବୁ । ଯୋଉମାନେ ଆକାଶମାର୍ଗରେ ଲୁଚି ଲୁଚି ଆସି ଆମ ସଂସ୍କୃତି ଉପେର ଆକ୍ରମଣ କରିବେ, - ଆପଣ ସେମାନଙ୍କୁ ଧ୍ୱଂସ କରିବେ ।"[୧୩] ପୁନଶ୍ଚ ଏକାଦଶ ଦୃଶ୍ୟରେ ସଂଗ୍ରାମ ସ୍କାନିଂ ମେସିନ୍ କ୍ୟାମେରା ସାହାଯ୍ୟରେ ଜଗନ୍ନାଥଙ୍କ ଚିତ୍ରୋତ୍ତଳନ କରିବା ପ୍ରସଙ୍ଗ ମଧ୍ୟ ବର୍ଣ୍ଣିତ ।

ରାମେନ ଶର୍ମା ଓ ଡକ୍ଟର ପ୍ରୀତି ଚୌଧୁରୀ ଉତ୍ତର ଆଧୁନିକ ସାହିତ୍ୟର ଯେଉଁ ବୈଶିଷ୍ଟ୍ୟ ସମ୍ପର୍କରେ ସୂଚିତ କରିଥିଲେ, ତାହାର ପ୍ରୟୋଗ ସମ୍ପର୍କରେ ଆଲୋଚନକୁ ଏଇଠି ଶେଷ କରାଯିବ । ଏତଦବ୍ୟତୀତ ଆଲୋଚ୍ୟ ନାଟକରେ ନାଟ୍ୟକାର ରୂପାନ୍ତରଣ ଶୈଳୀ (Transformation as a technique) ନାମକ ଏକ ନୂତନ ନାଟ୍ୟତତ୍ତ୍ୱର ପ୍ରୟୋଗ କରିଛନ୍ତି । ବର୍ତ୍ତମାନ ଏହି ନାଟ୍ୟ ସିଦ୍ଧାନ୍ତ କିପରି ଆଲୋଚ୍ୟ ନାଟକଟିରେ ପ୍ରତିଭାତ ତା'ର ସୂଚନାତ୍ମକ ବିବରଣୀ ପ୍ରଦାନ କରାଯିବ ।

-୩-

ରୂପାନ୍ତରଣ ଶୈଳୀ (Transformation as a technique) : ଓଡ଼ିଶାରେ ଉତ୍ତର ଆଧୁନିକ ନାଟ୍ୟଧାରାର ଉଦ୍‌ଗାତା ରୂପେ ନାଟ୍ୟକାର ରମେଶ ପ୍ରସାଦ ପାଣିଗ୍ରାହୀଙ୍କର ଯୁଗାନ୍ତକାରୀ ଭୂମିକା ଅଭିନନ୍ଦନୀୟ । ୨୦୧୬ ମସିହା ବିଷୁବ ସଂଖ୍ୟାରେ 'କଥା କଥା କବିତା କବିତା' ସାହିତ୍ୟ ପତ୍ରିକାରେ ସୃଜନ ଆଳାପ ପୃଷ୍ଠାରେ ନାଟ୍ୟକାର ପାଣିଗ୍ରାହୀଙ୍କର ଯେଉଁ ଦୀର୍ଘ ସାକ୍ଷାତକାରଟି ପ୍ରକାଶିତ ହୁଏ, ତାହା ଗବେଷକମାନଙ୍କ ନିମନ୍ତେ ଏକାନ୍ତ ଉପଯୋଗୀ । ଏହି ସାକ୍ଷାତକାର ପୃଷ୍ଠାରେ ଲେଖକ ରୂପାନ୍ତର ଶୈଳୀ ସମ୍ପର୍କରେ ଯେଉଁ ମତାମତ ରଖିଛନ୍ତି, ତାହା ଆଲୋଚନାର ସୁବିଧା ନିମନ୍ତେ ନିମ୍ନରେ ପ୍ରଦାନ କରାଗଲା ।

"ଆମେରିକାର ପେନ୍‌ସିଲଭାନିଆ ୟୁନିଭରସିଟିର ବିଖ୍ୟାତ ପ୍ରଫେସର Gerald Clifford Weales ହାଇଦ୍ରାବାଦର American Studies Research Centre ରେ ଛ' ସପ୍ତାହ ପାଇଁ ନାଟକ ପଢ଼ାଇବାକୁ ଆସିଥିଲେ ଓ ନିର୍ଦ୍ଦେଶକ ଅଭିନେତା Joseph Chaikin କିପରି ତାଙ୍କର Second City Workshop ରେ Technique of Transformation ର ପରୀକ୍ଷା କରିଥିଲେ ତା'ର Video Cassette ଦେଖାଇଥିଲେ ।

ମୁଁ ଏହି ଶୈଳୀ ସମ୍ପର୍କରେ ତିରୁବନ୍ତପୁରମ୍‌ର ନାଟ୍ୟବିତ୍‌ମାନଙ୍କ ସାଙ୍ଗରେ ଆଲେଚନା କଲି ଏବଂ ସେମାନେ ମୋତେ 'ପକର ମଉମ' ନାମକ ଏକ ଭାରତୀୟ ଅଭିନୟ ଶୈଳୀରେ ମଧ୍ୟ ତାହା ଅଛି ବୋଲି କହିଲେ । ପ୍ରଫେସର Wales, ମୁଁ Sam Shepard ଉପରେ ଗବେଷଣା କରୁଛି ବୋଲି ଜାଣି Jazzz, Country ଓ ଅନ୍ୟାନ୍ୟ Music ପ୍ରୟୋଗ ସମ୍ପର୍କରେ କେତୋଟି Video Cassette ଦେଖାଇଲେ ।

Transformation Technique ସମ୍ପର୍କରେ ତାଙ୍କ The jumping off space ବୋଲି ଗୋଟିଏ ଗ୍ରନ୍ଥରେ ସେ ଲେଖିଛନ୍ତି - "It is an improvisation in which the established realities or given circumstances (the method phrase) of the scence changes several times during the course of a action."[୧୪] ଅର୍ଥାତ୍ ରୂପାନ୍ତର ଶୈଳୀ ଏକ ଆଶୁରଚନା ବା ତାତ୍କ୍ଷଣିକ ଗଠିତ କାର୍ଯ୍ୟ । ଜଣେ ଚରିତ୍ର ଦୃଶ୍ୟ, ପଟ୍ଟ ବା ବସ୍ତ୍ର ପରିବର୍ତ୍ତନ ନ କରି ମଧ୍ୟ ନିଜେ ପରିବର୍ତ୍ତିତ ହେବା ଶୈଳୀଟି ଏହି କୌଶଳର ଅନ୍ତର୍ଭୁକ୍ତ ।

ଉତ୍ତର ଆଧୁନିକ ନାଟ୍ୟତତ୍ତ୍ୱର ପ୍ରମୁଖ ବୈଶିଷ୍ଟ୍ୟ ରୂପେ ଏହି ରୂପାନ୍ତର ଶୈଳୀକୁ ଗ୍ରହଣ କରାଯାଇଥାଏ । ଗବେଷକ Kerstin Schmidt ' The Theater of Transformation (Post moderinism in American Drama)' ପୁସ୍ତକରେ ଉତ୍ତର ଆଧୁନିକ ନାଟକକୁ ରୂପାନ୍ତର ଥିଏଟର ରୂପେ ଗ୍ରହଣ କରିଛନ୍ତି । ଏହି ଶୈଳୀ ସମ୍ପର୍କରେ ସୂଚନା ପ୍ରଦାନ କରି ସେ କୁହନ୍ତି, "As an acting technique, transformation was practiced most prominently by Joseph Chaikin's open theater. It meant the abrupt taking on and dropping of different roles without any accompanying changes in setting, cestum or lighting".[୧୫] ଡଃ ପାଣିଗ୍ରାହୀଙ୍କର ମତାନୁଯାୟୀ ସେ ୧୯୭୯ ମସିହାରେ ପ୍ରକାଶିତ 'ଶେଷ ପାହାଚ' ନାଟକରେ ଏହି ଶୈଳୀର ବ୍ୟବହାର ପ୍ରଥମ ଥର ପାଇଁ କରିଥିଲେ । ଆଲୋଚ୍ୟ ନାଟକର 'ଦୃଶ୍ୟ-୪'ରେ ଏହି କୌଶଳର ପ୍ରବର୍ତ୍ତନ କରାଯାଇଛି । ଏହି ଦୃଶ୍ୟରେ ବିଶ୍ୱାବସୁଙ୍କ ସହ ଜଣେ ବୃଦ୍ଧା ଶବରୀ ମଞ୍ଚକୁ ପ୍ରବେଶ କରିଛନ୍ତି । ଜଗନ୍ନାଥ ବିଶ୍ୱାବସୁଙ୍କୁ ପଚାରିଛନ୍ତି, "କିନ୍ତୁ ଏ ବୁଢ଼ୀଟା କିଏ ବାପା ? ଯାକୁ ମୁଁ..." ବିଶ୍ୱାବସୁ ଉତ୍ତରରେ କହିଛନ୍ତି, "ଚିହ୍ନିପାରୁନୁ ? ଏଇଟା ପରା ଶବରୀ ? ରାମାୟଣରେ ତୁ ଯେତେବେଳେ ବଣକୁ ଯାଇଥିଲୁ, ଇଏ ତୋତେ କୋଳି ଖାଇବାକୁ ଦଉଥିଲା ।" ଏହି ଉତ୍ତର ଶୁଣିବା ପରେ ଜଗନ୍ନାଥ କହିଛନ୍ତ, "ମୁଁ ତ ତାକୁ ଯୁବତୀ କରି ଦେଇଥିଲି ।" ଅର୍ଥାତ୍ ଯିଏ ଶବରୀ ସେ ହିଁ କୁବୁଜା । ଏହାପରେ ନାଟକର ପୃଷ୍ଠାରେ ଚରିତ୍ରଟିର ନାମ ଲେଖାଯାଇଛି କୁବୁଜା ଏବଂ ଏହି କୁବୁଜା କହୁଛନ୍ତି ଯେ, ବାବୁ ତୁମର ମନେ ନାହିଁ ମୁଁ କିପରି ଲଳିତା ହୋଇ ତୁମ ହାତରୁ ବଂଶୀ ଛଡ଼େଇ ନଉଥିଲି । ଏହାପରେ ବିଶ୍ୱାବସୁଙ୍କ ପରାମର୍ଶରେ ଜଗନ୍ନାଥ ସେହି ଆଦିବାସୀ ଝିଅଟିକୁ ପୁନର୍ବାର ତାଙ୍କ ପାଖରେ ରଖିବା ପାଇଁ ଚାହିଁଛନ୍ତି । ଲେଖକଙ୍କର ବର୍ଣ୍ଣନାନୁଯାୟୀ "ବଂଶୀ ଭିତରେ କ୍ରମଶଃ ଆକର୍ଷିତ ହୋଇଯାଇଛି ବୃଦ୍ଧାଟି ଜଗନ୍ନାଥଙ୍କ ପାଖକୁ । ଜଗନ୍ନାଥ ତାକୁ ଆଲିଙ୍ଗନ କଲା କ୍ଷଣି ସେ ଯୁବତୀଟିଏ ହୋଇଯାଇଛି - ଯାହାକୁ ବର୍ତ୍ତମାନ ଜୁଇ ବୋଲି ନାମିତ

କରାଯାଇପାରେ ।"[୧୬] (ଗୋଟିଏ ବୃତ୍ତ ଆଙ୍କିବାର ସହଜ ପ୍ରଣାଳୀ, ପୃ. ୬ ଓ ୭) । ଶବରୀ-କୁବ୍‌ଜା- ଲଳିତା - ଜୁଇ ଏହି ଚାରୋଟି ଚରିତ୍ର ଗୋଟିଏ ଚରିତ୍ର ମଧ୍ୟରେ ସମାହିତ ହୋଇ ରହିବା ଏବଂ ଦୃଶ୍ୟସଜ୍ଜା, ମଞ୍ଚସଜ୍ଜା, ଆଲୋକସଜ୍ଜା, ବେଶ-ପୋଷାକ ଏସବୁରେ କୌଣସି ପରିବର୍ତ୍ତନ ନ କରି ଗୋଟିଏ ଚରିତ୍ରର ପୁନଃ ପୁନଃ ରୂପାନ୍ତରଣ ଏତାଦୃଶ ଶୈଳୀର ସଫଳ ବ୍ୟବହାର ।

-୪-

ଉତ୍ତର ଆଧୁନିକବାଦ 'ବିଗଠନ ତତ୍ତ୍ୱ' ଆଧାରିତ ଅନ୍ତର୍ପୁସ୍ତକୀୟତା (Inter textuality) କୁ କିପରି ସମର୍ଥନ କରିଥାଏ, ତା'ର ସୂଚନା ପୂର୍ବରୁ ପ୍ରଦାନ କରାଯାଇଛି । ଏହି ଅନ୍ତର୍ପୁସ୍ତକୀୟତା ଅନ୍ତର୍ଭୁକ୍ତ ଅନ୍ୟତମ ଉପାଦାନ "All writting is re-writting and All reading is re-reading." ଆଲୋଚ୍ୟ ନାଟକରେ କିପରି ପ୍ରତିଧ୍ୱନିତ ତା'ର ସମ୍ୟକ୍ ସୂଚନା ପ୍ରଦାନ କରିବା ଆବଶ୍ୟକ ମନେହୁଏ ।

ଏହି ନାଟକରେ ଦେଉଳ ମଧ୍ୟରେ ଆବଦ୍ଧ ଜଗନ୍ନାଥ ନିଜର ଖେଦ, ଦୁଃଖ, ଏପରିକି ମନୋବେଦନା ପ୍ରକାଶ କରିଛନ୍ତି । ଷଷ୍ଠ ଦୃଶ୍ୟ ଏବଂ ସପ୍ତମ ଦୃଶ୍ୟରେ ଜଗନ୍ନାଥ ନିଜକୁ ମୂଲିଆ ଓ ଓଡ଼ିଆ କୁଲୀ ରୂପେ ପରିଚୟ ଦେଇଛନ୍ତି । ଯୋଗମାୟା ତାଙ୍କ ଦରମା ସମ୍ପର୍କରେ ଜାଣିବାକୁ ଚାହିଁବାରୁ ସେ କହିଛନ୍ତି, "ଯାହା ଖାଇବାଟା ନିଯୋଗମାନେ ଦଉଛନ୍ତି... ନ ହେଲେ ସବୁ ପଇସା ସରକାର ନେଇ ଯାଉଛନ୍ତି ।"[୧୭] ଶ୍ରୀ ଜଗନ୍ନାଥ ମନ୍ଦିର ଗଜପତି ରାଜାଙ୍କ ହସ୍ତରୁ ପ୍ରଶାସନ ହସ୍ତକୁ ହସ୍ତାନ୍ତରିତ ହେବା ସମୟରେ ତତ୍‌କାଳୀନ ଗଜପତି ବୀରକିଶୋର ଦେବ ଗୋଟିଏ କ୍ଷୁଦ୍ର ଜଣାଣ ସାହାଯ୍ୟରେ ଯେଉଁ ଦୁଃଖାଭିବ୍ୟକ୍ତି କରିଥିଲେ, ତାହା ସ୍ୱୟଂ ମହାପ୍ରଭୁଙ୍କ ସ୍ୱରରେ ନିନାଦିତ ହେବା ପରି ମନେହୁଏ । ଏହି ଜଣାଣର ପ୍ରଥମ ପଦଟି ହେଉଛି ,

"ଚକାଡୋଳା ଚଉବାହାକୁ
ଦୋଷ ନ ଦେଇ ମୁଁ ଦେବି କାହାକୁ ।
ପ୍ରଭୁ କେଉଁ ଦରକାରକୁ
ଆଶ୍ରା କଲୁ ସରକାରକୁ
ରଥ ଖରକାକୁ ପଛରେ ପକାଇ
ମଥାରେ ରଖିଲୁ କଥାକୁହାକୁ
ଚକା ଡୋଳା ଚଉବାହାକୁ..xxx ।"[୧୮]

ଜଗନ୍ନାଥଙ୍କର ଅକଲକୁ ପରିହାସ କରି ଗଜପତି ରାଜା କହିଥିଲେ, "ନାଥ ତୋର ଏ କି ଅକଲ / ନିଜ ଘର ଦେଲୁ ଦଖଲ ।" ପରିଶେଷରେ ଭବିଷ୍ୟବାଣୀ କରି

କହିଥିଲେ, "ବାଘ ଘରେ ଏବେ ମିରିଗ ନାଚିବେ / ବିଲୁଆ ଦିଅନ୍ତି ବାହାବାହାକୁ ।" ଆଲୋଚ୍ୟ ନାଟକରେ ଶ୍ରୀମନ୍ଦିର ମଧ୍ୟରେ ଘଟୁଥିବା ମିରିଗ ନୃତ୍ୟର ଅବତାରଣା କରାଯାଇଛି । ଯେଉଁ ଆଶଙ୍କା ଗଜପତି ବୀରକିଶୋର ଦେବଙ୍କୁ ଗ୍ରାସ କରିଥିଲା, ତା'ର ରୂପାୟନ ଡକ୍ଟର ପାଣିଗ୍ରାହୀଙ୍କ ନାଟକରେ ପ୍ରତିଫଳିତ ।

ଉପରୋକ୍ତ ସମସ୍ତ ଦିଗରୁ ବିଚାର କଲେ, 'ଗୋଟିଏ ବୃତ୍ତ ଆଙ୍କିବାର ସହଜ ପ୍ରଣାଳୀ' ନାଟକଟିକୁ ଏକ ସଫଳ ଉତ୍ତର ଆଧୁନିକ ନାଟକ ରୂପ ଗ୍ରହଣ କରାଯାଇପାରିବ ଏବଂ ନାଟ୍ୟକାର ରମେଶ ପାଣିଗ୍ରାହୀଙ୍କୁ ମଧ୍ୟ ଓଡ଼ିଆ ଉତ୍ତର ଆଧୁନିକ ନାଟ୍ୟଧାରାର ଆଦି ପ୍ରବର୍ତ୍ତକ ରୂପେ ଗ୍ରହଣ କରିବା ସମୀଚୀନ ହେବ ।

ପାଦଟୀକା:

୧. ଗୋଟିଏ ବୃତ୍ତ ଆଙ୍କିବାର ସହଜ ପ୍ରଣାଳୀ, ପୃ. (ନ)
୨. ଗୋଟିଏ ବୃତ୍ତ ଆଙ୍କିବାର ସହଜ ପ୍ରଣାଳୀ, ପୃ. ୫୭
୩. ଗୋଟିଏ ବୃତ୍ତ ଆଙ୍କିବାର ସହଜ ପ୍ରଣାଳୀ, ପୃ. ୫୬
୪. ଗୋଟିଏ ବୃତ୍ତ ଆଙ୍କିବାର ସହଜ ପ୍ରଣାଳୀ, ପୃ. ୬୮
୫. Twentieth Centrury Literary Criticism - Bijay Kumar Das = - P.396, Seventh Edition - 2014, Atlantic Publication
୬. ସାରଳା ମହାଭାରତ - ମୂଷଳୀ ପର୍ବ - ପୃ. ୨୬୨୭, ମୁଦ୍ରଣ - ଓଡ଼ିଶା ବୁକ୍ ଏମ୍ପୋରିୟମ୍, ପ୍ରକାଶକ - ସାରଳା ସାହିତ୍ୟ ସଂସଦ-୨୦୦୭
୭. ଗୋଟିଏ ବୃତ୍ତ ଆଙ୍କିବାର ସହଜ ପ୍ରଣାଳୀ
୮. Chambers Dictionary (10th Edition) ପୃ. ୧୧୦୬
୯. ମୁଖବନ୍ଧ - ପୃ. ଙ ଓ ଚ - ଗୋଟିଏ ବୃତ୍ତ ଆଙ୍କିବାର ସହଜ ପ୍ରଣାଳୀ
୧୦. Chambers Dictionary (10th Edition) ପୃ. ୯୩୮
୧୧. ଗୋଟିଏ ବୃତ୍ତ ଆଙ୍କିବାର ସହଜ ପ୍ରଣାଳୀ, ପୃ - ୫୭
୧୨. ଗୋଟିଏ ବୃତ୍ତ ଆଙ୍କିବାର ସହଜ ପ୍ରଣାଳୀ, ପୃ - ୬୯ ଓ ୭୦
୧୩. ଗୋଟିଏ ବୃତ୍ତ ଆଙ୍କିବାର ସହଜ ପ୍ରଣାଳୀ, ପୃ - ୬୦
୧୪. କଥା କଥା କବିତା କବିତା - ବିଷୁବ - ୨୦୧୬ - ପୃ. ୧୩୨ - ୧୩୩
୧୫. The Theater of Transformation (Post modernism in American Drama) Kerstin Schmidt Pg.12, Editions Rodopi B. V. Amsterdam - Newyork - 2005
୧୬. ଗୋଟିଏ ବୃତ୍ତ ଆଙ୍କିବାର ସହଜ ପ୍ରଣାଳୀ, ପୃ. ୧୬

୧୭. ଗୋଟିଏ ବୃତ୍ତ ଆଙ୍କିବାର ସହଜ ପ୍ରଣାଳୀ, ପୃ - ୨୭
୧୮. ଶ୍ରୀ ଜଗନ୍ନାଥ ପଦ୍ୟାବଳୀ - ୪ର୍ଥ ଭାଗ

ସହାୟକ ଗ୍ରନ୍ଥସୂଚୀ

୧. ଗୋଟିଏ ବୃତ୍ତ ଆଙ୍କିବାର ସହଜ ପ୍ରଣାଳୀ - ରମେଶ ପ୍ରସାଦ ପାଣିଗ୍ରାହୀ - ଆର୍ଯ୍ୟ ପ୍ରକାଶନ (୧୯୯୭)
୨. ଓଡ଼ିଆ ସାହିତ୍ୟରେ ଶ୍ରୀଜଗନ୍ନାଥ (୨ୟ ଭାଗ) - ଡକ୍ଟର ବାସୁଦେବ ସାହୁ
୩. ଓଡ଼ିଆ ନାଟକ ଉଦ୍‌ଭବ ଓ ବିକାଶ - ଡକ୍ଟର ହେମନ୍ତ କୁମାର ଦାସ - ଓଡ଼ିଶା ବୁକ୍ ଷ୍ଟୋର - ୧୯୮୦
୪. ସାମ୍ପ୍ରତିକ ପାଶ୍ଚାତ୍ୟ ସମାଲୋଚନା ତତ୍ତ୍ୱ - ଜିତେନ୍ଦ୍ର ନାରାୟଣ ପଟ୍ଟନାୟକ - ବିଦ୍ୟାପୁରୀ - ୨୦୦୬
୫. ସାରଳା ମହାଭାରତ (ବନ ପର୍ବ ଓ ମୂଷଳୀ ପର୍ବ)
୬. ଶ୍ରୀ ଜଗନ୍ନାଥ ପଦ୍ୟାବଳୀ - ୪ର୍ଥ ଭାଗ
୭. କଥା କଥା କବିତା କବିତା - ସାହିତ୍ୟ ପତ୍ରିକା - ବିଷୁବ - ୨୦୧୬
୮. International Journal of Educational Planning and Administration- Vol.-I, No.2 (2011) P-189-198
୯. Twentieth Century Literary Criticism - Bijaya Kumar Das - Atlantic Publication - 2014
୧୦. The Theater of Transformation (Post modernism in American Drama) Kerstin Schmidt Editions Rodopi B. V. Amsterdam - Newyork - 2005
୧୧. ଇସ୍ତାହାର - ଜୁଲାଇ -ସେପ୍ଟେମ୍ବର - ୨୦୦୪

■

ସହକାରୀ ପ୍ରଫେସର, ସ୍ନାତକୋତ୍ତର ଓଡ଼ିଆ ଭାଷା ଓ ସାହିତ୍ୟ ବିଭାଗ
ଶୈଳବାଳା ମହିଳା ସ୍ୱୟଂଶାସିତ ମହାବିଦ୍ୟାଳୟ, କଟକ

ରମେଶ ପାଣିଗ୍ରାହୀଙ୍କ ନାଟକରେ ବ୍ରେଖ୍ତୀୟ ଶୈଳୀର ପ୍ରୟୋଗ

ଡ. ଆର୍ଯ୍ୟକୁମାରୀ ପ୍ରଜ୍ଞା ପାରମିତା

ବିଂଶ ଶତାବ୍ଦୀର ଆଧୁନିକ ପ୍ରଗତିବାଦୀ ନାଟ୍ୟ ଆନ୍ଦୋଳନଗୁଡ଼ିକ ଯେଉଁ କେତେଜଣ ଯୋଗଜନ୍ମା ନାଟ୍ୟକାର ଓ ନିର୍ଦ୍ଦେଶକ ମାନଙ୍କଦ୍ୱାରା ସଂଘଟିତ ହୋଇଛି, ସେମାନଙ୍କ ମଧ୍ୟରେ ବେରଟୋଲ୍ଟ ବ୍ରେଖ୍ତ ସବୁଠାରୁ ବେଶୀ ପ୍ରଭାବଶାଳୀ। ୧୮୯୮ ମସିହାରେ ଜନ୍ମଗ୍ରହଣ କରିଥିବା ଏହି ଜର୍ମାନ୍ ନାଟ୍ୟକାର ପୃଥିବୀରେ ପ୍ରଥମଥର ପାଇଁ ବାସ୍ତବବାଦୀ ନାଟକ ଓ ବାସ୍ତବବାଦୀ ଅଭିନୟ ବିପକ୍ଷରେ ସ୍ୱର ଉତ୍ତୋଳନ କରିଥିଲେ। ତାଙ୍କ ନାଟ୍ୟଶୈଳୀକୁ 'ମହାକାବ୍ୟିକ ନାଟ୍ୟଶୈଳୀ' କୁହାଯାଏ। ଇଂରାଜୀରେ ଏହାକୁ 'ଏପିକ୍ ଥିଏଟର୍' ବୋଲି କୁହାଯାଏ।

୧୯୨୦ ମସିହାବେଳକୁ ବ୍ରେଖ୍ତ ଜର୍ମାନୀର ବର୍ଲିନ୍ ସହରରେ ତାଙ୍କ ପରୀକ୍ଷାମୂଳକ ନାଟକ ଲେଖିବା ଆରମ୍ଭ କଲେ। ୧୯୨୭ ମସିହାରେ ଲେଖା ହେଲା ତାଙ୍କର ପ୍ରଥମ ନାଟକ Baal ପ୍ରଥମେ ସେ ଆବିଷ୍କାର କଲେ ଯେ ଅନୁକୃତିମୂଳକ ଚରିତ୍ର ଚିତ୍ରଣ, ଅନୁକୃତିମୂଳକ ମଂଚସଜ୍ଜା ଏବଂ ଅନୁକୃତିବାଦୀ ଅଭିନୟ ଦ୍ୱାରା ଦର୍ଶକ ସମାଜ ଆକ୍ରାନ୍ତ ହୋଇ ପଡ଼ିଛନ୍ତି। ନାଟକ କହିଲେ ଜୀବନରୁ, ଦୃଶ୍ୟରୁ କିମ୍ବା ଅନୁଭୂତିରୁ ବା ଭାବ / ଆବେଗରୁ କିଛି ଗୋଟିଏ ଅନୁକରଣ କରାଯାଇଥିବ। ବ୍ରେଖ୍ତ କହିଲେ, ନାଟକକୁ ତା'ର ଆବେଗାତ୍ମକ ପ୍ରକ୍ଷେପଣରୁ ମୁକ୍ତ କରିବାକୁ ପଡ଼ିବ, ନାଟକ ଦେଖି ଲୋକେ ହସି, କାନ୍ଦି, ଉତ୍ତେଜିତ ହୋଇ ଅଭିଭୂତ ହେଲା ଭଳି ଏକ ଆନନ୍ଦରୁ ନିବୃତ୍ତ ହେବା ଆବଶ୍ୟକ। ଏପରିକି କୌଣସି ଚରିତ୍ରର ଦୁଃଖ ଦେଖି ଦର୍ଶକମାନେ ସଂବେଗାତ୍ମକ ପ୍ରତିକ୍ରିୟା ଦେଖାଇବା ମଧ୍ୟ ନିଷେଧ। କାରଣ ଏପରି କରିବା ଦ୍ୱାରା ସେମାନେ ସମାଜର କଷ୍ଟ ଭୋଗୁଥିବା, ଲୁହ ଗଡ଼ାଉଥିବା ହତଭାଗ୍ୟ ଲୋକଙ୍କ ପାଇଁ କିଛି ଦୁଃଖ ଲାଘବ କରିବାର ଉପାୟ ବାହାର କରିପାରିବେ ନାହିଁ। ବ୍ରେଖ୍ତ ଚାହୁଁଥିଲେ ଦର୍ଶକମାନେ କାହାଣୀ ଭିତରେ ବୁଡ଼ି ନରହି ବୌଦ୍ଧିକ ସ୍ତରରେ, ଅର୍ଥାତ୍ ଯୁକ୍ତିଦ୍ୱାରା ନାଟକରେ ଉତ୍ଥାପନ କରାଯାଇଥିବା ସମସ୍ୟାଗୁଡ଼ିକର ସମାଧାନ ପାଇଁ ପନ୍ଥା ନିର୍ଦ୍ଧାରଣ କରିବେ।

ବିଂଶ ଶତାବ୍ଦୀରେ ଷଷ୍ଠ ଦଶକର ଆରମ୍ଭରେ ଅର୍ଥାତ୍ ବ୍ରେଖ୍ତ ପ୍ରଥମ ନାଟକ

ଲେଖିବାର ୪୦ ବର୍ଷ ପରେ ୧୯୬୩ ମସିହାରେ ମଞ୍ଚସ୍ଥ ହେଲା ରମେଶ ପ୍ରସାଦ ପାଣିଗ୍ରାହୀଙ୍କ ପ୍ରଥମ ନାଟକ 'ମୁକ୍ତି ମଣ୍ଡପ'। ଏହି ନାଟକରେ କାହାଣୀ ଅତି ଆବେଗମୟ ଥିଲା ଏବଂ ଏଥିରେ ଦର୍ଶକମାନଙ୍କୁ ଅଭିଭୂତ କରିବା ପାଇଁ ପ୍ରୟାସ କରାଯାଇଥିଲା। ଦ୍ୱିତୀୟ ନାଟକ 'ତିମିର ତୃଷ୍ଣା' (୧୯୬୪)ରେ ନାଟ୍ୟକାର ପାଣିଗ୍ରାହୀ ଏକ ପ୍ରତି ଚରିତ୍ର Anti Character ନିର୍ମାଣ କରିଛନ୍ତି ମୁକ୍ତିକାନ୍ତ ମାଧ୍ୟମରେ। କିନ୍ତୁ ତୃତୀୟ ନାଟକ "ବିନ୍ଦୁ ଓ ବଳୟ"ରେ (୧୯୬୫-୬୬) ବ୍ରେଖ୍ତୀୟ ଧାରା ଅନୁସରଣ କରିଛନ୍ତି।

'ବିନ୍ଦୁ ଓ ବଳୟ' ନାଟକର ନାୟିକା ମାଳିନୀ ସ୍ୱାଧୀନତା ପରବର୍ତ୍ତୀ ଓଡ଼ିଆ ସମାଜର ନାରୀ ନିର୍ଯ୍ୟାତନାର ଏକ ପ୍ରତିନିଧି। ବାଲ୍ୟ ବିବାହ ପରି ଏକ କୁସଂସ୍କାରର ପ୍ରପୀଡ଼ନ ଦ୍ୱାରା ବିଧବା ହୋଇଯାଥିବା ସତର ବର୍ଷୀୟା ମାଳିନୀର ଦୁଃଖ ଦେଖି ପିଲାଦିନର ସାଙ୍ଗ ସୀତାଂଶୁ ସହ୍ୟ କରିପାରିନାହିଁ। ମାନବିକତାର ଅଙ୍ଗୀକାର ନେଇ ସେ କହେ, "ଏ ସମାଜ ଯାହା କହୁ ପଛେ, ମୁଁ ତତେ ଜୀବନର ଅଧାବାଟରେ ଛାଡ଼ି ଦେଇ ଯାଇ ପାରିବିନି, ମୁଁ ମୋର ପଣରକ୍ଷା କରିବି"।

ମାଳା : କିନ୍ତୁ ଏ ସଭ୍ୟ ସମାଜ ତମର ଆଦର୍ଶ ବୁଝି ପାରିବ ନାହିଁ ସୀତୁ ଭାଇ। ବରଂ ସମସ୍ତେ କହିବେ ଗୋଟିଏ ବିଧବା ଝିଅର ଯୌବନ ନିଆଁରେ ପତଙ୍ଗ ପରି ପୋଡ଼ି ମରୁଚ।

ସୀତାଂଶୁ : ମାଳା।

ମାଳା : ହଁ ସୀତୁ ଭାଇ ! ତୁମେ ଫେରିଯାଅ ! ମୋ' ପାଇଁ ତମର ସୁନାର ଚରିତ୍ରକୁ କଳଙ୍କିତ କରନାହିଁ। ମୁଁ ହୁଏତ କାନ୍ଦିବି ହେଲେ ମୋ ଲୁହରେ ତ ଏ ସୃଷ୍ଟିଟା ଭାସିଯିବନି !! (ବିଂଦୁ ଓ ବଳୟ, ୧୯୬୬:୩୩)

ମାଳିନୀ ଏ ସମାଜର ପରିତ୍ୟକ୍ତା ନାରୀମାନଙ୍କ ମଧ୍ୟରୁ ଜଣେ ହୋଇଥିଲେ ମଧ୍ୟ ତାକୁ କେନ୍ଦ୍ରକରି ସମାଜରେ କିମ୍ବା ଦର୍ଶକ ସମାଜରେ ଆବେଗ କିମ୍ବା ଉତ୍ତେଜନାର ଝଡ଼ ଉଠୁ ଏବଂ ସମସ୍ତେ ତା' ଭିତରେ ଅଭିଭୂତ ହୋଇ ପଡ଼ନ୍ତୁ ଏ କଥା ସେ ଚାହିଁ ନଥିଲା। ବରଂ, ସମେସ୍ତ ତା' ଦୁଃଖ ପାଖରୁ ବିଚ୍ଛିନ୍ନ ହୋଇ ସମାଜର ବାଲ୍ୟ ବିଧବା ମାନଙ୍କୁ ସଂକଟ ମଧ୍ୟରୁ ଉଦ୍ଧାର କରିବାକୁ ଚେଷ୍ଟା କରନ୍ତୁ। ଏହା ଥିଲା ବ୍ରେଖ୍ତଙ୍କ ବାର୍ତ୍ତା। ଏହି ବାର୍ତ୍ତାଟିକୁ ନାଟ୍ୟକାର ପାଣିଗ୍ରାହୀ ବିଂଶ ଶତାବ୍ଦୀର ଷଷ୍ଠ ଦଶକର ମଧ୍ୟ ଭାଗରେ ନିଜର ନାଟ୍ୟାଦର୍ଶ ରୂପେ ଗ୍ରହଣ କରିଛନ୍ତି।

'ବିଂଦୁ ଓ ବଳୟ' ନାଟକରେ ସୀତାଂଶୁର ପିତା ଜମିଦାର ଉଦୟ ଶଙ୍କର ସୀତାଂଶୁର ମାଳିନୀ ନାମକ ଏକ ବିଧବାକୁ ଆରି ଗ୍ରାମାଞ୍ଚଳ ସରକାରୀ ଡାକବଙ୍ଗଳାର ପିଅନ ବଂଶୀ ପାଖରେ ଛାଡ଼ିଦେଇ ଥିବା କାର୍ଯ୍ୟଟିକୁ ପସନ୍ଦ କରିନାହାଁନ୍ତି। ବରଂ

ସୀତାଂଶୁକୁ ବିଭ୍ରାନ୍ତ କରୁଥିବା ଏହି ଯୁବତୀଟିକୁ ଗୁଣ୍ଡାମାନଙ୍କ ଦ୍ୱାରା ଅପହରଣ କରିନେଇ ହତ୍ୟା କରିବା ପାଇଁ ଚକ୍ରାନ୍ତ କରିଛନ୍ତି। ମାଳିନୀ ଏ ଚକ୍ରାନ୍ତ ବିଷୟରେ ସଚେତନ ହୋଇ ନାଟକର ଅନ୍ତିମ ପର୍ଯ୍ୟାୟରେ ଦର୍ଶକମାନଙ୍କ ପାଖକୁ ଏକ ପତ୍ର ଲେଖୁଛି। ଚିଠିଟି ହେଲା, "ମୋ ମୃତ୍ୟୁରେ କାହାରି ଆଖିରୁ ଟୋପାଏ ଲୁହ ନ ଝରିଲେ ଭଲ"।

ଏଠାରେ ସ୍ମରଣ କରାଯାଇ ପରେ ଯେ ଷଷ୍ଠ ଦଶକର ଓଡ଼ିଆ ନାଟ୍ୟକ୍ଷେତ୍ରରେ ରମେଶ ପ୍ରସାଦ ପାଣିଗ୍ରାହୀ ନୂତନ ଥିଲେ ଏବଂ ଶ୍ରୀ ମନୋରଂଜନ ଦାସ ଓ ଶ୍ରୀ ବିଜୟ ମିଶ୍ର ପ୍ରମୁଖ ସକ୍ରିୟ ଥିଲେ। ପେଷାଦାର ରଙ୍ଗମଞ୍ଚ ପାଇଁ ଲେଖୁନଥିଲେ ମଧ୍ୟ ସ୍ୱର୍ଗତ ବିଶ୍ୱଜିତ୍ ଦାସଙ୍କ ନାଟକ ଗୁଡ଼ିକ ତାଙ୍କର 'ସଂକେତ' ନାଟ୍ୟ ସଂସ୍ଥା ମାଧ୍ୟମରେ ରବୀନ୍ଦ୍ର ମଣ୍ଡପ ମଞ୍ଚରେ ଅଭିନୀତ ହେଉଥିଲା। କିନ୍ତୁ ସେ ସବୁ ନାଟ୍ୟକାର ଦର୍ଶକମାନଙ୍କୁ ଅଭିଭୂତ ଓ ଆବେଗାଚ୍ଛନ୍ନ କରି ରଖିବା ପାଇଁ ଚେଷ୍ଟା କରୁଥିଲେ। ୧୯୬୩ ମସିହାରେ ରଚିତ "ତୋଳା କନିଆ" ନାଟକରେ ମାଳିନୀ ଭଳି ଝିଅମାନେ ବେଶ୍ୟା ହୋଇଯାଇଛନ୍ତି। ୧୯୬୫ ରେ ମଞ୍ଚସ୍ଥ ବିଜୟ ମିଶ୍ରଙ୍କ "ତିମିର ତୀର୍ଥ" ନାଟକରେ ନନ୍ଦିନୀରୁ ରୂପବାଈ ହୋଇଯାଇଥିବା ଚରିତ୍ରଟି ସୁସ୍ଥ ଭାବରେ ସମାଜରେ ବଂଚି ନ ପାରି ପ୍ରତିଶୋଧ ପରାୟଣା ହୋଇଯାଇଛି। ଅଥଚ ୧୯୬୬ ଏପ୍ରିଲ୍ ୧୪ ତରିଖରେ ପ୍ରଥମେ ମଞ୍ଚସ୍ଥ ହୋଇଥିବା 'ବିଂଦୁ ଓ ବଳୟ' ର ମାଳିନୀ ରାତିର ଅନ୍ଧକାର ମଧ୍ୟରେ ବିନା ପ୍ରତିବାଦରେ ଗୁଣ୍ଡାମାନଙ୍କ ଦ୍ୱାରା ଅପହୃତା ହୋଇଯାଇଛି। ସ୍ୱାଧୀନତା ପରବର୍ତ୍ତୀ ଓଡ଼ିଶାର ବିତ୍ତଶାଳୀ ଜମିଦାର ପରିବାରର ଅକଥନୀୟ ଅତ୍ୟାଚାର ଆଗରେ ମୁଣ୍ଡ ଉଠେଇବାର ସାହସ ଯୋଗାଡ଼ କରି ପାରିନାହିଁ। ସେ ଜାଣି ପରିଛି ତା'ପରି ଶହଶହ ଓଡ଼ିଆ ଝିଅ ନିଷ୍ପେସିତା ହେଉଛନ୍ତି ଏବଂ ସେମାନଙ୍କ ଗୁହାରୀ ଶୁଣିବା ପାଇଁ ସମାଜରେ ଅଂଗୀକାର ନାହିଁ। ଏଣୁ ମାଳିନୀ କେବଳ ପତ୍ରଟିଏ ଲେଖୁଛି ଦର୍ଶକମାନଙ୍କ ଉଦ୍ଦେଶ୍ୟରେ।

ନାଟକର କ୍ଲାଇମାକ୍ସରେ ଚିଠି ଲେଖିବା ଏକ ସର୍ବଜନସମ୍ମତ ଉପାୟ ନୁହେଁ। ଏ ଦୃଷ୍ଟିରୁ 'ବିନ୍ଦୁ ଓ ବଳୟ' ଏକ ପରୀକ୍ଷାମୂଳକ ନାଟକ। କାରଣ ଦର୍ଶକମାନଙ୍କଠାରୁ ସଂବେଦନା ଭିକ୍ଷା କରୁନାହିଁ ମାଳିନୀ, ବରଂ କହୁଛି "ମୋ ମୃତ୍ୟୁରେ କାହାରି ଆଖିରୁ ଲୁହ ନ ଝରିବା ଭଲ"।

ଅଭିନେତା/ତ୍ରୀ ଓ ଦର୍ଶକମାନଙ୍କୁ ନାଟକୀୟ ସଂବେଗଠାରୁ ବିଛିନ୍ନ କରିବାର ଏହି ଅଭିପ୍ରାୟଟି ସଂପୂର୍ଣ୍ଣ ବ୍ରେଖ୍‌ତୀୟ। ବ୍ରେଖ୍‌ତ ନାଟକର କାହାଣୀ ମାନଙ୍କରେ ଯେଉଁ କ୍ରମିକତା ଓ ଉତ୍କଣ୍ଠାର ଉଦ୍ରେକ କରାଯାଏ, ତାକୁ ଭାଙ୍ଗିବା ପାଇଁ ମଝିମଝିରେ ଗୀତର ପ୍ରୟୋଗ କରନ୍ତି। ମନୋରଂଜନ ଦାସ ଓ ବିଜୟ ମିଶ୍ର ଗୀତଠାରୁ ନାଟକକୁ ଦୂରେଇ

ରଖିଲେ। ସେମାନଙ୍କ ମତରେ ଗୀତ ଗୋଟିଏ ମେଲୋଡ୍ରାମା ଶୈଳୀର ପ୍ରୟୋଗ। ଆଧୁନିକ ନାଟକ ମେଲୋଡ୍ରାମାର କବର ଉପରେ ଦଣ୍ଡାୟମାନ। ଏଣୁ ଗୀତର ପ୍ରୟୋଗକୁ ଆଧୁନିକତା ନାମରେ ନିଷିଦ୍ଧ କରିଥିଲେ। ରମେଶ ପ୍ରସାଦ ପାଣିଗ୍ରାହୀ ହେଉଛନ୍ତି ପ୍ରଥମ ଆଧୁନିକ ନାଟ୍ୟକାର ଯେ' କି ତାଙ୍କର ପ୍ରସିଦ୍ଧ ନାଟକ 'ମୁଁ ଆମ୍ଭେ ଓ ଆମ୍ଭେମାନେ'ରେ ଗୀତ ବ୍ୟବହାର କରିଥିଲେ। ନାଟକ ଭିତରେ କ୍ରମଶଃ ଗୀତଟି ବାରମ୍ବାର ଗାନ କରାଗଲା। ଗୀତଟି ଥିଲା - "ଚଉଦ ବରଷ ଆହା ବନବାସ କଲି, ତୋ' ପଇଁ କନକ ଗୋରୀ କଷଣ ସହିଲି। କେମନ୍ତେ ଗଲୁରେ ଉଡ଼ି, କେମନ୍ତେ ଗଲୁରେ ଛାଡ଼ି ସୁବର୍ଣ୍ଣ ଏ ଧରା / ଆହା ମୋ' ଲୋଟଣି ପାରା।" ଏ ଗୀତଟିର ବିଭିନ୍ନ ଧାଡ଼ି ନାଟକର ବିଭିନ୍ନ ଘଟଣା ସହିତ ସଂପୃକ୍ତ ହୋଇ ଆପେଆପେ ଏକ leit motifରେ ପରିଣତ ହୋଇଯାଇଛି। ଏହା ନାଟକର କାହାଣୀ ବର୍ଣ୍ଣନା କ୍ରମରୁ ଦର୍ଶକମାନଙ୍କୁ ସାମୟିକ ଭାବେ ବିଛିନ୍ନ କରୁଛି। କିନ୍ତୁ ନାଟ୍ୟ କାହାଣୀଦ୍ୱାରା ଅଭିଭୂତ ନ ହୋଇ କିଛି ଦର୍ଶକ ଏଇ ଗୀତଟି ଦ୍ୱାରା ମଧ୍ୟ ଅଭିଭୂତ ହୋଇଥିବାର ସଂଭାବନା ଅଛି।

'ମୁଁ ଆମ୍ଭେ ଓ ଆମ୍ଭେମାନେ' ୧୭ ଅକ୍ଟୋବର, ୧୯୬୮ ମସିହାରେ ପ୍ରଥମଥର ପାଇଁ ମଞ୍ଚସ୍ଥ ହୋଇଥିଲା। ସେଇବର୍ଷ ଅର୍ଥାତ୍ ୨ ଜୁନ୍ ୧୯୬୮ ରେ ମଞ୍ଚସ୍ଥ ହୋଇଥିଲା। ମନୋରଞ୍ଜନଙ୍କ 'ବନହଂସୀ' ଏବଂ ୫ ଏପ୍ରିଲ୍ ୧୯୬୮ ରେ ମଞ୍ଚସ୍ଥ ହୋଇଥିଲା ବିଜୟ ମିଶ୍ରଙ୍କ 'ଶବବାହକମାନେ'। ଏକାବର୍ଷ ମଞ୍ଚସ୍ଥ ହୋଇଥିଲେ ମଧ୍ୟ ବ୍ରେଖ୍ଟୀୟ ଶୈଳୀର ପ୍ରୟୋଗ ଏବଂ ଗୀତର ପ୍ରୟୋଗ କରାଯାଇଅଛି ରମେଶ ପ୍ରସାଦ ପାଣିଗ୍ରାହୀଙ୍କ 'ମୁଁ ଆମ୍ଭେ ଓ ଆମ୍ଭେମାନେ' ନାଟକରେ। ଅଥଚ ଓଡ଼ିଆ ନାଟ୍ୟ ସମାଲୋଚକ ସ୍ୱର୍ଗିତ ହେମନ୍ତ କୁମାର ଦାସ ଗୀତ ନ ଥିବା ନାଟକକୁ ଆଧୁନିକତାର ଆରମ୍ଭ ଓ ଗୀତ ଥିବା ଏହି ନାଟକକୁ ଏକ ପୁରୁଣା ଢଙ୍ଗର ନାଟକ ବୋଲି ଚିହ୍ନଟ କରିଛନ୍ତି। ଏହାର କାରଣ ଏହି ନାଟକରେ ଏକପଦୀୟ ସଂଳାପ ନାହିଁ। ଏକ-ପଦୀୟ ସଂଳାପ କହୁଥିବା ଚରିତ୍ରମାନଙ୍କର ପ୍ରକୃତ ଚିତ୍ରଣ ସଂଭବପର ନୁହେଁ।

କେହିକେହି ଏକ-ପଦୀୟ ସଂଳାପ କହୁଥିବା ଚରିତ୍ରମାନଙ୍କୁ ବାସ୍ତବବାଦୀ ଚରିତ୍ର ବୋଲି ସ୍ୱୀକାର କରିବାକୁ ରାଜି ନୁହଁନ୍ତି। ଏହାର ଅର୍ଥ ନୁହେଁ ଯେ ନାଟ୍ୟକାର ମନୋରଂଜନ ଓ ବିଜୟ ମିଶ୍ର ଗୀତ ପ୍ରୟୋଗ ନ କରି ବାସ୍ତବବାଦୀ ନାଟ୍ୟ ପରଂପରାରୁ ଦୂରେଇ ଯାଇଛନ୍ତି। ବରଂ ସେମାନେ ବାସ୍ତବବାଦୀ ବା ସ୍ୱଭାବବାଦୀ ମଂଚ ଶୈଳୀ ଭିତରେ ଓତଃପ୍ରୋତ ଭାବରେ ଜଡ଼ିତ ଅଛନ୍ତି।

ସ୍ୱଭାବବାଦୀ ମଞ୍ଚ ଶୈଳୀ ଓ ଚରିତ୍ର ଚିତ୍ରଣ ମାଧ୍ୟମରେ ହିଁ ନାଟ୍ୟକାର ପାଣିଗ୍ରାହୀ ସ୍ୱଭାବବାଦୀ ନାଟକର ପରଂପରାକୁ ଭାଙ୍ଗୁଛନ୍ତି। ଏହି ନାଟକର ଦୁଇବର୍ଷ

ପରେ ନଟ୍ୟକାର ଲେଖିଛନ୍ତି ମହାନାଟକ (୧୯୭୧) ଏଥିରେ ବ୍ରେଖ୍ତୀୟ ନାଟ୍ୟଧାରାର ଆଉ ଏକ ସଫଳ ପ୍ରୟୋଗ କରାଯାଇଥିବା ପରିଲକ୍ଷିତ ହୁଏ।

୧୯୭୦ ମସିହା ବେଳକୁ ଓଡ଼ିଆ ସାହିତ୍ୟ ଓ ଜୀବନଚର୍ଯ୍ୟାରେ ଏକ ପରିବର୍ତ୍ତନର ଯୁଗ ଆସିଥିଲା। ଏହି ପ୍ରକ୍ରିୟାରେ ଲୋକନାଟକର ମୂଳ ଉତ୍ସକୁ ଫେରିଯିବା ପାଇଁ ପ୍ରୟାସ ଆରମ୍ଭ ହୋଇଯାଇଥିଲା ଭାରତ ବର୍ଷରେ। ବ୍ରେଖ୍ତ ତାଙ୍କର Good Woman of Setzuan ନାଟକଟିକୁ କିପରି ଆରମ୍ଭ କରିଛନ୍ତି ଦେଖିବା। ନାଟକର ମୁଖ୍ୟ ଚରିତ୍ର Wong ଏହି ନାଟକର ଆରମ୍ଭରେ ଏକ ଦୀର୍ଘ ସ୍ୱଗତୋକ୍ତି କରି ନିଜର ପରିଚୟ ପ୍ରଦାନ କରୁଛନ୍ତି : "ମୁଁ ସେଜୁଆଁ। ସହରରେ ଜଳ ବିକ୍ରୀ କରେ। ଏହା ଏକ ସହଜ କାମ ନୁହେଁ" ଇତ୍ୟାଦି। ସେଇପରି The caucacian chalk circle ନାଟକରେ କଳା ଚମଡ଼ା ଓଢ଼ଣି ପକେଇ, ହାତରେ ଗୋଟିଏ ଖାତାଧରି ଗୋଟିଏ ଗୀତ ଗାଇଗାଇ ନାଟକରେ କାହାଣୀଟିକୁ ସଂକ୍ଷିପ୍ତରେ ବର୍ଣ୍ଣନା କରୁଛି ଗୋଟିଏ ଚରିତ୍ର। ତା'ପରେ ନାଟକ ଆରମ୍ଭ ହେଉଛି।

ନାଟ୍ୟକାର ରମେଶ ପାଣିଗ୍ରାହୀ ଏହାର ସମତୁଲ ଶୈଳୀଟିଏ ଭାରତୀୟ ନାଟ୍ୟ ପରାଂପରାର ସୂତ୍ରଧର, ନଟ ଓ ନଟୀ ଚରିତ୍ରମାନଙ୍କରେ ପାଇଛନ୍ତି। ଏପରିକି ଓଡ଼ିଆ ଲୋକନାଟକରେ ମଧ୍ୟ ବୃନ୍ଦଗାନ, ଡାହୁକ ଓ ଡଗର ଚରିତ୍ରମାନେ ନାଟକ ଆରମ୍ଭରେ କିମ୍ୱା ନାଟ୍ୟଘଟଣା ଆରମ୍ଭରେ ନାଟ୍ୟ କାହାଣୀଟିକୁ ବର୍ଣ୍ଣନା କରନ୍ତି। 'ଦଣ୍ଡନାଚ' ଓ 'ପ୍ରହ୍ଲାଦ ନାଟକ' ପରି ପ୍ରାଚୀନ ଲୋକନାଟକମାନଙ୍କର ଦେବତା ଚରିତ୍ରମାନେ "ମୁଁ ମହାକାଳୀ" ଇତ୍ୟାଦି ଗୀତ ଗାଇଗାଇ, ନାଚିନାଚି, ମଞ୍ଚରେ ପ୍ରବେଶ କରନ୍ତି। 'ମହାନାଟକ'ରେ ଦୁଇଜଣ ଦାସକାଠିଆ (ଗାୟକ ଓ ପାଳିଆ) ମଂଚ ଉପରକୁ ପ୍ରବେଶ କରି ନାଟକର ନାୟକ ସମ୍ରାଟ ବଜ୍ରବାହୁଙ୍କ କୀର୍ତ୍ତି ସଂପର୍କରେ ବୟାନ କରୁଛନ୍ତି।

ନାଟକର ଆରମ୍ଭରେ ଏମାନେ କେବଳ ନଟ ଓ ନଟୀ / ସୂତ୍ରଧର ଭଳି ରାଜାଙ୍କର ଚରିତ୍ର ବର୍ଣ୍ଣନା କରୁଛନ୍ତି। କିନ୍ତୁ ନାଟକ ଆରମ୍ଭ ପରେ ସେମାନେ ରୂପାନ୍ତରିତ ହୋଇ ବିଦୂଷକ – ୧ ଓ ବିଦୂଷକ – ୨ ଚରିତ୍ର ହୋଇ ଯାଉଛନ୍ତି। ଓଡ଼ିଆ ନାଟକରେ ଏହି ଶୈଳୀର ଚରିତ୍ର ଚିତ୍ରଣ ପ୍ରଥମଥର ପାଇଁ ପ୍ରୟୋଗ କରାଯାଇଅଛି। ଏହି ଲୋକ ଶୈଳୀର ପ୍ରୟୋଗଟି ବ୍ରେଖ୍ତୀୟ ଏବଂ ଏହାର ପ୍ରଭାବ ସୁଦୂର ପ୍ରସାରୀ। ନାଟ୍ୟକାର ରତି ରଞ୍ଜନ ମିଶ୍ର, ସୁବୋଧ ପଟ୍ଟନାୟକ, ଶଙ୍କର ପ୍ରସାଦ ତ୍ରିପାଠୀ, ବିଜୟ କୁମାର ଶତପଥୀ, ମିହିର ମେହେର ଓ ବଲାଙ୍ଗୀର, ସମ୍ବଲପୁର ଅଂଚଳରେ ଲେଖା ଯାଉଥିବା କୋଶଳୀ ନାଟକଗୁଡ଼ିକରେ ଏହି ଶୈଳୀଟି ପ୍ରଚୁର ଭାବରେ ବ୍ୟବହାର କରାଯାଇଛି। ତଥାକଥିତ "ଓଡ଼ିଆ ଉଭଟ ନାଟକ"ର ଧାରାକୁ ନାଟ୍ୟକାର ରମେଶ ପ୍ରସାଦ ପାଣିଗ୍ରାହୀ

ପ୍ରଥମେ ପ୍ରତିହତ କରିଛନ୍ତି ଏବଂ ଏଠାରୁ ଓଡ଼ିଆ ନାଟକରେ ଏକ ନୂତନ ଯୁଗର ଆରମ୍ଭ ହୋଇଛି।

ଏହାକୁ କେହି କେହି ସମାଲୋଚକ ଲୋକନାଟ୍ୟ ଶୈଳୀର ପ୍ରୟୋଗ ବୋଲି କହିଦେଇ ନୀରବ ରହିଛନ୍ତି। କିନ୍ତୁ ଢାଞ୍ଚା ବା ଗଠନ ଦୃଷ୍ଟିରୁ ଦେଖିଲେ, ଏଗୁଡ଼ିକ ବ୍ରେଖ୍‌ତୀୟ। 'ଶେଷ ପାହାଚ', ଅନ୍ଧନଦୀର ସୁଅ' ଓ ପକା କମ୍ବଳ ପୋତ ଛତା' ନାଟକରେ ରମେଶ ପାଣିଗ୍ରାହୀ ଏହି ଶୈଳୀଟିକୁ ବିଭିନ୍ନ ବାଟରେ ପ୍ରୟୋଗ କରିଛନ୍ତି।

ଦୀର୍ଘ ସ୍ୱଗତୋକ୍ତି ପ୍ରୟୋଗ କରିବାର ଧାରାଟିଏ ପ୍ରାଚୀନ ନାଟ୍ୟଧାରା ଓ ଯାତ୍ରା ନାଟକରୁ ଆହରଣ କରାଯାଇ ଏହି ନାଟକଗୁଡ଼ିକରେ ପ୍ରୟୋଗ କରାଯାଇଛି। 'ମହାନାଟକ'କୁ ଅନୁସରଣ କରି ବିଜୟ ମିଶ୍ର ଆଠ ବର୍ଷ ପରେ 'ଜଣେ ରାଜା ଥିଲେ' ନାଟକ ଲେଖିଛନ୍ତି, ସୁବୋଧ ପଟ୍ଟନାୟକ 'ଏଥୁଅନ୍ତେ' ପ୍ରଫେସର୍ ବିଜୟ କୁମାର ଶତପଥୀଙ୍କ 'କଂସ', ରତି ମିଶ୍ରଙ୍କ 'ଅରୁଣ ରଂଗର ପକ୍ଷୀ', ଶଙ୍କର ପ୍ରସାଦ ତ୍ରିପାଠୀଙ୍କର 'ସାମ୍ରାଜ୍ୟ ପତନର ବେଳ', ପ୍ରମୋଦ କୁମାର ତ୍ରିପାଠୀଙ୍କ 'ଦୁଇଟି ବୁଲା କୁକୁର ସଂପର୍କରେ' ଏବଂ ମିହିର ମେହେରଙ୍କ 'ଶକୁନ୍ତଳା' ପ୍ରଭୃତି ନାଟକରେ ବ୍ରେଖ୍‌ତୀୟ ଶୈଳୀର ଯେଉଁ ପ୍ରଭାବ ମିଳୁଛି, ତାହାର ମୂଳ ଉତ୍ସ ବ୍ରେଖ୍‌ତଙ୍କ ନାଟକ ନୁହେଁ, ରମେଶ ପାଣିଗ୍ରାହୀଙ୍କ 'ମହାନାଟକ'।

ବ୍ରେଖ୍‌ତୀୟ ନାଟ୍ୟଶୈଳୀର ଆଉ ଏକ ମୁଖ୍ୟ ଲକ୍ଷ୍ୟ ହେଲା ଚରିତ୍ରାଭିନୟରେ ବିଭିନ୍ନ ଶୈଳୀ (Verfremdungestke)ର ପ୍ରୟୋଗ। ଜର୍ମାନୀ ଭାଷାରେ Verfremdungestke କହିଲେ ଯାହା, ତାକୁ ଇଂରାଜୀରେ Alienation Effect ବୋଲି କୁହାଯାଏ। ଏହି ଶୈଳୀରେ ଅଭିନେତା ଜଣକ ଚରିତ୍ର ଭିତରେ ପଶି, ଚରିତ୍ରର ଅନୁଭୂତିକୁ ଅନ୍ତଃସ୍ଥ କରି, ଅଭିନୟ କରିବା ଅନାବଶ୍ୟକ। ସେ କେବଳ ନିରାସକ୍ତ ଭାବରେ, ଭାବାବେଗ ଭିତରେ ନ ବୁଡ଼ି ଚରିତ୍ରଟିକୁ ଉପସ୍ଥାପନ କରିବେ। ଏହି ଶୈଳୀକୁ ଅନୁସରଣ କରି ଦାସକାଠିଆ ଗାୟକ ଓ ପାଳିଆ ଭୂମିକାରେ ଅଭିନୟ କରୁଥିବା ପାତ୍ର ନିରାସକ୍ତ ଭାବରେ କେବଳ ଚରିତ୍ରର ଉପସ୍ଥାପନ କରୁଛନ୍ତି।

ଏପରିକି ବଜ୍ରବାହୁ, ଶୀଳଭଦ୍ର, ବ୍ରହ୍ମଦତ୍ତ, ମୃତବ୍ୟକ୍ତି କିମ୍ବା ଅବନ୍ତୀସାଧବ ପରେ ଚରିତ୍ରମାନେ ମଧ୍ୟ କୌଣସି ଆବେଗ ଭିତରକୁ ନ ପଶି କେବଳ ଚରିତ୍ରଗୁଡ଼ିକୁ ସାଂକେତିକ ଭାବରେ ଉପସ୍ଥାପନ କରୁଛନ୍ତି। ସଂବେଦନଶୀଳ ଅଭିନୟ କରିବା ଏମାନଙ୍କ ପାଇଁ ମନା। ଏହା ମଧ୍ୟ ବ୍ରେଖ୍‌ତୀୟ ପଦ୍ଧତି। ଆରିଷ୍ଟୋଟଲ୍ ତାଙ୍କ କାବ୍ୟଶାସ୍ତ୍ର Poetics ଗ୍ରନ୍ଥରେ ନାଟକର ଅଭିନେତା ନିଜେ ଅଭିଭୂତ ହୋଇ ଅଭିନୟ କଲେ ଦୁଃଖାନ୍ତ ନାଟକ ନିର୍ମିତ ହେବ ବୋଲି ବର୍ଣ୍ଣନା କରିଛନ୍ତି। ଦୁଃଖାନ୍ତ ନାଟକର ଏପରି

ଅଭିନୟ କାଥାରସିସ୍ (Catharsis) କରାଏ। ଏହାର ଅର୍ଥ ହେଲା ଅଭିନୟରେ ଦୁଃଖର ପ୍ରକାଶ କରାଗଲେ ଦର୍ଶକମାନେ ଅଭିଭୂତ ହେବେ। ଏହଦ୍ୱାରା ଦର୍ଶକମାନଙ୍କର ଭାବପ୍ରବଣତାର ମୋଚନ ଘଟିବ। ମନରେ ଚାପି ହୋଇ ରହିଥିବା ଭାବାବେଗରୁ ମୁକ୍ତି ମିଳିବ ଦର୍ଶକକୁ। ଏହା ଆୟୁର୍ବେଦୀୟ ବିରେଚନ ସଦୃଶ୍ୟ।

ବ୍ରେଖ୍ତ ତାଙ୍କର Short Organum for the theatre (1948) ଗ୍ରନ୍ଥରେ ଲେଖିଛନ୍ତି, ସେ ଆରିଷ୍ଟୋଟଲ୍‌ଙ୍କ "କାଥାରସିସ୍" ବା "ବିରେଚନ ତତ୍ତ୍ୱ" ର ସେ ବିରୋଧି ନୁହଁନ୍ତି। କିନ୍ତୁ ସେ ଛାଡ଼ି ଯାଇଥିବା ଦୁଇ / ତିନୋଟି ପ୍ରସଙ୍ଗ ଉପରେ ଅଧିକ ଧ୍ୟାନ ଦେଇଛନ୍ତି। ବର୍ତ୍ତମାନ ଦେଖିବା, ଦୁଃଖାନ୍ତ ନାଟକ (Tragedy)ର ସଂଜ୍ଞା ନିରୂପଣ କଲାବେଳେ ଆରିଷ୍ଟୋଟଲ୍ କ'ଣ କ'ଣ ଛାଡ଼ିଯାଇଛନ୍ତି ଓ ବ୍ରେଖ୍ତ ସେ ସଂପର୍କରେ କିପରି ବିସ୍ତୃତ ରୂପରେ ଧ୍ୟାନ ଦେଇଛନ୍ତି।

ଦୁଃଖାନ୍ତ ନାଟକ (ଟ୍ରାଜେଡ଼ି) ଦେଖିଲା ବେଳେ ଦର୍ଶକମାନେ ଦୁଃଖୀ ଚରିତ୍ର ପ୍ରତି ସଂବେଦନଶୀଳ ହୋଇ ଅଶ୍ରୁ ବିମୋଚନ କରନ୍ତି। କିନ୍ତୁ ଆରିଷ୍ଟୋଟଲ୍ ଦର୍ଶକର ଏହି ସଂବେଦନଶୀଳତା ସଂପର୍କରେ କିଛି ଲେଖି ନାହାଁନ୍ତି। ଏହି ମନସ୍ତାତ୍ତ୍ୱିକ ବାସ୍ତବତା ବିଷୟରେ Poetics ଗ୍ରନ୍ଥରେ ଆଲୋଚନା କରାଯାଇନାହିଁ। ପୁନଶ୍ଚ ଦୁଃଖାନ୍ତ ନାଟକର ପ୍ରଭାବ ଦର୍ଶକ ଉପରେ କେତେ ପରିମାଣରେ ପଡୁଛି, ସେ ସଂପର୍କରେ ଆଦୌ ମନ୍ତବ୍ୟ କିମ୍ବା ବିଚାର ବିମର୍ଶ କରିନାହାନ୍ତି। ବ୍ରେଖ୍ତଙ୍କ ପ୍ରଥମ ଭାଗର ରଚନାଗୁଡ଼ିକରେ ସେ "କାଥାର୍‌ସିସ୍" ବିରୁଦ୍ଧରେ ଲେଖିଛନ୍ତି। କହିଛନ୍ତି, ଦର୍ଶକମାନେ ନାଟକ ଦେଖି କାନ୍ଦିବେ- ଏପରି ନାଟକ ଲେଖାଯିବା ଅନୁଚିତ। ନାଟକ ମାଧ୍ୟମରେ ମଣିଷର ଯନ୍ତ୍ରଣା ବୋଧକୁ ବୁଝିବାର ଏବଂ ବୁଝାଇବାର ପ୍ରୟାସ କରାଯିବା ଉଚିତ୍। ତାଙ୍କର Measures Taken ନାଟକରେ ଯନ୍ତ୍ରଣାକୁ ବୁଝିବାର ପ୍ରକ୍ରିୟାଟି ଅଧିକ ସ୍ପଷ୍ଟ।

ବାସ୍ତବବାଦୀ ନାଟକରେ ଅଭିନେତା ଦର୍ଶକମାନଙ୍କୁ ଚାହିଁ, ଦର୍ଶକମାନଙ୍କ ସାଂଗରେ କଥା ହେଲା ଭଳି ସଂଳାପ କହିବା ମନା। ମନୋରଜଂନ ଏବଂ ବିଜୟ ମିଶ୍ରଙ୍କ ନାଟକଗୁଡ଼ିକରେ ଅଭିନେତା ମାନଙ୍କର ଦର୍ଶକମାନଙ୍କ ସାଙ୍ଗରେ ସଂପର୍କ ଆଦୌ ସ୍ଥାପିତ ହୁଏ ନାହିଁ। କିନ୍ତୁ ନାଟ୍ୟକାର ପାଣିଗ୍ରାହୀ ଏକ କ୍ଷୁଦ୍ର ନାଟକ ଲେଖିଛନ୍ତି ଯାହାର ନାମ 'ସ୍ୱଗତୋକ୍ତି'। ଏହି ନାଟକ ସାରା ଗୋଟିଏ ଚରିତ୍ର ଅଭିନୟ କରୁଛି ଛ'ଟି ଭୂମିକାରେ ଏବଂ ଏହାର ସମସ୍ତ ସଂଳାପ ପ୍ରକ୍ଷେପିତ ହେଉଛି ଦର୍ଶକମାନଙ୍କ ଆଡ଼କୁ। ୧୯୭୨ ମସିହାରେ ଜୟପୁର ବିକ୍ରମ ଦେବ ମହାବିଦ୍ୟାଳୟରେ 'ସ୍ୱଗତୋକ୍ତି' ନାଟକ ଅଭିନୀତ ହୋଇଥିଲା ଏବଂ ମୁଖ୍ୟ ଭୂମିକାରେ ଥିଲେ ଓଡ଼ିଆ ଚଳଚ୍ଚିତ୍ର ଜଗତର ନାୟକ ଶ୍ରୀରାମ ପଣ୍ଡା'।

ଦର୍ଶକମାନଙ୍କ ଉପରକୁ ସିଧା ପ୍ରକ୍ଷେପିତ ହେଉଥିବା ସଂଳାପଗୁଡ଼ିକ ଏତେ ଶକ୍ତିଶାଳୀ ଥିଲା ଯେ କଲେଜର ଅଧ୍ୟାପକମାନେ ଉତ୍‌କ୍ଷିପ୍ତ ହୋଇ ଶ୍ରୀରାମ ପଣ୍ଡାଙ୍କୁ କଲେଜରୁ ବାହାର କରିବା ପାଇଁ ନିଷ୍ପତ୍ତି ନେଇଥିଲେ। ଏ ଖବର ପାଇ ଡି.ଏସ୍.ପି କୁମାର ମହାନ୍ତି ପାଣ୍ଡୁଲିପିଟି ନେଇ 'ଅନାମ' ପତ୍ରିକାରେ ପ୍ରକାଶ କରିଦେଇଥିଲେ।

'ସ୍ୱଗତୋକ୍ତି' ରେ ଅଭିନେତାଟିଏ ଅଭିନେତା ଭୂମିକାରେ ଅଭିନୟ କରୁଛି ଏବଂ ନିଜ ପରିବାରର ଅକୁହା କଥାଗୁଡ଼ିକୁ ଦର୍ଶକମାନଙ୍କ ଆଗରେ କହୁଛି। ଏହାକୁ ନାଟ୍ୟକାର ଏକ 'ଅଣୁନାଟକ' ରୂପେ ପ୍ରକାଶ କରିଛନ୍ତି। 'ସ୍ୱଗତୋକ୍ତି'ର ଶ୍ରୀରାମ ପଣ୍ଡା ଚରିତ୍ରଟି ଅନ୍ଧନଦୀର ସୁଅ ନାଟକରେ ସଦାଶିବ ହୋଇ ପୁଣିଥରେ ଜୀବନ୍ୟାସ ପାଇଛି। ସଦାଶିବ ଗୋଟିଏ ନଈକୂଳିଆ ଗାଁର ଉତ୍ତମ ଛାତ୍ର । ବାପା କୃଷିଜୀବୀ ଏବଂ ସେଇଥିରୁ କିଛି ପଇସା ବଞ୍ଚାଇ ସଦାଶିବ ପାଠ ପଢ଼ିଲା। ପ୍ରଥମ ଶ୍ରେଣୀରେ ପ୍ରଥମ ହେଲା, କିନ୍ତୁ ଥରେ ବନ୍ୟାରେ ତାର ଘରଦ୍ୱାର, ଜମିବାଡ଼ି ସବୁ ଭାସିଗଲା, ବାପା ମା' ଭାସିଗଲେ, ସଦାଶିବ ସହରକୁ ଚାଲି ଆସି ଚାକିରିଟିଏ ପାଇବା ପାଇଁ ସଂଗ୍ରାମ କଲା।

ଏଇ କାହାଣୀଟି କହିବା ପୂର୍ବରୁ 'ଅନ୍ଧନଦୀର ସୁଅ" (୧୯୭୮) ନାଟକର ୪ ଜଣ ଅଭିନେତା ଏକା ପ୍ରକାର ପୋଷାକ ପିନ୍ଧି ନାଟକର "କୋରସ୍" ରୂପେ ପ୍ରବେଶ କରି ନାଟକଟିକୁ ବ୍ରେଖ୍‌ତୀୟ ଶୈଳୀରେ ଆରମ୍ଭ କରୁଛନ୍ତି।

ଶୁଣ ଶୁଣ ଭାଇମାନେ ନାଟକ ଚରିତ
ତୁମ୍ଭେ ମିଛ ଭାବିପାର ମତେ କିନ୍ତୁ ସତ।
ଅଚିହ୍ନା ଗାଁରେ ଜଣେ କୃଷକ ଯେ ଥିଲା
ବହୁବର୍ଷ ପରେ ତାର ପୁଅଟିଏ ହେଲା।
କୃଷକ ଗରିବ ଲୋକ ଜମି ଦୁଇ ମାଣ
ବନ୍ୟାରେ ଫସଲ ନଷ୍ଟ କରିଥିଲା ଋଣ।
ଘରଦ୍ୱାର ଜମିବାଡ଼ି ସବୁ ସରିଗଲା
ରୋଗରେ ପଡ଼ି ଭାରିଜା ସ୍ୱର୍ଗବାସ କଲା
ପୁଅଟିଏ ଅଛି ତା'ର ନାମ ସଦାଶିବ
ଏ ବର୍ଷ କଲେଜ୍ ପାସ୍ ଚାକିରୀକୁ ଯିବ।

ଏପରି ଏକ ଲୋକ ସଂଗୀତାତ୍ମକ ନାଟ୍ୟ ବର୍ଣ୍ଣନା ପରେ ଅଭିନେତାମାନେ ମଞ୍ଚଟିକୁ ରୂପାନ୍ତରିତ କରନ୍ତି ଗୋଟିଏ ଚାଟଶାଳୀରେ। ସେମାନଙ୍କ ଭିତରୁ ଜଣେ ହୋଇଯା'ନ୍ତି ବୁଢ଼ା ମାଷ୍ଟର ସ' ଆଉ ତିନିଜଣ ସ୍କୁଲ ଛାତ୍ର। ତା ଭିତରେ ଅଛି ଶିଶୁ

ସଦାଶିବ। ଗାଉଛି, 'ଆହେ ଦୟାମୟ ବିଶ୍ୱ ବିହାରୀ'। ଏଠାରେ ଅଭିନେତାର ଚରିତ୍ର ଏତେଥର ବଦଳିଯାଏ ଯେ ଅଭିନେତା ଚରିତ୍ରକୁ ଅନୁଦର୍ଶନ (Representation) ନ କରି କେବଳ ଉପସ୍ଥାପନ (Presentation) କରେ। ଏଠାରେ ଅଭିନୟ ଶୈଳୀଟି ବ୍ରେଖ୍‌ତୀୟ। ସଦାଶିବ ବଡ଼ ହୋଇ କଲେଜ୍‌ରୁ / ବିଶ୍ୱ ବିଦ୍ୟାଳୟରୁ ପାଶ୍ କରି ରାଜଧାନୀକୁ ଆସି ଚାକିରି ଖୋଜିଲା ବେଳେ ତିନି ଜଣ ଅଭିନେତା ଅଫିସର୍ ଓ ସଦାଶିବ ଚାକିରୀ ପ୍ରାର୍ଥୀରୂପେ ରୂପାନ୍ତରିତ ହେଉଛନ୍ତି। ଏହା ମଧ୍ୟ ବ୍ରେଖ୍‌ତୀୟ ଅଭିନୟ ଶୈଳୀ ବା ଚରିତ୍ରଠାରୁ ବିଚ୍ଛିନ୍ନ ହୋଇ ଅଭିନୟ କରିବାର ଏକ ପ୍ରକୃଷ୍ଟ ଉଦାହରଣ।

'ପକା କମ୍ବଳ ପୋତ ଛତା' (୧୯୮୫) ନାଟକରେ ନାଟ୍ୟକାର ଏକ ପୁରୁଣା ଲୋକକଥା କିମ୍ବା ଗୋଥିକ (Gothic) କାହାଣୀ ଶୈଳୀରେ ବ୍ରେଖ୍‌ତୀୟ ପ୍ରୟୋଗ ଦ୍ୱାରା ଏକ ନୂତନ ଶୈଳୀର କାହାଣୀ ଉପସ୍ଥାପନ କରିଛନ୍ତି। "ଅବୋଲକରା କାହାଣୀ" ରେ ଜଣେ ବ୍ରାହ୍ମଣ ପଣ୍ଡିତ ଗୋଟିଏ ବାରିକ ଟୋକା (ଅବୋଲକରା) କୁ ନେଇ ବିଭିନ୍ନ ତୀର୍ଥ ଭ୍ରମଣ କରୁଛନ୍ତି। କୌଣସି ଅବୁଝା, ରହସ୍ୟମୟ ଘଟଣା ଦେଖିଲେ ବାରିକ ଟୋକା ପଣ୍ଡିତଙ୍କୁ ପଚାରିବ। ଉତ୍ତର ନ ପାଇଲା ଯାଏଁ ସେ ସ୍ଥାନରୁ ଘୁଞ୍ଚିବ ନାହିଁ।

ଏପରି ଏକ କଥନ ଶୈଳୀ ଦ୍ୱାରା ନାଟକର ପ୍ରସ୍ତାବନା ନିର୍ମିତ ହୋଇଛି। ପଣ୍ଡିତଙ୍କ ସାଙ୍ଗରେ ରହି ଅବୋଲକରାର ଭାଷା ମଧ୍ୟ ସାହିତ୍ୟିକ ଓ ଆଳଙ୍କରିକ ରୂପ ଧାରଣ କରିଛି। ଯେଉଁ ସ୍ଥାନରେ ସେମାନେ ପହଞ୍ଚୁଛନ୍ତି ତାକୁ ପ୍ରଥମେ ବର୍ଣ୍ଣନା କରୁଛି ବାରିକ।

ଆଶ୍ଚର୍ଯ୍ୟ ଏ ବନଭୂମି
ଏ ଶାଗୁଆ ଗଛର ଆସ୍ତରଣ
ପକ୍ଷୀଙ୍କର ନିତ୍ୟ କ୍ରୀଡ଼ା ସ୍ଥଳୀ।
ସମୟ ଏଠି ବୁଢ଼ା ଲୋକଟିଏ ପରି ପୁରୁଣା
ଗୋଟାଏ ପଟେ ମନ୍ଦିର
ଅନ୍ୟ ପଟେ ସୁନ୍ଦର ସମାଧି,

ଏପରି ଏକ ନିର୍ଲିପ୍ତ ବର୍ଣ୍ଣନାରେ (କ) ପଣ୍ଡିତ ଓ ଅବୋଲକରା ଚରିତ୍ରଙ୍କର ନବ୍ୟ ରୂପରେ ଚିତ୍ରଣ (ଖ) ସଂକେତ ଦ୍ୱାରା ଲୋକଗଳ୍ପକୁ ବିଦଗ୍ଧ ଆଧୁନିକତାର ପୁଟ ଦେଇ ଲେଖାଯାଇଛି। (ଗ) ଏଠାରେ ବ୍ରେଖ୍‌ତୀୟ ଶୈଳୀରେ ଲୋକଗଳ୍ପର ଉପସ୍ଥାପନ କରାଯାଇଛି (ଘ) ଅତି କଳ୍ପନାର ପ୍ରୟୋଗ ଦ୍ୱାରା ଏହି ଲୋକଗଳ୍ପଟିର ଉତ୍ତର ଆଧୁନିକ ଆଭିମୁଖ୍ୟଟି ସ୍ପଷ୍ଟ ହୋଇଅଛି।

ବ୍ରେଖ୍ତୀୟ ଧାରାର ଅନ୍ୟ ଏକ ଶକ୍ତିଶାଳୀ ନାଟକ ହେଲା 'ଶେଷ ପାହାଚ' (୧୯୭୯)। ପ୍ରୟୋଗାତ୍ମକ ଦିଗରୁ ଏହି ନାଟକ ପରଠାରୁ ଓଡ଼ିଆ ନାଟ୍ୟ ଇତିହାସରେ ଆଉ ଏକ ନୂତନ ଯୁଗର ଆରମ୍ଭ ହେଲା। ଏଥିରେ ବ୍ରେଖ୍ତୀୟ ଶୈଳୀ ସହିତ ରୂପାନ୍ତର ଶୈଳୀର ପ୍ରଥମ ପ୍ରୟୋଗ କରାଯାଇଛି। କେରଳରେ ରୂପାନ୍ତର ଶୈଳୀକୁ "ପ୍ରକରମଣ୍ଡମ୍" କୁହାଯାଏ। ବ୍ରେଖ୍ତୀୟ ଶୈଳୀର ଅଭିନୟରେ ସଂବେଗାତ୍ମକ ଅଭିନୟ ବଦଳରେ ଯେଉଁ ଉପସ୍ଥାପନାତ୍ମକ ଅଭିନୟ ପ୍ରୟୋଗ କରାଯାଏ ସେହି କ୍ରମରେ ନାଟକର ଚରିତ୍ର ଗୋଟିଏ ହୋଇ ରହିନାହିଁ। ସେ ନିଜକୁ ବିଭିନ୍ନ ଚରିତ୍ରରେ ରୂପାନ୍ତରିତ କରେ। ଏ ଗୁଡ଼ିକୁ "ଇଂପ୍ରୋଭାଇଜେସନ୍" ଶୈଳୀର ଅଭିନୟ ଦ୍ୱାରା କାର୍ଯ୍ୟକାରୀ କରାଯାଏ। ଇଂପ୍ରୋଭାଇଜେସନ୍ ଅଭିନୟକୁ ଓଡ଼ିଆରେ "ତତ୍ କ୍ଷଣିକ ଗଠିତ ଅଭିନୟ କର୍ମ" ବୋଲି କୁହାଯାଏ। ଏପରି ଏକ ଶୈଳୀ ଦ୍ୱାରା ଅଭିନେତା ସଂଳାପ କହୁକହୁ, ବିନା କାରଣରେ, ଦୃଶ୍ୟ ପରିବର୍ତ୍ତନ କରାନଯାଇ କାହାଣୀର ସମୟ, ସ୍ଥାନର ପରିସୀମା ଡେଇଁ ଅନ୍ୟ ଏକ ଚରିତ୍ରକୁ ରୂପାନ୍ତରିତ ହୋଇଯାଏ। "ଶେଷ ପାହାଚ"ର ବସ୍ତି ଭିତରେ ପକେଟ ମାରୁଥିବା ଏବଂ ପାର୍କରେ ଚୌକିଦାର ହେଇଥିବା ମଦନା ପ୍ରଧାନ ବିନା ନାଟକୀୟ ଯୁକ୍ତି ଓ କାରଣରେ ହଠାତ୍ କଲେକ୍ଟରଙ୍କ ପିତା ମଦନ ରାଉତ ହେଇଯାଇଛି ଏବଂ ନାଟକର ଶେଷ ଭାଗରେ ବାବା ମଦନାନଂଦ ହୋଇ ଆଧ୍ୟାତ୍ମିକ ଆଲୋକ ବିତରଣ କରୁଛି। ସେହିପରି ମଦନାର ଦେହ ବିକ୍ରୀ କରୁଥିବା ଝିଅ କମଳୀ ଦ୍ୱିତୀୟ ପାହାଚରେ କଲେକ୍ଟରଙ୍କ ପତ୍ନୀ ଉର୍ମିଳା ଗୁପ୍ତ ଭୂମିକାକୁ ରୂପାନ୍ତରିତ ହୋଇ ତୃତୀୟ ପାହାଚରେ ବିଦେଶୀନୀ ଲିଜି ଭୂମିକାରେ ଅଭିନୟ କରି ଧର୍ଷିତା ହୋଇଛି।

ଏ ସବୁ ଚରିତ୍ରର ନଟ-ନଟୀ କେବଳ କଳାକାର। ବାରମ୍ବାର ଭୂମିକା ପରିବର୍ତ୍ତନ କରୁଥିବା କଳାକାର ଠିକ୍ ଆଜିର ସଭ୍ୟ ରାଜନେତାମାନଙ୍କ ପରି ସଭ୍ୟ ମଣିଷଙ୍କ ପରି। ଏହି ପ୍ରକ୍ରିୟାରେ ଆବେଗାତ୍ମକ ଅଭିନୟ ଅପେକ୍ଷା ଉପସ୍ଥାପନାତ୍ମକ ଅଭିନୟ ବେଶୀ ଆବଶ୍ୟକ। ଏପରି ଅଭିନୟ ଶୈଳୀକୁ ରେନ୍‌ହାଟ୍ (Reinhardt) ପିସ୍ କେଟର୍ (Piscator) ଓ ବ୍ରେଖ୍ତ ମହା କାବ୍ୟିକ ଅଭିନୟର ପର୍ଯ୍ୟାୟ ଭୁକ୍ତ କରିଛନ୍ତି।

ନାଟ୍ୟକାର ରମେଶ ପ୍ରସାଦ ପାଣିଗ୍ରାହୀ ଏହି ମହାକାବ୍ୟିକ ଶୈଳୀରେ ନାଟ୍ୟ ରଚନା କରି, ନିର୍ଦ୍ଦେଶନା ଦେଇ ଯେଉଁ ସବୁ ପାରମ୍ପରିକ ନାଟ୍ୟରୀତିକୁ ଭାଙ୍ଗିଛନ୍ତି ଏବଂ ତା' ବଦଳରେ ନୂତନତାର ସ୍ପର୍ଶ ଚାଖିଛନ୍ତି ତାହାର ଏକ ଆକଳନ ନିମ୍ନରେ ପ୍ରଦତ୍ତ ହେଲା।

ନାଟ୍ୟକାର ସ୍ୱର୍ଗତ ରାମଚନ୍ଦ୍ର ମିଶ୍ର ଓ କମଳଲୋଚନ ମହାନ୍ତି କହୁଥିଲେ

ପାଣିଗ୍ରାହୀଙ୍କ ନାଟକରେ ନାଟ୍ୟ ଘଟଣା ନାହିଁ। ତା' ବଦଳରେ ଅଛି ନାଟ୍ୟ ଚରିତ୍ରର ମନସ୍ତାତ୍ତ୍ୱିକ ଓ ଆଧିଭୌତିକ ବର୍ଣ୍ଣନା। କାର୍ତ୍ତିକଚଂନ୍ଦ୍ର ଘୋଷ ଏବଂ କୁଂଜ ବିହାରୀ ନନ୍ଦଙ୍କ "ସେ ଆପଣ ମାନଙ୍କ ଭିତରେ" ନାଟକରେ ଦର୍ଶକମାନେ ନାଟକର ଅଭିନେତାମାନଙ୍କ ସହ ସଂପୃକ୍ତ ହେଇପଡ଼ନ୍ତି। ରମେଶ ପ୍ରସାଦ ପାଣିଗ୍ରାହୀ "କେଜାଣି, କାହିଁକି, କେଉଁଠି, କିପରି, କେତେବେଳେ" ନାଟକର ମଂଚ ଉପସ୍ଥାପନାରେ କିଛି ମାତ୍ରାରେ ଦର୍ଶକମାନଙ୍କ ସଂମ୍ପୃକ୍ତି ରହିଛି। କିଂନ୍ତୁ ତାଙ୍କର ବ୍ରେଖ୍ତୀୟ ଶୈଳୀରେ ଲେଖା ସମସ୍ତ ନାଟକରେ ଦର୍ଶକମାନେ କେବଳ ଦ୍ରଷ୍ଟା ଏବଂ ନାଟକରେ ଉପସ୍ଥାପିତ ସମସ୍ତ ସାମାଜିକ ଓ ଚାରିତ୍ରିକ ସମସ୍ୟା ତଥା ବାର୍ତ୍ତା ସହ ଜଡ଼ିତ।

ଅନ୍ନପୂର୍ଣ୍ଣା, ଜନତା ଓ କଳାଶ୍ରୀ ରଂଗମଂଚରେ ଅଭିନୀତ ହେଉଥିବା ନାଟକଗୁଡ଼ିକ ଦେଖିଲେ ଦର୍ଶକ ନାଟ୍ୟଘଟଣା ଦ୍ୱାରା ଅଭିଭୂତ ହୋଇ ପଡ଼ନ୍ତି। କିଂତୁ ତାଙ୍କର ଏଠାରେ ଆଲୋଚିତ ବ୍ରେଖ୍ତୀୟ ଶୈଳୀର ନାଟକଗୁଡ଼ିକୁ ଦେଖିଲେ ଦର୍ଶକ ସଚେତନ ହୁଅନ୍ତି ଆମ ସାମାଜିକ ସମସ୍ୟାଗୁଡ଼ିକ ସଂପର୍କରେ। ସେମାନେ କାର୍ଯ୍ୟକ୍ଷମ ହେବାକୁ ପ୍ରେରଣା ପାଆନ୍ତି। ନାଟକ ସେମାନଙ୍କୁ ଉଦ୍‌ବୁଦ୍ଧ ଓ ଜାଗ୍ରତ କରେ। ଉଦାହରଣସ୍ୱରୂପ ତାଙ୍କର ଯାତ୍ରାନାଟକଗୁଡ଼ିକ ଦେଖିଲେ ଦର୍ଶକଙ୍କ ମନରେ ଆବେଗ ଆସିଲାବେଳେ ମହାକାବ୍ୟିକ ଶୈଳୀର ନାଟକଗୁଡ଼ିକ ଦେଖି ଦର୍ଶକ ଉଦ୍‌ବୁଦ୍ଧ ହୋଇ କାର୍ଯ୍ୟ କରିବାର ନିଷ୍ପତ୍ତି ନେଇପାରେ। ତାଙ୍କର ଯାତ୍ରା ନାଟକଗୁଡ଼ିକ ଦେଖି ଦର୍ଶକ ନାଟ୍ୟ ଘଟଣାର ଆବର୍ତ୍ତ ଭିତରକୁ ଚାଲିଯାଆନ୍ତି। କିନ୍ତୁ ବ୍ରେଖ୍ତୀୟ ଶୈଳୀର ନାଟକଗୁଡ଼ିକ ଦେଖି ଘଟଣା ଓ ସମସ୍ୟାମାନଙ୍କର ସାମ୍ନା କରନ୍ତି।

ଯାତ୍ରାନାଟକ ଦେଖିବାକୁ ଯେଉଁମାନେ ଆସନ୍ତି, ସେମାନେ ଅନୁଭୂତି ଓ ଆବେଗ ଭିତରେ ମିଶିଯାଇ ସାମାଜିକ ସମସ୍ୟା ଗୁଡ଼ିକ ସଂପର୍କରେ ବିଚାର କରିବାର କ୍ଷମତା ହରାଇ ବସନ୍ତି। କିନ୍ତୁ ବ୍ରେଖ୍ତୀୟ ଶୈଳୀର 'ସେ ମରିଗଲେ', 'କେଜାଣି, କାହିଁକି, କେଉଁଠି, କିପରି, କେତେବେଳେ' ପ୍ରଭୃତି ନାଟକ ଦେଖି ଦର୍ଶକମାନେ ସେଗୁଡ଼ିକ ଉପରେ ବିଶ୍ଳେଷଣ କରିବାର ସୁଯୋଗ ପାଆନ୍ତି। ତାଙ୍କର ଯାତ୍ରା ନାଟକଗୁଡ଼ିକରେ ଉତ୍କଣ୍ଠା ପରିପୂର୍ଣ୍ଣ ହୋଇ ରହିଥାଏ। ନାଟକ ଶେଷରେ କ'ଣ ଘଟିବ ଜାଣିବା ପାଇଁ ଆଗ୍ରହ ବଢୁଥାଏ। କିଂତୁ ବ୍ରେଖତୀୟ ଶୈଳୀର ନାଟକଗୁଡ଼ିକ ଦେଖିଲେ ସାମାଜିକ ସମସ୍ୟାଗୁଡ଼ିକର ପ୍ରକ୍ରିୟା ଦ୍ୱାରା ମଣିଷ କିପରି ଯନ୍ତ୍ରଣା ପାଏ ଓ ତା'ର ସମାଧାନ କ'ଣ ହେବ ସେ ବିଷୟରେ ଉତ୍କଣ୍ଠିତ ହୁଅନ୍ତି।

ନାଟ୍ୟକାର ରମେଶ ପ୍ରସାଦ ପାଣିଗ୍ରାହୀ ନାଟକରେ ବହୁ ଶୈଳୀର ପରୀକ୍ଷା କରିଛନ୍ତି। ତାଂକୁ ପାରଂପରିକ ନାଟକ ଲେଖିବା ଜଣାନାହିଁ ବୋଲି ବରିଷ୍ଠ ନାଟ୍ୟକାର

କମଳ ଲୋଚନ ମହାନ୍ତି ଓ ରାମଚନ୍ଦ୍ର ମିଶ୍ର ପ୍ରଭୃତି ତାଂକୁ ଆକ୍ଷେପ କରି କହୁଥିଲେ, "ରାତିକ ପାଇଁ ନାଟକଟିଏ ମଂଚସ୍ଥ କରି ତମେ ସବୁ ନାଟ୍ୟକାର ହେଇଯାଉଚ ! କାହିଁ ଗୋଟେ ନାଟକ ଲେଖି ଦେଖେଇଲ - ଯୋଉଟା ହଲ୍‌ରେ ଛ'ମାସ ଚାଲିବ"। ଏପରି ଏକ ଆହ୍ୱାନର ମୁକାବିଲା କରି ନାଟ୍ୟକାର ପାଣିଗ୍ରାହୀ ଅଠରଖଣ୍ଡ ଯାତ୍ରା ନାଟକ ଲେଖି ନିର୍ଦ୍ଦେଶନା ମଧ୍ୟ ଦେଇଛନ୍ତି। ନାଟକଗୁଡ଼ିକ ଏକାଦିକ୍ରମେ ୧୦ ରୁ ୧୨ ବର୍ଷ ପର୍ଯ୍ୟନ୍ତ ମଂଚସ୍ଥ ହୋଇଛି। କିଂତୁ ତାଙ୍କର ବ୍ରେଖ୍‌ଟୀୟ ଶୈଳୀର ନାଟକଗୁଡ଼ିକ ଓଡ଼ିଆ ନାଟକର ମଂଚାୟନ କ୍ଷେତ୍ରରେ ଯେତିକି ବୈପ୍ଳବିକ ପରିବର୍ତ୍ତନ ଆଣିଛି, ତା'ଠୁ ବେଶୀ ସାମାଜିକ ଓ ସାଂସ୍କୃତିକ ସମସ୍ୟାର ସମାଧାନ ପାଇଁ ସଚେତନତା ସୃଷ୍ଟି କରିଛି। ଏହା ଓଡ଼ିଆ ନାଟ୍ୟ ଇତିହାସରେ ଏକ ଅଭୂତପୂର୍ବ ଘଟଣା। ତାଂକୁ ଏଥିପାଇଁ ସରକାରୀ ପୁରସ୍କାର ମିଳି ନଥାଇ ପାରେ; କିଂତୁ ଜଣେ ଅଙ୍ଗୀକାରବଦ୍ଧ ନାଟ୍ୟକାର ତା'ର କଳା ମାଧ୍ୟମରେ ଯେଉଁ ସବୁ ସାମାଜିକ ସଚେତନତାର ବୀଜ ବପନ କରିବା କଥା, ତାହା ସେ କରିଛନ୍ତି। ତାଙ୍କର ନାଟକରେ ବ୍ରେଖ୍‌ଟୀୟ ଶୈଳୀର ପ୍ରୟୋଗ ଦ୍ୱାରା ଏହା ସମ୍ଭବ ହୋଇଛି।

ସହାୟକ ଗ୍ରନ୍ଥସୂଚୀ:

୧. Ronald Gray, - Brecht, Oliver and Boyd, London, 1961

୨. Timothy J. Wiles - The Theatre Event, The University of Chicago Press, 1980

୩. ରମେଶ ପ୍ରସାଦ ପାଣିଗ୍ରାହୀ - କେଜାଣି, କାହିଁକି, କେଉଁଠି, କିପରି କେତେବେଳେ 'ଅପ୍ରୀତିକର ନାଟକ', ଓଡ଼ିଶା ବୁକ୍ ଷ୍ଟୋର, ୧୯୮୨

୪. ରମେଶ ପ୍ରସାଦ ପାଣିଗ୍ରାହୀ - 'ମହାନାଟକ' ଓଡ଼ିଶା ବୁକ୍‌ଷ୍ଟୋର, କଟକ

୫. ରମେଶ ପ୍ରସାଦ ପାଣିଗ୍ରାହୀ - 'ପକା କଂବଳ ପୋତଛତା', ଓଡ଼ିଶାବୁକ୍ ଷ୍ଟୋର, କଟକ

୬. ରମେଶ ପ୍ରସାଦ ପାଣିଗ୍ରାହୀ - 'ଶେଷ ପାହାଚ'", ତ୍ରିପର୍ଣ୍ଣା, ଓଡ଼ିଶା ବୁକ୍ ଷ୍ଟୋର, କଟକ

■

ଅଧ୍ୟାପିକା, କେଶପୁର ଉଚ୍ଚ ମାଧମିକ ବିଦ୍ୟାଳୟ, କେଶପୁର, ଗଞ୍ଜାମ

'ଆଦିମ ଦିଗନ୍ତ'ରେ ଆଦିକଳ୍ପର ପ୍ରୟୋଗ

ମନୀଷା ସାହୁ

ଆଦିକଳ୍ପ (Archetype) କହିଲେ ସୃଷ୍ଟିର ଆରମ୍ଭରୁ ଯୁଗଯୁଗ ଧରି ଯାହା ରହିଆସିଛି। ସମୟାନୁସାରେ ତା'ର ଅବକ୍ଷୟ ହେଉଥିଲେ ମଧ୍ୟ ଅଦ୍ୟାବଧି ତାହା ବିଦ୍ୟମାନ। ସ୍ଥୂଳରୂପେ ଦେଖିଲେ ମୃତ ଓ ଜୀବିତ ଅନେକ ଆର୍କିଟାଇପାଲ୍ ବସ୍ତୁ ରହିଛି। ଯଥା- ପର୍ବତ, ଝରଣା, ସମୁଦ୍ର, ଦ୍ୱୀପ, ରକ୍ତ, ବିଷ, ସୂର୍ଯ୍ୟ, ଚନ୍ଦ୍ର, ଗୁମ୍ଫା, ସର୍ପ, ଶ୍ୱାନ, ମତ୍ସ୍ୟ, ପକ୍ଷୀ ଇତ୍ୟାଦି। ମଣିଷ ସମାଜ ଉପରେ ଏହାର ପ୍ରଭାବ ଅନେକ ଏବଂ ପ୍ରତ୍ୟେକଟି ବସ୍ତୁ ପଛରେ ବହୁବିଧ ପୌରାଣିକ ପୃଷ୍ଠଭୂମି ରହିଛି। ତେବେ ସୂକ୍ଷ୍ମରୂପେ ବିଚାରକଲେ ଦେଖାଯାଏ ସାହିତ୍ୟରେ ଯେଉଁ ଆଦିକଳ୍ପର କଥା କୁହାଯାଇଛି, ତାହାର ସମ୍ପର୍କ ମନସ୍ତତ୍ତ୍ୱ ସହ ରହିଛି। ଏହା ମଣିଷ ମନର ଗଭୀରତମ ଅଭ୍ୟନ୍ତରରେ ଅଛି। ମଣିଷ ସୃଷ୍ଟି ହେବାଠାରୁ ବଂଶାନୁକ୍ରମେ ଏହା ମଣିଷର ଅବଚେତନ ମନରେ ରହିଆସିଛି। ଆଦିକଳ୍ପ ସହ ମଣିଷର ରକ୍ତର ସମ୍ପର୍କ। ତେବେ ମଣିଷ ମନ ମଧ୍ୟରେ ଯେଉଁ ଭାବନା ସୃଷ୍ଟି ହୋଇଛି ତାହାର ପଶ୍ଚାତରେ ରହିଛି ପୌରାଣିକ ଓ ଐତିହାସିକ ଉପାଦାନ। ଯାହା ମାଧ୍ୟମରେ ଆଦିମ ଅଭିଜ୍ଞତାକୁ ସମୁଚିତ ରୂପଦାନ କରାଯାଇଛି। ଆଲୋଚକ ଦାଶରଥି ଦାସ ଆଦିକଳ୍ପର ସଂଜ୍ଞା ପ୍ରଦାନ କରି କହିଛନ୍ତି: "ଆନିମା ଓ ଆନିମସର ମିଥୁନ ମୂର୍ତ୍ତି ଜନ୍ମମୃତ୍ୟୁ ଯୌବନ ଜରାର ସବୁ ଭେଦରେଖା ଅତିକ୍ରମ କରି ଉଭା ରହିଛି ଲକ୍ଷ ଲକ୍ଷ ଯୁଗର ସବୁ ମାନବିକ ଅଭିଜ୍ଞତା ଘେନି। ଅଜ, ନିତ୍ୟ, ଶାଶ୍ୱତ ଓ ପୁରାଣ ସେହି ନାରୀ ପୁରୁଷର ଯୁଗନଦ୍ଧମୂର୍ତ୍ତି ସାମୟିକ ସବୁ ପରିବର୍ତ୍ତନର ଊର୍ଦ୍ଧ୍ୱରେ ବିରାଜିତ। xxx ବ୍ୟକ୍ତି, ଜାତି ଓ ଗୋଷ୍ଠୀ ଭିତରେ ବାରବାର ସେ ବଞ୍ଚିଛନ୍ତି। ବୃଦ୍ଧି, ବିକାଶ ଓ ଅବକ୍ଷୟର ସମ୍ମିଳିତ ଏକ ଜୀବନ୍ତ ଛନ୍ଦ ସୁଷମା ସେ ଚିରକାଳ ଲାଭ କରିଛନ୍ତି। ତାହା ଆଦିମ ମୌଳ ମାନବିକ ଅଭିଜ୍ଞତାର ମୂର୍ତ୍ତି ବିଗ୍ରହ। ସେହି ମାନସିକ ସ୍ଥିତିଟିର ଆଧେୟ ହେଉଛି ଆର୍କିଟାଇପ୍ସ।" (ଆଧୁନିକ କାବ୍ୟଜିଜ୍ଞାସା: ଚିତ୍ରକଳ୍ପ, ଦାଶରଥି ଦାସ, ପୃଷ୍ଠା:୧୪୭)

'ଆଦିକଳ୍ପ' ଶବ୍ଦଟି ଆଧୁନିକ ସାହିତ୍ୟ ସହ ଜଡ଼ିତ ୧୮୯୦ ମସିହାରେ James Frazerଙ୍କ ରଚିତ 'Golden Bough' ଗ୍ରନ୍ଥଟିରେ ପ୍ରଥମ କରି ସଫଳ ଭାବେ

ଆଦିକଳ୍ପର ପ୍ରୟୋଗ କରାଯାଇଛି। ଏହି ଗ୍ରନ୍ଥରେ ତୁଳନାତ୍ମକ ଧର୍ମ ଓ ଆଧ୍ୟାତ୍ମିକ ବିଶ୍ୱାସ ସମ୍ପର୍କରେ ଯେଉଁ ବର୍ଣ୍ଣନା ରହିଛି ତାହା ପରବର୍ତ୍ତୀ ବହୁ କବିଙ୍କୁ ପ୍ରଭାବିତ କରିଛି। ସିଗ୍‌ମଣ୍ଡ ଫ୍ରଏଡ୍ ମଣିଷର ମନୋଜଗତର ରହସ୍ୟ ଉନ୍ମୋଚନ କଲାପରେ ଏହା ଧୀରେ ଧୀରେ ସାହିତ୍ୟରେ ପ୍ରବେଶ କରିଛି। ଆଦିକଳ୍ପ ଆଧୁନିକ ସାହିତ୍ୟରେ ଗଭୀର ମନସ୍ତତ୍ତ୍ୱ ବାର୍ତ୍ତାକୁ ପ୍ରଥମେ ସାଙ୍କେତିକ କଲା। 'ଆଦିକଳ୍ପ'କୁ 'ସାମୂହିକ ଅବଚେତନ' (Collective unconscious) ସହିତ ସମ୍ପୃକ୍ତ କରିଛନ୍ତି ସୁଇଜରଲ୍ୟାଣ୍ଡର ପ୍ରଖ୍ୟାତ ମନସ୍ତତ୍ତ୍ୱବିତ୍ କାର୍ଲ ୟଙ୍ଗ୍। ଫ୍ରଏଡ୍‌ଙ୍କ ଅବଚେତନ ମନ ସମ୍ପର୍କରେ ୟଙ୍ଗ୍‌ଙ୍କ ଦିଗ୍‌ଦର୍ଶନ ସମ୍ପୂର୍ଣ୍ଣ ଅଭିନବ। ସେ ମଣିଷ ମନର ଅବଚେତନ ସ୍ତରକୁ ବ୍ୟକ୍ତିଗତ ଅବଚେତନ (Personal unconscious) ଏବଂ ସାମୂହିକ ଅବଚେତନ (Collective unconscious) ଭେଦରେ ଦୁଇଭାଗରେ ବିଭକ୍ତ କରିଛନ୍ତି। ତାଙ୍କ ମତରେ "ବ୍ୟକ୍ତିଗତ ଅବଚେତନ ତଳେ ରହିଛି ଅଗାଧ ଏକ ଗଭୀର ସ୍ତର- ବଡ଼ ବ୍ୟାପ୍ତ ଓ ବିଶାଳ ସ୍ତରଟି ଚିରକାଳର କଥା -ଅନାଦି ଓ ଅନନ୍ତ ତାହାର ସ୍ଥିତି ଓ ଆୟତନ- ମଣିଷର ସୌନ୍ଦର୍ଯ୍ୟପ୍ରିୟତା, ନୀତିମତ୍ତା ଓ କଲ୍ୟାଣ ବୁଦ୍ଧିର ମୂଳ ଉତ୍ସ। ସେହିସ୍ତରର ନାମ ସାମୂହିକ ଅବଚେତନ।" (ଆଧୁନିକ କାବ୍ୟଜିଜ୍ଞାସା: ଚିତ୍ରକଳ୍ପ, ଦାଶରଥି ଦାସ, ପୃଷ୍ଠା- ୧୪୬)

ଯାହା ଅନ୍ତର୍ଦୃଷ୍ଟି ସମକ୍ଷରେ ସମୁଭାସିତ ଓ ସମ୍ପ୍ରସାରିତ ହୋଇଉଠେ ତାହା ମନସ୍ତାତ୍ତ୍ୱିକ ପରିଭାଷାରେ ହେଉଛି ମଣିଷର 'ସାମୂହିକ ଅବଚେତନ' ବା ପ୍ରାଚ୍ୟ ମତରେ 'ବାସନାଲୋକ'। ସାମୂହିକ ଅବଚେତନ ଅର୍ଥରେ ପିତୃପୁରୁଷ ବା ବଂଶାନୁକ୍ରମେ ପରମ୍ପରାପ୍ରାପ୍ତ ଏକ ମାନସିକ ପ୍ରବଣତାକୁ ବୁଝିବାକୁ ହୁଏ। ଦିନେ ଯାହା ମଣିଷର ଚେତନ ମନରେ ଥିଲା କାଳକ୍ରମେ ତାହା ହୋଇଛି ସାମୂହିକ ଅବଚେତନ। କେବେକେବେ ସ୍ୱପ୍ନ, ପ୍ରଳାପ ଓ ପାଗଳାମିର ସୁଯୋଗ ପାଇଲେ ତାହାର ଉପାଦାନମାନ ମନର ଚେତନ ସ୍ତରକୁ ଭାସିଉଠନ୍ତି। ସେଥିରେ ମଣିଷ ମନର ବିକାଶଧାରାର ବିଭିନ୍ନ ଆଦିମ ସ୍ତର ପ୍ରକଟିତ ହୋଇଥାଏ। ଯେତେବେଳେ ସାମୂହିକ ଅବଚେତନ ଜୀବନ୍ତ ଏକ ଅଭିଜ୍ଞତାରେ ପରିଣତ ହୁଏ ସେତେବେଳେ ସେହି ସଂଘଟନଟି ସୃଷ୍ଟିକର୍ମର ଆଖ୍ୟା ପାଏ ଓ ସମକାଳୀନ ସମସ୍ତଙ୍କ ପାଇଁ ଗୁରୁତ୍ୱପୂର୍ଣ୍ଣ ହୋଇଉଠେ। ତା'ର ଅନ୍ତର୍ନିହିତ ଥାଏ ଜଗତ ଓ ଜୀବନ ସମ୍ପର୍କରେ ମଣିଷ ସମାଜ ପ୍ରତି ଏକ ଶୁଭବାର୍ତ୍ତା।

ଅତୀତ ଇତିହାସ, ପୁରାଣ ତଥା ଧର୍ମ ଓ ଆଧ୍ୟାତ୍ମିକ ଭିତ୍ତିକ ବିଷୟବସ୍ତୁ ମଣିଷ ମନ ଭିତରେ ଏପରି ବସା ବାନ୍ଧିଥାଏ ଯେ ସେହିଭଳି କୌଣସି ଘଟଣା ବା

ଚରିତ୍ରର ପୁନରାବୃତ୍ତି ହେଲେ ମଣିଷର ମନ ଭିତରେ ସେହିପରି ଏକ ଚିତ୍ର ଆଙ୍କି ହୋଇଯାଏ। ଅର୍ଥାତ୍ କଂସ ଶବ୍ଦ ଶୁଣିବା ମାତ୍ରେ କଂସର ରୂପ ଓ ଗୁଣ ତତ୍‌କ୍ଷଣାତ୍ ମଣିଷର ମନ ଭିତରକୁ ଚାଲିଆସେ। ସ୍ୱାଧୀନତା ସଂଗ୍ରାମୀ ବୋଲି କହିବା ମାତ୍ରେ ଜଣେ ସ୍ୱାଧୀନତା ସଂଗ୍ରାମୀର ଗୁଣ ବା ଆଦର୍ଶ ଯାହା ତାହା ବୁଝାପଡ଼େ। ସେହିପରି ମାତୃତ୍ୱ ପ୍ରତ୍ୟେକ ନାରୀର ଅବଚେତନ ମନରେ ଥାଏ। ଦୈନନ୍ଦିନ ଜୀବନରେ ସେ ତାହା ଅନୁଭବ କରୁନଥାଏ, ମାତ୍ର ନାରୀଟିଏ ମାଆ ହେଲାପରେ ସ୍ୱତଃ ଏହି ମାତୃତ୍ୱର ଭାବନାଟି ତା'ର ଚେତନସ୍ତରକୁ ଓହ୍ଲାଇ ଆସେ। ନିଜର ସନ୍ତାନ ପ୍ରତି ଥିବା ମାଆର କର୍ତ୍ତବ୍ୟ ସ୍ୱତଃସ୍ଫୁର୍ତ୍ତଭାବେ ତା'ଭିତରେ ଝଲସି ଉଠେ। ଭଲ-ମନ୍ଦ, ହସ-ଖୁସି, ସୁଖ-ଦୁଃଖ, ସତ-ମିଛ, ଖଳ-ସରଳ, ନିରୀହ-ନିଷ୍ଠୁର ଆଦିର ଯେଉଁ ସଂଜ୍ଞା ସମାଜରେ ପ୍ରଚଳିତ ହୋଇ ଆସିଅଛି ତାହା ମଣିଷର ଅଚେତନ ମନରେ ମଧ୍ୟ ରହିଥାଏ। ସେହିଭଳି କୌଣସି ଘଟଣା ବା ଚରିତ୍ରର ଦର୍ଶନ ବା ଶ୍ରବଣ ମାତ୍ରେ ତାହାର ମୂଲ୍ୟାୟନ କରିବା ସହଜ ହୋଇପଡ଼େ।

୨୦୨୩ ମସିହାରେ ପ୍ରକାଶିତ ରମେଶ ପ୍ରସାଦ ପାଣିଗ୍ରାହୀଙ୍କ ନାଟକ 'ଆଦିମ ଦିଗନ୍ତ' ୧୧ଗୋଟି କ୍ଷୁଦ୍ର ନାଟକର ସମାହାର। 'ବାତ୍ସଲ୍ୟ', 'ରାସ୍ତାସବୁ ବନ୍ଦ', 'ଯାହାସବୁ ବୁଝାପଡ଼େ ନାହିଁ', 'ଚାଳିଶି ମିନିଟ୍‌ରେ', 'ସେ ମରିଗଲେ', 'ଶ୍ରୀ ଶ୍ରୀ ମହାଲକ୍ଷ୍ମୀ ପୂଜା', 'ମହାବାତ୍ୟାର ଭେଟି', 'ଗୋପବନ୍ଧୁ ଗଛ', 'ବିଶ୍ୱମ୍ଭର ସେନାପତି ଓ ଦର୍ପଣ ଉପାଖ୍ୟାନମ୍', 'ଜେଜେମା', 'ବୁନ୍ଦାଏ ପାଣିରେ ସମୁଦ୍ର' ଆଦି ୧୧ଗୋଟି କ୍ଷୁଦ୍ର ନାଟକଗୁଡ଼ିକ କେତେବେଳେ ଚରିତ୍ର ଚିତ୍ରଣ ତ ପୁଣି କେତେବେଳେ ଘଟଣା ବିନ୍ୟାସ ଦୃଷ୍ଟିରୁ ମଣିଷର 'ସାମୂହିକ ଅଚେତନ' (Collective unconscious) ସହିତ ସମ୍ପୃକ୍ତ ହୋଇପଡ଼ିଛି।

ମଣିଷ ସୃଷ୍ଟି ହେବା ଦିନରୁ ତା'ର ଅଭ୍ୟନ୍ତରରେ ମଧ୍ୟ ସମସ୍ତ ଗୁଣଧର୍ମ, ପ୍ରବୃତ୍ତି, ଇଚ୍ଛା, ଆକାଂକ୍ଷା, ପ୍ରେମ, ମୃତ୍ୟୁ, ହାସ୍ୟ, ଉତ୍ସାହାଦି ସର୍ବକାଳୀନ ମାନବିକ ଭାବାନୁଭୂତି ଆତ୍ମପ୍ରକାଶ କରିଥା'ନ୍ତି। ପ୍ରତ୍ୟେକ ମଣିଷ ଭିତରେ ଭଲ-ମନ୍ଦ ଉଭୟ ଭାବନା ଥାଏ ମାତ୍ର ମଣିଷ ନିଜର ପ୍ରବୃତ୍ତିକୁ କେଉଁଭଳି ପ୍ରକାଶ କରିବ ତାହା ସମ୍ପୂର୍ଣ୍ଣ ତା'ର ନିଜସ୍ୱ ଇଚ୍ଛା। ମଣିଷର ଅବଚେତନ ମନରେ ସରଳତା, ନିରୀହତା, ନିଃସ୍ୱାର୍ଥପରତା, ନିଷ୍କପଟତା, ସାଧୁତା ଆଦି ସୁଗୁଣଗୁଡ଼ିକ ଯେପରି ରହିଥାଏ ସେହିପରି ଶଠତା, କପଟତା, ସ୍ୱାର୍ଥପରତା ଆଦି ଦୁର୍ଗୁଣ ମଧ୍ୟ ରହିଥାଏ। ପକ୍ଷୀମାନଙ୍କର ବସା ନିର୍ମାଣ ଆର୍କିଟାଇପ୍ ମାତ୍ର ପକ୍ଷୀଭେଦରେ ତାହା ବିଭିନ୍ନ। ଅର୍ଥାତ୍ ବାୟାଚଢ଼େଇ ବସାଠାରୁ କାଉର ବସା ନିର୍ମାଣ ଆର୍କିଟାଇପ୍ ମାତ୍ର ପକ୍ଷୀଭେଦରେ ତାହା ବିଭିନ୍ନ।

ଅର୍ଥାତ୍ ବାୟାଚଢ଼େଇ ବସାଠାରୁ କାଉର ବସା ସମ୍ପୂର୍ଣ୍ଣ ପୃଥକ୍। ସେହିପରି ସମସ୍ତ ମଣିଷର ଆଭ୍ୟନ୍ତରୀଣ ଭାବାନୁଭୂତି ରହିଛି ମାତ୍ର ତାହା ପ୍ରତ୍ୟେକ ମଣିଷ ପାଖ ଭିନ୍ନ ଭିନ୍ନ। ପ୍ରାଣୀମାନଙ୍କ ଭଳି ମଣିଷର ଆର୍କିଟାଇପ୍ କେବଳ ପ୍ରବୃତ୍ତି ସଞ୍ଚାଳିତ ନୁହେଁ ତାହା ଆଧ୍ୟାତ୍ମିକ, ସାତ୍ତ୍ୱିକ ଓ ନୈତିକ ଚେତନାରୁ ମଧ୍ୟ ଶକ୍ତି ସଞ୍ଚୟ କରିଥାଏ। ସର୍ବକାଳୀନ ମାନବିକ ଗୁଣଧର୍ମ ମଧ୍ୟରୁ ନିରୀହତାର ଆଦିକଳ୍ପ ହେଉଛି 'ବାତ୍ସଲ୍ୟ' ନାଟକର 'ମଉରା ମାଝି' ଚରିତ୍ରଟି। ନିଃସ୍ୱାର୍ଥପରତାର ୪ଟି ଅନାଥ ଛୁଆକୁ କୋଳେଇ ନେଇ ମଣିଷ କରିବାରେ ତା'ର ଅବଦାନ ଅତୁଳନୀୟ। ମାତ୍ର ମଉରା ପକ୍ଷେ ତାହା ତା'ର କର୍ତ୍ତବ୍ୟ କୌଣସି ମହାନ୍ କାର୍ଯ୍ୟ ନୁହେଁ। ନିଜର ସାଧ୍ୟମତେ ମଉରା ଓ ନଖି (ମଉରାର ପତ୍ନୀ) ଶିକ୍ଷା, ଖାଦ୍ୟ, ବସ୍ତ୍ର, ବାସଗୃହ ଯୋଗାଇଦେବାରେ ଅବହେଳା କରିନାହାନ୍ତି କିମ୍ବା କାହାଠୁ ସାହାଯ୍ୟ ମାଗିନାହାନ୍ତି। ଆଲୋଚ୍ୟ ନାଟକରେ ମଉରାର ଟୋକେଇ ବୁଣି ଅର୍ଥ ରୋଜଗାର କରିବା, ଚାଷ ଜମିରେ ଫସଲ କରି ପିଲାମାନଙ୍କୁ ଆହାର ଦେବା, ଅବଧାନଙ୍କୁ ଦରମା ଦେଇ ପିଲାଙ୍କୁ ଶିକ୍ଷିତ କରାଇବାର ଚେଷ୍ଟା, ବର୍ଷାରୁ ପିଲାଙ୍କୁ ରକ୍ଷା ପାଇଁ ରାତି ଅନିଦ୍ରା ହୋଇ ପାଇଧରି ଠିଆ ହୋଇରହିବା ଆଦି ଘଟଣାରୁ ମଉରାର ନିଃସ୍ୱାର୍ଥପର ଓ ନିରୀହ ଭାବନାର ଚିତ୍ର ସ୍ପଷ୍ଟ ହୋଇଉଠିଛି। ଟିଭିରେ ମଉରାର ଖବର ପ୍ରଚାର ହେବାପରେ ତା'ପାଖରୁ ବିଭିନ୍ନ ସ୍ଥାନରୁ ଆସିଥିବା ଆର୍ଥିକ ସାହାଯ୍ୟକୁ ଫେରେଇ ଦେଇ ମଉରା ନିଜର ସ୍ୱାଭିମାନ ତଥା ନିଃସ୍ୱାର୍ଥପର ମନୋଭାବର ପରିଚୟ ଦେଇଛି। ଅନାଥାଶ୍ରମ ନାଁରେ ଲକ୍ଷ ଲକ୍ଷ ଟଙ୍କା ଆତ୍ମସାତ୍ କରୁଥିବା ତଥା ଦେଶର ସେବା କରୁଥିବା କଥା କହୁଥିବା ବଡ଼ପଣ୍ଡାମାନଙ୍କର ପ୍ରତିନିଧି ଏମ୍.ଏଲ୍.ଏ ଶ୍ରୀକାନ୍ତ ରାୟର ଲୋଭ, ଶଠତା ଓ ଆତ୍ମପ୍ରଚାର ସମ୍ମୁଖରେ ମଉରାର ସରଳ ବ୍ୟକ୍ତିତ୍ୱଟି ସ୍ପଷ୍ଟ ହୋଇପାରିଛି। ମାତ୍ର ଏଥିପାଇଁ ମଉରା ସ୍ଥାନୀୟ ରାଜନେତା ଓ ଗୁଣ୍ଡାମାନଙ୍କର ଆକ୍ରୋଶର ଶିକାର ହୋଇଛି। ବଂଶାନୁକ୍ରମେ ପିଢ଼ି ପରେ ପିଢ଼ି ମଣିଷ ଭିତରେ ଭଲ ମନ୍ଦ ଉଭୟ ଚିନ୍ତାଧାରା ରହିଆସିଥିଲେ ମଧ୍ୟ ବର୍ତ୍ତମାନର ସମାଜରେ ଭଲ ଅପେକ୍ଷା ମନ୍ଦର ପ୍ରଭାବ ଅଧିକ। ସତ୍‌କର୍ମ କରୁଥିବା ଲୋକଟି ସମାଜର ଚାପରେ ବିଫଳ ହୋଇଯାଏ ନିଜର ସତ୍‌କର୍ମ ପଥରୁ। ଉପାୟହୀନ ହୋଇପଡ଼େ। ଯାହା ଘଟିଛି ମଉରା ଜୀବନରେ। ନିଜର ସାଧ୍ୟମତେ ନିଜର ଛୁଆ ଭାବି ସେ ସେମାନଙ୍କୁ ମଣିଷ କରିବାକୁ ଚାହିଁଥିଲେ ମଧ୍ୟ ପୋଲିସ୍ ରାଜନେତାମାନଙ୍କ ଚାପରେ ସେ ବିଫଳ ହୋଇଛି ତା'ର ସତ୍‌କର୍ମ ପଥରେ। ମଉରାର ସତ୍‌କର୍ମର ବିଫଳତା ହିଁ ମଣିଷର ସାମୂହିକ ଅଚେତନର ବିଫଳତା। ପୃଥିବୀର ସମସ୍ତଙ୍କୁ ନିଜର ସନ୍ତାନ ଭାବି ସେମାନଙ୍କ ମଙ୍ଗଳାର୍ଥେ ନିଜ ଜୀବନକୁ ଉତ୍ସର୍ଗ କରିଦେଇଥିବା ଭଗବାନ ଯୀଶୁଙ୍କର ମୂଲ୍ୟ ଯେପରି ନ ବୁଝିପାରି

ତାଙ୍କୁ କ୍ରୁଶବିଦ୍ଧ କରାଗଲା। ସେହିପରି ମଉରାର ନାଟ୍ୟକାର ଯୀଶୁଙ୍କର ଆଧୁନିକ ଅବତାର ରୂପେ ଚିତ୍ରଣ କରିଛନ୍ତି। ତା'ର ନିଃସ୍ୱାର୍ଥପର ସ୍ନେହ ଓ କର୍ତ୍ତବ୍ୟର ମୂଲ୍ୟ ସମାଜ ବୁଝିନପାରି ତାକୁ ସତ୍ ଓ ମିଥ୍ୟାର ମଝିରେ ଛିଡ଼ା କରେଇ ଦେଇଛି।

ଉପରୋକ୍ତ ନାଟକରେ ମଉରା ନିରୀହତାର ଆଦିକଳ୍ପ ହୋଇଥିବାବେଳେ 'ରାସ୍ତାସବୁ ବନ୍ଦ' ନାଟକର ମଧୁ ତ୍ରିପାଠୀ ସ୍ୱାଧୀନତା ସଂଗ୍ରାମୀ ଚରିତ୍ରର ଆଦିକଳ୍ପରେ ରୂପାନ୍ତରିତ। ସ୍ୱାଧୀନତା ସଂଗ୍ରାମୀ କହିଲେ ତା'ର ଅର୍ଥ ବୁଝେଇବାର ଆବଶ୍ୟକତା ପଡ଼େନାହିଁ। କାରଣ ସ୍ୱାଧୀନତା ସଂଗ୍ରାମୀ ଚରିତ୍ରର ଆଦିକଳ୍ପଟି ପ୍ରତ୍ୟେକ ମଣିଷର ଅବଚେତନ ସ୍ତରରେ ରହିଛି। ତେଣୁ ସ୍ୱାଧୀନତା ସଂଗ୍ରାମୀଟିର ଗୁଣ, ଧର୍ମ, ବ୍ୟକ୍ତିତ୍ୱ କିଭଳି ହେବା ଉଚିତ୍ ତାହା ସ୍ୱାଧୀନତା ସଂଗ୍ରାମୀଠାରୁ ଗାନ୍ଧୀ, ବିନୋଦାଭାବେଙ୍କ ଚରିତ୍ରରୁ ମଣିଷ ଉପଲବ୍ଧି କରିସାରିଛି। ମଣିଷ ମନର ଚିନ୍ତା ଚେତନାକୁ ପ୍ରଭାବିତ ତଥା ବିକଶିତ କରିବାରେ ପୌରାଣିକ ପୃଷ୍ଠଭୂମିକୁ ଭୂମିକା ଯଦିଓ ସର୍ବାଧିକ। ତେବେ ସମୟ ଓ ସମାଜର ପରିବର୍ତ୍ତନ ସହ ମାନବର ସ୍ତରରେ ମଧ୍ୟ ପରିବର୍ତ୍ତନ ହୋଇଥାଏ। ସମୟାନୁଯାୟୀ ନୂତନ ଚିନ୍ତାଧାରା ତା'ମନ ଭିତରେ ସୃଷ୍ଟି ହୁଏ। ଯେପରି ଗାନ୍ଧୀବାଦ। ଏହି ଗାନ୍ଧୀବାଦ ମଣିଷ ସୃଷ୍ଟି ହେବା ଦିନରୁ ନଥିଲେ ମଧ୍ୟ ସ୍ୱାଧୀନତା ସଂଗ୍ରାମରେ ଗାନ୍ଧୀଙ୍କ ଅବଦାନ, ତାଙ୍କର ନୀତି, ଆଦର୍ଶ, ଦେଶସେବା, ତାଙ୍କର ବାଣୀ ଆଦିରୁ ମଣିଷ ମନ ମଧ୍ୟରେ ପ୍ରଥମଥର ପାଇଁ ଗାନ୍ଧୀବାଦର ବୀଜବପନ ହେଲା ଏବଂ ଗାନ୍ଧୀ ଜଣେ ଐତିହାସିକ ଆଦିକଳ୍ପରେ ପରିଣତ ହୋଇଗଲେ। ଦାଶରଥି ଦାସଙ୍କ ମତରେ - "ସ୍ୱପ୍ନ, ପୁରାଣ, ଲୋକସାହିତ୍ୟ, ଧର୍ମ, ଗୁହ୍ୟସାଧନା, ଇତିହାସ ଓ ମଣିଷର ବ୍ୟକ୍ତିଗତ ଅଭିଜ୍ଞତାରେ ଯେଉଁ ପୁରୁଷ ମୂର୍ତ୍ତିଟି ପ୍ରାୟ ସବୁବେଳେ ଆବିର୍ଭୂତ ହୋଇଥାନ୍ତି ତାଙ୍କୁ ଜ୍ଞାନୀବୃଦ୍ଧ (The wise oldman) ଆର୍କିଟାଇପ୍ ନାମରେ ଅଭିହିତ କରି ହେବ xxx ମଣିଷ ମନରେ ଏହି ଜ୍ଞାନୀବୃଦ୍ଧର ପ୍ରଭାବ ଅପରିମିତ। ଐତିହାସିକ ଦୃଷ୍ଟିରୁ ତାହାର ରୂପ ପ୍ରକ୍ଷେପଣ ମଣିଷର ଚିନ୍ତାଚେତନା ଗଠନ ଦିଗରେ ଗୁରୁତ୍ୱପୂର୍ଣ୍ଣ ଭୂମିକା ଗ୍ରହଣ କରିଛି। କନ୍‌ଫୁସିଅସ୍, ବୁଦ୍ଧ, ଆରିଷ୍ଟଟଲ୍, କାର୍ଲମାର୍କ୍ସ, ମହାତ୍ମାଗାନ୍ଧୀ ସେହି ରୂପ ପ୍ରକ୍ଷେପଣର ଏକ ଏକ ଐତିହାସିକ ବ୍ୟକ୍ତି।"(ଆଧୁନିକ କାବ୍ୟ ଜିଜ୍ଞାସା: ଚିତ୍ରକଳ୍ପ, ପୃଷ୍ଠା-୧୩୮)

ଦେଶ ଇଂରେଜ ଶାସନାଧୀନ ଅବସ୍ଥାରେ ଥିବାବେଳେ ଭାରତୀୟମାନେ ଦେଶ ସ୍ୱାଧୀନ ହେବାପରେ ଯେଉଁ ରାମରାଜ୍ୟର ସ୍ୱପ୍ନ ଦେଖିଥିଲେ ସେହି ସ୍ୱପ୍ନଭଙ୍ଗ ହେବାକୁ ବେଶୀ ସମୟ ଲାଗିନଥିଲା। ଦିନେ ଯାହା ମଣିଷ ଜୀବନରେ ଚେତନ ଥିଲା ତାହା ଅବଦମିତ ହୋଇ ହୋଇଥାଏ ଅବଚେତନ। ସେହିପରି ଜଣେ ସଚ୍ଚା

ପ୍ରକୃତ ଦେଶସେବକ/ ସ୍ୱାଧୀନତା ସଂଗ୍ରାମୀର ଯେଉଁ ଚିତ୍ରଟି ମଣିଷର ମନରେ ଥିଲା କ୍ରମଶଃ ତାହା ଅବଚେତନ ସ୍ତରରେ ରହିଯାଇଛି । ସ୍ୱାଧୀନ ଦେଶର ରାଜନେତାମାନଙ୍କର ଶଠତା, କୂଟନୀତି, ଆଗରେ ସ୍ୱାଧୀନତା ସଂଗ୍ରାମୀର ଚିତ୍ରଟି ମ୍ଳାନ । ଆଲୋଚ୍ୟ ନାଟକରେ ମଧୁ ତ୍ରିପାଠୀ ଜଣେ ସଚ୍ଚା ସ୍ୱାଧୀନତା ସଂଗ୍ରାମୀ ଚରିତ୍ର ଭାବେ ଚିତ୍ରିତ । ଗାନ୍ଧୀଙ୍କ ଆଦର୍ଶରେ ଅନୁପ୍ରାଣୀତ ମଧୁ ତ୍ରିପାଠୀ ପୂର୍ବଭଳି ଲୋକମାନଙ୍କୁ ସତ୍ୟ, ଅହିଂସାର ବାଣୀ ଶୁଣାଇଛନ୍ତି, ମଣିଷର ପ୍ରକୃତ କର୍ମ, ଉଦ୍ଦେଶ୍ୟ, ଚିନ୍ତାଧାର ସମ୍ପର୍କରେ ଲୋକମାନଙ୍କୁ ବୁଝାଇଛନ୍ତି । ଲୋକମାନଙ୍କ ସାହାଯ୍ୟରେ ଆଶ୍ରମଟିଏ ପ୍ରତିଷ୍ଠା କରି ଯୋଗ, ପ୍ରାଣାୟମ ଶିକ୍ଷା ସହ ସାଧନାର ମନ୍ତ୍ର ଶିଖାଇ ସୁପ୍ତ ଲୋକମାନଙ୍କୁ ଜାଗ୍ରତ କରିବାକୁ ଚାହିଁଛନ୍ତି । ମାତ୍ର ବର୍ତ୍ତମାନର ଲାଳସା ଓ କ୍ଷମତା ଲୋଭୀ ରାଜନେତା କିଭଳି ମଧୁ ତ୍ରିପାଠୀ ଭଳି ସ୍ୱାଧୀନତା ସଂଗ୍ରାମୀଙ୍କୁ ପୁରସ୍କୃତ କରି ତାଙ୍କ ମାଧ୍ୟମରେ ଲୋକମାନଙ୍କର ନିକଟତର ହେବାକୁ ଚାହିଁଛନ୍ତି ତାହାର ଏକ ସୁନ୍ଦର ଚିତ୍ର ନାଟକରେ ପ୍ରଦତ୍ତ । ଆଲୋଚ୍ୟ ନାଟକରେ ନାଟ୍ୟକାର ଶ୍ରୀଯୁକ୍ତ ପାଣିଗ୍ରାହୀ ନାଟକର ଶେଷରେ ସ୍ୱାଧୀନତା ସଂଗ୍ରାମୀ ମଧୁ ତ୍ରିପାଠୀଙ୍କ ବିଫଳତା, ରାଜନେତାମାନଙ୍କର ସ୍ୱାର୍ଥନ୍ୱେଷୀ ଚିନ୍ତାଧାରାର ସଫଳତାକୁ ଦର୍ଶାଇ ବାର୍ତ୍ତମାନିକ ସମାଜର ଏକ ବାସ୍ତବ ଚିତ୍ରକୁ ରୂପାୟିତ କରିଛନ୍ତି ।

୧୯୮୫ ମସିହାରେ ଅଭିନୀତ ନାଟକ ‘ଯାହା ସବୁ ବୁଝାପଡ଼େ ନାହିଁ’ ନାଟକରେ ଛଅଜଣ ଅଭିନେତା ଓ ଜଣେ ଅଭିନେତ୍ରୀଙ୍କୁ ନେଇ ଦଣ୍ଡନାଟ ଶୈଳୀରେ ନାଟକର ଆରମ୍ଭ ଅତ୍ୟନ୍ତ ଚିତ୍ତାକର୍ଷକ । ସମାଜ ବିଭିନ୍ନ ସମସ୍ୟା ଘେରରେ ମଣିଷ ବଞ୍ଚିଥିଲେ ମଧ୍ୟ ସେ ସମସ୍ତ ସମସ୍ୟା ବିଷୟରେ ଅଜ୍ଞ । କାରଣ ମଣିଷ ନିଜ ନିଜ ଭିତରେ ଏତେ ମାତ୍ରାରେ ବନ୍ଦୀ ଯେ ବାହାର ଦୁନିଆର କ'ଣ ଘଟୁଛି ସେଥିପ୍ରତି ସେ ସଚେତନ ନୁହଁ । ଯେବେ ଯାଏ ନିଜେ ସେହି ସମସ୍ୟାର ସମ୍ମୁଖୀନ ନ ହୋଇଛି, ସେତେଦିନ ଯାଏ ସେ ଅନ୍ୟର ଦୁଃଖକୁ ହୃଦୟଙ୍ଗମ କରିପାରେନାହିଁ । ଖବର କାଗଜରେ ଦେଶଦୁନିଆର ବହୁ ସମସ୍ୟା ସମ୍ପର୍କରେ ଛପାଯାଏ, ଲୋକମାନେ ସେସବୁ ପଢ଼ନ୍ତି ସତ ମାତ୍ର ସେହି ସମସ୍ୟା ଭୋଗୁଥିବା ଲୋକଟିର କୌଣସି ଉପକାର ହୁଏ ନାହିଁ । ସମସ୍ତେ ନିଜ ନିଜ ଜୀବନରେ ପୁଣି ମଗ୍ନ ହୋଇଯାଆନ୍ତି । ସାଧାରଣ ଜନତା ସବୁ ଦେଖେ, ଜାଣେ ମାତ୍ର କିଛି ବୁଝିପାରେନାହିଁ । କାରଣ ସାଧାରଣ ଚକ୍ଷୁକୁ ଦେଖାଯାଉଥିବା ଘଟଣାର ଗଭୀରରେ ବହୁ ଘଟଣା ଘଟିଯାଇଥାଏ । ମରୁଡ଼ି, କ୍ଷୁଧା ଓ ଦାରିଦ୍ର୍ୟତାର ବଶବର୍ତ୍ତୀ ହୋଇ ନାଟକର ନାୟକ ଅଇଁଠୁ କିପରି ନିଜର ଏକମାତ୍ର ସନ୍ତାନକୁ ବିକ୍ରି କରିଛି ତାହା ହିଁ ନାଟକର ମୁଖ୍ୟ ବିଷୟବସ୍ତୁ । ସମାଜର ପ୍ରତିପତ୍ତିଶାଳୀ ଲୋକମାନଙ୍କଦ୍ୱାରା ନିରୀହ ସାଧାରଣ ଜନତାଙ୍କ ଶୋଷଣ, କ୍ଷୁଧାଜନିତ ଯନ୍ତ୍ରଣା,

ଦାରିଦ୍ର୍ୟତାର କଷ୍ଟ ଏବଂ ଏସବୁକୁ ସହ୍ୟ ନକରିପାରି ଅର୍ଥ ପାଇବାର ମିଥ୍ୟା ପ୍ରତିଶ୍ରୁତିରେ ସେହି ସ୍ୱାର୍ଥାନ୍ୱେଷୀ ଶୋଷକଙ୍କ ପାଖରେ ନିଜ ସନ୍ତାନକୁ ବିକ୍ରି କରିଦେବା, ନାବାଳକ ଶିଶୁ ଶ୍ରମିକଙ୍କ ଉପରେ ହେଉଥିବା ନିର୍ଯ୍ୟାତନା ଆଦି ଘଟଣାକୁ ନେଇ ନାଟକଟି ଗତିଶୀଳ। ଗୋଟିଏ ପଟେ କ୍ଷୁଧା ଜନିତ ଅସହ୍ୟ କଷ୍ଟ ଏବଂ ଅନ୍ୟପଟେ ନିଜ ସନ୍ତାନ ପ୍ରତି ଥିବା ଅପତ୍ୟ ସ୍ନେହ। ଜଣେ ଅସହାୟ ପିତା ପକ୍ଷେ ନିଜ ସନ୍ତାନକୁ ବିକ୍ରି କରିବାର କଷ୍ଟଟି ଯେ କେତେ ଯନ୍ତ୍ରଣାସିକ୍ତ ତାହାକୁ ଅଇଁଠୁ ଚରିତ୍ର ମାଧ୍ୟମରେ ଦର୍ଶାଯାଇଛି। ନାଟ୍ୟକାରଙ୍କ ମତରେ – 'ଯାହା ସବୁ ବୁଝାପଡ଼େ ନାହିଁ' ନାଟକରେ ମରୁଡ଼ି ଓ କ୍ଷୁଧା ସହିତ ନିଜ ସନ୍ତାନକୁ ବିକ୍ରି କରିବା ପ୍ରସଙ୍ଗଟି କେବଳ ବାସ୍ତବବାଦ ନୁହେଁ। କ୍ଷୁଧା ଓ ଅପତ୍ୟ ସ୍ନେହ ମଧ୍ୟରେ ଥିବା ତନନ ବାରମ୍ବାର ପୁନରାବୃତ୍ତି ହେଉଥିବାରୁ ତାହା ମଧ୍ୟ ଏକ ଯୁବକଙ୍କର ଆଦିକଳ୍ପ।" (ଆଦିମ ଦିଗନ୍ତ)।

ଉପରୋକ୍ତ ନାଟକର ନାୟକ ଅଇଁଠୁ ଶେଷରେ ସମାଜର ପ୍ରତିପତ୍ତିଶାଳୀ ଲୋକଙ୍କ ଶୋଷଣର ଶିକାର ହୋଇ ହାରିଯାଇଥିବା ବେଳେ 'ଚାଳିଶ୍ ମିନିଟ୍‌ରେ' ନାଟକର ନାୟକ ପ୍ରଦୋଷ କିନ୍ତୁ ଜୀବନର ଶେଷ ପର୍ଯ୍ୟନ୍ତ ସତ୍‌ପଥରୁ ବିଚ୍ୟୁତ ହୋଇନାହିଁ। ସାମ୍ବାଦିକ ପ୍ରଦୋଷ ପକ୍ଷେ ସତ୍ୟର ଅନ୍ୱେଷଣ ହିଁ ଏକମାତ୍ର ଲକ୍ଷ୍ୟ। ଏଥିପାଇଁ ତାକୁ ହରାଇବାକୁ ପଡ଼ିଛି ପତ୍ନୀ, ପରିବାର, ବନ୍ଧୁ, ବୃତ୍ତି, ସାମାଜିକ ପ୍ରତିଷ୍ଠା ଏବଂ ବରଣ କରିବାକୁ ପଡିଛି ମୃତ୍ୟୁକୁ। ମାତ୍ର ଫାଶୀଦଣ୍ଡ ପର୍ଯ୍ୟନ୍ତ ମଧ୍ୟ ସେ ସତ୍ୟର ପଥରୁ ଓହରି ଯାଇନାହିଁ। ସମାଜର ଖରାପ ପ୍ରବୃତ୍ତିରୁ ଲୋକମାନଙ୍କର ଚିନ୍ତାଧାରାକୁ ପରିବର୍ତ୍ତନ କରିବା ଯେପରି କଷ୍ଟକର, ସେହିଭଳି ଭଲ ମଣିଷମାନଙ୍କର ଆଦିକଳ୍ପ ହେଉଛି ପ୍ରଦୋଷ। ଏକ ସେକ୍ସ ର୍‍ୟାକେଟ୍ ଠାବ କରି ସେଥିରେ ରାଜନେତାମାନଙ୍କର ସମ୍ପୃକ୍ତିକୁ ଦେଖାଇବାର ଦୁଃସାହସ ହିଁ ତାକୁ ମୃତ୍ୟୁମୁଖରେ ପକାଇଛି। ମାତ୍ର ଶେଷ ପର୍ଯ୍ୟନ୍ତ ଫାଶୀଦଣ୍ଡକୁ ଭୟ ନକରି ଦୃଢ଼ତାର ସହ ନିଜର ବୃତ୍ତିରୁ, ଉଦ୍ଦେଶ୍ୟରୁ ତଥା ଲକ୍ଷ୍ୟ ପଥରୁ ବାହାରି ଯାଇନାହିଁ। ମାତ୍ର ଆଜିର ଏଇ ଭ୍ରଷ୍ଟାଚାର ଓ ଦୁର୍ନୀତିଗ୍ରସ୍ତ ସମାଜରେ ସଚ୍ଚୋଟ ସାଧୁଲୋକମାନେ ଯେପରି ଶତଚେଷ୍ଟା ପରେ ମଧ୍ୟ ବିଫଳ ହୋଇଯାଇଥାନ୍ତି, ସେହିପରି ପ୍ରଦୋଷର ମହତ୍ତ୍ୱ ଉଦ୍ଦେଶ୍ୟ ମଧ୍ୟ ସଫଳ ହୋଇନାହିଁ। ମାତ୍ର ନାଟକରେ ନାଟ୍ୟକାର ପ୍ରଦୋଷକୁ ଯେଉଁଭଳି ସତ୍ୟ, ନିଷ୍ଠା ଓ ଆଦର୍ଶର ପ୍ରତୀକ ଭାବେ ଚିତ୍ରଣ କରିଛନ୍ତି ତାହା ଉତ୍ତରପିଢ଼ି ପ୍ରତି ଏକ ସକରାତ୍ମକ ବାର୍ତ୍ତାପ୍ରଦାନ କରିଛି।

ଯୁଗଯୁଗ ଧରି ମଣିଷର ମନ ଭିତରେ ଆଧ୍ୟାତ୍ମିକ ଚେତନା, ଭଗବତ୍ ବୋଧ, ଈଶ୍ୱର ବିଶ୍ୱାସ ଦୃଢଭାବେ ବିଦ୍ୟମାନ ଥିଲା। ସବୁ ଧର୍ମ, ସବୁ ସମ୍ପ୍ରଦାୟ, ସବୁ ଦେଶରେ ଭଗବାନଙ୍କର ଅସ୍ତିତ୍ୱକୁ ସ୍ୱୀକାର କରାଯାଉଥିଲା। ଭଗବାନଙ୍କ ପ୍ରତି ମଣିଷ ମନରେ

ଭକ୍ତି ଓ ଭୟ ଉଭୟ ଥିଲା। ଯାହା ଫଳରେ କୌଣସି ଭୁଲ୍ କାମ କରିବାକୁ ମଣିଷ ଡରୁଥିଲା। ଯାହାର ବହୁ ଅଲୌକିକ କାହାଣୀ ଆମର ଇତିହାସ, କିମ୍ବଦନ୍ତୀ ଓ ପୁରାଣ ଗ୍ରନ୍ଥମାନଙ୍କରେ ବର୍ଣ୍ଣିତ। ମାତ୍ର ଦ୍ୱିତୀୟ ବିଶ୍ୱଯୁଦ୍ଧର ଭୟାବହ ଚିତ୍ର ଓ ହିରୋସୀମା, ନାଗାସାକି ଉପରେ ପରମାଣୁ ବୋମା ଜନିତ ଘଟଣା ପରେ ମଣିଷ ମନରେ ଈଶ୍ୱରଙ୍କ ସ୍ଥିତିକୁ ନେଇ ପ୍ରଶ୍ନବାଚୀ ସୃଷ୍ଟି ହେଲା। ଏହା ପରେ ଅସ୍ତିତ୍ୱବାଦ ବା ସ୍ଥିତିବାଦର ଆରମ୍ଭ ହିଁ ଏହି ଭାବନାକୁ ଦୃଢ଼ୀଭୂତ କରିଥିଲା। ଜର୍ମାନୀର ଦାର୍ଶନିକ ନିତ୍‌ସେ 'God is dead' ବା 'ଈଶ୍ୱର ମୃତ' ବୋଲି ଯେଉଁ ବାର୍ତ୍ତା ପ୍ରଦାନ କଲେ ତାହା ଧୀରେଧୀରେ ସମାଜରେ, ମଣିଷ ମନରେ ତଥା ସାହିତ୍ୟରେ ପ୍ରଭାବ ପକାଇଲା। ତେବେ ଈଶ୍ୱରଙ୍କର ଅସ୍ତିତ୍ୱକୁ ଅସ୍ୱୀକାର, ଆଧ୍ୟାତ୍ମିକ ଚେତନାର ଅବକ୍ଷୟ, ଧାର୍ମିକ ଚିନ୍ତାଧାରା ପ୍ରତି ପ୍ରଶ୍ନବାଚୀ ହିଁ ମଣିଷକୁ ଅଧିକରୁ ଅଧିକ ବିପଥଗାମୀ କରାଇଲା ଏବଂ ଏହା ହିଁ ସାମ୍ପ୍ରତିକ ସଭ୍ୟତାର ଧ୍ୱଂସର କାରଣ। ନାଟ୍ୟକାର ଶ୍ରୀଯୁକ୍ତ ପାଣିଗ୍ରାହୀଙ୍କ ମତରେ "୧୯୩୪ ମସିହାରେ ଅନନ୍ତ ପଟ୍ଟନାୟକ 'ନବଭାରତ'ରେ ଭଗବାନଙ୍କ ଅସ୍ତିତ୍ୱକୁ ଅସ୍ୱୀକାର କରି ଏକ କବିତା ଲେଖିଥିଲେ। ତା'ପରଠୁ 'ଆଧୁନିକତା' ସହିତ ଯୋଡ଼ି ହୋଇଗଲା 'ଈଶ୍ୱରଙ୍କ ମୃତ୍ୟୁ'। ମନକୁ ମନ ଆଧୁନିକ ଓ ଧର୍ମନିରପେକ୍ଷ ଆସିଗଲା ଭାରତୀୟ ସମ୍ବିଧାନ ଭିତରକୁ।" (ସେ ମରିଗଲେ, ପ୍ରାକ୍‌କଥନ, ପୃଷ୍ଠା-୧୨୯)

ଈଶ୍ୱରଙ୍କର ମୃତ୍ୟୁ ଏବଂ ବିଭିନ୍ନ ଧର୍ମ ସମ୍ପ୍ରଦାୟର ଧର୍ମଯାଜକ ତଥା ଜଣେ ବ୍ୟବସାୟୀ ଭଗବାନଙ୍କର ଶବକୁ ନେଇ କରୁଥିବା ରାଜନୀତିକୁ ଭିତ୍ତିକରି 'ସେ ମରିଗଲେ' ନାଟକର କଥାବସ୍ତୁ ଗତିଶୀଳ। ମଣିଷ ମନରୁ ଈଶ୍ୱର ବିଶ୍ୱାସ ଲିଭିଯିବାର ପ୍ରମୁଖ କାରଣ ହେଉଛି ଧର୍ମଯାଜକମାନଙ୍କର ଅହଂକାର ଓ ଅତ୍ୟାଚାର। ଧର୍ମନାମରେ ସାଧାରଣ ଭକ୍ତଙ୍କୁ ଶୋଷଣ କରିବା, ନିଜକୁ ଭଗବାନଙ୍କର ଅଂଶ ବୋଲି ପ୍ରଚାର କରିବା, ଭଗବାନଙ୍କୁ ନେଇ ବ୍ୟବସାୟ କରିବା, ଧର୍ମାନ୍ତରୀକରଣ, ଧର୍ମଗ୍ରନ୍ଥର ଲିଖିତ କଥାକୁ ଭିନ୍ନାର୍ଥବୋଧ ଭାବେ ପ୍ରଚାର ଆଦି ଧୀରେ ଧୀରେ ମଣିଷ ମନରେ ବିତୃଷ୍ଣା ଭାବ ସୃଷ୍ଟି କରିଛି। ଆଲୋଚ୍ୟ ନାଟକରେ ଭଗବାନଙ୍କୁ ବିକି ଭାଙ୍ଗି ତାଙ୍କ ନାମକୁ ପ୍ରଚାର କରି ଅର୍ଥୋର୍ଜନ କରୁଥିବା ହିନ୍ଦୁ, ମୁସଲିମ୍ ଓ ଖ୍ରୀଷ୍ଟଧର୍ମର ଧର୍ମଯାଜକ କିଭଳି ଭଗବାନଙ୍କ ମୃତ୍ୟୁ ପରେ ତାଙ୍କ ଶବକୁ ନେବାକୁ ପରସ୍ପର ଭିତରେ ଯୁକ୍ତିତର୍କ କରିଛନ୍ତି ତାହାକୁ ନାଟ୍ୟକାର ଅତ୍ୟନ୍ତ ଚମତ୍କାର ଭାବେ ଉପସ୍ଥାପନ କରିଛନ୍ତି। ଜଣେ ଭଜନ କ୍ୟାସେଟ୍ ବ୍ୟବସାୟୀ ମଧ୍ୟ ସମାଜରେ ନିଜର ପ୍ରତିଷ୍ଠା ବଢ଼ାଇବା ପାଇଁ ଭଗବାନଙ୍କ ଶବକୁ ନେଇ ରାଜନୀତି କରିଛନ୍ତି। ନାଟକରେ ଭଗବାନଙ୍କର ମୃତ୍ୟୁ ହିଁ ଆଧ୍ୟାତ୍ମିକ ଅବକ୍ଷୟର ଆଦିକଣ୍ଟ। ଭଗବାନଙ୍କ ମୃତ୍ୟୁରେ ଦୟା, ଧର୍ମ, ଅନୁକମ୍ପା, ମାନବିକତାର

ମଧ୍ୟ ମୃତ୍ୟୁ ଘଟେ। ଯାହା ସମାଜକୁ ଏକ ନକରାତ୍ମକ ଦିଗକୁ ନେଇଯାଏ। ମଣିଷକୁ ବିପଥଗାମୀ କରାଏ। ନାଟ୍ୟକାର ଶ୍ରୀଯୁକ୍ତ ପାଣିଗ୍ରାହୀ ଅତ୍ୟନ୍ତ ବ୍ୟଙ୍ଗ ଶାଣିତ ସଂଳାପ ମାଧ୍ୟମରେ ଭଗବାନଙ୍କ ମୃତ୍ୟୁ ପାଇଁ ଏହି ଧର୍ମଯାଜକମାନଙ୍କୁ ଦାୟୀ କରିଛନ୍ତି। ସେମାନଙ୍କର ସ୍ୱାର୍ଥପର ଚିନ୍ତାଧାରା ପ୍ରତି ଲୋକମାନଙ୍କୁ ସଚେତନ କରାଇଛନ୍ତି। ନାଟକର ଅନ୍ତିମ ଭାଗରେ ଭଗବାନଙ୍କର ସ୍ଥିତି (ଭଗବାନଙ୍କୁ ମାଧ୍ୟମ କରି ଅର୍ଥ ଅର୍ଜନ କରୁଥିବା ଲୋକଙ୍କର କୁତ୍ସିତ କାର୍ଯ୍ୟକଳାପ ଏବଂ ଭଗବାନଙ୍କୁ ହତ୍ୟା କରିଥିବା ସବୁ ମଣିଷମାନଙ୍କୁ) ପ୍ରତି ସବ୍‌ଇନ୍‌ସପେକ୍ଟରର ସଂଳାପଟି ଏହିପରି:xxx ଦେଖ, ଯିଏ ମରିଗଲେ ସେ ଜଣେ ମହାପୁରୁଷ ଥିଲେ। ବଞ୍ଚିଥିବାବେଳେ ତାଙ୍କର ବହୁ କ୍ଷମତା ଥିବା ସତ୍ତ୍ୱେ ସେ କେବେ ବି ତାକୁ ବ୍ୟବହାର କରିନାହାନ୍ତି। ଆଜିକାଲି କୁଜିନେତାଟିଏ ମଧ୍ୟ ତା'କ୍ଷମତାର ଅପବ୍ୟବହାର କରିବାକୁ ପଛାଉନଥିବା ବେଳେ ସେ ବାବୁ ନିଜ କ୍ଷମତା କେବେ ବ୍ୟବହାର ନକରିଥିବା ଦୃଷ୍ଟିରୁ ବାସ୍ତବିକ୍ ମହାନ ଥିଲେ। ତାଙ୍କୁ ଯିଏ ଯାହା ଗାଳି ଦେଉଥିଲା ସେ ଚକା ଆଖି ମେଲି ସବୁ ଦେଖୁଥିଲେ ଓ ଶୁଣୁଥିଲେ କିନ୍ତୁ ପ୍ରତିବାଦ କରୁନଥିଲେ। ଏମିତିକି ତାଙ୍କ ମୁଣ୍ଡରୁ ମୁକୁଟ, ଦେହରୁ ଗହଣା, ପାଖରେ ତାଙ୍କୁ ଭରସା କରି ଠିଆ ହୋଇଥିବା ଆଣ୍ଟିକ୍ ମୂର୍ତ୍ତି ସବୁକୁ ଚୋରି କରୁଥିବା ଚୋର କିମ୍ବା ତାଙ୍କ ଜମିବାଡ଼ିକୁ ନିଜ ନାଁରେ କରି ବିକି ଦେଉଥିବା ଭକ୍ତମାନଙ୍କୁ ସୁଦ୍ଧା ସେ କେବେ କିଛି କହିବାର ନଜିର ନାହିଁ। ତାଙ୍କୁ ପଥର ଫିଙ୍ଗି, କ୍ରୁଶବିଦ୍ଧ କରି ମାରିବାକୁ ଚେଷ୍ଟା କରିଥିବା ଲୋକଙ୍କୁ ମଧ୍ୟ ସେ କ୍ଷମା କରିଦେଇଥିଲେ। ତଥାପି ତାଙ୍କ ଭଳି ସରଳ, ନିର୍ମାୟା ଲୋକଟିର ହତ୍ୟା ହୋଇଗଲା। xxx।" (ଆଦିମ ଦିଗନ୍ତ, ପୃଷ୍ଠା-୧୫୧)

ନାଟକର କଥାବସ୍ତୁଟି ଯେଉଁଭଳି ଚମତ୍କାର, ଏହାର ସଂଳାପ ଏବଂ ଉପସ୍ଥାପନଶୈଳୀ ମଧ୍ୟ ଅତ୍ୟନ୍ତ ଚିତ୍ତାକର୍ଷକ। ଆରମ୍ଭରୁ ଶେଷ ପର୍ଯ୍ୟନ୍ତ ଦର୍ଶକଙ୍କୁ ବାନ୍ଧି ରଖିବାରେ ନାଟକଟି ସଫଳ।

'ଶ୍ରୀ ଶ୍ରୀ ମହାଲକ୍ଷ୍ମୀପୂଜା' ନାମକରଣଟି ପୌରାଣିକ ହୋଇଥିଲେ ମଧ୍ୟ ଏହାର ବିଷୟବସ୍ତୁ ରାଜନୀତିଭିତ୍ତିକ। ଯୁଗେ ଯୁଗେ ଲକ୍ଷ୍ମୀଙ୍କୁ ଧନର ଦେବୀ ବୋଲି ଲୋକେ ପୂଜା କରିଆସୁଛନ୍ତି। କାରଣ ପ୍ରତ୍ୟେକ ଲୋକଙ୍କ ଉପରେ ଲକ୍ଷ୍ମୀଙ୍କର କୃପାଦୃଷ୍ଟି ପଡୁ ଏବଂ ସେମାନଙ୍କ ଜୀବନରେ ଧନଧାନ୍ୟ ପୂରି ଉଠୁ ବୋଲି ନିଷ୍ଠାର ସହ ଏହି ବ୍ରତ ପାଳନ କରନ୍ତି। ତେବେ ନାଟକରେ ପୁରାଣର ଲକ୍ଷ୍ମୀ ଚରିତ୍ରକୁ ନେଇ ଆଧୁନିକ ବିଷୟବସ୍ତୁ ମାଧ୍ୟମରେ ଯେଉଁଭଳି ବର୍ଣ୍ଣନା କରାଯାଉଛି ତାହାକୁ ମିଥ୍ ବୋଲି କୁହାଯାଉଥିଲେ ମଧ୍ୟ ନାଟ୍ୟକାର ଧନତନ୍ତ୍ରକୁ ଆଦିକଳ୍ପ ବୋଲି ସୂଚାଇଛନ୍ତି। ଅନ୍ୟ ଏକ ଦୃଷ୍ଟିକୋଣରୁ ଆଲୋଚନା କଲେ ଜଣାଯାଏ ଲକ୍ଷ୍ମୀ ଏଠାରେ ଶାସକ ଦଳର

ମୁଖ୍ୟ ବା ମୁଖ୍ୟମନ୍ତ୍ରୀ। ବାସ୍ତବରେ ଲକ୍ଷ୍ମୀ ଯେପରି ହରିଜନମାନଙ୍କ ପାଇଁ ଅଧିକ ଲୋକପ୍ରିୟ ହୋଇପାରିଲେ, ନେତା ମଧ୍ୟ ତଳ ଶ୍ରେଣୀର ଲୋକମାନଙ୍କ ସାହାଯ୍ୟରେ ଉପରକୁ ଉଠନ୍ତି। ମାତ୍ର ପରେ ସେ ସେହି ସର୍ବହରାମାନଙ୍କୁ ଭୁଲି ପୁଞ୍ଜିପତିମାନଙ୍କୁ ଅଧିକ ନିଜର କରନ୍ତି। ଯେପରି ସର୍ବହରା ଓ ପୁଞ୍ଜିପତି ଉଭୟ ଲକ୍ଷ୍ମୀ ପୂଜା କରୁଥିଲେ ମଧ୍ୟ ତାଙ୍କର କୃପାଦୃଷ୍ଟି ସର୍ବଦା ପୁଞ୍ଜିପତିମାନଙ୍କ ଉପରେ ଥାଏ। ଯଦ୍ଦ୍ୱାରା ସେ ଅଧିକରୁ ଅଧିକ ଧନୀ ହୋଇଚାଲିଥା'ନ୍ତି। ଆଲୋଚ୍ୟ ନାଟକରେ ଲକ୍ଷ୍ମୀଙ୍କ ପାଇଁ ଏକ ସଭାର ଆୟୋଜନ କରିବା, ବିଭିନ୍ନ ସ୍ଥାନରୁ ପିଠା ଗଢ଼ିବା ପାଇଁ ଲୋକଙ୍କୁ ଆଣି ଲୋକଙ୍କ ସମାଗମ କରାଇବା, ମାର୍ଗଶିର ମାସ ଗୁରୁବାର ଓଷାକୁ ଜାତୀୟକରଣ କରାଇବା, ଲକ୍ଷ୍ମୀଙ୍କ ବିରୋଧରେ ବିଦ୍ରୋହ କରୁଥିବା ଲୋକଙ୍କୁ ଅର୍ଥର ଲୋଭ ଦେଖାଇ ଚୁପ୍ କରାଇବା, ମହାଲକ୍ଷ୍ମୀ ପୂଜା ସମିତିର ପୁରୁଣା ମେମ୍ବରଙ୍କୁ ଲକ୍ଷ୍ମୀଙ୍କ ପାଖରେ ବସିବାର ସୁଯୋଗ ନମିଳିବା, ଅଦୃଶ୍ୟରେ ଲୋକଙ୍କ ପାଇଁ ରାତାରାତି ସବୁ ସୁବିଧାର ବନ୍ଦୋବସ୍ତ କରିଦେବା ଆଦି ଘଟଣାଗୁଡ଼ିକ ମାଧ୍ୟମରେ ନାଟ୍ୟକାର ସାମ୍ପ୍ରତିକ ରାଜନୀତିର ଚିତ୍ର ପ୍ରଦାନ କରିଛନ୍ତି। ମାତ୍ର ନାଟକର ଶେଷରେ ମଣିଷ କିପରି ସବୁବେଳେ ପାଇବାର ଆଶାବାନ୍ଧି ନିଜ କର୍ମ କରିବାକୁ ଭୁଲିଯାଇଛି, ନିଜର ଲାଭ ଅପେକ୍ଷା ଅନ୍ୟର କ୍ଷତିକୁ ଅଧିକ ଗୁରୁତ୍ୱ ଦେଇଛି, ନିଜର ଲୋଭକୁ ଆୟତ୍ତ କରିନପାରି କେବଳ ପାଇବାର ସ୍ୱପ୍ନ ଦେଖୁଛି ଆଦି କଥା ମାଧ୍ୟମରେ ନାଟ୍ୟକାର ଲକ୍ଷ୍ମୀଙ୍କ ମୁଖରେ ଯେଉଁ ସଂଳାପ ଦେଇଛନ୍ତି ତାହା ଏକ ସଚେତନତାର ବାର୍ତ୍ତା ପ୍ରଦାନ କରିଛି। ବାସ୍ତବରେ ମଣିଷ ଭଲ ଓ ଖରାପ ଉଭୟ ଚେତନାର ବଶବର୍ତ୍ତୀ ହୋଇଥିଲେ ମଧ୍ୟ ତା'ର ଅଧିକରୁ ଅଧିକ ପାଇବାର ଲାଳସା ହିଁ ତା'ର ମାନବିକତାକୁ ନଷ୍ଟ କରିଦେଇ ତାକୁ ଈର୍ଷା, ଅହଂକାର, ଅସୂୟାର ଅଧିକ ନିକଟତର କରାଇଦେଇଛି। ଦାନ ହିଁ ସମସ୍ୟା, ଯାହା ମଣିଷକୁ ଧୀରେ ଧୀରେ ନଷ୍ଟ କରିଚାଲିଛି। ଅଧିକରୁ ଅଧିକ ଭିକାରୀ କରିଚାଲିଛି। ତେଣୁ ଲକ୍ଷ୍ମୀଙ୍କ ଭଳି ଅଗ୍ନିରୂପେ ସେମାନଙ୍କ ପାଖରୁ ସବୁ ଛଡ଼େଇ ନେବାର ଭୟ ହିଁ ମଣିଷକୁ ଉଚିତ ପଥ ଦେଖାଇପାରିବ।

୧୯୯୯ ମସିହା ମହାବାତ୍ୟା ପରର ବାହାର ପରିବେଶର ଦୃଶ୍ୟ ଯେତିକି ଭୟଙ୍କର ଥିଲା ମଣିଷ ମନର କଷ୍ଟ ଓ ଯନ୍ତ୍ରଣା ତା'ଠାରୁ ଅଧିକ ଭୟାବହ। ଏରସମା ଅଞ୍ଚଳର ପରିବେଶ, ରାଜନେତା ଓ ଅଫିସରମାନଙ୍କର କୂଟନୈତିକ ଚକ୍ରାନ୍ତ, ରିଲିଫ୍ ଜିନିଷ ଆତ୍ମସାତ୍ ଏବଂ ଜଣେ ମହିଳାର ମାନସିକ ଚିନ୍ତାର ଚିତ୍ର ବହନ କରିଛି ଆଲୋଚ୍ୟନାଟକ। ବାତ୍ୟାପରର ଏରସମା ଅଞ୍ଚଳର ବାସ୍ତବ ଘଟଣାଗୁଡ଼ିକ ହିଁ ନାଟକରେ ବର୍ଣ୍ଣିତ। ସେହି ସମୟରେ ରାଜନେତା ଓ ଅଫିସରମାନେ ଲୋକଙ୍କ ସାହାଯ୍ୟ

ପାଇଁ ଆସୁଥିବା ଅର୍ଥ ଓ ରିଲିଫ୍‌ର ଆତ୍ମସାତ୍ କରିବା, ଲୋକମାନେ ପ୍ରକୃତ ସାହାଯ୍ୟ ପାଉନଥିବା ବେଳେ ମିଥ୍ୟା ସରକାରୀ ରେକର୍ଡ ଦର୍ଶାଇବା ଏବଂ ଲୋକଙ୍କର ଦୁର୍ଦ୍ଦଶାର ଚିତ୍ର ଆଦି ନାଟକରେ ଦର୍ଶାଯାଇଛି। ଏହି ବାତ୍ୟା କେବଳ ମଣିଷର ଘର ଦ୍ୱାର ନଷ୍ଟ କରିଦେଇନି କେତେ ମଣିଷ ପାଖରୁ ତା'ର ପ୍ରିୟଜନକୁ ଛଡ଼ାଇ ନେଇ ତାକୁ ନିଃସ୍ୱ କରି ଦେଇଛି। ମାତ୍ର ସେହି ମଣିଷର ଅନ୍ତର ବେଦନାକୁ କୌଣସି ଟି.ଭି., ରେଡ଼ିଓ ବା କାହାଣୀରେ ଦର୍ଶାଯାଇପାରିବ ନାହିଁ। ନାଟ୍ୟକାର ନାଟକର ନାୟିକା ଦୀପା ମାଧ୍ୟମରେ ସେହି ବେଦନାକୁ ଦେଖାଇବାକୁ ଚେଷ୍ଟା କରିଛନ୍ତି। ବାତ୍ୟାରେ ନିଜର ବାପା, ଭାଇ ଓ ସ୍ୱାମୀକୁ ହରାଇଦେଇଥିବା ଦୀପା ପକ୍ଷେ ଏକମାତ୍ର ବଞ୍ଚିବାର ସାହାରା ଅନ୍ଧ ବୁଢ଼ା ଶ୍ୱଶୁର। ତେଣୁ ଶ୍ୱଶୁରକୁ ବଞ୍ଚାଇ ରଖିବାକୁ ଏବଂ ତାଙ୍କ କୋଳରେ ତାଙ୍କର ଉତ୍ତର ଦାୟାଦକୁ ଦେବାର ପ୍ରତିଶ୍ରୁତିକୁ ବଜାୟ ରଖିବାକୁ ସେ ପୁରାଣର ଦ୍ରୌପଦୀ ପରି ଭିନ୍ନ ପୁରୁଷଙ୍କର ନିକଟତର ହୋଇଛି। ସମାଜ ପକ୍ଷେ ଏହା ନିନ୍ଦନୀୟ ମାତ୍ର ଦୀପାର ପାରିପାର୍ଶ୍ୱିକ ପରିସ୍ଥିତି ଦେଖାଇବା ପରେ ଦର୍ଶକଙ୍କ ମନରେ ଘୃଣା ପରିବର୍ତ୍ତେ ଦୟା ଭାବନା ଫୁଟାଇବାକୁ ପ୍ରୟାସ କରିଛନ୍ତି ନାଟ୍ୟକାର। ଏଠାରେ ଦୀପା ସୃଜନ ଶକ୍ତିର ଆଦିକଳ୍ପ। ସମୟ ମଣିଷକୁ ଯେତେବେଳେ ଯେଉଁ ପରିସ୍ଥିତିର ସମ୍ମୁଖୀନ କରାଇବ ସେହି ଅନୁସାରେ ବଞ୍ଚିବା ପାଇଁ ମଣିଷ ନିଜର ପଥ ବାଛିନେବ। ମହାବାତ୍ୟାର ଭେଟି କାହାପାଇଁ ସୁଖାନ୍ତକ ତ ପୁଣି କାହାପାଇଁ ଦୁଃଖାନ୍ତକ। ଏହି ଭେଟି କାହାକୁ (ରାଜନେତା ଓ ଉଚ୍ଚପଦସ୍ଥ ଅଧିକାରୀ) ଆହୁରି ଆହୁରି ଅଧିକ ଧନୀ କରାଇ ଦେଇଥିବାବେଳେ କାହାର ସର୍ବସ୍ୱ ଛଡ଼ାଇନେଇ ତାକୁ ନିଃସ୍ୱ କରିଦେଇଛି। ଯାହା ଅତ୍ୟନ୍ତ ଚମତ୍କାର ଭାବେ ନାଟକରେ ରୂପ ପାଇଛି।

'ଗୋପବନ୍ଧୁଙ୍କ ଗଛ' ନାଟକରେ ମୁଖ୍ୟତଃ ଦୁଇଟି ଘଟଣା ପରିଲକ୍ଷିତ। ପ୍ରଥମତଃ ରାଜନୀତିକ ବ୍ୟବସ୍ଥାର ପ୍ରହସନ ଏବଂ ଦ୍ୱିତୀୟତଃ ଗ୍ରାମ ଲୋକମାନଙ୍କ ଦ୍ୱାରା ଆଦର୍ଶର ପୁନଃପ୍ରତିଷ୍ଠା। ଗୋବର ଗାଡ଼ିଆ ଗାଁର ଲୋକମାନଙ୍କ ପାଇଁ ଏକଦା ଗୋପବନ୍ଧୁ ଦାସ ଲଗାଇଥିବା ଆମ୍ବଗଛଟି ସାଧାରଣ ଗଛ ନୁହେଁ ଏହା ଆଦର୍ଶର ପ୍ରତୀକ ଭାବେ ବିଦ୍ୟମାନ ଏବଂ ଏହି ଆଦର୍ଶଟି ସେହି ଗାଁର ସବୁ ଲୋକମାନଙ୍କ ସାମୂହିକ ଅବଚେତନରେ ରହିଛି। ମାତ୍ର ବନ୍ୟାରେ ଉପୁଡ଼ି ପଡିଥିବା ଏହି ଗଛଟି ସହ ସତେ ଯେପରି ଉପୁଡ଼ି ପଡ଼ିଛି ଗୋଟିଏ ପରମ୍ପରା ଓ ଗୋଟିଏ ନୈତିକ ମୂଲ୍ୟବୋଧ। ନାଟକରେ ରାଜନୀତିର ଯେଉଁ ଚିତ୍ରଟି ପ୍ରଦତ୍ତ ତାହା ବାସ୍ତବଧର୍ମୀ। ସରକାରଙ୍କ ତରଫରୁ ବହୁ ଯୋଜନା, ବ୍ୟବସ୍ଥା ତଥା ସହାୟତା ପ୍ରଦାନ କରାଯାଉଥିଲେ ମଧ୍ୟ ତାହା ସାଧାରଣ ଲୋକମାନଙ୍କ ପାଖରେ ପହଞ୍ଚି ପାରୁନାହିଁ। ଭିନ୍ନ ଭିନ୍ନ ଆଳରେ ସ୍ଥାନୀୟ ରାଜନେତା

ଓ ଅଫିସରମାନେ ଏହାକୁ କିପରି ଆତ୍ମସାତ୍ କରନ୍ତି ଏବଂ ସାଧାରଣ ଲୋକଟି ନିଜ ଅଧିକାରରୁ ବଞ୍ଚିତ ହୁଏ ତାହା ହିଁ ନାଟକରେ ଦର୍ଶାଯାଇଛି । ଏକଦା ବନ୍ୟା ପ୍ରପୀଡ଼ିତ ଲୋକଙ୍କୁ ସାହାଯ୍ୟ କରିବାକୁ ଆସି ଗୋପବନ୍ଧୁ ଦାସ ଲଗାଇଥିବା ଆମ୍ବ ଗଛଟି ଯୁଗ ଯୁଗ ଧରି ସେହି ମହାପୁରୁଷମାନଙ୍କର ଦେଶସେବାର କାହାଣୀ ବଖାଣିଛି । ମାତ୍ର ଗଛଟି ଉପୁଡ଼ି ପଡ଼ିବା ପରେ ରାଜନେତା ତଥା ସରକାରୀ ଅଫିସର୍‌ମାନଙ୍କର ଯେଉଁ ସ୍ୱାର୍ଥ ସର୍ବସ୍ୱ କାର୍ଯ୍ୟକଳାପଟି ଦେଖାଇ ଦିଆଯାଇଛି ତାହା ଉଭୟ ସମୟର ଦେଶସେବାର ପାର୍ଥକ୍ୟଟିକୁ ଦର୍ଶାଇଛି । ଆଲୋଚ୍ୟ ନାଟକରେ ବରଜୁ ପ୍ରଧାନର ବନ୍ୟାରେ ଆସିଥିବା ଆର୍ଥିକ ସହାୟତାର ହିସାବ ମାଗି ଲୋକଙ୍କୁ ସଚେତନ କରାଇବା, ଗ୍ରାମମୁଖିଆ କୁବେର ଗନ୍ତାୟତଙ୍କର ଅନ୍ୟାୟ ବିରୁଦ୍ଧରେ ପ୍ରତିବାଦ କରି ଲହୁଲୁହାଣ ହେବା, ବିଧବା ନିରାଶ୍ରୟୀ ପୁନି ନାଇକାଣୀକୁ ଅଫିସର୍‌ମାନଙ୍କ ଲୋଲୁପ ଦୃଷ୍ଟିରୁ ଗ୍ରାମବାସୀ ବଞ୍ଚାଇ ରଖିବା ଆଦି ଘଟଣାରୁ ସେମାନଙ୍କ ଭିତରେ ଥିବା ଏକ ଆଦର୍ଶ ତଥା ମାନବିକତାର ଚିତ୍ରଟି ସ୍ପଷ୍ଟ । ଉପୁଡ଼ି ପଡିଥିବା ଗଛକୁ ଗ୍ରାମବାସୀମାନେ ମିଳିତ ଭାବରେ ପୋତିବାର ପ୍ରଚେଷ୍ଟା ମାଧମରେ ପୁନଶ୍ଚ ଆଦର୍ଶର ପ୍ରତିଷ୍ଠା କରିବାକୁ ଚେଷ୍ଟା କରିଛନ୍ତି । ମାତ୍ର ପୁଣି ଥରେ ସରକାରୀ କ୍ଷମତା ଦ୍ୱାରା କବଳିତ ହେବା ଘଟଣାଟି ବର୍ତ୍ତମାନ ସମାଜର ଆଦର୍ଶ ଓ ମୂଲ୍ୟବୋଧର ପୁନଃପ୍ରତିଷ୍ଠାର ଅସମ୍ଭବତାକୁ ସୂଚାଇଛି ।

ପୃଥିବୀରେ ଜନ୍ମ ଓ ମୃତ୍ୟୁ ନିରାଟ ସତ୍ୟ । ମୃତ୍ୟୁ ଅବଶ୍ୟମ୍ଭାବୀ । ପ୍ରତ୍ୟେକ ମଣିଷର ମନ ଭିତରେ ଏହି ମୃତ୍ୟୁ ଜନିତ ସତ୍ୟତା ରହିଥିଲେ ମଧ ମଣିଷ ମୃତ୍ୟୁକୁ ଅପେକ୍ଷା କରି ବସିରହେନାହିଁ । ମୃତ୍ୟୁ ପର୍ଯ୍ୟନ୍ତ ଜୀବନ ବଞ୍ଚିବାର ନାମ ହିଁ ସଂଘର୍ଷ । ପ୍ରତ୍ୟେକ ଦିନ ମଣିଷର ଗତି ମୃତ୍ୟୁ ଆଡ଼କୁ ଯାଉଥିଲେ ମଧ ମଣିଷ ସେଥିପ୍ରତି ସଚେତନ ନଥାଏ । ବାଲ୍ୟ, ଯୌବନ, କୈଶୋର ପରେ ବାର୍ଦ୍ଧକ୍ୟ ଅବସ୍ଥାରେ ପହଞ୍ଚିଲା ପରେ ମଣିଷ କୌଣସି ନା କୌଣସି ମୁହୂର୍ତ୍ତରେ ସଚେତନ ହୋଇପଡ଼େ ନିଜର ବୟସକୁ ନେଇ । ଯାହା ଘଟିଛି 'ବିଶ୍ୱମ୍ଭର ସେନାପତି ଓ ଦର୍ପଣ ଉପାଖ୍ୟାନମ୍' ନଟକର ନାୟକ ବିଶ୍ୱମ୍ଭରଙ୍କ କ୍ଷେତ୍ରରେ । ନିଜ ଭିତରେ ସେ କାଳର ପ୍ରବାହକୁ ଅଟକାଇ ଦେବାକୁ ଚାହିଁଛନ୍ତି । ବାର୍ଦ୍ଧକ୍ୟରେ ଉପନୀତ ହେବା ପରେ ମଧ ନିଜର ବାର୍ଦ୍ଧକ୍ୟକୁ ଅସ୍ୱୀକାର କରିନେବାକୁ ସେ ନାରାଜ । ଯୁବକ ଭଳି କାର୍ଯ୍ୟକଳାପ କରି ସେ ପୁଣି ଯୌବନକୁ ଫେରିଯିବାର ବ୍ୟର୍ଥ ଚେଷ୍ଟା କରିଛନ୍ତି । ଯେଉଁଥିପାଇଁ ତାଙ୍କୁ ଲୋକହସା ହେବାକୁ ପଡ଼ିଛି । ବାସ୍ତବ ଯେତେ ନିଷ୍ଠୁର ହେଉ ନା କାହିଁକି ତାହାକୁ ଗ୍ରହଣ କରିବାରେ ହିଁ ମଣିଷର ପ୍ରକୃତ ସୁଖ ଥାଏ । ନାଟକର ଶେଷରେ ଦର୍ପଣ ତାଙ୍କୁ ବାସ୍ତବତା ସହ ପରିଚିତ କରାଇବାପରେ ଅବଶିଷ୍ଟ ଜୀବନ ଭିତରେ ନିଜର କର୍ତ୍ତବ୍ୟ ସମାପ୍ତ କରିବା ପାଇଁ ସେ

ଜାଗ୍ରତ ହୋଇପଡିଛନ୍ତି। ବିଶ୍ୱମ୍ଭର ସେନାପତି ଚରିତ୍ର ମାଧ୍ୟମରେ ନାଟ୍ୟକାର ଏହି କଥାବସ୍ତୁଟି ଦର୍ଶାଇଥିଲେ ମଧ୍ୟ ଏହି ଭାବନାଟି କେବଳ ବିଶ୍ୱମ୍ଭରଙ୍କର ନୁହେଁ, ଏହା ସମଗ୍ର ମାନବ ସମାଜର ଅବଚେତନ ମନରେ ମଗ୍ନ ଅବସ୍ଥାରେ ଥାଏ। କେହି କେହି ହୁଏତ ଏହାକୁ ପ୍ରକାଶ କରିବାକୁ କୁଣ୍ଠାବୋଧ କରନ୍ତି। ମାତ୍ର ବାର୍ଦ୍ଧକ୍ୟରେ ଉପନୀତ ହେବାପରେ ଅତୀତର ସ୍ମୃତିସବୁ ପୁଣି ରୋମନ୍ଥିତ ହୋଇଉଠେ। ଅସମ୍ଭବ ବୋଲି ଜାଣି ମଧ୍ୟ ପୁଣି ପଛକୁ ଫେରିଯିବାକୁ ଇଚ୍ଛା ହୁଏ। ଆଲୋଚ୍ୟ ନାଟକରେ ଏହି ସୂକ୍ଷ୍ମ ଭାବନାକୁ ଦର୍ଶାଇବାରେ ନାଟ୍ୟକାର ସିଦ୍ଧହସ୍ତ।

'ଜେଜେମା' ନାଟକରେ ଏକ ପାରିବାରିକ ସମସ୍ୟାର ଉତ୍‌ଥାପନ କରାଯାଇଥିବାବେଳେ ଏହି ସମସ୍ୟା ଭିତରେ ପରିବାରର ଗୁରୁଜନମାନଙ୍କ ଭୂମିକାକୁ ଦର୍ଶାଇ ଦିଆଯାଇଛି। ସ୍ୱାମୀଙ୍କର ମୃତ୍ୟୁପରେ ଏକମାତ୍ର ପୁଅକୁ ପାଠପଢ଼ାଇ ମଣିଷ କରିବାର ମାଆ ପକ୍ଷେ ପୁଅ ଉପରେ ବୋହୂର ମାନସିକ ନିର୍ଯ୍ୟାତନା ଏବଂ ପୁଅର ଅସହାୟତାକୁ ସହ୍ୟ କରିବା କଷ୍ଟକର ହୋଇପଡିଛି। ପରିଣତ ବୟସରେ ପହଞ୍ଚିବା ପରେ ଯଦିଓ ଏହି ଗୁରୁଜନମାନେ ଅଲୋଡ଼ା ହୋଇପଡ଼ନ୍ତି ମାତ୍ର ଆବଶ୍ୟକତା ସ୍ଥଳେ ପରିବାରର ବିପଦ ସମୟରେ ଘରର ମେରୁଦଣ୍ଡ ଭଳି ଦଣ୍ଡାୟମାନ ହୁଅନ୍ତି। ନିଜ ଭିତରର ଦୁଃଖକୁ ସହ୍ୟ କରି ଅନ୍ୟକୁ ଧୈର୍ଯ୍ୟ ଦିଅନ୍ତି। ରାନୁ ପାଇଁ ତା'ଜେଜେମା ଜଣେ ସାଧାରଣ ମଣିଷ ନୁହେଁ। ପିତାଙ୍କର ମୃତ୍ୟୁପରେ ଯେଉଁ ମାଆଙ୍କଠାରୁ ଧିକ୍କାର ପାଇ ଜେଜେମା ନିଜସ୍ୱ ପନ୍ଥା ବାଛି ନେଇଥିଲା, ସେ ପୁଣି ସେହି ମାଆକୁ ଆଶ୍ୱାସନା ଦେଇ ତା'ର କଷ୍ଟ ଲାଘବ କରିବାକୁ ଚେଷ୍ଟା କରିଛି। ଏହା କେବଳ ରାନୁର ଜେଜେମାର କଥା ନୁହେଁ ବାସ୍ତବରେ ସମାଜର ପ୍ରତ୍ୟେକ ବୃଦ୍ଧ ପିତାମାତାଙ୍କର ପ୍ରତୀକ ହେଉଛି ଜେଜେମା। ପରିବାର ପାଇଁ ସେମାନଙ୍କର ଭୂମିକା ପ୍ରଶଂସନୀୟ। ଶତ ଲାଞ୍ଛନା, ଅପମାନ ସତ୍ତ୍ୱେ ଏମାନେ ନିଜର କର୍ତ୍ତବ୍ୟରୁ ଓହରି ଯାଆନ୍ତି ନାହିଁ। ଯାହାକୁ ନାଟ୍ୟକାର ଜେଜେମା ଚରିତ୍ର ମାଧ୍ୟମରେ ଉତ୍‌ଥାପନ କରିଛନ୍ତି।

ଉପରୋକ୍ତ ନାଟକ ଭଳି 'ବୁନ୍ଦାଏ ପାଣିରେ ସମୁଦ୍ର' ନାଟକରେ ମଧ୍ୟ ଗୁରୁଜନଙ୍କ ପ୍ରତି ସନ୍ତାନମାନଙ୍କର ଅବହେଳାର ଚିତ୍ର ରହିଛି। ଆଜିର ମଣିଷ ଏତେ ମାତ୍ରାରେ ଆଧୁନିକତା ସହ ଜଡ଼ିତ ଯେ ପ୍ରାଚୀନ କାଳର ନୀତି, ଆଦର୍ଶ ପରମ୍ପରା ତା'ପାଇଁ ମୂଲ୍ୟହୀନ। ମାତ୍ର ଆଧୁନିକତା ଯେ ଏହି ପ୍ରାଚୀନ ପରମ୍ପରା ଉପରେ ଦଣ୍ଡାୟମାନ ତାହା ସେମାନଙ୍କ ପକ୍ଷେ ବୁଝିବା କଷ୍ଟକର। ପିତା ସନାତନଙ୍କର ଯେଉଁ ଆଦର୍ଶ ଏକଦା ପୁତ୍ର ସନ୍ଦୀପକୁ ମଣିଷ କରିଥିଲା, ଚାକଚକ୍ୟ ସମାଜର ମିଥ୍ୟା ଆଧୁନିକତା ଆଗରେ ସେ ଆଦର୍ଶକୁ ପାସୋରି ଯାଇଛି। ଆଲୋଚ୍ୟ ନାଟକରେ ସନାତନ ଚରିତ୍ରଟି

ବୈଦିକ ଗୁରୁକୁଳ ଓ ଗୁରୁପରମ୍ପରାର ଆଦିକଳ୍ପ। ଆଧୁନିକତାର ବଶବର୍ତ୍ତୀ ଧ୍ୱଂସାଭିମୁଖୀ ଯୁବସମାଜ ପକ୍ଷେ ସନାତନଙ୍କର ଆଦର୍ଶ ମୂଲ୍ୟହୀନ ହୋଇଥିଲେ ମଧ୍ୟ ଶେଷ ସମୟ ପର୍ଯ୍ୟନ୍ତ ସେ ନିଜର ଆଦର୍ଶରୁ ଓହରି ଯାଇନାହାନ୍ତି। ଏକଦା ମନୁଷ୍ୟ ପୁଣି ଗୁରୁ ପରମ୍ପରାର ମୂଲ୍ୟକୁ ବୁଝିପାରିବାର ଅଭିପ୍‌ସା ନେଇ ନାଟକର ଶେଷରେ ସମୁଦ୍ରେ ଆଦର୍ଶରୁ ବଞ୍ଚିଥିବା ବୁନ୍ଦାଏ ଆଦର୍ଶକୁ ନିଜର ନାତି ହାତରେ ଦେଇଛନ୍ତି ସନାତନ। ଯାହା ପ୍ରାଚୀନ ନୀତି, ପରମ୍ପରା ଓ ଆଦର୍ଶର ପୁନଃ ପ୍ରତିଷ୍ଠାର ସୂଚନା ଦେଇଛି।

'ଆଦିମ ଦିଗନ୍ତ' ସଂକଳନସ୍ଥ ୧୧ଗୋଟି ନାଟକରେ ନାଟ୍ୟକାର ବହୁ ଘଟଣା ଓ ଚରିତ୍ର ମାଧ୍ୟମରେ ଆଦିକଳ୍ପର ପ୍ରୟୋଗ କରିଛନ୍ତି। ଏଥିରେ ବର୍ଣ୍ଣିତ ପ୍ରତ୍ୟେକ ଘଟଣା ମଣିଷର ଅବଚେତନ ମନରେ ରହିଥାଏ। ସାଧାରଣ ଗରିବ ଲୋକଙ୍କର ନିରୀହ ଚିନ୍ତାଧାରା ହେଉ ବା ସମାଜର ପ୍ରତିପତ୍ତିଶାଳୀ ଲୋକଙ୍କର ଶଠତା ହେଉ ପ୍ରତ୍ୟେକ ଭାବନା ମଣିଷର ମନ ଭିତରେ ରହିଛି। ଉପରୋକ୍ତ ସମସ୍ତ ନାଟକରେ ଆଦର୍ଶବାଦର ଦ୍ରୁତ ଅବକ୍ଷୟର ଚିତ୍ର ରହିଛି। ତେବେ ପ୍ରାୟ ୮ଗୋଟି ନାଟକର ପରିଣତି ସମ୍ପୂର୍ଣ୍ଣ ଦୁଃଖାନ୍ତକ ହୋଇଥିବା ବେଳେ ୩ଗୋଟି ନାଟକରେ ପୁନଶ୍ଚ ଏକ ସୁସ୍ଥ ସମାଜ ଗଠନ ଓ ଆଦର୍ଶର ପୁନଃ ପ୍ରତିଷ୍ଠାର ସୂଚନା ରହିଛି। ନାଟକର ବିଷୟବସ୍ତୁ ଯେପରି ବଳିଷ୍ଠ ଏହାର ଉପସ୍ଥାପନା ଶୈଳୀ ମଧ୍ୟ ସେଭଳି ଚମତ୍କାର। ଅଧିକାଂଶ ନାଟକର ସଂଳାପ ବ୍ୟଞ୍ଜନାଧର୍ମୀ ଏବଂ ଆରମ୍ଭରୁ ଶେଷ ପର୍ଯ୍ୟନ୍ତ ଖୁବ୍ ସୁନ୍ଦରଭାବେ ଉତ୍କଣ୍ଠାକୁ ବଜାୟ ରଖାଯାଇଛି। ପାରିବାରିକ ହେଉ ବା ସାମାଜିକ କ୍ଷେତ୍ର ହେଉ ପ୍ରତ୍ୟେକ ଦିନ ମଣିଷ ଯେଉଁ ସବୁ ସମସ୍ୟା ଓ ଭାବନା ମଧ୍ୟରେ ଜୀବନଯାପନ କରୁଛି, ସେହି ସବୁ ସୂକ୍ଷ୍ମ ଭାବନାକୁ ରୂପ ଦେବାରେ ନାଟ୍ୟକାର ସଫଳ ହୋଇପାରିଛନ୍ତି। ଉଭୟ ଆତ୍ମିକ ଓ ଆଙ୍ଗିକ ଦିଗରୁ ଏହା ଏକ ସଫଳ ନାଟକ।

ସହାୟକ ଗ୍ରନ୍ଥସୂଚୀ:

୧. ଦାସ, ଦାଶରଥି, ଆଧୁନିକ କାବ୍ୟଜିଜ୍ଞାସା: ଚିତ୍ରକଳ୍ପ, କଟକ, ଅଗ୍ରଦୂତ, ୨ୟ ସଂ.୧୯୯୧।

୨. ପାଣିଗ୍ରାହୀ, ରମେଶ ପ୍ରସାଦ; ଆଦିମ ଦିଗନ୍ତ, ଭୁବନେଶ୍ୱର, ନୟାପଲ୍ଲୀ, ବର୍ଷା ପବ୍ଲିକେସନ୍ ୧ମସଂ-୨୦୨୩।

୩. Abrams, M.H.A Glossary of Literary Terms, New Delhi, Macmillan India, 3rd Edition-2006.

■

ଅଧ୍ୟାପିକା, ଓଡ଼ିଆ ବିଭାଗ, ଇସ୍ପାତ ସ୍ୱୟଂଶାସିତ ମହାବିଦ୍ୟାଳୟ, ରାଉରକେଲା

ରାଜନୀତିର କୁହୁଳା ଧୂଆଁରେ 'ପାଉଁଶତଳର ନିଆଁ'

ଅଧ୍ୟାପିକା ଝରଣା ନାଥ

ସମାଜ ଓ ଜୀବନର ଅସଜଡ଼ା ଅବ୍ୟକ୍ତ ଭାବରାଜିକୁ ଜୀବନ୍ତ ଭାବରେ ସମାଜ ନିକଟରେ ପହଞ୍ଚାଇବାରେ ନାଟକ ପ୍ରମୁଖ ଭୂମିକା ଗ୍ରହଣ କରିଥାଏ। ଅସଜଡ଼ା ଜୀବନକୁ ସଜାଡ଼ିବାରେ ତଥା ପରିବର୍ତ୍ତନ କରିବାରେ ନାଟକର ପ୍ରସିଦ୍ଧି ରହିଛି। ପ୍ରାଚୀନ କାଳରୁ ଏହି ନାଟକ ହିଁ ଥିଲା ସମାଜ ସଚେତନର ଶ୍ରେଷ୍ଠ ମାଧ୍ୟମ। ପ୍ରାଚୀନ ସମୟରେ ଗୀତିନାଟ୍ୟ ମାଧ୍ୟମରେ ପୌରାଣିକ କଥାବସ୍ତୁ ଓ ଚରିତ୍ରକୁ ଆଧାରକରି ସାମାଜିକ ସଂସ୍କାର ଓ ବ୍ୟକ୍ତି ସଚେତନତାକୁ ଗୁରୁତ୍ୱ ଦିଆଯାଉଥିଲା। କିନ୍ତୁ ଆଧୁନିକ ସମୟରେ ନାଟକ ଗଦ୍ୟ ରୂପ ଧାରଣ କରିବା ସହିତ ସାମାଜିକ ବାସ୍ତବତାକୁ ପ୍ରାଧାନ୍ୟ ଦେବା ଆରମ୍ଭ କରିଥିଲା। ସ୍ୱାଧୀନତା ପରବର୍ତ୍ତୀ ସମୟରେ ବ୍ୟକ୍ତିର ଅନ୍ତର୍ମନକୁ ବିଶ୍ଳେଷଣ କରିବା ସହିତ ନାଟକ ବ୍ୟକ୍ତି, ସମାଜ ଓ ରାଜନୀତିର ଭ୍ରଷ୍ଟ ଆଚରଣକୁ ଉଲ୍ଲଙ୍ଘନ କଲା। ଫଳରେ ସ୍ୱାଧୀନତା ପରବର୍ତ୍ତୀ ସମୟରେ ନାଟ୍ୟକାର ପ୍ରଶଂସାମୁଖୀ ନହୋଇ ସମାଜମୁଖୀ ହୋଇଛନ୍ତି। ନାଟ୍ୟକାର ମଞ୍ଚର ଆଢୁଆଳରେ ରହି ସମାଜରେ ଘଟୁଥିବା ଅତ୍ୟାଚାର, ବ୍ୟଭିଚାର, ଦୁର୍ନୀତି, ଧର୍ଷଣ, ହତ୍ୟା ଆଦି ବିରୁଦ୍ଧରେ ସ୍ୱରୋତ୍ତୋଳନ କରି ନୂଆ ଏକ ଉଜ୍ଜ୍ୱଳ ସମାଜ ଗଢ଼ିବାକୁ ପ୍ରୟାସ କରିଛନ୍ତି।

ଆଧୁନିକ ଯୁଗର ଆରମ୍ଭ କାଳରୁ ନାଟକ ସମାଜ ସଂସ୍କାରକୁ ଆଧାର କରି ରଚିତ ହୋଇଥିଲା। ଏହି ସମୟରେ ନାଟକର ବହୁବିଧ ରୂପ ଲକ୍ଷ୍ୟ କରାଗଲା। ପୌରାଣିକ, ଐତିହାସିକ, ସାମାଜିକ ଓ ରାଜନୀତିକ କଥାବସ୍ତୁକୁ ନେଇ ଆଧୁନିକ ନାଟକ ସମୃଦ୍ଧ ହେଲା। କିନ୍ତୁ ଯେଉଁ ବିଷୟଟି ଜନସମାଜକୁ ଅଧିକ ପ୍ରଭାବିତ କରିଥିଲା ତାହା ଥିଲା ରାଜନୀତିକ ଘଟଣାବଳୀ। ଏହି ରାଜନୀତିକ ଘଟଣାକୁ ଆଧାର କରି ଓଡ଼ିଆ ନାଟକର ପରମ୍ପରା ୧୯୦୪ ମସିହାରେ ରାମଶଙ୍କର ରାୟଙ୍କ 'କାଞ୍ଚନମାଳି' ନାଟକଠାରୁ ଆରମ୍ଭ ହୋଇଥିଲା। ଏହି ନାଟକରେ ଉତ୍କଳଗୌରବ ମଧୁସୂଦନ ଦାସଙ୍କଦ୍ୱାରା ପ୍ରତିଷ୍ଠିତ ଉତ୍କଳ ସମ୍ମିଳନୀର ଜାତୀୟତାଧର୍ମୀ ପ୍ରସଙ୍ଗ ସହ ତତ୍କାଳୀନ ସମୟରେ ଓଡ଼ିଶା ଓ ମଧ୍ୟପ୍ରଦେଶ ମଧ୍ୟରେ ଚାଲିଥିବା ରାଜନୀତିକ ବିବାଦର ଚିତ୍ର

ପ୍ରତିଫଳିତ ହୋଇଥିଲା। ସାଧାରଣତଃ ସ୍ୱାଧୀନତା ପୂର୍ବବର୍ତ୍ତୀ ରାଜନୀତିକ ନାଟକରେ ଜାତୀୟ ଐକ୍ୟ ଓ ସଂହତି ପ୍ରତିଷ୍ଠା, ଦେଶାତ୍ମବୋଧ, ସ୍ୱାଧୀନତାର ସୁନୀଳସ୍ୱପ୍ନ, ଗାନ୍ଧୀ ଦର୍ଶନ, ଜମିଦାରୀ ଶାସନ, ଶୋଷିତ ଉପରେ ଶୋଷକର ଅତ୍ୟାଚାର, ମାର୍କ୍ସଙ୍କ ସାମ୍ୟବାଦୀ ଦର୍ଶନ ଆଦି ବିଷୟବସ୍ତୁ ସ୍ଥାନିତ ହୋଇଥିଲା। ଏହି ସମୟରେ ଯେଉଁସବୁ ରାଜନୀତିକ ନାଟକ ରଚିତ ହୋଇଥିଲା ତାହା ହେଉଛି- ରାମଶଙ୍କର ରାୟଙ୍କ 'ବିଶ୍ୱଯଜ୍ଞ' (୧୯୧୬-ବଙ୍ଗଭଙ୍ଗ ଆନ୍ଦୋଳନ), କାଳୀଚରଣ ପଟ୍ଟନାୟକଙ୍କ 'ଭାତ' (୧୯୪୪, ଥିଲାବାଲା ଓ ନଥିଲା ବାଲାଙ୍କ ସଂଘର୍ଷ), 'ରକ୍ତମାଟି' (୧୯୪୭, ପୁଞ୍ଜିପତି ଓ ଶ୍ରମିକ ମଧ୍ୟରେ ସଂଘର୍ଷ), 'କମଳା' (୧୯୪୩, ଶୋଷକ ଓ ଶୋଷିତ ପ୍ରସଙ୍ଗ), ଲକ୍ଷ୍ମୀଧର ନାୟକଙ୍କ 'ଜମିଦାର', 'ଲାଲ୍ ଚାବୁକ', ଭଞ୍ଜକିଶୋର ପଟ୍ଟନାୟକଙ୍କ 'ଜହର' (୧୯୪୬, ଭାରତଛାଡ଼ ଆନ୍ଦୋଳନ) ଇତ୍ୟାଦି।

ସ୍ୱାଧୀନତା ପରବର୍ତ୍ତୀ ସମୟରେ ଓଡ଼ିଆ ନାଟକ କ୍ଷେତ୍ରରେ ବ୍ୟାପକ ପରିବର୍ତ୍ତନ ଲକ୍ଷ୍ୟ କରାଯାଇଛି। ନବନାଟ୍ୟ ଆନ୍ଦୋଳନ ସୃଷ୍ଟି ହେବା ସହିତ ନାଟକରେ ବିଭିନ୍ନ ପରୀକ୍ଷା ନିରୀକ୍ଷା ଆରମ୍ଭ ହୋଇଛି। ରାଜନୀତିକ ବିଦ୍ୱେଷ, ଭ୍ରଷ୍ଟାଚାର, ଶୋଷଣ ଆଦି ସମାଜରେ ବୃଦ୍ଧି ପାଇବା ସହିତ ଜନମାନସକୁ ପ୍ରଭାବିତ କଲା, ଫଳରେ ନାଟ୍ୟକାର ରାଜନୀତିକ ବ୍ୟକ୍ତି ଓ ଦଳମାନଙ୍କର ସାଧାରଣ ଜନତାଙ୍କ ପ୍ରତି ମିଛ ଆଶ୍ୱାସନା ଓ ପ୍ରତିଶ୍ରୁତିକୁ ବ୍ୟଙ୍ଗ ବିଦ୍ରୂପ କରିବା ସହିତ ସେମାନଙ୍କର ଭଦ୍ରମୁଖାକୁ ନାଟକ ମାଧ୍ୟମରେ ଦେଖେଇ ଦେଇଛନ୍ତି। ସ୍ୱାଧୀନତା ପୂର୍ବବର୍ତ୍ତୀ ସମୟରେ ଅସଂଖ୍ୟ ଜନତାଙ୍କ ଆଖିରେ ସ୍ୱାଧୀନତାର ସ୍ୱପ୍ନ ଭାସି ଉଠିଥିଲା କିନ୍ତୁ ସ୍ୱାଧୀନତା ପରେ ସକଳ ସ୍ୱପ୍ନ ପାଣିଫୋଟକା ପରି ମିଳେଇ ଯାଇଥିଲା। ଫଳରେ ସ୍ୱପ୍ନ ଭଙ୍ଗ ହିଁ ସ୍ୱାଧୀନତା ପରର କେବଳ ନାଟ୍ୟ ସାହିତ୍ୟ ନୁହେଁ, ସମଗ୍ର ଓଡ଼ିଆ ସାହିତ୍ୟର ଭିତ୍ତିଭୂମି ହୋଇ ଛିଡ଼ା ହେଲା। ପଙ୍କିଳ ରାଜନୀତି ମଧ୍ୟରେ ସାଧାରଣ ଜନଜୀବନ ଦୁର୍ବିସହ ହୋଇପଡ଼ିଲା। ତେଣୁ ସ୍ୱାଧୀନତା ପରବର୍ତ୍ତୀ ସମୟରେ ଅନେକ ନାଟକରେ ଏହି କୁତ୍ସିତ ରାଜନୀତିର ଦୁର୍ବଳ ଦିଗଗୁଡ଼ିକ ଲକ୍ଷ୍ୟ କରାଯାଏ। ମନୋରଞ୍ଜନ ଦାସଙ୍କ 'ଆଗାମୀ' (୧୯୫୦, ଶରତର ଆଦର୍ଶଗତ ରାଜନୀତିର ବିଫଳତା), ଭଞ୍ଜକିଶୋର ପଟ୍ଟନାୟକଙ୍କ 'ଅଶୋକସ୍ତମ୍ଭ' (ରାଜେନ୍ଦ୍ର ଗାନ୍ଧୀବାଦ ଉପରେ ବିଶ୍ୱାସ କରି ବ୍ୟର୍ଥ ହୋଇଛି), ରାମଚନ୍ଦ୍ର ମିଶ୍ରଙ୍କ 'ନରୋତ୍ତମ ଦାସ କହେ' (ଦୁର୍ନୀତିଗ୍ରସ୍ତ ରାଜନୀତିକ ସମାଜର ସ୍ଥୂଳ ଚିତ୍ର), ବିଶ୍ୱଜିତ୍ ଦାସଙ୍କ 'ନିଶିପଦ୍ମ' (ଅଧୋଗତି ସମ୍ପନ୍ନ ରାଜନୀତି), କାର୍ତ୍ତିକଚନ୍ଦ୍ର ରଥଙ୍କ 'ଆଜିର ରାଜା' (ରାଜନୀତି କିଭଳି ଶିଳ୍ପ ବ୍ୟବସାୟ ଓ ଚାକିରୀ ସର୍ବସ୍ୱ ହୋଇଛି ତାହା ଲକ୍ଷ୍ୟ କରାଯାଏ) ରମେଶ ପାଣିଗ୍ରାହୀଙ୍କ 'ବିନ୍ଦୁ ଓ ବଳୟ' (ସଭ୍ୟତା ନାମରେ ଡାକବଙ୍ଗଳା ଭିତରେ

ଚାଲିଥିବା ଏକ ବ୍ୟଭିଚାରର ଚିତ୍ର), 'ମାହାନାଟକ' ଓ ସୁବୋଧ ପଟ୍ଟନାୟକଙ୍କ 'ଏଥୁଅନ୍ତେ' ଆଦି ନାଟକରେ ଗଣତନ୍ତ୍ର ନାମରେ ଚାଲୁଥିବା ସ୍ୱେଚ୍ଛାଚାର ଏବଂ ଏକଛତ୍ରବାଦକୁ ସ୍ପଷ୍ଟ କରିଦିଆଯାଇଛି। ସ୍ୱାଧୀନତା ପରବର୍ତ୍ତୀ କାଳରେ ଯେଉଁସବୁ ଚର୍ଚ୍ଚିତ ରାଜନୀତିକ ନାଟକ ରହିଛି ସେଗୁଡ଼ିକ ମଧ୍ୟରେ - ଗୋପାଳ ଛୋଟରାୟଙ୍କ 'ପରକଲମ' (ଏଥିରେ ସମାଜରେ ଘଟୁଥିବା ବିଭିନ୍ନ ରାଜନୀତିକ ସମସ୍ୟା ଓ ତାର ଉପଚାର ଗୁଡ଼ିକ ବ୍ୟଙ୍ଗାତ୍ମକ କରୂପରେ ଚିତ୍ରାୟିତ), ରତି ମିଶ୍ରଙ୍କ 'ଦେଖ ବର୍ଷା ଆସୁଛି' (ରାଜନେତାମାନେ ସାଧାରଣ ଲୋକଙ୍କୁ କେବଳ ସ୍ୱପ୍ନ ଦେଖାଇଛନ୍ତି କିନ୍ତୁ ପୂରଣ କରିନାହାନ୍ତି), ରଣଜିତ୍ ପଟ୍ଟନାୟକଙ୍କ 'ଗୋଇଠା ବାବା', 'ବାଘ ଶିକାର', (ସାମ୍ପ୍ରତିକ ରାଜନେତାଙ୍କ ଅସଲ ମୁଖା ଖୋଲିଦିଆଯାଇଛି) ଆଦି ଶ୍ରେଷ୍ଠତମ।

ବିଂଶ ଶତାବ୍ଦୀର ଅଶି ଦଶକ ବେଳକୁ ଓଡ଼ିଆ ନାଟକ କ୍ଷେତ୍ରରେ ଯେଉଁସବୁ ନାଟ୍ୟକାରମାନେ ପ୍ରସିଦ୍ଧି ଅର୍ଜ୍ଜନ କରିସାରିଥିଲେ ସେମାନଙ୍କ ମଧ୍ୟରୁ ନାଟ୍ୟକାର ରମେଶ ପ୍ରସାଦ ପାଣିଗ୍ରାହୀ ଥିଲେ ଅନ୍ୟତମ। ତାଙ୍କ ବ୍ୟକ୍ତିତ୍ୱ ଓ କୃତିତ୍ୱ ତାଙ୍କୁ ଓଡ଼ିଆ ନାଟ୍ୟଜଗତରେ ପ୍ରସିଦ୍ଧି ଆଣିଦେଇଛି। ସେ ଏକାଧାରାରେ ଜଣେ ସଫଳ ନାଟ୍ୟକାର, ଔପନ୍ୟାସିକ ଓ ସଂଳାପ ଲେଖକ। ନାଟ୍ୟକାର ୧୯୪୩ ମସିହା ଏପ୍ରିଲ ମାସ ୧୨ ତାରିଖ ଦିନ ଗଞ୍ଜାମ ଜିଲ୍ଲାର ଧରାକୋଟଠାରେ ଜନ୍ମଗ୍ରହଣ କରିଛନ୍ତି। ପିଲାଟିବେଳୁ ତାଙ୍କର ଅନ୍ନପୂର୍ଣ୍ଣା 'ଏ'ଗ୍ରୁପ୍ ସହିତ ପ୍ରତ୍ୟକ୍ଷ ସମ୍ପର୍କ ଯୋଗୁ ସେ ନାଟକ ପ୍ରତି ଆକୃଷ୍ଟ ହୋଇଥିବାର ନିଜେ ସ୍ୱୀକାର କରନ୍ତି। ବୃତ୍ତିଗତ ଜୀବନରେ ସେ ଜଣେ ଇଂରାଜୀ ଅଧ୍ୟାପକ ହେଲେ ହେଁ ଓଡ଼ିଆ ନାଟ୍ୟ ସାହିତ୍ୟକୁ ସମୃଦ୍ଧି କରିବାରେ ତାଙ୍କର ଭୂମିକା ଅତୁଳନୀୟ। ତାଙ୍କର ପ୍ରଥମ ନାଟକ ହେଉଛି ୧୯୬୨ ମସିହାରେ ରଚିତ 'ମୁକ୍ତି ମଣ୍ଡପ'। ନାଟ୍ୟକାରଙ୍କର ସର୍ବପ୍ରଥମ ମୁଦ୍ରିତ ପୁସ୍ତକ ହେଉଛି 'ମୁଁ ଆମ୍ଭେ ଓ ଆମ୍ଭେମାନେ'(୧୯୭୦)। ଏହି ନାଟକର ନାମ ଅନୁସାରେ ରମେଶ ପାଣିଗ୍ରାହୀଙ୍କ ବାସଗୃହ ମଧ୍ୟ ପରିଚିତ। ତେଣୁ ଏହି ନାଟକଟି ନାଟ୍ୟକାରଙ୍କର ଅତି ପ୍ରିୟ ଓ ଚର୍ଚ୍ଚିତ ନାଟକ। ନାଟ୍ୟକାରଙ୍କର ସର୍ବମୋଟ ୯୧ଟି ଓଡ଼ିଆ ନାଟକ, ୧୮ଟି ଯାତ୍ରା ନାଟକ ଓ ୨୩ଟି ଇଂରାଜୀ ନାଟକ ରହିଛି। 'ଧୃତରାଷ୍ଟ୍ରର ଆଖି', 'ଗୁଣ୍ଡା', 'ବିନ୍ଦୁ ଓ ବଳୟ', 'ମହାନାଟକ', 'କମଳପୁର ଡାକଘର', 'ଶେଷ ପାହାଚ', 'ଆଲବମ୍ ଝିଅ' ଇତ୍ୟାଦି ତାଙ୍କ ସୃଷ୍ଟି ପ୍ରତିଭାର ଏକ ଏକ ପରିଚୟ। ୨୦୧୮ ମସିହାରେ ବାଲେଶ୍ୱରର ଚନ୍ଦ୍ରଭାଗା ପବ୍ଲିକେଶନ୍ ଦ୍ୱାରା ପ୍ରକାଶିତ 'ଧୂପକାଠିର ଘର' ତାଙ୍କର ଏକମାତ୍ର ଉପନ୍ୟାସ। ନାଟ୍ୟକାର ରମେଶ ପାଣିଗ୍ରାହୀଙ୍କ ଦ୍ୱାରା ରଚିତ ଅନେକ ନାଟକ ମଧ୍ୟରୁ 'ପାଉଁଶତଳର ନିଆଁ' ଏକ ରାଜନୀତିକ ନାଟକ।

ଶ୍ରୀଯୁକ୍ତ ପାଣିଗ୍ରାହୀଙ୍କ ବହୁ ପାଠକାଦୃତ ନାଟକ ହେଉଛି 'ପାଉଁଶ ତଳ

ନିଆଁ'। ଏହା ତାଙ୍କର ୯୨ତମ ନାଟକ। ୨୦୨୨ ମସିହାରେ ବର୍ଷା ପବ୍ଲିକେଶନ ଦ୍ୱାରା ପ୍ରକାଶିତ 'ପାଉଁଶତଳ ନିଆଁ' ନାଟ୍ୟକାରଙ୍କ ଏକ କ୍ଷମତା ପ୍ରବଣ ରାଜନୀତିକ ନାଟକ। ଯେଉଁ ରାଜନୀତି ଶୁଦ୍ଧ ମାନବିକତାରେ ଅଗ୍ନି ସଂଯୋଗ କରି ସକଳ ସମ୍ପର୍କକୁ ମାନବିକତା ହୀନ ପାଉଁଶରେ ପରିଣତ କରିଛି। ସାଧାରଣ ଦୃଷ୍ଟିକୁ ଆସୁନଥିବା ଅଗ୍ନି ପାଉଁଶ ତଳେ ଲୁଚିରହିଥାଏ। ସମୟ ସୁବିଧା ଦେଖି ଉକ୍ତ ଅଗ୍ନି ସଂଚରିଯାଏ, ମୁହୂର୍ତ୍ତକରେ ସବୁକିଛି ଜାଳିପୋଡ଼ି ଧ୍ୱଂସ କରିଦିଏ। ନାଟକର ଆରମ୍ଭରୁ 'ଅଭୀଷ୍ଟ: ପାଉଁଶତଳ ନିଆଁ' ଶୀର୍ଷକରେ ନାଟ୍ୟକାର ଏହି ନାଟକ ସମ୍ପର୍କରେ ସୂଚନା ଦେଇ କହିଛନ୍ତି "ଏହି ନାଟକରେ ରାଜନୀତିକ ଓ କୌଟନୀତିକ ସଂଘର୍ଷର ଅନ୍ତରାଳରେ ଉପସ୍ଥିତ ଥିବା ଅଗ୍ନିକୁ ଆହ୍ୱାନ କରାଯାଇଛି। ଏଥିରେ ବ୍ୟବହୃତ ହିଂସାତ୍ମକ ଘଟଣାଗୁଡ଼ିକର ଫଳାଫଳ ପାଉଁଶ ତଳ ନିଆଁ ଦ୍ୱାରା ସଂକ୍ରମିତ। xxx ମୂଳରୁ ଶେଷ ଯାଏଁ ଅଗ୍ନି ଏହି ନାଟକର ମୁଖ୍ୟ ଚିନ୍ତନ ବିମ୍ବ।"

'ପାଉଁଶତଳ ନିଆଁ' ଏକ ଭିନ୍ନ ସ୍ୱାଦର ନାଟକ। ୨୩ଟି ଦୃଶ୍ୟ ସମ୍ବଳିତ ଏହି ନାଟକରେ ସମଗ୍ର ୨୩ଟି ପୁରୁଷ ଚରିତ୍ର ଓ ୩ଟି ନାରୀ ଚରିତ୍ର ସ୍ଥାନିତ। ଭାବ ଓ ଭାଷା ଦୃଷ୍ଟିରୁ ଏହି ନାଟକଟି ବେଶ୍ ହୃଦୟସ୍ପର୍ଶୀ ହୋଇପାରିଛି। ଏହାର ପ୍ରଚ୍ଛଦପଟ ମଧ୍ୟ ବେଶ୍ ଆକର୍ଷଣୀୟ ଓ ହୃଦୟ ବିଦାରକ। ନାରୀଟିଏ ଯୁଗଯୁଗ ଧରି ଲାଞ୍ଛିତା, ଧର୍ଷିତା, ଅତ୍ୟାଚାରିତା, ଅପମାନିତା, ଦଣ୍ଡିତା ପୁଣି ସେହି ନାରୀ ସମ୍ମାନିତା ଓ ପୂଜିତା। ନାଟ୍ୟକାର ପାଣିଗ୍ରାହୀ ଉକ୍ତ ନାଟକରେ ଜଣେ ଅନାଥ ନାରୀ ବିଉଟି କିପରି ସମାଜର ବିଭିନ୍ନ ଲୋକଙ୍କ ଦ୍ୱାରା ଧର୍ଷଣ ଓ ଲାଞ୍ଛନାର ଶିକାର ହୋଇଛି ତାହାକୁ ଅତ୍ୟନ୍ତ ମାର୍ମିକ ଭାବରେ ଦର୍ଶାଇଛନ୍ତି। ତିନିଲକ୍ଷ ମୂଲ୍ୟରେ କ୍ରୟ ହୋଇ ଆସିଥିବା ବିଉଟି ସାରା ଜୀବନ ସୁକୁମାରୀ ଓ ତାର ସ୍ୱାମୀ ପିତାମ୍ବର ଏବଂ ପୁତ୍ର ଖୋକାର ସେବା କରିଛି। ସେଠାରେ ଅନେକ ଗାଳି ଓ ମାଡ଼ ଖାଇ ମଝିରେ ମଝିରେ ଖୋକା ଦ୍ୱାରା ଧର୍ଷିତା ହୋଇଛି। ଅମାବାସ୍ୟାରେ ଚନ୍ଦ୍ର ଉଇଁବା ପରି ତାର ଜୀବନ ଆକାଶରେ ସୁମନ୍ତର ଆବିର୍ଭାବ କିଛି କ୍ଷଣ ପାଇଁ ତାକୁ ସାନ୍ତ୍ୱନାର ଆଲୋକରେ ଆଲୋକିତ କରିଛି। ସୁମନ୍ତ ପ୍ରତିଶ୍ରୁତି ଦେଇଛି ଚାରିଲକ୍ଷ ମୂଲ୍ୟରେ ତାକୁ ସବୁଦିନ ପାଇଁ ଏହି ନର୍କ ଯନ୍ତ୍ରଣାରୁ ଉଦ୍ଧାର କରିବ ଏବଂ ଦୁଇଜଣ ଏକ ନୂଆ ସଂସାର ଗଢ଼ିବେ। କିନ୍ତୁ ସୁମନ୍ତର ବିଳମ୍ବ ଯୋଗୁ ପ୍ରତାପ ଜେନା ଚାରିଲକ୍ଷ ଟଙ୍କା ଦେଇ ବିଉଟିକୁ କିଣି ନେଇଛି। ଶେଷରେ ବିଉଟି ପାଲଟି ଯାଇଛି କ୍ରୟ ବିକ୍ରୟର ଏକ ସାମଗ୍ରୀ। ଯିଏ ଯେତେବେଳେ ଚାହିଁବ ତାକୁ କିଣିନେବ ଏବଂ ଅତ୍ୟାଚାର କରି କାର୍ଯ୍ୟ ହାସଲ କରିବ। ଏହି ହିଂସ୍ର ପୁରୁଷ ସମାଜରେ ଅମାନୁଷିକତାର ଏକ ଜ୍ୱଳନ୍ତ ଉଦାହରଣ 'ପାଉଁଶତଳ ନିଆଁ'।

ମାନବିକତା ଶୂନ୍ୟ ମାନବ ସମାଜରେ ସବୁକିଛି ଦୁର୍ନୀତି ମାର୍ଗରେ ଅଗ୍ରସର ହେବାରେ ଲାଗିଛି। ଅସତ୍ୟ, ଅଧର୍ମ ତଥା ପାପର ମାତ୍ରା ଚରମ ସୀମାରେ ଅବସ୍ଥାପିତ। ଏକବିଂଶ ଶତାବ୍ଦୀରେ ଗାଁ ଗହଳି ସର୍ବତ୍ର ପଙ୍କିଳ ରାଜନୀତି ତା'ର ପ୍ରଭାବ ବିସ୍ତାର କରିବାରେ ତତ୍ପର ହୋଇଉଠିଛି। ଦୁଇଦଳ ତଥା ବହୁଦଳ ମଧ୍ୟରେ ଧସ୍ତାଧସ୍ତି ଓ ପରସ୍ପର କାଦୁଅ ଫିଙ୍ଗା ଫିଙ୍ଗିରେ ନେତାମାନେ ବ୍ୟସ୍ତ। ସାଧାରଣ ଦୃଷ୍ଟିରେ ପଡୁନଥିବା ଅଗ୍ନି ପାଉଁଶ ତଳେ କୁହୁଳିବାରେ ଲାଗେ। ଅଜାଣତରେ ଯିଏ ସେଠାରେ ପାଦ ଦେଲା ସେ ଜଳିପୋଡ଼ି ଛାରଖାର ହେବା ଥୟ। ଏହି ନିଆଁରେ ସମ୍ପର୍କ ଓ ମାନବିକତା ସବୁ କୁହୁଳି କୁହୁଳି ଧୂଆଁ ସୃଷ୍ଟି କରେ ଏବଂ ପରେ ସେହି ଧୂଆଁରୁ ନିଆଁ ସୃଷ୍ଟି ହୋଇ ସମାଜର ନିରୀହ ମଣିଷକୁ ଜାଳିପୋଡ଼ି ପାଉଁଶ କରିଦିଏ। ଡିମିରି ଫୁଲ ଅଦୃଶ୍ୟ। ପାଉଁଶତଳ ନିଆଁ ମଧ୍ୟ ଅଦୃଶ୍ୟ। ସମାଜରେ ସ୍ଥାନିତ ସମସ୍ତ ଅଦୃଶ୍ୟ ବସ୍ତୁ ଅଧିକ ପ୍ରଭାବଶାଳୀ। ଏକବିଂଶ ଶତାବ୍ଦୀର ରାଜନୀତିକ ପରିବେଶ ଓ ପରିସ୍ଥିତି ଠିକ୍ ପାଉଁଶତଳେ ଥିବା ଅଗ୍ନି ସଦୃଶ, ଯାହା ବାହାରକୁ ନୀରବ, ନିର୍ମଳ, ପ୍ରଶମିତ, ଶାନ୍ତ, ସୁଖପ୍ରଦ, ଆନନ୍ଦଦାୟକ ତଥା ମର୍ଯ୍ୟାଦାଦାୟକ ମାତ୍ର ଭିତରେ କୋଳାହଳମୟ, ଜ୍ୱାଳାମୟ, ଅଶାନ୍ତ, ଦୂଷିତ ଓ ଯନ୍ତ୍ରଣାଦାୟକ। ତେଣୁ ହିଂସା, ଦ୍ୱେଷ, ଈର୍ଷା, ଅହଂକାରର ବଶବର୍ତ୍ତୀ ମଣିଷ ସାଧାରଣ ହିତାହିତ ଜ୍ଞାନ ଭୁଲି ନିଜ ସ୍ୱାର୍ଥରେ ଅନ୍ଧ ପାଲଟିଯାଏ।

'ପାଉଁଶତଳ ନିଆଁ' ନାଟକରେ ନାଟ୍ୟକାର ରମେଶ ପାଣିଗ୍ରାହୀ ଦୁଇ ଦଳ ବିଶିଷ୍ଟ ରାଜନୀତିର ଚକ୍ରବ୍ୟୂହ ଭିତରେ ଗରିବ ତଥା ଅସହାୟ ମଣିଷ କିପରି ବଳି ପଡ଼ିଯାଉଛି ତାହା ଦର୍ଶାଇଛନ୍ତି। ନାଟ୍ୟକାର ବନ୍ଧାକୋବି ଦଳ ଓ ଫୁଲକୋବି ଦଳ ମଧ୍ୟରେ ଦେଖାଦେଇଥିବା ବିଭିନ୍ନ ପ୍ରକାର ହିଂସାକାଣ୍ଡ, ଦୁର୍ନୀତି ଓ ବ୍ୟଭିଚାରକୁ ବ୍ୟଙ୍ଗ ବିଦ୍ରୂପ କରିଛନ୍ତି। ରାଜନୀତିରେ ଗୁଣ୍ଡାଗର୍ଦ୍ଦି କିଭଳି ଏକ ସାଧାରଣ କଥା ହୋଇଉଠିଛି ତାହାକୁ ନାଟ୍ୟକାର ସୁନ୍ଦର ଭାବରେ ଉପସ୍ଥାପନା କରିଛନ୍ତି। ଯଥା-

ଭୀମା : ଅରକ୍ଷିତ ବାବୁଙ୍କୁ କହିଦେବ- ଏଥର ଦିଲ୍ଲୀ ଗଲାବେଳକୁ ମତେ ନେଇକି ଯିବେ XXX

ମୁଁ ଭୀମା ବେହେରା ଆଜ୍ଞା ! ଆମେ ହେଲୁ ବଜାବଜି ପାର୍ଟି !

ମଦନା : ସେଇଟା ପୁଣି କ'ଣ ସାର୍ ?

ଭୀମା : ଇଲେକ୍‌ସନ ଆସୁଚି...ଯିଏ ଆମକୁ ଭୋଟ ନଦେଇ ଗଣ୍ଡଗୋଳ କରିବ, ତାକୁ ସାଇଜ୍ କରିବା ପାଇଁ ଆମେ ଅଛୁ।

XXX

ଭୀମା : ଅନେଇଚ କ'ବେ ? ବର୍ମ୍ବିଂ କର। ଫୋପାଡ଼ ବୋମା। (ପୃ-୪୮-୪୯)

ସାମ୍ପ୍ରତିକ ରାଜନୀତିରେ ଗୁଣ୍ଡା ବଦମାସ୍‌ମାନଙ୍କର ପ୍ରବେଶ ଯୋଗୁ ହିଂସାକାଣ୍ଡର ମାତ୍ରାଧିକ ଘଟଣା ଲୋକଲୋଚନକୁ ଆସୁଛି। ପୋଲିସ ପ୍ରଶାସନ ମଧ୍ୟ ନିର୍ଦ୍ଦିଷ୍ଟ ରାଜନୀତିକ ଦଳକୁ ପ୍ରୋତ୍ସାହନ ଯୋଗେଇ ଦେବା ହେତୁ ଗୁଣ୍ଡାମାନଙ୍କର ମନୋବଳ ବୃଦ୍ଧି ପାଇବାରେ ଲାଗିଛି। ଏହିସବୁ ପ୍ରସଙ୍ଗକୁ ନାଟ୍ୟକାର ପାଣିଗ୍ରାହୀ ନିଜ ନାଟକରେ ଦେଖାଇଦେଇ ରାଜନୀତି ଓ ରାଜନେତାମାନଙ୍କର ଅସଲ ମୁଖାକୁ ଲୋକଲୋଚନକୁ ଆଣିଛନ୍ତି।

ସାମ୍ପ୍ରତିକ ଦଳଗତ ରାଜନୀତି କିପରି ପଥଭ୍ରଷ୍ଟ ହୋଇ ସମାଜର ଅହିତ ସାଧନ କରୁଛନ୍ତି ତାହାକୁ ନାଟ୍ୟକାର ମାର୍ମିକ ଭାବରେ ଉପସ୍ଥାପନା କରି ବ୍ୟଙ୍ଗର ଚାବୁକ ପ୍ରହାରରେ ମାନବିକ ଶୂନ୍ୟ ମାନବ ମଧ୍ୟରେ ଶୁଦ୍ଧ ମାନବିକତା ଫେରାଇ ଆଣିବାକୁ ପ୍ରୟାସ କରିଛନ୍ତି। ନେତାମାନଙ୍କ ବ୍ୟକ୍ତିଗତ ସ୍ୱାର୍ଥ ନିମନ୍ତେ ତଥା ଦଳର ପ୍ରଚାର ପ୍ରସାର କରିବା ପାଇଁ କୁଜି ନେତାମାନେ ସାଧାରଣ ଜନତାଙ୍କୁ କିପରି ଭ୍ରମିତ କରି କଳାକୁ ଧଳା ଏବଂ କଳା କହିବା ପାଇଁ ବାଧ୍ୟ କରିଛନ୍ତି ତାହାକୁ ଏହି ନାଟକରେ ଦର୍ଶାଯାଇଛି।

ବୁଲୁଭାଇ : ତୁ'ଏଇଠି ହସ୍‌ପିଟାଲ୍‌ରେ ଥିଲା ସମୟରେ ମୁଁ ତମ ଘରକୁ ଯାଇ ମାଉସୀଙ୍କୁ କିଛି ପଇସା ଦେଇଥିଲି ଆଉ ଏ ପଲିଟିକ୍‌ସ ପଛରେ ଥିବା କାହାଣୀ ଶୁଣେଇଥିଲି। ମାଉସୀ ଉଦ୍‌ବୁଦ୍ଧ ହୋଇଯାଇଥିଲେ। ଏଗୁଡ଼ା ସବୁ ମାଉସୀଙ୍କୁ ମୁଁ କହିଚି।

ସୁମନ୍ତ : କିନ୍ତୁ ଏଇ ଯୋଉ ଝିଅଟାର ଇଜ୍ଜତ ରକ୍ଷା କରାଗଲା ଏଇଟା ଗୋଟେ ମନଗଢ଼ା କାହାଣୀ।

ବୁଲୁଭାଇ : ଏ ଦେଶରେ ଯାହା ସବୁ ଘଟୁଚି ପ୍ରଗତି ନାଁରେ, ସବୁ ଗୋଟାଏ ଗୋଟାଏ ମନଗଢ଼ା କାହାଣୀ। ଆମର ସ୍ୱାଧୀନତା ଗୋଟେ କାହାଣୀ- ଆସେମ୍ବ୍ଲିରେ ଯାହା ଘଟୁଚି ସେଗୁଡ଼ା ମଧ୍ୟ ଗୋଟେ ଗୋଟେ କାହାଣୀ। ଏତିକି ଜାଣିନୁ? କିନ୍ତୁ ମନେ ରଖିବୁ ବାବ୍‌ଲୁ! ଏ କାହାଣୀ ସତ ହେବ। ତୁ'ଦେଖିବୁ ଫୁଲକୋବି କାହାଣୀରେ ମୁଗ୍ଧ ହେଇ ତତେ ସମସ୍ତେ ଭୋଟ ଦେବେ! (ପୃ-୭୬-୭୭)

ମିଛ କାହାଣୀ ରଚନା କରି ନେତାମାନେ ସାଧାରଣ ଜନତାମାନଙ୍କୁ ଭ୍ରମିତ କରାଇ ଭୋଟ ହାସଲ କରିବାର ଯେଉଁ ଫନ୍ଦି କରିଛନ୍ତି ତାକୁ ନାଟ୍ୟକାର ପରିବେଷଣ କରିଛନ୍ତି। ଅନ୍ୟପକ୍ଷରେ ଅର୍ଥର ପ୍ରଲୋଭନ ଦେଖାଇ ସାଧାରଣ ଖଟିଖିଆ ମଜୁରିଆମାନଙ୍କୁ ଅସତ୍ୟ ଓ ଅଧର୍ମ ପଥରେ ପଥିକ ସଜାଇବା ପାଇଁ ସାମ୍ୱାଦିକମାନେ

ମଧ୍ୟ ଏଥିରେ ପୂର୍ଣ୍ଣ ସହଯୋଗ କରିଛନ୍ତି। ସୋମନାଥ ସ୍ୱାଇଁ ଜଣେ ମୂଳା ଚାଷୀ ବେପାରୀ। ଗୋଟିଏ ବର୍ଷ ମୂଳା ପ୍ରଚୁର ଫଳିଥିବାରୁ ଶସ୍ତାରେ ବିକ୍ରି ହୋଇଛ କିନ୍ତୁ ସେଥିରେ ଚାଷୀମାନଙ୍କର ମୂଳଧନ ମଧ୍ୟ ଆଦାୟ ହୋଇପାରିନାହିଁ। ଫଳରେ ଚାଷୀମାନେ ଋଣ ଶୁଝି ନପାରି ଆତ୍ମହତ୍ୟା କରିଚନ୍ତି। ସୋମନାଥ ବିଚରା କିଛି ଚାଷୀଙ୍କୁ ଧରି ଆରମ୍ଭ କରିଛନ୍ତି। ସୋମନାଥ ଜୀବିତ ଥାଇ ମଧ୍ୟ ତାକୁ ମୃତ ବୋଲି ଘୋଷଣା କରି ମୁଖ୍ୟମନ୍ତ୍ରୀଙ୍କ ଦୃଷ୍ଟି ଆକର୍ଷଣ ପୂର୍ବକ ତାଙ୍କ ପାଣ୍ଠିରୁ ଲକ୍ଷାଧିକ ଟଙ୍କା ହଡ଼ପ ପାଇଁ ଷଡ଼ଯନ୍ତ୍ର ଚଳାଇଛନ୍ତି। ସୋମନାଥଙ୍କୁ ବାଧ୍ୟ କରିଛନ୍ତି ନିଜକୁ ମୃତ ଘୋଷଣା କରିବା ପାଇଁ। ସୋମନାଥ ଶେଷରେ ବାଧ୍ୟ ହୋଇ କହିଛି-

ସୋମନାଥ : ମୁଁ ମରିଗଲେ କ'ଣ ହେବ ସାର୍?

ବୁଲୁଭାଇ : ତମ ଝିଅ ଫୁଲୁଲି ଖୁବ୍ ଜୋରେ କାନ୍ଦିବ। ଆଉ ମୁଁ ତାର ଭିଡ଼ିଓ, ଫଟୋ ଉଠେଇ ମୁଖ୍ୟମନ୍ତ୍ରୀଙ୍କୁ ଦେବି। ମୁଖ୍ୟମନ୍ତ୍ରୀ ତାଙ୍କ ପାଣ୍ଠିରୁ ପାଞ୍ଚଲକ୍ଷ ଟଙ୍କା ଦେଇ ପ୍ରାୟଶ୍ଚିତ୍ତ କରିବେ। (ପୃ-୮୭)

କୁଟିଳ, ଜଟିଳ ରାଜନୀତିର ମାର୍ମିକ ଚିତ୍ର ହେଉଛି 'ପାଉଁଶତଳ ନିଆଁ'। ଦୁର୍ନୀତିଗ୍ରସ୍ତ ରାଜନୀତି କିପରି ସୋମନାଥ, ସୁମନ୍ତ, ବିଉଟି ପରି ସାଧାରଣ, ସରଳ, ଗରିବ ଲୋକମାନଙ୍କୁ ନିଜ ମାୟା ଜାଲରେ ଛନ୍ଦି ଶେଷରେ ନିଜର ସ୍ୱାର୍ଥ ସାଧନ କରିଛି ତାର ଜ୍ୱଳନ୍ତ ଉଦାହରଣ ଏଥିରେ ସ୍ଥାନିତ।

ଏହି ନାଟକର ମୁଖ୍ୟ ଚରିତ୍ର ସୁମନ୍ତ ଓରଫ୍ ବାବୁଲ୍। ସେ ସାଧାରଣ ଗରିବ ଘରର ଭେଣ୍ଡିଆ ପିଲା। ମା'ତାର ଘରେ ଘରେ କାମ କରି, ପୁଣି ସିଲେଇ କରି ଦୁଇ ପଇସା ରୋଜଗାର କରନ୍ତି। ବାପା ତାର ଘୋଡ଼ା ମଦୁଆ। ଘରେ ଘରେ ଗ୍ୟାସ ସିଲିଣ୍ଡର ଯୋଗାଏ। ଯାହା ପଇସା ପାଏ ମଦ ପିଇଦିଏ। ଘରେ ସ୍ତ୍ରୀ ପିଲାଙ୍କ କଥା ସେ ବୁଝେନା। ସ୍ତ୍ରୀ ପିଲା ଥାଉ ଥାଉ ଅନ୍ୟ ଏକ ବିଧବା ଝିଅକୁ(ଭୀମାର ଭଉଣୀ) ବିବାହ କରି ସେଠାରେ ସେ ପଲାଉ ମାଂସ ଖାଇଛି। ଏକଥା ଜାଣିପାରି ସୁମନ୍ତ ଥାନାରେ କେସ୍ କରିଛି। ଏହାପରେ ସୁମନ୍ତ ଅନ୍ୟ ଜଣେ ସ୍ୱାର୍ଥ ସର୍ବସ୍ୱ ମଣିଷ ହାବୁଡ଼ରେ ପଡ଼େ, ଯିଏକି ତାର ମାମୁଁ ପିତାମ୍ବର ପ୍ରଧାନ। ଭଉଣୀ ଏବଂ ଭଣଜାକୁ ସାନ୍ତ୍ୱନା ଦେବାକୁ ଆସି ସୁମନ୍ତକୁ ସାଙ୍ଗରେ ନେଇ ନିଜ ଗାଁର ରାଇସ୍ ମିଲ୍‌ରେ ରଖିଦେଇଛି। ସୁମନ୍ତ ଯାହା ଦରମା ପାଇଛି ସେଥିରୁ ପୀତାମ୍ବର ପ୍ରତି ମାସ ପାଞ୍ଚଶହ ଟଙ୍କା ଲୁଚେଇ ରଖେ।

ରାଜନୀତି ଘଡ଼ିକରେ ଫକୀରକୁ ଅମୀର କରିପାରେ ପୁଣି କେବେ ଅମୀରକୁ ଫକୀର। ମାନବିକତାକୁ ହରଣ କରି କେଉଁ ଏକ ଅଜଣା ଇଲାକାରେ ଛାଡ଼ି ଦେଇଆସେ। ସ୍ନେହ, ପ୍ରେମରେ ବନ୍ଧା ବିଉଟି ପରି ଅସଂଖ୍ୟ ମଣିଷ ସାରାଜୀବନ

ମାନବିକ ମୂଲ୍ୟବୋଧ ଖୋଳି ଖୋଳି ନୟାନ୍ତ ହୋଇଯାଆନ୍ତି ସିନା ମାତ୍ର ଶେଷରେ ନିରାଶ ହୋଇଥା'ନ୍ତି। ଏଠି ସାଧାରଣ ମଣିଷ କୁହୁଳା ରାଜନୀତିର ମାୟାଜାଲରେ ପଡ଼ି ଛଟପଟ ହୋଇଥାଏ।

ସ୍ୱାଧୀନତା ପରବର୍ତ୍ତୀ ପର୍ଯ୍ୟାୟ ହେଉଛି ପ୍ରୟୋଗବାଦୀ ନାଟକର ସମୟ। ଏହି ସମୟରେ ନାଟକ କ୍ଷେତ୍ରରେ ବିଭିନ୍ନ ପରୀକ୍ଷା ନିରୀକ୍ଷା ସ୍ୱରୂପ ଉଭୟ ଆତ୍ମିକ ଓ ଆଙ୍ଗିକ କ୍ଷେତ୍ରରେ ନୂଆନୂଆ ଉପାଦାନର ପ୍ରୟୋଗ ଦେଖିବାକୁ ମିଳେ। ଯଦ୍ଦ୍ୱାରା ଭାଷା ପ୍ରୟୋଗରେ କଠିନତା, ଦୁର୍ବୋଧତା ଏବଂ ସଂଳାପ କ୍ଷେତ୍ରରେ ଖଣ୍ଡିତ ଓ ପ୍ରତୀକଧର୍ମୀ ସଂଳାପ ପରିଦୃଶ୍ୟ ହୁଏ। ଯାହାର ଫଳସ୍ୱରୂପ ଓଡ଼ିଆ ନାଟକ ଓ ମଞ୍ଚଠାରୁ ସାଧାରଣ ଦର୍ଶକ ଦୂରେଇ ଯିବାକୁ ଲାଗିଲେ। ଏହିପରି ଏକ ଘଡ଼ିସନ୍ଧି ମୁହୂର୍ତ୍ତରେ ନାଟ୍ୟକାର ରମେଶ ପାଣିଗ୍ରାହୀଙ୍କ ନାଟକର ଭାଷାଶୈଳୀ ଓ ଅନ୍ୟାନ୍ୟ ଆଙ୍ଗିକଶୈଳୀରେ ବ୍ୟତିକ୍ରମ ଲକ୍ଷ୍ୟ କରାଗଲା। ପାରମ୍ପରିକ ନାଟ୍ୟଶୈଳୀ, ଲୋକନାଟ୍ୟଶୈଳୀ ଓ ଆଧୁନିକ ନାଟ୍ୟଶୈଳୀର ସମ୍ମିଶ୍ରଣରେ ନାଟ୍ୟକାର ପାଣିଗ୍ରାହୀ ପ୍ରଥମେ ଓଡ଼ିଆ ନାଟକ କ୍ଷେତ୍ରରେ ମହାକାବ୍ୟିକ ନାଟ୍ୟଶୈଳୀର ସମ୍ମିଶ୍ରଣରେ ନାଟ୍ୟକାର ପାଣିଗ୍ରାହୀ ପ୍ରଥମେ ଓଡ଼ିଆ ନାଟକ କ୍ଷେତ୍ରରେ ମହାକାବ୍ୟିକ ନାଟ୍ୟଶୈଳୀର ଅୟମାରମ୍ଭ କରିଥିଲେ। ପରବର୍ତ୍ତୀ ସମୟରେ ନାଟକ ମଧ୍ୟକୁ ତୃତୀୟ ରଙ୍ଗମଞ୍ଚ ଆସିବା ପରେ ନାଟକର ମୋଡ଼ ପରିବର୍ତ୍ତନ ହେବାକୁ ଲାଗିଲା। କାଳକ୍ରମେ ନାଟକ କ୍ଲିଷ୍ଟତା ଓ ଦୁର୍ବୋଧତାରୁ ମୁକୁଳି ସରଳତା ଆଡ଼କୁ ଅଗ୍ରସର ହେଲା। ନାଟ୍ୟକାରମାନଙ୍କ ମୁଖ୍ୟ ଉଦ୍ଦେଶ୍ୟ ହେଲା ନାଟକ ଓ ମଞ୍ଚକୁ ସାଧାରଣ ଲୋକମାନଙ୍କ ପାଖରେ ପହଞ୍ଚାଇ ସେମାନଙ୍କୁ ସଚେତନ କରାଇବା। ତେଣୁ ନାଟ୍ୟକାରମାନେ ସଚେତନଧର୍ମୀ ନାଟକ ରଚନା କଲାବେଳେ ଭାଷା, ସଂଳାପ, ଚରିତ୍ର ଆଦି କ୍ଷେତ୍ରରେ ମଧ୍ୟ ସଚେତନତା ଅବଲମ୍ବନ କରିଛନ୍ତି।

ଏକବିଂଶ ଶତାବ୍ଦୀର ନାଟକଗୁଡ଼ିକ ଏହି ଦୃଷ୍ଟିରୁ ଅଧିକ ମନନଶୀଳ। ଏହି ସମୟରେ ରଚିତ ନାଟକର ଭାଷାଶୈଳୀ ଅଧିକ ମାର୍ଜିତ, ସରଳ ଓ ନିରାଡ଼ମ୍ବର। ଏହି ପରିପ୍ରେକ୍ଷୀରେ 'ପାଉଁଶତଳର ନିଆଁ'ର ଭାଷାଶୈଳୀ ଅତ୍ୟନ୍ତ ସହଜ, ସରଳ ଓ ବୋଧଗମ୍ୟ। ଖଣ୍ଡିତ ସଂଳାପ ପରିବର୍ତ୍ତେ ପୂର୍ଣ୍ଣାଙ୍ଗ ଏବଂ ପାତ୍ରୋପଯୋଗୀ ସଂଳାପର ବ୍ୟବହାର ନାଟ୍ୟକାର ପାଣିଗ୍ରାହୀଙ୍କର ଆଲୋଚ୍ୟ ନାଟକରେ ପରିଲକ୍ଷିତ। ଶିକ୍ଷିତ ରଚିତ୍ର ମୁଖରେ ଶିକ୍ଷିତ ଭାଷା ଏବଂ ଅଶିକ୍ଷିତ ଗାଉଁଲି ମୂର୍ଖ ଚରିତ୍ର ମୁଖରେ ସାଧାରଣ ଭାଷାର ପ୍ରୟୋଗ କରି ନାଟ୍ୟକାର ଚରିତ୍ର ଓ ଘଟଣାଗୁଡ଼ିକୁ ଜୀବନ୍ତ କରି ଗଢ଼ି ତୋଳିଛନ୍ତି। ଯଥା-

ଇଲିସ : ଯା'ରେ ଅରକ୍ଷିତ ଡାକୁଆ ଘରଆଡ଼େ ଟିକିଏ!

ସୁମନ୍ତ : ସେଇଟା କ'ଣ ଘରେ ରହେ? ସବୁବେଳେ ଭୁବନେଶ୍ୱର।

ଇଲିସ : ଭୋବିନିଶର ମନ୍ତ୍ରୀ, ଅଫିସର ସମସ୍ତେ ତାର ଚିହ୍ନା, ସେ କହିଲେ ଚାକିରି ଖଣ୍ଡେ ହୋଇଯିବ, ଟଙ୍କା ଦିହଜାର ମିଳିଲେ ଆମର କାହିଁରେ କ'ଣ।

ଆଲୋଚ୍ୟ ନାଟକରେ ସମୁଦାୟ ୨୬ଗୋଟି ଚରିତ୍ରର ସମାବେଶ ଘଟିଛି। ତନ୍ମଧ୍ୟରୁ ୨୩ଗୋଟି ପୁରୁଷ ଚରିତ୍ର ଏବଂ ୩ଗୋଟି ନାରୀ ଚରିତ୍ର। ନାୟକ ଓ ନାୟିକା ଭୂମିକାରେ ଯଥାକ୍ରମେ ସୁମନ୍ତ ଓ ବିଉଟି ଅବତୀର୍ଣ୍ଣ। ନାଟକର ଅନ୍ତରେ ନାୟକ ନାୟିକାଙ୍କର ମିଳନ ହୋଇପାରିନାହିଁ। ତେଣୁ ନାଟକଟି ଦୁଃଖାନ୍ତକ ନାଟକର ପର୍ଯ୍ୟାୟଭୁକ୍ତ।

ନାଟକର ମୁଖ୍ୟ ଚରିତ୍ର ଭାବରେ ସୁମନ୍ତ, ବିଉଟି, ଇଲିସ୍, ବୁଲୁଭାଇ, ଅରକ୍ଷିତ ଡାକୁଆ, ଭୀମାଗୁଣ୍ଡା ପ୍ରମୁଖଙ୍କୁ ଲକ୍ଷ୍ୟ କରାଗଲା ବେଳେ ଗୌଣ ଚରିତ୍ର ଭାବରେ ନରି ମଉସା, ମଦନା, ବିଜୁ, ପ୍ରତାପ ଜେନା (ପ୍ରୌଢ଼), ଏ.ଏସ୍.ଆଇ, ସୋମନାଥ, ଖୋକା ଆଦି ଚରିତ୍ରଙ୍କୁ ପାଠକ ଲକ୍ଷ୍ୟକରିପାରିବେ।

ଫୁଲକୋବି ଦଳ ଏବଂ ବନ୍ଧାକୋବି ଦଳରେ ପ୍ରାୟ ଖଳ ଓ ଟାଉଟର ପ୍ରକୃତିର ଚରିତ୍ରମାନେ ଆତଯାତ ହୋଇଛନ୍ତି। ଯଥା- ବୁଲୁଭାଇ, ଭୀମା ଗୁଣ୍ଡା, ଅରକ୍ଷିତ ଡାକୁଆ, ସାମ୍ବାଦିକ-୧ ଆଦି ଖଳ ପ୍ରକୃତିର ମଣିଷ। ସାଧୁ ଚରିତ୍ର ମଧ୍ୟରେ ଅଛନ୍ତି- ଇଲିସ, ବିଉଟି, ସୋମନାଥ, ବିଜୁ, ନରି ମଉସା, ମଦନା।

'ପାଉଁଶତଳର ନିଆଁ' ନାଟକର ନାମକରଣରୁ ହିଁ ଜଣାପଡ଼େ ନାଟକରେ ଦ୍ୱନ୍ଦ୍ୱ କେତେମାତ୍ରାରେ ଗତିଶୀଳ। ଦ୍ୱନ୍ଦ୍ୱର ଦୁଇଟି ରୂପ ଯଥା-ଅନ୍ତର୍ଦ୍ୱନ୍ଦ୍ୱ ଓ ବହିର୍ଦ୍ୱନ୍ଦ୍ୱ ମଧ୍ୟଦେଇ ନାଟକର ପ୍ରତିଟି ଘଟଣା ପରିବେଷିତ। ମୁଖ୍ୟତଃ ବନ୍ଧାକୋବି ଦଳ ଓ ଫୁଲକୋବି ଦଳ ମଧ୍ୟରେ ପ୍ରଥମେ ଦେଖାଦେଇଥିବା ଅନ୍ତର୍ଦ୍ୱନ୍ଦ୍ୱ ପରବର୍ତ୍ତୀ ସମୟରେ ବହିର୍ଦ୍ୱନ୍ଦ୍ୱରେ ରୂପାନ୍ତରିତ ହୋଇଯାଇଛି। ପାଉଁଶତଳେ ଥିବା ନିଆଁ କୁହୁଳି କୁହୁଳି ଶେଷରେ ବିରାଟ ଅଗ୍ନିକାଣ୍ଡ ଘଟାଇଛି। ବିରୋଧୀ ଦଳ ଏବଂ ବ୍ୟକ୍ତିଗତ ଦ୍ୱନ୍ଦ୍ୱକୁ ଭିତ୍ତିକରି ଶେଷରେ ବିଉଟି ପରି ସରଳ ନିରୀହ ଝିଅ ଅନେକ ଜଣଙ୍କ ଧର୍ଷଣର ଶିକାର ହୋଇଛି। ସୁମନ୍ତର ପିତା ବିଶ୍ୱାମିତ୍ର ମହାନ୍ତିର ଦ୍ୱିତୀୟ ବିବାହ ପ୍ରସଙ୍ଗ ହେଉ କିମ୍ବା ବିଉଟିକୁ ସୁମନ୍ତ କିଣିବା ପରିବର୍ତ୍ତେ ପ୍ରତାପ ଜେନା (ପ୍ରୌଢ଼) ଚାରିଲକ୍ଷ ଦେଇ କିଣିନେବା ବିଷୟ ହେଉ କିମ୍ବା ସୋମନାଥ ବଞ୍ଚି ଥାଉଥାଉ ମୃତ ବୋଲି ଘୋଷଣା ପ୍ରସଙ୍ଗ ହେଉ କିମ୍ବା ସୁମନ୍ତର ମନ୍ତ୍ରୀ ପଦ ପ୍ରାପ୍ତ ହେଉ କିମ୍ବା ଶେଷରେ ବିଉଟି ଧର୍ଷିତା ହେବାର ଅଭିନୟ କରୁକରୁ ବାସ୍ତବରେ ଧର୍ଷଣର ଶିକାର ହେଉ; ଏସମସ୍ତ ଘଟଣା ଘଟିବା ବେଳେ

ଚରିତ୍ର-ଚରିତ୍ର, ଘଟଣା-ଘଟଣା, ଚରିତ୍ର-ଘଟଣା ମଧ୍ୟରେ ଦ୍ୱନ୍ଦ୍ୱ ହିଁ ମୁଖ୍ୟ ଭୂମିକା ଗ୍ରହଣ କରିଛି। ନାଟକରେ ଦ୍ୱନ୍ଦ୍ୱ ସୃଷ୍ଟି ହେଲେ ଦର୍ଶକ ମନରେ ଉତ୍କଣ୍ଠା ବଢ଼ି ବଢ଼ି ଚାଲେ। ଉକ୍ତ ନାଟକରେ ଉତ୍କଣ୍ଠିତ ପାଠକ ଶେଷ ପର୍ଯ୍ୟନ୍ତ ଅପେକ୍ଷା କରିଛନ୍ତି ବିଉଟି ଓ ସୁମନ୍ତର ଅବସ୍ଥା କ'ଣ ହେବ ? ଶେଷରେ ଯେଉଁ ଦୁଃଖାନ୍ତକ ପରିସମାପ୍ତି ଘଟିଛି ପାଠକମାନଙ୍କ ମନରେ ଦେଖାଦେଇଥିବା ଉତ୍କଣ୍ଠା ଅବସାଦରେ ମିଳେଇ ଯାଇଛି। ଅତଏବ ଉକ୍ତ ନାଟକରେ ଦ୍ୱନ୍ଦ୍ୱ, ଉତ୍କଣ୍ଠା ଓ ପରିବେଶ ଅନୁସାରେ ମଞ୍ଚସଜ୍ଜା ହିଁ ମୂଳରୁ ଶେଷ ପର୍ଯ୍ୟନ୍ତ ମଞ୍ଚରେ ଦର୍ଶକମାନଙ୍କୁ ବାନ୍ଧି ରଖିବାର ସହାୟକ ହୋଇପାରିବ।

ମୋଟାମୋଟି ଭାବରେ ବିଚାର କଲେ ଜଣାଯିବ 'ପାଉଁଶତଳର ନିଆଁ' ନାଟ୍ୟକାର ରମେଶ ପାଣିଗ୍ରାହୀଙ୍କ ଏକ ବାସ୍ତବଧର୍ମୀ ନାଟକ। ସାମ୍ପ୍ରତିକ ରାଜନୀତିରେ ଘଟୁଥିବା ଘଟଣା ଓ ଦୁର୍ଘଟଣାକୁ ଅବିକଳ ଉପସ୍ଥାପନା କରିବା ସହିତ ସାଧାରଣ ଜନତା ଅର୍ଥମୋହରେ ବଶୀଭୂତ ହେବା ଏବଂ ଭ୍ରଷ୍ଟ ରାଜନେତାମାନଙ୍କୁ ନିର୍ବାଚନ ବୈତରଣୀ ପାର କରାଇବାରେ ସହଯୋଗ କରିବା ଆଦି ପ୍ରସଙ୍ଗ 'ପାଉଁଶତଳର ନିଆଁ' ନାଟକକୁ ଋଦ୍ଧିମନ୍ତ କରିଛି। ରାଜନୀତିର ଚକ୍ରବିହ୍ୱରେ ଛନ୍ଦିହୋଇ ସାଧାରଣ ଜନତା ନିଜର ମାନବିକ ମୂଲ୍ୟବୋଧକୁ ହରାଇ ସମ୍ପର୍କରେ ପୂର୍ଣ୍ଣଚ୍ଛେଦ ପକାଇବା ଘଟଣା ଏଥିରେ ବର୍ଣ୍ଣିତ। ସମ୍ପ୍ରତି ରାଜନେତାମାନଙ୍କ ଭ୍ରଷ୍ଟ ଆଚରଣ ଓ ଉଚ୍ଚାରଣକୁ ଉତ୍‌ଥାପନ କରି ସୁପ୍ତ ସାଧାରଣ ଜନତା ରାଜନୀତିର କୁହୁଳା ଧୂଆଁରେ କିପରି ଅଣନିଶ୍ୱାସୀ ହୋଇପଡୁଛନ୍ତି ତାହାକୁ ନାଟ୍ୟକାର ପାଣିଗ୍ରାହୀ ଅତି ମାର୍ମିକ ଭାବରେ ଉପସ୍ଥାପନ କରିଛନ୍ତି। ପରିଶେଷରେ ଏକ ସୁସ୍ଥ ରାଜନୀତିକ ବାତାବରଣ ଓ ମାନବିକ ମୂଲ୍ୟବୋଧ ସମ୍ପନ୍ନ ରାଷ୍ଟ୍ର ନିର୍ମାଣ ପାଇଁ ପରୋକ୍ଷ ଭାବରେ ମତବ୍ୟକ୍ତ କରିଛନ୍ତି।

■

ଓଡ଼ିଆ ଭାଷା ଓ ସାହିତ୍ୟ ବିଭାଗ, ବାଲୁଗାଁ ମହାବିଦ୍ୟାଳୟ, ବାଲୁଗାଁ, ଖୋର୍ଦ୍ଧା

ଦଳିତର ଅନ୍ଧାରକୁ ଦିଅ ନୂଆ ଭାଷା: ନୂତନ ପ୍ରଜନ୍ମର ନାଟକ 'କବିଙ୍କ ନାମ ବେଦବ୍ୟାସ'

ଅଭିମନ୍ୟୁ ବିଶ୍ୱାଳ

ଆଧୁନିକ ନବନାଟ୍ୟ ଆନ୍ଦୋଳନ ଧାରାର ଜଣେ ବିଶିଷ୍ଟ ନାଟ୍ୟକାର ରମେଶ ପ୍ରସାଦ ପାଣିଗ୍ରାହୀ। ନାଟକରେ ବିଭିନ୍ନ ପରୀକ୍ଷା ନିରୀକ୍ଷା କରି ସେ ଓଡ଼ିଆ ନାଟ୍ୟସାହିତ୍ୟକୁ ଋଦ୍ଧିମନ୍ତ କରିଛନ୍ତି। ବିଷୟବସ୍ତୁ ଚୟନରେ ମୌଳିକତା, ଚରିତ୍ରମାନଙ୍କର ସୁନିର୍ବାଚନ, ଅଭିନବ ସଂଳାପ ସଂଯୋଜନା, ମଂଚଗତ ପରିବେଷଣରେ ନୂତନତା, ଭାଷାଶୈଳୀ, ଉପସ୍ଥାପନା ପ୍ରଭୃତି ପ୍ରତ୍ୟେକଟି ଦୃଷ୍ଟିରୁ ସେ ନାଟକରେ ନୂତନ ନୂତନ କୌଶଳମାନ ପ୍ରୟୋଗ କରିଛନ୍ତି। ତାଙ୍କର ନାଟକଗୁଡ଼ିକ କେତେବେଳେ ପ୍ରତୀକାତ୍ମକ ତ କେତେବେଳେ ସମାଜବାଦୀ, କେତେବେଳେ ପୁରାକଳ୍ପକୁ ନେଇ ନାଟକର କଥାବସ୍ତୁ ଗତିଶୀଳ ତ କେତେବେଳେ ମନସ୍ତାତ୍ତ୍ୱିକ ନାଟକ ରଚନାରେ ସେ ନିଜର ପରାକାଷ୍ଠା ପ୍ରଦର୍ଶନ କରିଛନ୍ତି। ତାଙ୍କର ନାଟ୍ୟକୌଶଳ ସୁନ୍ଦର ଓ ସୁସଂହତ। ଏ ନୂତନତା ସମ୍ପର୍କରେ ନାଟ୍ୟକାର କହନ୍ତି- "ମୁଁ ସବୁବେଳେ ନୂତନ ଶୈଳୀରେ କହିବାକୁ ଚାହେଁ ଏବଂ ବିଶ୍ୱ ବା ଭାରତୀୟ ସାହିତ୍ୟ ପଢ଼ିଲାବେଳେ ନୂଆ ଶୈଳୀଟିଏ ଦେଖିଲେ ମୋତେ ନାଟକରେ ପ୍ରୟୋଗ କରିବାକୁ ଆଗ୍ରହ ଆସେ।" 'କବିଙ୍କ ନାମ ବେଦବ୍ୟାସ' ନାଟକ'ଟି ଏକ ନୂତନ ଶୈଳୀର ନାଟକ।

ଏହି ନାଟକ 'କବିଙ୍କ ନାମ ବେଦବ୍ୟାସ'ର ଉତ୍ସର୍ଗ ପତ୍ରରେ ନାଟ୍ୟକାର ନିଜର କ୍ଷୋଭ ପ୍ରକାଶ କରି ନୂତନ ଶୈଳୀର ନାଟକ ତଥା ସମ୍ପ୍ରତି ଓଡ଼ିଆ ନାଟକ ସମ୍ପର୍କରେ ଯେଉଁ କଥା କହିଛନ୍ତି, ତାହା ପ୍ରଣିଧାନଯୋଗ୍ୟ। ନାଟ୍ୟକାରଙ୍କ ଭାଷାରେ "ଯେଉଁମାନେ ଶସ୍ତା, ସୁନ୍ଦର, ମଜବୁତ୍ ନାଟକ କରି (ଗୋଟିଏ ନାରୀ ଚରିତ୍ର ଓ ଗୋଟିଏ ସେଟ୍‌ର ନାଟକ) ନାଟ୍ୟଜଗତରେ ନାଁ କମେଇବାରେ ବ୍ୟସ୍ତ ସେମାନେ ଏ ନାଟକ ନ ପଢ଼ିବା ଭଲ। ଏହା କେବଳ ନୂତନ ଶୈଳୀର ନାଟକ ଖୋଜୁଥିବା ନବ ନବ ଉନ୍ମେଷଶାଳିନୀ ପ୍ରତିଭାମାନଙ୍କ ପାଇଁ ..."।

ବହୁ ପରୀକ୍ଷା ଓ ପ୍ରୟୋଗ କରି ନବନାଟ୍ୟ ଆନ୍ଦୋଳନକୁ ଆଗେଇ ନେବାରେ ପ୍ରମୁଖ ତଥା ଅଗ୍ରଣୀ ଭୂମିକା ନିର୍ବାହ କରିଛନ୍ତି ନାଟ୍ୟକାର ରମେଶ ପ୍ରସାଦ ପାଣିଗ୍ରାହୀ।

ତାଙ୍କର ପ୍ରଥମ ନାଟକ ମୁକ୍ତିମଣ୍ଡପ ପ୍ରକାଶ ପାଏ ୧୯୬୩ ମସିହାରେ ଏବଂ ଆଲୋଚ୍ୟ ୨୨ଦୃଶ୍ୟ ବିଶିଷ୍ଟ ନାଟକ "କବିଙ୍କ ନାମ ବେଦବ୍ୟାସ"ର ରଚନାକାଳ ୨୦୨୩ ମସିହା। ଏହି ବିସ୍ତୃତ କାଳଖଣ୍ଡ(ଦୀର୍ଘ ୬୦ ବର୍ଷ)ରେ ଶ୍ରୀ ପାଣିଗ୍ରାହୀ 'ବିନ୍ଦୁ ଓ ବଳୟ', 'ମୁଁ ଆମ୍ଭେ ଆମ୍ଭେମାନ', 'ଜଣେ ମହାପୁରୁଷଙ୍କ ଜନ୍ମ ଓ ମୃତ୍ୟୁ ସମ୍ପର୍କରେ', 'ଗୁଣ୍ଡା', 'ଦୁର୍ଘଟଣାବଶତଃ', 'ଧୃତରାଷ୍ଟ୍ରର ଆଖି', 'ତିମିର ତୃଷ୍ଣା', 'ଆତ୍ମଲିପି', 'ଶେଷପାହାଚ', 'ମହାନାଟକ', 'ହାତୀକୁ ହୋମିଓପାଥି', 'ଆନନ୍ଦନଗରକୁ ଯାତ୍ରା', 'କମଳପୁର ଡାକଘର', 'ଏ ମନ ବୁଝେନା', 'ଶିଳାର ସ୍ୱପ୍ନ', 'ନଷ୍ଟଚନ୍ଦ୍ରର ଉପତ୍ୟକା', 'ପକା କମ୍ବଳ ପୋତ ଛତା', 'ନିଃଶବ୍ଦ ଶୋଭାଯାତ୍ରା' , 'ରାସ୍ତା ସବୁ ବନ୍ଦ', 'ବୃତ୍ତ ଆଙ୍କିବାର ସହଜ ପ୍ରଣାଳୀ', 'ଯେସନେ କୀଟ ଉର୍ଣ୍ଣନାଭ', 'ଯାଦୁଘର', 'ଉର୍ମିଳା' ଆଦି ନାଟକ ରଚନା କରି ଓଡ଼ିଆ ନାଟ୍ୟ ସାହିତ୍ୟକୁ ପରିପୁଷ୍ଟ କରିବା ସହିତ ଭାରତୀୟ ନାଟ୍ୟସାହିତ୍ୟର ମୁଖ୍ୟସ୍ରୋତ ସହିତ ମିଶାଇବା ପାଇଁ ପ୍ରୟାସ କରିଛନ୍ତି।

କୁହାଯାଏ "A nation is known by its theatre."ଯେଉଁ ଦେଶର ରଙ୍ଗମଂଚ ଯେତେ ସମୃଦ୍ଧ, ସେଇ ଦେଶ ବା ରାଷ୍ଟ୍ର ସେତେ ସୁସଭ୍ୟ। ଆଲୋଚ୍ୟ ନାଟକ 'କବିଙ୍କ ନାମ ବେଦବ୍ୟାସ'ର ପ୍ରାରମ୍ଭରେ 'ଦୃଶ୍ୟ ନୁହେଁ ଅନ୍ତରାଳରୁ'ରେ ସାମ୍ପ୍ରତିକ ଶସ୍ତା ଓଡ଼ିଆ ନାଟକ ରଚନା ଓ ପରିବେଷଣର କୁପରିଣାମ ସମ୍ପର୍କରେ ଆଲୋଚନା କରିବାକୁ ଯାଇ ସେ ବଖାଣିଛନ୍ତି:- "ମୋର ପୁରାକଳ୍ପୀୟ ପ୍ରକଳ୍ପଗୁଡ଼ିକୁ ଓଡ଼ିଶାର ନିର୍ଦ୍ଦେଶକ ଓ ନାଟ୍ୟସଂସ୍ଥାମାନେ ସହୃଦୟତାର ସହିତ ଗ୍ରହଣ କରିବାପାଇଁ ସମର୍ଥ ନୁହନ୍ତି। ମୋର ମହାନାଟକ, ପକା କମ୍ବଳ ପୋତ ଛତା, ଉର୍ମିଳା, କାନୀନ, ସ୍ୟମନ୍ତକ ମଣି ପ୍ରଭୃତି ନାଟକଗୁଡ଼ିକୁ କେହି ମଂଚସ୍ଥ କଲେ ନାହିଁ। ଏହା ମୋର ଅକ୍ଷମତା ନୁହେଁ। ଓଡ଼ିଶାର ନାଟ୍ୟଦଳମାନଙ୍କର ଶସ୍ତା, ସୁନ୍ଦର, ମଜବୁତ୍ ନାଟକ ମଂଚସ୍ଥ କରିବାର ଅପସଂସ୍କୃତିର ଉପଜ।" ନାଟ୍ୟକାର ଶ୍ରୀ ପାଣିଗ୍ରାହୀ ୧୯୬୩ରେ ପ୍ରଚଳିତ ଏକ ସେଟ୍ ଓ ଏକ ନାରୀ ଚରିତ୍ର ଥିବା ନାଟକରୀତି ଯଦି ସାତଟି ଦଶକ ପରେ ମଧ୍ୟ ପ୍ରଚଳିତ ହେବତେବେ ଓଡ଼ିଆ ନାଟକର ଉତ୍ତରଣ ହେବାର କୌଣସି ସମ୍ଭାବନା ନାହିଁ। ଏଥିପାଇଁ ନାଟ୍ୟ ନିର୍ଦ୍ଦେଶକ ବହୁଳାଂଶରେ ଦାୟୀ। କାରଣ "ଆମର ନିର୍ଦ୍ଦେଶକମାନେ ଆମ ଭାଷାର ନାଟକ ଦେଖିବା ଓ ପଢ଼ିବାର ଆଗ୍ରହ ଦେଖାଉ ନଥିବାରୁ ଓଡ଼ିଆ ନାଟକର ସାଂଘାତିକ ବିପର୍ଯ୍ୟୟ ଘଟୁଛି।"

ଆମେ ଜାଣୁ, Drama is the art of expressing ideas about life in such a manner as to render that expression capable of interpretation by actors and likely to interest an audience assembled to hear the words and witness the actions. ଅର୍ଥାତ୍ ଜୀବନର ଆଦର୍ଶ

ସମୂହକୁ ଅଭିନୟ ଯୋଗ୍ୟ- ଦର୍ଶକ ମଣ୍ଡଳୀର ଚିତ୍ତାନୁରଞ୍ଜନ-କ୍ଷମ ଭାଷାରେ ପ୍ରକାଶ କରିବାର କଳାର ନାମ ହେଲା ନାଟକ। ସମାଜ ଓ ଦେଶପାଇଁ ଏହାଠାରୁ ପ୍ରଭାବଶାଳୀ ଓ ବଳିଷ୍ଠ ମାଧ୍ୟମ ଜଗତରେ ଆଉ କିଛି ନାହିଁ। ତେଣୁ ନାଟ୍ୟକାର ଶ୍ରୀ ପାଣିଗ୍ରାହୀ ଏହି ନାଟକଟିକୁ ଭାରତୀୟ ନାଟ୍ୟସାହିତ୍ୟର ସାମ୍ପ୍ରତିକ ସ୍ଥିତି ପରିପ୍ରେକ୍ଷୀରେ ଗଢ଼ି ତୋଳିବାକୁ ପ୍ରୟାସ କରିଛନ୍ତି। ଆଲୋଚ୍ୟ 'କବିଙ୍କ ନାମ ବେଦବ୍ୟାସ' ଏକ ପୁରାକଳ୍ପୀୟ ନାଟକ। ଭାରତୀୟ ସାହିତ୍ୟର ତେଲୁଗୁ, ତାମିଲ, କନ୍ନଡ, ମଳୟାଳୀ, ମରାଠୀ ଓ ଗୁଜୁରାଟୀ ଭାଷାମାନଙ୍କରେ କେବଳ ପୌରାଣିକ କଥା, କିମ୍ବଦନ୍ତୀ ଓ ଲୋକକଥାକୁ ଆଶ୍ରୟ କରି ନାଟକ ଗଢ଼ି ଉଠୁଥିବାବେଳେ ଓଡ଼ିଶାରେ ତାହା ହେୟ। ଆମର ନାଟ୍ୟସାହିତ୍ୟ ଭାରତୀୟ ନାଟ୍ୟସାହିତ୍ୟଠାରୁ ବହୁ ଦୂରରେ। ଏ ସମ୍ପର୍କରେ ନାଟ୍ୟକାର ନିଜର କ୍ଷୋଭ ବ୍ୟକ୍ତ କରି ଆମ ନାଟକ ଅବହେଳିତ ଓ ଘୃଣ୍ୟ ହୋଇ ରହିବା ସମ୍ପର୍କରେ ସଚେତନ କରାଇଛନ୍ତି। "ପୁରାକଳ୍ପୀୟ ନାଟକରେ ଏକାଧିକ ସେଟ୍, ଏକାଧିକ ନାରୀ ଚରିତ୍ର ଓ ଏକାଧିକ ଅଲୌକିକ ଘଟଣା ଓ ମଂଚକୁହୁକ ବ୍ୟବହାର କରାଯିବାର ଆବଶ୍ୟକତା ଥିବାରୁ ନିର୍ଦ୍ଦେଶକ ଏଭଳି ନାଟକକୁ ନ ଆପଣାଇ ଶସ୍ତା ନାଟକ ପରିବେଷଣ କରୁଥିବାରୁ ତଥା ଦର୍ଶକଙ୍କୁ ମନୋରଞ୍ଜନଧର୍ମୀ ଶସ୍ତା ନାଟକ ଦେଖିବାର ଅଭ୍ୟାସରେ ପକାଉଥିବାରୁ ଏହା ଶେଷକୁ ଯୌନ ଉତ୍ତେଜନା ଯୋଗାଇବାର ମାଧ୍ୟମଟିଏ ହୋଇ ନାରୀକୁ 'ରଙ୍ଗବତୀ' ନାମକ ଯୌନ ଗଣିକାରେ ପରିଣତ କରିବ।"

ତେଣୁ ନାଟକକୁ ମିଥିକ୍‌ଧର୍ମୀ ବା ପୁରାକଳ୍ପୀୟ କରି ସର୍ବଭାରତୀୟ ସ୍ତରର ବା ଆନ୍ତର୍ଜାତୀୟ ସ୍ତରର କରାଯାଇପାରିବ ବୋଲି ଶ୍ରୀ ପାଣିଗ୍ରାହୀ ଦୃଢୋକ୍ତି ପ୍ରକାଶ କରିଛନ୍ତି ତଥା ଏହାଦ୍ୱାରା ସେ ନିଜକୁ ଓଡ଼ିଆ ସାହିତ୍ୟର ଭ୍ରଷ୍ଟ ମଖ୍ୟ ସ୍ରୋତଠାରୁ ନିଜକୁ ନିରାପଦ ଦୂରତ୍ୱରେ ଅବସ୍ଥାପିତ କରିପାରିଛନ୍ତି ବୋଲି କହିଛନ୍ତି। ଏ ଦୂରତ୍ୱ ସମ୍ପର୍କରେ ସ୍ପଷ୍ଟୀକରଣ ଦେଇ ସେ କହିଛନ୍ତି- "ମୁଁ ଯେଉଁ ଦୂରତ୍ୱର କଥା କହୁଛି, ତାହା ପବିତ୍ରତା ପାଖରୁ ପାର୍ଥିବତାର ଦୂରତା।"

ପୁରାକଳ୍ପୀୟ ନାଟକ ରଚନାର ଉଦ୍ଦେଶ୍ୟ ସମ୍ପର୍କରେ ସେ ସ୍ପଷ୍ଟ ଭାବରେ କହିଛନ୍ତି- "ପ୍ରଥମତଃ ଆଧ୍ୟାତ୍ମିକ ଓ ରହସ୍ୟବାଦୀ ଉଦ୍ଦେଶ୍ୟ, ଦ୍ୱିତୀୟତଃ ବିଶ୍ୱତତ୍ତ୍ୱ ସମ୍ପର୍କୀୟ ଉଦ୍ଦେଶ୍ୟ, ତୃତୀୟତଃ ମନସ୍ତାତ୍ତ୍ୱିକ ଉଦ୍ଦେଶ୍ୟ ଏବଂ ଚତୁର୍ଥତଃ ସମାଜତତ୍ତ୍ୱ ସମ୍ପର୍କୀୟ ଉଦ୍ଦେଶ୍ୟ। ଆଲୋଚ୍ୟ ନାଟକରେ ଏହି ଉଦ୍ଦେଶ୍ୟର କିଭଳି ସଂଗମ ଘଟିଛି ସେ ସମ୍ପର୍କରେ ଜାଣିବାର ଯତ୍‌କିଞ୍ଚିତ୍ ପ୍ରୟାସ ଏହି ଆଲୋଚନାରେ କରାଯାଇଛି।

ପୁରାକଳ୍ପର ଧର୍ମ ହେଉଛି ଏହା ଅତୀତର ମନ୍ଥନ କରି ମାନବର ବର୍ତ୍ତମାନକୁ ମହାଭାବର ପ୍ରଲେପ ଦେଇ ନୂତନତ୍ୱର ସନ୍ଧାନ ପ୍ରଦାନ କରିବା। ଏହି ପୁରାକଳ୍ପ

ଆତ୍ମଶିକ୍ଷା ନିମନ୍ତେ ଏକ ସଚେତନମୂଳକ କଳାତ୍ମକ ପଦ୍ଧତି। ପୁରାକଳ୍ପ ମାଧ୍ୟମରେ ମାନବ ଜୀବନର ବିଚାର, ବ୍ୟବହାର, ମାନସିକତା ତଥା ଚେତନାଗତ ସଂସ୍କାର କରାଯାଇପାରେ। ସି.ଏସ୍. ଲୁଇସ୍‌ଙ୍କ ମତରେ- Myth is a real though unfocused gleam of divine truth falling on human imagination. ଅର୍ଥାତ୍ ମିଥ୍ ମନୁଷ୍ୟର କଳ୍ପନା ଉପରେ ପଡ଼ିଥିବା ଈଶ୍ୱରୀୟ ସତ୍ୟର ଆଲୋକ। ଏହି ମିଥ୍ ସାହିତ୍ୟର ଏକ ବଳିଷ୍ଠ ମାଧ୍ୟମ। ସାହିତ୍ୟିକ ମିଥ୍ ମାଧ୍ୟମରେ ଈଶ୍ୱରୀୟ ସତ୍ୟର ଅନାବରଣ କରିଥାଏ। ଆଲୋଚ୍ୟ 'କବିଙ୍କ ନାମ ବେଦବ୍ୟାସ' ନାଟକରେ ନାଟ୍ୟକାର ରମେଶ ପାଣିଗ୍ରାହୀ ସାମାଜିକ ସ୍ଥିତାବସ୍ଥା ପ୍ରତି ବୈପ୍ଳବିକ ଆଭିମୁଖ୍ୟ ପ୍ରଦର୍ଶନ କରିଛନ୍ତି। "Criticism of Society, Particularly the Elite"- ଏହି ସମାଲୋଚନା କରିବାକୁ ଯାଇ ନାଟ୍ୟକାର ପୁରାକଳ୍ପର ଚରିତ୍ରକୁ ପାଥେୟ କରିଛନ୍ତି ଓ ଏହାକୁ ଉପସ୍ଥାପିତ କରିଛନ୍ତି।

ଭାରତୀୟ ସଂସ୍କୃତିରେ ଆଧ୍ୟାତ୍ମିକ ଚେତନାର ପରମ୍ପରା ସର୍ବସ୍ୱୀକୃତ। ଆମ ସମାଜରେ ଆଧ୍ୟାତ୍ମିକ ଭାବନା ଜନଜୀବନ ଉପରେ କାହିଁ କେଉଁ କାଳରୁ ତା'ର ପ୍ରଭାବ ବିସ୍ତାର କରିଆସିଛି। ଆଧୁନିକ ମଣିଷର ବସ୍ତୁବାଦୀ ଓ ମୋହଗ୍ରସ୍ତ ଚିନ୍ତାଧାରାକୁ ଆଙ୍ଗୁଳି ନିର୍ଦ୍ଦେଶ କରି ନାଟ୍ୟକାର ବିଭିନ୍ନ ମିଥିକ୍ ଚରିତ୍ର ମାଧ୍ୟମରେ ଚିରନ୍ତନତାକୁ ଉପସ୍ଥାପିତ କରିଛନ୍ତି। ଗ୍ଲାନି ଓ ହତାଶାବୋଧରୁ ମୁକ୍ତି ପାଇଁ ଈଶ୍ୱରୀୟ ସତ୍ତା ନିକଟରେ ଆତ୍ମସମର୍ପଣ କରାଇଛନ୍ତି ବିଭିନ୍ନ ଚରିତ୍ରଙ୍କୁ। ଭାରତୀୟ ଅଧ୍ୟାତ୍ମ୍ୟ ଦର୍ଶନର ଦିବ୍ୟଚେତନାକୁ ଅନୁଭବ କରି ନାଟ୍ୟକାର ଆଧ୍ୟାତ୍ମିକ ଅନୁଚିନ୍ତାର ପ୍ରତିଫଳନ କରାଇଛନ୍ତି ଏହି ନାଟକରେ। ମନୁଷ୍ୟର ଯାବତୀୟ ବସ୍ତୁବାଦୀ ଅଭିଳାଷ ଚରିତାର୍ଥ ହେଲେ ମଧ୍ୟ ମନୁଷ୍ୟ ଆନନ୍ଦ ଉପଲବ୍ଧି କରିପାରୁନାହିଁ। ତା'ର କାରଣ ହେଉଛି ମନୁଷ୍ୟର ଅନ୍ତର୍ନିହିତ ଦୁର୍ବାର ଆକାଙ୍‌କ୍ଷା ଅଟେ ଚିରନ୍ତନ ଶାନ୍ତି ବା ପରମାନନ୍ଦ ପ୍ରାପ୍ତି; ଯାହାକୁ ସେ ଲଭିବାରେ ବିଫଳ ହୋଇଥାଏ। ନାଟ୍ୟକାର ଶ୍ରୀ ପାଣିଗ୍ରାହୀ ବେଦବ୍ୟାସଙ୍କୁ ଏକ ରହସ୍ୟ ଭାବରେ ପରିଗଣିତ କରିଛନ୍ତି। ସେ କହନ୍ତି- "ମୋର ସୃଜନ ଯାତ୍ରାର ଅନ୍ତିମ ପ୍ରହରରେ ମୁଁ ବାନପ୍ରସ୍ଥୀୟ ଆଧ୍ୟାତ୍ମ ଓ ତଦ୍‌ଜନିତ ରହସ୍ୟମାନଙ୍କ ପାଖରେ ବାରମ୍ବାର ଅଟକୁଛି। ଆମ ପୁରାକଳ୍ପରେ ଥିବା ରହସ୍ୟମାନେ ମୋତେ ସୃଜନାତ୍ମକ ରହସ୍ୟର ଭଉଁରୀ ଭିତରକୁ ବାରମ୍ବାର ଆକର୍ଷଣ କରୁଛନ୍ତି। ବେଦବ୍ୟାସ ସେମିତି ଏକ ରହସ୍ୟ।" ବେଦବ୍ୟାସଙ୍କୁ କେନ୍ଦ୍ରକରି ଦୁଇଟି ବ୍ୟାଖ୍ୟାନ ଦେଖିବାକୁ ମିଳେ ବୋଲି ନାଟ୍ୟକାର କହିଛନ୍ତି। ଗୋଟିଏ ନଗରକୈନ୍ଦ୍ରିକ ଆର୍ଯ୍ୟ ସଂସ୍କୃତିର ବ୍ୟାଖ୍ୟାନ ଓ ଅନ୍ୟଟି ଧୀବରପଲ୍ଲୀର ଅନାର୍ଯ୍ୟମାନଙ୍କର- ଅନାର୍ଯ୍ୟ ବ୍ୟାଖ୍ୟାନ। ନାଟ୍ୟକାର ପୁନଃ ସ୍ପଷ୍ଟୀକରଣ ପ୍ରଦାନ କରୁଛନ୍ତି

ଯେ, ସେ ଆର୍ଯ୍ୟ ଅନାର୍ଯ୍ୟ ଦ୍ୱନ୍ଦ୍ୱର ଊର୍ଦ୍ଧ୍ୱରେ। ସେ କେବଳ ବେଦବ୍ୟାସ ବା କୃଷ୍ଣଦ୍ୱୈପାୟନଙ୍କୁ ନିରୁତା ସୃଜନର ଅନ୍ତରୀକ୍ଷଟିଏ ରୂପେ ଦେଖିଛନ୍ତି, ଯିଏ ନିଜେ ମହାଭାରତର ଯୁଦ୍ଧକ୍ଷେତ୍ର, ଅଠରଦିନ ଧରି ସଂଘଟିତ ହୋଇଥିବା ଅଜସ୍ର ଅଲୌକିକତାର, ରହସ୍ୟର, ରୋମାଞ୍ଚର ଏନ୍ତୁଡ଼ିଶାଳ।

ଚଉଦ ବର୍ଷର କୈବର୍ତ୍ତକନ୍ୟା ସତ୍ୟବତୀ(ମତ୍ସ୍ୟଗନ୍ଧା); ପରାଶର(ତ୍ରିକାଳଜ୍ଞ ଋଷି, ମହାକାଳର ପ୍ରତୀକ ବା ଜଣେ ଉଗ୍ର ତନ୍ତ୍ରସାଧକ)ଙ୍କ ଯୌନ-ଆକାଙ୍‌କ୍ଷାର ଶିକାର ହୋଇ ଯୌନ ସଂଗମର କିଛି ମୁହୂର୍ତ୍ତ ପରେ ବାଳକଟିଏ ଜନ୍ମ ଦେଇଛନ୍ତି। ସେ ଶିଶୁପୁତ୍ରଟି ଜନ୍ମ ପରେ ପରେ ବଡ଼ ହୋଇ ଦ୍ୱୀପରେ ଦୌଡ଼ିଲେ। ଏଭଳି ରହସ୍ୟମୟ ଅଲୌକିକ ଘଟଣା ପୃଥିବୀ ପୃଷ୍ଠରେ ଯେତେବେଳେ ଅବତାରୀ ପୁରୁଷ ଜନ୍ମଗ୍ରହଣ କରନ୍ତି, ସେତେବେଳେ ଘଟିଥାଏ। ପ୍ରଭୁ ଯୀଶୁ ଜନ୍ମ ହେଲା ପୂର୍ବରୁ, ତିନିଜଣ ବିଜ୍ଞଋଷି ପୂର୍ବ ଦିଗନ୍ତରେ ଗୋଟିଏ ତାରକା ଦେଖିଛନ୍ତି ଓ ସେଇ ଆଲୁଅ ମାତା ମେରୀଙ୍କ ପାଖକୁ ବାଟ କଢ଼େଇ ନେଇଥିଲା। ମହମ୍ମଦଙ୍କ ଜନ୍ମ ପୂର୍ବରୁ ଆଠଟି ଅଲୌକିକ ଘଟଣା ଘଟିଥିଲା। ଶ୍ରୀକୃଷ୍ଣଙ୍କ ଜନ୍ମ ସମୟର ଅଲୌକିକତା ସମ୍ପର୍କରେ କାହାକୁ ବା ଅଛପା ଅଛି ? ତ୍ରିପିଟକ ଅନୁଯାୟୀ ଗୌତମ ବୁଦ୍ଧ ଜନ୍ମ ହେବା ପରେ ସାତପାଦ ଉତ୍ତରଦିଗକୁ ଆଗେଇ ଯାଇଥିଲେ।

ନାଟ୍ୟକାର ଶ୍ରୀ ପାଣିଗ୍ରାହୀ କହିଛନ୍ତି- "ବେଦବ୍ୟାସଙ୍କୁ ଜାଣିବା ଅର୍ଥ ହିନ୍ଦୁ ଜାତିର ମୂଳ ଉତ୍ସକୁ ଜାଣିବା।" ସତ୍ୟବତୀ ଆଲୋଚ୍ୟ ନାଟକର ପଞ୍ଚମ ଦୃଶ୍ୟରେ ପିତା ଦାସରାଜଙ୍କୁ କହିଛନ୍ତି- "ସେ ନିଷ୍ଠୁର ବ୍ରାହ୍ମଣ x x x ମୋ ଦେହ ସାଙ୍ଗରେ ଖେଳିଲା ବେଳେ ବ୍ରାହ୍ମଣର ମନ ଅଲଗା ଥିଲା। ମୋତେ ଏବେ ଲାଗୁଛି ସିଏ ମୋତେ ଘୃଣା କରୁଛନ୍ତି। x x x ସେମାନେ ଆର୍ଯ୍ୟ ବୋଲି ଆମକୁ ଘୃଣା ! x x x ପିତାଶ୍ରୀ! ଏ ଅନାର୍ଯ୍ୟ ଅବସ୍ଥାରୁ ଆମର କ'ଣ ମୁକ୍ତି ନାହିଁ ?" ପ୍ରତ୍ୟୁତ୍ତରରେ ଦାସରାଜ କହୁଛନ୍ତି- "x x x ଏ ଲାଂଛନା ଓ ପ୍ରତାରଣାର ସୁଡ଼ଙ୍ଗ ଶେଷରେ ଗୋଟେ ସୂର୍ଯ୍ୟୋଦୟର ଆଭାସ ପାଇପାରୁଛି ମୁଁ। ମୁଁ ଦେଖିପାରୁଚି ମା'। ହୋଇପାରେ, ଏଇ ଦ୍ୱାପର ଯୁଗ ଶେଷ ପୂର୍ବରୁ ହିଁ ଆମର ମୁକ୍ତି ଆସିବ। ଏ ରକ୍ତ ଅନାର୍ଯ୍ୟର ହୋଇଥିଲେ ମଧ୍ୟ ରଙ୍ଗ ତା'ର ଲାଲରେ ମା'। ତୋ ଗର୍ଭରୁ ଜନ୍ମ କୃଷ୍ଣ ଦ୍ୱୈପାୟନ ସେମାନଙ୍କ ଆର୍ଯ୍ୟପଣର ଅହଙ୍କାରକୁ ଚୂର୍ଣ୍ଣ କରିବ।"

ରହସ୍ୟ ଓ ରୋମାଞ୍ଚରେ ଭରା ଆଲୋଚ୍ୟ ନାଟକରେ 'ତନ୍ତ୍ର' ଓ 'ମନ୍ତ୍ର' ଶକ୍ତିର ପ୍ରାଧାନ୍ୟ ଅନେକତ୍ର ପରିଲକ୍ଷିତ। ନାଟକର ଚତୁର୍ଥ ଦୃଶ୍ୟରେ ପରାଶର ସତ୍ୟବତୀ କଥୋପକଥନ ବେଳେ ସତ୍ୟବତୀ ପରାଶରଙ୍କୁ ପିତାର କର୍ତ୍ତବ୍ୟ ସମ୍ପର୍କରେ ପ୍ରଶ୍ନ

କରିବାରୁ ପରାଶର ଯେଉଁ ଉତ୍ତର ପ୍ରଦାନ କରିଛନ୍ତି ତାହା ଏଠାରେ ଉଲ୍ଲେଖଯୋଗ୍ୟ। "କରିଛି ମତ୍ସ୍ୟଗନ୍ଧା ! ଏ ପୁତ୍ରକୁ ଜନ୍ମଦେଲା ପରେ ମୁଁ ତତେ ମନ୍ତ୍ରବଳରେ ମତ୍ସ୍ୟଗନ୍ଧାରୁ ଯୋଜନଗନ୍ଧାରେ ରୂପାନ୍ତରିତ କରିଛି। ତୋ ଦେହରୁ ମତ୍ସ୍ୟର ଗନ୍ଧ ନିର୍ଗତ ନ ହୋଇ ଏଣିକି କସ୍ତୁରୀର ଗନ୍ଧ ବାହାରୁଛି। ଏଇଟା କ'ଣ ଭୁଲିଗଲୁ ? x x x ମନ୍ତ୍ରବଳରେ ତୋ ଯୋନିକୁ ଅକ୍ଷତ ଯୋନିରେ ରୂପାନ୍ତରିତ କରିଛି। x x x ମନ୍ତ୍ରବଳରେ ତାକୁ ମୁଁ ଅଗାଧ ପାଣ୍ଡିତ୍ୟର ଅଧିକାର ଦେଇଛି ମତ୍ସ୍ୟଗନ୍ଧା।" ନାଟକର ଷଷ୍ଠ ଦୃଶ୍ୟରେ 'ଶୁକ', ଗୌତମ ଋଷିଙ୍କ ଆଶ୍ରମକୁ ଶିକ୍ଷାଗ୍ରହଣ କରି ଯିବା ପ୍ରସଙ୍ଗରେ କୃଷ୍ଣ ଦ୍ୱୈପାୟନ(ବେଦବ୍ୟାସ) କହିଛନ୍ତି- "ଋଷି ଗୌତମଙ୍କ ଆଶ୍ରମ ଅଛି ସେଇଠି। ତନ୍ତ୍ରରେ ମୁଁ ତାଙ୍କ ସାଙ୍ଗରେ କଥାବାର୍ତ୍ତା ହୋଇସାରିଛି। ସେ ତୋତେ ବେଦ ଓ ବେଦାଙ୍ଗ ସମ୍ପର୍କରେ ପ୍ରଶିକ୍ଷଣ ଦେବେ।" ଏଠାରେ ନାଟ୍ୟକାର ଯାଦୁ-ବାସ୍ତବତାର ପ୍ରୟୋଗ କରିଛନ୍ତି। ସେ ଋଷି ପରାଶରଙ୍କୁ ଜଣେ ମନ୍ତ୍ରଦ୍ରଷ୍ଟା, ଶାସ୍ତ୍ରବେତ୍ତା ଓ ବ୍ରହ୍ମଜ୍ଞାନୀରୂପେ ଉପସ୍ଥାପିତ କରିଛନ୍ତି। ଏହା ସହିତ କୃଷ୍ଣ ଦ୍ୱୈପାୟନ, ଭୀଷ୍ମ (ଦେବବ୍ରତ) ଆଦି ଚରିତ୍ରଗୁଡ଼ିକ ମଧ୍ୟ ଅନେକ ଅଲୌକିକ ଶକ୍ତିର ଅଧିକାରୀ। ଯେପରି ଋଷି ପରାଶର ଧ୍ୟାନମଗ୍ନ ହୋଇ ମନ୍ତ୍ର ଉଚ୍ଚାରଣ କରନ୍ତେ କୁହୁଡ଼ି ମାଡ଼ିଆସିଛି ଓ କୁହୁଡ଼ିର ବଳୟ ଭିତରେ ପରାଶର ଓ ସତ୍ୟବତୀ ଯୌନସଂଗମରେ ଲିପ୍ତ ରହିଛନ୍ତି। ରମଣ ପରବର୍ତ୍ତୀକାଳରେ ପରାଶର "ମନ୍ତ୍ରପାଠ କରି ଫୁଙ୍କିଦେଲେ ସତ୍ୟବତୀର ଶରୀର।" ମତ୍ସ୍ୟକନ୍ୟା ବା ଅଦ୍ରିକା ଅପ୍ସରୀଙ୍କ ପୁତ୍ରୀ ସତ୍ୟବତୀଙ୍କ ଦେହରୁ ଏହାପରେ ମତ୍ସ୍ୟଗନ୍ଧ ଚାଲିଯାଇ ନିର୍ଗତ ହୋଇଛି କସ୍ତୁରୀର ଗନ୍ଧ। ଏହି ନାଟକର ସପ୍ତଦଶ ଦୃଶ୍ୟରେ ମାତା ସତ୍ୟବତୀ କୁରୁବଂଶକୁ ରକ୍ଷା କରିବାପାଇଁ ବିଚିତ୍ରବୀର୍ଯ୍ୟଙ୍କ ମୃତ୍ୟୁପରେ ବିଧବା ପତ୍ନୀ ଅମ୍ବାଙ୍କ ଗର୍ଭରୁ ଏକ ପୁତ୍ର ସନ୍ତାନର ଆବଶ୍ୟକତା ଉପଲବ୍ଧି କରିଛନ୍ତି ଓ ବଂଶରେଖାକୁ ଆଗକୁ ଟାଣିବାପାଇଁ ମାଧ୍ୟମ ବନାଇଛନ୍ତି ନିଜପୁତ୍ର ବେଦବ୍ୟାସଙ୍କୁ। ଘଟଣାକ୍ରମେ ସବୁକିଛି ପ୍ରସ୍ତୁତ ହୋଇଛି ଏବଂ ବେଦବ୍ୟାସ (କୃଷ୍ଣ ଦ୍ୱୈପାୟନ) ମନ୍ତ୍ର ଉଚ୍ଚାରଣ କରି ପରମପୁରୁଷ ଅମ୍ବିକାଙ୍କର ଗର୍ଭଧାରଣ ପାଇଁ ପ୍ରାର୍ଥନା କରୁଛନ୍ତି। ମନ୍ତ୍ରଟି ହେଉଛି-

"ଯନ୍ତାସି ଯଚ୍ଛସେ ହସ୍ତାବପ ରକ୍ଷାଂସି ସେଧସି
ପ୍ରଜା ଧନଂ ଚ ଗୃହ୍ଣାନଃ ପରିହସ୍ତୋ ଅଭ୍ୟୁଦୟମ୍। x x x॥"

ଅର୍ଥାତ୍ ହେ ପରମ ପୁରୁଷ! ଆପଣ ଏହି ନାରୀହସ୍ତରେ କଂକଣସ୍ୱରୂପ ହୋଇ ଏହି କର୍ମକୁ ଧାରଣ କରନ୍ତୁ। x x x ଦେବତାଙ୍କର ଆଦିମାତା ଅଦିତି ପୁତ୍ର ସନ୍ତାନ ଇଚ୍ଛାରେ ଏହି କଙ୍କଣ ଧାରଣ କରିଥିଲେ। ଏହି ମନ୍ତ୍ରଟିକୁ ବେଦବ୍ୟାସଙ୍କ ଶିଷ୍ୟ ସୁମନ୍ତୁ ଉଦ୍ଧାର କରିଛନ୍ତି ଏବଂ ଏହାକୁ ପ୍ରତିଦିନ ୨୧ଥର ସୂର୍ଯ୍ୟୋଦୟ ସମୟରେ

ଜପ କରିବାକୁ ବେଦବ୍ୟାସ ଅମ୍ବିକାଙ୍କୁ କହିଛନ୍ତି। ନାଟକର ଏକବିଂଶ ଦୃଶ୍ୟରେ ଭୀଷ୍ମ ଓ ବେଦବ୍ୟାସଙ୍କ କଳହ ପର୍ବରେ ଆର୍ଯ୍ୟଙ୍କର ଅନାର୍ଯ୍ୟମାନଙ୍କୁ ନେଇ ଯେଉଁ ଦୁରଭିସନ୍ଧି ଏବଂ ବେଦବ୍ୟାସ ଦୀର୍ଘ ୨୦ବର୍ଷ ଧରି ହସ୍ତିନାପୁର ମଧ୍ୟରେ ଆଧାତ୍ମିକ ପ୍ରହେଳିକା ସୃଷ୍ଟି କରିଛନ୍ତି ବୋଲି ଭୀଷ୍ମଙ୍କଦ୍ୱାରା ଆରୋପ ଓ କ୍ରୋଧଜର୍ଜରିତ ହୋଇ ଭୀଷ୍ମ ପ୍ରସ୍ୱାପ ଅସ୍ତ୍ର ପ୍ରୟୋଗ ଉପରେ ଭୀଷ୍ମଙ୍କୁ ବେଦବ୍ୟାସଙ୍କ ପ୍ରତ୍ୟୁତ୍ତର:- "ମୁଁ ନଗ୍ନ ଦେବବ୍ରତ। କୁହେଳି ଆବୃତ୍ତ କରି ତମେ ମୋତେ କି ବାଣ ମାରିବ ? ମୁଁ କ'ଣ ଜୀଇଁବାର କଳା ଜାଣେନି ? ମୁଁ ମରିବି ନାଇଁ ଦେବବ୍ରତ ... କୃଷ୍ଣ ଦ୍ୱୈପାୟନ ମରିବ ନାହିଁ ତା' କୁଶାଗ୍ରରେ ଟୋପାଏ ମନ୍ତ୍ରପାଣି ଥିଲାଯାଏ।"

ଏବେ ଆସିବା ଏକବିଂଶ ଦୃଶ୍ୟକୁ। କୃଷ୍ଣ ଦ୍ୱୈପାୟନଙ୍କୁ ନାରଦ କବିକର୍ମ ସମ୍ପର୍କରେ ଅବଗତ କରାଇସାରି 'ଶ୍ରୀମଦ୍‌ଭାଗବତମ୍' ଓ 'ବ୍ରହ୍ମସୂତ୍ର' ରଚନା କରିବାକୁ ନିର୍ଭର ପ୍ରତିଶ୍ରୁତି ଆଶା କରିଛନ୍ତି। ଏହାପରେ ପ୍ରଚ୍ଛଦପଟରୁ ଭାସି ଆସିଛି ଶ୍ରୀକୃଷ୍ଣାଷ୍ଟକମ୍ ଓ ବଂଶୀର ଆଳାପ। ଏକ ରହସ୍ୟମୟ ବାତାବରଣରେ କୃଷ୍ଣ ଦ୍ୱୈପାୟନଙ୍କ ଭାବାନ୍ତର ହୋଇଛି। ସେ ଶୁଣିଛନ୍ତି ଶ୍ରୀକୃଷ୍ଣଙ୍କ ପଦଧ୍ୱନି। ତଥାପି ସଂଶୟ। ପ୍ରଶ୍ନ କରିଛନ୍ତି:- "କିଏ ତମେ ? ମିଛ ମିଛ ମାୟାର କୁହେଳି; ନା, ସ୍ୱଶରୀରେ ବିଦ୍ୟମାନ କୃଷ୍ଣ ବନମାଳୀ ? ବାଟବଣା କରିନି ତ ଶତ୍ରୁ ଆର୍ଯ୍ୟ ? ମତେ ଜାଣି ଜାଣି ! ଆଶ୍ଚର୍ଯ୍ୟ ଲାଗୁଛି ମତେ। ହଜିଯାଇଥିବା କୃଷ୍ଣ ମିଳୁଅଛି ପୁଣି। ଏହାପରେ ସ୍ୱୟଂ ଶ୍ରୀକୃଷ୍ଣ ଯାହା କହୁଛନ୍ତି ତାହା ଅତ୍ୟନ୍ତ ଗୁରୁତ୍ୱପୂର୍ଣ୍ଣ:- "କାହିଁକି ସ୍ମରଣ କଲ ? ହେ ଅଭିନ୍ନ ଆତ୍ମା ମୋର। ଆଉ ଥରେ ଦେଖ। ଚିହ୍ନିପାରୁଛ ? ମୋ ନାମ ତୁମ ନାମ ଏକ ଏବଂ ମୁଁ ତୁମ ଆତ୍ମାର ପ୍ରତୀକ। କାହିଁକି ଡାକୁଚ ? ମତେ ତ ଦେଖୁଚ, ମୋ'ଠି କେତେ ଶତାବ୍ଦୀର ପାଦଚିହ୍ନ, କେତେ ରଥଚକ୍ର ତଳେ ପୁଣି, କେତେ ଜନ୍ମାନ୍ତର ପ୍ରହେଳିକା, କେତେ ପଙ୍କ, କେତେ ଆବର୍ଜନା। x x x କୁହେଳି ଜାଲରେ ସତ୍ତା ପୂର୍ଣ୍ଣ ଶୂନ୍ୟ ହେଉ, ଚେତନାର ସୀମାନ୍ତରେ ତମ ଢେଉ ମଥା ପିଟୁଥାଉ।" ଶ୍ରୀକୃଷ୍ଣ ବେଦବ୍ୟାସଙ୍କୁ ତାଙ୍କର ସତ୍ତା ସମ୍ପର୍କରେ ଅବଗତ କରାଉଛନ୍ତି ଅତ୍ୟନ୍ତ କାବ୍ୟିକ ତଥା ମାର୍ମିକ ଢଙ୍ଗରେ:- "ସତ୍ତାକୁ ରଖିଚ ତମେ ଅଦୃଶ୍ୟ ବୀଜରେ, ଉପୁଜାଇ ତାର ମଧ୍ୟେ ଧର୍ମସତ୍ତା ସତ୍ୟ ଅବତାରେ x x x ବେଦବ୍ୟାସ ! ଧର୍ମର ପ୍ରତୀକ ତୁମେ, ବୁଝ ତା'ର ମହିମା ଅପାର, କ୍ଷୟକୁ କ୍ଷୟରେ ଗଢ଼ି ଖଞ୍ଜିଚି ମୁଁ, ହସ୍ତିନାର ଅସଂଖ୍ୟ ପିପାସା, ମୁଁ ଗଢ଼ିଚି ଏ ଯୁଗ ଦ୍ୱାପର, ମୁଁ ଆଣିଛି ତମ ପାଇଁ ପ୍ରାଚୁର୍ଯ୍ୟର ବିଶ୍ୱ, ଦ୍ୱୈପାୟନ- ତମେ ଭୋଗ କର। x x x ଆଗାମୀ ପୃଥିବୀ ଆଉ ଆଜିର ପୃଥିବୀ, ତା'ଭିତରେ ମୁଁ ଗୋଟେ ସେତୁ, ତୃଷାର୍ତ୍ତ ପାଇଁ ପ୍ରାଣର ସ୍ୱଚ୍ଛ ଝରଣାଟେ, ମୋ ଭିତରେ ତୁମ ପ୍ରତିବିମ୍ବ ଦେଖ ପାଣିର ସ୍ରୋତରେ,

ଦେଖ ତୁମ ସରଳତା କିପରି ହୁଏ ବନ୍ଦୀ, ଛନ୍ଦିହୁଏ ଭୀଷ୍ମଙ୍କର ପ୍ରଶ୍ୱାପ ଜାଲରେ।" କାଳେକାଳେ ପ୍ରଶ୍ୱାପ ରୂପୀ ଛଳନାର, କପଟର ଅସ୍ତ୍ରଜାଲରେ କବିର ସରଳତା, କବିତ୍ୱ ବନ୍ଦୀ ହୋଇଯାଏ ଏବଂ ସେଥିରୁ ମୁକ୍ତି ଦିଅନ୍ତି ଶ୍ରୀକୃଷ୍ଣରୂପୀ ଅତିମାନସ, ଅଲୌକିକ ବିସ୍ମୟ ପୁରୁଷ। ଅତିବାସ୍ତବବାଦୀଗଣ ଆତ୍ମାର ମୁକ୍ତି (Liberation of soul) କଥା କହିଛନ୍ତି। ନାଟ୍ୟକାର ଶ୍ରୀ ପାଣିଗ୍ରାହୀ ଶ୍ରୀକୃଷ୍ଣଙ୍କ ମୁଖରେ ସେହିକଥା କୃଷ୍ଣ ଦ୍ୱୈପାୟନଙ୍କୁ କହିଛନ୍ତି।

ବିଂଶ ଶତକର ସପ୍ତମ ଦଶକଠାରୁ ଆରମ୍ଭ କରି ଏକବିଂଶ ଶତକର ଦ୍ୱିତୀୟ ଦଶକ ବା ବର୍ତ୍ତମାନ କାଳ ପର୍ଯ୍ୟନ୍ତ ଧର୍ମ, ଭାଷା, ଆଞ୍ଚଳିକତା, ବର୍ଣ୍ଣବୈଷମ୍ୟ, ନାରୀପୁରୁଷଙ୍କ ସ୍ଥିତି, ଯୌନଚେତନା, ମନସ୍ତାତ୍ତ୍ୱିକ ସ୍ଥିତି ଓ ଆଧ୍ୟାତ୍ମିକତାକୁ ନେଇ ସାମାଜିକ ସଂଘର୍ଷର ସୂତ୍ରପାତ ଘଟିଛି। କ୍ଷମତା ଓ ଆତ୍ମବଡ଼ିମାର ଲଢ଼େଇରେ ମଣିଷର ଜୀବନଯାତ୍ରା ବିପର୍ଯ୍ୟସ୍ତ ହୋଇଉଠିଛି। ଏପରି ସ୍ଥଳେ ମହନୀୟ ବୋଲି ଦୃଶ୍ୟମାନ ହେଉଥିବା ଚରିତ୍ରର ଛଳନାର ମୁଖା ଖୋଲି ଦେବା ନିତାନ୍ତ ଆବଶ୍ୟକ ହୋଇପଡ଼ିଛି। ନାଟ୍ୟକାର ଶ୍ରୀ ପାଣିଗ୍ରାହୀଙ୍କ ଏହି ସାମାଜିକ ପ୍ରତିକ୍ରିୟାରୁ ଜନ୍ମନେଇଛି ଏ ନାଟକ।

"ଆର୍ଯ୍ୟତ୍ୱଂ ନ ଜନ୍ମନା ନରଂ, କର୍ମଣା ତୁ ବିଶିଷ୍ୟତେ,
ସତ୍ୟଂ ଦୟା ଚ ଶୌଚଂ ଚ, ତିତିକ୍ଷା କ୍ଷମା ଧୃତିଃ ।।"

ଜନ୍ମଦ୍ୱାରା ଆର୍ଯ୍ୟତ୍ୱ ନିର୍ଦ୍ଧାରିତ ହୁଏ ନାହିଁ ବରଂ ସତ୍ୟ, କରୁଣା, ଶୁଦ୍ଧତା, ଧୈର୍ଯ୍ୟ, କ୍ଷମା ଏବଂ ସ୍ଥିରତା ଆର୍ଯ୍ୟର ଅସଲ ପରିଚୟ। ବୈଦିକ ବା ବୈଦିକ ପରବର୍ତ୍ତୀକାଳରେ 'ଆର୍ଯ୍ୟ' ଜାତି ଉପରେ ଆଧାରିତ ନହୋଇ ଗୁଣାଧାରିତ ଥିଲା। ମାତ୍ର ସାମ୍ପ୍ରତିକ ସାମାଜିକ ବ୍ୟବସ୍ଥାକୁ ଅବଲୋକନ କଲେ ଆର୍ଯ୍ୟ-ଅନାର୍ଯ୍ୟର ଯେଉଁ ଦ୍ୱନ୍ଦ୍ୱ ବିଦ୍ୟମାନ ତାହା ଅସମାହିତ ଥିବା ପରି ମନେହୁଏ। ଆର୍ଯ୍ୟମାନେ ସମାଜରେ ସଦାସର୍ବଦା ଉପରେ ରହି ଅନାର୍ଯ୍ୟମାନଙ୍କୁ ଶୋଷଣ କରିଥା'ନ୍ତି। ଫଳରେ ସମାଜରେ ଗୋଟିଏ ଉଚ୍ଚବର୍ଗ ଓ ଅନ୍ୟଟି ନୀଚବର୍ଗ। ଏହି ଆର୍ଯ୍ୟ ଓ ଅନାର୍ଯ୍ୟମାନଙ୍କ ସଂଘାତ ଆଲୋଚ୍ୟ ନାଟକରେ ଅନେକତ୍ର ପରିଦୃଶ୍ୟ। ଆର୍ଯ୍ୟମାନେ ସଦାସର୍ବଦା କ୍ଷମତାକୁ ନିଜ ଆୟତ୍ତାଧୀନ କରି ରଖିବାକୁ ଚାହିଁଥା'ନ୍ତି। 'ଭୀଷ୍ମ' ଯେ କି ଆର୍ଯ୍ୟମାନଙ୍କର ପ୍ରତିନିଧି, ଏହି କାରଣରୁ ଅନାର୍ଯ୍ୟ 'କୃଷ୍ଣ ଦ୍ୱୈପାୟନ'ଙ୍କ ଉପରେ ପ୍ରଶ୍ୱାପ ଅସ୍ତ୍ର ପ୍ରୟୋଗ କରିବାକୁ ପଶ୍ଚାଦପଦ ହୋଇନାହାନ୍ତି। ଆର୍ଯ୍ୟମାନଙ୍କର ଆଉଜଣେ ପ୍ରତିନିଧି ଋଷି 'ପରାଶର', ଯେ କି ଅନାର୍ଯ୍ୟ 'ଦାସରାଜ'ଙ୍କ ପାଳିତା କନ୍ୟା ମତ୍ସ୍ୟଗନ୍ଧା(ସତ୍ୟବତୀ)ଙ୍କୁ ନିଜର ଯୌନ ଲାଳସା ଚରିତାର୍ଥ କରିବାପାଇଁ ଉପଭୋଗ କରିଛନ୍ତି ଏବଂ ଏହିଠାରେ ହିଁ ଆର୍ଯ୍ୟ-ଅନାର୍ଯ୍ୟର ମିଳନରୁ ସମ୍ଭୂତ ହୋଇଛନ୍ତି ଅନାର୍ଯ୍ୟ

କୃଷ୍ଣବର୍ଣ୍ଣର କଦାକାର କୃଷ୍ଣ ଦ୍ୱୈପାୟନ ବା ବେଦବ୍ୟାସ। ଶାରୀରିକ ଓ ମାନସିକ ନିର୍ଯ୍ୟାତନା ଭୋଗିଥିବା ଅନାର୍ଯ୍ୟା ସତ୍ୟବତୀ ପ୍ରସଙ୍ଗକ୍ରମେ ହସ୍ତିନାର ମହାରାଣୀ ହୋଇଛନ୍ତି ଏବଂ ସେହିଠାରେ ଆର୍ଯ୍ୟ ବିରୁଦ୍ଧରେ ସ୍ୱରୋତ୍ତୋଳନ କରିଛନ୍ତି। ସେ ଅମ୍ବିକା, ଅମ୍ବାଳିକା ଓ ଦାସୀ ପରିଶ୍ରମୀଙ୍କ ଗର୍ଭରୁ ତାଙ୍କ ପୁତ୍ର କୃଷ୍ଣ ଦ୍ୱୈପାୟନଙ୍କ ଔରସରୁ ଜାତ କରାଇଛନ୍ତି ଧୃତରାଷ୍ଟ୍ର, ପାଣ୍ଡୁ ଓ ବିଦୁରଙ୍କୁ; ଯାହାକୁ ହସ୍ତିନାପୁର ମହଲ ମଧ୍ୟରେ ଆଦୌ ସହ୍ୟ କରିପାରିନାହାନ୍ତି ଆର୍ଯ୍ୟ ଭୀଷ୍ମ। ପୁରାକଳ୍ପ ମାଧ୍ୟମରେ ଏକ ସାମ୍ପ୍ରତିକ ବାସ୍ତବ ପରିସ୍ଥିତିକୁ ଏକ ନିର୍ଦ୍ଦିଷ୍ଟ ମିଥ୍‌ର ଛାୟାରେ ବା ଅବଲମ୍ବନରେ ପରିବେଷଣ କରାଯାଇଥାଏ। ଆଲୋଚ୍ୟ 'କବିଙ୍କ ନାମ ବେଦବ୍ୟାସ' ନାଟକରେ ମିଥ୍ ଓ ବାସ୍ତବତା, ସମାନତା ଓ ସମାନ୍ତରାଳତା ସୂତ୍ରର ପାରସ୍ପରିକତାରେ ଝୁଲି ରହିଛନ୍ତି।

Jack Darida କହନ୍ତି Language writes not man. ଭାଷା ହିଁ ସାର୍ବଭୌମ ଯେ ସଂସ୍କୃତିକୁ ରୂପ ଦିଏ। ଆଲୋଚ୍ୟ ନାଟକରେ ନାଟ୍ୟକାର ଶ୍ରୀ ପାଣିଗ୍ରାହୀ "ମୁଁ ଆର୍ଯ୍ୟ-ଅନାର୍ଯ୍ୟର ଦ୍ୱନ୍ଦ୍ୱର ଊର୍ଦ୍ଧ୍ୱରେ"କହିଲେ ମଧ୍ୟ ଆର୍ଯ୍ୟ ସଂସ୍କୃତି ଓ ଅନାର୍ଯ୍ୟ ସଂସ୍କୃତିର ଯେଉଁ ତାହାହିଁ ପରିଲକ୍ଷିତ ହୋଇଛି ଏହି ନାଟକରେ ବିଭିନ୍ନ ଚରିତ୍ରଙ୍କ କ୍ରିୟାକଳାପ, ସଂଳାପ ଓ ଭାଷାରେ। ନାଟ୍ୟକାର ପାତ୍ରମୁଖୀ ସଂଳାପ ମାଧ୍ୟମରେ ସମାଜ ବ୍ୟବସ୍ଥା ପ୍ରତି ପ୍ରଶ୍ନ ଉତ୍‌ଥାପନ କରିଛନ୍ତି ତଥା ଏଥିରୁ ତାଙ୍କର ବୈପ୍ଳବିକ ଆଭିମୁଖ୍ୟ ସ୍ପଷ୍ଟ ପ୍ରତିଭାତ। ଲା କାପ୍ରା କହନ୍ତି- Reconceptualization of culture in terms of collective discourses. (ଭାବାତ୍ମକ ସାଂସ୍କୃତିକ ଧାରଣାମାନଙ୍କ ପୁନର୍ବିଚାର) ଆଲୋଚ୍ୟ ନାଟକର ତୃତୀୟ ଦୃଶ୍ୟରେ ସତ୍ୟବତୀଙ୍କ ମୁଖରେ- "କାନ୍ଧରେ ପଇତାଟେ ପଡ଼ିଗଲେ କ'ଣ ହୁଏରେ କୃଷ୍ଣ ? ସବୁ ବଦଳିଯାଏ ? ତା ମାନେ ...ତୋ କାନ୍ଧରେ ପଇତା ପଡ଼ିଗଲା ପରେ ତୋର ଏଇ ହୀନଜାତି ମା'ଟାକୁ ଭୁଲିଗଲୁ ? ତୋ ଛଡ଼ା ମୋର ଆଉ କିଏ ଅଛିରେ କୃଷ୍ଣ ? ତୋ ପିତା ବ୍ରାହ୍ମଣ ଋଷି ବଡ଼ ନିଷ୍ଠୁର- ନିଜେ ଚାଲିଗଲେ ଆଉ ତୋତେ ନେଇଗଲେ। ମୁଁ ତ କୈବର୍ତ୍ତ କନ୍ୟାଟାରେ, କେମିତି ବଞ୍ଚିବି ?"

"ବ୍ରହ୍ମ ଜାନାତି ଇତି ବ୍ରାହ୍ମଣଃ।"- ଯେ ବ୍ରହ୍ମଜ୍ଞାନକୁ ଜାଣେ, ସେହି ବ୍ୟକ୍ତି ହିଁ ବ୍ରାହ୍ମଣ। ଯେ ବେଦ ଏବଂ ଶାସ୍ତ୍ରର ଜ୍ଞାନରେ ପାରଦର୍ଶୀ ଅଟେ ସେ ହିଁ ବ୍ରାହ୍ମଣ। ନାଟକର ଚତୁର୍ଥ ଦୃଶ୍ୟରେ ମା' ସତ୍ୟବତୀ ବାଳକ କୃଷ୍ଣ ଦ୍ୱୈପାୟନଙ୍କୁ ଖୁଆଇ ଦେଉଛନ୍ତି। ଅଝଟିଆ ବାଳକ କୃଷ୍ଣ; ମା'ଙ୍କୁ ତାଳପତ୍ର ପୋଥି ଆଣି ଦେବାକୁ ଜିଦ୍ ଧରିଛନ୍ତି। ଉତ୍ତରରେ ସତ୍ୟବତୀଙ୍କ ମୁଖରେ ନାଟ୍ୟକାର ଯେଉଁ ତଥ୍ୟ ପ୍ରଦାନ କରିଛନ୍ତି ତାହା ଅବଶ୍ୟ ଚିନ୍ତା ଉଦ୍ରେକକାରୀ। ସତ୍ୟବତୀ କହୁଛନ୍ତି:- "କୋଉଠୁ ଆଣିବି ତାଳପତ୍ର

ପୋଥି ? ଏ ଅପନ୍ତରା ଦ୍ୱୀପ ଦାସପଲ୍ଲୀରେ ତ ବ୍ରାହ୍ମଣ ବୋଲି କେହି ଗୋଟେ ହେଲେ ଘର ନାଇଁ ... ବ୍ରାହ୍ମଣ ଥିଲେ ବି କ'ଣ ହୋଇଥା'ନ୍ତା ଯେ ? ସେମାନେ ବେଦ ଭୁଲିଗଲେଣି ...।" ସତ୍ୟବତୀ ଓ ପରାଶରଙ୍କ ଉକ୍ତି ପ୍ରତ୍ୟୁକ୍ତି ମଧ୍ୟରେ ସତ୍ୟବତୀ ପରାଶରଙ୍କୁ ନିଷ୍ଠୁର ବାଣୀ ଶୁଣାଇଛନ୍ତି- "ଆପଣ ଜାତିରେ ବ୍ରାହ୍ମଣ ଋଷିବର। ଆପଣ ଦୀର୍ଘଦିନ ଧରି ଆମମାନଙ୍କୁ ଅନାର୍ଯ୍ୟ ବୋଲି କହି ଆମ ଉପରେ ଯୌନ ଅତ୍ୟାଚାର କରିଛନ୍ତି।" x x x ପରାଶର କୃଷ୍ଣଙ୍କୁ ନେବାକୁ ଆସିଛନ୍ତି ବୋଲି ଜଣାଇବା ଉତ୍ତାରେ କୃଷ୍ଣ ଯିବେ ନାହିଁ ବୋଲି କହିଛନ୍ତି ଓ ପରାଶର ତାଙ୍କୁ ବ୍ରାହ୍ମଣ ଋଷିର ପୁତ୍ର କହି ନେବାକୁ ଉଦ୍ୟତ ହୋଇଛନ୍ତି ଓ ବାଳକ କୃଷ୍ଣ କହିଛନ୍ତି- "ନା, ମୁଁ ବ୍ରାହ୍ମଣ ହେବି କାହିଁକି ? ମୁଁ ବ୍ରାହ୍ମଣ ହେବିନି।" ପରାଶର ପୁନଶ୍ଚ ଅନାର୍ଯ୍ୟ କହି କୃଷ୍ଣଙ୍କୁ ଆକ୍ଷେପ କରିଛନ୍ତି। "ଅନାର୍ଯ୍ୟ ପରିବେଶରେ ରହି ଅନାର୍ଯ୍ୟର ଆଚରଣ କରୁଛି। ତାକୁ ଶାସନ ଦରକାର। x x x ମୁଁ ତାକୁ ବ୍ରହ୍ମତେଜ ଦେଇ ପୃଥିବୀର ସର୍ବଶ୍ରେଷ୍ଠ କବି ରୂପେ ଗଢ଼ିତୋଳିବି।" ବାଳକ କୃଷ୍ଣ ମା ସତ୍ୟବତୀଙ୍କୁ ଛାଡ଼ି କୁଆଡ଼େ ଯିବାକୁ ଚାହିଁନାହାନ୍ତି ଓ କହିଛନ୍ତି:- "ମୁଁ ଆର୍ଯ୍ୟ ହେବାକୁ ଚାହେନା। ମୁଁ ତ ତୁମର ପୁଅ... କେବଳ ତୁମର ...।" ପରାଶର ରୁକ୍ଷସ୍ୱରରେ କହିଛନ୍ତି- "ଚୋପ୍। ଅନାର୍ଯ୍ୟ କୋଉଠିକାର। ଚାଲ ମୋ ସାଥିରେ। ସେଇଠି ତୋର ସଂସ୍କାର ହେବ ... ଉପନୟନ ସଂସ୍କାର।"

ଆର୍ଯ୍ୟମାନଙ୍କର ଅନାର୍ଯ୍ୟମାନଙ୍କ ପ୍ରତିଥିବା ଅସୂୟା ଏହିଥିରୁ ସହଜରେ ଅନୁମେୟ। ତେଣୁ ଅନାର୍ଯ୍ୟ ଏଭଳି ଘୃଣା, ଅସୂୟାକୁ କିପରି ବରଦାସ୍ତ କରିବ ? ତା' ଧମନୀରେ ମଧ୍ୟ ଶୋଣିତ ପ୍ରବାହିତ। ନାଟ୍ୟକାର ଶ୍ରୀଯୁକ୍ତ ପାଣିଗ୍ରାହୀ ସତ୍ୟବତୀଙ୍କ ମାଧ୍ୟମରେ ଆର୍ଯ୍ୟମାନଙ୍କର ଅହଂକାରକୁ ଚୂର୍ଣ୍ଣ କରିବାକୁ ଯୋଜନା କରିଛନ୍ତି। ଉତ୍ତର ଆଧୁନିକ ନାଟକ ଭାବରେ ଏହି ନାଟକ ମଧ୍ୟ ଲକ୍ଷ୍ୟଣୀୟ। ଉତ୍ତର ଆଧୁନିକତା ଶାଶ୍ୱତ ସୃଷ୍ଟିର ପୁରାତନ ମୂଲ୍ୟବୋଧକୁ ଅସ୍ୱୀକାର କରି ନୂତନ ମୂଲ୍ୟବୋଧକୁ ସ୍ୱୀକୃତି ପ୍ରଦାନ କରେ। ପ୍ରାଚୀନକୁ ଭାଙ୍ଗି ପୁନର୍ଗଠନ କରିବା ଏହାର ଗୋଟିଏ ବିଶେଷ ଦିଗ। ଏହି ନାଟକରେ ସତ୍ୟବତୀ ନୂତନ ମୂଲ୍ୟବୋଧରେ ଗଠିତ ନାରୀ ଚରିତ୍ର। ସେ ଏହି ନାଟକର ପଞ୍ଚମ ଦୃଶ୍ୟରେ ପିତା ଦାସରାଜଙ୍କୁ କହିଛନ୍ତି- ସେମାନେ ଆର୍ଯ୍ୟବୋଲି ଆମକୁ ଘୃଣା। ମୁଁ ଏ ଅପମାନ ଓ ଘୃଣାକୁ ହଜମ କରିପାରୁନି ପିତାଶ୍ରୀ ! ମୋ ଭିତରୁ ଗୋଟେ ବିଦ୍ରୋହର ନିଆଁ ମୋତେ ଜାଳିଦେଉଛି। ପିତାଶ୍ରୀ! ଏ ଅନାର୍ଯ୍ୟ ଅବସ୍ଥାରୁ ଆମର କ'ଣ ମୁକ୍ତି ନାଇଁ ? ପିତା ଦାସରାଜ ପ୍ରତ୍ୟୁତ୍ତରରେ ଯାହା କହିଛନ୍ତି ତାହା ହୁଏତ ନାଟ୍ୟକାରଙ୍କ ଉଦ୍‌ଘୋଷ। ଦାସରାଜ- "ଏ ଲାଂଛନା ଓ ପ୍ରତାରଣାର ସୁଡ଼ଙ୍ଗ ଶେଷରେ ଗୋଟେ ସୂର୍ଯ୍ୟୋଦୟର ଆଭାସ ପାଇପାରୁଛି ମୁଁ। x x x ହୋଇପାରେ ଏଇ ଦ୍ୱାପର ଯୁଗ ଶେଷ

ପୂର୍ବରୁ ହିଁ ଆମର ମୁକ୍ତି ଆସିବ। ଏ ରକ୍ତ ଅନାର୍ଯ୍ୟର ହୋଇଥିଲେ ମଧ ରଙ୍ଗ ତା'ର ଲାଲ୍‌ରେ ମା'। ତୋ ଗର୍ଭରୁ ଜନ୍ମ କୃଷ୍ଣ ଦ୍ୱୈପାୟନ ସେମାନଙ୍କ ଆର୍ଯ୍ୟପଣର ଅହଙ୍କାରକୁ ଚୂର୍ଣ୍ଣ କରିବ।

ଘଟଣାକ୍ରମେ ମହାରାଜ ଶାନ୍ତନୁ ସତ୍ୟବତୀଙ୍କ ପାଣିଗ୍ରହଣ କରିବାକୁ ଦାସରାଜଙ୍କୁ ଅନୁରୋଧ କରନ୍ତି ଓ ଦାସରାଜ ସ୍ପଷ୍ଟ ନିର୍ଭୀକ ବାଣୀ ଶୁଣାଇଛନ୍ତି ଓ ସର୍ତ୍ତ ମଧ ରଖିଛନ୍ତି- "ମୁଁ ତୁମକୁ ବିଶ୍ୱାସ କରିବା ପାଇଁ ବାଧ ନୁହେଁ ରାଜା ଶାନ୍ତନୁ। କାରଣ ତୁମେମାନେ ଶ୍ୱେତାଙ୍ଗ ଆର୍ଯ୍ୟ ଆଉ ଆମେ ... ଯମୁନା ନଦୀ ଭିତରେ ଥିବା ଏକ କୈବର୍ତ୍ତ ପଲ୍ଲୀର ମଣିଷ। ତମେମାନେ କେବଳ ଆମ ଉପରେ ଯୌନ ଅତ୍ୟାଚାର କରିଛ। ତମ ନିଷ୍ଠୁର ଅମାନବୀୟ ବ୍ୟବହାରରେ ଆମେ କ୍ଷୁବ୍ଧ। x x x ଆର୍ଯ୍ୟମାନଙ୍କର ଚତୁରତାର ପଟାନ୍ତର ନାହିଁ ଶାନ୍ତନୁ। ବର୍ତ୍ତମାନ ଆପଣ କନ୍ୟାକୁ ମୋର ରାଣୀ କରିବାର ପ୍ରତିଶ୍ରୁତି ଦେଉଛନ୍ତି। ତେଣୁ ମୁଁ ଆପଣଙ୍କଠାରୁ ଆଉ ଗୋଟିଏ ଭିନ୍ନ ପ୍ରତିଶ୍ରୁତି ଚାହେଁ, ଦେଇପାରିବେ ? ମହାରାଜ! ଏହି କନ୍ୟାଗର୍ଭରେ ଯେଉଁ ପୁତ୍ର ସନ୍ତାନ ଜନ୍ମିବ, ଆପଣଙ୍କ ଅବର୍ତ୍ତମାନରେ ସେଇ ହେବ ହସ୍ତିନାପୁରର ରାଜା।" ଏଭଳି ସର୍ତ୍ତରେ ରାଜା ଶାନ୍ତନୁ ଅପ୍ରସ୍ତୁତ ହୋଇଯାଇଛନ୍ତି। ପୁତ୍ର ଦେବବ୍ରତ (ପରବର୍ତ୍ତୀ ସମୟରେ ଭୀଷ୍ମ) ଥାଉଥାଉ ସେ କିପରି ସତ୍ୟବତୀଙ୍କ ପୁତ୍ରକୁ ହସ୍ତିନାର ସିଂହାସନରେ ଅଭିଷିକ୍ତ କରାଇପାରିବେ ? ତାହା ସେ ପ୍ରକାଶ କରିବାରୁ ଦାସରାଜ ଶେଷକଥା ଶୁଣାଇଛନ୍ତି- "କେତେଦିନ ଆପଣମାନେ କାମାନ୍ଧ ହୋଇ ଆମ ଅନାର୍ଯ୍ୟ ରମଣୀମାନଙ୍କୁ କେବଳ ଭୋଗ୍ୟବସ୍ତୁ କରି ରଖିଥିବେ? କେତେଦିନ ଅନାର୍ଯ୍ୟ ରମଣୀମାନେ ଆପଣମାନଙ୍କ ପ୍ରମୋଦ କକ୍ଷରେ ଜୀବନ କଟାଉଥିବେ ? x x x ଜୀବନସାରା ସେମାନେ ରକ୍ଷିତା ହୋଇ ରହଯାଇଛନ୍ତି ମହାରାଜ। ନାମ, ପରିଚୟ କିଛି ନଥାଏ ସେମାନଙ୍କର। ସେମାନେ କେବଳ ପ୍ରାସାଦର ଦାସୀ ହୋଇ ଜୀବନ କଟାଇ ଦିଅନ୍ତି।"

ନାଟ୍ୟକାର ଶ୍ରୀ ପାଣିଗ୍ରାହୀ ଦାସରାଜଙ୍କ ମାଧମରେ ଦଳିତର କଥା ଶୁଣାଇଛନ୍ତି। ଚିରକାଳ ଶୋଷିତ, ଲାଂଛିତ ଓ ଅପମାନର ଶିକାର ହୋଇଥିବା ସମାଜର ସରଳ ଅଥଚ ନିଷ୍ପେସିତ ବର୍ଗର କରୁଣ କାହାଣୀ ବ୍ୟାଖ୍ୟାନ କରିଛନ୍ତି। ଇତିହାସ ହେଉ ବା ପୁରାଣ ପୃଷ୍ଠା ସର୍ବତ୍ର ଦଳିତ ବର୍ଗ ବ୍ୟବହାର ପରେ ଆବର୍ଜନା କୁଣ୍ଡ ମଧକୁ 'ଫୋପାଡ଼ି ଦିଆଯା'ନ୍ତି। ତେଣୁ ଏଭଳି ଦୁର୍ଘଟଣାରୁ ମୁକ୍ତି ପାଇଁ, ଆର୍ଯ୍ୟର ଦମ୍ଭକୁ ପରାହତ କରିବା ପାଇଁ, ଅନାର୍ଯ୍ୟକୁ ତା'ର ନ୍ୟାଯ୍ୟ ଅଧିକାର ପ୍ରଦାନ ପାଇଁ ଦାସରାଜଙ୍କ ମାଧମରେ ନାଟ୍ୟକାର ରାଜା ଶାନ୍ତନୁଙ୍କୁ ସ୍ମରଣ କରେଇ ଦେଇଛନ୍ତି ଯେ, ଦେବବ୍ରତ ଭବିଷ୍ୟତରେ ରାଜା ନହେବାଟା ପ୍ରଥମ ଘଟଣା ନୁହେଁ। ମହାରାଜ ଶାନ୍ତନୁତ ନିଜେ

ଅଧର୍ମ ଆଚରଣ କରି ତାଙ୍କ ପିତା ପ୍ରତୀପଙ୍କର ଜ୍ୟେଷ୍ଠ ଭ୍ରାତା ଦେବପୀ ଓ ବାହ୍ଲିକା ଥାଉଥାଉ ସିଂହାସନ ଅଧିକାର କରିଛନ୍ତି ଏବଂ ଠିକ୍ ଏହି କାରଣରୁ ହସ୍ତିନାରେ ବାର ବର୍ଷ ବୃଷ୍ଟି ହୋଇ ନଥିଲା। ଦାସରାଜ ନିଜ ସର୍ତ୍ତରେ ଅଟଳ ରହିଛନ୍ତି ଓ ଉଦ୍‌ଘୋଷଣା କରିଛନ୍ତି- "ଯେଉଁ ଘୃଣା, ବିଦ୍ୱେଷ ଓ ଅବଜ୍ଞାର ନିଶାରେ ଆର୍ଯ୍ୟମାନେ ଅନାର୍ଯ୍ୟମାନଙ୍କୁ ଚିରକାଳ ଧରି ଅବହେଳା କରି ଆସୁଛନ୍ତି, ସେମାନଙ୍କର ସୁଖଦୁଃଖ ଓ ମନୋବେଦନା ଆଡ଼କୁ ଆଦୌ ଦୃକ୍‌ପାତ କରିନାହାନ୍ତି ... ସେଇ ଘଟଣାସବୁ ମୋର କନ୍ୟାର ଜୀବନରେ ଯେ ପୁନରାବୃତ୍ତି ନହେବ ତାହା କିଏ କହିବ ?"

Rohit Vemula ଦଳିତ ସମ୍ପର୍କରେ କହନ୍ତି We are Dalits not because we are born into a particular caste but because society treats us as untouchables. ଅର୍ଥାତ୍ ଆମେ ଏକ ନିର୍ଦ୍ଦିଷ୍ଟ ଜାତିରେ ଜନ୍ମ ହେତୁ ନୁହେଁ ବରଂ ସମାଜ ଆମକୁ ଅସ୍ପୃଶ୍ୟ ଭାବରେ ବ୍ୟବହାର କରୁଥିବାରୁ ଆମେ ଦଳିତ ଅଟୁ। ଯୁଗେଯୁଗେ ଆର୍ଯ୍ୟମାନେ କୌଶଳ କରି, ନାନା ଭିଆଣ ରଚି ସମାଜର Opressed ବା Marginalized Group କୁ ସମସ୍ତ ସୁବିଧାରୁ ବଞ୍ଚିତ କରିଥା'ନ୍ତି। ଏହା ବିରୋଧରେ ସ୍ୱରୋତ୍ତୋଳନ କରି ଦଳିତ ବର୍ଗର ପ୍ରତିନିଧି ଦାସରାଜ ଦେବବ୍ରତ ଭୀଷ୍ମଙ୍କୁ ଏହି ନାଟକର ନବମ ଦୃଶ୍ୟରେ ଯାହା କହିଛନ୍ତି ତାହା ନାଟ୍ୟକାର ଶ୍ରୀ ପାଣିଗ୍ରାହୀଙ୍କ ଅନ୍ତରର ଭାଷା- "ଯୁବରାଜ! ଏ ପୃଥିବୀରେ ଅଧିକାର କିଏ କାହାକୁ ଦିଏନା। ଯିଏ ଅଧିକାର କାଢ଼ିନେବାର କୌଶଳ ଜାଣେ ଅଧିକାର ତା'ର। ଦିନେ ଏ ଦେଶରେ ଆର୍ଯ୍ୟମାନେ ଏଭଳି ଭାବରେ ଆମ ସରଳତା ଓ ଆନୁଗତ୍ୟର ସୁଯୋଗ ନେଇ, ଆମକୁ ବୋକା ବନାଇ ଆମର ସର୍ବସ୍ୱ ହରଣ କରିନେଇଥିଲେ। ଆର୍ଯ୍ୟମାନଙ୍କୁ ବିଶ୍ୱାସ କରି ଅନାର୍ଯ୍ୟମାନେ କାଳେକାଳେ ପ୍ରତାରିତ।

ନାଟ୍ୟକାର ଶ୍ରୀଯୁକ୍ତ ପାଣିଗ୍ରାହୀଙ୍କ ମତରେ ନାଟକ ଏକ Art ନୁହେଁ Architect. ନାଟକ ରୂପକଥା, ଅତିକଥା ବା ଲୋକକଥାକୁ ଆଶ୍ରୟ କରି ବାସ୍ତବତା ପରିସ୍ଫୁଟନ କରେ ଏବଂ ସାମାଜିକ ନ୍ୟାୟ ଓ ମୂଲ୍ୟକୁ ନୂତନ ଭାବେ ଧରିବାକୁ ଚେଷ୍ଟା କରେ। ନାଟ୍ୟକାର ଶ୍ରୀଯୁକ୍ତ ପାଣିଗ୍ରାହୀ ଜଣେ ସାମାଜିକ ଅଙ୍ଗୀକାରବଦ୍ଧ, ପ୍ରତିଶ୍ରୁତିସମ୍ପନ୍ନ ମାନସିକତାର ବ୍ୟକ୍ତିତ୍ୱ ହୋଇଥିବାରୁ ତାଙ୍କ ନାଟକର ଆତ୍ମିକ ସମ୍ପଦ ହେଉଛି ବୈପ୍ଳବିକ ଆଭିମୁଖ୍ୟ ଯାହାର ପ୍ରତିଫଳନ ଏହି ନାଟକରେ ଘଟିଛି ବିଭିନ୍ନ ଚରିତ୍ର ମାଧ୍ୟମରେ। ସେ କୈବର୍ତ୍ତପଲ୍ଲୀର ଦାସରାଜ ହୁଅନ୍ତୁ ବା ପାଳିତ କନ୍ୟା ସତ୍ୟବତୀ (ପରବର୍ତ୍ତୀ ସମୟରେ ହସ୍ତିନାର ମହାରାଣୀ) ବା ସତ୍ୟବତୀଙ୍କ ଜାରଜ ସନ୍ତାନ କୃଷ୍ଣ ଦ୍ୱୈପାୟନ। କୃଷ୍ଣ ଦ୍ୱୈପାୟନ ଓରଫ୍ ବେଦବ୍ୟାସ, ପରାଶରଙ୍କ ନିକଟରେ ଶିକ୍ଷାଗ୍ରହଣ

କରୁଥିବା ଏକମାତ୍ର କୃଷ୍ଣକାୟ ଶିଷ୍ୟ ଏବଂ ଏହି କାରଣରୁ ସ୍ନେହର ପାତ୍ର ନଥିଲେ। ଏକଥା ସ୍ୱୟଂ କୃଷ୍ଣ ଦ୍ୱୈପାୟନ ନାଟକର ଚତୁର୍ଦ୍ଦଶ ଦୃଶ୍ୟରେ କହିଛନ୍ତି- "ଆଶ୍ରମର ଆଚାର୍ଯ୍ୟ ଓ ମୁନିଗଣ ତାଙ୍କ ସ୍ନେହ ଦୃଷ୍ଟିରେ କେବେ ମୋତେ ଅନାଇ ନାହାନ୍ତି। ବ୍ରାହ୍ମଣ ପରାଶରଙ୍କ ପୁତ୍ର ହୋଇଥିଲେ ସୁଦ୍ଧା ମୁଁ କୁଆଡ଼େ ଅନାର୍ଯ୍ୟ। ଜାଣେ ମୁଁ କୃଷ୍ଣକାୟ ଓ ଅନାର୍ଯ୍ୟ। ମତେ ଛୁଇଁଲାପରେ ସେମାନେ ପୁନର୍ବାର ସ୍ନାନ କରି ଶୁଚି ହୁଅନ୍ତି। ଘୃଣାର କାରଣ ମୋ' ଦେହର ରଙ୍ଗ କଳା।" କୃଷ୍ଣାଙ୍ଗ ଓ ଶ୍ୱେତାଙ୍ଗ ମଧ୍ୟରେ ରହିଥିବା ଦ୍ୱନ୍ଦ୍ୱ ଏବର ନୁହେଁ, ଏହା କାହିଁ କେଉଁ କାଳରୁ ଚାଲିଆସିଛି ଏବଂ ଶ୍ୱେତାଙ୍ଗମାନେ କୃଷ୍ଣାଙ୍ଗମାନଙ୍କୁ ସଦା ହୀନଦୃଷ୍ଟିରେ ଦେଖିଥା'ନ୍ତି। ତେଣୁ ନାଟ୍ୟକାର ଶ୍ରୀ ପାଣିଗ୍ରାହୀ ଏଭଳି ଏକ ଘୃଣଖିଆ ବ୍ୟବସ୍ଥାର ମୂଳୋତ୍ପାଟନ ଚାହିଁଛନ୍ତି। ଆର୍ଯ୍ୟ ବୋରୋଧୀ ସ୍ୱର ସତ୍ୟବତୀଙ୍କ ମାଧ୍ୟମରେ ଷୋଡ଼ଶ ଦୃଶ୍ୟରେ। "ମୁଁ ତା'ର ପ୍ରତିଶୋଧ ନେବି ଦେବବ୍ରତ। ତମ ଚନ୍ଦ୍ରବଂଶରେ ଆଜିଠାରୁ ପ୍ରବାହିତ ହେବ ଅନାର୍ଯ୍ୟ ରକ୍ତ। କୁରୁବଂଶ ପାଇବ ଗୋଟେ ଜାରଜ ରାଜା। ତମ ଘୃଣାର ପାତ୍ରୀ ଏଇ ଦାସୀ ଯେମିତି ଆଜି ହସ୍ତିନାର ରାଜମାତା ... କାଲିକି ସେମିତି କୃଷ୍ଣର ପୁତ୍ରମାନେ ଶାସନ କରିବେ ଭାରତବର୍ଷକୁ... କିନ୍ତୁ ବିଜୟ ହେବ ଦାସ ଆଉ ଦସ୍ୟୁମାନଙ୍କର ... ଅସୁର ଓ ନାଗମାନଙ୍କର।" ନାଟକର ଅଷ୍ଟାଦଶ ଦୃଶ୍ୟରେ କୃଷ୍ଣ ଦ୍ୱୈପାୟନ ଓ ସତ୍ୟବତୀ କଥୋପକଥନ ପ୍ରକରଣରେ ସତ୍ୟବତୀଙ୍କୁ ଯେତେବେଳେ କୃଷ୍ଣ କହିଛନ୍ତି ଯେ ତାଙ୍କ ଔରସରୁ ଅମ୍ବିକାଙ୍କ ଗର୍ଭରୁ ନେତ୍ରହୀନ ପୁତ୍ର ଜାତ ହେବ, ସେତେବେଳେ ଆନନ୍ଦରେ ଚିତ୍କାର କରି ସତ୍ୟବତୀ କହିଛନ୍ତି- "ସାବାସ୍ ପୁତ୍ର ! କୁରୁବଂଶ ଯୋଉ ଆର୍ଯ୍ୟରକ୍ତକୁ ନେଇ ଯୁଗଯୁଗ ଧରି ଅହଙ୍କାରରେ ଛାତି ଫୁଲେଇ ଆମ୍ଭମାନଙ୍କୁ ଅବଜ୍ଞା କରିଛି ... ଏଇ ନେତ୍ରହୀନ ପୁତ୍ର ତାକୁ ଦେଖିବା ପାଇଁ ଅସମର୍ଥ ହେବ ପୁତ୍ର ... । x x x ଶ୍ୱେତାଙ୍ଗ ଯୋନିରୁ ଜନ୍ମ ହେବ ଗୋଟେ ଅନ୍ଧ ଜାରଜ ସନ୍ତାନ। ଯୁଗଯୁଗର ରୁଦ୍ଧ ଅପମାନ, ପ୍ରତିହିଂସା ନେବା ପାଇଁ ସୁଯୋଗ ତିଆରି ହୋଇଗଲା। ଶୁଣ... ଶୁଣରେ ହସ୍ତିନାର ଅହଙ୍କାରୀ ରାଜପ୍ରାସାଦର କାନ୍ଥମାନେ ... ଶୁଣରେ ଚୌର୍ଯ୍ୟବୃତ୍ତିରେ ଅଣାଯାଇଥିବା ରତ୍ନଖଚିତ ସ୍ତମ୍ଭମାନେ ... ତମ ଆର୍ଯ୍ୟକୁଳରେ ଜନ୍ମହେବାକୁ ଯାଉଛି ଗୋଟେ ଅନ୍ଧ, ଜାରଜ ରାଜା।"

କାଳର ବକ୍ଷରେ ଅନେକ ଶାସକଙ୍କର ଅଭ୍ୟୁଦୟ ଘଟିଛି ଏବଂ ବିଲୟ ମଧ୍ୟ ଘଟିଛି। ସ୍ୱେଚ୍ଛାଚାରୀ ଶାସକ ବିରୁଦ୍ଧରେ ବିଦ୍ରୋହର ଡାକରା ଦିଆଯାଇଛି। ମହାକାଳର ସମୁଦ୍ରରେ ଫୋଟକା ଭଳି ମିଳେଇଯାଇଛି ଶାସକର ଗର୍ବ, ଅହମିକା ଓ ଔଦ୍ଧତ୍ୟ। ଏଠାରେ ହସ୍ତିନାପୁର ଏକ ପ୍ରତୀକ ମାତ୍ର। ଅହଙ୍କାରୀ ଶାସନତନ୍ତ୍ରର ଲୋପ ପାଇଁ ଓ ଦଳିତର ଜୟଗାନ କରିବାପାଇଁ କାଳେ କାଳେ ସତ୍ୟବତୀ ଜନ୍ମ ନିଅନ୍ତି ଓ କୃଷ୍ଣ

ଦ୍ୱୈପାୟନଙ୍କ ପରି ଅନାର୍ଯ୍ୟ ଆର୍ଯ୍ୟର ଅହଙ୍କାରକୁ ଚୂର୍ଣ୍ଣ ବିଚୂର୍ଣ୍ଣ କରିବା ପାଇଁ ଅବତାର ଗ୍ରହଣ କରନ୍ତି। ଆଲୋଚ୍ୟ ନାଟକରେ ଆର୍ଯ୍ୟର ସ୍ପର୍ଦ୍ଧା ପୋଷଣ କରୁଥିବା କୁରୁବଂଶର ରକ୍ତରେ ଅନାର୍ଯ୍ୟ ରକ୍ତ ମିଶାଇବାର ଯେଉଁ ପ୍ରୟାସ ସତ୍ୟବତୀ କରିଛନ୍ତି ଓ ସଫଳ ହୋଇଛନ୍ତି ତାହା ନିଶ୍ଚୟ ଅଭିନନ୍ଦନୀୟ। କୃଷ୍ଣ ଦ୍ୱୈପାୟନ କୁରୁବଂଶର ଅମ୍ବିକା ଓ ଅମ୍ବାଳିକାଙ୍କ ଗର୍ଭରେ ଅନାର୍ଯ୍ୟର ବୀଜବପନ ପରେ ଦାସୀ ପରିଶ୍ରମୀ ସହିତ ମିଳିତ ହୋଇଛନ୍ତି। ଦାସୀ ପରିଶ୍ରମୀ ଶୂଦ୍ରାଣୀ। ସତ୍ୟବତୀ ଶୂଦ୍ରମାନଙ୍କର ଜୟଗାନ କରି କହିଛନ୍ତି- "ଶୂଦ୍ରମାନଙ୍କର ସେବା ଆଉ ଆତ୍ମତ୍ୟାଗରେ ଆର୍ଯ୍ୟମାନଙ୍କର କୀର୍ତ୍ତି ଓ ସଭ୍ୟତାର ସୌଧ ଗଢ଼ିଉଠିଛି। ଶୂଦ୍ର ପୃଥିବୀରେ ସେବାର ପ୍ରତୀକ। ସେବାର ଶକ୍ତିରେ ଶୂଦ୍ର ଜାତି ସମଗ୍ର ବିଶ୍ୱକୁ ଧାରଣ କରି ରଖିଚି।"

ଉତ୍ତର ଆଧୁନିକତାର ଏକ ବୈଶିଷ୍ଟ୍ୟ ହେଉଛି ଉପେକ୍ଷିତ ଜାତିର ସଂସ୍କୃତି ଉପରେ ଗୁରୁତ୍ୱାରୋପ। ଏହା ସାଧାରଣ ମଣିଷର ମାନସିକତା ଓ ଜୀବନ ଦୃଷ୍ଟିକୁ ସମ୍ମୁଖସ୍ଥ କରାଇଥାଏ। କୈବର୍ତ୍ତପଲ୍ଲୀରେ ମତ୍ସ୍ୟଗନ୍ଧାରୁ ଯୋଜନଗନ୍ଧା ପୁଣି ହସ୍ତିନାର ରାଣୀ ହୋଇଥିବା ସତ୍ୟବତୀ ସାଧାରଣ ଦଳିତ ଗୋଷ୍ଠୀର ପ୍ରତୀକ ହୋଇ ଅନାର୍ଯ୍ୟମାନଙ୍କର ଆର୍ଯ୍ୟଙ୍କ ବିରୁଦ୍ଧରେ ଶାଣିତ ସ୍ୱରୋତ୍ତୋଳନ କରିଛନ୍ତି। ତେଣୁ ସେ କୃଷ୍ଣଙ୍କୁ କହିଛନ୍ତି- "ହସ୍ତିନାର ରାଜନୀତିକ କ୍ଷମତାକୁ ଆର୍ଯ୍ୟମାନଙ୍କ ହାତରୁ ଛଡ଼ାଇ ଆଣି ତୁମର ଔରସରୁ ଜନ୍ମ ଜାରଜମାନଙ୍କ ହାତରେ ଦେବା ପାଇଁ ମୁଁ ଯେଉଁ ପ୍ରୟାସ କରିଛି- ତାହା ସଫଳ ହେବ ତମର ଆଧିଭୌତିକ ସାଧନା ଦ୍ୱାରା।"

ନାଟକର ବିଂଶତମ ଦୃଶ୍ୟ। ଅନେକ ନାଟକୀୟ ଉତ୍କଣ୍ଠା ଓ ଆର୍ଯ୍ୟ-ଅନାର୍ଯ୍ୟର ବାକ୍‌ଯୁଦ୍ଧକୁ ଆପଣା କୋଳରେ ଧରିରଖିଛି। ଭୀଷ୍ମ ଚିନ୍ତିତ ତଥା ବିବ୍ରତ ହୋଇ କୃଷ୍ଣ ଦ୍ୱୈପାୟନଙ୍କୁ ତାଙ୍କର ପ୍ରତିଦ୍ୱନ୍ଦ୍ୱୀ ବୋଲି କହିବା ସହିତ ଅନାର୍ଯ୍ୟ ଓ ଯାଦୁକର ବୋଲି କହିଛନ୍ତି। ହସ୍ତିନାର ସମ୍ରାଟ କିଏ ହେବ ବୋଲି ଯେତେବେଳେ ଭୀଷ୍ମ ନିଷ୍ପତ୍ତି ନେବାରେ ନିଜର ଅସାମର୍ଥ୍ୟତା ପ୍ରକାଶ କରିଛନ୍ତି ସେତେବେଳେ ସତ୍ୟବତୀ କହୁଛନ୍ତି- "କାହାକୁ ବିଭ୍ରାନ୍ତ କରୁଛ ଦେବବ୍ରତ? ଏ ଅସବର୍ଣ୍ଣ ରାଜମାତା ସତ୍ୟବତୀଙ୍କୁ ନା ତୁମର ଆର୍ଯ୍ୟ ପ୍ରଜାମାନଙ୍କୁ ? ଏହାପରେ ଦେବବ୍ରତ (ଭୀଷ୍ମ) ପ୍ରତ୍ୟୁତ୍ତରରେ କହୁଛନ୍ତି- "ଗୋଟେ କୁତ୍ସିତ କଦାକାର ଅନାର୍ଯ୍ୟ ଦ୍ୱାରା କୁରୁବଂଶର ରାଜବଧୂମାନଙ୍କୁ ଧର୍ଷଣ କରାଉଛନ୍ତି ଆପଣ... ଯଦି ଚନ୍ଦ୍ରବଂଶର ମର୍ଯ୍ୟାଦା କ୍ଷୁଣ୍ଣ ହୁଏ ସେଥିପାଇଁ ଆପଣ ଦାୟୀ ଜନନୀ।" ସତ୍ୟବତୀ କହୁଛନ୍ତି- "... ତମ ଆର୍ଯ୍ୟଜାତିଟା ଆମ ଅସବର୍ଣ୍ଣମାନଙ୍କ ସାଙ୍ଗରେ ଏମିତି ଯୁଦ୍ଧ କରି ଆମକୁ ପରାସ୍ତ କରି ଦସ୍ୟୁ ବୋଲି ସୀମାନ୍ତରିତ କରିଛି ଶୂଦ୍ରମାନଙ୍କୁ। ଆମ ଭିତରେ ହଜାରେ ଉପଜାତି ସୃଷ୍ଟି କରିଚି ତମରି ଆର୍ଯ୍ୟନୀତି। x x x ଆର୍ଯ୍ୟମାନେ

ଯାହା କୁହନ୍ତି- ତାହା କରନ୍ତି ନାହିଁ ... ଯାହା ଭାବନ୍ତି ତାହା କୁହନ୍ତି ନାହିଁ। ତମେ ବର୍ତ୍ତମାନ ଯାହା କହୁଚ ସେଇଟା ମଧ୍ୟ ଆର୍ଯ୍ୟମାନଙ୍କର ଚଞ୍ଚକତା। ଭୀଷ୍ମ ଓ ବେଦବ୍ୟାସ(କୃଷ୍ଣ)ଙ୍କ ମଧ୍ୟରେ ଯେଉଁ ଉଚ୍ଚବାଚ ହୋଇଛି ସେଥିରେ ବିଦୁରଙ୍କୁ ହସ୍ତିନାର ରାଜା କରାଇବା ବିରୋଧରେ ଭୀଷ୍ମ କହୁଛନ୍ତି- "ବିଦୁର ଦାସୀପୁତ୍ର। ଅନାର୍ଯ୍ୟ ଯୋନିରୁ ଜନ୍ମ। ଏ ସିଂହାସନ କୁରୁବଂଶର। ସମଗ୍ର ଆର୍ଯ୍ୟଜାତିର।" କୃଷ୍ଣ କହୁଛନ୍ତି- "ତମ ଆର୍ଯ୍ୟମାନେ ଅନାର୍ଯ୍ୟମାନଙ୍କୁ ଘୃଣା କର। ଅସବର୍ଣ୍ଣ ଓ ଦସ୍ୟୁ କି ଅସୁର କହି ତୁମେ ସବୁ ସେମାନଙ୍କୁ ଦୂରକୁ ଠେଲି ଦେଇଛ। ତମର ଗର୍ବ ତମର ରକ୍ତ ନିର୍ମଳ। କିନ୍ତୁ କେବେ ତମେ ପ୍ରମାଣ କରିଛ କି ଅନାର୍ଯ୍ୟର ରକ୍ତ ଦୂଷିତ ବୋଲି ?"

କୃଷ୍ଣ ଦ୍ୱୈପାୟନଙ୍କ ପ୍ରତି ଭୀଷ୍ମଙ୍କ କ୍ରୋଧପୂର୍ଣ୍ଣ ବାଣୀ- "କୋଡ଼ିଏ ବର୍ଷ ହେଲା ପ୍ରାସାଦ ଭିତରେ ଅନାର୍ଯ୍ୟମାନଙ୍କର ରାଜତ୍ୱ ଚାଲିଛି"ର ପ୍ରତ୍ୟୁତ୍ତରରେ ସତ୍ୟବତୀ କହିଛନ୍ତି – "ମନେ ରଖ ଭୀଷ୍ମ ! ମୁଁ ଶୂଦ୍ର ହୋଇପାରେ ... ହୋଇପାରେ ଅସବର୍ଣ୍ଣ। ମନୁ ଯେଉଁ ସ୍ମୃତି ଲେଖିଚି ସେଥିରେ କୁହାଯଇଛି- ସବର୍ଣ୍ଣମାନେ ଯେଉଁ ଖାଦ୍ୟପେୟ ଗ୍ରହଣ କରନ୍ତି- ସେସବୁ ଖାଦ୍ୟାନ୍ନ ଆମେ ଖାଇପାରିବୁ ନାହିଁ। ସେଥିପାଇ ରାଜପ୍ରାସାଦ ଭିତରେ ମୋ ଖାଦ୍ୟ ମୁଁ ରୋଷେଇ କରି ଖାଉଛି। ମୋ ପୁଅ ବର୍ଣ୍ଣରେ କଳା ବୋଲି ତାକୁ ମାରିବାପାଇଁ ବାରମ୍ବାର ବାଣ ପ୍ରୟୋଗ କରିଛି ଦେବବ୍ରତ। x x x ବରଂ ଚଞ୍ଚକତା କରି ମୋ' ଜୀବନଚକ୍ର ଭିତରକୁ ଧସେଇ ପଶି ଆସି ମୋତେ ଆର୍ଯ୍ୟାୟିତ କରିବ କ'ଣ ...? ଦେଖ ... ମୁଁ ତମ ଚନ୍ଦ୍ରବଂଶକୁ କେମିତି ଜାରଜ ବଂଶରେ ପରିଣତ କରିଦେବି।" କୃଷ୍ଣ ଦ୍ୱୈପାୟନ ଆର୍ଯ୍ୟମାନଙ୍କର ଫମ୍ପା ଅହଙ୍କାରକୁ ପଦାଘାତ କରିବାକୁ ଯାଇ ଭୀଷ୍ମଙ୍କୁ ଆହ୍ୱାନ କରିଛନ୍ତି- "ଆମେ ଶୂଦ୍ରମାନେ ସ୍ୱଚ୍ଛ ଦିବାଲୋକରେ ବିଶ୍ୱାସ କରୁ- କୁହେଳିରେ ନୁହେଁ। ହେ ପ୍ରବଞ୍ଚକ ଆର୍ଯ୍ୟଯୋଦ୍ଧା ! ପ୍ରଶ୍ୱାପ ବାଣ ପ୍ରୟୋଗ କରି ମୋ' ଚାରିପାଖରେ ତମେ ପ୍ରହେଳିକା ସୃଷ୍ଟି କରିପାର। x x x ଏ ଜମ୍ବୁଦ୍ୱୀପରେ ଚାଲିଥିବା ଆର୍ଯ୍ୟମାନଙ୍କର ଫମ୍ପା ଅହଙ୍କାରରୁ ଯେଉଁ ଅବକ୍ଷୟ ତିଆରି ହୋଇଛି ତାକୁ ସୁଧାରିବା ପାଇଁ ମୁଁ ବାରମ୍ବାର ମୋ' ଆୟୁଷକୁ ବଢ଼ାଇ ଚାଲିଛି। ସବୁ ସେଇ ପରମପୁରୁଷଙ୍କ ଇଚ୍ଛା। ଏ କୁହେଳି ମୋ ଚେତନାକୁ ଝାପ୍‌ସା କରିପାରିବ ନାହିଁ ଦେବବ୍ରତ।"

ଏକବିଂଶ ଦୃଶ୍ୟ। ପରମପୁରୁଷ 'ଶ୍ରୀକୃଷ୍ଣ'ଙ୍କ ସାନ୍ନିଧ ଲଭିବାକୁ ଅନାର୍ଯ୍ୟ ଜୀବ 'କୃଷ୍ଣ' ବ୍ୟାକୁଳ। ପ୍ରଣତି ଢାଳି ସେ ଜଣାଉଛି-

"କିଏ ଜଣେ ଅନାମ ଅନାର୍ଯ୍ୟ
କୁହୁଡ଼ିରେ ଉବୁଟୁବୁ ହେଉଥିବାବେଳେ

ତୁମେ ଆସି ପହଂଚିଯାଅ !
ନିଅ କୃଷ୍ଣ ! ନିଅ ପୁଣିଥରେ ପ୍ରଣିପାତ ନିଅ ।"

ଶ୍ରୀକୃଷ୍ଣ ବେଦବ୍ୟାସଙ୍କୁ ଆଶୀର୍ବଚନ ଶୁଣାଇଛନ୍ତି ଏବଂ କହିଛନ୍ତି-

ତୁମରି ହାତରେ ରହୁ ଭାଗ୍ୟରେଖା ହସ୍ତିନାର
ଭୀଷ୍ମ ରୁହନ୍ତୁ ହୋଇ ମହାବୀର ଜାରଜ ରାଜ୍ୟର ।

XXX

ତମେ ହେବ ଶବ୍ଦର ତପସ୍ୱୀ ଏବଂ ମନ୍ତ୍ରଦ୍ରଷ୍ଟା ଋଷି
ଦୁଃଖୀଙ୍କର ଦୁଃଖନେଇ ଦିଅ ତାଙ୍କ ଭଣ୍ଡାରରେ ଖୁସି ।

କୃଷ୍ଣ ଦ୍ୱୈପାୟନ କୃତଜ୍ଞତାପୂର୍ବକ ଶ୍ରୀକୃଷ୍ଣଙ୍କୁ ଜଣାଇଛନ୍ତି-

ଧନ୍ୟ ହେଲି ହୃଷିକେଶ
କୃତଜ୍ଞ ମୁଁ ଅଙ୍ଗାର ପୁରୁଷ
ନିର୍ଯ୍ୟାତିତ ଅନାର୍ଯ୍ୟ ମୁଁ ଦିଅ ହେ ପ୍ରକାଶ
ସିଦ୍ଧ ହେଉ ସିଦ୍ଧ ହେଉ ସମସ୍ତ ପ୍ରୟାସ ।

ନାଟକର ଶେଷ ଦୃଶ୍ୟ ବା ଦ୍ୱାବିଂଶତମ ଦୃଶ୍ୟରେ ଜଣେ ଦଳିତ ନାରୀର ସଂଗ୍ରାମ ସମ୍ବନ୍ଧରେ ସତ୍ୟବତୀଙ୍କ ମାଧ୍ୟମରେ ନାଟ୍ୟକାର ଆଲୋକପାତ କରିଛନ୍ତି । "ଏ ଦୀର୍ଘପଥରେ ଚାଲିଚାଲି ମୁଁ ଆଜି କ୍ଳାନ୍ତ । x x x ଏ ପୁରୁଷବାଦୀ ସମାଜରେ ମୋ ସୀମାନ୍ତରିତ ଓ ଦଳିତ ପ୍ରାଣରେ ସଂଗ୍ରାମ କରିବାକୁ ଶକ୍ତି ଦିଅ । x x x କେତେଦିନ ଏକାଏକା ଏ ପୁରୁଷ ସମାଜରେ ଲଢ଼ିଲଢ଼ି ଅସ୍ପୃଶ୍ୟା ବୋଲି ବିତାଡ଼ିତ ହେଉଥିବି ?

କୁତ୍ସିତ ସାମାଜିକ ପ୍ରଥା ଦ୍ୱାପରରୁ ସାମ୍ପ୍ରତିକ କାଳ ପର୍ଯ୍ୟନ୍ତ ପ୍ରଲମ୍ବିତ । ପୁରୁଷପ୍ରଧାନ ସମାଜରେ ନାରୀର ଅସ୍ତିତ୍ୱ, ସମ୍ମାନ, ସ୍ୱାଧୀନତା ସବୁ କାଳେ, ସବୁବେଳେ, ସବୁ ସ୍ଥାନରେ ବିପନ୍ନ । ତା' ସହିତ ଅସ୍ପୃଶ୍ୟତା, ଦଳିତ ବର୍ଗ ବା ଶୂଦ୍ର ଓ ଅନାର୍ଯ୍ୟ ନାରୀର ବୁକୁ ତଳର ଆର୍ତ୍ତନାଦ ତଥାକଥିତ ସଭ୍ୟ ଆର୍ଯ୍ୟମାନଙ୍କର କାନରେ ପଡ଼େନାହିଁ । ଅନାର୍ଯ୍ୟା ସତ୍ୟବତୀ ହୁଅନ୍ତୁ ବା ଅନାର୍ଯ୍ୟ କୃଷ୍ଣ ଦ୍ୱୈପାୟନ- ଏମାନେ ସଦାସର୍ବଦା ଶୋଷଣ, ଲାଂଛନା ଓ ପ୍ରତାରଣାର ଶିକାର ହୁଅନ୍ତି । ଆର୍ଯ୍ୟମାନେ ନିଜର ସ୍ୱାର୍ଥପାଇଁ ପ୍ରଶ୍ୱାପ ଅସ୍ତ୍ର ପ୍ରୟୋଗ କରି କୁହେଳି ସୃଷ୍ଟି କରିବାରେ ସିଦ୍ଧହସ୍ତ । ତେଣୁ ଆର୍ଯ୍ୟମହଲରେ ରହି ମଧ୍ୟ ଅନାର୍ଯ୍ୟ ହୋଇଥିବାରୁ ଏମାନଙ୍କୁ ଘୋର ଅପମାନର ଶିକାର ହେବାକୁ ପଡ଼େ । ତେଣୁ କୃଷ୍ଣ ଦ୍ୱୈପାୟନଙ୍କ ପରି ସର୍ଜନଶୀଳ ବ୍ୟକ୍ତିତ୍ୱଙ୍କୁ ହସ୍ତିନାର ଶଙ୍ଖମଲମଲ ରତ୍ନଖଚିତ ରାଜପ୍ରାସାଦ ବାନ୍ଧି ରଖିପାରେନା । ସେ ମୁକ୍ତିକାମୀ ଏବଂ ନିଜ ସର୍ଜନ ଦ୍ୱାରା ଜଗତରେ ନୂତନ ଆଲୋକ ବିକିରଣ କରିବାପାଇଁ

ସତ୍ୟବତୀଙ୍କଠାରୁ ଆରମ୍ଭ କରି ଅମ୍ବିକା, ଅମ୍ବାଳିକା ଓ ପରିଶ୍ରମୀଙ୍କ ନିକଟରୁ ବିଦାୟ ଚାହିଁଛନ୍ତି। ଏକ ନୂଆ ସକାଳ ପାଇଁ , ଏକ ନୂତନ ପ୍ରଜନ୍ମର ସାଧାରଣ ମଣିଷର ସମାନତାର ଅଧିକାର ପାଇଁ, ଅନାର୍ଯ୍ୟର ସ୍ୱାଧୀନତା ପାଇଁ ମେଲାଣି ଚାହିଁଛନ୍ତି- "ତମେ ମତେ ଦିଅ ସ୍ୱାଧୀନତା / ସାଗରିକା ଦିଅ ବର୍ଷା, ଆକାଶ ଦିଅ ହେ ବର୍ଷା / ଦଳିତର ଅନ୍ଧାରକୁ ଦିଅ ନୂଆ ଭାଷା। x x x ସମାଜ ଏଇଠି ଗଳିତ କୃଷ୍ଣ ଦଳିତ ପାଇଁ କି / କଥାରେ କଥାରେ ବେଦନାର ଭାର / ଭାଷାରେ ମୋହର ଆଗାମୀର ମୂଲ୍ୟାୟନ।"

ନାଟ୍ୟକାରଙ୍କ ମନ୍ତବ୍ୟକୁ ଉଦ୍ଧାର କରି ଏ ଆଲୋଚନାକୁ ଏହିଠାରେ ବିରାମ ଦେବା ସମୀଚୀନ ହେବ। "ବର୍ଣ୍ଣ ବିଦ୍ୱେଷର ଆର୍ଯ୍ୟସଂସ୍କାର ଭିତରେ ବାଲ୍ମୀକିଙ୍କ ପରେ ବେଦବ୍ୟାସ ମଧ୍ୟ ଶୂଦ୍ର। କିନ୍ତୁ କର୍ମଦ୍ୱାରା ସେମାନେ ବ୍ରାହ୍ମଣ। ବିଶ୍ୱାମିତ୍ର କ୍ଷତ୍ରିୟ ଜାତିରେ ଜନ୍ମ ହୋଇଥିବା ବ୍ରାହ୍ମଣ। ନହୁଷ କ୍ଷତ୍ରିୟରୁ ଶୂଦ୍ର ହେଲେ। ଏଥିରୁ ଜଣାଯାଏ ମହାଭାରତର ସମାଜ ତତ୍ତ୍ୱରେ ଜନ୍ମ ଅନୁଯାୟୀ ଜାତି ନିରୂପଣ କରାଯାଉନଥିଲା- କର୍ମ ଓ ଗୁଣଦ୍ୱାରା ଜାତି ନିର୍ଦ୍ଦିଷ୍ଟ କରାଯାଉଥିଲା। ଆଶା କରୁଛି, ଆମର ପାଠକ ଓ ଦର୍ଶକ ଏ ନାଟକରୁ ଶସ୍ତା ମନୋରଞ୍ଜନ ନ ଖୋଜି ବେଦବ୍ୟାସଙ୍କୁ ପ୍ରଥମତଃ ଆମ କବିମାନଙ୍କ ପାଇଁ ଏକ 'ରୋଲ୍ ମଡ଼େଲ୍' ଭଳି ଦେଖିବେ।"

ସହାୟକ ଗ୍ରନ୍ଥ:

୧. ପାଣିଗ୍ରାହୀ, ରମେଶ ପ୍ରସାଦ; ଏପ୍ରିଲ୍, ୨୦୨୩, କବିଙ୍କ ନାମ ବେଦବ୍ୟାସ, ବର୍ଷା ପବ୍ଲିକେଶନ୍, ଭୁବନେଶ୍ୱର।

୨. ଶତପଥୀ, ଡକ୍ଟର ଦେବୀପ୍ରସାଦ (ସଂ), ୨୦୧୭, ଉତ୍ତର ଆଧୁନିକତା: ବିଚାର ଓ ବିତର୍କ, ଅଗ୍ରଦୂତ, କଟକ।

୩. Derrida, jaques, 1989, structure sign and play in the Human Science's in Modern ...Theory: A Reader Philip Rice and Patricia, London.

■

ସହକାରୀ ଅଧ୍ୟାପକ, ଓଡ଼ିଆ ଭାଷା ଓ ସାହିତ୍ୟ ବିଭାଗ
ଶିକ୍ଷକ ଶିକ୍ଷା ମହାବିଦ୍ୟାଳୟ, ରାଉରକେଲା

ଦୃଶ୍ୟ ଅଦୃଶ୍ୟର ରୂପାୟନ: ଦେଖୁ ଦେଖୁ ଅଦୃଶ୍ୟ

ଡ. ମମତା ସାହୁ

ଉତ୍ତର ଷାଠିଏ ଓଡ଼ିଆ ନାଟ୍ୟ ସାହିତ୍ୟର ଜଣେ ଆଧୁନିକ ଓ ଯଶସ୍ୱୀ ସ୍ରଷ୍ଟା ହେଉଛନ୍ତି ନାଟ୍ୟକାର ରମେଶ ପ୍ରସାଦ ପାଣିଗ୍ରାହୀ। ଓଡ଼ିଆ ନାଟକକୁ ସେ ନୂତନ ଭାବଗତ ଓ ଶୈଳୀଗତ ପରୀକ୍ଷା ଦ୍ୱାରା ସମୃଦ୍ଧ କରିଛନ୍ତି। ଏକାଧାରରେ ସେ ଜଣେ ନାଟ୍ୟକାର, କଥାକାର, ଆଲୋଚକ, ଚିତ୍ରନାଟ୍ୟ ଲେଖକ, ସଂଳାପକାର, ଓଡ଼ିଆସାହିତ୍ୟର ଐତିହାସିକ, ଯାତ୍ରାନାଟକର ସ୍ରଷ୍ଟା, ନିର୍ଦ୍ଦେଶକ ଓ ନିରପେକ୍ଷ ଗବେଷକ। ତାଙ୍କର ସାରସ୍ୱତ ସାଧନା ଭିତରେ ରହିଛି ଅନ୍ୟୂନ ୮୯ଟି ନାଟକ, ୩୦ଟି ଗଳ୍ପ, ୨୦ଟି ଯାତ୍ରା ନାଟକ, ଏକାଙ୍କିକା, ଅଣୁ ନାଟକ, ଅ-ନାଟକ, ପ୍ରତି ନାଟକ ପ୍ରଭୃତି। 'ମୁକ୍ତି ମଣ୍ଡପ' (୧୯୬୪) ରୁ ଆରମ୍ଭ କରି 'ଦେଖୁ ଦେଖୁ ଅଦୃଶ୍ୟ' (୨୦୧୭) ପର୍ଯ୍ୟନ୍ତ ଦୀର୍ଘ ୫୩ ବର୍ଷର ନାଟ୍ୟସୃଷ୍ଟିରେ ଜୀବନର ଆଧିଭୌତିକ ସତ୍ୟ ଗୁଡ଼ିକୁ ଦୃଶ୍ୟାୟନ କରି ଓ ଅନୁପସ୍ଥିତିକୁ ଉପସ୍ଥିତିରେ ପରିଣତ କରିଛନ୍ତି ବିଭିନ୍ନ ପରୀକ୍ଷା ନିରୀକ୍ଷା ମାଧ୍ୟମରେ।

ଜଣେ ପ୍ରୟୋଗବାଦୀ ନାଟ୍ୟକାର ଭାବେ ରମେଶ ପ୍ରସାଦ ପାଣିଗ୍ରାହୀ ବେଶ୍ ପରିଚିତ। ତେଣୁ ତାଙ୍କର କ୍ଷୁଦ୍ର ନାଟକ ଗୁଡ଼ିକରେ ଅନେକ ପ୍ରୟୋଗାତ୍ମକ ଦିଗ ଦେଖିହୁଏ। 'ଦେଖୁ ଦେଖୁ ଅଦୃଶ୍ୟ' ଏକ କ୍ଷୁଦ୍ର ନାଟ୍ୟ ଗୁଚ୍ଛ। ଆଠଗୋଟି କ୍ଷୁଦ୍ର ନାଟକ ଓ ଅ-ନାଟକର ସମ୍ମିଶ୍ରଣ। ପ୍ରତ୍ୟେକ ନାଟକରେ ଦୃଶ୍ୟଗୁଡ଼ିକ ସର୍ବଦା ବଦଳୁଥାଏ। ଦୃଶ୍ୟଗୁଡ଼ିକ ଦେଖୁ ଦେଖୁ ତାହା ଅଦୃଶ୍ୟ ଓ ସମାହିତ ହୋଇଯାଏ। ଚରିତ୍ରଟି କେବଳ ଅଭିନୟ କରେ ନାହିଁ ବରଂ ଦୃଶ୍ୟ ଅଦୃଶ୍ୟର ପ୍ରତୀୟମାନତା ମଧ୍ୟରେ ଏକ ନୂତନ ଜୀବନ ସର୍ଜନା କରେ। ଠିକ୍ ସେହିଭଳି ଦୃଶ୍ୟ ଅଦୃଶ୍ୟର ରୂପାୟନ ଘଟିଛି 'ଦେଖୁ ଦେଖୁ ଅଦୃଶ୍ୟ'ରେ ସ୍ଥାନିତ ନାଟକଗୁଡ଼ିକରେ।

'ଦେଖୁ ଦେଖୁ ଅଦୃଶ୍ୟ' ନାଟ୍ୟ ସଂକଳନରେ 'ସେ ମରିଗଲେ' (୧୯୭୧), 'ଶ୍ରୀ ଶ୍ରୀ ମହାଲକ୍ଷ୍ମୀ ପୂଜା' (୧୯୭୨), 'ଚାଳିଶ ମିନିଟ୍‌ରେ'(୧୯୭୩), 'ଜେଜେମା' (୧୯୭୩), 'ଟୁଆଁ ଟୁଇଁ' (୧୯୭୩), 'ଗଳିତ କୃଷ୍ଟ' (୧୯୭୨), 'ବିଗତ ଭବିଷ୍ୟତ' (୧୯୭୩) ଏବଂ 'ସ୍ୱଗତୋକ୍ତି' (୧୯୭୫) କ୍ଷୁଦ୍ର ନାଟକ

ରହିଛି । ଯାତ୍ରା ନାଟକକୁ ଯିବା ପୂର୍ବରୁ ତାଙ୍କର ପ୍ରୟୋଗାତ୍ମକ ଶୈଳୀଟି କ୍ଷୁଦ୍ର ନାଟକ ମାନଙ୍କରେ ରୂପ ପାଇଛି । କାହାଣୀ ନିର୍ବାଚନରେ ନୂତନତା ତାଙ୍କ କ୍ଷୁଦ୍ର ନାଟକକୁ ନିୟନ୍ତ୍ରିତ କରିଥିବାରୁ ବିଭିନ୍ନ ଚେତନା ସ୍ତରର ବ୍ୟାପକ ଉନ୍ମୋଚନ ସହଜରେ ହୋଇପାରିଛି । ଯେଉଁଭଳି କ୍ଷୁଦ୍ର ନାଟକ ଓଡ଼ିଆରେ ଲେଖାଯାଇ ନାହିଁ ସେପରି କ୍ଷୁଦ୍ର ନାଟକ ସେ ଲେଖିଛନ୍ତି ଓ ସଫଳତା ମଧ୍ୟ ପାଇଛନ୍ତି । ରମେଶ ପ୍ରସାଦ ପାଣିଗ୍ରାହୀ କ୍ଷୁଦ୍ର ନାଟକ ପାଇଁ ଆକର୍ଷଣୀୟ ବିଷୟ, ନାଟକୀୟ ଘଟଣା ତିଆରି କରି କ୍ଷୁଦ୍ର ନାଟକର ଶୂନ୍ୟସ୍ଥାନକୁ ପୂରଣ କରିପାରିଛନ୍ତି । ଏସବୁ କ୍ଷୁଦ୍ର ନାଟକରେ ଅଦୃଶ୍ୟକୁ ଦୃଶ୍ୟ କରିବା ସମୟରେ ଦୃଶ୍ୟ ଅଦୃଶ୍ୟ ହୋଇଯାଉଛି ।

୧୯୭୨ ମସିହାରେ ରମେଶ ପ୍ରସାଦ ପାଣିଗ୍ରାହୀ ପ୍ରଥମେ ଅ-ନାଟକ 'ବିଗତ ଭବିଷ୍ୟତ' ସୃଷ୍ଟି କରିଛନ୍ତି । 'ଦେଖୁ ଦେଖୁ ଅଦୃଶ୍ୟ' ନାଟ୍ୟ ସଂକଳନରେ ତିନୋଟି ଅ-ନାଟକ ରହିଛି । ଯଥା - 'ବିଗତ ଭବିଷ୍ୟତ', 'ଗଳିତ କୃଷ୍ଣ' ଓ 'ସ୍ୱଗତୋକ୍ତି' । ୧୯୭୦ ମସିହା ବେଳକୁ ନାଟ୍ୟକାରମାନେ ପରଂପରାକୁ ଫେରିଆସିଛନ୍ତି । କଥାବସ୍ତୁ ନୂତନ ହେଲେ ମଧ୍ୟ ପରଂପରାଠାରୁ ଉପାଦାନ ଆଣି ଜନସାଧାରଣଙ୍କ ପରିଚିତ ଶୈଳୀ ମାଧ୍ୟମରେ ସମର୍ପି ଦେଇଛନ୍ତି । ଏହାପରେ ସୃଷ୍ଟି ହୋଇଛି ପରଂପରା ଓ ଆଧୁନିକତାର ସମ୍ମିଶ୍ରଣରେ ନୂତନ ନାଟ୍ୟଧାରା । ସେଇ ନୂତନ ନାଟ୍ୟଧାରାରେ ରମେଶ ପ୍ରସାଦ ପାଣିଗ୍ରାହୀ ସୃଷ୍ଟି କରିଛନ୍ତି 'ଅ-ନାଟକ' । ଏହି ଅ-ନାଟକ ମାଧ୍ୟମରେ ପ୍ରଚଳିତ ନାଟକକୁ ଅସ୍ୱୀକାର କରି ବିଦଗ୍ଧ ରୁଚିଗୁଡ଼ିକୁ ଭାଙ୍ଗି ଦିଆଯାଇଥିଲା ।

ରମେଶ ପ୍ରସାଦ ପାଣିଗ୍ରାହୀ ଓଡ଼ିଶାରେ 'ଅଣୁ ନାଟକ', 'ଅ-ନାଟକ' ଓ 'ପ୍ରତିନାଟକ' ଆରମ୍ଭ କରି ଏକ ନୂତନ ଶୈଳୀ ଓ ପ୍ରକାଶ ଭଙ୍ଗୀ ସୃଷ୍ଟି କଲେ । ଆତ୍ମ ଜିଜ୍ଞାସା, ଅସ୍ଥିରତା ଓ ଗୋଟିଏ ଦିଗହରା ସମୟର ବେଦନା ଭିତରୁ ଏହିପରି ଅ-ସାହିତ୍ୟ ଜନ୍ମ ନିଏ । ଅ-ନାଟକ ଗୁଡ଼ିକରେ ମୁଖ୍ୟତଃ ସ୍ଥାନଭିତ୍ତିକ ଆଖ୍ୟାନ ଉପରେ ପରୀକ୍ଷା କରିଥିଲେ ରମେଶ ପ୍ରସାଦ ପାଣିଗ୍ରାହୀ । ତାଙ୍କ ଅ-ନାଟକଗୁଡ଼ିକରେ ଏପରି ଏକ ସମୟର ଅନ୍ତର୍ଦ୍ୱନ୍ଦ୍ୱ ଓ ପାପବୋଧ ପରିସ୍ଫୁଟିତ ହୋଇଛି । ଆଜି ଯାହା ବାସ୍ତବ କାଲି ତାହା ନୁହେଁ । ପୁନଶ୍ଚ ବାସ୍ତବତା, ବାହାରେ କେଉଁଠି ନାହିଁ । ଏହା ଏକ ଆଭ୍ୟନ୍ତରୀଣ ବ୍ୟାପାର । ବାହାରେ ଯେଉଁ ରୂପରେ ବାସ୍ତବତାଟି ଅଛି ତାହା ଅତି ସ୍ଥୂଳ ଭାବରେ ଅଛି, କିନ୍ତୁ ସେଗୁଡ଼ିକୁ ଜଣେ ନାଟ୍ୟକାର ରୂପେ ମୁଁ ଯେତେଥର ଭାଙ୍ଗିବାକୁ ଚେଷ୍ଟା କରିଛି ସେତେଥର ନାଟକ ଆଉ ନାଟକ ହୋଇ ରହିନାହିଁ । ଅ-ନାଟକରେ ପରିଣତ ହୋଇଛି । ପରିଣତ ହୋଇଛି 'ପ୍ରତିନାଟକ'ରେ ।[୯]

୧୯୬୪ ପରର ଓଡ଼ିଆ ନାଟକ ପାଶ୍ଚାତ୍ୟର ତିନୋଟି ମୁଖ୍ୟ ଧାରା ଦ୍ୱାରା ପ୍ରଭାବିତ। ସେଗୁଡ଼ିକ ହେଲା- ବେର୍‌ଟୋଲ୍‌ଟ ବ୍ରେଖ୍‌ଟଙ୍କ ମହାକାବ୍ୟିକ ବାସ୍ତବତା, ଜାଁ ପଲ୍ ସାର୍ତ୍ତ୍ରଙ୍କ ସ୍ଥିତିବାଦ, ଇଉଜାଁ ଇୟୋନେସ୍କୋ ଓ ସାମୁଏଲ୍ ବେକେଟ୍‌ଙ୍କ ଉଦ୍ଭଟବାଦ। ରମେଶ ପ୍ରସାଦ ପାଣିଗ୍ରାହୀଙ୍କ ନାଟକଗୁଡ଼ିକରେ ଏ ସବୁ ବାଦର ପ୍ରଭାବ ପଡ଼ିଛି।

'ସେ ମରିଗଲେ' ନାଟକଟିରେ ଭଗବାନଙ୍କର ମୃତ୍ୟୁକୁ ଏକ ସାମ୍ପ୍ରତିକ ଅପରାଧ ରୂପେ ଚିତ୍ରଣ କରାଯାଇଛି। ଏହି ନାଟକ, ସମଗ୍ର ଆଧୁନିକତା ଉପରେ ଏକ ବ୍ୟଙ୍ଗ ରଚନା। ଆଧୁନିକତା ଭଗବାନଙ୍କ ଅସ୍ତିତ୍ୱକୁ ସ୍ୱୀକାର କରେ ନାହିଁ। ଏପରିକି ଜଗନ୍ନାଥଙ୍କ ଅସ୍ତିତ୍ୱକୁ ମଧ୍ୟ ସ୍ୱୀକାର କରୁନଥିବା ବହୁ ନାସ୍ତିକ ଅଛନ୍ତି। ଆଧୁନିକତା ନାସ୍ତିକମାନଙ୍କର ଏକ କ୍ରୀଡ଼ାଭୂମି। ୧୮୮୩ ମସିହାରେ ଫ୍ରେଡ଼େରିକ୍ ନିତ୍‌ସେ 'Thus spake Zarathustra' ନାମକ ଗ୍ରନ୍ଥରେ ପ୍ରକାଶ କଲେ ଭଗବାନ ମୃତ ବୋଲି। 'ସେ ମରିଗଲେ' ନାଟକରେ ଏହି ଘଟଣାର ପ୍ରଭାବ ପଡ଼ିଛି। ନାଟକର ଆରମ୍ଭରେ ସୂତ୍ରଧର ମଞ୍ଚଉପରକୁ ପ୍ରବେଶ କରି ନାଟକ ସମ୍ପର୍କରେ ସୂଚନା ପ୍ରଦାନ କରିଛି। ଜଣେ ମହାପୁରୁଷଙ୍କ ମୃତ୍ୟୁ ଘଟିଛି। ତାଙ୍କ ଶବ ରାସ୍ତାରେ ପଡ଼ିଛି। ଶବ ସତ୍କାର ହୋଇ ପାରିନଥିବାରୁ ରାସ୍ତା ପ୍ରାୟ ଗହଳି। ଶବର ବିଭିନ୍ନ ଅଙ୍ଗକୁ ନିଜ ଭିତରେ ବଣ୍ଟାକୁଣ୍ଟା ପାଇଁ କଥା ହୋଇଛନ୍ତି ପାଦ୍ରୀ, ବଡ଼ପଣ୍ଡା, ସହଯୋଗୀ, ବ୍ୟବସାୟୀ, ମିଆଁ ପ୍ରଭୃତି ଚରିତ୍ର। ଆମ ଭଗବାନ ମରିଯାଇଛନ୍ତି ବୋଲି କହି ନିଜନିଜ ଭିତରେ କଳହ କରିଛନ୍ତି। ଯୀଶୁଙ୍କ କଲିଜାଟା ନବାକୁ ପାଦ୍ରୀ କହିଲା ବେଳେ ବଡ଼ପଣ୍ଡା ଜଗନ୍ନାଥଙ୍କର ମସ୍ତିଷ୍କଟା ନବାକୁ କହିଛନ୍ତି। ବ୍ୟବସାୟୀ ଖାଲି ଗୋଟିଏ ଫୋଟ ମାଗିଛି। ଚାରିଆଡ଼େ ଭଗବାନଙ୍କ ମୃତ୍ୟୁ ଘଟିଛି ବୋଲି ଚହଳ ପଡ଼ିଛି। ଶେଷରେ ସବ୍‌ଇନିସ୍‌ପେକ୍ଟର କତରାଟା ଉଠେଇ ଦେଖିଲାବେଳେ ସେଠାରେ କିଛି ନାହିଁ। ଏକ ଶୂନ୍ୟତାକୁ ଭ୍ରାନ୍ତି ରୂପେ ସମସ୍ତେ ଭଗବାନ ବୋଲି ଭାବିଛନ୍ତି।

ମାନବିକତା, ହୃଦୟ, ତ୍ୟାଗ ଇତ୍ୟାଦିର କୌଣସି ମୂଲ୍ୟ ଆଜିର ସମାଜରେ ନାହିଁ। ବର୍ତ୍ତମାନର ସମାଜ ବେପାରୀମାନଙ୍କ ସମାଜ। ଥିଲାବାଲା ନଥିଲାବାଲାଙ୍କ ଉପରେ ଶାସନ କରୁଛି। 'ଶ୍ରୀ ଶ୍ରୀ ମହାଲକ୍ଷ୍ମୀ ପୂଜା' ନାଟକରେ ଅର୍ଥ ଓ ଭୋଗଲିପ୍‌ସୁ ମଣିଷମାନଙ୍କ ପ୍ରତି ବ୍ୟଙ୍ଗୋକ୍ତି କରାଯାଇଛି। ନାଟକରେ ନାରୀ ଚରିତ୍ରମାନଙ୍କୁ ନେଇ ନାଟ୍ୟକାର ପରୀକ୍ଷା ନିରୀକ୍ଷା କରିଛନ୍ତି। ନାରୀମାନଙ୍କ ମଧ୍ୟରେ ପାର୍ଥିବତା ପୂର୍ଣ୍ଣ ହୋଇ ରହିଥାଏ। ସେମାନେ ଭଣ୍ଡାରର ଚାବିକାଠି ସଦୃଶ୍ୟ। ସେମାନଙ୍କୁ କୂଳର ମର୍ଯ୍ୟାଦା ବୋଲି କୁହାଯାଏ। ମହାଲକ୍ଷ୍ମୀ ପୂଜା ଓଷାରେ ମୁଖ୍ୟ ଚରିତ୍ର ଶ୍ରୀୟା ଚଣ୍ଡାଳୁଣୀ। କିନ୍ତୁ ଏ

ନାଟକରେ ଶ୍ରୀୟା ଚଣ୍ଡାଲୁଣୀର ଅନୁପସ୍ଥିତିରେ ନାଟ୍ୟକାର କେତେକ ଆଧୁନିକା ଓ ଅତ୍ୟାଧୁନିକା ଶ୍ରୀୟା ଚଣ୍ଡାଲୁଣୀ ଚରିତ୍ର ତିଆରି କରିଛନ୍ତି । ସେମାନଙ୍କ ମାଧ୍ୟମରେ ଚିତ୍ତ, ବିତ୍ତ, ଲାଳସା, ଅସୂୟା, ଅହଂକାରର ଏକ ବ୍ୟଙ୍ଗ ଚିତ୍ର ପ୍ରଦାନ କରିଛନ୍ତି। ଯାହା ପୁରୁଷମାନଙ୍କ ପାଖରେ ଅତି ଭୟଙ୍କର ଭାବେ ଉପସ୍ଥିତ। ମାର୍ଗଶିର ମାସ ଗୁରୁବାର ଦିନ ମହଲକ୍ଷ୍ମୀ ଶ୍ରୀମନ୍ଦିରରୁ ବାହାରି କାର୍‌ରେ ରାଜଧାନୀରେ ପହଞ୍ଚିଛନ୍ତି। ଦର୍ଶକମାନଙ୍କୁ କ୍ଷିରୀ ଖାଇବାକୁ ଦେବା ସହ ସମସ୍ତ ମନସ୍କାମନା ପୂରଣ ପାଇଁ ପ୍ରତିଶ୍ରୁତି ଦେଇଛନ୍ତି। ସମସ୍ତେ ନିଜ ସ୍ୱାର୍ଥ ପାଇଁ ସବୁ ମାଗିଲା ବେଳେ ମହାଲକ୍ଷ୍ମୀ କ୍ରୋଧାନ୍ୱିତ ହୋଇ ଦବା ବଦଳରେ ସବୁ ମାଗିଛନ୍ତି। ଚାରିଆଡ଼େ ସ୍ୱାର୍ଥ ଓ ଲୋଭର ନିଆଁ ଖେଳିଯାଇଛି। ମହାଲକ୍ଷ୍ମୀ ପୂଜାର ନୈବେଦ୍ୟ ରୂପେ ସମସ୍ତ ଚିତ୍ତ, ବିତ୍ତ, ଲାଳସା, ଅସୂୟା, ଅହଂକାରକୁ ମାଗିଛନ୍ତି। ସବୁ ଧ୍ୱଂସ କରିବାକୁ ଚାହିଁଛନ୍ତି, କାରଣ ସବୁ ଧ୍ୱଂସ କଲେ ଜଣାପଡ଼ିବ ଗଢ଼ିବା ଯେ କେତେ ଯନ୍ତ୍ରଣା ଦାୟକ। ଏଠାରେ ନାଟ୍ୟକାର ବୁଝାଇଦେଇଛନ୍ତି ଯେ ଜୀବନ ଅନେକ ଗୁଡ଼ିଏ ମିଥ୍ୟା ଏବଂ ଅବାସ୍ତବର ସମାହାର। ସମସ୍ତ ସାମାଜିକ ଅଙ୍ଗିକାର, ବାହାସ୍ଫୋଟ, ସମସ୍ତ ସ୍ୱପ୍ନ ଦେଖେଇବାର ବାହାଦୂରୀ, ସାହିତ୍ୟରେ ବିପ୍ଳବ ଆଣିବାର ଘଟଣା ଭିତ୍ତିହୀନ ଏବଂ ମିଥ୍ୟା, ଅତଏବ ଅଭିନୟ / ନାଟକୀୟତା ସାଂପ୍ରତିକ ସାମାଜିକ ଜୀବନର ଏକଏକ ବାସ୍ତବତା ।

'ଚାଳିଶି ମିନିଟ୍‌ରେ' ନାଟକରେ ସାମ୍ବାଦିକ ପ୍ରଦୋଷ ଗୋପନୀୟ ସତ୍ୟ, ଅପ୍ରିୟ ସତ୍ୟ, ନିଷିଦ୍ଧ ସତ୍ୟ ଓ ଅର୍ଦ୍ଧ ସତ୍ୟ ମାନଙ୍କୁ ଲୋକଲୋଚନକୁ ଆଣି ଗୋଟିଏ ରାଜନୀତିକ ଅପରାଧର ଶିକାର ହୋଇ ଶେଷରେ ଫାଶୀ ଦଣ୍ଡରେ ଦଣ୍ଡିତ ହୋଇଛି। ଗାଁ ଝିଅ ଲୀନାକୁ ସର୍ବେଶ୍ୱର ବାବୁ ବିୟୁଟି ପାର୍ଲରରେ ୫ହଜାର ଟଙ୍କାର ଚାକିରିରେ ରଖେଇ ଦେଇଥିଲେ। ମାତ୍ର ସେଠାରେ ଝିଅମାନଙ୍କୁ ନେଇ ଦେହ ବ୍ୟବସାୟ କରାଯାଉଥିଲା। ସେଠି ଗ୍ରାହକମାନେ ଥିଲେ ବଡ଼ ବଡ଼ ପୋଲିସ୍ ଅଫିସର, IAS ଅଫିସରମାନେ। ଲୀନାକୁ ନ୍ୟାୟ ଦବାକୁ କ୍ଷୁବ୍ଧ ପ୍ରଦୋଷ ସେଠାରେ ଫସିଯାଇଛି। ଫାସୀ ପାଇବାର ଠିକ୍ ଚାଳିଶ ମିନିଟ୍ ପୂର୍ବରୁ ପ୍ରଦୋଷର ମନସ୍ତାତ୍ତ୍ୱିକ ସଂଘାତର ସମସ୍ତ ଚିତ୍ର ଏଇ ନାଟକରେ ଦେଖିବାକୁ ମିଳେ।

'ଜେଜେମା' ନାଟକଟି ଗୋଟିଏ ଅଂସପୂର୍ଣ୍ଣ ପାରିବାରିକ କାହାଣୀର ଏକ ଝଲକ। ଗୋଟିଏ ୧୮ ବର୍ଷର ଝିଅ ରାନୁର ଦୃଷ୍ଟଭଙ୍ଗୀରେ ୯୦ ବର୍ଷର ଜେଜେମାର ପୁତ୍ର ସ୍ନେହ, ଜୀବନ ସଂପର୍କରେ ଧାରଣା ଓ ସେକାଳର ପୁରୁଣା ମାନବିକ ମୂଲ୍ୟବୋଧଗୁଡ଼ିକ କିପରି ବଞ୍ଚିବାର ଫାଟଗୁଡ଼ିକୁ ଯୋଡ଼ି କରି ରଖୁଥିଲା ତାର ପାରିବାରିକ କାହାଣୀ ଶୁଣେ, ତାହାରି ଭିତରେ ପୁଣି ହଜିଯାଏ। ଶିକ୍ଷିତା ଅଧ୍ୟାପିକା ବୋହୂର ଶାଶୂ

ପ୍ରତି ଅବହେଳା, ସ୍ୱାମୀ ପ୍ରତି ସନ୍ଦେହ ଓ ସ୍ୱାମୀ ସହଦେବ ବାବୁଙ୍କର ସାମାଜିକ ଆଦର୍ଶଗୁଡ଼ିକୁ ଚରିତ୍ରହୀନତାର ଆସ୍ଫାଳନ ବୋଲି ଫୋପାଡ଼ି ଦେବାର କ୍ରୂରତା। ଏହି ନାଟକରେ ଜୀବନର ଅନୁଦ୍‌ଘାଟିତ ସତ୍ୟ ଓ ସ୍ୱପ୍ନକୁ ମଞ୍ଜାୟିତ କରିବା ସହିତ ମାନବିକତାର ସ୍ପର୍ଶ ୩ଟି ପିଢ଼ି ଦେଇ ଗତି କଲା ବେଳେ କେଉଁ ପିଢ଼ିର ଝିଅମାନଙ୍କୁ କିପରି ପ୍ରଭାବିତ କରିଛି ତାର ଏକ ସାମାଜିକ ମନସ୍ତାତ୍ତ୍ୱିକ ବିଶ୍ଳେଷଣ କରିବାକୁ ନାଟ୍ୟକାର ଚାହିଁଛନ୍ତି।

'ଟୁଆଁ ଟୁଇଁ' ନାଟକରେ ଏକ ଚିରନ୍ତନ ପାରିବାରିକ କାହାଣୀର ପୁନରାବୃତ୍ତି କରାଯାଇଛି। ଏହା ଏକ ଲୋକଶୈଳୀର ଅଣୁନାଟକ। ଏଇ ନାଟକରେ ଆଦିମ ସ୍ୱାମୀ ଓ ଆଦିମ ସ୍ତ୍ରୀ କିମ୍ବା ଆଦିମ ପୁରୁଷ ଓ ଆଦିମ ନାରୀର କଥା, ସେମାନଙ୍କର ଭୟ ଓ ଆଶଙ୍କାର କଥା, ସେମାନଙ୍କ କ୍ରମ ବର୍ଦ୍ଧମାନ ଜୀବନର ପରିଣତି ସଂପର୍କରେ ଅତି ସଂକ୍ଷିପ୍ତରେ ବର୍ଣ୍ଣନା କରାଯାଇଛି। ପ୍ରତ୍ୟେକ ଟୁଆଁ ଟୁଇଁ ଭିତରେ ବାଘ ମାମୁ ଅର୍ଥାତ୍ ମହାଜାଗତିକ ପଶୁତ୍ୱ, ଆଦିମ ଭୟ ଓ ସାମାଜିକ ଆତଙ୍କଠାରୁ ମୁକ୍ତି ପାଇବାର ଏକ ସ୍ୱପ୍ନ ଅଛି। ମଣିଷ ଯେତେ ସଭ୍ୟ ହେଲେ ମଧ୍ୟ ବାଘ ମାମୁର ପାଶବିକ ଆତଙ୍କଠାରୁ କେବେ ମୁକ୍ତି ପାଇ ପାରି ନାହିଁ।

ଗୋଟିଏ ଜାତିର ସାଂସ୍କୃତିକ ଚେତନାର ବିକାଶ ପାଇଁ ଅସ୍ୱୀକାର କରୁଥିବା ଜାତୀୟ ରୁଗ୍ଣତାକୁ ପରୀକ୍ଷା କରିଥିଲେ ନାଟ୍ୟକାର ରମେଶ ପ୍ରସାଦ ପାଣିଗ୍ରାହୀ 'ଗଳିତ କୃଷ୍ଣ' ନାଟକରେ। ପ୍ରତି ସମୟରେ, ପ୍ରତି ଜୀବନରେ ଯେଉଁ ଘଟଣା ସବୁ ଘଟୁଥିଲା ତାହା କେତେ ପରିମାଣରେ ନାଟକୀୟ ତାକୁ ମଧ୍ୟ ସେ ପରୀକ୍ଷା କରିଛନ୍ତି। ଏହି ନାଟକରେ ଗୋଟେ ଯୌନ ରୋଗଗ୍ରସ୍ତ ରୁଗ୍ଣ ଯୁବ ସମାଜର ଚିତ୍ର ପ୍ରଦାନ କରାଯାଇଛି। କୃଷ୍ଣମାନେ ହେଲେ ଏ ଯୁଗର ପ୍ରେମିକ ସଂପ୍ରଦାୟ ଯେଉଁମାନେ ପ୍ରେମ ନାମରେ କେବଳ ଯୌନତାକୁ ବୁଝନ୍ତି। କିନ୍ତୁ ଅପପ୍ରୟୋଗ ଦ୍ୱାରା ସେମାନେ ଯୌନ କ୍ଷମତାରୁ ବଞ୍ଚିତ ହୋଇଥା'ନ୍ତି। ସେମାନେ ରୁଗ୍ଣ, ସେମାନଙ୍କର ପୌରୁଷ ବ୍ୟର୍ଥ। ଯାହା ଫଳରେ ଗୋଟିଏ ପିଢ଼ି, ଗୋଟିଏ ସମାଜ ଏବଂ ଗୋଟିଏ ସଂସ୍କୃତି ମଧ୍ୟ ରୁଗ୍ଣ ହୋଇଥାଏ।

'ସ୍ୱଗତୋକ୍ତି' ନାଟକଟିରେ ନିମ୍ନ ମଧ୍ୟବିତ୍ତ ପରିବାରର ଯୁବକଟିଏ ଚାକିରି କରିବା ପାଇଁ ଆସି ସାମାଜିକ ପରିବେଶ ସହିତ ଲଢ଼ିଛି। ଚାକିରି ନଥିବା ହେତୁ ଘରର ଖର୍ଚ୍ଚ, ବାପାଙ୍କ ଦେହ ଅସୁସ୍ଥ ନିମନ୍ତେ ଔଷଧ ପାଇଁ ନିଜ ଭଉଣୀକୁ ଦେହ ବ୍ୟବସାୟ କରିବାକୁ ପଡ଼ିଛି। ପରେପରେ ବାପାଙ୍କର ମୃତ୍ୟୁ ଘଟିଛି। ଶେଷରେ ଶ୍ରୀରାମ ପଣ୍ଡା ଚରିତ୍ରଟି ସମାଜର ବଡ଼ପଣ୍ଡାମାନଙ୍କ ମୁଖା ଖୋଲିଦେଇଛି।

ପ୍ରତ୍ୟେକ ସ୍ରଷ୍ଟା ସାହିତ୍ୟ ଓ ନାଟ୍ୟକଳାର ଅର୍ଥ ଓ ଆବେଦନମାନଙ୍କୁ ଅଧ୍ୟୟନ କରିବା ଅପେକ୍ଷା କଳାରେ କିଛିଟା ପରିବର୍ତ୍ତନ ଆଣିବା ପାଇଁ ଓ ସମାଜରେ କିଛି ପରିବର୍ତ୍ତନ ଆଣିବାକୁ ଚେଷ୍ଟା କରିଥା'ନ୍ତି। ନାଟ୍ୟକାର ରମେଶ ପ୍ରସାଦ ପାଣିଗ୍ରାହୀ କ୍ଷୁଦ୍ର ନାଟକ ସୃଷ୍ଟି କରି ବାସ୍ତବବାଦୀ ନାଟକର ସ୍ଥୂଳତା ଉପରେ ଗୁରୁତ୍ୱ ଦେଇ ମଣିଷର ସୂକ୍ଷ୍ମ ଆବେଗ ଓ ଅମୂର୍ତ୍ତ ଚେତନାଗୁଡ଼ିକୁ ମଞ୍ଚରେ ପ୍ରକାଶ କରିଛନ୍ତି ଓ କାହାଣୀ ଅପେକ୍ଷା ବକ୍ତବ୍ୟ ଉପରେ ବେଶୀ ଗୁରୁତ୍ୱ ଦେଇଛନ୍ତି।

ଜୀବନର ବାସ୍ତବ ରୂପ ନାଟକରେ ପ୍ରତିଫଳିତ ହୋଇଥିବାରୁ ନାଟକର ସଂଳାପ ମଧ୍ୟ ଅନୁରୂପ ଭାବେ ଜନ ଜୀବନର ସରଳ ସ୍ୱାଭାବିକ ବାକ୍‌ଚାତୁରୀର ପ୍ରତିଫଳନ ହେବା ଏକନ୍ତ ଆବଶ୍ୟକ। ନାଟକର ସଂଳାପଗୁଡ଼ିକରେ ନାଟ୍ୟକାରର ଭାଷା, ମନର ଭାବ ଥାଏ। ମାତ୍ର ସେ ତାହାକୁ ସିଧାସଳଖ ପ୍ରକାଶ ନକରି ଚରିତ୍ରମାନଙ୍କ ଦ୍ୱାରା ପ୍ରକାଶ କରିଥା'ନ୍ତି। ତେଣୁ ଚରିତ୍ର ମୁହଁରେ ନାଟ୍ୟକାର ସଂଳାପ କହିଲା ବେଳେ ପାତ୍ରୋଚିତ ଭାବ ପ୍ରତି ସଚେତନ ରୁହନ୍ତି। ପୁଣି ନାଟକ ଅଭିନୟ କଳା ଦ୍ୱାରା ସାର୍ଥକତା ଲାଭ କରୁଥିବାରୁ ଏହାର ଅଭିନୟ ପାଇଁ ଏକ ନିର୍ଦ୍ଧାରିତ ସମୟସୀମା ରହିଥାଏ। ତେଣୁ ଏକ ସଂକ୍ଷିପ୍ତ ସମୟସୀମା ଭିତରେ ସମାପ୍ତ ହୋଇ ପାରୁଥିବା ଭଳି ନାଟକ ସଂଳାପ ମଧ୍ୟ କ୍ଷୁଦ୍ର, ଶାଣିତ, ବିଶେଷ ଭାବଗର୍ଭକ ତଥା ସୂଚନାତ୍ମକ ହେବା ଉଚିତ୍। ନାଟ୍ୟକାର ରମେଶ ପ୍ରସାଦ ପାଣିଗ୍ରାହୀଙ୍କ ନାଟକ ମଞ୍ଚରେ ସଫଳ ହେବା ପଛରେ ଏହା ମଧ୍ୟ ଏକ ପ୍ରଧାନ କାରଣ। ସଂଳାପ ରଚନାର ବିବିଧ କୌଶଳ ପ୍ରୟୋଗ କରି ନାଟକରେ ସେ ପରୀକ୍ଷା ନିରୀକ୍ଷା କରିଛନ୍ତି । ପାତ୍ରମୁଖୀ ଭାଷା ସୃଷ୍ଟିରେ ସେ ଅପ୍ରତିଦ୍ୱନ୍ଦ୍ୱୀ ନାଟ୍ୟକାର। ଯେଉଁ ଚରିତ୍ର ମୁହଁରେ ଯେପରି ଭାଷା ଶୋଭା ପାଇବ ସେଠାରେ ସେହିଭଳି ଭାଷାର ପ୍ରୟୋଗ କରି ସଂଳାପଗତ ସାର୍ଥକତା ଲାଭ କରିଛନ୍ତି। ଉଦାହରଣ ସ୍ୱରୂପ - 'ସେ ମରିଗଲେ' ନାଟକରେ ବଡ଼ପଣ୍ଡା ମୁଖର ସଂଳାପ ଲକ୍ଷ୍ୟ କରାଯାଇପାରେ।

"ବଡ଼ପଣ୍ଡା - ଛତରଖିଆ। ତୁଟା କଣ ହିନ୍ଦୁ ନୁହେଁ କିରେ? ଶବସତ୍କାର ହେଉଛି, ଦେଖିକି ଜାଣି ପାରୁନୁ ?"[୨]

ସେହପରି 'ଚାଳିଶ୍ ମିନିଟ୍' ନାଟକରେ ଖାଡ଼େଙ୍ଗା ମୁହଁର ଭାଷା -

"ଖାଡ଼ଙ୍ଗା - ଓକିଲ ? ଓକିଲ କ'ଣ କରିବ ଇନ୍ସପେକ୍ଟର ବାବୁ ? ସିଏ ପରା ତୁମର ବନ୍ଧୁ"।[୩]

'ଟୁଆଁ ଟୁଇଁ' ନାଟକରେ ସଂଳାପଗୁଡ଼ିକ କେବଳ ଅର୍ଥ ପ୍ରକାଶ ନକରି ଭାବ ଦ୍ୟୋତକ ହୋଇଛି। ଗୋଟିଏ ଶବ୍ଦ ପ୍ରୟୋଗରେ ମଧ୍ୟ ଗୋଟିଏ ନିର୍ଦ୍ଦିଷ୍ଟ ଭାବର ଚିତ୍ର ଦର୍ଶକ ନିକଟରେ ସୃଷ୍ଟି କରି ଦର୍ଶକ ମନକୁ ଆନ୍ଦୋଳିତ କରିପାରିଛି। ଉଦାହରଣ ସ୍ୱରୂପ-

"ଟୁଇଁ - ଆମେ କେଉଁଠି ?
ଟୁଆଁ - ଆତ୍ମଗ୍ଳାନି ଆଉ କାପୁରୁଷତାର ଊର୍ଦ୍ଧ୍ୱରେ।
ଟୁଇଁ - ଯନ୍ତ୍ରଣାର ଊର୍ଦ୍ଧ୍ୱରେ।
ଟୁଆଁ - ମୁକ୍ତିର ଏକ ପ୍ରଭାବ ଅଛି .... ଏ ମୂର୍ଚ୍ଛନା ଅଛି"। [୪]

'ଜେଜେମା' ଓ 'ଚାଳିଶ୍ ମିନିଟ୍' ନାଟକରେ କଥୋପକଥନ ଧର୍ମୀ ସଂଳାପ ଲକ୍ଷ୍ୟ କରାଯାଏ ଓ ତାହା ସହିତ ସ୍ୱଗତୋକ୍ତି ସଂଳାପ ପ୍ରୟୋଗ କରାଯାଇଛି। 'ଶ୍ରୀ ଶ୍ରୀ ମହଲକ୍ଷ୍ମୀ ପୂଜା' ନାଟକରେ ମହାଲକ୍ଷ୍ମୀଙ୍କ ମୁଖର ସଂଳାପ ମାଧ୍ୟମରେ ନାଟ୍ୟକାର ମଣିଷର ଅସଲ ପରିଚୟ ଦେଇଛନ୍ତି।

"ମହାଲକ୍ଷ୍ମୀ - ନା, ସବୁ ପୋଡ଼ି ଯାଉ । ସବୁ ଧ୍ୱଂସ ପାଇ ଯାଉ । ତା' ପରେ ତମେ ବୁଝିବ ଗଢ଼ିବା କେତେ ଯନ୍ତ୍ରଣାଦାୟକ। ଏଇଠି ମୁଁ ଦେଖୁଛି ଦାନ ହିଁ ସମସ୍ୟା। ଦେଇଦେଇ ମୋ ଭଣ୍ଡାର ଶୂନ୍ୟ ଆଉ ନେଇନେଇ ତମେ.... ଭିକାରି.... ଅଧିକ ଲୋଭ କରି ... ଅଧିକା ଅସହାୟ। ତେଣୁ ମୁଁ ଆଜି ଆବିର୍ଭାବ ହେଇଛି। ସର୍ବଗ୍ରାସୀ ହୋଇ ଆସିଛି। ଏଣିକି ମତେ ଦିଅ।

ମତେ ଦିଅ ତୁମର ଈର୍ଷା / ମତେ ଦିଅ ତୁମର ଅସୂୟା ଓ ଅହଂକାର
ମତେ ଦିଅ ତୁମର ବିତ୍ତ, ଚିତ୍ତ ଓ ଲାଳସା।
ଏଣିକି ମୁଁ ନେବି । ତମେ ଦେଇ ଦେଇ ଶୂନ୍ୟ ହେଲା ପର୍ଯ୍ୟନ୍ତ।
ଏଣିକି ମୁଁ ନେବି । ତମେ ସମସ୍ତେ ଶୂନ୍ୟ ହେଲା ପର୍ଯ୍ୟନ୍ତ।
ସେୟା ହେବ ମୋର ପୂଜାର ନୈବେଦ୍ୟ"।[୫]

ନାଟ୍ୟକାର ରମେଶ ପ୍ରସାଦ ପାଣିଗ୍ରାହୀ ନାଟକର ଗଭୀର ଅର୍ଥବୋଧର ଉପଲବ୍ଧି ପାଇଁ ସ୍ୱଷ୍ଟ, ପ୍ରାଞ୍ଜଳ, ଗାମ୍ଭୀର୍ଯ୍ୟପୂର୍ଣ୍ଣ, ସଂଳାପ ପ୍ରୟୋଗ କରି ନୂତନ ପରୀକ୍ଷାମାନ କରିପାରିଛନ୍ତି। ସାଂପ୍ରତିକ ନାଟକର ବକ୍ତବ୍ୟ ପ୍ରକାଶ ଲାଗି ମୁଖର ଭାଷା ବା ସଂଳାପ ସହିତ ଅଙ୍ଗଭଙ୍ଗୀର ଭାଷାକୁ ଗୁରୁତ୍ୱ ଦେଇଛନ୍ତି।

ପାଶ୍ଚାତ୍ୟ ନାଟ୍ୟ ଦର୍ଶନରେ ଆରିଷ୍ଟଟଲ୍ ନାଟକରେ ଚରିତ୍ରଠାରୁ ଘଟଣାକୁ ଅଧିକ ଗୁରୁତ୍ୱପୂର୍ଣ୍ଣ ବୋଲି କହିଥିଲେ। ପରବର୍ତ୍ତୀ ସମୟରେ ଡ୍ରାଇଡେ଼ନ୍ ଆରିଷ୍ଟଟଲ୍‌ଙ୍କ ମତକୁ ଖଣ୍ଡନ କରି କହିଲେ ଯେ, କାହାଣୀ ଅଥବା ଘଟଣା ଚରିତ୍ରର ଅବଲମ୍ବନ ହୋଇପାରେ କିନ୍ତୁ ଚରିତ୍ର ହିଁ ପ୍ରଧାନ ଉପାଦାନ। ପ୍ରକୃତ ପକ୍ଷେ ଦେଖିବାକୁ ଗଲେ ଚରିତ୍ର ଉପସ୍ଥାପନା ବିନା ନାଟକ ଉପସ୍ଥାପନା ଅସମ୍ଭବ। ଚାରିତ୍ରିକ ଦ୍ୱନ୍ଦ୍ୱ, ସଂଘର୍ଷ ଓ ସଂଘାତ ହିଁ ନାଟକକୁ ଭାବବାହୀ କରି ନାଟକର ଗତି ପ୍ରଦାନରେ ସାହାଯ୍ୟ କରେ।

୧୯୬୦ ମସିହା ପରବର୍ତ୍ତୀ ସମୟରେ Establishment ବିରୋଧରେ

ନଟ୍ୟକାରମାନେ ସ୍ୱରୋତ୍ତୋଳନ କରିବା ଫଳରେ ନାଟ୍ୟକାରଙ୍କ ନାଟକରେ ମୁଖ୍ୟତଃ ଦୁଇଟି ଶ୍ରେଣୀର ଚରିତ୍ର ଦେଖିବାକୁ ମିଳିଲା। ପ୍ରଥମତଃ Establishmentକୁ ବିରୋଧ କରୁଥିବା ଚରିତ୍ର, ଦ୍ୱିତୀୟତଃ Establishmentର ସ୍ଥିତାବସ୍ଥା ବଜାୟ ରଖୁଥିବା ଚରିତ୍ର। ନାଟକର ବିଷୟବସ୍ତୁ ପରିକଳ୍ପନା କରି ନାଟ୍ୟ ଶୈଳୀ କ୍ଷେତ୍ରରେ ଯେଉଁ ସବୁ ଲକ୍ଷ୍ୟଣୀୟ ପରିବର୍ତ୍ତନ ଆସିଛି ତାହାର ଅନୁସନ୍ଧାନ କରାଯାଇଛି। ଓଡ଼ିଆ ନାଟ୍ୟକାର ଗଣ ନିର୍ଦ୍ଦେଶକ, ସୂତ୍ରଧର ବା ଅନ୍ୟ କୌଣସି ବ୍ୟାଖ୍ୟକାରୀ ଚରିତ୍ରର ଅବତାରଣା କରିଛନ୍ତି। ଅନୁରୂପ ଭାବେ ନାଟ୍ୟକାର ରମେଶ ପ୍ରସାଦ ପାଣିଗ୍ରାହୀ ବ୍ରେଖ୍‌ଟୀୟ ଶୈଳୀକୁ ଅନୁସରଣ କରିଛନ୍ତି। ସେ ମରିଗଲେ, ବିଗତ ଭବିଷ୍ୟତ, ସ୍ୱଗତୋକ୍ତି ନାଟକରେ ଯଥାକ୍ରମେ ସୂତ୍ରଧର, ନିର୍ଦ୍ଦେଶକ, ମୁଖ୍ୟ ଚରିତ୍ରଟି (ବିଭିନ୍ନ ଭୂମିକାରେ ଅଭିନୟ କରି) ମଞ୍ଚରେ ଅବତୀର୍ଣ୍ଣ ହୋଇ ସେ ନାଟ୍ୟ ଘଟଣା ଏବଂ ତା'ର ସାମାଜିକ ତାତ୍ପର୍ଯ୍ୟ ସଂପର୍କରେ ଅଭିମତ ପ୍ରଦାନ କରିଛନ୍ତି। କାରଣ ବ୍ରେଖ୍‌ଟୀୟ ନାଟକରେ ବ୍ୟାଖ୍ୟାକାରୀ ଚରିତ୍ରର ଅବତାରଣା କରି ନାଟ୍ୟମୋହ ବିଚ୍ଛିନ୍ନତା ସୃଷ୍ଟି କରିବା ହିଁ ମୂଳ ଲକ୍ଷ୍ୟ। ଦର୍ଶକ ମଞ୍ଚମାୟାରେ ବଶୀଭୂତ ହେବା ସମୟରେ ଆକସ୍ମିକ ଭାବେ ବ୍ୟାଖ୍ୟାକାରୀ ଚରିତ୍ରଟି ସେଥିରୁ ବିଚ୍ଛିନ୍ନ କରିଥାଏ। ମଞ୍ଚକୁ ତା'ର ଏକାଧିକବାର ପ୍ରବେଶ ଘଟେ। ସେ ସଂସ୍କୃତ ନାଟକର ସୂତ୍ରଧର ତଥା ଲୋକନାଟକର ବିବିଧ ସଂଯୋଗ ରକ୍ଷାକାରୀ ଚରିତ୍ର ସହ ତୁଳନୀୟ। ସେ ମରିଗଲେ ନାଟକରେ ସୂତ୍ରଧର ମଞ୍ଚରେ ପ୍ରବେଶ କରି ନାଟକ ସଂପର୍କରେ ସୂଚନା ପ୍ରଦାନ କରିଛି ଏବଂ ଶେଷରେ ପୁଣି ସୂତ୍ରଧର ମଞ୍ଚରେ ପ୍ରବେଶ କରି ଏକ ଗୁରୁତ୍ୱପୂର୍ଣ୍ଣ ସଂଳାପ ମାଧ୍ୟମରେ ଦର୍ଶକ ସମ୍ମୁଖରେ ଏକ ଚିରନ୍ତନ ସତ୍ୟକୁ ଉପସ୍ଥାପନା କରିଛି।

ନାଟ୍ୟକାର 'ବିଗତ ଭବିଷ୍ୟତ' ନାଟକରେ 'ମୁଁ' ଚରିତ୍ରଟିଏ ସୃଷ୍ଟି କରିଛନ୍ତି। ଏଇ 'ମୁଁ' ଚରିତ୍ର ନାଟ୍ୟକାର ନିଜେ ହୋଇପାରନ୍ତି ନଚେତ୍ ଗୋଟିଏ ଚରିତ୍ର ରୂପାନ୍ତର କ୍ରିୟା ଦ୍ୱାରା ବିଭିନ୍ନ ଭୂମିକାରେ ଅଭିନୟ କରିପାରିବେ। ଏହା ସହିତ ଦର୍ଶକମାନେ ମଧ୍ୟ ଚରିତ୍ର ହୋଇପାରିବେ। 'ସ୍ୱଗତୋକ୍ତି' ନାଟକରେ ସେହିପରି କରାଯାଇଛି। 'ବିଗତ ଭବିଷ୍ୟତ' ନାଟକରେ ଆଉ ଏକ ଚରିତ୍ର ଦେଖିବାକୁ ମିଳେ ତାହା ହେଉଛି ବରଗଛ। ଏହି ବରଗଛ ଚରିତ୍ରଟି ଏକ ପ୍ରତୀକାତ୍ମକ ଚରିତ୍ର। ଏହା ଏକା ସାଙ୍ଗରେ ଦୁଇଟି ସମୟକୁ ପ୍ରତୀକିତ କରୁଛି। ଗୋଟେ ବିଗତ ସମୟ ବା ପରଂପରା, ଆଉ ଗୋଟେ ଏକ ଜାରଜ ଭବିଷ୍ୟତ ଯାହାର ଐତିହ୍ୟ ସହିତ ସଂପର୍କ ନାହିଁ। ପରଂପରା ଓ ଆଧୁନିକତା ଏଇ ସଂଘର୍ଷକୁ ରୂପାୟିତ କରିଛି ଏ ନାଟକ ଗୁଚ୍ଛ। ନାଟକରେ ବରଗଛ ଚରିତ୍ରଟି ପ୍ରାୟ ଦୌଡୁଛି ସମୟ ପରି ନିରବଚ୍ଛିନ୍ନ

ଭାବେ। ଅନେକ ସୃଜନ ମୁହୂର୍ତ୍ତକୁ ଗର୍ଭିତ କରି। କିନ୍ତୁ ତା'ରି ଭିତରେ ଜାରଜ ଭବିଷ୍ୟତଟି ଗର୍ଭିତ ହୋଇ ରହିଅଛି।

ଠିକ୍ ସେହିପରି ସ୍ୱଗତୋକ୍ତି ନାଟକରେ ମୁଖ୍ୟ ଚରିତ୍ରଟି ଏକାଦି କ୍ରମେ ଛ'ଜଣ କିମ୍ବା ସମୁଦାୟ ଜଣେ ଅଭିନେତାଙ୍କ ଦ୍ୱାରା ଅଭିନୟ ମଧ କରାଯାଇ ପାରିବ। ଶ୍ରୀ ରାମ ପଣ୍ଡା ମଞ୍ଚ ଉପରୁ ପ୍ରବେଶ କରି ନାଟକ ସଂପର୍କରେ ସୂଚନା ଦେଇ ନାଟକ ଘଟଣା ଉପରେ ବାଖ୍ୟା କରି ଅଭିନୟ କରିଛି। ତେଣୁ ବ୍ରେଖ୍ଟଙ୍କ ବାଖ୍ୟାକାରୀ ଚରିତ୍ରର ପ୍ରଭାବ ଏହି ସବୁ ନାଟକରେ ଦେଖିବାକୁ ମିଳେ। ଏଠାରେ ଚରିତ୍ର ଦର୍ଶକ ସହିତ ସିଧା ସଂଯୋଗ କରି ଦର୍ଶକ ଉପରେ ପ୍ରଭାବ ପକେଇ ପାରିଛି କାରଣ ନାଟକ ମାଧମରେ ଉପସ୍ଥାପିତ ସମସ୍ୟାଟିକୁ ଦର୍ଶକ ଦୂରେଇ କରି ଦେଖିବାର ମାନସିକତାରେ ପହଞ୍ଚିଯାଇଥାଏ।

୧୯୬୦-୭୫ ମଧ୍ୟରେ ଅନେକ ପରୀକ୍ଷାଧର୍ମୀ ବା ପ୍ରୟୋଗବାଦୀ ନାଟକ ରଚିତ ହୋଇଛି। ଚରିତ୍ର ଚିତ୍ରଣ ବିଜ୍ଞାନରେ ବହୁଳ ପରିବର୍ତ୍ତନ ଆସିଛି। ପୂର୍ବେ ନାଟକରେ ଅଧିକାଂଶ ଚରିତ୍ର ଦେଖାଯାଉଥିବା ବେଳେ ପରବର୍ତ୍ତୀ ସମୟରେ ନାଟକରେ ଗୋଟେ କିମ୍ବା ଦୁଇଟି ଚରିତ୍ର ଦୃଶ୍ୟମାନ ହୋଇଛି। ନାଟ୍ୟକାର ରମେଶ ପ୍ରସାଦ ପାଣିଗ୍ରାହୀଙ୍କ ଟୁଆଁ ଟୁଇଁ ନାଟକରେ ମାତ୍ର ଦୁଇଟି ଚରିତ୍ର ମାଧମରେ ସମଗ୍ର ନାଟକଟି ଗତିଶୀଳ ହୋଇଛି। ଲୋକଗଳ୍ପର ଦୁଇଟି ଚରିତ୍ରର ଆଶ୍ରୟ ନେଇ ମଣିଷର ଅବଚେତନ ମନରେ ରହିଥିବା ଚିରନ୍ତନ ଭୟଟିକୁ ପ୍ରକାଶ କରିଛନ୍ତି। ମଣିଷ ଯେଉଁ ମୁକ୍ତି କାମନା କରେ ସେ ମୁକ୍ତି ବାଘମାମୁ ଅର୍ଥାତ୍ ସାମାଜିକ ଆତଙ୍କଠାରୁ, ଏ ଯନ୍ତ୍ରଣା କ୍ଲେଶଠାରୁ ସର୍ବଦା ମୁକ୍ତିର କାମନା। ଗଳିତ କୃଷ୍ଠ ନାଟକରେ ୪ଟି ଚରିତ୍ର ମାଧମରେ ନାଟ୍ୟକାରଙ୍କ ଜୀବନରେ ଘଟିଥିବା ଘଟଣାକୁ ନାଟ୍ୟରୂପ ଦେଇ ସେଥିରେ କେତେ ପରିମାଣରେ ନାଟକୀୟତା ଅଛି ତାକୁ ପରୀକ୍ଷା କରିଛନ୍ତି।

'ଶ୍ରୀ ଶ୍ରୀ ମହାଲକ୍ଷ୍ମୀ ପୂଜା' ନାଟକରେ ସମୁଦାୟ ୯ଟି ନାରୀ ଚରିତ୍ର ଦେଖିବାକୁ ମିଳେ। ଏହି ନାରୀ ଚରିତ୍ର ଦ୍ୱାରା ନାଟ୍ୟକାର ସାଂପ୍ରତିକ ମଣିଷର ଅର୍ଥ ଓ ଭୋଗ ଲିପ୍ସା ପ୍ରତି ବ୍ୟଙ୍ଗ କରିଛନ୍ତି। ନାରୀମାନଙ୍କ ମଧ୍ୟରେ ପାର୍ଥିବତା ପୂର୍ଣ୍ଣ ହୋଇ ରହିଥାଏ। ସେମାନଙ୍କୁ କୁହାଯାଏ ଭଣ୍ଡାର ଘରର ଚାବିକାଠି। ସେମାନଙ୍କୁ କୁଳର ମର୍ଯ୍ୟାଦା ବୋଲି କୁହାଯାଏ। ମହାଲକ୍ଷ୍ମୀ ପୂଜା ଓଷାରେ ମୁଖ୍ୟ ଚରିତ୍ର ଶ୍ରୀୟା ଚଣ୍ଡାଲୁଣୀ। କିନ୍ତୁ ଶ୍ରୀୟା ଚଣ୍ଡାଲୁଣୀ ଚରିତ୍ରର ଅନୁପସ୍ଥିତିରେ କେତେକ ଆଧୁନିକା ଓ ଅତ୍ୟାଧୁନିକା ଶ୍ରୀୟା ଚଣ୍ଡାଲୁଣୀ ଚରିତ୍ର ନାଟ୍ୟକାର ସୃଷ୍ଟି କରିଛନ୍ତି ଏବଂ ସେମାନଙ୍କ ମାଧମରେ ଚିତ୍ତ, ବିତ୍ତ, ଲାଳସାର ଏକ ବ୍ୟଙ୍ଗ ଚିତ୍ର ପ୍ରଦାନକରି ସ୍ୱାଧୀନତା ପରବର୍ତ୍ତୀ ସମୟରେ

ଦୁର୍ନୀତିଗ୍ରସ୍ତ ରାଜନେତାମାନେ ମୂଲ୍ୟବୋଧକୁ ବିକୃତ କରିଥିବା ଘଟଣାମାନଙ୍କ ପ୍ରତି ମଧ୍ୟ ବ୍ୟଙ୍ଗ କରିଛନ୍ତି। ନାଟ୍ୟକାର ସୃଷ୍ଟି କରିଥିବା ସମସ୍ତ ଚରିତ୍ରର ସଂଳାପଗୁଡ଼ିକ କେବଳ ମୁଖର କଥା ନକହି ଚରିତ୍ରର ସମଗ୍ର ବ୍ୟକ୍ତିସତ୍ତାର ଅଭିବ୍ୟକ୍ତିରେ ପରିଣତ କରିଛନ୍ତି।

ନାଟକରେ ଦ୍ୱନ୍ଦ୍ୱ ଓ ଉତ୍କଣ୍ଠାର ଅବସ୍ଥିତି ଉପସ୍ଥାପନା ଶୈଳୀକୁ ଆକର୍ଷଣୀୟ କରିଥାଏ। ନାଟକର କଥାବସ୍ତୁ ମଣିଷ ଜୀବନର ଚିତ୍ର ହୋଇଥିବାରୁ ନାଟକରେ ଦ୍ୱନ୍ଦ୍ୱ ରହିବା ସ୍ୱଭାବିକ। ଦ୍ୱନ୍ଦ୍ୱ ଓ ଉତ୍କଣ୍ଠା ବିନା ନାଟକ ଗତିଶୀଳତା ହରାଏ। ଅନୁରୂପ ଭାବେ ରମେଶ ପ୍ରସାଦ ପାଣିଗ୍ରାହୀଙ୍କ ନାଟକ ସେ ମରିଗଲେ, ଚାଳିଶ୍ ମିନିଟରେ, ଟୁଆଁ ଟୁଇଁ, ଶ୍ରୀ ଶ୍ରୀ ମହାଲକ୍ଷ୍ମୀ ପୂଜା ନାଟକରେ ଦ୍ୱନ୍ଦ୍ୱ ଓ ଉତ୍କଣ୍ଠା ଭରପୂର ଦେଖିବାକୁ ମିଳେ। ଦ୍ୱନ୍ଦ୍ୱ ସାଧାରଣତଃ ଦୁଇ ପ୍ରକାର। ଅନ୍ତର୍ଦ୍ୱନ୍ଦ୍ୱ ଓ ବହିଃଦ୍ୱନ୍ଦ୍ୱ । ସେ ମରିଗଲେ ନାଟକରେ ବହିର୍ଦ୍ୱନ୍ଦ୍ୱ ଦେଖିବାକୁ ମିଳେ। ଭଗବାନଙ୍କ ମୃତ୍ୟୁ ପରେ ତାଙ୍କ ଶରୀରର ଅଂଶକୁ ନିଜ ଭିତରେ ଭାଗ କରି ନେବା ସମୟରେ କିଏ କହିଛି ମୁଁ ଜଗନ୍ନାଥଙ୍କ ମୁଣ୍ଡ ନେବିତ କିଏ ପୁଣି କହିଛି ମୁଁ କଳିଜାଟା ନେବି। ଏହିପରି ଅନେକ ଦ୍ୱନ୍ଦ୍ୱ ଭିତରେ ଦର୍ଶକ ମନରେ ଉତ୍କଣ୍ଠା ରହିଛି ଯେ କତରା ଘୋଡ଼ାଇ ହୋଇରହିଥିବା ଶବଟି କ'ଣ ସତରେ ଭଗବାନ ? ଶେଷରେ ଉତ୍କଣ୍ଠାର ଅବସାନ ଘଟିଛି, ସୂତ୍ରଧର ସତ୍ୟ କଥାଟି ଦର୍ଶକମାନଙ୍କ ନିକଟରେ ପ୍ରକାଶ କରିଛି।

'ଚାଳିଶ୍ ମିନିଟରେ' ନାଟକରେ ପ୍ରଦୋଷ ମନରେ ଅନ୍ତର୍ଦ୍ୱନ୍ଦ୍ୱ ଦେଖାଯାଇଛି। ନାଟ୍ୟକାର ଅତି ସଫଳ ଭାବେ ମଞ୍ଚରେ ତାର ମନସ୍ତାତ୍ତ୍ୱିକ ସଂଘାତକୁ ଉପସ୍ଥାପନ କରିଛନ୍ତି। କଥାବସ୍ତୁର ଅଗ୍ରଗତି ଫଳରେ ଦର୍ଶକମାନେ ପ୍ରଦୋଷ ନିର୍ଦ୍ଦୋଷ ବୋଲି ଜାଣିବା ସତ୍ତ୍ୱେ ମଧ୍ୟ ଉତ୍କଣ୍ଠା ସହ ଅପେକ୍ଷା କରିଛନ୍ତି ଯେ ପ୍ରକୃତରେ ପ୍ରଦୋଷକୁ ଫାଶୀ କ'ଣ ମିଳିବ ? ଏଇ ଉତ୍କଣ୍ଠା ଦର୍ଶକକୁ ଶେଷ ପର୍ଯ୍ୟନ୍ତ ବାନ୍ଧି ରଖିଛି।

ରମେଶ ପ୍ରସାଦ ପ୍ରାଣିଗ୍ରାହୀଙ୍କ ଅନ୍ୟ ନାଟକଗୁଡ଼ିକରେ ଉଭୟ ଦ୍ୱନ୍ଦ୍ୱର ଉପସ୍ଥିତି ଓ ଅନୁପସ୍ଥିତିର ଗୁରୁତ୍ୱ ରହିଛି। ନାଟକରେ ଦ୍ୱନ୍ଦ୍ୱ ଶକ୍ତିଶାଳୀ ହୋଇଥିବା ବେଳେ କେତେକ ଦ୍ୱନ୍ଦ୍ୱ ବିହୀନ ବକ୍ତବ୍ୟଧର୍ମୀ ନାଟକ ବକ୍ତବ୍ୟର ପରିପ୍ରକାଶ ଅକ୍ଷମତା ହେତୁ ଗୁରୁତ୍ୱ ହରାଇ ବସିଛି। ଗତାନୁଗତିକ ନାଟକର କଥାବସ୍ତୁ, ଚରିତ୍ର, ଦ୍ୱନ୍ଦ୍ୱ, ଉତ୍କଣ୍ଠା, ଦୃଶ୍ୟ ପରିକଳ୍ପନା ଆଦି ଅପରିହାର୍ଯ୍ୟ ଅଙ୍ଗଗୁଡ଼ିକ ଧୀରେଧୀରେ ଦର୍ଶକୀୟ ଆବଶ୍ୟକତା, ଚିନ୍ତାଧାରା ଓ ସମୟ ଅନୁସାରେ ପରିବର୍ତ୍ତନ ଲାଭ କରୁଛି। ନାଟକରେ ଅପରିହାର୍ଯ୍ୟ ଅଙ୍ଗ ଭାବେ ଗୃହୀତ ଦ୍ୱନ୍ଦ୍ୱକୁ ପରିହାର କରି ନାଟ୍ୟକାରମାନେ ନାଟକୀୟ ଶୈଳୀରେ ନୂତନ ପରୀକ୍ଷା କରିଛନ୍ତି।

ଆବେଗ ଉପରେ ଗୁରୁତ୍ୱ କମି ଚିନ୍ତାକଳ୍ପ ଓ ଧାରଣାମାନଙ୍କ ଉପରେ ପ୍ରତିଷ୍ଠିତ ହୋଇଛି ନବନାଟକର ଭାବକଳ୍ପ ଓ ରୂପ ବିନ୍ୟାସ। ନାଟ୍ୟକାର ରମେଶ ପ୍ରସାଦ ପାଣିଗ୍ରାହୀଙ୍କ ନାଟ୍ୟଶୈଳୀ ମଧ୍ୟ ଭିନ୍ନଭିନ୍ନ ପ୍ରକାରର। ସେ ମରିଗଲେ ନାଟକରେ ମହାକାବ୍ୟିକ ଶୈଳୀ, ସ୍ୱଗତୋକ୍ତି ନାଟକରେ ରୂପାନ୍ତର ଶୈଳୀ, ଟୁଆଁ ଟୁଇଁ ନାଟକରେ ଲୋକନାଟକ ଶୈଳୀ, ଶ୍ରୀ ଶ୍ରୀ ମହାଲକ୍ଷ୍ମୀ ପୂଜା, ବିଗତ ଭବିଷ୍ୟତ, ଚାଳିଶ୍ ମିନିଟ୍‌ରେ ପ୍ରଭୃତି ନାଟକରେ ମୁକ୍ତ ଧାରାର ଶୈଳୀ ପ୍ରୟୋଗ କରାଯାଇଥିବା ଲକ୍ଷ୍ୟ କରାଯାଏ।

'ସେ ମରିଗଲେ' ନାଟକରେ ସୂତ୍ରଧର ଦର୍ଶକଙ୍କୁ ନାଟକର ଘଟଣା ସଂପର୍କରେ ସୂଚନା ଦେଇଛି ଯାହା ମହାକାବ୍ୟିକ ନାଟ୍ୟଶୈଳୀରେ ଘଟିଥାଏ। ଏଥିରେ ଦର୍ଶକ ଓ ଚରିତ୍ର ମଧ୍ୟରେ ଦୂରତ୍ୱ ରହେନାହିଁ। ନିଜକୁ ନିଜ ଭୂମିକାଠାରୁ ବିଚ୍ଛିନ୍ନ କରି ଦର୍ଶକମାନଙ୍କ ପାଖରେ ନିକଟତର ହେଉଛନ୍ତି ଚରିତ୍ରମାନେ। ଏହାଦ୍ୱାରା ଦର୍ଶକମାନେ ସଚେତନ ହୁଅନ୍ତି, କର୍ମକ୍ଷମ ହବାକୁ ପ୍ରେରଣା ପାଆନ୍ତି ଏବଂ ନାଟକ ସେମାନଙ୍କୁ ଉଦ୍‌ବୁଦ୍ଧ ଓ ଜାଗ୍ରତ କରାଏ। ନାଟକୀୟ ପ୍ରକ୍ରିୟା ଭିତରେ ଉତ୍କଣ୍ଠା ଲାଗି ରହେ କିନ୍ତୁ କାହାଣୀ ପାଇଁ ଉତ୍କଣ୍ଠା ନଥାଏ।

'ଟୁଆଁ ଟୁଇଁ' ନାଟକଟି ଲୋକଶୈଳୀର ନାଟକ। ଶ୍ୟାମସୁନ୍ଦର ମହପାତ୍ର ଲୋକନାଟକ ଶୈଳୀ ସଂପର୍କରେ ମତ ଦିଅନ୍ତି - "ବିଦଗ୍ଧ ନାଟକ ସ୍ୱୀୟ ବିକାଶ ପଥରେ ଲୋକପ୍ରିୟତା ହରାଇଲେ ଲୋକନାଟକଠାରୁ ଶକ୍ତି ସଂଗ୍ରହ କରେ। ଆଧୁନିକ ବିଦଗ୍ଧ ନାଟକ ଲୋକନାଟକର ଶୈଳୀକୁ ଅଙ୍ଗୀଭୂତ କରି ପ୍ରତିଷ୍ଠା ଅର୍ଜନ କରିଛି"।[୬] ଟୁଆଁ ଟୁଇଁ ଲୋକଗଳ୍ପର ଦୁଇଟି ଚରିତ୍ର। ଲୋକ ନୃତ୍ୟ, ଲୋକ ଆବହ ସଙ୍ଗୀତ, ଆଦିବାସୀ ଶିକାର ବାଘ, ବାଘ ନାଟର ଅଭିନୟ ଏବଂ ମୂକ ଅଭିନୟର ପ୍ରୟୋଗ କରି ନାଟକଟି ପରିବେଷିତ ହୋଇପାରେ। ଏହା ମାଧ୍ୟମରେ ସରଳ ରୂପେ ସମୂହ ଜୀବନର ଦୁଃଖ, ଶୋକ, ଆଶା, ଆକାଙ୍‌କ୍ଷାକୁ ପ୍ରତିଫଳିତ କରାଯାଇଛି। ରମେଶ ପ୍ରସାଦ ପାଣିଗ୍ରାହୀ ଏହି ଲୋକଶୈଳୀର ଅଣୁନାଟକ ମାଧ୍ୟମରେ ପୃଥିବୀର ପ୍ରଥମ ପୁରୁଷ, ପ୍ରଥମ ନାରୀ କଥା, ସେମାନଙ୍କ କ୍ରମବର୍ଦ୍ଧମାନ ଜୀବନର ପରିଣତି ଉପସ୍ଥାପନ କରିବା ସହିତ ସାଧାରଣ ଜୀବନର ପ୍ରତ୍ୟେକ ଟୁଆଁ ଟୁଇଁଙ୍କ ମନ ଭିତରେ ରହିଥିବା ବାଘ ମାମୁ ଅର୍ଥାତ୍ ମହାଜାଗତିକ ପଶୁତ୍ୱ, ଆଦିମ ଭୟ ଓ ସାମାଜିକ ଆତଙ୍କଠାରୁ ମୁକ୍ତି ପାଇବାର ଯେଉଁ ସ୍ୱପ୍ନ ତାହା ନାଟକ ମାଧ୍ୟମରେ ଅଭିବ୍ୟକ୍ତ କରିଛନ୍ତି।

ରୂପାନ୍ତର କ୍ରିୟା ଏକ ଅଭିନୟ ଶୈଳୀ। ଏଥିରେ ଜଣେ ଅଭିନେତା ବାରମ୍ବାର ନିଜର ଭୂମିକା ଓ ଚରିତ୍ର ବଦଳାଇଥାଏ। ଏହି ଚରିତ୍ର ବଦଳ, ବିନା କାରଣ ଓ ବିନା ଯୁକ୍ତିରେ ଘଟିପାରେ। ଏପରି କରିବା ଫଳରେ ନାଟ୍ୟ ଚରିତ୍ର ତା'ର ଏକକତ୍ୱ ହରାଏ

ଏବଂ ଅନେକର ଏକ ସମାହାର ଚରିତ୍ରରେ ପରିଣତ ହୁଏ। ଏହି ଶୈଳୀର ପ୍ରଭାବ ସ୍ୱଗତୋକ୍ତି ନାଟକରେ ପଡ଼ିଛି। ସ୍ୱଗତୋକ୍ତି ନାଟକର ଚରିତ୍ର ଶ୍ରୀରାମ ପଣ୍ଡା ବିଭିନ୍ନ ଭୂମିକାରେ ନିଜକୁ ରୂପାନ୍ତରିତ କରି ଅଭିନୟ କରିପାରିଛି। ଏହା ଆବେଗିକ ସ୍ତରରେ ଦର୍ଶକମାନଙ୍କୁ ପ୍ରଭାବିତ କରିପାରିଛି। ବାସ୍ତବବାଦୀ ନାଟକରେ ଚରିତ୍ର ଗୋଟିଏ ମାନସିକ କିମ୍ବା ସାମାଜିକ ଅବସ୍ଥାରୁ ଆଉ ଏକ ଅବସ୍ଥାକୁ ଗଲାବେଳେ କାର୍ଯ୍ୟକାରଣ ସଂପର୍କ ଦ୍ୱାରା ଅନୁବଂଧିତ ହୋଇଥାଏ। କିନ୍ତୁ ରୂପାନ୍ତର ଶୈଳୀରେ ଚରିତ୍ର, ସ୍ଥାନ ଓ କାଳ ବଦଳିଯାଏ। କୌଣସି ମନସ୍ତାତ୍ତ୍ୱିକ କାର୍ଯ୍ୟକାରଣ ସଂପର୍କ ନଥାଏ। ଅନୁରୂପ ଭାବେ ସ୍ୱଗତୋକ୍ତି ନାଟକରେ ତାହା ଘଟିଛି।

ରମେଶ ପ୍ରସାଦ ପାଣିଗ୍ରାହୀଙ୍କ ନାଟକରେ ଅନ୍ୟ ଏକ ଶୈଳୀର ପ୍ରୟୋଗ ଘଟିଛି ତାହା ହେଉଛି ମୁକ୍ତଧାରାର ଶୈଳୀ। ଏହି ନାଟକଗୁଡ଼ିକ ମୁକ୍ତ ମଞ୍ଚରେ ଅଭିନୟ କରାଯାଇପାରିବ। ଆଲୋଚ୍ୟ 'ଦେଖୁ ଦେଖୁ ଅଦୃଶ୍ୟ' ନାଟକରେ ସଂକଳିତ ଆଠଗୋଟି ନାଟକ ମୁକ୍ତଶୈଳୀରେ ପରିବେଷିତ ହୋଇପାରେ। ପ୍ରତି ଯୁଗରେ, ପ୍ରତି ସମୟରେ ରଙ୍ଗମଞ୍ଚର ସ୍ଥାନ ପ୍ରାୟ ପାଞ୍ଚ କୋଟି ମଣିଷ ଚଲାବୁଲା କରୁଥିବା ଏକ ରାସ୍ତା ହେଲାବେଳେ, କାଳ ସେଠାରେ ଯେକୌଣସି ନିତ୍ୟ ପ୍ରବୃତ୍ତ ବର୍ତ୍ତମାନ ହୋଇଛି।

ରଚନା ଶୈଳୀ ବଦଳିଲେ ମଞ୍ଚଶୈଳୀ ବଦଳେ। ଗୋଟିଏ ଶୈଳୀର ରଚନାତ୍ମକ ବନ୍ଧନରୁ ନିଜକୁ ମୁକ୍ତ କରି ନପାରିଲେ ନୂତନ ଶୈଳୀ ସୃଷ୍ଟି ହୋଇପାରେ ନାହିଁ। ରମେଶ ପ୍ରସାଦ ପାଣିଗ୍ରାହୀ ପରମ୍ପରାକୁ ଭାଙ୍ଗି ନୂତନ ଶୈଳୀ ଓ ନୂତନ ଭାବକଳ୍ପ ଦ୍ୱାରା ଅଣୁ ନାଟକ, ଅ-ନାଟକ ଓ ପ୍ରତିନାଟକ ସୃଷ୍ଟି କରିଛନ୍ତି। କ୍ଷୁଦ୍ର ନାଟକଗୁଡ଼ିକରେ ଆକର୍ଷଣୀୟ କଥାବସ୍ତୁ, ଚରିତ୍ର, ସଂଳାପ, ଦୃଶ୍ୟ ବିଭାଜନ, ସଙ୍ଗୀତ, ମଞ୍ଚାୟନରେ ନୂତନତା ଦେଖାଇ ବିଭିନ୍ନ ପରୀକ୍ଷା ନିରୀକ୍ଷା କରିଛନ୍ତି। 'ଚାଳିଶ ମିନିଟ୍' ନାଟକରେ ସଙ୍ଗୀତ ପରିବେଷଣ କରାଯାଇଛି। ଏପିକ୍ ନାଟକରେ ସଙ୍ଗୀତର ଉପସ୍ଥାପନା ବିଚ୍ଛିନ୍ନତା ସୃଷ୍ଟି ଦିଗରୁ ଗୁରୁତ୍ୱପୂର୍ଣ୍ଣ। ଚରିତ୍ରର ଆଭ୍ୟନ୍ତରୀଣ ପ୍ରବୃତ୍ତି ରହସ୍ୟ, ତାର ଦୁର୍ବହ ବେଦନା ସଙ୍ଗୀତ ମାଧ୍ୟମରେ ସାର୍ଥକ ରୂପେ ଅଭିବ୍ୟକ୍ତି ଲାଭ କରେ। ଫାଶୀ ପାଇବା ପୂର୍ବରୁ ପ୍ରଦୋଷ ମାନସିକ ଚାପକୁ ସନ୍ତୁଳିତ କରିବା ପାଇଁ ସଙ୍ଗୀତ ଗାନ କରୁଛି। ଏହା ଦ୍ୱାରା ନାଟକୀୟ ଅନ୍ତର୍ଦ୍ୱନ୍ଦ୍ୱ ତିଆରି ହୋଇପାରିଛି। ରିଚାର୍ଡ୍ ସେକନ ନାଟକ ନିର୍ଦ୍ଦେଶନା ଦେଲା ଆଗରୁ ପ୍ରାକ୍ ପ୍ରସ୍ତୁତି ଯୋଜନା କରନ୍ତି ନାହିଁ। ଗୋଟିଏ ଦୃଶ୍ୟ କଲା ପରେ ପର ଦୃଶ୍ୟଟି କଥା ଭାବନ୍ତି ଓ କରୁକରୁ ଯାହା ବାହାରେ ତାହା ତାଙ୍କ ପାଇଁ ନାଟକ ହୋଇଥାଏ। ଠିକ୍ ସେହିପରି ରମେଶ ପ୍ରସାଦ ପାଣିଗ୍ରାହୀ ପ୍ରତି ସମୟରେ ପ୍ରତି ଜୀବନରେ ଯେଉଁ ଘଟଣା ସବୁ ଘଟେ ସେଥିରେ କେତେ ନାଟକୀୟତା ଅଛି ତାକୁ

ପରୀକ୍ଷା କରିବାକୁ ଚାହିଁଛନ୍ତି ଏବଂ ସେଇ ପରିପ୍ରେକ୍ଷୀରେ 'ଗଳିତ କୃଷ୍ଣ' ନାଟକଟି ସୃଷ୍ଟି କରିଛନ୍ତି।

ଆଧୁନିକ ନାଟକର ଏକ ମୁଖ୍ୟ ଲକ୍ଷ୍ୟ ହେଲା ଯାହା ଦୃଶ୍ୟମାନ ହୁଏ ତାହାର ଏକ ଅନୁକୃତି ଉପସ୍ଥାପନା କରିବା। ମଣିଷ ମନର ଅନ୍ତଃସ୍ଥଳରେ, ଚେତନା ସ୍ତରରେ ଆକୃତି ନଥିବା ଅନେକ ଅନୁଭୂତି ଅଛି। ସେଗୁଡ଼ିକ ଅତି ସୂକ୍ଷ୍ମ ଏବଂ ଚୈତନ୍ୟର ବ୍ୟାପାର ଏବଂ ସେଗୁଡ଼ିକ ଅଦୃଶ୍ୟ। ଯାହା ଅଦୃଶ୍ୟ, ଯାହା ଅପ୍ରକାଶ୍ୟ, ଯାହା ସଂଗୁପ୍ତ ଅବସ୍ଥାରେ ଅଛି ତାକୁ ପ୍ରକାଶ କରିବା ନାଟକର ଧର୍ମ। ଏଠାରେ ଅମୂର୍ତ୍ତ ଚେତନା ହିଁ ଅଦୃଶ୍ୟ । ଚେତନାର ଶୀର୍ଷତମ ବିନ୍ଦୁ ପାଖରୁ ଯେଉଁ ସତ୍ୟ ତଡ଼ିତ୍‌ଲତା ପରି ଚମକି ଉଠେ ତାହା ଭାଷାରେ ଆସେ ନାହିଁ। ସଙ୍କେତ, ବିମ୍ବ ଏବଂ ଚିତ୍ର ଇତ୍ୟାଦିରେ ମଧ୍ୟ ଆସିପାରେ ନାହିଁ। ପରଦା ଖୋଲିଲେ ଯାହା ଦୃଶ୍ୟମାନ ହୁଏ ତାହା ଆଂଶିକ ସତ୍ୟ। ସତ୍ୟର ଅବଶିଷ୍ଟାଂଶ ରହିଯାଏ ପରଦା ଆଢୁଆଳରେ। ସେଇ ସତ୍ୟକୁ ଜାଣିବାକୁ ହେଲେ ପରଦା ଆଢୁଆଳ ଅର୍ଥାତ୍ ନାଟକ ଭିତରକୁ ପ୍ରବେଶ କରିବାକୁ ହୁଏ। ଭାବ ଷାଠିଏ ହାତର କୂଅ ହେଲା ବେଳେ ଭାଷା ଚାରି ହାତର ଦଉଡ଼ି ହୋଇଥାଏ। ତେଣୁ ପ୍ରତି ଘଟଣା, ପ୍ରତି ସଂଳାପରେ ଦର୍ଶକର ଗତି ତାକୁ ଉଜ୍ଜୀବିତ ଓ ଅନୁପ୍ରାଣିତ କରିବା ପାଇଁ ଆବହ ସଂଗୀତ କରନ୍ତି। ଦୃଶ୍ୟ ସଂରଚନାରେ ଯେପରି ଛାଇ ଆଲୁଅର ଖେଳ ଚାଲେ ସେହିପରି ସଂଳାପ ବିନ୍ୟାସରେ ଶବ୍ଦ ଓ ନୀରବତା ଫେଣ୍ଟାଫେଣ୍ଟି ହୋଇ ଗୋଚର ଓ ଶବ୍ଦ ବିମ୍ବ ତିଆରି କରନ୍ତି। ଏହା ଦେଖୁ ଦେଖୁ ଅଦୃଶ୍ୟ ହୋଇଯାଏ।

'ଶ୍ରୀ ଶ୍ରୀ ମହାଲକ୍ଷ୍ମୀ ପୂଜା', 'ଚାଳିଶ ମିନିଟ୍', 'ସ୍ୱଗତୋକ୍ତି' ନାଟକର ଶେଷରେ ମଞ୍ଚରେ ସମୁଦ୍ରର ସ୍ୱର ଶୁଣାଯାଇଛି। କିନ୍ତୁ ତାହା ଅଦୃଶ୍ୟ। ଏହି ଅଦୃଶ୍ୟତା ହିଁ ଚିରନ୍ତନ ଜୀବନ ଓ ନିରନ୍ତନ ମୃତ୍ୟୁକୁ ପ୍ରତୀକିତ କରୁଛି। ଆକାଶ ଯେପରି ଅନ୍ତହୀନତାକୁ ସଙ୍କେତିତ କରେ ଠିକ୍ ସେହିପରି ସମୁଦ୍ର ମଧ୍ୟ ପୃଥିବୀକୁ ଗ୍ରାସ କରି ରହିଥାଏ। ପୃଥିବୀର ସ୍ଥଳ ଭାଗ ଅପେକ୍ଷା ଜଳ ଭାଗ ତିନି ଗୁଣ ଅଧିକ। ଜୀବନରେ ହସ ଅପେକ୍ଷା ଲବଣାକ୍ତ ଲୁହର ପରିମାଣ ବେଶୀ। ଏହି ଚିରନ୍ତନ ଫାଶୀ ପାଇବା ପୂର୍ବରୁ ସଙ୍ଗୀତର ଆଳାପ କରୁଛି। ବିଭିନ୍ନ ଦୃଶ୍ୟରେ ବିଭିନ୍ନ ସଙ୍ଗୀତ ପ୍ରୟୋଗ ଦ୍ୱାରା ପ୍ରଦୋଷର ଆଭ୍ୟନ୍ତରୀଣ ପ୍ରତିକ୍ରିୟା ଯାହା ଅଦୃଶ୍ୟ ତାକୁ ନାଟ୍ୟକାର ବିଭିନ୍ନ ସଙ୍ଗୀତ ପ୍ରୟୋଗ କରି ତାର ଅମୂର୍ତ୍ତ ଆବେଗକୁ ମୂର୍ତ୍ତିମନ୍ତ ବା ଦୃଶ୍ୟାୟିତ କରିଛନ୍ତି। 'ସେ ମରିଗଲେ' ନାଟକ ମଞ୍ଚରେ ଦୃଶ୍ୟମାନ ହେଉଥିବା ଶବ ଶେଷରେ ତାହା ଅଦୃଶ୍ୟରେ ପରିଣତ ହୋଇଛି। ଏଇ ଦୃଶ୍ୟକୁ ଅଦୃଶ୍ୟ କରିବା ପଛରେ ନାଟ୍ୟକାରଙ୍କ ଲକ୍ଷ୍ୟ ହେଉଛି ଯେ ପ୍ରକୃତରେ ଆମେମାନେ କିପରି ଜୀବନର ଅନ୍ତିମ ସତ୍ୟଠାରୁ କ୍ରମେ

ଘୁଞ୍ଚିଘୁଞ୍ଚି ଯାଉଛେ ଏବଂ ଗୁଡ଼ିଏ ଅନିଶ୍ଚିତ ଉଦ୍ଭଟତା ଭିତରେ ନିଜକୁ ଆବିଷ୍କାର କରୁଛେ।

'ଟୁଆଁ ଟୁଇଁ' ନାଟକର ଶେଷରେ ଟୁଆଁ ଟୁଇଁ ଦୁଇଜଣ ମୁକ୍ତିର କାମନା ନେଇ ଉପରକୁ ଭାସି ଉଠିଛନ୍ତି। ସେମାନଙ୍କ ମନରେ ସର୍ବଦା ବାଘ ମାମୁର ଭୟ। କିନ୍ତୁ ବାଘ ମାମୁ ନାଟକରେ ଅଦୃଶ୍ୟ। ଏଇ ଅଦୃଶ୍ୟ ଆତଙ୍କ ମାଧ୍ୟମରେ ନାଟ୍ୟକାର ଦୃଶ୍ୟାୟିତ କରିବାକୁ ଚାହାନ୍ତି ଯେ ମଣିଷ ଯେତେ ସଭ୍ୟ ହେଲେ ମଧ୍ୟ ସାମାଜିକ ଆତଙ୍କଠାରୁ ତା'ର କେବେ ମୁକ୍ତି ନାହିଁ। ଗଳିତ କୃଷ୍ଟ ନାଟକରେ ରୋଗୀ ଶେଷରେ ଆଉ ରୋଗୀ ହୋଇ ରହି ନାହିଁ। ଏଇ ରୋଗ ଏକ ପ୍ରତୀକ ସୃଷ୍ଟି କରିଛି। ଯାହା ଏକ ରୁଗ୍ଣ ଯୁବ ସମାଜର ସଙ୍କେତ ବହନ କରିଛି।

ନାଟକ କହିଲେ ଯାହା ବୁଝାଯାଏ ମୂଳତଃ ସେଇ ଉପାଦାନଗୁଡ଼ିକୁ ଭାଙ୍ଗିଦେଇ ଏଠାରେ ଏକ ପ୍ରକାରର ନୂତନ ଆକାର ସୃଷ୍ଟି କରିବା ଥିଲା ନାଟ୍ୟକାରଙ୍କ କଳାତ୍ମକ ଅନ୍ୱେଷଣ ଓ ଅନୁସନ୍ଧିତ୍ସା। କୌଣସି ଏକ କାହାଣୀର ନିର୍ଦ୍ଦିଷ୍ଟ ଚରିତ୍ର ବା ସମୟ କ୍ରମ ନଥାଇ ନିତ୍ୟ ପ୍ରବୃତ୍ତବର୍ତ୍ତମାନ ଉପରେ ଏକ ନୂତନ ବାସ୍ତବତା ଗଢ଼ି ଅ-ନାଟକଗୁଡ଼ିକରେ ବିଭିନ୍ନ ପରୀକ୍ଷା ନିରୀକ୍ଷା କରିଛନ୍ତି। ବାସ୍ତବିକ ରମେଶ ପ୍ରସାଦ ପାଣିଗ୍ରାହୀ ନୂତନ ଭାବକଳ୍ପର ଉଦ୍‌ଭାବକ ଭାବେ ଓଡ଼ିଆ ନାଟ୍ୟ ସାହିତ୍ୟରେ ପ୍ରଥମ। କାରଣ ପ୍ରାଚୀନ ପଂରପରାକୁ ଭାଙ୍ଗି ନୂତନ ଶୈଳୀ ମାଧ୍ୟମରେ ଅନୁଦ୍‌ଘାଟିତ ସତ୍ୟ ଓ ସ୍ୱପ୍ନକୁ ମଞ୍ଚାୟିତ କରିପାରିଛନ୍ତି।

ପାଦଟୀକା:

୧. ପାଣିଗ୍ରାହୀ ରମେଶ ପ୍ରସାଦ - ମୁକ୍ତଧାରାର ଓଡ଼ିଆ ନାଟକ, ପ୍ରକାଶକ- ଫ୍ରେଣ୍ଡସ୍ ପବ୍ଲିଶର୍ସ, କଟକ, ୨୦୧୭, ପୃ - ୨୨୦

୨. ପାଣିଗ୍ରାହୀ ରମେଶ ପ୍ରସାଦ - ଦେଖୁ ଦେଖୁ ଅଦୃଶ୍ୟ, ପ୍ରକାଶକ-ପଢ଼ାପଢ଼ି, ଭୁବନେଶ୍ୱର, ୨୦୧୭, ପୃ- ୩୩

୩. ତତ୍ରୈବ ପୃ - ୪୭

୪. ତତ୍ରୈବ ପୃ - ୫୪

ସହାୟକ ଗ୍ରନ୍ଥସୂଚୀ:

୧. ପାଣିଗ୍ରାହୀ ରମେଶ ପ୍ରସାଦ - ମୁକ୍ତଧାରାର ଓଡ଼ିଆ ନାଟକ, ପ୍ରକାଶକ - ଫ୍ରେଣ୍ଡସ୍ ପବ୍ଲିଶର୍ସ, କଟକ, ପ୍ରକାଶକାଳ ୨୦୧୭।

୨. ପାଣିଗ୍ରାହୀ ରମେଶ ପ୍ରସାଦ - ଦେଖୁ ଦେଖୁ ଅଦୃଶ୍ୟ, ପ୍ରକାଶକ - ପଢ଼ାପଢ଼ି, ଭୁବନେଶ୍ୱର, ପ୍ରକାଶକାଳ ୨୦୧୭।

୩. ସାମଲ ଦେବପ୍ରସାଦ- ଏପିକ୍ ନାଟ୍ୟଧରାରେ ଓଡ଼ିଆ ନାଟକ, ପ୍ରକାଶକ - ସ୍ୱପ୍ରକାଶନ, ଯାଜପୁର, ପ୍ରକାଶକାଳ -୨୦୧୪।

୪. ମିଶ୍ର ସଂଘମିତ୍ରା- ଓଡ଼ିଆ ନାଟକ ସ୍ଥିତି ଓ ବିସ୍ମୃତି, ପ୍ରକାଶକ - ଗ୍ରନ୍ଥ ମନ୍ଦିର, ପ୍ରକାଶକାଳ- ୨୦୧୫।

୫. ବେହେରା କୃଷ୍ଣଚରଣ - ନାଟ୍ୟ ସାହିତ୍ୟ ପରିଚୟ, ପ୍ରକାଶକ ବୁକ୍ସ, ଆଣ୍ଡ ବୁକ୍ସ, କଟକ, ପ୍ରକାଶକାଳ - ୧୯୭୮।

■

ପ୍ଲଟ ନଂ- ୧୪୧, ୟୁନିଟ୍- ୬, ଭୁବନେଶ୍ୱର

ନବନାଟ୍ୟଧାରାର ଅଗ୍ରସାରଥୀ
ନାଟ୍ୟକାର ରମେଶ ପ୍ରସାଦ ପାଣିଗ୍ରାହୀ

ମହାଶ୍ୱେତା ସାହୁ

ସାହିତ୍ୟର ବିଭିନ୍ନ ବିଭାଗ ମଧ୍ୟରୁ ଲୋକପ୍ରିୟ ବିଭାଗ ନାଟକ। ଚାରିବେଦରୁ ବିଭିନ୍ନ ଉତ୍ସ ନେଇ ସୃଷ୍ଟ ଏହି ନାଟକ ମନୋରଞ୍ଜନ ମାଧ୍ୟମରେ ନୀତିଶିକ୍ଷା ପ୍ରଦାନ କରି ଦର୍ଶକ ହୃଦୟକୁ ରସାଭିଭୂତ କରିଥାଏ। ଏହାକୁ ଗନ୍ଧର୍ବବେଦ ମଧ୍ୟ କୁହାଯାଏ। ଋକ୍‌ବେଦରୁ ଗଦ୍ୟ ବା କଥାବସ୍ତୁ, ସାମବେଦରୁ ଗୀତ ବା ଗାନ, ଯଜୁର୍ବେଦରୁ କ୍ରିୟା ବା ଅଭିନୟ ଏବଂ ଅଥର୍ବ ବେଦରୁ ରସ ବା ନବରସ ନେଇ ନାଟକ ସୃଷ୍ଟି।

ଓଡ଼ିଆ ନାଟ୍ୟଧାରରେ ଜଗନ୍ମୋହନ ଲାଲା ଯେଉଁ ଏକମୁଖୀ ମଂଚ ନାଟକର ଆଦର୍ଶ ପ୍ରସ୍ତୁତି କରିଥିଲେ ତା'ର ପ୍ରଭାବ ରହିଲା ୧୯୫୦ ପର୍ଯ୍ୟନ୍ତ। ପାଖାପାଖି ୭୫ବର୍ଷ ଧରି ନାଟକର ଆତ୍ମିକ ଓ ଆଙ୍ଗିକ ଉଭୟ ଦୃଷ୍ଟିରୁ ଆଖିଦୃଶିଆ ପରିବର୍ତ୍ତନ ଦେଖାଯାଇନଥିଲା। ୧୯୫୦ ପରବର୍ତ୍ତୀ ଆଧୁନିକତାର ପ୍ରଭାବରେ ଓଡ଼ିଆ ନାଟ୍ୟ ସାହିତ୍ୟରେ ଆସିଲା ଏକ ବୈପ୍ଳବିକ ପରିବର୍ତ୍ତନ। ପାରମ୍ପରିକ ମୂଲ୍ୟବୋଧର ଧାରା ପ୍ରତି ଅବିଶ୍ୱାସ, ରକ୍ଷଣଶୀଳତା ଉପରେ ଉପେକ୍ଷା ମନୋବୃତ୍ତି, ପ୍ରଥା ଓ ପରମ୍ପରାକୁ ଅତିକ୍ରମ କରି ମୁକ୍ତଜୀବନ ଧାରା ପ୍ରତି ଆଗ୍ରହ- ଉତ୍ତର ଆଧୁନିକତାର ଏହି ଅପାରମ୍ପରିକ ଜୀବନାଦର୍ଶ ଓ ବାସ୍ତବ ସତ୍ୟକୁ ଆମେ ନାଟକରେ ଦେଖିବାକୁ ପାଇଲୁ। ଏହାର ଆଦ୍ୟ ପ୍ରୟୋଗ ମନୋରଞ୍ଜନଙ୍କ ନାଟକରେ ଆରମ୍ଭ ହେଲେ ମଧ୍ୟ ଏହି ନବଧାରାର ଅନ୍ୟତମ ଅଗ୍ରସାରଥୀ ରୂପେ ନାଟ୍ୟକାର ରମେଶ ପ୍ରସାଦ ପାଣିଗ୍ରାହୀ ପ୍ରାତଃ ସ୍ମରଣୀୟ।

ତାଙ୍କର ଜନ୍ମ ଗଞ୍ଜାମ ଜିଲ୍ଲାର ଧରାକୋଟଠାରେ ୧୯୪୪ ମସିହା ଅପ୍ରେଲ ୧୨ ତାରିଖରେ, ପିତା ସ୍ୱର୍ଗତ ରାଧାମୋହନ ପାଣିଗ୍ରାହୀ ଥିଲେ ଜଣେ ପ୍ରତିଷ୍ଠିତ କବି, ନାଟ୍ୟକାର ଓ ଅଭିନେତା। ପିତାଙ୍କ ପ୍ରଭାବ ଓ ଧରାକୋଟର ସାହିତ୍ୟିକ ପରିବେଶ ତାଙ୍କୁ ନାଟକ ଲେଖିବା ଲାଗି ଦେଇଥିଲା ପ୍ରଭୁତ ପ୍ରେରଣା। ତାଙ୍କର ପ୍ରଥମ ନାଟକ ମୁକ୍ତିମଣ୍ଡପ ଆତ୍ମପ୍ରକାଶ କରେ ୧୯୬୨ ମସିହାରେ। ତାଙ୍କର ନାଟ୍ୟିକ ବିକାଶ ଆଧୁନିକ ଯୁଗ ମଧ୍ୟରୁ ଉତ୍ତର ଆଧୁନିକ ଯୁଗର ସନ୍ଧିକ୍ଷଣରେ। ତାଙ୍କୁ ଜଣେ ବହୁସ୍ରାବୀ ନାଟ୍ୟକାର ବୋଲି ଗ୍ରହଣ କରାଯାଏ।

ଆଧୁନିକ ନାଟକରେ ଦ୍ୱିତୀୟ ବିଶ୍ୱଯୁଦ୍ଧୋତ୍ତର ମଣିଷର ଆତ୍ମନିର୍ବାସନଠାରୁ ତା'ର ନିଃସଙ୍ଗ ବିଚ୍ଛିନ୍ନତା, ଔଦାସୀନ୍ୟତା ତଥା ନୈରାଶ୍ୟମୟ ଜୀବନର ଚିତ୍ର ପ୍ରତି'ଳିତ । ମଣିଷ ଜୀବନର ନାନା ଘାତପ୍ରତିଘାତ, ଅବଚେତନ ମନର ରହସ୍ୟ ଉଦ୍‌ଘାଟନ, ସାମାଜିକ ସମସ୍ୟା ପରିବର୍ତ୍ତେ ମନସ୍ତାତ୍ତ୍ୱିକ ସମସ୍ୟାର ଚିତ୍ର, ପାରମ୍ପରିକ ଈଶ୍ୱର ବିଶ୍ୱାସ ଓ ଦୈବ ଅନୁରକ୍ତିର ହ୍ରାସ, ଅନୀତି, ପାପପୁଣ୍ୟର ବିଚାରଧାରାରେ ପରିବର୍ତ୍ତନ ଏବଂ ଗଳ୍ପାଂଶ ବା କାହାଣୀ ବର୍ଜିତ ସ୍ଥିତାବସ୍ଥାର ଚିତ୍ର ଏହି ସମୟର ନାଟକରେ ଆଣିଲା ଏକ ନବଚେତନା ତେଣୁ ନାଟକକୁ କୁହାଗଲା ନବଧାରାର ନାଟକ ।

ଆଧୁନିକ ନାଟକର ଅଙ୍ଗସଜ୍ଜାରେ ପରିବର୍ତ୍ତନ ଘଟି ନାଟକରେ ଅଙ୍କବିଭାଗ ହେଲା ପରିତ୍ୟକ୍ତ । ଅଙ୍କହୀନ ଗୋଟିଏ ସେଟ୍‌ର ନାଟକ ରଚିତ ହେଲା । ସଂଳାପର ଗୁରୁତ୍ୱ ହ୍ରାସ ପାଇଲା, ସଙ୍ଗୀତ ସ୍ଥାନରେ ଯନ୍ତ୍ର ମାଧ୍ୟମରେ ତାହା ପର୍ଯ୍ୟବସିତ ହେଲା । ମଂଚସଜ୍ଜା ହେଲା ସଙ୍କେତଧର୍ମୀ । ଏହି ପରି ବିଭିନ୍ନ ଯାନ୍ତ୍ରିକ କୌଶଳର ପ୍ରବର୍ତ୍ତନ ହେତୁ ଓଡ଼ିଆ ନାଟକ ଗଣରୁ ପାଲଟିଗଲା ବୁଦ୍ଧିଜୀବୀ ନାଟକ ।

୧୯୫୦ ଓଡ଼ିଆ ନାଟ୍ୟ ସାହିତ୍ୟ ପାଇଁ ଏକ ଉଲ୍ଲେଖଯୋଗ୍ୟ ସମୟ । ଏହି ସମୟରେ ମନୋରଞ୍ଜନ ଦାସଙ୍କ 'ଆଗମୀ' ରଚିତ ଓ ଅଭିନୀତ ହୋଇ ଏକ ସୁଦୃଢ ପ୍ରତିଶ୍ରୁତି ଦେଇସାରିଥିଲା । ନାଟ୍ୟଶୈଳୀରେ ପରିବର୍ତ୍ତନ କରାଇ ଓଡ଼ିଆ ନାଟକକୁ ବିଶ୍ୱସାହିତ୍ୟ ପାଇଁ ଅନୁବର୍ତ୍ତନ କରାଇ ଅଗ୍ରଗତିରେ ସାମିଲ କଲେ । ଏହି ସମୟରେ ପ୍ରତିନିଧିମୂଳକ ନାଟ୍ୟ ପରମ୍ପରା ପାଇଁ ନାଟକ ମାଧ୍ୟମରେ ରଙ୍ଗମଂଚରେ ଅନୁପ୍ରବେଶ କରିଥିଲେ ନାଟ୍ୟକାର ରମେଶ ପ୍ରସାଦ ପାଣିଗ୍ରାହୀ ।

ଏକ ଅଙ୍କ ବିଶିଷ୍ଟ ଏକ ସେଟ୍‌ର ନାଟକ, ଡ୍ରଇଁରୁମ୍ ବା ରାସ୍ତାରେ ଥିବା ବସ୍‌ଷ୍ଟପ୍, ଛକବଜାର ପାନଦୋକାନ, ବିଶ୍ରାମାଗାର, ପର୍ବତତଳେ ଥିବା ଡାକବଙ୍ଗଳା ବା ପଥର କୋଇଲା ଖଣିର ପରିବେଶ ହେଲା ନାଟର ପୃଷ୍ଠଭୂମି । ସଂଳାପ ହେଲା କାବ୍ୟିକ, ଇଙ୍ଗିତଧର୍ମୀ, ସଙ୍କେତ ଓ ପ୍ରତୀକ ମାଧ୍ୟମରେ ନାଟକ ଉପସ୍ଥାପିତ ହେଲା ମଂଚରେ । ଏହିସବୁ ଆଙ୍ଗିକ ପରିବର୍ତ୍ତନର ସ୍ରୋତ ଆମେ ଭେଟିଲୁ ନବନାଟ୍ୟଧାରାରେ, ଶ୍ରୀଯୁକ୍ତ ରମେଶ ପାଣିଗ୍ରାହୀଙ୍କ ନାଟକ ସମୂହରେ ।

ଆତ୍ମିକ ପରିବର୍ତ୍ତନରେ ଆସିଲା ପରୀକ୍ଷାମୂଳକ ନାଟକ । ପାରମ୍ପରିକ ଭ୍ରମ, ଦ୍ୱନ୍ଦ୍ୱ, ଆଶା ଓ ନିରାଶାର ଚିତ୍ର ପ୍ରାୟ ରହିଲା ନାହିଁ । ଚରିତ୍ରଗୁଡ଼ିକ ଗତିଶୀଳ ନହୋଇ ହେଲେ ସ୍ଥିର ଓ ପ୍ରତୀକଧର୍ମୀ । ଏଥିରେ ଜୀବନକୁ ଯୋଡ଼ିବାକୁ ଚେଷ୍ଟା କଲା ମଣିଷ । ଯୁଗରୁଚିର ଅନୁଧ୍ୟାନ କରି ଦର୍ଶକର ସଂଦେଶକୁ ନାଟକରେ ଉପସ୍ଥାପିତ କରାଯାଇ ଏହାକୁ ସା'ଲ୍ୟମଣ୍ଡିତ କରାଗଲା । ଦର୍ଶକ ସହିତ ଯୋଗସୂତ୍ର ରକ୍ଷା କରିପାରୁଥିବା

ନାଟକ ହିଁ ହେଲା ଉନ୍ନତ ନାଟକ ମାତ୍ର ଏହି ସମୟସୀମା ଅତିକ୍ରାନ୍ତ କରି ନାଟକ ଚିରନ୍ତନ ମୂଲ୍ୟବୋଧ ଉପରେ ଆଧାରିତ ହେଲା। ଏହି ସମ୍ଭାବନାମୟ ନାଟ୍ୟଧାରାର ଅନ୍ୟତମ ଦକ୍ଷସ୍ରଷ୍ଟା ରମେଶ ପ୍ରସାଦ ପାଣିଗ୍ରାହୀ।

ଓଡ଼ିଆ ନାଟକର ବିକାଶଧାରାରେ ମଣିଷର ଆଧ୍ୟାତ୍ମିକ ଓ ଆବେଗିକ ସମସ୍ୟାର ବ୍ୟର୍ଥ ସମାଧାନର ମାର୍ଗ ଖୋଜାଯାଇଛି। ମଣିଷର ମନସ୍ତାତ୍ତ୍ୱିକ ସ୍ଥିତି ଏହାର ଉପଜୀବ୍ୟ। ଏଠି ଛେଳିର ମେଁ ମେଁ ଅପେକ୍ଷା ମନୁଷ୍ୟ ଆତ୍ମାର ଆର୍ତ୍ତନାଦ ହିଁ ଅଧିକ କାରୁଣ୍ୟ ପାଲଟିଛି। ଆତ୍ମାର ମୋକ୍ଷ, ଆତ୍ମଜିଜ୍ଞାସା ଏଠାରେ ଅସ୍ପଷ୍ଟ ଯାହାକୁ ଆମେ ଉଦ୍ଭଟ ବୋଲି କହୁ।

ପରିବର୍ତ୍ତନ ଏକ କାଳଧର୍ମ। ନୂତନ ସଂସ୍କୃତି, ସଭ୍ୟତା ଯୁଗେଯୁଗେ ପରିବର୍ତ୍ତନର ଗତିକୁ ତୀବ୍ରତର କରିଥାଏ। ପୁରୁଣାଖୋଳପାରୁ ମୁକୁଳି ନୂତନ ପରୀକ୍ଷାନିରୀକ୍ଷା ନେଇ ଓଡ଼ିଆ ନାଟକର ଯେଉଁ ତରୁଣ ନାଟ୍ୟକାରମାନଙ୍କର ସ୍ୱର ଶୁଣାଗଲା ତା'ର ରୂପକାର ଥିଲେ 'ସୃଜନୀ', 'ଉତ୍ତରପୁରୁଷ' 'ରୂପକାର' 'ଫ୍ରେଣ୍ଡସ୍ ୟୁନିୟନ୍' ପରି ନାଟ୍ୟସଂସ୍ଥା।

ଏହି ନବନାଟ୍ୟଧାରାରେ ଓଡ଼ିଆ ନାଟକରେ ଆସିଲା ଅଭିବ୍ୟକ୍ତିର ଏକ ନୂତନ ମଂଚକୌଶଳ, ଆଲୋକସଜ୍ଜା, ରଚନାରୀତି, ମଂଚାୟନରେ ଉନ୍ନତି ଓ ମାର୍ମିକ ରୁଚିବୋଧ। ମଂଚଗୁଡ଼ିକ ପ୍ରଚଳିତ ଆଡ଼ମ୍ବର ପରିତ୍ୟାଗ କରି ଯାତ୍ରା ମଧ୍ୟକୁ ଅନୁସରଣ କଲେ। ପାଶ୍ଚାତ୍ୟ ମଂଚରେ ଉଦ୍ଭଟ ଶୈଳୀ ସହିତ ବ୍ରେଖ୍‌ଟୀୟ ଅପେରା ଶୈଳୀର ସମନ୍ୱୟ ଘଟିଲାବେଳେ ଓଡ଼ିଆ ନାଟକର ଉତ୍କଳୀୟ ଯାତ୍ରା ଓ ଲୋକନାଟ୍ୟ ଶୈଳୀର ସମନ୍ୱୟ ଘଟିଲା। ଏହି ସାଂସ୍କୃତିକ ଇତିହାସର ପରିବର୍ତ୍ତନ ରଙ୍ଗମଂଚରେ ମିଶ୍ରଚେତନା ପରିପ୍ରକାଶ ଘଟାଇଲେ ନାଟ୍ୟକାର ରମେଶ ପ୍ରସାଦ ପାଣିଗ୍ରାହୀ। ତାଙ୍କର 'ଜଣେ ମହାପୁରୁଷଙ୍କ ଜନ୍ମ ଓ ମୃତ୍ୟୁ ସମ୍ପର୍କରେ', 'ମହାନାଟକ' ଏବଂ ରତ୍ନାକର ଚଇନିଙ୍କ 'ପୁନଶ୍ଚ ପୃଥିବୀ' କାର୍ତ୍ତିକ ଚନ୍ଦ୍ର ରଥଙ୍କ 'ତୃତୀୟ ପୃଥିବୀ' ମନୋରଞ୍ଜନ ଦାସଙ୍କ 'କ୍ଳାନ୍ତ ପ୍ରଜାପତି' ଓ 'ଶବ୍ଦଲିପି' ଆଲୋଚ୍ୟ ପ୍ରସଙ୍ଗରେ ଉଦାହରଣ ଭାବେ ଗ୍ରହଣଯୋଗ୍ୟ।

ଗୋଟିଏ କାମଚଳା ଦୃଷ୍ଟିରେ ପୃଥିବୀକୁ ବ୍ୟକ୍ତିବାଦୀ ଜୀବନଶୈଳୀ, ପ୍ରତିଯୋଗିତା ଏପିକ୍ ଥିଏଟର୍, ଉଦ୍ଭଟ ଥିଏଟର୍ ଭଳି ପରୀକ୍ଷାମୂଳକ ରଙ୍ଗମଂଚ ଦର୍ଶକଙ୍କୁ ଉଦ୍‌ବୁଦ୍ଧ କରିଛି। ଥିଏଟର୍ ପରିବର୍ତ୍ତେ ନାଟକ ଖୋଜିବୁଲେ ଜୀବନର ବୃହତ୍ତର ଥିଏଟର୍। ସେକ୍‌ସପିଅର୍‌ଙ୍କ ମତରେ "ସାରାଜଗତ ଗୋଟେ ରଙ୍ଗମଂଚ"। ଆଜିର ନାଟକ ରହିଛି ରାସ୍ତା ଉପରେ, ଗଳିକୋଣରେ, ବୈଠକଖାନାରେ।

ନାଟକର ଆଙ୍ଗିକ ଏବଂ ଆତ୍ମିକ ଦୃଷ୍ଟିରୁ ଥିଏଟର୍‌ର ଅନୁବନ୍ଧନଠାରୁ ଏହା ମୁକ୍ତ। ସେଠି ପୁରୁଣା ମିଥ୍ ପୁନର୍ଜୀବନ ଲାଭ କରି ବାସ୍ତବତାର ନିହାଣରେ ନୂତନ ପ୍ରତୀକର ମାଧ୍ୟମ। ସେଠି ଶ୍ରେଣୀ, ବର୍ଗ ବା ଗୁଣକୁ ନେଇ ଦର୍ଶକ ବିଭାଜିତ ନୁହନ୍ତି, ସେଠି ଥିଏଟର୍ ଅନ୍ୱେଷଣ ନାହିଁ , ଅନ୍ୱେଷଣ ମଣିଷକୁ। ନବନାଟ୍ୟ ଆନ୍ଦୋଳନର ପୁରୋଧାଭାବେ ଓଡ଼ିଆ ନାଟକର ସମ୍ମାନକୁ ଆହୁରି ବିସ୍ତୃତ କରି ଜାତୀୟ ତଥା ଆନ୍ତର୍ଜାତିକ ଅନୁଭୂତି ସହିତ ଏକୀଭୂତ ହେବାପାଇଁ ଅନେକ କଥାବସ୍ତୁ ଏବଂ ଆଙ୍ଗିକ ପରିଗୃହୀତ ହୋଇଛି।

ସ୍ୱାଧୀନତା ବେଳକୁ ନାଟ୍ୟ ପରମ୍ପରା ସ୍ରୋତରେ ଦୁଇଟି ସମ୍ମିଶ୍ରଣ ଘଟିଥିଲା - ପୁରୁଣା ଏବଂ ମରଣୋନ୍ମୁଖ ଏବଂ ଆତ୍ମିକ ନୂଆ ଏବଂ ପରୀକ୍ଷାମୂଳକ। ଓଡ଼ିଆ ଥିଏଟର୍‌କୁ ନେଇ କାଳୀଚରଣ ପଟ୍ଟନାୟକ ଏବଂ ନାଟକ ପ୍ରତି ତାଙ୍କର ଅଙ୍ଗୀକାରକୁ ବଂଚାଇ ରଖିବା କଷ୍ଟକର ହୋଇ ଉଠିଥିଲା। ସେ ଦାରିଦ୍ର୍ୟ, ଦେଶପ୍ରେମ ଏବଂ ଶୋଷଣ ଭଳି କଥାବସ୍ତୁକୁ ବ୍ୟବହାର କରି 'ଭାତ', 'ରକ୍ତମାଟି', 'ଅଭିଯାନ', ଭଳି ନାଟକ ରଚନା ଓ ପ୍ରଯୋଜନା କରି ଇତିହାସ ଓ ବାସ୍ତବତାର ସ୍ୱାଦ ବାରିପାରୁଥିବା ସଚେତନ ଦର୍ଶକ ସୃଷ୍ଟି କରିପାରିଥିଲେ। ଏହି କ୍ରମରେ ଅଶ୍ୱିନୀ କୁମାର ଘୋଷ, ରାମଶଙ୍କର ରାୟ, ଗୋପାଳ ଛୋଟରାୟ, ଭଞ୍ଜକିଶୋର ପଟ୍ଟନାୟକ, ରାମଚନ୍ଦ୍ର ମିଶ୍ର, କମଳଲୋଚନ ମହାନ୍ତି ଆଦି ବିଶେଷ କାରିଗରୀ କୌଶଳହୀନ ଥିଏଟର୍ ସତ୍ତ୍ୱେ ସାଂସ୍କୃତିକ ଅବକ୍ଷୟ ବିରୁଦ୍ଧରେ ଆକ୍ରମଣ ଅବ୍ୟାହତ ରଖିଲେ। ଏକ ଭିନ୍ନ ପରିଚୟ ଏବଂ ଆଧ୍ୟାତ୍ମିକ ଜିଜ୍ଞାସାପଣକୁ ନେଇ ନବପରୀକ୍ଷାଧାରାକୁ ନେଇ ରମେଶ ପ୍ରସାଦ ପାଣିଗ୍ରାହୀ ନିଜ ନାଟ୍ୟ ଚେତନାକୁ ସ୍ୱତନ୍ତ୍ର ପରିଚୟ ପ୍ରଦାନରେ ସକ୍ଷମ ହୋଇଛନ୍ତି।

ରମେଶ ପ୍ରସାଦ ପାଣିଗ୍ରାହୀ ପରମ୍ପରାଧର୍ମୀ ମଧ୍ୟବର୍ଗୀୟ ପାରିବାରିକ ନାଟକରୁ ଆରମ୍ଭ କରି ଅଚିରେ ଏକ ସର୍ଜନାତ୍ମକ ଆଙ୍ଗିକ ସହ ବ୍ୟଙ୍ଗାତ୍ମକ, ପ୍ରତୀକାତ୍ମକ, ବ୍ରେଖ୍‌ଟୀୟ ଏବଂ ଉଦ୍ଭଟ ନାଟକ ମଧ୍ୟ ଲେଖିଲେ। ଆଙ୍ଗିକର ସୁସ୍ଥିରୀକରଣ- ପାରିବାରିକ ନାଟକ ଏବଂ ବ୍ୟଙ୍ଗର ନୀତିମନସ୍କତା ତାଙ୍କ 'ନିଶୀଥ ସୂର୍ଯ୍ୟ', 'ମୁଁ ଆମ୍ଭେ ଓ ଆମ୍ଭେମାନେ'ରେ ପ୍ରତିଫଳିତ।

କିନ୍ତୁ 'ମହାନାଟକ'ରେ ତାଙ୍କର ଆର୍ଭାଉଦୀୟ ବିକାର ନିଷ୍ଠୁର ବ୍ୟଙ୍ଗରେ ଚିତ୍ରିତ, 'କୋରିକ୍' ଚରିତ୍ରର ସମ୍ମୁଖୀନ। ତାଙ୍କର ରାଜନୀତିକ ଭ୍ରଷ୍ଟାଚାର ଏବଂ ସାମାଜିକ ମୂଲ୍ୟବୋଧହୀନତା ବିରୋଧରେ ଯୁଦ୍ଧ ଘୋଷଣା ତାଙ୍କର 'ଦୁର୍ଘଟଣା ବଶତଃ', 'ଶେଷ ପାହାଚ', 'ମହାନାଟକ', 'ଧୃତରାଷ୍ଟ୍ରର ଆଖି' ଏବଂ 'ଅନ୍ଧନଦୀର ସୁଅ' ଆଦି ନୂତନ ଧାରାର ଉଲ୍ଲେଖନୀୟ ଅବଦାନ।

ନବନାଟ୍ୟ ଆନ୍ଦୋଳନରେ ନାଟକର ଆଙ୍ଗିକ ଉପରେ ବିଶେଷ ଗୁରୁତ୍ୱ ଆରୋପିତ। ନାଟକର ଉପସ୍ଥାପନାରେ ନାକୀୟତା ସ୍ଥାନରେ ଅନାଟକୀୟତା, ମଂଚରେ ସାଙ୍କେତିକ ପ୍ରୟୋଗ। ଆଧୁନିକ ମଣିଷର ଅସହାୟତା ଓ ଅର୍ଥଶୂନ୍ୟତାକୁ ପ୍ରତିପାଦନ କରିବା ପାଇଁ ଚରିତ୍ର ମୁଖରେ କେତୋଟି ନିର୍ଦ୍ଦିଷ୍ଟ ଅର୍ଥ ବହନ କରୁଥିବା ଅସ୍ପଷ୍ଟ ଓ ସାଙ୍କେତିକ ସଂଳାପ ରହିଛି। ବାହ୍ୟ ଦ୍ୱନ୍ଦ୍ୱ ବଦଳରେ ମଣିଷର ଅନ୍ତଃଦ୍ୱନ୍ଦ୍ୱ ହେଉଛି କେତୋଟି ନିର୍ଦ୍ଦିଷ୍ଟ ଲକ୍ଷଣ।

ପରମ୍ପରା ଉପରେ ଆଧୁନିକତାର ପ୍ରତିଷ୍ଠା ସମସ୍ତ କୃତ୍ରିମତା ଭିତରେ ବି ମଣିଷ ସ୍ୱାଭାବିକ ପ୍ରେମାବେଗ ନେଇ ବଂଚିରହେ। କେବେ କଦମ୍ବ ଗଛ ମଧ୍ୟ ଉଦାର ପ୍ରେମର ପ୍ରତୀକ ଭାବରେ ଉପସ୍ଥାପିତ ହୋଇଥାଏ। ନାଟକରେ କୌଣସି ବିଧିବଦ୍ଧ କଥାବସ୍ତୁ ନାହିଁ କିମ୍ବା କଥାବସ୍ତୁର ବିକାଶଲାଗି ବାସ୍ତବ ଚରିତ୍ରର ଉପସ୍ଥାପନା ନାହିଁ, ଦୁଇ ପ୍ରତୀକ ଚିତ୍ର ମଧ୍ୟରେ କାହାଣୀ ଆରମ୍ଭ ଓ ଶେଷ ହୁଏ।

ନବନାଟ୍ୟ ଆନ୍ଦୋଳନ ନାଟକକୁ ଏକ ସୁଗଠିତ ପାରମ୍ପରିକ ନାଟକର ଚିରାଚରିତ ଆଙ୍ଗିକ ପରିହାର କରି ଏକ ନୂତନ ନାଟ୍ୟଶୈଳୀର ପ୍ରବର୍ତ୍ତନ କରିଛନ୍ତି। କାହାଣୀ, ଘଟନା, ଚରିତ୍ର, ସଂଳାପ, ରସ, ଅଭିନୟ ଓ ମଂଚଶୈଳୀ ଦୃଷ୍ଟିକୋଣରୁ ନୂତନ ନାଟ୍ୟରୀତି ଦେଖିବାକୁ ମିଳିଥାଏ।

ନାଟକୀୟ ଗଳ୍ପାଂଶରୁ କାହାଣୀ ଅପାରମ୍ପରିକ ରୀତିରେ ଆରମ୍ଭ ହୁଏ, ଜୀବନର ଖଣ୍ଡିତାଂଶର ଚିତ୍ରକୁ ନେଇ କାହାଣୀ ଆରମ୍ଭ ଯେଉଁଠି ଶେଷ ମଧ୍ୟ ସେହିଠାରେ ହୋଇଥାଏ। ସାମ୍ପ୍ରତିକ ମଣିଷର ଅଯୌକ୍ତିକ ସ୍ଥିତିର ବିଶ୍ଳେଷଣ ଏହାର ମୂଳ ଲକ୍ଷ୍ୟ।

ଅସ୍ତିତ୍ୱ ଏକ ସ୍ଥିତି, ଯାହା ବ୍ୟକ୍ତି, ଦେଶ, କାଳ ମଧ୍ୟରେ ବିରାଜିତ ଏକ ବାସ୍ତବତା। ବ୍ୟକ୍ତି ଏକକ, ନିଃସଙ୍ଗ, ନିଜସ୍ୱ ସତ୍ତା ଚେତନାର ଅଭିଜ୍ଞତା। ପ୍ରଥମେ ସ୍ଥିତି ଓ ତା' ପରେ ଚରିତ୍ର। ମନୁଷ୍ୟ ଏକ ନିର୍ଦ୍ଧାରିତ ସଂସ୍ଥିତିର ପରିସର ମଧ୍ୟରେ ରହି ତା'ର ସ୍ୱାଧୀନତା ଓ ପସନ୍ଦ ସ୍ଥିର କରିଥାଏ। ଏକ ମଧ୍ୟ ବିନ୍ଦୁ ଉପରେ ଘୂର୍ଣ୍ଣନଶୀଳ ସ୍ଫଟିକରେ ବିଭିନ୍ନ ରଙ୍ଗ ପ୍ରତି'ଳିତ ହେବାପରି ମନୁଷ୍ୟର ପସନ୍ଦ ପର୍ଯ୍ୟାୟ କ୍ରମେ ଉଦ୍‌ଭାସିତ ହୋଇଥାଏ।

ଚିନ୍ତନ ଓ ଭାବପ୍ରକାଶ ପ୍ରକ୍ରିୟା ଅନୁଧ୍ୟାନ କଲେ ଜଣାଯାଏ ମନୁଷ୍ୟ ଅନେକ ସମୟରେ ତା'ର ମନୋଗତ ଭାବକୁ ଅଳ୍ପ ବ୍ୟକ୍ତ କରେ ଅବଶିଷ୍ଟାଂଶ ଶ୍ରୋତା ଓ ଦର୍ଶକର କଳ୍ପନା ଓ ଅନୁମାନ ଉପରେ ଛାଡ଼ିଦିଏ ଜଟିଳ ମନର ଜଟିଳ ଭାବର ପ୍ରକାଶ ପାଇଁ ଅସଲଗ୍ନ ଓ ସଙ୍ଗତିହୀନ ଭାଷା ହିଁ ଏକମାତ୍ର ଉପାୟ।

ସଂକ୍ଷିପ୍ତ, ଶାଣିତ ଓ ପରିମିତ ସଂଳାପ ହିଁ ନବନାଟ୍ୟ ଆନ୍ଦୋଳନରେ ସ୍ପଷ୍ଟ

ନାଟକର ସଂଳାପ। ଅର୍ଦ୍ଧବାକ୍ୟ, ଖଣ୍ଡବାକ୍ୟ ଓ ଅସମାପ୍ତ ବାକ୍ୟର ବ୍ୟବହାର କରାଯାଇ ଗୋଟିଏ ମାତ୍ର ଅର୍ଥଦ୍ୟୋତକ ଶବ୍ଦରେ ମନର ଭାବ ପ୍ରକାଶ କରାଯାଏ। ନବନାଟ୍ୟ ଆନ୍ଦୋଳନର ବୈଶିଷ୍ଟ୍ୟକୁ ଏପରି ଆମେ ବୁଝାଇପାରୁ:-

୧. ପ୍ରଚଳିତ ଶାସନାବସ୍ଥାର ପରିବର୍ତ୍ତନ ପାଇଁ ଏଥିରେ ଆରମ୍ଭ ହୋଇଥିଲା ସ୍ୱରଝଙ୍କାର।

୨. ନିର୍ଯ୍ୟାତିତ ଜନଗଙ୍କ ଚିତ୍ର ଓ ସେମାନଙ୍କ ଶ୍ରେଣୀଚେତନା ଏଥିରେ ପ୍ରଦର୍ଶିତ ହେଲା।

୩. ଏହି ସମୟର ନାଟକ ପୁଞ୍ଜିବାଦୀ ବିକୃତିଠାରୁ ସମାଜବାଦୀ ଚେତନାଆଡ଼କୁ ଓ ଏକ ନଷ୍ଟ ମୂଲ୍ୟବୋଧରୁ ସୁସ୍ଥ ମୂଲ୍ୟବୋଧଆଡ଼କୁ ଗତିଶୀଳ ହୋଇଛି।

୪. ଏ ସମୟରେ ଓଡ଼ିଆ ନାଟକରେ ବ୍ରେଖ୍‌ଟୀୟ ନାଟ୍ୟରୀତିର ପ୍ରୟୋଗ ହୋଇଛି।

୫. ସତୁରୀପରେ ଓଡ଼ିଆ ନାଟକ ହେଇଛି form ଓ content ର ଏକ ସୁନ୍ଦର ସମନ୍ୱୟ।

୬. ଲୋକନାଟ୍ୟ ଶୈଳୀ ସହ ମିଥ୍, ଆଲିଗୋରୀ, 'ଫାଣ୍ଟାସିର ପ୍ରୟୋଗ ଏ କାଳର ଲିଖିତ ଓଡ଼ିଆ ନାଟକକୁ ଗୌରବମଣ୍ଡିତ କରିଛି।

୭. ମୁକ୍ତଧାରାର ଶୈଳୀ ଗ୍ରହଣ କରିଛି ଏ ସମୟର ନାଟକ।

୮. ପଥପ୍ରାନ୍ତର ନାଟକ, ଡ୍ରଇଂରୁମ୍ ଡ୍ରାମା, ପୋଷ୍ଟର ନାଟକ ପ୍ରଭୃତି ମାଧ୍ୟମରେ ଏ ସମୟର ନାଟ୍ୟକାରମାନେ ଏକ ନିର୍ଦ୍ଦିଷ୍ଟ ବକ୍ତବ୍ୟକୁ ଦର୍ଶକମାନଙ୍କ ନିକଟରେ ପହଂଚାଇବାରେ ସମର୍ଥ ହୋଇପାରିଛନ୍ତି।

ଅଙ୍ଗୀକାରବଦ୍ଧ ନାଟ୍ୟଶୈଳୀର ଜଣେ ଶକ୍ତିଶାଳୀ ସ୍ରଷ୍ଟା ହେଉଛନ୍ତି ରମେଶ ପ୍ରସାଦ ପାଣିଗ୍ରାହୀ। ସଙ୍ଗୀତ ନାଟକ ଏକାଡ଼େମୀ ଉତ୍ସବରେ ପରିବେଷିତ 'ମହାନାଟକ' ଓ ପରବର୍ତ୍ତୀ କାଳରେ ତାଙ୍କ ଦ୍ୱାରା ରଚିତ 'ଶେଷ ପାହାଚ', 'ଦୁର୍ଘଟଣା ବଶତଃ', 'ବାଘ ମାରିଛି' ପ୍ରଭୃତି ନାଟକରେ ତାଙ୍କର ବୈପ୍ଳବିକ ଭାବନାର ରୂପରେଖ ଦେଖିବାକୁ ମିଳେ। ନାଟ୍ୟକାର ତାଙ୍କର ମହାନାଟକରେ ନିଜସ୍ୱ ଅଭିବ୍ୟକ୍ତିରେ ତାଙ୍କର ଅଭିନବ ପ୍ରୟୋଗ ଓ ପରୀକ୍ଷା ସମ୍ପର୍କରେ ମନ୍ତବ୍ୟ ଦେଇଛନ୍ତି- "ମହାନାଟକ ଭାରତୀୟ ରାଜନୀତିକ ଓ ସାମାଜିକ ଇତିହାସର ଏକ ସନ୍ଧିକ୍ଷଣରେ ଲେଖା ହୋଇଥିଲା। ଏହାର ଗଦ୍ୟଶୈଳୀ, ବ୍ୟଞ୍ଜନା, କଳ୍ପନାପ୍ରବଣତା (Fantasy), ହାସ୍ୟରସ, ଗୀତିମୟତା ଓ Allegorical ପ୍ରକାଶଭଙ୍ଗୀ ଏପର୍ଯ୍ୟନ୍ତ ଓଡ଼ିଆ ନାଟକରେ ପରୀକ୍ଷା କରାଯାଇନାହିଁ। ଶ୍ରୀ ବିଶ୍ୱଜିତ୍ ଦାସଙ୍କ ସମ୍ରାଟର ପ୍ରଯୋଜନା କାଳରେ ଆଲବର୍ଟ କାମ୍ୟୁଙ୍କୁ ଚାଲେଞ୍ଜ୍ କରାଯାଇ ଏକ ସମ୍ପୂର୍ଣ୍ଣ ଓଡ଼ିଆ ନାଟକ ଲେଖିବା ପାଇଁ ମୋର ଇଚ୍ଛା ହୋଇଥିଲା।

'ମହାନାଟକ' ପରେ ପରେ ଶ୍ରୀ କୁଞ୍ଜ ରାୟ 'ବିଦାୟ ବିକ୍ରମାଦିତ୍ୟ' ଅନୁବାଦ ନାଟକ (Ionesco ଙ୍କ Exit the King) ରଚନା, ତା' ପରେ ୧୯୮୦ ଶେଷ ଆଡ଼କୁ ନାଟ୍ୟକାର ବିଜୟ ମିଶ୍ରଙ୍କ 'ଜଣେ ରାଜା ଥିଲେ' ଓ ଗିରୀଶ କନ୍ନଡ଼ଙ୍କ 'ତୁଗ୍‌ଲକ୍' ଏବଂ ୧୯୭୯ ମସିହାରେ ଡ. ସୁବୋଧ ପଟ୍ଟନାୟକଙ୍କ 'ଏଥୁ ଅନ୍ତେ' ପରିବେଷିତ ହେଲା। ମହାନାଟକ ଲେଖାହେବାର ତିନିବର୍ଷ ପରେ ବିଜୟ ତେନ୍ଦୁଲକର୍‌ଙ୍କ The Encounter in the Ombugland ପ୍ରକାଶ ପାଇଲା ଏବଂ ସପ୍ତମ ଦଶକର ମଧ୍ୟଭାଗରେ 'ବକ୍‌ରୀ' 'ସିଂହାସନ ଖାଲି ହେଁ' ପ୍ରଭୃତି ଭାରତୀୟ ନାଟକ ଏହି ପ୍ରକାର ବିଷୟବସ୍ତୁ ଉପରେ ଲେଖା ହୋଇଛି। ମହାନାଟକ ମୁକ୍ତଧାରାର ନାଟକ।

ମହାନାଟକ ନାଟକରେ ଲୋକନାଟକ ଆଙ୍ଗିକରେ ଏକ କଳ୍ପନାପ୍ରସୂତ କ୍ଲାସିକାଲ୍ ଥିମ୍‌କୁ ପରିବେଷଣ କରାଯାଇଛି। ପୁଣି ଏହାର କଥାବସ୍ତୁ କୌଣସି ନିର୍ଦ୍ଦିଷ୍ଟ ସମୟସୀମା ଭିତରେ ଆବଦ୍ଧ ନୁହେଁ। ଏହାର ଚରିତ୍ରମାନେ ମଧ୍ୟ କୌଣସି କାଳର ପ୍ରତିଲିପି ନୁହନ୍ତି। ନିରବଧି କାଳର ବିପୁଳ ବକ୍ଷରେ ଅନେକ ଶାସନତନ୍ତ୍ରର ଅଭ୍ୟୁଦୟ ଘଟିଛି ଏବଂ ବିଲୟ ମଧ୍ୟ ଘଟିଛି। ସ୍ୱେଚ୍ଛାଚାରୀ ଶାସନତନ୍ତ୍ର ବିରୁଦ୍ଧରେ ବିଦ୍ରୋହର ଡାକରା ଦିଆଯାଇଛି। ଟଳିପଡ଼ିଛି ସିଂହାସନ। ମହାକାଳର ସମୁଦ୍ରରେ ବୁଦ୍‌ବୁଦ୍ ପରି ମିଳେଇଯାଇଛି ଶାସକର ଗର୍ବ, ଅହମିକା ଏବଂ ଔଦ୍ଧତ୍ୟ। ଦଶଟି ପ୍ରତିନିଧିସ୍ଥାନୀୟ ଚରିତ୍ର ଉପସ୍ଥାପନା ମାଧ୍ୟମରେ ନାଟ୍ୟକାର ଏଥିରେ ଜଗତର ସମସ୍ତ ଶଠ, ପ୍ରତାରକ ଏବଂ ପ୍ରବଞ୍ଚକର ମୁଖା ଖୋଲିଦେଇଛନ୍ତି। ସମସ୍ତେ ଏଠି ଅଭିନୟ କରି ଚାଲିଛନ୍ତି। ସମସ୍ତେ ଭୀରୁ ପଳାତକ। କିନ୍ତୁ ପଳାୟନ କରି ମଧ୍ୟ କେହି ମୁକ୍ତି ପାଇପାରୁ ନାହାନ୍ତି। ସମସ୍ତଙ୍କ ଚତୁର୍ଦ୍ଦିଗରେ ଘେରିରହିଛି ବିରାଟ ଶୂନ୍ୟତାର ନିରନ୍ଧ୍ର ଅନ୍ଧକାର। ଜୀବନ ଯୁଦ୍ଧରେ ପରାଜିତ ଏହି ସୈନିକ ଦଳ ଘୋର ଅନ୍ଧକାର ମଧ୍ୟରେ ନିଜର ସତ୍ତାକୁ ଅଣ୍ଡାଳି ଅଣ୍ଡାଳି ଆର୍ତ୍ତଚିତ୍କାର କରୁଛନ୍ତି।

ସାମ୍ପ୍ରତିକ ଜୀବନର ଏହି ଉଦ୍ଭଟତାକୁ ପ୍ରତିପାଦନ କରିବାକୁ ଯାଇ ନାଟ୍ୟକାର ବାସ୍ତବତାକୁ ପରିହାର କରିନାହାନ୍ତି। ପ୍ରତ୍ୟେକ ଚରିତ୍ର ଜୀବନ୍ତ, ବଳିଷ୍ଠ ଏବଂ ବାସ୍ତବ। ଉଦ୍ଭଟ ସଙ୍ଗେ ବାସ୍ତବତାର ଅପୂର୍ବ ସମନ୍ୱୟ ସ୍ଥାପିତ ହୋଇଛି ଏହି ନାଟକରେ। ବିଚିତ୍ରାନନ୍ଦ ଚରିତ୍ର ସାମ୍ପ୍ରତିକ ଜୀବନର ନିର୍ମୋହତାର ପ୍ରତୀକ। ଯେ କଦଳୀଚୋପା ଉପରେ ଗବେଷଣା କରି ଜୀବନର ଅବଶିଷ୍ଟ ସମୟତକ କଟାଇଦେବା ଏକ ଯୁକ୍ତିସଙ୍ଗତ ପରିଣତି।

ଏହି ନାଟକରେ ନାମ ପ୍ରତୀକଧର୍ମୀ। ଏହା ସାମୂହିକ ଅହଂର ପ୍ରତୀକ। ପ୍ରତ୍ୟେକ ଦର୍ଶକ ଓ ପାଠକ ଏହି ନାଟକର ଦର୍ପଣରେ ନିଜ ମୁହଁକୁ ଦେଖିପାରିବେ।

ସାମାନ୍ୟ ତ୍ରୁଟି ବିଚ୍ୟୁତି ସତ୍ତ୍ୱେ ମୁଁ ଆମ୍ଭେ ଓ ଆମ୍ଭେମାନେ ନାଟକ ତା'ର ବସ୍ତୁକଳ୍ପନାର ମନୋହାରିତା, ଉପସ୍ଥାପନରେ ଅନନ୍ୟତା, ଚରିତ୍ରସମୂହର ମନସ୍ତାତ୍ତ୍ୱିକ ବିଶ୍ଳେଷଣ, ନାଟ୍ୟ ସଂଳାପର ବୌଦ୍ଧିକ ଚେତନା, ତୀକ୍ଷ୍ଣ ଶାଣିତ ବ୍ୟଙ୍ଗବିଦ୍ରୂପ ଏବଂ ସାମ୍ପ୍ରତିକ ଜୀବନାଦର୍ଶର ସୂକ୍ଷ୍ମାତିସୂକ୍ଷ୍ମ ବ୍ୟବଚ୍ଛେଦ ନିମିତ୍ତ ଓଡ଼ିଆ ନବନାଟ୍ୟ ଭଣ୍ଡାରର ଏକ ସମୁଜ୍ଜ୍ୱଳ ରତ୍ନ ରୂପେ ତା'ର ଶୋଭାବର୍ଦ୍ଧନ କରିବ। ଏହା ଅସ୍ତିତ୍ୱବାଦୀ ଦର୍ଶନର ଏକ ଜ୍ୱଳନ୍ତ ଇସ୍ତାହାର।

ନାଟକ ରଚନାର ଆରମ୍ଭରୁ ହିଁ ସେ ପରମ୍ପରା ପ୍ରତି ଉଦାସୀନତା ପ୍ରକାଶ କରି ଆସିଛନ୍ତି। ପ୍ରଚଳିତ ଫର୍ମ ଏବଂ ଏଷ୍ଟାବ୍ଲିଶ୍‌ମେଣ୍ଟ୍ ବିରୁଦ୍ଧରେ ବାରମ୍ବାର ସେ ସ୍ୱରୋତ୍ତୋଳନ କରି ଆସୁଛନ୍ତି। ତାଙ୍କର ବିଶ୍ଳେଷଣ ପଦ୍ଧତି ବେଶ୍ ପ୍ରଭାବଶାଳୀ। ଏହା ତାଙ୍କର କଳାତ୍ମକ ବ୍ୟତିକ୍ରମ ଅଟେ। ଇତିହାସର ଶବ୍ଦହୀନ ଶୋଭାଯାତ୍ରା ଚାଲିଛି। ସିଂହାସନମାନେ ଏଇଭଳି ଭାଙ୍ଗୁଛନ୍ତି। ଅର୍ଦ୍ଧ-ଭଗବାନ ପ୍ରତିମାମାନେ ଏହିଭଳି ଓହ୍ଲାଇ ଆସିବା ପାଇଁ ବାଧ୍ୟ। ଏହି ସତ୍ୟ ହିଁ ଉପସ୍ଥାପନ କରାଯାଇଛି ନାଟକରେ ଦାସକାଠିଆ ଶୈଳୀ ମାଧ୍ୟମରେ।

ନାଟକର ପ୍ରାରମ୍ଭରେ ଗାୟକ ଓ ପାଳିଆ ସଭାଜନଙ୍କୁ ବଜ୍ରବାହୁ ପୁରାଣ ଗାନ କରିବା ସମ୍ପର୍କରେ ସୂଚନା ଦେଇଛନ୍ତି। ନାଟକର ବଜ୍ରବାହୁ ଏକ ଅଦ୍ଭୁତ ଚରିତ୍ର। ଆହୁରି ବିଚିତ୍ର ତାଙ୍କର ରାଜ୍ୟଶାସନ ପ୍ରଣାଳୀ, ସେ ମଂଚକୁ ପ୍ରବେଶ କରନ୍ତି ଏକ ବିଚିତ୍ର ମୃତ୍ତିକା ଭାଣ୍ଡ ସହିତ। ସେହି ମୃତ୍ତିକା ଭାଣ୍ଡରେ ନିଜ ରୂପର ପ୍ରତିଫଳନ ଦେଖି ସେ ଅତିଶୟ ପ୍ରଫୁଲ୍ଲ ହୁଅନ୍ତି। ଏଠାରେ ମୃତ୍ତିକାଭାଣ୍ଡଟିକୁ ଏକ ପ୍ରତୀକ ଭାବରେ ଗ୍ରହଣ କରାଯାଇଛି। ତାହା ମଣିଷର ଅକ୍ଷମତା ଓ ପ୍ରତିମୂର୍ତ୍ତିର ପ୍ରତୀକ। ଏହାକୁ ନେଇ ମଣିଷ ଗର୍ବ କରେ, ଅହଂକାରରେ ପ୍ରମତ୍ତ ହୁଏ।

ନାଟକଟିରେ ରାଜା ବଜ୍ରବାହୁ କେବଳ ଖିଆଲୀ ଓ ଅତ୍ୟାଚାରୀ ରାଜାମାନଙ୍କର ପ୍ରତୀକ ସେ କଥା ନୁହେଁ, ଖୁବ୍ କୌଶଳର ସହ ନାଟ୍ୟକାର ତାଙ୍କ ମଧ୍ୟରେ ଶିକ୍ଷା ଏବଂ ସଂସ୍କୃତି ନାମରେ ବ୍ୟାପକ ପ୍ରିୟାପ୍ରୀତିତୋଷଣ ଓ ତୋଷାମଦି ଚାଲିଥିବାବେଳେ ରାଜା ବଡ଼ ଆଡ଼ମ୍ବରରେ ନିଜର କ୍ଷୌର ଉତ୍ସବ ପାଳନ କରନ୍ତି। ରାଜ୍ୟରେ ଦୁର୍ଭିକ୍ଷ ପଡ଼ିଛି। ମାତ୍ର ବଜ୍ରବାହୁ ସୁବର୍ଣ୍ଣଯୁଗ ଚାଲିଛି ବୋଲି ଘୋଷଣା କରିଛନ୍ତି। ସେ ନିଜେ ନପୁଂସକ ମାତ୍ର ମୃତ୍ତିକାଭାଣ୍ଡରେ ସାତଗୋଟି ଗୋଡ଼ିପକାଇ ସେ ଗଧ ଭଳି ହସନ୍ତି। ସେ ରାଜ୍ୟବାସୀମାନଙ୍କୁ ଗୋଟିଏ ଖିଆଲରେ ଧ୍ୱଂସ ଆଡ଼କୁ ନେଇଯାଆନ୍ତି ଅଥଚ ରାଣୀ କେତକୀଗନ୍ଧା ସୃଷ୍ଟିପାଇଁ, ସ୍ୱପ୍ନପାଇଁ ବ୍ୟାକୁଳା, ସେ ଅବନ୍ତୀର ସାଧବଠାରୁ ସ୍ୱପ୍ନ କିଣିବା ପାଇଁ ଚାହାନ୍ତି। ନାଟ୍ୟକାର କଳ୍ପନାପ୍ରସୂତ ଘଟଣାକୁ

ଆଧୁନିକ ଶାସନ ବ୍ୟବସ୍ଥା ଓ ମୂଲ୍ୟବୋଧ ସହିତ ଖଞ୍ଜି ଦେଇଛନ୍ତି। ସେଥିପାଇଁ 'ମହାନାଟକ' ଏକ ନିର୍ଦ୍ଦିଷ୍ଟ କାଳର ଫଟୋଗ୍ରାଫ୍ ନହୋଇ ଏକ ସାର୍ବଜନୀନ ଓ ସାର୍ବକାଳିକ ମୂଲ୍ୟବୋଧକୁ ନିଜ ମଧ୍ୟରେ ଧରି ରଖିପାରିଛି। 'ମହାନାଟକ'କୁ ନାଟ୍ୟକାରଙ୍କ ନାଟ୍ୟପ୍ରତିଭାର ଶୀର୍ଷବିନ୍ଦୁ କହିଲେ ଅତ୍ୟୁକ୍ତି ହେବନାହିଁ। ସେ ଏଥିରେ ସାମସମୟିକ ପ୍ରଶାସନର ମୂଲ୍ୟାୟନ କରାଯାଇ ଏକ ବ୍ୟଙ୍ଗାତ୍ମକ ଶୈଳୀର ପ୍ରଚଳନ କରିଛନ୍ତି। ବର୍ତ୍ତମାନର ବିନ୍ଦୁରେ ଅତୀତର ଆବାହନ କରାଯାଇଛି। ଏଥିରେ ଲୋକକଥାର ବ୍ୟବହାର କରି ଆଦିବାସୀ ସଂସ୍କୃତିର ବିଶ୍ୱାସ ଓ ପରମ୍ପରାର ଚିତ୍ର ଆଙ୍କିଛନ୍ତି ନାଟ୍ୟକାର। ତତ୍‌ସହିତ ବୈଦିକ ଶ୍ଳୋକ ସ୍ଥାନିତ କରି ନାଟକର ଗାମ୍ଭୀର୍ଯ୍ୟ ବଢ଼ାଇଛନ୍ତି। ଏଥିରେ ରାଜା ମନ୍ତ୍ରୀ ଚରିତ୍ର ଏକ ଏକ ପ୍ରତୀକ।

"ସିଂହାସନମାନେ ଏଭଳି ଭାଙ୍ଗୁଛନ୍ତି। ଅର୍ଦ୍ଧ ଭଗବାନ ପ୍ରତିନିଧିମାନେ ଏଭଳି ଓହ୍ଲାଇ ଆସିବା ପାଇଁ ବାଧ୍ୟ"- ମାତ୍ର ସମାଜରେ ସବଳ-ଦୁର୍ବଳ, ଧନୀ-ଦରିଦ୍ର, ଶୋଷକ-ଶୋଷିତ ଏଇ ଦୁଇଗୋଷ୍ଠୀ ରହିବେ, ସିଂହାସନ ମଧ୍ୟ ରହିବ, ଏହାହିଁ ଚିରକାଳ ସତ୍ୟ। ଏହି ସିଂହାସନ କେବେ ମଧ୍ୟ ଖାଲି ରହିବ ନାହିଁ, କେବଳ ବଦଳିବ ତା'ର ରୂପ ଏବଂ ଚରିତ୍ର। ଏହି 'ମହାନାଟକ' ଓଡ଼ିଆରେ ଶୈଳୀଗତ ପରୀକ୍ଷାର ଏକ ଦୃଷ୍ଟାନ୍ତ। ଏହାର କଳ୍ପନାପ୍ରବଣତା, ରୂପକାତ୍ମକ ପ୍ରୟୋଗ, ଉଭୟ ଆଙ୍ଗିକ ଓ ଆତ୍ମିକ ଦୃଷ୍ଟିରୁ ଓଡ଼ିଆ ନବନାଟ୍ୟ ଧାରାରେ ଏକ ଭିନ୍ନ ସ୍ୱାଦର ନାଟକର ମାନ୍ୟତା ଦାବୀ କରେ।

ତାଙ୍କର ଗୋଧୂଳିର ରଙ୍ଗ ଓ ଧୃତରାଷ୍ଟ୍ରର ଆଖି ଦୁଇଟି ଉଚ୍ଚକୋଟୀର ସୃଷ୍ଟି। ଏଥିରେ ଭାଷାର ଚୁମ୍ବକୀୟ ଉପସ୍ଥାପନା ବେଶ୍ ପ୍ରତୀକଧର୍ମୀ। ଓଡ଼ିଶାର ନବନାଟ୍ୟ ଆନ୍ଦୋଳନର ଅନ୍ୟତମ ଅଗ୍ରସାରଥିଭାବରେ ତାଙ୍କର 'ଜଣେ ମହାପୁରୁଷଙ୍କ ଜନ୍ମ ମୃତ୍ୟୁ ସମ୍ପର୍କରେ' ଏକ ସାର୍ଥକ ସୃଷ୍ଟି। ତାଙ୍କର 'ଦୁର୍ଘଟଣା ବଶତଃ' ଏକ ଭିନ୍ନଧରଣର ପ୍ରଗତିଚେତନାର ନାଟକ। ଏଥିରେ ସାମ୍ପ୍ରତିକ କାଳର ରାଜନୀତିକ ଦୃଷ୍ଟିଭଙ୍ଗୀ ଓ ସାଂସ୍କୃତିକ ଅବକ୍ଷୟ ପ୍ରତି ତୀକ୍ଷ୍ଣ କୁଠାରାଘାତ କରାଯାଇଛି। ନାଟ୍ୟକାର କଳ୍ପନାର ଏକ ନର୍କକୁ ଏଠାରେ ଉପସ୍ଥାପିତ କରିଛନ୍ତି। ତାଙ୍କ ମତରେ ବ୍ୟକ୍ତିଗତ ଜୀବନରେ ସ୍ନେହ, ମମତା, ତ୍ୟାଗ, ମୈତ୍ରୀ ପ୍ରଭୃତି ଅପାର୍ଥିବ ଭାବମାନଙ୍କର ଅନଟନ ଘଟିଲେ ସମାଜ ଅସଭ୍ୟ ହୋଇଉଠେ। ଆମର ଯାତ୍ରା ଅସଭ୍ୟତାର ଦିଗନ୍ତ ଆଡ଼କୁ ଚାଲିଛି। ବର୍ବର ଜାଙ୍ଗଲିକତା ଭିତରକୁ ହଜିଯିବାର ଇଚ୍ଛା ପ୍ରଳୟର ପ୍ରଥମ ସୂଚନା ଅଟେ। ଆମ ଭିତରେ ଅମୃତ ସନ୍ତାନକୁ ମାରିଦେଲା ପରେ ଆମ ହୃଦୟ ଓ ମନ ନର୍କରେ ରୂପାନ୍ତରିତ ହୋଇଛି। 'ଦୁର୍ଘଟଣା ବଶତଃ' ସେଇ ଆସନ୍ନ ବିପଦର ନାଟ୍ୟରୂପ। ଏଥିରେ ସାଗର, ଗୁଣନିଧି, ସୌଭାଗ୍ୟ, ଜୟନ୍ତ ସମସ୍ତ ଚରିତ୍ର ମୃତ୍ୟୁ ପରେ ଆସିଛନ୍ତି ନର୍କ।

ସେଠି ମଧ୍ୟ ପ୍ରତିଯୋଗିତା ଚାଲିଛି ନିଜର ଅହଂକାରକୁ ନେଇ। ଏପରି ଏକ ନବଚେତନାର ନାଟ୍ୟଧାରା ନବନାଟ୍ୟଧାରାରେ ପ୍ରଥମ କରି ଆମେ ତାଙ୍କ ନାଟକରେ ଦେଖିଲୁ।

'ଶେଷ ପାହାଚ' ନାଟକଟି Bertolt Brecht ଙ୍କ 'Theatre of Alienation' ଶୈଳୀରେ ରଚିତ। ବ୍ୟକ୍ତି ଓ ସମାଜ ଉଭୟ ଜୀବନର ତିନୋଟି ଉଦ୍‌ବର୍ତ୍ତନ ସ୍ତରକୁ ଏହି ନାଟକରେ ପାହାଚ ଉପରେ ଛିଡ଼ା କରାଯାଇଛି। ପ୍ରତାରିତ ସାଧାରଣ ଜନତାର ବିରୁଦ୍ଧ ସ୍ୱରକୁ ସଂଗ୍ରାମର ଆବାହନୀ ରୂପେ ଶୁଣାଇଛନ୍ତି ନାଟ୍ୟକାର। ନିଛକ ବସ୍ତୁବାଦ ଉପରେ ପ୍ରତିଷ୍ଠିତ ଏହି ନାଟକର ଶେଷ ଦୃଶ୍ୟରେ ଚରିତ୍ରମାନେ ଶୂନ୍ୟରୁ ଗଡ଼ିଆସୁଥିବା ଆଲୋକର ନଦୀ ଭିତରକୁ ଲମ୍ଫ ପ୍ରଦାନ କରିବା ପୂର୍ବରୁ ନାଟ୍ୟକାର ସେମାନଙ୍କ ଉଦ୍ଦେଶ୍ୟରେ ବାବଙ୍କ ମୁହଁରେ ଶୁଣାଇଛନ୍ତି- "ତୁମେ ସେସବୁ କଥାର ସମାଧାନ ଖୋଜୁଥିବା ସ୍ୱପ୍ନ ଦେଖାନି।"

'ଆତ୍ମଲିପି'(୧୯୭୮) ନିଖିଳ ଭାରତ ନାଟକ ପ୍ରତିଯୋଗିତାରେ ପୁରସ୍କୃତ ନାଟକ। ଏହାକୁ ନାଟକର ନାଟକ କୁହାଯାଇପାରେ। ଏଥିରେ ନାଟ୍ୟକାର ନିଜେ ଚରିତ୍ରୀଭୂତ। ତାଙ୍କ ମୁହଁରେ ବିଭିନ୍ନ ଚିନ୍ତା ଓ ଦ୍ୱନ୍ଦ୍ୱ ବ୍ୟକ୍ତ କରାଯାଇଛି ନାଟକରେ। ନିଜର ଓ ସାଂସ୍କୃତିକ ଠାକାଦାରମାନଙ୍କର ଅହଂ ମଧ୍ୟରେ ଗୋଟାଏ ମାର୍ଗଦର୍ଶନର ଅଭାବ ଓ ଅକ୍ଷମତାକୁ ଦର୍ଶାଯାଇଛି। ମୋଟଉପରେ ଏହି ନୂତନସ୍ୱାଦର ଭିନ୍ନଧରଣର ନାଟକରେ ଯେଉଁ ଅପ୍ରିୟ ସତ୍ୟର ଅବତାରଣା କରିବାକୁ ନାଟ୍ୟକାର ସାହସିକ ପଦକ୍ଷେପ ନେଇଛନ୍ତି, ତାହା ଏକ ନୂତନ ଦିଗ୍‌ଦର୍ଶନ ହୋଇଅଛି।

ତାଙ୍କ ରଚିତ 'ବିଗତ ଭବିଷ୍ୟତ', 'ଗୁରୁଶିଷ୍ୟ', 'ବିଶ୍ୱମ୍ଭର ସେନାପତି' ଓ 'ଦର୍ପଣ ଉପାଖ୍ୟାନମ୍', 'ବୁଦ୍ଧ', 'ସ୍ୱଗତୋକ୍ତି' ଆଦି ଅନେକ ନାଟକ ପରୀକ୍ଷାମୂଳକ କୃତି ଅଟେ। ନବନାଟ୍ୟଧାରାରେ ତାଙ୍କ ପ୍ରତିକ୍ରିୟାରେ ସେ କହିଛନ୍ତି "ଆମଦାନୀ ହେଉ କି ନିଜସ୍ୱ ହେଉ, ଖାଣ୍ଟି ହେଉକି ଭେଜାଲ୍ ହେଉ, ଏମିତି ଗୋଟିଏ ପରିବର୍ତ୍ତନର ଦରକାର ଥିଲା, କାରଣ ବିଗତ ଶହେ ବର୍ଷ ଧରି ନାଟକ କକ୍ଷ-ଅଳିନ୍ଦ-ରାସ୍ତାର ହିଡ଼ଭିତରେ ସୀମାବଦ୍ଧ ହୋଇ ଗୋଟିଏ ପ୍ରକାର ଭାଷା ଓ ଭାବକୁ ଫେଣାଇ ଫେଣାଇ ଏକ ପଚାସଢ଼ା ଗାଡ଼ିଆ ଭଳି ପଡ଼ିରହିଥିଲା। ଆମେ ସବୁ କିଏ ନଜାଣିଲା ପରି ରାତି ଅଧରେ ସେ ହିଡ଼ ହାଣିଦେଲୁ। ଅବଶ୍ୟ ସେଥିପାଇଁ ସେ ହିଡ଼ ଉପରେ ଗଛ ପୋତି ଚେର ଜମେଇ ରହିଥିବା ଲୋକେ ଆମକୁ ଆଜିପର୍ଯ୍ୟନ୍ତ ଗାଳିଦେଉଅଛନ୍ତି। ଗାଳି ଦିଅନ୍ତୁ ପଛେ, ନାଟକ ବର୍ତ୍ତମାନ ଆଉ ଅଠର ଫୁଟର ଏକ ଗାଡ଼ିଆ ନୁହେଁ, ନିର୍ମଳ ଝରଣା- ଅନେକ ଦୂର ପର୍ଯ୍ୟନ୍ତ ବାଧାବନ୍ଧନ ନଥାଇ ଗଡ଼ିଯାଇପାରିବ। ତେବେ ଏଇଠି

ଉତ୍ତର ସାଧକମାନଙ୍କର ଦାୟିତ୍ୱବୋଧ ଆସିବା ଉଚିତ, କାରଣ ନାଟକ ସାହିତ୍ୟର ଶ୍ରେଷ୍ଠ ଅଂଶ।"

୧୯୬୯ରେ ରଚିତ 'ମୁଁ ଆମ୍ଭେ ଆମ୍ଭେମାନେ' ଏପରି ଏକ ନାଟକ ଯେଉଁଥିରେ ମୁଁ ଅଛି, ଆମେ ଅଛୁ, ଆମ୍ଭେମାନେ ସମସ୍ତେ ରହିଛେ। ସହର ଉପକଣ୍ଠର ବରଗଛ ମୂଳ ଚା' ଦୋକାନ ଯାହା ବସ୍‌ଷ୍ଟାଣ୍ଡ୍‌ର ପାଖରେ ଅଛି। ସରଳତା ସହ ଭଣ୍ଡାମୀକୁ ଦେଖୁଛେ। ଆମେ ଅନ୍ୟକୁ ଠକୁଛେ, ନିଜକୁ ମଧ୍ୟ ଠକୁଛେ। ଏଠାରେ ପ୍ରତ୍ୟେକ ଚରିତ୍ର ଆମ ଚଳନ୍ତି ସମାଜର ପ୍ରତିନିଧିଶ୍ରେଣୀୟ ଚରିତ୍ର। ଏମାନେ କୌଣସି ବୌଦ୍ଧିକ ଚିନ୍ତାଧାରାର ପ୍ରତିବିମ୍ବ ନୁହନ୍ତି ବରଂ ଏମାନେ ସମସ୍ତେ ନିଜର ସୂକ୍ଷ୍ମ ଜୀବନାନୁଭୂତିକୁ ଉପସ୍ଥାପନ କରିଛନ୍ତି। ଘଟଣାର ସ୍ଥଳ ଗୋବିନ୍ଦ ସାହୁ ଚା' ଦୋକାନ, ସବୁ ଅଂଚଳର ଯାତ୍ରୀ ଆସନ୍ତି ବସ୍ ଧରିବାକୁ, ସେଠାରେ କବି, ଦାର୍ଶନିକ, ରାଜନୀତିଜ୍ଞ, ଶିକ୍ଷକ, ଅଭିନେତା, ଲଟେରୀଟିକେଟ୍‌ବାଲା ସବୁ ସାମ୍ପ୍ରତିକ ଜୀବନର ବ୍ୟବଚ୍ଛେଦ। 'ମୁଁ ଆମ୍ଭେ ଆମ୍ଭେମାନେ' ନାଟକ ତାଙ୍କର ଅନ୍ୟତମ ସଫଳ ନାଟ୍ୟକୃତି। ଯୁଗଯନ୍ତ୍ରଣାରେ ମଣିଷ କ୍ଷତବିକ୍ଷତ ହେଲେ ମଧ୍ୟ ବଂଚିରହିବାକୁ ସେ ଆଜି ଅଭିନୟ କରେ। ମନେମନେ କଳ୍ପନାର ମୀନାର ତୋଳି ଧୂଳିଧୂସରିତ ଧରଣୀକୁ ହେୟଜ୍ଞାନ କଲେ ମଧ୍ୟ ତା'ର ଶୃଙ୍ଖଳ ସେ ଛିନ୍ନ କରିପାରେ ନାହିଁ। ବରଂ ହତାଶାର ଆବର୍ତ୍ତମଧ୍ୟରେ ସ୍ଥିତିଶୂନ୍ୟ ହୋଇ ଚିତ୍କାର କରେ, ଆର୍ତ୍ତନାଦ କରେ। ଏହି ପ୍ରତୀକଧର୍ମୀ ନାଟକର ପୃଷ୍ଠଭୂମିରେ ପ୍ରାୟ ସବୁ ଚରିତ୍ର ସବୁ ଶ୍ରେଣୀକୁ ପ୍ରତିନିଧିତ୍ୱ କରିଛନ୍ତି। ରାଜନୀତି କରୁଥିବା ଟାଉଟର ଚକ୍ରଧର, ବାରିକ ମୁକୁନ୍ଦ, ଶିକ୍ଷକ ବିଶ୍ୱମୋହନ, କବି ଅତନୁ, ଚଳଚ୍ଚିତ୍ର କର୍ମକର୍ତ୍ତା ସୁରଜିତ୍, ଅଭିନେତ୍ରୀ ବନ୍ୟା, ସମସ୍ତଙ୍କର ସୁନ୍ଦର ମନସ୍ତାତ୍ତ୍ୱିକ ବିନ୍ୟାସ କରିଛନ୍ତି ନାଟ୍ୟକାର। ଚରିତ୍ରର କରୁଣ ଅସହାୟତା ଓ ମାନସିକ ଯନ୍ତ୍ରଣା ଏଠାରେ ସ୍ପଷ୍ଟ ହୋଇଉଠିଛି। ଏହି ନାଟକରେ ନାଟ୍ୟକାର ନାଟକକୁ ଘରର ଚାରିକାନ୍ଥ ବନ୍ଧନୀ ମଧ୍ୟରୁ ରାସ୍ତାକଡ଼କୁ ନେଇ ଆସିଛନ୍ତି। ଗ୍ରାମାଞ୍ଚଳର ଗୋଟିଏ ବସ୍‌ଷ୍ଟାଣ୍ଡ୍‌କୁ ନେଇ ନାଟ୍ୟ କାହାଣୀ ପ୍ରସ୍ତୁତି ହୋଇଛି। ଯେଉଁ ସମୟ ପରିଧି ଉପରେ କାହାଣୀଟି ଦଣ୍ଡାୟମାନ ସେଇ ଜୀବନକୁ ବିଶ୍ଳେଷଣ କରିବାକୁ ପୂର୍ଣ୍ଣ ଉପଯୋଗ କରିଛନ୍ତି ନାଟ୍ୟକାର ରମେଶ ପାଣିଗ୍ରାହୀ।

ଯନ୍ତ୍ରଣା ଜର୍ଜରିତ, ହତାଶା ଓ ନିମ୍ନବର୍ଗର ମଣିଷର ଯେଉଁ ଆତ୍ମଦହନ ତାକୁ ଖୁବ୍ ସ'ଳତାର ସହ ଅଙ୍କନ କରିଛନ୍ତି। ସେମାନଙ୍କ ବେଦନାକୁ ବିଶ୍ୱମୟ କରିବାକୁ ନିଜର ନାଟକର ଚରିତ୍ର ହୋଇଛନ୍ତି ବିଶ୍ୱର ବଂଚିତ ଜନତା। ମୁଁ-ଆମ୍ଭେ-ଆମେ ସମସ୍ତେ। ନାଟକ ହାତ ବଢ଼ାଇଛି ଏକ ପରିବର୍ତ୍ତନ ସ୍ୱରନେଇ ସମ୍ଭାବନାମୟ ପୃଥିବୀ

ଆଗରେ। ତେବେ ଏସବୁ ସତ୍ତ୍ୱେ ନାଟକଟିରେ ଇଂରାଜୀ ଶବ୍ଦର ଅଯଥା ବ୍ୟବହାର ଦର୍ଶକର ରୁଚିବୋଧର ପରିପନ୍ଥୀ ପରି ମନେହୁଏ। ନାଟକଟି ଉଦ୍ଭଟଧର୍ମୀ ହେଲେ ମଧ୍ୟ ଏଥିରେ ବୌଦ୍ଧିକ ଚିନ୍ତନର ସ୍ୱଚ୍ଛବିସ୍ତାର ନାହିଁ, ବରଂ ଆଭିମୁଖ୍ୟ ବେଶ୍ ବୋଧଗମ୍ୟ। ସାମ୍ପ୍ରତିକ ସମାଜର ଏକ ନଗ୍ନ ମନୋବୈଜ୍ଞାନିକ ଆଲେଖ୍ୟ ତଥା ନାଟ୍ୟକାରଙ୍କ ବୈଜ୍ଞାନିକ ଦୃଷ୍ଟିଭଙ୍ଗୀର ପରିଚୟ ପ୍ରଦାନ କରିଥାଏ ଏହି ନାଟକ।

'ମୁକ୍ତିମଣ୍ଡପ'ଠାରୁ 'ତମିର ତୃଷ୍ଣା', 'ଏ ମନ ବୁଝେନା', 'ଶିଳାର ସ୍ୱପ୍ନ', 'ହେ ପୃଥିବୀ ବିଦାୟ', 'ଧୃତରାଷ୍ଟ୍ରର ଆଖି' ଇତ୍ୟାଦି ନାଟକ ସୌଖିନ ରଙ୍ଗମଂଚରେ ଏକାଧିକବାର ମଂଚସ୍ଥ। 'ମୁକ୍ତିମଣ୍ଡପ' ତାଙ୍କର ପ୍ରଥମ ନାଟ୍ୟକୃତି ଯାହା ୧୯୬୨ରେ ମଂଚସ୍ଥ। ଏହା ବହୁ ଦୃଶ୍ୟର ଏକ ପାରମ୍ପରିକ ନାଟକ। ପ୍ରାଚୀନପନ୍ଥୀ ପିତାମାତାଙ୍କର କୁସଂସ୍କାର ଓ ତୀବ୍ର ଜାତିଆଣ ଅହଂ, ନୂତନ ଯୁଗଚେତନାର ମୁକ୍ତମଣ୍ଡପରେ ପରୀକ୍ଷିତ ହୋଇଛି। ଏ ନାଟକଟି ପ୍ରକାଶିତ ହେବା ପୂର୍ବରୁ 'ବିନ୍ଦୁ ଓ ବଳୟ' (୧୯୬୬) ତାଙ୍କ ପ୍ରାଥମିକ ନାଟ୍ୟକାର ଜୀବନର ସ୍ୱାକ୍ଷରବହନ କରିଛି।

'ଜଣେ ମହାପୁରୁଷଙ୍କ ଜନ୍ମ ମୃତ୍ୟୁ ସମ୍ପର୍କରେ' ଏକ ସଂହତ, ସଂଯତ ଓ ପରିପୂର୍ଣ୍ଣ ବିକଶିତ ରୂପ, ମୁଁ ଆମ୍ଭେ ଆମ୍ଭେମାନେରେ ଯେଉଁ ସତ୍ୟ କିଂଚିତ୍ ଉନ୍ମୋଚିତ ତାହା ଏଥିରେ ପୂର୍ଣ୍ଣ ପ୍ରତିଷ୍ଠିତ। ୧୯୭୨ରେ ଏହି ନାଟକ ସର୍ବପ୍ରଥମେ ଗଞ୍ଜାମ କଳା ପରିଷଦ ଦ୍ୱାରା ଅଭିନୀତ ହୋଇଥିଲା। କଟକ ଆକାଶବାଣୀରୁ ଏହାର ବେତାର ନାଟ୍ୟ ରୂପାନ୍ତର ହୋଇଥିଲା। ଏହି ନାଟକର ଜନ୍ମ ଇତିହାସ ସମ୍ବନ୍ଧରେ ସୂଚନା ଦେବାକୁ ଯାଇ ନାଟ୍ୟକାର ଉଲ୍ଲେଖ କରିଛନ୍ତି- "ଟିଟିଲାଗଡ଼ ପ୍ରଫେସର୍ କଲୋନିରେ ଥିବାବେଳେ ଗୋଟିଏ ବେଙ୍ଗ ଯେମିତି ଗୃହପାଳିତ ପଶୁ ହୋଇ ମୋ ଚିନ୍ତାକୁ ଆଲୋଡ଼ିତ କରିଥିଲା ତା'ର ନୈର୍ବ୍ୟକ୍ତିକ କଳାତ୍ମକ ପ୍ରକାଶ ଏହି ନାଟକ।" ତିନୋଟି ଅଙ୍କରେ ବିଭକ୍ତ ଓ ସର୍ବମୋଟ ଚାରୋଟି ଚରିତ୍ରକୁ ନେଇ ଏହି ନାଟକର ନାୟକ ହେଉଛନ୍ତି ବେଙ୍ଗ ଗବେଷକ ଅଧ୍ୟାପକ କୃଷ୍ଣମୋହନ ଓ ନାୟିକା ତାଙ୍କ ସ୍ତ୍ରୀ ମାଧବୀ। କୃଷ୍ଣମୋହନ ଦୀର୍ଘ ଏଗାର ବର୍ଷ ଧରି ବେଙ୍ଗ ଉପରେ ଗବେଷଣା ଚଳାଇଛନ୍ତି। ତାଙ୍କର ବିଶ୍ୱାସ ବର୍ଷର ପ୍ରଥମ ବର୍ଷାବିନ୍ଦୁ ଯେତେବେଳେ ବେଙ୍ଗ ମୁଣ୍ଡ ଉପରେ ପଡ଼େ ତାହା ମଣି ପାଲଟିଯାଏ। ସାପ ଯେତେବେଳେ ସେହି ବେଙ୍ଗକୁ ଗିଳିଦିଏ, ମଣିଟି ସାପର ଫଣା ଉପରେ ରହିଯାଏ ଏବଂ ବେଙ୍ଗଟି ପେଟ ଭିତରକୁ ଚାଲିଯାଏ, ଏହାର କୌଣସି ବୈଜ୍ଞାନିକ ଭିତ୍ତି ନାହିଁ ଅଥଚ ଏକ ଅଦ୍ଭୁତ ଖିଆଲର ବଶବର୍ତ୍ତୀ ହୋଇ ଅଧ୍ୟାପକ ଏଗାର ବର୍ଷ ଧରି ଏହି ଉଦ୍ଭଟ ପରୀକ୍ଷାରେ ରତ ଅଛନ୍ତି। ଏହି ଏଗାର ବର୍ଷ ଭିତରେ ସେ ପାଂଚହଜାର ବେଙ୍ଗ ହତ୍ୟା କରି ସାରିଲେଣି। ଆହୁରି ପାଂଚ ହଜାର ବେଙ୍ଗକୁ

କାଟିବାକୁ ମଧ୍ୟ ଦ୍ୱିଧା ନାହିଁ। ଯେପର୍ଯ୍ୟନ୍ତ ତାଙ୍କ ସ୍ୱପ୍ନ ଅସମ୍ଭବ ସ୍ୱପ୍ନର ବଣିକ... ଏ ପୃଥିବୀରେ ତୁମର କୌଣସି ଆବଶ୍ୟକତା ନାହିଁ।" ତାଙ୍କ ଗବେଷଣା ପରି ତାଙ୍କ ବେଶଭୂଷା, ଆଚାରବିଚାର ଓ ଚାଲିଚଳନ ମଧ୍ୟ ଉଦ୍ଭଟ ଓ କିମ୍ଭୂତକିମାକାର, ବର୍ଷାରାତିର ନିସ୍ତବ୍ଧତା ଭିତରେ ମୁଣ୍ଡରେ ଗୋଟିଏ ଟୋପି ପିନ୍ଧି ଓ ହାତରେ ବେଙ୍ଗମରା ଜାଲଟିଏ ଧରି ଅର୍ଦ୍ଧଉଲଗ୍ନ ଭାବରେ ନାଳ ନର୍ଦ୍ଦମା ପାଖରେ ଏବଂ ଚାକୁଣ୍ଡା ବଣରେ ସେ ଯେତେବେଳେ ବୁଲନ୍ତି ତାଙ୍କୁ ସମସ୍ତେ ଅଶରୀରି ପ୍ରେତାତ୍ମା ବୋଲି ବିଚାର କରି ଆତଙ୍କିତ ହୁଅନ୍ତି। ସେ ସାଧାରଣ ଜୀବନସ୍ରୋତରୁ ବିଚ୍ଛିନ୍ନ ଓ ସମାଜ ଦ୍ୱାରା ପରିତ୍ୟକ୍ତ, ଘୃଣିତ ଓ ଅବହେଳିତ। ଏହି ନାଟକ ଚରିତ୍ରଧର୍ମୀ ହେଲେ ମଧ୍ୟ ବିଷୟବସ୍ତୁ ଦୃଷ୍ଟିରୁ ଉଦ୍ଭଟ, ମହାପୁରୁଷ କୃଷ୍ଣମୋହନଙ୍କ ଅଦ୍ଭୁତ ତଥା ଅବାନ୍ତର ତଥ୍ୟ ହେଲା- "ବର୍ଷାର ପ୍ରଥମ ବିନ୍ଦୁ ଯେତେବେଳେ ବେଙ୍ଗ ମୁଣ୍ଡରେ ପଡ଼େ ତାହା ମଣି ପାଲଟିଯାଏ ଓ ସର୍ପ ଯେତେବେଳେ ସେହି ବେଙ୍ଗକୁ ଗ୍ରାସ କରେ ସେତେବେଳେ ମଣିଟି ସାପର ଫଣା ଉପରକୁ ଚାଲିଯାଏ।" ମହାପୁରୁଷଙ୍କର ଏହି ଅଯୌକ୍ତିକ ତଥା ଅବାନ୍ତର ତଥ୍ୟ ସହ ତାଙ୍କର ଜୀବନାଦର୍ଶ ସହ ଓତପ୍ରୋତଭାବେ ଜଡ଼ିତ। ପାଞ୍ଚହଜାର ବେଙ୍ଗହତ୍ୟାପରେ ତାଙ୍କର ଏହି ତଥ୍ୟ ପରିବେଶିତ। ମାତ୍ର ତାଙ୍କର ଏହି ଅଯୌକ୍ତିକ ଅସ୍ୱାଭାବିକ ଚିନ୍ତନ ଓ କ୍ରିୟା କିନ୍ତୁ ସ୍ୱାଭାବିକ। ସ୍ତ୍ରୀ ମାଧବୀ ନିକଟରେ ସେ ଜଣେ ବ୍ୟର୍ଥ ବେଙ୍ଗ ସଂଗ୍ରହକାରୀ। ତାଙ୍କର ଜୀବନ ଓ କାର୍ଯ୍ୟକଳାପ ଅନ୍ୟମାନଙ୍କଠାରୁ ଭିନ୍ନ ହେତୁ ସେ ସର୍ବସାଧାରଣରୁ ବିଚ୍ଛିନ୍ନ। ତାଙ୍କର ପରିଚୟ ଦେବାକୁ ଯାଇ ନାଟ୍ୟକାର କହିଛନ୍ତି- "ମୁଁ କାହିଁକି ନିଷ୍ଠୁର, ତୁମେ ପଚାରିବ। This is a world without logic... ଆଉ ମୁଁ ସେଇ ଯୁକ୍ତିହୀନ ପୃଥିବୀର ସୂତ୍ରଧର।" ନାଟ୍ୟକାର କେବଳ କୃଷ୍ଣମୋହନ ନୁହନ୍ତି ସବୁ ଚରିତ୍ରକୁ ଦେଇଛନ୍ତି ନ୍ୟାୟ। ନାଟକର ସଂଳାପ ତୀକ୍ଷ୍ଣ ଓ ପ୍ରତୀକଧର୍ମୀ।

ଗବେଷକଙ୍କ ପ୍ରତି ସରକାରଙ୍କ ଅବହେଳାର ବାସ୍ତବଚିତ୍ର ସହ ଗବେଷକ କୃଷ୍ଣମୋହନଙ୍କ ବୈରାଗ୍ୟ। ମାଧବୀ ଓ ତାଙ୍କର ମାନସିକ ଆଲୋଡ଼ନରେ ମନସ୍ତାତ୍ତ୍ୱିକତାର ଆରୋପ କରିବାକୁ ଯାଇ ନାଟ୍ୟକାର ଯେଉଁ ଅଭିନବ ଆଙ୍ଗିକର ପରିକଳ୍ପନା କରାଇଛନ୍ତି, ତାହା ଓଡ଼ିଆ ନାଟ୍ୟଜଗତରେ ଦେଇଥିଲା ଏକ ନୂତନ ଦିଗନ୍ତର ସୂଚନା। ତେଣୁ ତାଙ୍କର ଏହି ନାଟକରେ ମଧ୍ୟ ନବନାଟ୍ୟଧାରାର ପ୍ରୟୋଗ ଓ ପରୀକ୍ଷା ଆମ୍ଭେ ଦେଖିବାକୁ ପାଇଥାଉ।

ନିଜର ବୈଜ୍ଞାନିକ ଜୀବନର ବ୍ୟର୍ଥତା ସମ୍ବନ୍ଧରେ ସେ ସଚେତନ। ତାଙ୍କ ଜୀବନର ଦୀର୍ଘ ଏଗାର ବର୍ଷ ପରେ ମଧ୍ୟ କୋଳରେ ସନ୍ତାନଟେ ଦେଖିପାରି ନାହାନ୍ତି। ମାତୃତ୍ୱର ଅନନ୍ତ ବୁଭୁକ୍ଷା ନେଇ ତାଙ୍କ ସ୍ତ୍ରୀ ମାଧବୀ ସେଥିପାଇଁ ପିଙ୍ଗ୍‌ପଙ୍ଗ୍ ଓ ନାଇଟ୍‌କୁଇନ୍

ନାମକ ଦୁଇଟି ବେଙ୍ଗକୁ ଲୁଚାଇ ଲୁଚାଇ ସ୍ନେହ କରନ୍ତି ଓ ସେମାନଙ୍କ ଉପରେ ମାତୃତ୍ୱର ଅମୃତଧାରା ଢାଳିଦିଅନ୍ତି।

ଏହି ନାଟକ ଏକ କାହାଣୀଧର୍ମୀ, ଚରିତ୍ର ପ୍ରଧାନ ନାଟକ। ପାରମ୍ପରିକ ନାଟକର ବିବିଧ ଉପାଦାନରେ ଏହା ସମୃଦ୍ଧ। କୃଷ୍ଣମୋହନ ଓ ମାଧବୀଙ୍କ ଜୀବନ କାହାଣୀ ମାଧ୍ୟମରେ ନାଟ୍ୟକାର ସାମ୍ପ୍ରତିକ ଜୀବନର ଉଦ୍ଭଟତା ଅତି ଚମତ୍କାର ଭାବରେ ପ୍ରତିପାଦିତ କରିଛନ୍ତି। ନାଟକର ଆରମ୍ଭରେ ବାଲ୍ତି ଭିତରୁ ବାହାରକୁ ଡେଇଁ ପଡୁଥିବା ବେଙ୍ଗମାନଙ୍କୁ ଲକ୍ଷ୍ୟକରି କୃଷ୍ଣମୋହନଙ୍କ ବକ୍ତବ୍ୟ- "ସ୍ୱାଧୀନତା ଏକ ମୂଲ୍ୟବାନ ବସ୍ତୁ। ତମ ମୁଣ୍ଡ ଭିତରେ ଥିବା ମଣିଠାରୁ ଆହୁରି ମୂଲ୍ୟବାନ।" କୃଷ୍ଣମୋହନଙ୍କ ଭିତରେ ପ୍ରତିଧ୍ୱନିତ ହୋଇଛି ନିତ୍ସେ, କାମ୍ୟୁ, ସାର୍ତ୍ତେଙ୍କର ଅସ୍ତିତ୍ୱବାଦୀ ଦର୍ଶନର ବଜ୍ରଗମ୍ଭୀର ବାଣୀ।

ଏ ବିରାଟ ବିଶ୍ୱରେ ମନୁଷ୍ୟ ଏକ ନିଃସଙ୍ଗ ଏକକ। କାହାରି ସାଙ୍ଗରେ ତା'ର ସମ୍ପର୍କ ନାହିଁ। କାହାରି ପ୍ରତି ତା'ର ଦାୟିତ୍ୱ ନାହିଁ। ସେ ସମ୍ପୂର୍ଣ୍ଣ ସ୍ୱାଧୀନ, କୌଣସି କର୍ତ୍ତୃତ୍ୱ ସେ ସ୍ୱୀକାର କରେ ନାହିଁ। ଜୀବନ ତା'ର ହା ହୁତାଶର ଅନ୍ଧତମିସ୍ରାଘେରା ଏକ ବିରାଟ ଶୂନ୍ୟତା। ଏହି ନାଟକର ଦୁଇ ମୁଖ୍ୟ ଚରିତ୍ର ଶୂନ୍ୟତାର ପ୍ରତୀକ। ଏତାଦୃଶ ଚରିତ୍ର ଆଧୁନିକ ମଣିଷର ଛଳନାମୁଖୀ ଅଭିନୟ ତଥା ମଣିଷର ଅସହାୟ ସ୍ଥିତିକୁ ପ୍ରତିନିଧିତ୍ୱ କରିଛି।

'ଗୁଣ୍ଡା'(୧୯୭୮) ନାଟ୍ୟକାରଙ୍କ ନୂତନତାଧର୍ମୀ ନାଟକ, ଏଥିରେ ଲୋକଜୀବନର ଏକ ବ୍ୟତିକ୍ରମ ରୂପାୟନ ହୋଇଛି। ସମାଜର ନିମ୍ନସ୍ତରର ଘୃଣ୍ୟ ଅନ୍ଧାରୀ ଜୀବ, ବାବ୍ଲୁ ଗୁଣ୍ଡାକୁ ନେଇ ଏହି ନାଟକ ପରିକଳ୍ପିତ। ତା'ର ଦୁର୍ଦ୍ଦର୍ଷତା, ନିଷ୍ଠୁରତା ଏକ ଚରିତ୍ରହୀନା ନାରୀ କାକଳୀ ନିକଟରେ କିଭଳି ପରାଜୟ ବରଣ କରିଛି ତାହା ଏହି ନାଟକର ମୁଖ୍ୟ ବିଷୟ। ମଣିଷ ସାଧାରଣ ଶୃଙ୍ଖଳା ଭିତରୁ ଖସିଗଲେ ଯେଉଁ ସ୍ତରରେ ବିଚରଣ କରେ ସେଠୁ ତା'ର ସ୍ୱୀକୃତ ସଂସ୍କାର ଭିତରକୁ ଫେରାଇ ଆଣିବା ଏତେ ସହଜ ନଥାଏ। ବାବ୍ଲୁ ତାହାର ଉଦାହରଣ ଏଠି।

ଅସାମାଜିକ ଖୁନୀ, ଗୁଣ୍ଡା ମଧ୍ୟରେ ମାନବିକତାର ସତ୍ତା ବଂଚିଥାଏ। ଜଣେ ଗୁଣ୍ଡାକୁ ଟିକିଏ ସ୍ନେହ, ସାମାନ୍ୟ ସହାନୁଭୂତି ପଶୁକୁ ପରିବର୍ତ୍ତିତ କରିପାରେ ମଣିଷରେ। କୌଣସି ଜନ୍ମସୂତ୍ରରେ ଅପରାଧୀ ହୋଇ ନଥାଏ, ସେଥିପାଇଁ ପରିବେଶ ଦାୟୀ। ନିଷ୍ଠୁର ବହିରାବରଣ ତଳେ ସ୍ପର୍ଶକାତର ମନ ଲୋଡ଼େ ସ୍ନେହ, ସହାନୁଭୂତି। ସୁଯୋଗ ଆସିଲେ କଠିନ ଆବରଣ ଭେଦି ତାହା ଆତ୍ମପ୍ରକାଶ କରିପାରେ। ବାବ୍ଲୁର ସ୍ଥିତି ଏକ ସାମାଜିକ ସତ୍ୟ ମାତ୍ର ଶୃଙ୍ଖଳାର ଏକ ବ୍ୟତିକ୍ରମ। ଏହି ରୁଗ୍ଣ, ଅଥର୍ବ, ପତନଶୀଳ

ସମାଜ ହିଁ ଏପରି ଅଧଃପତିତ ଚରିତ୍ର ପାଇଁ ଦାୟୀ। ତେଣୁ ପରିସ୍ଥିତିର ଚାପରେ ବାବ୍‌ଲୁ ଅପରାଧ କରେ ଏବଂ ପୁଣ୍ୟାଲୋକ ସ୍ନିଗ୍ଧ ସମାଜରେ ଆଉ ତା'ର ସ୍ଥାନ ନାହିଁ। ଉପେକ୍ଷିତ, ଘୃଣ୍ୟ ଜୀବନ ତାକୁ ପ୍ରତିଶୋଧ, ହିଂସା ଏବଂ ଧ୍ୱଂସ କାମନାରେ ପାଗଳ କରିଦିଏ। କାକଲୀ ତାକୁ ନୂତନ ଜୀବନର ସ୍ୱପ୍ନ ଦେଖାଇଲା, ଯାହା ଅଧା ରହିଗଲା, କାକଲୀକୁ ରକ୍ଷା କରି ପାରିନାହିଁ। ଦୀପେନ୍ ଗୁଣ୍ଡା ହାତରେ କାକଲୀର ମୃତ୍ୟୁ ପରେ ସେ ପାଲଟି ଯାଇଛି ସମ୍ପୂର୍ଣ୍ଣ ନୂତନ ମଣିଷ।

ଏହି ବିଷୟକୁ ନେଇ ପ୍ରାଣବନ୍ଧୁ କର, ବିଜୟ ମିଶ୍ର, ଆନନ୍ଦ ଶଙ୍କର ଦାସ ପ୍ରଭୃତି ନାଟ୍ୟକାରମାନେ ନାଟକ ଲେଖିଥିଲେ ହେଁ 'ଗୁଣ୍ଡା' ଏକ ସ୍ୱତନ୍ତ୍ର ଆବେଦନ ରଖେ। ବାସ୍ତବତା ନିକଟରେ ଆଦର୍ଶ କାଳେ କାଳେ ପରାଜିତ ମାତ୍ର ଜୀବନରେ ତା'ର ସ୍ଥାନ ସ୍ୱତନ୍ତ୍ର। ନାଟ୍ୟକାର ଏହି ସତ୍ୟକୁ ଏହି ନାଟକରେ ଉପସ୍ଥାପିତ କରାଇଛନ୍ତି।

୧୯୮୧ରେ ରଚିତ 'ଦୁର୍ଘଟଣା ବଶତଃ' ଏକ ଅଭିନନ୍ଦନୀୟ ନାଟକ। ସାମାଜିକ ଅବକ୍ଷୟର ଚୂଡ଼ାନ୍ତ ରୂପକୁ ଅତି ସୁନ୍ଦର ଭାବରେ ନାଟ୍ୟକାର ପ୍ରଦାନ କରିଛନ୍ତି ଏହି ନାଟକରେ। ଦାନ୍ତେଙ୍କ ନର୍କ ଭଳି, ନାଟ୍ୟକାର ନର୍କରେ ଏକ ଡ୍ରଇଁରୁମ୍ ସୃଷ୍ଟି କରିଛନ୍ତି। ସେଠି ଉପସ୍ଥାପିତ କରିଛନ୍ତି ସାମ୍ପ୍ରତିକ କେତେକ ପ୍ରତିନିଧିଶ୍ରେଣୀୟ ଚରିତ୍ରକୁ। ସେମାନଙ୍କ ମଧ୍ୟରେ ଅଛନ୍ତି ମନ୍ତ୍ରୀ, ଶିଳ୍ପପତି, ମନ୍ତ୍ରୀଙ୍କ ହିପ୍‌ପୀ ପୁଅ, ଜଣେ ବାବା, ନକ୍ସଲାଇଟ୍ ଓ ନର୍କ ଦୂତ। ଏମାନେ ପ୍ରତ୍ୟେକ ଯନ୍ତ୍ରଣାରେ ଜର୍ଜର, ମୁମୂର୍ଷୁ ତଥାପି ଅପରକୁ ଆଘାତ କରିବାରେ କାମନା ଏମାନଙ୍କର କ୍ଷୋଳ ଅଣା ଠିକ୍ ରାଧାନାଥଙ୍କ 'ତୁଳସୀ ସ୍ତବକ'ର ସର୍ପ କବଳିତ ମୃତ୍ୟୁ ପଥଯାତ୍ରୀ ମଣ୍ଡୁକ ପରି।

ମଣିଷ ଚିରକାଳ ହିଂସା, ଈର୍ଷା, ସ୍ୱାର୍ଥପରତା ଭିତରେ ଆବଦ୍ଧ। ନାଟ୍ୟକାର ଏଥିରୁ ମୁକ୍ତି ନିମନ୍ତେ ଏକ ମାର୍ଗର ଅନ୍ୱେଷଣ କରିଛନ୍ତି, ଏକ ସମାଧାନ ଖୋଜିଛନ୍ତି, ପୁଣି ପ୍ରଶ୍ନ। ମଣିଷ ପାଇଁ ତା'ର ମନ ହେଉଛି ଏକ ନର୍କ, ଏଥିରୁ ମଣିଷ କେବଳ ନିଜେ ନିଜକୁ ହିଁ ଉଦ୍ଧାର କରିପାରିବ। ମନକୁ ସତ୍‌ମାର୍ଗରେ ପରିଚାଳିତ କଲେ ସେ ଠିକ୍ ଜାଗାରେ ପହଞ୍ଚିପାରିବ। ମାନବ ପ୍ରକୃତିର ଏକ ନୂତନ ରୂପ ଏହି ନାଟକରେ ଉଦ୍‌ଘାଟିତ ହୋଇଛି।

ନବନାଟ୍ୟଧାରା ମଧ୍ୟରେ ଥିବା ରମେଶ ପାଣିଗ୍ରାହୀ ପାରମ୍ପରିକତାର ଅନୁସରଣରେ ନିଜର ନାଟ୍ୟକାର ଜୀବନ ଆରମ୍ଭ କରିନାହାନ୍ତି। ଜୀବନ ଚେତନାର ଯେଉଁ ବିପୁଳ ଧାରା, ପରମ୍ପରାକୁ ପ୍ଳାବିତ କରି ପ୍ରବହମାନତାକୁ ଅସ୍ୱୀକାର କରିନାହାନ୍ତି ବରଂ ତାକୁ ଅବଲମ୍ବନ କରି ଠିଆ ହୋଇଛନ୍ତି। ଅଭିବ୍ୟକ୍ତିରେ ନୂତନ ମାର୍ଗର ଅନ୍ୱେଷଣ ତାଙ୍କ ସମସ୍ତ ନାଟକରେ ମୌଳିକତା ଦାବୀ କରିଥାଏ। ତାଙ୍କର 'ବିନ୍ଦୁ ଓ ବଳୟ',

'କମଳପୁର ଡାକଘର', 'ଆନନ୍ଦନଗରକୁ ଯାତ୍ରା', 'ଶେଷ ପାହାଚ', 'ଅପ୍ରୀତିକର ନାଟକ', 'ପକା କମ୍ବଳ ପୋତ ଛତା', 'ହାତୀକୁ ହୋମିଓପାଥି', 'ଡାଆଣୀ', 'ଆଲ୍‌ବମ୍‌ର ଝିଅ' ପ୍ରଭୃତି ତାଙ୍କ ନାଟ୍ୟ ସାହିତ୍ୟର ଶାଶ୍ୱତ କଳାକୃତି। ନାଟ୍ୟକାର 'କମଳପୁର ଡାକଘର'ରେ ମୂଲ୍ୟବୋଧର ବିଚ୍ୟୁତିଜନିତ ସାମାଜିକ ଦୁର୍ଦ୍ଦଶାକୁ ଅତି ଚମତ୍କାର ଭାବେ ରୂପାୟିତ କରିଛନ୍ତି। ଏଥିରେ ସେ ବିଷୟ ଉପସ୍ଥାପନର ଶୈଳୀ ଓ କୌଶଳରେ ଅଭିନବତ୍ୱ ପ୍ରଦାନ କରିଛନ୍ତି।

୧୯୭୨ରେ ରଚିତ 'ଧୃତରାଷ୍ଟ୍ରର ଆଖି' ନାଟକ ପ୍ରସ୍ତାବନା ଓ ପ୍ରଯୋଜନା ଦୃଷ୍ଟିରୁ ଓଡ଼ିଆ ନବନାଟ୍ୟଧାରାରେ ଏକ ମାଇଲଖୁଣ୍ଟ। ଏହା ଏକ ପାରିବାରିକ ନାଟକ। ନିମ୍ନମଧ୍ୟବିତ୍ତର ଆଶା, ଆକାଙ୍‌କ୍ଷା, ସ୍ୱପ୍ନ, କଳ୍ପନା, ଦ୍ୱନ୍ଦ୍ୱ, ସଂଘର୍ଷ ଏବଂ ବ୍ୟର୍ଥତା ଓ ବିଫଳତାକୁ ଭିତ୍ତିକରି ଏହି ନାଟକ ଗଢ଼ିଉଠିଛି। ପଛଘର ଓ ଆଗଘର ଏକ ପ୍ରତୀକ ଭାବେ ବର୍ଣ୍ଣିତ। ପଛଘର ବିପୁଳ ନୀତି, ଆଦର୍ଶ, ସତ୍ୟ ଓ ନ୍ୟାୟର ସମ୍ପତ୍ତିରେ ଠୁଳ। ସେ ପରମ୍ପରା, ଯାହାକୁ ଶୁଣିବାକୁ କାହା ପାଖରେ ସମୟ ନାହିଁ ଏବଂ ଆଗଘର ବର୍ତ୍ତମାନର ପ୍ରତୀକ ତଥା ନୂଆପିଢ଼ିର ପ୍ରତୀକ ଯାହାପାଖରେ ଯୁଗଯନ୍ତ୍ରଣା ସହ ଛଳନା, ପ୍ରତାରଣା, ଭଣ୍ଡାମି, ଠକାମି, ମିଥ୍ୟା, ଈର୍ଷା, ପରଶ୍ରୀକାତରତା ଓ ବ୍ୟର୍ଥତା ଭର୍ତ୍ତି ହୋଇରହିଛି।

ସେଠି ଧୃତରାଷ୍ଟ୍ର ନିର୍ଲିପ୍ତତା ସହ କୁରୁକ୍ଷେତ୍ରର ପ୍ରତ୍ୟେକ ଘଟଣା ଦେଖୁଛନ୍ତି। ଧୃତରାଷ୍ଟ୍ର ଚିରକାଳ ଅନ୍ଧ ଓ ନିଷ୍କ୍ରିୟ। ଏଠାରେ ଦ୍ୱନ୍ଦ୍ୱ ଅନ୍ତର୍ମୁଖୀ। ଚରିତ୍ରର ଆଭିମୁଖ୍ୟ ଅଭିବ୍ୟକ୍ତିରେ ଚିତ୍ରିତ। ସଂଳାପ ମର୍ମସ୍ପର୍ଶୀ ଓ ବାସ୍ତବ। କାହାଣୀର ଶେଷପର୍ବ ମ୍ଳାନ ଓ କାରୁଣ୍ୟ। ନାଟକରେ ସଂଳାପ ସରଳ, ସଂକ୍ଷିପ୍ତ, ନାଟ୍ୟଧର୍ମୀ ଓ ଧ୍ୱନିମୁଖର। କଥାବସ୍ତୁର ଉପସ୍ଥାପନା, ଚରିତ୍ରଚିତ୍ରଣ, ଉଦାର ଜୀବନବୋଧ ସହ ସାମ୍ପ୍ରତିକ ମାନବୀୟ ସ୍ଥିତିର ବିଶ୍ଳେଷଣ ଏହି ନାଟକର ପ୍ରଧାନ ବିଶେଷତ୍ୱ।

୧୯୭୨ରେ ରଚିତ ଏହି ନାଟକରେ ଆଧୁନିକ ସମାଜର ଛଳନା ଯାହାକୁ ସଭ୍ୟତା କୁହନ୍ତି ତାକୁ ନେଇ ନାଟକର କଥାବସ୍ତୁ ମଧ୍ୟରେ ଦୁଇଟି ଘରର ଦୃଶ୍ୟ ଆମେ ଦେଖୁ। ଗୋଟିଏ ଅତୀତ, ସେଠି ଅଛନ୍ତି ପିକା ଟାଣୁଥିବା ସୀତାନାଥ। ଅତୀତର 'ସିଲ୍‌। ଆଗଘରେ ତାଙ୍କ ପିଲାମାନେ ଅନ୍ତର୍ମୁଖୀ ଦ୍ୱନ୍ଦ୍ୱ ସାହାଯ୍ୟରେ ଏକ ସୁଖୀ ପରିବାରର ଯେଉଁ ଛବି ଦେଖାଯାଇଛି ପରିଶେଷରେ ଜଣାପଡ଼େ କେତେ କରୁଣ ତାଙ୍କ ଜୀବନଚର୍ଯ୍ୟା। ଏଥିରେ ଧୃତରାଷ୍ଟ୍ର ଏକ ଅନ୍ଧଦିଗନ୍ତ। ଏକ ଦୃଷ୍ଟିହୀନ ଅବୁଝାଚିନ୍ତନ। ସବୁ ଚରିତ୍ର ସ୍ୱାଭାବିକ ଭାବରେ ଗୋଟିଏ ବିନ୍ଦୁରେ ବୃତ୍ତକାଟି ଘୁରିବୁଲୁଛନ୍ତି ବ୍ୟାକୁଳଭାବରେ ଜୀବନର ସ୍ୱାଦ ପାଇବା ପାଇଁ।

ସୀତାନାଥ ପରିବାରର ଆଗଘର ଅନାବଶ୍ୟକ। ହୁଏତ ବରଖାସ୍ତ କରାଯାଇପାରେ ମାତ୍ର ଗ୍ରହଣ କରାଯାଇପାରେନା। ମହାଭାରତର ଅନ୍ଧ ଧୃତରାଷ୍ଟ୍ର ପରି ତାଙ୍କୁ ମଧ୍ୟ ଆଖିବୁଜି ରହିବାକୁ ପଡ଼େ। ସେ ସନ୍ତାପିତ ଓ ବିଡ଼ମ୍ବିତ ଜୀବନର ପ୍ରତିନିଧି। ଆଖି ଥାଇ ମଧ୍ୟ ଅନ୍ଧ। ସେମାନେ ସବୁ ଦେଖି ମଧ୍ୟ ଦେଖିପାରନ୍ତି ନାହିଁ। ସବୁ ବୁଝି ମଧ୍ୟ ବୁଝିପାରନ୍ତି ନାହିଁ। ସେମାନେ ଅତୀତ ପ୍ରତି ସମ୍ବେଦନଶୀଳ ନୁହଁ କିମ୍ବା ଭବିଷ୍ୟତ ପାଇଁ ଆଶାବାଦୀ ନୁହଁ। ସେମାନେ ବର୍ତ୍ତମାନସର୍ବସ୍ୱ, ସନ୍ତାନମାନଙ୍କୁ ନେଇ ଧାଉଁଛନ୍ତି ସୁଖର ସନ୍ଧାନରେ। ସ୍ୱପ୍ନଜୀବୀ ସଂଗ୍ରାମୀ ପରିବାରର କାହାଣୀ ଭିତରେ ଅଛି ନିମ୍ନ ମଧ୍ୟବିତ୍ତପରିବାରର ଆଶା ଆକାଙ୍କ୍ଷାର କଥା। ସୀତାନାଥ ଅତୀତର ମୂର୍ତ୍ତ ପ୍ରତିନିଧି, ସିକତା ଓ ସମ୍ବିତ୍ ସ୍ୱପ୍ନବିଭୋର, ଭବିଷ୍ୟତର ଅଙ୍କ କଷିବାକୁ ପ୍ରସ୍ତୁତ ନୁହନ୍ତି। ସନ୍ତାପ, ସିକତା, ପ୍ରେମଦତ୍ତଓ ଯୋଶେଫ୍- ଏହି ଚରିତ୍ରମାନେ ବର୍ତ୍ତମାନର ଜଣେ ଜଣେ ନିର୍ଦ୍ଦିଷ୍ଟ ପ୍ରତୀକ। ସିକତା ବିପ୍ଳବୀ ସନ୍ତାପର ପ୍ରେମିକାରୁ ପତ୍ନୀ ହେବାପରେ ସ୍ୱପ୍ନଭଙ୍ଗରେ ସେ ଯେକୌଣସି ଅବାଂଛିତ କାର୍ଯ୍ୟ କରିବାକୁ ଘୃଣାବୋଧ କରେ ନାହିଁ।

ତେଣୁ ସେ ଜାକୋବ ମହାପାତ୍ର ସହ ଯୌନସମ୍ପର୍କକୁ ତା'ର ପତି ଦେଖିବାପରେ ମଧ୍ୟ ସନ୍ତାପ ତାକୁ ଜବରଦସ୍ତି ଘରୁ ବାହାର କରିପାରେନାହିଁ। ଏହି ନାଟକରେ ମହାଭାରତର ଧୃତରାଷ୍ଟ୍ର ଭଳି ସୀତାନାଥଙ୍କ ମନରେ ପ୍ରଶ୍ନ- "କିଏ ମଲା ? କୌରବମାନେ ? ନା ପାଣ୍ଡବମାନେ ? ଯିଏ ମରୁଛି ମରୁ ମାତ୍ର ମହାଭାରତ ଯୁଦ୍ଧ ଚାଲୁ।"

ମହାଭାରତୀୟ ବାତାବରଣରେ ପର୍ବ ସ୍ଥାନରେ କାଣ୍ଡ ବ୍ୟବହାର ନାଟ୍ୟକାରଙ୍କର ପ୍ରାୟୋଗିକ ତ୍ରୁଟି ନିଶ୍ଚିତ। ଗୋଟିଏ ବୈଶିଷ୍ଟ୍ୟ ସ୍ମରଣୀୟ ଚରିତ୍ରମାନଙ୍କର ସ୍ପଷ୍ଟବାଦିତା। ଏହି ସ୍ପଷ୍ଟବାଦିତା ଅନେକ ସମୟରେ କଟୂ ଓ ତିକ୍ତ ହେଲେ ମଧ୍ୟ ମଣିଷର ପ୍ରକୃତ ସ୍ୱରୂପକୁ ଜାଣିବାର ଅବକାଶ ସୃଷ୍ଟି କରେ। ସମ୍ବିତ୍ ପ୍ରେମଦତ୍ତମଧ୍ୟରେ ବାର୍ତ୍ତାଳାପ ମାଧ୍ୟମରେ ଯୌନକ୍ରୀଡ଼ାତ୍ମକ କୁକୁରକୁ ପିଟିବା, ସମଲିଙ୍ଗୀ ପ୍ରେମର ଶିକାର ହେବା ମଣିଷର ସୂକ୍ଷ୍ମଚେତନାର ସଂଗୁପ୍ତ ଭାବନାର ସତ୍ୟ ବ୍ୟାଖ୍ୟାନ।

ଏସବୁ ସତ୍ତ୍ୱେ ପରିଣତିରେ ବିକଳ୍ପ କାହାଣୀର ସାଙ୍କେତିକତା ଅଭିନବ ନାଟ୍ୟଶୈଳୀର ବିଶେଷତ୍ୱ। ନାଟକର ଦ୍ୱନ୍ଦ୍ୱ ଏଠାରେ ପ୍ରଧାନତଃ ଅନ୍ତର୍ମୁଖୀ। ଚରିତ୍ରର ଅଭିବ୍ୟକ୍ତି ନିମନ୍ତେ ଉପଯୁକ୍ତ ସଂଳାପ ପରିକଳ୍ପନା ନାଟକଟିକୁ ବାସ୍ତବ ଓ ମର୍ମସ୍ପର୍ଶୀ କରିପାରିଛି।

ସର୍ବମୋଟ ସାତଟି ଚରିତ୍ରକୁ ନେଇ ତାଙ୍କର ଏହି ନାଟକରେ ପରମ୍ପରା, ପ୍ରଗତି, ପ୍ରାଚୀନ ଓ ନବୀନ- ଉଭୟ ଚେତନାର ରୂପାୟନ ଘଟିଛି। ରମେଶ ପାଣିଗ୍ରାହୀଙ୍କ

'ଧୃତରାଷ୍ଟ୍ରର ଆଖି', ମହାନାଟକ, ଆତ୍ମଲିପି, ଦୁର୍ଘଟଣା ବଶତଃ ପରି ନାଟକ ମଧ୍ୟରେ ଯେଉଁ ଭାବଗତ ଓ ଶୈଳୀଗତ ପରୀକ୍ଷାନିରୀକ୍ଷା କରିଛନ୍ତି ତାହା ଅନବଦ୍ୟ। ତାଙ୍କ ମହାନାଟକରେ ଲୋକନାଟ୍ୟ ଶୈଳୀକୁ ଆଧୁନିକତା ସହ ସଂଯୋଗ କରିବା ଏକ ବଳିଷ୍ଠ ପରମ୍ପରା ତିଆରି କଲା। ନବନାଟ୍ୟଧାରାର ଅନ୍ୟତମ ପୁରୋଧା ଭାବେ ତାଙ୍କର ସ୍ୱତନ୍ତ୍ରତା ତାଙ୍କୁ ଅଲଗା କରି ଠିଆ କରେ।

ସଂଳାପରେ ନାଟକୀୟ ସ୍ୱତନ୍ତ୍ରତା ତାଙ୍କୁ ସ୍ୱତନ୍ତ୍ର ପ୍ରତିଷ୍ଠା ପ୍ରଦାନ କରିଛି। ଏକାଧାରାରେ କାବ୍ୟିକ ପୁଣି କଥିତ ଶୈଳୀର ଏକ ଚମତ୍କାର ସମନ୍ୱୟ ତାଙ୍କ ସଂଳାପରେ ଆମେ ଦେଖିବାକୁ ପାଇଥାଉ। ମାର୍ଜିତ, ତୀକ୍ଷ୍ଣ ଓ ଶିଳ୍ପସମ୍ମତ ବାସ୍ତବଧର୍ମୀ କଥାବସ୍ତୁ ବ୍ୟବହାର, ଜୀବନବୃତ୍ତରୁ ଚରିତ୍ରଗ୍ରହଣ ଏବଂ ପରିବେଷଣରେ ଅନ୍ତରଙ୍ଗ ଶୈଳୀର ସମ୍ପର୍କସ୍ଥାପନ ତାଙ୍କ ନାଟ୍ୟଚେତନାର ସୃଷ୍ଟି ସୌରଭ।

ତାଙ୍କ ନାଟକର କାହାଣୀ ନିର୍ବାଚନରେ ଯେଉଁ ସମୀକରଣ କରିଥା'ନ୍ତି ତାହାର ସମନ୍ୱୟାତ୍ମକ ରୂପ ଆମେ ତାଙ୍କ ନାଟକରେ ଦେଖିପାରୁ। ଦେଶିଆ ନାଟ୍ୟଶୈଳୀକୁ ନୂତନଧାରା ଠିଆ କରାଇବା ଯେଉଁ ସ୍ୱତନ୍ତ୍ରତା ତାଙ୍କୁ ଅନ୍ୟ ନାଟ୍ୟକାରଙ୍କଠାରୁ ଭିନ୍ନ କରି ତୋଳେ। ତାଙ୍କ ଚରିତ୍ର କିମ୍ବା ଘଟଣା ଆମ ପାଇଁ ଆମରି ଭଳି ପ୍ରତିନିଧିତ୍ୱ ଚରିତ୍ର ଅଟନ୍ତି। ତାଙ୍କର ମଧ୍ୟ କୌଶଳ ହିଁ ତାଙ୍କ ସ୍ରଷ୍ଟା ଚେତନାର ସର୍ବଶ୍ରେଷ୍ଠ ସାର୍ଥକତା ବହନ କରେ। ଓଡ଼ିଆ ନବନାଟ୍ୟଧାରାରେ ତାଙ୍କୁ ମହାନାଟ୍ୟକାର ଭାବେ ସମ୍ମାନ ପ୍ରଦାନ କରେ। ଏହି ପରିପ୍ରେକ୍ଷୀରେ ତାଙ୍କୁ ସଶ୍ରଦ୍ଧ ନମନ।

■

ଅଧ୍ୟାପିକା, ଓଡ଼ିଆ ଭାଷା ଓ ସାହିତ୍ୟ ବିଭାଗ
ସୁଶୀଳାବତୀ ସରକାରୀ ମହିଳା ମହାବିଦ୍ୟାଳୟ
ସେକ୍ଟର-୨, ରାଉରକେଲା-୬

ସ୍ୱତନ୍ତ୍ର ପୃଷ୍ଠା

ମାନନୀୟ ରମେଶ ପ୍ରସାଦ ପାଣିଗ୍ରାହୀଙ୍କ ଉଦ୍ଦେଶ୍ୟରେ

ଡ. ସଂଘମିତ୍ରା ମିଶ୍ର

ଆପଣ କେମିତି ଏତେବାଟ ଚାଲିଲେ ସାର୍
'ମୁକ୍ତିମଣ୍ଡପ'ରୁ 'ଶେଷପାହାଚ'
'ତିମିରତୃଷ୍ଣା'ରୁ 'ବିନ୍ଦୁବଳୟ' ଯାଏ
କେଉଁଠି 'ହାତୀକୁ ହୋମିଓପ୍ୟାଥି'ଖୁଆଇଲେ
କହନ୍ତୁ ତ ?
'ଆନନ୍ଦନଗରକୁ ଯାତ୍ରା' କଲାବେଳେ
ଅନ୍ୟମନସ୍କ ହୋଇ ଅଟକି ଯାଇଛନ୍ତି
ନିଜ ପରିବାର ସହ 'ମୁଁ ଆମ୍ଭେ ଓ ଆମ୍ଭେମାନେ'ପାଖରେ ?
ସତରେ, ଆପଣ କ'ଣ ମୁଁ ବୁଝିପାରୁନି
ଯେଉଁ ଦିଗରୁ ଚାହିଁଲେ ମତେ ଦିଶୁଛି
'ଦୁର୍ଘଟଣାବଶତଃ' ଜଣେ 'ମହାପୁରୁଷ ଅପେକ୍ଷା କରିଛନ୍ତି
ଜନ୍ମ ଆଉ ମୃତ୍ୟୁ' ତେଇଁ ପୁନର୍ଜନ୍ମ ପାଇଁ
ଅନେକ ଚମତ୍କାର ଆତ୍ମଲିପି ଥାଉ ଥାଉ
ଶେଲିର 'ଆତ୍ମଲିପି' କେମିତି ଘାରିଲା ଏତେ
ସତରେ ମୁଁ ଆଜିଯାଏ ବୁଝି ପାରିନାଇଁ।
କେଉଁ ଚରିତ୍ର ସ୍ୱପ୍ନ କିଣନ୍ତି
କିଏ ବୁଝିନିଅନ୍ତି ଆନନ୍ଦନଗର ଠିକଣା
କିଏ ନିର୍ବିକାରରେ କାଳିଆକୁ ମଠାର ଦିଅନ୍ତି
ହୋମିଓପ୍ୟାଥି ଧରାର ହାତୀ ପାଖକୁ ବାଃ
ତାର ଅବା କୋଉ ଠିକଣା ଥିଲା ଯେ
ହାତୀ ଖୋଜ ତଳେ ଦଳି ହୋଇଯିବା ତାର ଭବିତବ୍ୟ
ସେ କଥାଟା ଆମଠାରୁ ଆପଣଙ୍କୁ ଭଲ ଭାବେ ଜଣା।
'ବୁନ୍ଦାଏ ପାଣିରେ ସମୁଦ୍ର'କୁ ଅନୁଭବି
'ନିଃଶବ୍ଦରେ କେମିତି ବା ବାହାରିଲେ ଶୋଭାଯାତ୍ରା'କରି

'ପରାହତ ମୂର୍ଚ୍ଛନାରେ' ମୁଗ୍ଧ ହୋଇ
କେମିତି ବା ଆସିଗଲେ 'ମଝିନଈରୁ ସମୁଦ୍ର ପହଁରି ପହଁରି
'ପକା କମ୍ବଳ ପୋତ ଛତା' ବୋଲି ଅବଲୋକରାଙ୍କୁ ଆଦେଶ
ଦେଉ ଦେଉ ମନେ ପଡ଼ିଯାଏ କେବେ ବାବ୍‌ଲୁ 'ଗୁଣ୍ଡା'ର
କ୍ଷୋଭ, ଶୁଭିଯାଏ ସକାଳ ପକ୍ଷୀ କାକଳି ଅନାହତ ମଧୁର ମୂର୍ଚ୍ଛନା
ହେ 'ମହାନାଟକ' ସ୍ରଷ୍ଟା
ଆପଣଙ୍କ ପାଇଁ ଆମ ମନତଳେ
ଅସୁମାରୀ ସମ୍ମାନ ଓ ଅସରନ୍ତି ମଙ୍ଗଳକାମନା।
ଆପଣତ ସବୁଠାରେ ପରିବ୍ୟାପ୍ତ
ଗଳ୍ପକବିତା ସଙ୍ଗୀତ ନିର୍ଦ୍ଦେଶନା ଅଭିନୟ
ଗବେଷଣା ଏକାଙ୍କିକା ପ୍ରବନ୍ଧ ରଚନା
ସମୟ ଠିଆ ହୋଇଛି ଅବନ୍ତୀ ସାଧବ ପରି
ସ୍ୱପ୍ନତକ ଆପଣଙ୍କୁ ଉପହାର ଦେଇଦେବ।
'ବୃତ୍ତ ଆଙ୍କିବାର ସହଜ ପ୍ରଣାଳୀ' ତକ ପୁଣିଥରେ ଶିଖାଇବ
ଆଉ ଲାଠିଆଳ ଗୁଲଗୁଲ ନୁହେଁ
ପଚ୍ଛଘରର ଧୃତରାଷ୍ଟ୍ର' ନୁହଁନ୍ତି
ବରଂ ଅପେକ୍ଷମାଣା ଲଳିତା
ଶୁଣାଇବ ଆଗାମୀ କାଲିର ମନ୍ତ୍ର
ବାଦ ବିବାଦ ଊର୍ଦ୍ଧ୍ୱରେ ନୂଆବିଶ୍ୱ ହୋଇବ ସର୍ବଦା,
ମୋ ଭାଷାର କେତେ ପ୍ରାଣଶକ୍ତି ତାହା ଗୁଟେ
ଆପଣଙ୍କ ଚରିତ୍ର / ବୁଝିଯାଏ ମାଧବୀ ବି ଆପଣହୀନତା ଦୁଃଖ
ତେବେ ବୁଝିଲାନି ଗୁଣ୍ଡା କିଆଁ ବା ବଳିର ପ୍ରାଣଦିଅ
ସମର୍ପଣ ଭାଷା, ତଥାପି ବି
ମନକହେ, ବ୍ରହ୍ମଦର ଆସି ଦିନେ ଭାଙ୍ଗିଦେବ
ଅହଂକାର ମୃତ୍ତିକା ଭାଣ୍ଡଟି
ରାତିପାହିବା ଖବର ଦେଇଯିବେ ପକ୍ଷୀଗଣ
ଚାହୁଁ ଚାହୁଁ ଆସିବ ମନଲାଖି ଉଷା।

■

ପ୍ରାକ୍ତନ ପ୍ରଫେସର, ଓଡ଼ିଆ ଭାଷା ଓ ସାହିତ୍ୟ ବିଭାଗ, ବାଣୀବିହାର

ମୁକ୍ତଧାରାର ଇସ୍ତାହାର: ରମେଶ ପ୍ରସାଦ ପାଣିଗ୍ରାହୀ

ଡ. ଜ୍ଞାନୀ ଦେବାଶିଷ ମିଶ୍ର

ଓଡ଼ିଆ ନାଟକ ଜଗତର ସ୍ୱର୍ଦ୍ଧିତ ଉଚ୍ଚାରଣ ସେ । ବିଗତ ଦିନର ଅପେରା ଜଗତର ଅପ୍ରତିଦ୍ୱନ୍ଦ୍ୱୀ ନାଟ୍ୟକାର ଓ ନିର୍ଦ୍ଦେଶକ ବି । ଦୂରଦର୍ଶନ ଓ ଚଳଚ୍ଚିତ୍ରଭିତ୍ତିକ ସମ୍ପୃକ୍ତି ମଧ୍ୟ ତାଙ୍କୁ ପ୍ରତିଷ୍ଠା ଓ ପରିଚିତି ଦେଇଛି । ସମାଲୋଚନା ସାହିତ୍ୟରେ ନିଜର ସ୍ପଷ୍ଟବାଦିତା ପାଇଁ ତାଙ୍କର ଅନ୍ତରଙ୍ଗ ଶତ୍ରୁମାନଙ୍କ ସଂଖ୍ୟା ଅଧିକ ବୋଲି ସ୍ୱୀକାର କରନ୍ତି ନିଜେ । ମତ ଓ ମନ୍ତବ୍ୟର ମୁକୁଳାପଣ ପାଇଁ ସେ ସବୁବେଳେ ଚର୍ଚ୍ଚାରେ । ସାହିତ୍ୟ ସଂରଚନାରେ ମଧ୍ୟ ନୂତନତା ଅନ୍ୱେଷୀ ।

ଏ କଥୋପକଥନରୁ ଚିରାଚରିତ ଭାବେ ନାଟକର କାହାଣୀ କି ତତ୍ତ୍ୱ ଆଶା କରନ୍ତୁ ନାହିଁ ଆପଣମାନେ ।

ହୁଏତ ଏମିତି ବି ହୋଇପାରେ,
ଲାଗିବ ଯେ ପ୍ରଶ୍ନ ଓ ଉତ୍ତର ଅଲଗାଅଲଗା କି !
ହୁଏତ ଏମିତି ବି ହୋଇପାରେ,
ଲାଗିବ ଯାହା ଖୋଜୁଥିଲି ମିଳିଲାନି ସିନା,
ଯାହା ଖୋଜି ନଥିଲି କି ଭାବି ନଥିଲି ତାହା ଆଉ ମିଳିଗଲା କି !

ଶାନ୍ତିନିକେତନରୁ ଯୋଉଦିନ ପହଞ୍ଚିଲି ଭୁବନେଶ୍ୱରରେ, ସେଇଦିନ ହିଁ ଫୋନ୍ କରିଥିଲି ରମେଶ ପାଣିଗ୍ରାହୀଙ୍କୁ । 'ଭେଟିବି କେବେ ?' ପଚାରିଲିତ ଉତ୍ତର ମିଳିଲା 'ଏବେ' । 'ଆଜ୍ଞା, ମୁଁ ଓଲ୍ଡ୍ ଟାଉନ୍‌ରୁ ଯିବି, ଆପଣ ରହୁଛନ୍ତି ରସୁଲଗଡ଼ରେ, ଟିକେ ସମୟ ଲାଗିବ'- କହିଲାବେଳକୁ ଉତ୍ତର ଫେରିଲା, 'ହଁ, ପନ୍ଦର ମିନିଟ୍ ଅଧିକ ଲାଗିବ ତ ! ଆସ । ଅପେକ୍ଷା କରିଛି ।' ଦିନସାରା କିନ୍ତୁ ମତେ ଗ୍ରାସିଥିଲା ଗୋଟେ ବିରକ୍ତିବୋଧ । ତେଣୁ ଯିବି- ନଯିବିର ଦ୍ୱନ୍ଦ୍ୱରେ ଛନ୍ଦି ହେଉଥାଏ ମୁଁ । କାହା ସହିତ ବେଶୀ ସମୟ କଥାହେବାର ଧୈର୍ଯ୍ୟ ବି ମରିଯାଇଥାଏ ମନରେ । ସେଇ ଛଟପଟ ଭିତରେ ପହଞ୍ଚିଲାବେଳକୁ ଅଧଘଣ୍ଟା ଡେରି ।

ନାଟ୍ୟକାର ରମେଶ ପାଣିଗ୍ରାହୀଙ୍କୁ ଦେଖି ଆସିଛି ଦୂରରୁ । ଅନ୍ତରଙ୍ଗ ହେବାର

ସୁଯୋଗ ଜୁଟି ନଥାଏ । ଏମିତି କିଛି ସମୟର କଥାବାର୍ତ୍ତା ପରେ ପ୍ରସ୍ତାବ ରଖିଲି, 'ଆମେ କଥା ହେବା ଆପଣଙ୍କ ନାଟକ ଓ ନଟଜୀବନ ବିଷୟରେ' । ହସିଲେ ଓ ପଚାରିଲେ 'କେବେ !' 'ଏବେ' ବୋଲି କହିପାରିଲିନି । ଶେଷରେ ଧାର୍ଯ୍ୟ ହେଲା ଯେ ଆମର କଥୋପକଥନର ଏ ପର୍ବ ତିନିଚାରିଦିନ ପରେ ହେବ ଏବଂ ଦୁଇତିନିଦିନ ଯାଏଁ ଚାଲିବ ।

ବାସ୍, ବିରତି ମାଗିଲି । ଜାଣିନି କାରଣ, ଯଦିଓ ଫେରିଲାବେଳକୁ ଲାଗୁଥିଲା ବେଶ୍ ହାଲୁକାହାଲୁକା ।

ଦ୍ୱିତୀୟ ସାକ୍ଷାତବେଳକୁ ବିନା ଫୋନ୍‌ରେ ପହଞ୍ଚିଯାଇଥିଲି ନାଟ୍ୟକାରଙ୍କ ଘରେ। ଆକାଶ ପ୍ରାୟ ଫର୍ଚ୍ଚା ହେଇ ଆସୁଥାଏ। ସକାଳର ବର୍ଷା ଅପସରି ଯାଇଥାଏ। ପାହାଚ ଚଢ଼ି ରମେଶବାବୁଙ୍କ ବୈଠକଘରେ ପହଞ୍ଚିଲାବେଳକୁ ଯାହା ମତେ ସ୍ୱତଃସ୍ଫୂର୍ତ୍ତ ଭାବେ ଟାଣିନେଲା, ତାହା କିଛି ଚଢ଼େଇଙ୍କ କିଚିରିମିଚିରି। ଦେଖେ ତ, ବାଲ୍‌କୋନୀରେ ଥିବା ପଞ୍ଜୁରିରେ ଡେଉଁଛନ୍ତି କିଛି ବିଦେଶୀ ପକ୍ଷୀ। କହିଲେ ରମେଶବାବୁ- ଏଇତ, ଆଜି ଆସିଛନ୍ତି ଏମାନେ ଘରକୁ। ଭଲ ଲାଗୁଛି ନା ! ମୁଁ ପ୍ରକୃତିସ୍ଥ ହେଲାବେଳକୁ ମୋ ପାଟିରୁ ବାହାରିସାରିଥିଲା ଦୁଇଟି 'ହଁ' ଖୁବ୍ ପାଖାପାଖି ।

କଥା କୋଉଠୁ ଆରମ୍ଭ କରିବି ବୋଲି ଭାବୁଛି ରମେଶବାବୁ କହିଲେ, 'କ'ଣ କଥା ହବା ପଚାର !' ଖସିଆସିଲା ଭଳି ଭାରି ରକ୍ଷଣଶୀଳ ପ୍ରଶ୍ନଟିଏ ପଚାରିଲି, **କେମିତି ଥିଲା ତାଙ୍କ ଶୈଶବ ଓ କୈଶୋର । କେମିତି ସାହିତ୍ୟ ପ୍ରତି ଆସିଲା ଏ ରୁଚିବୋଧ-ଏଇ ସମ୍ବନ୍ଧରେ । କଥା ଆରମ୍ଭକଲେ ରମେଶବାବୁ । ମୁଁ ବି ଧୀରେଧୀରେ ସ୍ୱାଭାବିକ ହେଇଆସୁଥିଲି ଗାମ୍ଭୀର୍ଯ୍ୟ ଓ ମାତ୍ରାଧିକ ସଚେତନତାରୁ କାତି ଛଡ଼େଇ।**

● ହଁ, ସ୍କୁଲ୍‌ରେ ପଢ଼ିଲାବେଳେ ଓଡ଼ିଆ ସାହିତ୍ୟର ପ୍ରାୟ ବହି ପଢୁଥିଲି ଲାଇବ୍ରେରୀରୁ । ଗଙ୍ଗାଧର ମେହେରଙ୍କଠାରୁ କସ୍ତୁରୀଚରଣଙ୍କ ଯାଏଁ । ପିଲାଦିନ ସବୁରେ ତିଆରି ହେବାର ପ୍ରକ୍ରିୟାଟିଏ ଚାଲିଥାଏ ଅହରହ । ସପ୍ତମ ଶ୍ରେଣୀରେ ପଢ଼ିଲାବେଳେ 'ଦୁର୍ବାଦଳ' ବୋଲି କବିତାଟିଏ ଲେଖିଲି । ବାହାରିଥିଲା ବି । ଛପା ଅକ୍ଷରରେ ନିଜକୁ ଦେଖିବାର ମୋହ ଶୈଶବରୁ ବାର୍ଦ୍ଧକ୍ୟ ଯାଏଁ ସମସ୍ତଙ୍କୁ ପ୍ରଭାବିତ କରେ । ସେଇଟା ମୋର ସେତେବେଳେ ଥିଲା, କବିତା ହିଁ ଲେଖୁଥିଲି ସେତେବେଳେ । ବିଶେଷ କରି ଛନ୍ଦ କବିତା । ଗୋଦାବରୀଶ ମିଶ୍ର, କାଳିନ୍ଦୀ କି ଜ୍ଞାନୀନ୍ଦ୍ର ବର୍ମାଙ୍କ ଭଳି । ବେଶ୍ କିଛି କବିତା ପ୍ରକାଶିତ ବି ହେଇଗଲା । କିନ୍ତୁ ଧୀରେଧୀରେ ଲାଗିଲା କବିତା ସମ୍ଭବ ନୁହେଁ ମୋ ଦ୍ୱାରା ।

ଏ ଚିନ୍ତାଧାରାଟି ପୁଣି କେବେ ଆଉ କେମିତି ଆସିଲା ? ହାଇସ୍କୁଲ୍‌ରେ ନା ହାଇସ୍କୁଲ୍ ପରେ ?

● ନା ନା, ସେଇ ହାଇସ୍କୁଲ୍‌ରେ । ପ୍ରଥମତଃ ମୁଁ କବିତାର ଏଇ କମ୍ପିଟେସନ୍ ଭିତରେ ରହିବାକୁ ଚାହିଁଲିନି । କିମ୍ବା ଏମିତି ବି ହେଇପାରେ କବିତାରେ ସବୁକଥା କହି ପାରିଲିନି । କାରଣ ଜଣା ନାହିଁ । ତା'ପରେ ଗପ ଲେଖିଲି । ପ୍ରାୟ କୋଡ଼ିଏ ଖଣ୍ଡ ଗପ ପ୍ରକାଶ ପାଇଛି ମୋର । 'ପ୍ରତିଗଳ୍ପ' ବୋଲି ଗୋଟେ ନୂଆ ଚିନ୍ତା ମୁଣ୍ଡକୁ ଆସିଲା, ସେଇ ଧାରାରେ ବି କିଛି ଗପ ଲେଖିଗଲି ।

କ'ଣ କେମିତି ? ପୁଣି ନାଟକଆଡ଼କୁ ଆସିଲେ କେମିତି ?

● ପ୍ରତିଗଳ୍ପମାନେ ଗଳ୍ପ ନୁହେଁ କିନ୍ତୁ ଗଳ୍ପ ଭଳି । କହିପାର ଆଣ୍ଟିଷ୍ଟୋରୀ । ଆକାରରେ ଛୋଟ । ସେ ମିନି, ଅଣୁ ଇତ୍ୟାଦି ଭଳି । ପରେ ଲିରିକ୍ ବି ଲେଖିଛି । ଭୁବନେଶ୍ୱର ମହାପାତ୍ରଙ୍କ ଭଣଜା, ତା ନାଁ ବି ରମେଶ । ମତେ କହିଲା- ଏତେ କଥା ଲେଖୁଛୁ, ନାଟକ ଲେଖୁନୁ । ମୁଁ କହିଲି ଜାଣିନି ବୋଲି । ସେତେବେଳକୁ ପୁରୀରେ ପଢୁଥାଏ । ଦୁର୍ଲଭ ମଉସା(ବିଶିଷ୍ଟ ଅଭିନେତା ଦୁର୍ଲ୍ଲଭ ଚନ୍ଦ୍ର ସିଂ)ଙ୍କ ଝିଅକୁ ଟିଉସନ୍ କରୁଥାଏ । ତା'ପରେ ରମେଶ କଥାରେ ଗୋଟେ ନାଟକ ଲେଖିଲି । ତାକୁ ନେଇ ବ୍ୟୋମକେଶ ତ୍ରିପାଠୀଙ୍କୁ ଦେଲି । ସେ ରହୁଥାନ୍ତି ଅନ୍ନପୂର୍ଣ୍ଣା 'ଏ'ରେ । ମାସେ ରଖିଲେ, ପଢ଼ିଲେ । କହିଲେ, 'ଭଲ ହେଇଛି ଯେ, ଯାକୁ ମଞ୍ଚରେ କରିପାରିବି ନାହିଁ । ବେଶ୍ କିଛି ଜଟିଳ (Complicated) ଜିନିଷ ଅଛି । ତେଣୁ ଅବାଗ ଧରୁଛି । କିନ୍ତୁ ତମ କାହାଣୀଟା ଭଲ ହବ ତମଦ୍ୱାରା । ରାଜକିଶୋର ରାୟ ବି ରହୁଥା'ନ୍ତି ପୁରୀରେ । ମାଳବିକା, ମହାଶ୍ୱେତା ଓ ମନସ୍ୱିନୀ ଥା'ନ୍ତି । ପୂରା ପରିବାରଟି କଳାକାର ପରିବାର । ନାଟକ ସମ୍ପୃକ୍ତି ପୁରୀରେ ହିଁ ବେଶୀ ବଢ଼ିଲା ମୋର । ପୁରୀ ଗୋଟେ ବାତାବରଣ ତିଆରିଲା ମୋ ନାଟ୍ୟକାର ଜୀବନର । ସେତେବେଳକୁ ମୁଁ ଯାଉଥାଏ ନିୟମିତ ଅନ୍ନପୂର୍ଣ୍ଣାକୁ ନାଟକ ଦେଖିବାକୁ । ପାଠପଢ଼ା ସହିତ ପୁରୀ ରହଣୀଟି ମତେ ଯାହା କିଛି ଅଧିକ ଦେଲା, ତାହା ହେଉଛି ନାଟକକୁ ନେଇ ସ୍ୱପ୍ନ ଆରମ୍ଭର ଗୋଟିଏ ସମ୍ଭାବନା ।

ମୁଁ ସେଇଦିନ ସକାଳେ ଫେରିଥାଏ ପୁରୀରୁ । ଯାଇଥିଲି ଗୋଟେ ଓଶୋ ମେଡ଼ିଟେସନ୍ କ୍ୟାମ୍ପ୍‌ରେ । ଦେହ ଖରାପ ବୋଲି ବର୍ଷାକୁ ଡରି ସମ୍ପଦ ନାୟକ ବସ୍‌ରେ ଆସିଲେ । ମୁଁ ଆଉ ଗାଳ୍ପିକ ପ୍ରକାଶ ମହାପାତ୍ର ବର୍ଷାରେ ଭିଜିଭିଜି ନିଜନିଜ ଗାଡ଼ିରେ । ରାତିରେ ବି ବର୍ଷାରେ ଓଦା ହେଇ ବୁଲୁଥିଲି ବଡ଼ଦାଣ୍ଡରେ ଏକାଏକା । ଲୁଚିଲୁଚିକା ଆଖି ପହଁରି ଆସିଥିଲା ଅନ୍ନପୂର୍ଣ୍ଣା ଥିଏଟର ଉପରୁ । ସେଠିକି ଯାଇଥିଲି ପ୍ରାୟ ଦି'ବର୍ଷ ତଳେ । ଅବସ୍ଥା ସାଂଘାତିକ । ଯୋଉ ମଞ୍ଚ ଦିନେ କେବେ ଥିଲା କଳା,

ସଂସ୍କୃତି ଓ ମନୋରଞ୍ଜନର ପ୍ରାଣପୀଠ, ଆଜି ସଂଘର୍ଷ କରୁଛି ବଞ୍ଚିବା ପାଇଁ । ରମେଶବାବୁଙ୍କ କୈଶୋର ଓ ଆଦ୍ୟଯୌବନର ସ୍ମୃତି ତାଙ୍କୁ ନଷ୍ଟାଲ୍‌ଜିକ୍ କରୁଥିଲା ବେଳକୁ ବେଳ। ମୁଁ ମଞ୍ଚଟିର ଏବର ଅବସ୍ଥାକୁ ମନେ ପକାଇ ବିବ୍ରତ । ୱିକ୍ତ୍ ନେହିଁ ରେହେତା କହିଁ ଟିକ୍‌କର, ଇସ୍‌କି ଆଦତ୍ ଭି ଆଦ୍‌ମୀ ସି ହେ । (ରମେଶବାବୁ ଗପି ଚାଲିଥାନ୍ତି) ।

• ରେଭେନ୍ସାରେ ପଢ଼ିଲାବେଳକୁ ଅଜୟ ବୋଲି ସାଙ୍ଗଟେ ଥାଏ ଡ୍ରାମାଟିକ୍ ସେକ୍ରେଟାରୀ । କହିଲା ଗୋଟେ ନାଟକ ଲେଖିବାକୁ । ସେଇଠି ହେଇଥିଲା 'ତିମିର ତୀର୍ଥ' । ଅବଶ୍ୟ ନାଁ ଟା ଥିଲା 'ନିଶୀଥ ସୂର୍ଯ୍ୟ' । ବହିଟି ଦାଖଲ କଲି । ଉପଦେଷ୍ଟା ଥାନ୍ତି ପ୍ରଫୁଲ୍ଲ ପତି, ପ୍ରଫୁଲ୍ଲ ମହାନ୍ତି, ଜିତେନ୍ଦ୍ର ନାରାୟଣ ପଟ୍ଟନାୟକ । ରେଭେନ୍ସା ବାରଣ୍ଡାରେ ମତେ ପ୍ରଫୁଲ୍ଲ ପତି ଧରିଲେ । କହିଲେ- ଏମିତି ଗୋଟେ କ'ଣ ଲେଖିଛ ! ସେକ୍ସପିଅରଙ୍କୁ ପଢ଼ିଚ ? ପଢ଼ିବ ନା ! ନାଟକ ଏମିତି ସିଙ୍ଗିଲ୍ ଡାଇମେନ୍‌ସନାଲ୍ ହେବନି । ତା' ପରେ ଜିତୁ ପଟ୍ଟନାୟକ ଧରିଲେ, ସେ ପଚାରିଲେ, "କ'ଣ କହୁଥିଲେ ପ୍ରଫୁଲ୍ଲବାବୁ ! ଏମିତି ବହି ଲେଖା ହେଇନି । କ୍ଷୋଭକୁ ନେଇ ପରୀକ୍ଷାନିରୀକ୍ଷା । ୱଣ୍ଡରଫୁଲ୍ ।" ଯୋଉ ନାଟକକୁ ବ୍ୟୋମକେଶ୍ ବାବୁ କହୁଛନ୍ତି ଅନ୍ନପୂର୍ଣ୍ଣାରେ କରିପାରିବେନି, ତାକୁ ଜିତୁ ପଟ୍ଟନାୟକ କହୁଛନ୍ତି ଏକ୍‌ସପେରିମେଣ୍ଟାଲ୍ । ନିର୍ଦ୍ଦେଶନା ଦେଇଥିଲେ ପ୍ରଫୁଲ୍ଲ ମହାନ୍ତି । ବନ୍ଦନା, ଦେବଯାନୀ ବୋଲି ଦୁଇଟି ଝିଅ ଭଲ ଅଭିନୟ

ପ୍ରକାଶିତ ନାଟକ :

ମୁକ୍ତି ମଣ୍ଡପ (୧୯୬୩), ତିମିର ତୃଷ୍ଣା (୧୯୬୫), ବିନ୍ଦୁ ଓ ବଳୟ (୧୯୬୬), ଏ ମନ ବୁଝେନା (୧୯୬୭), ହେ ପୃଥିବୀ ବିଦାୟ (୧୯୬୭), ଗୁଣ୍ଡା (୧୯୬୭), ମୁଁ ଆମ୍ଭେ ଓ ଆମ୍ଭେମାନେ (୧୯୬୭), କମଳପୁର ଡାକଘର (୧୯୬୯), ମହାନାଟକ (୧୯୭୦), ଧୃତରାଷ୍ଟ୍ରର ଆଖି (୧୯୭୦), ଜଣେ ମହାପୁରୁଷଙ୍କ ଜନ୍ମମୃତ୍ୟୁ ସମ୍ପର୍କରେ (୧୯୭୧), ଦୁର୍ଘଟଣାବଶତଃ (୧୯୭୭), ପ୍ରେମଗଳ୍ପ (୧୯୭୫), ଆତ୍ମଲିପି (୧୯୭୬), ଅପ୍ରୀତିକର ନାଟକ (୧୯୮୩), ଆନନ୍ଦନଗରକୁ ଯାତ୍ରା (୧୯୭୭), ଶେଷ ପାହାଚ (୧୯୭୮), ଅନ୍ଧନଦୀର ସୁଅ (୧୯୮୦), ପକା କମ୍ବଳ ପୋତ ଛତା (୧୯୮୧), ହାତୀକୁ ହୋମିଓପାଥି (୧୯୮୪), ନିଃଶବ୍ଦ ଶୋଭାଯାତ୍ରା (୧୯୮୪), ରାସ୍ତା ସବୁ ବନ୍ଦ (୧୯୮୭), ଗୋଟିଏ ବୃତ୍ତ ଆଙ୍କିବାର ସହଜ ପ୍ରଣାଳୀ

କରିଥିଲେ । ରେଭେନ୍ସା ଓପନ୍ ଏୟାର୍‌ରେ ହେଉଥିଲା । ଏକାବେଳେକେ ତିନିଟା ମଞ୍ଚର ପରିକଳ୍ପନା କରିଥିଲି ସେଥିରେ । ତିନିବର୍ଷ ହେଲା ବୋମା ପଡ଼ିକି ବନ୍ଦ ହେଇଥାଏ ଅଭିନୟ । ପ୍ରତିକ୍ରିୟା ବି ଭଲ ଆସିଲା । ପରେ ସେଇ ନାଟକଟାକୁ ଗୋଟେ ସାଙ୍ଗ ବ୍ରହ୍ମପୁର ମେଡ଼ିକାଲ୍ କଲେଜ୍‌ରେ କରେଇଲା, ପ୍ରଫୁଲ୍ଲ କର ବୋଲି ଜଣେ ପାଥୋଲୋଜିଷ୍ଟ ଥିଲେ, ଭାରି ସମୟ ସଚେତନ । ସେ ହିଁ ନିର୍ଦ୍ଦେଶନା ଦେଇଥିଲେ । ରିହର୍ସାଲ୍ ଦେଖିକି ମୁଁ କାବା । ଷ୍ଟେଜ୍‌ଟା ଛୋଟ କିନ୍ତୁ ଅଭିନୟ ପୂରା ପରଫେକ୍ଟ । ସେମାନେ ଛ' ଦିନ ଟିକେଟେଡ଼୍ ସୋ କଲେ । ସେଇ ପଇସା ଦେଇଦିଅନ୍ତି ଅନାଥମାନଙ୍କୁ । ପାଠପଢ଼ାରେ ମୋର ଦି' ବର୍ଷ ଏପଟ ସେପଟ ହେଇଥାଏ । କିନ୍ତୁ ବ୍ରହ୍ମପୁରର ଏଲିଟ୍‌ମାନଙ୍କ ଗହଣରେ ମୁଁ ଜଣେ ନାଟ୍ୟକାରର ପରିଚୟ ପାଇଗଲି ।

ତା'ମାନେ ଆପଣଙ୍କ ଭିତରେ ନାଟକ ପ୍ରତି ଆଗ୍ରହ ଓ ଦାୟିତ୍ୱବୋଧ ତିଆରିବାରେ ରେଭେନ୍ସାର ଗୋଟେ ଗୁରୁତ୍ୱପୂର୍ଣ୍ଣ ଭୂମିକା ଅଛି...

● ହଁ, ବହୁତ ଥର କହିଲିଣି ରେଭେନ୍ସା ନାଟ୍ୟସଂସଦର ଗୋଟେ ଇତିହାସ ଲେଖ । କେହି କଲେ ନାହିଁ । କିନ୍ତୁ ଖାଲି ରେଭେନ୍ସା ନୁହେଁ ପୁରୀ, ବ୍ରହ୍ମପୁର ଏମିତି ମୋ ଗାଁରୁ ବି ସେଇ ଜିନିଷଟା ଆସିଛି । ଗାଁରେ କୋଉ ନାଟକ ହେବ, ତା'ର ବାଛିବା ଦାୟିତ୍ୱ ମୋ ଉପରେ ଥାଏ । ମୁଁ ସ୍କୁଲ୍‌ରେ ପଢ଼ିଲାବେଳେ ମତେ ବହି ସବୁ ଧରେଇଦେଇ କହିବେ, କୋଉଟା ଭଲ ଲାଗୁଛି ପଢ଼ିକି କହିବା ପାଇଁ । ଗୁଡ଼ାଏ ନାଟକ ପଢ଼ିଛି ସେତେବେଳେ ।

କେଉଁମାନେ ଥିଲେ ସେ ସମୟରେ ଆପଣଙ୍କ ମନପସନ୍ଦର ନାଟ୍ୟକାର ?

● ଗୋପାଳ ଛୋଟରାୟ ଭଲ ଲାଗନ୍ତି । ଭଲ ଲାଗନ୍ତି ରାମ ମିଶ୍ର । ଗୋପାଳବାବୁଙ୍କ ଡାଇଲଗ୍‌ଟି ଭଲ ଲାଗେ, ରାମବାବୁଙ୍କ ପ୍ଲଟ୍ । ଭଞ୍ଜ ପଟ୍ଟନାୟକ ବି ଛୁଇଁଛନ୍ତି । ଯାହା ବହି ପାଇଛି, ପଢ଼ିଛି । ହେଡ୍‌ମାଷ୍ଟ୍ର କହିଲେ, 'ପାଠ ବହି ପଢୁନ, ଏଗୁଡ଼ା କ'ଣ ପଢୁଛ ?' ମୋର ସବୁ ସାଙ୍ଗ ର୍‍ୟାଙ୍କ୍‌ରେ ମୋ' ଠାରୁ ଉପରେ ରହିଲେ । ଫାଷ୍ଟକ୍ଲାସ ବି ହେଲାନି । ଖରାଛୁଟି କେମିତି କାଟିବି ବୋଲି ଗୋଟେ ଚିଠି ଫିଲ୍ମ ହିରୋଇନ୍ ନୂତନ ପାଖକୁ ଲେଖିଥାଏ । ମତେ ସବୁ କହିଲେ ଇଏ କି ଅଭଦ୍ର କଥା ! ସ୍କୁଲ୍ ଇନ୍‌ସ୍ପେକ୍ଟର୍ ଦେଖିଲେ କ'ଣ କହିବେ ? କିନ୍ତୁ ମତେ ଭଲ ପାଉଥିବା ସାର୍‌ମାନେ କହୁଥିଲେ, 'ରମେଶ ତମେ ଆର୍ଟସ୍ ପଢ଼ିବ ।' 'ଶିଳାର ସ୍ୱପ୍ନ' ବୋଲି ମୋର ଗୋଟେ ନାଟକ ଗଞ୍ଜାମରେ ବହୁତଥର ହେଇଛି । ବହୁତଥର ମାନେ ବହୁତ ଥର । ମୁଁ ସେଥିରେ ଅଭିନୟ ବି କରିଛି ।

ଆଉ 'ହେ ପୃଥିବୀ ବିଦାୟ' ?

• ୬୭ରେ । ଗଞ୍ଜାମ କଳା ପରିଷଦରେ । ନା ନା ୬୬ ଅଗଷ୍ଟ ୧୫ରେ 'ହେ ପୃଥିବୀ ବିଦାୟ' । ସ୍କ୍ରିପଟା ଏବେ ନାହିଁ । ତା'ପରେ 'ଗୋଧୂଳିର ରଙ୍ଗ' । ସେଇ ଏକା ବର୍ଷ । ମୋର ପି.ଜି. ଚାଲିଥାଏ । ସେଇ ନାଟକଟା ପରେ ନାଁ ବଦଳି 'କମଳପୁର ଡାକଘର' ହେଲା । ସେଇଟା ବହୁତ ଜାଗାରେ ହେଇଛି । ସେଥିରେ ଝିଅ ଚରିତ୍ର ନାହିଁ ତ ସୁବିଧା ହୁଏ କରିବା ପାଇଁ । ତା' ପରେ 'ଗୁଣ୍ଡା' । 'ବବ୍‌ଲୁ' ହେଇକି ଆଗ ବାଜିଲା ରେଡ଼ିଓରେ । ବହୁତ ପରେ ବହି ହେଲା । 'ଧୃତରାଷ୍ଟ୍ରର ଆଖି' ଶୀଘ୍ର ବହି ହେଇଯାଇଛି । ମୁଁ ପୁରୀରେ ଥାଏ । ଚିନ୍ତାମଣି ବେହେରା ଆସିକି କହିଲେ, ନାଟକ ସବୁ ଭଲ ହଉଛି । କାବ୍ୟିକ ବି, ମଞ୍ଚ ଉପଯୋଗୀ ବି । ବହି ଫହି କରୁନ !' ମୁଁ କହିଲି, 'ଆମେ ତ ଗଞ୍ଜାମ ଲୋକ, ଆମ ବହି କିଏ କରିବ !' ସାର୍ କହିଲେ, 'ଆମ ଘର କୋଉ ଏଇଠି କି ! ମୟୁରଭଞ୍ଜ ପରା ! ବ୍ୟସ୍ତ ହୁଅନ୍ତୁନି ।' ତା'ପରେ ସେ ଯୋଗାଯୋଗ କରିବାରୁ ଗୋବିନ୍ଦ ପାତ୍ର ମତେ ଡକେଇଲେ ଓଡ଼ିଶା ବୁକ୍ ଷ୍ଟୋର୍‌କୁ । ବହି ଛପାହେଲା ।

ଏତିକିବେଳେ ଆସିଲା ରମେଶବାବୁଙ୍କ ଫୋନ୍ । କୌଣସି ଏକ ନାଟ୍ୟସଂସ୍ଥା ତରଫରୁ ତାଙ୍କୁ ମଗାଯାଇଥିବା ଲେଖାଟିଏର ପହଞ୍ଚ ସମ୍ବନ୍ଧୀୟ ଦ୍ୱନ୍ଦ୍ୱକୁ ନେଇ । ଆଖି ବୁଲେଇଲି ଚଢ଼େଇମାନଙ୍କ ଆଡ଼କୁ । ସେମାନଙ୍କ କିଚିରିମିଚିରି ସବୁ ମତେ କେଜାଣି କାହିଁକି ବନ୍ଦୀମାନଙ୍କ ଚିତ୍କାର ଭଳି ଶୁଭିଲା । ଏଇ ଟିକିଏ ପୂର୍ବରୁ ମୋର ବି' ତ ସ୍ୱପ୍ନ ଥିଲା ଘରଟିଏ କଲେ ଏଇମିତି କିଛି ଚଢ଼େଇଙ୍କୁ ଆଣି ବଶମ୍ୱଦ କରିବି । କ୍ଷୁଧାର ନା ମୁକ୍ତି ପ୍ରୟାସୀ ଏ କିଚିରିମିଚିରି । ଜାଣିପାରିଲିନି । ଆରମ୍ଭ କଲେ ରମେଶବାବୁ, ଅଧାରେ ରହିଯାଇଥିବା କଥା ।

• 'ଧୃତରାଷ୍ଟ୍ରର ଆଖି' ପରେ 'ମୁଁ ଆମ୍ଭେ ଓ ଆମ୍ଭେମାନେ' । ଇନ୍ଭେଷ୍ଟିଙ୍ଗ୍ ହେଉଛି ୬୮ ମସିହାରେ ଏପ୍ରିଲ୍‌ବେଳକୁ ବିଜୟ ଭାଇନାର 'ଶବବାହକମାନେ', ଜୁନ୍‌ରେ ମନୋରଞ୍ଜନବାବୁଙ୍କ 'ବନହଂସୀ', ସେପ୍ଟେମ୍ବରରେ 'ମୁଁ ଆମ୍ଭେ ଓ ଆମ୍ଭେମାନେ', ନଭେମ୍ବର କି ଡିସେମ୍ବର ବେଳକୁ ବିଶ୍ୱଜିତ୍ ଦାସଙ୍କ 'ନାଲିପାନରାଣୀ, କଳାପାନଟୀକା' । ଏମିତି ହେଉଥିଲାବେଳେ 'ବନହଂସୀକୁ ତମେ କାହିଁକି ବ୍ୟତିକ୍ରମ ବୋଲି କହିକି ଆଲୋଚନା ଲେଖିବ ! ଅକ୍ଷୟ ମହାନ୍ତିଙ୍କୁ ଜାଣିଛ ?

ନାଟ୍ୟକାର ଅକ୍ଷୟମହାନ୍ତିଙ୍କ କଥା କହୁଛନ୍ତି ତ ! ମତେ ଭଲ ଲାଗେ ତାଙ୍କ ନାଟକ । 'ରାତ୍ରିର ରାଧା', 'ଭଙ୍ଗା ବେହେଲା', 'ଆମେ ଦୁଃଖିତ' ଭଳିଆ ନାଟକ ସବୁ । ବେଶୀ ପ୍ରଭାବିତ କରିଛନ୍ତି 'ସମ୍ୱିତ୍'ରେ... ('ସମ୍ୱିତ୍'ର ନାମ

ଉଲ୍ଲେଖ ମାତ୍ରେ କଥା ଭିଡ଼ି ନେଲେ ରମେଶବାବୁ)

● ହଁ, ହଁ, 'ସମ୍ବିତ୍' । ବେଷ୍ଟ୍ ପ୍ଲେ । ସେ ଲୋକ ଢେର୍ ଭଲ କାମ କରିଛି । କିନ୍ତୁ ମନୋରଞ୍ଜନ ବାବୁଙ୍କୁ ମୁଣ୍ଡରେ ବସେଇକି ସମାଲୋଚକମାନେ ସବୁ ବିଗାଡ଼ି ଦେଲେ । ଏକାଡ଼େମୀ ବି ତାଙ୍କୁ ବହୁତ ଡେରିରେ ଦେଲା । କି ଦେଲାନି ବୋଧେ ! ମନେ ପଡୁନି। ବହୁତ ଭଲ ଲେଖିଛନ୍ତି । ପାୱାରଫୁଲ । ତାଙ୍କୁ ହଜେଇ ଦେଲେ କୁଆଡ଼େ... ।

(ଆଲୋଚନାର ଏ ପର୍ବ ଲମ୍ବିଗଲା ସେ ସମୟର ଅନ୍ୟ କେତେଜଣ ନାଟ୍ୟକାରଙ୍କ ଆଡ଼କୁ । ଆସିଲେ ନରସିଂହ ମହାପାତ୍ର, ସାରଦା ପ୍ରସନ୍ନ ନାୟକ, ଉଦୟନାଥ ମିଶ୍ରଙ୍କ ଭଳି ନାଟ୍ୟକାର ସବୁ । ଯେଉଁମାନେ ଆଜିର ସମୟରେ ସମାଲୋଚକଙ୍କ ଦୃଷ୍ଟିରେ ପ୍ରାୟ ଖୁବ୍ କମ୍ ପଡ଼ନ୍ତି । ଅଥଚ ସେତେବେଳେ ସେମାନଙ୍କ ନାଟକର ଆବେଦନ ଥିଲା ବେଶ୍ ପ୍ରଭାବ ସୃଷ୍ଟିକାରୀ । ପାରମ୍ପରିକ ଶୈଳୀରେ କଥାକୁ ମଧ୍ୟ ନୂଆ ବାଗରେ କହିଥିଲେ ଏମାନେ । ଖାଲି ଏମାନେ ନୁହଁନ୍ତି, ଅନେକ ନାଟ୍ୟକାର ଆଜି ସମାଲୋଚକଙ୍କ ହାତପାଆନ୍ତାରୁ ଦୂରରେ । କିଛି ସମୟର ଏହି ବିମର୍ଶ ପରେ ପୁଣି ରମେଶବାବୁ ଫେରିଲେ 'ମୁଁ ଆମ୍ଭେ ଓ ଆମ୍ଭେମାନେ' ପାଖକୁ) ।

● ଅନ୍ନପୂର୍ଣ୍ଣା 'ବି'ରେ ହଉଥାଏ ନାଟକଟା । ପ୍ରାଣବନ୍ଧୁ କର ଦେଖୁଥା'ନ୍ତି । ପରିଚୟ ନଥାଏ । ମତେ କହିଲେ, 'ନାଟକଟା ଭଲ ହେଲାନି । ବାଜେ ନାଟ । କିଏ ଲେଖିଛି ?' କହିଲି- ଆଜ୍ଞା, ମୁଁ ! ପୁଣି କହିଲେ, ଜେ.ବି. ପ୍ରିଷ୍ଟ୍‌ଲେ, ବର୍ଣ୍ଣାଡ୍ ଶ'ଙ୍କୁ ପଢ଼ିବାକୁ । ଆବ୍‌ସର୍ଡ୍ ନାଁକୁ ନେଇ ସେତେବେଳେ ଭାରି ଦ୍ୱନ୍ଦ୍ୱ ଚାଲିଥାଏ । କୁଞ୍ଜ ନନ୍ଦ ଦଉଡ଼ି ଆସିଲେ, କହିଲେ- 'କ'ଣ ! ଇଏ ରାଇଟର୍ ପରା ! ଏମିତି କ'ଣ କହୁଛନ୍ତି ।' ପ୍ରାଣବନ୍ଧୁ ବାବୁଙ୍କ ସହ ସେଇଠି ପରିଚୟ ହେଲା । କିନ୍ତୁ ମୋ ଏକାଡେମୀ ପୁରସ୍କାରଟା ପ୍ରାଣବନ୍ଧୁ ବାବୁ ଦେଇଛନ୍ତି । ବିଜୟ ଭାଇନା ଓ ଦାଶରଥି ଦାସଙ୍କ ସହ ବି ସେଇଠି ପରିଚୟ ।

ଦାଶରଥି ପ୍ରସାଦ ଦାସ, ମାନେ ଆକାଶବାଣୀ ତ !

● ହଁ, ଶାନ୍ତିନିକେତନର ଫାଇନ୍ ଆର୍ଟ୍‌ସର ଛାତ୍ର । ସେଠୁ ଆସି ଆକାଶବାଣୀରେ ଥା'ନ୍ତି । ସେ ହିଁ ମତେ ଲେଖେଇଲେ 'ଜଣେ ମହାପୁରୁଷଙ୍କ ଜନ୍ମମୃତ୍ୟୁ ସମ୍ପର୍କରେ' ଆକାଶବାଣୀ ପାଇଁ । ତାଙ୍କୁ ଭୁଲିହବନି । ମୋର ଆକାଶବାଣୀ ସମ୍ପୃକ୍ତି ପାଇଁ ସେ ଗୋଟେ ଗୁରୁତ୍ୱପୂର୍ଣ୍ଣ ଭୂମିକା ନିର୍ବାହ କରିଛନ୍ତି ।

(ତା' ପରେ ରମେଶବାବୁ ବଦଳେଇଦେଲେ କଥା)

● ଥରେ ଭୁବନେଶ୍ୱର ଆସିଥାଏ । ସେତେବେଳେ ମତେ ଲାଗୁଥାଏ ଯେ ମୁଁ ନାଟକ

ଲେଖା ଛାଡ଼ିଦେବି । ମୁଁ ସବୁକଥା କହିପାରୁନି ନାଟକରେ । ବିଜୟ ଭାଇନାଙ୍କ ଅଫିସ୍‌ରେ ପହଞ୍ଚିଲି । ବିଜୟଭାଇନାଙ୍କୁ ସେକଥା କହିଲି । ହସିଲେ, କହିଲେ, 'ଭଲ ଲେଖୁଛ, ଛାଡ଼ିଦବ କାହିଁକି ?' ତା'ପରେ ଗୋଟେ ରିକ୍ସାରେ ବସି ପୂରା ଭୁବନେଶ୍ୱର ବୁଲିଲୁ, କୋଡ଼ିଏ ଟଙ୍କା ନେଲା ରିକ୍ସାବାଲା । ବିଜୟ ଭାଇନା ବୁଝେଇଲା, କେମିତି ନାଟକରେ କହିହୁଏ ସବୁକଥା, ନାଟକକୁ ଛାଡ଼ିପାରିଲିନି, କି ନାଟକ ମତେ ବି । ଆଉ ଥରେ ପ୍ରଜାତନ୍ତ୍ରର ରୂପରସଛନ୍ଦରେ ବୋଧେ ଲେଖା ହେଇଥିଲା । ଅମୁକ-ଅମୁକ ଓ ରମେଶ ପାଣିଗ୍ରାହୀ ଇତ୍ୟାଦି... ବହୁତ ଦିନ ପର୍ଯ୍ୟନ୍ତ ମୁଁ ଇତ୍ୟାଦି ତାଲିକାରେ ରହିଗଲି । ସେ ସବୁ ଭାରି ଯନ୍ତ୍ରଣାଦାୟକ । ଅଗା-ବଗା ସବୁ ପୁରସ୍କାର ପାଇଲେ । ମତେ ସବୁ କହିଲେ ଧରାଧରି ହଉଛି ପୁରସ୍କାରପାଇଁ । ମୁଁ କହିଲି, ଲେଖକଟିଏ ଏ ଫାଲ୍‌ତୁ କାମରେ କାହିଁକି ମାତିବ ! ଆଲୋଚନାଭିତ୍ତିକ ସ୍ୱୀକୃତି ମିଳିବାରେ ଟିକେ ଡେରି ହେଲା ।

କାର୍ତ୍ତିକ ବି ମୋର ସାମସମୟିକ । ମୁଁ କହିଲି ତାକୁ, ସମୁଦ୍ରର ରଙ୍ଗ ଯନ୍ତ୍ରଣା କାହିଁକି ହବ ! କହିଲା- 'ହଁ ଭାଇନା ଲେଖିଦେଲି ସେମିତି ।' ସିଏ ବେଳେବେଳେ ଦ୍ୱନ୍ଦ୍ୱରେ ପକାଏ । ଏପଟ ସେପଟ କଥା । ସିଏ ଏ ବିଷୟରେ ଜାଣିଛି । କିନ୍ତୁ ଭଲ ସଂଗଠକ । ନିଜେ ଲେଖେ, ନାଟକ କରାଏ, ଅନୁଷ୍ଠାନଟେ ଚଳଉଛି । କିନ୍ତୁ ଭଲ ହଉଛି ବା ଖରାପ ହଉଛି ବୋଲି ଜଣେ ତ ପୁଣି ମନଖୋଲି କହିବ । ଭଲ କହିଲେ ଭଲ, ଖରାପ ହେଇଛି କହିଲାମାନେ ମଲ । ମୁଁ ବୁଝିପାରେନି । ସିଧାସିଧା କହିଦିଏ । ହଇରାଣ ବି ହେଇଛି ସେଇଥିପାଇଁ ।

(ଜାଣି ଶୁଣି ଆଲୋଚନାକୁ ପୁଣି 'ଧୃତରାଷ୍ଟ୍ରର ଆଖି' ଆଡ଼କୁ ଆଣିବାକୁ ଚେଷ୍ଟାକରି ପଚାରିଲି) ।

'ଧୃତରାଷ୍ଟ୍ରର ଆଖି' କି 'ମହାନାଟକ' ଭଳି ଚର୍ଚ୍ଚିତ ନାଟକ ପଛର ସ୍ମୃତି କିଛି ମନେ ପକେଇବେନି ?

● ମୁଁ ଲେକ୍‌ଚର୍ ହେଇଗଲେଣି ସେତେବେଳକୁ । ସେଦିନ ପାଗ ଥାଏ ପୂରା ମାନ୍ଦା । ମେଘ-ଖରା ମିଶାମିଶି । ସକାଳୁ ଆମେ ପାଲୁର୍ ବଙ୍ଗଳା ପାଖରୁ ଜଳଖିଆ ଖାଇ ଫେରିଲୁ । ତା'ପରେ ତ ବାତ୍ୟା ଭଳି ଆରମ୍ଭ ହେଇଗଲା ବର୍ଷା, ଟିଣଛାତର ଅବସ୍ଥା କହିଲେ ନ ସରେ । ବର୍ଷା ଚାଲିଛି ତ ଚାଲିଛି । ରାତିସାରା ବି ଖାଇବାକୁ କିଛି ମିଳିଲାନି । ସେଇ ପାଖର ପିଲାଟିଏ ମୋ ପାଇଁ ଭାଇନା ଖାଇବେ ବୋଲି ଖଲିପତ୍ରରେ ଭାତ, ଡାଲି, ବର୍ଷା ପାଣି ମିଶେଇକି ଆଣିଥାଏ । ବଡ଼ ବିକଳ ଅବସ୍ଥା । ତା'ରି ଭିତରେ 'ଧୃତରାଷ୍ଟ୍ରର ଆଖି' । ସରିଥିଲା ସାତଦିନରେ । 'ଜଣେ ମହାପୁରୁଷଙ୍କ

ଜନ୍ମମୃତ୍ୟୁ ସମ୍ପର୍କରେ' ସରିଥିଲା ପାଞ୍ଚ/ ଛଅ ଦିନରେ ।

ହଁ, ସେମିତି କିଛି କଥା ମହାନାଟକକୁ ନେଇ...

● ଜୟପୁରରେ ଥାଏ । ମନୋଜ ଦାସଙ୍କ 'ଲୁଲୁଭା ଅରଣ୍ୟରେ ସାତଜଣ ତପସ୍ୱୀ' ପଢ଼ିଲି । ଆଉ ୩-୪ଟା କ'ଣ ପଢ଼ିଲି । ଭାବିଲି ଏମିତି ଗୋଟେ ଚିନ୍ତାଧାରାକୁ ନେଇ ଗପ ଅପେକ୍ଷା ନାଟକରେ ବେଶୀକଥା କହି ହବ । କିଛିଦିନ ଛନ୍ଦି ହେଲାପରେ ଆସିଲେ ରାଜା ବଜ୍ରବାହୁ । ପାଞ୍ଚଦିନରେ ହିଁ ସରିଥିଲା ନାଟକଟି ।

ଆଉ ନାଟକରେ ଲୋକନାଟକ ଶୈଳୀର ଯେଉଁ ବ୍ୟବହାର !

● ମତେ ସେସବୁ ପଚାରନି । କହିପାରିବିନି । ସେ ଲୋକନାଟକ ଶୈଳୀ କ'ଣ ମୁଁ ଜାଣିନି । ଇଚ୍ଛା ହେଲା, ଦି'ଜଣ ଦାସକାଠିଆବାଲା ଆସିଲେ ଓ ଗୀତ ଗାଇଲେ । ମନୋଜ ଦାସଙ୍କ 'କଥା ଓ କାହାଣୀ' ପଢୁଥାଏ । ସେଇଠୁ ବୋଧେ କାହାଣୀ କହିବାର ପ୍ରବଣତା ପଶି ଆସିଥିବ। ଧର, କର୍ଣ୍ଣଙ୍କର ଉରୁଭଙ୍ଗ (ମୋର କିନ୍ତୁ କର୍ଣ୍ଣଙ୍କର ଉରୁ ଭାଙ୍ଗିବା ପ୍ରସଙ୍ଗ ମନେ ପଡୁ ନଥାଏ । ଦୁର୍ଯ୍ୟୋଧନର ତ ଜଙ୍ଘ ଭାଙ୍ଗିଥିଲା, କର୍ଣ୍ଣ ଆସିଲେ କୁଆଡୁ ! କିନ୍ତୁ ପୁରାଣ ଗଛ କିଏ କ'ଣ ଦେଖିଛି ! ଡାଳରେ, ପତ୍ରରେ, ଚେରରେ ନୂଆନୂଆ ଗପ । ସୁତରାଂ ରମେଶବାବୁଙ୍କ ପ୍ରଗଲ୍ଭମୟତାକୁ ସ୍ୱୀକାର କରି ନୀରବ ରହିଲି।) କାହାଣୀଟିଏ କହିବା ପାଇଁ ଦି'ଟା ଚରିତ୍ର ଦରକାର ହେଲା । ତ ଆଣିଲି । ଅମୁକ-ସମୁକ ଶୈଳୀ ମୁଁ ଜାଣିନି । ଭାଣ୍ଡାମୀ ଭିତରେ ବି ଭଲ କଥା କୁହାଯାଇପାରେ । ଏହେ ଦୁର୍ଯ୍ୟୋଧନର ଉରୁଭଙ୍ଗ ପରା! କହୁନ ହେ । (ହସିଲି ଓ ଲଜ୍ଜିତ ହେଲି ମନେମନେ) ଆମ ଦୁଇଜଣଙ୍କ ହସ ମିଶିଯାଇଥିଲା ସେତେବେଳକୁ)

ସେଇ ପାଖାପାଖି ସମୟରେ ତ ମନୋରଞ୍ଜନଙ୍କ କାଠଘୋଡ଼ା...

⊙ ସେଇଟା ଅଲଗା । ନାଟକରେ ଚରିତ୍ର ସବୁ ଯନ୍ତ୍ରଣା ଭିତର ଦେଇକି ଯାତ୍ରାଗୀତ ଗାଇଲେ । ଯାତ୍ରାଗୀତ କାହିଁକି ଗାଇବେ ? କାରଣଟା କ'ଣ ? ବେଣୁଧର ରାଉତ କହିଦେଲେ ବୋଲି କାଠଘୋଡ଼ା ବାଧ୍ୟହେଇ କାହିଁକି ପାଣି ପିଇବ ହେ ? ବରଂ 'ମହାନାଟକ'ରେ ଆଉ ଗୋଟେ କଥା ଯୋଡ଼ିପାର । ମୁଁ ରସଗୋଲାର ପାହାଡ଼, ଇଆଡୁ- ସିଆଡୁ କଳ୍ପନା କଥା ସବୁ ଯୋଡ଼ି କହିଛି ବୋଲି କୁହନ୍ତି, ସେ ସବୁ ବକ୍‌ବାସୀ ନୁହେଁ । ମୋର ଗୋଟେ ଏକାଙ୍କିକା ଥିଲା ମହାଲକ୍ଷ୍ମୀ ପୂଜା । ୧୯୭୧ ବେଳକୁ ଜାତୀୟକରଣ ଆରମ୍ଭ ହେଲା । ବ୍ୟାଙ୍କ୍ ଜାତୀୟକରଣ । ବାଂଲାଦେଶ ଯୁଦ୍ଧ ବି ଚାଲିଥାଏ । ତମେ କ'ଣ ଲକ୍ଷ୍ମୀଙ୍କର ବି ଜାତୀୟକରଣ କରିବ ନା କ'ଣ ? ସେଇଠୁ ଆସିଥିଲା ସେ ପରିକଳ୍ପନା । ଲେମ୍ବୁ ରସ, ନଡ଼ିଆପାଣି ରସ, କ୍ଷୀର, ମଦ, ବିଅର୍ ଏସବୁ ମଧ୍ୟ ଆସିଛି । (ହସିଲେ ରମେଶବାବୁ) ଗୁଡ଼ାଏ କଥା ହଉହଉ ହେଇଯାଏ,

ଉଦ୍ଦେଶ୍ୟମୂଳକ ଭାବେ କିଛି ବଡ଼କାମ କରାଯାଇପାରେନା ।

ସତକଥା । କିନ୍ତୁ ଏଇ ଟିକିଏ ପୂର୍ବରୁ ଯେଉଁ ଭାଣ୍ଡାମୀ କଥା କହୁଥିଲେ... ! ଆଲୋଚକମାନେ ତ ଲୋକନାଟକ ଶୈଳୀଠି ଅଟକିଛନ୍ତି ।

● ହଁ, ଜାଣେ । ମୋ ପରେ ଗିରୀଶ କନ୍ନଡ଼ଙ୍କ 'ହୟବଦନ' ଆସିଛି । ସେଥିରେ ବି ଗଣେଶ ବନ୍ଦନା, କଥା-କାହାଣୀ ସବୁ ଅଛି । ରତି (ନାଟ୍ୟକାର ରତିମିଶ୍ର) ଚାଲିଗଲା । ସିଏ ଆଣିଥିଲା ସେ ବହିଟା, ତାକୁ ସିଏ ଅନୁବାଦ କରିକି ଓଡ଼ିଶାରେ କରିଛି । ଚଉରାଅଶୀ ବେଳକୁ ବିଜୟ ତେଣ୍ଡୁଲକର 'ଘାସିରାମ କୋତ୍‌ୱାଲ୍' ବୋଲି ବହିଟେ ଲେଖିଲେ । ବାଦଲ୍ ସରକାର ଏଠୁ ସେଠୁ କପି କରିକି ନାଟକ ମାରିଦେଲା । ଆମେରିକାର ଗୋଟେ ନାଟକ 'ଇଣ୍ଟରଭିଉ' ପୂରା ଟିପା ହେଇଛି । ତା'ର 'ଏବଂ ଇନ୍ଦ୍ରଜିତ୍' ଭଲ, 'ବାକି ଇତିହାସ' ଭଲ । ମୁଁ, ମାନେ ଓ ସ୍ୱୀକାର କରେ । କିନ୍ତୁ ଏଇ ଯୋଉ 'ଥିଏଟରେର୍ ଭାଷା' - କି ଭାଷା ସେଇଟା ? ତା'ଠୁ ଶୁଣିକି ଅଧ୍ୟାପକ-ଗବେଷକମାନେ ବି ଖାଲି ଥାର୍ଡ୍ ଥିଏଟର୍, ଫୋର୍ଥ୍ ଥିଏଟର୍ ହଉଛନ୍ତି । କ'ଣ ତା'ର ଅର୍ଥ ! ଯଦି ବହିଟେ କଲ, ପୂରା ବିକାଶଧାରାଟାକୁ ଦେଖେଇଥା'ନ୍ତ । ଖାଲି ପରିଚିତ ଲୋକଙ୍କୁ ଟେକି ଧରିକି ଆଲୋଚନା କଲେ କେମିତି ହେବ । ଆଉ ଗୋଟେ ବହି ନାରାୟଣ ସେଠୀ ଲେଖିଛି । ଭଲ ହେଇଛି । ମୋ ପାଇଁ ଲେଖିଛି ମୁଁ କୋଉଠୁ ସବୁ କପି କରିଦେଇଛି... ହାଃ ହାଃ । ଶେଷକୁ ଗୁଡ଼େ ପ୍ରଶ୍ନୋତ୍ତର ବି ଦେଇଛି । ହେଃ ହେଃ ହେଃ...

କିନ୍ତୁ ଯେଉଁ ପ୍ରଶ୍ନ ଉତ୍ତର କଥା କହିଲେ, ସେଇ 'ସମସ୍ତଙ୍କୁ ଏକା ପ୍ରଶ୍ନ'ର ଧାରାଟା ମତେ ଅବାଗ ଧରେ । ସବୁ ନାଟ୍ୟକାରଙ୍କୁ ଏକା ଧରଣର ପ୍ରଶ୍ନ କେମିତି ସମ୍ଭବ ? ଲୋକ ବଦଳିଲେ ତ ପ୍ରଶ୍ନ ବଦଳିଯିବ ନା ! !

● ମୁଁ ବି ସେଇ କଥା କହୁଛି । ସେଗୁଡ଼ା ଦେଇକି ଲାଭ କ'ଣ ହେଲା ! ତମର ନିଷ୍କର୍ଷ ହିଁ ତ ମୂଳ କଥା । ଏକାଠି ବସେଇକି ଆଲୋଚନା କରିଥିଲେ ବରଂ ଚଳିଥା'ନ୍ତା । ପୁଣି ଗୁଡ଼ାଏ ମତାମତ ଭାରି ସଂକ୍ଷିପ୍ତ । 'ହଁ' ନହେଲେ 'ନାହିଁ' । କିନ୍ତୁ ଏଇ ପ୍ରଶ୍ନ-ଉତ୍ତର ପୁଞ୍ଜେଇରୁ ଲାଗିବ ଫୁଉଲ୍ ସାଇଣ୍ଟିଫିକ୍ ରିସର୍ଚ୍ଚ ହେଇଛି- ହାଃ ହାଃ । ନୁହେଁ କି ? ଏକା ପ୍ରଶ୍ନ କାହିଁକି କରିବ ହେ ? ନ ପଢ଼ିକି ନ ବୁଝି ପ୍ରଶ୍ନ ପୁଳେ ଧରି ଚାଲି ଆସିବ-କ'ଣ ନା ଉତ୍ତର କହ । ଏମିତି ବି ହେଇଛି, ମୁଁ ଜାଣିପାରୁଛି ଯେ, ମୁଁ ଯାହା କହୁଛି ସେ ଲୋକଟା ବୁଝି ପାରୁନି, ଅଥଚ ବାଧ୍ୟତଃ ସେମାନଙ୍କ ସହ କଥା ହେଇଛି । ସେଇ ଏକା କଥା, ଏକା ପ୍ରଶ୍ନ, ଭାରି ବୋରିଂ ଲାଗିବନି ! ପୁଣି ଦଳେ ଅଛନ୍ତି ପ୍ରଶ୍ନ ସବୁ ଲେଖିକି ପଠେଇଦେବେ । ଚିନ୍ତା କରିକି ଲେଖିଲେ ତ ଉତ୍ତର

ବିରାଟ ହେବ । ତମର ନିଜେ ବୁଝିବାର ସାମର୍ଥ୍ୟ ନଥିଲେ, ଆଉ ଜଣେ ବୁଝେଇବ କେମିତି ?

ହଁ, ହଉଛି ସେମିତି । ସେଇଥିପାଇଁ ତ ସାକ୍ଷାତ୍କାର ସବୁ ପୁନରାବୃତ୍ତି ଭଳି ଲାଗେ । ମୋ ଆଗରେ ବସିଛନ୍ତି ଯେଉଁ ରମେଶ ପାଣିଗ୍ରାହୀ, ତାଙ୍କର ବ୍ୟକ୍ତିତ୍ୱ, ଆବେଗ ଓ ଅବବୋଧକୁ ମୁହଁ ମୋଡ଼ିଦେଲେ କେମିତି ହେବ ! (ଲାଗିଲା, ପ୍ରଶଂସାଧର୍ମୀ ହେଇଯାଉଛି ମୋ ବକ୍ତବ୍ୟ ଖୁବ୍ ବେଶୀ, ସଚେତନ ହେଲି) ଆଚ୍ଛା, ନାଟକ ଲେଖିଲାବେଳେ ପରିଣତି କଥା ଭାବିସାରି ଲେଖନ୍ତି ଆପଣ ! ନା ଚରିତ୍ର, କାହାଣୀ ତାଙ୍କ ଇଚ୍ଛା ଅନୁସାରେ ପରିଣତି ଆଡ଼କୁ ଯାଆନ୍ତି ।

● ନା, ଲେଖୁଲେଖୁ ଯୁଆଡ଼େ ଯିବା କଥା ଯାଏ । କିନ୍ତୁ ଏଇ କଥାଟି କହିବାକୁ ମତେ ଲାଜଲାଗେ । ଲେଖା ହିଁ ମତେ ଟାଣିନିଏ ତା' ବାଗରେ । ସାଇକେଲ୍ ଚଲେଇକି ଗଲାବେଳେ ଗୁଡ଼ାଏ କଥା ମୁଣ୍ଡକୁ ଆସେ, କିଏ ନମସ୍କାର କଲାଣି, ମୁଁ ପ୍ରତିକ୍ରିୟା ନ ଜଣେଇ ସେଇଠି ଅଟକିଯାଇଛି । ଏମିତି ବହୁତଥର ଘଟେ । ନ ଲେଖିଲେ ଭୁଲିଯିବି ବୋଲି ଲେଖିବାକୁ ଚେଷ୍ଟା କରେ । ଗୁଡ଼ାଏ ହାଲୁକା କଥା ପଳାଏ ବି । ଭଲ ପ୍ଲଟ୍‌ଟିଏ ପାଇଲେ ସେଇଥିରେ ଛଟପଟ ହେଇକି ଲେଖି ବସେ । ଚରିତ୍ର ଅନୁସାରେ ଗୋଟେ ପରିଣତି ଆସିଯାଏ । ପରିଣତି କଥା ଭାବିଦେଲେ ବିକାଶ ହେଇପାରିବ ନାହିଁ ।

ଆପଣଙ୍କ ସାମସମୟିକ କିମ୍ବା ପୂର୍ବସୂରୀ କାହାର ପ୍ରଭାବ ପଡ଼ିଲା ଭଳି ଧାରଣା ମନରେ ଆସିଛି କି ?

● ସେତିକି ଭାବିନି । ମୁଁ ଜାଣିଜାଣି ସମସ୍ତଙ୍କୁ ପଢ଼େ । ମୋର ଉଦ୍ଦେଶ୍ୟ ହେଲା ଯୋଉଟା କେହି ଲେଖିନାହାନ୍ତି, ମୁଁ ଲେଖିବି । ସେମିତି ଜଣେ କେହି ନିର୍ଦ୍ଦିଷ୍ଟ ନାହାନ୍ତି । ଲେଖିଲାବେଳେ ପଢ଼ିଥିବା କଥା ମୁଣ୍ଡରେ ପ୍ରାୟ ନଥାଏ । ତେବେ ବୋଧେ 'ଜଣେ ମହାପୁରୁଷ...' ରେ ବେଙ୍ଗ ଖୋଜିଲା ବେଳକୁ ଆୟେନେସ୍କୋଙ୍କ ଶୈଳୀଟି ପଳେଇ ଆସିଛି ।

(ଟିଂ ଟିଂ... ବାଜିଲା କଲିଂବେଲ୍ । ପୁଣିଥରେ କିଛି ସମୟର ବ୍ୟତିବ୍ୟସ୍ତତା । ଫେରିଲାବେଳକୁ କହୁଥା'ନ୍ତି ନାଟ୍ୟକାର)

ଦେଖିଥିବା ଭଲ ଫିଲ୍ମ ବି ମନରେ ଥାଏ । ପାଶ୍ଚାତ୍ୟ ନାଟକରୁ ମାରି ହବନି । ତାଙ୍କ ଜୀବନଶୈଳୀ ଯାହା ଆମର ନୁହେଁ । ତାଙ୍କ ହସ-କାନ୍ଦ-ଲୁହର ଏକ୍ସପ୍ରେସନ୍ ଅଲଗା । ତେଣୁ ଭଲ ଲାଗିଛି ଅନେକ କଥା । ପ୍ରଭାବ ପଡ଼ିଛି କିନ୍ତୁ ପ୍ରଭାବିତ ହେଇନି । ଓଡ଼ିଆ ନାଟକ କଥା ଲେଖିଲା ବେଳକୁ ମୋ ସାମ୍ନାର ଦୁନିଆ ହିଁ ସାମ୍ନାକୁ ଆସିଯାଇଛି ।

ବେଶୀ ଆଇଡ଼ିଆ ଆସେ ବହି ପଢ଼ିଲାବେଳେ । ମତେ କବି ନାଟ୍ୟକାର ହରି ମିଶ୍ର କହନ୍ତି- କୋଉ ବହି ପଢ଼ି ହଉଛି କିଓ, ପଢ଼ିଲାବେଳକୁ ତ କ'ଣ ଗୋଟେ ମୁଣ୍ଡକୁ ଆସିଯାଉଛି ।' ମୋର ବି ସେଇକଥା ହୁଏ ।

-ଆପଣଙ୍କ ଅଧିକାଂଶ ନାଟକରେ ଆମେ ଦେଖୁ ନାୟକର ବିରକ୍ତି, କ୍ରୋଧ ଓ ବିପ୍ଳବ । ପ୍ରଚଳିତ ବ୍ୟବସ୍ଥାରେ ସନ୍ତୁଷ୍ଟ ନୁହେଁ ନାୟକ । ପ୍ରଶ୍ନ ଉଠାଏ, ବିରୋଧ କରେ ବିଦ୍ରୋହରେ ସାମିଲ୍ ହୁଏ । ନହେଲେ ସମାଜରୁ ବିଚ୍ୟୁତ ହୋଇ ବେଙ୍ଗ ଖୋଜାରେ ମାତିଥାଏ । - ଚରିତ୍ରମାନଙ୍କ ଭିତରେ କୋଉଠୁ ଆସେ ଏ ରାଗ, ଏ କ୍ରୋଧ, ଏ ବିରକ୍ତି ଏବଂ ଏ ବିବିଧତା ! ନାଟ୍ୟକାର ରମେଶ ପାଣିଗ୍ରାହୀଙ୍କୁ ଜାଣିଥିବା ଲୋକ କୁହନ୍ତି ଏହି ଚରିତ୍ର ସବୁ ନାଟ୍ୟକାରଙ୍କ ପରିବର୍ତ୍ତିତ ସ୍ୱରୂପ ବୋଲି...

● 'ଗୁଣ୍ଡା'ରେ ସେଇଟା ଅଛି । ମୋ ଚରିତ୍ର ସବୁକୁ ନେଇ କିଏ ଗୋଟେ ଇଣ୍ଟରନେଟ୍‌ରେ ଲେଖିଛି, ରମେଶ ପାଣିଗ୍ରାହୀ ଭାରି ନେଗେଟିଭ୍ । ମୁଁ କିନ୍ତୁ କୋଉଥିରେ ନଥାଏ । ଲେଖକଟିଏ ସମ୍ପୃକ୍ତ ନ ହେଲେ ଚରିତ୍ରର ବିକାଶ ହେଇ ପାରିବନି । ବେଳେବେଳେ ମନେହେବ ଯେ ଏଇ ଚରିତ୍ର ସବୁ ଦେଇକି ନାଟ୍ୟକାର ଆସୁଛି । ସେଇଟା ସ୍ୱାଭାବିକ । କିନ୍ତୁ ଭାବିକି ଲେଖି ହବନି । ଭିତରେ ପଶିବାକୁ ପଡ଼ିବ । ସେଇଥିପାଇଁ ତ ରୋବର୍ଟ୍ ମହାନ୍ତି କି ମୁକ୍ତିକାନ୍ତ ଭଳି ଚରିତ୍ର । ସେଇଥିପାଇଁ ତ ବବ୍‌ଲୁ, 'ବିନ୍ଦୁ ଓ ବଳୟ'ର ବଂଶୀ, 'ଆତ୍ମଲିପି'ର ନାଟ୍ୟକାର କି 'ପକା କମ୍ବଳ ପୋତି ଛତା'ର ଲଳିତା ଭଳି ଚରିତ୍ର । 'ଧୃତରାଷ୍ଟ୍ରର ଆଖି'ରେ ବିପ୍ଳବ କରୁଥିବା ପୁଅଟି ବି।

ମତେ ସବୁ ପଚାରନ୍ତି କାହିଁକି ଲେଖ । ଲେଖିବା ଛଡ଼ା ଅନ୍ୟଗତି ନଥିଲା ବୋଲି ତ ଲେଖିଲି ।

ବାହାରେ ପ୍ରଚାର କରିଦେଇଛନ୍ତି ଯେ ମନୋରଞ୍ଜନବାବୁଙ୍କ ସହ ମୋର ପଡ଼େନି । ଆମର ଭଲ ପଡ଼େ । ମତେ ବହୁତ ଭଲ ପାଆନ୍ତି ସିଏ । ଆକାଶବାଣୀରେ ଥିଲାବେଳେ ମୋ ନାଟକ କରେଇଛନ୍ତି । ଏବେ ତ ଅସୁସ୍ଥ ପୂରା । ମୋ ରାଗଟା ନାଟ୍ୟ ସମାଲୋଚକଙ୍କ ଉପରେ । ସବୁ ଆଲୋଚନାରେ କାହିଁକି ତାଙ୍କୁ ମୁଣ୍ଡରେ ବସେଇକି ସିଏ ହିଁ ସବୁ କରିଛନ୍ତି ବୋଲି କହିବ ! ଯାହା ନିର୍ଯ୍ୟାସ ଦବା କଥା ତା'ନ ଦେଇକି ପିଲାଗୁଡ଼ାଙ୍କୁ ଭୁଲ୍‌ଭାଲ୍ ତଥ୍ୟ ବତେଇବ କାହିଁକି ? କ୍ରିଟିକ୍‌ଟିଏ ପ୍ରଭାବିତ କାହିଁକି ହବ । ଏସବୁ ଖାଲି ବାହାପିଆ କଥା-ବାହାପିଆ କାମ । ତମେ ଜାଣିଥିବା ଜିନିଷ ଉପରେ କୁହ ନହେଲେ ଚୁପ୍ ରହ । ଭୁଲ୍‌ଭାଲ୍ କଥାଗୁଡ଼େ

କାହିଁକି ବାଣ୍ଟୁଛ । ସେଇଥିପାଇଁ ତ ହେମନ୍ତ ଦାସଙ୍କ ନାଟ୍ୟ ସମାଲୋଚନା ଶୈଳୀକୁ ମୁଁ ଗ୍ରହଣ କରିପାରେନି ।

(କଥା ବଦଳେଇବାକୁ ଚେଷ୍ଟାକରି କହିଲି) ଆରମ୍ଭରୁ ଯୋଡକଥା କହୁଥିଲେ ଆପଣ, କବିତାରେ ସବୁକଥା କହିପାରିଲେନି ପୁଣି ସେଇ ଦ୍ୱନ୍ଦ୍ୱକୁ ନେଇ ବିଜୟ ମିଶ୍ରଙ୍କ ସହ ଆଲୋଚନା କଥା ବି କହିଲେ । ଏବେ ଏତେ ଦିନ ପରେ ଲାଗୁଛି କି, କହିପାରିଛନ୍ତି ସବୁକଥା ବୋଲି !

● ଚେଷ୍ଟା କରିଛି । ହେଇଛି-ପୁଣି ହେଇନି । 'ଆତ୍ମଲିପି' ନାଟକରେ କିଛି କଥା କହିବାକୁ ଚେଷ୍ଟା କରିଛି । ନାଟକ ଲେଖାବେଳେ ମତେ ପଚାରୁଛନ୍ତି ଆୟୋଜକ, 'କ'ଣ ନାଟ୍ୟକାରେ । ନାଟକ କୋଉଠାଏଁ ଗଲା ?' - ସେଇଟା ବି ନାଟକରେ ଭର୍ତ୍ତି କରିଦେଇଛି । ସେଥିରେ ନାଟକର, ମଞ୍ଚର, ଲେଖକର, ଅଭିନେତାର ଦୁନିଆକୁ ସାମ୍ନାକୁ ଆଣିଛି । ମୋ ନାଟକସବୁରେ ବିଭିନ୍ନ ପ୍ରକାର ଭାଷାର ପ୍ରୟୋଗ ବି କରିଛି । କୋଉଠି କବିତା ଭଳି ଲାଗିବ । କୋଉଠି କଟକ ପୁରୀ ବୋଲି ପାଇବ । ପୁଣି କୋଉଠି ବରହମ୍‌ପୁରୀ । ଅପେକ୍ଷାକୃତ ଭାବେ ମୋର ଅନ୍ୟନାଟକ ଅପେକ୍ଷା କମ୍ ଥର ମଞ୍ଚସ୍ଥ ହୋଇଥିଲେ ମଧ୍ୟ 'ଆତ୍ମଲିପି' ପ୍ରତି ମୋର ଗୋଟେ ଦୁର୍ବଳତା ଅଛି ।

ଯେଉଁ ଭାଷାର ବ୍ୟାପ୍ତି କଥା କହୁଛନ୍ତି, ସେମିତି ଲୋକଭାଷାର ପ୍ରଭାବ 'ପକା କମ୍ବଳ, ପୋତ ଛତା' କି 'ହାତୀକୁ ହୋମିଓପାଥି'ରେ ପଡ଼ିନି କି !

● ହଁ, ହେଇଛି । 'ପକା କମ୍ବଳ...' ଟା ଅବୋଲକରା ଶୈଳୀରେ ଲେଖା ହେଇଛି । ପ୍ରଥମରୁ ଭାବି ନ ଥିଲି, ହଉହଉ ହେଇଗଲା । ଅବୋଲକରାର ପ୍ରଶ୍ନକୁ ନେଇ ନାଟକ ଆଗଉଛି । ସେ ନାଟକଟା ମଞ୍ଚସ୍ଥ ହେଇଗଲା ପରେ ବହି ହବା ପୂର୍ବରୁ ପ୍ରଶାନ୍ତ ନନ୍ଦର ଫିଲ୍ମଟା ଆସିଗଲା । ତେଣୁ ଲାଗିଲା ସମସ୍ତଙ୍କୁ ମୁଁ କପି କରିଦେଇଛି ପ୍ରଶାନ୍ତକୁ ବୋଲି । ହାଃ ହାଃ ହାଃ । 'ହାତୀକୁ ହୋମିଓପାଥି' କଥା ଅଲଗା । ପ୍ରଜାତନ୍ତ୍ରରେ ଗୋଟେ ଖବର ବାହାରିଥାଏ । ଗୋଟେ ବଣୁଆ ହାତୀ ରାଜଧାନୀରେ ପଶି ଦି'ଜଣଙ୍କୁ ହତ୍ୟା କରିଛି । ଏମିତି କିଛି... ଆରେ ସିଏ ହତ୍ୟା କ'ଣ କଲା ! ଦଉଡୁଦଉଡୁ କିଏ ସାମ୍ନାକୁ ଆସିଲେ ଡରିକି ମାରିଦେଇଥିବ । ହତ୍ୟା କ'ଣ କଲା ?

କିନ୍ତୁ ଆପଣ ସେ ଆଇଡିଆକୁ ହାତୀ ଗୋଟେ ରୋଗ ପାଖରେ ପହଞ୍ଚାଇଛନ୍ତି ତ !

● ସେଇ କଥାଟା କପି ହେଇଛି ବୋଲି କହିପାର । 'ରାଇନୋସୋରସ୍' ବୋଲି ଗୋଟେ ନାଟକ ଅଛି । ସେଥିରେ ଲୋକମାନଙ୍କ ଚମଡ଼ା କ୍ରମଶଃ ଗଧିଆ ଚମଡ଼ା ହେଇଯାଉଛି । ଅର୍ଥାତ୍ ମୂଢ଼ମତିମାନଙ୍କର ଚରିତ୍ର ଏମିତି ଗାଲୁଆ ଯେ ଯେତେ ଗାଳି ଦିଅ, ବର୍ଚ୍ଛା ମାର କି ଛୁରା ମାର- କିଛି ପରିବର୍ତ୍ତନ ହେବାର ନାହିଁ । ଏଇଟା ଗୋଟେ

ପ୍ରକାର ପ୍ରଭାବ କହିପାର । କିଛି ଜିନିଷ ଭିତରେ ଥାଏ, ପଳେଇ ଆସେ । ନାରାୟଣ ସେଠୀ କହିଲା କପି ହେଇଛି । ଲେଖିଲାବେଳେ ମୁଁ କ'ଣ ବହିଟା ଧରି ବସିଥିଲି କି ! ପ୍ରଭାବଟିଏ ଥିଲା ସେଇଟା ଏଇବାଟେ ଆସିଲା ।

ଏକଦା ଓଡ଼ିଆ ଯାତ୍ରାଜଗତ ସହିତ ଆପଣ ପ୍ରତ୍ୟକ୍ଷ ଭାବେ ସମ୍ପୃକ୍ତ ଥିଲେ । ଆପଣଙ୍କ ସମୟର ଅନ୍ୟକୌଣସି ନାଟ୍ୟକାର ଏତେ ନିୟମିତ ଓ ନିରନ୍ତର ଭାବରେ ଯାତ୍ରାଜଗତ ସହିତ ଯୋଡ଼ି ହୋଇନାହାନ୍ତି । କେମିତି ସେ ଅନୁଭୂତି ସବୁ ?

● ତା' ପୂର୍ବରୁ କଥାଟେ କହେ । ମୁଁ ପୁରୀରେ ଥାଏ । ମୋ ନାଟକର ନିର୍ଦ୍ଦେଶନା ପାଇଁ ନାରାୟଣ ଶତପଥୀଙ୍କୁ କହିଲି । ସେ ମତେ ହିଁ ନିର୍ଦ୍ଦେଶନା ଦେବାକୁ ନିର୍ଦ୍ଦେଶ ଦେଲେ । ସେ ମୋର ଶିକ୍ଷାଗୁରୁ ବି । ତା'ପରେ ପୁରୀରେ ପ୍ରାୟ ୧୫ଟା ନାଟକ ନିର୍ଦ୍ଦେଶନା ଦେଇଥିବି । କଟକରେ ଥିଲାବେଳେ ଗୋଟେ ପିଲା ଥିଲା । ତା' କାମ ହେଲା ସବୁ ଜାଗାରେ ମଶାଧୂପ ଦିଆ ହେଇଚି ନା ନାଇଁ ବୁଲିକି ଦେଖିବା । ମତେ ହଠାତ୍ ପଚାରୁଛି-ଆପଣ ଜଣେ ନାଟ୍ୟକାର ନା !' ମୁଁ ପଚାରିଲି- 'ତମେ ଜାଣିଲ କେମତି ?' ସେ କହିଲା- 'ବବ୍‌ଲୁ'ରୁ । କଟକରେ ଗୋଟେ ସେନ୍‌ସିବିଲିଟି ଅଛି । ଭାଇ ବିରାଦରୀ ଭାବ । ପୂରା ଦଳେ ଲୋକ ବସିକି ରେଡିଓ ଶୁଣୁଥିବେ । ସିଏ କହିଲା ଯେ ସାର୍ ଯାତ୍ରା ଲେଖୁ ନାହାନ୍ତି । ସେଇଠୁ ଗୋଟେ ବିଶ୍ୱାସ ଆସିଲା ନିଜ ଉପରେ ।

(ପୁଣି ଗୋଟେ ଛୋଟିଆ କୁଁ କୁଁ । ରମେଶବାବୁଙ୍କ ମୋବାଇଲ୍ ମେସେଜ୍ ଆସିଲା । ମେସେଜ୍‌ଟି ଉପରେ ଆଖି ବୁଲେଇ ନେବା ପରେ)

ସଚ୍ଚି ଦାସ ମତେ କହିଲେ, 'ନାଟକ ଗୋଟେ ଦିଅ । ବିଜୟ ମିଶ୍ର ଲେଖିଲେ, ତମେ ଲେଖୁନ ।' ଦେଖିନି କି ଜାଣିନି ବୋଲି କହିଲି । 'ଦେଖୁନ' ବୋଲି ଯୋଡ଼ିଲେ ସଚ୍ଚି ଦାସ । ଜନତା ମାଲିକ ବୈଷ୍ଣବବାବୁ ବି ନାଟକ କଥା କହିଲେ । ତାଙ୍କୁ ଗୋଟିଏ ପୋଖରୀ କୂଳରେ ବସି ୨/୩ ନାଟକ ଉପଯୋଗୀ କାହାଣୀ ଶୁଣେଇଲି । ସେ ବି କହିଲେ ଲେଖ । ଏମିତି ଗୁଲିଗପରୁ ମୋ ଯାତ୍ରା ଲେଖା ଆରମ୍ଭ । ପ୍ରଥମ ଯାତ୍ରା ନାଟକ ହେଉଛି 'ଭିନ୍ନ ଏକ ରାମାୟଣ, ଭିନ୍ନ ଏକ ସୀତା' । ବହିଟା ଦେଇ ଦେଇକି ଆସିଲି । କିଛିଦିନ ରିହର୍ସାଲ୍ ହେଲାପରେ ହଠାତ୍ କହିଲେ ଅମୁକ ସିନ୍‌ଟା ହେଲାନି । ମୁଁ ଯାଇକି ଗୋଟେ ସିନ୍ କରି ଦେଖେଇଲି । ସମସ୍ତେ କହିଲେ ହଉଛି ତ ! ଆଉ ଗୋଟେ ସିନ୍ କର । ବୈଷ୍ଣବବାବୁ ବି ନାଟୁଆ ଲୋକ । ମଝିରେ ମଝିରେ କହିବେ, 'ନାଇଁ ହେ, ରମେଶବାବୁ ୱାନ୍‌ସେଟ୍ ଡ୍ରାମା ହେଇଗଲା । 'ଟିକେ ବଦଳା ।' ଏମିତି ଗୋଟେ ସହଯୋଗିତା ଭିତରେ ମୋର ଯାତ୍ରା ସମ୍ପୃକ୍ତି । ନାଟକଟିଏ ମଙ୍ଗଳାବାଗରେ

ପଡ଼ିଲା । ମୁଁ ଥାଏ ରେଭେନ୍ସାରେ । ସେ ଯାତ୍ରାରେ କଲେଜ୍ ଛକର ଡାଏଲଗ୍ ସବୁ ଭର୍ତ୍ତି କରିଥାଏ । ନାଟକଟା ଦି' ରାତି ହେଲାପରେ କ'ଣ ହେଲା ଜାଣିଛ । ପୂରା ହିନ୍ଦ୍ ସିନେମା ହଲ୍‌ଠୁ କଲେଜ ଛକ ଯାଏ ସବୁ ପାନ ଦୋକାନ ମୋଠୁଁ ପଇସା ନବାକୁ ନାରାଜ । 'ନାଇଁ' ସାର୍, ବେପାର ଅଲଗା ଜିନିଷ । ଯାହା ହେଲେବି ନାଟ୍ୟକାର ଆପଣ । ପାନ ପାଇଁ କ'ଣ ଗୋଟେ ପଇସା ଦେବେ ।'

(ହସି ଉଠିଲେ ରମେଶ ବାବୁ । ମନେପଡ଼ିଲା କି ସେ ବେଳର ସ୍ମୃତି)

ତା'ପରେ ତ ଯୋଡ଼ି ହେଇଗଲେ ଯାତ୍ରା ଜଗତ ସହିତ ଆପଣ । ନିର୍ଦ୍ଦେଶନା ବି ଦେଇଛନ୍ତି । ସେ ଅଧ୍ୟାୟର ଆରମ୍ଭ କେମିତି !

● ତା' ପୂର୍ବରୁ କଥା ଗୋଟେ ମନେପଡୁଛି । ମଝିରେ ଗୋଟେ ସିରିଏଲ୍ ପାଇଁ ନାଟ୍ୟକାର ଶଙ୍କର ତ୍ରିପାଠୀ ଫୋନ୍ କଲା । 'ଆପଣ ଆମ ଟି.ଭି. ପାଇଁ ଲେଖନ୍ତୁ' କହିଲା । ମୁଁ ପଚାରିଲି 'କାହାଣୀ ?' ନା, କାହାଣୀଟା ବମ୍ବେରୁ ଆସିବ । ମୁଁ କହିଲି, 'ଲେଖି ପାରିବିନି । ବରାଦିଆ କାମ ହବନି ମୋ ଦ୍ୱାରା ।' -ଛାଡ଼୍ । ମୋର ପ୍ରଥମ ଯାତ୍ରା ନାଟକ ପରେ ଗୋଟେ ଚର୍ଚ୍ଚା ହେଲା ଯେ ଅଧ୍ୟାପକ ରମେଶ ପାଣିଗ୍ରାହୀ ଭଲ ଲେଖୁଛି । ଅନ୍ୟ ଅପେରା ପାର୍ଟି ବି ପହଞ୍ଚିଲେ । ତୁଳସୀର ଗୋଟେ ନାଟକର ନିର୍ଦ୍ଦେଶନା ପାଇଁ ଦୁଃଖୀରାମ ସ୍ୱାଇଁଙ୍କୁ ଯୋଗାଯୋଗ କରା ହେଇଥିଲା । ସେ ମନା କରିଦେଲେ । ମୁଁ ରାଜି ହେଲି । ପ୍ରଥମ ସିନ୍ କରୁଛି, ସେମାନେ କହିଲେ, 'ଇଏ କ'ଣ ସାର୍ ! ଦିଆସିଲି ଆଣ, ବିଡ଼ିଟା ଲିଭିଗଲା - ଏଇଟାରୁ ଗୋଟେ ଯାତ୍ରାର ଆରମ୍ଭ କରୁଛନ୍ତି ! ହବନି ! ନାଟକ ହେଇଯାଉଛି ।' ଏଇଟା 'ଯେ ପକ୍ଷୀ ଉଡ଼େ ଯେତେ ଦୂର' ବେଳର କଥା ବୋଧେ ! ଯାତ୍ରାର ନାଁଟା ସବୁବେଳେ କାବ୍ୟିକ, ଲୋକପ୍ରିୟ ଓ ଆକର୍ଷଣୀୟ

ଏକାଙ୍କିକା ସଂଗ୍ରହ : ଉଡ଼ନ୍ତା ପାହାଡ଼ର ଦର୍ଜା (୧୯୮୭), ଅପ୍ରୀତିକର ନାଟକ (୧୯୮୩)
ଯାତ୍ରା ନାଟକ : ଭିନ୍ନ ଏକ ରାମାୟଣ ଭିନ୍ନ ଏକ ସୀତା, ଯେ ପକ୍ଷୀ ଉଡ଼େ ଯେତେଦୂର, ଝରଣାଝୁରେ ସାଗର ପାଇଁ, ଲକ୍ଷ୍ମଣର ତିନିଗାର, ମରୁନଦୀରେ ଡଙ୍ଗା, ଶ୍ରୀକୃଷ୍ଣ ଆସୁଛନ୍ତି, ଡାଆଣୀ, ଧନ ମୋର କଳାମାଣିକ, ଠାକୁରେ ଅଛନ୍ତି ଚଉବାହାକୁ, ଜଗା ହଜିଗଲା ବଡ଼ ଦାଣ୍ଡରେ, ବେଦୀରୁ ସବାରୀ ଅନେକ ଦୂର
ସମାଲୋଚନା ଓ ଅନ୍ୟାନ୍ୟ ପୁସ୍ତକ: ମୁକ୍ତଧାରାର ନାଟକ
ଉଲ୍ଲେଖନୀୟ ସ୍ୱୀକୃତି : ସାହିତ୍ୟ ଭାରତୀ ସମ୍ମାନ, ୨୦୧୯

ହବା ଦରକାର । ସେ ବହି ହିଟ୍ ହେଲା । ଯାତ୍ରାରେ ମୁଁ ସ୍ୱାଦ ପରିବର୍ତ୍ତନ ପାଇଁ ଚେଷ୍ଟା କରିଛି । ପ୍ରଥମ କରି ତିନିଟା ଷ୍ଟେଜ୍ କରେଇଛି । ବହୁତ କଥା ସେସବୁ । ଯାତ୍ରାରେ ବି ସମସ୍ତେ ଭାରି ପ୍ରଫେସ୍‌ନାଲ୍ । ଯାତ୍ରାରେ ରିହର୍ସାଲ୍ ସହିତ ସିନ୍ ଲେଖା ହୁଏ ଓ ବଦଳେ । କୋଉ ସିନ୍ ପରେ କୋଉ ସିନ୍ ଆସିବ ତାକୁ -ପରମ୍ୟୁଟେସନ୍- କମ୍ବିନେସନ୍‌ରେ ମୁଁ ଖଞ୍ଜି ଦଉଥାଏ । ବାସ୍ତବତାକୁ ଆଖି ବୁଜିଦେଲେ ହବନି । ମଝିରେମଝିରେ ହଇରାଣ ହେଇଯାଇଛି । ଲେଖିପାରିନି, ଭୁଲିଯାଇଛି, ଥକିଯାଇଛି, କିନ୍ତୁ କାମ କରିବାର ଗୋଟେ ନିଶା ହିଁ ମତେ ଟାଣି ଧରିଥିଲା ସେତେବେଳ ।

ସେ ସମ୍ପୃକ୍ତି ପ୍ରାୟ କେତେ ବର୍ଷର ଓ ପୁଣି ଦୂରେଇବାର କାରଣ ?

● ପ୍ରାୟ ଆଠବର୍ଷ । ୨୦ଟା ପାଖାପାଖି ନାଟକ ଲେଖିଛି । ପ୍ରଥମଟାକୁ ଛାଡ଼ିଦେଲେ ସବୁଥିରେ ନିର୍ଦ୍ଦେଶନା ବି ଦେଇଛି । ଦେହ ଖରାପ ହେଇଗଲା । ମତେ ଗୁଣି କରିଦେଲେ । ମୁଁ ଜାଣିପାରୁଛି ସେତେବେଳେ ଜିନିଷଟା ମୋ ଅକ୍ତିଆରରେ ନାହିଁ । ହାତରୁ ଖସିଯାଉଛି । ମୋର ସେଣ୍ଟ୍ରାଲ୍ ନର୍ଭସ୍ ପ୍ରଭାବିତ ସତେ ଯେମିତି । କ'ଣ ଗୋଟେ ଗଭୀର ଭାବେ ଚିନ୍ତାକଲାବେଳକୁ ଭିତରେ ଆଉ କାହାର ସ୍ୱର ମତେ ଶୁଭୁଥାଏ । ମସ୍ତିଷ୍କ ଅନୁସାରେ ହାତ ଗୋଡ଼ ଚାଲିଲା ନାହିଁ । ଯାହାକୁ କହିବି ଏକଥା ଗାଳିଦେବ ସିଏ । ଅନ୍ଧବିଶ୍ୱାସ ଭାବିବ । ୟା'କୁ ନେଇକି ବହିଟେ କରିବି ବୋଲି ଭାବିଛି । 'Story of a Tantric victim' । ଯିଏ ଗୁଣିକଲା ତା' କଥାବି ଲେଖିବି । ସେଇ ସମୟରେ ମୋ ନାଟକ ଲେଖା ପ୍ରାୟ ବନ୍ଦ ହେଇଯାଇଥିଲା । ରାତି ଅନିଦ୍ରାରୁ ଦେହ ବିଗିଡ଼ିଗଲା ।

ଆପଣଙ୍କ ଯାତ୍ରା ଜୀବନର ଅଭିଜ୍ଞତା ଆପଣଙ୍କ ଭିତରେ ନାଟ୍ୟକାରର ଜୀବନଯାତ୍ରାକୁ ପ୍ରଭାବିତ କରିନାହିଁ କି ?

● ଯାତ୍ରା ସହିତ ସମ୍ପୃକ୍ତି ଫଳରେ ମଞ୍ଚ, ଲୋକରୁଚି, ନୂଆନୂଆ ପରୀକ୍ଷାନିରୀକ୍ଷା ସହିତ ସମ୍ପର୍କ ହେଲା । ସ୍ୱାଧୀନତା ବି ମିଳିଲା । ନାଟକର Craft ମୁଁ ତିଆରି ପାରିଲି । ଲୋକଙ୍କୁ ନୂଆକଥା କହିବାର ପାଗଳାମୀରେ କିଛି କଥା ବାହାରିଗଲା ନହେଲେ ହୁଏତ ନାଟକରେ ବାହାରିଥାନ୍ତା ସେଇଟା । ଲେଖକଟିଏ ନିର୍ଦ୍ଦେଶକ ହେଲେ ସ୍ୱାଧୀନତା ଅଧିକ । ତମେ ଯାହା କହିବାକୁ ଚାହୁଁଛ ତାହା କେବଳ ସଂଳାପରେ ସମ୍ଭବ ନୁହେଁ । ପୂରା ମଞ୍ଚକୁ ସଜାଡ଼ିବାକୁ ପଡ଼ିବ । ତମ ଆଇଡିଆ ସହ ଅନ୍ୟମାନଙ୍କ ଆଇଡିଆ ମିଶିକି ନୂଆ କଥା ବାହାରିବ । ମୁଁ ସବୁବେଳେ ଅନ୍ୟମାନଙ୍କ ପ୍ରତିକ୍ରିୟା ଉପରେ ଗୁରୁତ୍ୱ ଦିଏ । ମୁଁ ଜାଣିପାରେ କୋଉଠି ଅସୁବିଧା ରହୁଛି । ଏଣୁ ସଜାଡ଼େ ନିଜକୁ । ମୁଁ ଯଦି ଭାବିବି, ମୁଁ ଅମୁକ ଲେଖକ, ତାହାଲେ ଯାତ୍ରା କି ନାଟକ-କିଛି ବି ହବନାହିଁ ।

ଦର୍ଶକଙ୍କ ପ୍ରୀତିଭାଜନ ହେବା ଛୋଟିଆ କଥା ନୁହେଁ । ମନୋରଞ୍ଜନବାବୁ ନିଜେ ନାଟ୍ୟକାର, ଏଣେ ଆକାଶବାଣୀ ଦାୟିତ୍ୱରେ । ଲେଖିଦେଲେ- କରିଦେଲେ । ନାଲିଗାର ବାଜିଲାନି । ନାଟକ ମାଜି ହବ କେମିତି ! ଯାତ୍ରାରେ ନାଲି ନେଳି ସବୁ ଗାର ବାଜିବ । ନହେଲେ ପଲିସ୍ଡ୍ ହବନି ।

ମୁଁ କିନ୍ତୁ ଚାହୁଁ ନଥିଲି ରମେଶବାବୁ ଆଲୋଚନାର ଏ ପର୍ବରେ ମନୋରଞ୍ଜନମୁଖୀ ହୁଅନ୍ତୁ । ଆମ ଆଲୋଚନାରୁ ମନୋରଞ୍ଜନଙ୍କୁ ଦୂରେଇ ରଖିବା ପାଇଁ ଯୋଉ ପ୍ରଶ୍ନର ସାହାଯ୍ୟ ନେଲି, ଫସିଗଲି ପୁଣିଥରେ । ପଚାରିଦେଲି ପୁରସ୍କାର ସମ୍ବନ୍ଧୀୟ ପ୍ରଶ୍ନଟିଏ । କହିଦେଇଛି ଏଇ କଥା ତ ଆଲୋଚନା ସାହିତ୍ୟ ଏକାଡେମୀ ପୁରସ୍କାର ପାଖରେ ହାଜର । ସେ ବିଷୟରେ ଏତେ ତର୍କ-ବିତର୍କ ଚାରିଆଡ଼େ ଯେ ସେ ସବୁକୁ ଉଲ୍ଲେଖ କରୁନି ପୁଣିଥରେ । ଅକ୍ଷୟ ମହାନ୍ତି ଗାଇଥିବା ଗୀତଟିଏ ଝାପ୍‌ସା ମନେପଡୁଛି । 'ପୁରୁଣା ଛତା, ପୁରୁଣା ଯୋତା, ପୁରୁଣା ମେଘ, କ'ଣ କ'ଣ କ'ଣ- ସବୁ ଏଇଠି ଥିବ, ମତେ ଯିବାକୁ ହେବ । ହେତ୍, ମନେପଡୁନି । ସୂର୍ଯ୍ୟ ଭାଇ (ସୂର୍ଯ୍ୟ ଦେଓ)ଙ୍କୁ ପଚାରିଦେଲେ କହିଦିଅନ୍ତେ ଯେ, ଏ ଗୀତର ମୁଖଡ଼ା। କାଳେ କହିବେ, କାମ ପଡ଼ିଲା ବୋଲି ମନେ ପଡ଼ିଲି, ଛାଡ଼)

⊙ ପୁରସ୍କାର ପ୍ରତି ଲୋଭ ରହିଗଲେ, ତମକୁ ଯୋଜନାବଦ୍ଧ ଭାବେ କାମ କରିବାକୁ ପଡ଼ିବ । ୟା' ପାଖକୁ ତା' ପାଖକୁ ଧାଇଁବାକୁ ପଡ଼ିବ । ମୁଁ ବି ପୁରସ୍କାର ଗ୍ରହଣ କରିଛି । ପୁରସ୍କାରଟା କାମ ଦିଏ ସେତିକିବେଳେ ଯେତେବେଳେ ତମେ କାମ କରିପାରୁଥିବ ବା କରିବାର ସାମର୍ଥ୍ୟ ଥିବ । ଲେଖିବାର ସାମର୍ଥ୍ୟ ସରିଗଲା ପରେ ଥଇଥାନ କଲା ଭଳି ପୁରସ୍କାର ଦେଲେ ଲାଭ କ'ଣ ! ମଲାବେଳକୁ ଘରେ ନେଇ ଦେଇକି ଆସିବା ଭଳି ଅବସ୍ଥା ।

ଓଡ଼ିଆ ସାହିତ୍ୟର ଇତିହାସ ଲେଖୁଛନ୍ତି ପରା ! ଆପଣଙ୍କ ସ୍ପଷ୍ଟବାଦିତା ପାଇଁ ଆମେ ତା' ଅପେକ୍ଷାରେ ଅଛୁ । କେବେ କାମ ସରିବ !

● ତିନିଟା ଭାଗ କରିବି ତାକୁ । ପ୍ରଥମ ଭାଗଟା କାମ ଶେଷ, ଏଥେନା ଛାପୁଛି । ଆଧୁନିକ ସମୟରେ ମୋର ପ୍ରଥମ କବି ହେଲା ଭୀମ ଭୋଇ । ରାଧାନାଥ ନୁହେଁ । ତମେ 'ସ୍ତୁତି ଚିନ୍ତାମଣି' ପଢ଼ିଦିଅ, ଲାଗିବ ଏମିତି ଆଧୁନିକ ଆଉ କେହି ନାହାନ୍ତି । ଆଧୁନିକତା କବିସୂର୍ଯ୍ୟ, ଗୋପାଳକୃଷ୍ଣଙ୍କ ବେଲୁ ଖୋଜିବାର ଆବଶ୍ୟକତା ଅଛି । ଗୋପାଳକୃଷ୍ଣଙ୍କୁ ଦେଖ । ଲୋକଟା କାଗଜ, କଲମ ବ୍ୟବହାର କରୁଛି । ପଥର ଘର ସାରା ମୁଣ୍ଡା ଖଡ଼ିରେ ଲେଖି ଦେଇକି ଗୀତରେ ପୂର୍ଣ୍ଣ କରିଦେଇଛି । ସିଏ ମଡର୍ଣ୍ଣ କାହିଁକି ହବନି ! ଆମ ପାଖରେ ତଥ୍ୟର ଅଭାବ । ତାଙ୍କ ଗ୍ରନ୍ଥାବଳୀଟା ପଢ଼ିଲାବେଳେ

ମୁଣ୍ଡକୁ ସବୁ ଏମିତି କେତେ ନୂଆ କଥା ଆସିଲା । ଯଦୁମଣି ବି ସେମିତି । ତାଙ୍କ ଉପରେ ଏ ମଡର୍ଣ୍ଣବାଲାଙ୍କ ନଜର ପଡ଼ିନି । କାଠୁରିଆ ଘର ଲୋକ । ବଢ଼େଇ । କାଠରେ , ପୋଥିରେ ଚିତ୍ର କରୁଛି । ଭଲ ତବଲା ବଜଉଛି, ଗୀତ ଗାଉଛି, କବିତା ଲେଖୁଛି । ଏସବୁର ମିଳିତ ପ୍ରଭାବ ସାହିତ୍ୟରେ ପଡ଼ିବ ନା ନାଇଁ ! ଶଳା, ବଢ଼େଇଘର ବୋଲି ତାକୁ ତମେ ଜାଗାଦବନି ! ତମେ କିଏ ହୋ ? ଆଗପଢ଼, ଖୋଜ । ତା'ପରେ କହିବ । ହଁ, ମୋ ଇତିହାସରେ ଜୟଦେବ ବି ଓଡ଼ିଆ କବି । ସଚ୍ଚି ରାଉତରାୟ ଓଡ଼ିଆ କବିତା ଲେଖିଛନ୍ତି, କିନ୍ତୁ ଅସୁବିଧା ରହିଛି । ନୂଆ କଥା ଖୋଲିବାକୁ ଚେଷ୍ଟା କରିଚି । ପ୍ରଥମ ଭାଗଟା ଗୋପାଳକୃଷ୍ଣଙ୍କ ଯାଏଁ ଆସିଛି । ବହାରିଯିବ ଏ ଭିତରେ ।

(ଏଥେନାର ପ୍ରକାଶକ ରାଜ କିଶୋର ଦାସ ଆସିଥିଲେ ଶାନ୍ତିନିକେତନ ଏଇ କିଛିଦିନ ତଳେ । ତାଙ୍କୁ ପଚାରିଲି ତ କହିଲେ, ଡିସେମ୍ବର ପୁସ୍ତକମେଳା ବେଳକୁ ବହିଟି ବାହାରିବାକୁ ଥିବା ଯୋଜନା ବିଷୟରେ । ଆଲୋଚନାକୁ ସାରିବି ସାରିବି ହେଉଥାଏ । ଏମିତି ପଚାରିଦେଲି ।) ଏବେ ଯୋଉ ନାଟକ ଚାଲିଛି-ଆପଣଙ୍କ ପରେ ଆସିଥିବା ଲୋକାମାନେ କାମ କରୁଛନ୍ତି- ସେମାନଙ୍କ କାମକୁ ନେଇ କ'ଣ କହିବେ ?

● ନାଟକ ଚାଲିଛି କି ? କିଛି ତ ଚାଲିନି । ଏବେ କିନ୍ତୁ ବିଜୟ ଭାଇନାର 'ନିଧିବାବୁ ଘରେ ଅଛ' ଭଲ ହେଇଥିଲା, ଭଲ ଲେଖା ।

ବିଜୟ ମିଶ୍ରଙ୍କ କଥା ଛାଡ଼ନ୍ତୁ । ଏବେର ଆଉ ଆପଣଙ୍କ ପରବର୍ତ୍ତୀ ସମୟର ନାଟକ କଥା କହୁଛି ।

● ସମସ୍ତେ ଭଲ କରୁନାହାନ୍ତି । ଅଳ୍ପ-ମାନେ ଖୁବ୍ ଅଳ୍ପ । ହାତଗଣତି ଲୋକ ଭଲକାମ କରୁଛନ୍ତି । କ୍ରାଫ୍ଟରେ ମାଷ୍ଟର୍ ନହେଲେ କାମ କରିହେବନି । ଭଲ କାମ କଲେ ହିଁ ତମେ ତିଷ୍ଠିବ । କଟକ-ଭୁବନେଶ୍ୱରରେ ବେଶୀ କିଛି ହଉନି । ଯା ବାହାରେ ଓଡ଼ିଶାର ଅନ୍ୟ ଅଞ୍ଚଳରେ ବରଂ ଭଲ ନାଟକ ହଉଛି । ନୟାଗଡ଼ର ସେ ଟୋକାଟା ମରିଗଲା । ଅମୂଲ୍ୟ ତା ନାଁ । ଭଲ କାମ କରିଥା'ନ୍ତା । ଭଲ କାମ, ଲେଖୁଥିଲା ଭଲ, ଡାଇରେକ୍ଟର୍ ବଢ଼ିଆ । ତା'ର ବହି ଫହି ଅଛି କି ?

ତାଙ୍କର ତିନିଟା ନାଟକରୁ ଏକାଠି କରିବାର ଉଦ୍ୟମ କରୁଛନ୍ତି କମଳ ଦାସ । ସେ ବି ଭଲ ଅଭିନେତା । କବିତା ଲେଖନ୍ତି । କବି କବି ମଣିଷ । ଅମୂଲ୍ୟ ନା'ଙ୍କ ଠାରୁ ବଡ଼ ହେଲେ ବି ବେଶ୍ ଅନ୍ତରଙ୍ଗ ଥିଲେ ଉଭୟେ ।

● ଭଲ କଥା । ମୋର ମନେ ପଡୁଛି ତା'ର ଗୋଟେ ନାଟକ ହଉଥିଲା ରବୀନ୍ଦ୍ର ମଣ୍ଡପରେ । ('ଧୃତରାଷ୍ଟ୍ର ଉବାଚ' ବୋଲି ମନେପକାଇଲି ମୁଁ) ହଁ । ସୁପରଡୁପର୍ । କ'ଣ କଲେ ସେ ପିଲାମାନେ । ତା' ପରଦିନ ସେମିନାର୍‌ରେ ବି ଢେର୍ ପ୍ରଶଂସା ।

ନାଟକରେ ଜଣେ ଧୂପଟା ଦଉଛି । ଏଇ ଧର୍ଷିତା ଝିଅଟା ତା'ପାଖକୁ ପଳେଇଲା ବୋଲି ଲୋକଟା ବିଗିଡ଼ିକି କହୁଛି- ତୁ ମୋ ଧୂପକୁ ମାରା କରିଦେଲୁ ! ସେମିତିଆ କାମ କରିବା ଦରକାର ନା । ମନେରହିଲା ଭଳିଆ ନାଟକ । ତା'ଛଡ଼ା ଭବାନୀ ପାଟଣା, ନୂଆପଡ଼ା, ସେଇ ପଶ୍ଚିମ ଓଡ଼ିଶା ପଟେ ଭଲ ହଉଛି । ରାଉରକେଲାରେ ସବୁ ନାଟକ ଉତୁରି ପାରୁନି । ବାଲେଶ୍ୱରରେ ଏବେଏବେ ଭଲକାମ ହଉଛି । ବରହମ୍ପୁର୍‌ରେ ଭଲ ହଉନି । ବିଭିନ୍ନ ଭଲଭଲ ନାଟକକୁ ଏଠିକି ଆଣୁଛନ୍ତି ମଝିରେ ମଝିରେ ।

କୋଉଠି ଅସୁବିଧା ରହୁଛି ବୋଲି ଭାବୁଛନ୍ତି ।

● ଲେଖା । ଅନ୍ନପୂର୍ଣ୍ଣା ଲେଖକଙ୍କ ଯୋଗୁଁ ହିଁ ଭାଙ୍ଗିଗଲା । ଓଡ଼ିଶାରେ କାହାଣୀ କହିବାର କୌଶଳର ଅଭାବ । ନାଟକରେ ଭଲ କାହାଣୀ କହିବା କି ଲେଖିବା ଭାରି ଗୁରୁତ୍ୱପୂର୍ଣ୍ଣ ।

ପୁଣିଥରେ ରମେଶବାବୁଙ୍କ ଫୋନ୍ ଆସିଲା । ଏ ଦୀର୍ଘପର୍ବର ବିରତି ବେଳ ଏବେ । ଆଲୋଚନା ଅଧାଖୋଲା ହେଇଥିବାବେଳେ ମୁଁ ଉଠିବାକୁ ପ୍ରସ୍ତୁତ ହେଇସାରିଲିଣି । କଥା କ'ଣ ସରେ ! ପୁଣି କଥା ହେଉଥିବେ ଯଦି ଏମିତି ଜଣେ ମୁକ୍ତ ମଣିଷଙ୍କ ସହିତ, କଥା ସରିବାର ସମ୍ଭାବନା ବି ଦୁରୂହ ବ୍ୟାପାର । ପନ୍ଦର ମିନିଟ୍ ତଳୁ ୮ଟା ବାଜି ସାରିଲାଣି । ପୁରୁଣା ବସ୍‌ଷ୍ଟାଣ୍ଡ ଆଡୁ ଘେରାଏ ବୁଲିଆସିଲେ ହୁଅନ୍ତା ବୋଲି ଭାବି ରମେଶବାବୁଙ୍କୁ ବିଦାୟ ମାଗିଲି । ମନରେ ଦର ଆଉଜା ରହିଲା 'ମୁଁ ଆମ୍ଭେ ଆମ୍ଭେମାନେ'ର ଟିକେ ନାକୁରୁ ଛୁଇଁଦେଲେ ଖୋଲିଯାଉଥିବା ଫାଟକ ।

ଯା'ଭିତରେ ବାରମ୍ବାର ଫୋନ୍‌ରେ ଖୋଜିଛି ରମେଶବାବୁଙ୍କୁ । ମିଳୁନାହାନ୍ତି ।

କିଛିଦିନ ପରେ ଫେରୁଥାଏ ଶାନ୍ତିନିକେତନ ।

ହାୱଡା ଷ୍ଟେସନ୍‌ରେ ଓଭରବ୍ରିଜ୍ ଚଢ଼ିବା ଆରମ୍ଭ କରିଚି ତ ମୋ ସାମ୍ନାକୁ ଡେଇଁ ପଡ଼ିଲେ ଦି'ଟା ବେଙ୍ଗ । ହଠାତ୍ ମନେପଡ଼ିଗଲେ କୃଷ୍ଣମୋହନ । ଯିଏ ବେଙ୍ଗ ମୁଣ୍ଡରେ ମଣି ଖୋଜୁଖୋଜୁ ସାରିଦେଇଥିଲେ ସମଗ୍ର ଆୟୁଷ । ରମେଶବାବୁଙ୍କ 'ଜଣେ ମହାପୁରୁଷଙ୍କ ଜନ୍ମମୃତ୍ୟୁ ସମ୍ପର୍କରେ' ନାଟକର ଚରିତ୍ରଟିଏ । ହାୱଡାର ସେଇ ଲୋକଗହଳିରୁ ବି ଟିକିଏ କଡ଼କୁ ଯାଇ ବ୍ୟାଗ୍ ଦି'ଟା ତଳେ ଥୋଇଦେଇ ମୁଁ ଟିକେ ନଇଁ ପଡ଼ିଲି ।

ହଠାତ୍ ଉଜ୍ଜ୍ୱଳ ଦିଶୁଥିବା ଏ ବେଙ୍ଗ ଦି'ଟାଙ୍କ ମୁଣ୍ଡରେ କାଳେ ଲୁଚିରହିଥିବ ମଣିଟିଏର ସମ୍ଭାବନା... !! ନା ଜୀବନ ଭଳି ବେଙ୍ଗମାନେ ବି ନିରାଶ କଲେ ।

■

ବିଭାଗ ମୁଖ୍ୟ, ଓଡ଼ିଆ ଭାଷା ଓ ସାହିତ୍ୟ ବିଭାଗ
ରେଭେନ୍‌ସା ବିଶ୍ୱବିଦ୍ୟାଳୟ, କଟକ

ଏଗାରଟି ତୀର ମହାନାଟକର ମହାନାୟକଙ୍କୁ

ଡ. ଦେବାନନ୍ଦ ଦାସ

(୧)

ହଠାତ୍ ତାଙ୍କୁ ଖୋଜିଲା ବେଳକୁ ସିଏ ଦୃଷ୍ଟିଗୋଚର ହୁଅନ୍ତି ନାହିଁ। ପାହାନ୍ତା ପହରର ଘର ଚଟିଆ ପରି ଉଡ଼ି ଯାଇଥାନ୍ତି ସ୍ୱପ୍ନ ଅନ୍ୱେଷଣରେ। କେଉଁ ଗଛର କେଉଁ ଶାଖାରେ ବସନ୍ତି ଜଣାପଡ଼େ ନାହିଁ। ରାସ୍ତା କଡ଼ର କେଉଁ ଢାବାରେ ଢୁଳେଇ ପଡ଼ିଥାନ୍ତି ତ କେଉଁ ଯାତ୍ରାପାର୍ଟିର ଟ୍ରକ୍ ଡାଲାରେ ରୌଦ୍ରସ୍ନାନ କରୁଥା'ନ୍ତି। କେଉଁ ଗୋଟେ ନାଟକର ଅଭିନେତା କିମ୍ବା ଅଭିନେତ୍ରୀର ମନ ହବ ତ ତାଂକ ମୁଣ୍ଡରେ ଗୋଟେ ବଡ଼ 'କାଓବୟ' ଟୋପି ପିନ୍ଧେଇ ଦବ। ହଠାତ୍ ରମେଶ ପାଣିଗ୍ରାହୀ ଜାଣି ପାରିବେନି କିଂତୁ ତାଂକର ରୂପାନ୍ତର ହୋଇ ଯାଇଥିବ।

ଏମିତି ବାରମ୍ବାର ରୂପାନ୍ତର ଘଟେ ତାଙ୍କ ଭିତରେ। ଏଇ ରୂପାନ୍ତର ଭିତରେ ବଦଳିଯାଏ ତାଙ୍କ ଚରିତ୍ରମାନଙ୍କର ଅବତାର।

ବଦଳି ଯାଏ ତାଙ୍କର ସମୟ ଓ ସ୍ଥାନ। ବଦଳିଯାଏ ତାଙ୍କ ଅଭିବ୍ୟକ୍ତି ଓ ସାହିତ୍ୟ ପ୍ରଜାତି (genre)। ସେ ଓଡ଼ିଆ ସାହିତ୍ୟର ବେତାଜ୍ ବାଦ୍‌ଶାହ। ମହାନାଟକର ମହାନାୟକ।

(୨)

ମହାନାଟକର ମହାନାୟକ ରମେଶ ପ୍ରସାଦ ପାଣିଗ୍ରାହୀ ଉତ୍ତର ଷାଠିଏ ଓଡ଼ିଆ ସାହିତ୍ୟର ଜଣେ ପ୍ରଥିତଯଶା ଲେଖକ ଓ ଚିନ୍ତାଶୀଳ ସାହିତ୍ୟିକ। ସେ ଏକାଧାରରେ ଜଣେ ନାଟ୍ୟକାର, କବି, କଥାକାର, ଆଲୋଚକ, ଚଳଚ୍ଚିତ୍ରର କାହାଣୀକାର, ଚିତ୍ରନାଟ୍ୟ ଲେଖକ, ସଂଳାପକାର, ଓଡ଼ିଆ ସାହିତ୍ୟର ଇତିହାସକାର, ଯାତ୍ରା ନାଟକର ସ୍ରଷ୍ଟା ଓ ନିର୍ଦ୍ଦେଶକ ତଥା ସର୍ବୋପରି ଜଣେ ଉତ୍ତମ ପାଠକ। ତାଙ୍କ ସାରସ୍ୱତ ସାଧନା ଭିତରେ ରହିଛି ଅନ୍ୟୂନ ୯୫ଟି ନାଟକ, ୩୦ରୁ ଊର୍ଦ୍ଧ୍ୱ ଗଳ୍ପ, ୨୦ଟି ଯାତ୍ରା ନାଟକ, ୨୦୦ରୁ ଊର୍ଦ୍ଧ୍ୱ ଗୀତି କବିତା, ଗୋଟିଏ ଉପନ୍ୟାସ, ଏକାଧିକ ଆଲୋଚନା ପୁସ୍ତକ

ତଥା ଇଂରାଜୀ ଭାଷାରେ ୧୫୦୦ ପୃଷ୍ଠାରେ ଲିଖିତ ଓଡ଼ିଆ ସାହିତ୍ୟର ଇତିହାସର ତିନୋଟି ଖଣ୍ଡ। ଆକାଶବାଣୀର ସ୍ୱୀକୃତିପ୍ରାପ୍ତ ଏହି ଗୀତିକାର ଇଂରାଜୀ ଭାଷା ଓ ସାହିତ୍ୟର ଅଧ୍ୟାପନା ସହିତ ଉତ୍ତର ଆଧୁନିକ ମାର୍କିନ ନାଟ୍ୟକାର ସମ୍ ସେପାର୍ଡଙ୍କ ଉପରେ ଗବେଷଣା କରି ପାଇଥିଲେ ପିଏଚ୍.ଡି. ଡିଗ୍ରୀ। ଏହି ଗବେଷଣା କର୍ମଟି ସେପାର୍ଡଙ୍କ ଉପରେ ଭାରତୀୟ ଗବେଷଣା କର୍ମରେ ପ୍ରଥମ, ପୃଥିବୀର ଷଷ୍ଠ। ଓଡ଼ିଶା ସାହିତ୍ୟ ଏକାଡେମୀ ଓ ଓଡ଼ିଶା ସଂଗୀତ ନାଟକ ଏକାଡେମୀ ପୁରସ୍କାରପ୍ରାପ୍ତ ଏହି ନାଟ୍ୟକାରଙ୍କୁ ବାଦ୍ ଦେଲେ ଓଡ଼ିଆ ନବନାଟ୍ୟ ଆନ୍ଦୋଳନ କଥା ଚିନ୍ତା କରାଯାଇ ନ ପାରେ। ବହୁବିଧ ପ୍ରତିଭାର ଅଧିକାରୀ ୮୧ ବର୍ଷର ଏହି ଚିର ସବୁଜ ସାହିତ୍ୟିକ ରମେଶ ପ୍ରସାଦ ପାଣିଗ୍ରାହୀଙ୍କୁ ନେଇ ନାଟ୍ୟ ଆଲୋଚକ, ନାଟ୍ୟକର୍ମୀ ଓ ନାଟ୍ୟକାରମାନେ କ'ଣ କୁହନ୍ତି ପ୍ରଥମେ ଜାଣିନେବା।

• ପ୍ରଫେସର କୃଷ୍ଣଚନ୍ଦ୍ର ପ୍ରଧାନ

ରମେଶ ପ୍ରସାଦ ପାଣିଗ୍ରାହୀ କେବଳ ଜଣେ ଉଚ୍ଚମାନର ନାଟ୍ୟକାର ନୁହନ୍ତି। ନିରୋଳା ନାଟୁଆଟିଏ ମଧ୍ୟ। ନାଟକ ପାଇଁ ସମ୍ପୂର୍ଣ୍ଣ ସମର୍ପିତ ପ୍ରାଣ। ଏହି ନାଟ୍ୟକାର ଷ୍ଟ୍ରିଟ ଥିଏଟରଠାରୁ ଆରମ୍ଭ କରି ଯାତ୍ରା ଓ ପରୀକ୍ଷାଧର୍ମୀ ନାଟକ - ସବୁଠି ଦେଖା ଦିଅନ୍ତି; ପୁଣି ଭିନ୍ନ ଭାବରେ, ନାଟକର ଆଙ୍ଗିକଠାରୁ ନାମକରଣ ପର୍ଯ୍ୟନ୍ତ - ସବୁଠି ତାଙ୍କର ସ୍ୱତନ୍ତ୍ର ବିଚାର ଭଙ୍ଗୀର ପ୍ରମାଣ ବିଦ୍ୟମାନ। ଓଡ଼ିଆ ସାହିତ୍ୟ, ନାଟ୍ୟକାର ପାଣିଗ୍ରାହୀଙ୍କ ହାତରେ ପାଇଛି ନୂତନ ଜୀବନ।

• ନାଟ୍ୟକାର ଡ. ସଞ୍ଜୟ ହାତୀ

ଯଦି 'ଅର୍ଦ୍ଧଶତାବ୍ଦୀର ଓଡ଼ିଆ ନାଟକ ଓ ତହିଁରେ ନାଟ୍ୟକାର ରମେଶ ପ୍ରସାଦ ପାଣିଗ୍ରାହୀଙ୍କ ସ୍ଥାନ' ବିଚାର କରାଯାଏ, ତେବେ ଏତିକି କୁହାଯାଇପାରେ ସେ ହେଉଛନ୍ତି ଓଡ଼ିଆ ନାଟ୍ୟ ସାହିତ୍ୟର ଏକ ସ୍ପନ୍ଦିତ ଅହଂକାର ଏବଂ ବଳିତ ଗୌରବ। ୧୯୬୩ ମସିହାରୁ ଏଯାବତ୍ ଗୋଟିଏ ଲମ୍ବା ଫର୍ଦ୍ଦ ଭିତରେ ତାଙ୍କ ବ୍ୟକ୍ତିତ୍ୱଟି ସ୍ୱତଃ ବାରି ହୋଇଯାଏ ତାଙ୍କର ପ୍ରତ୍ୟେକଟି ସୃଷ୍ଟି ମଧ୍ୟରେ। ପରୀକ୍ଷା ନିରୀକ୍ଷାର ଉଦ୍ଭଟ ଚିନ୍ତାରୁ ମୁକ୍ତିକାମୀ ଦର୍ଶକଙ୍କୁ ହୁଏତ ଆବଶ୍ୟକ ଥିଲା 'ମୁକ୍ତିମଣ୍ଡପ'। 'ମୁଁ ଆମ୍ଭେ ଓ ଆମ୍ଭେମାନେ'ର ବଳୟରେ ନାଟ୍ୟକାର ନାଟକ ଓ ଦର୍ଶକମାନଙ୍କୁ ଏକତ୍ର ବାନ୍ଧିରଖିବାର ପ୍ରଚେଷ୍ଟା ଆଉ ଏକ ପ୍ରତ୍ୟୟବୋଧରେ 'ବିନ୍ଦୁ ଓ ବଳୟ'କୁ ଜନ୍ମଦିଏ। 'ଦୁର୍ଘଟଣାବଶତଃ' ମଣିଷଟିଏ 'ଆନନ୍ଦନଗରକୁ ଯାତ୍ରା' କରିବାକୁ ହୁଏତ 'ଶେଷ ପାହାଚ'କୁ ଆବିଷ୍କାର କରିପାରେ ବା 'ଧୃତରାଷ୍ଟ୍ରର ଆଖି' କେବଳ 'ତିମିର ତୃଷ୍ଣା'କୁ ଇଚ୍ଛିପାରେ। ସ୍ରଷ୍ଟା ଯେପରି ନିଜ ସୃଷ୍ଟିକୁ ବାରମ୍ବାର ଭାଙ୍ଗୁଛନ୍ତି ଆଉ ସେଥିରୁ ଆରମ୍ଭୁଛନ୍ତି

ଆଉ ଏକ ସୃଜନକ୍ରିୟା 'ଯେସନେ କୀଟ ଉର୍ଣ୍ଣନାଭି'। ନାଟ୍ୟକାର ରମେଶ ପ୍ରସାଦ କେବଳ ସର୍ଜିପାରନ୍ତି 'ବୁନ୍ଦାଏ ପାଣିରେ ସମୁଦ୍ର'। କେଉଁଠି 'ଭଙ୍ଗା ମୀନାର' ଦେହରେ ହଜିଛି 'ଶିଳାର ସ୍ୱପ୍ନ' ବା 'ଅପରିଚିତା'ର 'ଠିକଣା ହଜିଛି' 'କମଳପୁର ଡାକଘର' ନିକଟରେ। 'ଅନ୍ଧ ନଦୀର ସୁଅ'ରେ 'ସକାଳର ମେଘ' ଭାସିଯାଉଛି, ଆଉ କହୁଛି 'ହେ ପୃଥିବୀ ବିଦାୟ'। ପ୍ରକୃତିବାଦ, ବାସ୍ତବବାଦ, ପ୍ରକାଶବାଦ, ପ୍ରତୀକବାଦ ଓ ମାନବବାଦ - ଏ ସବୁର ମିଶ୍ରଣରେ ସୃଷ୍ଟି ହୁଏ ଆଉ ଏକ ବାଦ। ତାହା ହେଉଛି ରମେଶ ବାଦ (Rameshism)। ଓଡ଼ିଆ ସାହିତ୍ୟରେ ଜଣେ ଯଥାର୍ଥ ଅଙ୍ଗୀକାରବଦ୍ଧ ନାଟ୍ୟକାର, ଯାହାଙ୍କର ତୁଳନା ନାହିଁ। ସେହି 'ମହାନାଟକ'ର ନାୟକଙ୍କୁ ସଶ୍ରଦ୍ଧ ପ୍ରଣାମ।

● ଆଲୋଚକ ଡ. କ୍ଷୀରୋଦ ଚନ୍ଦ୍ର ବେହେରା

ଓଡ଼ିଶାର ଲୋକ ସଂସ୍କୃତିରେ ରହିଥିବା କାହାଣୀ ଓ ଚରିତ୍ରମାନଙ୍କୁ ନବନାଟ୍ୟ ଆନ୍ଦୋଳନ ସହ ସଂଯୋଗୀକୃତ କରି ସେ ଓଡ଼ିଆ ନାଟକକୁ ଏକ ନୂତନ ଦିଗ ପ୍ରଦାନ କରିଛନ୍ତି। ଓଡ଼ିଆ ଯାତ୍ରା ନାଟକ ମଧ୍ୟରେ ମଞ୍ଚ ନାଟକର କାହାଣୀ ଓ ଶୈଳୀକୁ ପ୍ରୟୋଗ କରି ଆଶାତୀତ ବ୍ୟବସାୟିକ ସଫଳତା ପ୍ରଦାନ କରିଛନ୍ତି। ଏହା ବ୍ୟତୀତ ଓଡ଼ିଆ ସାହିତ୍ୟ ସମ୍ପର୍କରେ ଔପନିବେଶିକ ଆଧୁନିକ ଦୃଷ୍ଟିଭଙ୍ଗୀ ତାଙ୍କ ମନନଶୀଳତା ଓ ଗଭୀର ଅନ୍ତର୍ଦୃଷ୍ଟିର ପରିଚୟ ପ୍ରଦାନ କରିଥାଏ। ସର୍ଜନକୁ ପ୍ରବୃତ୍ତି କରି ଜୀବନ ଜିଇଁଥିବା ରମେଶ ପ୍ରସାଦ ପାଣିଗ୍ରାହୀ ଓଡ଼ିଆ ସାହିତ୍ୟର ଜଣେ ବିରଳ ବ୍ୟକ୍ତିତ୍ୱ।

● ନାଟ୍ୟକାର ଶଙ୍କର ତ୍ରିପାଠୀ

ତାଙ୍କ ବିଷୟରେ ମନ୍ତବ୍ୟ ଦେବାକୁ କହିଲେ ମୁଁ କହିବି ଓଡ଼ିଶାରେ ସୃଜନଶୀଳ ନାଟକ ଲେଖିବା, ତଥା ଭାରତୀୟ ଓ ପାଶ୍ଚାତ୍ୟ ନାଟକ ସଂପର୍କରେ ବ୍ୟାକରଣଗତ ଓ ଭାବଗତ ଜ୍ଞାନ ଯଦି କାହାର ଥାଏ ତେବେ ସେ ଏକମାତ୍ର ରମେଶ ପାଣିଗ୍ରାହୀ। କିନ୍ତୁ ତାଙ୍କ ଜୀବନର ଅନୁଭବ, ଅବସୋସ ଓ ଯନ୍ତ୍ରଣା ବେଳେ ବେଳେ ଏଭଳି ତୀବ୍ର ଓ ପ୍ରତିକ୍ରିୟାଶୀଳ ରୂପ ନିଅନ୍ତି ଯାହା ଅନ୍ୟମାନଙ୍କର ସମ୍ବେଦନଶୀଳ ସ୍ଥାନମାନଙ୍କରେ ବାଜି ବିନ୍ଧା ଛିଟିକା ହୁଏ। ତେଣୁ ପଣ୍ଡିତ ସମାଜରୁ ସେ ବୟକଟ ହୋଇଯାଆନ୍ତି। ଏଠି ସ୍ପଷ୍ଟବାଦୀ ହେବା ଅପେକ୍ଷା ପ୍ରତାରକ ହେବା ଅଧିକ ସୁବିଧାଜନକ। ପୁରସ୍କାର ଓ ସମ୍ମାନ ସେଇ ବାଟରେ ମିଳେ। ଅପଣ୍ଡିତମାନେ ମୂଲ୍ୟାଙ୍କନ କରନ୍ତି ନାଟକର। ତେଣୁ ସେ ଯାହା ପାଇବାକୁ ହକ୍‌ଦାର ସେ ସମ୍ମାନ ତାଙ୍କୁ ମିଳିପାରିଲା ନାହିଁ। କିନ୍ତୁ ଗୋଟିଏ ଶତାବ୍ଦୀ ପରେ କିଏ ଯଦି ନିରପେକ୍ଷ ଭାବରେ ନାଟକର ମୂଲ୍ୟାଙ୍କନ କରେ, ତେବେ ସେ ନାଟ୍ୟକାର ରମେଶ ପାଣିଗ୍ରାହୀଙ୍କୁ ନିଶ୍ଚୟ ଶ୍ରେଷ୍ଠ ସ୍ଥାନ ଦେବ ଏ ବିଶ୍ୱାସ ମୋର ରହିଛି।

● ଆଲୋଚକ ଡ. ହେମନ୍ତ କୁମାର ଦାସ

ଶ୍ରୀ ପାଣିଗ୍ରାହୀ ଓଡ଼ିଆ ନବନାଟ୍ୟ ଧାରାର ଜଣେ ଉଲ୍ଲେଖଯୋଗ୍ୟ ସ୍ରଷ୍ଟା । ସାମ୍ପ୍ରତିକ ଜନଜୀବନର ଜଟିଳତା, ଖଣ୍ଡିତ ଓ କୁଟିଳ ମଣିଷ – ସେମାନଙ୍କ ବହୁବିଧ ସମସ୍ୟା – ପାଣିଗ୍ରାହୀଙ୍କ ନାଟକରେ ରୂପାୟିତ ହୋଇଥାଏ । ନିମ୍ନ ମଧ୍ୟବିତ୍ତ ପରିବାରର ସୁଖ ଦୁଃଖ, ଆଶା ଆକାଙ୍କ୍ଷା ପ୍ରଭୃତିକୁ ଶ୍ରୀ ପାଣିଗ୍ରାହୀ ତାଙ୍କର କେତୋଟି ନାଟକରେ ବେଶ୍ ସଫଳ ଭାବରେ ରୂପାୟିତ କରିଛନ୍ତି ।

● ଆଲୋଚକ ଡ. ଅନନ୍ତ ଜେନା

ନାଟ୍ୟକାର ରମେଶ ପ୍ରସାଦ ପାଣିଗ୍ରାହୀଙ୍କୁ ଯଦି ନିରପେକ୍ଷ ଭାବେ ଆଲୋଚନା କରାଯାଏ, ତେବେ ଓଡ଼ିଆ ନାଟକ ଇତିହାସର ପଟ୍ଟଭୂମି ନିଶ୍ଚିତ ଭାବେ ବଦଳିଯିବ । ନବନାଟ୍ୟ ଆନ୍ଦୋଳନର ସେ ପ୍ରମୁଖ ପୁରୋଧା ଏ କଥା ଦ୍ୱିଧାହୀନ ଭାବରେ ସ୍ୱୀକାର କରିବାକୁ ପଡ଼ିବ ।

● ଆଲୋଚକ ଡ.ସନକ କୁମାର ବାଡ଼ତ୍ୟା

ଆଧୁନିକ ଓଡ଼ିଆ ନାଟ୍ୟ ସମାଲୋଚନା ସାହିତ୍ୟରେ ସମୀକ୍ଷକମାନେ ଶ୍ରୀ ମନୋରଞ୍ଜନ ଦାସ, ଶ୍ରୀ ବିଜୟ ମିଶ୍ର ଓ ବିଶ୍ୱଜିତ୍ ଦାସଙ୍କୁ ଓଡ଼ିଆ ନବନାଟ୍ୟ ଆନ୍ଦୋଳନର ପୁରୋଧା ହିସାବରେ ଯେତିକି ସମ୍ମାନ ଦେଇଛନ୍ତି, ନାଟ୍ୟକାର ରମେଶ ପ୍ରସାଦ ପାଣିଗ୍ରାହୀଙ୍କୁ ସେତିକି ସମ୍ମାନ ଦେଇ ନାହାନ୍ତି । କିନ୍ତୁ ଏହି ପ୍ରାବନ୍ଧିକ ନିଜ ଗବେଷଣାକାଳରେ ଓଡ଼ିଆ ନାଟ୍ୟ ଆନ୍ଦୋଳନକୁ ସମୀକ୍ଷା କରି ଯାହା ଦେଖିଛି, ସେଥିରୁ ଅନୁମାନ କରାଯାଏ ନାଟ୍ୟକାର ରମେଶ ପ୍ରସାଦ ପାଣିଗ୍ରାହୀଙ୍କର ଓଡ଼ିଆ ନବନାଟ୍ୟ ଆନ୍ଦୋଳନକୁ ଯେଉଁ ଅବଦାନ ରହିଛି, ତାହା ଅନ୍ୟ ନାଟ୍ୟକାରଙ୍କ କୃତିଗୁଡ଼ିକରେ ଅନୁପସ୍ଥିତ । ଏଣୁ ଆଧୁନିକ ଓଡ଼ିଆ ନାଟକର ପ୍ରେକ୍ଷାପଟରେ ସେ ଏକ ସ୍ୱତନ୍ତ୍ର ସ୍ଥାନର ଅଧିକାରୀ । ଓଡ଼ିଆ ନାଟ୍ୟ ସମାଲୋଚନାରେ ସାମାଜିକ ପ୍ରସଙ୍ଗଟିକୁ ସମ୍ପୂର୍ଣ୍ଣ ଅବହେଳା କରାଯାଇ ମୂଲ୍ୟବୋଧ ପ୍ରତି ଆଦୌ ଗୁରୁତ୍ୱ ଦିଆଯାଇ ନ ଥିବାରୁ ଏପରି ଏକ ଭ୍ରମାତ୍ମକ ସିଦ୍ଧାନ୍ତରେ ସମାଲୋଚକମାନେ ଉପନୀତ ହୋଇଛନ୍ତି ।

● ନାଟ୍ୟକର୍ମୀ ଶ୍ରୀମନ ନାରାୟଣ

ସେ ଜଣେ 'ଗୁଣ୍ଡା', ଯିଏ 'ଦୁର୍ଘଟଣାବଶତଃ' 'ହାତୀକୁ ହୋମିଓପାଥି' ଖୋଇ ପାରନ୍ତି । 'ମୁଁ ଆମ୍ଭେ ଓ ଆମ୍ଭେମାନେ'ରେ ଯେତେବେଳେ ତାଙ୍କୁ ଭେଟୁ ସେ 'ଶେଷ ପାହାଚ'ରେ ବସି 'ଆତ୍ମଲିପି' ଲେଖନ୍ତି ତାଙ୍କ ପାଇଁ ଏବଂ ଜୁଲି ଅଭିଜିତ୍‌ମାନଙ୍କ ପାଇଁ ଲେଖନ୍ତି ଅପ୍ରୀତିକର ନାଟକ । ଯଦି ନାଟକର ଦୃଶ୍ୟସଜ୍ଜା ଏବଂ ମଞ୍ଚସଜ୍ଜାକୁ ଗୁରୁତ୍ୱ ଦେଇ ଆଲୋଚନା କରାଯାଏ, ତେବେ ଓଡ଼ିଆ ନାଟକରେ ଏହି ଧାରାର ଶୈଳୀ ସମ୍ରାଟ ସେ ।

(୩)

ଅନେକ ଏମିତିରେ ଅନେକ କଥା କହିଛନ୍ତି ମହାନାଟକର ମହାନାୟକଙ୍କୁ ନେଇ। କିନ୍ତୁ ତାଙ୍କରି ମୁହଁରୁ ତାଙ୍କରି ବିଷୟରେ ଜାଣିବା ପାଇଁ ଏ ପ୍ରବନ୍ଧରେ ପ୍ରୟାସ କରାଯାଇଛି। ମୁଁ ଡ. ଦେବାନନ୍ଦ ଦାସ ପ୍ରଶ୍ନଛଳରେ ତାଙ୍କୁ ଏଗାରଟି ତୀର ମାରିଥିଲି। ସେ ତୀରକୁ ସେ କେମିତି ସାମ୍ନା କରିଥିଲେ ଆସନ୍ତୁ ଜାଣିବା ଏବଂ ଓଡ଼ିଆ ସାହିତ୍ୟରେ ତାଙ୍କର ଭୂମିକାକୁ ବୁଝିବା।

● ତୀର-୧

ଗୋଟିଏ କାଳଖଣ୍ଡରେ ଓଡ଼ିଆ ନାଟକର ମଙ୍ଗ ଧରିଥିଲେ ନାଟ୍ୟକାର ମନୋରଂଜନ ଦାସ, ବିଶ୍ୱଜିତ୍ ଦାସ, ବିଜୟ ମିଶ୍ର ଏବଂ ରମେଶ ପ୍ରସାଦ ପାଣିଗ୍ରାହୀ। ଏହି ଚତୁର୍ଦ୍ଧା ମୂର୍ତ୍ତି ଭିତରୁ ଏବେ ବି ବିଜୟ ଓ ରମେଶ ସକ୍ରିୟ, ଏମାନଂକ ଭିତରୁ କିଏ ଅଧିକ ଆଧୁନିକ ଏବଂ କାହିଁକି ?

ରମେଶ ପାଣିଗ୍ରାହୀ :

ମୁଁ କେମିତି ଜାଣିବି ସେ କଥା ? ମନୋରଂଜନ ଦାସ ମୋଠୁ ୨୩ ବର୍ଷ ବଡ଼। ବିଶ୍ୱଜିତ୍ ବାବୁ ୮ ବର୍ଷ ବଡ଼, ମୁଁ ତାଂକ ପାଦକୁ ଛୁଇଁ ପ୍ରଣାମ କରୁଥିଲି। କାରଣ ତାଂକ ପତ୍ନୀ ମୋ ପତ୍ନୀଙ୍କୁ ୟୁନିଟ-୨ର ହାଇସ୍କୁଲରେ ପାଠ ପଢ଼ାଉଥିଲେ। ମୋ' ବାହାଘର ବେଳେ ସ୍ୱର୍ଗତ ଦାସ ଓ ତାଂକ ପତ୍ନୀ ଆମକୁ ହଳଦି ମିଶା ଚାଉଳ ଓ ଫୁଲ ପକେଇ ଆଶୀର୍ବାଦ କରିଥିଲେ। ବିଜୟ ମିଶ୍ରଙ୍କୁ ମୁଁ 'ବିଜୟ ଭାଇନା' ଡାକେ। ନାଟକ ଲେଖିବା ବେଳେ ତାର ସୀମା ଓ ପ୍ରବିଧି ଗୁଡିକ ମତେ ଯେତେବେଳେ ବାନ୍ଧିପକାନ୍ତି ଓ ମୁଁ ନିଜକୁ ଅଭିବ୍ୟକ୍ତ କରିବା ପାଇଁ ଅସମର୍ଥ ହୋଇ ରୁଂଧି ହେଇଯାଏ – ମୁଁ ସୁଦୂର ଜୟପୁରରୁ ଚାଲିଆସେ ତାଂକ ଭୁବନେଶ୍ୱର ଅଫିସକୁ ପରାମର୍ଶ ନେବା ପାଇଁ। ବିଜୟ ଭାଇନା ମତେ ୪/୫ ଘଣ୍ଟା ରିକ୍ସାରେ ବସାଇ ନାଟକର ମଂଚରେ କିପରି ପ୍ରତୀକ ବ୍ୟବହାର କରାଯାଇପାରିବ ବୁଝାଉଥିଲେ। ଆଧୁନିକ ମଂଚ କିପରି ଆଧୁନିକ ନାଟ୍ୟ ରଚନାକୁ ସମୃଦ୍ଧ କରିପାରିବ ଡାୟାଗ୍ରାମ କାଟି ବୁଝାଉଥିଲେ। ଏଗୁଡ଼ିକ ଆଧୁନିକ ନାଟ୍ୟ ରଚନାର ପ୍ରବିଧି।

ପରେ ଅବଶ୍ୟ ମୁଁ ଉତ୍ତର ଆଧୁନିକ ନାଟକ ଉପରେ ଭାରତର ପ୍ରଥମ ଗବେଷଣା ନିବଂଧ ଲେଖିଛି। କିଂତୁ ମୋ ନାଟ୍ୟକାର ଜୀବନର ସକାଳ ପହରରେ ତାଂକଠାରୁ ପାଇଥିବା D-3ଭିଟାମିନ୍‌କୁ କେମିତି ଅସ୍ୱୀକାର କରିବି ?

ତୀର-୨

ଆପଣ ନିକଟ ଅତୀତରେ ଏକ ସାକ୍ଷାତ୍‌କାରରେ ମତ ରଖିଛଂତି ଯେ "ୟା ଭିତରେ

ମୁଁ ନାଟକର ସବୁଗୁଡ଼ିକ ବାଡ଼ ଭାଂଗି ଅ-ନାଟକ, ଅଣୁ ନାଟକ ଓ ପ୍ରତିନାଟକ ଲେଖିଛି। ଏଥିରୁ ୨୭ ଖଣ୍ଡ ବିଭିନ୍ନ ପତ୍ରପତ୍ରିକାରେ ପ୍ରକାଶିତ। ଏହି ଉଗ୍ର ଆଭଁଗାର୍ଦିୟ ପରୀକ୍ଷା ପରେ ମୁଁ ଭାରତୀୟ ବିକୃଷ୍ଟ ରଂଗମଞ୍ଚ ଓ ଲୋକ ଶୈଳୀକୁ ଫେରିଲି ୧୯୭୧ ମସିହାରେ। ୧୯୭୨ ମସିହାରେ 'ପଞ୍ଚମସ୍ୱର' ନାମରେ 'ମହାନାଟକ' ଅଭିନୀତ ହେଲା ନିରବଚ୍ଛିନ୍ନ ଭାବେ ଛ' ରାତି ପାଇଁ।" ଏବେ ପ୍ରଶ୍ନ ଉଠୁଛି, ଆପଣ ଏମିତି ଏକ ପାରଂପରିକ ଶୈଳୀକୁ କାହିଁକି ଫେରିବାକୁ ଚାହିଁଲେ ?

ରମେଶ ପାଣିଗ୍ରାହୀ:

ଟିକିଏ ରୁହନ୍ତୁ ଆପଣଂକ ପ୍ରଶ୍ନର ଉତ୍ତର ଦେବା ପାଇଁ ମତେ 'ଅଧ୍ୟାପକ ରମେଶ ପାଣିଗ୍ରାହୀ' ହେବାକୁ ପଡ଼ିବ । ଏ ଯୋଡ଼ ପ୍ରଶ୍ନଟି ପଚାରିଲେ ତାହା କେବଳ ଓଡ଼ିଆ ନାଟକ ପାଇଁ ନୁହେଁ, ଓଡ଼ିଆ ସାହିତ୍ୟ ପାଇଁ ମଧ୍ୟ ଏକ ଗୁରୁତର ଏବଂ ଅନାଲୋଚିତ ପ୍ରଶ୍ନ।

ଆପଣ ଗୋଟିଏ ପ୍ରଶ୍ନ ମାଧ୍ୟମରେ ମୋ' ଆଡ଼କୁ ଦୁଇଟି ତୀର ମାରୁଛଂତି। ଦ୍ରୋଣଙ୍କ ଆଶ୍ରମରେ ରହି ଧନୁର୍ବିଦ୍ୟା ଶିକ୍ଷା କରୁଥିବା ସାହିତ୍ୟ ଯୋଦ୍ଧା ଭଳି।

ପ୍ରଶ୍ନ ଏକ : ମୁଁ ଉଗ୍ର ଆଭଁଗାଦ ନାଟକ କାହିଁକି ଲେଖିଲି ? ପ୍ରଶ୍ନ ଦୁଇ: ଉଗ୍ର ଆଧୁନିକତା ପାଖରୁ ଲେଉଟି ଆସି ଏକାଥରକେ ଲୋକନାଟକ ପାଖରେ କାହିଁକି ପହଂଚିଲି ? ଏହାର ଉତ୍ତର ଟିକିଏ ଦୀର୍ଘ ହେଇପାରେ।

୧ମ ପ୍ରଶ୍ନର ଉତ୍ତର : ଆଭଁଗାଦ (Avant-garde) ଗୋଟେ ଫରାସୀ ଯୁଗ୍ମ ଶବ୍ଦ। ଏହାର ଅର୍ଥ ମୋ' ଠାରୁ ଶୁଣିବା ଅପେକ୍ଷା ଆଖିରେ ଦେଖିବା ଅଧିକ ଶ୍ରେୟ। ଏହା ଆଧୁନିକତାର ତୃତୀୟ ଏବଂ ଅନ୍ତିମ ଶିଖର। ପ୍ରଥମ ପର୍ଯ୍ୟାୟ ଶିଳ୍ପ ବିପ୍ଳବ ପାଖରୁ ଆରମ୍ଭ ହେଉଛି। ଓଡ଼ିଆରେ ସଚ୍ଚି ରାଉତରାୟଙ୍କ କବିତା, କିଛି ପ୍ରଗତିବାଦୀ ସାହିତ୍ୟ ଓ 'ମାଗୁଣିର ଶଗଡ଼' ଗଳ୍ପ କିମ୍ବା 'ଲୟ ବିଲୟ' ଉପନ୍ୟାସ ପାଖରୁ ଆରମ୍ଭ ହୋଇଥିଲା। ଆଧୁନିକତାର ଦ୍ୱିତୀୟ ଭାଗରେ 'କବିତା - ୧୯୬୨'ର ମୁଖବନ୍ଧକୁ ନ ନେଇ ଶାନ୍ତନୁ ଆଚାର୍ଯ୍ୟଙ୍କ 'ନରକିନ୍ନର' ଉପନ୍ୟାସକୁ ନିଆଯାଇପାରେ। ତା'ପରେ 'ଦୁର୍ବାର' ଗଳ୍ପ ସଂକଳନକୁ ମଧ୍ୟ ନିଆଯାଇପାରେ। କବିତାରେ ସେପରି କିଛି ଉଲ୍ଲେଖଯୋଗ୍ୟ ପରୀକ୍ଷାମୂଳକ ଆଧୁନିକତା ଆସି ନାହିଁ। ୧୯୬୪ ମସିହାରେ ମୁଁ ନାଟକରେ ପ୍ରଥମ କରି 'ପ୍ରତି ଚରିତ୍ର' ନିର୍ମାଣ କଲି। ଯେଉଁମାନେ 'ତିମିର ତୃଷ୍ଣା'ର ମୁକ୍ତିକାନ୍ତକୁ ଜାଣିନାହାନ୍ତି, ସେମାନେ ଓଡ଼ିଆ ସାହିତ୍ୟରେ ପ୍ରତିନାୟକ ଓ ପ୍ରତିଚରିତ୍ର କ'ଣ ଜାଣିବେ ନାହିଁ।

ଆଧୁନିକତାର ତୃତୀୟ ଭାଗରେ କବିତା, ଗଳ୍ପ ଓ ଉପନ୍ୟାସ ଅନୁପସ୍ଥିତ। ଏଠାରେ

କେବଳ ନାଟକ ଅଛି। ୧୯୬୯ରେ ମନୋରଂଜନ ଦାସ କେନ୍ଦ୍ର ସାହିତ୍ୟ ଏକାଡେମୀ ପୁରସ୍କାର ପାଇଲା ପରେ ରତ୍ନାକର ଚଇନି 'ଉଦ୍‌ଭଟ ନାଟକର ପରଂପରା' ଶୀର୍ଷକ ଗୋଟିଏ ପ୍ରବଂଧ ଗ୍ରନ୍ଥ ପ୍ରକାଶ କରିଥିଲେ। ଏହି ଗ୍ରନ୍ଥରୁ ଆରମ୍ଭ ହେଲା ଆମ ଆଧୁନିକତାର ତୃତୀୟ ପର୍ଯ୍ୟାୟ।

ମୁଁ ଜାଣିଥିଲି ୧୯୬୯ ମସିହାରେ କେବଳ ସାମୁଏଲ୍ ବେକେଟ୍ Waiting for God ନାଟକ ପାଇଁ ନୋବେଲ ପୁରସ୍କାର ପାଇ ନାହାନ୍ତି, ଫ୍ରାନ୍ସର Anti-literature ବା 'ପ୍ରତି-ସାହିତ୍ୟ' ମଧ୍ୟ ଲେଖାଯାଇଛି। ଆମେରିକାରେ ତାହା Literature against Itself ରୂପେ ପ୍ରଚଳିତ ହେଉଥିଲା।

ପରଂପରା ପାଖକୁ ପ୍ରତ୍ୟାବର୍ତ୍ତନ କରିବାର ଏହି ଶୈଳୀଟି ଏକ ଛଦ୍ମ-ନିର୍ମାଣ ଏବଂ ଏଥିରେ ଆମର ଆନ୍ତରିକ ବିଶ୍ୱାସ ନ ଥିଲା। ଏହା ଦ୍ୱାରା ଅନୁଭବର ବାସ୍ତବତା ଅଧିକ ଶାଣିତ ହେଉ ନ ଥିଲା। ମିଥ୍ ଓ ଆଧିଭୌତିକ ଦାର୍ଶନିକ ଧାରାକୁ ପ୍ରଦର୍ଶନ କରାଇ କବି/ଗାଳ୍ପିକମାନେ ବିଚାରକମାନଂକୁ ପ୍ରଭାବିତ କରିବା ପାଇଁ କହୁଥିଲେ, "ଆମେ ଜ୍ଞାନୀ! ଆମେ ମଧ୍ୟ ଧରମ ବୀର ଭାରତୀ। କମଲେଶ୍ୱରଙ୍କ ପରି, ଇଲିଅଟ ଓ ଏଜରାପାଉଣ୍ଡଙ୍କ ପରି ମିଥ୍‌ର ପୁନର୍ମୂଲ୍ୟାୟନ କରିପାରୁଛୁ।"

ମୋର ବାଟ ଥିଲା ଅଲଗା। ସାହିତ୍ୟ (ଓ ତାର ଅଲଂକାରଗୁଡ଼ିକ) ମତେ କୃତ୍ରିମ ଓ ପ୍ରତାରଣାତ୍ମକ ଲାଗୁଥିଲା। ପୁରସ୍କାର ଶିକାରରେ ବ୍ୟବହାର କରାଯାଉଥିବା ବିଷାକ୍ତ ନାରାଚ ପରି ଲାଗୁଥିଲା ସାହିତ୍ୟ। ସାହିତ୍ୟକୁ ନୂତନ ପ୍ରକାଶଭଂଗୀ ଦେଇ ସମାଜ ଓ ସାମାଜିକ କଳା (ନାଟକ)କୁ ଏକତାର ନୂଆ ଏକ ନାଂଦନିକ ବୋଧରେ ଅଭିମଂତ୍ରିତ କରିବା ପ୍ରୟାସ ମୋର ନିରବଚ୍ଛିନ୍ନ ଥିଲା। ନାଟ୍ୟଚରିତ୍ର ଚିତ୍ରଣ କଳାବେଳର "ସମୟ-ସ୍ଥାନ" ଭିତ୍ତିକ ସୀମା ଓ ଅନ୍ତର୍ଚେତନାରେ ସ୍ରୋତ ଭଳି ତାହା ପ୍ରବାହିତ। ସେଗୁଡ଼ିକର ସମୟହୀନ ଓ ସ୍ଥାନହୀନ ସ୍ଥିତି ମତେ ଅ-ନାଟକ, ଅଣନାଟକ, ସଂଳାପହୀନ ନାଟକ ଲେଖିବା ପାଇଁ ଅନୁପ୍ରେରିତ କରିଥିଲା।

ଆତ୍ମ ଜିଜ୍ଞାସା, ଅସ୍ଥିରତା ଓ ଗୋଟିଏ ଦିଗହରା ସମୟର ବେଦନା ଭିତରୁ ଏପରି ଅ-ସାହିତ୍ୟ ଜନ୍ମହୁଏ। ଓଡ଼ିଆମାନଂକୁ ଗଳ୍ପ ଲେଖିବା ଆସେ ନାହିଁ। ଏମାନେ ବଂଗଳା ଛଡ଼ା ଆଉ କିଛି ପଢ଼ନ୍ତି ନାହିଁ। ଭଲ କାହାଣୀ ଲେଖିବାର ପ୍ରମାଣ ନାହିଁ। ଅପଦେବତାମାନେ ବିଶ୍ୱକର୍ମାମାନଂକ ସାଂଗରେ ରହିବା ବିପଜ୍ଜନକ। ମୋର ଅ-ନାଟକଗୁଡ଼ିକରେ ଏପରି ଏକ ସମୟର ଅନ୍ତର୍ଦ୍ୱଂଦ୍ୱ ଓ ପାପବୋଧ ପରିସ୍ଫୁଟିତ ହୋଇଛି।

ମୁଁ ମୋ' ନିଜର ଏକ ସ୍ୱତଂତ୍ର ସଂଶ୍ଲେଷଣ (Synthesis) ତିଆରି କରୁଥିଲି। ଏହା ଏକ ପ୍ରକାଶ ଭଂଗୀ, ଏକ ଶୈଳୀ। ଓଡ଼ିଆ କବିତାରେ ଏହା ଆଦୌ ନ ଥିଲା।

କଥା ସାହିତ୍ୟରେ ଟିକିଏ ଟିକିଏ ଆଭାସ ମିଳୁଥିଲା। ଶାନ୍ତନୁ ଆଚାର୍ଯ୍ୟଙ୍କ 'ଦୁର୍ବାର' ଗଳ୍ପ ସଂକଳନରେ। ଅଣୁନାଟକ, ଅ-ନାଟକ ଓ ପ୍ରତିନାଟକ (Counter play) ମୁଁ ଆରମ୍ଭ କଲି ଓଡ଼ିଶାରେ। ଏଇଥିରୁ ୨୭ଟା ପ୍ରକାଶ ପାଇଚି ପତ୍ରପତ୍ରିକାମାନଂକରେ। କବିମାନେ 'ସମୟ' ସଚେତନ ହୋଇ 'ମୃତ୍ୟୁ' ଚେତନା ପାଖରେ ପହଂଚିଲାବେଳକୁ ମୁଁ 'ସ୍ଥାନ ଭିତ୍ତିକ ଆଖ୍ୟାନ' (Spatial Narrative) ଉପରେ ପରୀକ୍ଷା କରୁଥିଲି ମୋ ଅ-ନାଟକ ଓ 'ପ୍ରତିନାଟକ' ଗୁଡ଼ିକରେ। ଓଡ଼ିଆ ସାହିତ୍ୟ କଥା ଛାଡ଼ନ୍ତୁ, ସମଗ୍ର ଭାରତବର୍ଷର ମାନଚିତ୍ରରେ ଦେଖାନ୍ତୁ କିଏ ଏଭଳି ପରୀକ୍ଷା କରିଛି ? କେବଳ ଗୁଜୁରାଟର ଆବିଦ୍ ସୁରତି।

ମୁଁ 'ସମସ୍ଥାନିକ ଗୋଚର କଳ୍ପନା' ବା ଏକା ସମୟରେ ଦୁଇ ବା ତତୋଧିକ ସ୍ଥାନରେ ଘଟୁଥିବା ଘଟଣାମାନଙ୍କୁ ନେଇ ଅ-ନାଟକ ଲେଖୁଥିଲି। ଆଦୌ ସଂଳାପ ନ ଥିବା ନାଟକ ଲେଖୁଥିଲି। ନବରଙ୍ଗପୁରର ବରିଷ୍ଠ ନାଟ୍ୟ ନିର୍ଦ୍ଦେଶକ ଭୁବନେଶ୍ୱର ଦଳାଇ ମୋର 'ବୁଦ୍ଧ' ଅ-ନାଟକଟିକୁ ସହରର ପ୍ରଧାନ ଛକ ଉପରେ ମଂଚସ୍ଥ କରିଥିଲେ। 'ଛକ' ଏହି ନାଟକର ମୁଖ୍ୟ ଚରିତ୍ର।

'ଛକ'ଟା ମଣଷି ନୁହେଁ, କିଂତୁ ବାସ୍ତବ। ତାର ମନସ୍ତାତ୍ତ୍ୱିକ ସ୍ଥିତି ନାହିଁ। କିଂତୁ ଏକ ସାଂକେତିକ ନାଟ୍ୟଧର୍ମ ଅଛି। କଥା ସାହିତ୍ୟିକ ଯେତେ କାବ୍ୟ ଭାଷା ବ୍ୟବହାର କଲେ ଏପରି ପରିବେଷଣ ଧର୍ମର ମାଧ୍ୟମ ହୋଇପାରିବ ନାହିଁ। ଏସବୁ ଅ-ନାଟକ, ଅଣୁନାଟକ ଗୁଡ଼ିକରେ ସମୟ ଓ ସ୍ଥାନର କ୍ରମିକତା ନାହିଁ। ଏକା ସମୟରେ ଦୁଇଟି ସ୍ଥାନରେ ଘଟୁଥିବା ଦୁଇଟି ଘଟଣାକୁ କଥାକାର କେମିତି ବର୍ଣ୍ଣନା କରିବ ?

କେବଳ ନାଟକରେ ଏପରି ଉପସ୍ଥାପନା ଶୈଳୀ ସଂଭବ। ସମସ୍ଥାନିକ ଗୋଚର କଳ୍ପନାରେ ସମୟାନୁକ୍ରମ ନଷ୍ଟ ହୁଏ ଆଖ୍ୟାନ ଶୈଳୀରେ।

ମୁଁ ଆଭାଁଗାଦ ନାଟକ ପରୀକ୍ଷା କଲି ୧୯୭୧ ମସିହାରେ। କଣ କଲେ ପ୍ରଚଳିତ ନାଟକର ଆକାର ଓ ଆୟତନ ଧ୍ୱଂସ ହେବ - ସେଇ ଚିଂତା କରୁଥିଲି। ନ ଭାଂଗିଲେ କିଛି ଗଢ଼ିହୁଏ ନାହିଁ। ସ୍ୱାଧୀନତା ପରବର୍ତ୍ତୀ ସମୟରେ ପ୍ରତିଯୋଗିତାମୂଳକ ପରୀକ୍ଷାରେ ଉତ୍ତୀର୍ଣ୍ଣ ହେଲାପରେ ଯେଉଁ ଅଣସାହିତ୍ୟିକମାନେ ସାହିତ୍ୟ ସଂପର୍କରେ ଭାଷଣ ଦେଉଥିଲେ ସେମାନଂକ ମୁହଁକୁ ବଂଦ କରିବା ଥିଲା ମୋର ପ୍ରୋଜେକ୍ଟ। ତେଣୁ ମୁଁ ଆରମ୍ଭ କଲି ସଂଳାପ ନ ଥିବା ନାଟକ, ମଂଚ ନ ଥିବା ନାଟକ, ଆଲୋକ ନ ଥିବା ନାଟକ, ସ୍ଥାନ ଥିବା ଓ କାଳ କିମ୍ବା ପାତ୍ର ନ ଥିବା ନାଟକ। ଯାହା ନାଟକ ନୁହେଁ ସେପରି ଏକ ବିଗଠନ। ନାଟକର ନୂଆ ପ୍ରତିମାନ ଓ ନୂଆ ଭାଷ୍ୟ।

୧୯୭୨-୭୩ରେ ମୁଁ ଓଡ଼ିଆ ଯୁବଲେଖକ ସମ୍ମିଳନୀର ଉପସଭାପତି ଥିଲି। ମୁଁ ଜୟପୁରରୁ 'ଇତ୍ୟାଦି' ବୋଲି ଗୋଟିଏ ମିନି-ପତ୍ରିକା ସଂପାଦନା କରୁଥିଲି।

ଦ୍ୱିତୀୟ ପ୍ରଶ୍ନର ଉତ୍ତର : ୧୯୭୧ ମସିହା ନଭେମ୍ବରରେ ମୁଁ ଦାସକାଠିଆ ଗାୟକମାନଂକୁ ନାଟକର ସୂତ୍ରଧର ଭୂମିକାରେ ଅବତୀର୍ଣ୍ଣ କରାଇଥିଲି। ନାଟକ ଆରମ୍ଭ ହେବାର ୧୦ ମିନିଟ ଭିତରେ ସେମାନେ ସୂତ୍ରଧର ଅବତାରରୁ 'ଚରିତ୍ର' ହୋଇଗଲେ। ଅର୍ଥାତ୍, ଏମାନେ ଏକ ରୂପାନ୍ତର ଶୈଳୀରେ ବର୍ଣ୍ଣନାକାରୀ ହେଉ ହେଉ ଚରିତ୍ର ହେଲେ। ଏପରି ଏକ ଶୈଳୀ ସେଇବର୍ଷ, 'ମହାନାଟକ'ର ଛ' ମାସ ପରେ ଗିରୀଶ କନ୍ନଡ଼ ବ୍ୟବହାର କଲେ ତାଂକ 'ହୟ ବଦନ'ରେ ଓ ବିଜୟ ତେନ୍ଦୁଲକର ତାଂକ 'ଘାସିରାମ କୋଟ୍‌ୱାଲ୍' ନାଟକରେ। କିଂତୁ ସେମାନେ ରୂପାନ୍ତର ଶୈଳୀ କ'ଣ ଜାଣି ନ ଥିଲେ। ହବିବ୍ ତନ୍‌ୱିର୍ ମୋଠୁ ୨୦/୩୦ ବର୍ଷ ବଡ଼ ଓ ସେ ୧୯୫୪ ମସିହାରୁ ମଧ୍ୟ ପ୍ରଦେଶର ଆଦିବାସୀ ଓ ଲୋକ କଳାକାରମାନଂକୁ ନେଇ କାମ ଆରମ୍ଭ କରିଥିଲେ। କିଂତୁ ତାଂକ ଚରିତ୍ରମାନେ ରୂପାନ୍ତରିତ ହେଉ ନ ଥିଲେ। ସୂତ୍ରଧରରୁ ଚରିତ୍ର ହେଉ ନ ଥିଲେ। ବର୍ତ୍ତମାନ ପ୍ରଶ୍ନ ଉଠୁଛି – ମୁଁ ପରଂପରା ଓ ଗ୍ରାମ୍ୟ ଶୈଳୀକୁ କାହିଁକି ଫେରିଲି ? କାରଣ ଅନେକ।

୧. ମୋ' ଆଗରୁ ସଚ୍ଚି ରାଉତରାୟ 'ପଲ୍ଲିଶ୍ରୀ'ରେ ଯେଉଁ ଶୈଳୀ ଆରମ୍ଭ କରିଥିଲେ ତାକୁ ଓଡ଼ିଆମାନେ ବିଶେଷ ପ୍ରାଧାନ୍ୟ ଦେଇ ନ ଥିଲେ। ଲୋକଶୈଳୀକୁ ପୁନଃ-ଚକ୍ରାୟନ କରି ଆଧୁନିକ ଶାସକ ଓ ଶାସନର ଏକ ଶ୍ଳେଷାତ୍ମକ (ironical) ରୂପକ (allegory) ନିର୍ମାଣ କରିବା ଥିଲା ମୋର ଉଦ୍ଦେଶ୍ୟ।

୨. ଆଦୌ ଗୀତ / ନାଚ ନ ଥିବା ଶୃଙ୍ଖଳା ନାଟ୍ୟ ଧାରାକୁ ଆମେ ଆଧୁନିକ ନାଟକ କହୁଥିଲୁ। ମୁଁ ଓଡ଼ିଆ ନାଟକକୁ ପୁନର୍ବାର ଫେରାଇ ଆଣିଛି ଆମ ଲୋକନାଟକର ହାସ୍ୟରସ ପାଖକୁ। ପୁନର୍ବାର ତାକୁ ଯୋଡ଼ିଲି ଆଧୁନିକ କବିତା ସହ। ଏପରି ଏକ 'ବ୍ରିକୋଲାଜ' (bricolage) ପ୍ରଥମ ଥର ପାଇଁ ଆମ ଆଧୁନିକତାକୁ ଉତ୍ତର ଆଧୁନିକତା ସହ ଯୋଡ଼ିଲା। ଏଥିରେ ଫାର୍ସଥିଲା, ଶ୍ଳେଷଥିଲା, ରୂପକ ଥିଲା। କବିତା ମଧ୍ୟ ଥିଲା।

ମୋର ପାଦଶବ୍ଦ ଏତେ ନୀରବ ଥିଲା ଯେ କାହାର ଜାଣିବାର ଉପାୟ ନ ଥିଲା। ତଥାକଥିତ ଉଦ୍ଭଟ ନାଟକ ଭିତରେ ଏହା ଏକ ଅନ୍ତଃ-ବିସ୍ଫୋରଣ। ନାଟକଟି ଯେତେବେଳେ ୧୯୭୩ ମସିହାରେ ରାଉରକେଲା ସଂଗୀତ ନାଟକ ମହୋତ୍ସବରେ ପୁନର୍ବାର ମଂଚସ୍ଥ ହେଲା, ରଜନୀକାନ୍ତ ଦାସ, ହରେକୃଷ୍ଣ ଦାସ ଓ କୃଷ୍ଣଚଂଦ୍ର ମିଶ୍ର (ସମସ୍ତେ ବର୍ତ୍ତମାନ ମୃତ) ପ୍ରଭୃତି ଠିକ୍ କଲେ ଗୋଟିଏ ଲୋକନାଟ୍ୟ ଉତ୍ସବ ଆୟୋଜନ କରିବା ପାଇଁ। ଓଡ଼ିଶା ସାରା ବୁଲି ବୁଲି ନାଟ୍ୟକାରମାନଂକୁ କହି, ଲୋକନାଟକ ଲେଖାଇଲେ।

୧୯୭୬ ମସିହାରୁ ଏହା ଏକ ଆନ୍ଦୋଳନରେ ପରିଣତ ହେଲା। ଦୁଃଖର କଥା, ଆମ ସମାଲୋଚନାର ମୁଖ୍ୟସ୍ରୋତ ଏହାକୁ ସ୍ୱୀକାର କଲେ ନାହିଁ। କହିଲେ ଏହା ଫମ୍ପା ହାସ୍ୟରସ ଓ ବ୍ୟଙ୍ଗ। ଅଥଚ 'ମହାନାଟକ' ହିଁ ତାର ଲୋକ କଥା ଓ ଲୋକ ଶୈଳୀ ମାଧ୍ୟମରେ ଓଡ଼ିଆ ସାହିତ୍ୟରେ (ବିଶେଷ କରି ନାଟକରେ) ଏକ ନୂଆ ମୋଡ଼ ଆଣିଛି। ଏ ସଂପର୍କରେ ୧୫/୨୦ ଜଣ ଗବେଷକ/ଗବେଷିକା ବିସ୍ତୃତ ଆଲୋଚନା କରିଛଂତି।

୩. ନିଜ ସଂସ୍କୃତିର ଚେରକୁ ଦେଖିବା ଓ ଦେଖାଇବା ଷଷ୍ଠ ଦଶକର ଶେଷ ଆଡ଼କୁ ଏକ ଫେଶନରେ ପରିଣତ ହୋଇ ଯାଇଥିଲା। ତେଣୁ ମୁଁ 'ଅଗାଣ୍ଡିଆ ରଜା'କୁ ମୁଖ୍ୟ ନାୟକ କଲି। ପିଲାଦିନେ ଅବୋଲକରା କାହାଣୀ, ବେତାଳ ପଞ୍ଚବିଂଶତି ଓ ଜହ୍ନମାମୁ ପତ୍ରିକା ପଢ଼ିବା ମୋର ଅଭ୍ୟାସ ଥିଲା। ମୁଁ 'ରୋମାନ୍ସ'କୁ ଉତ୍ତର ଆଧୁନିକ ବୋଲି ଚିହ୍ନଟ କରିଥିଲି ଓଡ଼ିଆମାନେ ଏ ଗୁଡ଼ା କିଛି ଜାଣନ୍ତି ନାହିଁ। କିଏ ଜଣେ ପ୍ରଫେସର କହିଥିଲେ 'ଏଇଟା ନାଟକ ନା ଫାର୍ସ?' ସେ ଜାଣି ନ ଥିଲେ ଯେ ଫାର୍ସ ଓ ଆଧୁନିକ କବିତାର କକ୍‌ଟେଲ୍ କରି ମୁଁ ଇକ୍ଷ୍ୱସମକ୍ଷୁକ୍ଷବଶର ତିଆରି କରୁଥିଲି। ଇକ୍ଷ୍ୱସମକ୍ଷୁକ୍ଷବଶର ଉତ୍ତର ଆଧୁନିକ ସାହିତ୍ୟର ବିପଣି କରଣରେ ଏକ ଉତ୍ତମ ପଣ୍ୟ।

ଯେଉଁମାନେ ମହାନାଟକ ପଢ଼ିନାହାନ୍ତି, ସେମାନେ ମାର୍ଚ୍ଚ-ଏପ୍ରିଲ୍ ୨୦୧୬ ସଂଖ୍ୟାର Indian Literature ପଢ଼ନ୍ତୁ।

ମହାନାଟକ 'The Emperor with his Pot' ଶୀର୍ଷକରେ ଅନୁବାଦ ହୋଇ ପ୍ରକାଶ ପାଇଛି।

୪. 'ମହାନାଟକ' ଲୋକକଳା, ଲୋକ ଗଳ୍ପ, ଲୋକ ନାଟକ ଓ ଲୋକ ସଂଗୀତ/ନୃତ୍ୟ ଉପରେ ଆଧାରିତ ହେବା ଦ୍ୱାରା ମୁଁ ନାଟକରେ ଫାଣ୍ଟାସୀ ବା ଅତିକଳ୍ପନାର ପ୍ରୟୋଗ କଲି ବୋଲି ଡ. ବିଷ୍ଣୁପ୍ରିୟା ଓତା ତାଙ୍କ ସାଂଗରେ ଜଣେ ଗବେଷିକା ଏକ ଗବେଷଣା ସଂଦର୍ଭ ଲେଖିଛଂତି। "ଅତିକଳ୍ପନା"କୁ ଦ୍ୱିତୀୟ ବିଶ୍ୱଯୁଦ୍ଧ ପର ସାହିତ୍ୟର ଏକ ମୁଖ୍ୟ ଆଖ୍ୟାନ ଶୈଳୀ ବୋଲି ଚିହ୍ନଟ କରି ପ୍ରାୟ ଚାରି ପାଞ୍ଚୋଟି ଉତ୍ତର ଆଧୁନିକ ସମୀକ୍ଷା ଗ୍ରଂଥ ଲେଖା ଯାଇଛି।

୫. ଲୋକନାଟକ ଓ ଉଗ୍ର ପାଶ୍ଚାତ୍ୟଧର୍ମୀ ଆଧୁନିକ ନାଟକ ମଧ୍ୟରେ ମୁଁ ଏକ ସଂତୁଳନ ଆଣିବାକୁ ଚାହୁଁଥିଲି। ଉତ୍ତର ଔପନିବେଶିକ ଓଡ଼ିଶାରେ ୧୯୭୧ ମସିହାରେ ଏପରି ଏକ ସଂତୁଳନ ଆବଶ୍ୟକ ହେଉଥିଲା।

୬. ଛିନ୍ନମୂଳ ସଂସ୍କୃତି ଓ ନାଟ୍ୟଧାରା ବିରୋଧରେ ସ୍ୱର ଉତ୍ତୋଳନ କରିବା ପାଇଁ ଦାସକାଠିଆ ଓ ଅତିକାଳ୍ପନିକ ଗଳ୍ପାୟନ ଅତ୍ୟନ୍ତ ଶକ୍ତିଶାଳୀ ମାଧ୍ୟମ ମନେ ହେଉଥିଲେ। ଠିକ୍ ଜଣେ ତପସ୍ୱୀର ତରବାରୀ ପରି ଶକ୍ତିଶାଳୀ।

୭. ଆମ ସମସ୍ୟାକୁ ଆମ ଶୈଳୀରେ ଆମେ ପରିବେଷଣ କରିବୁ – ଏମିତି ଗୋଟେ ଜିଦ୍ ଥିଲା ମୋ' ମନରେ, ମୋ' ଆଗରେ 'ବନହଂସୀ', 'ଅରଣ୍ୟ ଫସଲ' ଓ 'ଶବବାହକମାନେ' ପରି କିଛି ତଥାକଥିତ ଉଗ୍ର ଆଧୁନିକ ନାଟକ ଥିଲେ। ମୁଁ ସେଗୁଡ଼ିକୁ ଅସିଦ୍ଧ ଓ ନିଷ୍ଫଳ ବୋଲି ପ୍ରମାଣ କରିବାକୁ ମୁଁ ଚାହୁଁଥିଲି।

● ତୀର-୩

ଆପଣ ଏକଦା ସ୍ୱୀକାର କରିଛଂତି ଯେ ମଂଚ ନାଟକ ଅପେକ୍ଷା ଯାତ୍ରା ନାଟକ ଆପଣଙ୍କୁ ବେଶୀ ଦର୍ଶକ ପରିଚିତି ଆଣିଦେଇଚି। ସେଇଥି ପାଇଁ ୧୯୮୪ରୁ ୧୯୯୨ – ପାଖାପାଖି ୮ ବର୍ଷ ଧରି ଯାତ୍ରା ପାଇଁ କାମ କରିଛଂତି। ତେବେ ଯାତ୍ରାରୁ ସନ୍ନ୍ୟାସ ନେବାର କାରଣ କଣ ?

ରମେଶ ପାଣିଗ୍ରାହୀ:

ଅନେକ କାରଣ: ୧) ମୁଁ ଯାତ୍ରା ପାଇଁ କେବଳ ଲେଖୁ ନ ଥିଲି। ମୁଁ ଯାତ୍ରା ଆଖଡ଼ାରେ ଦୃଶ୍ୟ ପରେ ଦୃଶ୍ୟ ଲେଖି ନିର୍ଦ୍ଦେଶନା ଦେଇ ପରୀକ୍ଷା କରୁଥିଲି ଦୃଶ୍ୟଟି ସେଇ ନିର୍ଦ୍ଦିଷ୍ଟ ଦଳର କଳାକାରମାନଂକ ଦ୍ୱାରା ଏକାସାଂଗରେ ପାଞ୍ଚ ହଜାର ଦର୍ଶକଙ୍କୁ କାବା କରି ବସେଇ ପାରିବକି ନାହିଁ। କିନ୍ତୁ ବାରମ୍ବାର ରାତି ଅନିଦ୍ରା ରହିବା ପରେ ମୋର ହୃଦ୍‌ଯଂତ୍ର ଖରାପ ହୋଇଗଲା। ନାଟକ ନିର୍ଦ୍ଦେଶନା ଦେବାକୁ ଓ ଆବେଗ ସହ ସଂଳାପ କହିବାକୁ ଡାକ୍ତର ମନା କରିଦେଲେ। ଦିଲ୍ଲୀର ଏମ୍‌ସ୍, ବେଂଗାଲୁରୁର 'ୱାକ୍‌ହାଡ୍‌ଟ' ଓ ଭୁବନେଶ୍ୱରର 'ଆପୋଲୋ'ରେ ଡାକ୍ତରମାନେ ମୋର କେଣସି ଯୁକ୍ତି ଶୁଣିଲେ ନାହିଁ। କହିଲେ ରାତି ଅନିଦ୍ରା ବଂଦ କର। ତା' ସାଂଗରେ ବଂଦ ହେଇଗଲା ମୋର ଯାତ୍ରା ଲେଖା।

୨) ତେଲୁଗୁ, ତାମିଲ୍ ଓ ହିନ୍ଦୀ କାହାଣୀର ଅନୁବାଦ କରି କିମ୍ବା ନକଲ ମାରି ଯାତ୍ରା ନାଟକ ଲେଖା ଯାଉଛି। ମୁଁ ଏ 'ଶସ୍ତା ସୁଂଦର-ମଜବୁତ୍" ନାଟ୍ୟ ପ୍ରତିଯୋଗିତାରେ ଭାଗୀଦାର ହେବାକୁ ଚାହେଁନାହିଁ। ମୋ ଯାତ୍ରା ଜୀବନରୁ ସଂଗୃହିତ।

୩) ମୁଁ ଯାତ୍ରା ନାଟକ ସହ ସଂପୃକ୍ତ ହୋଇଥିଲି ଦଶର୍କ ପରିଚିତି ପାଇଁ ନୁହେ। ନାଟ୍ୟ ରଚନାର ପ୍ରୟୋଗାତ୍ମକ ଦିଗଟିକୁ ଅନ୍ତରଙ୍ଗ ଭାବରେ ଅନୁଭବ କରିବା ପାଇଁ। କିଂତୁ ଫଳ ହେଲା ଓଲଟା। ମତେ ଶିକ୍ଷିତ ଅଧ୍ୟାପକମାନେ ଭାବିଲେ, ମୁଁ ଗୋଟେ ଶସ୍ତା ପଣ୍ୟଦ୍ରବ୍ୟ। ମତେ ବୌଦ୍ଧିକ ବିପଣିରେ ନିଲାମ କରାଯାଇ ପାରେ। ମୁଁ ଏହାକୁ "dehumanization of Art" ବୋଲି ନୁହେ – dehumanization of Ramesh Panigrahi ବୋଲି ଭାବିଲି। ତେଣୁ ସଫଳତାର ଶୀର୍ଷରେ ଥାଇ ମଧ୍ୟ ମୁଁ ମୁହଁ ଫେରାଇ ନେଲି ଯାତ୍ରା ନାଟକରୁ।

୪) ଜଣେ ନାଟ୍ୟକାର ବା ନିର୍ଦ୍ଦେଶକ ଭାବରେ ଯେତିକି ନୁହେ – ଜଣେ ଅଧ୍ୟାପକ ହିସାବରେ ମୁଁ ମୋର ତଳ ପିଢ଼ିର ନାଟ୍ୟକାରମାନଂକ ପାଇଁ ଚୌକି ଛାଡ଼ିଦେବା ବିଧେୟ ବୋଲି ମନେକଲି। ମୁଁ ଗୋଟେ ବୁଢ଼ା ବରଗଛ ହୋଇ, ମୋ' ଛାଇ ତଳେ ଦୁବଘାସକୁ ମଧ୍ୟ କଅଁଳିବା ପାଇଁ ସୁଯୋଗ ନ ଦେଇ ନିଜ ପାଇଁ ଚିରଂତନ ସମୟରୁ ଦଶହଜାର ବର୍ଷ କିଣିବା ପାଇଁ ମୁଁ ଚାହେଁ ନାଇଁ।

ଜଣେ ଗୁରୁ / ମାଷ୍ଟର ଭୂମିକାରେ ପାଖାପାଖି ଛତିଶ ବର୍ଷ ଅଭିନୟ କରୁ କରୁ ମୁଁ ବୁଝିପାରିଚି – ମୋ'ର ଛାତ୍ର / ଛାତ୍ରୀମାନେ, ମୋର ତଳ ପିଢ଼ିର ପ୍ରତିଭାମାନେ ମତେ ପରାସ୍ତ କରି, ମୋ' ଛାତି ଉପରେ ଚଢ଼ି, ମତେ ଟପିଯାଇ / ଅତିକ୍ରମ କରି ସଫଳତାର ଶୀର୍ଷରେ ପହଂଚିଲେ ଯାଇ ମୋ' ସଂସ୍କୃତିର ଭବିଷ୍ୟତ ଅଧିକ ଦୀପ୍ତିମନ୍ତ ହେବ।

● ତୀର-୪

ଆପଣ ଏକ ସାକ୍ଷାତ୍‌କାରରେ କହିଛଂତି, "ମତେ ଓଡ଼ିଆ ସାହିତ୍ୟରେ କାହା ଲେଖା ଭଲ ଲାଗୁ ନ ଥିଲା। ଏପରିକି ଗୋପୀନାଥ ମହାନ୍ତିଙ୍କ ଉପନ୍ୟାସ ଏବଂ ରମାକାଂନ୍ତ, ସୀତାକାନ୍ତଙ୍କ କବିତା ମଧ୍ୟ"। ଅଥଚ କେବଳ ଓଡ଼ିଶା ନୁହେ – ଭାରତୀୟ ସାହିତ୍ୟରେ ମଧ୍ୟ ଏମାନେ ଏବେ ଜଣେ ଜଣେ ପ୍ରତିଷ୍ଠିତ, ନାମୀ, ଦାମୀ ସାହିତ୍ୟିକ, ଏ ସଂପର୍କରେ କ'ଣ କହିବେ ?

ରମେଶ ପାଣିଗ୍ରାହୀ:

ଗୋପୀନାଥ ମହାନ୍ତି ମୋଠୁ ୩୦ ବର୍ଷ ବଡ଼। ରମାକାନ୍ତ ରଥ ଠିକ୍ ୧୦ ବର୍ଷ ଓ ସୀତାକାନ୍ତ ମହାପାତ୍ର ୮ ବର୍ଷ ବଡ଼। ମୋର ଏମାନଂକ ସହ ଖୁବ୍ ଭଲ ବ୍ୟକ୍ତିଗତ ସଂପର୍କ ଥିଲା/ଅଛି। ପ୍ରଶ୍ନ ଉଠୁଛି, ଏମାନଂକ ସାହିତ୍ୟ ଭଲ ଲାଗିବା / ନ ଲାଗିବା କଥା। ଦେଖନ୍ତୁ... ଏ ସମସ୍ତେ ମୋର ବରିଷ୍ଠ ହେଲେ ମଧ୍ୟ ସମସାମୟିକ। ଆମେ ଏକା ସମୟରେ ଲେଖାଲେଖି କରୁଥିଲୁ।

ଗୋପୀନାଥ ମହାନ୍ତି ମୋର ସ୍ପଷ୍ଟବାଦୀ, ସାଲିସ୍ ବିହୀନ ପ୍ରବଂଧ ଓ ନାଟକଗୁଡ଼ିକ ଦ୍ୱାରା ବିବ୍ରତ ହୋଇ ପଡୁଥିଲେ। କିଛି କିଛି ଆତଂକିତ ମଧ୍ୟ। ମୋର ଦିବଂଗତ ବଂଧୁ ଶିବରାମ ପାତ୍ରଙ୍କ ଦ୍ୱାରା ଖବର ପଠାଉଥିଲେ – "ରମେଶ ବାବୁଙ୍କୁ କୁହ – ଏମିତି କାହିଁକି ଲେଖୁଛଂତି ? କଥାଟାକୁ ଆଉ ଟିକିଏ ବୁଲେଇ କହିଥିଲେ ହେଇ ନ ଥାନ୍ତା ? ଏତେ ସ୍ପଷ୍ଟ ଭାଷାରେ କ'ଣ ଅପ୍ରିୟ ସତ୍ୟମାନଂକୁ ଅଭିବ୍ୟକ୍ତ କରାଯାଏ ?"

ମତେ ସିଏ ରାଣୀ ଭିକ୍ଟୋରିଆଙ୍କ ସମୟର ମୁଖାପିନ୍ଧା "ନୈତିକ ଶ୍ରମଣ" ପରି ଲାଗନ୍ତି। ଲାଗନ୍ତି ଏକ ଛଦ୍ମ ଆଦିବାସୀ ପ୍ରେମିକ ପରି। ତାଂକର ଅଧିକାଂଶ ଉପନ୍ୟାସ

ଟମାସ୍ ହାର୍ଡିଙ୍କ ଧାରା ଠାରୁ ଅଧିକ ଆଧୁନିକ ନ ଥିଲା। ୧୯୭୨-୭୩ରେ ମୁଁ ଓଡ଼ିଆ ଯୁବ ଲେଖକ ସମ୍ମିଳନୀର ଉପସଭାପତି ଥିଲି। ସେଇବର୍ଷ ପ୍ରଜାତନ୍ତ୍ରର ବିଷୁବ ମିଳନ ଉତ୍ସବରେ ଓଡ଼ିଆ କବିତା ସଂପର୍କରେ କହିବା ପାଇଁ ହରେକୃଷ୍ଣ ମହତାବ ମତେ ଡାକିଥିଲେ। ସେଇ ଭାଷଣରେ ମୁଁ ସୀତାକାନ୍ତଙ୍କ ଠାରୁ ରମାକାନ୍ତଙ୍କ କବିତା କିଛି ମାତ୍ରାରେ ଅଧିକ ଅନ୍ତରଙ୍ଗ ଲାଗେ ବୋଲି କହିଥିଲି। କହିଥିଲି, "କବିତା ଏକ ପରିଚିତ ଓ ଆଶ୍ଚର୍ଯ୍ୟ ଗାଉଁଲି ସକାଳ" ହେବା ଅପେକ୍ଷା "ବାସ୍ତବତା ବହୁମୁଖୀ ନିଜେ ସିଏ ନିଜର ନମୁନା" ବୋଲି ଶୁଣିବା ପାଇଁ ମତେ ଭଲ ଲାଗିଲା।

କଥାଟା "କିଏ ଭଲ, କିଏ ଖରାପ"ରେ ନାହିଁ। ଆମେ ଏକା ସମୟରେ ଲେଖୁଥିଲୁ, ଆଭିମୁଖ୍ୟ ଓ ଉଦ୍ଦେଶ୍ୟ ଅଲଗା ଥିଲା। ରମାକାନ୍ତ ବାବୁ ଓ ସୀତାକାଂତ ବାବୁ ଆଧୁନିକତାକୁ ରୋମାଣ୍ଟିକ୍ ଚେତନାର ଏକ ସଂପ୍ରସାରଣ ବୋଲି ଭାବୁଥିଲେ। "ଯୌନତା" ଓ "ସମୟ ଚେତନା"ମାନଂକୁ ନେଇ ଦର୍ଶନ ତତ୍ତ୍ୱର ହଟଚମଟ ଦେଖାଉଥିଲେ। । ମୁଁ ଏକା ସାଂଗରେ ପାଞ୍ଚଶହ ଦର୍ଶକଙ୍କ ଭିତରୁ କେତେଜଣ ଶିକ୍ଷିତ ଓ ସଂଭ୍ରାନ୍ତ ଓ କେତେଜଣ ଅମାର୍ଜିତ ସାଧାରଣ ମଣିଷ - ତାର ହିସାବ କରୁଥିଲି। ମୁଁ କାହାପାଇଁ ଲେଖୁଚି ନ ଜାଣିଲେ ଲେଖି ପାରେନାହିଁ। ନାଟକ ସବୁବେଳେ ଦର୍ଶକ ଓ ଦୃଶ୍ୟମାନଂକୁ ନେଇ ଗଠିତ। ଦର୍ଶନକୁ ଉପଜୀବ୍ୟ କରି ନାଟକ ଲେଖିଲେ ତାହା ନଷ୍ଟ ହୋଇଯିବ।

ସୀତାକାନ୍ତ ବାବୁ ଓ ରମାକାନ୍ତ ବାବୁ କେବଳ ନିଜର ଦାର୍ଶନକି ବ୍ୟକ୍ତିସତ୍ତାର ପାରଦର୍ଶୀତା ପ୍ରକ୍ଷେପଣ କରୁଥିଲେ କବିତାରେ। ସାହିତ୍ୟର, ସାମାଜିକ ଉପଯୋଗିତା ସଂପର୍କରେ ସଚେତନ ହେବା ପାଇଁ ମୋ' ନାଟ୍ୟ ମାଧ୍ୟମ ମତେ ବାଧ୍ୟ କରୁଥିଲା। ସାହିତ୍ୟର ବିଭାବ (genre) ଗୁଡ଼ିକ ସାହିତ୍ୟର ଆଖ୍ୟାନ ଶୈଳୀ ଓ ବାର୍ତ୍ତାକୁ ନିୟଂତ୍ରଣ କରନ୍ତି, ଅଥଚ ଜଣେ ଅଧ୍ୟାପକ ଭାବରେ ମୁଁ କବିତା ମଧ୍ୟ ପଢ଼ାଏ।

ସାହିତ୍ୟ ମୋ' ପାଇଁ ପୁରସ୍କାର ହାତେଇବାର "ଗୁପ୍ତ କୌଶଳ" କିମ୍ବା ସମକାଳୀନ ସ୍ରଷ୍ଟାମାନଂକୁ ଅନ୍ତର୍ଘାତି ପ୍ରତାରଣା ଦ୍ୱାରା ହରେଇ ଦେବାର ମାଧ୍ୟମ ନୁହେ। ଏକ ନିଷ୍କପଟ ଆନ୍ତରିକତା ସହ ଆଦର୍ଶକୁ ବଂଚିବାର ଶୈଳୀ ରୂପେ ବ୍ୟବହାର କରିବା ପାଇଁ ମୁଁ ଯଥା ସଂଭବ ଚେଷ୍ଟା କରି ଚାଲିଛି। ଆପଣ ଯାହା ପଚାରିଛଂତି : "ଭାରତୀୟ ସାହିତ୍ୟ"ରେ ଏମାନେ "ପ୍ରତିଷ୍ଠିତ" ? ନାମୀ ? ଦାମୀ ? ଯାର ମାନେ କଣ ? ମୋ' ନାଟକ ହିନ୍ଦୀ, ବଂଗଳା ଓ ଆସାମୀ ଭାଷାରେ ଅନୁସୃଜିତ ହୋଇ ଛତିଶରୁ ଊର୍ଦ୍ଧ୍ୱ ଥର ମଞ୍ଚସ୍ଥ ହେଲାଣି। EZCCରୁ ସେ ସବୁ ଅନୁସୃଜିତ ମଂଚନର ଖବର ବେଳେ ବେଳେ ମିଳୁଛି। ମୋ' ନାଟକକୁ ନେଇ ଜାତୀୟ ସ୍ତରରେ ନାଟ୍ୟ ଉତ୍ସବ ଅନୁଷ୍ଠିତ ହୋଇଛି।

ମୁଁ କଣ ତା'ହେଲେ ଭାବିବି "ମୁଁ ମଧ୍ୟ ଭାରତୀୟ ସାହିତ୍ୟ"ରେ ପ୍ରତିଷ୍ଠିତ ? Indian Literature (March - April, 2016)ରେ ମୋ' ନାଟକ The Emperor with His Pot (ମହାନାଟକର ଇଂରାଜୀ ଅନୁସୃଜନ) ପ୍ରକାଶ ପାଇଚି।

ମୁଁ କଣ ଭାରତୀୟ ସାହିତ୍ୟରେ ପ୍ରତିଷ୍ଠିତ ? ନାମୀ ଓ ଦାମୀ ଲେଖକ ହେବାକୁ ହେଲେ ମତେ ଦର୍ଶକମାନଂକ ସହ ପ୍ରତାରଣା କରିବାକୁ ପଡ଼ିବ। ମୁଁ ତାହା କରିବି ନାହିଁ।

ଏପରି ଏକ ବାଣିଜ୍ୟିକ ସାହିତ୍ୟ ଜଳବାୟୁରେ ନାମୀ ଓ ଦାମୀ କିଏ ମୁଁ ଜାଣିବା ପାଇଁ ଚାହୁଁଚି। ଏମାନେ ଶବ୍ଦକୁ ତ ମଂତ୍ର କରି ପାରିବେ ନାହିଁ, ମଂତ୍ରକୁ ପଣ୍ୟକରି ରାଜଧାନୀରେ ବିକ୍ରି କରିପାରିବେ। ଏମାନେ ଦଶହଜାର ଓଡ଼ିଆ ଶବ୍ଦ ଘୋଷି ସିନା କୃତ୍ରିମ ଆଧିଭୌତିକତା ଉତ୍ପନ୍ନ କରିବେ ଆଉ ଗାଁରୁ ଆସିଥିବା ନିର୍ବୋଧମାନଂକୁ ଭଣ୍ଡେଇ ଦେଇ ପାରିବେ – "ଦ୍ରଷ୍ଟା" ହୋଇ ପାରିବେ ନାହିଁ।

● ତୀର-୫

ଡକ୍ଟର ବାୟାମନୁ ଚର୍ଚ୍ଚିଙ୍କ ଦ୍ୱାରା ନିଆଯାଇଥିବା ଏକ ସ୍ୱତଂତ୍ର ସାକ୍ଷାତକାରରେ ସେ ପଚାରିଥିଲେ – "ରମେଶ ପ୍ରସାଦ ପାଣିଗ୍ରାହୀଙ୍କୁ ଓଡ଼ିଶାରେ ଉପଯୁକ୍ତ ସମ୍ମାନ ଦିଆଯାଇ ନାହିଁ ବୋଲି ଅଭିଯୋଗ ହୁଏ।" ଏ ସଂପର୍କରେ ଆପଣ ମତ ରଖିଥିଲେ ଯେ "ସମ୍ମାନ ପାଇବା ଏକ ରାଜନୈତିକ ଖେଳ। ସେପରି ଏକ କ୍ରୀଡ଼ା ଦ୍ୱାରା ଦୁର୍ବଳତାମାନଂକୁ ସମ୍ମାନରେ ପରିଣତ କରିବା ପାଇଁ ଯେଉଁ ପ୍ରୟାସ କରିବା କଥା, ତାହା ମୁଁ କରିନାହିଁ। ନିଜ ପାଇଁ ପ୍ରଚାର କରିବା ଆସେ ନାହିଁ ମତେ। ତାହା ଏକ ବ୍ୟବସାୟିକ ମନୋବୃତ୍ତି। ମୋର ସେଇତକ ନାହିଁ। କେନ୍ଦ୍ର ସାହିତ୍ୟ ଏକାଡେମୀ ପୁରସ୍କାର ? ସେଇଟା ପାଇବା ପାଇଁ ଯେଉଁ ଯେଉଁ ଚେଷ୍ଟା ଦରକାର, ତାହା ମୁଁ କରିବି ନାହିଁ।" ଏମିତି ଏକ ସ୍ପର୍ଶକାତର ବକ୍ତବ୍ୟ ଅନ୍ୟାନ୍ୟ ସ୍ରଷ୍ଟା – ଯେଉଁମାନେ ଏହି ସମ୍ମାନର ଅଧିକାରୀ, ସେମାନଂକର ଯୋଗ୍ୟତା ପ୍ରତି ଅଂଗୁଳି ନିର୍ଦ୍ଦେଶ କରୁନାହିଁକି ?

ରମେଶ ପାଣିଗ୍ରାହୀ:

ଗୋଟିଏ ପୁରସ୍କାର ପାଇଁ କଣ ନାଟକ ଲେଖାଯାଏ ? ପୁରସ୍କାର ପାଇଥିବା ନାଟକମାନଂକୁ ଦର୍ଶକମାନେ କେମିତି ଫୋପାଡ଼ି ଦେଲେ ଅଳିଆ ଗଦାକୁ ? ଗୋଟେ ଖବର କାଗଜ ମାର୍କା ସାହିତ୍ୟ କଟୁଆଳ ଦରକାର ପଡ଼ିଲେ ପ୍ୟାଣ୍ଟ ଖୋଲି ପାରେ। କିଂତୁ ପୁରସ୍କାର ପାଇଁ ଭଲ ସାହିତ୍ୟକୁ ଚିହ୍ନିବାର 'ଆଖିଟିଏ' ପାଇବ କୋଉଠୁ ? ଲେଖକ ହବାକୁ ଚାହୁଁଥିବା କିଛି ଆବେଗ ପ୍ରଧାନ ନିରୀହ ଲୋକ ଅଛଂତି ବୋଲି

ଗୋଟିଏ ବହି ଦୋକାନୀ ପୃଥିବୀର ସବୁ ହିଂସ୍ରତାକୁ ଏକାଠି କରି ଲେଖକଠାରୁ ପଇସା ଲୁଟିନେଇ ପାରେ ଓ ୧୦ଖଣ୍ଡ ବହି ଛପେଇ ଦେଇପାରେ। ସାହିତ୍ୟର ଉତ୍ତମ ଓ ଅଧମପଣ ସେମାନଂକର କାମଳ ଚକ୍ଷୁରେ ପ୍ରକଟ ହେବ କିପରି ?

ଜୀବନ ସାରା ବଂଗଳା Pulp-novelକୁ ଓଡ଼ିଆ କରି କଟକ ବଜାରରେ ବିକିଥିବା ଲେଖକଟା ଶେଷରେ ଆତ୍ମଜୀବନୀ ନାମରେ ଆଉ ଗୋଟେ ଉପନ୍ୟାସ ତିଆରି କରିପାରେ ଓ ନିଜକୁ "ସମାଜବାଦୀ" ବୋଲି ଗପ ଲେଖିପାରେ। କିଂତୁ ସାହିତ୍ୟର ମୂଲ୍ୟାୟନ କରିବ କେମିତି ? ସେଇଟା ଜୀବନ ସାରା Pulp-novel ଲେଖି ଲେଖି ସରସ୍ୱତୀଙ୍କ ଭଣ୍ଡାର ଘର ଭିତରକୁ ମଇଳା ଫୋପାଡ଼ିଛି। ଖଣ୍ଡେ ଭଲ ବହି କିମ୍ବା ଭଲ ଲେଖକକୁ ଅନାବଶ୍ୟକ ବୋଲି ହତାଦର କଲେ ହିଁ ସିଏ ନିଜେ ବଡ଼ ହବ ବୋଲି ଭାବିଛି।

ତେଣୁ ପୁରସ୍କାର, ପୁରସ୍କାର ଚୟନ କରୁଥିବା କଟୁଆଳ ଓ ପାଉଥିବା "ନାମୀ-ଦାମୀ" ଲେଖକଙ୍କୁ ଦେଖିଲେ ମୋର ଲୋଭ ଓ ଈର୍ଷା ଅପେକ୍ଷା ବେଶୀ ବୈରାଗ୍ୟ ଉଦ୍ରେକ ହୁଏ। ମୁଁ କୌଣସି କାଳେ ଖେଳୁଆଡ଼ ନ ଥିଲି। ପ୍ରତିଯୋଗିତାରେ ମୁଁ ଭାଗ ନିଏ ନାହିଁ।

ମୋ' ଦର୍ଶକମାନଂକର କରତାଳି ଓ ଶ୍ରଦ୍ଧା ପାଖରେ ମୁଁ ଭିକାରୀ ପରି ହାତଯୋଡ଼ି ଠିଆହୁଏ। ମୋ' ନାଟକ ଦେଖିବା ପାଇଁ ଟିକେଟ ବ୍ଲାକ୍ ହୁଏ। ଶହେ ଟଂକାର ଟିକଟ ପାଞ୍ଚଶହ ଟଂକାରେ ବିକ୍ରି ହୁଏ। ମୋ' ନାଟକ ଦଶବର୍ଷେ ଚାଲେ ଓ ଗୋଟିଏ ନାଟକରୁ କୋଟିଏରୁ ଉର୍ଦ୍ଧ୍ୱ ଟଂକା ରୋଜଗାର ହୁଏ। ସେଇଟା ମୋର ପୁରସ୍କାର। ସେଇଟା ମୋର ଯୋଗ୍ୟତା। ପୁରସ୍କାର ପାଇବା ପାଇଁ ମୋର ସେପରି ଗୋଟେ ଅସ୍ଥିର ଆକୁଳତା ନାହିଁ, ଉଦ୍‌ବେଳନ ନାହିଁ।

ତଥାପି ଓଡ଼ିଶାର ପ୍ରାୟ ୬୦ଟି ପ୍ରମୁଖ ଅନୁଷ୍ଠାନ ମତେ ପୁରସ୍କାର ଦେଇଛଂତି। ମୋ' କାଂଥ ଓ ଆଲମାରିରେ ତାମ୍ର ଫଳକ, ମେମେଣ୍ଟୋ ଓ ବଂଧେଇ ମାନପତ୍ର ଟଂଗେଇବାକୁ ଯାଗା ନାଇଁ। ଜୀବନ ପ୍ରତି ମୋର ଅଭିଯୋଗ ନାହିଁ, ଅସଂତୋଷ ନାହିଁ।

● ତୀର-୬

ଆପଣ ଜଣେ ପ୍ରତିଷ୍ଠିତ ନାଟ୍ୟକାର। ଏବେ ଭୁବନେଶ୍ୱରର ବାସିଂଦା, ଭୁବନେଶ୍ୱରର ରବୀନ୍ଦ୍ର ମଣ୍ଡପ ଏବଂ "ଭଂଜକଳା ମଣ୍ଡପ"ରେ ଅନ୍ୟୂନ ପ୍ରତି ମାସରେ ୧୫ରୁ ଅଧିକ ନାଟକ ମଂଚସ୍ଥ ହେଉଛି। ଜଣେ ନିୟମିତ ଦଶର୍କ ରୂପେ ମୁଁ ଅନୁଭବ କରିଛି ଯେ ରମେଶ ପ୍ରସାଦ ପାଣିଗ୍ରାହୀ ଏଠି ଅପହଂଚ, କାରଣ କ'ଣ ?

ରମେଶ ପାଣିଗ୍ରାହୀ:

ଏଠାରେ କିଛି ଲୋକ ହାତରୁ ୮୦ ହଜାର / ଲକ୍ଷେ ଖର୍ଚ୍ଚ କରି ନାଟକ କରନ୍ତି। ଆଉ କିଛି ନାଟ୍ୟକାର ନିଜର ସଂସ୍ଥା କରିଛଂତି କିମ୍ବା ତାଂକ ଅଂଚଳର ସଂସ୍ଥାମାନଂକୁ କବ୍‌ଜାରେ ରଖିଛଂତି।

ମୁଁ ଏ ସହରରେ ନୂଆ। ମୋର କୌଣସି ସଂସ୍ଥା ସହିତ ଚୁକ୍ତିବଦ୍ଧ ବା ସଂଶ୍ଳିଷ୍ଟ ହେବା ପାଇଁ ରାସ୍ତାଗୁଡ଼ାକ ବୋଧହୁଏ ବନ୍ଦ। ଏ ସହରରେ ଲୋକେ ଗୁଜବ କରନ୍ତି ଯେ ରମେଶ ପାଣିଗ୍ରାହୀ ଆଉ ନାଟକ ଲେଖୁନାହାନ୍ତି। ମୁଁ କିଂତୁ ପ୍ରତିବର୍ଷ ୨ଟା ନାଟକ ନିଶ୍ଚୟ ଲେଖୁଚି ଏବଂ ଗତ ମାସରେ ମୋର ପାଞ୍ଚୋଟି ନାଟକ ମୁଦ୍ରିତ ହୋଇଛି। ଏ ବର୍ଷ ଶେଷ ସୁଦ୍ଧା ଆଉ ଦୁଇଟି ନାଟକ ମୁଦ୍ରିତ ହୋଇ ଯିବାର ଯୋଜନା ଅଛି।

ଯୋଉ ତଥାକଥିତ ପ୍ରତିଷ୍ଠିତ ନିର୍ଦ୍ଦେଶକମାନେ ଅଛଂତି ସେମାନେ ମୋ' ନାଟକ ନିର୍ଦ୍ଦେଶନା ଦେବା ପାଇଁ ଅଯୋଗ୍ୟ, ଅକ୍ଷମ ନୁହନ୍ତି, ଅଯୋଗ୍ୟ, ମୋ' ନାଟକ ସେମାନଂକୁ ଅଖାଡୁଆ ଲାଗେ, କାହିଁକି ଜାଣନ୍ତି ? ସାହିତ୍ୟ ଓ ନାଟକ ପ୍ରାୟତଃ ଦୁଇ ପ୍ରକାର। ଏଥିରେ କିଛି ନାଟକ 'ସାଦୃଶ୍ୟ ଧର୍ମୀ', କିଛି 'ଭିନ୍ନତା ଧର୍ମୀ'। ସାଦୃଶ୍ୟଧର୍ମୀ ନାଟକ ପରିବେଷଣ କରିବା ସହଜ। ଗୋଟିଏ ନାଟକ ଦେଖି ଆଉ ଗୋଟିଏ କରିହୁଏ। ଗୋଟିଏ ନାଟ୍ୟ ଘଟଣାର ସାଦୃଶ୍ୟ ତିଆରି କରି ଆଉ ଗୋଟିଏ ନାଟ୍ୟ ଘଟଣା ତିଆରି କରିହୁଏ ଏବଂ ନିର୍ଦ୍ଦେଶନା ମଧ୍ୟ ଦେଇହୁଏ। ସୃଜନାତ୍ମକ ଅନ୍ତର୍ଦୃଷ୍ଟି ନ ଥିବା ସାଧାରଣ ଯୋଗ୍ୟତାର ନିର୍ଦ୍ଦେଶକମାନେ ସାଦୃଶ୍ୟଧର୍ମୀ ନାଟକଗୁଡ଼ିଏ ମଂଚସ୍ଥ କରନ୍ତି। ରାସ୍ତା କଡ଼ରୁ ଆସିଥିବା ଦର୍ଶକମାନେ ଭାବନ୍ତି 'ନାଟକ'ର ମାନେ ଏୟା। ଔପନ୍ୟାସିକମାନେ ମଧ୍ୟ ଭାବନ୍ତି ସେମାନେ ହିଁ କାହାଣୀ ତିଆରି କରିବାର ଓ ବର୍ଣ୍ଣନା କରିବାର କ୍ଷମତା ପାଇଛଂତି, ସେମାନଂକର ନାଟ୍ୟ ବର୍ଣ୍ଣନା ଶୈଳୀରେ କୌଣସି ଅଭିନ୍ନତା ନାହିଁ।

ଦ୍ୱିତୀୟ ପ୍ରକାର ନାଟକରେ ଭିନ୍ନତା ଥାଏ। କାହାଣୀରେ ଚରିତ୍ର ବିନ୍ୟାସରେ, ଘଟଣାର ସ୍ଥାପତ୍ୟ ଓ ନିର୍ମାଣ-ପ୍ରକଳ୍ପ ଦ୍ୱାରା। ଅରମା ଓ ଅରଣ୍ୟର ବାଟ ସେମାନଂକର। ଏ ବାଟରେ ଗଲେ ଗୋଡ଼ରେ କଣ୍ଟା ଫୁଟେ, ମୋ' ନାଟକ କରିବାକୁ ଗଲେ ନିର୍ଦ୍ଦେଶକଙ୍କୁ ବହୁତ କିଛି ଚିଂତା କରିବାକୁ ପଡ଼ିବ। ଆଲୋକ, ମଂଚ, ସଂଗୀତ - ସବୁ ବିଭାଗରେ ଚିଂତା ବଢ଼ିଯିବ। ସେପରି ଧୈର୍ଯ୍ୟ ଥିବା ସଂସ୍ଥା ବା ନିର୍ଦ୍ଦେଶକ ଭୁବନେଶ୍ୱରରେ ନ ଥାଇ ପାରନ୍ତି କିମ୍ବା ସେମାନେ ପରିଶ୍ରମକାତର ହୋଇଥାଇ ପାରନ୍ତି।

ଅନ୍ୟ ରାଜନୈତିକ କାରଣ ଯଦି କିଛି ଥାଏ, ତା' ହେଲେ ମୁଁ ଜାଣି ନ ଥିବି। ରାଜଧାନୀରେ 'ଥିଏଟର ପଲିଟିକ୍ସ' ଥାଏ। ମୁଁ ତା' ଭିତରେ ଗଳିପଶି ମୋ' କାର୍ଯ୍ୟ ହାସଲ କରିବା କାମଟିକୁ ପସନ୍ଦ କରେନାହିଁ। ଯଦି ମତେ ଏ ବୟସରେ ନାଟକଟେ

ଲେଖି ମଂଚସ୍ଥ କରାଇବା ପାଇଁ ରାଜନୀତି କରିବାକୁ ପଡ଼େ, ତାହେଲେ ସାହିତ୍ୟର ଅନ୍ୟାନ୍ୟ ମାର୍ଗରେ ଯିବା ପାଇଁ ପସନ୍ଦ କରିବି।

ଭୁବନେଶ୍ୱରରେ ମୋର 'ବୁନ୍ଦାଏ ପାଣିରେ ସମୁଦ୍ର' ମଂଚସ୍ଥ ହେବା ଦିନ ଥିଏଟରର ଭି.ଆଇ.ପି.ମାନେ କେହି ଉପସ୍ଥିତ ନ ଥିଲେ। ଅଥଚ ନାଟକଟି ଖୁବ୍ ଭଲ ହୋଇଥିଲା।

● ତୀର-୭

୨୦୦୬ ମସିହା ମାର୍ଚ୍ଚ ୩୦ ତାରିଖ ଦିନ ଆପଣ ଜ୍ୟୋତି ବିହାରରେ ଓଡ଼ିଆ ବିଭାଗର ଗୋଟେ ପାଠଚକ୍ରରେ ଅଂଶ ଗହ୍ରଣ କରିଥିଲେ, ଯେଉଁଥିରେ କି ପ୍ରାକ୍ତନ ପ୍ରଫେସର ଶରତ ଚଂଦ୍ର ପ୍ରଧାନ କହିଥିଲେ ଯେ 'ଏଇଟା ଗଳ୍ପ ସେମିନାର, ଗଳ୍ପ ସଂପର୍କରେ ଆପଣ କଣ ଜାଣିଛଂତି ? ଏଇଟା ନାଟକ ସେମିନାର ନୁହେଁ - ଅଥଚ ବହୁ କ୍ଷୁଦ୍ରଗଳ୍ପର ଆପଣ ମଧ୍ୟ ସ୍ରଷ୍ଟା, ତେବେ ପ୍ରଶ୍ନ, ପ୍ରଫେସର ପ୍ରଧାନଙ୍କ ଆକ୍ଷେପ ଆପଣଂକୁ କେମିତି ଲାଗିଥିଲା ?

ରମେଶ ପାଣିଗ୍ରାହୀ:

ମୋର ପ୍ରାୟ ୩୦ଟା ଗପ ପ୍ରକାଶିତ। ଏକତ୍ର ସଂକଳିତ ହୋଇନାହିଁ। ମୋର ଗୋଟେ ଉପନ୍ୟାସ 'ଧୂପକାଠିର ଘର' ପ୍ରକାଶିତ। ଚିନୁଆ ଆଚେବେଙ୍କର No Longer at Ease ଉପନ୍ୟାସଟିକୁ ମୁଁ 'ଅନ୍ୟ ଏକ ନିଷାଦ' ନାମରେ ଅନୁବାଦ ମଧ୍ୟ କରିଛି ଏବଂ ତାହା ମୁଦ୍ରିତ। ମୁଁ ପ୍ରଫେସର ପ୍ରଧାନଙ୍କୁ ନିଜ ସଂପର୍କରେ ଏତେ ସବୁ ବିଜ୍ଞାପନ ଦେବା ପାଇଁ ପସଂଦ କଲି ନାହିଁ।

● ତୀର-୮

ଓଡ଼ିଆ ସାହିତ୍ୟର ବହୁ ବିଭାଗରେ ଆପଣ ଲେଖନୀ ଚାଳନା କରିଛଂତି - କବିତା, ଗଳ୍ପ, ନାଟକ, ଆଲୋଚନା, ଯାତ୍ରା ନାଟକ, ଚଳଚ୍ଚିତ୍ର ଓ ଅନୁବାଦ - ଏ ସବୁ ଲେଖିଛଂତି ଆପଣ। କେଉଁ ବିଭାଗରେ ଲେଖନୀ ଚାଳନା କରି ଆପଣ ଅଧିକ ସଂତୁଷ୍ଟି ଲାଭ କରିଛଂତି ?

ରମେଶ ପାଣିଗ୍ରାହୀ:

ପଢ଼ିବା ଓ ଲେଖିବା ଛଡ଼ା ମୋର ଆଉ କିଛି କାମ ନ ଥାଏ। କେତେବେଳେ କେଉଁ ଭାବକଳ୍ପ ମତେ ଆକ୍ରାନ୍ତ କରଂତି, ସେମାନେ ଅଭିବ୍ୟକ୍ତ ହେବା ପାଇଁ ଆକୁଳ ହୁଅନ୍ତି, ଭାବକଳ୍ପମାନେ ନିଜେ ନିଜର ପ୍ରକାଶ ମାଧ୍ୟମ ବାଛି ନିଅନ୍ତି। ମୁଁ ମୋର ଇଚ୍ଛାମାନଂକର ଅବତାରମାନଂକୁ ପ୍ରତ୍ୟାଖ୍ୟାନ କରେନାହିଁ। ସମାନ ସଂତୁଷ୍ଟି ସବୁଥିରେ। ମୁଁ କେମିତି ତୁଳନା କରିବି ମତେ ମଲ୍ଲିଫୁଲ ଭଲ ଲାଗେ ନା ଚଂପା ଫୁଲ!

ତୀର-୯

ପ୍ରଦର୍ଶନଧର୍ମୀ ସାହିତ୍ୟ ଅର୍ଥାତ୍ ନାଟକ, ଯାତ୍ରାନାଟକ, ଚଳଚ୍ଚିତ୍ର, ଛୋଟ ପରଦା, ବେତାର ନାଟକ – ସବୁ କ୍ଷେତ୍ର ପାଇଁ ଆପଣ ଲେଖନୀ ଧରିଛଂତି। କେଉଁ ବିଭାଗରେ ଆପଣ ଅଧିକ ସଂତୁଷ୍ଟ ଓ କାହିଁକି ?

ରମେଶ ପାଣିଗ୍ରାହୀ:

କବିମାନେ ସ୍ରଷ୍ଟା, ଗଳ୍ପ ଓ ଉପନ୍ୟାସର ଲେଖକ ମଧ୍ୟ ସ୍ରଷ୍ଟା ତାଲିକାରେ ଯିବେ। ଶବ୍ଦକୁ ମାଧ୍ୟମ କରି ସେମାନେ କଳା ସୃଷ୍ଟି କରନ୍ତି / କାହାଣୀ ବର୍ଣ୍ଣନା କରନ୍ତି। ମୋର ପ୍ରଦର୍ଶନଧର୍ମୀ ସାହିତ୍ୟରେ ଶବ୍ଦମାନେ ଏକମାତ୍ର ମାଧ୍ୟମ ନୁହନ୍ତି। ମୁଁ ମଂଚ ସ୍ଥାପତ୍ୟ ମାଧ୍ୟମରେ ନିଜକୁ ଅଭିବ୍ୟକ୍ତ କରେ। ଆବହ ସଂଗୀତ ମାଧ୍ୟମରେ ମନ ଜଂଗଲରେ ବୋହୁଥିବା ଝରଣାମାନଂକ ପାଖରେ ପହଂଚେ। ମଂଚ ପାଇଁ ଯେଉଁ ସଂଗୀତ ଦରକାର, ତା' ପାଇଁ ସମର୍ଥ କଳାକାର ଓଡ଼ିଶାରେ ନାହାନ୍ତି। ଯାତ୍ରାରେ ସେମାନେ ଅଛଂତି। ଚଳଚ୍ଚିତ୍ର ଓ ଛୋଟ ପରଦା ପାଇଁ ଲେଖିଲା ବେଳେ ଅଧିକ ସ୍ୱାଧୀନତା ଥାଏ ପାଖରେ, ଯାତ୍ରାରେ ଥାଏ। ନାଟକରେ ଭାବର ଅଭିବ୍ୟକ୍ତି ଓ ସଂଚରଣ କ୍ଳୃପ୍ତ ଓ ପ୍ରତୀକାତ୍ମକ। ବେଳେ ବେଳେ ଅଭିବ୍ୟଂଜନା ବାଧ୍ୟ। ଆମର ପ୍ରଦର୍ଶନଧର୍ମୀ ସାହିତ୍ୟିକମାନେ କେବଳ ସ୍ରଷ୍ଟା ହେଲେ ଚଳିବ ନାହିଁ। ସେମାନେ 'ଦ୍ରଷ୍ଟା' ହେବାକୁ ବାଧ୍ୟ। ଦ୍ରଷ୍ଟା (ଝରରକ୍ସ) ହେଲେ ଯାଇ ଋକ୍ ବେଦର ଆରମ୍ଭରେ ଘରେ ଜଳୁଥିବା ଅଗ୍ନି (ଅଗ୍ନିମିଢ଼େ)କୁ 'ହୋତାର' କରିହେବ।

ଚଳଚ୍ଚିତ୍ର ଓ ଛୋଟ ପରଦା ପାଇଁ ଚିତ୍ରନାଟ୍ୟ ଲେଖିଲାବେଳେ କେବଳ ଦେଖିବା ଆବଶ୍ୟକ। ଚିତ୍ରଟି ନ ଦେଖିଲେ ଚିତ୍ରନାଟ୍ୟ ଲେଖି ହୁଏ ନାହିଁ।

ମୁଁ ବୋଧହୁଏ ଓଡ଼ିଶାର ଜଣେ ବରିଷ୍ଠ ଚିତ୍ରନାଟ୍ୟ ଲେଖକ ୧୯୬୧ ଓ ୧୯୬୨ରେ ମୁଁ ଚିତ୍ରନାଟ୍ୟ ଲିଖନ ଶିଖୁଥିଲି କଲିକତାରେ – ନିର୍ଦ୍ଦେଶକ ପ୍ରଭାତ ମୁଖାର୍ଜୀଙ୍କ ପାଖରେ। ସେତିକିବେଳେ କେବଳ ଶାରଦା ପ୍ରସନ୍ନ ନାୟକ ଚିତ୍ରନାଟ୍ୟ ଲେଖୁଥିଲେ। ଆଉ କେହି ନ ଥିଲେ। ମୁଁ ଉତ୍କଳ ଚଳଚ୍ଚିତ୍ର ପ୍ରତିଷ୍ଠାନ (ଆସ୍କା) ପାଇଁ କାମ କରୁଥିଲି ଓ କଟକର 'ପଞ୍ଚସଖା ପିକ୍‌ଚର୍‌ସ୍'ର ପ୍ରଯୋଜନାଗୁଡ଼ିକରେ ସାହାଯ୍ୟ କରୁଥିଲି। ବଂଗଳାର ନିର୍ଦ୍ଦେଶକ ପ୍ରଭାତ ମୁଖାର୍ଜୀଙ୍କ ଠାରୁ ମୁଁ ଶିଖିଛି ପ୍ରଦର୍ଶନଧର୍ମୀ କଳା କଣ ! ପ୍ରଭାତବାବୁ ସତ୍ୟଜିତ୍ ରାୟଙ୍କ ବଂଧୁ ଥିଲେ।

● **ତୀର-୧୦**

ଆପଣଂକ ସାହିତ୍ୟ ସର୍ଜନାରେ ଆପଣଂକର ପରିବାରର ଭୂମିକା କ'ଣ ?

ରମେଶ ପାଣିଗ୍ରାହୀ:

ମୋର ପରିବାରରେ ସମସ୍ତେ ମୋ' ସୃଜନ କ୍ରିୟାର ଅଂଶୀଦାର, ମୋର ପତ୍ନୀଙ୍କ ଠାରୁ ଆରମ୍ଭ କରି ଛ' ବର୍ଷର ନାତୁଣୀ ପର୍ଯ୍ୟନ୍ତ ସମସ୍ତେ। ସାହିତ୍ୟ ତ ମୁଁ ସୃଷ୍ଟି କରେ। ଲାଳନ କରନ୍ତି ସେମାନେ।

● ତୀର-୧୧

ଆପଣ ଓଡ଼ିଆ ସାହିତ୍ୟରେ ଯେତିକି ଚର୍ଚ୍ଚିତ ହେବାକଥା, ଯେତିକି ସମ୍ମାନ ପାଇବା କଥା, ତାହା ମିଳିଛି କି ? ସାହିତ୍ୟକୁ ନେଇ ଆପଣଙ୍କର ଆଗାମୀ ସ୍ୱପ୍ନ କଣ ?

ରମେଶ ପାଣିଗ୍ରାହୀ:

ହଁ, ମିଳିଛି। ପ୍ରଚୁର ମିଳିଛି। ପଚାଶରୁ ଊର୍ଦ୍ଧ୍ୱ ପୁରସ୍କାର ଓ ଚର୍ଚ୍ଚା ତ ଅନେକ। ସବୁଗୁଡ଼ାକ ପଢ଼ିବା ପାଇଁ ମୋର ସମୟ ନାହିଁ। ସାହିତ୍ୟକୁ ନେଇ ପର୍ଯ୍ୟାପ୍ତ ସ୍ୱପ୍ନ ଅଛି।

ଓଡ଼ିଆ ସାହିତ୍ୟ ଓ ଓଡ଼ିଆ ସଂସ୍କୃତିକୁ ଜାତୀୟ ଏବଂ ଅନ୍ତର୍ଜାତୀୟ ମାନ୍ୟତା ଦେବା ପାଇଁ ଇଂରାଜୀରେ ବହି ଲେଖୁଚି। ଓଡ଼ିଶା ମାଟି ମତେ ଯେତିକି କରତାଳି ଦେଇଚି, ଯେତକି ଧନ୍ୟ କରିଛି, ଅନୁପ୍ରେରିତ କରିଛି ଓ ଅନ୍ତରଙ୍ଗପଣ ଦେଇଚି, ମୁଁ ତାକୁ ପରିଶୋଧ କରିବା ପାଇଁ ଆପ୍ରାଣ ଚେଷ୍ଟା କରୁଛି।

ଆହୁରି ଅନେକ ସ୍ୱପ୍ନ ଅଛି, ସେଗୁଡ଼ିକ ଦୋଦୋପାଞ୍ଚ ମନର ସ୍ୱଚ୍ଛତା। ସେଗୁଡ଼ିକୁ ବାଙ୍ମୟ କରି ସ୍ୱପ୍ନଗୁଡ଼ିକୁ ସାକାର କରିବା ପାଇଁ ପାଖରେ ପର୍ଯ୍ୟାପ୍ତ ରାତି ନାହିଁ। ମୋ'ର ଅଦେଖା ସ୍ୱପ୍ନର କିଛି ଅଂଶ ବୋଧହୁଏ ସାଧାରଣ ସମୟ ଚେତନାର ସୀମା ଡେଇଁଲା ପରେ ହିଁ ପ୍ରକଟ ହୁଅନ୍ତି। ଅଚିହ୍ନିତ ସେଇ ସ୍ୱପ୍ନମାନେ ହିଁ ମୋ' ପାଇଁ ସ୍ଥିର ବ୍ୟାକୁଳତା। ସେମାନଂକୁ ମୋର ଆତ୍ମୀୟ ଦର୍ଶକମାନଂକୁ ବାଣ୍ଟିବା ପାଇଁ ଅଭୀପ୍‌ସାଟିଏ ତଥାପି ଉଜ୍ଜୀବିତ ଅଛି। କିଂତୁ ଲେଖିବାକୁ ଗଲାବେଳେ ଦେଖୁଚି ବାଣ୍ଟିବା ପାଇଁ ପକେଟରେ ଦୁଃଖ ମଧ୍ୟ ନାହିଁ। ଅଛି କିଛି ରକ୍ତାକ୍ତ ଭ୍ରାନ୍ତି। ଝାପ୍‌ସା କୁହୁଡ଼ି ଭିତରେ ମୁଁ ମତେ ହିଁ ଦେଖୁଚି।

ଦେଖୁଚି, ମୋ' ଭିତରେ ବୁଢ଼ିଆଣି ପରି ବସା ବାନ୍ଧିଥିବା ଅସଂଖ୍ୟ ବ୍ୟକ୍ତିସତ୍ତା ଓ ଇତର ସତ୍ତା (ଜ୍ୟାକ୍ ଲାକାଁଙ୍କର the Other) ମାନଂକୁ।

ସେଇ ଅନ୍ତର୍ସତ୍ତାମାନଂକୁ ନେଇ ଗୋଟେ ନାଟକ ଲେଖିଥିଲି। ନାଁ ଥିଲା 'ଯେସନେ କୀଟ ଊର୍ଣ୍ଣ ନାଭି'। ୧୯୯୪ ଡିସେମ୍ବର 'ଝଂକାର'ରେ ପ୍ରକାଶ ପାଇଥିଲା, ଦେଖିଲି ହଜିଯାଇଛି। କିଏ ଜଣେ ଗବେଷକ / ଗବେଷିକା ନେଇଚଂତି ଓ ଆଉ ଫେରାଇ ନାହାନ୍ତି। ନାଟକଟି ଆଉ ମନେ ନାହିଁ। ସେଇଟାକୁ ଆଉଥରେ ଲେଖୁଛି। ପଢ଼ିଲେ/ ମଂଚାୟନ କଲେ ଜଣାପଡ଼ିବ କେମିତି ହେଇଚି। ସ୍ୱପ୍ନ ସାଂଗରେ ଲୁଚକାଳି ଖେଳିଲାବେଳେ କିଛି ଜଣାପଡ଼େ ନାହିଁ।

(୪)

ଏଗାରଟି ତୀର ମଧ୍ୟରୁ କୌଣସି ଗୋଟିଏ ବି ତୀରରେ ବିଦ୍ଧ ହେଲେ ନାହିଁ ମହାନାଟକର ମହାନାୟକ ରମେଶ ପ୍ରସାଦ ପାଣିଗ୍ରାହୀ। ସେ ଭଲଭାବରେ ଜାଣନ୍ତି ସେ ଯେଉଁ ଭାଷାରେ ସାହିତ୍ୟ ଲେଖନ୍ତି ଏବଂ ଯେଉଁ ପ୍ରକାର ସାହିତ୍ୟ ଲେଖନ୍ତି ତାକୁ ବୁଝିବା ଲୋକ ଏଠି ବହୁତ କମ୍ ଏବଂ ଏକଥା ବି ସେ ଜାଣନ୍ତି ସେ ଯାହା ଲେଖନ୍ତି ତାହା ଏକ ନୂଆ ବାଟ ତିଆରି କରେ - କେହି ବୁଝୁ ବା ନ ବୁଝୁ। ସମୟ ଆସିଛି ଏବେ ଚିନ୍ତନର ତାଙ୍କୁ ବୁଝିପାରିଲେ ଓଡ଼ିଆ ସାହିତ୍ୟର ଏକ ନୂଆପଣକୁ ବୁଝିହେବ। ଆସନ୍ତୁ ନା ସମସ୍ତେ ମିଳିମିଶି ଥରେ ଚେଷ୍ଟା କରିବା।

■

ଅଧ୍ୟାପକ, ଓଡ଼ିଆ ବିଭାଗ,
ଓଡ଼ାପଡ଼ା ପଞ୍ଚାୟତ ସମିତି ମହାବିଦ୍ୟାଳୟ
ହିନ୍ଦୋଳ, ଢେଙ୍କାନାଳ

BLACK EAGLE BOOKS

www.blackeaglebooks.org
info@blackeaglebooks.org

Black Eagle Books, an independent publisher, was founded as a nonprofit organization in April, 2019. It is our mission to connect and engage the Indian diaspora and the world at large with the best of works of world literature published on a collaborative platform, with special emphasis on foregrounding Contemporary Classics and New Writing.

www.ingramcontent.com/pod-product-compliance
Lightning Source LLC
Chambersburg PA
CBHW050526110726
47899CB00005B/1606

9781645606796